새 국어어원사전

서정범기념사업회총서 1

새 국어어원사전

서정범 지음 | 박재양 엮음

보고사
BOGOSA

머리말

筆者가 語源辭典을 쓰기 시작한 것은 1991년 4월이었다. 그때 停年退任辭에서 앞으로 7년 안에 어원사전을 내겠다는 公約을 한 바 있었다.

그동안 건강이 좋지 않아 포기할 생각을 몇 번이나 했으나, 다행스럽게도 체질에 맞는 음식물을 섭취한 뒤로 건강이 좋아져 10년 만에, 흡족하지는 않지만 마무리를 하였다. 그것은 햇수로 10년이나 걸리다 보니, 앞에 썼던 원고가 새로운 자료의 출현으로 다시 쓰고 보완하는 작업이 만만치 않았기 때문이기도 하다.

어원사전을 만들기 위한 기초작업으로서는 1989년 4월에 "韓國語祖語의 再構와 語源研究"라는 부제를 단 『우리말의 뿌리』를 낸 바 있다.

지금까지 우리나라의 국어어원연구는 방법론이 수립되지 않아 중구난방식으로 어원을 풀이한 감이 없지 않다. 필자는 "韓國語祖語 再構와 語源研究"에서 定立한 方法論을 기초로 하여 어원을 밝힌 것이 종전의 어원연구와 차별되는 점이라 하겠다. 잃어버린 消失語를 찾아내는 성과를 얻을 수 있었을 뿐만 아니라 우리말의 뿌리를 알아보는 작업도 병행할 수 있었다. 특히 종전에는 거의 시도되지 않았던 동사와 형용사의 어원을 밝힌 것이 특징이라 하겠다.

앞으로 새로운 자료가 나오거나 발견되면 다시 수정하고 보완해야 될 점이 나타나리라 생각되므로 이 사전은 계속 수정·보완 작업을 해야 될 것이다.

이 사전의 원고 정리와 교정, 편집과 제작과정 일체를 맡아 수고해 준 朴在陽 博士에게 고마움을 표한다. 아울러 사전 발간에 여러 모로 도움을 준 어학을 전공하는 대학원 학생들의 모임인 우리말연구회와 이 어원사전을 자청해서 출판해 준 보고사 김흥국 사장과 박현정 양에게도 고마움을 표한다.

2000. 9. 5.
경희대학교 교수회관 210호(명예교수연구실)
徐 廷 範

이 사전은 구판『國語語源辭典』을 바탕으로 하여 이미 실었던 항목도 고치고 덧붙이는 작업을 하였고 새로 어휘를 많이 추가하였다. 그 중에는 불교 관련어와 박재양 교수가 어원을 찾아낸 것도 다소 실었다. 그래서 전체적으로 보면 구판보다 분량 면에서는 1/3 가량이 늘어났고 판형도 확대되어 새로운 사전이 되어서 이름을 그냥 두려다가 '새' 자를 앞에 붙였다. 말 그대로 새로운 국어어원사전이다. 이 사전은 내 평생 어원연구의 결정체라고 할 수 있다.

이 사전에는 새로운 이론 아래 고어 자료, 알타이어 자료와 그 밖에 방언과 同源語가 많이 담겨 있다. 祖語도 많이 재구되어 있다. 특히 동원어라는 용어는 어떤 어휘를 위로 거슬러 올라갔을 때 다른 비교 대상 어휘와 같은 어원이라는 말이다. 이런 말들이 어려우면 이 사전 앞에 실려 있는 '국어어원연구 방법론'을 꼭 읽어 보길 바란다.

필자가 어원에 관심을 가진 것은 1960년대부터이니 이미 50년이 지났다. 그동안 여러 논문도 발표하고『우리말의 뿌리』등의 책도 냈다. 방송과 그 밖의 언론을 통해서도 필자의 어원 이론과 그에 따른 어원풀이를 입에 침이 마르도록 말했지만 방송 등에서는 여전히 민간 어원설이 버젓이 마치 정설인 양 나오고 있다. 그래서 더 열심히 연구하고 뛰어야겠다는 마음으로 새로 발견된 자료와 근거를 바탕으로 많은 어휘의 어원을 새로이 밝히고 논문도 부지런히 썼다. 그 가운데는 유구국, 곧 오키나와의 언어에 우리말이 그대로 살아 있다는 것을 알게 되었다. 한편으로는 이렇게 어원을 밝히고 논문을 쓰면서 수시로 마음에 드는 제자와 토론을 계속하였다. 토론하다가 몰랐던 것을 알게 되었을 때의 기쁨은 이루 말할 수 없다.

나는 아직 할 일이 태산과 같이 많지만 이제 노쇠하여 눈으로 보는 것도 손으로 쓰는 것도 잘 안 되어 더 이상 연구가 불가능하지만 제자들이 내 어원연구의 방법론을 바탕으로 앞으로 잘 할 것이라고 믿는다. 선생의 최대 기쁨은 제자가 선생을 뛰어넘는 것이라고 늘 생각했다. 이들은 틀림없이 나를 넘어 이 땅에 어원의 꽃을 활짝 피우고 나아가 국어학 발전에도 크게 기여할 것을 믿어 의심하지 않기 때문에 이제 눈을 감아도 여한이 없다.

언어는 문화의 산물이다. 앞으로는 문화가 판을 치는 시대가 올 것이다. 그래서 일반 사람들도 언어에 관심이 많아지고 나아가 어원에 대해서도 궁금해 하는 사람이 많다. 그러다 보니 요즈음은 텔레비전의 퀴즈 프로그램 등에서도 다양하게 어원에 관한 것이 나오고 있다. 그러나 어원에 관한 연구서나 어원사전은 턱없이 부족하고 그나마 불확실한 것도 상당히 있어 문제가 되고 있다. 필자는 우리 문화의 원형을 어릴 때부터 관심을 가지고 연구하여 언어 깊숙이 숨어 있는 우리의 문화도 상당히 들추어냈다고 생각한다. 그러나 아직도 어원연구에 필요한 자료가 매우 부족하여 그저 답답할 뿐이다. 15세기 이전의 자료는 말할 것도 없고 그 이후도 기존의 자료마저도 아직 정리가 잘 되지 않은 상태이니 연구는 더 말할 나위가 없다. 그래서 평소에 늘 생각해 오던 것을 제자와 이에 대해 대화를 나누다가 어원연구에 필요한 자료를 편찬하는 작업을 하기로 마음먹었다. 그 첫 번째로 선정한 것이 『고어사전』 편찬이다. 박재양, 김지형 두 교수가 자료수집과 전산작업을 시작했다. 이왕 시작했으니 고어에 대해 우리들이 토론한 이론을 바탕으로 크면서도 속이 꽉 찬 그런 사전을 만들기 바란다. 이어서 한중일비교어휘사전, 의성어의태어사전, 불교사전 등을 편찬한다고 하니 기쁘기 그지없으나 워낙 힘들고 큰 작업이라 시간이 많이 걸릴 것이므로 내 생전에 보기는 어려울 것이다.

학자는 새로운 이론을 내세워야 진정한 학문을 한다고 할 수 있다. 그러나 이렇게 되기까지는 피눈물 나는 노력을 해야 하는 것은 물론 초심을 잃지 말고 꾸준히 묵묵히 나아가야 한다. 더구나 어원연구는 거의 모든 분야에 걸쳐 있으므로 다른 학문에 대한 지식도 많이 쌓아야 한다. 그러나 현대는 그것이 불가능하므로 다른 학문과의 공동연구나 협력도 필요하다. 예를 들면 우리말 가운데는 불교, 유교, 도교 등 종교에 관한 어휘가 많으므로 이에 대한 연구가 절실하다고 하겠다.

이 사전을 새로이 편찬하는 데 많은 사람들이 수고했다. 전체를 주관하고 원고까지 쓴 박재양 교수, 교정 및 제작과정에 힘쓴 김지형 교수, 그리고 어원연구사를 쓴 강헌규 교수, 어려운 한자 등 중국 관계에 대한 것을 속 시원히 답해준 김언종 교수, 알타이제어 자료제공과 조언을 해준 김철홍 박사, 마지막까지 시간을 쪼개어 교정을 본 경희우리말연구회 제자들과 어려운 사정임에도 출판을 허락한 보고사 김홍국 사장과 박현정 편집장에게도 감사를 표한다.

2009년 3월 8일
분당에서 서정범 씀

1. 올림말

1) 올림말의 범위

① 이 사전에서는 토박이 우리말과 일부 한자어, 불교어 등을 대상으로 한다.
② 어원을 밝힐 수 있는 어휘만 실었다.
③ 외래어 가운데 외래어라 할 수 없을 정도로 우리말로 된 어휘도 일부 실었다.
　[보기] 노다지. 가게.
④ 현대어를 올림말로 삼았으나, 현대어에 없는 옛말(古語)도 일부 대상으로
　했으며, 표준어가 아닌 사투리도 실었다.
⑤ 형태가 같은 것이 둘 이상일 경우는 어깨 번호를 붙였다.
　[보기] 가위¹(鋏). 가위²(秋夕, 仲秋, 中秋).

2) 올림말의 배열 순서

올림말의 배열 순서는 1988년 한글 맞춤법 자모 순서(제2장 자모. 붙임2)에
따랐다.

자음　ㄱ ㄲ ㄴ ㄷ ㄸ ㄹ ㅁ ㅂ ㅃ ㅅ ㅆ ㅇ ㅈ ㅉ ㅊ ㅋ ㅌ ㅍ ㅎ
모음　ㅏ ㅐ ㅑ ㅒ ㅓ ㅔ ㅕ ㅖ ㅗ ㅘ ㅙ ㅚ ㅛ ㅜ ㅝ ㅞ ㅟ ㅠ ㅡ ㅢ ㅣ

3) 품사

학교문법에서 분류한 품사 분류법에 따라 9품사로 했다. 명사, 대명사, 수
사, 동사, 형용사, 부사, 관형사, 감탄사, 조사 등이다.

2. 뜻풀이(어휘 설명)

(1) 올림말의 뜻풀이는 한자(漢字)로 대신했으며, 가장 근원적인 것을 맨 앞에 두었다. 한자로 적기 어려운 것은 우리말로 짧게 풀이했다.

(2) 본문의 설명은 먼저 어원을 제시했다. 단 어원이 여럿이거나 애매한 경우는 본문 가운데 제시하였다. 다음에 옛말이나 방언, 또는 알타이제어(諸語) 등을 제시하면서 어근(語根)이나 재구형(再構形)을 설명하고 통시적인 변화 과정을 설명했다.

3. 용례

(1) 용례는 어원이 같다고 여겨지는, 가장 오래된 문헌어(古語)를 위주로 했다.

(2) 방언 및 비슷한 어휘도 참고가 되도록 함께 제시한 경우도 있다.

(3) 알타이제어(諸語)를 비롯한 여러 언어는 그 출전을 따로이 밝히지 않았으며, 표기는 출전의 표기를 그대로 인용했기 때문에 같은 어휘가 상이하게 적힐 수도 있음을 밝힌다. 참고 문헌에 그 출전이 제시되어 있다.

4. 기호, 괄호, 약어

(1) 책 이름은 『 』로 하고 인용문에서는 ≪ ≫로 했다.

(2) 재구(再構)된 어원(語源)이나 어근(語根), 기타 접미사(接尾辭) 등을 본문과 구별하기 위하여 ' '로 표시했다.

(3) 길게 인용된 부분은 " "로 표시했다.

(4) 이형태(異形態)는 ( ) 안에 넣었다.

(5) 본문에서 어휘 설명은 ( ) 안에 한자(漢字)로 했으며, 부득이한 경우에는 우리말로 했다.

(6) 인용 어휘의 언어 구분은 약어를 쓰지 않았으나, 국어는 [國], 일본어는 [日], 몽골어는 [蒙], 만주어는 [滿] 등으로 표시하였다.

(7) 품사는 첫글자를 □에 넣었다.

(8) 어원이 같은 어휘나 유의어(類義語)를 찾아볼 수 있도록 ▶으로 어휘 설명 맨 끝에 덧붙였다.

(9) 옛말의 출전 앞에는 ¶표시를 했으며, 약호는 다음과 같다.

5. 出典略號

歌曲	歌曲源流. 高宗 13년 1876년(1957년 校合本).
家諺	家禮諺解. 仁祖 10년 1632년(木版本 10권).
警民	警民編諺解. 孝宗 7년 1656년(木版本 1권).
敬信	敬信錄諺解. 高宗 17년 1880년(敬信錄諺釋 正祖20년 1796년 木版1冊).
誠初	誠初心學人文. 宣祖 10년 1577년(木版本 1권).
癸丑	癸丑日記. 年代未詳(光海君. 1958년 姜漢永 校注本).
孤山	孤山遺稿. 哲宗朝刊(木版本).
曲	月印千江之曲. 世宗 31년 1449년(活字本).
觀音	觀音經諺解. 成宗 16년 1485년(鑄字本 3권).
光千	光州千字文. 宣祖 8년 1575년(木版本 1권).
救簡	救急簡易方. 成宗 20년 1489년(木版本 8권).
救方	救急方諺解. 世祖 12년 1466년(活字本 2권 2책).
救荒	救荒撮要. 明宗 9년 1554년(木版本 1권).
龜	禪家龜鑑諺解. 宣祖 12년 1579년(光海君2년 1610년).
金剛	金剛經諺解. 世祖 10년 1464년(木版本 2권).
金三	金剛經三家解. 成宗 13년 1482년(活字本 5권 5책).
南明	南明集諺解. 成宗 13년 1482년(鑄字本 2권).
內(重)	內訓. 成宗 6년 1475년(木版本). 蓬左文庫本(3권4책). 御製內訓(英祖12년 1736년).
老(重)	老乞大諺解. 顯宗 11년 1670년(活字本 2권).
蘆溪	蘆溪集. 哲宗朝刊(木版本).
農月	農家月令歌. 作者 年代未詳(전 13장. 19세기).
楞	楞嚴經諺解. 世祖 8년 1462년(木版本 10권 10책).
同文	同文類解. 英祖 24년 1748년(2권).
東言	東言考略. 正祖年間(寫本 2권 1책).
東醫	東醫寶鑑. 光海君 5년 1613년(木版本 25권).
東韓	東韓譯語. 正祖 13년 1789년(寫本 40권 古今釋林의 제8편).
痘(要)	諺解痘瘡集要. 宣祖 41년 1608년(木版本 2권 2책).
痘經	痘瘡經驗方. 刊行年代未詳(木版本 1권).

杜(初, 重)	杜詩諺解. 成宗 12년 1481년(活字本 25권 19책). 仁祖 10년 1632년 (木版本 25권).
孟諺	孟子諺解. 英祖 25년 1749년(活字本 14권 8책).
蒙	蒙山和尚法語略錄諺解. 世祖朝刊(木版本 1권. 中宗12년 1517년 孤雲寺版).
蒙類	蒙語類解. 正祖 14년 1790년(木版本 上下卷 補篇).
無冤	增修無冤錄諺解. 正祖 16년 1792년(木版本 3권).
物譜	物譜. 年代未詳(李嘉煥, 李載威 編纂 18세기 筆寫本 上下2篇).
朴新	朴通事新釋諺解. 英祖 41년 1765년(木版本 3권 3책).
朴(初, 重)	朴通事諺解. (崔世珍譯. 16세기. 木版本 3권). 肅宗 3년 1677년(木版本 3권).
發心	發心修行章. 宣祖 10년 1577년(誡初心學人文, 野雲自警과 한 책으로 간행).
方藥	方藥合編. 高宗 21년 1884년(1권 1책).
百聯	百聯抄解. 明宗朝 金麟厚撰?(東京大本, 筆岩書院本, 가람본, 일사본).
飜老	飜譯老乞大. 中宗朝(崔世珍飜譯 16세기. 木版本 2권).
飜小	飜譯小學. 中宗 12년 1517년(活字本 10권).
法華	法華經諺解. 世祖 9년 1463년(活字本, 木版本 7권).
辟新	辟瘟新方. 孝宗 4년 1653년(木版本, 鑄字本 1권 1책).
兵	兵學指南. 正祖 11년 1787년(木版本 5권 1책).
普勸	念佛普勸文. 英祖 52년 1776년(木版本 1권. 海印寺本).
分瘟	分門瘟疫易解方. 中宗 37년 1542년(木版本 1권 1책).
四解	四聲通解. 中宗 12년 1517년(光海君6년 1614년 木版本 2권 2책).
三綱	三綱行實圖. 成宗 12년 1481년(木版本 3권 1책).
三略	新刊增補三略直解. 純祖 5년 1805년(木版本 3권).
三史	三國史記. 高麗 仁宗 23년 1145년(50권 10책).
三譯	三譯總解. 肅宗 29년 1703년(正祖1년 1777년 重刊木版本 10권).
三遺	三國遺事. 高麗 忠烈王(一然著. 朝鮮 中宗7년 1512년. 5권 3책).
釋	釋譜詳節. 世宗 29년 1447년(活字本 24권).
石千	石峰千字文. 宣祖 16년 1583년(木版本 1권 1책).
宣孟	孟子諺解. 宣祖 9년 1576년(英祖25년 1749년 14권 8책).

小諺　　　小學諺解. 宣祖 19년 1586년(活字本 6권 4책).

續三　　　續三綱行實圖. 中宗 9년 1514년(木版本 1권 1책).

松江　　　松江歌辭. 英祖 23년 1747년(木版本 2권 1책).

時用　　　時用鄕樂譜. 編者年代未詳(木版本).

詩諺　　　詩經諺解. 宣祖 21년 1588년(活字本 20권 7책).

新續　　　東國新續三綱行實圖. 光海君9년 1617년(木版本 18권 18책).

新語　　　捷解新語. 肅宗 2년 1676년(鑄字本, 木版本 10권 10책).

兒學　　　兒學編. 純宗 2년 1908년(筆寫本 2권 1책).

樂軌　　　樂學軌範. 成宗 24년 1493년(木版本 9권 3책).

樂章　　　樂章歌詞. 中宗朝刊. (1책).

野雲　　　野雲自警. 宣祖 10년 1577년(誡初心學人文, 發心修行章과 한 책).

語錄　　　語錄解. 孝宗 8년 1657년(木版本 1권. 註解 語錄總覽 1919년. 2권).

御小　　　御製小學諺解. 英祖 20년 1744(6권 6책).

女四　　　女四書諺解. 英祖 12년 1736년(活字本 3권).

譯(補)　　譯語類解(補). 肅宗 16년 1690년(木版本 2권). 英祖51년 1775년
　　　　　(1권).

練兵　　　練兵指南. 光海君 4년 1612년(1권).

永嘉　　　禪宗永嘉集諺解. 世祖 10년 1464년(木版本 2권).

五倫　　　五倫行實圖. 正祖 21년. 1797년(活字本 5권).

倭　　　　倭語類解. 年代未詳(木版本 2권 2책).

龍　　　　龍飛御天歌. 世宗 27년 1445년(木版本 10권 5책).

圓　　　　圓覺經諺解. 世祖 11년 1465년(木版本 12권).

月　　　　月印釋譜. 世祖 5년 1459년(活字本).

柳物　　　柳氏物名考. 純祖 24년 1824년(筆寫本 5권 1책).

六祖　　　六祖法寶壇經諺解. 燕山君 2년 1496년(木版本 3권 3책).

類事　　　鷄林類事. 12세기. 宋. 孫穆.

類合　　　新增類合. 宣祖 9년 1576년(木版本 2권 1책).

恩重　　　父母恩重經. 明宗 8년 1553년(木版本 1권).

因果曲　　因果曲.

隣語　　　隣語大方. 正祖 14년 1790년(木版本 10권 5책).

煮硝方　　煮硝方諺解. 肅宗 24년 1689년(木版本 1권 1책).

字會　　　訓蒙字會. 중종 22년 1527년(木版本 3권 1책).

才物	才物譜. 正祖朝(李成之. 寫本 8권 8책).
正俗	正俗諺解. 중종 13년 1518년(木版本 1책).
註千	註解千字文. 純祖 4년 1804년(木版本 1책).
眞供	眞言勸供. 燕山君 2년 1496년(木版本 1책).
靑	靑丘永言. 英祖 4년 1728년(寫本. 京城帝大刊<靑大>, 珍書刊行會 <珍靑, 靑>, 李漢鎭撰(1815)<靑李>).
七大	七大萬法. 宣祖 2년 1569년(木版本 1권).
胎要	註解胎産集要. 宣祖 41년 1608년(木版本 1권).
太平	太平廣記諺解. 年代未詳(5권 5책 筆寫本 9권 9책).
漢	漢淸文鑑. 英祖朝刊(木版本 15권).
閑中	閑中錄. 純祖朝刊(寫本).
海東	海東歌謠. 英祖 39년 1763년(寫本 1책).
解例	訓民正音解例. 世宗 28년 1446년(木版本 33장).
行吏	行用吏文.
華方	華音方言字義解. 英祖朝著 純祖朝刊(李齋藁 권25 雜著 21-47면).
華諺	華音啓蒙諺解. 高宗朝刊(活字本 2권. 華音啓蒙 李應憲著 高宗 20 년 1883년).
訓諺	訓民正音諺解. 刊行年代未詳(月印釋譜에 수록) 木版本.

이 참고문헌은 주로 이 사전에서 인용한 어휘 및 기타 속담 따위를 뽑은 사전류 및 어휘집으로서, 알타이제어를 비롯한 우리말의 고어, 방언 및 중국어(한자어), 일본어를 비롯한 기타 문헌어의 출처다. 단 한자(漢字) 가운데 중국어의 간체자와 일본어의 약자는 정자로 바꾸었다.

강릉 사투리 맛보기. 김인기 편저. 한림출판사. 1998.

古今釋林(影印本). 李義鳳編著. 亞細亞文化社. 1977.

故事ことわざ辭典. 鈴木棠三編著. 日本 創拓社. 1992.

古語大辭典. 中田祝夫, 和田利政, 渡邊靜夫編著. 日本 小學館. 1983.

廣州音字典. 饒秉才主編. 三聯書店香港分店. 1985.

敎學 古語辭典. 南廣祐編著. 敎學社. 1997.

國語語源辭典. 山中襄太著. 日本 校倉書房. 1976.

同文類解, 小兒論, 八歲兒, 三譯總解. 延禧大學校 東方學硏究所. 1956.

同源字典. 王力著. 北京. 商務印書館. 1982.

同源字典補. 劉鈞杰著. 北京 商務印書館. 1999.

東鄕語簡志. 劉照雄編著. 人民出版社. 1981.

滿洲語·蒙古語比較語彙辭典. 金炯秀編著. 螢雪出版社. 1995.

滿和辭典. 羽田亨編. 日本 國書刊行會. 1973.

蒙古語·滿洲語比較語彙辭典. 金炯秀編著. 螢雪出版社. 1995.

蒙古語簡志. 道布編著. 北京 人民出版社. 1983.

蒙古語大辭典. 日本陸軍省編. 日本 國書刊行會. 1933.

蒙古語族語言詞典. 孫竹主編. 靑海 人民出版社. 1987.

蒙學三書硏究. 金亨秀著. 螢雪出版社. 1974.

민족생활어사전. 이훈종 지음. 한길사. 1992.

방언사전. 김병제 저. 평양 과학백과사전출판사(한국문화사). 1980(1995).

佛敎辭典. 耘虛龍夏著. 동국역경원. 1961.

辭源. 商務印書館編輯部編. 商務印書館. 修訂本. 1998.

撒拉語簡志. 林蓮云編著. 人民出版社. 1985.

西グリーンランド(エスキモ-)語入門. 久保義光著. 日本泰流社1985.

錫伯語簡志. 仲謙外編著. 人民出版社. 1986.

俗談辭典. 李基文編. 改正版. 一潮閣. 1980.

松南雜識(影印本). 趙在三編. 亞細亞文化社. 1986.

時代別 國語大辭典(上代編). 上代語辭典編修委員會編. 日本 三省堂. 1967.

新字典. 朝鮮光文會編纂(崔南善). 京城 新文館. 1915.

17세기국어사전. 한국정신문화연구원 편. 태학사. 1995.

アイヌ語方言辭典. 服部四郎編. 日本 岩波書店. 1964.

鄂倫春語簡志. 胡增益編著. 人民出版社. 1986.

鄂溫克語簡志. 胡增益, 朝克編著. 人民出版社. 1986.

岩波古語辭典. 大野晋, 佐竹昭廣, 前田金五郎編著. 日本 岩波書店. 1974.

岩波 佛敎辭典. 中村元外編著. 日本 岩波書店. 1989.

어원사전. 안옥규. 동북조선민족교육출판사. 1989.

女眞文辭典. 金啓琮編. 北京 文物出版社. 1984.

英語語源辭典. 寺澤芳雄編著. 日本 硏究社. 1997.

烏魯木齊方言詞典. 李榮主編. 江蘇敎育出版社. 1995.

烏孜別克語簡志. 程适良編著. 北京 人民出版社. 1987.

外國地名由來辭典. 本保正紀著. 日本 能登印刷出版部. 1995.

ウラル·アルタイ言語族單語集. 久保義光. 日本 泰流社. 1985.

우리말 語源辭典. 김민수 편. 태학사. 1997.

우리말 유래사전. 박일환 엮음. 우리교육. 1994.

維吾爾語簡志. 趙相如, 朱志宁編著. 人民出版社. 1985.

李朝語辭典. 劉昌惇著. 延世大學校出版部. 1964.

日本國語大辭典. 日本大辭典刊行會編. 日本 小學館. 縮刷版(전10권). 1981.

日本方言親族語彙資料集成. 日本 國立國語硏究所. 1989.

日常語語源辭典. 鈴木棠三著. 日本 東京堂出版. 1992.

日中擬聲語擬態語辭典. 郭華江主編. 上海譯文出版社. 1994.

字典釋要. 池錫永編. 滙東書館. 1909.

字通. 白川靜著. 日本 平凡社. 1994.

전남방언사전. 이기갑 외 공편. 태학사. 1998.

濟州方言硏究(資料篇). 朴用厚著. 高大 民族文化硏究所. 1998.

濟州方言硏究(資料篇). 玄平孝著. 修訂版. 太學社. 1985.

朝鮮語大辭典. 大阪外國語大學 朝鮮語硏究室編. 日本 角川書店. 1985.

朝鮮語辭典(우리말辭典). 靑嵐 文世榮著. 서울三文社. 1938(1948).

朝鮮語辭典. 朝鮮總督府編. 日本 國書刊行會. 1920.

朝鮮語象徵語辭典. 靑山秀夫編著. 日本 大學書林. 1991.

朝鮮後期漢字語檢索辭典(物名考·廣才物譜). 韓國精神文化研究院編. 1997.

조중사전(韓中大辭典). 북한외국문도서출판사, 중국민족출판사(새날). 1993.

最新表音 蒙露日大辭典. 石田喜與外著. 南滿洲鐵道株式會社調査部編. 學藝社. 1941.

沖繩語辭典. 日本國立國語研究所資料集5. 大藏省印刷局. 1975.

トルコ語辭典. 竹內和夫著. 日本 大學書林. 1987.

フィンランド語文法讀本. 小泉保著. 日本 大學書林. 1983.

平北方言辭典. 金履浹編著. 韓國精神文化研究院編. 1991.

한국고전소설 독해사전. 한국정신문화연구원 편. 태학사. 1999.

韓國方言研究. 金亨奎著. 서울大學校出版部. 1974.

韓國方言資料集(I-IX). 韓國精神文化研究院편. 1987-1995.

한불ᄌ뎐. Les Missionnaires de Corée. Yokohama C. Lévy, Imprimeur-Libraire. 1880.

漢語方音字彙 北京大學中國語言文學系語言學敎研室編. 第二版. 文字改革出版社. 1989.

韓英中日對譯術語辭典. 美空軍 諜報勤務團編纂. 亞細亞文化社. 1990(1955).

한영ᄌ뎐. H. G. Underwood. The Yokohama Seishi Bunsha. 1890.

漢字の起源. 加藤常賢. 日本 角川書店. 1970.

漢字語源辭典. 藤堂明保著. 日本 學燈社. 1965.

漢淸文鑑. 延世大學校 國學研究院. 弘文閣. 전7권. 1998.

咸北方言辭典. 金泰均編著. 京畿大學校 出版部. 1986.

哈薩克語簡志. 耿世民, 李增祥編著. 人民出版社. 1982.

現代モンゴル語辭典. 小澤重男編著. 日本 大學書林. 1983.

華夷譯語. 火源潔譯. 第伯符輯. 珪庭出版社有限公司(正文社). (1982).

樺太ギリヤク語. 高橋盛孝著. 日本 朝日新聞社. 1942.

ENGLISH-TURKISH DICTIONARY, H. C. HONY. OXFORD UNIVERSITY PRESS. 1978.

TURKISH-ENGLISH DICTIONARY, H. C. HONY. OXFORD UNIVERSITY PRESS. 1986.

1. 어원사전의 시론(試論)

"國語語源辭典"이라고 이름을 붙였지만 그것은 편의상이고 어원사전이라기보다 더 나은 어원사전을 만들기 위한 기초작업이라고 하겠다.

종전의 어원연구의 자료들을 종합·정리하는 것이 아니라 새로운 방법에 의해 이루어낸 것이기 때문에 독창적일 수밖에 없다. 이러한 개척의 모험적인 방법은 누군가가 한 번은 짊어져야 된다고 보는데 졸저(拙著)가 먼저 그 모험을 한다는 생각을 가지고 있다.

이것을 계기로 우리나라 어원연구가 한 차원 향상되고 더 알찬 어원사전이 나올 수 있다면 더 없는 기쁨이 될 것이다.

2. 미개척의 처녀지(處女地)

국어 어원연구는 아직도 미개척의 분야라고 생각한다. 어원연구의 업적이 부분적으로는 있지만 방법론이 문제가 된다.

언어를 만들어 내는 것은 대중이나, 그 대중은 문법이나 언어에 대한 학문적인 지식이 없는 사람들이다. 대중은 문자를 알 수 없는 문맹이고 더구나 상고대(上古代)에는 문자가 있을 리 없다. 대중들이 멋대로 소리내고 중얼거려 그것을 제대로 듣지 못한다. 뿐더러 잘못 전해져 입에서 귀로, 귀에서 입으로 전하여 온 것의 일대집성(一大集成)이 오늘의 국어일 것이다. 어족(語族)의 이동에 따라 서로의 언어가 섞이고 새로운 언어세력에 구세력어(舊勢力語)가 약화 소실(消失)되고 대체되거나 하여 구세력어를 신세력어가 덮어버리기도 했을 것이다. 그래서 구세력어는 새로운 세력에 밀려나게 되어 일부가 화석어(化石語)로 그 면목을 유지한다고 보겠다. 그런데도 어원연구는 어떤 선입견의 틀을 만들어서 그런 쪽으로 몰아가는 경향을 볼 수 있다. 어원을 푸는 데 있어서 의미를 먼저 생각하고 그 의미 쪽으로 푸는 것은 모험이 따른다고 하겠다.

3. 어원연구에는 잡학(雜學)이 필수

어원이라는 것은 언어학과 국어학으로서 도저히 풀 수 없는 것이 있다. 그러한 학문 이외의 것에 대해, 깊지는 못하더라도, 폭넓은 외국어의 지식과 여러 방면의 문화지식과 자연과학은 물론, 다방면에의 흥미와 이해를 지니고 있는 것이 바람직하다고 하겠다. 예를 들면 신화, 전설, 민속, 민족, 종교, 사학, 고고학, 문학, 음악, 무용, 미술, 공예, 예능 등 여러 면과 자연현상, 자연과학의 개략 즉 천지, 성신(星辰)에서 지리, 지학, 동식물, 광물 등 모든 산천초목에 이르기까지 관심을 가져야 되리라고 본다. 어떤 면에서 어원 연구자는 전문적인 언어학과 국어학적인 바탕에서 만물박사(萬物博士)라는 별명을 듣는 학자가 적임자라고 할 수 있겠다.

4. 어원연구는 국어의 틀 안에서는 한계가 있다

어원연구에 있어서 국어의 틀 안에서 충분한 자료조사와 연구가 제일차적으로 필요하다는 것은 두말할 것도 없다. 그러나 국어만으로는 한계가 있다. 왜냐하면 우리 국어가 북방계의 알타이어족에 속해 있어 알타이어족의 어군(語群)끼리의 이동이 심하다고 보기 때문에 더욱 그렇게 여겨진다. 그렇기 때문에 알타이어족의 언어와 비교해 보는 것이 열쇠를 푸는 데 도움을 받을 것이다. 특히 일본어는 고대 국어가 건너가서 오늘의 일본어의 골격을 이루었다고 보기 때문에, 인접국가로서는 일차적으로 일본어와 비교해 보는 것이 바람직하다. 터키어군, 몽골어군, 퉁구스어군 등의 언어와 고아시아어라고 일컬어지는 포합어(抱合語)와도 비교해 봄직하다. 일본의 선주민(先住民)이라고 볼 수 있는 아이누어나 니브흐어, 에스키모어, 심지어 아메리카 인디언어와도 비교해 봄직하다. 특히 일본의 유구어(琉球語)에는 한국의 고대어가 생생하게 살아 있는 어휘들이 있다. 고대국어가 일본의 규슈지방(九州地方)으로 건너가서 일본어의 골격을 이루고, 한편 유구어에도 국어가 일본을 거치지 않고 직접 이동했다고 여겨진다. 아메리카 인디언은 1만 5천 년 내지 2만 5천 년 전에 아시아에서 베링해협을 거쳐 건너갔다고 보고 있는 것이다. 아메리카 인디언이 아시아에서 건너간 시기는 빙하시대였다고 하겠다.

알타이어족은 교착어(膠着語)고 중국어는 고립어(孤立語)라고 해서 서로 다른 계통의 언어로 생각하고 있지만 그렇지 않다고 여겨진다. 중국어의 조어(祖語)도 알타이어족의 조어와 같이 단음절어(單音節語)였는데 그러한 단음절어 시대의 문법을 그대로 유지하고 있고 알타이어족은 단음절어였던 고립어에서 포합어를 거쳐 교착어로 변천됐다고 본다. 따라서 중국어의 조어는 국어와 동계(同系)였다고 보기 때문에 중국어와도 비교가 가능하다고 여겨진다.

5. 어원연구에 앞서야 할 기초작업

우리말의 뿌리는 어디일까. 사람, 사랑, 하늘 등의 어원은 무엇일까. 사람, 사랑, 하늘 등의 말이 아득한 고대부터 그렇게 쓰였을까. 사람이라고 하는 말은 아주 오래 전부터 사람이라 했고 다른 말로 사람의 뜻을 지니는 말은 없었을까. 말은 생성, 변화, 소실, 대체 등의 과정을 거친다고 보면 사람이라고 하는 말 외에 다른 말이 있었을 것이 아닌가. 사람 이전에 쓰이던 말을 찾아볼 수는 없을까. 지금은 산이라고 하지만 옛날에는 '뫼'였고, '달'이라고 하는 말도 옛말에서 산의 뜻을 지녔었다.

조어재구(祖語再構)와 소실어재구(消失語再構)가 된다면 이것은 우리나라 국어학 연구의 발전을 위해 혁명적인 일이며, 국어학 연구의 새로운 활로를 여는 것이 될 것이며 비로소 어원연구의 실마리가 풀리게 된다고 하겠다. 그러나 신라어(新羅語)나 고구려어(高句麗語), 백제어(百濟語)도 재구(再構)하지 못하고 있는 형편에서 그런 꿈은 절망적인 것이었다. 더구나 우리에게는 고문헌자료가 거의 없기 때문에 그 실망은 큰 것으로 조어재구나 소실어재구는 어렵다는 것이 지배적인 견해였다. 사실 그렇다. 2천여 년 전의 고구려어, 신라어도 재구하지 못하고 있는데 그보다 몇 천 년, 몇 만 년 앞서는 선사시대(先史時代)의 조어와 소실어를 어떻게 재구하고 찾아낼 수 있느냐 하는 것은 문제일 수밖에 없다.

필자는 조어재구와 소실어재구 방법론을 평생의 작업으로 여겨 오던 중 드디어 그 방법론을 발견하고 그 방법을 몇 가지 규칙으로 체계화하기에 이르렀다. 이 방법은 국어의 음운사적(音韻史的)인 면과 어휘사적(語彙史的)인 면에 기초를 둔 것인데, 이 방법이 알타이제어인 몽골, 터키, 퉁구스어군은 물론 고립어라고 해서 우리말과 별개라고 하는 중국어도 조어를 재구하면 공통된다고 하는 사실도 밝혀낼 수 있었다. 이는 우리의 고대어가 건너가서 형성된 일본어에도 적용된다. 뿐더러 고아시아어족이라고 일컫는 아이누어, 니브흐어 등의 포합어도 이 방법이 적용된다.

지금까지는 인류의 발생을 동부 아프리카의 케냐로 보고 있었다. 영국의 고고학자 메리 리키에 의해 케냐에서 200만 년 전의 호모 하빌리스가 사용한 돌로 된 도구들이 발견되었다. 이러하여 100만 년 전에 이들이 유럽과 아시아로 이동한 것으로 생각했었다. 그러나 1986년 소련의 고고학자 유리 모차노프는 시베리아에서 호모 하빌리스가 사용한 것과 비슷한 석기(石器)들을 발견했는데, 그 토양이 지질학적으로 180만 년 전의 것으로 확인되었다고 한다. 따라서 아시아인들의 조상이

케냐가 아니라 시베리아에서 태어났다고 하는 사실은 알타이어족의 발생기원에 여러모로 시사하는 바가 크다고 하겠다. 아메리카 인디언은 아시아에서 1만 5천 년 내지 2만 5천 년 전에 건너간 것으로 알려져 있다. 이 시대에는 아시아와 미국 사이가 폭 30km나 되는 육로로 연결돼 있는 빙하시대였던 것이다. 아메리카 인디언의 조상 중 99%는 아시아에서 건너간 것으로 미국 학계에는 보고 있다. 사할린의 니브흐나 일본의 아이누족은 3만여 년 전에 아시아에서 건너간 것이라 하겠다. 이렇게 볼 때 아시아인이나 아메리카 인디언들 모두가 시베리아에서 발견된 호모 하빌리스의 후예들이라고 할 수 있을 것이다.

중국어도 조어를 재구해 보면 국어와 상당한 부분이 일치되는데 신체어(身體語)에 있어서의 일치는 매우 중요한 의미가 있다고 하겠다. 중국어도 알타이제어의 조어였던 단음절시대에 남하(南下)하여 고립어로 발달했다고 여겨지는 것이다.

필자는 국어의 조어를 재구하고 소실어를 찾아내는 방법을 정립함으로써 어원을 밝히는 열쇠를 찾아내었다.

이 사전에서는 다음과 같은 조어재구방법과 소실어재구방법을 통해서 어원을 밝혔기 때문에 이 방법론을 읽어두면 어원사전을 이해하는 데 절대적인 도움이 될 것이다.

6. 어원연구의 방법

필자가 정립한 조어재구와 소실어재구의 규칙은 다음과 같다.

1) 조어는 단음절어로서 폐음절어(閉音節語)다.

조어는 단음절어로서 폐음절어인데 통시적(通時的)으로 개음절화(開音節化)하고 있다.

신체어인 눈, 코, 귀, 볼, 낯, 목, 멱, 뼈, 팔, 갗, 살, 숨, 배, 손, 발, 젖, 좆 등이 단음절어다. 머리의 15세기어는 마리다. 어근은 '말'이고 '이'는 접미사다. 본디는 단음절어인 '말'이고 더 옛말은 '맏'인 것이다. 『계림유사 鷄林類事』에는 '頭曰 麻帝'로 나온다. '麻帝'는 어근이 '맏'임을 보여주고 있다. 천체어 해, 달, 별, 볕, 비 등이 단음절어다. 수사에서는 둘, 셋, 넷, 열 등이 단음절어다. 그 밖의 수사도 조어를 재구해 보면 모두가 단음절어가 되는 것이다. 이렇게 신체어, 수사, 천체어 등의 대부분이 단음절어라는 것은 조어가 단음절어였음을 시사하는 것이라 하겠다.

코의 15세기어는 '고'다. '코를 골다'라고 할 때 '골다'의 어간 '골'이 명사로서 고

(鼻)의 더 옛말인 것이다. '골'에서 말음(末音) ㄹ이 떨어져 '고'가 되고 다시 코가 된 것이다. 따라서 코의 조어는 폐음절어였던 것이다.

귀(耳)는 개음절어다. 귀는 '구이'가 줄어든 말이고 '구이'의 '이'는 접미사로 위에 오는 말음이 폐음절어일 때만 붙는다. 그렇게 되면 '구이'의 '구'의 말음이 개음절어가 아니고 폐음절어였음을 알 수 있다.

> kulak(耳) [터키]
> kolak(耳) [위구르]

어근 kul, kol은 국어의 귀의 고형(古形)이 '굴(굴)'이었음을 보여준다(터키어 등에서 ak은 명사에 붙는 접미사다). '굴'에 접미사 '이'가 붙어 '굴이>구이>귀'로 변화했다고 하겠다.

국어의 모음으로 끝난 개음절어의 조어를 재구하게 되면 모두 폐음절어가 된다. 국어가 폐음절어였다는 결정적인 자료가 있다. 고대의 주격조사(主格助詞)는 '이'뿐이었다가 16세기에 이르러 '가'가 나타난다(鄭澈 慈堂 安氏, 內簡). 고대에는 주격조사가 '이'뿐이었다는 것은 명사가 폐음절어였음을 보여주는 것이라 하겠다. 주격 '가'는 어간말음이 모음일 때 '소가, 비가'와 같이 개음절어 아래에 쓰이게 된다. 주격조사 '가'는 국어가 개음절화함에 따라 새로 생기게 된 것이라 하겠다. 주격 '이' 이외에 '에, 의' 등도 명사가 개음절어임을 시사하는 것이라 하겠다. '는, 를'의 격은 폐음절어일 때에는 '은, 을'이 되고 개음절어화함에 따라 새로 생겨난 것으로 격의 두음(頭音)이 자음으로 나타난다. '나은, 나을'일 때에는 모음이 이어 나기 때문에 '나는, 나를'과 같이 격의 두음에 모음 대신 자음이 생기는 것이다. 하나의 모음 충돌기피현상(母音衝突忌避現象)이라 하겠다. '먹으니'의 어미 '-으니'의 '으', '집은'의 격의 '은'의 '으'는 매개모음(媒介母音)이 아니라 어미의 원형이 된다고 하겠다.

2) 동사와 형용사의 어근은 명사에서 전성(轉成)된 것이다.

속어에 '토끼다'라고 하는 말이 있는데 도망가다의 뜻을 지니는 말이다. 토끼(兎)라고 하는 명사가 동사가 된 것을 알 수 있다.

ㄱ) 국어의 경우

신(靴)→신다   띠(帶)→띠다
품(懷)→품다   블(火)→붉다(赤)
희(陽)→희다(白)   되(升)→되다
꾀(謀)→꾀다   틀(機)→틀다
플(草)→프르다(靑)   눌(土)→누르다(黃)

ㄴ) 만주어의 경우

aga(雨)→agambi(비오다)   use(種子)→usembi(播種)
bono(雹)→bonombi(우박오다)   moseraku(臼)→moserambi(挽臼)

ㄷ) 터키어의 경우

solunum(呼吸)→solunmak(呼吸하다)   konuşma(話)→konuşmak(이야기하다)
balta(斧)→baltalamak(切斧)   su(水)→sulamak(물주다)

ㄹ) 몽골어의 경우

amisiha(呼吸)→amisihaho(呼吸하다)   salhin(風)→salhilaho(吹風)
času(雪)→časuraho(降雪)   borogan(雨·文語)→borogalaho(降雨)

ㅁ) 일본어의 경우

hara(腹)→haramu(孕)   kumo(雲)→kumoru(曇)
kata(肩)→katsugu(擔)   koto(言)→kataru(語)

ㅂ) 아이누어의 경우

'okúuyma(小便)→'okúyma(小便보다)   cinita(夢)→cinita(꿈꾸다)
'iták(言)→'iták(이야기하다)   kamúyhum(雷)→kamúyhumás(震雷)
réra(風)→rera'as(吹風)

위 예와 같이 명사가 그대로 동사로 전성(轉成)된다. 포합어(抱合語)에 속하는 아이누어는 명사가 그대로 동사화 기능을 지니고 있음을 주목하게 된다. 이는 고대어에 있어서는 동사가 따로 분리되기 전에는 명사가 용언적(用言的) 기능도 함께 지니고 있음을 보여준다고 하겠다.

이렇게 동사와 형용사의 어간이 명사에서 전성된 것이라는 사실을 전제로 하고 소실어를 찾아내 보자.

가지다(持)라고 하는 동사의 어간은 '가지-'지만 어근은 '갖'이다. 이 어근 '갖'은 뒤에 오는 '이' 때문에 구개음화(口蓋音化) 되었음을 짐작할 수 있다. 즉 '갇'이 어근인데 뒤에 오는 어미 '-이다'가 붙어서 '가디다'가 되고 다시 가지다로 변했을 가능성을 생각할 수 있다. 따라서 가지다의 어근 '갖'의 조어는 '갇'이라고 하겠다. 이 '갇'이 명사라 하겠는데 무슨 뜻을 지니는 말일까. 발, 밟다 같이 가지다의 '갇'도 행동하는 주체와 관련되었을 것이다. 가지다라고 할 때는 어떤 사물이 손안에 들어 왔을 때를 뜻한다. 한자 持 자를 보면 扌(手)변이 들어 있다. 중국인들도 가지다는 손의 행동이라고 보고 있다. '갇'은 손의 뜻을 지닐 개연성이 있다고 하겠다.

gar(手) [蒙]	gara(手) [滿]
kol(手) [터키]	kol(手) [위구르]

어근 gar, kol을 얻을 수 있다. r, l은 t에서 변한 자음이기 때문에 gat, kot이 고형이 될 것이다. 'gat, kot'은 가지다의 조어형 '갇'과 동원어(同源語)임을 알 수 있다. 따라서 '갇'은 손의 뜻을 지니는 말로서 고어에 '갇'이 손의 뜻을 지니고 쓰였던 말임을 보여준다. 아울러 국어가 몽골어, 만주어, 터키어와 동계어라는 것을 시사하는 것이라 하겠다. 가락지의 '갈', 골무의 '골' 등이 손의 뜻을 지닌다고 하겠다. 아기들을 어를 때 '곤지곤지' 하는데 본디는 '고지고지'가 ㅈ 위에서 ㄴ이 첨가되어 '곤지'가 되었다. 어근은 '곧'인데 손의 뜻을 지닌다. 가리키다(指)의 '갈', 가르다, 고르다의 어근 '갈, 골' 등이 명사로서 손의 뜻을 지닌다고 하겠다. 가락지, 골무, 곤지곤지, 가리키다, 가르다, 고르다의 어근 '갈(갇), 골(곧)'이 손의 뜻을 지니는 말임을 보여주고 있으며 고대에 손의 뜻을 지녔던 소실어를 찾아낸 셈이다.

일본어의 동사를 통해서 국어의 소실어를 찾아낼 수도 있다.

motsu(持) [日]	mutol(手, 尊待語) [蒙]
밀다(推) [國]	

어근 mot, mut, mil(mit)이 동계어임을 짐작하게 하며, 손의 뜻을 지니고 있었음을 알겠다. 만지다(撫)는 마지다의 ㅈ 위에서 ㄴ이 개입된 것으로 보면 맞(맏)이 어근이 되며 만지는 것은 손의 행위가 되기 때문에, '맏'이 손의 뜻을 지니는 옛말이었

음을 보여주고 있다.

3) 조어의 어근말음은 거의 ㄷ이다

머리(頭)의 15세기어는 '마리'고, 12세기의 『계림유사』에는 麻帝로 표기되어 있다. '마리'의 어근도 '말'인데 麻帝를 보면 12세기에는 '맏'이었음을 보여 주고 있다.

15세기 표기로는 믈(水)이지만 물로 변했다.

midu(水) [日]	namida(涙) [日]

namida(涙)는 na와 mida의 합성어(合成語)인데 na는 국어 눈(目)과 동원어고 mida는 국어 믈(믇, 水)과 동원어다.

폐음절어인 국어의 고대어 '믇'이 일본어에서는 mida로 개음절화했다. 국어에서는 물(水)인데 반하여 일본어에는 mit과 같이 고대음(古代音)인 t를 유지하고 있다.

이는 고대국어에서 '믇'(水)으로 발음될 때 일본으로 건너간 말이 된다. 따라서 이는 신라·백제·고구려가 건국되기 훨씬 전 선사시대에 국어가 일본에 건너갔다는 이야기가 된다. 국어에서는 어근말음이 ㄹ 음화하고 있는데 일본어에서는 비교적 t음을 유지하고 있는 셈이다.

müren (河) [蒙]	mur(水源) [다구르]
mil(水) [위구르]	mura(水) [위구르]
mura(大河) [부리야트]	

어근 mür, mur, mil 등이 모두 국어 물과 동원어이며 말음이 l, r음을 유지하는 어휘군(語彙群)이라 하겠다. 그러나 조어형(祖語形)은 mut이다.

흑룡강(黑龍江)을 시베리아 현지인(現地人)들은 amuru라고 하는데 큰 강이란 뜻이라고 한다. amuru는 a와 muru로 가를 수 있는데 muru는 국어 물(水)과 동원어가 된다고 하겠다. 에벤키어에서 amadʒı(湖), 오로촌어에서 amudʒI(湖)인데, amuru의 muru가 mudʒı로 나타난다. mudʒı의 어근이 mut임을 보여준다고 하겠다. 몽골의 현대어에서 물(水)을 뜻하는 말은 oso이지만 합성어일 때에는 국어의 '믇'(水)과 동원어가 나타난다. nilmosun은 눈물(涙)의 뜻을 지니는데 nil과 mosun과의 합성어다. nil은 눈(眼)의 뜻이고 mosun은 물(水)의 뜻이다. mosun의 어근은 mos이고

un은 접미사다. mos의 조어는 mot(水)임을 보여주고 있다. nil은 눈(眼)의 뜻인데 현대어 nidön, nidö가 눈(眼)의 뜻을 지니는 말이다. 어근 nit이 nilmosun(淚)일 때에는 t>l의 변화를 알 수 있다. 일본어 moru(漏, 洩)의 어근 mor는 국어의 물과 동원어가 된다고 하겠다.

미르(龍) [國]	muduri(龍) [滿]
mədəri(海) [滿]	muduri(龍) [나나이]

미르(龍)의 어근 '밀'은 믈(水)과 동원어가 된다. 용은 물의 신(水神)이라 하겠다. 만주어 용(龍)·바다(海)의 어근이 mut, mət은 국어 믈(水)의 조어 '믇'과 동원어임을 보여주고 있다.

mukə(水) [滿]	muu(水) [에벤키, 오로촌]
mï(水) [니브흐]	

만주 퉁구스어군에서는 mukə와 muu의 양형이 있다. muu는 muru의 r음 탈락일 것이다.

① ㄹ 말음어(末音語)
'걷다(步), 걸어'라고 할 때 말음 ㄷ이 ㄹ화한다. 목단봉(牧丹峯)이 모란봉으로 ㄷ이 ㄹ화한다는 것은 의심할 여지가 없다. ㄷ이 ㄹ은 되어도 ㄹ이 ㄷ이 되는 예는 아직 그 예를 찾아낼 수 없다. 한자음 말음도 국어에서는 모두 ㄹ화했다. 그래서 『훈민정음(訓民正音)』 해례(解例)에서 '이영보래(以影補來)'라는 용어가 출현하기도 했다. 그러니까 어근 말음이 ㄹ인 것은 ㄷ으로 소급할 수 있다. ㄹ은 ㄷ에서 변한 음으로 조어시대로 보면 부차적으로 발달한 자음이 된다고 하겠다.
다리(脚)의 어근은 '달'인데 닫다(走)일 때에는 '닫'이 명사로 다리(脚)의 뜻을 지닌다. 닫>달이고 다리로 변화한다.

bətk(脚) [시베]	fatxa(脚) [나나이]
bacak(脚) [터키]	bəthə(足, 脚) [滿]

어근 bət은 국어 발(足)의 조어 '받'과 동원어가 된다.

곧>골(型)	kata(型) [日]
받>벌(蜂)	hatsi(蜂) [日]
듣>둘(等)	tatsi(達) [日]
어든>어른(成人)	otona(成人) [日]
곧>골>고래(鯨)	kudira(鯨) [日]
숟>술(匙)	sadi(匙) [日]
샅>살(矢)	satsi(矢) [日]
줃>줄(條)	sudi(線條) [日]

국어에서 ㄹ음인 것이 일본어에서 ㄷ을 유지하고 있다. 일본어에서는 비교적 ㄷ음을 유지하고, 국어에서는 ㄷ>ㄹ화 현상이 두드러진다고 하겠다.

tanka(日) [니브흐]	ranka(日) [니브흐]

니브흐어에서는 두음 t음이 r음화 현상이 보인다.

② ㅅ말음어

어근 말음 ㅅ은 ㄷ에서 변한 음이다.

붇(筆)>붓	hude(筆) [日]
갇(笠)>갓	kasa(笠) [日]
낟(鉈)>낫	nada(鉈) [日]

등과 같이 말음 ㄷ이 ㅅ화했다. 일본어 hude(筆)는 bude가 원형이고 but이 어근으로서 국어 붇(筆)과 같다. 그러나 kasa(笠)는 국어와 같이 ㄷ이 ㅅ화했고 모음 접미사가 붙어 개음절화가 되었다.
 국어 구리다(臭)의 어근 '굳'은 명사로서 '굳'이 조어형이다. 이 '굳'은 똥(糞)의 뜻을 지니는 명사라 하겠는데 구리다의 주대상물은 똥(糞)이 된다고 하겠다. '굳'이 똥(糞)의 뜻을 지니고 있음은 일본어와 비교하면 알 수 있다.

kuso(糞) [日]	kusai(臭) [日]
kusaru(腐) [日]	kurt(蛆) [터키]

kuso(糞)의 어근 kus가 kut이라는 것은 구리다라는 형용사에서 '굴'을 찾아낼 수 있기 때문이다. 한편 터키어 kurt(蛆)의 어근 kur는 국어 구더기의 '굳'과 동원어임을 이해하게 된다. 옷(衣)이 평안도방언(平安道方言)에서 '오티'인데 '옫'이 조어형이 된다.

> əthukhu(衣) [滿]

어근 ət은 국어 옷(옫)과 동원어가 된다고 하겠다.

> yasa(眼) [滿]   nidön(眼) [蒙]
> 엿보다 [國]

만주어 yasa(眼)는 nyasa, nasa로 소급된다. 어근은 nas가 되는데 nas는 nat으로 소급된다. 몽골어 nidön(眼)의 어근 nit과 동원어가 된다. 국어 눈(眼)의 조어도 '눋'인 것이다. 만주어에서도 t음이 s화하는 것을 볼 수 있다.

> amta, amtaktal(味) [蒙]   amsaguri(味) [蒙]

amta가 amsa로 t>s화 현상을 볼 수 있다.

> ses(音,聲) [터키]   söz(言) [터키]
> şark(歌) [터키]   söylemek(노래하다) [터키]

어근 ses, söz, şar, söy는 국어 소리(音, 聲, 歌, 言)의 어근 sor(sot)와 동원어라 하겠다. 터키어에서 말음 t가 s, z, r 등으로 변함을 볼 수 있다. şark(歌)의 어근 şar는 국어 소리의 어근 '솔'과 동원어가 된다.

t>s화 현상은 일본어와의 비교에서 두드러지게 나타난다.

> 삳>살(肉, 肌)   sasi, sisi(肉) [日]
> 돋>돌(年)   tosi(年)
> 곧>골>꼴(蒭, 草)   kusa(草)

맏>말(斗)	masu(枡)
갇>갈(頭)	kasira(頭)

따라서 어근말음 s는 t로 재구된다.

③ ㅈ, ㅊ 말음어

ㄷ이 모음 '이'와 연결될 때 구개음한다는 것은 익히 알고 있는 터이다.

구지돔(曲 77)	구지람(月 17:84)
구짖다(釋 19:26)	

구지돔은 '구짇다'에서 나온 것을 보여주고 있다. 말음 ㄷ>ㅈ, ㄷ>ㄹ화함을 보여주고 있다.

꽃은 15세기어로는 곶(花)인데 풀(草)의 뜻을 지니는 왕골의 '골(곧)'과 동원어가 된다. 골>꼴은 생초(生草)의 뜻으로 '꼴 베러 간다'는 '풀 베러 간다'의 뜻이다. 꼴의 고음은 '골'이고 '곧'이 조어형이다. 곧>곶이다. 위구르어에서 gyl(花)이다. 15세기어에는 '빋(債)'이나 '빛'으로 변했다. 내 고장, 우리 고장의 '고장'의 어근은 '곶'이나 '곧'이 조어형으로 곧(處)과 동원어가 되며 골(谷, 洞, 邑, 州)과 동원어가 된다.

일본어에서 タ(ta), チ(tsi), ツ(tsu), テ(te), ト(to)의 오음 중 チ(tsi) ツ(tsu)가 구개음이다. 국어 ㄷ음이 일본어 모음 イ(i), ウ(u)와 연결될 때 구개음화한다. タ(ta), テ(te), ト(to)는 혀끝소리(舌端音)이고 チ(tsi), ツ(tsu)는 구개음이라는 것은 일본의 구개음도 ㄷ에서 변한 것을 알 수 있다. 이렇듯 ㄷ>ㅈ 현상은 알타이제어에서는 공통적인 현상이라 하겠다. 국어의 ㄷ음이 일본어에 i, u와 연결될 때 구개음화한다고 보겠다.

15세기어 졎(乳)이 일본어에서 tsitsi(乳)다. '졎'이 일본으로 건너갔을 때 '덛'이었음을 보여주고 있다. 국어에서 ㅈ은 일본어에서는 ㅅ으로 나타나는 경우가 있다.

잗>잣(城)	siro(城) [日]
줃>줄(條)	sudi(線條) [日]
ㅈㄷ>ㅈㄹ~(育)	sodatsu(育) [日]

국어 '졎'이 일본에 건너가서 그대로 tsitsi가 된 것이 아니고, 우리말에서 '덛'이 었을 선사시대에 일본에 건너갔음을 보여주고 있다. 이렇게 보면 일본어는 국어가 어느 한 시기에만 건너간 것이 아니고 통시적으로 건너갔다고 하겠다.

두더쥐는 '두더'와 '쥐'와의 합성어다. 새앙쥐, 살강쥐, 굴뚝쥐, 부엌쥐, 뒷간쥐와 같이 쥐 위에 오는 관형어는 쥐의 모습이나 사는 곳(居處)의 뜻을 지니고 있다. 두더쥐의 '두더'의 어근은 '둗'이다. 두더쥐는 흙 속, 땅 속이 그의 거처다. 따라서 '둗'이 흙이나 땅의 뜻을 지닐 것이다. 응달, 양달의 달, 돌(石), 들(野), 딜(土) 등과 동원어가 되며 두더쥐는 땅쥐, 흙쥐의 뜻을 지닌다고 하겠다. 쥐라고 하는 말은 '주이' 가 줄어든 말로서 '이'는 접미사로 선행어(先行語)의 말음이 폐음절어였음을 보여주 고 있다. '줃>줄>줄이>주이>쥐'의 변화가 되겠고 '줃'은 '둗'으로 소급된다고 하겠 다. ㅈ음은 ㄷ에서 변한 자음이 된다. 국어에서 ㅈ을 두음으로 하는 말이 아주 적다 고 하는 것은 ㅈ음이 후대에 발달한 자음이라는 것을 시사하는 것이라 하겠다. 그러 니까 쥐의 조어는 '둗'이었다고 하겠다. 고슴도치(蝟鼠)는 문헌에 '고슴돋, 고슴돗, 고슴도티'로 나온다. '돋, 돗' 등이 쥐의 뜻을 지닌다고 하겠는데, 쥐의 조어 '둗'과 동원어가 된다고 하겠다. 다람쥐는 15세기에는 '드라미'다. 어근은 '둘'이 되고 '둗'이 조어가 된다. '둗'이 다람쥐의 조어형이 되고 쥐의 조어형 '둗'과 동원어가 된다고 하겠다.

ㅈ음은 ㄷ에서 변한 자음으로 조어시대(祖語時代)에는 없었던 자음으로 후대 에 생겨난 자음이라 하겠다.

④ ㄴ말음어

국어 눈(眼)은 몽골어 nidön(眼)의 어근 nid(t)와 동원어가 된다. 만주어 yasa (眼)는 nyasa, nasa로 소급되며 어근 nas는 nat으로 소급된다. 몽골어 nid, 만주어 nat과 비교해 보면 눈(眼)은, '눋'의 말음에서 ㄷ>ㄴ화한 것을 알 수 있다.

고어에 '엿다'(窓으로 여서 지블 보니 : 窺窓觀室<楞5:72>)가 있는데 엿보다, 노 리다의 뜻이다. '엿'은 '넛, 넛, 넏'으로 소급되며 '넏'이 '엿'의 조어가 되며 눈의 뜻 을 지닌다. 노리다(窺探)의 어근 '놀(녿)'은 명사로서 눈(眼)의 뜻을 지닌다. 노리 는 행위는 눈의 행위가 되며 '엿다'도 눈의 행위이기 때문에 그 주체가 되는 '넏'은 눈의 뜻을 지닌다고 하겠다.

눈(雪)의 조어도 '눋'이라 하겠다.

눈 > 눈(雪), 눈 > 눌+이 > 눌이(雹)

조어(祖語) '눋'의 말음에서 ㄷ>ㄴ화하면 눈(雪), ㄷ>ㄹ화하면 눌이(雹)로 어휘가 분화한다. 국어 안(內)이 일본어에서 utsi(內)가 되는데 어근 ut을 얻을 수 있는데 국어의 안(內)이 고어에서 '앋'이었음을 보여 주고 있다. 국어 게(蟹)는 '거이'가 줄어든 말이고 '걷, 걸, 걸이, 거이, 게'의 변화를 거쳤다. 가재(石蟹)의 어근 '갓(갇)'은 게의 조어형 '걷'과 동원어가 된다.

만주어에서는 katura(蟹)인데 어근이 kat이 된다. 국어의 '걷, 갇'과 만주어 kat과 동원어임을 보여주고 있다. 일본어에서는 kani(蟹)가 된다. 이는 국어 '걷, 갇'이 일본어에 건너가 ㄷ이 ㄴ화한 것이다.

etú(鼻) [아이누]   étór(鼻汁) [아이누]
enkonrat(鼻汁) [아이누]   enkor(鼻腔) [아이누]
esúm(鼻汁) [아이누]

아이누어의 방언 차에 의해 'etu(鼻)의 어근 'et의 말음 t가 n, s화하는 것을 볼 수 있다.

nétf(顔) [니브흐]   nan(顔) [아이누]
낯(顔) [國]

net의 말음 t>n화 현상이 드러난다. 터키어에서 yüz(顔)인데 nyüz, nut으로 소급된다. 국어 낯과 동원어가 된다. 일본어 hana(鼻)는 pana로 소급되며 어근 pan은 pat으로 재구된다. 국어 현대어에서 코지만 '코를 풀다'할 때 풀다의 고형은 '불다'일 것이며 어근 '불'은 명사로서 코의 뜻을 지니는 말이라 하겠다. 감기를 '곳블'이라고 하는데 곳블의 '블'이 코의 옛말이다. 터키어에서 burun(鼻)의 어근 bur과 동원어로서 국어 '블(븓)'과 동원어다. 일본어 hana(鼻)의 조어형 pat은 국어 '븓'과 동원어가 되며 국어의 t가 일본어에서 n화한 것을 알 수 있다. 일본 유구어(琉球語)에 hanaburu(鼻)가 있다. 이는 고대 국어가 일본을 거치지 않고 유구로 직접 흘러들어간 것이라 하겠다.

수사 중에 고구려어 7은 難隱으로 표기되어 있고, 일본어는 nana(七)다. 어근

nan이 되는데 만주어에서는 nadan으로서 어근 nat이 된다. 현대국어는 일곱인데 고어는 '닐곱'으로 '닐(닏)'이 만주어 nadan(七)의 어근 nat과 동원어가 된다.

터키어에서 kedi(猫)인데, 『계림유사(鷄林類事)』에 鬼尼로 나온다. 현대어 사투리에 '고넹이'가 있는데 어근은 '곤'이다.

---

inu(犬) [日]   it(犬) [터키]
이리(狼) [國]

일본어 inu의 어근 in(it)과 동원어임이 분명하다. 이렇듯 어근 말음 ㄴ의 조어는 ㄷ으로서 말음 ㄴ은 ㄷ으로 재구된다.

⑤ ㄱ말음어

호남방언에서는 돌(石)을 '독'이라고 한다. '돌>돍>독'의 변화라 하겠다. 제주도방언에서는 닭이 '닥'으로 쓰이고 있다. 그러니까 닭의 고형은 '달'이라 하겠고, 경상도방언에서는 '달'이다. 일본어 tori(鳥)는 국어 '달'과 동원어가 된다고 하겠다.

이러한 사실은 ㄱ말음은 ㄹ말음에 ㄱ이 첨가되어 ㄹ을 밀어내고 ㄱ이 말음으로 정착했다고 보겠다.

국어의 국(湯)은 日本語 kayu(粥)와 대응된다고 하겠다. 일본어 kayu는 karu가 변한 것인데 어근은 kar이다. 국(湯)은 '굴>귉>국'의 변화라 하겠고, 일본어 kayu(粥)의 어근 kar과 국의 원형 '굴'과 동원어가 된다고 하겠다. '굴'의 어원적 의미는 물(水)의 뜻을 지닐 것이다. ㄱ롬(江), 걸(渠, 溝)의 어근 '굴, 걸'과 동원어가 된다고 하겠다.

국어와 일본어와 비교해 보면 ㄹ말음에 ㄱ첨가현상이 뚜렷이 드러난다.

술(酒)   sake(酒) [日]
달(月)   tsuki(月) [日]
굴(蠣)   kaki(蠣) [日]
달(山)   take(岳) [日]
밀(小麥)   mugi(麥) [日]
불알(睾丸)   puguri>huguri(睾丸) [日]
그리메(影)   kage(影) [日]
느릇(轅)   nagae(轅) [日]

국어에서의 말음 ㄹ이 일본어에서는 ㄹ을 밀어내고 ㄱ이 첨가되었다. 일본어에서 sake(酒)의 고어는 sasa(酒)다. 어근 sas는 sat으로 소급된다. 술의 고어 '숟'일 때 일본에 건너가서 sasa(酒)가 되고 술이 건너가서는 sake(酒)가 되었다고 하겠다. 독(甕)도 '돌>돍>독'의 변화라 하겠다. 달(地) 돌(石), 들(野), 딜(土)과 독의 조어 '돌(돈)'은 동원어가 된다. 15세기어에 '낛(釣)'이 보이는데 '낙'에 ㅅ이 후에 첨가된 것이다. '낙'은 다시 '날>낡>낙'의 변화가 된다. 날(刃)에서 '낡>낙>낛'으로 변한 것이라 하겠다. 불(火)이 '불다>붉다(赤)'로 ㄹ말음에 ㄱ이 첨가된다. '믈(水)>말다>맑다(淸)'가 된다. 긁다(搔)의 어간 '긁'도 '글다>긁다'로 변한 것이다. '글다'의 '글'은 명사로서 '글'은 손의 뜻을 지닌다. 긁는 것은 손의 행위가 된다. 搔 자도 扌(手)변이 있다. 따라서 손의 뜻을 지닌다고 하겠는데 만주어 gara, 몽골어 gar, 터키어 kol이 있고 국어에 가락지의 '갈', 가리키다(指)의 '갈', 골무의 '골' 등이 손의 뜻을 지니고 있음을 보여주고 있다.

가리다(蔽)	kakusu(隱) [日]
걸다(賭)	kakeru(賭) [日]
날(川)	nagasu(流) [日]
붇다(殖, 潤)	hukura~(豊, 脹) [日]
말다(卷)	maki(卷) [日]
놀다(遊)	nagomu(和) [日]

국어와 일본어의 용언을 보더라도 일본어에서 ㄱ이 더 들어갔음을 보여주고 있다. 독도(獨島)는 돌섬(石島)이 '독섬'으로 변하고 한자어로 獨島로 표기하고 일본측에서는 '독섬'을 일본식으로 takesima(竹島)라고 표기하고 있다. 이러한 일본측 표기로 보아서 독도는 한국 땅임이 명확하다.

⑥ ㅁ말음어

님(主)의 말음 ㅁ은 접미사가 된다. 『일본서기(日本書紀)』에 의하면 백제에서 주도(主嶋)를 nirimu semu라고 했다는 기록이 있다. nirimu는 주(主)에 해당되고 semu는 도(嶋)에 해당된다. nirimu의 말음 u를 떼면 nirim이 된다. 어근은 nir이 되고 조어는 nit이 된다. 일본어에 nusi(主)가 있다. nusi(主)의 어근 nus (nut)과 님의 조어 '닏'과 동원어가 된다. 신라의 왕칭 尼叱今, 尼師今이 '닏금'임을 보여주고 있다. '닏금'은 주신(主神)의 뜻을 지닌다고 하겠다. '닏금'은 '님금'과 동의어(同義語)

가 된다고 하겠다.

국어의 감(柿)도 '갇>갈>갈암>가암>감'의 변화를 이룬 말이다.

굴(蠣)	kaki(蠣)
술(酒)	sake(酒)
달(月)	tsuki(月)
갈(감 柿)	kaki(柿)

일본어에 kaki(柿)는 국어 감(柿)의 고어가 '갈'이었음을 보여주고 있다. 제주도방언에서 감물을 들인 옷을 지칭하는 '갈옷, 갈중이'와 같은 말의 '갈'이 감의 고형임을 보여주고 있다. 감의 재래종을 '고욤'이라고 한다. 고욤은 '고옴'에서 변한 말인데 '옴' 접미사가 붙는 말은 위에 오는 음의 말음이 폐음절어라는 것을 보여준다. 경북 영천(永川)방언에서는 고욤을 '꼴감'이라고 한다. '꼴감'의 '꼴'의 고형 '골'이 감의 고형 '갈'과 동원어임을 보여준다 하겠다.

'골옴>고옴>고욤'의 변화가 된다. 곶감(乾柿)의 '곶'도 곶다(揷)의 어간 '곶'이 아니고 '곧감'으로서 '곧'은 고어에서의 감(柿)의 뜻을 지니는 말이라 여겨진다. '곧감'은 감의 고어와 신어의 합성어일 개연성이 있다고 하겠다.

나모(木)의 어근은 '남'이다. 이 '남'도 '낟>날>날암>나암>남'의 변화가 된다. 널(板)이 바로 나무의 고형 '날'과 동원어가 된다. 이러한 ㅁ 말음어 현상은 동사의 어간에 '음' 접미사가 붙어서 명사가 된다는 견해에 대해 제동을 거는 것이라 하겠다. 나무로 지붕을 이은 집을 너새집이라고 하는데 너새집의 '너'가 널과 동원어가 된다고 하겠다.

곪다(膿) : 곪디 아니ᄒ며(不膿) ≪救方下 35≫
곫다(膿) : 골몬 피 잇거든 ≪救方上 86≫   골몰 농(膿) ≪字會上 30≫

곪다도 '골다'에 ㅁ이 첨가된 것을 알 수 있다. '곫다'는 '골ᄒ다'가 줄어진 말일 것이다.

⑦ ㅂ 말음어

앞(前)은 15세기 문헌에는 '앒(앏)'으로 나타난다. 경상도방언에서 아래는 앞(前)의 뜻을 지닌다. 아래(前)의 어근은 '알'이다. 15세기 문헌에도 '아래(前)'가 있다.

그러니까 15세기에는 '아래(前)'와 '앒(前)'의 쌍형이 병존하고 있음을 보여주고 있다. 따라서 어근 '알'에 ㅂ이 첨가된 앒>앞이 되었다고 하겠다. 밟다(踏)는 발(足)의 명사에서 전성된 것으로 말음 ㄹ에 ㅂ이 첨가되었다고 하겠다. 15세기 문헌에 보이는 '넙다(廣), 졈다(幼)'도 널>널다>넓다, 절>절다>졂다로 봐야 할 것이다. 당시 현실음(現實音)에서는 넓다, '넙다'의 쌍형 중 '넙다'가 우세하게 쓰이다가 차차 세력을 상실하고 넓다가 다시 세력을 얻게 되어 오늘에 이르렀다고 하겠다.

말음에서 자음이 첨가되는 것은 어근말음 뒤에 첨가되는 것이지 어근말음 앞에 첨가된다는 것은 어렵다고 여겨진다.

buda(飯) [滿]	budaga(飯) [蒙]

어근은 but이 된다. 국어 밥도 '받>발>밟>밥'의 변화일 것이다.

⑧ ㄺ · ㅄ 말음어

몲, 났(釣) 등은 ㄱ 말음에 ㅅ음이 첨가된 것이다.

15세기 문헌에는 '목'인데 ㅅ이 첨가되어 몲이 되었다. '났'도 말음 ㄱ에 ㅅ이 첨가되었다. 현대어에서 '외낙을, 쌍낙을' 할 때에는 '낙'으로 나온다. '낙'은 날(刃)에 ㄱ이 첨가된 것이다. 표준어에 낚시로 되어 있지만 역사적으로 봐서는 '낛이'거나 '낙시'로 표기해야 된다. 값(價)도 말음 ㅂ에 ㅅ이 첨가되었다. 값어치라고 할 때 현실음은 '갑어치'가 된다. 한자어 '겁(怯)이'는 '겂이'라고 구두어(口頭語)에 나타난다. ㅂ 말음어에 ㅅ이 첨가된다고 하겠다.

어간말음이 ㄹ 말음일 때에는 ㄱ, ㅁ, ㅂ이 첨가되지만 말음이 ㄱ, ㅂ일 때에는 ㅅ이 첨가된다.

4) ㅑ, ㅕ, ㅛ, ㅠ의 상승이중모음의 형성

상승이중모음(上昇二重母音)은 조어시대에는 없었던 모음으로 단모음에서 변한 모음이라 하겠다.

駕羅>伽倻	徐羅伐>徐耶伐
가라>가아>가야	서라벌>서아벌>서야벌

위 예와 같이 어중 ㄹ이 떨어지면 모음끼리 이어 나오므로 모음충돌기피현상이 일어나 y가 개입하여 '가아>가야'가 된다. 부여(夫餘)는 '부러>부어>부여'의 변화라는 것을 짐작할 수 있다.

비육도 '비룩>비욱>비육'의 변화라는 것을 짐작할 수 있고 어근이 '빌(빋)'임을 보여주고 있다. 비육은 일본어 hiyoko(雛)와 대응되는데 비육의 조어형은 '빋'이 된다.

ᄇ얌도 'ᄇ람>ᄇ암>ᄇ얌'의 변화로 보면 어근이 '볻'이 된다. ᄇ얌의 'ᄇ'는 말음 ㄹ이 탈락되었다.

가얌도 '가람>가암>가얌'으로서 어근은 '갈'인데 일본어 kuri(栗)의 어근 kur과 동원어가 된다고 하겠다.

'가라미>가아미>가야미'로서 어근 '갈'은 터키어 karınca의 어근 kar와 동원어가 된다고 하겠다. 현 터키인은 바이칼 남쪽에 살던 사람들이 이동한 것으로 알려져 있다.

일본어의 경우 mayu(眉)는 maru에서 변했다. 어근 mar는 눈의 뜻을 지닌다. 일본어 ma, me(目)는 mar에서 r음 탈락어이다. aruku(步)가 ayumu(步)일 때에는 yu의 상승이중모음이 생겨난다. 어중의 상승이중모음은 자음이 떨어지면서 생겨난 모음이다. 두음에 오는 ㅑ, ㅕ, ㅛ, ㅠ 등 상승이중모음은 어중에 생기는 상승이중모음과 전연 다른 이유에서 생겨난다.

15세기 문헌에는 '녀름'인데 두음 ㄴ이 떨어져 여름이 되었다. 평안도방언에서는

'너름(夏)'이다. 어근 '널'은 태양의 뜻을 지닌다. natsu(夏)[日]의 어근은 nat인데 '녀름'의 어근 '널(널, 넌)'과 동원어가 되며, 몽골어 nara(太陽)의 어근 nar(nat)와 동원어가 되며, 국어에서도 '날이 든다'일 때에는 날(日)과 함께 태양(太陽)의 뜻도 지니고 있다고 하겠다. '널'에 '음' 접미사가 붙어 '너름>녀름>여름'으로 되었다. 터키어에 yaz(夏)가 있다. nyaz, naz(nat)로 소급된다. 터키어에서도 두음의 상승이 중모음은 두음 n이 올 때 단모음이 상승이중모음으로 변하면서 n이 떨어진다.

만주어, 여진어에서 yasa(眼)는 nyasa, nasa로 소급되며 어근 nas(nat)가 된다. 만주어의 경우도 두음에 오는 상승이중모음은 n 두음을 지니는 말의 단모음이 상승이중모음으로 변하면서 n이 떨어지며 형성된다. 경남 창원(昌原) 지방어에는 윤(雪)이 있다.

나리(百合)	yuri(百合) [日]
나(一人稱)	yo(一人稱) [日]
놈(者)	yatsu(奴) [日]
놀다(遊, 休)	yasumu(休) [日]
눋다(焦)	yaku(燒) [日]
낫다(優)	yasagata(優形) [日]
눅다(安價)	yasui(安價) [日]
누리(世)	yo(世) [日]
널(板)	yuka(床) [日]

일본어에서 두음의 상승이중모음은 국어에서 두음 ㄴ을 유지하고 있다. 터키어에서 nat (nar, 太陽)이 yaş(歲), yɪl(年), yaz(夏)와 같이 두음에서 상승이중모음이 생긴다. 일본어에서는 natsu(夏), yoru(夜), yuu(夕), yoi(宵), yami(闇)와 같이 분화한다. 국어에서는 날(日, 太陽), 나이(年齡), 여름(夏)이 있다. 일본어 yume(夢)는 nume로 재구되며 nu와 me의 합성어로 볼 수 있다. nu는 국어 눈(眼)과 동원어로서 namida(淚)의 na와 동원어이고 me(目)가 된다. yume(夢)는 눈의 뜻을 지니는 말이 겹친 말이라 하겠다. 따라서 꿈이라고 하는 국어의 어원도 눈의 뜻을 지닌 말이라고 생각할 수 있다. 꿈을 꾸다에서 꾸다의 어간은 '굴다>구다>꾸다'로 변했다고 보겠고, 꿈은 명사 '굴'에 '움' 접미사가 붙은 '구룸>구움>굼>꿈'으로 변했을 것이다. 눈의 뜻을 지니는 '굴'은 비어라고 생각하는 눈깔의 '갈'이 고어에서는 눈의 뜻을 지녔던 말이라 하겠다. 터키어에서 göz(眼)가 있고 görmek(見)이 있다. görmek(見)의 동사는 gör(眼)의 명사에 -mek 접미사가 붙어서 동사로 전성되었다. göz(眼)가 본디는 göt에서 변한 것을 알 수 있는데 그것은 görmek(見)의 gör의 말음 r이 보여주고

있다. 알타이어에서 r음은 t음에서 변한 자음인 것이다.

혀(舌), 별(星), 볕(陽), 뺨(頰), 뺨 등도 본디는 단모음이었는데 어사분화로 상승이중모음이 생겼다고 하겠다. 핥다의 '핥'이 명사로서 '할'이 원형인데 혀(舌)와 같이 상승이중모음으로 변하였는데 이때는 어휘 분화 기능을 지닌다고 하겠다.

별(星), 볕(陽)은 말음이 ㄷ>ㄹ, ㄷ>ㅌ으로 어휘 분화의 기능을 지닌다. 벌(蜂), 벌(原), 벌(衣) 등과 의미분화를 꾀하기 위해 '벌>별, 벋>볕'으로 변했다고 하겠다.

따라서 상승이중모음의 형성은 다음과 같은 세 가지로 나뉘게 된다.

ㄱ) 두음의 ㅑ, ㅕ, ㅛ, ㅠ는 ㅏ, ㅓ, ㅗ, ㅜ의 단모음이었는데 두음에 ㄴ을 유지하는 관계로 상승이중모음으로 변하면서 ㄴ이 탈락한다.

ㄴ) 어중에서 ㅑ, ㅕ, ㅛ, ㅠ는 본디는 단모음이었는데 어중의 자음(주로 ㄹ)이 탈락하면서 모음충돌기피현상으로 상승이중모음이 생겼다.

ㄷ) 어두에 자음이 있는 별(星)과 같은 말은 벌(蜂), 벌(原), 벌(衣)과 같은 말의 의미분화의 기능에서 단모음에서 상승이중모음으로 변했다고 하겠다.

5) ㅐ, ㅔ, ㅚ, ㅟ, ㅢ의 하강이중모음의 형성

○ 어근과 ㅣ 접미사

나리>나이>내(川)	누리>누이>뉘(世)
잣(잫), 잣-이>자시>자이>재(城)	못>못-이>모시>모이>뫼(餌)
거이>게(蟹)	

위 예에서 보는 바와 같이 하강이중모음은 본디는 일음절어(一音節語)였는데 접미사 '이'가 붙음으로써 이음절어로 되었다가 어중의 자음이 탈락함으로써 다시 단음절어로 변하는 현상을 볼 수 있다. 따라서 하강이중모음(下降二重母音)은 단모음에 '이' 접미사가 붙음으로써 부차적으로 생겨난 모음이라고 하겠다. 아울러 조어 모음 형성시는 하강이중모음은 없었다고 하겠다. 그러나 '먹이다>멕이다, 죽이다>쥑이다' 같은 하강이중모음은 어근 뒤에 오는 모음 '이'의 영향으로 ㅣ의 역행동화현상(逆行同化現象)으로 생겨나는 것이기 때문에 여기서는 논외로 한다. 여기서 주목해야 할 것은 '이' 접미사가 붙음으로써 두 모음 사이에 낀 자음이 탈락한다고 하는 사실일 것이다.

'모이>뫼, 거이>게'도 '모이'와 '거이' 사이에 자음이 끼어 있었음을 생각할 수 있다. 일본어에서는 uri(爪)이며, 국어 '외'는 '오이'가 축약된 형이며, '올'로 소급된다. 국어 뫼(山)는 모리>모이>뫼로 변한 것이 되고, '몰(몯)'이 조어형이 된다. 게(蟹)는 '거이'가 줄어진 말인데 '거이'의 사이에 끼어 있는 자음은 무엇일까. 일본어는 kani고 만주어에서는 katura다. 어근 kan, kat인데 kan은 kat의 t>n화한 것이다. 가재(螯)가 있는데 어근은 '갇(갈)'이다. '걷>걸>걸이>거이>게'의 변화일 것이다. 한편 '걷'의 말음 ㄷ>ㄴ화한 '걷>건>건이>거니>거이>게'의 개연성도 생각해 볼 수 있으나 '걷>걸'의 개연성이 더 짙다고 하겠다. '거니'와 같이 어중에서 ㄴ이 탈락하는 것은 아직 그 예를 찾아보지 못했다.

ㄱ) 매(鞭)

매는 '마이'가 줄어든 말이다. 국어 말(欄)이 있는데 말뚝의 '말'이 나무(木)의 뜻을 지니는 말이다. '맏>말>말이>마이>매'의 변화다.

mutsi(鞭) [日]	modo(木) [蒙]
moo(木) [滿]	

만주어 moo는 moro의 r음 탈락어. 어근 mut, mot, mor 등이 말뚝의 '말'과 동원어라는 것을 보여주며 중국어 木과도 비교가 된다.

ㄴ) 뫼(飯)

제사상(祭祀床)에 놓이는 밥을 뫼라고 한다. 뫼는 '모이'가 줄어든 말로 '몯>못>모시>모이>뫼'의 변화다. 일본어에서 mesi(飯)가 있고 motsi(餠)가 있는데, 어근 mes(met), mot은 뫼(飯)의 조어 '몯'과 동원어. 현대어에서 모시(餌)가 있고 '모시>모이'로 변화되었다.

ㄷ) 배(腹)

일본어 hara(腹)는 para로 재구되며 어근이 par(pat)이다. 국어 배(비)도 '받>발>발이>바이>배'의 변화가 된다. '아기를 배다'라고 하는 말은 배(腹)라고 하는 말이 형성된 후에 생긴 동사가 된다. 일본어 haramu(孕)는 hara(腹)가 동사로 전성된 것이다.

ㄹ) 새(시, 間)

『용비어천가(龍飛御天歌)』에 '서리(間)'가 나온다. 말음 ㄷ이 하나는 ㅅ, 하나는 ㄹ로 쌍형으로 변했음을 알 수 있다.

ㅁ) 내(닉, 煙)

nüle(火焰) [蒙]   norosi(烽火) [日]

어근 nül, nor가 불(火)의 뜻을 지니고 있다. 국어에서 눋다(焦)의 '눋'이 불(火)의 뜻을 지니고 있다. '낟>날>날이>나이>내'의 변화다. 내(煙)는 불을 땔 때 생긴다.

ㅂ) 쇠(鐵)

쇠는 '소이'가 줄어든 말이다.

sələ(鐵) [滿]   sələes(鐵) [나나이]

'솓>솔>솔이>소이>쇠'의 변화다. 솥(釜)과 동원어로서 솥의 원형은 '솓'이다. 솥뚜껑을 '소두방'이라고 하는 방언형이 있다. 여기서 '솓'이 철(鐵)의 조어형이다.

ㅅ) 새(新)

'삳>살>살이>사이>새'의 변화다. 조어는 '삳(살)'이라 하겠다.

新良縣 本百濟 沙尸良縣 ≪三史, 地理≫

新이 沙尸로 반영되는데 沙尸는 '삳(살)'으로 볼 수 있을 것이다.

ㅇ) 반되(螢)

반되의 되는 '도이'가 줄어든 말이다. 일본어 hotaru(螢)의 taru가 국어 '되'와 대응된다. '돋>돌이>도이>되'의 변화로서 '바돌이>바도이>반되'가 되었다고 하겠다. hotaru는 potaru로 재구된다. 일본어와 비교한다면 '바도리'가 원형이고 ㄴ은 후에 개입된 것을 알 수 있다. 고대에 '반도리'였다면 일본어에서도 honotaru가 되었을 것이다. ㄴ은 ㄷ 위에서도 개입된다고 하겠다. 녹두를 갈아서 부친 것을 빈대떡이라고 하는데 본디는 '비대떡'이라고 하겠고, ㄷ 위에 ㄴ이 개입되어 '빈대'가 되었다고 하겠다. '비대'의 어근 '빋'은 콩(豆)의 뜻을 지니는 말이라 하겠다. 비지라고 할 때는 콩을 간 것을 뜻하는 것이니, 비지의 본뜻은 콩이라는 뜻을 지닌 말이다. 팥(小豆)의 옛말은 '받'이 된다. 비지의 '빋'과 동원어가 된다.

borčak(豆) [蒙]	birčga(豆粉) [蒙]

어근 bor, bir가 몽골어에서 콩(豆)의 뜻을 지니고 있다. 따라서 빈대떡은 콩떡(豆餠)이란 본뜻을 지니고 있다고 하겠다.

6) 폐음절어(閉音節語)의 개음절화(開音節化)

① 국어의 ㅐ, ㅔ, ㅚ, ㅟ, ㅢ의 하강이중모음은 ㅏㅣ, ㅓㅣ, ㅗㅣ, ㅜㅣ, ㅡㅣ의 두 모음의 축약으로 이루어진 모음이다. 이 모음은 조어 형성기에는 없었던 모음으로 후대에 형성된 모음이라 하겠다.

② 제이음절의 모음은 접미사며, 선행 음절 명사의 어간말음은 본래 자음이 있는 폐음절어며, 두 모음 사이에는 자음이 끼어 있다가 탈락하면서 모음의 축약현상이 일어난 것이다.

③ 평안도방언에서는 '가이, 사이, 오이, 거이' 등 축약현상이 일어나지 않고 있지만 남부방언에서는 '개, 새, 외, 게'와 같이 축약현상이 일어나고 있다.

이렇듯 하강이중모음의 형성은 통시성(通時性)을 지니고 변화한다고 하겠다.

7) -음(-Vm)계 접미사

① 동사파생명사의 접미사

국어에서 '-음'은 동사파생명사의 접미사로, 동명사의 어미로 쓰이고 있음은 주지의 사실이다. 그러나 국어의 고유어 형성시기로 소급해 올라가 보면 '-음'은 그러한 기능을 지니지 못하고 있다. 아범(父), 어멈(母)의 엄, 이듬희(翌年)의 접미사 '음'은 명사에 붙었음이 분명하다. 이러한 사실은 조어를 재구하고 어원을 밝히는데 중요한 의미를 지닌다.

ㄱ)

> ᄀᄅᆞᆷ(江) ≪龍 20≫
> ᄀᄅᆞᆷ(湖) ≪字會上 4≫
> ᄀᄅᆞᆯ(江) ≪杜初 15:21≫
> 걸(渠) ≪杜初 7:36≫
> 거렁, 거랑(渠, 川) ≪慶尙道方言≫

ᄀᄅᆞᆷ, ᄀᄅᆞᆯ에서의 어근은 '골', '거렁·거랑'에서는 '걸'을 추출해 낼 수 있다. 'ᄀᄅᆞᆷ'은 명사 '골'에 '옴'이 붙었고 'ᄀᄅᆞᆯ'은 '골'에 '올' 접미사가 붙은 것을 알 수 있다. 황해도방언에서 내를 '냇갈'이라고 한다. '내'와 '갈'의 합성어라 하겠는데, '갈'이 ᄀᄅᆞᆷ의 어근 '골'과 동원어가 된다. 이러한 일련의 사실들은 '골, 걸, 갈'을 동사의 어간으로 보기 어렵고 그대로 명사라 하겠다. 알타이제어와의 비교에서도 명사임이 밝혀진다.

> golo(河身) [滿]   gool(川) [蒙]
> göl(湖) [터키]   gölet(池, 貯水池) [터키]

어근 gol, göl이 국어 '골, 갈, 걸'과 동원어로서 명사라는 것을 보여주고 있다. 따라서 '골, 갈, 걸'이 동사의 어간이 아님이 분명하다. 일본어에서는 ᄀᄅᆞᆷ이 kawa인데 고어에서는 kaha이다. kara>kaa>kaha>kawa의 변화라 하겠다. 일본어에서도 kar(河)이 명사임이 드러난다. 일본의 유구어(琉球語)에서 kaara(水)가 있다. 일본어에서도 kar을 보여주고 있으며 명사라는 것을 보여주고 있다. 개(浦)는 갯벌(浦)의 뜻도 있지만 시내(小川)의 뜻도 지닌다. 갯가는 해변의 뜻으로 갯가의 '개'는 바다(海)의 뜻도 있다. 이 '개'는 '갈>갈이>가이>개'의 변화로서 '갈'이 물(水), 강(江), 바다(海)의 뜻을 지니고 있다고 하겠다. 시베리아에 있는 바이칼의 '칼'도 '갈'로서 강, 호수의 뜻을 지닌다. 부리야트인은 baygal이라고 발음한다.

ㄴ) 바롬(托)

> 바롬 탁(托, 伸臂量物) ≪字會下 34≫

현대어에서는 팔이지만 15세기 문헌에는 '볼'로 표기된다. 새끼(繩) 따위의 길이를 잴 때에는 한 발, 두 발, 세 발이라 하는데 '발'은 팔의 옛말이다. 그런데 15세기에는 한 발, 두 발이 아니고『훈몽자회(訓蒙字會)』에는 바롬(托)으로 쓰인다. 경북방언에서는 현재도 '바람'으로 쓰인다. 명사에 '옴' 접미사가 붙었다. 바롬(托)에서 보면 '옴' 접미사가 명사에 붙었음을 보여주고 있다. 경상도에서는 한 발, 두 발 재는 것을 '밟다'라고 한다. '밟다'는 발(臂)에서 전성된 동사라는 것을 보여준다.

> 발다(발(托)로 재다) : 기더냐 자르더냐 발을러냐 자힐러냐 ≪靑p.96≫

ㄷ) 녀름(夏)

natsu(夏) [日]	nadzir(夏) [부리야트]
yaz(夏) [터키]	nara(太陽) [蒙]

녀름의 고형은 '너름'이고 어근은 '널(넌)'이다. 일본어 natsu(夏)의 말음모음 u를 떼면 nat이다. 부리야트어의 어근은 nad(nat)이다. 터키어는 yaz는 nyaz, nat으로 소급된다. nət, nar(nat)과 공통되며 국어 날(日, 太陽)과도 동원어가 된다. 터키어에서의 z는 t>d>z의 변화가 드러난다. 여기서도 녀름(夏)의 어근은 명사 '널(넌)'이고 '음' 접미사가 붙었음이 드러난다.

ㄹ) 사람(人)

사람은 살다(生)라는 동사의 어간에 '옴' 접미사가 붙어 사람이 되었다고 보고 있다. 이러한 관점에서 보면 사람보다는 살다라는 동사가 먼저 생겨나고 사람이라는 명사가 나중에 생겨났다고 봐야겠는데 사람이 없는데 살다라는 동사가 먼저 생겨날 수 있겠는가. 이것은 논리적으로 설득력이 없다. 살다는 사람만이 아니라 동물도 살다가 되며 살다의 어간에 접미사가 붙어서 되었다고 보면 원시인들의 문법 수준이 매우 높아야 그러한 조어법이 이루어진다고 하겠다.

sadon(愛人, 親戚) <蒙>	sadun(親戚) <滿>
사돈(姻戚) <國>	sargan(妻) <滿>

어근 sad, sar가 공통되며 사람의 어근 '살(산)'과 동원어임을 보여주고 있다. 명사 '살'에 '암(옴)' 접미사가 붙었다고 하겠다.

ㅁ) 님(主)

『일본서기(日本書紀)』(권26, 武烈天皇)에 의하면 백제에서는 주도(主嶋)를 niri-musemu라고 했다는 기록이 보인다. nirimu는 主에 해당되고 semu는 嶋에 해당된다. semu는 섬(島)이고 nirimu가 主가 되는데 어간말음 u를 떼면 nirim이 된다. nirim>niim>nim이 된 셈이다. 어근 nir는 nit이 조어형이 된다. 신라의 왕칭 尼叱今, 尼師今은 '닛금'의 표기라 하겠는데 '니림'의 조어형 '닏'과 일치하고 있다. 일본어 nusi(主)의 어근 nus(nut)와 동원어가 된다. 따라서 님(主)의 조어는 '닏'이 되는 것이다.

ㅂ) 얼음(氷)

nilmosun(淚) [蒙]	müsü(氷) [蒙]
müsüdöhö(氷凍) [蒙]	müren(河) [蒙]
muz(氷) [위구르]	

müsü의 어근 müs은 mut으로 소급된다. 몽골어 nilmosun의 mosun이 물(水)의 뜻을 지닌다. 즉 얼음(氷)의 뜻을 지니는 müsü는 nilmosun의 mosun과 동원어임을 보여주고 있다. 위구르어 muz(氷)는 mut으로 재구되며 믈(水)의 고형 '믇(水)'과 동원어가 된다. 물이 얼면 얼음이 되고 녹으면 물이 된다. 물, 얼음의 어원은 동원어가 된다고 하겠다. 고구려어에 於乙(泉, 井)은 얼음의 '얼'과 동원어다.

ura(江) [滿]	arau(洗) [日]
ase(汗) [日]	

어근 ur(ut), ar(at), as(at)은 '얼(水, 氷)'과 동원어다. 얼음(氷)은 '얼(水)'의 명사에 '음'이 붙어서 2음절어가 되고 '얼(氷)'의 명사가 그대로 얼다(凍)로 전성되었다고 하겠다.

ㅅ) 꿈(夢)

꿈을 꾸다에서 '꾸다'의 어근 '꾸'가 명사가 된다. 꾸다는 보다(見)의 뜻을 지니는 고어였다고 하겠다. 일본어 yumewomiru(꿈을 꾸다)의 miru가 보다(見)의 뜻을 지닌다.

göz(目) [터키]	görmek(見) [터키]

görmek의 gör는 göz가 변한 것으로 t>d>z의 변화임을 보여주고 있다. 국어 보다(見)의 '보'도 명사로서 눈(眼)의 뜻을 지닌다. 부릅뜨다, 부라리다의 어근 '불'이 명사로서 눈의 뜻을 지니고 있다. 눈ㅅ부텨(眼瞳子) <譯上 32>의 부텨의 어근 '붇'(붇)이 눈의 뜻을 지니고 있다. '눈빨다'의 '빨다'는 쏘아보다의 뜻으로 어근 '발(받)'은 눈의 본뜻을 지닌다고 하겠다. 낮은말로 일컬어지는 '눈갈(깔)'의 '갈'이 눈의 뜻을 지닌다. 터키어 göz가 '갈'과 동원어고 görmek(見)의 어근 gör이 눈의 뜻임이 분명하다.

꾸다는 '굴다>꿀다>꾸다'의 변화고 꿈은 '굴'이라는 눈의 뜻을 지닌 말에 '움' 접미사가 붙은 '굴움>구움>굼→꿈'의 변화로 된 말이다. 따라서 꿈을 고대인은 시각적인 현상으로 인식했음을 보여주고 있다.

8) -올(-vl)계 접미사

15세기 문헌에 フ롬(江) ≪龍 20≫과 フ룰(江) ≪杜初 15:21≫의 쌍형(雙形)이 보인다.

ㄱ) フ룰(江)
어근 '굴'에 '옴'이 붙은 것과 어근 '굴'에 '올' 접미사가 붙은 셈이 된다.

ㄴ) 바룰(海)
바룰(海) ≪龍 18≫과 바다(海) ≪月 9:22≫의 쌍형이 보인다. 어근은 '발, 받'인데 '받'이 조어형이다. 바룰은 '발'에 '올' 접미사가 붙었다. 바다도 '바달'의 ㄹ탈락으로 이루어진 말일 것이다.

ㄷ) 가룰(脚)
가룰(脚) <處容歌>가 보이는데 어근 '갈'에 '올' 접미사가 붙었다.

goto(脚) [蒙]	köl, xöl(脚) [蒙]
koşmak(走) [터키]	

어근 got, köl, kos는 모두 동원어라 하겠으며 국어 걷다(步)의 어근 '걷', 가랭이·가당이의 어근 '갇'과도 동원어가 되며 어근은 모두 명사가 된다.

ㄹ) 구슬(玉珠)

구슬(珠) ≪釋 13:10≫의 어근 '굿'에 '을' 접미사가 붙었다.

古斯(玉) [高句麗, 地名語]	kusiro(釧) [日]
gu(玉) [滿]	

ㅁ) 드틀(塵)

드틀(塵) ≪釋 13:38≫의 어근은 '듣'이고 여기에 '을' 접미사가 붙었다. 듣글(塵) ≪法華 6:52≫은 '듣'과 '글'과의 합성어다. '듣'은 일본어 tsiri(塵)와 동원어가 된다.

ㅂ) 거울(鏡)

거우루(鏡) ≪月 1:36≫	거우로(鏡) ≪字會中 14≫
거울(鏡) ≪杜重 3:39≫	

15세기 초기에는 '거우루, 거우로'이나 후대에 거울로 나타난다. 거우루의 어근은 '거'로서 '걸'에 '울'이 붙어 거우루가 되었다고 여겨진다. 당시 거우루형과 거울형이 병존했었는데, 거우루 세력이 강하여 문헌에 기록되다가 다시 거울이 세력을 얻어 오늘에 이르렀다고 하겠다.

ㅅ) ᄆᆞ술(里)

ᄆᆞ술(ᄆᆞ술, 里) ≪杜初 7:39≫	ᄆᆞ술(里) ≪百聯 20≫

ᄆᆞ술의 어근은 '뭇'이고 '올' 접미사가 붙었다. 어근 '뭇(몯)'은 땅(地)의 뜻을 지닌다고 하겠다. 뫼(山)의 고어 모로, 모래(砂), 모새(砂), 묻다(埋), 미(野) 등을 보면 '몰, 못, 묻' 등이 땅(地)의 뜻을 지니고 있음을 보여주고 있다.

9) 품사 형성의 단계

① 국어의 고유어 형성과정에 있어서는 '-음'이 전성명사 구실을 하는 그러한 기능을 지닌 접미사가 아니었다.

② 고유어 형성과정에서 '-음'은 명사에 붙었는데, 주로 말음 ㄹ에 접미되었다.

③ 말음에서 ㄷ>ㄹ화하면 ㄹ이 매우 안정감이 없는 음이기 때문에, '-음'이 접미되어 단음절어를 2음절어로 만들어 안정감을 지니게 하고 청각영상을 강조하는 작용을 하고 한편으로는 어휘분화적 기능도 지니고 있다고 하겠다.

④ '-음'계 접미사가 붙은 어휘는 다음과 같이 변화했다.

  ㄱ) 닏>닐>니림>니임>님(主)
    봄>볼>보롬>보옴>봄(春)

  ㄴ) 삳>살>사람(人)
    볻>볼>보롬(望月)

  ㄷ) 둗>둘>두럼>두엄(肥)

  ㄹ) 압>아범(父)

  ㄱ)의 님(主), 봄(春)은 '니림, 보롬'과 같이 2음절어로 되었다가 어중의 ㄹ이 탈락함으로써 니임>님, 보옴>봄과 같이 다시 단음절어로 되었다. 'ㅂ얌>ㅂ얌>뱀(蛇), ㅁ솜>ㅁ옴>마음>맘(心)'도 마찬가지다.

  ㄴ)은 사람, 보롬과 같이 2음절어로 고정되었다.

  ㄷ) 두럼>두엄과 같이 어중 ㄹ이 탈락했지만 2음절어를 유지하고 있다.

  ㄹ) 아범(父)은 어근 '압'에 '엄'이 붙은 것으로 아범의 형성은 그렇게 고대로 소급되지 않을 것이다.

⑤ '-음'계 접미사는 단음절어를 신장시키고 어휘의 안정감을 유지하게 되는 것은 ㄷ, ㄹ, ㅅ, ㅈ 등이 전설자음(前舌子音)이기 때문에 하나의 이화작용(異化作用)으로 양순음(兩脣音) ㅁ을 택하게 된 것이리라. 양순음 중 ㅁ이 유성음(有聲音)이기 때문에 청각영상(聽覺映像)을 강조하고 발음을 하는데도 활조적(滑調的)인 기능을 지니고 있다 하겠다.

⑥ 명사에 접미되었던 '-음'계 접미사는 단음절어의 음절을 신장시키는 구실을 지녀 어휘의 안정감을 주는 동시에 단음절어가 지니는 동음이의어(同音異義語)의 결점을 해소하기 위해 어휘분화적 기능도 함께 지닌다고 하겠다.

⑦ '-음'계 접미사는 명사에만 붙었던 것인데, 명사에서 동사가 전성되면서 용언(用言)의 어간에 '-음'이 붙음으로써 동명사(動名詞)의 어미가 되고 전성

명사(轉成名詞)도 근대에 와서 생기게 되었다고 하겠다.

'-음' 접미사 두음에 모음이 오는 것은 조어가 폐음절어이기 때문에 두음에 모음이 오는 것은 당연한 것이고 이를 매개모음(媒介母音)으로 볼 수 없다고 하겠다.

⑧ '-음'계 접미사를 통해 고유어의 형성과정을 보면 다음과 같은 변화단계를 거쳤다고 보겠다.

제1단계 : 공통조어(共通祖語)가 비롯할 때는 ㄷ 말음을 가진 폐음절어(閉音節語)며 단음절어(單音節語)인 명사였다. 말음 ㄷ은 조음위치(調音位置)가 전설자음(前舌子音)인 ㄴ, ㄹ, ㅅ, ㅈ(ㅊ) 등으로 변하는 특질을 지니고 있다. 이러한 단음절어인 명사는 용언적(用言的) 기능도 함께 지녔었다고 하겠다.

제2단계 : 음운의 변화가 주로 ㄷ 말음에서 비롯되고 어휘의 안정감과 청각영상(聽覺映像)을 강조하기 위해 접미사가 첨가되어 음절이 신장(伸張)되고 어휘분화가 이루어지며 폐음절어의 개음절화(開音節化)가 시작된다.

제3단계 : 명사에서 동사, 형용사가 전성되기 시작한다. 이때 격어미(格語尾)와 활용어미(活用語尾)의 형성이 시작된다. 품사의 발전 단계를 보면, 처음에는 명사가 용언적 구실도 하다가 명사가 동사로 전성되면서 명사와 동사가 구별된다. 이때는 주어가 없이 동사만으로도 충분했을 것이다. 차차 언어가 발전함에 따라 명사와 동사가 구분되면서 동사의 어미가 생기고 명사에 격이 붙기 시작한다. 형용사가 생기고 부사와 관형사가 생겨났다고 여겨진다.

10) 격어미의 기원

격어미인 목적격 '-을', 한정격 '-은' 등은 근원적으로는 접미사에서 전용(轉用)된 것이라 하겠다. 주격 '이'도 접미사 '이'에서 전용된 것이고 처격 '애, 에' 등도 접미사가 그 기원이라 하겠다. 이렇게 모음을 두음으로 하는 격어미는 폐음절어의 명사에 붙었던 접미사에서 전용된 것이라 하겠다.

11) 국어의 조어와 중국어의 조어

중국어는 고립어(孤立語)로서 교착어(膠着語)인 알타이제어와 계통이 다른 것으로 분류하고 있다. 고아시아어라고 일컫는 포합어(抱合語)인 아이누어와 니브흐어(길야크어)는 알타이제어와 역시 별개의 계통으로 여겨왔다. 그러나 조어(祖語)

를 재구(再構)해 보면 고립어인 중국어나 포합어인 아이누어, 니브흐어 등에서 교착어의 조어와 상당한 부분 공통되는 요소를 발견할 수 있다.

몽골인과 아이누인의 이빨(齒牙)의 비교연구에 의해 아이누인이 고몽골인이라고 하는 사실을 일본의 자연인류학자(自然人類學者) 하니하라 가즈로(埴原和郎) 박사가 밝히고 있다.

미국의 선주민(先住民)인 아메리카 인디언도 약 1만 5천 년 전 내지 2만 5천 년 전을 전후해서 아시아에서 베링해를 거쳐서 건너간 것으로 보고 있다. 터키족은 바이칼호 남쪽에서 살던 사람들이 서쪽으로 이주한 것으로 알려져 있다.

중국의 서쪽은 몽골어, 위구르어이고 북쪽은 만주, 퉁구스어이고 동쪽은 국어, 모두 알타이어족인데 유독 중국만 알타이어족이 남하(南下)할 수 없는 지역일까. 국경도 없는 선사시대(先史時代)에 남하하지 못할 이유가 있는가? 중국어의 특징은 단음절어다. 알타이조어(祖語)와 중국어를 비교하면 단음절어라는 것이 공통된다. 알타이제어의 단음절 조어 시에 남하한 것이 중국어에서는 격어미나 활용어미가 발달하지 않고 단음절어 그대로 고립어를 유지하고 있다고 여겨진다.

중국어의 신체어와 국어의 고대 신체어를 비교해 보면 공통됨을 알 수 있다.

ㄱ) 頭

t'ou(頭) [北京]   t'au(頭) [廣州]
*dug(頭) [再構音]   tiān(天) [北京]
dǐng(頂) [北京]

頭(머리 두)의 현대 북경어에서는 개음절어지만 재구음에서는 폐음절어이며, 사람의 머리를 상징하는 天(천)과, 頂은 폐음절어다. 중국어에서 단모음이 2음절어로 신장되는데, 이는 동음이의어가 많기 때문에 의미의 변화를 주기 위한 노력에 의해 음절이 늘어난다고 하겠다. 따라서 頭의 고대음은 tor(tot)였다고 하겠다. 중국어에서 '頭'가 머리말에 올 때는 개음절어가 되지만 老頭로 표기할 때는 lāotóur와 같이 폐음절어 tóur가 된다.

tologai(頭) [蒙]   tʃonkr(頭) [니브흐]

몽골어 tologai에서 어근 tol(tot)을 추출(抽出)할 수 있다. 한편 네팔, 타밀어와
도 유사점이 발견된다.

tauko(頭) [네팔]	talai(頭) [타밀]

국어 족두리의 '두리'가 머리(頭)의 뜻을 지니는 고어(古語)라 하겠고, 아기들을
어를 때 '도리도리' 하면서 머리를 좌우로 돌리게 한다. '도리도리'의 어근 '돌'이
고어에서 머리(頭)의 뜻을 지닌다. 대가리, 대머리 할 때 '대'가 머리(頭)의 뜻을
지닌다. '대'는 '닫>달>다리>다이>대'의 변화로서 '달(닫)'이 머리(頭)의 뜻을 지
닌다. 머리의 고어로 추정되는 tor(tot)과 동원어가 된다고 하겠다.

ㄴ) 目, 盲, 眉

눈이 멀다에서 '멀다'의 어근 '멀'은 눈의 뜻을 지닌다. 눈알이 말똥말똥하다,
멀뚱멀뚱하다 할 때 어근 '말, 멀'이 눈의 뜻을 지닌다. 일본어 ma, me(目)와
동원어가 된다.

mu(目) [現, 北京音]	muk(目) [廣東]
mik(目) [티베트]	myessi(目) [미얀마]
mát(目) [베트남]	mat(目) [梵語]

mVk형과 mVt형을 볼 수 있는데 조어형은 mVt일 것이며, 국어 '멀, 말'과 동원
어가 된다.

ㄷ) 鼻

bi(鼻) [北京]

감기를 고유어로 곳블(鼻淵) <譯上 61>이라고 하는데 곳블의 '블'이 코의 뜻을
지닌다.

burun(鼻) [터키]	burun(鼻) [위구르]

어근 bur가 코의 뜻을 지닌다. 중국어 bi(鼻)는 아마도 bur(bot)에서 변했을 것
이다. 일본어 hana(鼻)는 pana로 소급되며 어근 pan은 pat으로 소급되면 '블(블)'
과 동원어가 된다고 하겠다. 한편 pana는 pa와 na의 합성어로 볼 개연성도 있다.
일본 유구어에 hanaburu(鼻)가 있는데 buru가 코의 뜻을 지닌다.

ㄹ) ㅁ

kóu(口) [北京]

고구려 지명어에 古次(口)가 있다. '곧(곳)'일 것이다. 일본어 kutsi(口)는 국어
'곧'이 건너간 것이라 하겠다. 잠고대(寢言)의 '고대'가 말(言)의 뜻을 지니는데 어
근은 '곧'이다. 곧이듣다, 곧이 곧대로의 '곧'이 말의 뜻을 지닌다. 어원적 의미는
口의 뜻을 지닌다. 꾸역꾸역 먹는다의 '꾸역'은 '꾸럭>꾸억>꾸역'의 변화로서 어근
'굴(굳)'이 口의 뜻을 지닌다. 중국어 kóu는 kour>kou가 되었을 것이며 조어는
kot이었을 것이다. 따라서 국어의 '곧(口)'과 입(口)의 조어 kot과는 동원어가 된다
고 하겠다.

이렇듯 중국어와 국어의 조어와 비교해 보면 공통된다는 것을 알 수 있다. 따라
서 중국어도 조어 시대에는 국어와 동계였음을 시사한다고 하겠다. 중국어는 단음
절어로서 용언의 어미와 격어미가 발달하지 않았을 뿐이지 조어 시대의 문법 체계
를 그대로 유지하고 있다고 하겠다. 중국어에서는 어미가 발달하지 않은 관계로
동음이의어가 많이 생기게 되므로 어의분화를 위해 성조가 생기고 음절이 늘어나
고 음운변화가 엄청나게 일어난다고 하겠다. 그것은 의미분화를 음운으로 할 수밖
에 없기 때문이다.

12) 마무리

조어(祖語)를 재구(再構)하다 보면 어근말음(語根末音)은 ㄷ으로 소급된다. 이
는 국어의 조어뿐만 아니라 알타이어족에 있는 제어는 물론 포합어(抱合語)인 아이
누어, 니브흐어(길야크어) 등도 같은 현상이 일어나며 고립어(孤立語)라고 일컫는
중국어도 어근말음이 ㄷ이 된다고 하는 사실에 주목하게 된다. 이렇게 어근말음이
거의 ㄷ으로 소급되는 이유는 무엇일까? 고대인들은 그리 많은 어휘가 필요하지
않았을 것이다. 기억하기 쉽고 단순하고 통일성 있는 어근말음이었을 것이라고 생
각할 수 있다. 북방어족(北方語族)이라고 할 수 있는 알타이어족(語族)의 지역은

춥기 때문에 체온을 유지하기 위하여 공기를 막는 폐음절어(閉音節語)가 보온상 필요했을 것이다. 반면 남쪽으로 내려갈수록 덥기 때문에 더운 공기를 내보내는 개음절어(開音節語)가 생리적으로 맞는다고 하겠다. 이러한 현상은 유럽이나 아시아어의 공통적인 것이라고 하겠다. 북방의 게르만어보다 남방의 라틴어가 더 개음절화했다. 우리나라에서도 서울말보다 제주어(濟州語)가 보다 개음절화 현상이 두드러지며 국어의 고대어에서 갈라진 일본어는 개음절화했다. 그러니까 일본어는 고대어 초기에는 폐음절어였다고 하겠다.

국어의 자음을 조음위치(調音位置) 별로 분류해 보면 다음과 같다.

양순음(兩脣音)	ㅁ ㅂ ㅍ
치경음(齒莖音)	ㄴ ㄷ ㅅ ㄹ ㅌ
경구개음(硬口蓋音)	ㅈ ㅊ
연구개음(軟口蓋音)	ㄱ ㅇ ㅋ
후음(喉音)	ㅎ

조음 위치에서 보면 전설(前舌)이 치경(齒莖)이나 경구개(硬口蓋)에 닿아 조음되는 것이 7개가 되고 그 밖의 것은 1-3개에 지나지 않는다. 이렇게 전설에서 가장 많은 자음이 조음된다는 것은 전설이 발음기관의 구조상 가장 중심이 되는 조음체(調音體)에 있음을 말해주며, 이러한 이유 등으로 어근말음 ㄷ이 기본으로 되지 않았나 한다.

조어시대에는 단음절어였고 폐음절어였던 어휘가 인지(人智)가 발달하고 문명과 문화가 발달함에 따라 어휘의 수가 늘어나고, 폐음절어에서 개음절어로 바뀌고 발음하기 쉬운 자음으로 말음이 변하게 되었을 것이며, 동음이의어(同音異義語)를 극복하기 위해 접미사가 붙게 되고, 모음교체(母音交替)에 따라 어휘분화가 일어났다고 하겠다.

이러한 통시적 추세로 어근말음 ㄷ은 조음위치가 비슷한 ㄴ, ㄹ, ㅅ, ㅈ(ㅊ) 등으로 바뀌게 된다. 따라서 ㄴ, ㄹ, ㅅ, ㅈ(ㅊ), 등의 단음절어의 어근말음은 ㄷ으로 재구하게 된다. ㅂ, ㅁ, ㄱ의 말음도 ㄹ의 말음에 ㅂ, ㅁ, ㄱ이 첨가되어 본디의 말음 ㄹ을 밀어내고 일어난 말음이라 하겠다.

국어의 계통은 알타이제어와 맥을 같이 하며, 기층어(基層語)로 볼 때 아이누어, 니브흐어와도 궤를 같이 하고 있음은 주목할 사실이다.

차례

ㄱ

가¹ 圀 姓, 哥

’가’의 조어형(祖語形)은 ’갇’일 것이다. ’갇〉갈〉가’의 변화로서 본뜻은 ’사람’의 뜻을 지닌다. ¶내 성이 王개로라《飜老上8》. 겨레(族)의 어근 ’곌’은 ’걸’, ’걷’으로 소급된다. ’멍텅구리’, ’장난꾸러기’의 ’구리’, ’꾸러기’, ’꿀(굴)’ 등이 ’사람’의 본뜻을 지닌다. ’갓(妻, 女)도 ’갇’으로 소급된다. 끼리끼리의 어근 ’낄(길, 긴)’도 사람의 본뜻을 지닌다. 일꾼의 ’꾼(군)’도 ’굳’으로 소급된다. xun(人)〔蒙〕, kun(人)〔土族〕. 몽골어 xun(人)의 x는 kun의 k에서 변한 것이다. 국어 일꾼(군)의 ’군’과 동원어(同源語)가 된다. nərə(名, 姓)〔蒙〕. 몽골어 nərə의 어근은 nər는 국어의 ’나, 너, 누’와 동원어다. na(名, 一人稱)〔日〕, nare(汝)〔日〕, nərə(姓, 名)〔蒙〕. 어근 nar와 nər는 각각 사람의 본뜻을 지닌다고 하겠다. 『후한서(後漢書)』의 부여 관명(夫餘 官名) ’마가(馬加), 우가(牛加), 저가(猪加), 구가(狗加)’의 가(加)와 『삼국지(三國志)』의 고구려 관명(高句麗 官名) ’고추가(古鄒加)’의 가(加)도 비교된다.

가² 圀 邊, 端, 沿, 畔

고대에 가(邊)는 처소・지역(處所・地域)이라는 개념에서 생겨난 말이라 하겠다. ¶岸은 ᄀ시라《月序26》, 장안은 어느 ᄀ고(畔)《杜初24:51》, ᄀ 변(邊)《字會中7》, ᄀ 계(界)《字會上6》, ᄀ 비(鄙)《字會中7》, ᄀ 계(際)《類合下49》, ᄀ 식(塞)《字會上6》. ’ᄀ〉ᄀ’가의 변화다. 방언인 가생이, 가장자리에서도 어근 ’갓, 갖’이 보인다. 가장(最)도 동원어(同源語)일 것이다. 산기슭의 어근 ’깃’도 ᄀ(邊)과 동원어일 것이다. 어원적 의미는 토지류(土地類)의 뜻을 지닌다고 하겠다. 골(谷), 골(邑, 州), 고장, 굴(窟), 길(路) 등과 동원어라 하겠다.

▶ 끝, 기슭, 가장자리

가게   <small>명 商店, 店, 店房, 廛, 店鋪</small>

'가게'는 옛말 시렁(棚)의 뜻에서 전의(轉義)되었다. ¶가개 붕(棚)《字會中5》, 이 가개 아래(只這棚底下)《老上36》, 가개(涼棚)《譯上17》, 가가붕(棚)《倭上32》, 가가(棚)《漢441c》, 門 밧긔 가개 짓고(廛于外)《三綱孝7》. '가개'는 가가(假家, 가건물)에서 변한 것이다. '가가'가 고유어(固有語)일 수도 있다. 시렁(棚)의 어근인 '실'은 나무의 뜻을 지닌다. '화살', '窓살'의 '살'이 나무(木)의 뜻을 지닌다. sal(筏), sumo(矢)〔蒙〕. 몽골어에서 sal은 뗏목이며, sumo는 화살이다. sumo는 su(木)＋mo(木)로 볼 수 있다. 사드리(梯)《倭上33》는 '사'와 '드리'와의 합성어(合成語)로서 사드리의 '사'가 나무의 뜻을 지닌다. 살강의 '살'과도 동원어(同源語)가 된다. '가가'의 '가'도 나무의 뜻을 지닐 것이다. 가지(枝)의 어근 '갖(갇)'이 나무의 본뜻을 지닌다. '갇〉갈〉가'의 변화다. '가'가 겹친 것이 '가가'라고 하겠다. 그루(株)의 '글'이 나무의 본뜻을 지닌다. 옛날에 물건을 팔 때 시렁에 올려놓고 팔았다고 생각하면, 시렁(棚)이란 뜻에서 가게(店)의 뜻으로 바뀌었을 수도 있다. 한편 '가개'는 '가'와 '개'의 합성어로도 볼 개연성이 있다. '개'는 '갇〉갈〉갈이〉가이〉개'의 변화일 것이다. '개'의 조어 '갇(갈)'도 나무의 뜻을 지닌다.

가까스로   <small>閈 僅僅, 好容易, 硬着, 强自, 辛</small>

'가까스로'는 겨우, 간신히, 애써 등의 뜻으로 쓰인다. ¶섧고 애왇븐 뜯들 머거 갓가스로 사니노니《釋6:5》, 갓가스로 길러 내시니(艱難養育)《警民1》. 갓가스로는 '갓갓'과 '으로'로 나눌 수 있으며, 어근 '갓'은 ᄀᆞᆺ(邊)'과 동원어(同源語)일 것이다. 가까스로는 어떠한 행위를 위하여 있는 힘을 다하는 최선의 '最'의 의미와 관련된다. 가장(最)의 어근은 '갖(갇)'이다. ¶ᄀᆞ장(最, 매우) : 하ᄂᆞᆯ 짜히 ᄀᆞ장 震動ᄒᆞ니《曲21》, ᄀᆞ장(끝, 終) : 그 나랏 ᄀᆞ장ᄋᆞᆫ 낫ᄀᆞ티 븕ᄂᆞ니라《月1:26》, 苦惱滅 ㅅᄀᆞ장ᄋᆞᆫ 滅道諦라《月2:22-2》. ᄀᆞ장(最), ᄀᆞ장(끝)의 어근은 'ᄀᆞᆽ(갇)'으로서 ᄀᆞᆺ(邊)과 동원어가 된다 하겠다. 갓ᄀᆞ스로의 어근 '갓'도 가장(最), 끝의 뜻을 지니고 있다고

하겠다. ¶ ヌ브며 受苦ㄹ외요믈 닐오디(告勞苦)《杜初16:71》. ヌ브다는 어근이 'ヌ'이며, 갓가스로의 어근 '갓'과 비교된다. 지금은 숨가쁘다에 그 흔적이 남아있을 뿐이나 조선시대 문헌에는 ヌ브다(勞)로 나타난다. 한편 '갓'은 손으로 힘쓰므로 손의 뜻일 수도 있다.　　　　**▶** 겨우, 가쁘다

가깝다　형 近, 邇

'가깝다'는 거리의 개념에서 비롯되어 친근(親近)과 근사(近似)의 개념으로도 쓰인다. ¶近은 갓가볼 씨라《釋13:15》, 갓가올 근(近)《字會下34》. 갓갑다의 어근 '갓'은 고대어에서 눈의 뜻을 지니는 말과 동원어(同源語)일 것이다. 가깝다(近), 멀다(遠)라는 인식은 시각을 통해서 이루어진다. 멀다(遠)의 어근 '멀'은 일본어 눈(目)의 뜻인 ma, me와 동원어다. "눈이 말똥말똥, 멀뚱멀뚱하다"의 '말, 멀'이 고어에서 눈의 뜻을 지니고 있었던 말임을 보여주고 있다. 멀다의 반의어인 갓갑다의 어근 '갓(갇)'은 고대어에서 눈의 뜻을 지닌다. 눈의 낮은말이라고 하는 눈깔(目)의 '깔'의 고어는 '갈(갇)'로서 눈의 뜻을 지닌다. göz(目)〔터키〕, görmek(見)〔터키〕. 터키어에서 göz, gör가 눈의 뜻을 지니고 있다. yakın(近)〔터키〕. 터키어 yakın은 nakın으로 소급된다. 어근 na는 눈의 뜻을 지닌다고 하겠다. nidön(目)〔蒙〕, yasa(目)〔滿〕. 방언에 '가찹다'가 있다. 가깝다 : 가찹다, 돗귀(斧)《曲106》: 도치(斧)《杜初25:2》.

가꾸다　동 培, 作, 裝飾

'가꾸다'는 생물이 잘 자라도록 거두다, 꾸미다, 치장하다, 보살피다의 뜻이다. ¶솔 갓고니 亭子ㅣ 로다《靑p.87》. '갓고다'의 어근은 '갓'인데 '갇'으로 소급된다. 가꾸는 일은 말이나 눈짓으로 이루어지는 것이 아니라 손을 통한 행위가 따른다. 그래서 '갓(갇)'은 손이 어원적인 의미를 지닐 것이다. 가지다(持)의 어근은 '갇'으로서 손의 뜻을 지닌다. 가락지, 골무, 가리키다(指)의 어근 '갈, 골'은 모두 손의 어원적인 의미를 지닌다. gara(手)〔滿〕, gor(手)〔蒙〕, kol(手)〔터키〕 어근 gar, kol인데 gat, kot

으로 소급된다.

가난하다　　圈 貧窮, 貧困, 不足

'가난하다'는 한자어 艱難(간난)이 발음의 편의를 위하여 동음생략으로 '간난〉가난'으로 변하면서 원뜻도 변하여 빈궁의 뜻으로 쓰이는 말이다. ¶王業 艱難이 이러ᄒ시니《龍5》, 艱難ᄒ 사ᄅᆞᆷ 보아든《釋6:15》, 올히 니건 힛 가난과 도ᄅᆞ혀 ᄀᆞᆮ도다《南明下11》.

가냘프다　　圈 細, 細弱

'가냘프다'는 ᄀᆞᄂᆞᆯ다(細)의 어간 'ᄀᆞᆯ'에 'ᄇᆞ' 접미어가 붙어서 된 말이다. ᄀᆞᄂᆞᆯᄇᆞ다→가냘프다의 변화라 하겠다. ¶ᄀᆞᄂᆞᆯ다(細) : ᄀᆞᄂᆞᆫ 비치 잇ᄂᆞ니 《月1:36》. 다음의 곯다와 골프다를 보면 조어법이 가냘프다와 같다는 것을 알 수 있다. ¶곯다 : 사슴도 삿기 비곯하 ᄒ거든《釋11:41》, 골프다 : 비 ᄀᆞ장 골프다《老上35》. 곯다〉곯ᄇᆞ다〉골프다〉고프다. 고프다는 '곯다'에서 변화한 말이다. ¶ᄀᆞᄂᆞᆺᄇᆞ다(가냘프다) : 여외여 ᄀᆞᄂᆞᆺᄇᆞ거든 幅을 조차 좁게 홀디니(瘦細則幅隨而狹)《家禮1:43》. 가냘프다의 뜻으로 ᄀᆞᄂᆞᆺᄇᆞ다가 문헌에 보인다. 'ᄀᆞ놊브다〉ᄀᆞᄂᆞᆺᄇᆞ다'의 변화일 것이다. 가녀리다는 ᄀᆞᄂᆞᆯ다에서 변한 말이 될 것이다.

가늘다　圈 細

'가늘다'의 어간 '가늘'은 다시 '가'와 '늘'로 나눌 수 있으며, 실(絲)의 뜻을 지니는 말에서 왔다고 본다. ¶ᄀᆞᄂᆞᆫ 보리ᄂᆞᆫ ᄯᅩ ᄀᆞᄂᆞ도다(細麥復纖纖)《杜初10:8》. 한자를 보면 '糸(실 사)' 변에 '田(밭 전)' 자를 어우른 자인데, 田은 누에머리 모양 囟(정수리 신)의 변형이다. 누에의 머리에서 나온 실이 가늘다는 뜻이다. 고대인이 '가늘다'라고 하는 생각은 '실'의 뜻을 지니는 말에서 발상했을 수 있다. 한자 '糸'와 '細(가늘 세)'는 동원어(同源語)일 것이다. 긴(綾)《字會中23》의 조어형(祖語形)은 '긷'일 것이다.

그늬(鞦韆)《漢261a》의 어근은 '그'로 볼 수 있다. '그늬'를 '그'와 '늬'로 가른다면 '늬'는 '느이'가 준 말이고, '늘〉늘이〉느이〉늬'의 변화로 볼 수 있다. '늘(늘)'은 날줄(經)의 뜻을 지니는 '눌'과 동원어일 것이다. 그늬의 '그'는 ᄀᆞᄂᆞᆯ다(細)의 'ᄀᆞ'와 동원어일 개연성이 있다. 'ᄀᆞᄂᆞᆯ'의 '놀'은 날줄(經)의 뜻을 지닌다. 노끈의 '노'도 '눌'과 동원어일 것이다. '가늘다'의 반의어(反意語) 굵다의 어간 '굵'은 '굴(굳)'로 소급된다. 끈(綏)의 조어는 '귿'인데 ᄀᆞᄂᆞᆯ다의 'ᄀᆞ'의 조어 'ᄀᆞᆮ'과 동원어일 것이다. narxuŋ(細)〔女眞〕, narxuŋaga(細雨)〔女眞〕. 여진어(女眞語)에서 narxuŋ은 細의 뜻을 지니는데 어근이 nar임을 보여주고 있다. ᄀᆞᄂᆞᆯ다(細)의 'ᄀᆞᄂᆞᆯ'은 이음동의어(異音同義語)의 합성(合成)이라 하겠다.　　　　▶ 가늣하다, 끈, 노끈

가다　圖 行, 去

'가다'는 목적지를 향하여 움직이다, 목적지를 향하여 걸어가다의 뜻이다. '가다'의 행위는 다리의 행위다. ¶洛水예 山行가 이셔《龍125》, 뵈가져 가거다(將布子去了)《老下59》, '가다'의 어근은 '가'로 조어는 '갇'일 것이다. ¶가ᄅᆞ리 네히로 새라《樂軌處容》, 脚烏伊 四是於羅《處容歌》. '가ᄅᆞ리'의 어근은 '갈'이고 '갇'으로 소급된다. 걷다(步)의 어근 '걷'이 다리의 뜻으로 '갇'과 동원어(同源語)다. '脚烏伊'는 가마귀 '오(烏)' 자가 아니라 새 '조(鳥)'일 것이다. '가오이(脚烏伊)'가 아니라 '가도리(脚鳥伊)'일 것이다. 함경북도 방언에 가랑이를 '가다리'라고 하는데 길주(吉州), 주을(朱乙), 무산(茂山), 회령(會寧) 등지의 방언이다. '가다리'의 어근은 '갇'이다. '갇〉갈-다〉가다'의 동사로 전성되었다. gitmək(行)〔터키〕, gətmək(行, 去)〔위구르〕, kənəmbi(去)〔滿〕. gətmmək의 어근은 gət이고 명사로서 걷다의 어근 '걷'과 동원어이다.

가두다　圖 囚, 收監, 禁閉

'가두다'는 어느 공간에 잡아넣어 자유를 구속하다이다. '인(囚)' 자를 보면 네모(口) 속에 사람(人)이 들어가 있다. 口는 사방이 막히어 나갈 수

없는 곳인데 옛날에 가두는 곳은 주로 나무로 만든 곳이다. 따라서 '가두다'의 어근 '갇'은 나무의 뜻일 개연성이 있다. 가지(枝)의 어근 '갇', '넉가래'에서 '가래'의 어근 '갈(간)' 등이 나무의 뜻을 지닌 말이다. 긷 주(柱)의 '긷'도 나무의 뜻이다. ¶獄온 罪지은 사룸 가도는 짜히니《月釋1:28》, 가돌 슈(囚)《類合下21》. 가도다의 어근은 '갇'이다.

가라사대　　　⑧ 日

'가라사대'는 말씀하시다의 뜻이다. 가라사대의 어근 '갈'은 말의 뜻을 지닌다. 가르치다(敎)의 어근 '갈과 같은 말이다. ¶子ㅣ ᄀᆞ르샤ᄃᆡ《小諺1:1》, ᄀᆞᄅ 왈(曰)《類合31》. 잠고대(寢言)의 '고대'의 어근 '곧'이 말의 뜻을 지닌다. goto(言)〔日〕, gataru(語)〔日〕. got, gat은 '곧'과 동원어(同源語)다. gotoba(言葉)의 ba는 '말발이 선다'의 '발'로서 말의 뜻을 지닌다. 거짓말을 뜻하는 황해도, 평안도 방언에 '거짓부리'가 있는데 '부리'가 말의 뜻을 지닌다. 노래를 부르다(歌唱)에서 '부르다'의 어근 '불'이 말 또는 소리의 뜻을 지닌다. mikoto(命, 尊)의 mi는 접두어이다. koto는 말, 행위에서 변하여 발언, 행위를 하는 신(神), 천황(天皇), 황자(皇子) 등을 가리킨다. 신, 천황의 말씀, 명령의 뜻이다. 신과 사람을 존경하여 부를 때 쓰는 말이다. 이는 말이 존경하고 신격화하는 의미를 반영하고 있다. 글(文)도 말을 기록하는 부호가 된다. 따라서 '글'의 어원적인 의미는 '갈, 곧'이라 하겠다.

가라앉다　　　⑧ 沈, 沈澱, 鎭

'가라앉다'는 '가라'와 '앉다'로 나눌 수 있다. 가라앉는 것은 물에서 일어나는 현상이므로 '가라'는 물이 어원적 의미가 될 것이다. '가라'는 '갈아'로 볼 수 있으므로 '갈다'라는 동사를 재구할 수 있으며, 잠기다(潛)의 뜻으로 쓰인 동사라 생각된다. ¶ᄀᆞ라 안짜(澄下去)《漢28d》. '굴다'의 '굴'은 명사로서 ᄀᆞᄅᆞᆷ(江)《龍20》, 걸(渠)의 어근 '굴, 걸'과 동원어(同源語)가 된다. sizumi(沈)〔日〕. 어근 siz는 sit이 조어형(祖語形)으로 물(水)의 뜻을 지녔을 것이다. sosogu(注)〔日〕, susugu(濯)〔日〕. 어근 sos, sus는 sot, sut이 조어형으로서 물(水)의 의미를 지니고 있다.

가락　圏 指, 節, 卷

'가락'은 손가락, 엿가락, 노랫가락 등 다양하게 쓰인다. '가락'의 어근은 '갈'로서 '악' 접미사가 붙었다. 손가락의 '가락'의 어근 '갈'은 손의 뜻을 지니는 말이다. 가지다(持)의 어근은 '갖(갇)'으로서 명사가 된다. '갇'은 손의 뜻을 지니는 고어(古語)다. gara(手)〔滿〕, gar(手)〔蒙〕, kol(手)〔터키〕. 어근 gar, kol이 손의 뜻을 지니며 손가락의 가락의 어근 '갈'과 동원어(同源語)가 된다. 손가락의 '가락'의 어원적 의미는 '손'인데, 발가락의 경우도 함께 쓰인다. 손가락이 길쭉하다고 하는 특성에 연상하여 발가락, 엿가락, 물렛가락, 젓가락 등에도 쓰이지만, 어원 의미는 손의 뜻을 지닌다고 여겨진다. 음조(音調)의 뜻을 지닌 가락은 그 어원적 의미는 다르다. 가락의 어근 '갈'은 '소리, 노래, 말(音, 聽, 歌, 語)' 등의 뜻을 지니고 있다. ᄀᆞᆯ 왈(曰)《類合上14》, 가르치다(敎)의 어근 '갈'은 명사다. 말하고 가르치는 것은 말에 의해 이루어진다. 따라서 어근인 '갈'은 소리, 말(音, 語)의 뜻을 지닌다. 뜨락은 뜰 명사에 '악' 접미사가 붙었다.

가람　圏 江, 湖, 河

'가람'은 강(江)의 옛말로 지금은 쓰이지 않는다. ¶ᄀᆞᄅᆞ매 비업거늘(河無舟矣)《龍20》, ᄀᆞ롭호(湖)《字會上4》, ᄀᆞ롭강(江)《字會上4》, 미힛 두듥과 ᄀᆞ롨 蒲에 ᄀᆞ새 나ᄂᆞ니(側生野岸及江蒲)《杜初15:21》. ᄀᆞ롭과 ᄀᆞ롤의 쌍형이 나타난다. 어근은 '굴'이다. ¶걸 호로몰(決渠)《杜初9:36》, 몰ᄀᆞᆫ 거른(淸渠)《杜初9:40》. 어근 '걸'은 '굴'과 동원어(同源語)다. 합개(合浦)《龍1:49》, 개보(浦)《字會上5》의 '개'는 '가이'가 줄어든 말로서 '갈〉갈이〉가이〉개'의 변화인데 어근 '갈'은 '굴, 걸'과 동원어가 된다. galgan(河小)〔滿〕, goro(河身)〔滿〕, qudug(井)〔蒙〕, gool(川)〔蒙〕, göl(湖, 池)〔터키〕, küb(潭)〔蒙〕, goroqa(溪)〔蒙〕, kawa(河)〔日〕. 갈, gol 등은 동원어고 일본어

kawa(河)는 kara에서 변한 말로서 어근은 kar이다. 일본어의 방언에 kara가 있다. 시베리아에 있는 바이칼(Baikal) 호수의 kal이 동원어다. bai는 bari에서 변한 말로서 kal과 같이 '湖, 水, 川, 江'의 뜻을 지니는 말이라고 여겨진다. bilgan(溪)〔滿〕, bira(河)〔滿〕, bulhumbi(水湧)〔滿〕, bilrəmbi(水泛溢)〔滿〕, bisarambi(水散流)〔滿〕, bulak(泉)〔蒙〕, bilqaba (水漲)〔蒙〕, hutsi(淵)〔日〕. 어근 bul, bil을 얻을 수 있는데 물(水)의 본뜻이 있다고 하겠다. hutsi(淵)는 butsi로 재구되며 but이 조형으로서 물의 뜻을 지닌다. 국어 비(雨), 바다(海)의 어근 '비(빋), 받' 등도 물의 본뜻을 지닌다. 붓다(注)의 어근 '붓(붇)'도 물의 뜻을 지닌다. 캐나다와 미국의 접경에 있는 나이아가라(Niagara) 폭포의 gara도 비교가 된다. 이른바 아메리카 인디언은 1만 5천 년 전에 아시아에서 건너간 종족인 것이다. 물과 관련된 한자 '江, 渠, 溝, 溪' 등과도 관련이 있을 듯하다.

가랑비　명 細雨

'가랑비'는 가늘게 내리는 비다. 이슬비, 보슬비 등과 비슷한 말이다. ¶ᄀᆞ 른비 : 無色界옛 늦므리 ᄀᆞᆯ비 ᄀᆞ티 ᄂᆞ리다《月1:36》, ᄀᆞ랑비 : ᄀᆞ랑비《譯 上2》. ᄀᆞ른비〉ᄀᆞ랑비〉가랑비. ᄀᆞ른(粉)와 비(雨)와의 합성어다. ¶ᄀᆞ른 면(麵)《字會中22》, 록두ᄀᆞ른(綠豆粉)《救簡6:19》. 가랑눈, 가랑니, 가랑무 등의 '가랑'은 가루(粉)의 뜻에서 작다(小)의 뜻으로 바뀌었다. "뱁새가 황새 걸음하다가 가랑이 찢어진다"라는 속담의 '가랑이'는 다리(脚)의 뜻이다. 가랑이의 어근은 '갈(갇)'로서 걷다(步)의 '걷'과 동원어(同源語)가 된다.

가래¹　명 痰

'가래'는 '갈'에 '애' 접미사가 붙은 형으로 볼 수 있다. 고롬(膿)《楞8:99》의 어근은 '골'인데 가래의 어근 '갈'과 동원어(同源語)라 볼 수 있다. 고롬 (膿)의 어근 '골'은 골(膏)과 동원어라 하겠다. ¶골(膏)《救方上62》.

가래² 명 竿

'배 젓는 가리'에서 '가래'란 삿대(竿)다. ¶비젓는 가러(划子)《譯下21》. 가래의 어근 '갈'은 나무의 뜻을 지닌다. 서까래, 넉가래 등의 '가래'와 같은 말이다. 농기구인 가래(枚)도 동원어(同源語)일 것이다. 어근 '갈'도 나무의 뜻을 지닌다. '긷'(柱)과 동원어다. 등걸의 '걸'도 나무의 본뜻을 지닌다.
➡ 등걸의 걸, 깔비의 깔, 그루

가래³ 명 楸, 枚

'가래'는 흙을 던지는 기구이다. ¶가래 흠(枚)《字會中17》. 가래의 어근은 '갈'이다. '가래'는 그 재료가 나무이기 때문에 나무의 뜻을 지니는 것이 어원이 될 것이다. 가지(枝), 글(斤乙), 긷(株), 거루(돛을 달지 않은 작은 나무 배), 그루(株), 넉가래, 석가래. ¶골 독(槽)《字會中10》, 골(棺材)《蒙46》. 어근 '갓(갇), 글, 갇, 걸(걷)' 등이 나무의 어원적인 의미를 지닌다. gi, go(木)〔日〕. 밭을 갈다(耕)에서 '갈다'의 어근 '갈'도 나무라고 하겠다. 논밭을 가는 쟁기도 처음에는 나무쟁기였을 것이고 나중에 쇠날이 부착되었다고 하겠다.

가래톳 명 便毒, 鼠蹊部淋巴腺炎

'가랫톳'은 허벅다리 안쪽에 생기는 멍울(病腫)이다. '가래'와 '톳'의 합성어다. ¶가룻톳 : 가룻톳(便毒)《救簡3:55》, 가랏돗 : 가랏돗(行陽一云便毒)《譯上61》. '가래'는 다리(脚)를 뜻한다고 보겠다. ¶가르리 네히로새라《樂軌處容》. 가롤(脚)의 어근은 '갈(갇)'인데, 걷다(步)의 어근 '걷'과 동원어(同源語)다. 탈나다의 '탈'은 병(病)의 뜻을 지닌다. ¶탈(病, 事故, 트집) : 간곳마다 탈잇다(到處有蹤)《譯補60》, 탈 어더 분명이 나롤 죽이고져 혼 거시라《三譯4:20》. 탈(病)은 '탇(닫)'으로 소급된다. 가래톳의 톳은 병(病)이다. '탈(닫)'과 '톳(톧)'은 동원어가 된다고 하겠다. ¶입덧 : 풀病도 아니들고 입덧도 아니난다《海東p.46》. 입덧은 '입(口)'과 '덧(病, 事故,

---

가래, 가래톳

트집)'의 합성어가 된다. '탈, 톳'의 고형이 '달, 돗'임을 보여준다고 하겠다. 탓(所由, 因由)의 고형은 '탇, 닫'으로 소급될 것이다. 탈과 탓도 동원어일 것이다. 가래톳은 '가래(脚)'와 '톳(病)'과의 합성어가 된다.

가렵다　형 痒

'가렵다'의 어근은 '갈'로서 명사다. ¶ㄱ라와도 敢히 긁디 아니ㅎ며《小諺2:7》. '갈'이 살갗(皮膚)의 뜻을 지니느냐 그렇지 않으면 손으로 긁기 때문에 손의 뜻을 지니느냐 하는 두 가지 견해를 생각할 수 있다. 긁는 것은 이차적(二次的)이기 때문에 살갗의 뜻을 지닐 개연성이 높다. 그러나 손의 뜻일 개연성도 아주 배제할 수는 없을 것이다. kayusi(痒)〔日〕, kaşıntılı(가렵다)〔터키〕. 일본어 kayusi는 karusi에서 변한 말이다. 어근 kar는 국어의 '갈'과 일치한다. 일본어에서 어중에 ya, yo, yu는 ra, ro, ru의 r음이 탈락되면서 모음충돌기피현상(母音衝突忌避現象)으로 이차적으로 생성된 모음인데, 이는 국어에서도 같다. 일본어 kawa(皮)는 kara가 원형(原形)인데 어근 kar(kat)는 국어 가죽(皮)의 뜻을 지니는 '갗(갇)'과 동원어(同源語)다. 가렵다의 '갈'은 살갗의 뜻일 가능성이 많다.

가로　명 橫

한자 '橫(가로 횡)' 자를 보면 나무 목(木)이 들어 있다. ¶關은 門의 ㄱ로디르는 남기오《法華4:130》. ㄱ로의 어근은 '굴'이다. '굴'이 나무의 뜻을 지닐 개연성을 생각해 볼 수 있다. ¶斤乙(木)《高句麗》. 그루(株)의 '글'이 나무의 뜻을 지니고 있음이 드러난다. 석가래, 넉가래의 '가래'도 목재(木材)다. 어근 '갈'이 나무의 뜻을 지닌다.

가루　명 粉, 麵

'가루'는 주로 곡물을 잘게 한 것을 가리키나 돌가루, 쇳가루 등에도 쓰인다. ¶ㄱ로(粉)《救簡6:19》, 굴 : 香ㄱ굴ㅇ로 ㅂㄹ고《釋6:38》, 질:콩 질올

므레 ㅁ라《救方下19》. 어원은 곡물과 관련성이 있을 개연성이 높다. ko (粉)〔日〕, gulir(粉)〔蒙〕. 일본어 ko(粉)는 국어 '갈'과 동원어(同源語)가 되며 몽골어 gulir(粉)의 어근 gul과도 동원어일 것이다. ▣ 갈다

가르치다　동 敎

가르치는(敎) 것은 말로 하는 것인데 어근 '갈'은 말의 뜻을 지니는 명사다. ¶法說을 ᄀᄅ치ᅀᆞ오니라《法華2:9》, ᄀᄅ칠 훈(訓)《字會下32》. 'ᄀᄅ치다'의 어근 '굴'이 명사다. surgaho(敎)〔蒙〕, öǧretmek(敎)〔터키〕, üge, ügen (言)〔蒙〕, osieru(敎)〔日〕. 몽골어 surgaho(敎)의 어근 sur는 말의 뜻을 지니는 국어 '소리', '사뢰다'의 어근 '솔, 살'과 동원어(同源語)다. 터키어 öǧretmek의 öǧ는 몽골어 üge(言)와 동원어일 것이다. 일본어 osieru(敎)의 어근 os(ot)는 국어 알다(知)의 어근 '알(앋)'과 동원어로서 말의 뜻을 지닌다. 가르치는 것은 말을 통해 이루어진다. ▣ 가라사대

가리다　동 選擇

'가리다'의 어근은 '갈'이다. 가리는 행위는 손에 의해 이루어진다. ¶하ᄂᆞᆯ 히 ᄀᆯ히샤(維天擇兮)《龍8》. ᄀᆯ히다의 'ᄀᆯ히'는 'ᄀᆯ'과 '히'로 가를 수 있다. 한편 'ᄀᆯᄒᆞ다'로도 보인다. ¶반ᄃᆞ기 ᄀᆯᄒᆞ요미 잇디 아니ᄒᆞ리며(不應有擇)《楞2:114》. 'ᄀᆯ'은 두말할 것도 없이 손의 뜻을 지닌다. '히'는 'ᄒᆞ이'가 준 말로서 'ᄒᆞᆯ〉ᄒᆞᆯ〉ᄒᆞᆯ이〉ᄒᆞ이〉히'의 변화 과정을 거쳤다. 혀다(引)의 어근 '혀'는 'ᄒᆞᆫ〉헐〉혈〉혀'의 변화 과정을 거쳤다. '혀'는 손의 뜻을 지닌다. ᄁ는 행위는 손에 의해 이루어진다. 할퀴다는 할쾨다《曲2》인데, '할쾨다'의 어근 '할'이 손의 뜻을 지닌다. 할퀴다는 손에 의해 이루어진다. 'ᄒᆞ다'의 'ᄒᆞ'는 손의 뜻을 지닌다고 여겨진다. ᄒᆞ다(爲)는 손에 의한 행위로 볼 수 있다. '할쾨다'의 '할쾨'의 '쾨'는 '코이'가 준말이고, '곤〉골이〉고이〉괴'의 변화 과정을 거친 것으로서 '곤(골)'이 역시 손의 뜻을 지닌다. 가리다는 손으로 하는 행위라고 하겠다. ▣ 가리키다, 가락

가리키다   图 指, 示

'가리키다(指)'는 '가르치다(敎)'와 구별된다. 그러나 15세기 표기에는 フ르치다(指)로 나온다. ¶右手左手로 天地 フ르치샤《曲20》. 어근 '굴'은 손의 뜻을 지닌다. '指(가리킬 지)' 자를 보면 '扌(손 수)' 변이 있다. 가리키는(指) 것은 손가락으로 하는 행위다. 가지다(持)의 어근 '갖(갇)'은 손의 뜻을 지니고 있는 명사다. sasu(指)〔日〕, sasageru(捧)〔日〕. 일본어 sasu(指), sasageru(捧)의 어근 sas(sat)는 국어 손의 조어형(祖語形) '솓'과 동원어(同源語)라 하겠다. 가락지(指環)의 어근 '갈'이 손의 뜻임을 확실하게 보여주고 있다.   ◪ 가지다, 갖다, 손가락의 가락, 골무

가마¹   图 釜, 鍋, 罐

'가마'는 솥과 이음동의어(異音同義語)라 하겠다. 솥을 가마솥이라고도 한다. ¶가마 밑 마촘 아래《救簡1:25》. kama(釜)〔日〕, kazan(釜)〔터키〕. 일본어 kama는 국어 그대로다. 터키어 kazan의 어근 kaz(kat)는 가마의 어근에 대해 시사적인 면이 있다. 솥의 고형은 '솓'인데 철(鐵)이라는 어원적 의미를 지닌다. 쇠(鐵)는 '소이'가 줄어든 말로서 '이'는 접미사다. '솓〉솔〉솔이〉소이〉쇠'의 변화다. '가마'도 철물(鐵物)로 된 것이기 때문에, 금속류(金屬類)가 그 어원적 의미가 될 것이다. 솥보다 가마가 더 고어가 될 것이다. 국어에서 '가마'라고 한 고대어가 일본에 건너가 일본어에서 kama(釜)가 된 것이다. 솥이 철기시대의 산물이라면 철기시대 이전인 청동기시대에는 무엇이 대표적 산물일까. 국어 구리(銅)와 관련될 가능성이 있다. 거울(鏡)은 청동기시대의 산물이다. '걸울'이 고형이라고 보면, '걸'은 구리(銅)와 동원어(同源語)라 여겨진다. 칼(刀)의 고어 '갈'도 청동기시대의 산물일 것이다. 따라서 '가마(釜)'는 청동기시대에 생겨난 말일 가능성이 있다. 가마귀(烏)의 '가마'는 검정(黑)의 뜻이 있는 말인데, 이때 가마의 고형 '갈'의 어원 의미는 불(火)의 뜻을 지닌다.

◪ 까마귀

가마² 명 輿, 駕籠, 駕轎, 輦, 軺軒, 籃輿, 帳獨轎, 四人轎, 步轎

'가마'는 駕馬로도 표기하는데 한자어에서 왔는지는 의문이다. ¶가마(轎車)《同文下19》. '가마'는 '가'와 '마'와의 합성어로 볼 개연성을 생각해 볼 수 있다. '가마'는 그 재료가 목재이기 때문에, 그 어원은 나무와 관련될 개연성이 짙다. '가'는 나무의 뜻을 지닌다고 보겠는데, 그루(株)와 고구려 지명어에 보이는 斤乙(木) 등과 동원어(同源語)가 된다. 가지(枝)의 어원 '갖(갇)'도 본디는 나무의 뜻을 지닌다고 하겠으며, '절고(杵)'의 '고'도 본디는 나무의 뜻을 지니는 말일 것이며, '고'의 고형(古形)은 '골'일 것이다. 일본어 kosi(輿)가 있다. 어근 kos(kot)는 나무의 본뜻이 있는 말이다. 일본어 kuruma(車)의 kuru도 어원적으로는 명사라 하겠으며, 일본어 ki(木)의 고형이 kur(kut)임을 보여주고 있다. '가마'는 일본어 kuruma(車)의 ma와 동원어가 된다. '마'는 탈것(乘物)의 명칭이었다고 여겨진다. '마'를 탈것의 명사로 볼 때, 그것도 나무(木)의 의미와 관련될 것이다. 말뚝(橛)의 '말'이 나무의 뜻을 지닌다. modo(木)〔蒙〕, moo(木)〔滿〕. ¶호수리의(一車)《練兵1》. 수리(車)의 어근은 '술'이다. 고대의 수레는 두말할 것도 없이 재료는 나무가 될 것이다. '술'은 나무의 어원적 의미를 지닐 것이다. 창살, 문살, 떡살의 '살'이 나무(木)의 뜻을 지닌다. 가마를 고유어로 볼 때 어원적 의미는 나무의 뜻을 지닌 말이 겹쳤다고 하겠다.

▶ 덩, 삿갓가마, 가자

가마우지 명 鸕

'가마우지'는 몸빛이 검은 여름철새다. ¶가마오디(水老鴉)《字會上17》, 고기 본 가마오지《靑p.110》. '가마오디'의 '가마'는 검정(黑)의 뜻이고, '오디'는 오리(鴨)의 고형(古形)이다. 곧 가마오디는 '검은 오리(黑鴨)'의 본뜻을 지닌다. ördek(鴨. 오리)〔터키〕. 어근 ör(öt)는 '오디(鴨)'와 동원어(同源語)일 것이다. u(鵜. 가마우지)〔日〕. 국어 오리(올)가 일본어에서는 u로 변했다. 외의 고형 ori(爪)와 uri(爪)〔日〕, 오리의 고형 올(鴨)과 u(鵜)〔日〕, 온→옻(漆)과 urusi(漆)〔日〕를 비교해 보면 국어 '오'가 일본어

'u'와 대응된다. 가마귀(烏)는 검은 새(黑鳥)라는 뜻이다.

➡ 가막조개, 까막까치

가망   명 善神

무속에서 가망(善神)과 가물(邪神)이 있다. 가망, 가물의 어근은 '감'이다. 일본어 kam-i(神)는 가망의 어근 'kam'이 그대로 일본에 반영된 셈이다. 일본 원주민인 아이누족은 kamui(神)라고 하는데, 가물(邪神)이 kamuri〉kamui(神)의 변화로 된 것이다. 단군왕검(壇君王儉)의 '儉'도 신(神)의 뜻을 지닐 개연성도 있다. 무속에서는 '대감(大監)'은 집, 터, 나무, 돌 따위에 접한 신이나 또 그 밖의 여러 신을 높이는 말이다. 굿에 대감굿이 있고 '대감놀이'도 있다. 무당이 터줏대감을 모셔다 춤추고 풍악을 울려 즐겁게 대접하며, 재앙을 물리치고 복을 비는 굿을 한다. 서울 지역 굿의 한 거리로 '대감거리'가 있다. 여기서 '대감'은 큰 신으로 집밖이나 뒤뜰에 모시며 재물과 복을 맡은 신이라 여기고 있다. 무당이 대감제(大監祭)라고 해서 대감의 신에게 올리는 제사도 있다. 또 '대감상(大監床)'이라고 해서 굿을 할 때 대감신에게 올리는 제물상을 따로 차리기도 한다. 한편 조선시대에는 정이품 이상의 관리를 높여서 '대감'이라고 부르기도 했다. 신라 때는 병부, 시위부 따위에 두었던 무관직을 '대감'이라고 했다. '감'이 무속에서 신의 뜻을 지니고 있는 말인데 더 높여서 대(大) 자를 쓰고 고유어인 '감'을 한자 '監' 자로 음사한 것이라 하겠다. 그렇게 보면 닛금, 왕검(儉), 감(監) 등이 신의 뜻을 지닌 동원어일 개연성이 있다. 한자어 신(神)은 보일 시(示) 변에 납 신(申) 자와 어우른 자이다. 보일 시(示)는 제사상의 상형문자고 '申' 자는 번갯불의 상형문자다. '神' 자가 의미하는 것은 신은 그 존재를 빛으로 보여 준다는 것이다. 뿐더러 신은 말로서도 나타난다. 무당이 되려면 '말문이 열려야 된다.'고 한다. 말문이 열린다는 것은 신이 무당의 몸에 실려 입을 통해서 신이 말하는 것을 이름이다. 이를 '공수, 공줄'이라 하고 '신탁'을 의미한다. 이렇듯 무속에서는 신이 자기의 존재를 빛과 말로서 표현한다고 여겼던 것이다. '금, 검, 감'도 빛과 말의 어원으로 풀어본다. '감'의 조어는 '갇'이다. '갇〉

갈〉갈암〉가암〉감'의 변화로 보면 '갇(갈)'은 말의 뜻이다. 잠고대의 '고대'의 어근 '곧'이 말의 뜻이고 '곧이곧대로'라는 말에서 '곧'이 말의 뜻을 지니는 옛말이다. '곧이곧대로'는 말 그대로의 뜻이다. 일본어에서 goto(言)는 말의 뜻인데 국어 '곧' 그대로다. 가르치다(教), 가라다(日)의 어근 '갈'이 말의 뜻을 지닌다. 빛으로 볼 경우는 '감'의 조어도 '갇'이다. '빛갈'의 '갈'이 빛의 뜻이고 옛말에 해의 뜻을 지닌다. 일본어 hikari(光)가 있는데 '빛깔'이란 뜻이다. '날이 개다'에서 '개다'의 어간 '개'는 '가이'가 준말이고 '갇〉갈〉갈이〉가이〉개'의 변화이다. günes, gün(태양)〔터키〕, gere(光)〔蒙〕. '해거름'의 '거름'의 어근 '걸'이 해의 뜻을 지닌다. 단군신화에서 곰(熊)을 기록대로 토템으로 생각할 수 있지만 '곰'이 '금, 검, 감'과 같은 면으로 보면 '신'이나 '해'로 볼 수 있다. 곰의 자손, 곰의 조상일 때는 신의 자손, 신의 조상이 될 것이다. 신의 뜻을 지니던 '곰, 금, 검, 감'이 신이란 뜻이 상실된 후에 엉뚱하게 동물 '곰'으로 대체되어 등장한 것이라 볼 수도 있다. 님(主), 놈(者), 남(他人)은 모음변이에 의해 어휘가 분화된 것을 볼 수 있고 모두 어원적인 의미는 사람의 뜻을 지니고 있다. '금, 검, 감, 곰'도 모음변이에 의해 분화된 말로서 어원적인 의미는 '신'일 수 있다. '고맙다'는 감사하다의 뜻인데, 전에는 존귀하다의 뜻을 지녔었다. '고마'는 공경(恭敬), 경(敬), 건(虔)의 뜻을 지녔었다. ¶고마 경(敬), 고마 건(虔)《類合下1,下3》, 서르 고마ᄒᆞ야 드르샤 說法ᄒᆞ시니《釋6:12》, 고마온 바를 보고 공경ᄒᆞ야(見所尊者)《小諺3:11》. 여기 고맙다는 존귀하다의 뜻이다. ¶고마워 ᄒᆞ시도록 말을 음흉히 ᄒᆞ니《閑中p.202》. 여기의 '고맙다'는 감사하다의 뜻이다. '고마'의 어근은 '곰'이다. 옛날에 가장 공경하고 존귀하게 여기고 감사할 대상은 누구일까. '신(神)'이 아니겠는가. '검, 곰, 금' 등이 신의 뜻을 지니는 동원어가 아닐까. koboto(恭敬, 敬謹)〔滿〕, kobtolombi(경건하게 대접한다)〔滿〕, kobtongga(敬謹한 사람)〔滿〕. 어근 kob는 kom으로 교체된다. 즉 ㅂ은 ㅁ으로 ㅁ은 ㅂ으로 교체된다. 거붑(龜) : kame(龜)〔日〕, ᄇᆞ얌(蛇) : hebi(蛇)〔日〕. 버찌의 옛말은 '멎'이었다. ¶方言 山櫻 曰벗又訛爲 멋《雅言3嫏者》. '닝금'은 주신(主神)으로 볼 개연성이 있으나 주군(主君)으로 볼 개연성이 좀 더 객관적일 수도 있다. 『계림유사(鷄林類事)』에 '虎曰 監 蒲南切'이 있는데 '蒲南切'이 '범'의 표기다. '監'은 神의 뜻을 지닌다고 여겨진다. 옛날부터 범은 영물로서 산신으로 모시고 있다. 절의 산신각에 호랑이가 있고 무속의 탱화에 산신이 범으로 나타난다. 따라서 '監 蒲南切'은 '신(神) 범'의 뜻을 지닌다고 볼 개연성이 있다.

가멸다 [형] 富裕, 富饒

'가멸다'는 현대어에서는 없어진 말이다. ¶가ᅀᆞ며닐 ᄇ리니(捨富)《楞1:34》. '가ᅀᆞ멸다'는 '가ᄉ멸다'로 소급된다. 어간 '가ᄉ멸'은 '가ᄉ'와 '멸'로 나눌 수 있다. 한자 '富(부할 부)' 자를 풀어보면 갓머리(宀) 밑에 畐(가득할 복)을 받쳐 놓은 글자다. 갓머리를 뺀 복 자는 술이 병에 가득한 모양이다. 병에 술이 가득 차듯이 광(宀)에 재물이 많다 하여 '富'의 뜻이 된다. 즉 재물의 소유를 상징하고 있다. 따라서 소유의 핵심은, 고대에 있어서는, 식량이라고 할 수 있다. '가ᄉ멸'의 어원은 곡식에 있지 않나 한다. '가ᄉ'의 어근 '갓(갇)'은 씨(種)의 뜻을 지닌다. ¶種은 가지라《月10:75》. kusa(草, 種)〔日〕. '멸'은 '멀(먼)'로 소급된다. 열매(實)는 '열'과 '매'의 합성어로서 '매'도 열매(實)의 뜻을 지닌다. 여름(實)《龍2》의 어근 '열'은 '널(넏)'에 소급된다. '널'도 열매(實)의 뜻을 지닌다고 하겠다. 나락(稻)도 낟(穀)과 동원어(同源語)다. 열매의 '매'는 '마이'가 줄어든 말이고, '맏〉말〉말이〉마이〉매'의 변화다. 일본어 mi(實)와 동원어가 된다. 일본어 minori(實)는 '열매가 열리다'의 뜻이다. mi는 '매(實)'와 비교되고 nori(成)의 nor는 국어 '날, 널(實)'과 동원어가 된다. 고대인들에게 있어서 '씨, 열매(種, 實)' 등 식량이 많은 것이 부(富)의 상징이라고 생각할 수 있다. 가ᄉ멸다(富)의 '가ᄉ'나 '멸'이 모두 '씨, 낟알, 열매(種, 穀, 實)'의 뜻을 지니고 있는 명사였을 개연성이 있다. miyaza(種)〔蒙〕.

가물 [명] 旱, 旱魃, 天旱, 旱氣, 炎魃

'가물음'이 줄어서 가뭄이 된다. ¶ᄀᆞ물(旱) : ᄀᆞᄆᆞ래 아니 그츨씨《龍2》, ᄀᆞ물다(旱) : ᄀᆞᄆᆞ라 비 아니오는 짜히 잇거든《月10:84》. '가물'은 '가'와

‘물’로 나뉜다. ‘ᄀ’는 해(日)의 본뜻을 지니는 ‘갇〉갈〉가’의 변화다. ‘몰’도 역시 해의 뜻을 지니는 말일 것이다. 마파람(南風)의 ‘마’가 南의 뜻이고 ‘맏〉말〉마’로서 해의 뜻을 지니는 말이다. 모레(明後日)의 어근 ‘몰’도 해의 뜻을 지닌다. 몽골어에 margata(明日)가 있는데, 어근은 mar이다. 따라서 ‘가물’은 해의 뜻을 지니는 말의 이음동의어(異音同義語)의 합성어다. hideri(日照, 루. 가뭄)〔日〕, hideri(日照)의 hi는 태양의 뜻이고, teri(照)의 어근 ter(tet)도 태양의 뜻이다. 가뭄은 비가 오지 않고 해만 거듭 쬐는 것이다. hya(루)〔滿〕. 만주어 hya(루)는 ha〉hal〉hat으로 소급되며, 국어 희의 조어형 ‘홀’과 동원어일 것이다. ➡ 모레(明後日), 가뭄

가물치　명 黑魚, 雷魚, 鮦魚, 水厭, 鱧魚

‘가물치’의 ‘치(티)’는 날치, 살치, 기름치, 멸치, 갈치와 같이 어류(魚類)의 뜻을 지니는 말이다. ¶가모티(鱧)《字會上20》, 가물치(黑魚)《同文下41》, 가물티(鱧)《柳物二. 魚類》. 가모티의 ‘가모’는 가마귀(烏)의 ‘가마’와 같이 검정(黑)의 뜻을 지닌다.　➡ 까마귀(烏), 까막가치, 까막눈

가볍다　형 輕

고대인(古代人)이 가볍고 무거운 것을 아는 것은 손으로 들어보고 알았을 것이고, 현재도 경중(輕重)은 거의 손에 의해 인식된다. 따라서 ‘가볍다’는 그 어원(語源)이 손의 뜻을 지녔을 것이다. ¶입시울 가비야ᄫᆫ 소리 《訓諺》. ‘가비압다’는 어간이 ‘가비압’이 되겠으나 ‘가비압’의 ‘압’은 접미사다. ‘가비’는 다시 ‘가’와 ‘비’로 나눌 수 있다. ‘비’는 ‘ᄫᅵ’가 준 말이고 ‘ᄇᆞᆯ〉ᄇᆞᆯ〉ᄇᆞᆯ이〉ᄫᅵ이〉비’의 변화다. ‘가비’의 ‘가’는 손일 것이다. ‘갇〉갈〉가’의 변화일 것이다. 가락지, 골무, 가리키다(指)의 어근 ‘갈, 골’이 손의 뜻을 지닌다. karui(輕)〔日〕의 어근 kar(kat)도 국어 손의 뜻을 지니고 있는 말과 동원어(同源語)라 하겠다. ‘가비’의 ‘비’의 조어형(祖語形) ‘ᄇᆞᆯ(ᄇᆞᆯ)’은 팔(臂)일 것이다.　➡ 개운하다, 홀가분하다

가쁘다 <small>휑</small> 勞, 倦

'가쁘다'는 힘에 겹다는 뜻이다. ¶ㅈ다 : 그ᄆ리 ㅈ디 아니ᄒ며《月1:28》, 筋骨올 몬져 ㅈ고샤《龍114》. ㅈ다는 동사로서 힘에 겹다의 뜻을 지닌다. ¶ㅈᄇ다 : 모미 ㅈ보몰 아노라(覺身勞)《杜初8:58》. 'ㅈ다'라는 동사에 'ᄇ /브'의 형용사화 접미사가 붙어서 형용사가 되었다. 힘에 겹다는 말을 보면 힘은 신체 가운데 주로 팔로 하는 것이다. 한자어 力(힘 력) 자도 팔에 힘을 주고 있는 것을 상형하고 있다. ㅈ다의 어근 'ㅈ'은 '걷'으로 소급되며, 손·팔이란 어원적 의미를 지닌다고 하겠다.　　　**▷** 가까스로

가사 <small>휑</small> 袈裟. Skt. kaṣāya, kāṣāya

스님의 옷. 산스크리트의 원래 의미는 적갈색을 의미하는데 스님의 옷을 적갈색으로 물들여 입으므로 그 색깔로 가사라 한다. 黃衣·壞色衣·間色 衣·染衣 등이 색깔로 의역한 말이다. 괴색은 여러 설이 있는데, 선명한 원색을 피하고 청·흑(泥)·꼭두서니 등의 혼탁한 부정색(不正色)을 가리킨다. 특히 의식용 가사는 금란가사(金襴袈裟)라 한다. 또 弊衣·糞掃 衣·割截衣·衲衣·田相衣·福田衣·功德衣·解脫衣 등의 말도 있다. 폐의·분소의는 원래 무덤이나 쓰레기장 등에 버려진 천을 주워 씻고 황갈색으로 물들이므로 붙인 이름이며, 할절의·납의는 그 천 조각을 붙여 기웠으므로 붙인 이름이며, 전상의·복전의는 밭 모양으로 만들었으므로 붙인 이름이다. 가사는 눈에 띄지 않는 색채의 누더기 옷이기 때문에 훔치고 싶은 마음도 없고 비구가 속된 생각을 떠나 수행에 전념할 수 있는 옷이므로 해탈을 하고 큰 공덕이 있는 것이므로 해탈의·공덕의라고도 한다. 가사는 기운 조각의 수에 따라 5, 7, 9, 13, 15, 25조(條) 등으로 구분되며, 9조 이상을 大衣(僧伽梨), 7조를 上衣(鬱多羅僧), 5조를 內 衣(安陀會)라 하여 三衣로 구별한다. "且披袈裟, 振錫杖, 飲清流, 詠波 若, 雖王公之服, 八珍之膳, 鏗鏘之聲, 曄曄之色, 不與易之."《高僧傳, 竺僧 度》. ¶가사:太子ㅅ 몸애 袈裟 니피ᅀᆞᄫᅵ니《月印上21》.

가슴 　명 胸

가슴의 어근은 '갓'이며, '옴' 접미사가 붙었다. '갓'은 '갇'이 조어(祖語)다.
¶가스미며 허리우히《月2:41》. gögüs(胸)〔터키〕, kewde(胸)〔카자흐〕, xəŋgər
(胸)〔에벤키〕, kəəŋtirə(胸)〔오로촌〕, mune(胸)〔日〕. 일본어 mune(胸)의
어근은 mun이고 mut이 조어형(祖語形)으로서, 국어의 몸(身)과 동원
어(同源語)라 본다. 몸의 조어형은 '몯'으로서 '몯〉몰〉몰옴〉모옴〉몸'의 변화
다. 일본어에서 karada(體)의 어근 kar는 국어 가슴의 어근 '갓(간)'과
동원어일 것이다. 일본어 karada(體)의 kara는 몸(體)의 뜻도 있지만,
어원적 의미는 사람(人)의 뜻이다. 국어 겨레(族), 갓(女, 妻), 멍텅구리,
끼리끼리의 어근 '결(걸), 갓(갇), 굴, 길'이 사람의 뜻이다.

가시내 　명 女兒

경상도 방언에서는 '가시나, 가이내'이고, 함경도 방언에서는 '간나'다. ¶스
나히와 간나히(男女)《小諺6:71》, 그 갓나히도(那女孩兒)《朴初上45》, 숟 갇
나히가 니믈리기가(女孩兒那後婚)《朴初上45》, 져믄 스나히 오줌《分瘟20》,
스나히(男兒)《字會上32》. 갓나히는 '갓'과 '나히', 스나히는 '스'와 '나히'의
합성어다. '갓'은 여자, 아내(女, 妻)의 뜻이다. '스'는 손(丁)과 동원어(同
源語)로서 손나히가 스나히로 바뀌었다. ¶손뎡(丁)《字會中2》. 만주어에
hara(姓)가 있는데, 어근은 har이다. '나히'는 '나'와 '히'의 합성어다. 나
히의 '나'는 나(第一人稱), 너(第二人稱), 누(不定稱)와 동원어로서 사람
의 뜻을 지닌다. '히'는 '호이'가 준 말이다. '혿〉홀〉홀이〉호이〉히'의 변화
다. '혿(홀)'은 사람의 뜻을 지닌다. 현대어에서 '히'가 인칭복수(人稱複
數)를 뜻하고 있는데, 어원적 의미는 사람(人)의 뜻을 지닌다. 나히는
'나이〉나이〉내'로 변했다. 가시내, 사내로 변했다. nio(人)〔나나이〕. nio는
niro에서 r음이 탈락된 것이다. 어근 nir와 국어 나, 너, 누는 동원어다.
nare(汝)〔日〕. 어근 nar와 동원어다. 갓ㄴ히는 사람의 뜻을 지닌 말이
3개가 겹친 것이라 하겠다. 　　　　　　　　　　　　　　　　▸ 계집

가시다 图 洗淨

'가시다'는 물로 깨끗이 씻다, 없어지거나 달라지다의 뜻이다. ¶가시다
: 싯 가싯기를 일즈기 말라(不可澡浴太早)《痘下43》, 가싀다 : 가싀다(洗
淨)《漢240c》. 부쇠다(洗) : 부쇠기롤 乾淨히 ᄒ야(汕的乾淨着)《朴重中30》.
부싀다 : 그릇 부싀다(滌器)《同文下16》. 일본어 arau(洗), ase(汗)의 어
근 ar(at), as(at)의 어원적 의미는 물(水)의 뜻을 지닌다. 고구려어
얼(於乙-泉)과 동원어(同源語)가 된다고 하겠다. 얼다(凍), 얼음(氷)의
어근 '얼'이 물(水)의 원의(原義)를 지닌다. 국어 가시다, 부시다의 어근
'갓(갇)'이나 '붓(붇)'도 어원적 의미는 물의 뜻을 지닌다고 하겠다. ᄀ롬
(江), 걸(渠), 냇갈(川)의 어근 'ᄀᆯ, 걸, 갈' 등의 어원적 의미가 물(水)의
뜻을 지닌다. 붓다(注), 바다(海), 비(雨)의 어근 '붓(붇), 받' 등도 어원
적 의미는 물(水)의 뜻을 지닌다고 하겠다. 개수(=개숫물), 개수통, 개
숫간, 개수대의 '개수'는 '가시'에서 변한 말일 것이다. 가싯물(개숫물),
가싯물그릇은 평안도 방언에서 쓰이고 있다. '모시다>뫼시다', '가시다>개
시(수)다'와 같이 '이'모음역행동화(母音逆行同化)라 하겠다.

가시버시 图 夫婦

'가시버시'는 부부의 뜻으로 벽초 홍명희(碧初 洪命熹)의 소설 『임껵정
(林巨正)』에 처음 쓰이고 있다. 전라북도 지방에서는 '가시보시'로 발음
되고 있다. 가시버시의 '버시'는 시(媤)의 뜻으로도 쓰이는데, 버시어미는
시어머니로, 버시아비는 시아버지의 뜻으로 쓰이고 있다. ¶가시(女) :
가시 그리볼씨《曲177》, 갓(妻) : 臣下의 갓돌히《月2:28》. 가시의 어근은
'갓'으로서 여자, 아내(女, 妻)의 뜻을 지닌다. 황해도에서는 처가(妻家)
를 가시집, 장인(丈人)을 가시아버지, 장모(丈母)를 가시어머니라고 한
다. 경상도에서는 여자를 '가시나'라고 한다. '버시'가 남편(男便)의 뜻이
다. '버시'의 어근은 '벗'이다. ¶벋(朋, 友) : 벋 우(友)《字會中3》, 바지(匠
色) : 바지 공(工)《類合下60》, 바지(人) : 흥졍바지둘(商人)히 길흘 몯녀
아《曲86》, 바치(才人) : 여러 노롯바치로(幾箇幇閑的)《老下48》. 어근 '벋',

'밭(받)'의 어원적 의미는 사람의 뜻이다. 혹부리는 혹 달린 사람의 뜻으로 '부리'가 사람의 뜻이며, 어근은 '불(붇)'이다. 일본어 hito(人)의 고어는 pito로서 어근은 pit이다. ¶어버시(父母) : 어버시 머기믈《恩重16》, 어버싀(父母) : 어버싀 子息 스랑호믠《釋6:3》, 어버이(父母) : 어버이 셤교믈《續三孝27》, 어이(父母) : 아바님도 어이어신마ᄅᆞᄂᆞᆫ 어마님 ᄀᆞ티 괴시리 업세라《思母曲》. 어버시와 가시버시를 비교하면 '어'와 '버시'로 나눌 수 있다. '버시'가 아버지, 남편(父, 夫)을 뜻한다면 '어(엇)'는 어머니(母)를 뜻한다고 보겠다. 여자, 아내(女, 妻)의 뜻을 지니는 '갓'도 어원적 의미는 사람의 뜻에서 전의(轉義)되었다고 하겠다. 겨레(族)의 어근 '결'은 '걸(걷)'로 소급된다. '끼리끼리'의 어근은 '길'인데, 겨집(女)의 어근 '겯'과 겨레의 어근은 동원어(同源語)일 것이다. 일본어 kara(族)와 동원어가 된다. 일본어 kare(彼)의 어근도 kar이다. 멍텅구리의 '구리'도 사람의 뜻을 지니는데 어근은 '굴'이다. ¶갓시(夫婦) : 갓시 자펴 나거늘(夫婦被掠)《三綱烈22》, 남진겨집(夫婦) : 머리터를 미자 남진겨지비 드외요니(結髮爲夫婦)《杜初8:67》. 부부의 뜻으로 15세기에는 갓시와 남진겨집이 문헌에 나타난다. 갓시(夫婦)는 '갓'과 '시'의 합성어(合成語)로 '시'가 남편(夫)의 뜻을 지닌다. 시아버지, 시어머니는 남편의 아버지, 어머니란 뜻이다. 남진겨집의 남진은 당시의 男人이란 한자의 발음이다. kadın(女) 〔터키〕. ➡ 어이, 어싀, 어버이

가야   圈 伽倻, 加羅, 駕洛

'가야'는 '가라〉가아〉가야'의 변화다. '가라'의 어근 '갈'은 사람의 뜻을 지닌다. 겨레(族)의 어근은 '결'인데 '걸'로 소급된다. kara(族)〔日〕, 말갈(靺鞨), 물길(勿吉), 거란(契丹). 어근 '갈, 걸, 길' 등이 사람의 뜻을 지닌다고 하겠다. 고구려의 옛 이름 고리(高离), 멍텅구리의 '고리, 구리'가 모두 사람의 뜻을 지니고 있다. 퉁구스 제어 중에 골디(goldi)어가 있는데 gol이 사람의 뜻을 지니고 있다. 일본에서는 '韓' 자를 'gara'로 읽는다. '馬韓, 弁韓, 辰韓'시대의 '韓'을 gara로 불렀다고 보겠다. 따라서 '韓'은 동족으로 여겼다고 볼 개연성이 있다.

가야금 명 伽倻琴

'가야금'은 서기 500년대에 가야라는 나라의 우륵(于勒)에 의하여 만들 어졌다는 악기의 이름이다. 가야국에서 만들어진 금(琴)이라고 해서 가 야금이다. ¶伽倻琴 가약ㄱ고 : 伽倻ㄱ고 검은고에《海東p.120》.

가엽다, 가엾다 형 憐, 可憐

'가엽다'는 딱하고 애틋하다의 뜻으로 쓰인다. ¶ㄹ업다 : 快樂이 ㄹ업스 니《曲124》, ㄹ이없다 : 그 사름이 나모라면 ㄹ이업서지니《閑中p.386》. 'ㄹ (ㄹ, 邊)'과 '없다(無)'의 합성어다. ㄹ이없다(無邊)가 가엽다(憐)로 변했 는데, 현대어에서 '가여워, 가엾어'와 같이 쓰인다. 즉 가엽다, 가엾다의 쌍형이 쓰인다고 하겠다.

가운데 명 中

경상도 사투리에 '가분데'가 있다. 갑다의 '갑'의 관형사형 '가분'에 처소 (處所)를 뜻하는 '디'가 붙은 명사로 볼 수도 있다. 그런데 곡식을 될 때 두되 반을 두되 가웃, 한 말 반을 한 말 가웃이라고 한다. 자가웃, 뼘가웃 등에서 가웃(中, 半)이 쓰인다. 가웃은 中(가운데 중)의 뜻으로 통한다. ¶가웃(半) : 혼 되 가옷 되거든(一盞半)《胎要40》. 가웃은 '가봇'이 변한 말이라 하겠다. '가봇'은 명사라 하겠다. 갑다의 어근에 '옷' 접미사가 붙었 다고 보기는 어렵다. ¶가본디 : 가본디 쉬우믈 爲ᄒᆞ야《月14:80》, 가온디 : 가온디 種種 고지 펫더니《釋6:31》. '가ᄇ(中)＋디(處所)〉가ᄇ디〉가본 디〉가온디'로 변한 것이라 하겠다. 즉 ㄷ 위에 ㄴ이 개입된 것이라 하겠다. ¶두듥 파(坡)《字會上3》, 두들(둔덕) : 두들 양ᄌᆞᄂᆞᆫ《杜重11:44》, 두던(두 둑, 둔덕) : 두던 부(阜)《字會上3》. 현대어 둔덕은 '두덕〉둔덕'으로서 어사 (語辭) 중 ㄷ 위에 ㄴ이 개입된다는 것을 볼 수 있다. 비대떡〉빈대떡, 바 디〉반디, 수대〉순대. 빈대떡의 어근은 '빈'이다. 빈은 콩의 뜻을 지닌다. borčak(豆)〔蒙〕, birčak(豆粉)〔蒙〕. 몽골어에서 bor, bir가 콩(豆)의 뜻을 지니는데, 국어 '빋이〉비지(豆)'의 어근 '빋'과 동원어(同源語)다.

가위¹ 명 鋏

'가위'는 무엇을 자르는 도구다. 가시개〔경상도〕, 가새〔경기도, 충청도〕, 가우〔경기도〕, 강애〔평안북도〕, 가시〔경상남도〕 등의 방언형이 있다. ¶剪刀曰割子蓋《類事》, ᄀᆞ애(鋏)《字會中14》, ᄀᆞ애(鋏)《物譜》. ᄀᆞ애는 현대어에서도 가새가 있는 바 ᄀᆞ애의 어근 'ᄀᆞᆯ'은 'ᄀᆞᆺ'이 고형일 것이다. 가새(鋏)와 같이 자르는 기구의 하나인 '갈'은 칼의 고어다. 갈(刀)의 조어 '갇'과 ᄀᆞ애의 'ᄀᆞᆺ(ᄀᆞᆮ)'은 동원어가 된다. 구멍을 파는 끌이나 갓괴(가꾀《朴重下12》) 등도 모두 동원어가 된다. ha(刀)〔日〕, hasami(鋏)〔日〕. 일본어 hasami의 어근은 has인데 pat이 고형이다. ha(刀)의 고형도 pat으로서 hasami의 조어형 pat과 동원어가 된다. 일본에서 huri는 칼을 셀 때의 단위어(單位語)다. huri는 puri, put이 조어형이다. pat, put 등은 칼 종류(刀劍類)의 뜻을 지니는 어원과 관련이 있을 것이다. 국어 버히다(斬)가 현대어에서는 '베다'다. '벋'이 조어형으로서 칼 종류의 뜻을 지닌다. 따라서 일본어 hasami(鋏)는 국어의 고어에 칼(刀)의 뜻을 지녔던 '벋'과 동원어일 가능성이 있다. 가새는 '갓(갇)'에 '애' 접미사가 붙은 것으로 '갓(갇)'은 칼(刀)과 동원어다. kılıç(刀)〔터키〕, kıskaç(鋏)〔터키〕. 터키어의 가위와 칼이 동원어일 가능성이 있다. kılıç(刀)의 어근 kıl(kıt)은 kıs(kıt)와 비교된다. 剪刀曰割子蓋《類事》는 가시개의 표기라 하겠다. 가시개의 '개'는 '가이'가 준 말로서 '갇〉갈이〉가이〉개'의 변화일 가능성이 있어 '갇(갈, 刀)'일 수 있다.

가위² 명 秋夕, 仲秋, 中秋

'가위'는 『삼국사기(三國史記)』 「신라본기(新羅本紀)」 유리이사금(儒理尼師今)조에 '嘉俳'로 처음 나오는데, 흔히 '가운데'라는 의미로 풀고 있으며, 현대는 한가위라고 말한다. 우리말에서는 추석(秋夕), 중국에서는 중추(仲秋)라고 한다. ¶가외(中秋)《譯上4》, 八月 보로매 아ᅀᆞ 嘉俳 나리

마른《樂軌》. '가배'가 '가외'로 변하고 '가위'로 변했다. 가배는 '가'와 '배'로 나뉜다. '배(俳)'는 '바이'가 준 말이고 '받〉발〉발이〉바이〉배'의 변화라 하겠다. '받(발)'이 고어에서 달(月)을 뜻하는 데 음력 15일을 뜻하는 보롬(보름)의 어근 '볼'이 달(月)의 뜻을 지닌다. pya(月)〔滿〕, pya(月)〔女眞〕, pyatari(다달이)〔滿〕. pya는 pa, para로 소급되며, par가 어근인데 보름의 어근 '볼'과 동원어(同源語)다. pyatari(다달이)의 tari는 국어 달(月)과 동원어다. 가배(嘉俳)의 '가(嘉)'도 달(月)의 뜻을 지닌다고 여겨진다. 가배는 이음동의어(異音同義語)의 합성이었을 것이라 추정한다. 알타이 제어에서 '가(嘉)'가 달(月)의 뜻이라는 방증자료가 보이지는 않는다. 그러나 다음 자료는 '가'가 달(月)일 가능성을 보인다. ¶그 돌이 그믈거든《胎要64》. '그믈다'는 '어두워지다'의 뜻이다. ¶이돌 그믐끠(這月盡頭)《老上1》, 돌 그무다(盡月)《同文上3》. 그물다는 주로 달(月)과 관련된다. 그물다(어두워지다)의 '그물'은 '그'와 '물'로 나뉠 수 있다면, '그'가 달과 관련될 수 있다. ¶볼골 명(明)《字會下1》. 흔히 밝다(明)를 붉다(赤)에서 변한 것으로 보고 있으나, 밝다의 어간 '밝'은 '발'이 어근이고 '발'은 달(月)의 뜻이라 생각된다. 明(밝을 명) 자의 日은 해의 뜻이 아니고 창(窓)의 상형문자(象形文字)로 보아 창가에 걸린 달은 밝다(明)이다. 밝다(明)의 어근 '발'은 어원적 의미가 불(火)이 아니고 달(月)일 개연성이 있다. 한가위의 '가위'는 달의 뜻을 지니는 말이 겹친 이음동의어의 합성어일 것이다.

▶ 한가위

가위³ 명 鬼

'가위'는 잠자는 사람을 누른다는 귀신이다. 무서운 꿈을 꾸고 괴롭힘을 당했을 때 '가위 눌리다'라고 한다. ¶귓것과 모딘 즁싱이《釋6:19》, 귓것 ᄃ외야《三綱忠14》, 귓것 귀(鬼)《字會中2》. 귓것은 '귀'와 '것'의 합성어다. '귀'는 한자어 鬼(귀신 귀)일 것이다. '것'이 鬼의 고유어가 된다. 그러한 면에서 보면 '귀'도 고유어일 가능성도 있다. '귀'는 '구이'가 줄어든 말로서 '굳〉굴〉굴이〉구이〉귀'의 변화다. 가위의 '가'는 굳, 것과 동원어(同源語)가 된다. 가위는 가배 또는 '가우리'가 변했을 가능성도 있는데, 일본어

oni(鬼)가 있는 것을 보면, '가울(가우리)'이 변했을 가능성이 크다. '울'도 鬼의 뜻을 지니는 명사가 된다. orolan(鬼)〔蒙〕, ali(通天鬼)〔滿〕. 어근 or, ar가 鬼의 뜻을 지닌다. 일본어 oni(鬼)의 어근은 on인데 조어형(祖語形)은 ot이다. 따라서 '가울〉가우리〉가우이〉가위'로 변했을 것이다. 그러니까 가위는 鬼의 뜻을 지니는 말이 겹친 이음동의어(異音同義語)의 합성이 된다.

가을 명秋

가을을 함경도에서는 가슬(秋), 경상도에서는 가실이라고 한다. ¶ᄀᆞ술(秋)《月序16》, ᄀᆞ술(秋)《七大13》. 어근은 '갓(갇)'이다. 계절의 변화는 태양에 의해 이루어진다고 보면, 가을의 어원도 해와 관련된다고 여겨진다. bahar(春)〔터키〕, sonbahar(秋)〔터키〕, güz(秋)〔터키〕. 터키어 sonbahar(秋)는 son은 최후, 마지막의 뜻을, bahar는 봄이라는 뜻이니 즉 마지막 봄이란 뜻이다. 여기서 가을을 bahar(春)의 마지막으로 보았다고 하는 사실을 알 수 있다. 터키어의 güz(秋)는, gün(日)의 조어형(祖語形) güt 과 동원어라 하겠는데, 어원이 태양과 관련되어 있다. 국어 '갓(갇)', 날이 '개다'의 '개'는 명사로서, '갇〉갈〉갈이〉가이〉개'의 변화로서 '갇'은 해의 본 뜻을 지닌다. '빛깔'의 '깔'은 본디 해의 뜻을 지닌다. 해의 뜻을 지니는 갓(갇)에 '을' 접미사가 붙었다.

가장 부最

'가장'은 으뜸, 제일, 최고의 의미로 쓰인다. ¶ᄀᆞ장(매우) : ᄀᆞ장 모딘 님 그미라《金剛80》, ᄀᆞ장 최(最)《類合下61》. ᄀᆞ장(끝) : 눐ᄀᆞ장이 가시라(極目荊榛)《金三5:31》. ᄀᆞ장(매우), ᄀᆞ장(끝)의 어근은 'ᄀᆞᆾ(ᄀᆞᆮ)'으로서 'ᄀᆞᆾ(邊)'과 동원어(同源語)가 된다고 하겠다. ¶ᄀᆞᆾ 계(界)《字會上6》, ᄀᆞᆾ 비(鄙)《字會中7》, ᄀᆞᆾ 제(際)《類合下49》, ᄀᆞᆾ 싁(塞)《字會上6》, ᄀᆞᆾ(岸)《月序26》. ᄀᆞᆾ이 가(邊)의 뜻에서 가장(最), 끝, 언덕(岸)의 뜻을 지닌다고 보겠다. 'ᄀᆞᆮ〉ᄀᆞᆾ+앙〉ᄀᆞ장'의 형성이라 하겠다. ¶ᄀᆞ장ᄒᆞ다(다하다, 마음대로 하

다) : 究는 ᄀ장홀씨라《月序21》, ᄀ장ᄃ외다(완전하다) : 비르서 어루 일
후믈 ᄀ장ᄃ윈 莊嚴이라 홀디니라(始可名爲十成莊嚴)《金三2:61》.

가재   명 石次蚌, 哈什蟆

'가재'는 가재과에 딸린 절족동물이다. 새우와 게의 중간형이고, 뒷걸음질
을 하는 특성이 있다. 맛은 게와 비슷하다. ¶가지(石次蚌)《譯補50》, 가지
탕(蛤汁馬羹)《漢淸374b》. 가지의 어근은 '갓(갇)'이다. 게(蟹)의 조어는
'걷'이다. katura(蟹)〔滿〕. 어근 'kat'과 '걷'은 동원어일 것이다. kat은
가재의 조어 '갇'과 동원어이다. 가재를 돌게(石蟹)라고도 한다. 돌 밑에
살기 때문이다. '가재'를 '가짜 게'라는 말로 '가게'에서 변한 말이라고 하는
민간어원설이 있다.

가죽   명 皮, 革

'가죽'은 동물의 껍질을 이루는 질긴 물질이다. ¶鹿皮는 사ᄉ미 가치라《月
釋1:16》, 갓 피(皮)《字會下9》. '갗'은 '갓, 갇'으로 소급된다. 가죽은 '갗+
욱〉가죽'이다. 살갗이라고 할 때 피부를 뜻한다. ¶갓붑소리 쇠붑소리《釋
19:14》, 갓 오시오(皮衣)《楞6:96》, 갓 화(皮靴)《譯補29》, 갓채(鞭)《法華2:
165》, 갓ᄶ(皮帶)《杜初8:28》. kačun(鹿皮衣)〔오로촌〕, qačuj(皮衣)〔나나이〕,
gaha(皮)〔日〕. 일본어 gaha는 gara로 소급한다. gara〉gaha. 어근
gaha는 gad로 소급된다. 국어 '갇(皮)'과 동원어임을 보여주고 있다.

가지'   명 枝

'가지'는 나무에서 갈라진 부분으로 본래는 나무와 같은 의미였을 것이다.
¶宗室ㅅ 가지는(宗枝)《杜初8:3》. 가지의 어근 '갇'이 나무의 뜻을 지닌다.
가래(木枚)의 '갈'이 나무의 뜻을 지닌다. 고구려어(高句麗語)에 斤乙
(木)《三史.高句麗地名》이 있고 현대어에 그루(株)가 있다. 키(箕)도 본디는
초목(草木)의 뜻을 지니는 말이었을 것이다. galgan(枝)〔滿〕, salaga

(枝)〔蒙〕, sal(筏)〔蒙〕. 만주어 galgan의 어근 gal(gat)은 우리말 '갇'과 동원어(同源語)일 것이다. 몽골어 salaga(枝)의 어근 sal과 뗏목(筏)의 뜻을 지니는 몽골어 sal과 동원어로서 어원적 의미는 나무(木)일 것이다. 국어 문살, 떡살의 '살'의 어원적 의미는 나무다. '가지(枝)'의 어근 '갇'의 어원적 의미는 나무다.

가지² 图 種

씨(種)는 초목(草木)에 열리기 때문에 어원은 초목일 것이다. ¶種은 가지라《月10:75》. 어근 '갖(갇)'은 초목의 뜻을 지닌다. kusa(草, 種)〔日〕. 일본어에서는 kusa가 가지(種), 풀(草)의 양의(兩義)로 쓰인다. ¶골 관(菅)《字會上9》, 골(莞草)《漢397a》. 골의 고형은 '곧'이다. kusa(草)〔日〕. 일본어 kusa(草)는 국어 '곧(草)'과 동원어(同源語)가 된다. 따라서 국어 가지(種)도 초목이란 뜻이었을 것이다. 왕골의 '골'이 풀(草)의 뜻을 지닌다. 갓(芥, 荣), 쑥갓 등의 '갓'도 '풀'의 뜻이다.　　　　■ 갖가지

가지다 图 持, 取, 保

가지는 행위는 손으로 한다. ¶ㄱ티 가져과뎌 ㅎ시니라(欲等持也)《楞9:73》. 가지다의 어근은 '갇'인데 여기에 '이다'가 붙어서 가지다(持)가 되었다. '갇'은 명사로서 손일 것이다. 한자의 지(持) 자를 보아도 손수 변(扌)이 있다. gara(手)〔滿〕, gar(手)〔蒙〕, kol(手)〔터키〕, kol(手)〔위구르〕, kol(手)〔카자흐〕. 어근은 gar, kol이 되겠는데, 조어형(祖語形)은 gat, got이다. 국어 가지다(持)의 어근 '갇'이 손의 뜻을 지니고 있음을 보여주고 있다. 가락지(指環)의 어근 '갈', '골무'의 '골'이 손의 뜻을 지니고 있다. 어린이를 어를 때 둘째손가락으로 맞은 편 손바닥을 찍으며 '곤지곤지' 하는데 원형은 '고지고지'로서 'ㄴ'은 개입음(介入音)이다. 어근 '곧'이 손의 뜻을 지니고 있다. gaji(가져오라), gajimbi(가져오다)〔滿〕.
　　　　■ 가리키다

가책   명 呵責, 呵嘖, 訶責

① 심하게 꾸짖다. "皇太后令曰, 髦性情暴戾, 日月滋甚, 吾數呵責, 遂更忿恚."《魏志, 高貴鄕公傳》. ② 불교어. 梵 avasādanā[ )avasādayati(빠지다, 낙담하다)의 명사형]. 비구를 다스리고 벌하는 7가지 법의 하나. 율장(律藏) 속에서는 학처(學處)가 제정된 연유를 설하는 경분별(經分別)이란 곳에서 비법(非法)을 범한 비구를 석존이 가책하는 것으로서 이 말이 자주 쓰인다. 『사분율행사초(四分律行事鈔)』「僧綱大綱篇第七」에 따르면 비구를 벌하는 7가지 법(呵責, 擯出, 依止, 遮不至白衣家, 不見罪, 不懺罪, 說欲不障道)의 하나가 되며, 그 의미는 먼저 그 잘못을 드러내고 나중에 바르게 고치는 것을 밝히는 것이라고 설명할 수 있다. "一言呵責者, 先出其過, 後明正治."《行事鈔, 僧綱篇》. 『四分律』(권44 呵責犍度)에 따르면 승가(僧伽) 중에 다툼을 일으킨 비구(智慧라는 수도승과 盧醯那라는 수도승)를 석존이 가책하는 예가 보인다. 이때에 석존이 이 두 사람을 질책하여 가책갈마(呵責羯磨)라는 것을 정했는데, 백사갈마형식(白四羯磨形式, 一白과 三羯磨를 합쳐 백사라 함. 곧 계를 받는 형식으로 제안을 3번 제출하여 뒤에 체결하는 형식. 白은 '말하다', 갈마는 '묻다'이다.)으로 규정되어 있다. 여기에는 승단에 다툼이 일어났을 때 재판하는 방법과 수행승을 처벌하는 방법이 설해져 있다. 이 가책갈마에 해당하는 팔리어는 탓쟈니야 캄마(tajjaniya kamma)이다. 탓쟈니야는 산스크리트어로는 타르쟈니야(tarjanīya)인데, tarj-(동사 어근)는 '꾸짖다'이다. kamma를 羯磨로 소리옮김(音譯)하였다. 캄마는 '業'이다. 가책갈마를 받은 자는 다른 이에게 대계(大戒)를 주어서는 안 되며, 사람들의 의지(依止)를 받아서도 안 되며, 사미(沙彌)를 길러도 안 된다는 등 35항목의 권리가 정지되며 또 그 정지를 푸는 데에도 백사갈마에 의한 절차가 필요하다.

간도   명 間島

'간도'는 오늘날 중국 길림성(吉林省) 동남부 지역을 일컫는다. 두만강

연안 일대를 북간도라 하고, 백두산 주변을 포함하여 압록강 북부 연안 일대를 서간도라 한다. 이 지역을 간도라고 부르게 된 것은, 일제 식민지 시대에 가난한 농민들이 하나둘 두만강을 건너가 황무지를 일구기 시작한 간도 개척의 시작과 관련이 있다. 그때 황무지를 개척한 우리 농민들이 이곳을 두만강 '옆섬'으로 본 데서 '옆섬' 또는 間島라고 부르게 되었다.

간장 명 醬油

'간장'은 '간'과 '장'의 합성어다. ¶ᄀᆞ쟝(간장)《字會中21》, ᄀᆞ댱(간장)《朴新二26》, ᄀᆞ슈(간수)《字會中22》. '장'은 한자어 '醬'에서 온 말이고 'ᄀᆞᆫ'은 고유어다. '간간하다, 건건하다'의 '간, 건'은 동원어(同源語)가 되며, '건건이'라는 명사도 있다. 음식의 '간을 맞추다' 또 '간이 싱겁다'의 '간'은 짠맛을 뜻하는 말이다. ¶淸醬曰지령(간장)《東言》, 지령죵ᄌᆞ(간장종지)《癸丑p.110》. '지렁'이 간장의 순수 고유어가 된다. 지령의 어근은 '질'로서 '딜'에 소급된다. 짜다의 '짜'는 '달〉쟐〉잘〉자'의 변화이며, '짜다'의 '짜'는 지렁의 '딜'과 동원어가 된다. tapsun(塩)〔滿〕, tuz(塩)〔터키〕, dabusun(塩)〔蒙〕. tap, tuz는 동원어이고 tuz는 tut이 고형이다. 국어 지렁과 짜다의 조어형(祖語形) '딛, 닫'은 동원어가 된다. 짜다의 조어형 '닫'은 명사로서 간장의 '간'과 함께 고어에서 소금의 뜻을 지닌다고 볼 수 있다.

갈 명 蘆, 葦, 葭

'갈대'는 주로 물가에 자라는 풀이다. ¶ᄀᆞᆯ(蘆)《解例用字》, 葭갈《柳物三草》, ulhu(蘆)〔滿〕, olho(草)〔滿〕, asi(蘆)〔日〕. 만주어에서 ulhu(蘆), olho(草)의 어근 ul, ol은 동원어(同源語)라 여겨진다. 일본어 asi(蘆)의 어근 as(at)와도 동원어일 것이다. 아옥(葵)《字會上15》은 '아록'으로 소급되며, 어근은 '알(앋)'이 되고 '옥'은 접미사가 된다. 일본어 asi(蘆)와 동원어일 것이다. 국어 '갈'은 김(草), 골(草), 꼴(蒭)과 동원어라 하겠다. '김매다' 할 때의 '김'은 풀(草)의 뜻을 지닌다. ¶기슴밀 운(耘)《字會下5》. 기슴의 고어는 '기슴'이며, 어근은 '깃'이다. 해태(海苔)의 뜻을 지니는 김도 바다에서 나는 풀 종류(草類)다. 왕골(莞草)의 '골'도 동원어다.

➡ 꼴

갈가지 ᠊명᠊ 小虎

아이들의 앞니가 빠졌을 때 놀리는 말로 '앞니 빠진 갈가지'라는 말이 있다. 이를 '앞니 빠진 호랑이'라고 하는 곳도 있다. 갈가지와 호랑이는 동의어(同義語)일 가능성이 있다. 범의 새끼를 개호주 또는 개호지라고도 한다. '개'는 '간〉갈〉갈이〉가이〉개'의 변화로서 갈가지의 '갈'과 동원어(同源語)로서 범(虎)의 어원적 의미를 지닌다. 갈가지는 '갈'과 '가지'로 나뉘는데, '가지'의 어근은 '갖(갇)'으로서 이 '가지'의 어원적 의미도 범(虎)의 뜻을 지닌다. 경상도에서는 '앞니 빠진 호까지'라고도 하는 것을 보면 갈가지의 '갈'이 범(虎)의 뜻일 가능성을 더해준다. 만주어에 thasha(虎)가 있다. 만주어에서 gulgu는 짐승의 뜻이지만, 범(虎)의 뜻으로도 쓰이고 있다. 만주어 gul은 국어 갈가지의 '갈'과 동원어일 개연성이 있다.

갈기 ᠊명᠊ 髮

'머리칼'은 '머리'와 '갈'의 합성어로서 머리칼은 '머리'와 '갈' 사이에 ㅎ이 들어간 것이다. ¶갈기 다 구스리 뻬여《月2:46》, 頭毛갈기《柳物一毛》. 갈기는 '갈'과 '기'의 합성어다. '갈'은 머리털(毛髮)의 뜻을 지닌다. nidiikur(睫毛)〔다구르〕. nidii는 눈의 뜻이고 kur는 털(毛)의 뜻이다. dərun(갈기)〔滿〕. 어근 dər는 국어 털과 동원어(同源語)이고, 일본어 ke(毛)는 국어 갈(髮)과 동원어다. 국어와 일본어를 비교하면, 날(生) : nama(生), 돌(石) : tama(玉), 얼(泉, 氷) : umi(海), 갈(髮) : kami(髮)와 같이 대응된다. 일본어 kami는 국어 '갈'과 동원어임을 보여주고 있다. 국어 갇(笠), 갈(髮), 곳갈의 '갇, 갈' 등도 모두 머리(頭)의 뜻을 지니는 말에서 전의된 듯하다. 구레나룻의 '구레'의 어근 '굴'도, 터키어의 kıl(毛), 갈(髮)과 동원어이다. 골(腦)도 본디는 갈(髮, 毛)과 동원어인 듯하다. '골치 아프다, 골 아프다'의 '골'은 머리(頭)의 뜻도 지니고 있다.

갈기다 통 毆, 擊

'갈기다'는 세차게 치다의 뜻이다. ¶관원둘이 굴겨 더도다(官人們剋減
了)《朴初上4》, 굴외다(行惡하다)《杜初16:56》. 어근은 '굴'이다. 치는 행위
는 손으로 이루어지는 것일 것이다. '굴'은 손의 뜻을 지닐 가능성이 있
다. 가지다(持)의 어근 '갇'은 손의 뜻을 지닌다. 가락지, 골무, 가리키다
(指)의 어근 '갈, 골'이 손의 뜻을 지닌다. '굴외다'의 어근 '굴'도 손의
뜻을 지닌다. '굴외다'는 '침범하다'의 뜻인데, '굴외다'의 어근 '굴'과 '갈기
다'의 어근 '굴'은 동원어(同源語)일 것이다.　　　▣ 가지다(得), 가리키다

갈다 통 磨, 硏

'갈다'는 문질러 칼날이 서게 하다, 문질러 닳게 하다, 맷돌을 돌려 가루같
이 만들다, 문질러 광채를 내다 등의 뜻이다. 가장 먼저 갈았던 것은 칼이
나 낫 등으로 그 날이 서는 것을 일컫는다. '갈다'의 어근은 '갈'이다. '칼'의
고어는 '갈(刀)'이다. suri(擦, 磨)〔日〕. 어근 sur는 명사로서 '서슬이 시
퍼렇다'의 '서슬'과 동원어로서 '날(刃)'의 뜻을 지닌다.

갈래 명 派, 分岐, 部分

원시인들은 갈라지는 것을 물에서 인식하였을 개연성을 생각해 볼 수가
있다. ¶가래(派) : 믈 가래 파(派)《類合下59》, 세 가래 石橋이시니(三叉
石橋)《朴重上60》, 가래 다룸이니(異派)《警民12》. 가래〉갈래. ¶가롤(分
派) : 므리 몰리 이셔 가룩롤 모도둧 ㅎ니라《楞1:16》. 가래, 가롤의 어근
'갈'은 명사가 된다. '갈'의 명사에 '애' 접미사가 붙어 가래가 되며, '갈'의
명사에 '올' 접미사가 붙어 가롤이 된다. 어근 '갈'의 명사는 어떤 의미를
지닐까. 한자 派(물갈래 파) 자에 氵(水, 물 수) 변이 있는 것을 보면
한자를 만든 사람은 派를 물로 인식했을 것이다. 派와 관련시켜 갈래의
어근 '갈'을 물(水)의 뜻으로 볼 수 있을 것이다. 냇갈(川), ㄱ룸(川, 河)
의 '갈, 굴'도 물(水)의 뜻을 지닌다. goro(河身)〔滿〕, gool(川)〔蒙〕, göl

(湖)[터키]. 어근 göl이 국어 '골, 갈'과 동원어(同源語)가 된다. 따라서 갈래의 어근 '갈'은 물, 강, 내(水, 河, 川)의 뜻을 지닌다고 하겠다.

갈매기 명 鷗

'갈매기'는 물에 사는 새다. ¶ᄀᆞᆯ며긔 도ᄅᆞ오면 오직 녯 모시로다(鷗歸祇故池)《杜初24:61》, ᄀᆞᆯ며기(鷗)《字會上16》. 'ᄀᆞᆯ며긔'는 'ᄀᆞᆯ'과 '며'와 '긔'의 합성어다. 'ᄀᆞᆯ'은 물(水)의 뜻을 지닌다. ᄀᆞ롬(江)의 어근 'ᄀᆞᆯ'과 일치하고 있다. 냇갈(川)의 '갈'이 바로 川의 뜻을 지니는 말로서 물의 뜻을 지닌다. '며'는 매(鷹)와 동원어(同源語)라 여겨진다. '매'는 '마이'가 준 말이고 조어형(祖語形)은 '맏'이다. '맏〉말→멀〉멸〉며'의 변화다. '긔'는 '그이'가 준 말로서 가마괴(烏)의 '괴'와 동원어로서 '글이〉그이〉긔'의 변화다. '딱따구리, 곳고리(꾀꼬리), 왜가리, 솔개, 솔가리, 말똥가리, 가마괴(까마귀), ᄀᆞᆯ며긔'의 예에서 보면, '구리, 고리, 가리' 등이 새의 뜻을 지니는 말이고, '개, 괴, 긔'는 각각 '갈, 골, 글'에 접미사 '이'가 붙어서 된 말이다. '며긔'는 매새(鷹鳥)의 뜻인데, 물에 있는 '매새'가 'ᄀᆞᆯ며기'의 본뜻이다. kamome(鷗)[日]. 일본어 kamome의 ka, mo, me도 각각 독립된 명사가 합쳐서 된 명사라 하겠다. kamome의 ka는 국어의 '갈'의 말음탈락형(末音脫落形)이고 mo는 국어의 매(鷹)에 해당되고 me는 조류(鳥類)의 뜻을 지닌다. kamome(鷗)[日], tsubame(燕)[日]. me는 본디는 국어의 매의 조어형 '맏, 말'에서 변했다. 본디는 매(鷹)라는 뜻에서 일본어에서는 일반 조류의 뜻으로 전의(轉義)된 것이다. 'ᄀᆞᆯ며긔'의 '긔'는 '기'로 변했는데 장끼, 숫기, 뻐꾸기, 뜸부기, 기러기, 비두로기(비둘기)의 '기' 등과 동원어로서 새의 뜻을 지닌다.

갈범 명 虎

'갈범'은 호랑이 또는 범을 이르는 또 다른 말이다. ¶갈웜 호(虎)《字會上18》, 가람의 허리를 가로 무러 추켜들고《진청》, 갈범의 뼈(虎骨)《東医湯液1:49》. '갈범'은 '갈'과 '범'의 합성어로서 이음동의어라 하겠다. '갈'이 범의 뜻을 지니는 옛말이었다고 하겠다. 호랑이 새끼를 개호주, 개호지 또는 갈가지라고 한다. 개호주는 '개'와 '호주'의 합성어다. '개'는 '갈이〉가이〉개'로서 '갈가지'의 '갈'과 일치한다. 호주의 어근은 '홎(虎)'으로서 호랑이의 어근 '홀(혼)'과 비교된다. '갈가지'에서 '가지'의 어근 '갖(갇)'도 '갈'과 동원어로서 범의 뜻을 지닌다. 갈범의 '갈'이 한자어 '갈(葛)'이 아니고 옛말에 범의 뜻을 지녔던 '갈'이라고 하겠다.

갈보 ⑲ 娼女, 娼婦, 賣春婦, 賣淫婦, 遊女

몸을 팔며 천하게 노는 여자를 갈보라고 한다. 갈보는 '갈'과 '보'의 합성어다. '보'는 사람의 뜻을 지니는 말이다. 울보, 떡보, 먹보, 곰보와 같이 쓰이는 말인데, '보'는 악바리의 '바리'의 어근 '발'과 혹부리의 '불'과 동원어(同源語)가 된다. "남자를 자주 갈다(交替)"에서 갈다의 어근 '갈'을 갈보의 '갈'로 볼 개연성이 있다. gariŋga(淫婦)〔滿〕, gisu(妓生)〔滿〕. gariŋga의 어근 gar는 갈보의 '갈'과 동원어일 가능성도 있다. 한편 1920년에 나온 『조선어사전(朝鮮語辭典)』에는 갈보는 "「간나희」와 같다(漢字, 蝎甫)."로 되어 있다. 蝎甫(갈보)가 나무좀(蝎) 같은 사람을 지칭한다는 설이 있으나 이는 단순한 취음으로 볼 수밖에 없을 것이다. 그런데 '간나희'와 같다는 말은 어원을 찾는데 도움이 된다. 갈보를 흔히 똥갈보라고 하는데, 경상북도에서는 똥갈보를 '똥가시나'라고 하며, 속어에 아가씨(애인)를 '깔, 깔치, 깔다구'라 하고 갈보를 '똥까이'라는 말도 있기 때문에 갈보의 '갈'은 여자를 특히 처녀를 지칭하는 말로 볼 개연성도 있다. 양갈보는 미군에게 매춘을 하는 갈보를 가리킨다. 그렇게 본다면 갈보의 '갈'은 갓(女妻)에서 변한 말로도 볼 수 있다.

갈비 ⑲ 肋骨

'갈비'의 '갈'은 배(腹)의 뜻을 지니는 옛말이다. 뱃구레의 '구레', 옆구리의 '구리' 등이 배의 뜻을 지니는 말이다. karın(腹)〔터키〕의 어근 kar가 배의 뜻을 지닌다. '비'는 뼈(骨)의 뜻을 지니는 말일 것이다. 뼈는 '번〉벌〉벼〉

뼈'의 변화다. ¶녑발치(肋)《字會上25》, 녑팔지(肋)《老上19》. '녑발치'는 '녑'과 '발'과 '치'의 합성어다. '발'은 뼈의 고형인 듯하다. 그러나 배(腹)의 고형일 가능성도 있다. 갈비는 늑골(肋骨) 또는 배의 뜻을 가진 이음동의어(異音同議語)의 합성어로 볼 수도 있다. abarabone(肋骨)〔日〕. abara와 bone의 합성어로서 bone(骨)는 뼈의 뜻을 지니는 hone의 고형이다. abara는 다시 a와 bara의 합성어라 하겠는데, bara(腹)는 hara(腹)의 고형이다. abara의 a는 국어 배(腸)의 뜻인 '애'와 비교된다. ¶애 믈어(爛腸)《永嘉上34》, 애 댱(腸)《字會上37》. 장(腸)의 뜻인 '애'는 '아이'가 줄어든 말로서 일본어 abarabone의 a와 비교됨 직하다. ¶가리혼대(肋一條)《漢372》. '가리'만으로 갈비의 뜻을 지닌다. kalbin(下腹, 脇肋)〔滿〕, kalbin의 n을 떼면 kalbi로서 갈비와 동원어일 개연성이 높다.

▶ 애간장, 애타다, 배알

갈퀴 　명 杷, 爬子, 杷子, 熊手

최초의 갈퀴는 나무꼬챙이 같은 것이었을 것이나, 일의 효율성을 높이기 위해 긁는 부분을 후대에 쇠붙이로 했을 것이다. ¶갈키(柴杷子)《譯補43》, 갈고리(釣鉤)《同文下12》, 갈갈이(갈고랑이)《鮏老下51》, 갈공(鉤)《杜重12:3》, 갈구리(갈고리, 갈고랑이)《老下46》. 갈퀴는 '갈고리〉갈구리〉갈쿠리〉갈쿠이→갈퀴'로 변했다고 보겠다. 갈고리는 '갈'과 '고리'의 합성어다. 갈고리는 끝이 뾰족하고 꼬부라진 물건으로서 그것은 두말할 것도 없이 쇠로 된 것이다. 갈고리의 '갈'은 칼(刀)의 고형이라 하겠으며 고리의 어근 '골'도 '갈'과 동원어가 된다고 하겠다. ¶낙시 갈고리(釣魚鉤)《漢304d》.

감¹ 　명 材料

고대인은 주요한 재료를 자연에서 얻었을 것이며, 주로 초목류(草木類)가 될 것이다. 그러나 토석류(土石類)일 가능성도 있다. ¶즐길 ㄱ수몰 주ᄂᆞ니(與娛樂之具)《法華2:997》, ㄱ옴이 ᄀᆞᆮᄂᆞ니라(具備)《小諺2:25》. ㄱ숨의 고형은 'ㄱ숨'이다. 어근은 'ᄀᆞᆺ(ᄀᆞᆮ)'이다. 어근 'ᄀᆞᆮ'은 나무란 뜻일 것이다. ¶斤乙(木)《三史高句麗地理》. 그루(株)의 어근 '글'이 나무라는 본뜻을 지닌다. 넉가래, 석가래, 가래 등의 어근 '갈'도 나무(木)라는 어원적 의미가 있다. 집을 짓는 것이나 먹을 것은 초목류가 된다고 하겠다. 골(櫃)《字會中10》, 골(棺材)《蒙16》, 꼴(蒭)《字會下4》의 '골'이 초목류의 뜻을 지닌다. '갇〉갈〉갈암〉가암〉감'의 변화이다.   ➡ 거리

감²   圀 柿

'감'은 우리나라의 대표적인 과일의 하나다. 제사상에 꼭 오르는 것을 보면 매우 중요한 과일임에 틀림없다. ¶감爲柿《解例用字》, 고욤爲梬《解例用字》, 곶감柿餠《譯解上54,同文類解下4》. 고욤은 '고롬〉고옴〉고욤'의 변화이다. 따라서 '고롬'의 어근 '골'에 '옴' 접미사가 붙어서 2음절어가 되었다. '골'의 조어형은 '곧'이다. 곶감의 표기는 '꽂은 감'이라고 보고 있는데 동사의 어간 바로 아래에 명사가 붙는 것은 고대어일수록 어렵다. '곶감'은 꽂은 감이 아니라 '곧'도 감의 뜻을 지니는 옛말이다. '고욤'의 조어형 어근이 '곧'이다. 경상도 영천 지방에서는 '고욤'을 '꼴감'이라고 하는 것으로 분명해진다. '꼴'은 '골(곧)'로서 감의 뜻을 지니고 있음을 보여주고 있다. 제주도 방언에서 감물을 들인 옷을 '갈옷'이라고 하는데 '갈'이 곧 감의 옛말이다. 일본어에서는 kaki(柿)라고 하는 것은 감의 옛말이 '갇(갈)'임을 보여주고 있다. 술 : sake(酒)〔日〕, 달 : tsuki(月)〔日〕, 굴 : kaki(蠣)〔日〕, 갈 : kaki(柿)〔日〕. 갇-갈〉갈암〉감. 갇-골〉골옴〉고욤. 갇 : kal〉kalk〉kak(柿)〔日〕. 곧감〉곶감. 곶감이 문헌에 '곶감'으로 보이는데 '串柿'로 본 것은 없다. ¶곶감(柿餠)《譯上54, 同文下4》, 곶감(柿餠)《漢391b》, 乾柿 곶감《柳物四木》. 곶감은 '꽂은 감'이 아니라 '곶감' 이음동의어라 하겠다.

감다¹   圄 閉眼

"눈을 깜짝깜짝한다" 할 때의 '깜짝'의 '깜'의 옛말은 '감'인데 눈의 뜻을 지닌다. ¶눈 ᄀ모물閉眼《楞1:59》. 눈 곰다에서 '곰다'의 어근은 '곰'인데 본디는 명사다. ¶누늘 자조 곰ᄌ기며《月2:13》. 곰ᄌ기다의 '곰'이 눈의

감, 감다

뜻이다. '눈이 가물가물하다'의 '가물'의 어근도 '감'이며 눈의 뜻을 지닐 것이다. '가물'은 '감'에 '울' 접미사가 붙었다. göz(目)[터키], görmek(見)[터키]. göz, gör가 눈의 뜻을 지니고 있다. '눈갈(깔)'의 '갈'이 눈의 뜻을 지니는 말이다. 이렇게 이음동의어(異音同義語)의 합성어가 생기는 이유는 새로운 세력을 지니는 말과 구세력의 말이 공존하게 되면서, 양측이 다 이해하기 위해, '눈갈'과 같이 이음동의어의 합성어가 생기게 되는 것이다. 신구어(新舊語)가 합성어를 이룰 때에는 신어가 앞에 오고 구어가 후행어(後行語)로 오는 현상이 많다. 감다의 '감'은 '간〉갈〉갈암〉가암〉감'의 변화일 것이다.

➡ 깜빡이다, 감추다

감다² 图 浴, 沐, 洗

'감다'는 물로 씻는 행위다. ¶마리 감고《五倫3:11》. 감다의 어간은 '감'으로서 명사다. 동사는 명사에서 전성되었다. '간〉갈〉갈암〉가암〉감'의 변화다. '갈'은 물의 뜻을 지닐 것이다. ᄀ롬(江, 湖)의 '굴', 거랑(渠)의 '걸', 냇갈의 '갈' 등이 모두 물의 본뜻을 지니고 있는 말이다.

감자 图 甘藷

'감자'는 가짓과의 여러해살이풀에 속한다. 5月쯤 흰빛 또는 자줏빛 꽃이 피며 괴경(塊莖)은 전분이 많아서 식용으로 쓰인다. 한자어 감저(甘藷)에서 변한 말이다. 처음에는 고구마를 뜻하다가 지금의 말로 쓰인다. 북한 지역에서는 고구마보다 일찍 먹을 수 있다고 하는 데서 '올감자'라고 했다. 고구마는 호감자라고 했다. 마령서(馬鈴薯)라고 하는 말도 있었는데 일본어다.

감쪽같다 图 專, 完全

'감쪽같다'는 '아주 날쌔고 빠르다' 또는 '아무런 흔적도 없다'의 뜻이다. 맛있는 감쪽을 먹는 것과 같이 '날쌔게'라는 뜻을 지닌 말에서 나온 것이다. 흔히 '날쌔게, 빠르게'를 곶감의 쪽을 먹는 것에 비유한다.

감추다 🗟 藏, 隱, 隱蔽

'감추다'는 눈에 보이지 않게 하는 것이다. ¶ᄀ초다(藏) : 天上塔에 ᄀ초아《曲41》, ᄀ초다(藏) : 한 모든 이를 숨겨 ᄀ출씨《法華6:175》, ᄀ초다(藏) : 나니를 곧 ᄀ초아(輒隱秘)《內二下16》, ᄀ초다(藏) : ᄀ출 장(藏)《倭下3》. 'ᄀ초다〉ᄀ초다→ᄀ초다〉ᄀ초다→감추다'로 변화했다고 본다. ᄀ초다는 갖추다(具, 備)의 뜻을 지니기도 했다. ¶둘고 만난 거슬 ᄀ초고(具甘旨)《小諺6:92》, 되 征伐호몰 ᄀ초아 하놋다(備征狄)《杜初7:25》. 감추다의 뜻을 지닌 ᄀ초다의 어근 'ᄀ초(ᄀ)'은 명사가 될 것이다. 감추는 것은 눈에 보이지 않게 하는 것이기 때문에, 'ᄀ초(ᄀ)'은 눈의 뜻을 지니는 말이었을 개연성이 있다. göz(目)〔터키〕, görmek(見)〔터키〕. 어근 göz, gör가 국어 눈깔의 '깔(갈, 간)'과 동원어(同源語)가 된다고 하겠다.

▶ 눈(眼)

감투 🗟 帽

'감투'는 머리에 쓰는 것으로 현재는 벼슬의 뜻으로만 쓰인다. ¶옷 고의 감토 휘둘ᄒ란(衣裳帽子靴子)《朴初上52》, 감토(帽子)《漢327a》. 감토와 만주어 khamtu는 동원어(同源語)다. 정약용(丁若鏞)은『아언각비(雅言覺非)』에서 감두(䯲頭)가 잘못 옮겨져 감토(甘土)가 되었다고 했다. 이밖에 『화음방언자의해(華音方言字義解)』에는 감두(坎頭)《高麗史》로, 『동한역어(東韓譯語)』에는 가두(加頭)로 나오고『한영ᄌ뎐』(1890)에는 감투(Askull-cap)로 나온다. 중국어는 아니고 만주어 kamtu와 비교될 것이다.

값 🗟 値價, 價格, 價額, 價錢, 代金

값의 말음 'ㅅ'은 나중에 첨가된 것이고 '갑'이 원형이다. ¶碑 지순 갑샛

도놀 가 求索ᄒ놋다(去索作碑錢)《杜初22:12》. '값어치'의 현실적 발음형태는 '갑어치'로서 '값'의 고형이 '갑'임을 시사하고 있다. '갑'은 다시 '간〉갈〉갋〉갑'의 변화일 것이다. 돈(錢)의 어원을 돌(石)의 조어(祖語) '돋〉돈'으로 본다면, 값의 조어 '간(갈)'도 돈과 관련될 수 있을 것이다. 보석(寶石), 옥석(玉石)이 고대에는 가치가 있었을 것이다. 갈(刀), 구리(銅)의 '갈, 굴'과 동원어(同源語)일 가능성이 있다. kaya(岩)〔터키〕. 터키어 kaya는 kara에서 변한 것으로서 kar(kat)가 어근이 된다. 청동기시대는 구리(銅)가 값나가는 보물이었을 것이다. 값다(價, 酬, 報)의 '값'은 '갑'에서 변한 것으로 갑(價)이 어원일 것이다. **▣** 빚, 빌다, 꾸다

강냉이 명 玉蜀薥, 玉蜀黍

'강냉이'는 한자어 '玉'에 '수수'의 합성어다. ¶옥슈슈(玉蜀薥)《譯下9》, 슈슈(高粱)〔滿〕, 슈슈 曰蜀黍《字會上12》. 그런데 흔히 강냉이라고 한다. 江南이 '강남〉강남이〉강냉이'로 변했다. ¶강남 : 中國은 우리나랏 常談에 江南이라 ᄒᄂ니라《訓諺》. 중국을 흔히 江南이라 했다는 것이다. 옥수수의 사투리로서는 옥수시, 옥숫기, 옥슷기, 옥쌀 등이 있다.

강호 명 江湖

① 강과 호수. "不如相忘於江湖(강이나 호수에서 서로가 누구인지 모른다.)"《莊子, 大宗師》. ¶강호 : 江湖ㅣ ᄀᄃ득ᄒ 싸해 ᄒᆫ 고기 잡ᄂᆫ 늘그니로라《初杜解6:10》. ② 자연. ¶興趣ㅣ 江湖애 아ᅌ라ᄒ니라《重杜解9:14》. ③ 세상. 전국. 만천하. 세간. "甚得江湖間民心(세상의 민심을 많이 얻다.)"《漢書, 吳芮傳》. ④ 揚子江과 洞庭湖. 불교에서 이르는 말로 당나라의 마조도일은 강서에 머물고, 석두희천은 호남에 머물렀는데, 각각 당(幢)을 세우고 선풍을 거량할 당시 운수납자가 강서·호남에 모였는데, 운수납자가 모인 곳을 강호라고 한다. "江湖, 二水名也. 云云, 禪士之散處名山大刹之外, 江上湖畔, 此爲江湖人, 或不出世爲名山大刹住之者, 聚會在一處, 亦爲江湖衆也. 然相傳以江湖馬祖 · 湖南石頭, 往來幢爲解."《禪林象器箋六》.

⑤ 江西省과 湖南省. 불교에서 유래. "江西主大寂, 湖南主石頭, 往來憧憧幷湊二大士之門矣(강서는 대적(마조)을 주인으로 하고, 호남은 석두를 주인으로 한다. 선승들은 자주 두 대사의 문하를 오가면서 모였다)." 《景德傳燈錄卷14, 石頭遷禪師》. ⑥ 관직에서 물러나 은거하는 사람. 또는 시인이나 화가 등이 숨어 사는 시골. "或遁迹江湖之上"《南史, 隱逸傳序》. ¶강호 : 江湖애 病이 깁퍼《松江, 關東別曲》. 술 醉코 江湖에 누어시니 節 가는 줄 몰니라《樂學拾零679》. ⑦ 불교에서는 특히 선문에서는 명람대찰(名藍大刹)이 아닌 작은 절. 선승이 모여 수행한다는 뜻으로 결제안거를 말하는 강호회(江湖會. 曹洞宗에서 結制安居를 말한다.)의 준말.

갖풀　명 阿膠

아교를 우리말로 '갖풀'이라고 한다. ¶갓블와 옷과 뵈와로《釋13:52》, 갓부레 더딤 곧고져 願ᄒ노라《杜重14:9》, 갓쓸 교(膠)《字會中12》. 갖풀의 '갖'은 가죽(皮)의 어근 '갖'일 것이다. 갓블의 '블'은 풀(糊)의 고형이다. 갖풀은 가죽풀(皮糊)의 어원적 의미를 지닌다. nikaha(膠)〔日〕. nikaha는 ni와 kaha의 합성어이다. ni는 삶다(煮)의 뜻이고 kaha는 가죽(皮)의 뜻이다. 아교는 짐승의 뼈, 가죽(皮), 장(腸) 따위를 끓여서 그 액을 말려서 굳힌 것이다. 그러나 nikaha의 ni는 nori(糊)의 어근 nor가 변했을 개연성도 있다.

같다　형 同, 如

한자 同(한가지 동) 자를 보면 여러 사람이 말(口)로 같이한다는 뜻을 나타낸다. 如(같을 여) 자는 여자(女)는 삼종지도(三從之道)에 의하여 부모, 남편, 자식의 의견(如)을 자기 뜻과 '같이'한다는 뜻으로 된 글자이다. '同, 如' 자를 보면 口(입 구) 자가 들어 있는데, 이는 의견으로서 말(語)이 기본이 된다고 하겠다. ¶비치 黃金 ᄀᆞᆮᄂᆞ니라《杜初15:37》. 일본어 gotosi(如)의 어근 got은 말(語)의 뜻을 지니는 kot(言)과 동원어(同源語)라 하겠으며, 국어 '같다'의 조어형(祖語形) '갇'과 동원어일 가능성이 있다. 따라서 같다의 조어형 '갇'은 말의 뜻을 지닌다고 하겠다. 잠꼬대의 '꼬대'의 어근 '곧', 가르치다의 어근 '갈'이 곧 말의 뜻을 지닌다. adari (同)[滿], adi(同)[女], atali(同)[蒙], onadi(同)[日]. 어근 at, on을 얻을 수 있다. on의 조어형은 ot이다. 국어에서 알다(知)의 어근 '알'은 말의 뜻을 지니며 근원적으로는 입의 뜻도 있다. 악아리, 주둥아리의 '아리'가 바로 입의 뜻을 지닌다. 만주어에서 adari(同)와 kəsə(同)가 있다. 이음동의어(異音同義語)라 하겠다. kəsə의 어근 kəs(kət)는 국어의 '귿(귿)'과 비교된다. 귿다의 '귿'은 명사로서 말(語)의 어원적 의미를 지닌다고 하겠다.

개¹ 圕人, 者

'개'는 미지칭(未知稱)에서만 주로 쓰이는 명사다. 아무개, 이개, 저개, 그개와 같이 쓰인다. ¶가히 : 아므가히 이러 오라《新語1:1》, 개 : 아모개 샹소ᄒᆞ려 ᄒᆞ니《癸丑p.40》. 사람의 뜻으로 '가히, 개'가 쓰였다. 가히는 '갇〉갈〉갈이〉가이〉가히〉가이〉개'의 변화다. 갓(女, 妻)과 동원어(同源語)가 되며, 멍텅구리의 '구리'가 사람의 뜻으로서 '굴, 굳'으로 소급된다. 끼리끼리의 어근 '길'이 사람의 뜻이다. 김가(金哥), 이가(李哥)의 '가'와 동원어가 된다. ¶王逢縣 一云 皆伯《三史37》. 왕(王)이 개(皆)인데 개의 원의(原意)는 사람(人)이라는 뜻에서 왕이라는 뜻이 된 것이다. 고대에는 사람의 뜻을 지니는 말이 부족과 국가 이름 또는 존장자(尊長者)의 뜻을 지니게 된다. mongol, dagul, uigul. 가라(伽羅), 구려(句麗), 고려(高麗)의 어근은 '굴, 골, 갈'인데 mongol, dagul, uigul의 gol, gul과 대응되며 사람의 뜻을 지닌다. mongol, manju의 mon, man도 사람의 뜻을 지닌다. 국어 심마니, 똘마니, 어머니, 할머니의 '마니, 머니' 등도 사람의 뜻을 지닌다. mon, man도 국어에서 사람의 뜻을 지니는 '마니, 머니'와 동원어가 된다. 신라(新羅)의 왕칭(王稱) 마립간(麻立干)의 干은 사람의 뜻을 지니는 일꾼의 '꾼(군)'과 동원어가 된다. 일본의 왕 hirohito(裕仁), akihito(明仁)의 hito도 사람(人)의 뜻을 지닌다. ➡ 가(哥)

개² 명 狗, 犬

'개'는 이리와 늑대와 비슷한 동물로서 가축으로 기르고 있다. ¶狗曰 家稀 《類事》, 개 구(狗) 개 견(犬)《類合上14》. 북한 지역에서는 '가이'라고 한다. 사이(鳥) 오이(瓜) 등 2음절어인데 남쪽에서는 개, 새, 외로 축약되었다. 개는 '가이〉갈이〉갈〉갇'으로 소급된다. 개라고 하는 말이 쓰이기 전에는 '이리'가 개의 뜻을 지니다가 '개'의 세력어가 들어오자 '이리'는 개에 밀려 이리(狼)의 뜻으로 바뀐 듯하다. it(狗)〔터키〕, indahun(狗)〔滿〕, 이리(狼) 〔國〕, inu(狗)〔日〕. 터키어에 it이 현대 개의 뜻인데 it〉in-u(狗)가 되었다 고 하겠다. 터키어계가 우리나라를 거치지 않고 일본으로 직접 건너갔다 고 볼 수 없다. 현대어에서는 이리(狼)지만 일본으로 건너갈 시기에는 이리가 개의 뜻을 지녔을 것이고 그 후에 '가이(개)' 세력어가 들어와서 개(狗)의 뜻에서 이리로 밀려났다고 하겠다. 일본으로 건너갈 시기에는 이리가 아니고 '이디'였을 것이다. 이 '이디'가 일본어 inu가 되었을 것이 다. 만주어 indahun은 idahun에서 n이 첨가되었다고 보겠다. idahun 의 어근 'id'는 터키어 it, 만주어 id, 국어 '잇(이리)', 일본어 inu로 연결 된다고 하겠다. 일본 유구어(琉球語)에 inukwa계의 어휘가 있다. inu는 일본어가 내려간 것이고 kwa는 국어 개(가이)가 유구에 내려간 것이라 여겨진다. inu는 신세력어로 후행어 kwa는 구세력어로서 원유구어(原 琉球語)라 하겠다. 狗, 犬은 국어 '개'와 비교됨 직하다.

개구리 명 蛙

'개구리'는 개굴개굴 운다고 해서 의성어(擬聲語)로 보고 있는 것이 종전 의 견해다. ¶개고리(蛙)《類合上15》(1576年刊), 개골이(蛙)《新續孝1:12》(1617 年刊), 개구리(蛙)《倭下27》(18세기), 기구리밥(浮萍草)《方藥26》. 개구리는 문헌에 의하면 16세기 이후에 나타난다. ¶머구리(蛙)《杜初24:41》, 머고 리(蛙)《南明下27》. 머구리는 15세기 문헌에 보인다. 문헌으로 보면 머구 리가 개구리보다 더 고어가 될 것이다. 머고리와 개고리의 어휘를 분석해 보면, 머고리는 '머'와 '고리', 개고리는 '개'와 '고리'로 나눌 수 있다. 제주 방언에서는 골개비(蛙)로 '골'과 '개비'로 나뉜다. 방아개비, 땅개비의 어휘를 보면 '방아'와 '개비', '땅'과 '개비'로 나눌 수 있다. 개구리와 아주 유사한 두꺼비의 古語는 둗거비 또는 두터비로 표기된다. 골개비, 방아개비, 땅개비, 둗거비의 '개비·거비'는 벌레(虫類)를 뜻하는 어휘임을 알 수 있다. 골개비의 '골'은 물(水)의 뜻을 지니는 명사다. ᄀ롬(江), 냇갈(川)의 '골(갈)'이 강(川)이란 뜻을 지니지만, 본뜻은 물이다. '개비'는 '벌레'이므로, 골개비는 물에 있는 '벌레(水虫)'라는 뜻이다. '개구리'의 '구리'는 '말똥구리, 쇠똥구리'의 '구리'에 해당하는 말로서 역시 벌레(虫類)의 뜻을 지닌다. 개구리는 의성어가 아니라 '개'(水)와 '구리(虫)'의 합성어다. 둗거비의 '둗'은 '땅(地)'이라는 말이다. 두더쥐의 '둗'과 동의어(同義語)로서 땅속에 있는 쥐가 되고, '둗거비'는 땅위에 있는 '거비'가 되고, 개구리는 물에 있는 '구리'가 되는 셈이다. 믯구리(鰍)《字會上20》는 '믯'와 '구리'의 합성어다. '믯'의 말음 ㅅ은 사잇소리다. '믜'는 '믈〉믈〉믈이〉므이〉믜'의 변화로서 물(水)의 뜻을 지닌다. 믯구리의 어원도 물벌레(水虫)라는 뜻이다.

개다 圖 晴

날이 갠다는 것은 태양이 나온다는 뜻이다. 해거름(黃昏)의 '거름'도 해와 관련될 것이다. '거름'의 '걸'이 해의 뜻을 지니는 말이다. ¶개다(晴) : 하늘히 개니(天晴)《杜初23:20》. '개다'의 어간은 '개'로서 명사다. '개'는 '가이'가 준 말로서 '갇〉갈〉갈이〉가이〉개'의 변화다. '갈'은 해의 뜻을 지닌다. gere(光)〔蒙〕. 몽골어 gere(光)는 본디는 해의 뜻을 지니는 말에서 전의(轉義)된 말이다. 국어 빛깔의 '깔'도 해의 뜻에서 빛(光), 해(日), 색(色)의 뜻으로 전의되었다. 일본어 hikari(光)는 국어 '빛깔'이 그대로 반영된 말로서 kari가 빛(光)의 뜻을 지니지만, 본디는 해의 뜻이다. gün (日)〔터키〕. ¶글픠(外後日)《朴重中5》. 글픠의 '글'이 해의 뜻이다. galgaoho (晴, 개다)〔滿〕의 어근 gal이 해의 뜻을 지니고 있다. kuyax(太陽)〔위구르〕, kuyaxnuri(陽光)〔위구르〕.　　　　　◘ 땅거미의 거미, 끼니, 해거름의 거름

개미　명 蟻

’개미’는 벌레의 일종이다. ¶가야미(蟻)《字會上23》. 가야미는 ’가아미’가 변했을 것이고 원형은 ’갈아미’였을 것이다. 어근은 ’갈’이다. karınca (蟻)〔터키〕. 어근 kar와 국어 ’갈’이 형태상 일치된다. 가야미는 ’갈아미’에서 변했다고 본다면, ’아미’는 무엇일까? 일본어에 ari(蟻)가 있다. ¶귓도라미(蟀)《字會上23》, 미아미(蟬)《杜初15:27》, 가야미(蟻)《字會上23》. 15세기어에서 다람쥐가 ’ᄃ라미’로 나온다. ᄃ라미의 어근 ’둘’과 ’아미’로 가를 수 있다. ’아미’는 벌레라는 뜻을 지녔던 실질명사일 가능성이 있다.

➡ ᄃ라미(다람쥐)

개암　명 榛子

개암나무의 열매가 ’개암’이다. 경상도에서는 깨양이라 한다. ¶개얌(榛)《三綱烈24》. 개얌은 ’갈암〉가암〉가얌〉개얌’과 같이 변했다. 가래(楸)의 어근 ’갈’과 동원어(同源語)일 가능성이 있다. kuri(栗)〔日〕, dongguri(도토리)〔日〕. 일본어 kuri(栗)의 어근 kur와 동원어가 될 것이다.

개울　명 小川

’개울’은 골짜기에서 흘러내리는 작은 물줄기이다. ¶개올에 셧는 버들《靑p.106》. 개올(울)은 ’개’와 ’울’의 합성어인데 이음동의어일 것이다. ’개’는 ’가이’가 준말로서 ’간〉갈〉갈이〉가이〉개’의 변화이다. ᄀ롬(江湖), 걸(渠)의 어근 ’굴, 걸’과 동원어고 ’냇갈’의 ’갈’과 동원어다. 개천(개川)의 ’개’와 동의어라 하겠다. 개올/울의 ’올/울’은 물의 뜻을 지니는 말이다. ¶於乙(井, 川)《高句麗地名》. 얼다(凍), 얼음(氷)의 어근 ’얼’, arau(洗)〔日〕, ase(汗)〔日〕, ura(江)〔滿〕, oso(水)〔滿〕, 어근 於乙(얼), ar, as, ur, os 등의 어원적인 의미는 물이다. 날(生) : nama(生)〔日〕, 돌(石) : tama (珠)〔日〕, *돌(靈) : tama(魂)〔日〕, *알(雨, 水) : ama(雨)〔日〕. 고대어에 알(雨, 水)이 있었음을 일본어 ama(雨)를 통해서 엿볼 수 있다. ’개울’

의 '울'은 물의 어원적인 의미가 있다. '개울'은 이음동의어의 합성어가
된다. '여울'의 '울'도 개울의 '울'과 동원어다.

거꾸러지다 图 倒, 倒下, 死

'거꾸러지다'란 본래 '꺾어져 굴러 떨어지다'의 뜻에서, 오늘날은 '곤두박
듯 넘어지다'의 뜻으로 쓰인다. 전의되어 '죽다'라는 뜻도 생겼다. ¶雜草
木 것거다가《曲62》, 구러덧는 버드른 절로 가지 냈도다(臥柳自生枝)《杜
初24:61》, 것구러디다(倒至)《同文上26》. '구러디다'가 15세기에는 '넘어지
다'의 뜻으로 쓰이고 있다. 거꾸러지다는 '것다(折)'와 '구러디다(倒)'와의
합성어다. '것-(折), 굴-(曲), 디-(落)'의 합성어가 되는 셈이다.

거느리다 图 領, 率, 帥, 將

'거느리다'는 '데리고 있다'이다. 領(거느릴 령) 자는 令(명령 령) 자 곁에
頁(머리 혈)을 덧붙인 자로, '명령(令)을 내려 우두머리(頁)가 이끌다'이
다. ¶모도 거느리고져 커든(欲統領)《楞6:92》. 고대인은 거느리다를 언
어적 행위로 보았을 가능성이 있다. 그렇게 본다면 거느리다의 어근 '건'
은 '걸'으로 소급되며, 말의 뜻을 지니는 '곧, 갇(갈)'과 동원어(同源語)
일 것이다. 한편 고대인에게 거느리는 지도자는 힘이 있어야 한다는 것
은 두말할 것도 없다. 그렇게 보면 '걸'은 손이란 본뜻을 지닐 가능성도
있다. 그러나 거느리다를 우두머리로 관련시키면, 대가리의 '가리'와도
비교된다. '가리'의 어근은 '갈(갇)'로서 고어에서 머리(頭)의 뜻을 지녔
던 말일 개연성이 있다.

거닐다 图 徊, 徘徊, 散步

'거닐다'는 그저 한가로이 걷다의 뜻이다. '거닐다'의 어간은 '거닐'인데
'거'와 '닐'의 합성어다. '거'는 '걷다'이고 '닐'은 니다(行)의 '니'다. ¶目蓮
이 니거든《曲131》, 즌 져재 녀러신고요《井邑詞》, 니믈 뫼셔 녀곤 오늘낤

嘉俳 샷다《動動》. 니다, '녀다'가 문헌에 나오는데 '니다'는 '닐다', '녀다'는 '널다'가 고형이라는 것을 보여준다. 거닐다는 '걷다'와 '닐다'의 어근의 합성어로 동음이의어가 모여서 하나의 어간을 형성했다. 걷닐다〉걷닐다〉거닐다. 건너다는 '걷다'와 '넏다'의 어근이 합성해서 어간을 형성했다. '녀다'의 고형은 '널다'이며, '널'은 다시 '넏'에서 변했다. '걷다'와 '너다'가 합성되어 '걷너다〉건너다'가 되었다.

거두다 图 收, 拾, 集

거두는 작업은 손에 의한 행위이다. '거두다'의 어근은 '걷'으로서 손이란 뜻이다. ¶거둘 슈(收)《字會下5》, 거두워 줏디 몯ᄒ야(不能收拾得)《金三5:16》.
■ 걷다(준말), 가지다, 가리키다, 긁다

거룩하다 图 偉, 聖, 神通

'거룩하다'는 성스럽고 위대하다의 뜻이다. ¶神通이 거룩홀《海東p.121》, 하 거룩ᄒ시매(高)《普勸15》, 거륵 偉《類合下17》, 거륵ᄒ다《同文上18》. '거륵'의 어근은 '걸'이고 '윽' 접미사가 붙었다. 줌+억〉주먹. '걸'의 조어는 '걷'이다. ¶귓것 귀(鬼)《字會中2》, 항것(主人, 上典)《月8:9》. '것'은 神, 聖人, 偉人의 뜻을 지닌다. 걷〉것〉걸-윽〉거룩-ᄒ다〉거룩하다. 갸륵하다는 거룩하다에서 변한 형용사다.

거르다 图 漉, 濾

'거르다'는 찌끼가 있는 액체를 체 같은 데 받쳐 국물을 짜내다의 뜻이다. 여과하다. '걸다'의 어근은 '걸'로서 명사가 된다. 국물을 짜내는 도구가 어원이거나 그렇지 않으면 국물과 관련 있을 것이다. 한자 濾, 漉 자를 보면 'ᄀ' 변이 있으므로 물로 보는 것이 더 개연성이 있을 것이다. ¶ᄀ롬(江)《龍20》, ᄀ롬(湖)《字會上4》, 걸(渠)《杜初7:36》. '굴, 걸' 등의 어원적인 의미는 물이다.

거리¹ 圐 岐, 陌, 街, 巷

'거리'는 흔히 길거리로 쓴다. ¶두 거리 ᄂᆞᆫ호니라(分二岐也)《楞9:15》, 陌
ᄋᆞᆫ 저젯 가온딧 거리라《釋19:1》, 거리를 ᄀᆞᆯ외디 말며(街上休游蕩)《朴初上
50》. '거리'의 어근은 '걸(걷)'이다. 골(谷), 굴(洞, 窟), 길(路)과 동원어
(同源語)다. matsi(町)〔日〕. 일본어 matsi(町)는 토지의 구획, 구절(區
切), 밭의 구획이다. 시가지를 도로로 구분한 한 구획을 뜻한다. matsi
(町)의 어근 mat은 국어 모로(山), 묻다(埋)의 '몰, 묻'과 동원어가 된다.

거리² 圐 病

볼거리, 목거리일 때 '거리'가 병의 뜻을 지닌다. 여성의 생리현상을 '달거
리'라고도 한다. gəri(傳染病)〔滿〕, kesəl(病)〔위구르〕, kasal(病氣)〔우즈
베크〕. 만주어에서 '거리'는 전염병의 뜻을 지닌다. 제주 방언에 '고다리'(문
둥병)가 있다. '병에 걸리다'에서 어근 '걸'은 '거리'와 동원어이다.

거머리 圐 蛭, 水蛭

'거머리'는 '거'와 '머리'의 합성어다. '머리'의 어근은 '멀(먼)'로서 벌레
(虫)의 뜻을 지닌다. ¶거머리 딜(蛭)《字會上23》. musi(虫)〔日〕. musi
(虫)의 어근은 mus(mut)이다. 국어 거머리의 '머리'와 동원어(同源語)
일 것이다. 거머리의 '거'는 걸(渠), ᄀᆞᄅᆞᆷ(江), 냇갈(川)의 '걸, 굴, 갈'과
동원어로서 물(水)의 뜻을 지닌다. 거머리는 '걸머리'의 '걸'의 ㄹ탈락으로
서 물벌레(水虫)의 본뜻을 지닌다.   ➡ 거랑, 개구리

거멀못 圐 鋦子, 搭釘, 絆釘

거멀장처럼 생긴 못이다. 거멀장은 세간이나 나무그릇 등의 모서리에 겹
쳐대는 쇳조각이다. 한편 물건의 새가 벌어지지 않게 겹치는 일도 거멀장
이라고 한다. ¶거멀못(巴鋦子)《同文下17》, 거멀못(鋦子)《漢310d》. '거

멀다'는 이것과 저것을 벌어지지 않게 만든다는 뜻을 지니고 있는 동사라 하겠다. 이 동사는 오늘날 '거머쥐다, 거머잡다, 거머들이다'와 같이 쓰이고 있다.

거문고 ⑱琴, 玄鶴琴, 玄琴

'거문고'는 오동나무의 긴 널로 속이 비게 짜고, 그 위에 여섯 줄을 걸어놓은 현악기이다. '거문'과 '고'의 합성어다. ¶고 : 고 비화롤 노디 아니ᄒ며 (琴瑟不御)《內訓1:52》, 고 금(琴)《字會中32》. '고'가 문헌에서는 거문고를 뜻하고 있다고 하겠다. ¶거믄고 : 거믄고 노던 저근 보디 몯거니와(不見鼓琴時)《杜初16:30》, 거믄고 금(琴)《類合上24》, 或 거믄고 듣다가(聽琴) 《小諺6:95》, 거문고 : 거문고 금(琴)《類合上24》. 거문고의 '거믄'의 어원은 무엇일까. 만주어에 악, 음악(樂, 音樂)의 뜻을 지닌 khumun이 있다. 고구려가 초기에는 만주까지 영역을 넓히고 있었다. 만주어에도 거문고가 있는데 khithuhan이다. 그러니까 고구려에만 거문고가 있었던 것은 아니다. 만주어 khumun이 거문고의 '거믄'과 동원어(同源語)일 가능성도 있다. 가야금(伽倻琴)은 김수장(金壽長)의 고시조 "伽倻ㄱ고 검은고에 가즌 稽笛"《海東p.120》에서 나온다. 가야(伽倻)의 우륵(宇勒)이 만들었다고 한다. 가얏고가 가야금으로 바뀌었다. 『삼국사기』에는 "그때 검은 학이 날아와 춤을 추었다. 그래서 그 이름을 현학금(玄鶴琴)이라 하였다."고 했다. 또 진나라의 칠현금을 왕산악(王山岳)이 100여 곡을 작곡·연주하였다고 한다. ¶堂앤 單父의 거믄괴 빗노햇도다(堂橫單父琴)《杜初21:35》, 드듸여 숨어셔 검은고 노라(遂隱而敲琴)《小諺4:25》. kumu(樂, 音樂)〔滿〕, kumuda(宮中의 樂士)〔滿〕, kumusi(宮中의 舞人)〔滿〕. ¶고 금(琴)《字會中32》. koto(琴)〔日〕. 일본어에서 koto인데 어근은 'kot'이다. 국어 '고'의 고어는 '곧'이었음을 보여주고 있다. 거문은 音, 音樂의 뜻이고 고(琴)의 뜻을 지닐 것이다. '곧'의 어원적인 의미는 나무의 뜻을 지닐 개연성이 있다. 그것을 만드는 자료가 나무라 하겠다. 音琴(音琴)의 본뜻이 있다고 하겠다.

거미   명 蜘蛛

벌레이름(虫名)에는 합성어가 많다. 거미의 특성은 그물을 치는 것이다. 끈의 조어(祖語)는 '글'이다. 맨 것을 풀 때 '끄르다'라고 하는데, 어근 '끌(글)'이 끈의 조어형이 되며 '글'은 명사다. '그물 벌레'의 본뜻을 지니고 있는 말일 것이다. 거미를 검다(黑)의 어간에 명사형 접미사가 붙었다고 보는 견해가 있는데, 벌레 중에 검은 것이 거미뿐인가? 반디, 개미, 귀뚜라미 등 헤아릴 수 없이 많다. ¶거믜(蜘)《字會上21》. '거믜'는 '거'와 '믜'의 합성어라고 여겨진다. '거머리'도 '거'와 '머리'의 합성어인데, '머리'는 고어에서 벌레(虫)의 뜻을 지닌다. musi(虫)〔日〕. musi(虫)의 어근 mus(mut)는 거머리의 '머리'의 어근 '멀(먿)'과 동원어. '거믜'의 '믜'는 '므이'가 준 말로서 어근은 '믈'이다. '믈〉믈이〉므이〉믜'의 변화로서 어원적 의미는 벌레(虫)이다. 거머리의 '거'는 '걸(渠, 溝)'의 뜻을 지니는 말이므로 거머리는 물벌레(水虫)다. '거믜'의 '거'는 무슨 뜻을 지니는 말일까? 터키어 kurt(虫)가 있는데, 어근 kur(kut)와 동원어일 가능성이 있다. 거쉬(蚯)《字會上21》, 거시(蚯)《東言》, 거위(蚯蚓)《柳物二昆》의 어근은 '것'으로서 벌레의 본뜻을 지닌다고 하겠다. 구더기(蛆)를 '가시'라고도 한다. kumo(거미)〔日〕. 일본어 kumo는 국어 거믜와 동원어인 것이 확실하다. '거믜'는 벌레의 뜻을 지니는 이음동의어의 합성어로 보는 견해도 있으나 여기서는 거믜의 '거'를 끈의 고형 '글'과 동원어로 보아 '끈 벌레', '그물 벌레'의 뜻을 지닌다고 보겠다.

거서간   명 居西干

신라의 시조 박혁거세(朴赫居世)는 거서간(居西干), 혁거세(赫居世), 불구내(弗矩內) 등의 표기가 있다. 거서간의 '거서'의 어근은 '것'이라 하겠다. 니사금(尼師今)이 '닏금'이듯 '居西干'도 '것(걷)간'의 음사라 하겠다. ¶귓것과 모딘 즁싱이《釋6:19》, 귓것 두외야《三綱忠14》, 귓것 귀(鬼)《字會中2》. '귀'는 한자어 鬼일 것이고 한자어 귀(鬼)보다 더 먼저 쓰였던 귀(鬼)는 '것'이 된다. 같은 뜻을 지니는 말이 뒤에 오는 것이 더 옛말이니

'것'은 고유어라 하겠다. '귓것'의 '것'이 신의 뜻을 지니지만 '것'의 어원적인 의미는 '사람'이었다고 하겠다. ¶항거시 모ᄅᆞ리라《續三忠3》, 네 항것가《月8:94》, 종과 항것과ᄂᆞᆫ(奴主)《警民13》. '항것'은 주인, 上典의 뜻으로 사람의 뜻을 지니고 있다. 임금의 조어형 닛금(尼師今)의 '닛'이 주(主)의 뜻을 지니지만 어원적인 의미는 사람이다. '나, 너, 누'의 조어는 '날, 널, 눌'인데 '닛'이 동원어가 된다. 일본어의 nusi(主)는 국어 '닛(主)'과 동원어인데 어원적인 의미는 사람이다. 따라서 거서간(居西干)의 어근 '것(걷)'도 사람의 뜻을 지닐 개연성이 열린다. 갓(女, 妻), 겨레(族)의 어근은 '걸(걷)'이다. kara(族)〔日〕. 갓(갇), 걸(걷), kar(kat) 등이 모두 사람의 어원적인 의미를 지닌다. 부여에서 일컬었던 牛加, 豬加 등의 '加'가 사람의 뜻을 지닌다. '가'의 조어형은 '갇'일 것이다. 옛날에는 사람의 뜻을 지니는 말이 부족을 대표하고 나라 이름까지 되었으며 존장자의 뜻을 지니는 말로 존장자의 이름에 쓰이기도 했다. 퉁구스족에 속하는 nanai족의 nanai는 합성어이다. 뒤에 오는 nai는 사람의 뜻인데 nari에서 r음이 떨어졌다. nari의 어근은 nar로서 국어 나, 너, 누의 옛말 '날, 널, 눌'과 동원어다. 고구려의 옛 이름은 '고리'였다. '고리'의 어근은 '골'인데 사람의 뜻을 지닌다. mongol, dagul, uigul의 gol, gul이 모두 사람의 뜻을 지닌다. mongol의 mon도 사람의 뜻을 지닌다. 심마니, 똘마니, 할머니의 '마니, 머니'의 어근이 '만, 먼'인데 'mongor'의 'mon'과 동원어라 하겠다. 멍텅구리, 겨레(族), 꾸러기, 끼리끼리의 어근 '굴, 걸, 길' 등이 사람의 뜻을 지닌다. ㉠居西干辰言王 或云呼爲人之稱《三史卷一》 ㉡ 或作弗矩內王 言光明理世也. 位號 曰居瑟邯 或作居西干 …… 自後爲主者之尊稱《遺事券一新羅始祖》 ㉢ 辰韓 諸小別邑 各有渠師大者名臣智 次有儉側 次有樊祗 次有殺奚 次有邑借.《後漢書東夷傳》居西, 居瑟, 渠師 등이 동원어임을 보여주고 있다. 아울러 王 또는 貴人, 尊長者의 뜻을 지니고 있다. 『주서(周書)』「백제전(百濟傳)」에 의하면 백제 왕의 칭호를 어라하(於羅瑕)라 하고 백성들은 건길지(鞬吉支)라 했다고 한다.(王姓夫餘氏, 號於羅瑕, 民號爲 鞬吉支, 夏言並 王也 妻號 於陸.) 『일본서기』에서는 건길지를 konikisi로 읽는데 鞬은 큰(大)으로 읽고 吉支는 君으로 읽어 '大君'이라는 뜻으로 풀이하고 있다. 백제에서는 王을 '吉支'라고 했다는 것이

다. ¶긔자 왕(王)《光千》, 기츠 왕(王)《日本大東急記念文庫 소장본》. 긔자
(王)와 鞬吉支의 吉支가 대비된다. '긔자'는 '긔'와 '자'의 합성어일 것이
다. '긔'는 '그이'가 줄어든 말로서 '이' 접미사가 붙은 것으로 보아 '글(글)'
이 조어라고 하겠다. 王伎縣一云 皆次丁《三史地理四, 高句麗地名》, 遇王縣本
高句麗 皆伯縣 今幸州《三史地理二》. '皆次, 皆'가 高句麗語에서 王의 뜻을
지니고 있음을 보여주며 긔자왕, 기츠왕의 긔자와 기츠가 동원어임을 보
여주고 있다. 명텅구리의 '구리'가 사람의 뜻을 지닌다. 심술꾸러기, 장난
꾸러기, 잠꾸러기, 걱정꾸러기, 익살꾸러기 등의 '꿀(굴)', 끼리의 어근
'길' 등이 사람의 뜻을 지니는 말과 동원임을 보여준다. 터키어에서 kul은
신에 대한 인간의 뜻을 지닌다. '글〉글이〉그리〉그이〉긔'의 변화로 보면
'글'은 사람의 뜻을 지닌다. guru, kuru(人)《aynu》. ¶자내(汝)《青39》,
자니(汝)《新語1:30》, 저는 뜯 願 업수미(自無志願)《法華2: 24》. '자, 저'가
사람의 뜻을 지닌다. '긔자'는 사람의 뜻을 지니는 말이 겹침으로서 사람
중의 사람 또는 큰사람의 뜻을 지니며 존장자의 뜻을 지닌다고 하겠다.
'吉支'를 '기지'로 읽는다면 어근이 '긷'이 되고 역시 사람의 뜻을 지니는
말이 된다. 터키어에서 kişi가 사람의 뜻을 지닌다. kişi의 어근은 kis이
고 조어는 kit이라 하겠다. '끼리끼리'의 어근 '낄(길)'은 '긷'으로 소급된
다. '긔자, 기지'가 사람의 뜻에서 존장자의 뜻을 지니게 되는 것과 같이
걷간(居西干)의 '걷'도 사람의 뜻에서 존장자의 뜻을 지니게 되었다고 하
겠다. 간(干)은 마립간(麻立干)의 '간'과 같이 존장자의 뜻을 지닌다. 간
(干)의 어원도 사람의 뜻일 개연성이 있다.

거울 　명 鏡, 鑑

'거울'은 청동기시대의 산출품(産出品)이기 때문에 거울의 어원은 구리
(銅)와 동원어(同源語)일 가능성이 크다. 칼의 고어 '갈(刀)'도 청동기시
대에 생긴 말이라 하겠다. 석기시대에 생긴 칼의 뜻을 지니는 말에는 '다
지다'의 어근 '닫'이 칼의 본뜻을 지닌다. 일본어에서 tatsi(刀)가 있다.
burəkhu(鏡)〔滿〕, bunəkhu(鏡)〔女〕, bulku(鏡)〔나나이〕, bakır(銅)〔터
키〕. ¶버히다(斬割)《字會下5》. '버히다〉버이다〉베다'로 변했는데, 버히다

는 '벋〉벌〉벌이다〉버이다〉버히다〉버이다'의 변화다. 조어(祖語) '벋(벌)'이 칼의 뜻을 지니는 말이다. 베는 것은 칼이기 때문이다. '벋'이 국어의 고어에서 갈(刀)의 뜻을 지니고 있는 말임을 추정할 수 있다. ha(刀)〔日〕. 일본어 ha(刀)는 ba로 소급되며 bar가 원형이다. 터키어 bakır(銅)와 비교가 됨 직하다. ¶거우로(鏡)《字會中14》, 거우루(鏡)《月1:34》, 거울(鏡)《杜重3:39》. '거우로'는 '거'와 '우로'로 나눌 수 있다. '거'는 '걸'로 소급되며, 구리(銅)와 동원어가 된다. '거울'의 '울'도 실사(實辭)라 여겨진다. 어쩌면 고어에서 눈(眼)의 뜻을 지닐지도 모른다. '눈이 올롱하다. 아물아물하다'의 예에서 '올롱, 아물'은 눈과 관련된 어휘라는 것을 알 수 있다. utsusi(顯, 現)〔日〕, ahi(逢, 會)〔日〕, ətərən(會)〔에벤키〕. 일본어 ahi(逢)는 ari로 재구되며, 어근은 ar가 되고, 에벤키어 ətərən(會)의 어근 ət이 눈과 관련된 명사가 된다. 그렇게 보면 거울은 동안(銅眼)의 원의(原義)를 지닌다고 볼 수 있지 않을까. 일본어 utsusi는 눈에 보이는 것과 같이 존재한다는 뜻으로서 어근 ut은 눈과 관련된 명사일 것이다. 일본어 kagami(鏡)는 영견(影見)의 원의(原義)가 있다고 보고 있다. 15세기 표기의 거우루가 거울로 되었다고 해서 국어의 조어를 개음절어(開音節語)로 보는 견해가 있으나, 거울이 거우루로 음절이 늘어났다가 다시 원형으로 돌아갔을 뿐이다. 한편 거울의 '울'은 '아리다, 어리다, 어른거리다'의 '알, 얼'과도 비교할 수 있다. gerel, gerēt(鏡)〔부리야트〕. 어근 ger는 '걸'과 동원어일 개연성이 높다.

거웃 명鬚, 陰毛

'거웃'은 '거'와 '웃'의 합성어라고 여겨진다. ¶거웃 ㅈ(髭)《字會上28》. '거'는 '걸〉거'의 변화로서 갈(髮)과 동원어(同源語)이며, 일본어 ke(毛)와도 동원어가 된다. kıl(毛)〔터키〕, üsü(毛)〔蒙〕. '웃(운)'은 몽골어 üsü(毛)의 어근 üs와 동원어라고 여겨진다. '거'와 '웃'은 이음동의어(異音同義語)가 된다. 구레나룻의 '구레'의 어근 '굴'도 '갈(髮)'과 동원어라고 하겠으며, '나룻'도 어원적으로는 털(毛)의 뜻이다. karaji(髮)〔日, 南島〕. 어근 kar가 국어 갈(髮)과 동원어가 된다. 국어와 일본어를 비교하면, 날(生)

: nama(生), 돌(石) : tama(珠, 玉), 갈(髮) : kami(髮)의 대응이 있다. 일본어 kami(髮)는 국어 '갈'과 동원어다.

➡ 갈기

거지　圐 乞人, 丐乞, 流丐, 流乞

'거지'는 '거'와 '지'의 합성어다. ¶거러치(乞人)《字會中1》. '거러'와 '치'의 합성어다. '치'는 사람(人)을 나타내는 말이다. '이치', '저치'의 '치'에 해당한다. 만주어 누루하치의 '치'와 동원어(同源語)다. 양아치, 동냥아치, 장사아치의 '치'도 마찬가지다. 거러치, 거러지, 양아치 등을 보면 '걸'과 '아지(치)'의 합성어일 가능성도 있다. '거러'의 어근은 '걸'이다. 경상도 방언에서는 '걸뱅이'라고도 한다. 황해도 방언에서는 '거러지'라고 한다. 거지는 '걸지'에서 변한 말로서 '지'도 사람의 뜻을 지니는 말이다. '걸'은 한자어 걸(乞)에서 비롯했다고 볼 수도 있으나, '걸'은 고유어라고 여겨진다. '乞'은 '구하다, 청하다'의 뜻을 지니는 한자다. 구하고 청하는 것은 언어 행위다. 비렁뱅이라고도 하는데, 비렁뱅이의 어근 '빌'은 명사로서 말의 본뜻을 지닌다. 빌다는 언어적 행위가 된다. 거짓부리의 '부리'가 말의 뜻을 지닌다. 부르다(呼, 唱)의 어근 '불'도 말의 뜻을 지닌다. '빌'은 말의 뜻을 지니는 '불'과 동원어가 된다. '걸'도 가로다(曰), 가르치다(敎)의 어근 '갈'이 말의 뜻을 지니는 말과 동원어일 가능성이 있다. 한자어 乞도 국어와 동원어라 여겨진다. dil(言語)〔터키〕, dilenci(거지)〔터키〕, goilinči(거지)〔蒙〕, gyohoto(거지)〔滿〕, koziki(거지)〔日〕. 국어 '걸'은 몽골어, 만주어, 일본어와 동원어일 가능성이 있다. 일본어에서 kohi(乞, 請)가 있다. 乞은 '빌다'의 뜻을 지니며 '동냥하다'의 뜻도 지닌다. 한자어 乞과도 동원어일 개연성이 있다. ¶거ᅀᅳ지(乞丐)《漢139d》, 거여지(叫化る)《訣上30》, 겷와싀(蕩子)《金三4:22》, 丐曰丐剝《類事》. 거지의 사투리에 거러지, 거렁뱅이, 거러시, 거랭이, 걸바시, 걸뱅이, 걸버시, 걸빙이 등이 있다. 12세기의 丐剝(개박)《鷄林類事》을 보면 '걸받이〉걸바지〉걸와지〉걸어지〉거지'의 변화를 거쳤다고 하겠다. '받'의 어원적인 의미는 '사람'이다. 홍정바지(商人)의 '바지'의 어근도 '받'이다.

➡ 입이 걸다의 걸다, 걸뱅이, 동냥치

거짓　圄 噓, 虛僞

'거짓'은 말로 이루어진다는 것은 두말할 것도 없다. ¶거츳 有를 허르샤 (以破妄有)《法華3:32》. 거즞의 어근 '겇(걷)'은 잠꼬대의 어근 '곧'과 동원어(同源語)로서 말의 뜻을 지닌다. uso(噓)〔日〕, xotal(噓)〔蒙〕, yalan (噓)〔터키〕. 일본어 uso(噓)의 어근 us는 ut이 조어형(祖語形)이다. 국어 알다(知)의 '알(앋)'과 동원어로서 말의 뜻을 지닌다. 몽골어 xotal(噓)은 kotal로 소급되며 kot이 어근으로 말의 뜻을 지닌다. 몽골어에서 xogol (口)은 kogol로 소급된다. gol이 입(口)의 뜻을 지닌다. 터키어 yalan (噓)은 nalan으로 소급되며, 어근 nal(nat)은 국어 노래(歌)의 어근 '놀'과 동원어이나, 본디는 말의 뜻을 지닌다. 황해도, 평안도 방언에서 거짓말을 거짓부리, 거짓부렁이, 거짓부레기라고 한다. 부리, 부렁이, 부레기의 '불'은 말의 뜻이다. 부르다(呼, 唱)의 어근 '불'과 일치한다. 동사와 형용사는 거의 명사에서 전성된다. 거즞은 '겇(걷)'에 '웃' 접미사가 붙었다고 하겠다. 노릇은 '놀'에 '읏' 접미사가 붙었다.

거푸집　圄 型, 模, 模型

'거푸집'은 부어서 물건을 만드는 물건의 모형이다. 도배할 때 붙지 않고 들뜬 빈 틈. 몸의 겉모양. ¶겁푸집(型)《柳物五金》, 벼겁풀秄《倭解下3》, 模는 鑄物ㅎ는 거플이오《龜鑑上30》, 거플 업고 기리 닐굽 치러니《月1:43》, 불휘룰 버혀 거프를 갓ㄱ니《杜初16:57》. 거플은 주형과 꺼풀, 껍질의 뜻을 지닌다. 거푸집은 '거플집'에서 변한 말이다. 주형도 하나의 꺼풀, 껍질로 인식했다. 겉(表), 곁(傍, 側), 겨(糠), 가죽(皮革), 갗(皮膚) 등이 동원어일 개연성이 있다. xeb(模型)〔蒙〕의 고형은 qeb이다. 국어 겁풀의 '겁'과 일치한다.

거품　圄 泡, 泡沫

'거품'은 물방울로 이루어진다. ¶거품 포(泡)《字會上6》, 더품(泡)《月10:15》.

거품과 더품이 15세기 문헌에 함께 나타난다. köpük(泡)〔터키〕, kabarcık (泡)〔터키〕. 형태상으로 거품은 터키어와 비교됨 직하다. koysum(泡)〔아이누〕. 어근 koy는 국어 거품의 '거'와도 비교됨 직하다. '거'와 '품'으로 갈라 보면 '거품'의 '거'는 걸(渠, 溝)과 비교된다. '품'은 '붐'으로 소급되며 '붇>불>불움>부움>붐'의 변화라고 볼 수 있다. 붓다(注)의 '붓(붇)', 바다 (海)의 '받' 등이 물의 뜻을 지니고 있다. 만주어에 bira(江)가 있다. awa (泡)〔日〕. awa는 ara로 소급되며, 어근이 ar(at)이고 물의 뜻을 지닌다. arau(洗), ase(汗)〔日〕, oso(水)〔蒙〕. 어근 ar(at), as(at)의 본뜻은 물 이다. 따라서 거품은 물의 뜻을 지니는 말이 거듭된 것이라 할 만하다. 더품의 '더'도 물의 뜻을 지닌다. 돌(渠)과 동원어일 것이다.

건달   명 乾達, 乾達婆, 健達縛, 彦達婆, 健沓和, Gandharva

현대어에서 '건달'은 하는 일 없이 빈둥빈둥 놀거나 게으름을 부리는 사람을 뜻한다. 뿐더러 돈도 없이 난봉을 부리고 다니는 사람을 뜻하기도 한다. ¶노식 얼골 진심ㅎ면 건달 귀중 쩌러디고《因果曲5》. 건달은 건달파 (乾達婆)라는 금강굴(金剛窟)에 살며 제석천(帝釋天)의 음악을 맡아보는 신에서 비롯한 불교 용어인데 범어 Gandharva다. 땅 위의 보산(寶山) 중에 있으며, 술과 고기를 먹지 않고 향기만 먹기 때문에 심향행(尋香行), 심향(尋香), 식향(食香), 후향(齅香) 등으로 의역하기도 한다. 즉 음악을 맡은 악신(樂神)에서 배우(俳優)의 뜻으로 쓰이다가 부랑인 (浮浪人)의 뜻으로 바뀌었다.   ➡조폭

걷다   동 步, 行

'걷다'는 다리로 걸음을 뗀다는 말이다. ¶象이 몯 걷고《曲130》. '걷다'의 어근 '걷'은 명사다. ¶가롤(脚)《樂軌處容》. 어근 '갈'의 고형(古形)은 '갇'이다. gesigun(足)〔蒙〕, qurdun(빨리)〔蒙〕, guitho(走)〔蒙〕, koşmak(走)〔터키〕. 어근 ges, koş 등이 국어 '걷'과 비교가 된다. 어근 '걷, 갇'이 다리(脚)의 옛말이 된다.

걸다   圖濃, 膏, 沃, 肥

'걸다'는 땅이 기름지다, 액체가 진하다, 거리낌이 없다 등의 뜻이다. ¶건 짜히로다(高腔)《杜初9:31》, 건 짜해 빅셩이 지조롭디 몯홈은(沃土)《小諺 4:65》, 걸에 무라(濃調)《救方上13》. '걸다'는 '膏, 沃, 濃, 肥'의 뜻을 지닌 다. 농도가 짙다, 기름지다, 비옥하다, 걸쭉하다. goe(肥)〔日〕, goi(濃) 〔日〕. goe, goi는 gore, gori의 r음이 탈락한 형이다. 조어는 gor(got)이 다. 국어 '걸(걷)'과 동원어다. '濃, 沃'으로 보면 '물'과 관련될 것이다. ¶걸(渠, 溝)《杜初7:36》, フ롬(江)《龍20》. '膏, 肥'로 보면 '기름'과 관련될 것이다. 거름(肥料)의 어근 '걸'이 명사다. 걸-다(沃, 濃, 膏, 肥)의 형용 사로 전성되었다.

걸레   圕抹

'걸레'의 어근 '걸'은 명사이며, 의미는 베(布類)이다. ¶걸리 : 拘乙介 걸 리 拭水者也《行史》, 걸레 : 걸레(抹)《漢346c》. ¶고로 릉(綾)《字會中30》, 깁 (繪)《解例合字》. 고로, 깁의 어근 '골, 길(깁)' 등과 걸레의 '걸'은 동원어(同 源語)가 될 것이다. ¶헝것(헝겊) : 헝것 완(巾帵)《字會中17》, 헝거석 쓰 거나《救要4》, 헝것 굿(巾帵片)《譯下7》. 헝것은 '헝'과 '것'의 합성어로서 '것(걷)'이 직물의 뜻을 지닌다고 하겠다. 현대어에서 헝겊은 베나 비단 따위의 조각을 뜻한다. mabu(행주, 抹布)〔滿〕, maburakhu(걸레)〔滿〕, tozbezi(걸레)〔터키〕. 터키어 toz는 가루, 티끌(粉, 塵)의 뜻을 지니며, bezi는 면직물의 뜻을 지닌다. 일본어에서는 걸레를 잡건(雜巾)으로 표 기하고 있다. 巾(건)이 직물의 뜻을 지니고 있다. 한자 巾(건)은 사람이 몸을 닦는 데 쓰는 수건 모양을 본뜬 글자다. 걸레의 어근 '걸'은 직물을 뜻하는 말이라 하겠다.

걸말   圕衣服掛, 衣桁, 衣架

'걸말'은 횃대의 고어로 '걸'과 '말'의 합성어다. ¶걸말(楎)《字會中14》. '걸'

과 '말'은 각각 나무의 본뜻을 지니는 말이다. '말'은 말(橛)이다. 말뚝의 '말'이다. '걸'은 글(木), 그루(株), 긷(柱), 가지(枝) 등의 어근으로 나무의 뜻을 지닌다.

➡ 옷걸이

걸식　명 乞食

① 밥을 빌다. 구걸하다(거지). "乞食于野人."《左氏, 僖23》. ② 불교어. 梵 piṇḍa-pāta. '핀다'는 원래 공 모양이었으나, 주먹밥 같은 것으로 전의되어 음식물, 일용식, 보시식 등의 의미가 되었다. '파다'는 '떨어지는 것'이란 뜻이다. 따라서 '핀다 파다'는 '먹을 것이 발우(鉢盂) 속으로 떨어지다'의 뜻이다. '먹을 것을 주는 것'에서 '먹을 것'으로 '먹을 것을 구걸하다'의 뜻이 되었다. piṇḍa-pātika는 보시한 음식물을 먹는 사람이란 뜻을 가지는데, 이 말도 걸식으로 번역했다. 이런 의미에서 보면 걸식하는 수행승인 비구, 비구니에서 걸식이란 말이 나왔다고도 볼 수 있다. 비구는 걸사남(乞士男)으로 bhikṣu(〉bhaikṣa. 施食으로 생활하다. bhaikṣya. 걸식으로 얻은 음식), 비구니는 걸사녀(乞士女)로 bhikṣuṇī이다. 탁발하다(탁발승). 12두타행의 하나. 비구 자신의 색신(色身)을 구하기 위해 먹을 것을 다른 사람에게 비는 것으로, 이를 청정한 생활이라 한다. 고대 인도에서는 바라문 계급의 사람들은 일생을 학생기(學生期), 가장기(家長期), 임주기(林住期), 유행기(遊行期) 등의 사주기(四住期)로 나누어 보냈다. 유행기에는 나이가 많아져 모든 집착을 버리고 여러 곳을 돌아다니며 걸식을 하여 살며 해탈을 하는 이상적인 삶을 살았다. 석존도 제자와 함께 이런 생활을 했는데, 이를 두타행이라 한다. 마하가섭은 부처님의 제자 가운데 두타 제일로 상수 제자이다. 중국에서 이를 걸개(乞丐), 탁발(托鉢)로도 번역했다. "專行乞食, 所爲有二, 一者爲自, 省事修道, 二者爲他, 福利世人."《大乘義章15》. "食有三種, 一, 受請食, 二, 衆僧食, 三, 常乞食."《十二頭陀經》.

검다   <small>쪵 黑</small>

고대인은 무엇을 검은 것으로 보았을까? ¶검다 : 거믈 흑(黑)《字會中29》. '검다'의 어근은 '검'으로서 명사다. '걷〉걸〉걸＋엄〉거엄〉검'의 변화로서 '검'으로 변했을 때, '검다'라는 형용사가 생겨났다. kara(黑)〔터키〕, xara (黑)〔蒙〕, kuro(黑)〔日〕, karasu(烏)〔日〕. 어근이 kar, kur로서 국어 '걸 (걷)'과 비교된다. '걷'은 불(火)의 뜻을 지니는 옛말이다. ¶그슬리다(燎 子)《同文上60》, 그스름(炱)《字會下35》. 어근 '굿(귿)'이 명사로서 불의 뜻을 지니고 있다. 黑(검을 흑) 자는 창囦＝窓 자 아래에 불꽃 염(炎) 자를 받친 글자다. 불을 땔 때에 나는 연기(炎)가 囦(窓)으로 빠져나가면서 생긴 흔적이 검정이며, '검다'라는 형용사로 표현한다. gal(火)〔蒙〕. 불이 센 것을 '괄다'라고 하는데 어근 '괄'은 '갈'에서 변했을 것이다. 국어 검다 (黑)의 조어형(祖語形) '걷(걸)'은 몽골어에서 불의 뜻을 지니는 gal(火) 과 동원어다. 국어에서 고대에 '걷·갇'이 불의 뜻을 지녔다. 일본어 karasu(烏)는 kara(黑)와 su(鳥)의 합성어다. su는 국어 새(鳥)와 동 원어다. uguisu(鶯), hototogisu(杜鵑) 등의 su도 국어의 새(鳥)와 동 원어다. 국어 갈가마괴(鴉烏)《漢417d》의 '갈'이 黑의 뜻을 지니는 고대어 의 화석어(化石語)다. 경상도 영천 방언에서 갈가마귀를 '갈갈구리'라고 한다. '갈구리'의 '갈'이 '가마'에 해당되는데 '가마'는 黑의 뜻을 지닌다. 구리의 ㄹ이 떨어지면 '구이〉귀'가 되는데, '가마귀'의 '귀'가 '굴〉굴이〉구 이〉귀'로 변했다. 딱따구리, 왜가리, 말똥구리, 곳고리(鶯)《字會上17》 등 의 '구리, 가리, 고리' 등은 새의 뜻을 지니는 고어다. 검다(黑)의 어근 '검'은 걷(火)에서 변한 말이다.

          ▣ 그리메, 그을음, 그림자, 땅거미의 거미, 가막ㅈ개, 가막가치의 가막

겁   <small>쪵 劫</small>

梵 kalpa의 소리옮김(音譯). 劫波(겁파), 劫簸(겁파), 劫跛(겁파), 劫 蕳波, 羯臘波(갈랍파)로도 음역. 뜻옮김(意譯)으로는 長時(장시), 分別 時節(분별시절). 겁이란 우주론적 시간으로 지극히 긴 시간 단위이다.

세계가 성립, 존속, 파괴, 공무(空無)로 되는 하나하나의 시기를 말한다. 『구사론』 등에서는 우주는 성겁(成劫), 주겁(住劫), 괴겁(壞劫), 공겁(空劫)의 4가지 시기를 영구히 되풀이한다고 한다. 성겁은 우주가 생성되어가는 시기이다. 주겁은 생성된 우주가 지속되는 시기이다. 괴겁은 우주가 괴멸되어 가는 시기이다. 공겁은 아무것도 없는 상태가 이어지는 시기이다. 이 성주괴공(成住壞空)의 1주(周)가 요하는 시간을 대겁이라 부른다. 그런데 백천만억 겁은 무어라고 해야 할까. 흔히 말하는 '억겁의 세월'은 얼마나 될까? 헤아릴 수 없을 만큼의 긴 시간인데, 경전(『雜阿含經』 34)에는 다음과 같은 비유가 있다. 첫째 사방상하 1유순(由旬, yojana, 거리단위로 약 14.4km)의 철성(鐵城)에 겨자씨를 채우고 백 년마다 한 알씩 끄집어내어 겨자를 모두 없애도 겁은 끝나지 않는다. 개성겁(芥城劫)이다. 둘째 사방 1유순의 큰 반석을 백 년에 한 번씩 백전(白氈)으로 쓸어서 그 돌이 없어지게 되어도 겁은 끝나지 않는다. 이것이 반석겁(盤石劫)이다. 셋째 40리 큰 성(城)에 겨자를 채우고 장수하는 사람이 백 년에 한 번씩 와서 겨자 하나를 집어내어 겨자가 없어져도 겁은 다하지 않는다고 한다. 또 『보살영락본업경(菩薩瓔珞本業經)』(하)에는 1-40 리 평방의 돌을 무게 3銖의 천의(天衣)를 입고 3년에 1번씩 스쳐서 그 돌이 다 닳아 없어지는 사이를 1소겁(小劫)으로 하고, 80리 평방의 경우는 중겁, 800리 평방의 경우는 1대아승지겁(大阿僧祇劫)이라 한다.

➡ 억겁

게 명蟹

'게'는 갑각류(甲殼類)의 일종이다. ¶게 히(蟹)《字會上20》. '게'는 '거이'가 준 말로서 '걷〉걸〉걸이〉거이〉게'로 변했다. ¶가재 오(螯)《字會上21》. 어근은 '갗(갇)'인데 게의 조어형(祖語形) '걷'과 동원어(同源語)가 된다. kani(蟹)〔日〕, katura(蟹)〔滿〕. 일본어 kani(蟹)의 어근은 kan인데 조어형은 kat이다. 만주어 katura(蟹)는 어근이 kat이다. 국어 게의 조어 '걷'과 동원어가 된다. 가재(螯)의 어근 '갗(갇)'도 동원어일 것이다.

➡ 가재(螯)

게우다 동嘔, 吐

'게우다'는 먹은 것을 도로 내어놓다의 뜻이다. ¶개올 구(嘔)《字會中32》.
개오다 → 게우다. 어근은 '개'인데 '가이'가 줄어든 말이고 조어는 '갇(갈)'
이다. 게우는 것은 입에서 일어나는 것이기 때문에 어원적인 의미는 입의
뜻을 지닐 것이다. '嘔, 吐' 자를 보아도 입 구(口) 변이다. 고구려 지명어
에 古次(口)가 나오는데 '곧'이 조어일 것이다. 곧(口)→kutsi(口)〔日〕.
일본어 kutsi(口)의 어근은 'kut'인데 '곧'과 동원어다. 잠고대(寢言)의
'고대'가 말의 뜻을 지니는데 어근은 '곧'이다. 일본어는 곧(言)→koto
(言)다. 말의 어원적인 의미는 입이다. 입에서 말이 나오기 때문이다.
gulgiho(吐)〔蒙〕, kusmak(吐)〔터키〕, bolguho(吐出)〔蒙〕. 어근 gul, kus
는 '갈'과 동원어일 것이다.

겨레 명族

'겨레'는 피를 같이 나눈 사람들의 무리이다. ¶겨리 족(族), 겨리 척(戚)
《倭解上13》, 먼 겨리 : 遠戚《同文解上11》, ᄒ믈며 결레쓰냐(況親屬乎)《重內
訓2:42》, 너의 결리예 방시란 셩을《太平1:24》, 결늬를 알소ᄒ며《敬信2》.
겨레의 어근은 '결'로서 '걸'이 고형일 것이고 '걷'이 조어형이다. gara(族)
〔日〕, xara(一族)〔滿〕. 일본어 gara의 어근 gar는 국어 '결'의 조어형 '걸
(걷)'과 동원어가 된다. 伽羅는 '가라'이고 어근 '갈'은 사람의 본뜻을 지닌
다고 할 것이다. 부여의 마가(馬加), 우가(牛加), 저가(猪加)의 '加'는
'갈'의 말음탈락일 것이며 사람의 뜻을 지닌다고 하겠다. 청나라를 세운
Aisin Gioro(愛親覺羅)의 gioro가 국어 '걸' '갈'과 동원어가 된다. karol
(王)〔위구르〕. mongol, dagul, uigul의 gol, gul도 사람의 뜻을 지닌다.
멍텅구리, 장난꾸러기의 어근 '굴'도 사람의 뜻인데, 아이누어 kuru (人)
의 kur, 말갈(靺鞨)의 '갈'도 사람의 뜻을 지니는 동원어일 것이다.

겨루다 [동] 競, 爭

'겨루다'는 서로 버티고 힘을 견주다의 뜻이다. '겨루다'의 어근은 '결'로서 '걸'이 조어다. 견주다는 마주 대어 비교하다의 뜻이다. 견주다는 겨루다의 ㅈ 위에서 ㄴ이 개입했다고 여겨진다. '겨주다'의 어근은 '겾'인데 '견, 걷'으로 소급된다. 겨루다의 어근과 일치하고 있다. 견-겨루다, 견-겨주다〉견주다. 겨루다는 힘을 쓰는 것이기 때문에 체력이 요구된다. 일본어 tsikara(力)는 tsi와 kara의 합성어다. tsi는 피(血)의 뜻이고 kara는 '몸(體, 身體)'의 뜻이다. 일본어 karada(體, 身體)는 몸인데 어근이 kal이다. 겨루다의 조어 '걸'은 일본어 kara의 어근 kar(kat)와 비교된다. 몸(身)은 곧 사람의 뜻도 지니고 있다. bəyə가 만주어에서는 몸(身)의 뜻을 지니지만 에벤키어나 오로촌어에서는 bəyə가 사람, 몸의 뜻을 함께 지니고 있다. '겨루다'의 조어 '건(걸)'은 고리, 구리(人), 겨레(族), 갓(女, 妻) 등의 뜻을 지니고 있다. ¶음담과 품정 겨로기롤 죠하ᄒ매《敬信83》, 눔이 害홀지라도 나는 아니 겨로리다《靑丘p.78》.

겨를 [명] 暇, 余暇, 余裕

'겨를'은 짬이라고도 한다. 어근은 '결'로서 '걸'로 소급된다. ¶밤낮 여슷ᄠ로 뎌 藥師瑠璃光如來롤 저ᅀᆸ바(時)《釋9:32》, 이제 어ᄂ 겨ᄅ레 ᄒ며 (暇)《宣祖諺簡》. ᄠ는 '그'로 소급되며 '글'에서 변했다. '날이 개다'의 어근 '개'는 '가이'가 준 말로서 '갇〉갈〉갈이〉가이〉개'의 변화다. '갈'은 태양의 본뜻을 지닌다. 빛깔의 '깔'은 본뜻이 해다. koro(頃)[日]. koro는 일본어에서 시간을 뜻하는 말로서, 어원적 의미는 태양의 뜻을 지닌다. 국어 해거름(黃昏)의 '거름'의 어근 '걸'이 해의 뜻을 지닌다. tasogare(黃昏)[日]. tasogare(黃昏)의 gare가 국어 해거름의 '걸'과 동원어(同源語)로서 해의 본뜻을 지닌다. 겨를은 어근 '결'에 '을' 접미사가 붙은 것이다.

➡ 땅거미의 거미, 끼니, 개다(晴), 짬, 틈

겨울 　몡 冬

'겨울'은 계절의 하나다. 옛사람은 계절을 해(日)로 기준을 삼았다. ¶겨 스렌 덥고《月1:26》, 겨스레 다ᄃᆞᆷ초다《七大17》. 경상도 방언에 겨실(冬) 이, 충청도 방언에 겨슬이 있다. 어근 '겻'은 '걷'이 조어형(祖語形)으로 서 태양의 본뜻을 지닌다. 가실(秋)의 조어형 '갇'과 동원어로서 모음변 이(母音變異)에 의한 어휘분화가 된다. güz(秋)〔터키〕, kış(冬)〔터키〕. 터 키어도 güz(秋)와 kış(冬)는 동원어(同源語)일 것이다. haru(春)〔日〕, huyu(冬)〔日〕. 일본어 huyu(冬)는 huru가 원형이고 puru로 재구되고 어근은 pur(put)가 되는데, haru(春)의 조어형(祖語形) par(pat)와 동원어다. 이렇듯 계절을 나타내는 봄, 여름, 가을, 겨울은 그 어원이 태양이다. 그것은 계절이 태양의 운행에서 비롯되기 때문이다.

겨자 　몡 芥子

'겨자'는 아주 작음의 비유로 많이 쓰이는데, 불경인 『금강경』, 『법화경』, 『유마경』 등에 그 비유가 나온다. "唯應度者, 乃見須彌, 入芥子中, 是名 不可思議解脫法門"(오직 제도를 받을 자만이 이에 수미산이 겨자씨 속에 들어갔음을 볼 것입니다. 이를 불가사의 해탈법문이라 이름 합니다.)《維 摩經, 不思議品》. 우리말로는 '개ᅀᆞ'로는 『法華經諺解, 圓覺經諺解, 金剛經 三家解』 등에 나오고 '겨자'로는 다산 정약용의 『아학편(兒學編)』(1813 년 필사본이 최고본)에 "겨자 개 芥"로 처음 나온다. '계ᅀᆞ'로는 『釋譜詳 節, 救急簡易方諺解, 飜譯老乞大』 등에 나온다.

격지 　몡 木屐

'격지'는 '격'과 '지'의 합성어다. ¶격지 극(屐)《字會中23》. '지'는 '나무 껍질' 의 '질'과 동원어(同源語)인 듯하다. '나뭇결'의 '결'은 명사로서 '리(理)'의 뜻을 지닌다. '결질〉격지'로 변한 듯하다. 격지는 나막신을 뜻하고 있는 것으로 보아 '격'은 나무의 뜻을 지니고 있을 가능성이 짙다. 가지(枝),

그루(株), 고(杵)의 어근 '갇, 글(귿), 고' 등이 나무의 뜻을 지닌다. ko (木), ki(木)〔日〕. 일본어 ko, ki는 국어 kor, kir에서 변한 말이라 하겠다. 어근 '갇, 글, 골' 등과 '결(걸)'은 동원어일 것이다. 껍질의 '질'도 '초 (草), 목(木)'의 뜻을 지니는 말일 것이다.

견주다 〔동〕 比較

'견주다'는 '겨주다'에 ㄴ이 개입된 것이다. '겨주다'의 어근은 '겿'이고 '겇, 걷'으로 소급된다. ㅑ, ㅕ, ㅛ, ㅠ의 상승이중모음은 단모음에서 변했다. ¶견주다 : 比耳 귀 견줌《龍6:40》. 견주는 인식은 시각적인 것이기 때문에, '걷'은 눈의 뜻을 지닐 것이다. 눈깔(갈)의 '갈'이 고대에 눈의 뜻을 지닌 말이었다. göz(目)〔터키〕, görmek(見)〔터키〕. 터키어에서 göz, göl 이 눈이다. ¶견초다 : 혼 쏨 기리롤 견초와 끈처(比着一把長短鉸了)《朴重上35》. '견초다'가 문헌에 나오며 '견후다'도 보인다. ¶견후다 : 견홀 비 (比)《類合下27》. 일본어 kuraberu(比)는 kura와 beru의 합성어로서 kura의 어근 kur는 눈의 뜻을 지닌다. 일본어에서 흘금흘금 또는 두리번거리며 보는 것을 kyorokyoro라고 하는데 어근 kyor는 kor로 소급되며 국어 눈깔(갈)의 '갈'과 동원어가 된다.

결 〔명〕 水波

'결'은 '걸'로 소급되며 물의 뜻을 지닌다. ¶믈와 결왜(水波)《永嘉上90》. 걸(渠), ᄀ롬(江, 湖), 냇갈, 개(川) 등과 동원어(同源語)다. nami(波, 浪)〔日〕. 일본어 nami는 na와 mi의 합성어라고 보는데, na는 국어 나리 (川)와 비교되며, mi는 국어 물(水)과 동원어가 된다. 그러나 일본어 nami(波)는 국어 날(川)에서 비롯했을 가능성도 있다. 다음 국어와 일본어를 비교해 보면, 날(生) : nama(生), 돌(石) : tama(珠), 알(水) : ame (雨), 갈(髮) : kami(髮), 날(川) : nami(波)와 같이 대응된다. 한편 결은 살결, 꿈결, 마음결, 나뭇결, 결이 곱다 등에서 보면, 어떤 사물의 형상, 무늬 등을 이르는 말이다. 특히 살결은 살갗(살빛)의 성질이라 볼 수 있다.   ➡️ 겯다

경치다 [동] 黥

'경치다'는 몹시 혼이 날만큼 심한 꾸지람이나 나무람, 또는 벌이나 고통을 이르는 말이다. 黥 자는 자자(刺字)할 경(黥)이다. 옛날에 죄를 지으면 얼굴에 먹으로 문신같이 죄를 지은 사람이라는 것을 표시했다. '경칠 놈' 하면 심한 고통을 당하여야 할 놈의 뜻이다.

겿 [명] 口訣

한문 학습을 쉽게 하기 위하여 우리말로 토를 붙이는 것이 입겿(口訣)이다. ¶겿(입겿)《訓諺》, 겿(입겿)《月序3》, 매 겻다(叫鷹)《同文下12》, 매 겻다(喚鷹)《漢121a》. '겿다'는 '부르다'의 뜻이다. '겻(견)'은 명사로서 말의 본뜻을 지닌다. '견'은 '걷'으로 소급된다. 일컫다의 '귇(귇)'과 동원어. 잠꼬대(寢言)의 '꼬대'는 '곧'이 원형이고, 말의 뜻을 지닌다. ᄀᆞᄅᆞ다(曰), 가르치다(敎)의 어근 '귈, 갈'은 말의 본뜻을 지닌다. koto(言)〔日〕. 일본어 koto의 어근 kot은 국어 '곧(言)'과 동원어. '고래고래 소리 지르다'의 '고래'는 일본어에서 ㄹ이 떨어지면 koe(聲)가 되며, '골(곧)'은 말(言)의 뜻을 지닌다.

계시다 [동] 在, 有

'계시다'는 '있다'의 존칭어다. ¶도ᄌᆞ기 겨신 딜 무러(賊問牙帳)《龍62》, 爲ᄂᆞᆫ ᄃᆞ외야 겨실ᄊᆡ라《釋序1》, 부톄 겨샤ᄃᆡ《釋13, 27》. 계시다의 15세기 표기 '겨시다'는 존칭어로 쓰이지 않았다. 『용비어천가』에 나오는 '도ᄌᆞ기 겨신ᄃᆡ'를 보면 도둑에게 존칭어를 쓸 필요가 없다. '爲ᄂᆞᆫ ᄃᆞ외야 겨시다'에서도 존칭어의 뜻으로 볼 수 없다. '겨시다'의 어근은 '겻'이고, 조어형은 '걷'이다. '있다, 없다'도 시각적인 인식이기 때문에 '겨시다'의 조어 '걷'의 어원적 의미는 눈의 뜻을 지닐 개연성이 높다. '눈깔, 눈을 감다, 눈을

경치다, 겿, 계시다

깜박깜박'의 '갈, 감'의 조어 '갇(갈)'이 눈의 뜻을 지니는 말이다. göz(目) 〔터키〕, görmek(見)〔터키〕, kör(盲)〔터키〕, mekura(盲)〔日〕. 어근 göz, gör, kör, kur는 동원어로서 눈의 뜻을 지닌다. '부모를 모시다, 조상을 모시다, 스승을 모시다'의 '모시다'는 기원적으로는 존칭어가 아니고 예삿 말이었다. ¶지븨 모셔다가 종사마 포라시놀《月釋8:100》, 모셔이셔《續三烈 8》. '모시다'의 어근은 '못(몯)'이다. ¶聖宗올 뫼셔《月釋8:94》, 四天王이 뫼ᅀᆞ고《月曲54》, 뫼ᅀᆞ던 이롤 기리 ᄉᆞ랑ᄒᆞ노라《杜初24:25》. 15세기 문헌 에 '모시다, 뫼시다, 뫼다(뫼ᅀᆞ다)'의 3가지 형태로 나타난다. '모시다'의 어근은 '못'으로서 조어형은 '몯'이다. '부모를 모시다, 조상을 모시다, 신 을 모시다'와 같이 쓰이는 말은 '侍, 陪'의 뜻을 지닌다. 모시는 일은 상대 에게 음식을 대접하는 일이다. '祭' 자를 보면 고기(肉), 손(又), 제상(示) 으로 되어 있는데, 이는 손으로 고기를 제상에 올려 신에게 드린다는 뜻이 다. 조상을 모시거나 신을 모시는 것도 일차적으로는 음식을 대접하는 일이다. 제사 지낼 때의 밥을 '뫼'라고 한다. 닭의 '모이(모시)'를 준다고 하는 데, '모시'의 고어는 밥이란 뜻이다. 일본어 mesi(飯)의 어근은 mes(met)인데, 국어 모시의 어근 '못(몯)'과 동원어라 하겠다. mesi (飯)〔日〕, motsi(餠)〔日〕. 어근 mes(met), mot이 국어 '몯'과 일치하고 있다. '모시다'의 어원적인 의미는 '밥을 드리다, 음식을 대접하다, 밥을 먹이다, 음식을 먹게 하다'의 뜻을 지닐 것이다. ¶모실 목(牧)《字會中2》. '모ᅀᅵ다'의 원형은 '모시다'인데 '먹이다'의 뜻이다. 어근 '못(몯)'은 밥, 식 품의 뜻을 지닌다. '모ᅀᅵ다'의 어휘를 볼 때 'ᅀᅵ'는 존칭의 뜻을 지니는 선어말어미가 아니라는 것을 알 수 있다. 15세기 △의 표기는 현실음 표기가 아니라 ㅅ탈락형에 대해 ㅅ을 복귀시키기 위한 의도적인 표기지 현실음은 아니다. '모시>모이>뫼'의 변화이며, 어근 '못(몯)'은 어원적으 로는 밥(飯)이며, 밥이라는 신세력어가 강세를 보이자 '모시, 모이'는 닭 의 먹이로 되고, '뫼'는 제삿밥의 뜻으로 됐다.

계집　명 女

'계집'은 '겨집'에서 '이'모음역행동화로 형성된 것이다. 겨집은 조선 초기에는 그저 여자나 아내(妻)를 가리키는 평어(平語)였다. 그러나 지금은 낮은말로 쓰이고 있다. 겨집은 겨다(在有)의 어간 '겨'와 '집'(家)이라는 명사를 합친 것으로, 재가(在家)의 뜻으로 보는 견해가 있다. 그러나 이러한 견해는 어려움이 따른다. 고대어로 올라갈수록 동사의 어간에 명사가 직접 붙는 어휘형성은 드물기 때문이다. 근대어에 내려오면 신발, 감발과 같이 나타나지만, 고대어에서는 그런 어휘형성법이 발견되지 않는다. ¶나롤 겨집 사무시니《釋6:4》, 남진 겨지비 도외요니(爲夫妻)《杜初8:67》, 겨집 처(妻)《字會上31》. 15세기에 겨집이 아내(妻)의 뜻으로 쓰이고 있다. 겨집의 겨는 겨레(族)의 어근 '결'이고 집은 집(家)의 뜻일 가능성도 있다. 계집, 겨레의 '결', 끼리끼리의 '길', 멍텅구리의 '굴' 등은 사람의 뜻을 지닌다. 겨집의 어원적 의미는 인가(人家)로서 집에 있는 여자의 뜻을 지닌다고 하겠다. kari(妻)〔터키〕, kadın(女, 女性, 婦人)의 어근 kar, kad는 갓(妻)과 동원어다.

고   图 杵

'고'는 절구나 방아확에 든 물건을 찧거나 빻는 기구인 '공이'의 옛말이다. '고'의 조어는 '곧'으로서 '곧〉골〉고'의 변화다. 고는 나무로 만든 것이기 때문에 나무의 본뜻을 지닌다. ¶방핫고 디여(落杵)《杜初7:18》, 고 져(杵)《字會中11》. 그루(株), 서까래, 넉가래의 '글, 갈' 등이 나무의 뜻을 지닌다. 일본어 kine(杵)와 비교된다.   ▶ 꼬챙이, 깔비(松葉), 등걸

고개¹   图 頸, 頭

'고개'는 '고'와 '개'의 합성어다. ¶고걜 안아 우르시니《曲57》, 골 슈(腦)《類合上21》, 골치 노(腦)《字會上28》, 디골(腦, 顱)《字會上24》, 되골 노(腦)《類合上21》, 디고리(머리통)《月2:55》. '디골'이 현대어에서는 '대갈'로 변했다. 대머리와 대가리의 '디'가 공통되며, 머리와 '가리'도 머리(頭)의 뜻을 지니는 이음동의어(異音同義語)가 된다고 하겠다. 고개의 '고'는 '골'과 동원어(同源語)라 하겠고, 대가리의 '가리'의 어근 '갈'과 동원어가 된다고

하겠다. 고개의 '개'는 '갈〉갈이〉가이〉개'의 변화로서 '고'와 동원어가 된다고 하겠다. kubi(頸, 首)[日], kaube(頭, 首)[日], baş(頭)[터키], boyun(首)[터키]. 일본어 kaube(頭, 首)는 karube에서 변한 말이다. karube의 어근 kar는 국어 '골, 갈'과 동원어다. karube의 be와 kubi(首, 頸)의 bi는 동원어다. '머리로 받다'의 어근 '받'이 머리(頭)의 뜻을 지닌다. 박치기는 '받치기'가 변한 말이라 하겠다. '젖다'가 '젖시다〉적시다'로 변하는 것과 같이 '받치기'가 박치기로 변했다. 터키어 baş(頭)의 조어형(祖語形)은 bat이다. boyun(首)은 borun에서 변한 말로서, bor(bot)는 baş(bat, 頭)와 동원어다. 고개의 '고'와 '개'가 머리(頭)의 뜻을 지니는 말임을 보여 주고 있다.

## 고개² 	명 峴, 嶺, 山嶺

'고개'는 '고'와 '개'의 합성어라 여겨진다. ¶고개(峴) : 고개 현(峴)《字會上3》, 골(谷) : 골(谷, 洞), 사동 비얌골《龍43》, 골 곡(谷)《字會上3》. 골(邑, 州) : 골히 이셔(在州)《飜小10:7》, 다른 골히 가《思重16》. 골이 골, 고을(谷, 洞, 邑, 州)의 뜻을 지니지만 원의(原義)는 토지류(土地類)의 뜻을 지닌다. 곧(處), 고장(里)의 어근 '곧, 곳(곧)'과 동원어(同源語)가 되고 토지류의 원의를 지닌다. 길(路)도 동원어가 된다. gurun(國)[蒙]. 만주어 gurun의 어근 gur가 국어 골(谷, 邑, 州)과 동원어다. 고개의 '개'는 '가이'가 준 말이고 '갇〉갈〉갈이〉가이〉개'의 변화로서 '골'과 동원어가 된다고 하겠다. ¶재(峴, 언덕) : 재 ᄂᆞ려 티샤(下阪而擊)《龍36》, 재 령(嶺)《字會上3》, 잣(城) : 잣 셩(城)《字會中8》, 城山 잣뫼《龍1:52》, 재(城) : 城曰재《行吏》. 재(城)는 잣(城)에 '이' 접미사가 붙은 '잣이〉자이〉재'로 변한 것일 것이다. 한자 城 자를 보면 흙 토(土) 변이 있다. 고대에는 城을 흙으로 쌓은 것을 알 수 있다. 한강변에 있는 백제의 토성이 현재도 남아 있다. '잣'은 '닫'으로 소급되며, 그 어원적 의미는 흙의 뜻을 지닐 것이다. 음달(陰地), 양달(陽地), 돌(石), 들(野), 딜(土)은 '닫(城)'과 동원어가 될 것이다. tala(曠野)[蒙]. 일본어 touge(峠)의 ge가 국어의 고개의 '개'와 매우 흡사한 형태를 보이고 있다(일본 측에서는 tamuke(手向)에서 변했다고 보고 있다). 고개는 '고'와 '개'로서 원의는 토지류의 뜻을 지닌다고 하겠다.

고구려 명 高句麗

중국 측 문헌에는 고구려를 高麗로 표기하고 있는데, 고대 발음으로는 고리(高离)라 하겠다. 려(麗)의 음은 리(离)이며 고씨가 고구려를 영위하고 왕씨가 고려를 영위하였다. 세대와 나라가 서로 다른데 한, 진(漢, 晋) 이래 수, 당(隋, 唐)에 이르기까지 중국의 사서가 모두 高麗라 例稱하고 있다.(權近 原作 權擥集註 應制詩集註에 의하면(麗音离 高氏爲高句麗 王氏爲高麗 代別國殊 自漢晋以來 迄于隋唐 中國諸史 例稱高麗)에서 보여주는 바와 같이 중국 사서에서는 모두 高麗로 기록하고 있다고 했다. 元나라 호삼성(胡三省)은 高麗, 句麗의 麗를 '리'로 읽어야 된다고 수십 차례 역설하고 있다. '鄰'과 '知'의 反切이라는 것이다. 현재는 高麗를 '까오리'라고 하지만 고대에는 '고리'라고 발음했을 것이다. 중국에서는 12세기에 음운의 변화가 심하게 일어나는데 구개음화가 시작되고 종성(終聲)에서 입성(入聲)인 'k, t, p'으로 발음되는 자음이 떨어지고 단모음은 이중모음으로 또는 장음으로 변하기 시작했다. '고리'의 어근 '골'의 어원적인 의미는 '사람'의 뜻을 지닌다. 옛날에는 사람의 뜻을 지니는 말이 존귀하고 부족을 대표하며 나라 이름에 이르게 되는 경우가 허다하다. mongol, dagur, ujgur의 gol, gur가 사람의 뜻을 지니는 말이다. 국어 심마니, 똘마니, 할머니의 '마니, 머니' 등이 사람의 뜻을 지니는데, mon과 마니, 머니와는 동원어가 된다. mongol은 사람의 뜻을 지니는 말이 겹쳤다고 하겠다. nanai족을 goldi족이라고도 하는데 goldi의 gol은 고구려의 옛 이름 '고리'의 어근 '골'과 동원어가 된다고 하겠다. 시베리아 아무르(amur) 강변에 사는 알타이어 계통인 nanai족이 있다. na와 nai로 나뉜다. nai는 nari에서 변한 말이고 nari의 어근은 nar이다. 이는 만주어 nyalma(人)가 있는데 nyal-ma의 nyal과 동원어인데 옛말은 nal이다. 이 nal은 국어 '나(一人稱), 너(二人稱), 누(不定稱)'와 동원어인데 옛말은 '날, 널, 눌'이었던 것이다. na도 nal에서 말음이 떨어진 na로서 국어나(吾)와 동원어다. nanai는 사람의 뜻을 지니는 말이 겹쳤다고 하겠다. 몽골, 滿洲, 女眞에서 우리나라를 어떻게 부르는가를 보면 사람의 뜻을 지니는 말이 나라 이름까지 된다는 것을 확인할 수 있다. soloŋgos(蒙), solgo(蒙), solro(滿), sogol(女). 몽골에서 soloŋgos, solgo를 놓고 볼 때 sol과 gos, go의 합성어라 하겠다. sol은 신라의 옛 이름 사로(斯盧) 사라(新羅)를 지칭하는 것이라 하겠다. soloŋgos의 soloŋ도 퉁구스족 중에 soloŋ족을 염두에 둔 것일 수도 있다. 그곳도 고구려 영역이기 때문이다. sol은 국어 사람의 어근 '살'과 동원어다. gos, go의 조어는 god이다. god의 말음이 l로 바뀌면 gol이 된다. got의 말음 t〉s로 변하면 gos가 된다. 여진어 sogol의 gol과 동원어로서 gol이 사람의 뜻을 지니는 옛말인 것이다. 따라서 gol(got)이 고대 사람의 뜻을 지닌다. 따라서 고구려의 옛 이름은 '골(곧)'이라는 말이 된다. 만주어 solho는 solgo의 g가 h로 변했다. 여진어 sogol은 solgol의 sol의 말음이 탈락한 것이다. gos, go, ho, gol은 고구려의 옛 이름 '골(곧)'을 의미한다. 이것으로 보아도 나라이름이 사람의 이름을 지닌다는 것을 확인할 수 있다. 또 사람의 뜻을 지니는 말이 존귀하고 존장자를 의미하는 말을 들어보기로 한다. batol(英雄, 勇士)〔蒙〕, batul(英雄)〔위구르〕, ¶아기비톨(阿其拔突)《龍7:10》. 어근 bat, but이다. ¶홍정바지둘히 길흘 몯녀아《曲86》. 홍정바지는 상인(商人)의 뜻으로 '바지'가 사람의 뜻을 지니는데 어근은 '받'이다. 악바리(惡人), 군바리(軍人), 쪽바리(倭人), 혹부리(瘤人), 꽃비리(思春期兒), 학비리(學生), 고삐리(고등학생). '바리, 부리, 비리'가 사람의 뜻인데, ㄹ은 ㄷ에서 변한 음이기 때문에 '받, 붇, 빋'이 조어형이 된다. 국어에서는 '받'이 사람의 뜻을 지니는데 몽골어에서는 'bad'가 영웅, 용사의 뜻을 지닌다. 『용비어천가』에 나오는 아기바톨의 '바톨'이 용사의 뜻으로 어근은 '받'이다. 일본 천황의 이름은 현재는 akihito(明仁)고 전 천황의 이름은 hirohito(裕人)다. hito가 현재 일본어에서 사람의 뜻을 지니는 말이다. '사람 사람'할 때는 'hitohito'라 하지 않고 'hitobito'라고 한다. 나중에 오는 말은 hito라 하지 않고 bito라고 하는 것은 hito는 bito에서 변했다는 말이다. 국어 비리(人)의 어근 '빌'이지만 고형은 'bid'이다. 국어의 옛말이 일본에 그대로 가서 bito가 되고 변해서 hito가 되었다. 이렇듯 천황의 이름에 쓰인다는 것은 사람의 뜻을 지니는 말이 존귀한 존장자의 이름에 쓰인다는 것을 말하여 주는 것이다. 중국에서는 고구려를 고대에 '고리'라고 했던 것이다. 그것은 몽골, 만주, 여진족들도 '골'이었다는 것과 맥을 같이한다. 滿洲의 첫 번째 왕은 aisin gioro(愛新覺羅)다. aisin은 金의 뜻이고 gioro는 사람의 뜻으로 존장자라는 의미도 지니고 있다. 겨레(族)의 어근 '걸(결)', gara(族)[日], '가하〉가아〉가야', '가라(駕洛)〉가아〉가야'의 어근 '걸, 갈'도 모두 '사람'의 어원적인 의미를 지닌다. 멍텅구리, 심술꾸러기, 끼리끼리의 어근 '굴, 길' 등이 사람의 뜻을 지닌다. 일본에서는 바보를 boŋkura라고 하는데 kura가 사람의 뜻이다. 거란(契丹), 말갈, 돌궐(突厥), 계루(桂婁)에서 '걸, 갈' 등도 사람의 뜻을 지닌다. 일본서는 고구려(高句麗)를 高麗라고 쓰고 goma라고 한다. 고구려가 멸망 후에도 '高麗'라 쓰고 goma라고 했다. 고구려 안에 goma(古馬), goma(古滿)라는 작은 나라가 있었는데 이 작은 나라의 goma가 고구려의 이름을 대용했다고 보는 것이 일본 측 견해다. goma의 어근은 'gom'인데 곰(熊)과 관련된다고 여겨진다. 단군신화에서 백두산의 옛 이름은 웅신산(熊神山)인데 '곰'이 등장한다. 충청도에 웅진(熊津)은 '곰나루'다. '곰'을 조상으로 여기는 곰족(熊族)이 일본에 건너갔다는 이야기가 된다. 고구려를 건국하기 전 곰족이 일본에 건너갔다고 여겨진다. 한국과 가까운 곳인 kumamoto(熊本)에 kuma가 나오는데 '곰'이 일본어 guma로 반영된 것이다. 高句麗를 高麗라 쓰고도 goma라고 하는 것은 고구려가 건국하기 전에 우리나라에서 일본에 건너간 사람들이 부르던 호칭이었을 것이다. 그때는 선사시대라 신라니 백제니 그런 나라 개념도 없을 시대다. 그 goma가 고구려라는 나라가 새로 생겼어도 전에 쓰던 goma라고 하는 말을 그대로 썼다고 하겠다. 곰(goma)족은 선사시대에 건너갔다고 보면 일본민족은 곰(goma)족이 일본의 뿌리가 되었다는 개연성을 열어놓는다고 하겠다.

고구마 ⑲ 馬鈴薯

'고구마'는 메꽃과에 딸린 여러해살이풀이다. 고구마는 일본어의 대마도 방언 kôkôimo(孝行藷)가 변한 말이다. 자식이 어머니가 좋아하는 감자를 거르지 않고 드렸다고 해서 '효행저(孝行藷)'라고 하는 말이 생겼다는 것이다. 북한 지역에서는 그냥 감자를 '올감자'라고 하고 '고구마'를 '호감자'라고 했다. 일본에서는 고구마를 satsumaimo(薩摩藷)라고 한다. 고구마는 일본으로부터 18세기 무렵에 우리나라에 들어왔다. 고구마는 원산지가 남방에서 생산된 것이기 때문에 남방계 체질인 태양이나 소양 체질은 좋은데 북방계 체질인 태음이나 소음체질은 소화가 잘 안 되며 방귀가 많이 나온다.

고기 　명 肉

'고기'의 어근은 '곡'이고 '곧〉골〉곪〉곡〉곡이'의 변화를 예상할 수 있다. ¶고기 육(肉)《字會中21》. 고기의 어원은 최초에는 동물이었을 가능성이 있다. 가축사를 볼 때 최초로 기른 것이 개라고 본다면, 개고기를 처음으로 먹었을 것을 예상할 수 있다. '갇〉갈〉갈이〉가이〉개'의 변화다. 한자어로는 구(狗), 견(犬)이 있는데, 국어 개와 동원어라 여겨진다. khuri(黎狗)[滿], sisi(鹿, 猪, 獸)[日], sisi(肉)[日]. 일본어 sisi(肉)는 짐승 또는 사슴과 멧돼지를 뜻한다. 일본어 sasimi(膾)는 sasi와 mi의 합성어다. 일본어 basasi(馬肉)의 경우를 보면 sasi가 고기(肉)다. sasimi의 mi도 고기(肉)의 뜻을 지닌다. miha(肉)[蒙], mii(肉)[日, 琉]. mi가 고기(肉)의 뜻을 지니고 있다. 일본어에서 회(膾)의 뜻을 지니는 sasimi는 고기(肉)의 뜻을 지닌 이음동의어(異音同義語)라 하겠다. sasi의 어근은 sas(sat)로 국어 살(肉)과 동원어가 된다. 살의 조어(祖語)는 '삳'이다. ¶魚肉皆曰姑記《類事》. gøx(肉)[위구르], gøst(肉)[우즈베크]. ☑ 살코기

고깔 　명 三角笠, 山型帽子, 雨帽, 僧帽

'고깔'은 흔히 중들이 쓰는 모자이며, 비옷과 같이 쓰기도 하며 원뿔형 또는 산 모양을 하고 있다. ¶곳갈 밧고(脫帽)《杜初15:41》, 곳갈 관(冠)《字會中22》. 곳갈은 '곳'과 '갈'의 합성어다. ¶갇 : 갇(笠)《解例用字》, 갓 : 갓 선 느니(冠者)《小諺2:23》. kasa(笠)[日]. 국어 갇, 갓(笠)이 일본어에서는

kasa로 된다. 한일어에서 말음이 모두 'ㄷ〉ㅅ현상'이 일어난다. 갇(笠)은 머리에 쓰는 것이니까 그 어원적 의미는 머리(頭)라고 생각할 수 있을 것이다. 곳갈의 '갈'의 고형은 '갇'으로서 갇(笠)과 동원어(同源語)다. ¶디고리(머리통)《月2:55》, 디고리쁠(腦)《朴重中3》, 디골 로(顱)《字會上24》, 골치 노(腦)《字會上28》, 마리 ㅅ골(頭腦)《漢150b》. '골'이 두뇌(頭腦)의 뜻이다. 대고리, 대가리의 '고리, 가리'와 동원어(同源語)다. 곳갈의 '곳(곧)'은 디골, 골치의 '골(곧)'과 동원어일 것이다. başlık(帽子)〔터키〕, baş(頭)〔터키〕, malage(帽子)〔蒙〕, mahara(官帽)〔滿〕. 터키어에서 başlık(帽子)의 어근 baş는 머리의 뜻을 지닌다. 몽골어 malage(帽子)의 어근 mal은 국어 머리, 마리의 어근 '멀, 말'과 동원어가 된다. kaburi(頭)〔日〕, kabuto(兜, 冑, 甲)〔日〕. 일본어 kabuto는 국어 감토(帽)와 동원어가 된다. ¶감토 모(帽)《類合上31》. 일본어 kaube(首, 頭), kubi(頸, 首), kaburi(頭)와 동원어임을 보여주고 있다. 따라서 곳갈도 그 어원적 의미는 머리(頭)〉모자(帽)의 과정을 거쳤다고 하겠다. 한편 중국의 고대문헌에는 '骨蘇'가 보인다. 其冠曰骨蘇《周書》, 貴者其冠曰骨蘇《北書》. 骨蘇는 '곳'의 표기이다. 『삼국사기』「고구려지리지」에 冠(관)을 '骨蘇曷'이라 했는데 '곳갈'의 표기일 것이다. 위 문헌을 보면 '곳갈'의 '곳'도 갓(冠)의 뜻으로 '곳갈'은 갓(冠)의 뜻을 지닌 말이 겹친 합성어가 된다.

고니　圏 鵠, 白鳥, 黃鵠

'고니'는 오리과(雁鳴科)의 보호조고, 황새는 황새과(鶴科)의 해오라기와 비슷한 새이다. ¶닐온바 곤이롤 사겨 이디 몯ᄒᆞ야도(鵠)《小諺5:14》, 고해 곡(鵠)《字會上15》, 고해 곡(鵠)《類合安心寺板》. '고해'는 '고'와 '해'의 합성어라 하겠다. 고해의 '고'는 '곧〉곤〉고니'의 변화를 거쳤을 것이다. yuntai xon(白鳥)〔蒙〕. 두음 x가 g로 소급되면 gun, gon으로서 '고니'와 동원어가 된다.

고대 　무 卽時

'고대'는 '이제 막'이라는 뜻으로 시간과 관련된 말이다. 어근 '곧'은 어원적으로 태양의 뜻을 지닌 것이다. 시간과 관련된 어휘의 어원은 본디 해(日)다. ¶고대 어름 노ᄀ며(當下氷消)《金三2:1》, 머리 견지니 고대 믈어디니《曲160》. '날이 개다'의 '개다'의 어간 '개'는 '가이'의 준말로서 '갇〉갈〉갈이〉가이〉개'가 된다. 빛깔(갈)의 '갈'이 본디는 해의 뜻을 지닌다. 해거름의 '거름'의 어근 '걸'의 어원적 의미는 해의 뜻을 지닌다. 한편 '고대'는 조금 전의 뜻도 있다. 충청북도 음성의 방언에서 '언제 왔나?'라고 하면, '고대 왔다'라고 한다. '조금 전에 왔다'의 뜻이다. 여기서도 고대는 시간과 관련된다. 　　　　　　　　　　　　　　　　　　　　▶ 곧

고대머리 　명 癩頭, 禿頭

'고대머리'는 대머리를 뜻하는데 문둥병으로 머리칼이 빠진 대머리이다. ¶고디머리(癩頭)《譯上61》. '고디'의 '디'는 '드이'가 준말이고 '이' 접미사가 있다는 것은 윗음절의 말음이 자음이었다는 것을 보여준다. '드이'의 '드'의 조어는 '돈'인데 돌이 되고 '돌이〉드이〉디'로 변했다. 제주도 방언에서 '고다리'는 문둥이를 뜻하고 있다. '고다리〉고다이〉고대'가 된 셈이다.

고도리 　명 靑花魚

'고도리'는 고등어 새끼로 일컬어지고 있다. ¶고동어 古道魚《柳物二鱗》, 고도리(古道魚)《譯下37》. 소고도리, 열소고도리, 통소고도리가 있다. 소고도리는 중간 크기의 고등어 새끼, 열소고도리는 그해의 고등어 새끼 가운데 작은 것, 통소고도리는 고등어 새끼 가운데 가장 큰 것이다. 고등어의 새끼로 '고도리'가 있다는 것으로 보아 高等魚거나 高同魚가 본명이 아니라는 것을 보여준다. 사투리로서는 고대에〔平安〕, 고동오·고뎅이〔慶南〕, 고면애〔平北〕, 고둥이〔咸境〕, 고동에〔咸南〕, 고동아〔京畿〕 등이 있다. '고돌〉고도〉고도어(古道魚)〉고동어'와 같이 변했으리라 보며 '고돌, 고도리'

는 한자어가 아니라 고유어라고 하겠다. 넙치를 전라북도 방언에서 도다리라고 하는데 '도다리, 고도리'를 놓고 볼 때 '다리, 도리'가 추출된다. 도미(鯛)의 일본어는 dahi다. 일본어 dahi(鯛)는 dari〉dai〉dahi의 과정을 거쳤다. dari의 어근 dar는 dad가 조어가 된다. 도미는 '돋〉돌〉돌옴〉도옴〉돔〉도미'가 되었다. '돔'은 '도미'의 준말이라고 보는데 '돔'이 원말이고 '이' 접미사가 나중에 들어간 말이다. '돔'에는 '돌돔'이라는 돔이 있는데 길이는 40cm쯤 된다. 몸빛은 푸른빛을 띤 거뭇한 빛에 주둥이는 검다. 비늘은 몹시 작은 빗비늘이며 입이 작다. 우리나라 중남부 연해 및 일본에 살고 맛이 좋으며 낚시질로 낚인다. 돌돔이라고 해서 저급한 '돔'이 아니라 맛이 있는 돔이다. 어릴 때에는 옆구리에 일곱 줄의 검은 가로띠가 있다가 크면서 은빛으로 바뀌며 돔 위에 '돌'이 붙은 것은 '돔'의 조어형이 나타난 것이다. 갈가마귀를 경상북도 영천에서는 갈갈구리라고 한다. 갈갈구리를 분석해서 보면 '구리'는 새의 뜻이다. 딱따구리, 꾀꼬리, 왜가리 등 '구리, 고리, 가리' 등이 새의 뜻을 지닌 옛말이다. '가마귀'의 '귀'에 해당되는 말로 구이가 국어 '귀'가 되고 '굴'에 '이'가 붙어서 '굴이〉구이〉귀'가 된 것이다. '갈구리'의 '갈'은 감(黑)의 조어형 '갈'이 나타난 것이고 갈구리의 앞에 오는 '갈'도 검다의 뜻을 지니는 말이다. '돌돔'의 '돌'이 돔의 옛말이 되는 셈이다. 도다리, 고도리, 돌돔에서 '다리, 도리, 돌' 등의 어근 '달, 돌'이 물고기라는 뜻을 지닌다. 멸치, 갈치, 준치, 가물치, 누치 등의 '치'가 물고기를 뜻하고 있음을 보여준다. 고도를 한자로 '古道'라 하고 '魚' 자가 붙어 '고도어'가 된다. 원래 고기 어(魚)의 한자음의 첫소리에는 이응(ㅇ)의 음이 있다. 鮒魚 : 부어〉붕어, 鯉魚 : 이어〉잉어, 古道魚 : 고도어〉고동어〉고등어. ¶부어 鮒《字會上20》, 今俗呼鮒魚 붕어《四解下52》.

고드름 명 氷柱

'고드름'은 밑으로 떨어지는 물이 얼어서 길게 지붕에 매달린 얼음덩이다. ¶곳어름《譯補6》. '곳'과 '어름'의 합성어다. '곳'은 '곧'으로 소급되며, 얼음의 뜻을 지니는 말이다. gare(氷)〔日. 方言〕, koori(氷)〔日〕. 일본어

koori(氷)는 korori가 koori로 변한 것이다. korori의 어근은 kor이고 ori가 붙은 것이다. kor는 일본어의 방언에 나타나는 gare(氷)와 동원어라 여겨진다. kəčhyəmbi(凍)〔滿〕, kəčhyən(霜)〔滿〕. 만주어에서 얼다와 서리라는 말에서 어근 kəčh는 kət가 조어형(祖語形)으로서 얼음(氷) 또는 물(水)의 뜻을 지닌다. mülsü(氷)〔蒙〕. 몽골어 얼음(氷)의 뜻을 지니는 어근 mül은 국어의 물(水)과 동원어가 될 것이다. 곳어름의 '곧'은 얼음, 물(氷, 水)의 본뜻을 지닌다. 얼음(氷)의 '얼'도 얼음(氷)의 뜻과 물(水)의 뜻을 지니고 있다. 고어에 '얼(泉)'이 보이고, 일본어 arau(洗)〔日〕, ase(汗)〔日〕의 어근 ar, as의 조어는 at이 되는데, 국어 '얼(氷)'의 조어형 '얻'과 동원어다. 곧어름의 '곧'은 걸(渠, 溝)과 ᄀᆞ롬(江, 湖)의 어근 'ᄀᆞᆯ'과 동원어다. 고드름은 얼음(氷)의 뜻을 지니는 이음동의어(異音同義語)의 합성어가 된다. 고드름을 '직빙(直氷)'으로 풀이하는 견해도 있다. 곧다(直)의 어근 '곧'과 어름(氷)의 합성어로 보는 견해인데, 형용사의 어간에 명사가 붙는 경우는 고대로 올라갈수록 어렵다고 하겠다.

고라　명 黃

'고라말'은 등마루를 따라 검은 털이 난 누런 말이다. 말의 색깔은 대부분 몽골어에서 차용한 어휘로 보고 있다. ¶고ᄅᆞ몰(土黃馬)《朴初上62》, 고ᄅᆞ몰(黃馬)《譯下28》, 공골몰(黃馬)《漢p.434》. khonggoro(黃馬)〔滿〕, gonggormori(黃馬)〔蒙〕. 고ᄅᆞ몰의 '고ᄅᆞ'가 노랑(黃)의 뜻을 지니고 있음이 분명하다. 말 이름(馬名)은 물론 몽골어의 차음(借音)이라고 볼 수 있으나, 몽골어에서 gol이 노랑(黃)의 뜻을 지니고 있다. 고ᄅᆞ의 어근은 '골(곧)'로서 땅(土, 地)의 뜻을 지닌다. 곳고리(鶯)는 '곳'과 '고리'로 가르게 되는데, '곳(곧)'은 노랑(黃)의 뜻이고 '고리'는 새(鳥)의 뜻을 지니는 말이다. '노르께하다'의 '께'의 어근 '걸'도 노랑(黃)의 뜻을 지니고 있다. 곳고리는 황조(黃鳥)의 뜻을 지닌다. 왜가리, 딱따구리, 솔가리, 병마구리의 '가리, 구리' 등이 동원어(同源語)로서 새(鳥)의 뜻을 지닌다. tsubakura(燕)〔日〕. kura가 국어 '구리'와 동원어다. ki(黃)〔日〕, kogane(黃

金)〔日〕. 일본어 ki, ko는 국어 '골(곧, 黃)'과 동원어다. '고ᄅᆞ'가 고유어에서 노랑(黃)의 뜻을 지니는 말이었음을 보여주고 있다. 더구나 일본어에 ki, ko가 노랑(黃)의 뜻을 지니고 있다는 것은 이를 뒷받침하고 있다. 노랗다의 어근 '놀'이 땅, 흙의 뜻을 지니듯 고라의 어근 '골'도 땅, 흙의 뜻을 지닌다고 하겠다. ➡노랗다

고랑 명 畎

'고랑'은 논이나 밭의 두둑과 두둑 사이 팬 곳이다. ¶고랑 견(畎)《字會上7》. 고랑의 어근 '골'의 어원적인 의미는 흙이었을 것이다. ¶골 곡(谷)《字會上3》, 비얌골 蛇洞《龍6:43》, 골히이셔(在州)《鱗小10:7》. '골'이 谷, 洞, 邑, 州 등의 뜻을 지닌다. 굴(窟), 곧(處), 길(路), 고장(里)의 어원적인 의미도 흙의 뜻에서 분화한 말이라 하겠다. 구들고래의 '고래'의 어근 '골'도 같은 어원을 지닌다.

고래 명 鯨

'고래'는 물에 사는 동물이다. ¶고래 경(鯨)《字會上20》. 고래의 어근은 '골(곧)'이다. kujira(鯨)〔日〕. 어근 kut은 국어 고래의 어근 '골(곧)'과 동원어(同源語)다. 한일어를 대응해 보면 다음과 같은 것이 있다. 골(倉) : kura(倉)〔日〕, 곰(熊) : kuma(熊)〔日〕, 오리)오이(瓜) : uri(瓜)〔日〕, 옻(漆) : urusi(漆)〔日〕. 국어 '오(o)' 모음이 일본어에서는 u로 대응되는 현상이 보인다. kujira(鯨)〔日〕, hasira(柱)〔日〕, sakura(櫻)〔日〕, makura(枕)〔日〕. 일본어에서는 명사에 ra 접미사가 붙는다. kujira(鯨)에서 ra 접미사를 떼면 kuji이며 kudi로 소급된다.

고래고래 부 高聲

'고래고래 소리 지르다'의 '고래고래'는 화가 나서 소리를 지르는 모양의 부사로 쓰이고 있다. '고래'의 어근은 '골'로서 '곧'이 조어형(祖語形)이

다. '골'은 잠꼬대(寢言)의 '꼬대'의 '곧'이다. 이것은 말의 뜻을 지니며, 일본어 koe(聲)는 kore의 r음 탈락으로 이루어진 말이다. 곧이듣다, 곧이곧대로의 '곧'이 말의 뜻을 지니고 있다. 결국 고래고래의 '고래'는 언어적 행위를 나타내는 말이다.

고르다¹ 통 選擇, 揀

'고르다'의 어근 '골'은 명사로서 손의 뜻을 지닌다. 가리다(擇)의 어근 '갈'도 손의 뜻을 지닌다. '고르다'나 '가리다'나 모두 손에 의한 동작이다.

➡ 가지다, 가리키다, 가락, 가르다

고르다² 통 調

고르는 행위는 말과 관련된다. ¶고르게 흘디니라(平均)《杜初23:12》, 소리를 고르게 ㅎ야《小諺1:10》, 고롤 됴(調)《石千2:14》. '고르다'는 조(調)의 뜻을 지닌다. 한자 調 자를 보면, 말씀 언(言) 변에 두루 주(周) 자를 덧붙인 글자다. 말(言)이 두루(周) 잘 어울려 '고르다'의 뜻을 지니게 된 것이다. 말이 세밀하다(周)는 데서 부드럽다의 뜻으로도 쓰인다. 조정(調停), 동조(同調) 등으로 쓰이는 말은 언어적 행위가 된다. 따라서 고르다라고 하는 말도 언어적인 행위가 된다. 고르다의 어근 '골'이 말의 뜻을 지닌다. 잠꼬(고)대의 '고대'의 어근 '곧', '고래고래 소리 지르다'의 '고래'의 어근 '골' 등이 말의 뜻을 지닌다. ➡ 잠꼬대(寢言), 가라사대

고름¹ 명 襻

옷고름의 '고름'의 어근 '골'은 고로(袯)의 어근 '골'과 동원어(同源語)일 것이다. ¶고로 룽(袯)《字會中30》, 고롬 반(襻)《倭上46》. 고롬이 고름으로 변했다. ¶져고리(저고리)《譯補28》, 져구리(저고리)《譯上45》. 져고리, 져구리의 '고리, 구리'의 어근 '골, 굴'은 고롬, 고로의 어근 '골'과 동원어일 것이다. degel(衣)〔蒙〕, kiru(着)〔日〕, kimono(衣)〔日〕, kinu(絹)〔日〕.

몽골어 degel은 국어 저고리와 형태상의 유사성이 보인다. 일본어 kiru (옷을 입다)의 어근 ki는 옷의 뜻을 지닌다. 일본어 kimono(옷)가 ki (衣)와 mono(物)와의 합성어라고 할 때, ki가 옷의 뜻이며, 국어 '골'과 동원어일 것이다. 국어의 깁(繒)《解例用字》과도 동원어일 가능성이 있다. '옷을 깁다'의 '깁'은 명사가 된다.

고름² 圄 膿

'고름'은 곪은 데서 나오는 끈적끈적한 액체다. ¶고롬(膿) : 능히 고로미 드외며(能爲膿)《楞8:99》, 골(膏) : 골 밍ᄀᆞ라(爲膏)《救方上62》. 고롬(膿)은 '골(膏)'에 '옴' 접미사가 붙어서 고름(膿)의 뜻을 지닌 어휘로 분화한 것이다. 기름(油)은 '골(膏)'에서 '골다〉곪다'로 변한 말에서 형성된 것이다. 곰(白殕)은 '골〉골옴〉고옴〉곰〉곰팡이'의 변화다. 또한 곱은 '골옵〉고롭〉고옵〉곱(脂)'의 변화다. kasa(瘡)〔日〕. 어근 kas(kat)는 고롬(膿)의 어근 '골(곧)'과 동원어(同源語)일 것이다.　　　　▣ 곪다, 곯다, 곰팡이, 곱

고리¹ 圄 櫃, 槓, 行李

고리나 궤, 관재(棺材)인 골 등의 재료는 나무다. 따라서 '골'의 어원은 나무의 뜻을 지닐 것이다. ¶골(槓)《字會中10》, 골(棺材)《蒙16》. 斤乙(木)《三史, 高句麗地名語》. 그루(株), 고(杵), 구유(槽) 등과 동원어(同源語)가 된다. 고(杵)는 '골'의 말음탈락이다. 구유는 '구수〉구슈〉구유'의 변화로서 어근 '굿'은 조어형(祖語形)이 '굳'으로서 나무의 뜻을 지닌다. 고리짝, 고리버들, 대고리, 버들고리, 바느질고리, 반짇고리 등의 고리도 동원어일 것이다. ¶匱曰枯孛《類事》. '고불'일 경우 고와 불의 합성이다. 나무의 뜻을 지니는 이음동의어이다. 보 량(樑)《字會中6》, hari(梁)〔日〕. 일본어 hari 는 bari가 고형이고 bar가 어근이다. '보'의 조어가 '볼(볻)'임을 보여주고 있다. hasi(橋)〔日〕, hayasi(林)〔日〕. basi, barasi가 고형이다. 어근 bas, bar가 나무의 뜻을 지니는 '볼'과 동원어다. 고(木), 불(木)과 같이 이음동의어의 합성어다. kutu(箱)〔터키〕. 어근 kut과 '곧'은 비교됨 직하다.

고리² 명 環

귀고리, 문고리와 같이 둥근 것이 고리다. ¶골회(環) : 골회 환(環)《字會中24》. 골회는 '골'과 '회'로 나뉜다. '회'는 '호이'가 준 말로서, '혼〉홀〉홀이〉호이〉회'의 변화일 것이다. ¶갈고리(갈구리) : 갈고리 쓰는 도적이(鉤子的賊)《朴重中35》, 낙시 갈고리(釣鉤)《同文下12》. 여기서의 '고리'는 골회에서 변한 것이 아니라 '골'에 '이' 접미사가 붙어서 된 '골이〉고리'의 변화다. 여기서의 고리는 금속품에 속한다. 구리(銅)의 어근 '굴'과 동원어(同源語)일 것이다. 갈고리의 '갈'은 칼(刀)의 고형이다. 골회의 '회'는 바회(輪)의 '회'와 동원어가 된다고 하겠다. 골회(環)나 바회(輪)나 같은 원형이다. ¶輪은 바회라《月2:38》, 바회 륜(輪)《字會中26》. hürdö(輪)〔蒙〕. 어근 hür가 '회'의 조어형(祖語形) '홀(혼)'과 동원어가 된다고 하겠다. ¶귀엣 골회(耳環)《漢337d》, 골회눈몰(環眼馬)《老下8》, 골희(環子)《同文下17》, 골희눈(環眼)《柳物一. 毛》, 골희눈 개(玉眼狗)《漢430d》. 여기서 골회, 골희는 갈고리와 같이 칼종류(刀物類)의 뜻을 지니지 않고 고리(環)의 뜻만을 지니고 있다. 한자 環(고리 환) 자는 玉(구슬 옥) 변에 睘(눈 휘둥그럴 경) 자를 합한 글자다. 눈망울과 눈동자가 모두 둥근 것과 같이 바깥 둘레와 안의 구멍이 다 둥근 구슬 곧 玉고리를 뜻한다. 나아가 둘레의 뜻으로 쓰이게 된 것이다. 눈의 둥근 것과 관련시킨다면 골회의 '골'은 눈갈(깔)의 '갈'과 동원어다. göz(眼)〔터키〕, gölmek(見)〔터키〕. 골회의 '회'는 '혼(홀)'이 조어형인데, 눈을 흘기다의 어근 '흘'이 고어에서 눈의 뜻을 지니는 명사가 된다. 구슬(珠)로 본다면 구슬의 어근 '굿(굳)'이 나온다. 구슬(珠)의 어근 '굿(굳)'과 비교한다면 '골(곧)'과 동원어(同源語)가 된다고 하겠다.

고린내 명 臭味, 臭氣

'고린내'는 '고린'과 '내'로 가를 수 있는데, 내는 냄새다. ¶구리다(臭) : 온 몸이 구리고(遍身臭)《痘上36》, 구리고 슷므르거든(腐爛)《救簡3:49》. 구리다의 어근은 '굴(굳)'로서 똥(糞)의 뜻을 지니는 명사가 된다. kuso

(糞)〔日〕, kusai(臭)〔日〕, kusaru(腐)〔日〕. 일본어 kuso(糞)의 어근 kus
(kut)는 국어 구리다(臭)의 어근 '굴(굳, 糞)'과 동원어(同源語)가 된다.
일본어에서는 kuso(糞)의 어근 kus가 kusai(臭), kusaru(腐)의 뜻으로
분화했다. 국어 구린내가 모음변이를 일으키면 고린내가 될 것이다. 민간
어원설로는 '高麗+내(臭)→고린내'라는 설이 있다. 『동언고략(東言攷
略)』3에 "고구려는 北土寒冷의 地에 在ㅎ야 其人이 溫燠의 室에 好居ㅎ
며 善히 山肉을 獵食ㅎ며 沐浴을 不喜ㅎ 故로 其人이 貉臭이 率多ㅎ니
新羅人이 惡ㅎ야 臭의 穢惡ㅎ 者로써 고리너라 謂ㅎ 者는 高麗臭이오."라
고 나온다.

고마 　圐 妾

'고마'는 첩의 고어로서 '고'와 '마'로 가를 수 있다. 고마의 '고'는 '골마'에서
ㄹ이 탈락한 형이다. '곧〉골〉고'로서 갓(妻, 女)과 동원어(同源語)다. ¶고
마 첩(妾)《字會上31》. 고마의 '마'는 할미(祖母)《月10:17》의 '미'와 동원어
다. 심마니(山蔘採取人), 똘마니(部下), 할머니. '마니·머니'는 사람(人)
의 뜻을 지니는 말로서, 어근 '만'은 '맏'으로 소급된다. nyalma(人)〔滿〕,
mat(妻)〔아이누〕. 만주어 nyalma(人)는 nyal과 ma로 가를 수 있다.
nyal은 nal, nat으로 소급되며, 국어 '나, 너, 누'와 동원어이며, ma도
역시 사람의 본뜻을 지니므로 nyalma는 '사람'의 본뜻을 지니는 이음동
의어(異音同義語)의 중첩이다. 아이누어에서 mat이 아내(妻)의 뜻이다.
salgan(妻), asiha salgan(妾)〔滿〕. 만주어에서 asiha는 어리다(幼,
小)의 뜻을 지니고 salgan은 아내(妻)의 뜻을 지닌다. 젊은 아내(幼妻,
小妻)의 본뜻을 지닌다. ¶ᄆᆞᄅᆞᆷ(宗)《華方》, ᄆᆞᄉᆞᆷ(宗)《華方》, ᄆᆞᄅᆞᆷ(莊頭)
《漢137b》. 어근 '몰, 못'은 '몯'으로 재구된다. 사람의 뜻을 지닌다. 마노라
가 옛날에는 상전(上典)의 뜻이었고, 나중에는 아내의 뜻으로 바뀌었다.
'마노라'는 '마'와 '노라'의 합성어라 하겠는데, 각각 사람의 본뜻을 지니는
말이다. '노라'는 나(一人稱), 너(二人稱), 누(不定稱)와 동원어다. nare
(汝)〔日〕. 어근 nar는 국어 나, 너, 누와 동원어가 된다. 고마는 여자의
어원적 의미를 지닌다.
　　　　　　　　　　　　　　　　　　　　　　　　　　　☑ 시앗

고맙다 ⃞형 敬, 感謝

'고맙다'는 '고마'에 'ㅂ다'가 붙어서 된 말이다. ¶고마 경(敬)《類合下1》, 서르 고마ᄒ야 드르샤 說法ᄒ시니《釋6:12》. 고마가 공경(恭敬)과 존귀(尊貴)의 뜻을 지니는 명사다. ¶고마온 바를 보고 공경ᄒ야(見所尊者)《小諺3:11》. 고맙다가 '존귀(尊貴)하다'의 뜻으로 쓰였다. 고맙다가 감사하다로 쓰인 것은 『한중록(閑中錄)』에 보인다. ¶고마와 ᄒ시도록 말을 음흉히 ᄒ니《閑中p.202》. 공경, 존귀의 뜻에서 감사의 뜻으로 전의(轉義)되었다. '고마'의 어근은 '곰'이고 여기에 '아' 접미사가 붙었다. 가망(善神)〔巫俗語〕, 가물(邪神)〔巫俗語〕, kami(神)〔日〕. 어근 '감'이 신(神)의 뜻을 지니고 있다. 고마(恭敬)의 '곰'도 '감'(神)과 동원어라 여겨진다. 고대인에게 있어서 공경, 존귀의 대상은 신이다. 따라서 신에게 감사한다는 어원적 의미를 지니고 있다.

고무래 ⃞명 平耙

'고무래'는 T자 꼴로 만들어 무엇을 끌어 모으는 데 쓰는 연장이다. ¶고미레(推扒)《漢346c》. 고미레는 '고'와 '미레'의 합성어로서 '고물개, 당거리, 당그래'라고도 한다. 고미레는 그 재료가 나무이기 때문에, 그 어원은 나무일 것이다. 고(杵)의 원형 '골'은 글(木), 그루(株), 넉가래, 서까래, 가지(枝)와 동원어(同源語)다. '미레'의 어근 '밀'도 나무라는 뜻일 것이다. 말(橛)과 동원어이며 나무라는 뜻을 지니는 이음동의어(異音同義語)의 중첩으로 볼 수 있다. maltagur(고무래)〔蒙〕, maltakhu(고무래)〔滿〕. 어근 mal은 나무(木)의 뜻을 지닌다. modo(木)〔蒙〕, moo(木)〔滿〕. 국어 말(橛)과 동원어가 된다. 일본어에서는 kumate(態手, 갈퀴) 또는 maguwa(써레)가 있다. maguwa는 ma와 k(g)uwa로 나뉜다. ma는 국어의 말(橛)과 동원어인 듯하다. kuwa(鍬)는 국어 괭이라는 뜻으로 나무괭이(木鍬)의 어원적 의미를 지니는 말이다. 그러나 고무래의 옛말이 '고미레'다. '미레'는 밀다(推)의 어간일 수 있다. 물건을 밀 때 쓰는 나무 막대를 밀대라고 한다. 밀대의 '밀'은 밀다(推)의 어간이 된다. 동사의 어간에 연결하는 명사가 오는 조어법(造語法)은 고대에는 없었고 근대에 나타났다. 감발, 신발, 밀대 등이 그 예가 된다. ▶ 고리, 고

고뿔 圏 感氣, 感冒, 風邪

감기의 우리말은 고뿔이다. ¶곳블도 만나디 아니ᄒᆞ며(不遭傷寒)《分瘟4》, 곳블ᄒᆞ다(害鼻淵)《同文下6》. 곳블은 '고'와 '블'로 가를 수 있다. ¶고(鼻)《字會上26》. 코 풀다의 '풀다'는 '불다'에 소급된다. 어근 '불'은 코의 뜻이다. burun(鼻)〔터키〕, burun(鼻)〔위구르〕. 어근 bur는 국어의 '블'과 동원어(同源語)다. hana(鼻)〔日〕. 일본어 hana는 pana로 소급되며 어근 pan은 pat으로 소급된다. 국어 '불(블)'과 동원어가 된다. hanaburu(鼻)〔日. 琉〕. hanaburu는 hana와 buru의 합성어로서 hana는 일본어고 buru는 원유구어(原琉球語)에서 코의 뜻을 지니고 있던 말일 것이다. 일본 유구어의 hanaburu의 buru는 고대 한국어에서 일본을 거치지 않고 직접 건너간 말일 것이다. 한자 鼻(코 비)도 동원어라고 볼 수 있다. 곳블의 어원을 코에 불이 난 것처럼 열이 있는 코감기로 보는 것은 민간어원설이라 본다. ▶ 감기

고사리 圏 蕨

'고사리'는 '고'와 '사리'가 합친 말이다. '사리'는 풀(草)이라는 뜻을 지니는 말로서 억새의 '새'와 동원어(同源語)다. '새'는 '삳〉살〉살이〉사이〉새' 의 변화로서 풀의 뜻을 지닌다. ¶고사리 궐(蕨)《字會上14》. 새(草)《法華2:244》, 흔 새지비로소니(一草堂)《杜初7:2》. 새가 풀의 뜻으로 문헌에 보인다. 싸리(荊條)는 '사리'로 소급되는데, 어근 '살'은 역시 풀의 뜻을 지니는 '살'과 동원어다. 잎새의 '새'도 '삳〉살〉살이〉사이〉새'의 변화로 풀의 뜻에서 '잎, 잎새'와 같이 쓰인다. seri(芹)〔日〕, solgi(菜)〔나나이〕. 미나리의 뜻을 지니는 일본어 seri(芹)는 국어 '살(草)'과 동원어다. 고사리의 '고'는 고비(薇)가 준말로서 '고비사리'가 '고사리'가 된 듯하다. 남새의 '새'와도 동원어다. 속새(銼草)《同文下45》의 '새'도 잎새의 '새'와 동원어

다. 삿갓(草笠), 삿자리(草席)의 '삿'도 풀(草)이다. 새끼의 고어 숫(繩)
《海東p.49》, 숫기(繩)《靑p.114》의 어근 '숫'도 풀(草)의 본뜻을 지닌다고
하겠다.

고삭고비 　명 종이고비, 紙窩子

'고삭고비'는 종이꽂이를 말한다. ¶고삭고비(紙窩子)《譯解上19》. 고비가
종이꽂이를 뜻하니까 '고삭'이 종이(紙)의 뜻을 지닌다. ¶고비(꽂이) :고
비(書机)《四解上19》, 고비(書欛)《四解上77》. '고삭'이 종이의 뜻이라면 어
근 '곳(곧)'은 나무의 뜻을 지니지 않을까? 종이는 나무에서 생산되기
때문이다. 종이가 생기기 전에는 나무에 글을 썼다. 斤乙(木)〔고구려어〕,
그루(株), 가지(枝), 고(杵) 등의 어근 '글, 갇' 등이 나무의 뜻을 지닌다.
일본어 kami(紙)가 종이의 뜻을 지니는 고대어 '곧'과 동원어일 개연성이
있다. 일본어에서 m : b 대응이 되므로 kami와 고비는 같은 말이라 할
수 있다. hebi : hemi(蛇)〔日〕, keburi : kemuri(煙氣)〔日〕, tsuburi :
tsumuri(頭)〔日〕, yubari : yumari(尿)〔日〕. 우리말에서 m : b가 대응
되는 예로는 '숨박질 : 숨막질, 곤두박질 : 곤두막질, 양발 : 양말, 마리 :
바리, 미끼 : 삐끼, 바탕 : 마당' 등을 들 수 있다.

고샅 　명 鄕間小道, 山谷間

'고샅'은 시골 마을의 좁은 골목길, 좁은 골짜기의 사이를 뜻하는 말이다.
고샅의 '고'는 골(谷)의 말음탈락형이다. '샅'은 사이(間)의 뜻을 지닌다.
¶스시(間) : 北녁 門戶ㅅ 스시로다(北門間)《杜初7:17》, 서리(間) : 狄人
ㅅ 서리예 가샤《龍4》, 草木 서리예 겨샤《曲124》. 스시의 어근은 '숫(순)'
이다. 서리의 어근 '설(섣)'이다. 고샅의 '샅'은 삳(間)'과 동원어(同源語)
라 하겠다. 그러나 고샅의 '샅'의 고형 '삳'을 토지류(土地類)의 뜻으로
볼 수도 있을 것이다. ¶스래(이랑) : 재너머 스래 긴 밧츨 언제 갈려 ᄒᆞ느
니《靑p.50》. 실(谷). 어근 '술, 실'이 토지류의 뜻을 지닌다. siroi(土)〔蒙〕,
sato(里)〔日〕. 어근 sir, sat은 국어 '술, 실'과 동원어가 된다고 하겠다.

고소하다　　圈 香臭

'고소하다, 구수하다'는 동원어(同源語)로서 모음변이(母音變異)의 차이뿐이다. ¶고ᄉᆞ다(香)《救簡2:67》, 고소다(香)《譯上53》, 고손 수리 뿔マ티 드닐 노티 아니ᄒᆞ리라(不放香醪如蜜甛)《杜初10:9》. '고소하다'를 후각적으로 인식하느냐 미각적으로 인식하느냐에 따라 어원이 달라진다. 후각적으로 인식한다면 코(鼻)가 어원이 될 것이다. 코의 옛말은 '고'고 더 옛말은 '골'이다. '코를 골다' 할 때 '골다'의 '골'이 코의 옛말이다. '곧〉곳오다〉고소다'가 될 것이다. 경상도 방언에서는 '꼬시다'라고 하는데, 이때 어근 '곳'이 나온다. 미각적인 인식이라면 입(口)이 그 어원이 될 것이다. 고구려어에서 '곧(古次)'이 입의 뜻을 지닌다. ¶穴口縣一云甲比古次《三史37》. '곧(口)'의 말음 ㄷ이 ㅅ으로 변하면서 고소다, 고소하다, 구수하다로 변했을 것이다. 그러나 '깨'나 '깨소금'의 냄새를 이르는 말이므로 '깨'가 어원일 수 있다. ¶蘇油는 두리째 기르미라《月釋10:121》.

■ 고시(莞), 구스다(香), 다ᄉᆞ다, 냄새, 내

고수　　圐 芫, 荽

'고수'는 미나리과의 한해살이풀이다. ¶고싀(園荽)《朴重中33》, 고시(芫, 荽)《字會上13》, 혼 새지비로소니(一草堂)《杜初7:2》. '고시'는 '고'와 '시'로 나뉜다. '고'는 갓(芥菜)과 동원어(同源語)가 된다. '골〉곧〉고'의 변화다. 어원적으로는 풀(草)의 뜻을 지닌다. 왕골, 꼴(蒭)의 '골'이 풀의 뜻이다. '시'는 'ᄉᆞ이'가 줄어진 것이다. '숟〉술〉술이〉ᄉᆞ이〉시'의 변화로서, 고사리의 '사리', 잎새의 '새'와 같이 풀의 뜻인 '새'와 동원어다. '살〉살이〉사이〉새'의 변화다. '골시'가 '고시'로 되었을 것이다. 한편 고수는 향초(香草)의 일종이므로 고수의 '고'는 고소하다의 '고'와 비교함 직하다. ■ 고사리

고수레　　圐 投飲食, 厄拂, 呪文, 除飯

'고수레'는 들에서 음식을 먹거나 무당이 푸닥거리를 할 때에 귀신에게

먼저 바친다는 뜻으로 음식을 조금씩 떼어 던지며 외치는 소리이다. 고수레에 대한 민간어원설(民間語源說)이 있다. ① 단군의 신하로 高失(고실)이 있었는데, 농사를 처음 백성에게 가르쳤으므로 그 공덕을 잊지 않기 위해 음식을 먹기 전에 그 신의 이름을 부르며 던져 바쳤다. ¶檀君時, 高失教民稼穡, 故農夫於田疇間, 對午饁, 則必先除一匙, 而念呼曰, 高失禮, 蓋不忘教民稼穡之意也《揆園史話, 太始紀》. ② 무당이 악귀(惡鬼)를 쫓기 위해 밥을 물에 말아 ‘고시라’라고 하는 것은 高氏(고씨)를 통해서 귀신을 쫓기 위함이라 했다. ¶野巫ㅣ 水飯으로써 鬼ᄅᆞᆯ 逐ᄒᆞᆷ이 반ᄃᆞ시 “고시라”라 呼ᄒᆞᄂᆞᆫ 者ᄂᆞᆫ 高氏羅ㅣ니 惡鬼ᄅᆞᆯ 高氏에게 逐送코져 ᄒᆞᆷ이오《東言巧略4》. ③ 『해동가요(海東歌謠)』에 실려 있는 사설시조(辭說時調)에서, 배가 무사히 돌아오도록 “고스레 고스레 所望 일게 ᄒᆞ오쇼셔”라고 했는데, 여기서 ‘고스레’는 신(神)이 되는 동시에 농사와는 관계없는 내용이다. 고스레 신(神)에게 배가 무사히 돌아오도록 보살펴 달라고 축원하는 것이라 하겠다. 무속에서 보면 고수레는 강력한 힘을 지닌 신으로서 농사와는 무관하다는 것을 엿볼 수 있다. ¶물 아뤗 沙工 물우희 沙工 놈드리 三四月 田稅大同 실 나갈 직 一千石 싯ᄂᆞᆫ 大中船을 자괴ᄃᆞ혀 ᄭᅮ며 ᄂᆡ여 五色 實果 머리 ᄀᆞ즌 것 ᄀᆞ초와 노코 笛觱篥 巫鼓를 둥둥 치며 五江 城隍之神과 四海 龍王之神긔 손 ᄀᆞ초와 告祀ᄒᆞᆯ 직 全羅道 慶尙道ㅣ라 蔚山 바다 羅州 바다 七山 바다 휘도라셔 安興목 孫乭목 江華ㅣ목 감도라 들 직 平盤의 물 담드시 萬頃蒼波를 ᄀᆞᄂᆞᆫ 덧 도라오게 고스릐 고스릐 所望 일게 ᄒᆞ오소셔 이어라 저어라 비 씌여라 至菊蔥ᄒᆞ고 南無阿彌陀佛《樂學拾零939》. 고수레는 고실(高失)과는 무관한 것으로 무속에서의 고수레 신이 민가(民家)에 퍼진 것이라 하겠다. 고수레의 어근은 ‘ᄀᆺ’이다. ‘ᄀᆺ’이 신 또는 존장자(尊長者)의 뜻을 지닌다. ¶귓것(鬼神) : 귓것 귀(鬼)《字會中2》, 귓것 미 魅《類合下33》. 귓것은 ‘귀’와 ‘것’의 합성어인데, ‘귀’는 鬼(귀신 귀)가 되고 ‘것’은 고유어로 귀신의 뜻을 지닌다. ¶항것(主人, 上典) : 두 사ᄅᆞ미 眞實로 네 항것가《月8:94》, 항거시 모ᄅᆞ리라《續三忠5》. 항것은 ‘한것’이 변했다고 보겠다. ‘것’이 존장자의 뜻을 지닌다. ‘것’이 귀신, 상전(鬼, 上典)의 뜻을 지닌다. 고스레의 어근 ‘ᄀᆺ’과 비교된다. 신라의 왕칭에 거서간, 마립간, 차차웅(居西干, 麻立干,

次次雄) 등이 있는데, 居西(거서)는 '것'일 것이다. 그렇게 본다면 居西
는 존장자 또는 신의 뜻을 지닐 것이다. 고수레는 신의 뜻일 것이다. 한
편 '고'는 땅(地), '수레'는 신의 뜻을 지닐 수도 있다. 골(谷), 곧(處),
길(路)의 어원적 의미는 땅이다. 고수레의 '고'와 동원어로 볼 수 있다.
민속에서 '살'은 사람을 해치거나 물건을 깨뜨린다는 독하고 모진 기운을
말한다. 살풀이, 상문살, 급살의 '살'이다. '살'은 악귀가 내뿜는 기운이라
하겠다. 따라서 원의(原義)는 귀신의 뜻을 지닌다. '살'은 무서운 존재가
되기 때문에, 음식을 대접해서 그 노여움을 벗어나고자 하는 뜻에서 하
는 행위라고도 보겠다. 그렇게 본다면 '술'은 '살'과 동원어가 된다고 하겠
다. '살'은 한자 煞(죽일 살)일 것이다. 고사리→고수레. 고수레는 강력
한 힘을 지닌 신의 뜻을 지닌다고 하겠다.

고수머리 　　📦 癖毛, 巻髮

'고수머리'는 곱슬곱슬 꼬부라진 머리를 뜻한다. '고스러지다'는 곡식이
벨 때가 지나서 이삭이 꼬부라져 앙상하게 되다의 뜻이다. ¶曲온 고볼씨
라《釋16:6》. 곱다(曲)의 어근은 '곱'인데 '곧〉골〉곲〉곱'의 변화다. '고수머
리'의 '고수'의 어근은 '곳'인데 조어는 '곧'이다. 曲은 물건을 넣는 그릇이
구부러진 모양을 본뜬 글자로서 굽다(曲)의 뜻을 지닌다. 음정의 높낮이
를 굽다고 보아 곡조(曲調)의 뜻으로도 쓰이고 있다. 그릇은 거의 그 모
양이 원형(圓形)을 유지한다. ¶ᄂ치 두렵고 츠며《釋19:7》, 두렷홀 단
(團)《類合下48》, 둥글 원(圓)《倭下32》. 두렵다, 두렷ᄒ다(圓)는 현대어에
서 사라지고 '둥글다'가 대체했다. '둥글다'의 '둥'은 '둗〉두〉둥'일 것이고
'글다'는 굴다(曲)의 뜻일 것이다. 굴다(曲)는 '고수머리'의 어근 '곳(곧)'
과 동원어일 것이다. 굽다, 곱다는 조어 '곧'에서 비롯한 말이고 '곧〉곧'은
'고수머리'의 어근 '곳'과 동원어가 된다고 하겠다.

고슴도치 　　📦 蝟

'고슴도치'는 포유류, 고슴도칫과의 한 종류다. ¶고솜돋 : 고솜돋 위(蝟)

《字會上19》, 고솜도티 : 고솜도티 쥐굼긔 드로미니라(蝟入鼠宮)《發心29》, 고솜돝 : 머리터럭과 고솜도티 가출 곧게 눈호아(頭髮猬皮各等分)《救方下66》, 고솜돗 : 고솜돗(刺蝟)《譯下32》, 고솜도치 : 고솜도치(刺蝟)《漢386c》. 고솜돝, 고솜돈, 고솜돗으로 표기된다. ¶가시 남기어나《釋11:35》, 가시곱고(棘曲)《法華1:148》. 가시의 어근 'ㄱ(갓)'에서 '옴' 접미사가 붙어서 '고솜'이 되었다고 볼 수 있으나 과연 고솜도치의 '고솜'이 가시의 뜻에서 변했느냐고 하는 데에는 문제가 있다. ¶麗俗謂蝟生爲苦苫《A.D.1123, 高麗圖經》. 고점(苦苫, 중국 현대음은 kŭshān)이라 했는데, 15세기어 고솜돈의 표기가 나온다. 그러니까 고려시대에는 '고솜'만으로 위의 뜻을 지니고 '돝'은 붙지 않았다고 하겠다. 고솜이 가시의 뜻을 지니고 있는데, 동물의 이름이 가시(刺)의 뜻만으로 되었다고 보기는 어렵다고 하겠다. siŋəri (鼠)〔滿〕, səŋgə(蝟)〔滿〕, u(棘)〔滿〕, ulmə(針)〔滿〕, ulgyan(豚)〔滿〕. 고솜도치의 뜻을 지니는 səŋgə(蝟)는 가시나 바늘과 무관하고 도리어 쥐의 뜻을 지니는 siŋəri의 모음변이형으로 보여진다. zaraga(蝟)〔蒙〕, huluguna (쥐)〔蒙〕, hanor(針)〔蒙〕, hagasu(棘)〔蒙〕, gahal(豚)〔蒙〕. 몽골어에서 고솜도치(蝟)는 가시와 무관하다. 따라서 고솜도치의 '고솜'이 가시의 어원을 지닌다고 속단하기는 어렵다고 하겠다. 고점(苦苫)만으로 고솜도치 (蝟)의 뜻을 지닌다고 볼 때, 가시의 어원으로 보기에는 문제가 있다고 하겠다. ¶蝟皮俗云苦蔘猪《鄕藥救急方》. 고삼저(苦蔘猪)는 고솜돝으로 읽을 수 있다. '고솜'에 '돝(猪)'이 붙었다고 하겠다. 猪(돼지 저) 자를 썼으니까 훈독(訓讀)하면 '돝(豚)'과 일치하고 있다. 돼지를 부를 때 '돝돝'하는 것을 보면 '돝(豚)'이 원형임을 보여주고 있다. 돝〉돌. 윷을 놀 때 도(一點)는 '돌'의 말음이 탈락한 것이다. 苦蔘猪로 보면 '돝'이 돼지(豚)의 뜻일 가능성이 많다. 그러나 과연 '돋, 돝'이 돼지(豚)의 뜻을 지니느냐 하는 것도 생각해 볼 문제다. 고솜도치(蝟)의 모양이 돼지와 비슷하다고 해서 고솜돝으로 했겠느냐 하는 것이다. '돝'을 쥐(鼠)의 조어형(祖語形) '둗'과 관련시킬 수 있을 것이라 여겨진다. 다람쥐는 15세기에는 드르미(다람쥐)《字會上19》였다. 다람쥐의 '쥐'는 나중에 붙은 것이라고 생각된다. 고솜돝의 '고솜'은 가시와 무관한 고솜도치(蝟)의 뜻을 지니는 말로서, 쥐의 조어형 '둗(돋)'이 쥐의 뜻을 상실하고 당시 돼지(豚)의 뜻으로 쓰이던

'돋'으로 이해한 것이 아닌가 하는 생각이 든다. harinezumi(蝟)〔日〕. 일본어로 고슴도치를 뜻하는 harinezumi는 바늘쥐(針鼠)의 뜻이다. 일본어와 비교하면 '고솜'은 가시 또는 바늘이며, '돋'은 쥐이다.

고약하다 　〔혱〕惡, 毒, 怪

'고약하다'는 얼굴이나 성미, 언행 따위가 사납다의 뜻이며 다음의 뜻으로도 쓰인다. 인심이나 풍습 따위가 도리에 벗어나서 나쁘다. 냄새, 맛, 모양, 소리 따위가 비위에 거슬리게 나쁘다. '고약'이 괴악(怪惡)의 한자어에서 왔다고 보고 있다. 괴악하다(怪惡하다)는 괴이하고 흉악하다. 조선 숙종조를 넘어서지 않으리라 추정되는 『태평광기언해(太平廣記諺解)』에는 고약으로 나온다. ¶남편이 일 죽고 즈녜 고약ᄒ거늘(其父亡子女孤弱)《太平1:20》. 여기서 고약은 '孤弱'이다. 괴악ᄒ다→고약하다, 괴오ᄒ다→고요하다.

고양이 　〔혱〕猫

고양잇과의 집짐승으로 살쾡이를 길들인 것이라고 한다. ¶鬼尼(猫)《類事》, 괴 가히(猫犬)《楞8:122》, 괴 묘(猫)《字會上18》. 괴는 '고이'가 준 말이다. '곧〉골〉골이〉고이〉괴'의 변화이다. kəskə(猫)〔나나이〕, kosuku(猫)〔아이누〕, kəsikə(猫)〔滿〕, kəəkə(猫)〔오로촌〕, xəəxə(猫)〔에벤키〕. 유구(琉球) 아마미오섬(奄美大島)이나 기카이섬(喜界島)에서는 guru(猫)가 있는데 '괴'의 조형(祖形)이 '곧'일 개연성을 보여주는 예가 된다. 鬼尼는 '귀니' 또는 '괴니'일 것이다. '괴니'는 '괴'와 '니'의 합성일 것이다. 사투리에 '고냉이, 고냥이, 괴냉이, 고내기, 고냉이, 고니' 등이 있는데, 후행어 '냉이, 냥이, 냉이, 내기, 넹이, 니' 등도 실사(實辭)로서 고양이(猫)의 뜻일 개연성이 있다. neko(猫)〔日〕. ne와 ko의 합성어로서 이음동의어(異音同義語)일 것이다. 일본어 ne는 국어 니, 내기, 넹이 등과 동원어라 하겠다. 옛말에 고양이 뜻을 지니는 '닏'계가 있었을 것임을 시사하고 있다. '고냥이〉고냥이〉고양이'의 변화다.

고욤 　명樗

'고욤'은 감(柿)의 재래종이라 할 수 있다. ¶고욤(樗)《解例用字》. 고욤은 '고옴'으로 소급된다. '옴' 접미사가 붙을 때에는 앞에 있는 말음이 폐음절 어(閉音節語)였을 경우가 된다. '곧〉골〉골옴〉고옴〉고욤'의 변화일 것이다. 감(柿)도 '갇〉갈〉갈암〉가암〉감'의 변화다. 제주도 방언에서 감물을 드린 옷을 '갈중이, 갈옷'이라고 한다. 감(柿)의 옛말 '갈'이 제주도 방언에 생생하게 남아 있다. 한일어를 대응시키면 다음과 같은 것이 있다. 국어 : 일본어 sul(酒) : sake(酒), kul(蠣) : kaki(蠣), tal(竹, 木) : take (竹), kal(柿) : kaki(柿). 일본어 kaki(柿)를 보면 고대 국어에 갈(柿) 이 있었음을 보여주고 있다. 경상북도 영천의 방언에 꼴감(고욤)이 있다. 꼴감의 '꼴'은 '골'로 소급되며, '골'이 고욤의 고형임을 보여준다.

▶ 감, 곶감

고을 　명邑, 郡, 州, 府, 縣

'고을'은 사람이 모여 사는 곳을 가리킨다. ¶ᄀᆞᄫᆞᆯ(邑, 村)《龍2:22》, ᄀᆞ올 안햇 노폰 소니(邑中上客)《杜初15:43》. ᄀᆞᄫᆞᆯ은 'ᄀᆞ'와 'ᄫᆞᆯ'로 나눌 수 있 다. 'ᄫᆞᆯ'은 '벌'이 원형이다. '벌'은 벌(原), 밭(田), 벼랑(厓)의 어근 '받, 별(벋)'과 동원어로서 땅 종류(地類)의 단어족(單語族)에 속한다. 'ᄀᆞ'도 곧〉골〉ᄀᆞ로서 역시 땅 종류의 단어족이다. 골(谷), 길(路), 굴(洞), 고 랑(畔) 등도 땅 종류 단어족에 속한다. 이음동의어(異音同義語)의 합성 어라 하겠다. kurun(國)〔滿〕, kuni(國)〔日〕. 어근 kur, kun은 국어 '골' 과 동원어가 된다.

고의 　명裙, 袴, 褲, 袴衣

'고의'는 남자들이 여름에 바지 대신 입는 홑옷이다. 고의(裙)의 12세기 어형은 珂背(가배)다. 珂背는 '珂'와 '背'의 합성어라 하겠다. 背는 베(布) 와 동원어(同源語)일 가능성이 있다. ¶裩曰安海珂背《類事》, ᄀᆞ외(裳,

裙)《杜初7:5》. ᄀ배의 '가'는 깁(絹)과 동원어로서 모음변이에 의한 어휘 분화일 것이다. 고로(綾)《字會中30》의 어근 '골'과 깁(絹)의 조어형(祖語形) '긷'과는 동원어라 하겠다. '옷깃'의 '깃'과도 동원어라 하겠다. kimono (着物)〔日〕, kiru(입다)〔日〕, kinu(絹)〔日〕. kiru〔着(衣)〕의 어근은 kir (kit)인데 국어의 '긷(깁)'과 동원어가 된다. 일본어 kinu(絹)는 ki와 nu 의 합성어일 것이다. 일본어 nuno(布)는 nu와 no의 합성어로서 no는 kinu(絹)의 nu와 동원어라 하겠다. 일본어 nu, no는 국어 눌(經)과 비교됨 직하다. 한편 한자어 고의(袴衣)로 볼 수도 있다.　　　▣ 고의춤

고장　　圐 里, 故鄕, 地域

'고장'의 어근은 '곳'이고 조어형(祖語形)은 '곧'이다. '곧'은 '땅(土, 地)'이 라는 뜻이다. 곳(處), 골(谷), 굴(窟), 고랑(畦), 구렁(巷口), 거리(街), 길(路)들은 한 단어족(單語族)이라 하겠다. xoroga, xoriya(庭)〔蒙〕, golo(國家)〔나나이〕, kotan(國)〔아이누〕, kurun(國)〔滿〕. 몽골어 xoroga 는 goroga로 재구되며 어근 gor는 국어 '골'과 동원어(同源語)가 된다. 일본어에서는 마을이 sato(里)인데, 어근 sat도 역시 '땅(土, 地)'의 뜻 을 지닌다. 국어 실(谷), 사래(畦)와 동원어가 된다. 고장이라는 단어는 조선조 문헌에는 나타나지 않는다. 한편 故場이라는 한자어라고 볼 수도 있다. 고단(고장)〔淸州〕, 고당(고장)〔平安〕, kotan(고장)〔아이누〕. 곧〉곧+ 앙〉고당〉고장, 곧〉곳〉고솽〉고장.

고주망태　　圐 滿醉

'고주망태'는 술통을 통째로 마신 것처럼 술에 곤드레만드레 취하여 정신 을 못 차리는 사람 또는 그런 상태를 이르는 말이다. ¶고조목술(鋼頭酒, 술주자에서 갓 뜬 술)《譯上50》. 고조목술은 술주자에서 갓 짜낸 술을 일컫 는다. 고조목술의 '고조'는 술주자인데 '주자'는 술을 거르거나 짜는 틀이 다. 고주망태의 '망태'는 '망태기'가 준 말이다. ¶아희야 구력 망태 어두 西山에 날 늦거다《古時調, 靑丘p.28》, 망태(網袋)《物譜工匠》. 고조주머니

(술주자주머니) : 고조주머니(酒笘)《四解下86》. ¶고조 조(槽), 고조 자(榨)《字會中12》. 고조망태는 '고주'와 '망태'의 합성어다. 고조주머니가 있는 것을 보면 망태는 주머니에 비유된 것이라 여겨진다. 술고래를 '술푸대'라고 하듯 고주망태는 술고래를 뜻하며 몹시 취한 상태의 뜻을 지니게되었다. 원래 망태는 망탁(網橐)에서 '망탁이〉망태기〉망태'로 변했다. 고주망태의 '고주'는 고주(苦酒)의 음사(音寫)가 아니라 '고조'가 변한 말이다. '망태'는 망태기와 같은 말로서, 무엇을 담는 그릇을 말하기도 하고, 쓸모없이 돼버린 상태를 이르기도 한다.

고추   명 唐辛子, 辣椒

15세기의 '고쵸'라는 말은 오늘날의 후추다. 가짓과에 속하는 일년생 풀인 고추의 뜻을 지니게 된 것은 임진왜란 후 고추가 들어온 후라 하겠다. ¶고쵸(椒)《字會上12》, 胡椒고쵸《救簡1:32》, 秦椒고쵸《漢378a》, 番椒고쵸《物譜》. 고쵸가 지녔던 후추라는 말은 후추로 대체(代替)되고 후추의 뜻을 지녔던 고쵸가 고추로 변하면서 오늘날 쓰이는 고추의 뜻을 지니게된 것이다. 후추는 한자어 '胡椒(호쵸)'에서 변한 것이다. 북한지방에서는 고추를 '당가지'라고도 한다. 한자어 苦草(고초)에서 왔다는 설도 있다.

▶ 당초(唐椒)

고치   명 繭

한자 繭(고치 견) 자를 보면 실 멱(糸), 벌레 충(虫) 자가 있다. 그 어원은 실(糸) 또는 벌레(虫)로 볼 수 있다. ¶고티爲繭《解例用字》. 고티의 어근은 '곧'이다. mayu(繭)〔日〕. 일본어 mayu는 maru로 소급되며, 어근은 mar(mat)가 된다. 일본 히로시마현 방언(廣島縣 方言)에 maroya(繭)가 있다. 일본어 musi(虫)의 어근은 mus(mut)이다. mayu(繭)의 조어(祖語) mat과 musi(虫)의 조어형 mut과는 동원어(同源語)라 볼 수 있다. 국어 거머리(水虫)의 '머리'는 일본어 musi(虫)와 동원어라 하겠다. 일본어 mayu(繭)의 어원을 벌레(虫)로 본다면, 국어 고치도 벌레(虫)의 어원적 의미를 생각해 볼 수 있다. ¶거시(蚓)《東言》, 거쉬(蚯)《字會上21》. 어근 '것(걷)'이 고어에서 벌레(虫)의 뜻을 지닐 수 있다. kurt(毛虫)〔터키〕. 고치에서 벌레가 나온다. 고치 안에 번데기가 있다. 실(糸)로 볼 경우는 고로(綾)《四解下57》, 깁(爲繒)《解例用字》 등과 비교해 볼 수 있다.

➡ 끈, 고삐, 곤치(경상도 방언)

고치다 〔동〕改, 直, 正, 變更, 訂正, 修繕

'고치다'의 어근은 '곧'으로서 '곧'이 더 고형이다. '곧'의 고형 '곧'은 명사로서 말의 뜻을 지닐 것이다. '곧이듣다', '곧이곧대로'의 '곧'이 말의 뜻을 지닌다. ¶고티다(改) : 田制를 고티시니《龍73》. '곧히다'는 '말을 곧게 하다'의 본뜻으로 고친다(改)의 뜻을 지니게 되지 않았나 하는 생각이 든다. 한편 고치는 행위는 직접적으로는 손으로 하기 때문에 '곧'은 손의 뜻을 지닐 개연성도 있다.

고타마 싯다르타 〔명〕Gotama Siddārtha

젊은 시절 부처님의 성과 이름이다. 성인 고타마는 '매우 좋은 소리'란 뜻이고, 이름인 싯다르타는 '목적을 달성한, 뜻을 성취한'의 뜻이다.

고프다 〔형〕飢, 空腹, 餓

'고프다'는 뱃속이 비어서 먹고 싶다로 '골프다'에서 변했다. ¶골프다(飢)《南明上10》. '골프다'의 어근 '골'은 배(腹)의 뜻을 지니는 말이다. karın(腹)〔터키〕. 티키어 karın의 어근 kar는 배의 뜻을 지니는데, 국어 뱃구레의 '구레', 갈비의 '갈', 옆구리의 '구리' 등이 배의 뜻을 지닌다. 골프다의 '골'이 배의 뜻을 지닌다. '배곯다'의 '곯'의 어근 '골'도 역시 배의 뜻을 지닌다. '곯다'는 '골흐다'가 줄어진 말이다.   ➡ 곯다

곤두서다 　[동] 逆立, 跟頭, 跟斗, 跟陡, 筋斗, 擲倒

'곤두서다'는 거꾸로 꼿꼿이 선다는 뜻이다. '곤두'는 '고두'에 ㄴ이 ㄷ 앞에서 개입되어 형성되었다. 바되(螢)>반되, 비대(蝱)>빈대. 반되의 고어는 '바도리'로, '바도리>바도이>바되>반되'의 변화다. 일본어 hotaru(螢)는 potaru에서 변한 말이다. 빈대는 '비대'에서 변한 말이라 하겠는데, 벼룩, 벌레, 벌 등과 어원을 같이 하는 명사라 하겠다. '고두'의 어근 '곧'은 머리(頭)의 뜻을 지닌다. 골(腦)의 조어형(祖語形) '곧'은 본디는 머리(頭)의 뜻을 지닌다. 디골(腦, 顱)의 '디'와 '골'은 머리(頭)의 뜻을 지니는 말이 겹친 것이다. 곤두서다는 '머리로 서다'의 본뜻을 지닌다. 비슷한 말에 곤두박질의 곤두는 곤두서다의 곤두와 같은 말이다. 곤두박질은 『동문유해(同文類解)』에는 '근두딜ᄒ다', 『물보(物譜)』에는 '곤두박질', 『역어유해(譯語類解)』와 『한청문감(漢淸文鑑)』에는 '근두질ᄒ다'로 나온다. 한편 『중조사전(中朝詞典)』에는 "跟頭(근두)=跟斗(근두) 곤두박질"로 나온다. 跟은 발꿈치, 頭는 머리다. 곧 곤두박질은 머리와 발이 뒤바뀐 행위다. '곤두'는 중국어 跟頭일 가능성이 많다. 곤두박질의 '박도 머리의 본뜻을 지닌다고 하겠다. 박치기의 '박'이 머리의 뜻을 지닌다. 머리로 받다의 어근 '받'도 명사로서 머리의 뜻을 지닌다.

▶ 곤두곤두, 곤두꾼, 곤두뱉다

곧 　[무] 卽

'곧, 고대(곧)'는 시간을 나타내는 말이다. ¶곧 닛긔 ᄒ니《曲112》, 곧 즉(卽)《類合下47》, 고대 어름 노ᄀ며(當下氷消)《金三2:1》. 곧바로, 곧장의 '곧'도 시간을 나타내는 말로 '즉시'의 뜻을 지닌다. 시간을 나타내는 말은 거의 어원적으로 해라는 뜻을 지니는 말에서 생겨난다. 빛깔의 '갈(깔)'의 어원적 의미는 해다. 개다(晴)의 어간 '개'는 '가이'가 준 말이고, '갇>갈>갈이>가이>개'의 변화로서 '갇'이 해의 뜻을 지니는 말인데, '곧'의 어근과 동원어(同源語)가 된다고 하겠다. "곧이듣다, 곧이곧대로"의 '곧'은 말(語)의 뜻을 지닌다. 잠꼬대(寢言)의 '꼬대'의 어근 '곧'이 말의 뜻을

지닌다. '곧이듣다'는 말 그대로 듣다, '곧이곧대로'는 말 그대로의 뜻을
지닌다.

곧다 　형 直, 亭

'곧다'는 똑바르다이다. '곧다'의 어근 '곧'은 명사로서 어원적으로 말이라
는 뜻이다. 곧이듣다, 곧이곧대로의 '곧'은 말이라는 뜻이다. '곧이듣다'
는 말 그대로 믿는다의 뜻이다. '곧다'도 말 그대로의 뜻에서 바르다의
뜻으로 바뀌었다고 하겠다. '잠꼬대'의 '꼬대'의 어근 '곧'이 말의 뜻을 지
닌다. '곧게 자랐다'는 '바르게 자랐다'의 뜻으로 '곧'이 말 그대로의 본뜻
을 지닌다고 하겠다. 정직(正直)하다는 '거짓 없이 마음이 고르고 바르
게'라는 뜻을 지닌다. ¶고들 딕(直)《字會下28》. 直 자에 눈(目)이 있는
것을 보면 곧고 바른 것을 시각적으로 인식하고 있다. 그러한 시각으로
보면 '곧다'의 '곧'이 눈의 뜻을 지닐 개연성도 있다. '눈갈'의 '갈'이 고대어
에서는 눈의 뜻을 지녔다고 여겨진다. '눈을 감다'에서 '감다'의 어근 '감'
의 조어는 '갇'으로서 눈의 뜻을 지닌다. 눈이 가물가물하다에서 '가물'의
어근 '감'이 '감다'의 '감'과 동원어다. göz(目)〔터키〕, gölmek(見)〔터키〕.
터키어에서 göt이 눈의 뜻을 지니는 고어형이다. 국어의 '갈(갇)'과 동원
어라 하겠다.

곧이 　명 言, 語, 額面

곧이듣다, 곧이곧대로의 '곧'은 말의 뜻을 지닌다. '곧이듣다'는 '말 그대
로를 듣다'의 뜻일 것이다. 잠꼬대(寢言)의 '꼬대'는 '고대'가 본디일 것이
고, 어근은 '곧'으로서 말의 뜻을 지닌다. '고래고래 소리 지르다'의 '고래'
의 어근 '골(곧)'도 말의 뜻을 지닌다. 일본어 koe(聲)는 국어 '고래'의
ㄹ탈락형이다. 고디식ᄒ다(眞實하다)《朴重中47》의 '고디'의 어근 '곧'도
말의 뜻을 지닌다. 말 그대로 듣는다는 뜻이 된다.

　　　　　　　　　　　　　　　　🔼 가로대, 가라사대, 가르ᄎ다

골[1] 명腦

'골'은 머리의 안쪽을 주로 가리킨다. ¶골(髓) : 골 슈(髓)《類合上21》, 뎡 바깃 더고리 구드시며《月2:55》, 디골(頭腦)《字會上24》. 디고리, 디골은 '디'와 '고리, 골'과의 합성명사다. '디'는 '드이'가 줄어든 말이고, '돋'이 조어형(祖語形)으로서 머리(頭)의 본뜻을 지닌다. '고리, 골'도 본뜻은 골·머리(髓·頭)이다. 그러나 골은 골(髓)의 뜻만을 지칭하기도 한다. gora(頭)〔日, 熊本八代市〕. 국어 대가리의 '가리'가 머리(頭)의 뜻을 지니는 말이며, 대가리는 이음동의어(異音同義語)의 합성어다. '골나다'의 '골' 은 '뇌'의 뜻을 지니는 말일 것이다.

골[2] ㈜萬

골백번의 '골'이 '만'의 뜻이다. ¶온 빅(百)《字會下34》, 즈믄 쳔(千)《字會下 34》, 闕者萬之稱也《撲園史話》.

골[3] 명棺, 板

'골'은 시신을 넣어 묻는 것의 하나로 관 또는 널이라고도 한다. ¶바ᄅ 늘근 쥐 골 너호로몰 ᄀ티ᄒ야(直如老鼠咬棺材)《蒙16》. '골(棺材)'은 그 재료가 나무다. 관을 널(板)이라고 하는 것도 '널'의 어원적인 의미는 나무를 뜻한다. '널뛰다' 할 때 '널'도 나무를 쪼갠 것이다. 사람이 죽다를 '골로 가다'라고 하는 말의 '골'은 棺을 뜻한다. '골'의 어원적인 의미는 나무로 궤, 고리도 뜻한다. ¶골 독(櫝)《字會中10》. 골은 시체를 담는 궤. '골로 가다'라고 하면 관 속으로 들어가다 즉 죽는다는 뜻으로 쓰이게 된다.

골다 동鼾, 駒

'골다'는 잘 때 크게 콧소리를 내다의 뜻이다. '골다'의 어근 '골'은 명사가 되며 코의 고형이다. '곧>골>고>코'의 변화다. qabar(鼻)〔蒙〕, qamor (鼻)〔蒙〕. 몽골어에 qabar, qamor의 쌍형이 있다. bar도 코의 뜻을 지니는데 곳블(感氣)의 '블', '코를 풀다'의 '풀다'의 어근 '풀〉불'이 코의 뜻을 지니는 옛말이다. barun(鼻)〔터키〕. barun의 어근 bar가 국어 코의 옛말 '불'이 있었음을 보여주고 있다. mar도 코의 옛말인데 냄새를 '맡다'의 '맡(맏)'이 명사로서 또 하나의 코의 뜻을 지니는 옛말이다. hanawo kamu(코 풀다)〔日〕. nioiwo kaku(냄새를 맡다)〔日〕. ibikiwo kaku (코를 골다)〔日〕. hana(鼻)wo kamu의 kamu가 풀다의 뜻인데 'ka'가 코의 옛말 '고'와 동원어다. kaku의 어근 ka는 국어 코의 옛말 고(鼻)와 동원어다. kaku가 냄새를 '맡다'의 뜻이고 하나는 kaku가 코고는 소리를 '내다'의 뜻이다. qa는 국어 '고'와 동원어가 된다. qur, qur qur, qorhiral(鼾)〔蒙〕, qurqur qiho(코를 골다)〔蒙〕. 평안북도 방언에서 '고:다'는 떠들다, 시끄럽게 큰소리로 지껄이다의 뜻인데 코를 고는 소리가 요란하다는 데서 떠들고 시끄러운 것의 뜻을 지니거나 아니면 '잠꼬대'의 '꼬대'의 어근 '곧'이 말의 뜻을 지니기 때문에 '곧〉골〉고다'의 동사가 되었을 개연성이 있다.

골머리 몡 頭, 頭腦

머릿골의 낮은 말로 '골머리가 아프다, 골머리를 앓다' 등으로 쓰인다. '골'과 '머리'의 합성어이다. '골'은 머리의 뜻을 지니는 옛말이다. ¶골 슈(髓)《類合上21》, 마릿골(頭腦)《同文上14》, 디골 노(腦)《類合上21》, 디골이 알프다(腦痛)《老上36》, 디고리 쁜 알프다(奪腦)《朴重中15》, 디고리(머리통)《月2:55》. '골'이 '골수(腦髓)'의 뜻을 지니며 '골치 아프다'일 때에는 '머리 아프다' 또는 '뇌가 아프다'의 뜻을 지닌다. 골머리가 아프다. '골머리가 복잡하다'의 '골'과 '머리'는 동원어가 된다. ¶골치 노(腦)《字會上28》. tologai(頭)〔蒙〕, kasira(頭)〔日〕. tologai의 gai는 gari에서 r음 탈락으로 gai가 되었다. tol과 gai는 머리의 뜻을 지니는 이음동의어의 합성어이다. 일본어 kasi-ra의 kasi는 어근이 kas이고 조어형은 kad이다. '대가리'의 '가리'의 어근 '갈(갇)'과 동원어가 된다. '골치'일 때에 뇌(腦)도 되고 머리(頭)의 의미도 지닌다. 그러니까 옛말에서는 머리(頭)나 뇌(腦)의 뜻이 확연히 구분되지 않았다고 하겠다. 골나다의 '골'은 성, 화의 뜻을 지니지만 어원적인 의미는 주로 뇌(腦)나 골수(骨髓)의 의미도 지니고 있다고 하겠다.

골무 　명 頂針子, 指貫

'골무'는 바느질을 할 때 손가락에 끼는 것이다. ¶골모(頂針子)《譯補41》. 골모는 '골'과 '모'의 이음동의어(異音同義語)로 된 합성명사다. '골'은 손의 뜻을 지닌다. 가지다(持)의 어근 '갇(手)'에서 변한 말이다. 골모는 손가락에 낀다. 골모의 '모'도 손의 뜻을 지니는 말이다. 만지다는 마지다에 ㄴ이 개입한 것이고, 마지다의 어근은 '맞(맏)'이 되는데, 손의 뜻을 지닌다. 만지는 것은 손의 행위다. 몽골어 mutor(손의 尊稱)이 있는데, 어근은 mut(手)이다. 일본어 motsu(持)의 어근 mot도 손의 뜻을 지닌다. mayan(肘)〔滿〕. mayan은 maran에서 변했고, 어근은 mar(mat)인데, 손의 뜻을 지니는 mat, mot과 동원어(同源語)일 것이다.

　　　　　　　　　　　　　　　　　　　　　　　🔁 가지다, 가리키다

골방 　명 小房

안방과 건넌방 등에 딸린 작은방으로서 광과 같은 구실을 하는 방을 골방이라고 한다. 골방에는 옷장이나 침구, 반짇고리 등을 넣어 두는 곳이다. '골'과 '방'의 합성어인데, 골방의 '방'은 한자어인 방(房)이다. '골'은 광(庫)의 뜻에 해당되는 말이다. '고방(庫房)〉고왕〉광'의 변화로서, 한자어에서 변한 말일 것이다. '골'은 창고(倉庫)에 해당되는 국어로 일본어 kura(倉庫)에 해당된다. 일본어 kura(倉)는 국어가 건너간 말이다.

　　　　　　　　　　　　　　　　　　　　　　🔁 꼬방, 모방, 머릿방

곪다 　동 膿, 腐

'곪다'는 염증이 생겨 고름이 들다로 어근은 '골'이다. '골'은 명사라 하겠는데, 기름이란 뜻인 골(膏)과 동원어라 하겠다. ¶골밍ᄀ라《救簡6:21》, 곪디 아니ᄒ며(無膿)《救簡6:32》, 골믄피 잇거든(膿)《救方上86》, 골뭉ㄱ라 (爲膏)《救方上62》. 골(膏)이란 명사에서 '골ᄒ다〉곯다(膿)', '골다〉곪다 (膿)' 등이 파생했다. 기름(油)의 어근 '길'과 '골'은 동원어(同源語)다. 고름(膿)은 '골'에 '음' 접미사가 붙은 것이다. 곰팡이(黴)의 곰은 '골〉골 옴〉고옴〉곰'의 변화다.　　　　　　◘ 곰팡이, 기름, 고름, 고다, 괴다, 골다

곯다¹　圄 腐, 膿

'곯다'는 부패하다의 뜻이다. ¶골다(腐) : 王이 病을 호더 오온 모미 고 론 더러본 내 나거늘《釋24:50》. 곯다의 '골'은 명사로서 곯다의 '곯'과 동 원어일 것이다. ¶곯다(膿) : 곯디 아니ᄒ며(不膿)《救方下35》. 곪다(膿), 곯다(膿)의 근원적 어근은 동원어(同源語)라 하겠다. 곯다는 '골ᄒ다'의 준말이다.

곯다²　圄 飢, 未滿, 盛淺, 不滿

밥을 먹지 못하다. ¶골ᄑ다(飢)《老上47》, 시혹 골키다《救方上31》, 골타(不 滿)《同文下54》, 골타(盛的淺)《漢351c》. '곯다'는 '골ᄒ다'가 줄어든 말로서 '골'은 명사가 된다. '골ᄒ다'의 '골'이 명사로서 어떤 뜻을 지니고 있느냐를 알기 위해서는 담겨있는 그릇에 차지 못하느냐, 그렇지 않으면 담기는 것이 무엇이냐 하는 데 달려 있다고 하겠다. 그릇으로 볼 때에는 '고리' 그릇을 들 수 있다. ¶고리 로(笔)《字會中13》, 고리(栲栳)《物譜筐筥》. 뿐더 러 배고프다(飢)는 뜻을 놓고 볼 때에는 배(腹)가 될 것이다. 뱃구레라고 하는 말의 '구레'가 배의 뜻을 지니는 말로서 어근이 '굴'이다. karín(腹) 〔터키〕. 어근 kar가 배의 뜻을 지니며 '구레'와 동원어가 된다.

곰팡이　圄 黴

'곰팡이'는 '곰'과 '팡이'로 나뉜다. ¶곰 픠다(白殕)《譯上53》. 곰은 '곧〉골〉 골옴〉고옴〉곰'의 변화로서, 기름의 뜻인 골(膏)에서 비롯했다. 김치가

시어서 위에 생기는 흰 것을 골가지, 골마지, 꼬까지라고 하는데, '골'이 바로 '골(膏)'과 동원어(同源語)일 것이다. kabi(黴)〔日〕, küf(黴)〔터키〕, kabi(黴)의 kab는 국어 '곰'과 대응된다. kamosu(釀)〔日〕. 어근 kam은 국어 곪다(膿)와 대응된다. ¶곱(脂)《字會上29》. 눈곱의 '곱', 곱창의 '곱', 곱똥의 '곱' 등이 모두 기름(脂)의 뜻을 지니는 말에서 비롯한 말로서 '골〉 곫〉곱'의 변화일 것이다. 곰팡이의 '곰'의 조어(祖語)는 두 가지로 어휘가 분화했다. '곰'은 '골(膏)〉골옴〉고옴〉곰'의 변화다. 또 하나는 '곱(脂)'은 '골〉골옵〉고롭〉고옵〉곱'의 변화다. kamu(釀)〔日〕. 어근 kam은 국어 곰 (殕)과 동원어가 된다. '팡이'는 벌레의 뜻을 지니는 '받〉발〉방이〉팡이'의 변화다. 굼벙이, 달팡이의 '벙이, 팡이'도 벌레(虫)의 '벌(벋)'에서 비롯한 말일 것이다.

곱 　명脂, 膏

곱창, 눈곱, 곱똥의 '곱'은 기름(脂)의 뜻이다. ¶골밍ᄀ라(爲膏)《救方上 62》, 곱 고(膏)《字會中25》. '골〉곫〉곱'의 변화다. 기름(油膏)의 어근 '길' 은 '골'과 동원어(同源語)다. 곪다(膿)의 어간 '곪'은 '골'에 'ㅁ'이 나중에 첨가된 것이고, 어원적인 어근은 '골'로서 기름(膏, 油)의 뜻을 지닌다. 곯다(膿)의 '곯'은 '골'이 어근이다. 곪다(膿)의 '골'과 동원어일 것이다. 곰(黴)도 '골〉골옴〉고옴〉곰'의 변화다.　　　　　　　　■ 배꼽의 꼽

곱다　　형美, 麗, 艷, 姸, 姿

'곱다'를 인식하는 것은 눈이라 할 수 있기 때문에, 그 어원적 의미는 시각 적인 말일 것이다. ¶눛 고비 빗여《曲49》, 고을 염(艷)《倭下30》. göz(目) 〔터키〕, güzel(美)〔터키〕, gobai(美)〔蒙〕. 어근 göz, güz는 동원어(同源語) 라 하겠다. 국어 눈갈(깔)의 '갈'이 고어에서 눈의 뜻을 지니고 있다. 몽골 어 gobai의 어근 gob은 국어 '곱'과 대응된다. saihan(美)〔蒙〕. 어근 sai 는 sari로 소급되며 sar(sat)가 조어형(祖語形)인데, 국어의 고어에 '살' 이 눈의 뜻을 지니는 말이 있었다. 살피다의 '살'이 명사로서 눈의 뜻을

지닌 고어다. 몽골어 saitor는 '아름답게'의 뜻을 지닌다. 그러나 곱다는 꽃(花)과 관련될 가능성도 있다. 한편 '아름답다'의 어근 '알'이 사람의 뜻을 지닌다면 '곱다'의 조어형 '곱'도 사람의 뜻을 지닐 개연성도 있다. 사모곡의 '괴시리'의 어근 '괴'는 '골〉골이〉고이〉괴'의 변화로 볼 개연성이 있다. 일본어 koi(戀), koibito(戀人)의 koi가 국어의 '골'과 동원어일 개연성도 있다. göz(目)〔터키〕, güzel(美)〔터키〕.　　　**▶** 아름답다, 예쁘다

곱창　⊗ 牛的小腸

'곱창'은 '곱'과 '창'의 합성어다. ¶거믄 곱 ᄀᆞᆮᄒᆞ야(如黑脂)《救簡6:95》, 곱 고(膏)《字會中25》. 곱창의 '곱'은 기름(脂)의 뜻을 지니고 '창'은 창자의 '창', 기름기 있는 창자라는 뜻을 지닌다. 창자는 중국어 腸子(장자)인데, 腸을 창으로 읽는 것은 중국 발음의 흔적이라 볼 수 있다. 현대중국어에 서 腸은 cháng이다.

곳　⊗ 處, 場所

'곳'은 땅(土地)과 관련된다. ¶곧(處)《龍26》. 골(邑)의 조어형(祖語形) 은 '곧'으로서 동원어(同源語)다. 굴(窟), 길(路), 거리(街) 등의 어근과 도 동원어로서 土, 地의 본뜻을 지닌다. 시골의 '골', 고장의 '곳(곧)'과도 동원어다. kurun(國)〔滿〕. 어근 kur(kut)와도 동원어다. tokoro(處) 〔日〕. to와 koro의 합성어인데, to는 국어 달(地)과 동원어가 되고, koro 는 국어 곧(處)과 동원어가 된다. xar(球)〔위구르〕.　　　**▶** 고장

공¹　⊗ 球, 毬

공의 말음 'ㅇ'은 후대에 들어간 것이라 하겠다. 땅(地)도 중세어 짜(地) 에서 말음은 후대에 들어갔다. 똥(糞)도 '쏘'에서 말음이 나중에 들어갔다 고 하겠다. 더럽다(汚)의 어근 '덜'은 '똥'의 조어형 '돌(돋)'과 동원어가 된다. 평안도 방언에서 띠, 찌가 똥(糞)의 뜻을 지닌다. 일본어 방언에

dara(糞)가 있는데 어근 dar는 국어 '돌'과 동원어가 된다. dara(人糞肥料)〔日, 熊本〕, daru(糞汁)〔日, 四國〕. 따라서 '공'도 '고'에서 ○이 들어갔다고 하겠다. '고'의 조어형은 '골(곧)'이라 하겠다. 구르다(轉)〔國〕, gorobu(轉)〔日〕. 어근 '굴'과 gor는 동원어가 된다. 굴, gor는 콩의 조어형 '골'에서 비롯된 말이라 여겨진다. 콩은 둥글기 때문에 구른다. mari(毬)〔日〕, marobi(轉)〔日〕, maru(圓)〔日〕, mame(豆)〔日〕. 어근 mar, ma는 동원어라 하겠는데 mame(豆)의 ma 조어형은 mar(mat)일 것이다. mame(豆)는 ma와 me의 합성어라 하겠다. mama가 mame로 변했을 것이며, 같은 말이 겹쳤다고 하겠고, mar(mat)는 콩(豆)의 뜻을 지니는 말이었다고 하겠다. 일본어 mimi(耳)는 mi(耳)가 겹친 말이다. miso(味噌)〔日〕, misun(醬)〔滿〕, 메주(醬麴)〔國〕. 어근 mis, 메주의 '메'는 '멀'로 소급되며 조어형은 '멎(먿)'일 것이다. 콩으로 빚어지는 것이기 때문에 어원적인 의미는 콩의 뜻을 지닌다고 하겠다. mat(r)(豆)(祖語), ma(豆)〔日〕, miso(味噌)〔日〕, misun(醬)〔滿〕, 메주(醬麴)〔國〕, mari(毬)〔日〕, maru(圓)〔日〕, marobi(轉)〔日〕. 곧(골)(豆)(祖語). 골>고>코>콩(豆), 골>고>공(毬), 구르다(轉)〔國〕, gorobu(轉)〔日〕, gulatno(轉)〔蒙〕, gulgoho(轉)〔蒙〕. borčak(豆)〔蒙〕, bilčaga(豆紛)〔蒙〕, 빈(비지, 豆)〔國〕, 받(꽃)(小豆)《救方上88》, bümbüge(毬)〔蒙〕, bümbülik(圓)〔蒙〕. 어근 bor, bil, bit, bat, bum이 동원어로서 어원적인 의미는 콩(豆)에서 변화했을 것이다. top(球)〔터키〕, toparlak(圓)〔터키〕, daire(圓)〔터키〕, tügerik(圓)〔蒙〕, 두렵다(圓)《楞6:8》. 두렵다의 어근 '둘'은 쿄의 뜻을 지닐 것이다. '둘'은 중국어 豆와 동원어일 개연성이 있다. 콩의 원산지가 만주라고 하는 것을 고려할 때 고대 국어에는 '둘'이 콩의 뜻을 지니는 말이며 중국어 '豆'는 '둘'의 반영이라 하겠다. 한편 15세기 문헌에서는 방올(鈴)이 공(毬)의 뜻을 지닌다. ¶바올(鈴) : 보비옛 바올히 溫和히 울며《釋13:24》, 바올(毬) : 노릇샛 바오리실씨《龍44》. 바올이 방울과 공의 두 뜻을 지니고 있는데, 공통점은 방올이나 공이 둥글다는 데 있다. 저자는 어렸을 때 시골에서 자라면서 오늘날 필드하키와 비슷한 장꽁치기(杖치기) 놀이를 한 적이 있다. 이 놀이는 여러 아이들이 편을 갈라 나무토막 따위를 둥글게 깎아 막대기로 쳐서 상대편 문 안에 넣는 놀이다. 장치기, 장꽁치기라고 했다. 장꽁의 '꽁'의 옛말인 '공'이 오늘날 공(球)의 어원이 되지 않았나 하는 생각이 든다. 이 경기는 우리나라뿐만 아니라 중국, 일본 등지에서도 있었는데, 문헌에는 타구(打毬), 격구(擊毬), 장구(杖毬), 봉구(棒毬) 등으로 기록되는데, 우리나라에서는 주로 打毬, 擊毬라고 불러왔다. 위에서 본 『용비어천가(龍飛御天歌)』에 나오는 것을 보면 고려시대에도 打毬가 있었을 것이다. 杖毬(장구)가 '장고〉장공〉장꽁'으로 변했을 개연성을 생각해 볼 수 있다. 나무토막을 깎아서 만든 것을 맞으면 부상을 당하기 때문에 가늘게 꼰 새끼나 노끈을 말아서 둥글게 한 것을 쳤는데 그때 그것을 '공'이라 했다. 아이들이 가지고 노는 다섯 개의 돌을 '공기'라고 하는데, '공기'의 '공'도 둥글어서 '공'이라는 이름이 붙었다고 여겨진다. 한편 수의 zero를 전에는 영(零)이나 제로라 하지 않고 거의 '공'이라 했다. 공은 한자어 空인데 空은 비다(空), 근거가 없는 일, 헛일 등의 뜻을 지니기 때문에 공(空)이라고 했다. 007가방이라고 할 때 공공칠가방이라고 한다. 공(毬)은 0과 같이 둥글다는 데서 수의 공(空)이 공(毬)으로 변했을 개연성도 생각해 볼 수 있다. 그러나 공(球)은 '곧〉골〉고〉공'으로 변했다고 보면 '골(곧)'은 눈의 어원적인 의미를 지닐 개연성도 생각해 볼 수 있다. göz(目)〔터키〕는 got으로 소급되며 국어 눈갈(갇)의 '갈'과 동원어라 하겠다. 눈알은 공과 같이 둥글다는 데서 발상되었을 개연성을 생각해 본다.

▶ 두렵다(圓, 環, 丸), 공(球)

공²   명 空, Skt śūnya

팔리어 suñña. 범어는 '무엇을 缺하고 있다'는 뜻. 이 말에 어미가 첨가된 śūnyatā는 '空인 것'을 뜻한다. 고정적 실체성이 없는 것. 이 공이 세계 처음으로 발견한 수학의 공(空)·영(零)이다. 공이란 것은 원시불교에서 말하는 연기설(諸法無我)을 대승불교에서 공사상(我空·法空)으로 발전시킨 것인데, 이 세상의 모든 것은 연기하는 존재이며 스스로 자성이 없으므로 공이라는 것이다(龍樹의 주장). 반야심경의 '색불이공, 공불이색, 색즉시공, 공즉시색'의 색(色)은 우리가 사량 분별할 수 있는 현상계의 물질을 말한다. 이 색은 화엄의 사법계(四法界)에서는 사법계

(事法界)를 말하며, 공이란 그 현상계를 유지하는 바탕으로서의 이치의 세계를 말하는 것이므로 이법계(理法界)를 말한다.

공부 圐 工夫, 功夫

어떤 학문이나 일 또는 기술 따위를 배우거나 익혀 그에 대한 지식을 쌓는 것. ① 수단을 강구하다, 궁리하다, 생각을 짜내는 것. "後六章, 細論條目工夫(뒤의 6장은 조목의 공부를 자세히 의논한 것이다.)"《朱子, 大學章句》. ② 마음의 수양, 의지의 단련 등에 마음 쓰는 것. 朋友講習, 更莫如相觀而善工夫多《近思錄, 爲學》. ③ 工程, 賦役. 일. 甯自置家廟, 云云, 皆資人力, 又奪人居宅, 工夫萬計《晉書, 范甯傳》. ④ gōngfū. 옛날 임시 고용 노동자. 시간, 틈, 짬, 때. 功夫는 솜씨, 노력 등의 의미로 쓰이는데, 이는 宋代 이후의 白話에서 쓰인 것이다. 일본에서는 kuhuu(くふう)로 발음하면 '궁리, 고안, 생각'의 뜻으로 쓰이고, kouhu(こうふ)로 발음하면 토목공사의 '일꾼'의 의미로 쓰인다. 그러나 우리나라에서는 이런 구별이나 용법이 없다. ⑤ 불교의 용법. 목적을 이루기 위해 힘쓰는 것, 곧 한마음으로 불도수행에 정진하는 것. 向外覓功夫, 總是癡頑漢〔밖을 고치려는 사람은(밖을 향해 공부를 찾으려 하니) 모두 無知한(어리석고 꽉 막힌) 사람이로다〕《祖堂集, 제3권. 懶瓚和尚의 樂道歌. 臨濟錄》. 또한 『벽암록(碧巖錄)』 제34칙에는 나찬화상(懶瓚和尚)과 당(唐) 덕종(德宗)의 사자(使者)가 나누는 대화 가운데, 나찬화상이 "내가 어찌 속인을 위해 콧물을 닦을 틈이 있으리오(我豈有工夫爲俗人拭涕也)"라는 것이 있는데, 이때 工夫는 시간, 틈, 짬의 뜻으로 쓰였다. 우리말 용례로는 조선시대 세조(世祖)가 간경도감(刊經都監)에서 간행한 『몽산화상법어약록언해(蒙山和尚法語略錄諺解)』에 "오라면 工夫ㅣ니거 반ᄃᆞ기 能히 힘ᄲᅮ미 겨그리라"《蒙法4》로 나온다. 이때 工夫는 불법을 일심으로 닦는 것을 의미한다.

공수래공수거   空手來空手去

빈손으로 와서 빈손으로 가다. 空手來空手去, 世上事如浮雲, 成孤墳客散後, 山寂寂月黃昏《東人失名古詩》.(朴湧植·黃忠基 編著,『古時調注釋事典』, 國學資料院, 1994, p.490에서 재인용). 서산대사의『선가귀감언해(禪家龜鑑諺解)』제87장 한문주해에, "自他爲一日同體, 空手來空手去, 吾家活計."라는 데에서 나온다. 공수래공수거의 원본이라고 할 수 있는 것이 나옹화상(懶翁和尙)의「승원가(僧元歌)」에, "空手以奴出我多可, 空手以奴入於去伊(빈손으로 나왔다가 빈손으로 들어가니)"로 나온다.

곶감   乾柿

'곶감'은 '곶'과 '감'의 합성어다. '곶'은 곶다(串)의 어간으로 보아 '곶은 감'이란 뜻으로 풀이하고 있다. 그러나 어간에 그냥 명사가 붙는 합성어는 고대로 올라갈수록 그 예를 찾아보기 힘들다. '곶감'의 '곶'도 감(柿)의 옛말일 것이다. '곶'감의 재래종(在來種)이 고욤인데, 경상북도 영천 방언에 고욤을 '꼴감'이라고 한다. 꼴감의 꼴의 고형도 '곧'으로서 감의 뜻을 지닌다. '감'은 '간>갈>갈암>가암>감'의 변화다. 제주도 방언에서는 감물(柿染)을 드린 옷을 '갈중이, 갈옷'이라고 한다. '갈'이 감(柿)의 뜻을 지닌다. 일본어와 비교해 보면, 감(柿)의 고형이 '갈'임을 알 수 있다. 술 : sake(酒)〔日〕, 굴(蠣) : kaki(蠣)〔日〕, 달(月) : tsuki(月)〔日〕, 갈(柿) : kaki(柿)〔日〕. 감의 재래종이 고욤(梬)이다. 고욤은 '골>골옴>고롬>고옴>고욤'으로 형성되었다. '골'이 바로 '갈'과 동원어(同源語)로서 감의 뜻을 지닌다. ¶곶감 : 곶감(柿餠)《譯上54》. 한편 '곶'은 꼬치(串 꼬치 곶)로 볼 수도 있다. ¶곶 : 줌싱을 고재 뻬여 굽고《月23:79》.『월인석보(月印釋譜)』의 앞 예문의 '곶'은 꼬치, 꼬챙이다. 그러면 곶감은 '꼬치 감'이 된다.

➡ 감, 고욤

관념 📖 觀念

불교어. 梵 smṛti, anusmṛti. 동사 smṛ의 파생명사이다. 동사 smṛ는 '기억하다, 상을 떠올리다' 등의 의미가 있다. 스므리티(smṛti)는 단지 '念'이라고 한역되는 경우가 많은데, 기억의 의미는 없고 '생각을 떠올리다'라는 쪽의 의미라는 것을 분명히 하기 위해 '觀'이라는 글자가 덧붙여진 것이 아닌가라고 생각된다. 관념은 '마음에 생각이 떠오른다.'라는 의미이다. 불교에서 관념은 대상에 마음을 집중시키고 그 모습을 생각하여 그리는 것이다. 특히 정토교(淨土敎)에서는 부처나 정토(淨土)의 뛰어난 모습을 마음에 생각하고 그려 염(念)하는 것으로 '관상(觀想)'이라고도 한다.『관불삼매해경(觀佛三昧海經)』등에 따르면, 32상 등 불신(佛身)의 구체적 특징을 관상하는 것으로 관념염불이 있다. 염불이란 본래 마음에 부처를 염하는 의미인데, 쉬운 구칭염불(口稱念佛)을 권하는 입장으로서는 '관념'이라고 말하면 구칭 이외 선정(禪定)에 든 상태의 염불을 가리킨다. 다시 말하면 관념염불은 부처를 중심으로 염하는 것으로, 특히 아미타불을 관찰억념(觀察憶念)하는 것이다. 원시불교 이래 6념·10념에서 염불도 관념염불이다. 천태종에서는 일념삼천상(一念三千相)을 관하는 등 마음으로 자기체험을 중시하므로 '관심'이라 한다. "物物斯安, 觀念相續, 心心靡間, 始終抗節."《唐, 魏靜, 禪宗永嘉集序》. 일상어로서 관념은 '마음속에 떠오르는 생각'으로 철학적 용어가 일상어로 된 것이다. 철학에서 관념은 사고의 대상이 되는 표상(表象), 의식작용을 뜻한다. 이는 서양철학이 일본에 들어갔을 때 플라톤이 말한 그리스어 '이데아(idea)'의 번역어로 불교어인 이 관념을 차용한 것이다. 일본어에서는 '깨닫다, 각오하다'의 의미도 있다. 우리말에서는 다음 3가지로 쓰인다. ① 어떤 일에 대한 생각이나 마음가짐. ② 자극이 사라진 뒤 마음속에 남아있는 느낌. ③ 대상에 대하여 가지는 의식작용.

관세음보살 📖 觀世音菩薩

줄여서 관음보살(觀音菩薩)이라고도 한다. Skt avalokiteśvara[ava

(지키다)+lokite(보다)+śvara(자재하다)=自由自在하게 지켜보다. 곧 觀自在이다.]. 觀音으로 보는 경우는 avalokitasvara. avalokita(觀)+-svara(音), īśvara(自在). 천수경에서는 관세음보살이며, 반야심경에는 관자재보살이다. 세간의 중생이 괴로움에 처해 있을 때 '관세음보살' 명호를 일심으로 부르면 그 음성을 듣고(觀. 이 관은 '알아차리다'의 뜻) 곧 구제해 준다는 뜻으로, 다시 말하면 자비구제를 특색으로 하는 보살이다. 구마라습(鳩摩羅什)이 번역한 『묘법연화경(妙法蓮華經)』에 처음 나오며, 觀世音과 觀音이 함께 나온다. 관음은 관세음의 준말임을 알 수 있다. 구마라습 이전에는 규음(闚音), 광세음(光世音) 등으로도 의역했으며, 수당(隋唐)시대에는 觀世自在, 觀自在 등으로도 번역했다. 이는 산스크리트의 차이에서 온 것이다. 번역어 중 세(世)는 lokita를 loka(세계)와 관련시켜 번역한 듯하다. 이 명칭(觀音·觀世音)의 유래는 『묘법연화경』「보문품(普門品)」에, "세존이시여, 관세음보살은 어떠한 인연으로 이름을 관세음보살이라 하십니까?" 부처님께서는 무진의보살에게 말씀하셨다. "선남자야, 만약 무량백천만억 중생이 여러 가지 괴로움을 받게 될 때 관세음보살의 이름을 듣고 일심으로 그 이름을 부르면, 관세음보살이 곧바로 그 음성을 듣고(觀音, 알아차리다) 모두 괴로움에서 해탈하도록 하시니라."라고 나온다. 이밖에 救世菩薩(세상의 온갖 어려움을 구제한다.)·救世淨聖·救世大士·施無畏者(중생에게 일체의 두려움이 없는 무외심을 베푼다.)·蓮花手·普門(세상을 교화함에 중생의 근기에 맞게 여러 가지 형태로 나타난다. 普門示現. 법화경 보문품에서는 十三化神, 능엄경에서는 三十二應身이라 표현. 이는 중생을 제도하기 위해 나타내는 變化身이다. 이 변화신에는 부처, 聲聞, 緣覺을 비롯하여 梵天, 帝釋, 長者, 居士, 스님, 信徒, 童子, 阿修羅 등이 포함된다. 중생을 구제하기 위해 어떠한 모습으로도 우리 곁에 온다. 방편 따라 몸을 바꾸어 응해 준다.)·大悲聖者(대자대비를 근본서원으로 한다.) 등의 다른 이름이 있을 정도로 대중과 친근한 보살이다. 곧 현세를 구제하는 보살이므로 이렇게 친근한 것이다. 『묘법연화경』「보문품」에는 관음은 33身으로 변화해서 중생을 구제한다고 설하며, 이 「보문품」은 『관음경』이란 단독 경전으로 중국·우리나라·일본에 관음신앙의 소의경전으로 널리 유포되어 있

관세음보살

다. 이는 불교를 종교화하는데 곧 기복신앙(온갖 재앙으로부터 구원을 받음)에 큰 역할을 하고 있다. 그러나 관세음보살의 속뜻은 이러하다. "세간의 음성을 관한다(관세음)는 의미는 나라는 주관과 객관계(客觀界) 일체의 경계를 온전히 바로 관함을 말하며, '보살'이라 함은 우리 내면의 본래자리, 깨달음 보살자리를 말하는 것입니다. 다시 말해 관세음보살이라고 염불하는 의미는 나와 내 밖의 일체 경계를 관하여 본래 면목 깨침의 보살자리에 온전히 방하착(放下着)하고, 경계를 공양 올린다는 자기 의지의 표현인 것입니다. 우리가 관세음보살을 염불 수행하는 이유도 바로 여기에 있습니다. 나를 비롯한 일체 세간의 음성, 다시 말해 온갖 경계를 바로 관하고 그러한 모든 경계를 녹이고자 온전히 자기 내면의 보살자리인 참나 본래자리에 놓을 수 있도록 하는 밝은 방편수행인 것입니다. 세간의 음성, 즉 온전히 자신과 바깥 경계를 관하고 녹여 보살, 즉 깨달음을 얻기 위해 염불을 해 나가는 것입니다. 여기서 염불이라고 할 때, 염(念)이란 우리네 마음속에서 경계를 따라 일어나는 갖가지 생각, 마음의 조각들을 말하며, 불(佛)이란 우리네 마음속에 저마다 갖추고 있는 본래자리, 근본성품, 참나 주인공을 의미하는 것이라 할 수 있습니다. 다시 말해 염불은 우리 마음 '염'과 부처님 마음 '불'이 둘이 아닌 하나임을 깨닫게 하는 밝은 수행인 것입니다."(법상스님, 『반야심경과 마음공부』, 무한, pp.79-80).

관심 명 觀心

불교어. 마음의 본성을 관하는 것. 관찰심법(觀察心性). 불교에서는 마음을 만법의 주체로 삼음으로 마음 밖에 있는 것은 하나도 없어 관심 곧 일체의 사(事, 현상)와 리(理, 본체)를 구명할 수 있다. "蓋一切教行, 皆以觀心爲要."《十不二門指要鈔, 上》. 마음이 있는 곳을 보다. "唐則天在位, 有女人自稱善菩薩, 人心所在, 女必知之, 太后召入宮, 後大安和尙入宮, 則令與之相見, 大安曰, 汝善觀心, 試觀我心安在, 答曰, 師心在厭塲相輪邊鈴中."《廣異記》. 천태종에서는 일심삼관(一心三觀)이라 하며, 한 염심(念心)에서 空·假·中 삼체(三諦)의 이치를 관하는 것을 말한다. 관심염불은 자기의 마음이 부처라고 관하여 염불하는 것이다. 또 자기의 마음이 정토(淨土)라고 관하는 것도 있다. 천태계의 염불에 속한다. 「태조왕건」이라는 드라마에서 궁예가 관심법(觀心法)을 이용하여 다른 사람의 마음을 꿰뚫어본다는 것이 유명해져 관심법이란 말이 유행하기도 했다. 혜림(慧琳)의 『일체경음의(一切經音義)』에 "觀心論, 大通神秀作"이라고 나오는 「관심론」의 앞부분에 "觀心一法, 總攝諸法, 最爲省要, 云云, 心者萬法之根本, 一切諸法唯心所生, 若能了心則萬法具備."라고 나와 있는데, 관심법을 논한 것이다.

광 　명 庫

'광'은 한자어 '庫房(고방)〉고왕〉광'으로 볼 수 있다. ¶곳 고(庫)《字會中9》, 고에 나믄 쳔량을 두어(庫有餘財)《飜小8:20》, 방핫고 디여(落杵)《杜初7:18》. '곳'의 말음 ㅅ은 사잇소리다. '곧〉골〉고'의 변화다. 고는 한자어 庫(고)로 볼 수 있으나, 일본어의 다음 예는 그렇지 않음을 보여주고 있다. kura(倉, 庫, 藏)〔日〕. 국어의 골(庫)이 일본어에서 kura가 되었다. ger(家)〔蒙〕. 家(가)도 庫(고), 倉(창)에 해당된다. 고(杵)도 '골'에서 말음이 탈락된 것이다. '골'은 주로 재료가 나무이기 때문에 본뜻은 나무의 뜻을 지닌다.

➡ 골방

괜찮다 　형 不空然

그만하면 됐다, 쓸만하다의 뜻을 지닌다. '관계하지 아니하다'가 줄어졌다는 통념이 있으나 이는 잘못이다. '관계하지 아니하다'가 줄어졌다고 보면, 관계의 '계'의 첫소리 ㄱ이 ㄴ 아래에서 떨어졌다고 보아야 하는데, 그런 현상은 아직 발견되지 않는다. '공연히'가 줄면 '괜히'가 된다. '괜찮다'는 '空然하지 아니하다'가 줄어진 말이다. 공연한 일은 아니다, 그만하면 됐다, 쓸만하다의 뜻과 일치한다. 괜히, 괜하다는 空然히, 空然하다의 준말이다.

괭이　명 鍬, 鎬, 鋤, 鎬頭

주로 땅을 파는 데 사용하는 도구의 하나이다. ¶삷과 광이를 가지고《太平
1:119》, 광이《譯下8》. '광이〉괭이'로 변했다. guha(鍬)〔日〕. gura〉gua〉
guha로 변했을 것이다. 어근은 gur(gut)이다. 광이의 어근은 '광'이지만
조어형은 '곧'일 것이다. 쇠로 만든 괭이가 나오기 전에는 나무로 만든
것이 있었을 것이다. 따라서 어원적인 의미는 나무의 뜻을 지닌다고 하겠
다. gasana(鍬)〔蒙〕, kürək(鍬)〔위구르〕.

괴다¹　동 愛, 戀

고어에서 사랑하다라는 말에는 '괴다, 둧다, 스랑ᄒ다' 따위가 있다. ¶괴
여(爲我愛人而)《解例合字》, 나ᄒ나 졈어 잇고 님ᄒ나 날 괴시니《松江1:11》.
어간이 '괴'이고 '고이'가 준말이다. '곧〉골〉골이〉고이〉괴'의 변화다. '골
(곧)'은 사람의 본뜻을 지닌다고 여겨진다. saton(사랑스럽다)〔蒙〕, saton
(親戚, 愛人)〔蒙〕, sanal(愛)〔滿〕, satun(사돈)〔滿〕. 어근 sat은 국어 사
돈의 어근 '살'과 동원어(同源語)인데 몽골어에서는 사람과 사랑이 동원
어다. 근원적으로는 사람의 뜻을 지닌다. 국어 사랑(愛)의 '살'과 사람의
'살'은 동원어일 것이다. 따라서 괴다의 어근 '곧'도 사람의 본뜻을 지닌다.
겨레(族), 장난꾸러기, 끼리끼리, 갓(女, 妻)의 어근 '굴, 꿀(굴), 낄(길),
갓(갇)' 등이 사람의 본뜻을 지닌다. 사랑한다는 것은 사람과의 관계라
하겠다. gosimbi(憐愛)〔滿〕, gosichyuga(可愛)〔滿〕. 어근 'gos'와 'got'
으로 소급되며 'got'은 사람의 뜻을 지닌다고 여겨진다. koi(戀)〔日〕,
gosimbi(사랑하다)〔滿〕, gosin(仁愛)〔滿〕. 일본어 koi는 우리말 '괴다'의
'괴'이다.　　　　　　　　　　　　　　　　　　　　　　　　➡ 사랑하다, 사귀다

괴다²　동 溜

'괴다'는 액체가 모이는 것이다. ¶물이 괴여셔《三譯9:3》. 괴다의 어간은
'괴'로서 '고이'가 준 말이다. '고'의 조어형은 '곧'으로서 '골〉골이〉고이〉괴'

로 변했다. '골'은 ᄀ룸(江, 湖), 걸(渠), 냇갈의 '갈, 골과 동원어(同源語)로 물이란 뜻이다.

괴롭다 휑 苦痛, 不舒服, 煩惱, 苦惱

'괴롭다'는 견디어내기가 어려울 만큼 힘들다이다. ¶厄ᄒ며 苦로이 ᄒ노니(厄苦)《杜初8:35》, 댱샹 비 苦로외더니(常苦雨)《杜初23:7》. '苦로이, 苦로외다'와 같이 쌍형이 보이는데 '苦' 자가 쓰이는 것으로 보아 '고롭다'의 '고'는 한자 '苦'라고 볼 개연성이 있는 듯하다. 그러나 '고롭다'를 고유어로 볼 개연성이 더 짙다. gurusi(苦し)〔日〕. 어근 gur는 '고롭다'의 '골'의 반영형이다. 곰(熊) : guma(熊)〔日〕, 곧〉골〉고래(鯨) : gujira(鯨)〔日〕, 곧(口) : gutsi(口)〔日〕, 가마ー오디(鵜) : u(鵜)〔日〕, 오리〉오이〉외(瓜) : uri(瓜)〔日〕. 옫〉옷〉옻(漆) urusi(漆)〔日〕, 골〉골오〉고로-(苦痛) : gurusi-(苦痛)〔日〕. 골나다의 '골'은 頭, 腦의 뜻이지만 '골나다'일 때는 화나다, 성나다와 같이 '화, 성'의 뜻을 지닌다. germek(苦)〔카자흐〕, gobiho(괴로워하다)〔蒙〕, xoora gasigun(苦痛)〔蒙〕, xittolga(苦痛)〔蒙〕. ¶鶴을 브노니(羡鶴)《杜初7:12》, ᄂ미 브를즈을 디녀 나샷다(樂軌, 動動), 부럽다(歆羡)《同文上33》. 블다는 부러워하다의 동사다. 부럽다는 형용사로 '불'에 '업'이 붙어서 2차 어간이 형성됐다. '고롭다'의 '골'도 '골다'로서 괴로워하다의 동사이다가 '골'에 '옴'이 붙어서 '고롭-'으로 2차 어간이 형성되며 동사가 형용사로 전성되었다. 깃다(喜)-동사, 깃브다(喜)-형용사, 슬ᄒ다(悲)-동사, 슳브다(悲)-형용사, 즐기다(樂)-동사, 즐겁다(樂)-형용사, 반기다(嬉)-동사, 반갑다(嬉)-형용사. 'ㅂ, 브, 업, 앞, 읍'은 동사를 형용사로 전성시키는 구실을 한다.

구더기 명 蛆

파리의 애벌레를 구더기라 한다. ¶귀더기(蛆)《字會上24》. 귀더기는 '귀'와 '더기'의 합성어다. '귀'는 '굳〉굴〉굴이〉구이〉귀'의 변화로서 '구더기'(蛆)의 뜻을 지닌다. 구더기의 '더기'는 벌레(虫)의 뜻을 지닌다. ¶묏도기(螞

蚱)《字會上23》, 진뒤(蟓)《字會上23》, 귀도리(귀뚜라미)《靑大p.108》, 귀돌와미(귀뚜라미)《四解上66》. 귀더기, 뫼도기, 귀도리, 뒤뒤(둗>둘이>두이>뒤) 등을 보면, '더기, 도기, 도리, 뒤' 등이 벌레(虫類)의 뜻을 지닌 명사임을 알 수 있다. 특히 '뫼도기'의 경우 사이시옷이 있는데, 이는 '뫼'와 '도기'가 각각 독립된 명사였음을 알 수 있다. 진뒤는 현대어에서는 진드기다. 그렇다면 뫼도기의 '도기'와 동원어(同源語)라 하겠다. 그래서 귀더기의 '더기'는 명사가 되고 '귀'도 명사다. '귀'는 앞서 언급한 바와 같이 '굳>굴>굴이>구이>귀'의 변화로서, 터키어 kurt(蛆)의 어근 kur와 일치한다. '귀'도 근원적으로는 벌레(虫)의 의미를 지니는 일반 지칭이었을 것이다. '귀'는 귀또리, 귀또라미의 '귀'와 같다.　　■ 티, 꺼시(경상도 방언)

구두　명 靴, 洋靴

'구두'는 서양식 가죽신의 하나이다. 구두쇠는 마음이 약삭빠르게 인색한 사람을 말한다. 수전노(守錢奴)와 같다. gutu, gutusan(靴)〔蒙〕, gulha(靴)〔滿〕. 어근 gut, gul은 동원어이고 구두의 어근 '굳'과 동원어다. kutsu(靴)〔日〕, sabu(靴)〔滿〕, saaxaj(靴)〔에벤키〕, sawi(靴)〔오로촌〕, ayakkabi(靴)〔터키〕. 일본어 고어사전(『岩波古語辭典』, 岩波書店)에 의하면 'kutsu'(沓)로 표기하고 '皮革, 絲麻, 草木 따위로 만든, 발을 덮는 신발(履物)'이라고 했다. 가죽신만을 뜻하는 것이 아니라 실, 삼, 풀, 나무(糸, 麻, 草, 木)로 만든 것도 신이라 했다. 그러나 이 일본어 kutsu는 고대에 한국을 거쳐서 건너간 말이므로 고대 국어에서도 '굳'이 있었다는 것을 보여 준다고 하겠다. 고대 만주는 고구려 영역이었다. 만주어 gulha(靴)의 어근 gul은 gut이 조형이다.

구들　명 炕, 坑

'구들'의 어원을 두 가지 면에서 볼 수 있다. 하나는 구들을 만드는 재료가 되고, 또 하나는 불과 관련된다. 재료로 볼 때에는 흙, 돌(土, 石類)이 어원이 될 것이다. ¶구들(炕)《字會中9》, 구돌(炕)《譯補13》, 구돌고리(炕

洞)《漢317c》. 구들의 어근은 '굳'이고 여기에 '을' 접미사가 붙은 것이다. 골(谷), 굴(窟), 길(路), 거리(街, 岐)들과 동원어(同源語)가 된다. 구들은 불을 때는 곳이기 때문에, 불과 관련될 가능성이 있다. 炕(항) 자를 보아도 불 화(火) 변이 있다. 그슬리다(燎了)《同文上60》의 어근 '긋(귿)'은 불의 뜻을 지닌다. 몽골어에 gal(火)이 있다. 한자로 온돌(溫突)로 표기하는 것을 보아도 '굳'은 불의 뜻을 지닐 가능성이 있다. 굴뚝(煙洞)의 '굴'은 동(洞)의 뜻으로 풀이할 개연성도 생각해 볼 수 있다. 굴뚝을 일본에서는 연돌(煙突, entotsu)로 표기한다. 굴뚝의 '굴'은 일본어에서는 연(煙), '뚝'은 돌(突)과 대응된다. 溫突, 煙突로 표기하는 것을 보면 突은 한자어 굴의 뜻인 돌(埃)의 음사(音寫)라 하겠다. 溫埃은 따스한 굴이란 뜻이다. 굴이 일본어에 煙으로 표기되는 것을 보면, 국어의 굴이 연기의 뜻일 수도 있다. 일본어 kemuri(煙)는 ke와 muri의 합성어다. kemuri의 어원적 의미는 불의 뜻을 지닌다. kuriya(廚)〔日〕. 부엌의 뜻인 kuriya의 어근 kur의 어원적 의미는 불의 뜻을 지닌다. 불이 '세다'를 불이 '괄다'라고 한다. '괄다'의 어근 '괄'은 '갈'에서 변했을 것이며, 불의 뜻을 지닌다. gal(火)〔蒙〕, gulgin(불꽃)〔滿〕, kızarmak(燒)〔터키〕, kurum (煤)〔터키〕, gaurambi(불내다)〔滿〕. 어근 gal, kul이 불의 뜻을 지닌다. 일본어에 moyasu(燃)는 morasu가 변한 것으로 어근 mor가 불의 뜻을 지닌다. kemuri의 mur와 동원어가 된다. 국어 닉(煙)《字會下35》는 '느이'가 줄어든 말로서 '눋〉눌〉눌이〉느이〉닉'의 변화로서 '눋(눌)'은 불의 뜻을 지닌다. 국어 눋다(焦)의 어근 '눋'이 불의 뜻을 지닌다. 일본어에 norosi(烽火)가 있다. 어근 nor가 불의 뜻을 지닌다. hulaŋ(煙洞)〔蒙〕, holaŋ(煙洞)〔蒙〕, huran(煙洞)〔滿〕, holdon(烽火)〔滿〕, hulsumə(불꽃일다)〔滿〕, hilha(火石)〔滿〕. 어근 hul, hol, hil이 불, 연기(火, 煙)의 뜻을 지닌다. 이러한 만주어와 몽골어의 굴뚝이란 말을 통해서 보면, 굴뚝의 '굴'이 불과 관련될 가능성이 짙다. 따라서 구들의 '굳'도 굴뚝의 '굴(굳)'과 같이 불의 뜻을 지닌다. 구들(炕)은 '굴둘'에서 변한 것으로 볼 수 있다. 구들을 놓을 때에는 돌(石)을 쓴다. 굴돌(火石)이 구돌로 변했을 것이다. 한자어 온돌(溫突)의 突은 돌(石)의 음사(音寫)라 하겠다. 구들, 구돌은 굴돌(火石)이 어원이다. 뿐더러 굴뚝의 '굴'도 洞의 뜻이 아니라 火·煙의 뜻이다. 구들고래의 '고래'가 洞의 뜻을 지닌다고 하겠다. baca(굴뚝)〔터키〕, torho(굴뚝)〔蒙〕, 터키어 baca(굴뚝)의 어근 bac은 bat으로 소급되며, 국어 블(火)의 조어형 '븓'과 동원어일 것이다. 몽골어 torho의 tor는 불의 본뜻을 지닌다. dülün(焚火)〔蒙〕, tulihö(焚)〔蒙〕, thuwa(火)〔滿〕, 때다(焚)〔國〕. 만주어 thuwa(火)는 thura, tura, tur, tut으로 소급되면, 국어 때다(焚)의 조어형 '닫'과 동원어가 된다. 온돌(溫埃)로 볼 때는 '따스한 굴'의 뜻이다.

구렁이 ⑲ 大蛇

'구렁이'는 큰 뱀이다. ¶굴헝이(蟒)《同文下42》. kulın(蛇)〔오로촌〕, xuleen(蛇)〔에벤키〕. kulın(蛇)의 어근 kul과 동원어(同源語)일 가능성이 엿보인다. 뱀을 잡는 사람을 땅꾼이라고 하는데, 땅이 혹시 뱀의 뜻을 지니는 고어가 아닌가 하는 생각을 하게 된다. 한편 경상도 방언에서는 구렁이를 '구리'라고 하는데, 개구리, 머구리의 '구리'와 비교할 수 있고, 이는 벌레(虫)의 뜻이다.

구레나룻 ⑲ 連鬢鬍子

'구레나룻'은 귀 밑에서 턱에 걸쳐 난 수염을 뜻한다. 구레나룻은 '구레'와 '나룻'의 합성어다. ¶구레(轡頭)《老下27》, 특엣 나롯(髯)《譯上34》. '나룻'이 고유어로 수염이고 '구레'는 굴레(勒)의 고형으로서 마소의 목에서 고삐에 걸쳐 얽은 줄을 이름이다. 굴레 수염 즉 말의 굴레와 같이 귀밑에서 턱까지 이어져 난 수염일 것이다. '구레'의 어근은 '굴'일 개연성도 있다. 갈(髮)〔國〕, ke(毛)〔日〕, hige(髭)〔日〕, sakal(髭)〔터키〕, saxal(髭)〔蒙〕. '갈, ke, kal, xal' 등은 毛髮의 뜻을 지니고 있다. 구레의 어근 '굴'과 동원어일 개연성도 조심스럽게 생각해 본다. 그렇게 본다면 이음동의어가 겹쳤다고 하겠다.

구루 圆 城

'구루'는 성(城)이란 뜻의 말로 지금은 쓰이지 않는다. 溝漊者句麗名城也 《魏書, 東夷傳》. 구루가 고구려어에서 성(城)의 뜻을 지니고 있다. qota (城)〔蒙〕. 구루의 어근은 '굴'로서 '굳'이 조형(祖形)이다. 몽골어 qota의 어근 qot과 동원어가 된다. 유구어(琉球語)에 kusuku(城)가 있다. 어근 kus(kut)와 동원어임을 보여주고 있다. 백제어에 己(城)가 있는데 일본 어에서도 siragi(新羅)의 gi가 城의 뜻을 지닌다. balgasun(城)〔蒙〕. 어 근 bal이 城의 뜻을 지니는 말이다.

구르다 圆 轉, 滾

'구르다'는 데굴데굴 돌며 옮겨 가다의 뜻이다. '구르다'의 어근은 '굴'인데 명사다. korobu(轉)〔日〕, kuruma(車)〔日〕. korobu(轉)의 어근 kor와 kuruma(車)의 어근 kur는 동원어다. galtoriho, gulutho(轉)〔蒙〕. 어 근 gal, gul은 구르다(轉)의 어근 '굴', 일본어 kor와 동원어일 것이다. 명사인 '굴, kor, gal, gul'은 무엇일까? 車 자는 수레의 모양을 본뜬 글자고 바퀴의 뜻으로도 쓰인다. '轉' 자는 車 변에 專 자를 덧붙인 글자 이다. 專 자는 실을 감거나 풀 때 쓰는 자새 또는 실패이다. 수레바퀴가 자새(專)같이 돌아간다 하여 '구르다'의 뜻이 되었다. 굴러간다는 뜻에서 옮겨 가다의 뜻으로도 쓰인다. 굴러가다의 주체는 수레에서 바퀴가 된다 고 하겠다. 수레나 바퀴를 만드는 재료는 옛날에는 나무였을 것이다. '굴' 은 나무의 어원적인 의미를 지닌다고 하겠다. ¶술위 나미(車踠)《龍5: 33》, 술위 거(車)《字會中26》, 술위 여(輿)《字會中26》. '술위'는 '술'과 '위' 의 합성어다. 수레를 처음 만들있을 때는 그 재료가 나무였을 것이다. 화살, 떡살, 창살의 '살'이 나무의 뜻이다. sal(筏)〔蒙〕, səjən(車)〔滿〕. '위'는 '우이'가 줄어든 말이고 '옫>올>울이>우이>위'의 변화일 것이다. araba(車)〔터키〕. 어근 ar는 '위'의 조어 '옫(올)'과 동원어일 것이다.

구름 명雲

'구름'의 15세기 표기는 구룸이다. ¶구룸(雲) : 구룸과 곳 비도《曲81》.
구름의 어근 '굴'은 물(水)의 뜻을 지닌다. 구름에서 비가 내린다고 볼
때, 그 어원적 어근은 물의 뜻을 지닌다. ᄀ롬(江)의 어근 '굴', 걸(渠),
냇갈의 '갈' 등이 어원적으로는 물의 뜻을 지닌다. kumo(雲)〔日〕. 일본어
kumo는 국어 구룸의 ㄹ의 탈락으로 이루어진 말이다. gool(川)〔蒙〕,
kuyu(井)〔터키〕, kıragı(霜)〔터키〕, göl(湖)〔터키〕, thugi(雲)〔滿〕, egüle
(雲)〔蒙〕, bulut(雲)〔터키〕. 터키어에서 buz(水)가 있는 것을 보면, bulut
(雲)의 어근 bul(but)과 동원어로서 물의 본뜻이 있음을 알 수 있다.
kuri(雲)〔아이누〕.

구리 명銅

쇠붙이의 하나이다. 구리의 어근은 '굴'이다. '구리'는 누런색을 띤다. 곳고
리(黃鳥)의 '곳'이 노랑(黃)의 뜻을 지닌다. ¶고라몰(黃馬)《朴初上62》.
'고라'가 黃의 뜻을 지니며, '골'이 어근이다. '골'의 어원적 의미는 土, 地일
것이며, 구리(銅)일 개연성도 있다. gagoli, gaoli, gooli(銅)〔蒙〕. gaol,
gool은 구리의 어근 '굴'과 동원어일 것이다. 구리는 청동기(靑銅器)의
산물이라 할 수 있는데, 갈(刀) 도 '굴(銅)'과 동원어이고 '갈'도 청동기시
대 생산된 말이라 하겠다. '간(갈)'이 일본에 건너가서는 katana(刀)가
되고 katsu(勝)라는 동사가 되었다. kiru(切), karu(刈), korosu(殺)
라는 용언이 생겨났다. 터키어에서는 kilig(刀), kazanonak(勝)으로
반영된다. 가르다(割)의 어근 '갈'이 刀의 뜻을 지니는 명사이다. ¶갓괴와
항괴와(和鎗鏟子)《朴解上11》, 돗귀(斧)《曲106》. '괴, 귀'는 '고이〉괴'로서
조어는 '곧(골)'이다. '귀'는 '구이〉귀'로서 조어는 '굳(굴)'으로 갈(刀)과
동원어이다. ¶거우로 경(鏡)《字會中14》. '거우로'는 '거'와 '우로'의 합성어
일 것이다. '거'는 '걸(걷)'이고 '우로'는 '울'에 '오' 접미사가 붙어서 된 말이
다. '걷(걸)'은 구리(銅), 갈(刀)과 동원어일 것이다. '울'은 '걸'과 이음동
의어일 개연성이 있으나 아직 자료가 나타나지 않는다. 일본어에 utsusi

(現, 顯, 寫, 暝)의 어근 ut을 얻을 수 있다. utsusi가 지니는 의미로 볼 때 시각적인 현상이라 하겠다. ut은 눈의 뜻을 지닐 개연성이 보인다. arahare(顯, 現)는 시각적인 행위가 된다. ar(at)가 눈의 뜻을 지닐 개연성이 짙다. 눈에 '아른아른하다, 아른거린다, 눈에 어른어른하다, 어른거리다'의 어근 '알, 얼'이 눈의 뜻을 지닐 개연성이 있다. '걸울'은 '거울, 구리, 눈(鏡銅目)'의 어원적인 의미를 지닌다.

구리다　圀 臭, 怪, 汚, 卑

구린 것은 똥이다. ¶구리고 슷므르거든《救簡3:40》, 구리다(臭) : 온몸이 구리고(臭)《痘上36》. 구리다의 어근 '굴(굳)'은 명사로서 똥(糞)의 뜻을 지닌다. kuso(糞)〔日〕, kusai(臭)〔日〕, kusaru(腐)〔日〕. 어근 kus는 kut으로 소급되어 국어 구리다의 조어형 '굳'과 일치한다. 구리다의 형용사는 '굴(굳)'이란 명사에서 전성되었다. 그러므로 현대어에 쓰이는 똥과 동의어로서 '굳, 말' 등이 있었다고 하겠다. 똥마렵다에서 마렵다의 어근 '말'이 분뇨(糞尿)의 뜻을 지닌다. ¶물 보기를 아니하며《月1:26》.

　　　　　　　　　　　　　　　　　　　　■ 고리다

구슬　圀 玉, 瑤, 瓊, 琪, 珠

'구슬'은 패물(佩物)에 쓰는, 보석으로 만든 둥근 물건이다. ¶古斯馬縣(玉馬縣)《三史, 高句麗地名》. 古斯(玉)로 표기되어 있다. ¶珠曰 區戌《類事》. 구슬 옥(玉), 구슬 쥬(珠)《字會中31》. 구슬의 어근은 '굿'일 것이고 '을'은 접미사다. ¶바롤(海)《龍2》. '바롤'의 어근은 '발'이고 '올' 접미사가 붙었다. '굿(굳)'의 명사는 무슨 뜻을 지닌 말인가. tama(玉, 美石, 寶物, 眞珠)〔日〕. 玉은 돌(石)인데 동그란 것이고 귀하고 아름답고 장식에 쓸 수 있는 돌이다. 돌(石) : tama(玉)〔日〕, 날(生) : nama(生)〔日〕, *알(해) : ama(天)〔日〕. 일본어 tama(玉)의 어원적인 의미는 돌(石)이다. 따라서 구슬의 어근 '굿(굳)'도 돌이라 하겠다. 곧(所), 굴(窟), 구리(銅), 골(谷, 洞), 길(路)과 동원일 것이다. 고구려어라고 할 수 있는 城의 뜻으로 구루(溝漊)가 있다. gu(玉)〔滿〕, toprak(土)〔터키〕, toparlak(球)〔터키〕, top(球)〔터키〕. 흙의 뜻을 지니는 toprak의 어근 'top'과 球인 toparklak 의 어근 top은 동원어이며 top만으로도 球의 뜻을 지닌다. 일본에서는 tama(玉)와 tama(靈)를 동원어로 보고 있다. 그러나 tama(魂)는 고 대 국어 *돌(靈)에 어원이 있다. kusiro(釧)〔日〕. 貝, 石, 玉, 金屬 등으로 만든 팔찌. 구슬(球)과 동원어일 것이다.

구실 명 官吏, 職責, 稅金, 義務, 役割

'구실'은 지금은 주로 직책, 역할의 뜻으로 쓴다. ¶구의(官, 公)《字會中1. 7》, 구의만과 口舌의 익을 죠낫거든(遭着官司口舌時)《老下42》, 내이 구 의실 호디(官吏)《杜重6:6》, 구의ㅎ다(소송하다)《字會下32》, ᄌᆞ덕 구읫나 기 뮌 비단(紫官素段子)《朴重上43》, 구읫자호로논 스믈 여ᄃᆞᆲ 자히오(官尺 裏二丈八)《老下25》. 구실은 구의실에서 변한 말일 것이다. 구의실의 '실' 은 직책, 임무, 일(職, 務, 事)의 뜻으로 쓰이고 있다. 관리나 관직을 구의실이라고 한 어휘에서 '실'의 뜻을 추출해 낼 수 있다. ¶구위실 마로 미(罷官)《杜初10:29》, 내이 구의실 호디《杜初6:16》, 나 구실ᄒᆞ며 隱處호미 (出處)《杜初15:5》, 구실 디답ᄒᆞ더니(以供租賦)《續三烈1》, 그 구실을 거두 고(稅)《警民18》. 구의실이 구실로 변하였음을 알 수 있다. 뜻도 관무(官 務)에서 조세(租稅)에까지 쓰이다가 지금은 직책, 역할의 뜻으로 바뀌었 다. 관(官)의 뜻을 지니는 구의의 어원은 무엇일까. 官(관) 자는 宀(갓머 리)와 㠯(언덕 부)를 어우른 자다. 宀는 묘옥(廟屋), 㠯는 군이 동원될 때 바치는 제육(祭肉)의 형상이라고 보고 있다(또는 언덕 위의 큰집 또는 관리들의 숙소). 따라서 官은 군사행동을 할 때의 장소가 되며, 군례(軍 禮)를 행하는 곳이 된다. 館(관)이라는 자는 食(식)과 官(관)을 어우른 자인데 군의 수호령(守護靈)을 맞이하여 향찬(饗饌)하는 곳이 館이었던 것이다. 따라서 官이 제육(祭肉)을 뒤두는 군의 성소(聖所)라는 것을 짐작할 수 있다(白川靜, 『字統』, p.119). 관(官) 자를 통해서 볼 때 국어의 구의도 고대에는 군과 관련되었을 가능성이 있다. 뿐더러 신앙적인 면도 고려해 볼 수 있다. 군(軍)으로 볼 때 군은 사람이니까 사람의 어원적 의미를 지닌다. 멍텅구리, 겨레(族), 끼리끼리, 갓(女, 妻) 등에서 '굴, 결(걸), 길' 등이 국어에서 사람의 뜻을 지녔다. 신앙적인 면에서 볼 때 굿을 하는 곳이다. 굿의 조어형 '굳'을 재구하게 되는데, 굿은 신에게 소원을 비는 것이며, 그것은 말을 통한 신과의 대화다. 따라서 굿의 어원은 말일 것이다. ▶ 구의나기(官製), 구의종(訟事), 구의자(官尺), 구의만(官司)

구유 　명 槽

'구유'는 소, 말의 먹이를 담아주는 나무 그릇이다. ¶구슈 조(槽)《類合上 27》, 물구유(馬槽)《字會中12 : 光文會板》, 구유 력(櫪)《字會中19》. '구슈>구유'의 변화로서 구슈의 어근은 '굿(굳)'이다. 구유는 나무로 만든 것이기 때문에 어원적인 의미는 나무다. 글(斤乙)《高句麗地名》, 그루(株), 긷(柱), 가지(枝), 가래(楸), ki(木)・ko(樹)〔日〕.

국 　명 羹, 湯

'국'은 고기나 나물 따위에 물을 알맞게 붓고 간을 맞추어 끓인 음식의 하나이다. ¶국먹다(哈湯)《譯補30》, 국(羹)《漢淸374》. 국의 조어는 '국>굴>굵>국'의 변화이다. 국>굵>국시>국수. kayu(汁粥)〔日〕. kat>kar-u>karu>kayu. '굴'은 kar와 동원어일 것이다. kuka-tatsi(盟神探湯, 探湯)〔日〕. 일본 上代에 神에게 맹세하고 熱湯에 손을 담그면 행위가 안 좋은 사람은 손을 데지만 바른 사람은 손이 괜찮다는 것이다. 'kuka'가 '국'과 동원어《岩波古語辭典, p.392》이다. tatsi는 te(手)의 뜻을 지닌다고 여겨진다. tat>tar>tari>tai>te(手). 羹, 湯의 어원적인 의미를 지닌다고 하겠다.

국수 　명 麵

국수의 경상도 방언은 국시다. ¶국슈(麵)《東醫湯液1:24》, 국슈(湯餅)《物譜飮食》. 국슈의 어근은 '굵'일 것이다. 경상도 방언 국시는 '굵+이'다. '굵'은

'굳>굴>긁>국>굯'의 변화다. 떡국, 만둣국, 감잣국, 미역국의 '국'에 해당되는 말이다. 국은 물이 중심이라 할 수 있기 때문에 그 어원적 의미는 물이라고 하겠으며 일본어 kayu(粥)와 비교된다. kayu는 karu가 고형이며 어근은 kar이다. ᄀᆞ롬(江), 걸(渠), 거랑(渠溝), 냇갈(川)의 'ᄀᆞᆯ, 걸, 갈' 등이 물(水)의 어원적 의미를 지닌다. gool(川)〔蒙〕, goroba(溝)〔蒙〕. 한자어 강(江), 거(渠), 구(溝) 등은 물을 뜻하는 말에서 파생했을 것이다. siru(汁)〔日〕. 일본어 siru(汁)의 어근 sir는 물의 뜻을 지닌다. sosogu(注)〔日〕, se(瀬)〔日〕. 어근 sos(sot)는 물의 뜻을 지닌다. se는 얕은 내 또는 여울을 가리킨다. 어원적 의미는 물일 것이다. su(水)〔터키〕, sulamak(물을 주다)〔터키〕, sulu(물기가 있다)〔터키〕. su는 sul의 말음이 떨어진 것이라는 것을 알 수 있다. sul이 물의 뜻을 지니고 있는 말이다.

굳다 　〔형〕堅, 固, 硬

'굳다(堅)'의 어근 '굳'은 명사로서 돌이나 흙의 뜻을 지닌다. 堅(굳을 견) 자를 보면 土(흙 토) 자가 어울려 있다. ¶구든 城을 모ᄅᆞ샤(不識堅城)《龍19》. 골(谷, 邑, 州), 굴(窟, 洞), 길(路) 등이 흙이나 돌 따위(土石類)의 단어족(單語族, word family)이다. katai(堅)〔日〕. 일본어 katai(堅)의 어근 kat은 국어 '굳'과 동원어(同源語)가 된다.

굴　　〔명〕窟

'굴'은 흙이나 돌에 생긴 구멍으로 흙의 일부분이라고 하겠다. ¶窟穴은 굼기라《楞9:28》, 굴(窟)《類合下56》. 골(谷), 길(路), 거리(街, 岐)의 '걸', 골(邑, 州) 등과 동원어(同源語)다. 본디는 토지(土地)의 뜻을 지니는 말에서 분화했다. kurun(國)〔滿〕, kuni(國)〔日〕. 어근 kur, kun의 조어형(祖語形)은 kut으로서 본디는 토지(土地)의 뜻을 지닌다. 중국어 窟(굴)과 동원어라 생각된다. ◘ 구멍, 구덩이, 구렁, 굴헝, 굴항, 굼(穴, 坑, 壑, 壕)

굴다　图 咀, 呪

'굴다'의 '굴'은 명사로서 말의 뜻을 지니는 말이다. ¶굴 축(祝)《字會中3》, 굴다(呪, 咀)《月9:38》. '굴'의 조어형(祖語形)은 '굳(굿)'으로서 무의(巫儀)를 뜻하는 굿과 동원어(同源語)다. 무속(巫俗)에서 굿이란 신과의 대화다. 무인(巫人)은 신과 인간의 중간에서 언어의 중개자 구실을 한다. 저주하다, 주문을 외다의 뜻인 굴다의 '굴'은 말의 뜻을 지닌다. 저주하거나 주문을 외는 것은 말의 행위다. 잠꼬대의 '곧', 가르치다(教)의 '갈', 가라사대의 '갈' 등이 모두 말의 뜻을 지니며, 글(文)도 본디는 말의 뜻에서 비롯한 말이다.　　　　　　　　　　　　　　■ 무꾸리

굴뚝　图 煙突, 煙洞

'굴뚝'은 불이나 연기가 나가는 곳이다. ¶굴쏙(煙洞)《漢289b》, 굴 돌(堗)《字會中9》, 굴 굴(窟)《類合下56》. 굴뚝은 굴쏙에서 변했다. '굴'이 구들의 뜻을 지닌다. kolan(굴뚝)〔네기달〕, kolan(굴뚝)〔나나이〕. kol은 국어 '굴'과 동원어(同源語)가 된다. '굴'의 어원적 의미는 무엇일까. 굴(洞)의 의미일까 또는 불(火)과 관련되는 말일까. 구들과 굴뚝과 굴이 같은 의미를 지닌다고 보면, 굴(洞)보다는 불(火)과 관련성이 더 있을 것이다. huran(굴뚝)〔滿〕, nahan(구들)〔滿〕. 만주어를 보면 굴뚝과 구들의 어의(語義)가 형태상으로 전연 다른 말이다. huran(굴뚝)〔滿〕, holdon(烽火)〔滿〕, hulsumə(불꽃 일다)〔滿〕, hilha(火石)〔滿〕. 어근 hul, hol, hil이 불(火)의 뜻을 지니고 있음을 알 수 있다. 홰(炬)는 『훈민정음(訓民正音)』 해례(解例)에 '爲炬火'로 나온다. 횃불의 '홰'도 불의 뜻을 지니고 있다. '홰'는 '화이'가 줄어든 말이다. 불이 활활 단다 할 때 '활'이 불의 뜻을 지니고 있다. '활'은 '할'에서 변했다. '한쇼〉황소', '한새〉황새'처럼 이중모음화(二重母音化)했다. 만주어에서 보면 굴뚝의 뜻인 huran의 어근이 불의 뜻을 지니고 있다. 굴뚝에서 불꽃이 나오기도 하고 연기가 나온다는 것은 다 아는 사실이다. nahan(炕)〔滿〕. 구들의 뜻을 지니는 nahan은 naran〉naan〉nahan의 변화일 것이다. ¶닉(煙)《字會下35》,

눋다(焦)《救簡1:27》. '너'는 '느이'가 줄어든 말이고 '눌〉눌이〉느이〉너'의 변화로서 '눌'이 불의 뜻을 지니는 말이다. 따라서 만주어 nahan(炕)의 na는 불(火)의 뜻을 지닌다. 이러한 일련의 사실들을 보면 국어 굴(구들, 굴뚝)도 불의 뜻을 지닐 가능성이 있다. gurambi(불내다)〔滿〕, gal (火)〔蒙〕. gur, gal이 불의 뜻을 지니고 있다. ¶그스름 틔(火台)《字會下 35》, 그스리다(그슬리다)《救簡1:3》. 어근 '긋'이 불의 뜻을 지니고 있다. 따라서 굴(굴뚝)의 어원적 의미는 불의 뜻을 지닌다. 불 끄다의 끄다에서 어근 '끄'는 '글'으로 소급되며, 역시 어원적 의미는 불의 뜻을 지닌다. 한편 굴뚝이 '굴독'을 표기되는데 굴(烟)과 독(門)으로 볼 개연성이 엿보인다. 사투리에 '내굴(烟)'(김민수, 홍운선 편, 『종합국어사전』, p.236)이 보이는데 내(烟)와 굴(烟)의 이음동의어의 합성어가 된다. ¶굴ㅅ독(烟洞)《譯上18》, 국ㅅ독(烟洞)《同文上35》, 굴독(曲突)《物譜第宅》, 굴독 돌(埃)《倭上 33》. 굴독(烟洞)의 어근 '굴'이 굴(烟)일 개연성을 엿보인다. '독'은 조어 '돋〉돌〉돍〉독'의 변천으로 門의 뜻을 지닌다고 하겠다. 닫다(閉)의 어근 '닫'은 명사로서 門의 뜻을 지니는 명사다. 한자 폐(閉) 자를 보아도 '닫다'는 문의 뜻임을 보여주고 있다. 加羅語謂門爲梁云《史卷44》. 문이 돌(梁)임을 보여주고 있다. '돌쩌귀'는 문짝에 경첩처럼 다는 쇠붙이 물건인데 돌쩌귀의 '돌'이 門의 뜻을 지니고 있음이 분명하다. 일본 신사 입구의 큰 문을 torii(鳥居)라고 하는데 tori는 새가 아니고 門의 뜻이고 i도 문의 뜻이다. 일본어 to는 '戶, 門'의 뜻이다. 들다(入)의 들, iru(入)의 i는 문의 뜻을 지닌다. 일본어 kemuri(烟)의 옛말은 keburi인데 'ke'가 국어 굴(烟)과 동원어일 것이다. keburi의 buri는 몽골어 烟과 비교된다. burhiraho, bashaho〔蒙〕가 '내다'의 뜻인데 연기와 불꽃이 되돌아와 아궁이로 나오다의 뜻이다. 몽골어 어근 bar가 연기(煙)의 뜻을 지니는 말일 것이다. 불(火)은 붉은 불꽃과 검은 연기를 함께 발산하고 있다. 불은 곧 내(烟)도 된다.

굶다 图 飢, 餓, 饉

'굶다'는 밥을 먹지 못한 행위를 말하며, 어간은 '굶'이고 '굴'이 원형이다.

'굴'은 입(口)의 뜻을 지닌다. ¶呻吟은 굴며셔 알는 소리라《杜初25:27》. 고구려 지명어《三史34》에서 '口次(口)'가 있다. '곧〉골(口)'의 모음변이 (母音變異)다. kutsi(口)〔日〕. 어근 kut(口)이 보인다. 일본어 kutsi (口)는 국어 '곧(口)'에서 비롯한 말이다. 일본어 kuu(食)는 kuru〉kuu 의 변화인데, 어근 kur(kut)는 입의 뜻을 지니는 말이다. yuyumbi(飢) 〔滿〕, acıkmak(飢)〔터키〕, ülün(굶어서)〔蒙〕. 만주어 yuyumbi는 nurumbi 로 재구되며, 어근은 nur(nut)인데 '입(口)'의 본뜻을 지닌다. 터키어, 몽골어의 어근 ac(at), ül(ut)도 입(口)의 뜻을 지닌다. 국어 '아리(口)' 와 동원어(同源語)일 수 있다. 터키어에서 aǧız(口)가 있다. 몽골어에서 xogol(口)은 kog로 소급된다. ko와 gol로 갈라보면 gol이 입(口)의 뜻을 지니고 있다. 굶다의 어원은 입(口)이며, 고어에서는 '골/굴'일 것이다. 한편 '굴'이 배의 뜻을 지닐 가능성도 있다. 배곯다의 곯다가 골프다, 고프 다로 변한다.　　　　　　　　　　　　　　　　　❏ 굶주리다, 고프다

굽다　　圄 炙, 燒

'굽다'는 불로 조리하는 행위를 이르는 말로, 어간 '굽'은 명사로서 '군〉 굴〉붊〉굽'의 변화다. '굳(굴)'은 불의 본뜻을 지닌다. ¶굽다 : 陶師는 딜 엇 굽는 사ᄅ미라《月2:9》. gal(火)〔蒙〕. 국어에 '그슬리다'가 있다. 어근 '긋(귿)'이 불의 뜻을 지니고 있다. yaku(燒)〔日〕. yaku는 naku로 소급 되며 어근이 nak인데 nak은 불(火)의 뜻을 지닌다. norosi(烽火)〔日〕. 어근 nor가 명사로서 불의 뜻을 지닌다. 국어 눋다(焦)의 어근 '눋'과 동 원어(同源語)가 된다. kızaramak(燒)〔터키〕, gal(火)〔蒙〕, siraho(燒炙) 〔蒙〕, syorombi(燒炙)〔滿〕. 만주어 syorombi의 어근 syor는 sor로 소급 된다. 국어 살다(燒)의 어근 '살'과 동원어가 된다. 굽다는 '굳다〉굽다'일 개연성도 있다. 현대어에서 줏다(拾)와 줍다(拾)가 병존(倂存)하고 있 다. kuberu(燒, 焚)〔日〕.　　　　　　　　　　　　　　❏ 구이

15세기에는 '구경 가다'라 하지 않고 '굿 보러 가다'라고 했다. 굿이 대중적인 볼거리였다고 하겠다. ¶굿(굳)《時用》, 굿보다(구경하다)《太平1:13》, 굿ᄒ다(굿하다)《譯上13》. saman(巫)〔滿〕, samtambi(굿하다)〔滿〕. 만주어 saman(巫)의 어근은 sam이다. samtambi(굿하다)의 어근도 sam이다. 무(巫)의 호칭과 굿의 어원이 같은 것임을 알 수 있다. sam은 말의 뜻을 지니는 말로서 국어 말씀의 옛 표기 말ᄉᆞᆷ《圓序11》의 '솜'에 해당한다. 말씀은 이음동의어(異音同義語)의 합성어다. 굿이라고 하는 말도 말의 뜻을 지닐 가능성이 있다. 굿이란 무당이 손님의 뜻을 신에게 전하고 신의 뜻을 손님에게 전하는 행위이다. 무꾸리(占)의 15세기 표기로는 '묻그리'《釋9:36》가 있다. 이음동의어로서 말의 뜻을 지닌다. 묻그리의 '묻'은 말의 고형이다. '그리'의 어근은 '글'로서 '귿'으로 소급된다. 잠꼬대의 '꼬대'의 고형은 '고대'로서 어근은 '곧'인데 말의 본뜻을 지닌다. 잠꼬대는 침어(寢言)의 본뜻을 지닌다. '곧이듣다', '곧이곧대로'의 '곧'은 말의 뜻을 지닌다. '고래고래 소리 지르다'의 '고래'의 어근 '골(곧)'은 말의 뜻을 지닌다. koe (聲)〔日〕, koto(言)〔日〕. 일본어 koe는 kore의 r음 탈락이다. 굿은 '곧'의 모음변이(母音變異)에 의한 어휘분화다. 굿의 말음 ㅅ은 ㄷ에서 변한 자음이 된다. 따라서 굿(굳)은 말의 본뜻을 지니는 말이 된다. 굿을 할 때는 공수(神語)를 받는다. 아울러 신에게 소원을 청원한다. 굿은 언어적 행위다. nori(神語)〔日〕, norito(祝詞)〔日〕. 어근 nor가 말의 뜻을 지닌다. ¶굴 츅(呪)《字會中3》, 여듧차힌 모딘 藥을 먹거나 ᄂᆞ오롤 굴이거나 邪曲ᄒᆞᆫ 귓거시 들어나 ᄒᆞ야 橫死홀 씨오《釋9:37》. '굴다'가 저주(咀呪)의 뜻을 지닌다. 굴다의 어근 '굴'은 명사로서 조어형은 '굳'이다. 언어적 행위가 '祝'이 된다. 한편 '굴다'는 '입으로 불다'의 뜻을 지닌다. ¶굴 허(噓)《類合下6》, 산긔운을 구러(呵吐生)《救簡1:65》, 사롬으로 가ᄉᆞ물 구러 덥게 호ᄃᆡ 사롬을 ᄀᆞ라곰 ᄒᆞ라(使人噓其心會煖易人爲之)《救簡1:34》. '굴다'가 '저주하다', '입으로 불다'의 두 뜻을 지닌다. 그러나 어근 '굴'은 동원어(同源語)로서 모두 언어적 행위가 된다고 하는 사실이다. 따라서 '굴'은 말 또는 말이 생겨나는 입(口)이 그 어원적 의미가 된다. '굴'은 말의 뜻을 지닌다. '굴'의 고형은 '굳'이라는 것은 두말할 것도 없다. 따라서 굿의 어원적 의미는 말이다. ☑ 굿거리

☑ 굿거리

굿보다 图 見巫儀, 傍觀

"굿이나 보고 떡이나 먹지"라는 속담은 남의 일에 쓸데없이 간섭하지 말고 자신의 이익이나 챙기라는 것이다. ¶굿보다(구경하다) : 언덕의 굿보는 사롬이 구룸 못듯 ㅎ엿더라《太平1:13》. 옛날에는 대중적인 구경거리가 굿이었다는 것을 보여준다. 구경은 한자어 求景이다.

☑ 굿

궂다 图 惡, 凶

'궂다'의 어근은 '궂'으로서 '굳'이 조어형(祖語形)이다. 사람의 길(吉), 흉(凶)은 신의 작용이라고 본 고대인의 사고에서는 신에게 저주를 받는 것이 궂은 일이 된다. 그러한 면에서 볼 때 '궂다'의 '궂(굳)'은 말의 본뜻을 지닌다. '굴다'는 고어에서 주(呪), 저(咀), 축(祝)의 뜻을 지닌다. ¶됴커나 궂거나《釋19:20》. 굴다의 어근 '굴(굳)'은 말의 뜻을 지니고 있다. ¶굴 축(呪)《字會中3》, 여듧차힌 모딘 藥올 먹거나 느오롤 굴이거나 邪曲한 귓거시 들어나 ㅎ야 橫死홀 씨오《釋9:37》. 장례(葬禮) 절차를 궂은일이라고도 한다.

☑ 궂히다

귀 图 耳

'귀'는 '구이'가 줄어든 것이고 '굳〉굴〉굴이〉구이〉귀'의 변화이다. ¶귀 싀(耳)《字會上26》. kulak(耳)〔터키〕, garaha(耳環)〔蒙〕, qulaq(耳)〔카자흐〕, koŋgoo(耳聾的)〔다구르〕, kiku(聽)〔日〕, kisar(耳)〔아이누〕. 터키 제어와 동원어(同源語)가 된다. 일본어 kiku(聽)의 어근 kik은 국어 kul(耳)에 어원을 두는 말일 것이다. 몽골어 xulx(耳垢)의 어근 xul은 kul로 소급되며 국어 '굳(耳)'과 동원어가 된다. 다구르어에서는 kolig(耳垢)가 있는데 어근은 kol로서 kot이 조어형(祖語形)이다.

굿보다, 궂다, 귀

귀뚜라미　　囲 蟋, 蟀

'귀뚜라미'는 벌레다. ¶귓도라미 실(蟋)《字會上23》, 귀돌와미(蟋)《四解上 66》, 귓돌아미(蟋)《杜初7:36》, 귓돌와미(蟋)《杜初20:47》, 귓도리(蟋)《靑 p.114》, 귓돌이(蟋)《柳物二, 昆蟲》. 귓돌아미는 '귀'와 '돌'과 '아미'의 합성 어다. '귀'는 '굳〉굴〉굴이〉구이〉귀'의 변화다. koorogi(蟋蟀)〔日〕. 일본어 koorogi는 kororogi에서 변한 것이라 하겠는데, koro의 어근 kor(kot) 를 얻을 수 있다. koro의 kor는 귓도라미의 '귀'와 동원어(同源語)일 가 능성이 있다. 귀더기(蛆)의 '귀'와 귓두라미의 '귀'는 형태가 일치한다. kurt(虫)〔터키〕. '굴(굳)'은 벌레(虫類)의 의미를 지닌다. 국어에 거시 (蚯)가 있다. 어근은 '겻(걷)'이다. 귓도리의 '돌'도 벌레(虫)의 뜻을 지닌 다. təlhuə(蠅)〔滿〕, 어근 tər(tət)가 벌레(虫)를 뜻한다. koorogi의 rogi는 togi의 t음이 r음화했을 것이다. 본도기(蛹)《字會上22》는 '보도 기〉본도기'가 되었는데 '도기'도 벌레(虫)의 뜻을 지니는 말일 것이다. 진드기가 15세기어에서 진뒤(蝱)《字會上23》로 나온다. 뒤는 '둗〉둘〉둘 이〉두이〉뒤'의 변화다. 진드기는 진드기와 진뒤의 쌍형(雙形)이 있었다. '아미'도 벌레(虫)의 의미를 지니는 명사였을 것이다. 일본어 ari(蟻)가 있다. ¶가야미(蟻)《月18:39》, 미아미(蟬)《救方上41》.

귀머거리　　囲 聾者

'머거리'만으로서도 고어에서는 귀머거리의 뜻을 지녔을 것이다. '귀'와 '머거리'로 가를 수 있는데, '머거리'는 다시 '먹어리'로 소급된다. '귀가 먹먹하다'의 '먹먹'은 '귀귀'의 뜻을 지닌다. '먿〉멀〉멁〉먹'의 변화다. ¶먹 뎡이(聾者)《月13:18》. '먹'은 귀의 뜻이고 '뎡이'는 '者'의 뜻을 지닌다. 귀 먹다의 '먹'이 귀의 뜻을 지니는 명사다. '먹어리'의 '어리'는 사람의 뜻을 지닌다. 벙어리의 '어리'도 사람의 뜻을 지닌다. 우리(吾等), 어른(成人), 아롬(私)의 어근 '울, 얼, 알'과 동원어(同源語)다. '먹어리'의 원의(原 義)는 '귀사람(耳人)'의 뜻에서 '농인(聾人)'의 뜻으로 바뀌었다. '먹'의 조어(祖語) '먿(멀)'이 귀란 뜻을 지니는 말이었을 것이다. mimi(耳)

〔日〕. 일본어 mimi는 mi가 거듭되고 있는데, 아마도 mi만으로서 귀의 뜻을 지녔는데, 강의화(强意化) 현상으로서 거듭되지 않았나 한다. mi 는 mit〉mir〉mi의 변화다. 국어 '민(멀)'과 동원어가 된다.

귀싸대기　명 귀쌈, 頰

'귀싸대기'는 '귀'와 '사'와 '대기'의 합성어이고, 귀쌈은 '귀'와 '삼'의 합성 어다. 귀와 '사, 삼'은 이음동의어(異音同義語)다. saxa(耳)〔女眞〕, syan (耳)〔滿〕, seen(耳)〔오로촌, 에벤키〕, sehügür(耳)〔蒙〕. 귀(耳)의 뜻을 지니 는 말로서 두음 s로 시작되는 말이 있다. 몽골어 sehügür는 sehü와 gür 의 합성어가 되겠는데, gür는 귀의 조어형(祖語形) '굴(군)'과 동원어 (同源語)로 볼 수 있다. 귀쌈의 '삼'은 '산〉살〉살암〉사암〉삼'의 변화로서 '산'은 귀의 뜻을 지닌다. 귀싸대기의 '대기'는 따귀와 동원어가 된다. 따 귀는 '따'와 '귀'와의 합성어다. 따귀의 '귀'는 '군〉굴〉굴이〉구이〉귀'의 변 화로서 '굳'이 고어에서 귀의 뜻을 지닌다. 따귀의 '따'는 '닫〉달〉다〉따'의 변화로서, 국어 탈(假面)의 고어 '달'과 같이 얼굴의 뜻을 지녔을 것이다. tsura(頰·面)〔日〕. 일본어 tsura(頰·面)의 어근 tur와도 동원어다. satapa(耳)〔아이누〕. 아이누어 satapa(耳)의 어근 sat은 국어 '사'의 조 어형 '산'과 대응된다.　▶ 뺨따귀

그끄제　명 大前日

날짜와 시간에 관한 어원은 천체에서 대부분 나왔다. ¶그끄적픠(大前 日)《朴重上46》, 긋그제(大前日)《朴重中13》. 긋그제의 '제'는 '저이'가 줄어 진 말이다. 올 적, 갈 적, 갈 제, 올 제와 같이 '적, 제'는 시간을 나타내는 말이다. '제'는 '젇〉절〉절이〉저이〉제'의 변화이나, 기원적으로는 '덛'으로 소급된다. ㅈ음은 ㄷ음에서 변한 음이다. 어느 덛, 겨근 덛의 '덛'이 시간 을 나타내는 말이다. '적'은 '절〉젉〉적'의 변화일 것이다. 시간을 나타내는 '덛'과 해돋이의 '돋'은 동원어(同源語)다. '돋'이 본디 해의 뜻을 지니는 말로서 말음 ㄷ이 ㄹ로 바뀌면 '돌'이 된다. 첫돌, 두 돌, 열 돌 할 때

'돌'은 해(年)의 뜻을 지닌다. 일본어에서 tosi(年)는 국어 첫돌, 두 돌의 돌(年)과 동원어다. 우리말과 일본어 대응례를 보면, 술 : sake(酒), 굴 : kaki(蠣), 돌(年) : toki(時)로 나타난다. 일본어 toki(時)는 국어 돌(年)과 동원어다. 어제, 그제의 '어, 그'도 근원적으로는 '얼, 글'으로 소급되며, 본디는 해의 뜻을 지닌다. 긋그제의 '긋'은 '글'으로 소급되며 역시 해의 본뜻을 지닌다. 긋그제는 이음동의어(異音同義語)의 합성어다.

▶ 그제, 그러께, 그글피

그네 圐 鞦韆, 半仙戲

'그네'는 '그'와 '네'의 합성어다. ¶글위(鞦)《字會中19》. 글위는 '글'과 '위'의 합성어다. '글'은 '글'으로 소급되며, 끈의 조어형(祖語形) '귿'과 동원어(同源語)다. '위'는 '우이'가 줄어든 말이며, 올(條·縷)과 동원어라 여겨지는데, '욷〉울〉울이〉우이〉위'의 변화일 것이다. 그네는 그늬(鞦)《漢261a》로도 나온다. 그네도 '그'와 '네'의 합성어로서 '그'는 '글'의 말음탈락이다. '네'는 '넏〉널〉널이〉너이〉네'의 변화로서, 노끈의 '노'와 동원어다. ¶노 승(繩)《字會中14》. 노는 '논〉놀〉노'의 변화다. naha(繩)〔日〕. naha는 nara〉naa〉naha의 변화고, 국어 '노'의 고형인 '놀(繩)'과 동원어가 된다. 한편 날(經)도 '노'와 동원어다. 그네는 이음동의어(異音同義語)의 합성어다.

▶ 끈, 날, 노끈

그늘 圐 陰, 日陰, 陰影

'그림자'는 태양에 의해 이루어진다. ¶慈悲ㅅ 그늘(陰)《楞8:50》, 六塵의 그리메 象 부르믈 아라(影)《月9:22》, 딣그림제(影) 眞實ㅅ 둘 아니로미 곧 하니라《月2:55》. 그리메의 어근 '글'은 태양의 뜻을 지니고 있을 가능성이 있다. 날이 개다의 '개다'의 어간 '개'는 '간〉갈이〉가이〉개'의 변화로, 명사에서 전성되었다. '간(갈)'은 태양의 뜻을 지니고 있다. 그렇긔(再昨年)《同文上4》의 어근 '글'도 역시 태양의 원의가 있다. 시간을 나타내는 어휘의 어원은 태양에서 비롯된다. 그늘(陰)《楞8:50》도 태양에서 나왔다. 'ᄀ'와 '놀'로 가르면, 'ᄀ'와 '놀'이 모두 태양의 원의를 지니는 말일 것이다. 'ᄀ'는 태양의 뜻을 지니는 '갈, 글'과 동원어이며, '놀'은 날(日)과 동원어가 된다. həlmən(影)〔滿〕, gölge(影)〔터키〕, següter(陰影)〔蒙〕, parok(影)〔蒙〕, gece(夜)〔터키〕. 만주어 həlmən(影)의 어근 həl은 국어 히(陽)의 조어형(祖語形) '홀'과 동원어일 것이다. 터키어 gölge(影)의 어근 göl도 역시 태양의 원의가 있다. 터키어에서 gün(太陽)이 있는데 조어형은 güt이다. 몽골어 parok(影)의 어근 par(pat)는 국어 볕(陽)의 조어형 '벋'과 동원어다. 터키어 gece(夜)의 어근 gec은 get으로 소급된다. 밤도 태양의 운행에 의해 이루어진다. 따라서 그 어원은 태양의 뜻을 지닐 것이다.　　　　　　　　　　　　　　　**➡ 땅거미**

그러께　뎽 再昨年

'그러께'는 '그러'와 '께'의 합성명사다. ¶그럿긔(再昨年)《同文上4》, 글헉긔(再昨年)《譯補3》. 어근 '글'은 해의 본뜻을 지닌다. '긔'는 '그이'가 준말로서 '글〉글이〉그이〉긔'의 변화인데 역시 해의 본뜻을 지닌다. 시간과 관련된 어휘는 그 어원이 해이다.　　　　**➡ 그끄제(大前日), 그글피**

그루　뎽 株

'그루'는 나무를 세는 단위이다. ¶그르 알(欛)《字會下3》. 한 그루, 두 그루의 그루(株)의 어근은 '굴(글)'로서 나무의 뜻을 지닌다. ¶斤乙(木)《三史, 高句麗地名語》. '글'이 나무의 뜻으로 나타난다. 구유(槽)가 구슈(槽)《類合上27》로도 나온다. 어근은 '굿(굳)'으로서 '굳〉굿〉굿우〉구우〉구유'의 변화를 추정할 수 있으며, 나무의 뜻을 지닌다. 서까래, 넉가래, 가래의 어근 '갈'은 나무의 뜻을 지닌다. 가지(枝)의 어근 '갖(갇)'도 동원어(同源語)다. 물거리, 줄거리, 갈비(松葉), 등걸의 '거리, 갈, 걸' 등도 어원적 의미는 나무의 뜻을 지닌다. 싸리 따위의 잔가지로 된 땔나무를 물거리라고 하는데, '거리'의 '걸'이 나무의 뜻을 지닌다. 물거리의 '물'도 말(橛)과 동원어일 것이다.　　　　　**➡ 가지, 덩굴의 굴, 등걸의 걸**

그르다 형 誤

옳고 그른 것은 언어적 행위다. ¶그르디 아니ᄒ리라(不差)《續小8:31》. 어근 '글'은 명사로서 말의 본뜻을 지닌다. 글(文)의 본뜻은 말에서 비롯한 말일 것이다. 한자 誤(오) 자를 보면 言(언) 변이 있다. mulrathun (그르다)〔滿〕, mudan(音, 響, 聲音)〔滿〕. 어근은 mul(mut)이며 소리(音, 聲)의 뜻을 지니며 국어 묻다(問)의 어근 '묻'과 일치한다. 그르다의 어근 '글'은 말의 어원적 의미를 지닌다고 여겨진다. ▶ 거짓

그릇 명 器皿

'그릇'은 물건을 담는 데 쓰는 것으로 어근은 '글'이다. ¶그릇 긔(器)《字會 下18》. 고대 원시인은 그릇의 재료로 나무를 사용했다고 볼 때, 그 어원은 나무다. ¶斤乙(木)《三史, 高句麗地名》, 구슈(槽)《類合上27》. 구슈의 어근은 굿(굳)이다. 한 그루(株), 두 그루의 '그루'의 어근 '글'은 나무의 뜻이다. 가지(枝)의 어근 '갖(갇)'도 나무의 뜻이다. ki(木)〔日〕, kotane(樹種) 〔日〕. 일본어 ki, ko(木)는 kit, kot에서 변한 말이다. thəthun(器)〔滿〕. thəthun의 조어형(祖語形)은 tət이다. 다리(橋)의 어근 tal(tat)이 나무의 뜻을 지닌다. 대(竹, 竿)는 '다이'가 줄어진 말로서 '닫〉달〉달이〉다이〉대'의 변화다. 만주어에서 그릇(器)의 뜻을 지니는 말이 나무의 뜻을 지닌다. 그릇의 재료를 흙으로 볼 경우 그릇의 조어 '글'은 흙의 뜻을 지닐 것이다.

그리다¹ 동 畵, 描

그림은 선을 쓰는 것이기 때문에, 어근 '글'이 선일 가능성이 있다. ¶形象을 그류믄(畵形象)《杜初20:53》, 그릴 화(畵)《字會中2》. '금을 긋다'를 보면 긋다의 어근 '긋'이 선의 뜻을 지닌다. '귿〉글〉글음〉그음〉금'의 변화다. 한편 그리는 것은 손으로 하는 것이기 때문에, 글은 손이란 뜻일 가능성도 있다. 가락지, 골무, 가리키다, 가르다, 고르다의 어근 '갈, 골' 등이

명사로서 손의 뜻이다. gara(手)[滿], gar(手)[蒙], kol(手)[터키]. 어근 gar, kol이 국어 '갈·골'과 동원어(同源語)다.　　　　🔜 긋다

그리다² 📦 思, 慕, 戀

'그리다'는 '그리워하다'의 뜻을 지닌다. ¶아바님 그리샤《曲113》. 그리워 한다는 것은 정신적인 행위가 되며, 정신적인 것은 언어에 의해 이루어진다고 할 수 있다. 어근 '글'은 말의 뜻을 지닌다. 그리워하는 것은 그 사람을 생각하는 언어적 행위라 여겨진다. 글(文)은 본디는 말의 뜻을 지니고 있는 말이라 여겨진다. 말을 적은 것이 글이다. 동사 '그리다'는 형용사 '그립다'로 전성된다.　　　　🔜 기리다, 붓그리다(羞)

그림자 📦 影

'그림자'는 빛으로 만들어진다. 그림자는 그림제, 그림재로 나타난다. ¶그림제(影)《月2:55》, 그림재(影)《誠初9》. 그림자의 '자'도 근원적으로는 해의 어원적 의미를 지닐 것이다. ¶그르메(影)《字會上29》. 그르메는 '그르'와 '메'의 합친 말이다. 따라서 그르메의 어원도 해와 관련될 가능성이 있다. 그르메의 '그르'의 어근 '글'은 빛깔의 '갈'과 같이, 본디는 해의 뜻을 지닌다. 날이 개다(晴)에서 개다의 어간 '개'는 '가이'가 준말이다. '갇〉갈〉갈이〉가이〉개'의 변화로서, 본뜻은 해의 뜻을 지닌다. 한편 그림제의 '그림'이 그리메의 준말이냐 그렇지 않으면 '그리'와 '메'로 가를 수 있느냐 하는 문제가 제기될 수 있다. '그림 메'가 '그리메'로 동음생략 현상일 가능성도 있다. 그렇게 볼 경우는 '그림'과 '메, 제'의 합성명사로 보아야 할 것이다. 그리메를 '그림'에 '에' 접미사가 붙었다고 볼 경우는 '글'에 '임' 접미사가 붙어서 '그림'이 되고 다시 '에' 접미사가 붙었다고 보아야겠는데, 고대어에서는 접미사가 두 개씩이나 붙는 것은 좀 어렵다. kərəkhə(밝다)[滿]. 만주어에서 하늘이 밝다가 kərəkhə다. 어근 kər가 해의 뜻을 지닌 말이다. '메'는 '머이'가 준말이다. '먿〉멀〉멀이〉머이〉메'의 변화로서, 해의 본뜻을 지니는 말이다. 마파람(南風)의 '마'가 남(南)의 뜻인데

'만〉말〉마'의 변화다. 모레(明後日)의 어근 '몰(몯)'은 해의 뜻을 지닌다. 첫돌, 두 돌의 돌이 해(年)의 뜻을 지닌다. 돌(年)의 조어형(祖語形) '돋'은 일본어 tosi(年)와 비교된다. 때(時)는 '대'로 소급되고 '다이'가 줄어든 말이다. '닫〉달〉달이〉다이〉대'의 변화로서, '달'이 '돌'과 동원어(同源語)가 된다. 어느 덧의 '덧(덛)'도 해의 뜻에서 시간의 뜻으로 바뀌었다. 올 제, 갈 제의 '제'가 시간을 나타내는데, 어원적 의미는 해의 뜻을 지닌다. gölge(影)〔터키〕, həlmən(影)〔滿〕, barok(影)〔蒙〕. 터키어 gölge(影)의 어근 göl은 해의 본뜻을 지닌다. kurumak(乾)〔터키〕, gün(日)〔터키〕, güneš(晴)〔터키〕. gün의 조어형은 gut이다. kurumak(乾)의 어근 kur(kut)가 해의 본뜻을 지닌다. 만주어 həlmən(影)의 həl이 국어 해의 조어 '핟'과 동원어일 가능성이 있다. 몽골어 barok의 어근 bar는 국어 '볕(陽)'과 동원어라 여겨진다. ➡ 해거름의 거름, 땅거미의 거미

그물   명 網

그물은 '그'와 '물'의 합성어다. '그'와 '물'은 이음동의어(異音同義語)로서 끈이나 바, 올 또는 실의 뜻을 지닌다. 그물은 그러한 것이 재료가 되기 때문이다. ¶그믈(網)《釋9:8》. 한자를 보면 網(그물 망) 자에는 糸(실 사) 변이 있다. üdogeri(끈)〔蒙〕, ümorööl(끈)〔蒙〕, olosu(끈)〔蒙〕, uyalga(끈)〔蒙〕, ügesi(그물)〔蒙〕, argamzi(그물)〔蒙〕, uyaho(結)〔蒙〕. 몽골어에서 uyalga(끈)와 uyaho(結)가 대비된다. olosu(끈)는 국어 '올(條, 縷)'과 비교가 되며, 일본어 oru(織)의 어근 or와 동원어(同源語)가 된다. 이러한 일련의 사실들은 몽골어 argamzi(그물)의 어근 ar가 '줄, 끈, 올'의 뜻을 지니고 있음을 보여주고 있다. 따라서 '그믈'의 '그'와 '믈'이 그러한 명사에서 전의되었을 가능성이 있다. 그믈의 '그'는 끈과 비교된다. 끈의 고형은 '귿'으로 소급된다. '귿〉글〉그'의 변화일 것이다. '믈'도 동의어다. musubu(結)〔日〕. 미다의 어간은 '미'로서 '무이'가 줄어든 말이다. '물〉물이〉무이〉미'의 변화다. '물'은 명사로서 '끈, 줄, 바, 올'의 뜻을 지니는 말이다. 그믈의 '믈'과 '물'은 동원어일 것이다. gülmi, gülme(網)〔蒙〕. 그믈과 비슷한 면이 보인다. himo(끈)〔日〕. himo의 mo는 국어

그믈의 '믈'과 비교됨 직하다. asu(網)〔滿〕, aǧ(網)〔터키〕. asu의 어근 as
(at)는 일본어 ami(網)와 비교됨 직하다. oru(織)〔日〕, ami(編)〔日〕,
ami(網)〔日〕, o(緒, 絃)〔日〕. 일본어를 보면 국어의 '올'과 동원어임을 보
여주며, 올이 그물의 어원과 관련되어 있음을 보여준다. ➡️올가미

그믐　명 晦, 晦日

'그믐'은 '그믈〉그믈음〉그므음〉그믐'의 변화다. 그믈은 다시 '그'와 '믈'로
나뉜다. '그'나 '믈'이나 모두 해의 본뜻을 지닌다. 어두워지는 것은 해의
운행에 의한 것이다. 어둡다의 어근 '얻'도 본디는 해의 뜻을 지닌다. ¶그
믈뉘를 모론다《松江2:7》, 그 둘이 그믈거든《胎要64》, 그므록ᄒ다(죽어가
다)《杜重上53》. 그믈다의 어간은 '그믈'이고, 이는 명사가 되며 '어두워지
다'의 뜻을 지닌다. əltən(光)〔滿〕, apkha(天)〔滿〕. əltən의 əl이 해의
본뜻을 지니고, 국어 사올(三日)《龍67》의 '올'이 해의 본뜻을 지닌다. 날
이 개다(晴)의 '개'는 '가이'가 줄어든 것이고, '갇〉갈〉갈이〉가이〉개'의 변
화로서 빛깔의 '깔'과 더불어 태양의 본뜻을 지닌다. 글피(再昨日)의 '글'
이 바로 해의 뜻을 지닌다. 그러께(再昨年)의 '글'이 바로 해의 뜻을 지닌
다. 그믈의 '믈'도 해의 뜻을 지니는데, 모레의 어근 '몰'이 해의 본뜻을
지닌다. ¶모리(後日)《譯上3, 同文上3》. ➡️ 모래(明後日), 저물다

그슬리다　동 燎了

'그슬리다'는 불로 태워 거죽만 조금 검게 하다이다. ¶그슬리다(燎了)《同
文上60》. 어근 '긋'은 '귿'이 조어형(祖語形)으로서 불의 원의(原義)가 있
는 명사다. 그을음(煤)의 어근 '글'과 동원어(同源語)다. 그을음도 불에
의해 이루어진다. gal(火)〔蒙〕, gulgin(불꽃)〔滿〕, garambi(불내다)〔滿〕.
gal, gul, gar가 불(火)의 뜻을 지니고 있음을 보여주고 있는데, 그슬리
다의 어근 '긋(귿)'과 동원어일 것이다. ➡️ 그을리다

그위 명官廳

'그위'는 관청(官廳)의 고어로 '그우이'가 준말이다. ¶그위에 決ᄒ라 가려 ᄒ더니《釋6:24》, 그윗 버드리 ᄀ눌오(官柳細)《杜初7:6》, 그위실 ᄒ리라《楞3:88》. 그위의 '위'는 '우이', '울이'로 소급되며 '울'에 소급된다. '그울'은 다시 '글울'로 소급되며, '글'이 어근이 된다. '그울'은 고을(邑)과 동원어(同源語)일 개연성을 생각해 볼 수 있다. 그위실(官吏)에서 吏(리)에 해당하는 말이 '실'이라고만 볼 때 사람(人)의 어근 '살'과 '실'은 동원어일 것이다. 그윗金(금)은 公金(공금)인데 관청의 돈, 고을의 돈이라는 뜻을 지닌다. 시집간 여자는 남편이 김씨(金氏)일 경우는 金실이, 이씨(李氏)일 경우는 李실이라고 한다. ▷ 구실, 고을

그을음 명炱, 煤, 煙

불이 타고 난 자취가 '그을음'이다. ¶그스름(火台)《字會下35》, 그슬리다(燎了)《同文上60》. 어근 '굿(귿)'이 불의 뜻을 지닌다. gal(火)〔蒙〕. 몽골어 gal(火)과 그슬리다의 어근 '글(火)'은 동원어(同源語)다. kuriya(廚)〔日〕, gulgin(불꽃)〔滿〕, garambi(불내다)〔滿〕. 어근 gur(gut)는 불의 뜻을 지닌다. 만주어에서는 gul, gar가 불(火)의 뜻을 지닌다. '괄괄하다'는 불길이 세다의 뜻이다. 부엌의 15세기어는 브쉽인데 어근 '븟(븓)'은 불의 뜻이라 여겨진다. susu(煤)〔日〕. 일본어 susu의 어근 sus(sut)는 국어 사르다(燒)의 어근 '살(삳)'과 동원어가 된다. '살'의 어원적 의미는 불의 뜻을 지닌다. ▷ 그슬리다

그지없다 형無限

'그지없다'는 '한이 없다'와 같은 뜻으로 쓰인다. ¶천랴이 그지업고《釋6:13》. 끝(終)의 고어 '귿'과 '그지없다'의 어근 '긎(귿)'은 동원어(同源語)일 것이다. '귿'은 다시 'ᄀ(邊)《龍5》과 동원어일 것이다. 'ᄀ'의 고형은 '귿'으로 '귿〉끝', '귿〉그지(없다)'의 변화다. ▷ 끝, 끝없다

그치다　圖止, 停

'그치다'라는 동사는 기원적으로는 인체와 관련되었을 것이다. 인체에서 동작은 주로 손으로 한다. 그치는 것은 손 동작이다. 따라서 그치다의 어근 '긎(귿)'은 손의 뜻을 지닌다고 여겨진다. 골무의 '골', 가락지의 '갈', 가리키다(指)의 '갈' 등이 모두 손의 뜻을 지닌다. 긁다(搔)의 어간 '긁'은 '글'이 원형인데, 긁는 것은 손의 동작이다. 따라서 '글'이 손의 뜻을 지닌다. 물론 그치다는 자연의 현상이나 짐승의 동작이 그치는 것이 있을 것이나, 기원적으로는 인체의 행동에서 그치는 동사가 생겨났을 것이다. 그러나 손이 아니고 발, 다리(足, 脚)일 수 있는 가능성도 배제할 수 없다. 걷다(步)의 '걷'이 명사로서 발, 다리(足, 脚)의 원의(原義)가 있었을 것이다. 한편 止(지) 자는 갑골문(甲骨文)에서 발(足) 모양이므로 그치는 행위는 발로 하는 것이다.　▶ 긏다, 긏치다

글　圖 文字

'글'은 글, 문장, 문서, 시, 편지 등의 뜻을 지닌다. 잠꼬대의 '꼬대'는 말의 뜻으로 '곧'이 원형이다. '고래고래 소리 지르다'의 '고래'도 소리 또는 말의 뜻으로 '골'이 어근이다. 가르다(曰), 가르치다(敎)의 어근 '갈'과 '골(곧)'은 동원어(同源語)로서 말의 본뜻을 지닌다. '갈, 골, 글'은 모두 동원어다. 그러나 한편 글의 어원을 다른 시각에서도 생각해 볼 수 있다. '금을 긋다'의 '긋다'의 어근은 '긋(귿)'으로서 명사다. 금(線)은 '귿〉글음〉그음〉금'의 변화로서 조어형(祖語形)은 '귿'이다. 긋다(引), 그리다(畵)의 어근 '긋(귿), 글'은 모두 동원어로서 그리다는 선을 긋는 것이고 문자도 선을 긋는 것이다. 따라서 글의 어원은 금(線)으로 볼 수도 있다.

글개　圖 鉋, 鈀子

'글개'는 긁어서 잡아당기는 연장으로 '긁개'라고 쓰기도 한다. ¶글게 포(鉋)《字會中16》. 글게는 '글'과 '게'로 나뉜다. '글'은 칼의 고어 '갈, 끌'과

동원어(同源語)다. 돗귀(斧)《曲106》의 '귀'는 '구이'가 준 것인데, '굳〉굴〉굴이〉구이〉귀'의 변화로서 칼날(刀刃類)의 명사일 것이다. 가뀌의 옛말 갓괴《朴重下12》의 '괴'도 '곧〉골〉골이〉고이〉괴'의 변화로서 동원어다. 글게의 '게'도 '걷〉걸〉걸이〉거이〉게'로서 역시 칼날(刀刃類)의 뜻을 지니는 말일 것이다. ▶ 긁다, 긁개, 끌

글월　閏 文, 詞, 言, 簡

글은 말의 본뜻을 지닌다. 글은 말을 기록하는 부호에 지나지 않는다. ¶글발로 말이ᅀᆞᄫᆞᆫ둘(尼以巧詞)《龍26》. 글발은 글발로 소급된다. 잠꼬대의 '꼬대'에 어근 '곧', '고래고래 소리 지르다'의 어근 '골', 가르치다의 '갈', 가라사디의 '갈' 등이 모두 말의 본뜻을 지니는 말이다. '발'은 '말발이 세다'의 '발'과 동원어(同源語)로서 말의 본뜻을 지닌다. 거짓의 평안도 사투리는 거짓부리다. '부리'가 말의 뜻으로 어근 '불'이 말의 뜻을 지닌다. 거짓부리는 거짓말의 뜻이다. 부르다(呼), 부르다(唱)의 어근 '불'도 말의 본뜻을 지닌다. 글발은 말의 뜻을 지니는 이음동의어(異音同義語)다. 깃발은 기(旗)와 '발'의 합성어다. '발'은 고대어에서 깃발(旗)의 뜻을 지닌다. 일본어 hada(旗)는 pata가 원형이다. 어근 pat이 국어 '발(旛)'과 동원어다. 이빨(齒)도 '이'와 '발'의 합성어로서 '발'도 고어에서 이(齒)의 뜻을 지니는 말이다. 일본어 ha(齒)는 pa로 소급되며, pat이 조어형(祖語形)이다. 일본어에서 kotoba(言葉)는 koto와 ba의 합성어인데, koto는 국어 잠고대(寢言)의 '고대'의 어근 '곧'이고, ba는 국어 글발, 말발의 '발'의 말음탈락형으로서 말의 뜻을 지닌다.

글피　閏 外後日, 明明後日, 大後天

시간과 관련된 말은 '해'라는 본뜻을 지니는 말이다. ¶글픠(外後日)《朴重中5》, 글피《海東p.81》. '글'은 해의 본뜻을 지닌다. '픠'는 '프이'가 줄어진 말이다. '픋〉플〉플이〉프이〉픠〉피'의 변화다. '픋'은 '븓'으로 소급되며 볕(陽)의 조어형(祖語形) '볃'과 동원어다. ▶ 그러께(再昨年)

긁다 　图 搔

'긁다'의 어근 '긁'은 '글'로 소급되는데, 'ㄱ'은 나중에 첨가된 자음이다.
긁는 행위는 손에 의한 동작이다. '搔(긁을 소)' 자를 보아도 扌(손 수)
변이 있다. ¶옴올 글그며《月7:18》, 머리 글구믈 셜리 ㅎ고(搔頭急)《杜初
20:2》. kaki(搔)〔日〕. 일본어 kaki의 어근 kak은 조어형(祖語形) kat으
로 재구할 수 있다. 긁다의 '글' 조어형과 동원어(同源語)가 된다. ürüho
(긁다)〔蒙〕, maltashihö(긁다)〔蒙〕. 어근 ür, mal은 손의 뜻을 지니는
말로서, 몽골어의 고대어에 ür, mal이 손의 뜻을 지니고 있었던 말이다.
mutol(手)〔蒙〕, usyambi(긁다)〔滿〕. 어간 usya의 어근은 us(ut)로서
만주어에서 ut이 손의 뜻을 지녔던 말이다. 터키어에 el(手)이 있다.
　　　　　　　➡ 가지다, 가리키다, 갈다, 갉다, 끄적거리다, 끼적거리다

긋다 　图 劃, 畫

'긋'은 획의 뜻을 지닌다. ¶字ㅅ 그슬 모로매 고르고 正히 ㅎ며《內26》.
금을 긋다, 그림을 그리다의 긋다와 그리다의 어근 '긋, 글'은 모두 '글'이
조어형(祖語形)이다. 긋는 것은 손의 행위이므로 그 어원은 손이다.
kaku(書, 畫)〔日〕. 일본어에서는 글을 쓰는 것이나 그림을 그리는 것이나
kaku(書, 畫)라 한다. 국어 긋(글)과 동원어일 것이다. 일본어 kaku
(書, 畫)의 어원적 어근은 kal이다. 그렇게 보면 국어 '글'과 동원어가
된다. 그림(畫)의 어근 '글(귿)'도 동원어일 것이다. 　　➡ 그리다

기다 　图 跁這, 腹這, 匍匐

'기다'의 어근 '기'는 명사다. ¶긔는 거시며 ᄂᆞ는 거시며(跁)《月1:11》. 어
간 '긔'는 '그이'가 줄어진 말로서, '귿〉글〉글이〉그이〉긔'의 변화다. 긔다
는 엎드려서 손과 발을 움직여 가는 것인데, 주로 손과 발의 작용이라
하겠다. gulgoho(기다)〔蒙〕, mičhymbi(기다)〔滿〕, emeklemek(기다)
〔터키〕. 몽골어 gulgoho(기다)의 어근 gul과 국어 긔다의 '긔'의 조어형

(祖語形) '귿(글)'과 비교가 된다. 몽골어에서 gar(手)이 손인 것을 보면, gulgoho의 gul이 손의 뜻을 지닐 가능성이 크다. 국어 골무, 가락지, 가리키다의 어근 '골, 갈' 등이 손의 뜻을 지니는 옛말이다. 한편 걷다(步)의 어근 '걷'과 비교하면 긔다의 어근 '글'은 발(足)의 뜻일 가능성도 있다. 중국어에서 기다의 뜻으로 '땐(길 파)' 자가 쓰이는데, '足(발 족)' 변이다. 한편 '기다'는 배를 땅에 대고 하는 행위이므로 배로도 볼 수 있다. 일본어에서 기다는 hau(這), harabau(腹這)다. 배가 hara이므로 그렇게 볼 수 있다.

기다리다 　動待

'기다리다'의 어간은 '기달'인데, 문헌에는 '기둘'로 표기된다. ¶南記예 波瀾을 기드리로소니(待)《杜重6:23》, 결속을 豊備홈을 기둘오모론(待)《小諺6:96》, 치워서 翠華ㅅ보믈 기둘우ᄂᆞ니라(待)《杜重5:14》. '기둘'이 어간임을 보인다. '기둘'은 '기'와 '둘'로 가를 수 있다. 기다린다는 것은 모든 준비를 끝내고 행동을 기다리는 시간적 관념을 나타내는 말이라고 하겠다. 따라서 '기둘'은 시간과 관련된 어원이라고 하겠다. beklemek(기다리다)〔터키〕, bai(기다려라)〔蒙〕, büli(기다려라)〔蒙〕. 어근 bek, bai, bül은 각각 bet, but이 조어형(祖語形)이다. 그 어원은 볕(陽)의 조어형 '벋'과 동원어(同源語)라 여겨진다. aryambi(기다리다)〔滿〕, olbaril(時時)〔蒙〕. 어근 ar, ol은 해의 본뜻을 지니는 말이다. '기'는 시간을 나타내는데, ᄢᅴ(時), ᄢᅦ(時)의 고형은 '그, 기'일 것이고 '글, 긷'이 조어형이다. '둘'도 본디는 해의 뜻을 지닌다. 해돋이의 '돋'이 본디는 해의 뜻이며, 돌(年)은 '돋(日)'의 말음 ㄷ이 ㄹ로 변한 것이다.

기둥 　名柱, 支柱

'기둥'의 고어는 '긷(기둥)'이다. ¶긷(柱)《解例合字》, 기동(柱)《字會中6》. '긷'에 '옹' 접미사가 붙은 기동이 기둥으로 변했다. '긷'의 어원적 의미는 나무(木)의 뜻을 지닌다. 한 그루(株)의 '글'이 나무의 뜻을 지니며, 『삼국사기(三國史記)』「고구려 지리지」에 '斤乙(木)'이 보이고 일본어에서는 ki(木)다. 구슈(槽)《字會中12》의 고형은 '구수'이고 어근 '굿(굳)'은 나무의 본뜻을 지니며, 고(杵)의 고형은 '골'로서 역시 나무의 본뜻을 지닌다. 가지(枝)의 어근 '갖(갇)'도 나무의 본뜻을 지닌다. 넉가래, 서까래의 '가래'의 어근은 '갈'로서 나무의 뜻을 지닌다. 농기구의 하나인 가래질의 '가래'도 나무의 뜻을 지닌다. 가래도 처음에는 나무를 깎아서 만들었을 것이고 나중에 쇠 날을 붙이게 되었을 것이다. hasira(柱)〔日〕, direk(柱)〔터키〕, bagana(柱)〔蒙〕, bar(木板)〔蒙〕, thura(柱)〔滿〕. 일본어 hasira는 pasira로 재구되며, 어근은 pas(pat)이다. 일본어 hasi(橋), hasi(箸)는 pasi로 재구되며, pas(pat)가 어근이다. hayasi(林)는 parasi에서 변한 것으로 par(pat)가 어근이 되는데, 모두 어원적 의미는 나무의 뜻을 지닌다. 국어 바지랑대(竿)의 어근 '받', 보(樑)의 고형인 '볼(봍)' 등도 어원적 의미는 나무이다. 몽골어 direk(柱), 만주어 thura(柱)의 어근은 dir, thur(tit, tut)인데, 어원적 의미는 나무다. 대(竹, 竿)의 조어 '닫(닫)'과 동원어일 것이다. ki(木)〔日〕, kai(櫂)〔日〕. 일본어 ki(木)는 kit, kai는 kari에서 변한 것으로 어근 kit, kar(kat)가 되는데 국어와 동원어(同源語)라 하겠다.

기러기 图雁

'기러기'는 우리 민족에게 매우 친근한 새다. ¶긔려기(雁)《字會上15》, 기러기 기름(雁脂)《東醫湯液1:36》. kari(雁)〔日〕, galagun(雁)〔蒙〕, kaz(雁)〔터키〕, kuş(鳥)〔터키〕, kasha(鳥)〔滿〕. 기러기(雁)의 뜻을 지니는 말의 어근은 kar, gal, kaz 등인데, kaz은 kat이 조어형(祖語形)이다. gal, kar의 조어형도 kat이다. 국어 기러기의 어근은 '길'이다. 기러기의 마지막 음절의 '기'는 독립된 단어로서 새의 뜻을 지닌다. 장끼, 비둘기(鳩), 갈매기, 뻐꾸기, 뜸부기의 '기'로서 새의 뜻을 지닌다. ¶목 불근 수기 雉을 玉脂泣게 쑤어 내고《蘆溪.陋巷》. 수기가 장끼의 뜻인데 '수'와 '기'의 합성어다. '기'가 꿩의 뜻을 지닌다. 기러기가 의성어냐 하는 것은 좀 더 살펴봐야 할 것으로 여겨진다. 일본어 kiji는 꿩의 뜻이다.

기르다 图 養育

'기르다'의 어근은 '길'인데 사람의 뜻을 지니는 말이다. 사람이 최초로
기른 대상은 사람일 것이다. 따라서 '길'은 사람의 뜻을 지니고 있는 말이
될 것이다. ¶아비 어미 날 기롤 저긔(父母養我時)《杜初8:67》. 끼리끼리의
어근 '길(낄)'이 사람의 뜻을 지닌다. 멍텅구리, 장난꾸러기의 '구리, 꾸러
기'가 사람의 뜻을 지니는데 어근은 '굴'이라 하겠고, 꾸러기의 '기'도 사람
의 뜻을 지니는 말이다. 일본어에서는 ki가 사람의 뜻으로 쓰이고 있는
예가 많다. aniki(兄貴), sumeragi(皇人), izanagi(伊奘諾). 일본어
ki는 kir의 말음 r음의 탈락으로 형성되었다. kura(原身)〔滿〕, kıkı(人)
〔카자흐〕, kare(彼)〔日〕, kara(族)〔日〕. kur, kı, kis, kar 등이 사람의
원의(原義)를 지니고 있다. sodatsu(育)〔日〕. sodatsu의 어근은 sod
(sot)이다. 국어 사람(人)의 어근 '살(산)'과 동원어(同源語)일 것이다.
sadu(愛人)〔日, 琉〕, sadon(愛人, 親戚)〔蒙〕, sadon(親家)〔蒙〕, 사돈(姻
戚)〔國〕. 어근 sat이 사람의 어원적 의미를 지니고 있다. ▶치다(育)

기름 图 油, 脂, 膏

'기름'의 어근은 '길'인데, '음'은 명사 '길'에 붙은 접미사다. ¶油曰幾林《類
事》, 기름 유(油)《字會中21》. '길'의 어원적 의미는 추정이 어렵지만, 油
(기름 유) 자를 보면 氵(물 수) 변이 있다. 물의 본뜻을 지닐 가능성을
생각해 볼 뿐이다. 기름은 고대에는 식물성, 동물성의 지방을 가리켰을
것이다. abura(油)〔日〕. 일본어 abura(油)는 동물성 기름을 aburu(炙)
해서 얻기 때문에 abura(油)가 되었다는 설이 있다. aburu는 불에 쬐
어 굽다(炙燒)의 뜻을 지닌다. aburu(火)〔아이누〕. 기름(油)의 어원적
의미를 불(火)로 본다면, '길'이 불의 뜻을 지닐 것이다. gal(火)〔蒙〕. 몽
골어에 gal(火)이 있고, 그을음(煤)의 고형은 그스름(炧)《字會下35》이
다. 그슬리다의 어근 '긋(귿)'이 불의 뜻을 지닌다. ¶골 밍ᄀ라(爲膏)《救
方上62》, 골 밍ᄀ라(爲膏)《救簡6:21》. 골이 여기서는 기름의 뜻을 지닌다.
기름(油)의 어근 '길'과 '골'은 동원어(同源語)라고 하겠다. 그렇게 본다

면 '길'이 불의 뜻이 아니고 골(膏)의 뜻을 지니는 말과 동원어가 된다. 김치가 시면 그 위에 흰 곰팡이류가 끼는데, 이를 골마지라고 하는데, '골'과 동원어일 것이다. 곰(黴)도 '골〉골옴〉고옴〉곰'의 변화다. 곪다(膿)도 '골(膏)'에서 비롯한 말일 것이다.　　▶ 곪다(膿), 골다, 고다, 괴다

기리다　통 譽, 頌, 讚

'기리다'의 어근은 '길'로서 명사다. ¶常性을 기려(讚)《楞6:69》. 칭찬하는 것은 언어적 행위이므로 기리다의 어원도 말과 관련될 것이다. 글(文), 고래고래(高聲)의 '골', 가르치다의 '갈', 가라사더의 '갈' 등이 말의 뜻을 지니는데, 이 말과 기리다의 어근 '길'과는 동원어다.

기쁘다　형 喜

'기쁘다'는 동사 '깃다'가 형용사 '깃브다'로 전성한 것이다. ¶놀애를 블러 깃거 ᄒ더니《曲22》. 깃다의 어근은 '깃(긷)'이다. 喜(기쁠 희) 자를 보면, 鼓(북 고. 鼓 자에서 支를 뺀 부분은 북을 나타내며, 支는 손에 북채를 잡은 모습이다.) 자 아래에 口 자를 받친 글자다. 북(鼓) 치고 노래(口)하니 즐겁고 기쁘다의 뜻이다〔한편 제기(豆) 위에 쌓아 놓은 음식을 맛본다는 뜻으로 보기도 함〕. 깃다의 '깃'이 노래와 관련된다면 말의 뜻을 지니고 있다. 글, 가라사대(曰), 가르치다(敎), 고래고래(高聲)에서 각각의 어근 '글, 갈, 골' 등이 모두 말의 뜻을 지닌다. kisun(言)〔滿〕, kisurəmbi(말하다)〔滿〕. 어근 kis(kit)가 말의 뜻을 지니고 있다. ulgun(喜)〔滿〕, ulgunčyəmbi(기뻐하다)〔滿〕, bayarho(기뻐하다)〔蒙〕, urmasiho(기뻐하다)〔蒙〕, nairalaho(기뻐하다)〔蒙〕, ses(聲)〔터키〕, sevinmek(기뻐하다)〔터키〕, sevi(戀)〔터키〕, sevinčli(기쁘다)〔터키〕, dago(音歌)〔蒙〕, tagalaho(喜)〔蒙〕. 만주어에서 어근이 ul인데, 일본어 uresii(嬉)와 비교됨 직하다. 어근 ul은 국어 웃다의 어근 us(ut)와 보다 가깝다. 웃다의 '웃(운)'은 소리, 말(音, 言)의 본뜻을 지닌다. 몽골어에도 ulmasiho(기뻐하다)가 있는데, 어근 ul이 만주어와 국어와 연결된다. 몽골어 bayarho는 bararho

로 재구되며 bar가 어근이 되는데, 국어 말발의 '발(言)'과 그대로 비교된다. 결국 깃다의 '깃'은 말 또는 소리(音)의 본뜻을 지닌다. 한편 몽골어에서 dago(音·歌)가 tagalaho(喜)로 전성되고 있음을 알 수 있다.

기와 명 瓦

'기와'는 '디새'에서 변한 말이다. ¶디새 와(瓦)《字會中18》, 지새 와(瓦)《倭上32》, 지와 가마(瓦窯)《物譜, 第宅》, 기와(瓦)《큰사전p.542》. 기와를 '개와'〔경상도〕라고도 하는데, 이는 아마도 한자어 蓋瓦(개와)에서 온 말일 것이다. 디새가 '지애'로 변할 것이 '지와'로 변한 것은 한자어 瓦에 끌려서 변했을 것이다. '지와'가 기와로 변한 것은 구개음화(口蓋音化)의 역유추현상(逆類推現象)이다. 디새는 '디'와 '새'로 나뉜다. ¶니어 잇는 거시 룽본 도틴 막새 수디새 암디새《朴初上68》, 막새(猫頭瓦)《譯上17》. 막새는 수기와 곁에 반달 모양의 혀가 달린 기와로서 전자(篆字), 물형(物形)의 무늬가 있다. 막새의 반대어로 내림새가 있다. 디새, 막새, 내림새로 볼 때 '새'가 독립된 명사임을 알 수 있다. 디새의 '디'나 '새'나 모두 흙을 구워서 만드는 것이기 때문에, 어원적 의미는 흙일 것이다. '디'는 '달(山), 돌(石), 들(野), 딜(土)'과 동원어(同源語)다. '새'는 '사이'가 줄어든 말이고, '삳〉살〉살이〉사이〉새'의 변화다. '살'이 근원적으로는 흙의 뜻을 가진다. ¶재 너머 스래 긴 밧츨 언제 갈려 흐느니《靑p.50》, 絲浦 今蔚州 谷浦也《三遺3》. siroi(土)〔蒙〕. 스래는 현대어에서 이랑의 뜻인데, 어근 '술'이 흙의 뜻을 지닌다. 일본어 sato(里)와 비교된다. 『삼국유사(三國遺事)』에 나오는 지명의 사곡(絲=谷)에서 谷이 '실'이다. 몽골어에서 siroi(土)가 흙의 뜻을 지니는데, 어근은 sir이다. 모두 어원적 의미는 흙의 뜻을 지닌다.　　　　　　　　　　　　　　　　◘ 질그릇의 질

기장 명 丈, 衣長

옷의 길이를 뜻하는 '기장'의 어근은 '깃(긷)'이다. 따라서 길이의 어근 '길'은 '긷'으로 소급될 수 있다. 길다(長)의 어근 '길'은 명사로서 길(路)

에서 비롯한 형용사라 하겠다. 고대인이 길다고 생각한 것은 길(路)이었을 것이고, 길의 어원적 의미는 땅(土, 地)의 뜻을 지닌다. mitsi(路) 〔日〕. 일본어 mitsi(路)의 어근 mit은 국어 뭍(陸, 土)과 동원어(同源語)가 된다. 무게의 단위로 쓰이는 경우도 있다. 한편 길다(長)의 관념은 하천에서 비롯했을 개연성도 있다. ¶횬 기장ㅅ너비 分이오 돈 ᄒ나히 文이라《永嘉上38》.　　　　　　　　　　　　⊃ 고의, 깁, 끈, 옷깃

기저귀　명 尿布, 褓褓

'기저귀'는 '깃'과 '어귀'를 합친 말이다. 헝겊을 뜻하는 '깃'에 '어기(아기)' 접사가 붙었다. 사투리에 기상구, 기상기가 있다. ¶깁(깁爲繒)《解例合字》, 깃 : 領은 옷 기지라《圓上一之二76》, 깃(옷깃) : 옷깃 녀미오(歛袵)《杜初8:20》, 깃(강보) : 친히 기술 지어(親造褓褓)《新續孝8:71》. ¶샷깃(기저귀) : 샷깃(尿布)《譯補22》. 샷깃의 '샷'은 샅(股)의 뜻이고 '깃'은 베(布)의 뜻이라 하겠다. ¶옷기제 젓는 피오(霑襟血)《杜初8:28》. 기저귀는 '깃(布)'에 '어귀'가 붙어서 된 말이다. ¶고로 릉(綾)《字會中30》, 깁 겸(縑)《字會中30》. 고로의 어근 '골'은 깁(길)과 동원어일 것이다.　　⊃ 기장, 옷깃

기지개　명 欠伸

'기지개'는 피곤을 덜기 위해 몸을 쭉 펴고 팔다리를 뻗는 짓이다. 기지개를 하다를 기지개 켜다라고도 한다. 문헌에는 '기지게'로 나온다. ¶기지게 ᄒ며《內1:50》, 기지게 신(伸)《字會上30》, 기지게 켜다(舒腕)《譯上38》. 기지게는 '기지'와 '게'로 나뉘고, '기지'는 다시 '긴이'로 볼 수 있다. 어근 '긴'의 어원적 의미는 '사람(人), 신장(身丈)'의 뜻을 지닌다고 여겨진다. 한 길, 두 길 할 때 '길'은 사람의 키를 뜻한다. 키의 15세기 명사는 킈(丈)로 표기된다. ¶킈 젹도 크도 아니ᄒ고《月1:26》, 킈 크니(身材高)《漢154c》. 킈는 '크이'가 줄어든 말이고, '근〉글이〉그이〉긔"의 유기음화(有氣音化)다. 기지게의 어근 '긴'은 키(丈)의 어원적 의미를 지닌다. senobi(기지게)〔日〕. 일본어에서 기지개를 senobi(背伸)라고 한다. se는 국어

의 키(丈)의 뜻이고, nobi는 폄(伸)의 뜻을 지닌다. 일본어 senobi는 키를 크게 하다의 원의(原義)를 지닌다. 이러한 일련의 사실은 기지게의 '기지'가 키(長)의 뜻을 지닐 가능성을 더해준다. 즉 기지게란 키를 펴는 것이라 하겠다. sunul(기지게)〔蒙〕. sunul은 su와 nul로 나눌 수 있는데, su는 일본어 se(丈, 身)와 비교될 수 있다. 일본어 se(키)는 국어에서 곱사등이, 복사뼈의 '사'에 해당되는 것으로 등(背)의 뜻을 지닌다. sırt(背)〔터키〕. 기지게의 '게'는 접미사 구실을 하나, 본디는 실사(實辭)였을 것이다. '걷〉걸〉걸이〉거이〉게'의 변화라 하겠는데, 어깨의 고형 엇게(肩)의 '게'와 비교됨 직하다. '게'의 조어형 '걷'은 일본어 kata(肩)와 비교된다.

기침 圐 咳, 欬, 嗽

'기침'은 생리적인 현상의 하나다. ¶기춤《月16:6》, 기춤기치다(咳嗽)《救簡2:9》, 기춤ㅎ다《釋19:39》, 기츰(咳)《字會中33》, 기츰깃다(咳嗽)《痘上10》. 기츰에서 기침으로 변했다. 기츰깃다의 '깃다'의 어근 '깃(긷)'은 명사로서 고어에서는 '긷'이 곧 기침의 뜻을 지니는 명사라 하겠다. 명사 '긷'에 '음'계 접미사가 붙음으로써 음절이 늘어나 형성되었다. '긷〉긷움(음)→기침'의 변화를 생각할 수 있다. 기침의 어근 '긷'은 입과 관련되지 않을까 한다. 한자어 咳(기침 해)를 보면 입구(口) 변이 있다. 亥(해)는 형성자(形聲字)의 음을 나타내는 부분이라 여겨진다. 한편 '긷'은 김(氣)과 동원어(同源語)일 가능성도 있다. ¶잆김드러《救方上10》, 몰김들면(入馬氣)《救簡6:73》, 뿍기미(艾氣)《朴初上39》. '김'이 氣(기)의 고유어(固有語)라 하겠는데, 한자어 氣(기)와 동원어일 수도 있다.　　　　　　　▶ 지침(경상도 방언)

길다 圐 長

'길다(長)'의 어근 '길'은 명사로서 하천(河川)의 뜻을 지닐 가능성을 생각해 본다. ¶블근 ᄂᆞ리 기니(白日長)《杜初7:23》. 고대인에게 길다의 관념은 하천에서 발상하였을 것이라 여겨진다. dere(河)〔터키〕, derin(長)〔터키〕.

터키어를 보면 dere(河)와 derin(長)의 어근이 일치되고 있다. orto
(長)〔蒙〕, odagan(永)〔蒙〕, oso(水)〔蒙〕, oluk·ark(溝)〔터키〕. 어근 or,
od, ol, ar 등이 모두 물의 뜻을 지니고 있다. 국어 '얼'(氷)'도 물의 뜻을
지니고 있다. 고구려어에 於乙(泉, 井)《三史37》이 있다. 길다(長)의 '길'
은 ᄀᆞ롬(江)의 '굴', 냇갈(川) '갈'과 동원어(同源語)라 하겠다. 깊다(深)
의 어근 '깊'은 '깁'으로 소급되고 '긴〉길〉긿〉깁〉깊'의 변화일 것이다. naga
i(長)〔日〕, nagareru(流)〔日〕. 일본어 nagai(長)는 nagareru(流)와 어
근 nag가 일치하고 있다. 어근 nag는 국어 나리(川)의 어근 nal과 동원
어가 된다. 국어와 일본어를 대응시키면, 술(酒) : sake(酒), 달(月) :
tsuki(月), 갈(柿) : kaki(柿), 돌(年) : toki(時), 날(川) : naga(流,
長) 등이 있음을 알 수 있다. 국어 말음 ㄹ음이 일본어에서 k와 대응되고
있다. 한편 한자 長(장)은 흔히 머리털이 긴 노인을 상형한 자라고 한다.
그러나 길다(長)의 '길'은 길(路)과 동원어일 개연성도 배제할 수는 없다.

김¹ 圐 草, 海苔

논밭에서 잡초를 가려내는 것을 '김매다'라고 한다. 김은 여기서 풀의 뜻
이다. ¶기슴(草)《字會下5》, 깃다(풀이 무성하다)《杜初20:13》. '깃'이 풀의
뜻을 지니고 있는 명사가 된다. 꼴(蒭)의 고형 '골(곧)'과 동원어(同源
語)다. 바다의 해초인 김(海苔)도 어원적으로는 바다의 풀로 여긴 것이
다. 김이 풀을 가리키는 일반적인 말이었는데, 해태(海苔)의 뜻으로 한
정하게 되었다.

김² 圐 氣

기(氣)의 국어는 '김'이다. ¶읪김드러《救方上10》, 몰 김 들면(入馬氣)《救
簡6:73》, 뿍 기미(艾氣)《朴初上39》. 김이 氣의 뜻을 지니는 말임을 알 수
있다. ¶빗김의 달화내니《松江1:19》, 늄의 김에(隨聲附和)《漢247d》. 여기
에 김은 기세(氣勢)의 뜻을 지니고 있으나, 본뜻은 氣란 뜻을 지니고
있다고 여겨진다. "내친 김에 해치우자", "홧김에 서방질한다" 등의 김도

기세의 뜻을 지닌다. 한자의 氣 자를 살펴본다. 氣는 고정된 형태가 없이 공중에 떠다니는 수증기 모양을 본뜬 글자로 보고 있다.(『說文解字』에는 雲氣). 气 밑에 米(쌀 미) 자를 받쳤는데, 밥을 지을 때에 끓으면서 증발하는 증기(氣)를 뜻한다. 증기는 구름이 되고 비가 된다 하여 널리 기후(氣候)의 뜻으로 쓰이게 되었다. '氣' 자가 들어가 있는 말은 원기(元氣), 기운(氣運), 천기(天氣), 지기(地氣), 생기(生氣), 기후(氣候), 기색(氣色), 공기(空氣), 정기(精氣), 혈기(血氣), 열기(熱氣) 등 생명력, 활력, 핵심 등의 뜻을 지닌다. 氣는 생명이며 열(熱)이라는 것을 보여주고 있다. 열(熱)의 근원이 태양이라는 것은 두말할 것도 없다. 열(熱)과 생명을 주는 대표적인 것은 무엇일까. 뭐니 뭐니 해도 태양일 것이다. 지구에 태양이 없다면 그것은 암흑이고 생명체가 존재할 수가 없다. 그러니까 생명의 창조주는 태양이며, 태양은 곧 생명이며, 열이 된다고 하겠다. 그러한 면에서 김의 어원은 태양이 아닐까. 해거름(黃昏)의 '거름'의 '걸'도 태양의 뜻을 지닌다. 빛깔(갈)의 '갈'의 본뜻은 태양이다. 땅거미 지다에서 '거미'도 해거름의 '거름'과 연결된다. 힛귀(輝, 旭, 昜)《字會下1》의 '귀'는 명사로서 '굳〉굴이〉구이〉귀'의 변화로 해의 뜻을 지닌다. 김의 조어형은 '긴〉길〉길임〉기임〉김'의 변화로 이루어진 말이다. 김의 조어형 '긴'은 '굳, 갈(갇)' 등과 동원어로서 해의 뜻을 지니는 말일 것이다. xei(氣)〔蒙〕. xei는 kei로 재구되며 keri, ker, ket으로 소급된다. ket은 해의 뜻을 지닌다. gün(해)〔터키〕. gün은 gut으로 소급되며 국어 해의 뜻을 지니는 '갇, 굳, 길'과 동원어다. 해의 뜻을 지니지 않는다면 열을 지니고 있는 불과 관련될 가능성이 있다. 국어에서 소실어(消失語) 가운데 '갈(火)'이 있었을 것이다. gal(火)〔蒙〕. ❏ 물끼의 끼

김알지 몡 金閼智

'김알지'는 신라 김씨의 시조이다(新羅金氏自閼智始)《遺事1.13》. altan (金)〔오로촌〕, altan(金)〔에벤키〕, altan(金)〔蒙〕, altin(金)〔터키〕, altun (金)〔위구르〕. 알지는 金의 고유어라 하겠다. 金과 알지(金)의 합성어로서 이음동의어라 하겠다. aruji(主)〔日〕, aroji(主)〔日〕. '閼智'가 일본어 aruji

(主)와 비교됨 직하다. '알지'를 합성어로 볼 때는 '알'은 금(金), '지'는 사람(人)의 뜻을 지닌다. 임자, 자네의 '자'가 사람의 뜻을 지니며 '이치, 저치' 할 때 '치'도 사람의 뜻을 지닌다. aktaci(馬丁)〔蒙〕, iruaci(豫言者)〔蒙〕, bakci(占師)〔터키〕, duaci(祈禱師)〔터키〕. 알지를 '金人'으로 풀이하게 된다. '알지'의 '알'을 卵生說話와 관련시킨다면 '알'은 卵의 뜻을 지닐 개연성도 있다. '알'이 卵의 뜻으로 이해되지만 어원적인 의미는 태양이다. 난생설화는 태양숭배사상에서 비롯되는 것이다. ¶사올(三日) 《杜初15:36》, 나올(四日)《釋11:31》. '올'이 日로서 태양의 뜻을 지닌다. 아춤(朝), 어제(昨日)의 어근 '앚, 엊'은 '앋, 얻'이 조어형인데 태양의 뜻을 지닌다. *알/얼(水) : ama(雨)〔日〕, 돌(石) : tama(球)〔日〕. *알(태양) : ama(天)〔日〕. *얼(水) : umi(海)〔日〕. *날(水) : nami(波)〔日〕, 갈(髮) : kami(髮)〔日〕, 뚤(女息) : tsuma(妻)〔日〕. 소실어에 알(太陽)이 있었음을 보여 준다.

김치 명 菹, 沈菜

'김치'는 딤치의 한자어 침채(沈菜)에서 변한 말로, 조선 초기에는 이를 딤치라 하였던 것인데, 뒤에 구개음화(口蓋音化)로 짐치로 변하고, 다시 구개음화의 역유추(逆類推)로 '김츽〉김치'로 변한 것이다. ¶딤치 조(菹)《字會中22》, 짐츽 : 저리짐츨망정 업다말고 내여라《珍靑p.40》, 김츽 : 저리김츨망정《靑大p.67》. 김치는 한국 한자어 沈菜에서 변했는데, 沈菜는 오늘날 무를 소금물에 담근 동치미라 하겠고, 배추로 한 김치가 아니었던 것이다. ▶ 짐치(경상도 방언)

깁 명 繒, 絹織物

'깁'은 비단의 고어로 '긴〉길〉긻〉깁'의 변화를 생각할 수 있다. ¶깁(繒)《解例用字》. kinu(絹)〔日〕. 어근 kin은 kit으로 소급된다. 고로(綾)《字會中30》의 어근 '골(곧)'과 동원어(同源語)다. 고티(繭)《解例用字》의 어근 '곧'과도 동원어일 것이다. 옷을 깁다의 '깁'은 깁(絹)과 동원어일 것이다.

'깁'의 조어형 '길'은 길쌈의 '길'과 동원어가 될 것이다.

깃¹   圀 巢

'깃'의 재료는 주로 초목이므로, 깃이 초목류의 뜻을 지닐 것이다. ¶깃
爲巢《解例用字》, 깃 깃다(둥지 틀고 살다)《杜初15:7》. 깃(깁)은 나무의 뜻
도 있다. ¶깁爲柱《解例合字》. 넉가래, 서까래의 어근 '갈(깔)'이 나무의
어원적 의미가 있다. 배를 젓는 노를 일본어에서는 kai(櫂)라고 하는데,
kari에서 r음이 떨어진 형이다. 어근 kar(kat)가 나무의 뜻을 지닌다.
일본어 ki, ko(木)와도 동원어(同源語)고, 국어 그루(株)의 어근 '글'과
도 동원어가 된다. 일본어 kusa(草)는 국어 골(生草)과 동원어. 왕골
의 '골'이 풀의 뜻을 지니고, 꼴을 벤다 할 때 꼴의 고형이 '골(곧)'이다.

⬛ 그루(株)

깃²   圀 褓, 褓, 襁

'깃'은 포대기, 강보의 뜻을 지니는 말이다. ¶아기는 기세 잇써니(其秀在
褓褓)《三綱. 烈31》, 두어 깃실오(鋪兩三箇襁子)《杜初上56》, 아긔깃(襁子)
《譯上37》. 기저귀는 '깃어귀〉기서귀〉기저귀'거나 '긴〉깃＋어귀'일 것이다.
사투리에 '기상기', '기상구'가 있다.

깃들이다   图 棲

'깃들이다'는 '깃'과 '들이다'로 나눌 수 있다. ¶창 우희 져비 깃드러《五倫
3:24》, 흰새 분묘 ᄀ익 깃드리니《新續孝1:66》, 짓드리다(棲止)《同文下36》,
노폰 남기 깃 깃고《法華2:111》. 깃드리다, 긷드리다, 짓드리다, 깃깃다,
깃다 등으로 나타난다. 어근 '깃'은 새집, 새의 보금자리의 뜻을 지닌다.
¶깃爲棲《解例用字》. 깃(巢) 들(入)이다, 깃들이다의 뜻에서 아늑하게 서
려들다, 스며들다의 뜻으로 전성되었다. 집(家)이 짚(藁)과 동원어(同
源語)라고 한다면 '깃'은 주로 초목으로 짓기 때문에 어원적 의미는 나무

일 것이다. 긴(柱), 그루(株)의 어근 '긴, 글' 등이 나무의 뜻을 지닌다.

깃발 명 旗

'깃발'은 기(旗)와 '발'의 합성어다. ¶긧발 유(斿)《字會下15》. bayrak(旗)
〔터키〕, hata(旗)〔日〕, khiru(旗)〔滿〕. 깃발의 '발'은 旗의 고유어로서 조
어형(祖語形)은 '받'이다. 터키어 bayrak(旗)은 bay와 rak으로 나뉘는
데, 조어형은 pat이다. '발(旗)'의 조어형 '받'은 일본어에서 hata(旗)가
된다. hata는 pata로 재구(再構)된다. 긧발의 '긔'는 한자어 旗다. 깃발
은 한자어 旗와 고유어인 발(旗)의 합성어다. ➡ 베(布)

깊다 형 深

'깊다'의 어근 깊'은 '깁'으로 소급되며, '긷〉길〉긻〉깁'의 변화일 것이다.
'길'은 물의 뜻을 지닌다. ¶믈 깊고(江之深矣)《龍34》. 고대인들이 깊은
것을 물에서 느꼈을 것이다. 걸(渠, 溝), ᄀᆞ룸(江, 湖)의 '굴' 등과 동원어
(同源語)다. hukai(深)〔日〕. pukai로 소급되며 puk이 어근이다. 한일
어를 대응시키면 다음과 같다. 바다(海), 붓다(注) : hutsi(淵)〔日〕, hukai
(深)〔日〕. 어근 '받, 붇(붇)'이 물의 뜻을 지닌다. 일본어 hutsi(淵)는
putsi로 소급되며 hukai(深)는 pukai로 소급되며 put이 어근이다.
dere(溪流)〔터키〕, derin(深)〔터키〕. ➡ 긷다(汲水)

까다롭다 형 難, 難解

'까다롭다'는 사연이 많고 힘들고 어렵다의 뜻을 지니는 말이다. ¶까다롭
다 : 까다론 졍스룰 만다라(造作苛政)《三略上35》. 까다롭다의 어간은 '까
다'가 되고 명사라 하겠다. '까닭'(緣由, 事由)의 고형이라고 볼 수 있는
'가달'도 까다롭다의 '까다'와 동원어(同源語)가 될 것이다. 사유, 연유의
뜻인 말미(由, 緣)《類合下11, 下29》의 '말'은 말(語)의 뜻이다. '미'는 'ᄆᆞ이'
가 줄어든 말인데, '몰이〉ᄆᆞ이〉미'의 변화로서 말(語)의 뜻을 지닌다. 무

속의 진오기굿에서 바리공주에 대한 사연을 말할 때, '말미 드린다'고 한다. 바리공주에 대한 사연(一代記)을 말씀드린다는 뜻을 지닌다. 따라서 까닭의 '가달'도 말(語)의 뜻을 지니고 있을 것이라고 여겨진다. 사연이나 사유는 언어적 표현의 내면적 의미가 있다고 하겠다. '가달'은 합성어로서 '가'와 '달'로 가를 수 있다고 하겠는데, 두 말 모두 말(語)의 뜻을 지닌다고 하겠다. '가달'의 '가'는 가르다(曰), 가르치다(敎)의 어근 '갈(語)'이고 '달'도 말(語)의 뜻을 지닌다. 넋두리의 '두리'가 말(語)의 뜻을 지닌다. 들에다, 떠들다의 어근 '들, 떠(덛)'도 말(語)의 뜻을 지닌다. ¶가탈ᄒᆞᄂᆞᆫ 물 : (點的馬)《譯上29》. 가탈부리다, 가탈스럽다, 가탈거리다의 가탈은 '가달'에서 변한 말이다. 여기서 가탈도 사유, 연유의 뜻을 지닌다고 여겨진다.

➡ 까닭

까닭 　명 緣由

'까닭'은 사유가 되므로, 언어적인 개념이라 하겠다. ¶상소훈 ᄭᅡ닥으로《閑中p.566》. ᄭᅡ닥의 고형 'ᄭᅡ달'에서 'ᄭᅡ닭〉ᄭᅡ닥'의 변화일 것이다. 까닭의 고형은 '가달'이라 하겠다. '가달'은 '가'와 '달'의 합성어로서 어근 '가'는 말의 뜻을 지닌다고 하겠다. ¶ᄀᆞᄅᆞ다(曰)《類合上14》, ᄀᆞᄅᆞ치다(敎)《釋19:2》. 어근 'ᄀᆞᆯ(ᄀᆞᆮ)'이 말의 뜻을 지닌다. 잠꼬대(寢言)의 '꼬대'의 어근 '곧'이 말의 뜻을 지닌다. koto(言)〔日〕. 일본어 koto(言)는 국어 '곧'과 동원어(同源語)다. 고래고래 소리 지르다의 '고래'도 말의 뜻이며, 일본어 koe(聲)는 '고래'의 ㄹ탈락형이다. ¶ᄭᅡ다론 정ᄉᆞ롤 만다라(造作苛政)《三略上35》. ᄭᅡ다롭다의 'ᄭᅡ다'는 까닭의 '가달'과 동원어가 된다고 하겠다. ¶가탈ᄒᆞᄂᆞᆫ 말《譯下29》. 가탈은 타고 앉았기 불편하도록 가치작거리며 탈탈거리는 말의 걷는 동작이라는 말에서 일이 수월하게 되지 않도록 방해하는 조건이나 이러쿵저러쿵 트집을 잡아 까다롭게 군다는 뜻이 파생된 말이다. 가탈, 까다롭다, 까닭은 동원어에서 전의된 말이라 하겠다.

➡ 까다롭다

까마귀 명鳥

'까마귀'는 검은 새다. ¶다숫 가마괴 디고(五鴉落兮)《龍86》. 가마괴는 '가마'와 '괴'의 합성어다. '가마'는 검다(黑)의 뜻이고 '괴'는 새(鳥)의 옛말이다. '괴'는 '곧〉골〉골이〉고이〉괴'의 변화다. 딱따구리(啄木鳥), 왜가리(青鷺), 말똥가리, 곳고리(鶯)《字會上17》 등의 구리, 가리, 고리 등이 새의 뜻을 지니는 옛말이다. kasha(鳥)〔滿〕, kaha(鳥)〔滿〕, garimbi(鳥鳴)〔滿〕, kuš(鳥)〔터키〕, karga(鳥)〔터키〕, xeriya(鳥)〔蒙〕, xaraxeriya(鳥)〔蒙〕. 어근 kas, kur, kuš 등이 새의 뜻을 지니고 있는 말이다. 일본어 yamagara(山雀)의 gara가 국어 갈(鳥)과 비교되며 일본어 tsupakura(燕)의 kura도 역시 새의 뜻을 지니는 말이다. 가마괴는 검은 새(黑鳥)라는 어원적 의미를 지닌다. 일본어 karasu(鳥)의 kara가 흑(黑)의 뜻인데, '가마괴'의 '가마'에 해당된다. '가마'의 어근은 '감'이고, '갇〉갈〉갈암〉가암〉감'의 변화다.　　　　　　　　　　　**➡** 까막까치, 까막딱다구리

까치설 명 大晦日, 歲暮, 除夕, 除夜

흔히 음력 그믐날을 작은설이라고 하는데 '까치설'이라고 이르기도 한다. ¶아촌 설(歲暮)《分瘟4》, 묻 사르미 믜여 두리 아츠니라(群猜鮮有存者)《內一33》. '앛다'는 작다의 뜻을 지닌다. '아촌설'은 '작은설'이라는 뜻이다. 아촌이 아춤으로도 나온다. ¶아춤설밤(除夕)《譯補4》. 아촌의 뜻이 언중에게 명확하지 않은데서 오는 표기일 것이다. '아촌설〉아친설〉아치설'로 변했을 것이라 추정된다. '아치설'까지 변하자 '아치'가 '작은'의 뜻을 지니고 있다는 것을 상실한 언중은 '아치'와 음이 조금은 비슷한 까치로 대체하게 되어 엉뚱하게 까치설이 태어났다. 음력으로 22일 '조금'을 남서 다도해(多島海) 지방에서는 '아치조금'이라고 하는데, 경기만 지방에서는 '까치조금'이라 한다. 아치조금이 까치조금으로 바뀌듯 아치설이 까치설로 바뀐 것이다. 그러니까 까치설이란 말은 새인 까치와는 아무런 관련이 없다고 하겠다. ¶마리 우희 가치 삿기 치니《曲61》. 15세기 문헌에 '가치'인데 아마도 까치의 울음소리와 관련된 의성어일 개연성이 짙다. '까치설'

이라고 하는 말이 언중에게 알려지게 된 것은 1927년이라고 하겠다. 윤극영 작시, 곡인 '까치 까치 설날은'이라는 동요가 발표되어 어린이들에게 불리면서 널리 퍼졌다. "까치 까치 설날은 어저께고요. 우리 우리 설날은 오늘이래요. 곱고 고운 댕기도 내가 드리고 새로 사온 신발도 내가 신어요. 우리 언니 저고리 노란 저고리, 우리 동생 저고리 색동저고리, 아버지와 어머니 호사하시고 우리들의 절 받기를 좋아하세요."

깎다 　图 削, 切

'깎다'는 연장의 날로 물건의 가죽을 얇게 베어내다이다. ¶거프를 갓ㄱ니(削皮)《杜初16:57》'갓ㄱ다'의 어근은 '갓'이고 '갇'으로 소급된다. 깎는 행위는 주로 날(刃)이 있는 것 즉 칼(刀)이나 낫이 주가 된다. '칼'의 옛말은 '갈'이고 '갇'이 조어가 된다. 일본어 katana(刀)의 kata가 국어 칼의 조어 '갇'의 반영이고 na는 국어 날(刀)의 반영이다. '갓ㄱ다'의 어근 '갓(갇)'은 칼의 뜻을 지니는 말이다. kəsmək(切, 割)〔위구르〕, gezuru(削)〔日〕.

깔보다 　图 見下, 看不起, 侮慢

얕잡아보다. '깔보다'는 '깔'과 '보다'의 합성어다. '눈깔'은 '눈'과 '깔'의 합성어인데, '눈ㅅ갈'의 '갈'에서 사잇소리가 들어가 된소리가 되었다. '갈'도 눈(目)의 뜻을 지닌다. göz(目)〔터키〕, görmek(見)〔터키〕, kör(盲人)〔터키〕. görmek은 gör에 mek 접사가 붙어서 '보다'란 동사가 되었다. gör는 명사로서 조어는 göd이다. göd〉göz로 되었다. '눈ㅅ갈'의 '갈' 조어는 '갇'으로서 터키어 'got'과 동원어가 된다. '깔보다'의 '깔'은 '눈ㅅ갈'과 동원어로서 어원적인 의미는 눈(目)의 뜻을 지닌다고 하겠다. '눈ㅅ갈'이 눈의 비어(卑語)로 변하듯 '갈'이 눈이란 뜻에서 비어가 되어서 '깔보다'는 '얕잡아보다'의 뜻이 되었다.

깡통　圐 空罐頭盒, 罐子

'깡통'은 쇠붙이로 만든 통조림 따위의 통이다. 영어 can과 중국어 筒
(통, 용)의 합성어다. 서양 물질문명의 유입과 함께 언어도 함께 들어와
외래어화(外來語化)한 어휘다. 일본에서는 네덜란드어 kan에서 차용한
kan(缶)을 쓰고 있는데, 우리말에서는 여기에 통을 더해 만든 말이라고
도 볼 수 있다.　　　　　　　　　　　　　　　　　　　　　　　▶ 깡

깡패　圐 暴力輩

영어 gang과 중국어 牌(패)의 합성어라 보는 견해가 있다. 한편 강(깡)
짜를 부리는 무리라는 뜻으로 '강(깡)＋배·패(輩)'로 볼 수도 있다. 깡
다구의 '깡'도 비교된다. 깡보리밥, 깡마르다의 '깡'과도 동원어(同源語)
일 것이다. 배는 '받〉발〉발＋이〉바리〉바이〉배'의 과정을 생각할 수 있다.
홍정바지, 갖바치의 바지, 바치나 군바리, 비바리의 바리와 동원어(同源
語)라 여겨진다.　　　　　　　　　　　　　　　　　　　　　▶ 껄렁패

깨다　圐 覺醒, 悟

잠을 깨다, 꿈을 깨다의 어간은 '깨'인데 '까이'의 준말이고 '간〉갈〉갈이〉
가이〉개'의 변화다. ¶ 끼다(覺)《字會上30》. 깨는 것은 주로 눈의 행위가
될 것이다. 조어형(祖語形) '간'은 눈의 뜻을 지닐 가능성이 있다. göz
(目)〔터키〕, gölmek(見)〔터키〕. 어근 göz, göl이 눈의 뜻이고, 국어 눈깔
(갈)의 '갈'이 바로 눈의 뜻이다.

깨닫다　圐 覺

깨닫는 것은 정신적이며 언어적인 인식이 될 것이다. ¶ 더욱 깃거 다시
끼드라《釋6:20》. 끼돋다의 어간 '끼돋'은 '끼'와 '돋'으로 가를 수 있다. ¶ 끨
교(覺)《字會上30》, 낄 셩(醒)《類合下7》. 끼다(覺醒)의 어근은 '끼'다. '끼돋'

의 '돋'은 돋다의 어근으로서 근원적으로는 명사였을 것이다. 돋다의 '돋'
은 언어의 뜻을 지닌 명사로 볼 수 있을 것이다. 깨닫다는 참뜻을 아는
것이다. ¶뜯(志, 생각)《龍86》, 들에다(떠들다)《杜初7:16》. 어근 '듣, 들'
이 명사로서 말(言)의 어원적 의미를 지닌다고 하겠다. 깨닫다의 어원적
의미는 '말을 알다, 뜻을 알다(覺語, 覺志)'의 뜻을 지닌다고 하겠다.

깨물다 통 破咬, 斫

'깨물다'는 깨어지도록 물다의 뜻이다. '깨물다'의 어간은 '깨물'일 것이고
'깨다'와 '물다'의 어간이 겹쳤다고 하겠다. '깨다'는 단단한 것을 조각나게
하다이다. ¶깨다 : 가비야이 바개니(輕輕劈破)《金三5:22》, 符節을 바개
혀(剖符)《杜初8:11》. 까다(開) : 과실 짜다(揭開)《漢365b》. 믈다(咬) : ᄅ
믈 므ᄂ니(咬人)《杜初16:57》, 믈 교(咬)《字會下8》. '깨다'의 어간 '깨(破)'
와 '믈(咬)'의 어간 합성으로 된 동사다. 깨다의 '깨'는 '까이'가 줄어든
말이고 '가이'로 소급되며 조어는 '갈(갇)'일 것이다. galjombi(破裂)
〔滿〕, garimari(零散)〔滿〕, gara(手)〔滿〕. 어근 gal, gar는 손의 뜻을 지
닐 것이다. 깨는 것은 손의 행위다. gačimbi(가져오다)〔滿〕, gači(가져
오라)〔滿〕, gamambi(가져가다)〔滿〕. 가지다(持)의 어간 '가지다'와 만주
어 gači는 일치하고 있다. '가지다'의 어간 '가지'는 어근이 '갖'이지만 '갇'
이 조어다. 만주어 gara의 어근 gar(gad)와 일치하고 있다. 가지는 것
은 손안에 들어오는 행위다. 따라서 '깨다'의 어간 '깨'의 조어 '갇'은 어원
적인 의미는 손이다. 믈다(咬)의 어근 '믈'은 입(口)의 뜻을 지닌다. 묻다
(問)의 어근 '묻'도 말의 뜻을 지니지만 어원적인 의미는 입이다. 말은
입에서 이루어진다. '깨물다'는 입으로 '깨어물다'지만 어원적인 의미는
깨(手), 물(口)의 명사가 깨다, 물다의 동사로 바뀌고 다시 동사의 어간
끼리 합쳐서 하나의 동사를 이루었다 하겠다. kamu(咬)〔日〕는 국어 골
(곧, 口)의 반영형이다. 날(生) : nama(生)〔日〕, *알(水) : ama(雨)〔日〕,
*돌(靈) : tama(靈)〔日〕, *골(곧, 口) : kamu(咬)〔日〕, *들(듣 摘) :
tsumu(摘)〔日〕, 발(足) : humu(踏)〔日〕.

꺾다 　图 折

'꺾다'는 손으로 하는 행위다. ¶雜草木 것거다가《曲62》. 어근이 '것'이다. 따라서 '것(걷)'은 손의 뜻을 지닐 가능성이 있다. 折(절) 자를 보아도 '扌'(손 수) 변이 있다. 이는 한자를 만든 사람도 꺾는 것은 손의 행위로 인식했다는 것을 보여준다. katlamak(折)〔터키〕, kırmak(折)〔터키〕, kaye(折)〔아이누〕. 어근 kat, kır, kay 등을 추출할 수 있는데 '겪다'의 '것(걷)'과 비교된다. 터키어에 kol(手)이 있다. 'kot'의 조어형(祖語形)이다. 국어 '걷'도 손의 뜻을 지닌다. 골무, 가락지, 가리키다, 가르다, 고르다의 '골, 갈' 등이 손의 뜻을 지니고 있다. oru(折)〔日〕, ude(腕)〔日〕, el(手)〔터키〕. 어근이 or(ot)인데, ude(腕)가 있다. 일본어에서도 oru(折)는 '손'이란 어원과 연결되어 있다.　　　　　　　　　　　　□ 걷다

꼬마 　图 小兒, 幼兒

'꼬마'는 '꼬'와 '마'의 합성어로 어린이를 뜻한다. '꼬'는 '고'로 소급된다. 곧〉골〉고〉꼬의 변화로서 일본어 ko(子)와 비교된다. '곧(골)'은 본디 사람의 뜻을 지닌다. '마'는 고마(妾)의 '마', 할미(祖母)의 '미' 등과 동원어(同源語)로서 사람의 본뜻을 지닌다. 무름(莊頭)《漢5:31》, 무슴(머슴)《華方》 등의 어근 '물, 뭇' 등도 본디 사람의 뜻을 지닌다. '꼬마'는 '子人'의 본뜻에서 소아, 유아(幼兒)의 뜻으로 되었다.　　　□ 마마, 마누라

꼬챙이 　图 串

'꼬챙이'는 가늘고 긴 나뭇개비, 댓개비, 쇠막대기 따위를 말한다. ¶꽂챵이(꼬챙이)《漢310c》, 곳챵이(尖子)《同文下17》. 곳챵이의 어근 '곳'은 송곳의 '곳'과 동원어(同源語)다. ¶송곳(錐)《老下48》. 꼬챙이나 송곳은 끝이 뽀족하고 날카로운 쇠붙이다. 곧→곳(곶)→곶-앙이→꼬챙이. 송곳의 고어에 솔옷이 있다. ¶하늘 듧는 솔오재(鑽天錐)《朴上42》. 솔곳〉솔옷. '곳'은 칼날류(刃物)의 명사로서 '갈(刀)'과 동원어일 것이다. '솔'은 쇠

(鐵)의 고형 '솔(솥)'과 동원어다. 서슬의 어근 '섯(섣)'과 동원어가 된다. 한편 꼬챙이는 나무일 가능성도 보인다. 나뭇개비의 '개비', 부지깽이의 '깽이', 솔잎을 뜻하는 '깔비'의 '깔' 등과 비교된다. 경상북도 방언에서는 '꼬쟁이'라 한다.　　　　　　　　　　　　　　　　　　　　▣ 꼬치, 송곳, 보곳(보습)

꼬투리　몡 莢

'꼬투리'는 원래 콩과 식물의 씨가 들어 있는 껍질이다. 의미가 전환되어 어떤 일이나 이야기의 실마리나 끄트머리라는 의미로 쓰이기도 한다. ¶고토리 협(莢)《字會下6》, 綿繐兒 혈면홧 고토리《四解上52》, 고토리 미티 다(結角兒)《同文下1》. 고토리는 식물의 씨(結實)를 뜻하는 말이다. 고토리는 '고'와 '토리'로 나눌 수 있을 것이다. ¶板栗 밤갓톨《柳物四木》. 톨은 현대어에서도 쓰이는데 밤 한 톨, 두 톨과 같이 쓰인다. 톨은 밤 한 알, 두 알과 같이 톨과 알은 동의어가 된다고 하겠다. 고토리의 '고'도 식물성의 명사가 될 것이다. 톨은 곳(花)이 진 다음에 생기는 것이기 때문에, '고'는 꽃(花)의 어원적 의미를 지닐 것이라고 생각된다. 곳(花)의 근원적 의미는 '곧(草)'과 동원어(同源語)다. 花(꽃 화) 자를 보아도 풀(艹)이 변(化)한 것이 꽃이 된다. 왕골의 '골'이 풀(草)의 뜻이다. '골톨이'가 고토리가 되었을 것이다. 풀씨(草實) 또는 꽃씨(花實)의 뜻을 지닌다고 하겠다. 고토리의 '고'는 콩의 옛말일 수도 있다. 토리가 '實種'의 뜻을 지닌다면 고토리는 콩씨(豆種)의 의미를 지닌다고 하겠다. '고'의 조어는 '곧'으로서 '골〉고〉공〉콩'의 변화다.　　　　　　　　　　　　▣ 깍지

꼭두각시　몡 傀儡, 面魁, 木偶, 走狗

'꼭두각시'는 꼭두각시의 놀이에 나오는 인형을 일컫는 말인데, 현대에 와서는 줏대 없이 남의 조종에 움직이거나 놀아나는 사람을 비유하는 말로서, 괴뢰(傀儡)라고도 한다. ¶곡도(幻影) : 幻은 곡되라《楞2:7》, 幻은 곡되오《金三2:67》. 곡도는 환영(幻影)의 뜻을 지닌다. ¶곡도 놀요물 보라(弄傀儡)《金三2:25》, 곡도노롯 ᄀᆞᆫᄒᆞ야《月10:14》, 곡도(面魁)《譯下24》.

곡도가 꼭두각시를 뜻하기도 한다. 곡도가 '곡독각시'로도 표기된다. ¶곡독각시(傀儡伎)《物譜博戲》. 『물보(物譜)』가 18세기 말이나 19세기 초기 편찬된 것으로 본다면, '곡도'가 고형이고 '곡독'이 후대의 기록이 된다고 하겠다. '곡독'은 아마도 중국어의 표기인 곽독(郭禿)에 이끌린 표기일 것이라고 여겨진다. ¶或問, 俗名傀儡者爲郭禿, 有故實乎. 答曰, 『風俗通』云, 諸郭皆諱禿, 當是前代人有姓郭而病禿者, 滑稽戲調, 故後人爲其象, 呼爲郭禿.(누가 묻기를, "괴뢰를 세간에서는 곽독이라 말하는데, 무슨 까닭이 있는가?" 하니, 답하기를, "『풍속통』에 이르기를, '곽씨들은 모두 대머리를 꺼렸다.'라고 했다. 옛날에 대머리 병에 걸린 곽씨 성을 한 사람이 있었는데, 익살스러운 광대노릇을 잘 했다. 따라서 후대인들이 그러한 모습을 한 사람의 인형을 만들어 곽독이라 부르게 되었다.")《顔氏家訓, 書證》. 15세기 초에는 곡도만으로 꼭두각시의 뜻을 지니고 '환영(幻影)'의 뜻도 지녔다고 하겠다.

꼴¹ 圈 面, 形

'꼴'은 모양새, 생김새를 뜻한다. 꼴좋다, 꼴값하다(못하다) 등 부정적인 의미로 주로 쓰인다. ¶골(꼴) : 골업슨 양ᄌᆞ롤 지서《月2:35》, 고리나 보고쟈(思見面)《恩重17》. 일본어 kata(型, 形)의 어근 kat은 '골'의 고형 '곧'과 동원어(同源語)다. 일본어 kaho(顔)는 karo>kao>kaho의 변화일 것이다. 국어 '골'과 동원어라 여겨진다. 일본어 kaho(顔)와 비교한다면 국어의 고어에서 골이 얼굴(顔)의 뜻을 지니고 있었음을 엿볼 수 있다. 얼굴이 고어에서는 형태의 뜻을 지녔었는데, 현대어에서는 얼굴(顔)의 뜻을 지닌다. 얼굴은 '얼'과 '굴'의 합성어로 동원어일 것이다.

➡ 얼굴, 꼬락서니, 꼬라지

꼴² 圈 蒭, 草

'꼴'은 현재 '소꼴' 정도에만 사용된다. ¶프른 꼬롤 호리라(靑蒭)《杜初8:23》. 꼴의 古形은 '골'이고 조어형(祖語形)은 '곧'이다. 왕골(莞草)의 '골'

이 풀(草)의 뜻을 지니고, '왕'은 莞(완)이 이어나는 '골'의 후행자음(後行子音) ㄱ과의 동화로 완>왕으로 변한 것이다. kusa(草)〔日〕. kusa의 어근 kus는 조어형이 kut이라 하겠는데, 국어 '골'의 조어형 '곧'에서 비롯한 말이라 하겠다. ¶골(蘆)《解例用字》, 갈골(藍草)《柳物三草》. '골, 골'이 풀의 뜻을 지니고 있음을 보여주고 있다. 기슴(草)《龜上39》의 어근 '깃(긷)'도 풀 종류(草類)의 뜻을 지니고 있다. '기음매다'의 '기음'은 '기슴'에서 변한 말이고 어근 '깃'이 풀의 뜻을 지닌다. 꼴의 조어형 '곧(草)'은 일본어 kusa(草)가 되고 kusuri(藥)가 되었다. 만주어 oktho(藥)는 터키어 ot(草), 만주어 orho(草)의 어근 ot, or와 동원어다. oktho(藥)의 ok은 'ot>ol>olk>ok'의 변화일 것이다.

➡ 김(雜草)

꼴찌 명 末位, 最下位, 最下等

'꼴찌'는 맨 끝 차례를 말한다. ¶ᄭᅩ리 미(尾)《字會下6》, 닐흔 ᄒᆞ나 자힌《月2:59》, 세번재 니르러《觀音10》. '자히>자이>재'의 변화다. 첫재, 둘재의 '재'의 고형이 '자히'가 된다. 꼴찌는 꼬리(尾)재→꼴찌로 변했다. kuyruk(尾)〔터키〕. 어근 kur와 ᄭᅩ리의 고형 어근 '골'과 동원어(同源語)일 것이다. 꼬리는 사투리로 꼬랑지가 있다. '첫째'를 '첫찌'라고 하는 사투리가 있다.

➡ 꼴등

꽂다 동 揷

'꽂다'는 손으로 하는 행위다. 한자 '揷(삽), 拱(공)' 자를 보아도 '扌'(손수) 변이 있다. ¶곶다(揷)《字會下26》. 곶다의 어근 '곶'은 '곧'으로 소급된다. 따라서 '곧'은 손의 뜻을 지닐 가능성이 있다. 골무의 '골'이 손의 뜻을 지니는 고어이고, 가락지, 가리키다(指)의 어근 '갈'이 손의 뜻을 지닌다. gara(手)〔滿〕, gar(手)〔蒙〕, kol(手)〔터키〕, kol(手)〔위구르〕.

➡ 가지다, 끼다, 꼬챙이

꽃 　명 花

초목에서 꽃이 핀다는 것은 두말할 것도 없다. ¶곳 됴코 여름하ᄂᆞ니《龍2》. 곳의 조어형(祖語形)은 '곧'이다. 이 '곧'은 풀의 뜻을 지니는 골(莞草), 꼴(蒭)의 고형 '골'과 동원어(同源語)다. 제주 방언에서는 고장(花)이다. 한자를 보면 '花'(꽃 화) 자는 '艹' 밑에 '化'(될 화) 자가 있다. gül(花)〔위구르〕, gül(花)〔카자흐〕. 위구르어 gül의 고형은 gut이다. hana(花)〔日〕. 일본어 hana(花)는 pana로 소급되며, 어근은 pan이고 pat이 조어형이다. 국어의 풀(草)의 조어형 '블'과 동원어다.

꽃봉오리 　명 英

'꽃봉오리'는 망울만 맺히고 아직 피지 않은 꽃이며, 꽃부리는 꽃술을 싸고 있는 꽃잎이다. ¶곳부리 영(英)《字會下4》. 곳부리는 '곳'과 '부리'가 합친 명사다. '곳'은 '곧, 곧'으로 소급되며 꽃(花)의 조어가 된다. '부리'는 봉오리와 동원어(同源語)일 것이다. '부리'의 어근 '불'이 봉오리의 어근이 된다. 봉오리는 '보오리, 보로리'로 소급되며, '볼'과 '오리'로 가를 수 있다. '보리'의 '볼'이 고대어에서 꽃(花)이라 여겨진다. ¶프다(피다)《曲158》, 퓌다(피다)《朴初上7》, 픠다(피다)《杜重10:7》. '꽃이 프다'의 '프다'의 어근은 '프'로서 븓>블>브>프로 추정된다. '븓'이 꽃(花)의 뜻을 지니고 있음을 보여주고 있다. hana(花)〔日〕. hana는 pana로 소급되며 어근 pan은 pat이 조어형(祖語形)이다. '블'이 꽃의 뜻이라 여겨지지만, 본뜻에는 풀(草)이란 뜻도 있다. '볼오리'의 '볼'은 꽃, 풀(花, 草)의 두 뜻을 지니고 있다. '오리'도 본디는 꽃(花)과 풀(草)의 뜻이다. ot(草)〔터키〕, olho(草)〔滿〕, olhoda(人蔘)〔滿〕, asi(葦)〔日〕. 어근 ol이 풀(草)의 뜻을 지니고 있다. 봉오리도 어원으로 따져 올라가면, 꽃꽃(花花)의 뜻일 것이다. 그러니까 꽃부리는 꽃꽃(花花)이며 꽃봉오리는 꽃꽃꽃(花花花)이 되는 셈이다. 곳(花)은 '곧(草)'과 동원어가 된다. gül(花)〔위구르〕. 위구르어 gül(花)과 동원어일 가능성이 있다. gül의 고형은 gut이 될 것이다.

꽝 ⑲空. empty

공〉광〉꽝. 헛것. 빈 것. 허사. 복권 등에서 맞지 않는 경우에 쓰는 말.

▶공

꾀 ⑲知慧, 誘

'꾀'는 일을 꾸미거나 해결하는 교묘한 생각이나 수단을 말로 하는 행위다. 꾀의 조어형(祖語形) '곧'은 말의 본뜻을 지닌다. '곧〉골〉골이〉고이〉괴'의 변화다. ¶꾀한 도ᄌ골(黠賊)《龍19》. '꾀'는 '고이'가 줄어진 말이다. 잠꼬대(寢言)의 '꼬대'의 어근 '곧'이 말이란 뜻을 지니며, 일본어 koto(語)의 어근 kot가 '곧'과 동원어다. 꾀다(誘)는 명사 '꾀'가 동사화한 것으로서, 꾀는 것은 언어적 행위가 된다. sasohi(誘)〔日〕. 일본어 sasohi(誘)의 어근 sas는 sat으로 소급된다. 국어 사뢰다(奏)의 어근 '살(산)'과 동원어(同源語)가 된다. '꾀'는 꾀다, 꾀쓰다, 꼬시다의 동사로 전성한다. ¶비록 꾀로온(꾀스러운) 쟝군이라도《三譯4:15》. 꾀다, 꼬시다, 꼬드기다의 어원적인 의미도 '꾀'와 동원어로서 말의 뜻을 지닌다고 하겠다. 꾀다, 꼬시다, 꼬드기다도 모두 언어적인 행위이다.

꾀꼬리 ⑲鶯

새 이름은 울음소리, 생김새, 사는 곳 등에 따라 지은 것이 대부분이다. 꾀꼬리는 무엇에 따라 지은 것일까? ¶곳고리(鶯)《字會上17》. 곳고리는 '곳'과 '고리'의 합성어다. '고리'는 새의 뜻을 지니는 옛말이다. kasha(鳥)〔滿〕, kaha(鳥)〔滿〕, karimbi(鳥鳴)〔滿〕, kaš(鳥)〔터키〕, xeriya(鳥)〔蒙〕. 어근 kas, kar, kaš 등이 되겠는데, 조어형(祖語形)은 kat이다. 국어 딱따구리, 병마구리, 말뚱가리, 왜가리 등의 '구리, 가리' 등이 새의 뜻을 지니는 말이다. 곳고리의 '곳'은 말음이 사이 ㅅ일 수 있으나, 조어형은 '곧'이다. 『천자문(千字文)』의 '천지현황(天地玄黃)'에서도 보이듯, 地가 黃으로서 黃은 땅(土, 地)의 뜻을 지닌다. 곧(處), 고장(里), 골(谷),

골(邑, 州), 굴(窟), 길(路) 등은 모두 땅(土, 地)의 뜻을 지니는 말이다. '고'는 흙의 뜻을 지니는 곧〉골〉고에서 黃의 뜻으로 전의(轉義)되었다. ki(黃)〔日〕, kogane(黃金)〔日〕. 일본어에서 ki, ko가 黃의 뜻을 지니고 있는데, 국어의 '곧(골)'과 동원어(同源語)다. sirogai(土)〔蒙〕, sira(黃色)〔蒙〕. 몽골어에서 흙(土)의 어근 sir와 黃의 어근 sir가 일치하고 있다. 곳고리는 황조(黃鳥)의 어원적 의미를 지닌다. 꾀꼬리는 꾀꼴꾀꼴 운다고 하는데서 생겨난 의성어(擬聲語)로 보는 것은 객관성이 없다. 15세기에는 곳골곳골 울다가 그 후 꾀꼴꾀꼴 울었다고 하는 것은 설득력이 약하다. 한자어 '黃'은 국어 흙(土)과 동원어일 듯하다. ¶고라물(黃馬)《同文下37》. '고라'가 '黃'의 뜻을 지니며, 어근은 '골'이고 조어형은 '곧'일 것이다.

☑ 노르끼리하다, 누르께하다

꾸다¹　图 借, 貸

꾸는 행위는 손으로 한다. ¶쑤다(借)《三綱孝9》, 쑤다(貸)《類合下45》. '쑤다'의 표기를 보면 고형은 '구다'였다. 어근은 '구'로서 조어형(祖語形)은 '굳'이 된다. 이 '굳'은 갖다, 가지다의 어근 '갖'과 가리다, 가리키다, 갈다의 어근 '갈'과 손가락, 발가락에서 가락의 어근 '갈'이 동원어이다. kari(借)〔日〕, kasi(貸)〔日〕. 일본어에서 빌림(借, 貸)의 뜻을 지니는 말의 어근 kar, kas의 공통조어는 kat이다. 국어 꾸다(借)의 조어형 '굳'과 동원어(同源語)가 된다.

☑ 가지다, 빌다

꾸다²　图 做夢

꿈을 이루다. '꾸다'의 어근은 '꾸다, '구다'로 소급되며 어근 '구'는 '굳(굴)'이 조어다. 꿈을 꾸는 것은 시각적인 행위이기 때문에 '굳(굴)'은 눈의 뜻을 지닐 개연성이 높다. 꿈(夢)은 '굼'으로 소급되며 '굳〉굴〉굴움〉구움〉굼'의 변화를 거쳤을 것이다. '굳(굴)'의 어원적인 의미가 눈이라 하겠다. göz(木)〔터키〕, görmek(見)〔터키〕. 어근 göz, gör의 조어는 'god(t)'임을 보여주고 있다. '굳'과 터키어 göt은 동원어라 하겠다. 일본어 yume wo miru는 '꿈을 꾸다'의 뜻인데, miru는 보다(見)의 뜻이다. 일본어를 보면 '꾸다'가 보다(見)의 뜻을 지닐 개연성이 있다. 일본어 yume(夢)는 nume로 소급되는데 nume는 nu와 me로 나눌 수 있다. nu는 국어 '눈 (눌)'과 동원어고 me는 눈(目)의 뜻을 지니고 있다. '말똥말똥, 멀뚱멀뚱하다'의 어근 '말, 멀'이 고대 국어에서 눈의 뜻을 지니고 있었음을 보여준다. 일본어와 비교하면 '꿈꾸다'의 '꿈'이나 '꾸다'의 어근이 눈이라는 뜻을 지녔음을 알 수 있다.

꾸러기 접 人稱接尾語

'꾸러기'는 그런 경향이 많은 사람을 뜻하는 말이다. ¶빗 쑤럭이(債椿)《譯補38》. '빗 쑤럭이'는 빚을 많이 진 사람을 뜻한다. 잠꾸러기, 심술꾸러기, 장난꾸러기, 천덕꾸러기, 욕심꾸러기 등의 접미어로 쓰이고 있는데 사람이란 뜻을 지닌다. 멍텅구리의 '구리'도 사람의 뜻을 지닌다. 멍텅구리는 멍청한 사람이란 뜻이다. 멍텅구리라고 하는 말의 뜻을 지니는 일본어에 boŋkura가 있는데 kura가 멍텅구리의 '구리'에 해당하는 말이다. 아이누어에서도 kuru가 접미어로 사람의 뜻을 지닌다. 꾸러기의 어근 '굴'은 사람의 뜻을 지닌다. 겨레(族), kara(族)〔日〕, 끼리끼리의 어근 '길, 결 (결), kar' 등이 사람의 뜻을 지닌다고 하겠다. '굴'에 '억' 접미사가 붙었다고 하겠다. 굴+억-이〉구러기〉꾸러기. '꾸러기'의 '기'가 실사(實辭)일 개연성도 있는데, 사람의 뜻을 지닐 것이다.

꾸러미 명 束, 包

'꾸러미'는 원래 달걀 10개를 꾸리어 싼 것을 가리키는데, 의미가 확대되어 꾸리어 싼 것을 통틀어 가리키고 있다. ¶구러겟 果實을(筐實)《杜初22:11》. 구럭은 '굴'에 '억' 접미사가 붙은 형이다. 구럭은 대, 싸리, 버들 따위 초목류(草木類)로 엮는다. 광(筐)은 광주리 '광'이다. 광주리를 만드는 재료도 초목류가 된다. 광주리의 경상북도의 사투리로 구러미가 있다. ¶葭 갈《柳物三草》, 갈(橸)《物譜雜木》, 굴(蘆)《解例用字》, 꼴 추(蒭)《字會下4》,

골(棺材)《蒙16》, 골(莞草)《漢397a》, 골 관(菅)《字會上9》. 그루(株), 가지 (枝) 등의 어근이 초목류의 뜻이니 구럭의 어근 '굴'과 동원어(同源語)가 된다. 꾸러미의 어근 '꿀'은 꾸리다의 어근 '꿀(굴)'과 동원어일 것이다.

꾸역꾸역　　[부] 續續

꾸역꾸역 먹는다의 의태부사인 '꾸역'은 '굴억'에서 변한 것이다. '굴억'의 어근 '굴(굳)'은 입의 뜻을 지닌다. 고구려어에 입의 뜻인 곧(古次)《三史 37》이 있고 일본어 kutsi(口)가 있다. 의태부사의 경우는 거의 명사에서 전성되고 있다. 꾸역꾸역은 한편 한군데로 많은 사람이나 물건이 몰려들거나 나가는 모양도 뜻하고 있는데, 이것은 꾸역꾸역 먹는다에서 연상되어 쓰인다고 하겠다. 일본어에서 'mogu mogu to taberu'라고 하는 말은 꾸역꾸역 먹는다의 뜻과 가깝다고 하겠는데, mogu mogu는 의태부사다. 국어 목(頸) 또는 먹다(食)의 '먹'과 동원어(同源語)일 것이다.

➡ 꿀꺽꿀꺽, 꿀떡꿀떡

꿀　　[명] 蜜

'꿀'은 꽃에서 나온다. 그러므로 꿀의 어원은 꽃이나 아니면 그 꿀을 빨아다가 만드는 벌(蜂)이 그 어원이 될 가능성이 있다. ¶뿔 半되룰 取ᄒᆞ야 (取蜜半升)《楞7:16》. bal(蜜)〔蒙〕, bal(蜜)〔터키〕. 꿀의 뜻을 지니는 bal이 국어의 벌(蜂)과 관련될 가능성이 있다면 몽골어, 터키어의 꿀의 어원은 벌(蜂)과 관련된다고 하겠다. 터키어에서 벌레의 뜻을 지니는 böcek이 있다. 한자어 '蜜(꿀 밀)'을 보아도 '虫(벌레 충)' 자가 들어 있다. 그렇게 본다면 15세기 표기로 '뿔'이 보이는데, '굴(굳)'에서 변한 말이다. 고대어에서 '굴(굳)'이 벌(蜂)의 뜻을 지니었던 말이라고 생각해 볼 수 있다. 한편 꽃과 관련될 가능성도 생각해 볼 수 있다. 꽃의 15세기 표기로는 곳《龍2》인데, '곧'으로 소급된다. '곧(골·花)'에서 '굳(굴·蜜)'으로 모음변이(母音變異)가 이루어져 어휘가 분화되었을 것이다.

꿇다　동 跪

'꿇다'의 어근은 '꿀'로서, '굴'로 소급되며 명사다. 꿇는 행위의 주체는
발이다. ¶ 꿀 궤(跪)《字會下26》. 가롤(脚)《樂軌處容》의 '갈', 가랭이의 '갈',
걷다(步)의 '걷' 등이 모두 다리의 뜻을 지니는 말인데, 꿇다의 '굴'과 동
원어(同源語)일 것이다.

꿈　명 夢

꿈의 옛 표기는 꿈이다. ¶ 꾸므로 뵈아시니《龍13》, 꿈 몽(夢)《字會上30》.
'꿈을 꾸다'일 때 꾸다의 어근은 '꾸'이다. 꿈은 '굳〉굴〉굴움〉구움〉굼〉꿈'의
변화다. 꿈을 꾼다고 할 때에는 꿈이 눈에 보인다는 뜻일 것이다. 일본어에
서는 yume wo miru라고 한다. 꿈을 꾸다에 해당되는 miru는 보다(見)의
뜻이다. 따라서 꿈을 꾸다의 꾸다가 옛말에서는 보다의 뜻을 지녔다고 하겠
다. 그러므로 꾸다의 조어 '굳, 굴'을 시각적인 의미가 있는 것으로 볼 수
있다. 눈의 비어(卑語)로 여겨지고 있는 눈갈(깔)의 '갈'이 눈의 고어라
하겠다. 눈을 감다의 어근 '감'이 옛말에서 눈의 뜻을 지니고 있는 말로서,
'갇〉갈〉갈암〉가암〉감'의 변화일 것이다. 일본어에서 mewo gyorogyoro
suru는 눈을 흘깃흘깃하다의 뜻을 지니는 말인데, gyorogyoro의 어근
gyor는 gol(kol)로 소급되며 국어 갈(目)과 동원어(同源語)라 하겠다.
göz(目)〔터키〕, görmek(보다)〔터키〕. 터키어에서 got이 눈의 뜻을 지니고
있음을 보여주고 있다. '꿈을 꾸다'의 꾸다는 보다(見)의 뜻을 지녔다고
여겨진다. '눈이 가물가물하다'의 '가물가물'의 어근 '감'도 역시 눈을 감다의
'감'과 같이 명사로서 눈이란 뜻을 지니는 말이라고 여겨진다. 결국 꿈의
어원은 눈(眼)이란 뜻을 지닌다고 하겠다. yume(夢)〔日〕. 일본어 yume는
nume로 소급된다. nume는 nu와 me로 가를 수 있는데, me는 현대 일본
어에서 눈의 뜻을 지닌다. nume의 nu는 nur로 소급되며, 국어 눈(眼)과
동원어가 되는데, 눈의 조어형(祖語形)은 '눋'(nut)이다. nidön, nut
(目)〔蒙〕. 그러니까 일본어 yume(夢)는 눈이란 뜻을 지니는 이음동의어
(異音同義語)가 합쳐져 꿈이란 뜻을 지니는 명사가 되었다.

꿩 명 雉

'꿩'은 수꿩은 장끼, 암꿩은 까투리, 새끼 꿩은 꺼벙이이다. ¶굿븐 꿩을 (維伏之雉)《龍88》, 꿩 티(雉)《字會16》, 목 불근 수기 雉을 玉脂泣게 쑤어닉고《蘆溪, 陋巷》, 매게 쪼친 가토릐 안과《靑p.120》. '꿩, 수기, 가토리'가 문헌에 나타난다. 수기는 수꿩(雄雉)의 뜻이고, 장끼는 장치(丈雉)의 표기로 역시 수꿩(雄雉)의 뜻이다. 장닭은 수탉을 뜻한다. '기'가 꿩의 옛말이라 하겠는데, 일본어에는 kiji, kigisi 두 가지가 있는데, 이 둘의 어근은 kis으로서 kit이 조어형인데, 국어 '기(雉)'의 조어형이 '긷'임을 시사하고 있다. '가토리'는 '가'와 '도리'의 합성어인데, 암꿩(雌雉)의 뜻이다. 수기가 수꿩이듯, '가ㅎ도리'의 '가'는 암(雌)의 뜻이고, '도리'는 국어 닭의 고어 '달'과 동원어다. 일본어에서 tori는 새의 뜻을 지니며, 닭은 niwatori(庭鳥)라 하는데 '마당의 새'가 된다. 닭찜은 '닭도리탕'이라고도 하는데 '닭도리'는 닭과 도리의 합성어다. 현대 일본어에서 tori는 새란 뜻이다. 국어에서도 옛말에서는 새란 뜻이었는데 닭이란 뜻으로 의미가 축소되었다고 본다. '종다리, 종달새'의 '다리, 달'이 새의 뜻을 지니고 있다. '닭도리'의 '도리'는 기원적으로는 우리말이라고 할 수 있다. 꿩은 의성어일 개연성이 있다. gogol(雉)〔蒙〕의 어근은 'gol'이고 'gol'은 got으로 소급된다. 일본어 kiji, kisi와 국어 '기'는 동원어일 개연성도 생각할 수 있다. 한편 '굴〉굴엉〉구렁〉구엉〉겅〉꿩'의 변화라고 볼 수도 있다. 꿩 새끼를 '꺼벙이'라고 한다. '꺼'와 '벙이'의 합성어일 것이다. '벙'은 '병아리'의 '병'과 비교되며, '꺼'는 '걸〉걸〉거〉꺼'의 변화로 보면 gol, kit 등과 동원어가 된다. "꾸엉 꾸엉 꾸엉 서벙/ 아들 낳고 딸 낳고/ 무얼 먹고 사니/ 앞밭에 가 콩 한 되/ 그럭저럭 먹고 살았지."〔청양지방 민요〕 꿩의 울음소리를 '꾸엉꾸엉'이라고 했는데, 꾸엉이 합치면 꿩이 된다.

뀌다 동 放屁

방귀를 내보내다의 뜻이다. '뀌다'의 어간은 '뀌'이고 '꾸이'가 줄어든 말이다. '꾸이'의 어근 '꾸'는 '굳'으로 소급된다. '구리다'(惡臭)의 어근은 '굴'이고 '굳'으로 소급된다. kuso(糞)〔日〕, kusai(臭)〔日〕, kusaru(腐)〔日〕. '굳'의 일본어 반영형을 보면 고대 국어에 있어서 '굳'이 똥(糞)의 뜻을 지니고 있었음을 보여주고 있다. ¶부헝 放棄 뙨 殊常ᄒ 옹도라지《靑p.113》, 방귀 : 방귀 비(屁)《字會上30》, 방긔 : 방긔(放屁)《物譜氣血》, 방긔ᄒ다《譯上39》. 표준어는 '방귀'이고 '방기(放氣)'는 동의어고 사투리로 '방구'가 있다.

끄르다　동 解

'끄르다'의 어근 '끌(귿)'은 끈(紐)과 동원어(同源語)다. 끈의 조어형(祖語形)은 '귿'이다. 끄르다는 묶었던 것을 푸는 것이며, 끈을 푸는 것이다. ¶여스슬 그르고(解)《楞10:92》.　　　　　　　　　　　▣ 풀다, 꿰다

끌　명 鑿

'끌'은 나무를 파거나 다듬는 데 쓰는 것이다. ¶끌(鑿)《字會中16》. 끌의 원형(原形)은 '귿'로서 글게(鉋)《朴初上21》의 어근 '귿'과 칼의 옛말 '갈'과 동원어(同源語)다. karu(刈)〔日〕, kiru(切)〔日〕, kiri(錐)〔日〕, korosu(殺)〔日〕, katana(刀)〔日〕. 어근 kar, kir, kat은 모두 동원어가 되며, 칼의 옛말 '갈(刀)'과 동원어다. kılıč(刀)〔터키〕. 어근 kıl은 칼(刀)의 뜻을 지닌다.　　　　　　　　　　　　　　　　　　　▣ 글개, 칼

끌다　동 引導

'끌다'의 15세기 표기는 '긋다'다. ¶무텼 서리예 긋어다가 두리라《月9:35》. 긋다의 어간 '긋'은 명사다. 끄는 것은 손이 주가 되기 때문에, '긋(귿)'은 손의 뜻을 지닌다. 가락지, 가리키다, 골무의 어근 '갈, 골'은 고대에 손의 뜻을 지니고 있음을 보여주고 있다. gara(手)〔滿〕, gar(手)〔蒙〕, kol(手)〔터키〕. 끌다는 '귿다'의 말음 ㄷ이 ㄹ화한 것이다. '귿'에서 긋다와 끌다의 쌍형(雙形)으로 변화했다.

꿋 圐 点

도박용어에서 한 꿋(1점), 두 꿋(2점)과 같이 '꿋'은 수량 단위 명사로 쓰인다. kazu(數)〔日〕. 일본어 kazu(數)의 어근 kaz는 kat이 조어형 (祖語形)이 된다. 수의 개념도 원시인은 손가락의 수와 관련시켰다고 보면, 그 어원은 손(手)의 뜻을 지니고 있을 것이다. 국어 가락지(指環), 골무의 '갈, 골' 등이 손의 뜻을 지니고 있는 옛말로서 '갇, 곧'이 조어형이다. gara(手)〔滿〕, gar(手)〔蒙〕, kol(手)〔터키〕, kol(手)〔위구르〕. 조어형은 gat, kot으로서 일본어 kazu(數)의 조어형 kat과 동원어(同源語)일 수 있다. 한 꿋, 두 꿋의 '꿋'도 본디는 손의 뜻을 지니고 있는 말일 가능성이 있다.

끝 圐 終, 末

'끝'은 위치의 맨 꼭대기나 마지막이다. ¶ 귿 쵸(梢)《字會下4》, 밑과 귿과 룰 술피실쎠《月8:16》. 귿〉긑〉끝. 그치다(止)의 어근 '귿(근)'은 끝(末)의 뜻을 지니는 명사라 하겠다. '귿'의 어원은 'ㄱ(邊)'에서 비롯했을 것이다. '귿'과 'ㄱ(邊)'이 동원어(同源語)라고 보면 'ㄱ'의 고형은 '귿'일 것이다.

➡ 끄트머리

끼리끼리 圐 一幇一幇, 仲間同士

'끼리끼리'는 부사로서 패를 지어서 다 각각의 뜻을 지닌다. '-끼리'는 접미사로서 함께 패를 짓는 뜻을 나타내는 말도 된다. '끼리'의 어근은 '낄'인데, 고형은 '길'로서 어원적 의미는 사람일 개연성이 높다. 겨레(族), 갓(女, 妻), 심술꾸러기, 장난꾸러기의 어근 '결(걸)', '갓(갇)', '꿀(굴)' 등은 동원어(同源語)일 것이고 어원적인 의미는 사람의 뜻을 지닐 것이다. 고아시아어라고 일컬어지는 길리야크(giljak)의 어근 gil이 사람의 뜻을 지닌다.

끼니 　명 食事, 時

현대어에서는 '끼니'는 아침, 점심, 저녁 때 먹는 밥 또는 먹는 일을 뜻하는데, 옛말에서는 때(時)의 뜻이었다. ¶ 뻐(食事) : 不進饍이 현 뻐신돌 알리《龍113》, 뻐니(時) : 여슷 뻐니는 낫 세 밤 세히라《月7:65》, 쁴(時) : 쁴로 서르 보니(時相見)《杜初9:12》, 뻐니(時)《字會上2》, 이 뻐 ㄱ 술와 겨슬왓 ㅅ싀로소니(是時秋冬交)《杜初8:59》. 끼니(食事) : 일정한 때에 밥을 먹는 일《큰사전p.526》. 끼니는 '끼'와 '니'로 가를 수 있다. '끼'는 쁴(時)에서 변한 말인데, 쁴의 조어형(祖語形)은 '귿'이다. '귿〉귿이〉그이〉긔〉기'의 변화다. '귿'은 기원적으로는 해의 뜻을 지닌다. 날이 개다 할 때 개다의 '개'가 어간인데, '가이'가 준말이고 명사가 된다. '갇〉갇이〉가이〉개'의 변화로서, 빛(깔)갈의 '갈'과 동원어(同源語)다. 끼니의 '니'는 날(日)과 동원어일 것이다. 시간에 관한 어휘는 태양의 뜻을 지니는 명사에서 생겨난다. 그러께(前前日), 어저께의 '께'도 시간을 나타내는 말로서 '귿'과 동원어다. 그러께의 어근 '귿'이 해의 본뜻을 지니고 있다. '끼'가 식사의 뜻도 지니는데, 이는 시간의 뜻에서 전의된 것이다. 아침과 저녁도 때와 식사를 같이 나타낸다. koro(頃)〔日〕. 일본어 koro(頃)의 어근 kor도 해의 뜻을 지니는 말에서 시간을 나타내는 말로 바뀌었다.

➡ 끼꺼리(食料)의 끼, 삐, 쁘, 쁴, 시

끼얹다 　동 潑, 撒

'끼얹다'는 흩어지게 내어던지다로 '끼다'와 '얹다'의 합성어다. ¶ 끼티다 : 믈 끼티다(潑水)《譯上48》, 끼치다 : 믈 끼치다(撒水)《譯補6》. 여기서 '끼다'는 '물을 던지는'의 뜻을 지닌다. 끼얹다는 물을 던져 얹히게 하다의 뜻을 지닌다. '끼'는 물(水)로서 자리끼의 '끼'와 비교된다. 안개가 끼다의 '끼다'도 동원어(同源語)라고 여겨진다.

➡ 김(蒸氣)

ㄴ

나 · 떼 吾, 余, 私, 我

'나'는 '날>날>나'의 변화로서, 본디는 사람의 뜻을 지닌다. nyalma(人)
〔滿〕, nio(人)〔나나이〕, xax nio(男人)〔나나이〕, adzan nio(女人)〔나나이〕.
만주어 nyalma는 nyal과 ma의 합성어다. nyal은 nal로 소급되며, 사
람의 뜻을 지닌다. nyalma의 ma도 사람의 본뜻을 지닌다. 만주어에서
muse가 사람의 복수를 나타낸다. 어근 mus(mut)가 사람의 뜻을 지닌
다. ¶ᄆᄅᆷ(丈夫爲宗)《華方》, 믐(宗)《華方》. 어근 '몯, 믓'의 조어형(祖
語形)은 '몯'으로서 사람의 본뜻을 지닌다. 만주어 nyal의 고형 nal이
사람의 뜻을 지닌다.　　　　　　　　　　　　　　　　　　🔁 너, 누, 놈

나귀 · 圐 驢

'나귀'는 당나귀라고도 하는데 당(唐)나귀의 뜻이다. 이때 唐은 외국에서
들어온 것을 뜻하며, 주로 중국에서 들어온 것에 붙인다. 지금의 洋服
(양복, 서양에서 들어온 옷)의 洋 자의 쓰임과 마찬가지다. ¶나귀 밀
말히라《蒙14》, 나귀 려(驢)《字會上19》, 나괴 비과(驢胎)《龜下60》, 시혹
라귀 中에 나《法華2:165》. 15세기에 나귀와 라귀의 쌍형(雙形)이 문헌에
보인다. 두음(頭音)에 ㄹ이 오는 것을 보면 라귀는 외래어인 듯하다. 한
자어 驢駒子(려구자, 당나귀 새끼)와 관련이 있을 듯하며 唐驢駒, 驢駒
의 음사(音寫)일 것이다.

나그네 · 圐 客

'나그네'는 고장을 떠나 객지를 여행하고 있는 사람이다. ¶나ᄀᆞ내 사ᄅᆞ미
《楞4:77》, 나ᄀᆞ내 려(旅)《字會中3》, 물ᄀᆞᆫ ᄀᆞᄅᆞ미 나그내 시르믈 스로미

잇도다《杜初7:2》. 15세기 문헌에 나ᄀ내, 나그내의 쌍형이 있다. 현대어 '나들이'는 나고(出) 들다(入)의 어근 '나들'이 된다고 하겠다. 나ᄀ내의 '나ᄀ'는 '나(出)'와 'ᄀ(去)'일 가능성이 있고, '내'는 인칭접미어가 된다고 하겠다. ¶손 깈(客)《字會中3》. 손이 객(客)의 뜻인데, 손(客)은 숀(丁)《字會中2》과 동원어(同源語)로서 어원적 의미는 사람의 뜻을 지닌다. 손(客)의 조어는 '숀, 순(丁)'의 조어는 '숟'으로서 사람의 어근 '살(산)'과 동원어다.

나누다 圖 分, 割, 配, 分配, 區分

나누는 행위는 손으로 한다. ¶ᄂ호다(分) : 받도 제여곰 ᄂ호며《月1:45》, 난호다(分) : 品은 난호아 제여곰 녤 씨라《釋13:37》. 난호다의 어근은 '난'으로서 '낟'이 조어형(祖語形)이다. '낟'의 본뜻은 손의 뜻을 지니는 말일 것이다. 나르다(옮기다)의 어근 '날'은 '낟'이 조어형으로서 손의 뜻을 지닌다. naderu(撫)〔日〕, nala(手)〔나나이〕. 나나이어에서 nala(手)의 어근 nal은 nat이 조어형으로서 국어 나르다, 나누다의 조어형 nat과 일치한다. 일본어 naderu(撫)의 어근 nad(nat)도 손의 뜻을 지니고 있음이 분명하다. ▶ 누르다

나라 圖 國, 邦

'나라'의 어근 '날(낟)'은 땅(土, 地)의 뜻을 지닌다. ¶나라(國) : 나라와 宮殿과 臣下와《釋13:20》. na(地)〔滿〕, no(野)〔日〕. 만주어 na는 nar의 r음 탈락형이다. 논(畓)의 조어형(祖語形) '녿'도 땅(地)의 뜻을 지닌다. 일본어 no는 nor의 말음탈락형이다. kurun(國)〔滿〕, kuni(國)〔日〕, 골(邑, 州)〔國〕. 만주어 kurun(國)의 어근 kur, 일본어 kuni(國)의 어근 kun은 조어형이 kut이다. 국어 골(邑, 州)과 동원어(同源語)가 된다. ▶ 누리

나락¹ 명 稻

'나락'의 어근은 '날'로서 '악' 접미사가 붙었다. ¶나락(벼) : 나락(稉)《詩諺物名》, 날 爲穀《解例合字》. '뉘'는 쌀에 섞여 있는 벼를 뜻한다. '누이'가 준말이다. '눈〉눌〉눌이〉누이〉뉘'의 변화로서, 나락의 어근 '날(낟)'과 동원어(同源語)다. 니뿔(입쌀)《漢389a》의 '니'가 벼의 뜻을 지니는데, '닌〉닐〉니이〉니이〉니'의 변화로, 벼의 뜻을 지니는 '낟(날), 눈(눌)'과 동원어일 것이다.　　　　　　　　　　　　　　　　　　　　　➡ 낟알

나락² 명 奈落

산스크리트어 naraka의 음역(音譯). 나라가(那羅柯), 나락가(奈落迦, 那落迦)로도 음역한다. 의역으로는 고기(苦器), 고구(苦具), 지옥을 말한다. 현재는 헤쳐 나올 수 없는 구렁텅이의 의미로 주로 쓰인다. 지옥의 다른 말인 산스크리트어 niraya의 음역 니리(泥犁), 니리야(泥犁耶)도 있다. 삼악도(三惡道)·사악취(四惡趣)·육취(六趣)·육도(六道)·십계(十界)의 하나. 스스로 저지른 악업의 결과로 죽은 뒤에 떨어진다는 지하 감옥. 유정(有情)이 나는 곳으로는 최악이다. 여기에는 팔대지옥(八大地獄)·팔한지옥(八寒地獄)·십육소지옥(十六小地獄)·고지옥(孤地獄) 등이 있다. 팔대지옥은 팔열지옥(八熱地獄)이라고도 하며 가장 중심적인 지옥으로 아래쪽에서부터 차례로 무간아비(無間阿鼻), 대초열(大焦熱), 초열, 대규환(大叫喚), 규환, 중합(衆合), 흑승(黑繩), 등활(等活) 등 여덟인데, 무간지옥은 가장 깊고 가장 극한 고통을 받는 곳이다. 각 지옥의 사방에는 문이 있으며 그 문밖에는 각각 소지옥 넷이 있으며 이를 16소지옥이라 한다. 팔한지옥은 아르부다(arbuda), 니라르부다(nirarbuda), 아타타(atata), 하하바(hahava), 후후바(huhuva), 웃팔라(utpala), 파드마(padma), 마하파드마(mahapadma)의 8가지로 팔대지옥 주위에 있다고 한다. 고지옥은 앞의 지옥 이외의 단독의 갖가지인 지옥을 가리킨다. "地下有獄, 名爲地獄, 此乃義翻, 梵名那落迦, 若依正理二十二, 釋五趣名云, 那落名人, 迦名爲惡, 人多造惡, 顚墜其中, 由是

故名那落迦趣, 或近人故名那落迦, 造重罪人, 速墮彼故, 或復迦者是樂
異名, 那者言無, 落是與義, 無樂相與, 名那落迦, 或復落迦是救濟義, 那
名不可, 不可救濟, 名那落迦, 或復落迦是愛樂義, 不可愛樂, 名那落迦"
《俱舍光記8》.　　　　　　　　　　　　　　　　　　　　　　　🔜 지옥

나루　图 津, 渡津, 渡口, 船着場

'나루'는 강, 내, 좁은 바다에 배가 건너다니는 곳이다. ¶ᄂᆞᄅᆞ(津)《字會上
5》. 어근은 '놀'이며, 물의 뜻을 지닌다. ¶나리(川) : 正月ㅅ 나릿 므른
아으《樂軌動動》, 내(川) : 내히 이러 바ᄅᆞ래 가ᄂᆞ니(流斯爲川于海必達)《龍
2》. yodo(淀)〔日〕, nay(川澤)〔아이누〕. yodo는 noto가 원형이고 not이
조어형(祖語形)으로서 물의 뜻을 지닌다. minato(港, 湊, 水門)〔日〕. 일
본어 minato는 mi(水)와 na(連體助詞)와 to(門)로 풀이하고 있다. 즉
물문(水門)의 뜻을 지닌다.　　　　　　　　　　　　　　　🔜 뉘누리

나룻　图 鬚髯

'나룻'은 얼굴에 난 털이다. ¶나롣 슈(鬚)《倭上17》, 입 웃나롯(髭)《譯上34》,
날옷 염(髯)《類合上21》, 브레 날오지 븓거눌(火焚其鬚)《飜小9:79》. 어근
'날'이 모발류의 뜻을 지닌다. numá(毛)〔아이누〕. 구레나룻의 '구레'의 어
근 '굴'도 본뜻은 털(毛)의 뜻을 지닐 것이다. 머리칼(갈)의 갈(髮)〔國〕,
kami(髮)〔日〕, ke(毛)〔日〕, kıl(毛)〔터키〕. 구레나룻은 구레와 나룻의 이
음동의어(異音同義語)의 합성어일 것이다.

나리　图 進賜, 어른

'나리'는 옛날 아랫사람이 당하관(堂下官)을 높이어 일컫던 말이다. 왕자
(王子)를 높여 부르던 말이기도 하다. ¶나ᅀᆞ리 : 進賜 나ᅀᆞ리 堂下官尊
稱也《吏讀》, 謂內官曰進賜凡人稱王子宗屬等曰進賜尊之之辭《中宗實錄10:
63》, 나ᅀᆞ리(進賜)《東韓》. 나ᅀᆞ리는 '나'와 'ᅀᆞ리'로 가를 수 있는데, '나'나

'♀리' 모두 본뜻은 사람의 뜻인 듯하다. 한편 나♀리를 '나'와 '♀리'의 합성어로 본다면 '나♀리'가 더 고형일 것이다. '나'와 '♀리'의 합성어가 되는데 '♀리'의 어근 '술(숟)'은 사람(人)의 어근 '살(삳)'과 동원어가 된다고 하겠다. 손(丁)《字會中2》의 조어형은 '숟'이 된다. '나'는 '나, 너, 누'와 같이 사람의 본뜻을 지닌다. '♀리'의 어근은 '올(알)'이 되겠는데, 어른(成人), 아롬(私)의 어근 '얼, 알'의 본뜻이 사람이다. 마노라가 옛말에서는 상전(上典)을 뜻했다. 마노라는 '마'와 '노라'로 가르면 '마'도 사람의 뜻을 지니고 '노라'도 사람의 뜻을 지닌다. '노라'의 어근은 '놀'이다. '나, 너, 누'도 본디는 '날, 널, 눌'이었다. na(一人稱)〔日〕, nare(汝)〔日〕. 일본어에서 nar가 보인다. 마노라의 '마'는 며느리의 '며'와 동원어(同源語)로서 '며'는 '머, 멀'로 소급된다. 몸(身)은 '몯〉몰〉몰옴〉모옴〉몸'의 변화다. '몯(몰)'은 본디는 사람의 뜻이다. nyalma(人)〔滿〕. nyalma는 nalma로 소급되며, nal과 ma(mar)가 각각 사람의 본뜻을 지닌다. 퉁구스어에서 pəyə가 몸, 사람(身, 人)의 뜻을 지니는데, pərə가 원형이고 어근은 pəl이다. 국어 악바리, 혹부리의 '바리, 부리'가 사람의 본뜻을 지닌다. muse (人稱의 複數)〔滿〕. mus(mut)가 사람의 본뜻을 지니고 있음을 보여주고 있다. ▶님

나리꽃 명 百合花

'나리꽃'은 나리와 꽃의 합성어다. ¶개나리(百合) : 개나릿 불휘롤《救簡 3:31》. 옛말에서는 개나리가 백합(百合)을 뜻했는데, 최근에는 개나리는 이른 봄에 피는 노란 꽃을 뜻하게 되었고, 나리는 백합을 뜻하게 되었다. yuri(百合)〔日〕. 일본어 yuri는 nuri에서 nyuri, yuri로 변한 말로서 국어 나리와 동원어(同源語)다. 일본어의 두음(頭音) ya, yo, yu는 국어 '나, 노, 누'와 대응된다. 미나리는 '미'와 '나리'의 합성어인데, '미'는 물(水)에서 변한 말이다. 미나리의 '나리'는 풀과 나물(草菜)의 뜻을 지닌다. 나생이〔경상북도〕의 어근 '낫(낟)'과도 동원어다. ▶나물, 냉이

나막신 閔 木靴, 木屐, 木鞋

'나막신'은 '남'과 '신'의 합성어인데 '악'은 접미사다. 남(木)＋악(接辭)＋
신(靴)＝나막신(木靴). 나모께〔충청도〕, 나막개〔전라도〕. 나모께, 나막개의
'께, 개'도 실사(實辭)로서 신의 뜻을 지닌다. ¶격지(나막신) : ㄱ슾격지
시너(秋屐)《杜初22:20》, 격지 극(屐)《字會中23》, 격지(木屐)《譯上47》. 어
근 '격'은 '걷〉걸〉긹〉격'의 변화다. 그루(株), 고(杵), 구유(槽) 등의 어근
'글, 고(골), 구(군)' 등이 나무의 뜻을 지니고 있다.　　　　◘ 나무, 널

나무¹ 閔 木, 樹

나모에서 나무로 변했다. ¶남기 : 남ㄱ론 내모기 두어(木)《釋6:26》, 나
모 : 나모 아래 안ㅈ샤《曲117》. 어근이 '남'이다. '낟〉날〉날암〉나암〉남'의
변화다. 널(板)과 동원어(同源語)다. 강원도 산촌에서 나무로 지붕을 이
은 집을 너새집, 너와집이라고 한다. 너새는 '너'와 '새'로 나뉘는데, '너'
는 널의 말음탈락형이다. 기와를 15세기에서는 디새라고 한다. 디새의
'디'는 딜(土)의 말음탈락형이다.

나무² 閔 南無. Skt. namo

나모는 '인사하다, 경례하다'를 뜻하는 말에서 유래하여 불교에서는 '귀
의하다'라는 뜻으로 쓴다. 나무관세음보살. 나무아미타불이 가장 흔히
쓰이는 말이다.　　　　◘ 십년공부 나무아미타불

나물 閔 菜

'나물'은 남새와 동의어(同義語)다. 나물은 '나'와 '물'의 합성어일 것이
다. 따라서 나물은 나물(菜)의 뜻을 지니는 말이 겹쳤다고 하겠다. 미나
리(芥)의 '미'는 물(水)에서 변한 말이고, 나리가 나물(菜)의 뜻인데, 어
근은 '날'이다. 나물의 '물'도 나물(菜)의 뜻을 지니지만, 본뜻은 풀(草)

이다. 말(藻)은 수초(水草)인데 식용(食用)이다. 미역도 '미럭'이 원형
이고 '밀'이 어근이다. 다시마의 '마'도 동원어다. 말은 말뚝의 말(橛)의
뜻도 있지만, 근원적으로는 초목의 본뜻을 지닌다. 고대어에서는 초목의
뜻이 미분화상태였을 것이다. 나물의 '나'는 나생이의 어근 '낫(낟)'일 개
연성도 있다. 날물>나물.　　　　　　　　　　　　　　　　🔜 남새

나비　🖼 蝶, 蝴蝶

'나비'는 나비, 나뷔에서 변했다. ¶나비 브레 드듯ᄒ야《釋11:35》, ᄇᄅᄆᆺ
나뷔 ᄂ족ᄒ고(底風蝶)《杜初23:20》. 나비의 '비'는 'ᄇ이'가 줄어든 말이
고, '본>볼>볼이>ᄇ이>비'의 변화로서 벌레(虫)의 어근 '벌(벋)'과 동원어
(同源語)다. 나비의 유의어(類義語)인 나방의 '방'은 '받>발>바>방'으로
서 벌레란 뜻이다. 나방의 '나'는 '날개'의 '날'과 동원어일 것이다. 굼벙이
의 '벙'과 나방의 '방'은 동원어일 것이다. 나비는 '나'와 '비'의 합성어로서
우충(羽蟲)의 어원적 의미를 지닐 것이다. ¶ᄂ래(羽)《救方上85》, ᄂ개
(翼)《字會下6》.

나쁘다　🖼 不好, 不正, 不良, 劣, 歪, 邪

'나쁘다'는 옳지 않거나 좋지 않다라는 뜻이다. ¶다 낟본 줄 업긔 호리라《釋
9:5》, ᄆᄋᆷ애 낟브리니(慊於心)《小諺5:94》. 낟브다는 '낟다'에 형용사형
접미사 'ᄇ/브'가 붙었다고 볼 수 있다. ¶平聲은 ᄆᆺᄂᆺ가ᄫᆫ 소리라《訓諺》,
低는 ᄂᆺ가ᄫᆯ 씨라《月10:79》. ᄂᆺ갑다(賤)의 어근은 'ᄂᆺ'이다. ¶ᄂᆺ가ᄫᆫ ᄂ
미죠슬이 ᄃ외야《釋9:16》. ᄂᆺ다(低)에 형용사형 접미사 '갑'이 붙었다.
ᄂᆺ(낮)다에 형용사형 'ᄇ/브'가 붙어서 '낟브다'가 나쁘다로 되었다. ᄂᆺ다
(低)의 'ᄂᆺ'의 어원적 의미는 땅(地)의 뜻을 지닌다고 하겠다. 사물에서
볼 때 낮은 지면이 대상이 되었을 것이다. 나라(國)의 어근 '날'은 땅(地)
의 뜻을 지닌다. na(地)〔滿〕, no(野)〔日〕, nurahai(低)〔蒙〕.

나이 　명 年齡

'나이'는 '날이>나이'로 변했으며, 고형은 '나리'가 되며 어근은 '날'로서 해란 뜻일 것이다. yaş(年歲)〔터키〕, nasu(年)〔蒙〕. 터키어 yaş는 nyas, nat 으로 재구되며, nat이 조어형이다. 몽골어 nasu의 어근 nas는 nat이 조어형으로서 해의 원의가 있다. 몽골어에서 nara가 해의 뜻이다. 국어 의 날(日)과 동원어(同源語)다.

나절 　명 半日

한나절은 하루의 반(半日)이다. '나절'은 낮(晝)과 '얼'의 합성어인데, '얼' 은 해(日)의 뜻을 지닐 것이다. 밤낮을 하루(一日)로 볼 때 낮(晝)은 반일(半日)이다. ¶나잘(半日) : 나잘만 두면(停半日)《救方下71》, 나잘만 ᄒᆞ야(半日)《救簡1:112》, 사올(三日)《杜初15:36》, 나올(四日)《釋11:31》. '올'의 본뜻도 해일 것이다. 　　　🡒 나절, 반나절, 아침나절, 나절가웃

나조 　명 夕

낮(晝)과 '나조(夕)'는 동원어이다. 낮의 조어형(祖語形)은 '날'으로서 날(日)과 동원어(同源語)다. ¶나조(夕) : 나조힌 므레 가《釋13:10》. 나 죄 주구믈 돌히여기니《月18:32》, 나죄 석(夕)《字會上2》. 15세기에 나조 와 나죄의 쌍형이 보이다. 나죄는 '나조이'가 변한 말로서 나졸>나조이> 나죄가 되었을 것이다. '낮'과 '올'의 합성어일 것이다. 나잘(半日)《救方下 71》은 '낮'과 '알'의 합성어로서 '알'은 해(日)의 뜻을 지닌다고 하겠다. 나조(夕)는 나졸>나조가 되었고 나죄는 '나졸이'에서 변한 말일 것이다. yoru (夜)〔日〕, süni(夜)〔蒙〕, gece(夜)〔터키〕. 일본어 yoru(夜)는 noru 가 원형이고 어근은 nor(not)이다. 국어 날(日, 陽)과 동원어다. 몽골 어 süni의 어근은 sün인데, 만주어는 syun(太陽)과 비교된다. 터키어 gece(夜)는 gün(日)과 비교된다. 밤(夜)의 뜻을 지니는 말은 태양의 원의(原義)를 지니는 말에서 생겨났다. 밤과 낮은 지구가 태양을 돌면 서 생긴다. 날(太陽)에서 날(日), 낮(晝), 나조(夕), 나이(年) 등이 파

생했다.

→ 날(日), 낮(晝), 나이(年)

나타나다　　圖 現, 顯, 表出

'나타나다'의 어근은 '낱'이며, '낟'이 조어형(祖語形)이다. 나타나다는 보
이지 않던 것이 보이거나 숨어 있다가 보이는 것을 뜻한다고 볼 때, '낟'
은 시각적인 말과 관련될 것이다. 눈(目)의 조어형 '눋'과 동원어(同源
語)라 여겨진다. ¶나토다(나타내다)《曲25》, 나타나다《楞2:80》, 나토오
다(나타내다)《釋13:60》. 엿보다의 '엿'은 넏〉넛〉녓〉엿의 변화로 되었다.
엿보다의 '엿'의 조어형 '넏'은 눈의 뜻을 지닌다. göz(目)〔터키〕, görmek
(보다)〔터키〕. göz의 말음 z는 t〉d〉z의 변화다. görümek(나타나다)〔터
키〕, göstermek(나타나게 하다)〔터키〕. 어근 gör, gös가 되는데, göt의
t말음이 r, s화된 것을 알 수 있으며 눈의 어원적 의미를 지닌다. nut,
nidön(目)〔蒙〕.

낚시　　圖 釣

표준어가 '낚시'지만 역사적으로 볼 때에는 '낙시' 또는 '낛이'로 표기해야
될 것이다. ¶낛(釣)《字會中15》, 낛(釣)《訓民解例》. 낛의 말음 ㅅ은 후에
들어간 것이므로, '낙'이 고형이다. 외낙, 쌍낙 할 때 '낙'으로 나타난다.
'낙'은 다시 '낡, 날'로 소급된다. ㄱ말음은 본디는 없었고 ㄹ말음에 들어가
서 ㄹ을 밀어내고 ㄱ이 말음이 되었다. 따라서 날〉낡〉낙의 변화다. '날'은
눌(刀)과 동원어(同源語)다. 낚시의 어원적 의미는 날(刀)이었다. 바놀
(針)의 '놀'이 바로 날(刀)의 뜻을 지니는 말이다. 15세기에는 낛대, 낛
밥, 낛줄 등의 단어가 나온다. ¶낛대(釣竿) : 낛대롤 자뱃ᄂᆞ니《杜初22:12》,
낛밥(낚시밥) : 고기는 주리면 곳다온 낛바볼 費食ᄒᄂᆞ니라《杜初16:19》,
낛줄(낚시줄) : 낛주를 어더 고기 잡노라《杜初20:27》, 낛다(낚다) : 낛줄
드리워 고기 낛ᄂᆞ니《杜初21:13》. tsuri(釣)〔日〕. 어근 tsur(tut)는 일본
어 tsurugi(劍)의 어근 tsur(tur)와 동원어가 되며 tatsi(大刀)의 어근
tat과 동원어가 된다. ¶낛대(釣竿) : 낛대롤 자뱃ᄂᆞ니(把釣竿)《杜初22:

175   나타나다, 낚시

12》, 낫대(釣竿) : 반드기 두어 낫대롤 시므노라(必種數竿竹)《杜重6:52》, 낫대는 쥐여 잇다《孤山. 漁父四時詞》. 낫대, 낫대가 나타난다.

낫   명 稅金

'낫'이 세금 또는 구실의 뜻으로 쓰인 것이 문헌에 나타난다. 옛날의 세금 은 곡식으로 받았다. ¶그제ᅀᅡ 낫바도믈 ᄒᆞ니(稅)《月1:45》, 낙(稅)《石千 28》. 낟알(穀食), 나락(稻)의 어근 '낟, 날'에서 변한 것이라 여겨진다. '낟〉날〉낡〉낙〉낫'의 변화다. 漢字 稅(세)를 보아도 禾(벼 화) 변이 있다.

▣ 낟가리

낟가리   명 露積, 稻叢, 叢

'낟가리'는 '낟'과 '가리'의 합성어다. ¶낟 爲穀《解例合字》. '가리'가 낟가리 의 뜻으로 쓰인 예가 있다. ¶麥笁 보리가리《柳物三草》. '가리' 자체만으로 도 곡식의 더미가 된다. 따라서 '가리'의 어근 '갈(갇)'도 곡물의 뜻을 지 닐 수 있다. kusa(種)〔日〕. 어근 kus(kut)는 종(種)의 뜻을 지니는데, 낟알은 열매(種)의 하나라고 할 수 있다. '낟가리'의 '갈(갇)'과 동원어 (同源語)가 아닌가 한다. kome(米)〔日〕. 일본어 kome(米)는 ko와 me 의 합성어로서 me는 mi(實)와 동원어다. 국어 열민 실(實)《倭下6》의 '민'와 동원어다. 미는 'ᄆᆞ이'가 줄어든 말로서, 'ᄆᆞᆯ〉ᄆᆞᆯ〉ᄆᆞ리〉ᄆᆞ이〉미'의 변화이며, 일본어 mi(實)와 동원어다. 열민의 '열'은 녈, 널(넏)로 소급 된다. 열매가 15세기에는 여름으로 표기된다. ¶곳 됴코 여름 하ᄂᆞ니《龍 2》. 여름(實)은 녀름, 너름으로 소급되며 '널(넏)'이 조어형(祖語形)이 다. '사과가 열리다'에서 열리다의 어근 '열'은 명사로서 열매(實)의 어원 적 의미가 있다.

▣ 낟알, 나락

날¹   명 經, 縱糸

'날'은 베, 돗자리, 짚신 따위에서 세로로 놓인 실이나 끈을 말한다. ¶經은 눌히라《楞7:59》, 눌 위(緯)《字會中17》, 노(繩)《字會中14》. 날(經), 노(繩)는 동원어(同源語)이며, '노'의 고형은 '놀'이다. naha(繩)〔日〕, nahi(絢)〔日〕. 일본어 naha는 nara〉naa〉naha〉nawa로 변한다. 어근 nar는 국어와 동원어가 된다. 베를 날다에서 날다의 어근 '날'은 명사로서 날(經糸)과 동원어가 된다.   ▶ 실날, (베를)날다

날² 명刃

'날'은 칼의 일부분이다. ¶놀(刃)《字會下15》, 날(鎌)《解例合字》, 놀캅다(날카롭다)《曲162》. 바늘(針)의 옛말 바늘(針)《字會中14》은 '바'와 '눌'의 합성어다. 바늘의 '눌'은 놀(刃)의 뜻을 지니는 말이고, 바늘의 '바'는 받〉발〉바로서 칼날(刀刃類語)을 뜻한다. 날〉낫(鎌)도 놀(刃)과 동원어(同源語)다. 놀캅다의 동사도 놀과 칼(刀)의 합성어다. nata(鉈)〔日〕, katana(刀)〔日〕, irana(鎌)〔日, 琉〕. 일본어 nata(鉈), katana의 na, irana의 na는 모두 국어 날(刃)과 동원어다. nodak(刀)〔아이누〕, nitolaho(殺, 切)〔蒙〕. 어근 not, nit도 칼날(刀刃類)의 뜻을 지닌다. ¶논(鎔)《倭下8》, 놋(鎔鐵)《同文下23》. 날(刃)의 어원적인 말은 그의 재료인 놋(鎔)에 있다고 본다. 난(鎌)《解例合字》과도 동원어가 된다. 일본 유구어(琉球語)에 나타나는 irana(鎌)는 ira와 na로 가를 수 있는데, na가 날(刃)과 동원어고 ira의 ir는 몽골어에서 날(刃)의 뜻을 지닌다.

날³ 명日

'날'은 해에서 분화했다. ¶날(日) : 날이 저믈오《法華2:7》. 날(日), 나날이(日日)의 '날'은 본디 해의 뜻을 지닌다. nara(太陽)〔蒙〕. '날'은 '낟'이 조어형(祖語形)이다. 낟에서 날(日), 낮(晝), 나조(夕) 따위가 파생했다. nis(空, 天)〔아이누〕. nis는 nit으로 소급되며 태양의 뜻을 지닐 것이다.   ▶ 여름(夏)

날개　閉 羽, 翼

'날개'는 '날'과 '개'가 합친 것으로 두 단어가 처음에는 새의 뜻을 지닌
말인 듯하다. 고대인의 생각에서는 나는 것은 새가 주종이라고 생각했을
것이다.　niətsə(鳥)〔나나이〕,　nunnaxı(雁)〔에벤키〕,　niixı(鴨)〔에벤키〕,
nishö (飛)〔蒙〕. 나나이 방언에 niətsə(鳥)가 있는데, 어근은 nit이다.
몽골어에서 날다(飛)로 nishö가 있는데 어근 nis(nit)는 국어 날다의
'날'과 비교가 됨 직하다. 날다의 '날'은 새의 뜻을 지니는 고어였을 것이다.
날개의 '개'는 '갇〉갈〉갈이〉가이〉개'의 변화다. kasha(鳥)〔滿〕, kuş(鳥)
〔터키〕. 어근 kas, kus는 kat, kut으로 소급된다. 날개의 '개'가 새의 뜻을
지니고 있다는 자료가 될 것이다. 이음동의어(異音同義語)의 합성어다.
그러나 '개'를 그냥 접미사로 볼 수도 있다. 일본어 tobu(飛)의 어근 to는
tori(鳥)의 어근 tor의 말음탈락형이다. 일본어 tori(鳥)는 국어 둙(鷄)
의 고형인 '둘'과 동원어다.　　　　　　　　　　　　　　　　　　**➡** 나래

날씨　閉 氣候, 天氣, 日氣

'날씨'는 일정한 지역에서 그날그날의 대기의 상태를 말한다. ¶나리 저믈
오《法華2:7》, 後ㅅ날올 分別ㅎ샤《曲46》. '날'은 日(날 일)의 뜻을 지닌다.
근원적인 뜻은 해의 뜻을 지닌다. '날'에 '씨'가 붙어서 날씨가 된다. 날씨
의 '씨'는 글씨, 말씨, 마음씨 등의 후행어인 '씨'와 동일하다.　**➡** 맵시

낡다　閉 古, 故, 舊, 殘舊

'낡다'는 물건이 삭아서 헐 정도로 오래 되다이다. 구식이 되다. ¶눌근
옷 니버《曲155》, 지비 오라 늙고《法華2:103》. '늙다'의 어근 '늙'은 '눌, 눈'
으로 소급된다. '낡다'는 오래되어 삭은 것이기 때문에 '늙다'의 조어 '눌
(눈)'은 나이(年)의 뜻을 지닐 개연성이 있다. '늙다(老)'도 나이와 관련
된다고 여겨진다. '老' 자는 허리가 구부러진 사람이 지팡이를 짚고 있는
모습을 상형한 글자이니 나이와 관련될 개연성이 높다. tosiyori(年よ

리)〔日〕는 나이 많은 사람 고로(古老)를 뜻한다. 늙다(老), 삭다(消), 낡다(古), 석다(腐).

남 　명 他人

'남'은 자기 밖의 다른 사람이다. ¶ 㕦(他)《龍24》. 㕦은 'ᄂᆞ〉ᄂᆞᆯ〉ᄂᆞᆯ옴〉ᄂᆞ옴〉㕦'의 변화다. 'ᄂᆞ(ᄂᆞᆯ)'은 '나, 너, 누'와 동원어(同源語)다. '나, 너, 누'도 '낟(날), 넏(널), 눋(눌)'이 조어형(祖語形)이다. na(一人稱)〔日〕, nare(汝)〔日〕. 일본어 na(一人稱)는 nare(汝)의 어근 nar의 말음탈락이다. 놈(者), 님(主)도 동원어다. nio(人)〔나나이〕. 만주어 nyalma(人)의 어근 nyal은 nal이 고형이고 사람의 뜻을 지닌다.

남새　명 菜, 蔬

'남새'는 '남'과 '새'의 합성어다. 나물 또는 채소란 뜻을 가지고 있다. ¶ ᄂᆞ 믈새(蔬)《老上37》, ᄂᆞ믈(나물)《南明下30》. '새'는 '사이'가 줄어든 말로서 속새, 억새의 '새'와 같은 말이다. 새(草)《杜初7:2》가 풀의 뜻을 지니고 있다. 고사리의 '사리', 대사리의 '사리' 등이 '새'의 고형으로서 '사리〉사이〉새'의 변화다. ᄂᆞ믈새는 'ᄂᆞ믈새'가 변한 말이다. ᄂᆞ믈새가 변하여 남새가 되었다. ¶ᄂᆞ믈(菜) : 위안햇 ᄂᆞ믈홀 주ᄂᆞ다(與園蔬)《杜初22:14》, 몃길 흐로 시미 ᄂᆞ믈 바톨 져지ᄂᆞ뇨(幾道泉澆圃)《杜初7:39》. ᄂᆞ믈은 'ᄂᆞ'와 '믈'의 이음동의어(異音同義語)로서 채소(蔬, 菜)의 뜻을 지닌다. 'ᄂᆞ'는 나생이(薺)의 '낫', 미나리(芹)의 '나리' 등의 어근 '날(낟)'과 같이 채소(菜, 蔬)의 뜻을 지니는 말이다. 널(板)과도 동원어(同源語)로서 '낟(낫)'은 고대어에서는 초목의 뜻으로 쓰였다. ᄂᆞ믈의 '믈'도 草·菜의 뜻을 지닌다. 나물은 '남물'의 '남'의 말음 ㅁ의 생략형이다. 　　　▣ 답세기, 집세기

남종　명 南宗

불교의 한 종파를 말함. 신수계(神秀系)의 북종에 대한 혜능(慧能)계의

남종을 말한다. 남종은 혜능의 제자 하택신회(荷澤神會)가 최초로 주장한 자파(自派)의 종명(宗名)인데, 신수와 그의 문도가 낙양(洛陽)·장안(長安)·숭산(崇山) 등 양자강 북쪽 지방을 중심으로 교화를 펼친 것에 대하여, 혜능이 남쪽인 소주(韶州)를 중심으로 활약한 것에 유래된 지리적으로 편리하게 붙인 명칭이다. 다시 말하면 남종은 신회에 의해서 처음으로 이루어진 혜능계의 불법을 말한다. 신회가 당 개원(開元) 18년(730)·19년·20년 활대(滑臺)의 대운사(大雲寺)에서 무차대회(無遮大會)를 개설하고 종론(宗論)을 제기하면서 비롯된 것이다. 당시의 종론 기록이 최근 돈황(敦煌)에서 발견된 『보리달마남종정시비론(菩提達摩南宗定是非論)』이다. 여기에, "보리달마 남종의 일문(一門)에 대하여 천하의 학도자들이 잘 알지 못하고 있다. 남종에 대하여 잘 알고 있다면 나는 말하지 않는다. 오늘 남종에 대하여 말하는 것은 천하의 학도자들을 위하여 그 옳고 그름을 판단하기 위한 것이며, 천하의 학도자들을 위하여 그 종지를 확정하기 위한 것이다.(菩提達摩南宗一門天下更無一解, 若有解者, 我終不說. 今日說者, 爲天下學道者. 辯其是非. 爲天下學道者, 定其宗旨.)"(『神會和尚遺集』 p.263, p.293)라는 것이 있다.(鄭性本, 『敦煌本六祖壇經』, pp.16-17).

낫다¹ 图 愈, 治, 癒

'낫다'의 어근 '낫'은 명사로서 고어에서 '약(藥)'의 뜻을 지닌 말이었을 것이다. ¶낫다(愈)《法華6:155》. olho(草)〔滿〕, ot(草)〔터키〕, oktho(藥)〔滿〕, kusa(草)〔日〕, kusuri(藥)〔日〕. 일본어 kusa(草)와 kusuri(藥)의 어근 kus가 동원어(同源語)다. ¶프른 쇼롤 호리라(靑蒭)《杜初8:23》. 국어 쇌은 풀(草)의 고어인데, '곧'이 고형이고, 일본어 kusa(草)와 동원어(同源語)다. 만주어 oktho(藥)도 풀의 뜻을 지니는 olho의 어근 ol과 동원어다. 낫다의 '낫'이 약의 뜻을 지니는 고어였다면, 어원은 풀(草)의 뜻을 지닌다. 나생이, 미나리, 나물의 어근 '낫, 날' 등이 모두 풀(草)의 뜻을 지닌다. 고대의 약은 초목이었음은 두말할 것도 없다. 일본어 nahori(治癒)는 narori에서 변한 것으로 어근은 nar(nat)이다.

낫다² 〔통〕 進就

'낫다'는 앞으로 나아가다와 같이 현대어에서는 ㅅ불규칙이다. ¶滅의 나사가ᄂᆞ니ᄂᆞᆫ(趣)《龜38》, 나ᅀᆞ며 므르ᄂᆞᆫ(進退)《楞9:72》, 나ᅀᆞᆯ 진(進)《字會下26》. 어근은 '낫'인데 '낟'으로 소급된다. 앞으로 나가는 것은 발이기 때문에, '낫(낟)'의 어원적 의미는 다리, 발(脚·足)의 뜻일 것이다. 니다(行), 녀다(行), 녈다(行)의 어근과 동원어(同源語)일 것이다.

낫다³ 〔형〕 勝, 優, 秀

'낫다'는 다른 것과 비교해서 질과 정도가 좋다의 뜻이다. 고대인들은 낫다의 기준은 어디에 두었을까? 고대인들의 생활수단이 비교적 단순했을 때, 평가기준을 손재주에 두지 않았을까 한다. 한편 그 기준은 눈으로 하는 것이기 때문에, 눈이 어원일 수도 있다. 국어 누르다(壓)의 행위는 손에 의한다. 나르다(運), 나누다(分)도 손의 작용이다. 어근 '날, 난(낟)'이 손의 본뜻을 지닌다. 나나이어에 nala(手)가 손의 뜻을 지니고 있다. 한편 낫다의 기준을 눈의 평가로 한다면 '낫'은 눈의 뜻을 지닐 것이다. 눈(目)의 조어형(祖語形)은 '눋'이다. yasa(目)〔滿〕. yasa는 nyasa, nasa, nas(nat)로 소급된다. ¶내집 두고 나온 이로 흘더니(勝)《小諺5:66》, 나은 소임(優)《譯補9》. masari(勝, 優)〔日〕. masari의 어근 mas(mat)는 명사로서 손의 뜻을 지닌다. motsu(持)〔日〕, mutor(手)〔蒙〕. 일본어 motsu(持)의 어근 mot은 명사로서 손의 어원적 의미가 있다. 몽골어 mutor(手)의 어근 mut과 동원어(同源語)가 된다.

낮다 〔형〕 低, 卑, 賤

'낮다'의 어근 '낮'은 '낟'으로 소급되며, 땅(地類語)의 뜻일 것이다. 낮은 곳은 땅이다. ¶ᄂᆞᆽ다(低) : 벼슬 ᄂᆞ즌 사ᄅᆞᆷ이라《小諺4:46》. 나라(國)의 어근 '날(낟)'인데, 만주어에 na(地)가 있다. 논(畓)〔國〕, no(野)〔日〕. 국어 논은 '놀'에서 변했고, 만주어 na도 원형은 nar일 것이고 일본어도 nor

---

181   낫다, 낮다

(野)일 것이다. nurahai(低)〔蒙〕의 어근은 nur이다.

낯   명顔

현대어에서는 '낯'을 얼굴이라고 하지만, 15세기어에서 얼굴은 형태의
뜻을 지니던 말이다. ¶얼굴 형(形)《字會上24》, 色온 비치니 얼구를 니르니
라《月1:34》. 낯(顔) : 菩薩ㅅ ᄂ츤 金色이오《月8:35》. nigur(顔)〔蒙〕, yüz
(顔)〔터키〕, niru(似)〔日〕, notakám(頰)〔아이누〕, nán(顔)〔아이누〕, nedəm
(顔)〔다구르〕. 터키어 yüz(顔)는 nyuz, nut으로 소급된다. 국어 낯(顔)과
동원어(同源語)일 것이다. 닮다(似)의 뜻을 지니는 일본어 niru(似)의
어근 nir(nit)는 국어 낯과 동원어일 것이다. 닮는다는 것은 그 표준이
얼굴이라 하겠다. 일본의 가면음악극(假面音樂劇)을 noo(能)라고 하는
데 국어 낯(顔)과 동원어일 것이다. not〉nodo〉noro〉noo의 변화일 것이
다. 국어 탈(假)의 고어는 '달'인데, 고어에서 '달'은 얼굴(顔)의 뜻을 지니
는 말이었을 것이다. tsura(面)〔日〕. tsura의 어근 tur는 국어 '달'과 동원
어다.

낳다   동産, 生

'낳다'는 뱃속에 있는 새끼, 알 등을 밖으로 내어놓다이다. ¶훈ᄉᆞ님 나코
《釋11:40》, 나홀 산(産)《字會上33》. 낳다는 '나ㅎ다'의 준말이고 '나'는 명
사가 된다. 낳는 행위는 사람을 주 대상으로 여겼을 것이다. '나'는 '나(一
人稱), 너(二人稱), 누(不定稱)'와 동원어일 것이다. 사람을 낳았다는
것이 된다.

내'   명川

'내'는 '나리〉나이〉내'의 변화를 거친 말이다. ¶나리(川)《樂軌動動》, 뉘누
리(渦)《杜初7:24》. 뉘누리는 '뉘'와 '누리'의 합성어다. '뉘'는 '누리〉누이〉
뉘'의 변화로서 같은 뜻을 지닌 말이 겹쳤다. '누리'는 나리(川)와 동원어

(同源語)다. 국어와 일본어를 대응시키면 다음과 같다. 날(生) : nama
(生), 갈(髮) : kami(髮), 날(川) : nami(波), numa(沼). 일본어 nami
(물결)는 국어 '날(川, 水)'과 대응된다. yodo(淀)〔日〕, nay(淀)〔아이누〕,
nour(池)〔蒙〕. 일본어 yodo는 nodo로 소급된다. 어근 not이 물의 뜻을
지닌다.   ▶ (비가)나리다, 나루

ㄴ

내²   명 煙, 煙氣

연기가 눈이나 목구멍을 자극하여 쓰린 기운을 느끼는 것을 '냅다'고 한다.
'내'에 'ㅂ다'가 붙은 것이다. '내'는 사물이 불에 타야 일어나는 것이기
때문에, 그 어원은 불의 뜻을 지닐 것이다. ¶닌(煙) : 머리 니롤 보고
블잇ᄂᆞᆫᄃᆞᆯ 아로미 곧ᄒᆞ니《月9:7》. '닌'는 'ᄂᆞ이'가 준말로서 'ᄂᆞᆯ〉놀〉놀이〉ᄂᆞ
이〉닌'의 변화다. 눋다(焦)〔國〕, norosi(狼煙, 烽火)〔日〕. 일본어에서
norosi는 연기와 불의 뜻을 함께 지니고 있다. 어근 nor는 국어 눋다(焦)
의 '눋'과 동원어(同源語)다. yaki(燒)〔日〕. yaki는 nyaki, naki로 소급
되며 어근은 nak이다. 이는 nat〉nal〉nalk〉nak의 변화다. 내(煙)의 조
어형(祖語形) '날'은 불의 뜻이다. utagan(煙)〔蒙〕, utoho(냅다)〔蒙〕,
utagan(煙), utoho(냅다)의 어근 ut은 동원어다. 즉 '내'의 어원이 불이
라는 것을 보여준다. yakmak(焚)〔터키〕. yakmak의 yak은 명사이고,
mak은 명사를 동사로 전성시키는 접미어다. yak은 nyak, nak, nat으
로 소급된다. nat이 불의 뜻이다. yaha(숯불)〔滿〕, mooyaha(숯)〔滿〕.
moo는 만주어에서 나무(木)의 뜻이다. 몽골어에서는 modo(木)이다.
moro〉moo(木)가 만주어라 하겠다. yaha는 nyaha, naha로 소급된다.
만주어에 ha는 접미사다. na가 어근인데 nat이 조어형으로서 불의 뜻을
지닐 수 있다. ¶ᄂᆞ올 븕다(불꽃처럼 밝다) : 븘나오리 빗나(熖烜赫)《金三
3:29》, 븘나오리니(燄)《南明下3》. ᄂᆞ올이 불꽃의 뜻이다. ᄂᆞ올은 'ᄂᆞ'와
'올'의 합성어로서 불의 뜻을 지니는 이음동의어(異音同義語)의 합성이
다. 몽골어에 nüle(熖, 불꽃)가 있다. 'ᄂᆞ'는 'ᄂᆞᆯ〉놀〉ᄂᆞ'의 변화고, '올'도
불의 뜻이다. alev(炎)〔터키〕, keburi(煙)〔日〕. 일본어 kemuri(煙)의 고
형은 keburi다. keburi는 ke와 buri의 합성어다. buri는 국어 불(火)과

동원어가 되며, ke의 어원적 의미도 불이다. gal(火)〔蒙〕. 몽골어에 gal
(火)이 있고, 국어 그슬리다의 어근 '긋(귿)'의 어원적 의미가 불이다.
kemuri(煙)의 muri도 어원적 의미는 불이다. moyasu(燃)〔日〕, moeru
(燃)〔日〕. moyasu는 morasu에서 변한 것으로, 어근 mor는 불의 뜻을
지닌다. kemuri(煙)의 muri와 동원어다.　　　　　　　　　　🡆 녹다(鎔)

내³　　一人稱屬格

일인칭 '나'는 '나는, 나도, 나를' 할 때에는 '나'지만 '내가'일 때에는 '나가'
라 하지 않는다. 또 '내 것, 내 학교, 내 나라' 할 때에는 '나 것, 나 학교,
나 나라'라고 하지 않는다. ¶내이 功德을 일ᄏᆞ라《月7:17》. '내'가 15세기
문헌에도 나타나는데 소유격 '~이'가 쓰일 때 나타난다. 이인칭 '너'도
너도, 너는, 너를 할 때에는 '너'지만 '네가'일 때에는 '너가'라고 하지 않는
다. '네 것'일 때에도 '너 것'이라고 하지 않는다. 왜 '나이'가 '내'로 변했을
까. '내'는 '나이'의 준말로 볼 때에는 '이' 주격이 붙은 셈이다. 즉 '나이'가
'내가'로 주격 '이'와 '가'가 겹쳐 연결되었다. 그러나 '내 것'일 때에는 '나'
에 '의'의 소유격이 연결되었다.

내⁴　　圀 臭, 臭氣, 香氣

'내'는 냄새라고도 한다. ¶내 취(臭)《字會上13》, 내(氣)《同文上62》, 내(氣
味)《漢386d》. '내'가 악취, 향기, 냄새(臭, 氣, 氣味)의 뜻을 지니고 있는
데, 내를 氣(기)로 인식했다는 것은 흥미롭다. 냄새를 氣의 현상으로 인
식했다는 것이 된다. '내'는 '나이'가 준말이고, '낟〉날〉날이〉나이〉내'의 변
화다. '낟(날)'은 코의 원의(原義)를 지닐 수 있다. 냄새는 코로 맡기 때문
이다. nasi(鼻汁)〔滿〕, nisu(鼻汁)〔蒙〕, neenʃi(鼻)〔에벤키〕, nyakhi sirimbi
(코풀다)〔滿〕. 어근 nas, nis가 코의 뜻을 지닌다. nihohi(臭)〔日〕. nihohi
는 nirohi에서 변한 것으로 어근이 nir(nit)이다. 일본어 kawori(香)는
karori에서 변한 것으로, 어근 kar(kat)는 국어의 코(鼻)의 조어형(祖
語形) '곧'과 동원어(同源語)가 된다. uisu(鼻汁)〔蒙, 文語〕.　　　🡆 냄새

내리다 圖 降, 下, 落

낮은 데로 향하여 옮다. 먹은 것이 삭아 아래로 가다. 쪘던 살이 빠지다. 뿌리가 나서 땅으로 들어가다. 윗사람이 아랫사람에 무엇을 주다. 탈것에서 내려오다. 결정을 짓다. 신이 몸에 접하다(내림굿). ¶ᄂ리라 혼말도 이시며《月1:36》, 帝命이 ᄂ리어시ᄂᆞᆯ(帝命旣降)《龍8》, 비를 깃비 ᄂ리와《釋13:7》. ᄂ리다〉나리다〉내리다. 어근은 '날(난)'이고 명사라 하겠다. '降'자는 언덕(阝)에서 내려온다는 뜻이므로 '내리다'의 '날'은 땅이나 흙의 어원적인 의미를 지닐 개연성이 짙다. targan(地)〔오로촌〕, inmok(降)〔터키〕, indirmek(降)〔터키〕, dooradaho(降)〔蒙〕, talmai(曠野)〔蒙〕, aula(山)〔蒙〕, arin(山)〔滿〕, ure(山)〔에벤키〕, na(地)〔滿〕. na의 조어는 'nad'일 것이다. 국어 나라(國)의 어근은 '날'이며 '낟'이 조어다. 나라의 어원적인 의미는 땅(地)이다. 우리나라, 우리 땅과 같이 나라, 땅은 동의개념이라 하겠다. ni(土)〔日〕, niha(庭, 場)〔日〕, no(野)〔日〕, 논(畓)과 같은 말들도 땅의 어원적인 의미가 있다. '나리다'의 어근 '날'은 땅(地)의 뜻을 지닌다고 하겠다. 어떤 사물이 아래로 즉 땅으로 내려온다는 것이 된다. 일본어 oriru, orosu는 '降'의 뜻인데 국어 아래(下)의 어근 '알'과 동원어라 할 것이다. 오르다(登)의 어근은 '올'인데 山의 뜻을 지니는 옛말로서 제주도 방언에 오름(山)이 있다. 어근은 '올(온)'이 된다. '아래'의 어근 '알'은 토지류(土地類)의 어원적인 의미를 지닌다고 하겠다. 아래(下)라고 하면 고대인들은 '지면'이라고 여겼을 것이다. alt(下)〔터키〕, aşaği(下)〔터키〕. 어근 al, as는 국어 아래(下)의 어근 '알'과 동원어일 것이다.

내연 圖 內緣

오식(五識)이 색깔 등의 외부 대상 경계를 인식하는 것이 외연(外緣)이라면, 의식이 마음속에서 여러 가지 사상(事象) 곧 법을 분별하는 것을 내연이라 한다. 이 낱말이 일본에서 내밀한 연고, 은밀한 관계, 혼인신고를 하지 않은 상태의 부정적 남녀관계를 뜻하는 말로 사용되는 것을 우리가 받아들여 쓰고 있는데, 주로 내연의 처, 내연관계 등으로 사용된다.

내의 圐 內衣

① 梵 antarvāsa, 巴 antaravāsaka. 소리옮김(音譯) 安咀(担·多)婆娑(沙)의 뜻옮김(意譯). 三衣(삼의. 인도의 승단에서 개인의 소유를 허용한 3가지 옷. 大衣와 2가지 웃옷. 대의·칠조의·오조의)의 하나로 오조의(五條衣)라는 것. "澡浴之法, 當用七物, 除去七病, 得七福報. 何謂七物, 一者然火 …… 七者內衣."《溫室經》 ② 梵·巴 nivāsana. 소리옮김 泥縛些那, 涅槃僧, 泥洹僧, 泥縛些羅의 뜻옮김. 승려의 요의(腰衣)라는 것. "晨參暮請之時, 只得儼然叉手, 偏衫下須着內衣, 不宜露體."《禪苑淸規 2, 小參》. 우리나라에서는 내복, 속옷의 뜻으로 사용한다.

넉살 圐 厚臉皮

'넉살'은 비위 좋게 언죽번죽하는 짓이다. '넉살부리다'는 비위 좋게 언죽번죽하다. '넉살좋다'는 넉살부리는 비위가 좋다. '넉살'은 말의 행위라 하겠다. 넋두리는 푸념의 뜻을 지닌다. 넋소리가 넉살로 변한 듯. 사뢰다(奏)의 어근 '살'이 말의 뜻을 지닌다. '넋살〉넉살'로 변했다고 하겠다. '너스레'는 남을 놀리려고 늘어놓은 말솜씨이다. '넉살, 너스레'는 좀 비슷한 면이 있는 말로서 '살, 슬(스레)'이 말의 뜻을 지니는 동원어일 것이다. 넉넉하다의 어근 '넉'에 말의 뜻을 지니는 '살'이 합성되었다.

넋두리 圐 告言, 御託, 愚痴

'넋두리'의 '두리'는 말이란 뜻이다. 넋은 '넉'으로 소급되며, '넏〉녈〉넑〉넉'의 변화를 거친 말이다. 넋은 혼백(魂魄), 영혼(靈魂)의 뜻을 지니고 있으나, 넋두리가 푸념의 뜻을 지니고 있는 것을 보면, 넋도 말의 뜻을 지니고 있을 것이다. ¶넉 : 넉 혼(魂)《字會中35》, 넋 : 돌거우렌 어두운 딧 넉시 스모 츳고(石鏡通幽魂)《杜初20:29》. '녈'은 놀애(歌), 니르다(謂)의 '놀, 닐'과 동원어(同源語)로서 말이란 뜻이다. 널(語)〉넑〉넉〉넋(魂魄). 내림굿을 할 때 '말문이 터진다'는 신어(神語)를 말한다는 것인데, 신이 몸에 실려서 신이 말을 하는 것을 뜻한다. 따라서 말은 곧 신이 된다. 푸념은 마음속에 품은 불평을 길게 늘어놓는다는 뜻도 되지만, 굿을 할 때 무당이 신의 뜻이라 하여 정성 들이는 사람에게 꾸지람을 늘어놓는다는 뜻도 된다. 넋두리의 '두리'는 말이란 뜻이다. ¶들에다(떠들다)《杜初 10:25》. 떠들다의 어근 '들, 덛'이 말의 뜻을 지니고 있는 명사였음을 보여주고 있다. 두덜두덜의 어근 '둗'이 말의 뜻을 지니고 있다. '너스레'는 '널소리'의 합성어가 변한 것이리라. '넉살'도 마찬가지다.

➡ 두덜두덜, 투덜투덜

넓다　　⑱廣, 洪

'넓다'는 '널다'에서 변했다. 고어에 너르다가 있다. ¶넙다(廣) : 엇게 넙다 혼 마리니《釋13:9》. 넙다는 '널다〉넓다〉넙다'의 변화다. ¶너른 혜므로 멀터이 보미라(以寬數粗觀也)《楞2:7》, 그 사르미 肥大ᄒᆞ면 幅을 조차 너르게 ᄒᆞ고《家諺1:43》, 너를 광(曠)《石千27》, 빗침이 너르믐《女四4:2》. 너르다, 너룹다의 어근이 '널'임을 보여주고 있다. 15세기 문헌에 '너르다'와 '넙다'의 쌍형이 쓰이고 있다. 너르다의 어근 '널'은 명사였을 것이다. 나라(國), 논(畓)의 어근 '날, 논(놀)'은 땅(地)의 뜻을 지닌다고 하겠다. na(地)〔滿〕, no(野)〔日〕. nar, nor에서 말음탈락현상이라 하겠다. 넙다는 '넓다〉넙다'로 ㄹ탈락형이다. '넙다〉넓다'로 보기는 어렵다. 넓다와 넙다가 공존하다 넙다가 세력을 얻어서 쓰이다가 세력이 약화되고 다시 넓다가 세력을 회복하였다고 하겠다. 넉넉하다의 어근 '넉'은 '널〉넑〉넉'의 변화일 것이다. 낮다(低)의 '낮(낟)'도 땅(土, 地)이란 뜻이다. 널다에서 넓다를 거쳐 넙다가 된다. 널다, 넓다와 같이 쌍형(雙形)으로 발달했다. 높다(놉다)의 '놉'도 근원적으로는 땅(土地類)이란 본뜻을 지닌다. nuburi(山)〔아이누〕, nufu(高地)〔滿〕, no(野)〔日〕, 논(畓)〔國〕. 廣(광) 자는 广(집 엄) 밑에 黃(황) 자를 받친 글자다. 黃자는 누런 빛의 땅을 뜻하며, 땅 같이 큰 집(广)이라 하여 넓다의 뜻이 되었다. 글자로 보아도 땅이 넓다는 것으로 보고 있다. ¶졈다(幼) : 나 져믄 學잇는 聲聞 ᄯᆞ르미리잇고(年少有學聲聞)《楞4:64》, 져믈 유(幼)《字會上32》. 졈다도 '졀다〉

젊다〉졈다'의 변화다. ¶앞 젼(前)《字會下34》, 알폰 고돈 말도 ᄒ시며 雜
말도 ᄒ샤《月9:11》. 앒의 ㄹ이 탈락하여 앞이 되었다. ¶이런 고지 아래
업더니라 ᄒ시고《釋11:32》. 아래(前)의 어근이 '알'임을 알 수 있다. '알〉
앓〉압(앞)'의 변화다.　　　　　　　　　　　　　　　　 ◘ 너르다, 나라

넣다　圄 入, 包含

'넣다'는 손으로 하는 행위다. 따라서 조어형(祖語形) '넏(널)'은 손이란
뜻이 될 것이다. ¶넣다(入) : 혼디 너허《救方下41》. 넣다의 어간은 '넣'이
지만 '너ᄒ다'가 줄어진 것이다. '너'는 '넏)널〉너'와 같은 변화를 겪었을
것이다. '너'는 명사로서 조어형은 '넏'으로서 '널〉너'의 변화다. '너'의 본뜻
이 손이다. nala(手)〔나나이〕, yubi(指)〔日〕, nigiru(握)〔日〕, 나르다(運)
〔國〕의 어근 '날'이 고대어에서 손의 뜻을 지니는 명사임을 알 수 있다.
kol(手)〔터키〕, koymak(放, 置)〔터키〕, naderu(撫)〔日〕. 일본어 naderu
의 어근 nad(nat)가 국어에서 손의 뜻을 지니는 '낟'과 일치하고 있다.
놓다(放, 置)〔國〕. 놓다도 '노ᄒ다'에서 변한 것으로 본다면, 어근 '노'는
'녿〉놀〉노'의 변화로서 손의 본뜻을 지닌다.　　 ◘ 나누다, 놓다, 나르다

네　囝 肯定答語

'네'는 사람이 부를 때 대답 또는 상대의 뜻에 동의를 할 때 내는 소리다.
'네'는 '너이'가 준 것이고, '넏〉널이〉너이〉네'의 변화다. nai(對答)〔日, 方
言〕. 일본어의 nai도 부를 때의 답과 상대의 뜻에 동의할 때 내는 소리다.
국어의 '네'에 해당되는 말로 쓰인다. nai는 nari, nai의 변화다. 이 '네'
의 조어 '넏, 널'은 본뜻이 말이다. 그것은 말로서 답의 뜻을 표하기 때문
이다. 노래(歌), 니르다(謂)《月1:17》의 어근 '놀, 닐'과 동원어(同源語)
가 된다.　　　　　　　　　　　　　　　　　　　　　　　　　 ◘ 예

네거리 圐 十字路

'네거리'는 '네'와 '거리'의 합성어다. ¶거리(岐) : 두거리 눈호니라《楞 9:15》, 거리(街) : 거리롤 굴외디 말며《朴初上50》. 거리는 갈림길과 길거리의 두 뜻을 지니고 있었다. 거리는 길(路)과 관련된 것으로 보아 어원적 의미도 길(路)과 동원어(同源語)일 것이다. 길(路)은 골(谷), 굴 (洞), 곧(處), 고장(里)과 동원어로서 모두 땅(土地類語)에 속한다. 일본어 matsi(町)는 토지의 구획이란 뜻도 있다. '네'는 '너이'가 준말로서 '넏〉널〉널이〉너이〉네'의 변화다. 일본어 yotsu(四)의 어근은 yo로서 no, nor, not에 소급된다. 국어 '넏'과 동원어. ¶四曰迺《類事》. 서너말, 넉 자, 너덧(四·五)과 같이 '너'가 보인다.

녀다 圐 行

'녀다'의 어근은 '녀'로서 명사다. 다니는 행위는 발로 하기 때문에 발의 뜻을 지닐 것이다. ¶녀다(行) : 머리 그 中에 녀거든(行)《法華3:155》, 샐리 녀러오리이다《月8:98》. 녀러오다의 어근은 '널'이다. 녀다는 '널다'의 말음탈락이다. '널'은 '널, 넏'으로 소급된다. '넏(널)'은 발, 다리(足, 脚) 의 뜻을 지닌다. 가는 것은 다리의 행위다. 니다(行), 거닐다, 돋니다의 '니다, 닐다'도 동원어이며, 니다는 닐다의 ㄹ탈락형이다. 어원적 의미는 다리이다. yuku(行)〔日〕. yuku(行)는 nyuku, nuku로 소급되며, 어근은 nu인데, 조어형(祖語形)은 nut으로서 국어 '넏(脚)'과 동원어(同源語)일 것이다.

노 圐 繩

'노'는 실, 삼 껍질, 헝겊, 종이 등으로 가늘게 꼰 줄을 말한다. 짚으로 꼰 줄은 '새끼'라고 한다. ¶왼숫기를 꼬와《靑p.114》, 노 꼬아(爲繩)《救簡 6:30》, 黃金으로 노 밍그라(黃金爲繩)《法華2:34》, 노 승(繩)《字會中30》. 어근 '노'의 조어는 '녿'이다. 녿〉놀〉노. naha(繩)〔日〕. naha는 nada〉 nara〉naha〉nawa(繩). 어근 nad도 국어 '놀'과 동원어가 된다.

노다지 형 豊富鑛脈, no touch

'노다지'는 필요한 물건이 생각보다 많이 나오는 것을 이르는 말로서 중요한 것, 필요한 것의 뜻도 지니고 있다. 미국 사람이 해방 전에 광산에서 금덩어리가 나오면 '노터치(no touch)' 즉 '만지지 말라'는 말에서 비롯된 말이라고 한다.

노랗다 형 黃

'노랗다/누렇다'의 어근은 '놀, 눌'로서 명사다. '놀, 눌'은 흙의 뜻을 지니는 명사다. 천자문(千字文)의 천지현황(天地玄黃)과 같이 地는 黃이다. 즉 노랗다는 흙의 색깔이다. 흙의 색을 黃으로 인식했다는 것이다. sira(黃)〔蒙〕, sirogai(土)〔蒙〕, sojan(黃)〔나나이〕, sari(黃色)〔터키〕, suayan(黃)〔滿〕. 몽골어 sira(黃)와 sirogai(地)의 어근이 일치되고 있음은 몽골어에서도 黃은 땅(地)의 색이라는 것을 보여주고 있다. 나라(國)〔國〕, no(野)〔日〕, 논(畓)〔國〕. 어근 '낟'이 땅(地類)의 뜻을 지닌다. 일본어 no는 nor에서 말음탈락이고, 논은 '놀'에서 변한 것으로 어원적 의미는 흙이란 뜻이다. ki(黃)〔日〕, kogane(黃金)〔日〕. 일본어에서 黃은 ki, ko인데 kir, kor에서 변했다. 국어 노리끼리하다의 '끼리'가 黃의 뜻을 지니는데, '낄(길)'과 일본어 ki(黃)와 일치한다. 국어 골(谷), 곧(處), 고장(里), 굴(洞) 등의 어원적 의미는 땅(土地類)이며, 일본어 ki, ko와 동원어(同源語)다. 일본 유구어(琉球語)에 nirai kanai, kirai kanai가 있는데 유구인들이 죽어서 가는 저승의 세계다. 바다 저쪽, 거기는 조상이 사는 곳, 살기 좋은 곳, 이상향으로 상징된다. nirai의 ni는 국어 '놀'(黃)과 관련되며 rai는 nai가 변한 말로서 국어 내(川)와 동원어다. 저승을 황천(黃泉)이라고 하는데, 일본어에서는 yomi(黃泉)라고 한다. yo는 nyo, no, nor로 소급되며 국어 '놀'과 일치한다. yomi의 mi는 물(水)이란 뜻이므로, yomi는 황수(黃水)가 된다. kanai는 ka와 nai로 나뉘는데 ka

는 黃의 뜻이고, nai는 국어 nari(川)와 동원어로서 황천(黃川)이란 어원적 의미를 지닌다. kirai kanai의 ki는 黃의 뜻이다. rai는 nai가 변한 것으로 황천(黃川)이란 어원적 의미를 지닌다. 저승이 황색으로 상징되는 것은 지모사상(地母思想)에서 비롯하는 것이며, 샘, 내, 물(泉, 川, 水)로 상징되는 것은 모태회귀(母胎回歸) 현상으로서 자궁(子宮) 안의 양수(羊水)를 뜻한다.

노래 명 歌

'노래(歌)'는 어근 '놀'에 '애' 접미사가 붙은 것이다. ¶놀애롤 브르리 하더(謳歌雖衆)《龍13》. 어근이 '놀'임을 보여주고 있는데, 어원적 의미는 소리, 말(音, 言)이다. ses(音, 聲)[터키], söz(言)[터키], şarkı(歌)[터키], söylemek(노래하다)[터키]. 터키어를 보면 소리, 말(音, 言)의 뜻을 지니는 말과 노래라고 하는 말이 동원어(同源語)임을 짐작하게 한다. oto(音)[日], uta(歌)[日], utau(노래하다)[日]. 일본어 oto(音), uta(歌)는 모음변이(母音變異)에 의해 어휘가 분화된 것을 알 수 있다. 국어 울다(泣), 웃다(笑), 우레(雷)의 어근 '울, 웃, 울' 등이 어원적 의미가 소리(音)임을 보여주고 있다. 울다, 웃다는 소리를 내는 행위다. 니르다(謂)의 어근 '닐'이 말(語)의 뜻을 지니고 있음을 보여준다. nori(神語)[日], norito(祝詞)[日]. 어근 nor가 말(語)의 뜻을 지니고 있다. 따라서 놀애의 '놀'은 소리, 말(音, 語)의 어원적 의미를 지닌다. 놀애를 '놀개'의 '개'의 ㄱ탈락으로 본다면, '개'는 '간〉갈〉갈이〉가이〉개'의 변화일 것이다. 가르다(曰), 골(語), 글(語文), 가르치다(敎)의 어근 '갈, 골, 글' 등이 말을 뜻하는 말이다. koto(言)[日], kataru(말하다)[日], koe(聲)[日]. 일본어 koto(言)는 국어 잠꼬(고)대의 '고대'의 어근 '곧'과 비교된다. kataru는 국어 가르다(曰)와 비교되며, koe는 국어 "고래고래 소리 지르다"에서 '고래'의 ㄹ이 탈락된 형이다. üge(言)[蒙], egesik(歌)[蒙]. 몽골어에서 어근 üg, eg는 동원어다. 즉 노래는 곧 말(言)이다.

노릇 　몡 戱, 業, 職, 役割

'노릇'은 어근 '놀'에 '웃' 접미사가 붙은 것이다. ¶노릇(戱)《字會下15》. 노릇의 어근은 '놀'이고 명사다. 노래, 놀이 등의 어근은 '놀'이며 말, 소리 (語, 聲, 音)의 본뜻을 지닌다. 니ᄅ다(謂)의 어근 '닐'은 말(語)의 뜻을 지닌다. '놀'도 말(語)의 뜻을 지닌다. ¶노릇바치(才人, 倡, 優)《字會中3》. 노릇이 어희(語戱)의 뜻을 지니고 있다. 놀다(遊)의 어근 '놀'과 동원어 (同源語)다. nori(神語)〔日〕, norito(祝詞)〔日〕. 어근 nor가 말의 뜻을 지닌다.
　　　　　　　　　　　　　　　　　　　　　　　　　　　　　 ◨ 놀다(遊)

노리다 　동 狙, 伺, 窺

'노리다'는 눈독을 들여 겨누다, 기회를 잡으려고 잔뜩 눈여겨 보다의 뜻이다. '노리다'의 어근은 '놀'이다. 노리다의 행위는 '눈'이기 때문에 '놀'은 눈의 의미를 지닐 것이다. 눈(目)의 조어는 '눋'이다. nidü(眼)〔蒙〕, nilmosun(淚)〔蒙〕. 어근 nid, nil은 동원어로서 국어 '눋'과 동원어다. yasa(眼)〔滿〕. yasa는 nyasa, nasa로 소급하며 어근 nas는 nad로 소급되는데, '눋'과 동원어가 된다. nerahi(狙)〔日〕, nirami(睨)〔日〕. 어근 ner는 국어 '노리다'의 어근 '놀'의 반영이다.

노을 　몡 霞彩

'노을'은 공기 중의 수분이 응고하여 공중에 떠, 좋은 날씨에는 산이나 지평선에 붉게 깔리거나 걸치는 현상이다. ¶노을 : 저녁노을(晚霞)《釋上 2》, 노올 : 노올 하(霞)《類合上4》, 노을(霞)〔全南〕, 나울(霞)〔慶北·禮川〕, 노오리(霞)〔平北·博川〕, 나부리(霞)〔慶北·義成〕, 나불(霞)〔咸南, 咸興〕, 나부리 (霞)〔咸南, 惠山〕, 나불(霞)〔江原, 三陟〕, 불살(霞)〔慶南, 金海〕, 불새(霞)〔慶南. 梁山〕, 뿔새(霞)〔慶北, 浦項〕. 노을, 노올은 노와 '불'의 합성어인 '노불'에서 '노울〉노을'로 변했다. 아침노을, 저녁노을과 같이 쓰인다. 霞(노을 하) 자에 雨(비 우) 자가 들어 있다는 것은 노을을 물의 현상으로 인식했다는 것이다. 노을을 물의 현상으로 본다면, '노'는 '놀'의 말음탈락으로서 날(川)과 동원어(同源語)가 되며, '불'도 물의 뜻을 지니는 바다(海), 붓다(注), 비(雨)의 어근 '받, 붓(붇), 비(빋)'와 동원어가 된다. budaŋ(霞)〔蒙〕, pus(霞)〔터키〕, boro, boron(雨)〔蒙〕, bira(河)〔滿〕.　　■ 놀(大波)

녹다　圄 鎔, 融, 焩, 泮, 溶解, 熔解

'녹다'의 어간은 '녹'으로서 '논〉놀〉놁〉녹'의 변화다. 녹는 것은 주로 불(火)의 힘일 것이다. 그렇게 보면 '논, 놀'은 불의 본뜻을 지닌다. 국어 눋다(焦)의 어간 '눋'이 불의 본뜻을 지닌다. ¶더보면 노가 ᄆ리 ᄃ외ᄂ니라《月9:23》, 노글 쇼(焩)《字會下16》, 노글 반(泮)《字會下2》. ᄂ올 븕다(불꽃처럼 밝다) : 그 고지 ᄂ올 븕고 貴훈 光明이 잇더라《釋11:31》, 나올(불꽃) : 븘 나오리 빗나(焰烜赫)《金三3:29》, 븘 나오리니(燄)《南明下3》. 'ᄂ올, 나올'이 불꽃(燄, 焩)의 뜻을 지닌다. 'ᄂ올'은 'ᄂ'와 '올'의 합성어로서 불의 뜻을 지니는 이음동의어(異音同義語)다. '나(ᄂ)'의 조어형(祖語形)은 '낟(ᄂᆮ)'이며, '논, 눋'과 동원어(同源語)다. 몽골어에 nüle(焩)〔蒙〕가 있다. '올'도 불의 뜻을 지닌다. alev(炎)〔터키〕. 어근 al(at)이 불의 뜻을 지니는 'ᄂ올'의 '올'과 비교가 된다.　　■ 놀

논　圀 水田, 畓

'논'의 조어는 '녿'이다. 말음 ㄴ은 ㄷ에서 변한 것이다. ¶논(爲水田)《字會上7》. na(地)〔滿〕, no(野)〔日〕. 국어 나라(國)의 어근 '날'은 땅(地)이란 뜻이다. 만주어 na는 nar의 말음탈락이다. 일본어 no(野)는 nor의 말음탈락이다. ¶누르다(黃)《釋19:6》. 어근 '눌'은 명사로서 황(黃)이란 뜻이다. 그러나 '눌'의 어원적 의미는 흙(土, 地)이다.　　■ 노랗다(黃)

놀다　圀 遊, 休, 演

'놀다'의 어근 '놀'은 명사다. 놀이, 놀애, 놀웃의 '놀'과 동원어(同源語)로

서 '놀'은 말이란 뜻이다. 니르다(謂)의 어근 '닐'은 명사로서 말의 본뜻을 지닌다. 놀다(遊)의 어원적 의미는 말이라 하겠는데, 말이 놀이의 시발이 었다. nori(神語)[日], norito(祝詞)[日]. 어근 nor가 말의 본뜻을 지니고 있다. noro(巫女)[日, 琉], yoda(巫女)[日, 琉]. yoda는 noda가 조어형 (祖語形)이다. noro의 어근 nor(not)는 말의 어원적 의미를 지닌다.

▶ 노릇

놀라다 图 驚, 駭, 愕, 驚嘆

'놀라다'의 어근은 '놀'이다. 놀랄 때에는 소리를 내는 것이 보통이다. 따라서 어근 '놀'은 소리(音, 聲)란 뜻을 지닐 것이다. ¶天人이 다 놀라아 疑心 ᄒᆞ니라《釋13:44》, 사롬이 놀라더니《龍61》. ses(音, 聲)[터키], söz(言)[터키], şaşırmak(驚)[터키], dago(音)[蒙], dürgihö(驚)[蒙]. 터키어, 몽골어를 보면 놀라다의 뜻을 지니는 말이 소리, 말(音, 聲, 言)과 관련성이 있음을 알 수 있다. gorombi(驚)[滿], goloho(驚)[蒙], gisun(言)[滿]. 만주어, 몽골어의 어근 gol이 공통되며, gol이 말(言)이란 뜻을 지니고 있음을 엿볼 수 있다. 국어 잠꼬대의 '곧(言)', 일본어 koto(言)와 일치하고 있다. oto(音)[日], odoroku(驚)[日]. 일본어 어근 ot 은 일본어 oto(音)의 어근과 일치하고 있다.

▶ 노래, 놀리다

놈 图 人, 者, 奴輩

'놈'은 사람의 평칭(平稱)이었는데 현대어에서는 비칭(卑稱)의 성격을 띠게 됐다. ¶펴디 몯ᄒᆞᇙ 노미 하니라《訓諺》, 놈 쟈(者)《石千42》. 님(主)과 동원어(同源語)이며, 남(他人)과도 동원어가 된다. 놈은 '논〉놀〉놀옴〉노옴〉놈'의 변화일 것이다. 나(一人稱), 너(二人稱), 누(否定稱)의 조어형은 '낟, 넏, 눈'이다. yatsu(奴)[日]. yatsu는 nyatsu, natu로 소급되며, nat은 국어 나, 너, 누와 동원어다. nio(人)[나나이]. nio는 niro에서 변한 말이다. nir가 사람(人)의 뜻을 지니는 어근이다. na(一人稱)[日], nare(汝)[日].

▶ 년

높다 혱 高, 邵, 尊

'높다'의 어근은 '높'이고 '놉'이 고형이다. 원시인들이 높다고 생각한 대상이 무엇이냐에 따라 어원이 결정될 것이다. 일본어에 take(岳, 嶽), takai(高)를 보면 일본어에서 높다(高)의 뜻을 지니는 어원은 take(岳, 嶽)에서 비롯된 것을 볼 수 있다. '놉'이 산의 뜻을 지닐 가능성이 있다. noboru(登)〔日〕, 오르다(登)〔國〕, 오름(丘)〔濟州〕, arin(山)〔滿〕. 일본어 noboru(登)의 어근이 nob인데, 국어 '놉'과 일치한다. 오르다의 어근 '올'도 산의 뜻을 지니는데, 제주어에 오름이 있다. nufu(高地)〔滿〕, nuburi(山)〔아이누〕. 만주어 nufu는 nupu로 재구된다. 아이누어 nupuri의 어근 nup이 산의 뜻을 지니고 있음을 보여주고 있다. 따라서 '놉'은 고대에 산의 뜻을 지니고 있는 명사가 된다. 그런데 여기서 하나 특기할 것은 '놉'이 만주어와 아이누어와 비교된다는 사실이다. 이는 아이누어도 알타이어와 같은 공통조어(共通祖語)를 가지고 있다는 사실이다. 지금까지는 아이누어를 알타이어와 별개의 것으로 인식하고 있는 경향이 있는데, 국어와 아이누어와 비교되는 것이 80여 단어에 이르고 있다.(서정범, 『우리말의 뿌리』, pp.332-367). 특히 아이누족은 아시아에서 약 3만 년 전에 남하한 것으로 일본학계에서 보고 있다. 그러니까 아이누어와 비교된다면, 그 말은 3만 년 전의 어휘가 된다는 개연성이 생긴다. 따라서 국어의 '놉'은 3만 년 전 국어의 모습이라 할 수 있지 않을까. 일본어 yama(山)는 nyama, nama로 소급될 수 있다. nama는 국어 nob에서 변했다고 보겠다. 국어와 일본어를 대응시키면 다음과 같다. 거붑(龜) : kame(龜), 납(鉛) : namari(鉛), 톱(爪) : tsume(爪), 놉(山) : nama〉nyama〉yama(山). 국어 고대어에서의 '놉(山)'이 일본어 nama와 대응된다.

놓다 통 放, 置

'놓다'는 물체를 일정한 장소에 두다, 잡고 있는 것을 손에서 떼다이다. ¶노하 보내야 샹제 드외에 ᄒ라《釋6:1》, 다 노ᄒ샤(盡放)《龍41》. 어근 '노'는 명사인데 'ᄒ다'가 붙어서 동사가 되었다. 놓는 것은 손에서 떼는 것이기 때문에 '노'는 '놀(논)'로 소급되며 어원적인 의미는 손(手)일 것이다. 넣다(入), 놓다(置)의 어근 '너, 노'와도 동원어가 된다. 나르다(運)의 어근 '날'은 '노'와 동원어가 된다. 나르는 것은 손의 행위다. nala(手)〔나나이〕, yubi(指)〔日〕, nigiru(握)〔日〕, naderu(撫)〔日〕. 어근 nal, nad의 어원적인 의미가 손임을 보여주고 있다.

누구 데 誰

'누구'에 대해서 '누'는 실사(實辭)고 '구'는 조사로 보는 견해가 있으나, 우리말에 조사가 명사에 붙어서 합성어로 되는 예는 거의 없다. ¶누고(誰)《三綱忠7》. 누고는 '누'와 '고'의 합성어인데, '누'는 본디 사람의 뜻을 지니는 말에서 부정칭의 뜻을 지니는 말로 분화가 되었다. 나(一人稱), 너(二人稱)와 '누'는 동원어(同源語)다. 누고의 '고'도 사람의 본뜻을 지니는 말이다. 멍텅구리, 장난꾸러기의 '구리, 꾸러기'의 어근은 '굴'로서 사람의 본뜻을 지닌다. 갓(女, 妻)이 있고 겨레(族)가 있는데, 겨레의 어근은 '결(걸)'이다. 본뜻은 사람이다. 일본어에서 ko(子)가 있는데 kor의 말음탈락으로서 kor는 국어 '굴(人)'과 동원어다. 끼리끼리의 '낄(길)'도 본디는 사람의 본뜻을 지닌다. kuru(사람의 뜻을 지니는 접미어)〔아이누〕, kara(族)〔日〕, ti kurun(第三人稱複數)〔나나이〕, ko(子)〔日〕. 어근 kur, kar 등이 사람의 본뜻을 지닌다. 누구는 사람의 뜻을 지니는 이음동의어(異音同義語)의 합성어다.　　　　　　　　　　　　　▣놈, 년

누나 명 姉

'누나'는 어린 사내아이가 손위 누이를 높여 부르는 말이다. 문헌에서는 나타나지 않고 다만 누의님 곧 '누이'에 '님' 접미사가 붙은 형이 나타난다. ¶누으님 : 누으님으란 어엿비 흐고《癸丑p.34》, 누의님 : 누의님내 더브러 즉자히 나가니《月2:6》. 누나는 '누'와 '나'로 분석할 수 있으며, 둘 다 사람이란 뜻을 나타내는 것이다.　　　　　▣나, 너, 누, 놈, 년, 누구

누다 동 排泄

'누다'의 어근은 '누'로서 '눈〉눌〉누'의 변화다. 어근 '눈(눌)'은 똥과 오줌 (糞·尿)의 뜻을 지니는 옛말이라고 생각된다. 국어 마렵다는 변의(便意) 의 뜻을 지니지만, 일본어에서 mari는 용변(用便)의 뜻을 지닌다. ¶몰 (糞, 尿) : 차바놀 머거도 自然히 스러 몰 보기를 아니ᄒ며《月1:26》. 마렵 다의 어근 '말'은 똥오줌(糞尿)의 뜻을 지니는 옛말임을 보여주고 있다. bagasu(大便)〔蒙〕, bagaho(똥을 누다)〔蒙〕, hamu(똥)〔滿〕, hamthambi (똥누다)〔滿〕. 몽골어, 만주어를 보면 용변의 뜻을 지니는 말은 똥(糞)의 뜻을 지니는 말에서 전성되었다. 일본어 yumari(便)가 있다. yumari는 명사가 되지만 mari는 '누다'의 뜻을 지닌다. yumari의 yu는 nu에 소급 되며 조어는 nut이 될 것이다. 'nut'은 국어 '누'의 조어 눈과 동원어일 것이다. 일본어 daiben mari, syoben mari는 대변을 누다, 소변을 누 다의 뜻인데 국어 '마렵다'의 어근 '말'과 동원어다. '말'의 어원적인 의미는 똥과 오줌이다.

누더기 명 衲, 破布衣, 襤褸

'누더기'는 누덕누덕 기운 헌옷이나 아주 더러워지고 해어진 것으로 된 물건이다. ¶눕더기 닙고(將着衲襖)《朴初上36》, 눕더기 납(衲)《字會中24》. 눕더기는 중의 옷(衲衣)을 뜻하는 말이다. 해어지고 꿰맨 곳을 여러 번 덧붙이어 기운 모양을 '누덕누덕 깁다'라고 하는데 누덕누덕은 눕더기에 서 '누덕'으로 변했을 것으로 추정된다. 눕더기는 '눕'과 '더기'의 합성어일 것이다. 동사 누비다는 명사 '눕'에서 전성되었을 것이다. 그러나 한자어 납(衲)에서 변했을 것이라고 생각해 볼 수 있다. ¶누비(중의 衲衣)《杜初 15:35》, 누비다(衲一衲)《同文上56》, 누비 長衫《漢253b》, 누비바디(누비바 지)《譯上45》, 누비옷《曲120》, 누비중(衲衣입은 중)《龍21》, 누비쳥(누비 버선)《譯上45》. 명사 '누비'가 동사로 전성되었다. nuhu(縫)〔日〕. 일본어 nuhu는 국어 '누비다'와 동원어(同源語)라 하겠는데, 현재어 nuhu로 『만엽집(萬葉集)』에 나오는 것을 보면 '누비다'라고 하는 말은 고대에 생겨난 것임을 알 수 있다. 그렇게 본다면 통시적으로 누비다의 '누비'가 '납의(衲衣)'에서 왔겠느냐 하는 의문이 생긴다. 누비는 것은 바늘(針)을 사용하기 때문에 어원을 누비는 행위의 주체가 되는 바늘과 관련시킬 수 있을 것이다. ¶바눌(針)《龍52》. 바늘은 '바'와 '눌'과의 합성어다. hari (針)〔日〕. 일본어 hari(針)는 pari가 고형이다. 국어 '바(발)'와 동원어고 눌(刃)과 동원어다. 누비다의 '눕'을 눌(刃)과 비교해 봄직하다. 누더기의 '더기'도 명사였을 것이다. 포대기의 '대기'는 '더기'와 동원어일 것이다. 포대기의 방언에 '두디기'가 있다.

➡ 두디(대)기(포대기의 경상북도 방언), 포대기

누룩 명 麴

'누룩'의 어근은 '눌'인데, 누룩은 낟알로 하는 것이기 때문에 어원이 낟알(穀物)과 관련될 것이다. ¶누룩 서른 술위룰(麴車)《杜初15:40》, 누룩(麴) 《柳物三草》. 낟(穀), 나락(稻), 뉘(稻) 등의 '낟, 눈'과 동원어(同源語)일 것이다. nurə(黃酒)〔滿〕, nurə(酒)〔女〕. 만주어 nurə(黃酒)도 낟알로 만드는 것이기 때문에 그 어원은 낟알과 관련될 것이다. 한편 만주어 nurə (黃酒)의 어근 nur는 물이란 뜻일 개연성도 있다. 술주(酒) 자를 보면 氵변이 있다.

누르다 동 壓

'누르다'의 어근 '눌'은 명사로서 손으로 하는 행위다. 따라서 '눈(눌)'은 손의 뜻을 지니는 말이다. ¶누르다 : 누르며 텨 누르며(壓捺)《楞8:92》. naala(手)〔에벤키〕, noholho(撫)〔蒙〕, nisičiho(押)〔蒙〕, nidu∼(推)〔오로촌〕, naliho(打)〔蒙〕, naderu(撫)〔日〕. 일본어 naderu(撫)의 어근 nat (nad)은 손의 뜻을 지니고 있다. 몽골어 naliho(打)의 어근 nal(nat)은 손의 뜻을 지니고 있는 명사다.   ➡ 나누다, 나르다

누리 명 世

'누리'는 현재는 주로 사람들의 삶이 이루어지고 있는 세상을 뜻한다. ¶누 릿가온더 나곤 몸하 흐올로 녈셔《樂學軌範》, 누리 셰(世)《字會中1》, 太平을 누리싫 제《龍110》. 누리다는 살다의 뜻을 지닌다고 하겠다. 살다(生活하 다)의 어근 '살'은 명사로서 해의 뜻을 지닌다고 하겠다. kurasu(生活하 다)〔日〕. kurasu의 어근 kur는 명사로서 어원적 의미는 해의 뜻을 지닌 다고 하겠다. 개다(晴)의 어간 '개'는 '간〉갈〉갈이〉가이〉개'의 변화로서 어원적 의미는 해이다. 한자 世(인간 세) 자는 사람의 활동기간을 대략 30년이라는 점에서 十(열 십) 자 셋을 합쳐 만든 글자다. 나아가 한 시대 또는 한평생의 뜻으로 쓰인다. 世는 시간의 뜻을 지닌다고 하겠다. 일본 어 yo(世)는 no에서 nyo, yo로 변한 말인데, 국어 '눌(世)'과 동원어로서 nor에서 변한 말일 것이다. 일본어에서 yo(世)는 일생, 생애의 뜻으로 인간이 태어나서 죽을 때까지를 뜻한다. 일본어에서도 yo(世)는 시간의 뜻을 지닌다고 하겠다. 세대, 말세라고 하는 말에서도 世는 시간이라는 뜻을 지니고 있다. 따라서 누리(世)의 어원도 시간의 뜻으로 풀이할 수 있을 것이다. 누리(世)는 날(日, 太陽)과 동원어(同源語)라 하겠다. 날 (日, 太陽), 낮(晝), 나조(夕), 나잘(半日) 등이 모두 해의 뜻인 '낟(날)' 에서 변한 말이다. nar(해)〔蒙〕. 世도 歲(해 세)와 동원어라 하겠으며 국어 설(元旦), 설(歲), 햇살의 '설, 살'의 어원적 의미는 해라 하겠다. '누리'는 사람이 태어나서 죽을 때까지의 사이, 또는 일생, 생애를 뜻한다. 한편 수명, 해(年)의 뜻도 있다. 누리〉누이〉뉘(世). 한편 누리(世)는 땅 (地)의 뜻을 지닐 개연성도 생각해 볼 수 있다. 나라(國)의 어근 '날'은 땅의 뜻을 지니는데 누리(世)의 어근 '눌'과 동원어일 개연성이 있다.

➡ 누리다

누에 명 蠶

'누에'는 벌레에서 따온 말일까, 실에서 따온 말일까? ¶누에(蠶)《解例用 字》. 방언에 '누부, 누베'가 있다. 누베는 '누'와 '베'의 합성어일 것이다.

'누베〉누에'의 변화다. '베'는 '버이'가 줄어든 말로서 '벋〉벌〉벌이〉버이〉
베'의 변화다. '벋(벌)'은 벌레(虫)의 '벌'과 동원어(同源語)일 것이다. 누
베의 '누'는 눌(緯·經)《楞7:59》과 동원어일 수 있다. 날(緯)을 만들어내
는 벌레(虫)의 뜻을 지니고 있는 것은 아닌지. 한자 잠(蠶) 자에는 '虫'
자가 들어 있다. pilə(蚕)〔위구르〕.　　　　　　　　　　▶ 누비다

누역　圈 簑, 雨裝

'누역'은 도롱이로서 짚이나 띠 따위로 만드는 비옷이다. 풀 따위로 만드
는 것이기 때문에 그 어원은 풀일 것이다. 누역은 '누럭〉누억〉누역'의 변화
로서 어근은 '눌'이고 '눋'이 조어형(祖語形)이다. 미나리(芹)의 '나리'가
풀, 나물(草, 菜)의 뜻을 지닌다. 어근 '날'이 풀의 뜻을 지니는 말과 동원
어(同源語)라고 여겨진다. 미나리의 '미'는 물(水)에서 변한 말로 미나리
는 물풀(水草)의 본뜻을 지닌다. ¶누역 사(簑)《字會中15》. nəməlhən (누
역)〔滿〕, nəməlkhu(비옷)〔滿〕.　　　　　　　　▶ 누더기, 노끈의 노

누이　圈 妹

'누이'는 나와 항렬이 같은 여자다. ¶누의(妹) : 妹는 아ᅀᆞ 누의라《月21:
162》, 누위(妹) : 아ᅀᆞ와 누위(弟妹)《杜初23:46》, 누으님(누님) : 누으님
으란 어엿비 ᄒᆞ고《癸丑p.34》. 함경도와 경상도 방언에서는 '누부, 누비'라
고 한다. ¶妹 餒必《朝鮮館譯語》. '누의, 누위, 누으'는 '누비(부)'에서 변한
것이라 하겠다. 누부는 '누'와 '부'와 합성어라 하겠다. '누'는 나(一人稱),
너(二人稱), 누(不定稱)와 동원어(同源語)로서 어원적 의미는 사람이
다. '부/비'도 어원적 의미는 사람이라고 하겠다. ¶벋 우(友)《字會中3》.
벋의 어원적 의미는 사람이었을 것이다. 혹부리는 혹 달린 사람인데, 부
리가 사람의 뜻을 지니며 떡보, 먹보의 '보'도 사람의 뜻을 지니며, 흥정
바지(仲買人)의 '바지'가 사람의 뜻으로서 '받'이 어근이며, 일본어 hito
(人)의 고형은 pito라 하겠다. 누님, 누나는 '누'와 '님', '누'와 '나'의 합성
어일 것이다. 누님은 '누으님'이 문헌에 보이듯 '누으님〉누의님〉누이님〉

누님'과 같은 변화를 했을 것이다. 그러나 누부와 같이 '누'와 '님'의 합성어로 볼 수 있다. 누나의 '나'는 방언에 '갓나, 가시나'와 같이 '나'와의 합성어일 것이다. 우리네, 당신네, 씨돌이네와 같이 '네, 내'와 동원어일 수도 있다. ¶갓나히(女)《朴初上45》, 갓나희(女)《海東p.113》, 스나히(男)《朴初上55》, 스나히(男)《字會上32》. 갓나히는 '갓'과 '나'와 '히'의 합성어고 스나히도 '스'와 '나'와 '히'의 합성어일 것이다. 그렇게 본다면 누부의 '부'와 같이 '누'와 '나'의 합성어일 수 있다. '누니'가 문세영(文世榮) 사전(1938)에 있는데, 이는 '누'와 '니'의 합성어로 '니'는 사람의 본뜻을 지닌다. 이니, 그니는 이 사람, 이분, 그 사람, 그분의 뜻을 지닌다. 누니와 같이 누나도 '누'와 '나'의 합성어로 어원적 의미는 사람의 뜻을 지니는 이음동의어(異音同義語)라 하겠다.　　　　　　❏누이, 나, 너, 누, 누님

눈¹　몡 雪

'눈'의 조어형(祖語形)은 '눈'이다. '눈〉눈'의 변화이고, 조어형 '눈'은 물의 뜻을 지닌다. ¶뉘누리 단(湍), 뉘누리 상(瀧)《字會上5》. 국어 무리(霬)의 어근 '물'은 물(水)에서 비롯된 말이다. 누리(霬)의 어근 '눌'은 '눈'이 조어형이다. 눈(水)에서 눈(雪), 눌이(霬)가 파생했다. 내(川)의 고형은 나리(川)로서 어근은 '날'인데, 물의 뜻을 지닌다. 뉘누리(소용돌이, 渦)는 '뉘'와 '누리'의 합성어다. '뉘'는 '눈〉눌〉눌이〉누이〉뉘'의 변화다. '뉘'는 '누리'와 동원어(同源語)로서 어근 '눌'은 '날(川)'과 동원어다. nay(川)〔아이누〕, nis(雲)〔아이누〕, nay(澤)〔아이누〕. 어근 nis(nit)는 물의 뜻을 지닌다.　　　　　　　　　　　　　　　❏누리, 나리

눈²　몡 目, 眼

'눈'의 조어형(祖語形)은 '눈'이다. ¶눈(目) : 눈 목(目)《字會上25》. nidö(目)〔蒙〕, nud(目)〔蒙, 內〕, nudukurə(照看)〔蒙, 民〕, yasa(目)〔滿〕. 만주어 yasa는 nyasa, nasa로 소급되며 어근 nas(nat)가 국어 '눈'과 동원어(同源語)가 된다. 몽골어 nid, nud, 만주어 yasa의 어근 nas(nat)와

국어 눈의 조어형 '눈'과 동원어다. 일본어 namida(淚)는 na와 mida의 합성어인데, na는 국어 눈(目), mida는 국어 믈(水)의 조어형 '믇'과 동원어다. 노려보다의 어근 '놀'은 국어 눈의 조어형 '눋'과 동원어다. 엿보다의 '엿'도 '넏'이 조어형이 되는데, 눈의 뜻을 지닌다. 고어에서는 '엿다'가 엿보다, 노리다의 뜻으로 쓰였다. ¶다룬 사룻미 여서 드르리라(他人狙)《杜初8:3》, 뎌 주수메 그스기 두서 公올 여서보니(向竊窺數公)《杜初8:55》. niramu(睨)〔日〕, nerau(狙)〔日〕. 어근 nir, ner는 눈의 뜻을 지니는 말로서 국어 '노리다'와 동원어다.　　　　　　　　　　　▣ 노리다

눈깔　명 目

'눈깔'은 눈의 속어(俗語)로서 알사탕을 눈깔사탕이라고도 한다. 눈깔은 '눈갈'이 경음화(硬音化, 된소리)한 것이다. 눈갈은 '눈'과 '갈'의 합성어며, 눈의 뜻을 지니는 이음동의어(異音同義語)의 겹침이다. '갈'은 고어에서 눈의 뜻을 지니고 있는 말이다. göz(目)〔터키〕, görmek(見)〔터키〕, kör(盲)〔터키〕. 어근 göz, gör, kör는 눈의 뜻을 지니고 있는 말이며, 국어 '눈갈'의 '갈'과 동원어(同源語)다. '갈'이 눈의 뜻으로 쓰이던 시대에 '눈'을 쓰는 새로운 언어 세력이 남하(南下)하여 '갈'을 밀어냈다. 그러나 구세력과 신세력이 공통으로 통용(通用)하기 위해 신세력어가 앞에 오고 구세력어가 후행어(後行語)가 된다. 눈을 감다에서 감다의 어근 '감'은 명사로서 '간>갈>갈암>가암>감'의 변화다. 눈이 가물가물하다의 의태어 '가물'의 어근은 '감'이고 '을' 접미사가 붙었다.

눈보라　명 暴風雪

'눈보라'는 '눈'과 '보라'의 합성어로서 '보라'는 고대어에서 '눈'의 뜻을 지니는 말이다. ¶눈보라 : 눈보라 치다(風揚雪)《漢14d》. purasyambi(눈보라치다)〔滿〕, nimaŋgi(雪)〔滿〕. 만주어에서 purasyambi(눈보라치다)의 어근 pur가 고대어에서 눈의 뜻을 지니고 있던 말이라 여겨지며, 국어 '보라'와 동원어(同源語)가 된다. '보라'의 어근 '볼'의 어원적 의미는

물일 것이다. ¶믈 쓰려 쓸오《月9:39》, 믈 쓰료미(酒)《杜初9:21》. 쓰리다
의 어근 '쓸'은 '블'로 소급되며 물의 뜻을 지닌다. 비(雨)의 어원적 의미
는 물이다. 일본 원유구어(原琉球語)에서 pui(雨)가 있는데, puri(雨)
가 변한 것이며, 어근은 pur이다. 국어 '비'도 고대어에서는 폐음절어(閉
音節語)였다. 눈(雪)도 누리(雹)와 동원어며, 나리(川)와도 동원어가
된다. bora(폭풍우가 몰아치다)〔카자흐〕, boran(쌓인 눈)〔카자흐〕, bora
(눈송이)〔나나이〕.　　　　　　　　　　　　　　　　　🔜 눈(雪), 뿌리다

눈썰미　图 眼目, 目巧

'눈썰미'는 한두 번 본 것을 곧 그대로 흉내 낼 수 있는 재주로 경상북도
방언에서는 '눈살미'라고 한다. ¶설믜(눈썰미) : 설믜 모도아 有德ᄒ신
가ᄉ매《樂軌處容》. 눈살의 '살'도 눈의 뜻을 지닌다. 살피다의 어근 '살'이
눈의 뜻임을 보여주고 있다. soromu(盲人)〔蒙〕, sormosun(睫毛)〔蒙〕,
sik(目)〔아이누〕, să-(見)〔女眞〕. 여진어 să-(見)는 sal에서의 변화일 것
이다. 설믜는 '설'과 '믜'의 합성어다. '설'이 눈의 뜻을 지니고 있고, '믜'도
눈의 뜻을 지닌다. '믜'는 '므이'가 줄어든 말이며, '믇>믈이>므이>믜'의 변
화다. 멀다의 '멀'이 눈의 뜻을 지니고, 일본어 ma, me(目)와 동원어(同
源語)가 되며, 한자 目(눈 목)과도 비교된다.

눈썹　图 眉, 眉毛

'눈썹'은 눈에 난 털이다. ¶눈섭(眉毛) : 눈서비 놉고 길며《釋19:7》, 눈섭
(眉)《字會上25》. 눈섭은 '눈'과 '섭'의 합성어인데 '섭'은 털(毛)이란 뜻이
므로 눈털(眼毛)의 원의(原義)를 지닌다. 만주어에서 속눈썹을 solmin
이라고 하는데 어근 sol과 비교됨 직하다.

눈자위　图 眼眶, 眼珠

'눈자위'는 옛말에서 눈동자를 뜻했는데, 지금의 눈자위는 눈동자의 언저

리 부분인 흰 부분이다. ¶눈 ᄌᆞᅀᅢ ᄀᆞ리씬 거슬 거더 ᄇᆞ리면(刮眼膜)《杜初9:19》, 눈ᄌᆞᅀᅳ 졍(晴)《字會上25》, 눈ᄌᆞ이(眼膜)《杜重9:19》, ᄌᆞᅀᅳ잇ᄂᆞᆫ 果實와《月23:94》, 눈ᄌᆞᅀᆞᆯ 볼아 내여《恩重19》. ᄌᆞᅀᅳ(ᄌᆞᄉᆞ)는 핵(核)의 뜻을 지닌다. 눈ᄌᆞᄉᆞ는 '눈(眼)'과 'ᄌᆞᄉᆞ(核)'와의 합성어로 눈의 핵인 눈동자가 눈ᄌᆞᄉᆞ였다. 동자(瞳子)라는 한자어에 ᄌᆞᄉᆞ(核)의 자리를 빼앗기고 ᄌᆞᄉᆞ는 눈동자의 뜻에서 흰자위 부분의 뜻만을 지니게 되었다.

눈초리   명 眦, 目尻, 眼光, 眼神

'눈초리'는 '눈'과 '초리'의 합성어로 눈이 귀 쪽으로 째진 구석이다. ¶눈초리(眼角)《譯上32》, 초리(尾)《譯下30》, 초리(회초리)《倭下28》.   ▶ 눈꼬리

눋다   동 焦

'눋다'의 어근은 '눋'으로서 명사다. 눋는 것은 불의 작용이기 때문에, '눋'은 불의 뜻을 지닐 것이다. ¶숫브레 ᄢᅱ여 눋게 ᄒᆞ야(於炭火上炙令焦燥)《救簡1:81》. norosi(烽火)〔日〕, nüle(熖)〔蒙〕. 일본어 norosi의 어근 nor가 불의 뜻을 지니고 있는데, 국어 '눋다'의 어근과 동원어(同源語)다. 몽골어 nüle(熖)의 어근 nül도 불의 뜻을 지니고 있음이 분명하다. yaki(燒)〔日〕, yakmak(焚)〔터키〕. yaki는 nyaki로 소급되고 nak으로 재구할 수 있으며, 조어형(祖語形)은 nat이다. 이는 국어 눋다의 '눋'과 동원어다. 소실어로서 '눋'이 불의 뜻을 지니고 있었던 말이다. 터키어 yakmak의 mak은 명사를 동사로 전성시키는 접미사이고, yak이 명사로서 nyak, nak, nat까지 소급된다.   ▶ 내(煙), 눌은밥, 누룽지

눕다   동 臥

'눕다'는 등이나 옆구리를 바닥에 대고 몸을 편하게 쉬다이다. '누워 떡먹기'라는 속담을 놓고 볼 때 눕다와 자다는 확실하게 구별된다. ¶베 ᄆᆞ레 누워(粳稻臥)《杜初16:4》, 누을 와(臥)《字會下27》. 눕다의 어근은 '눕'이고

조어는 '눋'일 것이다. '눋〉눌〉눏〉눕'의 변화를 했을 것이다. 명사인 '눋'의
뜻은 무엇일까. '눋'은 눕는 장소라기보다는 '사람'으로 봐야 할 것이다.
neru(寢)〔日〕, nemuru(眠, 睡)〔日〕. neru는 자다, 옆으로 되다, 눕다의
뜻이다. nemuru는 자다와 죽음을 뜻한다. ne의 존경어로는 nasi가 있
는데 ne는 na와 동원어다. neru의 ne는 na에서 변한 것이라 하겠다.
眠, 睡 자를 보면 눈(目)과 관련되고 있다. 눈(目)과 관련된다면 눈의
조어 '눋'과 관련 될 것이다. nidu(目)〔蒙〕, yasa(目)〔滿〕. nidu의 어근은
'nid'으로 눈의 조어 '눋'과 동원어가 되며 일본어 nasi, meru의 어근
nas, ner의 조어 nad, ned은 국어 '눋'과 동원어가 된다. 만주어 yasa는
nyasa, nasa로 소급되며 어근 nas와 nad로 소급되므로 국어 '눋'과 동
원어가 된다. 눕다의 어근 '눕'의 조어는 '눋'으로서 눈(目)을 뜻한다. 눈
(目)으로 보지 않고 사람이나 몸(身)으로 볼 개연성도 있다. 나(一人稱),
너(二人稱), 누(不定稱)의 조어는 '낟, 넏, 눋'이다. 만주어에 nyalma
(人)가 있는데 nyal이 nal로서 '낟(낱)'과 동원어가 된다. 따라서 눕다에
서 '눕'의 조어 '눋'은 사람을 뜻하는 '낟(낱), 넏(넏), 눋(눋)'과 동원어가
된다. 평안도 사투리에 '내가, 네가'를 '내레, 네레'라고 하는데 어근은
'낼(낟), 넬(넏)'이라고 하겠다. 고대어에 있어서 사람을 뜻하는 말은 몸
(身)이란 뜻도 함께 지니고 있었다. bəyə(人, 身)〔에벤키, 오로촌〕. bəyə는
bərə에서 변했는데 bər가 어근이고 bəd이 조어다. 국어 악바리, 군바리,
쪽바리, 혹부리의 '바리, 부리'가 사람의 뜻을 지니고 있다. 만주나 에벤
키, 오로촌은 옛날에 고구려의 영역이었다. 한편 원시인들이 눕는다고
하면 지면이 되거나 나무(木)나 널(板)에서 하는 행위가 될 것이다. 눕다
에서 '눕'의 조어형 '눋'은 나라(國), 나(地)의 조어형 '낟'과 동원어가 되며
나무(木)의 조어형 '낟'이나 널(板)의 조어형 '넏'과 동원어가 된다.

뉘누리 圏 灘, 渦卷, 水勢, 渦

'뉘누리'는 '뉘'와 '누리'의 합성어다. '뉘'는 '누이'가 줄어진 말이다. ¶뉘누
리(渦)《杜初7:24》. '눋〉눌〉눌이〉누이〉뉘'의 변화로서, 뉘누리의 '눌'과 동
원어(同源語)다. 나리(川)의 어근 '낟'과 동원어다. ᄂᆞ른(津)《字會上5》의

어근 '눌'도 동원어다. yodo(淀)〔日〕. yodo는 nyodo, nodo로 올라가며,
어근 not과 국어 날(川)은 동원어다. nay(澤)〔아이누〕.

▶ 나루, 내(川), 오줌을 누다의 누다, 비가 나리다의 나리다

느끼다 图感, 覺, 徵兆, 感覺, 感受

'느끼다'는 감각이 일어나 인식하다라는 뜻이다. ¶더욱 뼈 늦기믈 더으니
《家諺10:48》, 늣(徵兆)《龍100》. 징조의 뜻을 지니는 '늣'에 '기다'가 붙어
'늣기다〉느끼다'가 되었다. 원래의 의미는 '징조를 감각하다'라 하겠다.

늙다 图老

'늙다'의 어간은 '늙'으로서 말음 ㄱ은 나중에 첨가된 것으로 본다면, 어근
은 '늘'이 된다. ¶眞實ㅅ 氣骨이 뫼헤셔 늙놋다(眞骨老崖嶂)《杜初16:36》,
늘글 로(老)《字會上33》. '老(늙을 로)' 자는 허리 굽은 늙은이가 지팡이를
짚고 있는 모양을 본뜬 글자로서 '늙을, 익숙할, 쭈구러질, 노력할'의 뜻
을 지닌다. sala-da(老)〔女〕, salada mulu(老了)〔女〕, saran(妻)〔女〕,
sadugai(親)〔女〕, salgan(妻)〔滿〕, sadon(親家)〔滿〕, sadon(親家, 親
戚)〔蒙〕, sakta(늙다)〔滿〕. 어근 sal, sad은 사람(人)의 본뜻을 지닌다.
xüŋsin(늙다)〔蒙〕, xüŋsin(老人)〔蒙〕, xüksit(老人들)〔蒙〕, xün(人)〔蒙〕.
늙다의 어근 '늘'은 '나, 너, 누'와 동원어(同源語)일 것이다. 한편 늙는
것은 나이를 드는 것이기 때문에 '늙'의 고형 '늘'은 나이(年)와 관련될
개연성도 있다.

▶ 님(主)

능소관 图能所觀

능동의 주체를 能이라 하며, 수동의 객체를 所라고 한다. 인식의 장면에
서는 각각 인식주체(能觀·能緣)와 인식대상(所觀·所緣)에 해당되며,
불교에서는 일반적으로 이러한 주객(主客)의 이원대립(二元對立)을 전
제하는 인식은 착오(錯誤)이며, 미(迷)라고 한다. 能所는 또 경전의 文

句(能詮)와 경문(經文)을 말하여 나타내는 도리(所詮), 特質(能相)과 특징 지워지는 것(所相) 등의 용법 외에, 능소일체(能所一體)라 말하면 귀의하는 중생과 귀의시키는 아미타불(阿彌陀佛)이라든가 나무아미타불(南無阿彌陀佛)이 일체라는 것을 의미한다. 觀은 범어 vicāra와 vipaśyanā의 번역어. 전자는 분석적 사유작용이며, 후자는 망혹(妄惑)을 관찰하고 진리의 본성을 관찰하여 체득하는 행법(行法). 지관쌍운(止觀雙運)이라 하여 止와 함께 쓰인다. 止는 마음을 외계나 어지러운 생각에 흔들리지 않고 정지(靜止)하여 특정의 대상에 집중하는 것이며, 그에 따라 바른 지혜를 일으켜 대상을 관하는 관을 말하며, 계정혜(戒定慧) 삼학(三學) 가운데 定과 慧에 해당된다. 특히 천태지의(天台智顗)는 삼종지관(三種止觀)으로 당시의 모든 경전의 선관(禪觀) 모두를 정리통섭(整理統攝)해서 불교의 수행법을 체계화시켰다.

늦깎이 　圕 半路出家的人, 晚學人

'늦깎이'는 우리나라 절집의 속어로 나이를 많이 먹은 후, 또는 세속에서 결혼까지 했다가 뒤늦게 출가해 깨달음을 얻은 승려를 말한다. 반대는 '올깎이'로 7, 8세 때 동자 출가해 절에서 어린 시절부터 성장한 승려를 말한다. 현재는 무슨 일이나 직업에 나이에 걸맞지 않게 늦게 시작한 사람을 늦깎이라 한다.　　　　　　　　　　　　　　　　　　🔳 올깎이

늦다 　혱 晚, 慢, 暮

'늦다'는 시간적으로 이르지 못하다로 반의어는 '이르다'이다. 늦더위, 늦깎이, 늦둥이, 늦되다, 늦마, 늦모, 늦바람, 늦배 등 명사나 동사 앞에 쓰인다. ¶느즌 고돌 아디 몯ㅎ노니(不覺晚)《杜初20:29》, 느즐 만(晚)《字會上1》. '늦다'의 어근 '늦'은 명사로서 시간과 관련된 명사다. 한자 旿나 晚 자를 보면 '日' 자가 들어 있다. 한자를 만든 당시 사람들이 '늦다'의 개념을 해의 운행으로 인식했다는 것을 엿볼 수 있다. 늦다의 어근 '늦'은 '늘'으로 소급되며 날(日)의 조어 '낟'과 동원어다. naran(해)〔蒙〕의 어근

nar와 국어 '날'은 '해'의 뜻을 지니는 동원어이고 늦다의 조어 '늘'과 동원어가 된다.

니   명 齒

'니'는 현재 '이'라고 한다. ¶니 치(齒)《字會上26》. 니(齒)는 '닐'로 소급되며 '닏, 닐'이 조어형(祖語形)일 것이다. nirus(齒)〔아이누〕, iktə(齒)〔오로촌〕. 아이누어 nirus(齒)의 어근 nir는 국어의 '니'의 소급형 '닐'과 동원어일 것이다. 눌(刃)《曲71》과 닐(齒)은 동원어일 수 있다. 니(齒)가 인류 최초의 칼날(刃物)이었을 것이다. 한편 '닛발, 잇발'이라고도 하는데, 닛발의 '발'이 고어에서는 이(齒)의 뜻을 지니고 있던 말이다. hami(噬食)〔日〕, ha(齒)〔日〕. 일본어 ha(齒)는 pa로 소급되며 국어 '발'과 동원어다. '잇발'은 이음동의어(異音同義語)의 겹침이다.   ▶ 이(齒), 이빨

님   명 主人

'님'은 '닏〉닐〉닐임〉니임〉님'의 변화다. ¶님 쥬(主)《字會中1》. 신라의 왕칭 尼叱今, 尼師今에서 '尼叱, 尼師'가 '닏'의 표기가 된다. 본디 '닏'은 님(主)의 뜻을 지니는 말이다. nusi(主)〔日〕. 일본어 nusi(主)의 어근 nus(nut)는 국어 '尼叱, 尼師'와 동원어(同源語)다. '닏'의 근원적 어원은 사람의 뜻을 지닌다. 나, 너, 누의 조어형(祖語形) '낟, 넏, 눋'과 동원어다. 『일본서기(日本書紀)』에 의하면, 백제의 주도(主嶋)를 nirimu semu로 읽고 있다. nirimu(主)와 semu(島)가 되는데, nirimu의 어근은 nir이고 imu가 접미사다.   ▶ 임, 뉘(誰)

닙셩   명 衣服, 着物

'닙셩'은 평안도 방언에서 옷을 뜻한다. ¶닙셩(衣)《癸丑p.115》. 닙셩은 '닙'과 '셩'의 합성어다. 닙다(着, 被)의 어근 '닙'과 동원어(同源語)로서 '닙'은 명사가 되며 옷의 뜻을 지닌다. '셩'의 조어형(祖語形)은 '섣'으로서

실의 뜻을 지닐 것이다. silgə(糸)〔滿〕, sə(生絲)〔滿〕, sirgek(糸)〔蒙〕. 어근 sil, sə 등을 얻을 수 있다. sil은 국어 실과 동원어다. 고대에는 삼(麻)이 의복의 원자재가 된다는 것은 두말할 것도 없다. 삼의 조어형은 '산〉살〉살암〉사암〉삼'의 변화다. 닙셩의 '셩'과 '실, 삼' 등의 어원과 관련성을 생각해 볼 수 있다. 솜(棉)과도 비교됨 직하다. ¶소옴 면(綿)《字會中24》. 소옴은 '솔〉솔옴〉소옴〉솜'의 변화일 것이다. 입다(着, 被)의 '입'의 고형 '닙'이 명사로서 고대어에서 옷의 뜻을 지닌다고 하겠다. ¶니블 금(衾)《字會中23》. 니블은 어근 '닙'에 '을' 접미사가 붙은 것이다. 니블의 어근 '닙'은 닙셩의 '닙'과 동원어다.   ➡ 입성, 입다

다니다 图 步行, 遊行, 行來

'다니다'는 지나가고 지나오고 하다이다. 다니다의 어간은 '다니'고 '다'와 '니'의 합성으로 된 어간이다. ¶攻戰에 둗니샤《龍 113》, 두루 둗니다가《釋9:14》. '둗니다'는 '둗'과 '니'의 합성어다. ¶엇뎨 미쳐 ᄃᆞᄅᆞ뇨(何爲狂奔)《楞4:67》, 날ᄃᆞ리 둗놋다(日月奔)《杜初8:64》, 샐리 둗거늘《圓序 47》. 둗다 (走)의 어간 '둗'은 명사로서 다리(脚)이다. 다리의 어근 '달'은 '닫'으로 소급된다. ¶東이 니거시든《龍 38》, 目連이 니거늘《曲131》, 머리 그 中에 녀거든《法華3:155》, 녈 힝(行)《字會下27》. '니다'는 '가다'의 뜻을 지니지만 '녀다'는 '다니다'의 뜻을 지닌다. '니, 녀'는 동원어이다. '니, 녀'도 다리 (脚)의 뜻을 지니는 명사라 하겠다. ¶萬里에 녀가(行萬里)《杜初7:2》, 녀 둔뇨매 어긔르추미 하니(行邁心多違)《杜初7:27》. '녀가다'는 흘러가다, '녀둗니다'는 돌아다니다의 뜻을 지니고 있는데 '닐, 녈'로 소급된다. ¶全 겨재 녀러신고요《樂軌, 井邑詞》. '녈다'는 '다니다'의 뜻이다. 녈은 '널(넌)' 로 소급된다. yuku(行)〔日〕. yuku의 두음 yu는 nu에서 변했다. nuku 가 고형(古形)이 되겠는데 '니, 녀'와 동원어이다. nülühö(跳)〔蒙〕, yabumbi (行步)〔滿〕, yasaharambi(步行)〔滿〕. 몽골어 nülühö(跳)의 어근 nül은 다리의 뜻을 지니고 있다. 만주어 ya도 na로 소급된다. hasiru(走)〔日〕 는 basiru로 소급되며 어근은 bas이고 bad으로 소급된다. bad는 bal로 변하면 국어 발(足)과 동원어이다.

다듬다 图 修, 鍊, 整

다듬는 것은 손으로 하는 행위이기 때문에, 그 어원적 의미는 손의 뜻을 지닐 것이다. ¶金剛온 玉 다듬는 거시라《月2:28》. 다듬다는 명사 '다듬' 이 동사화했다. '다듬'의 어근은 '닫'이다. 뜯다, 다루다의 어근의 조어형

(祖語形)은 '든, 닫'이 된다. 다루다의 어근 '달(닫)'이 손의 뜻을 지닌다. 다루는 것은 주로 손의 행위다. ta, te(手)〔日〕, totonoeru(整)〔日〕. 일본어 ta(手)는 tat〉tar〉ta의 변화로서 국어의 고어에 있었던 '닫(手)'이 일본에 건너간 것이다.　　　　　　　　　　▣ 다루다, 더듬다

다라니　匿 陀羅尼

범어 dhāraṇī의 소리옮김. 뜻옮김으로는 총지(總持, 摠持), 지(持), 능지(能持), 능차(能遮) 등이 있다. 원래는 경전을 기억하는 힘 또는 선법은 흩어지지 않게 하고 악법을 일어나지 못하게 하는 작용이란 말이다. 이것이 주문의 뜻으로 사용되었다. 따라서 주문은 수행자가 마음이 흐트러지는 것을 다잡고 법이나 진리를 기억하고 수지(受持)하는 데 사용하는 것이며, 이는 영험력을 띠고 있다. 대승불교 시대에 성행하기 시작하여 밀교에서 꽃을 피웠다. 따라서 대승경전인 『천수경』, 『반야심경』, 『능엄경』, 『법화경』 등에는 다라니가 붙어 있다. "何以故名陀羅尼, 云何陀羅尼, 答曰, 陀羅尼, 眞言 能持, 或言 能遮, 能持者, 集種種善法, 能持令不散不失, (中略) 能遮者, 惡不善根心生, 能遮令不生, 若欲作惡罪, 持令不作, 是名陀羅尼."《智度論》. 한 법 중에는 일체의 법을 지니며, 한 문장 중에는 일체의 문장을 지니며, 한 뜻 속에는 일체의 뜻을 지닌다고 하는데, 이 한 법, 한 문장, 한 뜻을 기억함으로써 일체의 법, 문장, 뜻 무량의 불법(佛法)을 모두 지니게 된다고 한다. 다라니에는 지혜나 삼매를 '다라니'라고 하는 경우와 진언밀어(眞言密語) 곧 명주(明呪)를 다라니라 하는 경우가 있다. 『유가사지론(瑜伽師地論)』에는 법(法)다라니, 의(義)다라니, 주(呪)다라니, 인(忍)다라니 등 4다라니가 있는데, 뒤 2다라니가 명주진언의 의미로 다라니라 할 수 있다. 밀교에서는 呪 한 자 한 자에 한없는 뜻과 이치가 담겨있어 이것을 송하면 장애를 없앨 수 있고 크게 이익을 본다고 한다. 우리나라 『삼국유사』(卷第2, 眞聖女大王 居陁知)에는 우리나라 최초의 은어(隱語)가 다라니로 표기되어 나타난다. "第五十一 眞聖女王, 臨朝有年, 乳母鳧好夫人, 與其夫魏弘匝干等三四寵臣, 擅權撓政, 盜賊蜂起, 國人患之, 乃作陀羅尼隱語, 書投路上, 王與權臣等

得之, 謂曰, 此非王居仁, 誰作此文, 乃囚居仁於獄, 居仁作詩訴于天, 天乃震其獄囚以免之. 詩曰, 燕丹泣血虹穿日, 鄒衍含悲下落霜, 今我失途還似舊, 皇天何事不垂祥. 陀羅尼曰, 南無亡國 刹尼那帝, 判尼判尼, 蘇判尼, 于于三阿干, 鳧伊娑婆訶. 說者云, 刹尼那帝者, 言女王也. 判尼判尼蘇判尼者, 言二蘇判也. 蘇判爵名. 于于三阿干(者言三四寵臣)也. 鳧伊者, 言 鳧好也."

▶주문, 진언

다락 명 樓

'다락'의 어근은 '달'로서 나무의 뜻을 지닌다. ¶樓는 다라기라《釋6:2》. 다락의 어근은 '달'이다. 樓(다락 루) 자를 보면 木(나무 목) 변이 있다. 다락은 나무로 만드는 것이다. ¶ᄃ리(사닥다리) : ᄃ리 업건마ᄅᆞᆫ(雖無梯矣)《龍34》, ᄃ리 : ᄃ리爲橋《解例用字》, ᄃ리(層階) : 等覺妙覺애 ᄃ리 디르며(逕階等)《楞6:89》. ᄃ리의 어근은 '둘'이며 모두 목재로 이루어진다. 따라서 그 어원적 의미도 나무의 뜻을 지닌다고 하겠다. hayasi(林)〔日〕, hasi(橋)〔日〕, hasira(柱)〔日〕. hayasi(林)는 harasi에서 변했다. 어근 har, has인데, 고형은 pat으로서 나무의 뜻을 지닌다. 일본어 두음 h는 국어의 ㅂ의 반사형이다. 시렁(架)《倭上33》, 살강(찬장)의 어근 '실, 살'도 어원적 의미는 나무의 뜻을 지닌다고 하겠다. sal(筏)〔蒙〕. 창살, 화살, 떡살의 '살'이 나무로 만든 것이다. ▶다리(橋), 대

다람쥐 명 松鼠, 栗鼠

고대어에서는 다람쥐가 ᄃ라미다. ¶ᄃ라미(鼯)《字會上19》, ᄃ람이(松鼠)《物譜》. ᄃ라미의 어근이 '둘'이다. '쥐'는 '주이'가 줄어든 말이며, ㅈ은 ㄷ에서 변한 자음이기 때문에 '둗'으로 소급된다. '쥐'의 조어형(祖語形)은 '둗'인데 'ᄃ라미'의 어근 '둘'과도 동원어일 것이다. 한편 살강쥐, 두더쥐, 골방쥐 등처럼 쥐는 주로 사는 곳을 명칭으로 삼았다. ᄃ르미의 어근 '둘'은 산(山)의 뜻을 지니는 말과 비교됨 직하다. 『삼국사기』「지리지」에 달(達)이 산의 뜻으로 표기된다. '미'는 개미, 바구미, 귀뚜라미,

매미 등처럼 동물의 이름에 흔히 붙는 것이다. ᄃ라미, 곧 다람쥐는 산쥐
(山鼠)일 가능성도 있다. 다람쥐는 '다라미쥐'가 줄어든 말이다. 한편 다
라미는 '달'과 '아미'로 가를 수 있다. 가야미(蟻)《曲上62》, 마얌이(蟬)《柳
物》 등의 '아미'는 벌레(虫類)의 뜻을 지니고 있다.

다랑어　명 鮪

고등엇과에 딸린 바닷물고기이다. '다랑이, 참다랑이'라고도 한다. 고유
어가 다랑이인데 요즘은 '참치'라는 말로 쓰이고 있다. 우리나라 첫 원양
어업으로 다랑이를 잡겠다고 수산청에 허가를 내려고 갔더니 수산청 직원
이 '다랭이'라고 하는 말이 촌스럽다고 하며 '참치'로 하자고 해서 그렇게
했다는 것이다. 참치라고 하게 된 이유가 일본어에서로 다랑이를 한자
'目黑'이라고 쓰고 'maguro'라고 하는데, 수산청 직원이 일본어 maguro
의 ma가 본디는 눈(目, ma)의 뜻인데, 眞(ma)이라고 잘못 알아 '참'이
라고 하는 말이 생기고 우리나라 고기 이름에 멸치, 갈치, 꽁치 등 '치'가
붙으니까 참치(眞魚)라고 지었다고 한다. 연어는 '가다랭이'가 고유어다.
taku(연어)〔滿〕, qadara(연어)〔蒙〕.

다래끼　명 眼丹, 麥粒腫, 針眼, 毛囊炎

'다래끼'가 ᄃ라치로 나온다. ¶ᄃ라치(生眼丹)《譯語上61》, ᄃ라치(眼丹)
《同文下7》. 어근이 '달'이며 눈의 뜻을 지니는 고어다. togo(눈멀다)〔滿〕,
totaŋga(盲)〔滿〕, daligir(斜視)〔蒙〕. 어근 tot, dal 등이 국어 '달'과 동
원어일 것이다. 만주어에서 '보다'의 뜻으로 tuwa가 있다. tura가 tuwa
로 변했다고 보면, 어근 tur는 눈의 뜻을 지니는 명사다. 눈멀다에서 멀
다의 어근 '멀'은 명사로서 눈의 뜻을 지닌다. 일본어 ma, me가 눈의
뜻을 지니는데, 국어 '멀'과 동원어다. 말똥말똥, 멀뚱멀뚱의 '말·멀'이
눈의 뜻을 지니고 있다. tolkin(夢)〔에벤키·나나이〕, tolgin(夢)〔滿〕. 'tol'
이 눈의 뜻임을 보여주고 있다. 꿈은 눈의 현상이다.

다루다 　图 取扱, 處理

'다루다'의 어근 '달'은 손의 뜻을 지니며, 조어형(祖語形) '닫'은 뜯다
(摘), 따다(摘)의 어근 '뜯, 따'의 조어형 '듣, 닫'과 비교된다. 역시 손의
뜻을 지닌다. 일본어 ta, te(手)와 동원어(同源語)로서 일본어 ta(手)
는 tar의 말음이 떨어진 것이다. 　　　　　　　　　■ 때리다, 다듬다, 더듬다

다르다 　형 異, 違

고대인들은 '다르다'는 개념을 얼굴에서 착안했을 것이다. ¶다르다(異)
: 느믠 뜯 다르거늘《龍24》. 어근은 '달'인데 얼굴(顔)의 뜻을 지닌다.
tsura(顔, 面)〔日〕, tala(面)〔蒙〕. 어근 tut, tal은 다르다(異)의 어근 '달'
과 동원어(同源語)일 것이다. 닮다(似)의 어간 '닮'은 '달'로 소급되며,
'달'이 조어형(祖語形)이다. 일본어 niru(似)의 어근 nir(nit)는 국어
낯(顔)과 동원어라 여겨지는데 '낟'으로 소급된다. ¶눗(顔)《龍40》. 한편
한자 似(사)는 용모가 닮은 것을 뜻한다. 　　　　　■ 탈(假面), 탈나다, 틀리다

다리¹ 　명 橋, 橋梁

'다리(橋)'의 어원은 그것을 만드는 재료가 되는 나무라고 여겨진다. ¶ㄷ
리(橋)《解例用字》, 드리(梯)《字會中7》, 다락(樓)《字會中5》, 됴(株)《續三孝
14》, 뻬(筏)《字會中25》, 대(竹)《字會上8》, 대(橧)《杜重3:34》. ㄷ리(橋),
드리(梯), 다락(樓)의 어근은 돌, 달이다. '됴'는 '도이'가 줄어든 것으로
'돋'이 조어형(祖語形)이고, 뻬(筏)는 '데'가 원형이고 '믿〉딜〉덜이〉더이〉
데'의 변화다. '대'의 조어형(祖語形)도 '닫'이다. '닫(달)'이 나무의 본뜻
을 지니고 있는 말임을 알 수 있다. 　　　　　　　■ 덕, 다락, 막대의 대

다리² 　명 假髮, 髢

'다리'의 어근 '달'은 털(毛)의 고형 '덜'과 동원어(同源語)일 것이다. ¶ㄷ

리(假髮)《同文上54》, 돌외 피(髮), 돌외 톄(髢)《字會中25》, 돌이(髢)《倭上44》. darora(髭. 수염)〔蒙〕, tərun(갈기)〔滿〕, tüy(毛)〔터키〕. 만주어 tərun의 어근 tər는 국어의 털과 동원어일 것이다. 다리는 사투리로 달래, 다류, 달비 등이 있다. 달비가 있으므로 '돌외'는 '달뵈'가 고형일 것이다. bıyık(髢)〔터키〕, hige(髢)〔日〕. 일본어 hige는 pige로 소급되고 pi와 ge(毛)의 합성어로서 pi가 털(毛類)의 뜻을 지니고 있음을 보여주고 있다. 한자 髮(발)이 참고가 된다. 다리의 고어를 '달뵈'로 볼 경우 이음동의어(異音同義語)의 합성어. 달뵈의 '뵈'는 '본〉볼〉볼이〉보이〉뵈'의 변화일 것이다. 국어의 '머리채'는 '머리체(髢)'가 바른 표기일 것이다.

▶ 털, 터럭, 땋다

다물다   통 閉口, 合, 閉

'다물다'는 입을 열지 않고 닫고 있다이다. '다물다'의 어간은 '다물'인데 '다'와 '물'로 나뉜다. '다'는 닫다(閉)의 어근 '닫'일 것이고, '물다'는 물다(咬)의 어근 '물'일 것이다. 무는 것도 입으로 하는 것이기 때문에 '물'은 입의 어원적인 의미가 있다고 하겠다. 묻다(問)의 어근 '묻'은 말의 뜻이지만 말은 입에서 생겨난다. 말(言), 물(問), 물(咬) 등 모두 어원적인 의미는 입이라 하겠다. ¶입 다무다(閉口)《同文上28》.

다비   명 茶毘

팔리어 jhāpeta의 소리 옮김. 그 외 闍維 · 闍毘 · 闍毘多 · 耶維 · 耶旬 등이 있다. 뜻 옮김으로는 소신(燒身) · 분시(焚屍) · 소(燒) · 화화(火化) 등이 있다. 주검을 불로 태우는 것을 말한다. 뜻이 확대되어 화상을 의미하며, 우리나라에서는 스님을 화장하는 것만을 이른다. 전통적으로 장작불에 다비를 하는 의식을 다비식이라 하며 훌륭한 큰스님에 한하여 지금도 하고 있다. 고대 인도에서는 일찍 화장이 발달했으며, 석가도 화장을 했다. 이는 인도의 기후와 풍토에 화장이 알맞았기 때문일 것이다. "詞云, 欲擧靈龕, 赴茶毘之盛禮, 仰憑尊衆, 誦諸聖之洪名, 用表攀違."《禪院

清規7, 亡僧》.

다섯　㉬五

'다섯'의 어근은 '닷'이고 '엇' 접미사가 붙었다. 닷새(五日), 닷되(다섯되)의 경우는 '닷'으로 나타난다. '닷'이 어근인 셈이다. ¶五日打戌《類事》, 다숫(五)《小諺2:33》, 다숫(五)《龍86》. 于次(五)는 『삼국사기(三國史記)』「지리지」에 보이는 것인데, 일본어 itsu(五)와 비교된다. tabun(5)〔蒙〕, sunja(5)〔滿〕. 몽골어 tabun(5)에서 어근 ta를 볼 수 있고, 국어 쉰(50)과 만주어 sunja(5)와 비교됨 직하다.

다스리다　㉱治, 統治

고대인은 다스리는 행위는 신의 행위로 보았으며, 후대에는 사람이 신의 위임을 받아 다스리는 행위로 인식했다. 북방 유목민족은 일찍부터 하늘의 명을 받아 다스렸다. 이른바 천명사상이다. ¶다스리다(治, 理) : 四天下다〻료미 아바님 쁘디시니《曲48》. dasan(政務, 統治)〔滿〕, dasambi(治, 統治하다)〔滿〕, dasame(治, 修理, 更)〔滿〕, dasatambi(整理하다)〔滿〕. 만주어 어근 das는 국어 '다스리다'의 어근 '닷'과 동원어(同源語)다. 어근 '닷(닫)'은 명사로서 무슨 뜻을 지니는 말일까. 다스리는(治, 統) 행위는 언어적 행위다. 그렇게 본다면 '닷(닫)'은 말의 뜻을 지닐 것이다. '넋두리, 들에다, 떠들다'의 '둘, 들, 덛' 등이 말의 뜻을 지니는 옛말이다. tou(問)〔日〕, toku(說)〔日〕. 어근 to는 tot이 조어형(祖語形)으로서 말의 뜻을 지니는 말이다. 넋두리의 '두리'가 말의 원의(原義)를 지닌다.

▶ 닥치다, 다투다

다시다　㉱舐, 嘴

'다시다'는 음식을 먹을 때처럼 침을 삼키며 입을 열었다 닫았다 하며 놀리다이다. 주로 '무엇'이나 '아무것'과 함께 쓰인다. 음식을 조금 먹다.

"무엇을 마실 게 있어야지. 아무것도 다시지 못하고 왔다." 다시다는 여기서는 먹다 또는 먹고 싶다, 맛보다의 뜻을 지닌다고 하겠다. 다시다의 어근 '닷'은 '닫'이 조어가 되며 명사가 된다. '닷(닫)'은 입이나 혀의 뜻을 지닐 것이다. ¶섯거 들에유미(交喧)《楞8:93》. 들에다(떠들다)의 어근 '들'은 말의 뜻을 지니고 있으나 어원적인 의미는 입(口)일 것이다. 말은 입(口)에서 나오기 때문이다. '조동아리'는 입의 비어라 하겠는데 입, 부리, 조동이의 뜻을 지닌다. 조동아리의 '아리'는 입의 뜻을 지닌다. '악아리, 항아리'의 아리는 '입(口)'의 뜻을 지닌다. '조동이 싸다'라고 할 때는 말대답을 잘 하다, 툭하면 말참견을 하다, 입싸다의 뜻이다. 조동이는 주둥이라고도 한다. 조동이의 '조'의 조어는 '돋'인데 고대어에 입의 뜻을 지녔을 것이다. '돋'과 다시다의 조어 '닫'과 동원어일 것이다. tat(味)〔터키〕, dil(舌)〔터키〕. 터키어 tat(味), dil(舌)과도 비교됨 직하다. ¶술잡스신 일이 업는디라《閑中p.152》, 혼 번 식도 아니 잡亽오면《癸丑 p.110》, 文王이 혼 번 뫼 자셔든(一飯)《小諺4:12》, 자실 향(饗)《字會下10》. 자시다, 잡亽시다, 잡습다는 어근이 '잣'이 되는데 먹다(食)의 뜻으로 어원적인 의미는 입(口)이다. ㅈ음은 ㄷ에서 변한 것이기 때문에 '닷(닫)'이 된다. '다시다'의 어근 '닷'과 '닷(닫)'이 동원어가 된다. 일본어 dabe(食)의 어근 'dab'은 '잡'의 고형 '답'과 동원어이다. 이는 '닷'의 어원적인 의미가 입(口)임을 보여주고 있다. 일본에서는 tabe(食)를 tamahe(賜)가 변한 것으로 보고 있다.(『岩波古語辭典』, 岩波書店, p.801). til(舌)〔위구르〕.

다시마 图 海帶, 昆布

'다시마'는 해조류(海藻類)에 속하는 2~3년생 바닷말로서 식용으로 널리 쓰인다. 곤포 또는 해엽(海葉)이라고도 한다. 다시마를 기름으로 튀긴 것을 부각이라고 한다. ¶다亽마(海帶)《老下34》. 다시마는 '다시'와 '마'가 합친 말이다. '다시'의 어근은 '닷(닫)'인데 근원적으로 풀의 뜻을 지닌다. 봄에 나는 돋나물의 '돋', 바닷가에서 나는 톳(돋)은 모두 풀의 뜻을 지닌다. 김을 셀 때에 '한 톳, 두 톳' 하는데 '톳'이 옛말에서는 김(海苔)을 뜻했음을 보여주고 있다. 돗자리(草席)의 '돗'도 풀의 뜻을 지닌다. 다시

마의 '마'는 말(水藻)의 말음탈락(末音脫落)으로 된 말이다. '다시마'는
풀의 뜻을 지니는 이음동의어(異音同義語)가 합친 합성어다. ¶메욱(미
역)《靑大p.115》. 미역의 고어 메욱의 어근 '메'의 고형인 '멀(먿)'과 말(藻)
은 동원어(同源語)일 것이다. ¶몰(藻)《字會上9》. 그러나 '닫(닷)'을 물로
볼 수도 있다. 돌(도랑)이 물의 뜻을 지니고 있다. 그렇게 본다면 수초(水
草)의 뜻을 지닌다고 하겠다.

다음 몡次

'다음'은 어떤 차례의 바로 뒤이다. ¶親ᄒ닐 親히 ᄒ고 다ᄉ음으란 기우로
ᄒ면(親其親而偏其假)《內訓3:22》. 다ᄉ음은 假(거짓 가)에 해당된다. ¶다
ᄉ음아비(繼父)《二倫19》, 다ᄉ음어미(繼母)《三綱孝1》, 다ᄉ음ᄌ식(假子)《內三
22》. 다ᄉ음은 繼(이을 계)의 뜻을 지니는데 친아버지(本父), 친어머니(本
母), 친자식(本子)이 아니라 의부인 차부(次父), 차모(次母), 차자(次
子)에 해당된다고 보겠다. '다ᄉ음〉다ᅀᆞᆷ〉다음'의 변화가 된다. 다ᄉ음ᄌ식은
假子가 되는데 친자식이 아니라 의붓자식(假子)이 되며 차자(次子)가
될 것이다.

다투다 동爭, 競, 戰

'다투다'는 주로 언쟁(言爭)이지 무력적인 것은 아니라 하겠다. ¶ᄃ토다
(爭): 서르 ᄃ토아 싸호면《月2:6》. 어근은 '닫'이며 말의 뜻을 지닌다고
하겠다. 일본어 arasou(爭)는 주로 언쟁(言爭)을 뜻하는데, 어근 ar는
국어 알다(知)의 어근 '알'과 일치하고 있다. '알'은 국어에서 입과 말의
뜻을 지니고 있다. '닫'은 국어 넋두리의 '둘'과 동원어(同源語)라 하겠다.
¶들에다(喧)《杜初7:16》, 떠들다의 어근 '들(듣), 딛'과 동원어라 하겠고,
입과 말의 뜻을 지니고 있는 말이라 하겠다. '입씨름'이라고 하는 말이
있다. '둗ᄒ다'가 'ᄃ토다'로 변했을 것이다. 주둥아리의 '아리'도 입(口)의
뜻을 지닌다. 악아리(口)의 '아리'가 바로 입의 뜻을 지닌다. 뱀의 입을
구리알(蛇口)〔경상도〕이라고 한다. '악(口)'은 '알〉앍〉악'의 변화다. 주둥아

리의 '주'도 어원적인 조어(祖語)는 '둗'이었을 것이다. 일본어 sawagi (騷, 떠들썩함)의 어간 sawa는 sara가 원형이고 어근은 sar이다. 국어 사뢰다의 어근 '살'과 일치하며 말(語)의 뜻을 지니는 말이다.

➡ 닥치다, 대거리하다

단 명 谷

'단'은 골짜기를 이르는 고구려어로 지금은 쓰이지 않는다. ¶十谷城 : 鎭 湍縣《三史, 地理, 高句麗》, 水谷城縣 : 買旦忽《三史, 地理, 高句麗》. 고구려어 에서 湍, 旦이 谷의 뜻을 지닌다. tani(谷)〔日〕. 일본어 tani(谷)는 고구 려어와 동원어임을 보여주고 있다. tan의 조어형은 tat이다. 양달, 응달 (陽地, 陰地), 돌(石), 들(野), 딜(土)과 같이 '닫'도 동원어라 여겨진다.

단말마 명 斷末魔摩

'단말마'는 '말마'를 끊는다는 것이다. 곧 말마에 닿아서 목숨이 끊어진다 는 뜻이다. 뜻이 바뀌어 임종을 뜻하며, 마지막 순간도 뜻한다. 『구사론 (俱舍論)』(10)이나 『유가론기(瑜伽論記)』(1) 등에 따르면 末摩(marman 의 소리옮김. 뜻옮김으로 四穴·死絶)는 몸속에 있다는 특별한 급소로 64곳 또는 120곳이 있다고 하며, 수화풍(水火風) 3대의 하나가 불어나 여기에 닿으면 모든 힘살이 손상되고 뼈마디가 분해되어 극단적인 괴로움 에 시달리고 마침내는 숨을 거두게 된다. "於欲界中地獄無斷末魔以恒斷 故, 傍生餓鬼有斷末魔, 人中三洲非北拘盧洲, 欲界諸天亦無斷末魔, 彼 非惱亂業界故."《毘婆沙論190》.

단추 명 紐, 紐子, 紐扣

'단추'는 옷에 달아 두 폭이나 두 짝을 한 데 붙였다 떼었다 하는 옷고름이 나 끈 대신으로 쓰는 물건이다. ¶돌마기(단추)《四解下65》. 황해도, 평안 도의 사투리에서 단추를 '달마구'라고 한다. 단추는 단쵸에서 변했다. ¶단쵸(鈕子)《同文上57》, 단쵸 고(鈕鼻)《漢330b》. 돌마기는 '돌'과 '마기'의 합성어일 수도 있다. 돌마기는 돌다(懸)《類合下40》의 '돌', '마기'는 막다(塞)의 '막이'로 볼 수 있을 것이다. 돌마기는 '달아서 막는다'의 원의(原義)를 지닌다고 하겠다.

닫다 　통 閉, 終, 閉鎖

'닫다(閉)'의 어근 '닫'은 명사가 된다. 닫는 것은 門이므로 '닫'은 문의 고어가 될 것이다. ¶닫다(閉) : 다돈 門ㅅ안해(閉門中)《杜初8:61》, 다돌 관(關)《字會上6》. 돌저귀의 '돌'이 문의 옛말임을 보여주고 있다. ¶栴檀梁城門名, 加羅語爲梁云《三史44, 斯多含》. 가야어(伽倻語)에 문(門)을 梁이라 한다고 한다. 梁의 훈(訓)은 '돌'이다. 따라서 가야어에 '돌'이 문의 뜻을 지니고 있음을 보여주고 있다. 이순신 장군의 명량대첩의 鳴梁은 '울돌'이라 하며, 강화도와 김포 사이의 좁은 물목을 '손돌'이라고 한다. 이때 '돌'도 梁 곧 門이다. 고어 '오래(門)'가 있다. ¶문 오래며 과실 남글 (門巷果木)《小諺6:88》, 오래문(門)《石千27》.

달 　명 月

국어의 '달'이 일본어에서 tsuki(月)로 나타난다. 술(酒) : sake(酒), 돌 (tol, 年) : toki(時), 달(月) : tsuki(月)와 같이 대응된다. ¶둘(月)《解例用字》. 만주어에서 다달이(月月이)를 뱌다리(piyatari)라고 한다. piya (月)와 tari(月)가 겹친 말이라 하겠다. 만주어에서 tar가 달(月)의 뜻을 지니고 있는 말이라는 것을 보여주고 있다. 만주어 piya는 pira에서 변한 말이고 어근은 pir이다. 이는 보름(滿月)의 어근 '볼'과 동원어(同源語)가 된다고 하겠다. 보름이 달(月)의 뜻을 지녔었는데, '달'이라고 하는 말의 세력이 강해지자 보름은 만월(滿月)만을 뜻하게 되었다고 하겠다.

달구지 圐 牛車, 馬車

'달구지'는 소나 말이 끄는 짐수레의 하나이다. tərəgeci(車夫)〔滿〕, terge (車)〔滿〕, tərgən(車)〔오로촌〕, tərgə(車)〔에벤키〕, tərəg(車)〔蒙〕, tərəg (車)〔다구르〕. 수레의 공통적인 어간은 tərəg(ə)인데 국어는 '달구지'의 '달 구'에 해당된다. 만주어에서 tərəgci도 tərəge인데 'ci'가 '夫'의 뜻을 지닌 다. 만주어 馬夫의 뜻인 tərəgeci가 국어에서 그냥 마소가 이끄는 짐수레 의 뜻으로 된 듯하다.

달구질 圐 築埋, 打夯

'달구질'은 집을 지을 때 기초를 든든히 하거나 무덤을 다지는 것이다. '질'은 행위를 나타내는 말이다. ¶달고질(築埋)《內3:13》, 달굿때(夯)《漢 p.310a》. '달고'는 '달'과 '고'의 합성어. 달구질을 할 때는 나무로 만든 메 를 쓴다. 그 메는 나무로 만든 것이기 때문에 그 어원이 나무라고 볼 수 있다. '달'과 '고'가 모두 나무의 뜻을 지니는 이음동의어(異音同意語)가 된다고 하겠다. 대(竿)는 '단〉달〉달이〉다이〉대'의 변화로서 처음에는 나 무의 총칭이던 것이 대(竿)의 뜻으로 축소되었다고 하겠다. 다리(橋)의 어근 '달'이 나무임을 보여주고 있다. 옛날 다리를 만드는 재료는 나무다. 달고의 '고'는 고(杵)《釋6:31》와 동원어(同源語)로서 본뜻은 나무의 뜻 을 지닌다. '고'는 '골'의 ㄹ탈락어. 『삼국사기(三國史記)』 「地理志」에 斤 乙(木)이 있고, 그루(株)의 어근 '글'이 나무임을 보여주고 있다.

달다 圐 甘

'달다'는 맛의 대표라고 생각한다. ¶돌다(甘) : 돌 감(甘)《字會下14》. 돌다 (甘)의 어근 '돌'은 명사가 된다. tatlı(甘)〔터키〕, tat(味, 甘)〔터키〕, dıl (舌, 言)〔터키〕, dudak(脣)〔터키〕, türkü(歌)〔터키〕. 터키어 tatlı(甘)의 어근 tat은 맛(味)의 뜻을 지니는 tat과 동원어(同源語)임을 보여주고 있다. 맛(味)의 뜻을 지니는 tat은 입, 혀(口, 舌)의 뜻을 지니는 말과 동원어일 것이라고 생각된다. dıl(言), türkü(歌)의 어원은 입, 혀(口, 舌)와 동원어라고 여겨진다. 따라서 국어 달다의 어근 '달'은 명사로서 입(口) 또는 혀(舌)의 뜻을 지닐 것이라고 여겨진다. amtaisik(甘)[蒙], amtalaho(맛보다)[蒙], ama(口)[蒙]. 몽골어에서도 달다(甘)는 맛(味), 입(口)과 동원어임을 보여주고 있다. amai(甘)[日], azi(味)[日]. 일본어 amai(甘)의 어근 am은 몽골어 amtaisik(甘)의 어근 am과 동원어일 개연성이 보인다. 일본어 azi(味)의 어근은 at으로 소급되며 국어 '알 (口)'과 동원어라 하겠다. 주둥아리, 아가리(악아리)의 '아리'가 입(口)의 뜻을 지닌다. 알다(知)의 어근 '알'이 명사로서 말, 입(言, 口)의 뜻으로 소급된다. 국어 맛(味)도 '맏'으로 소급된다. 물다(咬), 묻다(問). 어근 '물, 묻'이 입(口)의 뜻을 지니는 명사임을 보여주고 있다. 따라서 국어 달다(甘)의 '달'도 입의 본뜻을 지닌다고 하겠다. 미각(味覺)은 입, 혀 (口, 舌)에서 느낀다. 넋두리, 들에다, 떠들다의 '둘, 들'이 말(言)의 뜻을 지니나, 그 어원은 '입(口)'이라 하겠다. 말은 입에서 나오는 것이다. 한자 甘(달 감) 자는 혀로 무엇을 대어보다를 뜻하는 상형문자다.

달래다 [動] 哄, 哄勸, 慰

'달래다'는 좋고 바른 말로 잘 이끌어 마음이 즐겁도록 타이르다이다. ¶부지로써 다래거놀《五倫2:45》, 왕이 怒ᄒ야 옥의 ᄂ리와 다래더니롤 져주다 (主怒下獄鞫誘者)《新續三忠3》. 다래다〉달래다. '다래다'의 어근 '달'이 명사다. 달래는 행위는 언어로써 이루어지는 것이기 때문에 '달'은 말의 뜻을 지닌다고 하겠다. ¶져제서 들에니(市喧)《杜初7:16》. 들에다는 떠들다의 뜻인데 어근 '들'이 말의 뜻을 지닌다. '떠들다'의 '들다'의 '들'과 어원이 같으며 '떠들다'의 '떠'도 어원적인 의미는 말일 것이다.

달이다 [動] 熟, 煎, 煮

'달이다'는 불로 하는 행위다. ¶다리다(煎) : 茶 다리ᄂ 옹직오《眞供49》, 煎 다리다《柳物五火》. 다리다의 어근 '달'은 명사로서 '火'의 뜻을 지닌다.

불에 '데다'는 '데'가 어간으로서 '덛〉덜〉덜이〉더이〉데'의 변화로서, '덛 (덜)'이 불의 뜻을 지니고 있음을 보여주고 있다. 불에 달구다의 '달'도 불의 뜻을 지니고 있다. 만주어 tuwa(火)는 tura로 소급되며, 어근은 tur(tut)이다.

➡ 때다(焚)

달팽이 ᠊᠊᠊᠊ 圐 蝸, 蝸牛

'달팽이'는 얇은 껍질 집을 지고 다니는 동물이다. ¶ 돌팡이 과(蝸)《字會上 21》, 돌파니《救方下77》, 돌판이《類合上16》. '달팽이'는 '달'과 '팡이'의 합성 어로서 '달'은 조개(貝)의 뜻을 지니며 '팡이'는 벌레(虫)의 뜻을 지닌다고 하겠다. burənumyaha(蝸)〔滿〕, burən(海螺)〔滿〕, umyaha(虫)〔滿〕, büregehorohai(蝸)〔蒙〕, bürege(海螺)〔蒙〕, horohai(虫)〔蒙〕. 만주어, 몽골어에서는 달팽이의 뜻을 지니는 말은 고동(소라)과 벌레라는 말의 합성어라는 것을 보여주고 있다. 달팽이의 '팡이'는 굼벙이의 '벙이', 소라 의 방언형인 골뱅이의 '뱅이'와 동원어(同源語)라 하겠다. '벙이'는 '벌이〉 버이〉벙이'의 변화며, '뱅이'는 '발이〉바이〉방이〉뱅이'의 변화다. '벌(발)' 은 벌레(虫)의 어근이 될 것이다. thahura(貝)〔滿〕, durosu(貝殼)〔蒙〕. 몽골어의 durosu(貝殼)에서 어근 dur를 얻을 수 있다. 몽골어의 thahura (貝)의 tha는 durosu의 dur와 동원어일 것이다. 죠개(貝)《四解上28》는 '죠'와 '개'로 나눌 수 있다. '개'는 '갇〉갈이〉가이〉개'로서 일본어 가이(kai) 와 비교된다. 일본어 kai는 kat〉kari〉kai〉kahi〉kai의 변화다. 조개를 조가비라고도 한다. 가비가 일본어 kahi의 변화일 개연성도 있다. 죠개 의 '개'는 명사로서 조개(貝)의 뜻을 지닌다. '죠'도 조개(貝)의 뜻을 지니 는 말로서 '돋〉돌〉죨〉죠'의 변화라 하겠다. 달팽이의 '달'도 죠개의 '죠' 의 조어형(祖語形) '돋'과 동원어가 된다고 하겠다. 달팽이는 바다소라 (海螺) 또는 조개벌레(貝虫)의 원의(原義)를 지닌다고 하겠다. 일본어 sazae(螺)는 국어 소라(sora) 어근 '솔'과 동원어이다. 일본 이바라키현 (茨城縣) 사시마군(猿島郡)의 방언에 daiboro(蝸牛)가 있다. dai와 boro로 나눌 수 있는데, dai는 dari, dai로 변한 것으로 국어 '달팽이'의 '달'에 해당되며, boro는 국어 '팡이'의 고형 'pari'와 동원어라 하겠다.

달팽이

가리비라는 조개가 있는데 '가리'와 '비'의 합성어이다. 일본어에서는
katatsuburi(蝸), katatsumuri의 쌍형이 보인다. kata와 tsu와 buri,
muri와의 합성어다. kata는 국어 고동의 어근 kot과 비교됨 직하다.
한편 일본어 kai(貝)는 kari〉kai의 변화로서 kar(kat)가 어근이 된다.
buri는 국어 벌레(虫), muri는 국어 거머리(蛭)의 머리(虫)와 동원어
다. 일본어도 패충(貝虫)의 원의를 지닌다고 하겠다. 일본어 musi(虫)
는 국어 거머리의 '머리'와 동원어다. 거머리의 '거'는 물(水)의 뜻을 지니
며 물벌레(水虫)의 뜻을 지닌다. 달팽이를 골뱅이라고도 하는데, 골뱅이
의 '골'은 조개의 '개'의 고형 '갈'과 동원어가 된다고 하겠다. 달팽이는
패충(貝虫) 또는 고동벌레(螺虫)의 뜻을 지닌다고 하겠다.

닭   명 鷄

우리말에서는 '달'이 조류의 총칭이었다가 의미가 축소되어 닭만 지칭하
게 되었다고 본다. ¶ 닭(鷄)《解例合字》. 닭의 말음 ㄱ은 뒤에 첨가된 것으
로 '돌'이 원형이라고 하겠다. 경상도 방언에서는 아직도 '달'이라고 한다.
tori(鷄)〔日〕. 일본어 tori(鳥)의 어근 tor는 국어 '달'과 동원어라고 여겨
진다. 일본어 tori는 우리말 '달'이 건너간 어휘라 여겨진다. 한편 우리말
에서도 까투리(갓두리), 종다리(종달새) 등에서는 '두리, 다리(달)'가 새
의 의미를 간직하고 있다.

닮다   동 似

'닮다'의 어원적 어근은 '달'로서 '달'이 조어형(祖語形)이라 하겠다. ㄹ음
은 ㄷ음에서 변한 음이다. 닮다의 반의어(反意語)는 다르다(異)라고 하
겠는데, 어근은 '달(닫)'로서 명사가 된다. 동사, 형용사는 거의 명사에서
전성되었다. 고대인이 닮다, 다르다라는 개념은 사람의 얼굴을 주 대상
으로 삼았다고 생각된다. 탈(假面)의 고어는 '달'로서 고대에는 얼굴(顔)
의 뜻을 지니고 있었던 말이었다고 하겠다. dərə(顔)〔오로촌〕, tala(面)
〔蒙〕, derəl(顔)〔에벤키〕, tsura(面)〔日〕 등의 어근 dər, tal, tul 등이 얼

굴(顔)의 뜻을 지니고 있다고 하겠다. 닮다와 다르다의 어근 '달'이 얼굴(顔)의 뜻을 지닌다고 하겠다. 일본어 niru(似)의 어근 nir(nit)는 국어 낮(顔)과 동원어가 된다고 하겠다.

담　　圐 墻, 垣

집의 둘레나 일정한 공간을 막기 위하여 흙이나 돌 따위로 쌓아 올린 것이 '담'이다. 담을 쌓는 재료가 흙이나 돌이기 때문에, 어원은 흙이나 돌의 뜻을 지닐 것이라고 여겨진다. 한자어 墻(담 장), 垣(담 원) 등도 土(흙 토) 변이 있다. 陰달·陽달의 달, 돌(石), 들(野) 딜(土)이 모두 토지의 뜻을 지니는 말이다. '닫〉달〉달암〉다암〉담'의 형성일 것이다. 담장은 '담'과 '장'의 합성어인데, 담장의 '장'은 한자어 장(墻)이라 하겠다. ¶담爲墻《解例用字》.　　　　　　　　　　🔼 땅, 비탈의 탈, 울타리의 타리

담배　　圐 煙草, 烟草

'담배'는 콜럼버스(Columbus)가 1492년 서인도제도에 갔을 때 아메리카 원주민이 피우던 것을 유럽에 전파한 것이다. 아메리카 원주민은 tab bag, 에스파냐에서는 tabaco, 포르투갈에서는 tabaco라 했는데, 17세기 일본에 전래되었고, 17세기에는 조선에 전래되었다고 여겨진다. ¶담바 : 담바(南草)《東言》, 담비 : 담비(南草)《柳物, 三草》. 담파귀 : 담파귀(烟草)《物譜, 雜草》. 이수광(李睟光)의 『지봉유설(芝峯類說)』(1614)에는 담파고(淡婆姑)로 나오는데, 이는 일본어 tabako에서 차용한 것으로 보인다. 『재물보(才物譜)』에는 담파(淡巴)로 나온다. 이밖에 「담바구 타령」의 담바구도 있고, 상사초(相思草), 심심해서 피운다는 심심草, 과부들이 외로움을 달래려고 피운다는 과부草 등의 명칭도 있다. 최초의 일본어 차용어라고 볼 수 있는 기스미(刻煙草)는 일본어 kizami tabako(썬 담배)의 kizami다.

담장은 '담'과 '장'의 합성어인데, '담'은 고유어고 장은 한자어 장(墻)이
다. 담의 사투리로 다무랑〔경상남도〕, 다무라〔전라남도〕, 다무락〔전라북도〕이
있는데 사투리의 어간은 '다물'임을 보여주고 있다. 이 다물은 고구려어
에서의 '多勿'과 비교됨 직하다. ¶麗語復舊土爲多勿《史記上高句麗本紀》. '多
勿'의 뜻이 옛 땅을 되찾음(復舊土)이라고 한다. 여기서 '土'라는데 핵심
적인 뜻이 있다고 하겠다. 해모수(解慕漱)는 다물족(多勿族)의 족장(族
長)이라고 보고 있다. 고구려의 주몽(朱蒙)이 제일 먼저 복속한 나라가
비류수 상류의 비류국이었는데, 이곳을 '다물도(多勿都)'라고 했다. 多
勿都의 '都'는 '땅(地)'의 뜻을 지닌다고 하겠다. 북부여(北夫餘)의 후예
라 일컬어지는 달말루(達末婁), 두막루(頭莫婁)는 다마루, 두마루로 읽
을 수 있는데, '多勿'의 표기일 것이다. '다물'은 북부여와 고구려 지역에
속해 있는 곳에서 어느 '지역'이라는 뜻을 지니고 있다. 고유명사가 아니
라 보통명사라 하겠다. 부여와 고구려에서 남하하여 건국한 백제의 담로
(擔魯)는 '多勿'이 이어진 것으로 볼 수 있다. 이 '담로'는 '邑'에 해당되는
곳으로 중국식 안목으로 보면 '군현(郡縣)'에 해당된다. 백제는 22의 담
로로 나누고 왕자나 왕족이 담로를 다스리는 강력한 중앙집권제를 형성
했다. "號治城 固麻 謂邑曰擔魯 與中國之言 郡縣也. 基國有二十二擔
魯."《梁書百濟傳》 제주도를 '탐라(耽羅)'라고 하는데 제주도도 백제에 속
해 있기 때문에 하나의 담로일 것이다. 『세종실록(世宗實錄)』에는 둔라
(屯羅)가 나오고 『수서(隨書)』 「동이전(東夷傳)」에는 담모라(聃牟羅),
『당서(唐書)』 「동이전」에는 담라(擔羅)가 나온다. 제주도를 탐라, 둔
라, 담모라, 담라 등으로 표기하는데, '담로(擔魯)'를 표기한 것이라고
하겠다. 『일본서기(日本書紀)』 「신대기(神代記)」에 보면 일본이란 나라
가 생겨나는 신화에 이자나기(伊邪那伎)와 이자나미(伊邪那美)가 등장
한다. 처음으로 나라를 낳을 때 먼저 damuro(淡路)를 태포(胎胞)로 하
였다는 말이 나오는데, 이는 '담로'의 일본식 표기이다. 이를 보아 일본을
만든 신은 백제의 '담로' 제도를 그대로 옮겼다고 하겠으며 그 신들이 백
제에서 건너갔음을 시사하고 있다. 특히 제주도 삼성혈(三姓穴)에서 나

온 분이 고(高), 부(夫), 양(良) 씨인데, 고구려, 부여의 '高, 夫'의 후예들이라는 것을 말하고 있는 것이 아닌가 한다. '담로'의 어원은 무엇일까. 담(墻)의 조어는 '닫〉달〉달암〉담'의 변화일 것이다. 담은 주로 흙이나 돌로 둘러쌓은 것이라 하겠다. 한자 墻 자를 보아도 흙 토(土) 변이 있다. (양)달(地), 돌(石), 들(野), 딜(土) 등이 흙, 땅의 두 뜻을 함께 지니고 있다. '魯'는 '노'에서 변화한 것이다. '노'는 땅이라는 뜻이다. 나라(國)의 어근 '날'도 '땅(地)'의 뜻을 지니는 옛말이다. na(地)〔滿〕, no(野)〔日〕, 논(畓). na, no는 nal, nol의 말음 탈락어이고 '논'은 '놀〉논'의 변화이다. '담노'는 담의 땅, 담안의 땅(墻內地)이다. 담안의 땅은 '평안하고 고요한 지역'이라는 뜻을 지닌다고 하겠다. 담을 집(家)의 둘레만을 생각한 것이 아니라 어느 한 지역을 구분해서 '담'으로 인식했다고 보겠다. '多勿'은 '다물'로서 '다'와 '물'로 나누고 '담'과 '울'로 나눌 수 있다. '다'와 '물'일 경우 '다'는 달(地), 돌(石)과 동원어로서 '달물'이 '다물'로 변했을 것이다. 물의 조어는 '묻'인데 이도 땅의 뜻을 지닌다. '뭍(陸), 마당(場), 묻다(埋)'의 '묻(陸), 맏과 동원어로서 땅의 뜻을 지니는 말이 둘 겹침으로서 '담'이라는 뜻을 지닌다. '담울'의 경우는 담(墻)과 울(籬)의 합성어이다. '울'은 주로 풀이나 나무로 엮어서 두른 울타리인데, '담'과 동의어라 하겠다. 담의 사투리에 '다무랑, 다무락, 다무라'가 주로 백제 방언으로 나타나는 것은 '多勿'이 '담'의 뜻을 지니고 있다는 단서가 된다고 하겠다.

닷새   명 五日

우리말의 날짜 세기(日稱)는 해와 관련된다. ¶닷쇄 : 닷쇄(五日)《救簡6: 77》. 닷새(五日) : 미양 닷샛만의 모욕 말민 흘 제《御小6:64》. '닷쇄'의 '쇄'는 '소이〉쇠'가 변한 것으로 여겨진다. 또는 '살〉살이〉사이〉새'의 변화로 여겨진다. '닷쇠'는 발음하기 어려워서 활조(滑調)를 위해 '닷쇄'로 변하지 않았나 한다. '설을 쇠다'의 '쇠다'의 어간이 '쇠'로서 '소이'가 줄어든 말이다. 이도 '솓〉솔〉솔이〉소이〉쇠'의 변화다. '솓, 솔'은 태양의 뜻을 지니는 고어가 된다. 설(元旦, 歲)의 어원도 태양의 원의(原義)가 있다. 햇살의 '살'이 태양의 뜻을 지니고 있는 옛말이었음을 보여주고 있다. sarasu

(晒)〔日〕. 일본어에서 햇볕에 내 놓아 바래게 하는 것을 sarasu(晒)라고
한다. 어근 sar가 태양의 본뜻을 지니고 있음을 보여주고 있다. 닷새,
쇠다의 '새, 쇠'는 해의 본뜻을 지닌다.

▣ 다섯(五), 날이 새다의 새, 새벽의 새

당달봉사 　　　명 눈뜬 장님

'당달봉사'는 청맹(青盲)과니 또는 안달봉사라고도 한다. 봉사(奉事)는
한자어가 될 것이다. '안달'의 '안'도 눈의 뜻을 지니는 말이라고 하겠다.
눈이 아찔하다의 '아찔'의 어근 '앋'은 눈의 뜻을 지니는데, '앋〉안'일 가능
성이 보인다. 그러나 한자어 眼(눈 안)일 가능성도 생각해 볼 수 있다.
'당달, 안달'의 공통되는 '달'도 눈의 뜻을 지닐 개연성이 있다. duş(夢)〔터
키〕, dolir(사팔뜨기)〔蒙〕, togo(눈멀다)〔滿〕, totaŋga(盲人)〔滿〕, tuwa
(見)〔滿〕. 어근 dus, dol, to, tot 등이 눈의 뜻을 지닌다고 하겠다.
tuwa(見)는 tura에서 변한 것으로 tur가 어근이 된다. '당달봉사'의 '당'
도 '달〉다〉당'의 변화라 하겠다. 짜(地)〉땅. 다래끼(針眼, 毛囊炎)의 어근
'달'이 눈의 뜻을 지니고 있음을 보여준다고 하겠다. 드라치(生眼丹)《譯上
61》. ▣ 소경, 盲人, 盲者, 朦瞽, 失明者, 瞎子, 판수, 맹과니, 맹가니, 먹눈, 세경,
세겡이, 눈먹대(함경도), 훈당(평안북도), 봉새(경상북도), 봉소(경상남도), 쇠경(강원도, 함경북도,
평안도)

닻 　　　명 錨, 碇, 椗

'닻'이 처음 만들어졌을 때는 쇠(鐵)보다는 먼저 석재(石材)를 썼을 것이
라고 생각된다. 배 자체가 옛날에는 목재(木材)였고 선박에 쓰이는 못도
목제(木製)였다는 것을 생각한다면 쇠(鐵)보다는 돌(石類)이 닻으로 최
초로 사용되었을 것이다. ¶닫 뎡(碇)《字會中25》. 『훈몽자회(訓蒙字會)』
에 닫 뎡(碇)이 보이는 것은 닻으로 처음에는 돌(石類)을 사용했음을
보여준다. 『한청문감(漢清文鑑)』에서는 木椗(목정)이란 표기가 있다.
木椗을 보면 어원적 의미가 나무(木)의 뜻을 지닐 수도 있을 것이다.

닻의 어원이 돌이 아니라면 그것은 당연히 쇠(鐵類)와 관련될 것이다.

닿다　圖接, 觸, 及

'닿다'는 주로 손의 작용이라고 본다. ¶다히다(觸) : 소놀 가스매 다혀 겨 샤디《月10:15》. 어간 '다히'는 '다이'로 소급되고 닫(달〉달이〉다이〉)까지 소급된다. '닫'은 손의 뜻을 지니는 말이라 여겨진다.　　■ 다루다, 대다

대　圖木, 竹

'대'는 '다이'가 준말로서 '닫〉달〉달이〉다이〉대'의 변화다. ¶대(竹) : 대 듁 (竹)《字會上8》. 대(돛대) : 노폰 대션 ㅎ오아 밨비로다(危檣獨夜舟)《杜重 3:34》. 들보(梁)의 '들'도 나무의 뜻을 지니는 말이라 하겠다. 다리(橋)의 어근 '달(닫)'은 나무의 뜻을 지닌다고 하겠다. 다리는 그 재료가 나무라 하겠다. 뻬(筏)《楞1:3》는 뗏목이다. '데'는 '더이'가 준 말로서, '딛〉딜〉딜 이〉더이〉데'의 변화로서 '딛(딜)'이 나무의 뜻을 지니고 있음이 분명하다. sal(筏)〔蒙〕. 몽골어에 sal(筏)이 있는데, 국어 '살'은 나무의 뜻을 지닌 다. 창살, 떡살, 화살의 '살'이 나무의 뜻을 지닌다.

대가리　圖頭, 頂, 首

'대가리'는 현재 머리의 낮은 말(卑稱)로 쓰이고 있으나, 처음에는 낮은 말이 아니었다. 대가리는 '대'와 '가리'의 합성어로 이음동의어(異音同義 語)가 된다고 하겠다. ¶디골 로(顱)《字會上24》, 뎡바깃 디고리 구드시며 《月2:55》, 디골 노(腦)《類合上21》. ¶골 수(髓)《同文上56》. 골은 뇌(腦)의 뜻으로 쓰이고 디골일 경우는 머리(頭)의 뜻으로 쓰이고 디골이 뇌의 뜻으로도 쓰이는데, 뇌는 머리에 속한다. kasira(頭)〔日〕, karàdzi(頭 髮)〔日, 琉球〕. 일본어의 어근 kas, kar가 되는데, kat이 조어형(祖語形) 으로서 머리(頭)의 뜻을 지니고 있다. ütügüs(頭)〔蒙〕. ütügüs(頭)는 ütü와 güs로 나뉘는데 ütü는 국어의 '우두(頭)'와 비교되며 güs는 국어의

대가리의 '가리'의 어근 '갈(갇)'과 비교된다고 하겠다. kaburi(頭)〔日〕.
일본어 kaburi는 ka와 buri로 나뉘는데, ka는 국어의 '갈(頭)'의 말음탈
락으로 된 것이다. buri도 머리(頭)의 뜻을 지니는데, 국어의 '받(頭)'과
동원어(同源語)다. 머리로 받다의 어근 '받'이 명사로 머리(頭)의 뜻을
지닌다. 박치기의 어근 '박'은 '받치기'가 박치기로 변했을 것이다. 국어의
갈기(鬃, 鬣)의 갈(髮)은 머리(頭)의 어원적 의미를 지니는 말에서 의미
분화가 되지 않았나 한다. nidii kur(睫毛)〔다구르〕. nidii는 눈(眼)의 뜻
이고 kur가 털(毛)의 뜻이다. 국어의 '갈'과 비교된다. 구레나룻의 '구레'
의 어근 '굴'도 동원어(同源語)가 된다고 하겠다. ke(毛)〔日〕. kɪl(毛)〔터
키〕. 국어 '갈(毛)'과 동원어가 된다고 하겠으며, 어원적 의미는 머리(頭)
의 뜻을 지닌다고 하겠다. 고개를 숙이다의 고개도 어근은 '곡'이고 '곧〉
골〉곪〉곡'의 변화일 것이다. 대가리의 '대'는 '다이'가 준 말이고, '닫〉달〉달
이〉다이〉대'의 변화다. 아기들을 어를 때 도리도리 하면서 머리를 좌우로
돌리게 하는데, 어근 '돌'이 머리(頭)의 뜻을 지닌다. 국어 족두리의 '두리'
가 머리(頭)의 뜻을 지닌다. tologai(頭)〔蒙〕, daroga(頭目)〔蒙〕. 어근
tol, dar가 머리(頭)의 뜻을 지니고 있는데, 국어와 동원어임을 보여주고
있다. tsumuri(頭)〔日〕, tsuburi(頭)〔日〕. tsumuri는 국어 대머리와 형
태적으로 비교된다고 하겠는데, tsu는 국어 '대'와 비교된다. 일본어
tsumuri는 대머리의 뜻을 지니지 않고 그냥 머리의 뜻을 지닌다. 몽골어
tologai(頭)의 gai는 gari의 r음 탈락으로 국어 가리(頭)와 동원어일
것이다.　　　　　　　　　　　　　　　　　　　　■ 도리도리, 대갈박

대갈박　〔명〕頭, 頂, 首

'대갈박'은 머리의 뜻을 지니는 비속어(卑俗語)라고 여기고 있으나, 대갈
박은 머리의 뜻을 지니는 이음동의어(異音同義語)가 세 개나 겹친 합성
어가 된다. 대가리, 대머리의 '대'는 '닫〉달〉달이〉다이〉대'의 변화로서 머
리의 뜻을 지니는 말이다. 도리도리는 머리를 좌우로 돌리며 아이들을
어를 때 쓰는 말로서 머리의 뜻을 지니는 옛말이다. tologai(頭)〔蒙〕,
dili(頭)〔나나이〕, dili(頭)〔에벤키〕. 어근 tol, dil은 국어 '돌, 달'과 동원어

(同源語)가 된다고 하겠다. 대갈의 '갈'도 머리(頭)의 뜻이다. kasira
(頭)〔日〕. 어근 kas는 kat으로 소급되며, 국어 '갈'과 동원어다. '박'은
박치기의 '박'과 동원어가 된다. 이마박의 '박'도 머리(頭)의 원의(原義)
를 지닌다.   ▶ 대가리

대들보 명 樑

'들보'는 '들'과 '보'의 이음동의어(異音同義語)의 합성어라 하겠는데, 나
무의 어원적 의미를 지닌다고 하겠다. '들'은 대(竹, 竿), 다리(橋)의 조어
형(祖語形) '닫(달)'과 동원어(同源語)로서 나무의 뜻을 지닌다고 하겠
다. 보만으로도 들보의 뜻을 지닌다. 보는 '본〉볼〉보'의 변화다. ¶들보(樑)
《類合上23》, 들ㅅ보(樑)《同文上34》, 보(樑) : 보몰리(樑棟)《法華2:56》. 일
본어 hari(樑)는 pari에서 변한 말인데, 어근 par는 국어 '볼'과 동원어가
된다. 바지랑대(竿)의 어근 '받'이 나무의 뜻을 지닌다. 비(船)의 조어형
은 '볻'이다. 배는 고대에 있어서는 나무로 만들었다. hasi(橋)〔日〕,
hayasi(林)〔日〕, hari(樑)〔日〕. 일본어 두음 h는 국어 p와 대응된다. pasi,
parasi, pari가 되는데, 어근 pas, par의 조어형 pat이다. 국어 '보'는
어원적으로는 나무의 뜻을 지니는 말이라 하겠다. 대들보의 대는 한자어
大이므로 大들보라 하겠다.   ▶ 다리(橋), 배(船), 바지랑대

대막리지   명 大莫離支

'대막리지(大莫離支)'는 고구려의 최고관직이다. 연개소문이 최초로 대
막리지가 되어 전제정치를 하였다. 『구당서(舊唐書)』「고구려전」을 보
면 막리지는 중국의 병부상서(兵部上書)와 중서령(中書令)의 직을 겸
한 것이라고 하였다. 즉 병권과 정권을 잡은 벼슬이다. 대막리지의 '莫離
支'는 '마리지' 또는 '말지'의 음사(音寫)라 하겠다. 신라 왕칭(王稱)의
하나인 '마립간(麻立干)'은 '마리간' 또는 '말간'의 음사라 하겠다. '麻立'
이나 '莫離'는 말(宗, 上, 頭)의 한자 취음이다. '干'은 王의 뜻을 지니나
'支'는 사람의 뜻을 지니는 말이다. 고구려시대는 '지'였고 뒤에 가서 '치'

로 변하여 현대어에서 '이치, 저치'와 같이 쓰이는 말이다. 옛날에는 사람이라고 하는 말이 존귀하여 사람의 뜻을 지닌 말은 존장자의 이름에 쓰이고 부족을 대표하고 나라 이름에 사용되었다. 말지(莫離支)는 宗人, 上人이라는 어원적인 의미를 지닌다고 하겠다.

대머리　图 光頭, 禿頭, 禿子

'대머리'는 벗겨진 머리를 말한다. ¶믠 머리(禿頭)《譯上29》, 고딘머리(癩頭, 禿頭)《譯上61》. 대머리, 대가리의 두 말을 놓고 볼 때 '대머리'의 '대'가 벗겨지다(禿)의 뜻을 지니지 않고 있음을 보여주고 있다. 몽골어에 tologai(頭)가 있는데, tol과 gai의 합친 말로서 gai는 머리의 뜻을 지니는 '대가리'의 '가리'의 ㄹ이 떨어지면 '가이'가 되는 것과 일치하고 있다. 가리의 어근 '갈'은 '갇'으로 소급되는데, 일본어 kasira(頭)의 어근 kas(t)와 일치하고 있다. 몽골어 tol이 頭의 뜻을 지니는데, 국어에 아이를 어를 때 머리를 좌우로 돌리면서 말하는 '도리도리'의 어근 '돌'이 몽골어 tol과 비교된다. 몽골어에서 daroga(頭目)의 어근이 dar가 되는데, 국어 '돌'과 동원어가 된다고 하겠다. 따라서 '대머리'의 '대'는 '달〉달이〉다이〉대'로 변한 말이지 벗겨지다(禿)의 뜻을 지닌 말은 아니다. '대머리'가 일본에서는 tsumuri(頭)로 반영되는데 벗겨진 머리의 뜻도 아니고 그냥 머리의 뜻이다. 문헌에 '대머리'는 보이지 않고 '믠머리'와 '고딘머리'가 나타난다. ¶믠머리(禿子光頭)《譯語類解上》. '믠'은 믜다(밀다, 빠지다)의 어간에 관형사형ㄴ이 붙은 말이다. 믠머리는 '민머리, 빠진 머리'의 뜻을 지니는데, 독자광두(禿子光頭)는 중국어로서 광두(光頭)는 빛이 나는 머리의 뜻을 지닌다. 믠머리 외에 고딘머리(癩頭禿頭)《譯上61》는 대머리(禿頭)지만 라두(癩頭)의 표기가 있다. 라(癩)는 문둥이의 뜻을 지닌다. 라두는 라두창(癩頭瘡)이라고도 한다. '고딘'가 문둥병의 뜻을 지닌다고 하겠는데 제주도 방언에 문둥병을 '고다리'라고 한다. '고딘'의 딘는 '디〉드이〉둘이〉둘'의 변화이다. '고딘'가 문둥병의 옛말의 표기가 된다.

대수롭다   [형] 特別, 重要, 了不起

'대수롭다'는 중요하게 여길 만하다의 뜻인데, 주로 부정적인 뜻인 '대수롭지 않다'로 쓰이고 있다. ¶魚米價는 대ᄉ롭지 아니ᄒ니《隣語1:3》. 대ᄉ롭다의 '대ᄉ'는 大事(대사)일 것이다. 한자어 大事에 '롭다'가 붙어서 된 말이다. '대ᄉ롭지 아니ᄒ니'는 큰 일이 아니다의 뜻을 지닌다. 怪惡ᄒ다→고약하다, 艱難ᄒ다→가난하다, 迷惑ᄒ다→미욱하다, 苦롭다→괴롭다.

대승   [명] 大乘. 梵 mahā-yāna

소리옮김(音譯)은 摩訶衍(마하연), 摩訶衍那(마하연나). 큰(마하) 탈 것(야나)이란 뜻이다. 대승은 뜻옮김(意譯)이며, 보살승 또는 불승이라고도 한다. 종래의 전통적 불교가 매우 교리적으로 되어 일반 민중의 손에 닿지 않았을 때 보다 많은 사람들이 구원받을 수 있도록 자신보다도 먼저 다른 사람을 구하자라는 보살행을 강조한 것이 대승불교 운동이다. 그들은 스스로 대승이라 말하고 종래의 전통적인 교설을 후생대사(後生大事)로 지키고 있었던 보수파를 小乘(hīna-yāna=열등한 탈것)이라고 비난했다. 그러나 소승 쪽에서는 소승이란 말을 쓰지 않는다. 학술적으로도 남방불교 등의 용어를 쓴다. 스리랑카, 미얀마, 태국 등에 번성하고 있다. 이들은 석존의 교설을 잘 지킨다고 생각한다. 대승불교는 소승의 일파(部派佛敎)인 대중부(大衆部)에서 나왔다는 설이 유력하며 기원 전후시대에 일어났다고 한다. 종래의 불교는 자기 한 몸만의 수행 완성만을 목표(小乘聲聞僧이 四諦 八正道를 닦아 阿羅漢이 되는 것이 理想)로 하는 데 반해 대승은 누구나 해탈(六波羅蜜을 닦아 成佛을 이상으로 함)할 수 있고 남도 구제하는 데까지 이르렀다. 현재 "대승적 차원에서 생각하시기 바랍니다."라는 말에서의 뜻은 자신만 생각하지 말고 남도 생각하라는 뜻이다. 인도에서는 대승이 전성기 이후 공리공론에 빠져 쇠퇴하고 티베트, 중국, 한국, 일본에서 꽃을 피우고 있다. 이 대승을 권대승(權大乘. 法相, 三論 등)과 실대승(實大乘. 華嚴, 天台, 眞言, 禪, 淨

土 등)으로 나눌 수 있다. "諸佛如來, 正眞正覺所行之道, 彼乘名爲大乘, 名爲上乘, 名爲妙乘, 名爲勝乘, 名無上乘, 名無上上乘, 名無等乘, 名不 惡乘, 名爲無等等乘, 善男子, 以是義故, 名爲大乘."《大寶積經28》

대야   圏 盆, 盆子, 洗面器

'대야'는 현재 세수 대야로 주로 쓰인다. ¶盂曰大耶《類事》, 다야(匜)《解例 用字》, 다야 우(盂)《字會中19》, 다야 션(鐥)《倭下14》. 다야는 '다라〉다아〉 다야〉대야'의 변화로서 어근은 '달'이다. tarai(盥)[日]. 일본어 tarai의 어근 tar는 국어 대야의 '달'과 동원어(同源語)임이 확실하다. 한편 신무 라 이즈루(新村出) 편『광사원(廣辭苑)』(第三版, 岩波書店, 1983)에는 tarai는 手洗(te+arai, てあらい)의 약(約)으로 되어 있다. 한자 盥(관) 도 그릇에 물을 담아 손을 씻는 모습이다. '달'의 어원이 무엇이냐는 그 재료와 관련된다고 하겠다. 대야가 처음 만들어졌을 때, 재료가 '쇠, 돌, 나무(鐵, 石(土), 木)' 등 어떤 것이냐에 따라 그 어원이 결정된다. 나무그 릇(木器)이 처음이라면 '달'은 나무의 뜻을 지니는 말일 개연성이 있다.

대장간   圏 冶坊

'대장간'은 쇠를 달구어서 두들겨 칼이나 농기구 등을 만드는 곳이다. 단 철장(煅鐵場), 야방(冶坊), 야장(冶匠), 야장간(冶匠間)이라고도 한다. ¶대쟝의 풀무(鐵匠爐)《譯上19》. '대쟝'이란 말은 17세기(1690) 문헌에 처음 나타난다. 야장간(冶匠間)은 한자어다. '대장간'이라고 하게 된 것은 冶 자의 冫은 얼음 빙, 얼 빙이며, '台'의 음은 '태' 또는 '대'이기 때문에 야장(冶匠)을 대장(台匠)으로 잘못 읽은 데서 비롯한 것이 아닌가 하는 생각을 조심스럽게 한다. 대장간에서 일하는 사람을 이르는 말로 야공(冶 工), 야장(冶匠), 풀무아치, 대장장이 등이 있다. 대장간을 이르는 방언 으로 불뭇간, 풀뭇간(咸南), 풀미깐(慶北) 등이 있다. 대장간은 고유어로 불뭇간, 풀뭇간으로 쓰이다가 한자어 '대장간'으로 바뀌었다고 하겠다. ¶불무 야(冶)《字會下16》, 山陽애셔 불무질 ᄒᆞ고(山陽鍛)《杜初8:65》, 풀

무 야(冶)《倭下16》, 풀무아치(爐頭)《漢淸137》. 불무>풀무. '불무'의 불
(火)과 '무'도 불의 뜻을 지니는 옛말일 것이다. ¶무회다(焚)《柳物五火》,
무회다(焚)《朴重中16》, 무휘다(熰火)《譯上54》. 어근 '무'가 불의 뜻을 지니
고 있다. '불무'의 뜻은 바람보다는 쇠를 달구는 '爐'에 있다고 하겠다.

더두어리 圐 吃音者, 口吃, 結巴

'더두어리'의 '어리'는 귀먹어리의 '어리'와 같이 사람(人)의 뜻을 지니는
명사다. '더두'의 '덛'은 말의 뜻을 지니는 명사일 것이다. ¶더두어리(말
더듬이) : 더두어리(結吧)《同文下8》. '말더듬다'의 '더듬다'의 어근 '덛'은
어원적으로는 말의 뜻을 지닌다. 넋두리의 '두리'가 말의 뜻을 지니며,
어근은 '둘(둗)'이다.

더듬다 圖 探, 搜

'더듬다'는 '덛' 어근에 '음' 접미사가 붙어서 '더듬'이 되고, '더듬다'라는
동사로 된 것이다. 더듬는 것은 주로 손의 기능으로 보았음을 보여주고
있다. '덛'은 손의 뜻을 지니는 말이었다고 하겠다. ¶더듬다(探, 搜) : 더드
믈 탐(探)《字會下23》. erinö(搜)〔蒙〕, aramak(搜)〔터키〕, atmak(投)〔터
키〕, almak(得)〔터키〕. 터키어를 보면 어근이 ar, at, al인데 모두 조어형
(祖語形)은 at으로서 손의 뜻을 지니는 것을 볼 수 있다. 터키어에 el(手)
이 있다.   ▣ 던지다

더디다 圐 遲

'더디다'를 시간으로 본다면 형용사로서 '덛'은 태양의 뜻을 지닐 것이다.
돌(年), 때(時)의 조어형(祖語形) '닫' 등은 모두 태양의 본뜻을 지닌다.
그러나 속도로 본다면 동사로서 다리(足)의 어근 '달(닫)'과 동원어가 된
다고 하겠다. ¶더디다 : 더듸며 샌론 功이(遲速之功)《楞4:100》. osoi(遲)
〔日〕, odagan(늦게)〔蒙〕, geç(遲)〔터키〕, goto(脚)〔蒙〕. 일본어를 보면 osoi

의 어근 os는 asi(脚)의 어근 as(at)와 동원어(同源語)라고 여겨진다. 따라서 국어의 더디다의 어근 '덛'은 다리의 조어 '닫'과 동원어일 개연성이 크다.　　　　　　　　　　　　　　　　　　**▶** 덧(時), 달리다(走)

더럽다　[형] 汚, 卑, 鄙, 染

'더럽다'의 어근은 '덜'로서 명사가 된다. ¶더럽다(汚) : 더러온 머리며《鱗小8:21》, 더러오디 더럽디 아니호ᄆᆞ로(染而不染)《楞1:88》. 쏭(糞)은 '돋〉돌〉도〉坐〉쏭'의 변화라 하겠다. 더럽다의 개념은 똥(糞)의 뜻에서 비롯되었음을 생각해 볼 수 있다. tarekaburu(설사하다)〔日, 熊本〕, dara(人糞肥料)〔日, 熊本〕, daru(糞汁, 人糞肥料)〔日, 淡路島〕. dar가 똥(糞)의 뜻을 지니고 있는데, 쏭(糞)의 조어형(祖語形) '돋(돌)'과 동원어(同源語)가 된다고 하겠다. 쎄(垢)는 'ᄃ이'가 줄어든 말로서 '돋(돌)'이 조어형이라고 한다면 동원어일 것이다.　　　　　　　　　　　　　　**▶** 똥(糞)

더부살이　[명] 寄生, 佣工, 佣人

'더부살이'는 남의 집에서 먹고 자며 일을 해 주고 삯을 받는 사람 또는 남의 집 곁방을 빌려서 살림을 하는 것을 일컫는다. 15세기어에서는 '다ᄆᆞ사리'가 나온다. ¶다ᄆᆞ사리 ᄒᆞ야(行傭)《三綱孝6》, 다ᄆᆞ사리 용(傭)《字會中2》. 다ᄆᆞ사리, 다ᄆᆞ사리의 쌍형이 보인다. ¶다뭇(與) : ᄀᆞᄅᆞ몬 논논 비와 다뭇 묽도다(江與放船淸)《杜初7:11》. 다ᄆᆞ사리는 '다뭇＋살이(生)〉다ᄆᆞ사리'다. ¶與는 더브러 호미라《訓諺》. 더부사리는 더블다(與)의 '더블'과 '사리'의 합성어인데, 더불어 살다의 뜻을 지닌다. 다ᄆᆞ사리가 더부살이로 바뀌었다. '더블'은 다시 '더'와 '불'로 가를 수 있다. '더(加)＋불(불→屬, 附)〉더블'의 형성일 것이다.

덕　[명] 柵, 架, 掛板

'덕'은 현재 명태나 오징어 따위를 말리는 데 사용하는 나무로 만든 시설물

이다. ¶덕(柵) : 柵은 더기라《金三2:25》. '덕'의 조어형(祖語形)은 '덛'이
고 '덛〉덜〉닭〉덕'의 변화라 하겠다. '돌(石)〉돍〉독'으로 변하는데 '독'은 현
재 호남지방의 사투리다. '덕'은 나무가 그 재료가 되기 때문에, 덕(柵)의
조어형 '덛, 덜'은 대(竹, 竿)의 조어 '닫'과 동원어(同源語)가 된다 하겠
다. 다리(橋)의 어근 '달(닫)'은 본디 나무의 본뜻을 지니는 말이라 하겠
다. 다락의 어근 '달'과 '덜'은 동원어일 것이다.　　　□ 다리(橋), 대(竹, 竿)

던지다　동 投, 擲

'던지다'의 고형은 '더디다'로서 '더지다〉던지다(ㄴ첨가)'의 변화다. ¶더
디다(投) : 짜해 더뎌(投地)《楞4:6》. 더디다의 어근 '덛'은 손의 뜻을 지
닌다고 하겠다. 뜯다(摘)의 어근 '뜯'은 '듣'으로 소급된다. 따다(摘)의
어근 '따'는 '닫'이 조어형(祖語形)으로서 손의 뜻을 지닌다. 두드리다의
어근 '둗'은 손의 뜻을 지니는 말과 동원어(同源語)가 된다고 하겠다.
dumbi(打)〔滿〕, atmak(投)〔터키〕, orhiho(投)〔蒙〕. 만주어 dumbi(打)
의 어근은 du이고 mbi는 명사를 동사로 전성시키는 구실을 하는 접미사
다. du의 조어형은 dut이라 하겠다. 터키어 atmak(投)의 어근 at, 몽
골어 orhiho(投)의 어근 or는 ot이 조어형으로서 역시 손의 뜻을 지닌
다. 터키어에서 el이 손의 뜻을 지닌다.　　　　　　　　　□ 다루다

덜다　동 除, 滅

'덜다'의 어근 '덜'은 명사로서 더는 행위는 손으로 이루어지기 때문에 '덜
(덛)'은 손의 뜻을 지닐 것이라 여겨진다. ¶덜다(滅) : 滅은 色올 브터
더느니(滅從色除)《楞10:87》. kaldırmak(除)〔터키〕, kol(手)〔터키〕. 터키
어 kaldırmak(除)의 어근 kal은 손의 뜻을 지니는 kol과 동원어(同源
語)라 여겨진다. naderu(撫)〔日〕, nozoku(除)〔日〕. nala(手)〔나나이〕. 일
본 나라(奈良)시대는 nozoku가 nosoku였는데 어근은 nos(not)이다.
어근 nat, nos(not), nal(nat) 등이 손의 어원적 의미를 지닌다. ¶뜯다
(摘)《杜初20:51》, 따다(摘)《曲99》. 어근 '뜯, 따'는 '듣, 듣(돋)'로 소급될

것이고, 손의 어원적 의미를 지닌다. 덜다의 '덜(덛)'은 손의 어원적 의미가 있다고 하겠다. ta, te(手)[日].

덥다 ㉝ 롱, 溫, 暖

'덥다'의 어간은 '덥'이고 '덛〉덜〉덟〉덥'의 변화일 것이다. ¶덥다 : 四天王이 더본 鐵輪을 눌여 보내야《釋6:47》. 어근 '덛'은 태양의 본뜻을 지니는 말이라 하겠다. '덥다'라는 생각은 해에서 연상되었다고 하겠다. '해돋이'의 '돋'이 해의 본뜻을 지니는 말이라 하겠다. 돌(週, 年), 때(時), 덧(덛) 등이 해의 본뜻을 지니는 말이라 하겠다. terasu(照)[日], teta(太陽)[日, 琉]. 어근 ter, tet이 일본어에서도 해의 뜻을 지니고 있음을 보여주고 있다. 몽골어에 dulagan(暖)이 있다. 한편 '덥다'의 어원적 의미를 불(火)로 볼 개연성도 있다.　　　　　　　　　　　▣ 때다(焚), 따뜻하다

데리다 ㉾ 拉, 連, 引, 帶領

'데리다'는 사람이나 동물을 거느리거나 함께 있도록 하는 것이다. ¶드리다(拉)《同文上47》, 다리다(拉)《漢116d》, 다러다《漢12:16》, 돌이다《圓下3:1》. 어근 '달(닫)'은 명사로서 손의 뜻을 지닌다고 하겠다. 다루다의 어근 '달'도 명사로서 손의 뜻을 지닌다고 하겠다. tharambi(拉)[滿]. 어근 thar는 tar로 소급되며, 국어 '달'과 동원어(同源語)가 된다고 하겠다.　　　　　　　　　　　　　　　　　　　▣ 다루다, 당기다

도깨비 ㉤ 鬼, 魍魎

'도깨비'는 비상한 힘이나 재주를 가지고 사람을 홀리기도 하고 장난을 치기도 하며 도깨비불로 잘 알려져 있고 과부를 좋아한다는 말도 있다. ¶돗가비(魍魎)《曲163》, 도섭(幻)《類合下56》, 도섭(변화·요술)《譯上28》. 도섭은 어근 '돗'과 '업'의 합성어다. '돗가비'의 '돗'은 '환(幻), 변화와 요술'의 뜻을 지닌다고 하겠다. '돗아비'가 '돗ㄱ아비'로 변했다고 보면, '돗

'ㄱ아비'는 '환부(幻父), 요술아비'라는 본뜻을 지닌다고 하겠다. 허수아비>허새비>허재비. 헛아비>헛ㄱ아비>헛개비. 성(性)으로 봐서 도깨비는 남성임을 보여준다고 하겠다. 그러나 민속에서는 여자 도깨비도 나타난다. 『삼국사기』 지리지의 백제어에 靈이 突로 표기되었다. '돌, 돈'으로 읽을 경우 '돈가비'의 '돗(돋)'은 '靈父'의 원의를 지닐 개연성도 있다. 백제어에 돌(靈)이 있는데 조어는 '돋'일 것이다. '돈(돗)아비'가 '돗ㄱ아비'일 수도 있어 '靈父'의 어원적인 의미를 지닌다고 하겠다.

도끼　圖 斧

'도끼'는 나무를 찍거나 패는데 쓰는 도구로, 자루는 나무이며 날이 있는 부분은 쇠로 되어 있다. ¶돗귀(斧)《曲106》, 도치(斧)《字會中16》, 도최(斧)《楞8:85》. 도끼가 15세기에는 '돗귀'와 '도치', '도최'와 같이 쌍형이 문헌에 보인다. '돗귀'는 '도'와 '귀'로 나뉜다. '귀'는 갓괴(까뀌)《朴重下12》의 '괴'와 동원어(同源語)가 된다. 자괴(자귀)《倭下16》의 '괴'와도 동원어가 된다. '괴'는 '곧>골>골이>고이>괴', '귀'는 '굳>굴>굴이>구이>귀'의 변화로서 근원적으로는 날(刃物)의 뜻을 지닌다. 칼(刀)의 고어는 '갈(刀)《解例合字》이다. 끌(끌 鑿)《救方下32》의 원형 '귿'과도 동원어가 된다. 따라서 도치, 도최의 '치', '최'도 날(刃物類)의 뜻을 지닐 개연성이 있다고 하겠다. '최'는 '초이'가 준 말이고 '초이'에 소급되며 근원적으로는 '졸>졸이>조이>죄>최'의 변화이고 ㅈ음은 ㄷ음에서 변한 자음이기 때문에, 근원적으로는 '돋'에 소급된다고 하겠다. '돋'은 고어에서 칼(刀)의 뜻을 지닌다. 칼로 다지다의 어근은 '닫'으로서 칼(刀)의 뜻을 지닌다. 다지는 것은 칼로 잘게 써는 것이며, 잘게 깨는 것이 된다. tatsi(大刀)〔日〕. 일본어 tatsi의 어근 tat이 국어 '돋'과 동원어가 된다고 하겠다. čyaŋkhu(大刀)〔滿〕, tapchikhu(劍)〔滿〕, cyəyən(刀)〔滿〕. '도시다'는 칼로 물건의 거친 곳을 깎아 곱게 다듬다의 뜻이다. '도시다'의 어근 '돗(돋)'이 명사로서 '돗귀'의 '돗'과 동원어다. 칼(刀)의 의미에서 돗귀(斧)로 변했다.

도랑 　명 渠, 溝

'도랑'의 어근 '돌'은 물의 뜻을 지닌다고 하겠다. ¶돌(渠) : 큰 ㄱ무래 쇠돌히 흐르며《法華2:28》. dalai(海)〔蒙〕, talgil(여울)〔蒙〕, deniz(海)〔터키〕, dökmek(注)〔터키〕. 어근 dal(海), tal(여울)은 국어 '돌(渠, 溝)'과 동원어(同源語)일 개연성이 짙다. taki(瀧)〔日〕, tatsu(龍)〔日〕. 일본어 taki의 조어형(祖語形)은 tat, tar라 하겠다. tatsu(龍)의 어근 tat은 '돌(돈)'과 동원어로서 물의 뜻을 지닌다. 국어에서 용이 미르(龍)《字會上20》가 되는데, 어근 '밀'은 믈(水)과 동원어다.

도련님 　명 哥兒, 公子, 郎子

총각을 높여 이르는 말이 '도령'이고 '도련님'은 도령을 높여서 부르는 말이다. ¶童男曰 도령《東言》, 童男을 도령이라 홈은 島令이니 新羅時에 童子로써 島令도 拜홈이니 有훈 故로 人이 榮ᄒ야써 號ᄒ나니라《東言故略25》. 童男을 '도령'이라 했다는 기록인데 '島令'은 '도령'의 한자취음이다. '道令'도 한자취음이다. '도령'의 어근은 '돌'이다. '돌'은 사람의 뜻을 지니는 말이다. 삼도리, 꾀도리, 키다리, 꺽다리의 '도리, 다리'가 사람의 뜻을 지닌다. hitori(一人), hutari(二人)〔日〕. tori, tari가 국어 '도리' '다리'와 일치하고 있다. 돌(人)이 '도령'으로 변하고 '도련님'으로 변한 말이다. 인칭복수를 뜻하는 '돌'도 사람의 뜻이고 그대(그 사람)의 '대'도 사람의 뜻이다. ¶그 듸 가아 아라 듣게 이르라《釋6:6》, 그 디롤 알어눌《內3:58》. '그 듸, 그 디'의 '듸, 디'가 그대의 '대'에 해당되는 말이다. '대'는 '닫〉달〉다리〉다이〉대', '듸'는 '듣〉들〉드리〉드이〉듸'의 변화이다. 일본어에서 장남을 taro(太郎)라고 하는데, 어근 'tar'는 국어 '달(人)'과 동원어이다. '돌(人)'이 한자 취음표기로 '島令, 道令'으로 되고 '도령'에서 '도련님'까지 이르게 되었다.

도령　명 小公

'도령'은 총각을 대접하여 일컫는 말이며, 도련님이라고도 하는데 이 말은 주로 형수가 시동생을 지칭할 때 쓴다. ¶童男 曰 도령《東言》. 도령의 어근은 '돌'이다. 꾀돌이, 쇠돌이 등과 같이 인칭접미어로 '돌'이 쓰이는데, 이 '돌'이 돌(石)의 뜻을 지니고 있다고 보고 있다. 그러나 이 '돌'은 돌(石)이라기보다 사람(人)의 뜻을 지니는 접미어일 것이라고 생각한다. 울보, 떡보, 밥보(바보), 국보와 같이 '보'는 어원적으로는 사람(人)의 뜻을 지닌다. 흥보(흥보), 놀보의 '보'도 사람(人)의 뜻을 지닌다. 쏠(女兒), 둘(人稱複數). 또래(同年輩)의 어근 '둘, 돌' 등이 사람이란 어원적 의미를 지닌다. tare(誰)〔日〕, tatsi(人稱複數)〔日〕. 둘(等)의 고형은 '둗'인데, 일본어 tatsi(達, 等)와 동원어(同源語)가 된다. tare(誰)의 어근 tar(tat)가 있다. '도령'의 높임말로 '도련님'이 생겨났다. '도령, 도련님'의 어근은 '돌'인데 사람의 뜻을 지닌다. '꾀돌이, 삼돌이, 키다리, 껑다리'의 '도리, 다리'가 사람의 뜻을 지닌다. 일본어 hitori(一人), hutari(二人)의 tori, tari가 국어 '도리, 다리'와 일치한다. 인칭 복수를 나타내는 '들'도 사람의 뜻이고 '그대'의 '대'도 '닫〉달〉다리〉다이〉대'의 변화다.

도리깨　명 穀竿, 連枷, 枾

'도리깨'는 도리와 개(깨)의 합성어다. ¶도리개(枾)《物譜, 耕農》. '도리'의 어근은 '돌'로서 나무의 본뜻을 지닌다. 다리(橋)의 어근 달(닫)도 나무의 본뜻을 지닌다. 대(竿, 竹)는 '닫〉달〉달이〉다이〉대'의 변화이고, 떼(筏)는 '덛〉덜〉덜이〉더이〉데'의 변화이다. '개'는 '가이'가 준말로서 '갇〉갈〉갈이〉가이〉개'의 변화로서 나무의 본뜻을 지닌다. 가지(枝), 그루(株)의 '갖(갇)', '글'이 나무의 뜻을 지니던 고어였음을 보여주고 있다. ¶도리(桁)《字會中5》, 도리매(棍杖)《同文上49》. '도리'의 '돌'이 나무의 뜻을 지닌다. '매'는 '맏〉말〉말이〉마이〉매'로서 본뜻은 나무의 뜻을 지닌다. 말(橛)의 본뜻도 나무이다. 몽골어 modo(木), 만주어 moo(木)와 국어 말(橛)은 동원어(同源語)이다.　　　　　　□ 다리(橋), 도리(桁)

도리도리　　명 回頭, 振首, 搖頭搖頭

'도리도리'는 어린 아기를 어를 때 머리를 좌우로 돌리게 하며 하는 말이다. '도리'의 어근은 '돌'이라 하겠고, 고어에서 머리(頭)의 뜻을 지니는 말이다. tologai(頭)〔蒙〕, daroga(頭目)〔蒙〕, dili(頭)〔나나이〕. 어근 tol, dar, dil 등이 국어의 '돌'과 동원어(同源語)라 하겠다. 여자들이 쓰는 족두리의 '두리'가 '돌'과 동원어다. 대머리, 대가리의 '대'는 '닫〉달〉달이〉다이〉대'의 변화로서 머리(頭)의 뜻을 지니는 '돌'과 동원어다.

➡ 대가리

도마　　명 切板, 俎, 案板

'도마'는 '도'와 '마'로 나뉜다. '도'는 '돋〉돌〉도'로서 나무의 본뜻을 지닌다. '마'는 '맏〉말〉마'의 변화이며, 말(橛)은 본디 나무의 뜻을 지니는 말이라 하겠다. ¶도마(切板) : 도마(切板)《譯下15》, 도마 조(俎)《倭下14》. 매(梗)는 '맏〉말〉말이〉마이〉매'의 변화다. modo(木)〔蒙〕, moo(木)〔滿〕. 어근 mod는 국어 말(橛)과 동원어(同源語)다.

도마뱀　　명 蝎蜥

'도마뱀'은 위험하면 꼬리가 끊어지는 뱀이다. 뱀의 고어형으로 '비얌'과 'ᄇ얌'이 보인다. ¶도마비얌(도마뱀)《字會上23》, ᄇ얌(蛇)《龍7》, ᄇ염(蛇)《新續忠1:63》, 비얌(蛇)《杜初21:38》. '비얌'보다는 'ᄇ얌'이 고형일 것이다. ᄇ얌의 '얌'은 '암' 접미사로서, '암'이 붙을 때에는 위에 오는 말음이 폐음절어(閉音節語)일 경우다. 따라서 '볼암〉ᄇ암〉ᄇ얌'으로 변화했을 것이다. '볼'은 벌레(虫), 벌(蜂)과 동원어(同源語)일 개연성을 생각해 보게 된다. 한자 虫자는 뱀의 상형문자라 한다. 따라서 국어의 벌레(虫)의 '벌'도 어원적으로는 뱀의 어원적 의미와 관련될 개연성을 생각해 볼 수 있다. 도마뱀의 '도마'는 현재 부엌에서 쓰는 도마와 관련되지 않나 한다. '도마'는 나무의 토막이라 하겠다. 긴 뱀이 아니고 토막 뱀이라는 뜻이 아닐까. 토막의 옛말은 도막이었을 것이다. tokage(도마뱀)〔日〕, yəksəlhən(도마뱀)〔滿〕, gürbel(도마뱀)〔蒙〕.　　　　　□ 도마(俎), 토막

도붓장수　圏 行商

'도부'는 물건을 가지고 이곳저곳 다니며 파는 일이다. 선장사, 행상. 도 붓장수는 물건을 가지고 이곳저곳을 다니며 파는 사람이다. 두붓꾼, 도 부장이, 행상꾼, 행상인. '도붓장수'는 '도부'와 '장수'가 합쳐진 말로 사이 ㅅ이 들어간 말이다. '도부치다'는 '장사아치가 물건을 팔러 이리저리 다 니다.'라는 뜻이다. 도부를 도부(到付)로 보는 견해가 있으나 한자어가 아닐 수도 있다. tovar(商品)〔우즈베크〕, tuwar(商品)〔키르기스〕, tavar (商品)〔위구르〕. '도부'는 어근 tor, tar일 개연성도 있다.

도시락　圏 飯盒, 弁当

일제 강점기의 벤또(弁당)가 8·15 해방 후 '도시락'으로 교체되었다. ¶點心 도슭 부시이고《靑下p.132》. 도슭은 점심의 뜻이 아니고 먹거리를 담는 그릇이다. 그릇의 뜻에서 그릇에 담기는 밥의 뜻으로 바뀌었다. 도 슭은 '돗(草)＋을(접미사)＋ㄱ(첨가음)'으로 분석할 수 있다. 곧 동고리, 고리짝 따위와 같이 나무나 덩굴 따위로 만든 것으로 그 재료가 어원적 의미를 담고 있다.

도토리　圏 橡, 樫, 橡實

'도토리'는 떡갈나무의 열매다. ¶도토리 상(橡)《字會上11》, 도토리(樫實) 《四解下68》, 도토밤(도토리)《杜初24:39》, 도톨왐(도토리)《杜初25:26》. 13 세기에 간행된 『향약구급방(鄕藥救急方)』에는 猪矣栗(저의율)로 나오 는데 '돝의밤'의 표기일 것이다. 즉 돼지의 밤의 뜻을 지닌다고 하겠다. 그러나 도토밤이 15세기 문헌에 나오는 것을 보면 도토밤을 猪矣栗으로 표기했을 가능성도 보인다. totsi(橡, 栃)〔日〕, toŋguri(도토리)〔日〕. 일

본어 totsi(橡)는 나무의 이름이다. totsi의 어근은 tot이 되는데, 국어 도토리의 어근 '돋'과 동원어(同源語)가 된다. 도토리는 '돋'에 '알(實, 核)'이 붙은 '돋알'이 음운교체로 '도톨'이 되지 않았는가 한다. 일본어 tonguri의 guri는 밤(栗)의 뜻이다. ton은 totsi(橡)의 tot에서 변한 것이라 하겠다.

➡ 꿀밤, 상수리

독 명 甕

'독(甕)'은 흙을 구워서 만든 것이다. 따라서 그 재료가 독의 어원이 될 것이다. '돌〉돍〉독'의 변화라 하겠다. ¶독(甕)《字會中12》. 호남 방언에 '독(石)'이 있는데 '돌(石)〉돍〉독'의 변화임을 알 수 있다. 음달〉응달(陰地), 양달(陽地), 돌(石), 들(野), 딜그릇《痘瘡方3》의 '딜(土)' 등은 동원어(同源語)에서 모음변이(母音變異)된 어휘가 분화한 것이다. 고구려어에서 '달'은 산(山)의 뜻도 지니고 있다. 닭(鷄)도 구두어에서는 '닥'으로 발음되고 있다. '닭'의 원형은 '달'이다. 돍(鷄)《杜初7:28》이 문헌에 보이나, '둘'로 소급될 것이고, 일본어 tori(鳥)와 동원어가 된다고 하겠다.

독도 명 獨島

'독도'는 신라시대부터 '于山國'이라 불렸다. 우산은 고유어의 음사일 것이다. '우산'의 어근은 '웃'이고 '안'의 접미사가 붙은 셈이다. '웃'의 조어형은 '욷'이다. '욷'의 말음 ㄷ〉ㄹ화 하면 '울'이 되는데 '울릉도'의 '울'과 맥을 같이한다. '욷'의 본뜻은 무엇일까? 오르다(登)의 어근 '올'은 명사로서 산의 뜻을 지닌다. 제주도 방언에 오름(山)이 있는데, 어근 '올'이 산의 뜻을 지니고 있음을 보여주고 있다. arin(山)〔滿〕, aula(山)〔蒙〕, ura(山)〔蒙〕, arə(山)〔오로촌〕. 어근 ar, ur 등이 산의 뜻을 지닌다. ada(島)〔터키〕, alal(島)〔카자흐〕. ad, al이 섬의 뜻을 지닌다. 우산도를 하나의 산으로 인식한 것이라 여겨진다. 아니면 섬의 뜻을 지닐 개연성도 있다. 아니면 '욷(웃)'이 돌의 뜻을 지녔을 개연성도 생각해 볼 수 있다. usin(田地)〔滿〕. 어근 us는 우산의 어근 '웃'과 일치하고 있다. 獨島라는 명칭이 문헌에 처음 나오는 것은 1900년이다. 울릉군수 심흥택(沈興澤)이 울릉군수 보고서에 '本郡所屬獨島'라고 기록했다. 그 전에는 우산도, 삼봉도(三峰島), 가지도(可支島), 석도(石島)라고 했다. 1900년 고종황제의 칙령 41조에 의해 우산(독도)을 울릉군의 한 부속 도서로서 공식적으로 강원도에 편입했다. 일본은 독도를 1905년 시마네현 takesima(竹島)로 편입시켰다고 하는데 그보다 우리나라는 5년 앞서 고종의 칙령 41호로 우리나라 것임을 분명히 하고 있다. 당시 독도를 울릉도에서는 주민들이 '돌섬', '독섬'이라 불렀고 지금도 현지 주민들은 독도를 그렇게 부르고 있다. 돌섬이 초기 이주민인 전라도 남해안 출신 사람들에 의해 '독섬'이라 발음되면서 독도(獨島)로 표기되었다. 현재도 호남지방에서는 돌(石)을 '독'이라 발음하고 있다. 19세기말 이후 울릉도와 독도는 일본인들이 몰래 들어와 남획을 일삼아 주민들과 분규가 잦았다. 이에 대해 대한제국은 1900년 우용정을 내부시찰관으로 울릉도에 파견하여 분규를 수습한 뒤 그해 칙령 41호로서 울릉도를 '울도'로 개칭하고 도감을 군수로 개정하는 건을 제정, 반포했다. 여기서 울도군의 관할구역으로 울릉전군(鬱陵全郡), 죽도와 함께 석도(石島)를 규정하고 있는데 죽도는 울릉도 근처에 있는 오늘날의 죽도를 이르며, 울릉전도는 울릉도와 이에 딸린 작은 섬과 바위의 통칭이다. 여기서 석도(石島)는 독도(獨島)를 가리키는 것이었다. 여기서 石島는 '돌섬'을 가리키는 말로서 당시 독도를 현지 주민들은 '돌섬'이라 불렀다는 것을 알 수 있다. 따라서 '돌섬〉독섬'을 漢字식으로 표기하면 獨(독)島(섬)이고 독섬을 일본인들이 표기하려면 다케시마로 표기했던 것이다. 일본어 시마(sima, 島)는 국어 '섬'의 표기고 '독'을 '다케'로 표기한 것이다. 독도에 대(竹)인 다케(竹)가 없다. 삼봉도(三峰島)란 명칭은 成宗實錄에 등장하고 있는데, 독도의 동남방의 촛대와 같이 뾰족하게 솟은 바위섬이 있어 멀리서 바라보면 마치 세 봉(三峰)으로 이루어진 것 같아서 三峰島라 했다. 可支島라는 명칭은 『신증동국여지승람』에 나타나며 주변에 물개과에 속하는 바다짐승인 可支(강치)가 서식하는데 유래하여 1791년에 사용되었다. 독도의 이름인 于山(우산), 三峰(삼봉), 可支(강치) 등을 보면, 그 섬의 모습과 그 섬에서 사는 짐승의 이름으로 붙여졌다. 독도는 돌(독)로 되어있기 때문에 돌섬, 독섬이라 일컬을 만하다.

돈　圕 錢, 金, 金錢, 貨幣

고대의 '돈'은 보석류였을 것이다. 금(金)도 흙 속에서 나오는 것이라 할
수 있다. 물론 돌도 흙 속에서 나온다 할 것이다. ¶돈(錢):五百 銀 도ᄂ
로 다ᄉᆞᆺ 줄깃 蓮花롤 사아《釋6:8》. 돈의 조어형(祖語形)은 '돋'일 것이다.
'돓(石)〉돈(錢)'의 변화일 개연성이 있다. 쇠붙이로 만든 옛날 엽전도 모
두 돌(石)에서 추출해 낸 것으로 만든 것이다. 닫〉달(地), 돋〉돌(石),
듣〉들(野), 딛〉딜(土). 돈(錢)의 어원은 토지류의 어휘에서 비롯된 말임
을 짐작할 수 있다. 속설에서는 돌다(廻)의 어간 '돌'에서 돈으로 변했다
는 말이 있으나, 어간이 그대로 명사가 되는 조어법은 국어에서는 아직
발견되지 않는다. 錢(전) 자를 보면 金(쇠 금) 변이 있다. 金은 광석에서
나온다고 하겠다. 일본어 돈의 뜻인 kane(錢)는 kana(金)가 고형이다.
kanamono라고 할 때 철물(鐵物)을 가리키기도 한다. 한자 錢의 고형
은 tən이라고 여겨진다. 돈은 고대 중국어 tən에서 왔을 개연성도 생각
해 볼 수 있다.

돈오　圕 頓悟

'돈오'는 단박에 깨치는 것이다. 돈오에서 頓은 수행자의 공부가 미망(迷
妄)을 모두 평정한 다음 수행방편을 문득 제거함을 말하고, 悟는 수행자
자신의 생각과 행동을 일으키는 의식의 주체인 자기의 주인공을 깨닫는
것이다. 이러한 돈과 오는 시차 없이 동시에 이루어진다.

돈오돈수　圕 頓悟頓修

돈오하는 그 순간에 수행을 끝맺는 것이다.

돈오점수 　명

'돈오점수'는 돈오하고 점차 닦아나간다는 것으로 착각점수(錯覺漸修)나 사마외도(邪魔外道)의 수행이라고도 한다.《강정진, 영원한 대자유인》.

돈다 　통 (日, 月)出, 昇

'해가 돈다(昇)'의 '돋'은 해의 뜻을 지닌다. ¶ 히 도돔과(日出)《圓上一之一111》, 두 히 돋다가 세 히 도ᄃ면 모시다 여위며《月1:48》, 히 돋ᄂ니(日杲杲)《杜初8:31》. 돋(日)-돌(年), tosi(年)〔日〕. 때(時)는 '닫〉달〉달이〉다이〉대'의 변화로서 '닫'이 해의 뜻을 지닌다. 쬐다(曝)의 어간은 '쬐'로서 '죄'에 소급되고, '조이'가 줄어진 말이다. '돋〉돌〉돌이〉도이〉되→'죄'로 변화한 말이다. terasu(照)〔日〕. teta(日, 琉)〔日〕. terasu는 tetasu가 원형이고 teta가 어간으로서 해의 뜻을 지닌다. 어근 tet은 '돋(日)'과 동원어(同源語)이다. dorona(東)〔蒙〕. doro의 어근은 '돌(돋)'으로서 해의 뜻을 지니며, na도 nar의 말음탈락이다. təlgi(東)〔滿〕. 어근 təl이 태양의 원의를 지닌다고 하겠다. čyurəlgi(南)〔滿〕. 어근 čyur의 조어형(祖語形)은 tul(tut)로서 태양의 원의(原義)가 있다. 일본어 toki(時)는 국어 돌(年)과 동원어. 일본 유구어(琉球語)에 teta, tita가 태양의 뜻을 지닌다. 어느덧(덛)의 '덛'은 시간을 나타내는 말인데, 어원적 의미는 해의 뜻을 지닌다고 하겠다.

돈나물 　명 佛甲草, 垂盆草

'돈나물'의 '돈'은 풀의 뜻을 지니는 말이라 하겠다. 바닷가에서 나는 '톳'은 식용으로 쓰이는데, 봄에 나오는 돈나물의 모습과 거의 같다. 김(海藻)을 셀 때 한 톳, 두 톳 하는데, 이때의 톳은 '돋'으로 소급된다. 풀의 뜻을 지니며, '톳'이 김의 뜻을 지니는 옛말이었음을 보여주고 있다. 다시마의 '다시'의 어근 '닷(닫)'과도 동원어(同源語)가 된다고 하겠다. 한편 돈나물은 돌나물이라고도 하며, 청석(靑石)이나 모래흙 따위의 건조한 곳에서 자라기 때문에, 석채(石荣)의 의미로도 볼 수 있다.

247　돈오점수, 돈다, 돈나물

돌¹ 명 石

'돌'은 모래보다 크고 바위보다 작은 광물질의 덩어리이다. 음달〉응달(陰地), 양달(陽地)의 '달'은 땅(地)의 뜻을 지니는데, 고구려 지명어에서 산(山)의 뜻도 지닌다. 달(地, 山), 돌(石), 들(野), 딜그릇《痘3》의 '딜 (土)'은 동원어(同源語)로서 모음변이(母音變異)로 어휘가 분화되었다. 국어의 뜰(庭)도 동원어라 하겠다. 디(處)《月1:26》의 조어형(祖語形)은 '돋'이라 하겠다. '돋〉돌〉돌이〉ᄃ이〉디'의 변화다. ¶돌(石) : 션돌(立石) 《龍2:22》. čulu(石)〔蒙〕. taş(石)〔터키〕. ta(田)〔日〕. tala(曠野)〔蒙〕. 어 근 čul(tul), tas, tal 등은 모두 tut, tat이 조어형이 될 것이고, 돌(돈, 石)과 동원어가 된다고 하겠다. 호남 방언에 독(石)이 있다. 독도를 일 본에서는 takesima(竹島)라고 했는데 국어 독섬(石島)을 일본식 발음 으로 takesima라고 한 것이다. 신라시대에는 '우산국(于山國)'이라고 했는데 '우산'의 어근은 '웃(운)'이다. 오르다(登)의 어근은 '올'인데 산의 뜻이다. 제주도어에 오름(山)이 있고 만주어에 arim(山)이 있다. 어근 은 '올(온)', '알(안)'이다. 독도를 三峯島라고 했는데 독도는 봉오리가 셋이다. 可支島라고도 했는데 이는 물개의 울릉도 사투리가 강치인데 고대음의 가치가 '감치〉강치'로 변했다고 여겨진다. 다음으로는 石島라 고 했다. 현재 울릉도에서는 독도를 '돌섬, 독섬'이라고 하는데 모두 '石 島'의 뜻이다. '독섬'은 우리나라에서는 '獨島'라 표기했고 일본에서는 '독 섬'을 takesima(石)라 표기했다. 독도에서는 대나무(竹木)가 없는데 일본에서 take(竹)로 쓰는 것은 독(石)을 일본식 발음으로 'take'이기 때문에 한자로 竹島로 표기한 것이다.

돌² 명 週期, 周年, 生日

'돌'은 사람이 태어나거나 어떤 일이 일어난 뒤 해마다 돌아오는 그 날을 말한다. ¶돐 : 돌술 슬허ᄒᆞ며(期悲哀)《小諺4:22》. 어근은 '돐'이다. 고형 은 '돌'이며, ㅅ말음이 나중에 첨가되었다. 주기를 나타내는 것은 시간 관념 과 관련된다. 시간과 관련된 어원적 의미는 태양의 원의(原義)를 지닌다고 하겠다. 따라서 주기를 나타내는 '돌'도 태양의 본뜻을 지닌다고 하겠다. 해돋이(日出), 돋다(昇)의 어근 '돋'이 해의 뜻을 지닌다. 昇(오를 승) 자를 보아도 日(날 일)이 있다. 때(時)의 고형은 '닫'으로서 '닫〉달이〉다이〉대〉때'의 변화로서 '닫(달)'이 해의 뜻을 지닌다. 어느 덧(덛)의 '덛'이 시간을 나타내는 말로서 해의 본뜻을 지닌다. 일본어 toki(時)는 국어 '돌'과 동원어(同源語)다. 술 : sake(酒)〔日〕, 달 : tsuki〔日〕, 돌 : toki(時) 〔日〕. 돌은 명사로서 '돌다'의 어간이 명사로 된 것은 아니다.

돌고래 명 물돼지, 海豚, 海豬

'돌고래'의 '돌'은 돼지의 조어 '돋〉돌'의 뜻이다. 평안도에서는 윷놀이할 때 '도'를 돌(똘)이라고 한다. 돌고래를 '물돼지'라고 하는데 돌고래의 모양이 돼지와 비슷하다고 본 것이다. 한자어로는 海豚, 海豬가 된다. ¶고래 경(鯨)《字會上25》. gučira(鯨)〔日〕. 일본어 gutsira의 어근 gut는 고래의 어근 '골(곧)'과 동원어다. 국어 모음 '오'는 일본어 u와 대응된다. 곰 : kuma(熊)〔日〕, 오리〉오이 : uri(瓜)〔日〕, 옻 : urusi(漆)〔日〕, 고래 : gučira(鯨)〔日〕. 돌고래의 '돌'은 돋(豚)의 뜻을 지니는 말이다.

돌궐 명 突厥

'돌궐'은 옛날 고구려 북쪽에 있던 종족의 하나이다. 突厥者, 蓋匈奴之別種, 姓阿史那氏.《周書, 異城傳, 下, 突厥》 투르크 민족의 복수형 türküt을 음사한 것으로 보고 있다. türküt은 tür와 küt의 합성어가 되는 셈인데, 사람의 뜻을 지니는 이음동의어다. 딸(女息)의 고형 '달'도 어원적인 의미는 사람일 것이다. '돌'은 국어에서도 인칭복수의 '-둘'의 어원인 사람의 뜻을 지닌다. '꾀돌이'의 '돌'이 사람의 뜻을 지닌다. küt도 사람의 뜻을 지니는데, mongol, dagul, uigul에서 gol, gul의 어원적인 의미는 사람이다. 고구려의 고칭(古稱)이 '고리'다. 바이칼호 남쪽의 원주민들은 자기들을 gori로 지칭하는데 역시 사람의 뜻을 지닌다. 겨레(族), 갓(女, 妻) 그리고 伽倻의 고칭 伽羅 등의 '걸(결), 갓(갇), 갈(갇)' 등이 사람의 뜻을 지닌다. '말갈'에서 '갈'의 어원적인 의미도 사람일 것이다.
Gilyak의 어근 gil도 사람의 뜻을 지닌다. 돌궐은 사람의 뜻을 지니는
이음동의어다.

돌매 　명 石磨

'돌매'는 '돌'과 '매'의 합성어이다. '매'는 '마이'가 준 말로서, '맏〉말〉말이〉
마이〉매'의 변화이다. 맷돌의 '매'와 동원어(同源語)이다. ¶모로(山)《龍
4:21》, 미(野)《字會上4》. 묻다(埋)의 어간 '묻'은 명사로서 土, 地의 뜻을
지닌다. 모로(山), 미(野), 뭍(陸), 미(野). 어근 '몰, 믈, 묻'은 '맏, 말'과
동원어라 하겠다. 평안북도 방언에서는 맷돌을 '망'이라고 하는데, '맏〉
말〉마〉망'의 변화일 것이다.

돌부처 　명 돌石+부처[佛]

'돌부처'는 돌로 만든 부처이다. 전의되어 꼼짝 아니하고 있는 사람을 빗
대어 말한다. ¶돌부텨 : 길 우희 두 돌부텨 벗고 굼고 마조셔셔 ᄇᆞ람 비
눈 서리ᄅᆞᆯ 맛도록 마ᄌᆞᆯ만졍 人인間간에 離니別별을 모ᄅᆞ니 그룰 불워
ᄒᆞ노라.《鄭澈. 松江-星州本, 下17-18》.

돌쇠 　명 石人, 人名

'돌쇠'는 사내아이의 이름으로 과거에는 흔했다. ¶돌ㅅ쇠(人名)《歌曲90》.
'쇠'는 '소이'가 준 말인데, '솓〉솔〉솔이〉소이〉쇠'의 변화로서, '솔'은 사람
(人)의 어근 '살'과 동원어(同源語)일 것이다. 멍텅구리, 장난꾸러기, 끼
리끼리, 겨레(族), 갓(女, 妻). 어근 '굴, 길, 결, 갓(겯)' 등은 모두 사람의
본뜻을 지니고 있는 말이다. 터키어에 kadın(女)이 있는데 어근이 kad
이다. 먹보, 떡보의 '보'도 사람의 본뜻을 지니는 말로서 '볻〉볼〉보'의 변화
이다. 악바리, 혹부리, 꽃비리(思春期男女)의 '바리, 부리, 비리' 등이 사
람의 본뜻을 지니고 있는 말이다. 이렇게 인명(人名)의 접미사와 같이

쓰이지만, 본디 실사(實辭)며 사람의 본뜻을 지니는 말이다. 돌쇠의 '돌'은 石↔野의 뜻으로도 볼 수 있으나, '돌'은 사람의 뜻을 지니는 말일 개연성도 배제할 수 없다. 꾀돌이의 '돌'도 사람의 본뜻을 지닌다. 키다리, 껑다리의 '다리'가 사람의 뜻을 지니고 또래의 어근 '돌'도 사람의 뜻을 지닌다. 하지만 마당쇠, 상쇠라는 말도 있고, 차돌같이 굳세라고 해서 차돌이라고 이름짓기도 하는 것을 보면, 돌쇠의 '돌'은 石일 것이다. 돌쇠는 石人의 뜻을 지닌다고 할 것이다.

돌아가다　　圖 回歸, 轉動, 回傳, 去世, 別世

'돌아가다'는 '사물이 본디의 자리로 다시 가다'의 뜻을 지니지만 민속적으로는 '돌아가셨다' 하면 '죽다'의 존칭의 뜻으로 쓰인다. ¶그 기자훈 인물로 일즉 도라가니《閑中p.372》. 여기서 '도라가다'는 죽음을 뜻하고 있다. 사람은 죽으면 자기가 태어난 곳으로 돌아가려는 귀소본능(歸巢本能)이 있다. 민속에서 보면 자식을 원할 때 북두칠성에게 빈다. 불교신자들은 절에 있는 칠성각에서 빈다. 칠성에서 태어났다는 생각은 죽어서는 칠성으로 돌아간다고 여긴다. 관에 까는 판을 칠성판이라고 하는 데 자기가 태어난 칠성으로 돌아간다는 귀소본능의 표현이다. 고구려 벽화의 천장에 북두칠성이 그려져 있다. 관이 묻힐 때 머리를 북쪽에 두는 것이나 제사를 지낼 때 북쪽을 향해 하는 것도 북에서 왔으니까 북으로 돌아간다는 의미가 있다. 솟대의 새가 모두 북쪽을 향하고 있는 것도 북쪽 조상과의 관계다. 전통결혼식 때 신랑이 기러기를 신부네 집에 가져가서 절을 하는 것도 북쪽과의 관계다. 기러기는 북쪽에서 왔다가 북쪽으로 돌아가는 철새지만 예부터 소식을 전하는 새로 알려져 있다. 안서(雁書)는 서신(書信)의 뜻이다. 이렇듯 사람은 죽으면 자기가 태어난 곳으로 돌아가려는 귀소본능이 있는 것이다.

돌쩌귀　圖 蝶番, 合叶, 合扇, 경첩

'돌쩌귀'는 문을 여닫게 하고 고정시키는 두 짝의 쇠붙이다. ¶돌저귀

(돌쩌귀)《靑p.115》, 거적문에 돌져귀《東韓》. 돌저귀의 '돌'은 고어에서 문
(門)의 뜻을 지닌다. 들다(入)의 어근 '들'은 명사로서 문의 뜻을 지닌다
고 하겠다. torii(鳥居)〔日〕. 일본 신사(神社)의 입구에 있는 문을 torii라
고 하는데 어근 tor가 국어 돌(門)과 동원어(同源語)가 된다. to(戶, 門)
〔日〕는 일본어 torii(鳥居)의 어근 tor와 동원어다. torii(鳥居)의 i도 문
의 뜻을 지닌다. iri(入り)〔日〕의 어근 i가 문의 뜻을 지닌다. 들어가는
것은 문이라 하겠다. 국어의 '오래'가 문의 옛말이었다. 어근 '올'과 일본어
ir와 비교된다. 돌(門)의 근원적 어원은 나무의 뜻을 지니는 말이라 하겠
다. 문은 옛날에는 나무가 그 재료였을 것이다. ¶栴檀梁(栴檀梁城門名,
加羅語謂梁云)《三史44. 斯多含》. 전단량(栴檀梁)은 성문의 이름이다. 가
라어(加羅語)로 문(門)을 梁이라 한다. ¶沙梁部(梁讀云道, 或作涿, 並
音道)《三遺1. 新羅始祖》. 梁의 훈독(訓讀)은 道(도)라 하고 혹은 涿(탁)이
라고도 적으니 梁은 門으로서 道, 涿이라고 한다. 沙梁=沙涿(沙道). 이
상의 문헌은 가라어에서 문을 道, 涿이라고 했다는 것이고, 鳴梁(명량)을
'울돌'이라고 하는 것을 보면 道, 涿은 '돌'일 것이라고 여겨진다.

돌팔이 　圀 旅人, 放浪者, 行商, 闖蕩的人, 闖江湖的人

'돌팔이'는 떠돌아다니며 점이나 또는 물건을 팔아가며 사는 사람, 또는
전문적인 지식이나 기술 없이 이리저리 떠돌아다니며 어설픈 기술을 파는
사람이다. 돌팔이 의사, 돌팔이, 점쟁이 등에서는 돌팔이가 가짜 또는
엉터리라는 뜻을 지니고 있다. 돌다(廻)와 팔다(賣)의 어간의 합성어일
것이다. 장돌뱅이는 '장(場)'과 '돌(廻)'과 '뱅이(人稱接尾語)'의 합성어
다. 가난뱅이, 비렁뱅이 등 '뱅이'는 '방이'가 변한 말로서 '방'은 사람의
뜻을 지닌다. 무속에서 '돌바리'가 가짜 무당을 뜻하는데 여기서 '돌바리'
의 '바리'는 사람의 뜻을 지닌다. 악바리(惡人), 군바리(軍人), 혹부리(瘤
人)의 '바리, 부리'가 사람의 뜻을 지닌다. '돌바리'의 '돌'은 돌다(廻)의
'돌'보다는 돌배, 돌미나리, 돌깍쟁이와 같이 野(들 야), 石(돌 석)의 뜻을
지니는 접두어라 하겠다. 한편, '돌바리'의 '바리'는 '뿌리'에서 변한 말일
수도 있다. 무속에서 '부리'는 '뿌리(根)'의 뜻을 지닌다. "부리가 있는 만

신"이라고 할 때 조상 중에 무속인이 있다는 뜻이다. 그러니까 '돌부리→돌바리'가 됐다고 보면, '돌부리(石根)'의 어원적 의미가 있다고 하겠다. 즉 뿌리(根)가 없는 사람이란 뜻이 될 것이다. 1880년에 나온『한불ᄌ뎐』에는 '돌ᄑ리'로 나오는데, 주회인(周回人)으로 되어 있다. 1920년에 조선총독부에서 간행한『조선어사전(朝鮮語辭典)』에는 '돌팔이'로 나오는데, '주거를 정하지 않고 곳곳에 왕래하며 파는 사람'이라 풀이하였다.

돕다 　图 援, 輔, 助

'돕다'의 어간은 '돕'으로서 '돋〉돌〉돏〉돕'의 변화를 거친 말일 것이다. ¶돕다 : 도울 보(輔)《字會中24》. tasuke(助)〔日〕. 일본어 tasuke(助)의 어근은 tas로서 조어형(祖語形)은 tat이라 하겠는데, 손의 뜻을 지니는 일본어의 고어라 하겠다. 돕는 것은 손의 행위라 하겠다. 따라서 돕다의 조어형 '돋'은 손의 뜻을 지닌다고 하겠으며, 다루다(扱)의 어근 '달(닫, 手)'과 동원어(同源語)가 된다고 하겠다.　　　　　　🔀 다루다, 두다

돗자리 　图 席, 筵

'돗자리'는 '돗'과 '자리'의 합성어다. '돋'은 풀(草)의 뜻을 지닌다고 여겨진다. ¶돗ㄱ(돗자리) : 돗셕(席)《字會中11》. 깐는 돗기 가줄 보미 아니라 《法華2:243》. 뒤(茅)《解例用字》는 '두이'가 준말로서, '둗〉둘이〉두이〉뒤'의 변화다. 돗나물, 톳 등도 어원적 의미는 풀(草)의 뜻을 지닌다. 뒤의 조어형(祖語形) '둗'이 풀의 뜻을 지니고 있음을 보여주고 있다. 자리(席)의 어근 '잘'은 '달'로 소급되며, '달'은 역시 풀의 뜻을 지닌다고 하겠다.　　　　　　🔀 삿자리

동나다 　图 賣盡, 品切

'동나다'는 물건이 전부 팔리거나 써서 없어져 바닥이 난 상태를 뜻한다. 동나다의 '동'은 물동이, 술동이의 '동이'(물이나 술 따위를 넣는 그릇)

다. '동이'는 질그릇의 일종이다. 보통 둥글고 배가 부르며 아가리가 넓고 양옆에 손잡이가 달렸다. '동'은 '돋〉돌〉도〉동'의 변화로서 이루어진 말일 것이다. '동이'는 질그릇에 속하기 때문에, 그 어원적 의미도 '동이'를 만드는 재료가 될 것이다. 달(地), 돌(石), 들(野), 딜(土)과 동원어(同源語)다. 돌〉돍〉독(甕), 돌〉돍〉독(石)《方言》, 돌〉도〉동〉동이.　　➡ 땡처리

동냥　　명 動鈴

'동령'은 스님이 시주를 얻으러 간 집의 대문 밖에서 흔들어 집의 주인을 부르는 데 사용하는 도구이다. 이는 원래 승려의 걸식(乞食) 행위에서 나온 것이다. 이 의미가 조선시대에 불교가 비하되면서 비렁뱅이, 거지가 하는 행위 또는 그 물건을 의미하게 되었다. "동냥 좀 주세요."의 동냥은 쌀, 밥, 돈 등을 말하며, "동냥 다니다."의 동냥은 동냥하는 행위를 뜻하게 된다. 사실 인조반정 이후 승려가 천민계급으로 떨어진 것을 생각하면 이러한 비하는 사회적인 현상이라 할 수 있다. ¶동냥 : 동냥ᄒᆞ다(抄化)《譯解上26》. 동녕 : 중의 동녕《廣物譜. 文學6》.

동동주　　명 浮蟻酒

'동동주'는 쌀막걸리로서 청주를 떠내거나 걸러 내지 않은 술이며, 쌀알이 그대로 떠 있다. 진백이술이라고도 한다. 18세기 문헌에는 鋼頭酒(강두주)의 표기가 나온다. ¶고조목술(鋼頭酒)《譯上50》. 술주자에서 갓 떠낸 술을 고조목술이라고 했는데, 이를 한자어로 鋼頭酒라고 표기했다. 鋼頭酒는 특정한 술을 가리키는 특수명사는 아니며, 단순히 고조목술을 중국어 白話(백화)로 표기한 것이다. 곧 중국어에서 鋼頭는 '방금, 조금 전에'란 뜻이다. 몇몇 고어사전에 銅頭酒(동두주)로 잘못 되어 있어 동동주가 이 '동두주'에서 나왔다고 하는 것은 잘못이다. 동동주는 역시 쌀알이 동동 떠있는 술이라고 볼 수밖에 없다. 鋼頭는 중국어 사전에 剛頭兒로 나오나, 발음은 gāngtóu로 같다. 兒는 접미사다.

동무 图 友, 親舊, 朋友, 同僚

'동무'는 늘 친하게 어울리는 사람(벗)이다. ¶동모 반(伴)《類合下38》, 동
모ᄒ다(合夥)《漢299c》, 동임(동무, 夥伴)《漢136c》. '동모〉동무'로 변했
다. tomo(友人)〔日〕. 동모와 일본어 tomo는 동원어(同源語)라 하겠다.
동무의 뜻으로 동임이 있는 것을 보면 동모는 '동'과 '모'의 합성어라 하겠
다. 동임의 '임'은 님(主)의 뜻으로 근원적 의미는 사람의 뜻을 지닌다.
동모의 '모'도 사람의 본뜻을 지닌다고 하겠다. ¶以丈夫爲宗 ᄆ름 又 ᄆ
슴《華方》. ᄆ름, ᄆ슴의 어근은 '몰, 못'으로서 '몯'이 고형이다. mutsi(貴
人)〔日〕. 어근 mut의 어원적 의미는 사람이라 하겠다. 동모의 '동'도 인칭
어라 여겨진다. 향가(鄕歌)의 서동요(薯童謠)에 '薯童房乙(서동방을)'
薯童의 童이 보인다. 쌍둥이, 복동이, 검둥이, 흰둥이, 문둥이, 심검둥이
와 같이 '동(둥)'이 인칭어가 되고 있다. 『삼국유사(三國遺事)』 권사(卷
四), 사복불언(蛇福不言)조에 "年至十二歲, 不語亦不起, 因號蛇童(나
이가 12살이 되도록 말도 하지 못했을 뿐더러 일어나지도 못했다.)"는
말이 있다. 蛇童(사동)의 童이 인칭어로 쓰이고 있다. '둥/동'은 고유어
로 한자 童으로 음사(音寫)한 것이라 하겠다. ¶벋(朋) : 두 버디 비 배얏
마른《龍90》. 벋은 흥졍바지(商人)《釋6:15》의 어근 '받'과 동원어로 사람
(人)의 뜻을 지닌다. 동모는 인칭어의 합성어라 하겠다.

동안거 图 冬安居

수행승들이 외부활동을 단절한 채 여름과 겨울에 각각 석 달간 수행에만
전념하는 전통적인 수행기간이 '안거'이다. 본래는 석가모니 당시 인도의
떠돌이 수행승들이 우기(雨期)에 땅속에서 기어 나오는 동물을 밟지 않
기 위해 활동을 중단했다는 것이 하안거(夏安居)의 유래다. 동안거(음력
10월 16일부터 이듬해 1월 15일까지)는 이 하안거(음력 4월 15일 또는
5월 15일부터 3개월)에 근거하여 겨울에도 똑같이 수행을 하는 것으로
중국에서 시작되어 우리나라에 전해진 것이다.　　　▶ 안거, 하안거

동자꽃 명 童子花

어린 동자승(童子僧)이 죽은 자리에서 피어났다고 한다.

동참 명 同參

① 같은 스승 밑에서 함께 배우고 수행하는 것. 同學. "仁惠大師 上堂曰, 我與釋迦同參, 汝道, 參什麼人?"《傳燈錄》. ② 함께 연구하는 것. "若有解 此, 當與渠同參."《石林詩話》③ 함께 참여하는 것. "景仁尋卒, 乃以後軍長 史范曄爲左衛將軍, 與演之對掌禁旅, 同參機密."《南史, 沈演之傳》. 현재는 "이 일에 동참하시오."라고 하는 것처럼 의도적으로 참여하기를 독려하 는 듯한 느낌이 강한 의미를 지닌다.

동치미 명 蘿卜泡菜, 大根漬

'동치미'는 소금물에 통무를 담근 무김치의 한 가지다. 김치는 딤치(沈 菜)에서 변한 말이고 동치미는 冬沈(동침)의 한자어에서 비롯된 말이 다. 홍석모(洪錫謨)의 『동국세시기(東國歲時記)』11월조에 "무 뿌리가 비교적 작은 것으로 절여 김치를 담근 것을 동침이라고 한다(取蔓菁根小 者, 作菹, 名曰冬沈)."는 것이 나온다. ▶ 김치

돛 명 帆

'돛'의 재료는 베(布類) 또는 풀(草類)이다. 돛은 '돗 돋'으로 소급된다. 뿐더러 더 고대로 올라가면 풀(草類)을 엮어서 사용했을 가능성을 생각 해 볼 수 있다. ¶돗ㄱ(帆) : ㅂㄹ맷 빗돗ㄱ란(風帆)《杜初8:39》. 베(布 類)도 그 재료는 풀(草類)이라 하겠다. ¶쯰(帶)《字會中23》. 쯰의 원형은 '듸'고 '듣〉들〉들이〉드이〉듸'의 변화로서, '듣'은 베(布類), 풀(草類)의 본 뜻을 지닐 것이라고 생각된다. ¶뒤(茅)《解例用字》. 뒤의 조어형(祖語形) '둗(둘)'이 풀(草類)의 뜻을 지니고 있다. 봄에 나오는 돋나물의 '돋', 바

다에서 나오는 톳 등도 풀(草)의 뜻을 지닌다고 하겠다. 김을 셀 때에 한 톳, 두 톳 한다. 톳이 고어에서는 김의 뜻을 지닌다. ho(帆)〔日〕. ho는 po로 소급되며 pot이 조어형이 되는데, 국어 베(布)의 조어형 '벋'과 동원어(同源語)가 된다고 하겠다.

돼지 명豚, 豕, 猪, 豨, 豬, 彘, 㹠

'돼지'는 『계림유사(鷄林類事)』에는 猪曰突로 나오는데, 突(돌)은 곧 '돋'의 음사(音寫)다. 花曰骨이 바로 방증 자료다. 『능엄경언해(楞嚴經諺解)』(8:122)에 '돋'이 나온다(곧 괴 가히 돍 돋 類라 即猫犬雞猪類也). ¶도틔기름(豚膏)《救簡6:5》, 도다지(豚)《癸丑p.200》, 도래(呼猪曰 도래者, 華語豚兒之轉也)《華方》. 윷의 1점인 '도'는 '돋〉돌〉도'의 변화다. '돌아지〉도아지〉도야지〉돼지'의 변화다. 평안도에서는 '도'를 '똘'이라고 한다. 돼지 밥을 줄 때 '똘똘' 하는데 '똘'의 고형 '돌'은 돼지의 뜻을 지니고 있는 말이다. ulgyan(豚)〔滿〕, toroi(小豚)〔蒙〕, domuz(豚)〔터키〕, tún(豚)〔中〕. 몽골어 toroi(小豚)의 어근 tor(tot)는 국어 돋과 동원어(同源語)일 것이다. 중국어 tún(豚)과 비교된다. 충청북도 방언에서는 돼지 밥 줄 때 '오래오래' 하는데 어근 '올'은 만주어 ulgyan(豚)의 어근 ul과 동원어일 것이다. 고대어에 '울'이 돼지의 뜻을 지니는 말이었을 것이다. 유구어(琉球語)에서 uwa가 돼지의 뜻을 지니는데 국어 '오래오래'의 어근 '올'과 동원어일 개연성이 있다.

되¹ 명胡, 夷, 蠻

'되'는 예전에 두만강 근방에 살던 민족으로 처음부터 비칭어(卑稱語)로 쓰였다고 보기는 어렵다. 고대에는 사람의 뜻을 지니는 말이 씨족, 부족을 대표하는 말이 되고 나중에 국명(國名)에 이르게 되는 경우가 많다. 되는 '도이'가 줄어든 말로서, '돋〉돌〉돌이〉도이〉되'의 변화로 본다면, '돋(돌)'은 사람의 뜻을 지닌다고 보겠다. 꾀돌이, 키다리, 또래, 둘(人稱複數) 등의 '돌, 달, 둘' 등이 사람의 본뜻을 지니는 말이라 하겠다. 일본어

hitori(一人), hutari(二人), ikutari(數人)의 tori, tari가 사람(人)의 뜻으로서 국어와 동원어(同源語)가 된다고 하겠다. ¶되 反ㅎ야(胡之反)《杜初7:28》, 되 만(蠻)《字會中4》, 되 이(夷)《類合下15》. 되가 胡(호), 蠻(만), 夷(이) 등으로 쓰였다. 고조선(古朝鮮)의 朝鮮을 '도선'으로 읽는다면, '도'와 '선'의 합성어라 하겠는데 사람의 뜻을 지니는 말이 겹쳤다고 볼 수 있다. ¶다대(胡)《龍52》, 다대골(韃靼洞)《龍5:33》. 다대는 tatai에 해당되는데 tatal에서 변한 말이다. '다달〉다달이〉다다이〉다대'의 변화. tatal의 tal은 사람의 뜻을 지니고 있는 말이다. tatal의 ta도 tal의 l음 탈락으로 된 것이다. 어원적 의미는 '사람사람(人人)'의 뜻을 지니고 있다고 하겠다. 突厥人(돌궐인)의 突은 사람의 뜻을 지니며, 厥도 역시 사람의 뜻을 지니는 말일 것이다. mongol(蒙), tagul(다굴), ujgul(위굴)의 gol, gul이 사람의 뜻을 지닌다. 멍텅구리의 구리가 사람(人)의 뜻을 지니며, 아이누어에 -kuru(人)가 있다. 일본어에서 바보를 pongkura라고 하는데 kura가 사람(人)의 뜻을 지닌다.

되²   명升

'되'는 '도이'가 준 말이다. '돋〉돌〉돌이〉도이〉되'의 변화로서 되를 만드는 재료는 나무이기 때문에 그 어원은 나무의 뜻을 지닌다고 하겠다. ¶되(升)《字會中11》. 다리(橋), 대(竿, 竹), 뒤(茅)의 조어형(祖語形)은 '닫, 둗'이 된다. '대'는 '닫〉달이〉다이〉대'의 변화이고, '뒤'는 '둗〉둘〉둘이〉두이〉뒤'의 변화다. 근원적으로는 木, 草의 뜻을 지닌다고 하겠다. ¶떼(筏)《字會中25》. 떼의 고형은 '데'인데 '덛〉덜〉덜이〉더이〉데'의 변화로서 나무의 본뜻을 지닌다고 하겠다. ¶大棗나모 닐굽되(七株)《新續三孝14》. '되'가 그루(株)의 뜻을 지닌다. 되는 '됴이'가 준 말이고 '돋〉돌〉돌이〉도이〉됴이〉되'의 변화라 하겠다. '돌'이 나무의 뜻을 지니고 있음을 보여주고 있다.

되다　[형] 强, 固, 濃, 硬

'되다'는 강하다, 굳다, 힘들다, 딱딱하다의 뜻이다. '되다'의 어근 '되'는
'도이'가 줄어든 말이고 '돋(돌)〉돌이〉도이〉되'의 변화이다. '돌(돋)'은 명
사가 된다. 강하고 굳은 물체는 돌(石)일 것이다. '돌이〉도이〉되'의 변화
일 가능성을 생각해 본다. ¶王病 되샤《月10:5》, 되게 달혀 먹고《分瘟6》.

두견새　[명] 杜鵑

두견이과에 딸린 여름새로서 뻐꾸기와 같이 둥지를 틀지 않고 알은 딴
새의 둥지에 낳는다. 杜鵑 외에 杜魄, 杜宇, 杜魂, 亡帝, 周燕의 이름들
이 있다. 고유어로서는 필자가 찾아낸 '쪽박새'가 있다. ¶두견이 杜鵑《譯
解下28》. 두견새와 소쩍새를 같은 새로 알고 있는 경향이 있는데, 전연
다른 새다. 소쩍새는 밤에 활동하는 야행성 새이고 부엉이 모양으로 생
겼다. 두견새는 낮에 활동하는 주행성 새이다. 모양이 뻐꾸기와 비슷하
다. 소쩍새는 밤에 우는 새로서 '소쩍소쩍'과 같이 2음절어로 울고 때로
는 '소쩍다소쩍다'와 같이 3음절로 우는데 끝의 음절은 약하게 들린다.
두견새는 '쪽쪽쪽 바꿔' 또는 '쪽쪽쪽 바꿔줘'로 운다고 한다. 5음절 내지
6음절로 운다. '쪽박새'라는 고유어는 필자가 찾아낸 말인데 전설이 있
다. 옛날에 며느리를 지독하게 구박하는 시어머니가 있었다. 며느리가
밥을 지을 때 시어머니가 쪽박으로 쌀을 퍼주는데 바가지가 아주 작았
다. 자연 지은 밥의 분량이 적을 수밖에 없다. 그런데도 시어머니는 쌀을
몇 바가지 퍼주었는데 밥을 지어 자기가 먹지 않았느냐고 구박을 했다.
나중에 며느리는 시어머니의 구박에 못 견뎌 자살을 했다. 죽어서 새가
되었는데 '쪽쪽쪽 바꿔줘'라고 운다는 것이다. 작은 바가지가 아니라 큰
바가지로 바꿔 퍼달라고 '쪽쪽쪽 바꿔줘'라고 운다고 해서 '쪽박새'라고
한다는 전설이다. 진달래를 두견화(杜鵑花)라고 하는데 두견이 피 토한
자리에서 피어난 꽃이기 때문에 두견화라고 하는 이름이 생겼다고 한다.
두견새가 나무에서 우는 것을 본 적이 있는데 입이 시뻘겋다. 울 때 입이
시뻘겋다는 데서 진달래를 두견화라고 부르게 됐다는 데에 공감이 갔다.

　　　　　　　　　　　　　되다, 두견새

두꺼비 명 蟾蜍, 蟆

'두꺼비'는 살가죽이 두껍고 온몸에 돌기가 많이 솟아있고 입과 눈이 크다. ¶두텁爲蟾蜍《解例用字》, 蝦蟆 옴 둗거비《四解下31》, 두터비 여(蜍)《字會上24》. 개구리를 제주 방언에서 '굴개비'라고 한다. '굴개비'의 '개비'는 땅개비, 방아개비의 '개비'와 동원어(同源語)로서 벌레의 일종(蟲類)의 뜻을 지닌다. '굴개비'의 '굴'은 물(水)의 뜻을 지닌다. 냇갈의 '갈'로서 ㄱ롬(江)의 어근 '굴'과 동원어가 된다. '굴개비'는 물벌레(水蟲)의 어원적 의미를 지닌다고 여겨진다. 둗거비의 '거비'도 굴개비, 땅개비, 방아개비의 '개비'와 동원어가 된다. 개구리의 '개'는 물, 내(水, 川)의 뜻을 지니는데, 둗거비의 '둗'은 물에 있는 것이 아니라 주로 땅에 있다고 해서 '둗'은 땅의 뜻을 지닌다고 여겨진다. 陰(응)달, 陽(양)달의 달(地), 돌(石), 들(野), 딜(土)과 동원어다. 개구리는 물에 있다고 하면, 둗거비는 뭍에 있다고 하겠다. '두텁'은 '둗업'이라 하겠다. 민속에서는 두꺼비를 '업'으로 보고 있어서 '둗(둗)'과 '업'의 합성어일 가능성도 있다. 두더쥐의 어근 '둗'은 흙의 뜻을 지니며 땅쥐의 뜻을 지닌다. 둗거비는 땅벌레, 흙벌레(地虫, 土虫)의 뜻을 지닌다고 하겠다. ▶ 개구리, 두더쥐

두더지 명 田鼠, 鼹鼠, 鼢鼠, 盲鼠, 地羊

'두더지'는 땅속에 있는 쥐이기 때문에 어근 '둗'은 땅의 뜻을 지닌다고 하겠다. ¶두디쥐(두더지)《字會上19》, 두더쥐(두더지)《譯下33》. 두디쥐, 두더쥐는 '두디, 두더'와 '쥐'의 합성어다. '두디'의 어근은 '둗'이다. '둗'은 명사로서 흙 또는 땅의 뜻을 지닌다고 여겨진다. 굴뚝쥐, 부엌쥐, 살강쥐, 광쥐, 아궁쥐, 박쥐와 같이 쥐 위에는 관형어가 온다. 따라서 두디쥐도 '두디'는 관형어가 될 것이다. 응달(〈음달), 양달의 '달'은 땅의 뜻을 지니는데, '달'이 조어형(祖語形)으로서 일본어 tsutsi(土)와 비교된다. 돌(石), 들(野), 딜(土. 딜그릇의 '딜') 등은 모음변이(母音變異)에 의해 어휘가 분화된다. '둗'은 땅(土, 地類)의 뜻을 지니는 말로서, 흙 또는 땅의 뜻을 지니는 말이라 하겠다. 두디쥐를 두디다(두지다)의 어간으로

보는 견해가 있으나, 어간에 명사가 붙는 조어법(造語法)은 고대로 올라 갈수록 어렵다고 하겠다. 두더지는 땅쥐(地鼠)의 원의(原義)를 지닌다고 하겠다.

두던　圐 丘, 阜, 坡

'두던'은 ㄴ이 첨가되어 현재는 둔덕으로 쓴다. ¶두던(阜)《字會上3》, 두듥 (坡)《字會上3》. 두던, 두듥의 어근은 '둗'인데, 土, 地의 본뜻을 지니는 말이라 하겠다. 달(地, 山. 양달, 응달의 달), 돌(石), 들(野), 딜(土. 딜그 릇의 딜)의 원형인 '닫, 돋, 듣, 딛'과 동원어(同源語)가 된다고 하겠다.

➡ 땅(地), 언덕, 두둑, 뚝, 두들

두드리다　圐(打, 敲, 捶, 扣, 搕, 叩)

'두드리다'의 어근 '둗'은 명사로서 손의 뜻을 지닌다. 두드리는 것은 손으로 하는 행위다. ¶두드리다 : 두드려든 슬픈 玉소리 곧호니(扣如哀玉)《杜初16:60》. tataku(叩)〔日〕. 일본어 tataku의 어근 tat은 국어 '둗'과 동원어(同源語)로서 손의 뜻을 지닌다고 하겠다. tatakai(戰)〔日〕. 어근 tat은 손의 뜻을 지니는 말로서 일본어 te(手)의 고형은 ta(手)인데, 이말의 조어형(祖語形)은 tat이다. 싸움(tatakai, 戰) 행위는 고대에서는 손에 의한 행동이라 하겠고, 현대에서도 무기가 사용되지만 손동작으로 이루어진다.

➡ 다루다, 뜯다, 다투다

두렁　圐 田埂, 畦

'두렁'은 현재 논두렁, 밭두렁처럼 합성어로만 쓰인다. 논둑, 밭둑으로도 쓰인다. ¶논드렁(두듥)《物譜, 農耕》. 어근 '들(듣)'은 土, 地의 본뜻을 지닌다. ¶두듥《杜初8:58》. 두듥의 어근 '둗'은 '듣'과 같은 뜻을 지닌 말이다. ¶뜰(庭)《月2:65》. 어근 '듣'과도 동원어(同源語)다.

➡ 들(野), 뚝, 두던, 둔덕

두레박 圐 水汲器, 釣瓶

'두레박'은 '두레'와 '박'의 합성어로 두레는 물 긷는 그릇, 도구(水汲器, 水斗, 木器)의 뜻을 지닌다. ¶드레(汲器)《解例用字》, 드레박(水斗)《柳物五水》, 드레줄(綆)《字會中18》, 드렛줄(井繩)《朴初上37》, 드레우물(두레우물)《樂章雙花》. '드레'의 어근은 '들'로서 명사가 된다. 옛날 '드레'는 나무 그릇(木器)이었을 것이다. 그렇게 본다면 어원적 의미는 나무를 뜻한다고 보겠다. 대(竿, 竹)는 '닫>달>달이>다이>대'의 변화다. '달'이 나무의 뜻을 지니고 있는데, 동원어(同源語)일 개연성을 생각해 볼 수 있다. 한편 '들'을 물로 볼 수도 있다. 그럴 경우 돌(渠, 溝)과 동원어라 하겠다. 그러나 물을 푸는 그릇이기 때문에 나무의 뜻을 지닐 개연성이 높다. tsurube(釣瓶, 두레박)〔日〕. 일본어 tsurube는 tsuru와 be로 가를 수 있다. tsuru는 turu로 소급할 수 있으며, 우리말 '두레'와 비교되며, be 는 우리말 '박'과 비교된다. ➡ 타래박

두렵다' 圐 圓, 環, 丸

'두렵다'는 둥글다, 원만하다를 뜻하는 말인데, 현재는 사용되지 않는 말이나 '두르다'에서 그 잔영을 볼 수 있다. ¶두렵다(圓) : 勝흔 아로미 現ㅎ야 두렵거든(勝解現圓)《楞6:8》, 도렫ㅎ다(圓) : 環은 도렫흔 구스리오《楞2:87》. 어근 '둘, 돌'이 명사가 된다. 한자 둥글 圓(원)과 동의어인 闤(환)자는 □ 안에 睘(경) 자를 넣어 이룬 글자로서, 놀란 눈을 둥그렇게 하여 (睘) 주위(□)를 둘러본다는 뜻에서 돌다 또는 둥글다의 뜻이 되었다. 環(환) 자는 玉변에 睘(경) 자를 합한 글자다. 눈망울과 눈동자가 모두 둥근 것과 같이 바깥 둘레와 안의 구멍이 다 둥근 구슬 곧 옥고리를 뜻한다. 나아가 둘레의 뜻으로도 널리 쓰인다. 闤, 環 자를 볼 때 눈에서 둥근 것을 인식했다는 것을 알 수 있다. 두렵다(둥글다), 도렫ㅎ다(둥글다)의 어근 '둘, 돌'이 눈의 본뜻을 지닐 개연성을 생각해 볼 수 있다. '둥글다'는 시각적인 현상으로 인식된다고 볼 때, 시각의 본체가 되는 것은 눈이기 때문에, 눈이 둥글다고 하는데서 그 어원이 눈일 개연성이 있다고 하겠다.

¶ 두라치(眼丹)《同文下7》. 다래끼의 어근 '달'이 눈의 뜻을 지니는 고어라 하겠다. turgara(視, 覽)〔女〕, tur(g)əburəsikı(觀)〔女〕. 어근 tur가 눈(眼)의 뜻을 지니고 있음을 알 수 있다. thuwambi(보다)〔滿〕. thuwambi 의 어근은 thuwa가 되는데 tut이 원형이 된다. 역시 눈의 뜻을 지닌다. marui(圓)〔日〕, maru(동그라미)〔日〕, mari(毬, 鞠)〔日〕. 어근은 mar가 되는데, 본뜻은 눈의 뜻을 지닐 개연성이 있다. 일본어 mari(毬)도 본뜻은 눈(眼)에서 전의(轉義)된 말이 아닐까 한다. ma, me(目)〔日〕, mayu (眉, 눈썹)〔日〕, matsuge(睫毛, 속눈썹)〔日〕. mayu(眉)는 maru에서 변한 말로서 mar가 일본어에서 눈의 뜻을 지니고 있음을 보여준다. 국어의 고어에서 '멀, 말'이 눈의 뜻을 지닌다. 국어의 공은 '곧〉골〉고〉공'의 변화로서 '곧, 골'은 눈의 뜻을 지닐 개연성이 있다. göz(眼)〔터키〕. göz는 got으로 소급되며, 국어 눈갈(깔)의 '갈(간)'과 동원어(同源語)라 하겠다. top(공)〔터키〕. daire(동그라미)〔터키〕. toparlak(둥글다)〔터키〕. 터키어에서 '공, 둥글다'의 어근이 공통되고 있음을 보여주고 있다. 둥글다의 어간 '둥글'은 '둥'과 '글'로 나눌 수 있다. '둥글'의 '둥'은 '둗〉둘〉두〉둥'의 변화로 볼 수 있을 것이며, 본뜻은 공(鞠)의 뜻을 지니고 있을 개연성을 생각해 볼 수 있다. '둥글'의 '글'은 공(鞠)의 고형의 화석어(化石語)일 개연성이 엿보인다. degüdek(鞠)〔蒙〕, duguriya(동그라미)〔蒙〕, tügürik (둥글게)〔蒙〕. 몽골어에서도 '공, 동그라미, 둥글다'의 어근이 공통되고 있다. 이러한 일련의 사실에서 둥글다의 '둥'과 '글'에는 공, 동그라미의 뜻을 지니고 있음을 생각할 수 있다. 그러한 면에서 두렵다, 도렷ᄒ다의 어근 '둘, 돌'은 공, 동그라미, 둥글다의 공통 어근이 된다고 하겠다. 그러나 근원적 어원은 눈(目)의 뜻을 지닐 개연성이 있다. '공'이라고 하는 말을 쓰기 전에는 '둘, 돌'이 공의 뜻을 지니고 있었을 것이다. degüdek (공)〔蒙〕. 당달봉사의 '당달'의 '달'이 고어에서 눈의 뜻을 지니고 있다고 하겠다. ➡ 멀다, 당달봉사

두렵다²   匽 恐怖, 畏

고대인에게 있어서 무서운 존재가 무엇이었을까. 그것이 '둘'의 어원이

될 것이다. ¶므싀다(무서워하다)《杜初7:18》, 므싀엽다(무섭다)《釋9:24》. 어근 '믖(믓, 믇)'이 명사가 된다고 하겠다. 어근 '믇(믓)'은 어떠한 뜻을 지니고 있을까. 어떤 한 소리, 예를 들면 벼락 치는 소리, 천둥, 짐승 우는 소리가 되었을까 그렇지 않으면 짐승이 무서운 존재가 되었을까. 아마도 고대인이 무섭게 여긴 것은 천둥소리나 벼락 치는 소리와 같이 소리에 무서움을 느꼈을 것이라 여겨진다. ¶두리다(무섭게 여기다) : ᄀ 장 놀라 두려(大驚怖)《法華2:58》, 두립다(두렵다) : 이셔도 두립더니《月7:5》. 어근 '둘'은 명사가 될 것이다. 그렇게 본다면 두리다의 어근 '둘'은 소리(音)의 뜻을 지녔을 것이라 여겨진다. 넋두리, 떠들다, 들에다의 '둘, 들'이 소리, 말(音, 語)의 뜻을 지닌다고 하겠다. korkulu(恐, 怖)〔터키〕, ayoho(무서워하다)〔蒙〕, goloho(무서워하다)〔蒙〕, kowai(怖)〔日〕, osorosi(恐)〔日〕. 어근 kor와 os의 쌍형으로 구분된다고 하겠다. 일본어 kowai 는 korai에서 변했다. 일본어에서 어중에 드는 wa는 ra에서 변한 것이다. 어근 kor는 일본어 koe(聲)와 비교되며, 일본어 koe(聲)는 국어 고래 고래 소리 지르다의 '고래'의 어근 kor에서 변한 말이다. 일본어 osorosi (恐)의 어근 os는 ot으로 소급되며, 일본어 oto(音), uta(歌)와 동원어 (同源語)가 될 것이며, 국어 웃다(笑), 울다(泣)의 어근 '웃(욷), 울(울)' 과 동원어가 된다고 하겠다. 두렵다의 어근 '둘'은 소리(音聲)의 어원적 의미를 지닐 개연성이 높다.　　　　　　　　　　　　　　　　▶ 들에다

두루마기　　圏 周衣, 外衣, 外套, 長袍, 袍子

'두루마기'는 전통 한복을 갖추어 입을 때 겉에 입는 긴 옷이다. 한자어로 주의(周衣)라고도 한다. 함경도에서는 '제매기'라고 한다. 두루마기는 '두루'와 '마기'의 합성어다. ¶圍ᄂᆞᆫ 두를 씨오《月2:32》. 두르다는 싸서 가리거나 휘감아 싸다, 목도리를 두르다 같이 쓰인다. '마기'는 막다(塞)의 '막이'일 것이다.　　　　　　　　　　　　　　　　　　　▶ 마고자

두루미 　명 鶴

'두루미'는 '두루'와 '미'의 합성어다. tsuru(鶴)〔日〕, tazu(鶴)〔日〕. 어근 tsur(tut), taz(tat)는 국어 두루미의 '두루'의 어근 '둘(둗)'과 동원어 (同源語)다. turna(鶴)〔터키〕, togura(鶴)〔蒙〕. 어근 tur를 얻을 수 있는 데, 두루미의 '둘'과 동원어일 개연성이 있다. 두루미의 '미'는 '매'와 동원 어라 여겨진다. 일본어 tsubame(燕), tsubakura(燕)의 tsuba가 공통 되며 me, kura가 다른데, 모두 조류(鳥類)의 뜻을 지니는 말이라고 여겨 진다. 매(鷹)는 '맏〉말〉말이〉마이〉매'의 변화다. doŋgar(鷹)〔蒙〕. 말똥가 리의 '동가리'는 몽골어 doŋgar와 동원어라 여겨진다. 말똥가리의 '말'이 '매'의 옛말임을 보여주고 있다. 올빼미의 '미'도 두루미의 '미'와 동원어다.

두메 　명 奧地, 山峽, 峽中, 僻村

'두'는 '땅(土, 地)'이란 뜻을 지니는데 달(山), 돌(石), 들(野), 딜(土)과 동원어(同源語)로서 '둘'이 고형일 것이다. 두메의 '메'는 산(山)의 뜻을 지니는 뫼일 것이다. 미(野)와도 동원어가 된다고 하겠다. 흔히 두메산 골이라고 한다. ¶피모로(山名)《龍4:21》. 뫼의 고어가 '모로'임을 보여주 고 있다. ¶두던(두덩, 둔덕)《字會上3》, 두들(두던, 둔덕)《杜重11:34》, 두 듥(두던, 둔덕)《杜初8:58》, 둔지(두던)《靑p.19》. 두던은 '두'와 '던'의 합 성어가 된다. 　　　　　　　　　　　　　　　　　　　　▶ 돌(石), 들(野)

둘 　주 二

'둘'은 고어에 '두블'과 '둘'의 쌍형이 있다. ¶二曰途孛《類事》, 二 覩卜二《譯 語》, 二尸, 二肹(二)《鄕歌》. 신라의 향가(鄕歌)에는 둘이고 고려어에서 途孛(두블)이 보인다. 途孛을 '두블'로 읽는다면 '두'와 '블'의 합성어로서 이음동의어(異音同義語)가 된다고 하겠다. '두'는 둘의 말음탈락형이다. '블'도 고어에서 둘(二)의 뜻을 지니고 있는 말일 것이다. ¶둘(二) : 둘 아니며 세 아닐씨 ᄒᆞ나히라 ᄒᆞ고《釋13:48》, 두울(二) : 두울재는 므르니

《七大2》, 두을(二) : 열 두을 ㄴ렛지치여(十二翮)《杜重17:10》. 15세기에
는 '둘'이 확실하게 문헌에 나타나는데 『칠대만법(七大萬法)』(1569)에
두울,『두시언해』중간본(1632)에 '두을'이 나타난다. '두블〉두울'형으로
보기는 미약하다. 일본어 hutatsu(二)가 있는데, huta가 기본어이고
huta는 puta로 재구되며 put이 어근이 된다. '블(븐)'과 동원어(同源
語)가 된다. 국어의 고대어에 블(二)이 있었음을 보여준다. 일본어의 조
어(祖語)는 고대 국어가 건너간 것이다. šuwe(二)〔滿〕, dʒo(二)〔女眞〕,
diuer(二)〔나나이〕, ta(二)〔日, 琉〕. 국어 둘과 동계어임을 보여주고 있다.
국어에는 둘과 '두블'의 쌍형으로 쓰이다가 둘이 세력을 얻었다고 하겠다.
두블은 둘의 뜻을 지니는 말이 겹친 것이라 하겠다.

둥우리 图 筐筥, 籠, 檻, 牢, 圈

'둥우리'는 짚이나 댑싸리로 바구니 비슷하게 엮어 만든 그릇이다. 병아
리 따위를 가두어 기르기 위하여 싸리 같은 것으로 둥글게 엮어 만든
어리로 둥이, 둥제기, 둥지, 둥후리 등의 방언이 있다. 둥우리는 '둥'과
'우리'의 합성어다. ¶동우리(蔞)《物譜筐筥》, 우리 립(笠)《字會上8》, 논ㅅ
즘싱 넛는 우리(串籠)《漢306a》, 어리롤 아첟고(厭檻)《氷嘉下119》, 어리
로(牢)《類合下28》, 어리 권(圈)《字會下8》. 우리와 어리는 동원어(同源語)
라 하겠다. 우리와 어리의 어근 '울, 얼'의 어원의미는, 우리는 주로 초목
류(草木類)로 이루어지는 것이기 때문에, 초목류의 뜻을 지니는 명사가
될 것이다. 둥우리의 '둥'은 둥글다의 '둥'과 동원어가 될 것이다. ¶넷 남
기 두렵도다(古樹圓)《杜初20:2》. 두렵다가 둥글다의 고형이라 하겠다.
두렵다(圓)의 어근 '둘'은 '둘〉두〉둥'과 같이 변화한다. '둘'은 명사일 것인
데, 고대인이 둥근 것을 인식한 대상이 무엇이겠냐에 따라 어원을 추정
할 수 있을 것이다. mari(球, 鞠)〔日〕, maru(圓)〔日〕, marui(둥글다)
〔日〕. 어근 mar가 공통된다. 공(球, 鞠)의 mari와 marui(둥글다)가 동
원어라고 하는 사실에 주목하게 된다. '둘〉두〉둥'이 구형(球形)의 뜻을
지니는 명사였을 것이고, 고대인의 구형은 석류(石類)가 아니었을까 한
다. 球(공 구) 자는 王(玉) 변에 求(구할 구) 자를 합한 글자로서, 옥

(玉)을 구(求)하여 아름답고 둥글게 간 옥의 뜻을 지닌다. 달(地), 돌(石), 들(野), 딜(土)과 동원어가 된다고 하겠다. 보석류는 둥글다고 할 수 있는데 둥글다는 '둥'과 '글'의 합성어가 된다. ¶둥글다(圓)《漢356b》. 둥글다의 '글'은 구르다(轉)의 '굴'과 동원어라 할 수 있으며, 구르다는 둥근 것의 움직임이라 하겠다. ¶구슬 쥬(珠)《字會中21》. '구슬'의 어근 '굿(굳)'과 동원어일 것이다. korobi(轉)〔日〕, kuruma(車)〔日〕. 어근 kor, kur는 국어 구르다의 '굴'과 동원어가 된다고 하겠다.

뒤 　图 後, 地

'뒤'는 '두이'가 준 말이고, '둗〉둘〉둘이〉두이〉뒤'의 변화다. ¶앎南, 뒤北《類合上2, 訓蒙字會》, ¶뒤(後)《龍30》, 뒤 북(北)《字會中4》, 뒷심골(北泉洞)《龍2:32》. '뒤'가 北을 뜻하고 있음을 보여주고 있다. amalgi(北)〔滿〕, amara(後)〔滿〕. 만주어에서 北, 後가 동원어(同源語)임을 보여주고 있다. 뒤의 조어형(祖語形) '둗'은 해의 본뜻을 지니는 말이라 하겠다. gün(日)〔터키〕, kuzey(北)〔터키〕, güney(南)〔터키〕. 터키어의 北의 뜻을 지니는 kuzey도 gün(日)의 조어형 güt과 동원어. doğu(東)〔터키〕, batı(西)〔터키〕, güney (南)〔터키〕, kuzey(北)〔터키〕, bahar(春)〔터키〕, yaz(夏)〔터키〕, güz(秋)〔터키〕, kış(冬)〔터키〕, geri(後)〔터키〕. 터키어에서 gün(日)인데 조어형은 güt이라 하겠다. 터키어에서 남(南) güney, 북(北) kuzey, 가을(秋) güz, 겨울(冬) kiş, 뒤(後) geri가 공통어원을 지닌다고 여겨진다.

뒤안길 　图 裏庭道, 小園道, 後園道

'뒤안길'은 늘어선 집들의 뒤꼍으로 통하는 길이다. 관심을 받지 못하는 초라하고 쓸쓸한 생활의 의미로 전의되어 쓰이기도 한다. ¶날회야 거러 져근 뒤안홀 보노라(徐步視小園)《杜重6:49》, 뒤안 원(園)《類合下28》. 뒤안은 뒤꼍, 뒤터, 뒷동산의 뜻을 지닌다. '뒤'는 後(뒤 후)의 뜻일 것이다. 뒤안의 '안'은 內(속 내)의 뜻으로 볼 수 있을 것이나, 언(堰)일 가능성도 있다. ¶언 언(堰)《字會上6》, 언 뎨(堤)《字會上6》, 닐굽차힌 윗 언헤 떠디여

橫死홀씨오《釋9:37》. '언'이 언막이, 언덕의 뜻을 지닌다. 뒤안(언)은 뒤의 언덕, 뒤안길은 뒤 언덕길이 되는 셈이다. 언덕도 '언'과 '덕'의 합성어다. ¶묏언덕 애(崖)《字會上3》, 믈언덕 안(岸)《字會上3》, 두던 구(丘)《類合上5》, 두던 부(阜)《石千23》. 두던은 '둗'과 '언'의 합성어일 것이다. '둗'은 땅, 흙(地, 土)의 뜻을 지닌다. arin(山)〔滿〕. 어근 ar(at)가 산(山)의 뜻으로서 토지류(土地類)의 원의(原義)를 지닌다. 제주 방언에 '오름(丘)'이 있는데, 어근 '올'은 만주어 ar(山)과 동원어(同源語)가 된다. 오르다(登)의 어근 '올'이 명사로서 산(山)의 뜻을 지닌다. 만주어 arin(山), 오름(丘)의 어근 ar(at), '올(온)' 등이 '안(앋)'과 동원어가 된다고 하겠다. ▸오르다(登)

뒤웅박 圀 瓠, 匏, 瓢

'뒤웅박'은 꼭지 근처에 구멍만 뚫어 속을 파낸 바가지로 여름에 밥을 넣어 시원한 곳에 두는데 사용하기도 한다. 여기서 파생한 말로 '뒤웅스럽다'가 있다. ¶드뵈(뒤웅박)爲瓠《解例用字》. '듭의〉드위〉뒤'가 되고 '박' 사이에 '웅' 접미사가 붙은 형이다. ▸박, 조롱박, 표주박

드리다 圐 贈, 獻, 呈, 敬, 奉

'드리다'의 어근은 '들'이다. 드리는 것은 손의 행위가 되므로, 그 어원은 손일 것이다. 따라서 '들(듣)'은 손의 뜻을 지닌다. ¶드리다(獻呈) : 뎌의게 드려놀(呈)《內序3》, 주며 드리기를(獻)《小諺2:11》. 뜯다(摘), 뜯다(摘)의 어근 '뜯'의 원형은 '듣'이고, 뜯다(摘)의 '뜯'는 '듣'이 조어형(祖語形)으로서 모두 손의 뜻을 지닌다. ta, te(手)〔日〕. 일본어 ta는 tat〉tar〉ta의 변화다. sasage(獻)〔日〕. 일본어 드리다의 뜻을 지니는 sasa의 어근 sas는 sat이 조어형으로서, 국어 손(手)의 조어형 '솓'과 동원어(同源語)다. ▸뜯다(摘), 따다

듣다' 통 嗅

¶ᄒ다가 아기 빈 사ᄅ미 … 香 듣고 다 能히 알며 香 듣논 힔 젼ᄎ로 처엄 아기 비야(若有懷姙者ㅣ … 聞香ᄒ고 悉能知ᄒ며 以聞香力故로 知其初 懷姙ᄒ야…)《法華6:47》. '듣다'가 냄새 맡다의 뜻으로 쓰인 예문이다. 언 해가 제대로 됐다면 어근 '듣'은 명사가 되며 코의 뜻을 지니는 말이 고대 에 있었음을 보여주고 있다. 냄새 맡다(嗅)의 '맡(맏)'도 코의 뜻을 지니 는 고대어였을 것이다. kagu(嗅)〔日〕, kamu(코 풀다)〔日〕. 어근 ka가 국어 코의 고어 '고(골)'와 동원어(同源語)일 것이다. 참고. 聞香은 냄새 맡다는 말이다(이때 聞은 코로 냄새 맡다는 의미로 쓰인 것이다). 그러나 여기서는 언해한 사람이 聞 자를 들을(듣다) 聞으로 직역한 것으로밖에 볼 수 없다. 그것은 다른 용례에 '듣다'가 냄새 맡다로 쓰인 것이 없기 때문이다.

듣다² 통 聽, 聞, 听

'듣다'의 어근 '듣'은 명사로서 귀의 고어가 된다. 듣는 것은 귀로 하기 때문에, '듣'은 귀의 뜻을 지닌다고 하겠다. ¶듣다(聽) : 天과 鬼괘 듣ᄌᆞᆸ거 늘《曲16》. mintura(聾)〔日, 琉〕, mintaφu(耳)〔日, 琉〕. 일본 유구어(琉球 語) mintura(聾)는 min과 tura의 합성어다. mintaφu(耳)도 min과 taφu의 합성어다. min은 일본어 mimi(耳)가 남하한 것이고, taφu는 taru에서 r음이 떨어진 말이라고 하겠다. mintura(聾)에서는 tura가 있다. 어근 tur는 tut에서 변한 말로서 귀(耳)의 뜻을 지니는 말이라고 하겠다. 국어 '듣(耳)'이 유구어로 남하한 것을 짐작케 하는 예라 하겠고, 국어의 고어에 '듣'이 귀의 뜻을 지녔었던 말임을 보여주는 것이라고 하겠 다. 한편 tura는 사람의 뜻을 지닐 개연성도 있다. dolda-(聞)〔에벤키〕, dolji-(聞)〔나나이〕, donjimbi(聞)〔滿〕. 어근 dol은 dod로 소급하면 들 (듯)과 동원어일 것이다.

듣다³ 圄 落

'듣다'의 어근 '듣'은 명사가 된다. ¶ 듣다(落) : 種種 보비 듣고《釋6:32》, 딜 락(落)《字會下5》. 한자 落(떨어질 락) 자를 보면, 卄(艸, 풀) 밑에 洛(落水 낙) 자를 받친 글자로서 洛 자는 강(江) 이름이나, 여기서는 물의 뜻으로서 草木(卄)의 앞에 물기(洛)가 없어져 말라 떨어짐을 뜻한 글자. 落 자를 보면 잎이 떨어지는 것을 상징했다고 본다. 그렇게 볼 때 '듣'이 '풀, 잎(草, 葉)'의 뜻을 지닐 개연성이 짙다. 잎은 풀의 뜻을 지니는 말에서 전의(轉義)가 되었다고 하겠다. 뒤(茅)의 조어형(祖語形) '듣'과 동원어(同源語)가 된다. '듣〉둘〉둘이〉두이〉뒤'의 변화다. '듣'이 잎, 풀(葉, 草)의 뜻이 아니라면 물의 뜻을 지닐 것이다. 비가 하늘에서 나리는 것은 곧 떨어지는(落) 현상이다. 그렇게 본다면 돌(梁)과 동원어가 된다.

들 圐 野

'들'은 넓은 땅을 이르며, 흔히 들판이라고도 한다. ¶ 드르(郊)《字會上4》, 들 야(野)《類合上6》. 어근은 '들'로서 '으' 접미사가 붙어 2음절어가 된다. 어근 '들'은 뜰(庭), 드렁(두둑), 두둑, 두던, 두덩, 둔덕 등의 어근 '들, 듣'과 동원어(同源語)로서 땅(土, 地)이 본뜻이다. 달(地, 山), 돌(石), 들(野), 뜰(庭), 딜(土) 등은 토지류어(土地類語)의 단어족(單語族)을 이룬다고 하겠는데 단음절어가 된다. '듣→들, 드르. 드르'와 '들'의 쌍형(雙形)이 쓰이다가 '드르'는 세력이 약화되어 소실되고 '들'이 완전히 세력을 얻었다고 하겠다. '들'은 '드르'가 준 것은 아닐 것이다. 몽골어에 광야의 뜻으로 tala가 있는데, 어근 tal이 국어 들(野)과 동원어가 된다고 하겠다. '들'은 '드르'가 줄어든 말이라고 하면서 국어의 조어는 개음절어라고 주장하는 것은 무리다. 주격조사 '가'는 '새가, 배가'와 같이 개음절어에 나타나는 것은 16세기이고 그 이전에는 '이'만 쓰였다는 것은 국어의 조어가 폐음절어였다는 것을 단적으로 증명하고 있다. ◪ 돌(石)

들깨 명 荏, 荏子, 野荏

참깨와 대가 되는 '들깨'가 있다. ¶두리 쌔(蘇, 들깨)《救簡6:54》, 두리쌔 (들깨)《月10:121》. 15세기 문헌에는 들깨가 아니라 '두리깨'로 나타난다. ¶두렵다(둥글다).《釋19:7》, 두렫ᄒᆞ다(둥글다)《救簡1:1》. 어근 '둘'이 원 의 뜻을 지니는 명사가 된다. 두리깨의 '두리'의 어근 '둘'도 원의 뜻을 지니는 명사라 하겠다. 들깨는 둥근깨가 되기 때문에, 두리깨는 둥근깨 의 뜻을 지니는 말이었다고 하겠다. ¶두리 놋錚盤《歌曲p.96》. '두리'가 '둥근'의 뜻을 지니는데, 둥근 놋쟁반의 뜻을 지닌다. 두리깨는 둥근깨의 뜻을 지님이 확실하다. '들'은 '드르'가 줄어든 말이라고 하면서 국어의 조어는 개음절이라고 주장하는 것은 무리다. 주격조사 '가'도 '새가, 배가' 와 같이 개음절어에 나타나는 것은 16세기이고 그 이전에는 '이'만 쓰였 다는 것은 국어의 조어가 폐음절어였다는 것을 단적으로 증명하고 있다.

들다¹ 동 快刀

'들다'의 어근은 '들'인데 명사가 된다. ¶들다(칼이 들다) : 드ᄂᆞ 칼과 긴 戈戟이(快劍長戟)《杜初16:16》. 칼로 다지다, 돗귀의 '달, 돗(돋)'이 칼 (刀類)의 뜻을 지닌다고 하겠다. tatsu(斷)〔日〕, tatsi(大刀)〔日〕. 어근 tat이 칼(刀)의 뜻을 지니는데 국어 '달, 돋'과 동원어(同源語)다.

▶ 도끼

들다² 동 擧

'들다'의 어근은 '들'로서 '들'은 명사라 하겠고, 드는 행위는 손에 의한 동작이기 때문에, '들'은 손의 본뜻을 지닐 것이다. ¶들다(擧) : 가비야이 드ᄂᆞ니(輕擧)《法華4:19》. 뜯다(摘)의 조어형(祖語形)은 '듣'도 손이란 본 뜻을 지니는 말과 동원어(同源語)가 된다고 하겠다. 다루다(扱)의 어근 '달'은 손이란 뜻을 지니고 있다고 보겠는데, '달'과 동원어라 여겨진다.

▶ 뜯다, 다루다

들다³ 图入

'들다'의 어근 '들'은 명사다. 들다(入)는 문(門)을 들어가는 것이라고 볼 때, '들'이 옛말에서 문(門)이란 뜻을 지닐 것이다. 돌쩌귀의 '돌'이 고대어에서 문이란 뜻을 지니며 일본의 신사(神社)의 문인 torii(鳥居)의 tori가 문(門)이란 뜻을 지니고 있음을 보여준다고 하겠다. ¶들다(入) : 도즈기 드러(賊入)《龍33》.　　　　　　　　　　　　　　▣ 돌쩌귀

들에다 图喧, 喋

'들에다'는 시끄럽게 떠들다의 뜻인데, 어근 '들'은 본래는 입(口)의 뜻(意)이며, 말(語)의 뜻도 지니게 되었다. ¶들에다(喧) : 고리 더욱 들에ᄂ니(谷中轉鬧)《圓下一之2:50》, 져제서 들에ᄂ니(市喧)《杜初7:16》. 떠들다는 '떠'와 '들다'의 합성으로 이루어진 동사다. 들다의 '들'은 들에다의 어근 '들'과 일치한다. '풍을 떨다, 엄살을 떨다, 익살을 떨다'의 '떨다'는 말하다, 지껄이다의 뜻을 지닌다고 볼 때, 떨다의 '떨'은 명사로서 말(語)의 뜻을 지닌다. 풍을 떠는 것, 엄살을 떠는 것은 말의 행위다. 떠들다는 '떨들다'의 '떨'의 말음탈락형인 듯하다. 떠벌리는 '떠벌다'에 '이' 접미사가 붙어서 된 말이다. '떠벌다'는 어간이 합성되었다. 방언에 주둥아리를 '주두리'라고 하는 형태가 나타나는 것을 보면, '주'와 '두리'가 합친 말로서 '두리'는 입(口)의 뜻을 지닌다. 넋두리의 '두리'도 말의 뜻을 지닌다.　　　　　　　　　　　　　　　　　　　　　　▣ 넋두리

등걸 图楂, 樹楂, 根株, 切株

'등걸'은 나무를 자르고 난 뒤에 남은 것을 말한다. ¶등걸 사(楂)《倭下29》, 梅花 녯 등걸에 봄졀이 돌아오니《靑p.68》, 서근 나모 들걸에《靑p.120》. 등걸의 뜻으로 '등걸', '들걸'의 쌍형이 보인다. 등걸이나 들걸이나 모두 재료는 나무(木)다. '걸, 굴'의 어원적인 의미는 나무일 것이다. 斤乙(木) 〔고구려어〕, 그루(株), 가지(枝) 등의 어근 '글, 갇' 등이 나무의 뜻을 지닌

다. '등걸'의 '등'은 '들'에서 비롯한 말이다. '들'도 어원적인 의미는 나무였을 것이다. 나무의 뜻을 지니는 말의 이음동의어의 합성어다. 대(竿), 떼(筏), 다리(橋)의 어근 '달, 덜'과 동원어다.

등어리 명 背

'등어리'는 '등'과 '어리'의 합성어다. '어리'도 고어에서는 등의 뜻을 지닌다고 여겨진다. ¶등어리(背) : 龍이 등어리로다(龍背)《杜初8:19》. art, arka(背)〔터키〕, aru(背)〔蒙〕. 어근 ar가 등(背)의 뜻을 지니고 있다. 등은 '듣〉들〉드〉등'의 변화일 것이다. ¶엇게 견(肩)《字會上25》. 엇게도 '엇'과 '게'의 합성어가 되는데, '엇(언)'은 '어리'의 어근 '얼(언)'과 동원어(同源語)다. 등어리는 등의 뜻을 지니는 이음동의어(異音同義語)의 합성어다. 엇게(肩)의 '게'는 '거이'가 줄어진 말인데, '걷〉걸이〉거이〉게'의 변화다. 일본어 kata(肩)의 어근 kat과 동원어일 것이다.　　　■ 어깨

디다 통 落

'디다'의 어근 '디'의 조어형(祖語形)은 '딛'이다. ¶듣다(落)《曲14》. 듣다의 어근 '듣'과 디다의 '디'의 조어형 '딛'은 동원어(同源語)가 된다고 하겠다. düşmek(落)〔터키〕, düsürmek(떨어뜨리다)〔터키〕, toprak(土)〔터키〕, dere(谷)〔터키〕, delik(穴)〔터키〕, taş(石)〔터키〕. 터키어에서 떨어지다(落)의 뜻(意)을 지니는 어근 düs는 tüt으로 재구되며 tür(l)로 변한다. 따라서 düt은 명사로서 땅(地類)의 뜻을 지니는 말이라 하겠다. 떨어지는 것은 땅으로 떨어지는 것이 아닌가. 오르다(登)의 어근 '올'은 명사로서 산의 뜻을 지닌다. 제주도 방언에 오름(丘)이 있다. tatagal(畔)〔蒙〕, dalaŋ(畔)〔蒙〕. 국어 달(地), 돌(石), 들(野), 딜(土)과 디다의 '딛(딜)'도 동원어가 된다고 하겠다. 그러나 한자 落 자를 보면, 艹(艸 풀 초) 밑에 洛(낙) 자와 어울렸다. 落 자를 보면 잎이 떨어지는 것을 상징한 것으로 보인다. 그렇게 볼 때에는 풀(草)의 뜻을 지닐 개연성도 있고, 洛 자를 보면 물의 뜻일 개연성도 생각해 볼 수 있다. ■ 지다, 듣다(落)

디디다 图 踏, 蹋

'디디다'의 주체는 발이다. ¶드듸다(蹋) : 흔 사ᄅᆞ모로 뒤헤 꼬리를 드듸
라 ᄒᆞ고(勅使一人於後蹋尾)《楞9:103》, 발 드듸욜 고디 업스니《金三4:27》.
드듸다의 어근은 '듣'이다. 다리(脚)의 어근 '달(닫)'과 동원어(同源語)가
된다고 하겠다. 밟다(蹋)의 어근은 발(足)에서 비롯된 말이다. ¶ᄇᆞᆲ다
(蹋)《月13:58》. ▶ 다리(脚)

둣다 图 愛

'둣다'의 어근은 '둣'으로 명사가 된다. 사랑한다는 것은 사람과 사람의
관계라 할 수 있기 때문에, '둣'은 사람의 뜻을 지닐 것이라고 여겨진다.
¶둣다(사랑하다) : 子息을 ᄃᆞᅀᅡ샤 正法 모ᄅᆞ실씨《曲125》. saton(愛人)
〔蒙〕, sadon(사랑스럽게)〔蒙〕, sadon(親族)〔蒙〕, sadon(親戚)〔蒙〕. 몽골
어에서 sad이 어근이 되는데, 본뜻은 사람(人)의 뜻을 지닌다고 하겠다.
sadun(親家)〔滿〕, 사돈(姻戚)〔國〕. 몽골어, 만주어, 국어 등 어근은 sad
이고 본뜻은 사람의 뜻을 지닌다. 사람의 어근 '살(삳)'과 동원어가 된다.
삳〉살-사람(人), 사랑(愛)의 변화와 분화를 엿보게 된다. puyəmbi(사
랑하다)〔滿〕, pəyə(身)〔滿〕, pəyə(人)〔오로촌〕, pəyə(身, 人)〔에벤키〕. 만주
어 puyəmbi(사랑하다)의 어근은 puyə고 mbi는 명사를 동사로 전성시
키는 구실을 하는 접미사다. puyəmbi(사랑하다)의 어근 puyə가 사람,
몸(人, 身)의 뜻을 지니는 명사다. puyə는 purə가 원형이고 pur는 본디
사람(人)의 뜻을 지닌다고 하겠다. 한편 고어에서 사랑(愛)하다의 뜻으
로는 '둣다'와 '괴다', '사랑ᄒᆞ다'가 있다. 꾀도리, 키다리의 '도리, 다리'가
사람의 뜻을 지닌다. 일본어 hitori(一人), hutari(二人)의 tori, tari가
사람의 뜻을 지니는데 국어 '도리, 다리'와 일치하고 있다. doshorombi
(寵)〔滿〕, dokorombi(寵愛)〔滿〕. 어근 dos는 국어 '둣'과 동원어가 된다
고 하겠다.

따뜻하다   형 溫

고대인이 따뜻하게 느낀 것은 주로 해일 것이다. 따뜻하다는 '따'와 '뜻'과 '하다'의 합성어일 것이다. 방언에 '따땃하다'가 있다. '따'와 '뜻'을 동원어로 볼 수 있다면 '따뜻'은 어원적 의미가 해(日)라고 볼 수 있다. ¶그 무수물 듯게 아니고(不先溫其心)《救方上8》, 가수미 듯ᄒᆞ얏ᄂᆞ니《救簡1:41》, 듯듯ᄒᆞ다(溫)《同文上61》, 듯ᄃᆞ시 ᄒᆞ야(溫溫)《救簡6:54》. 듯다, 듯ᄒᆞ다, 듯듯ᄒᆞ다, 듯듯이, 따뜻이는 '듯듯'이 어근이고 '듯'이 겹친 말이며 '듯'은 명사다. 듯게 하는 것은 무엇일까? 溫(따뜻할 온) 자를 풀어본다. 水(물 수) 변에 昷(온) 자를 합한 글자다. 갇힌 자들에게 따뜻한(昷) 마음으로 물(水)을 준다 하여 溫和하다의 뜻이 되었다. 한편 그릇(皿)의 물(水)이 햇볕에 따뜻해진다의 뜻으로도 쓰인다. 그릇의 물이 햇볕에 따뜻해진다는 것은 해가 그 주체가 된다. '듯(돈)'을 해의 뜻으로 풀이할 수 있을 것이다. 해돋이의 '돋'이 고어에서 해의 뜻을 지닌다. 돌(週), 때(時) 등의 고형 '돌, 달' 등이 해의 본뜻을 지니며, 어느 덧(던)의 '던'도 어원의미는 해의 뜻을 지닌다. 따라서 '듯'의 어원적 의미는 해일 것이라고 생각해 볼 수 있다.   ▶ 때(時)

따르다   동 從, 追, 隨

'따르다'는 남의 뒤를 좇다, 남이 하는 짓을 본뜨다, 남을 그리워하여 붙좇다이다. ¶누를 ᄯᅡ라 글을 비혼다《老重上2》, ᄯᅡ를 슈 隨《倭上29》, 삼빅 니 남아 ᄯᅩ로니《三譯3:20》. ᄯᅡ르다, ᄯᅩ로다가 보이는데, 어근은 'ᄯᅩᆯ'로서 명사가 된다. 'ᄯᅩᆯ'의 고형은 '돌'일 것이다. 따르는 것은 주로 인간관계가 되기 때문에 '돌'은 사람의 뜻을 지닌다고 하겠다. 돌(等, 人稱複數). 키다리, 꺽다리의 다리가 사람의 뜻이다. hitori(一人)〔日〕, hutari(二人)〔日〕. tori, tari가 사람의 뜻을 지닌다.

따스하다 형 暖

'따스하다(暖)'의 주체가 태양이냐 불(火)이냐에 따라서 어원이 갈라진다고 하겠다. '불을 때다'의 때다의 어간은 '때'인데 '닫〉달〉달이〉다이〉대'의 변화로서, '닫(달)'이 불의 뜻을 지니고 있는 옛말임을 보여주고 있다. ¶ ᄃᆞᆺ다(暖)《救簡6:12》, ᄃᆞᆺ ᄒᆞ다(暖)《五倫1:15》. 어근은 'ᄃᆞᆺ'이 되는데 명사가 된다. 쇠를 달구다의 '달구다'의 어근 역시 불의 뜻을 지닌다. thuwa(火)〔滿〕, harukhan(따스하다)〔滿〕. 만주어 thuwa는 tura가 원형일 것이고 tur(tut)가 조어형(祖語形)으로서 불의 뜻을 지닌다. 산삼 채취인의 은어(隱語)에 설악산 지역에서는 '달(火)'이 있으며, 풍산 지역에서는 '토하리'가 있다. 창원 지역에서는 '불거리(火)'가 있다. 불거리(火)는 '불'과 '거리'의 합성어일 것이다. 불(火)은 두말할 것도 없이 '火'의 뜻을 지니지만 '거리'도 '火'의 뜻을 지닐 것이다. gal(火)〔蒙〕. 그슬다(燎)의 어근 '긋(귿)'은 불의 뜻을 지닌다. 풍산지역의 토하리(火)는 '토'와 '하리'의 합성어로서 불(火)의 뜻을 각기 지닌다고 하겠다. '토'는 타다(燃)의 어근 '타'와 동원어(同源語)가 될 것이다. '하리'는 홰(炬)와 동원어일 것이다. 홰는 '화이'가 준 말이고 '활이〉화이〉홰'가 된다. '활'은 다시 '할'이 될 것이다. 만주어 harukhan(暖)의 어근 har는 불이란 뜻일 것이다. 한새〉황새. 한쇼〉황소. '한'이 '황'으로 변하듯, '할'이 '활'로 변했을 것이라 여겨진다. 한편 따스하다를 태양에서 나온 말로 볼 수 있을 것이다. 暖(난) 자를 보면 日(일) 자가 들어 있다. 해돋이의 '돋'이 본디는 태양의 뜻을 지닌다. 돋(太陽)→돌(年), 닫〉달이〉다이〉대〉때(時), 돌(年), toki(時)〔日〕, 돋〉돗〉ᄃᆞᆺ. ▶ 홰(炬)

딱따구리 명 啄木鳥

'딱따구리'는 딱딱한 부리로 '딱딱' 소리를 내며 주로 마른 나무에 구멍을 뚫고 그 속에 있는 벌레를 잡아먹는다. ¶닷져고리(啄木鳥)《同文下35》. 닷져고리는 '닷져'와 '고리'의 합성어. '고리'는 새(鳥)의 뜻을 지닌다. 곳고리(鶯), 왜가리, 솔가리(솔개), 병마구리(제비의 일종), 말똥가리의 '고리, 구리, 가리'는 동원어(同源語)로서 새의 본뜻을 지니는 말이다.
kasha(鳥)〔滿〕. 어근 kas는 국어 '가리, 고리, 구리'와 동원어일 개연성
이 있다. yamagara(山雀)〔日〕. 일본어 gara가 새(鳥)의 뜻을 지니는
말과 동원어가 된다고 하겠다. 일본어에서 딱따구리를 kitsutsuki,
kitataki 등으로 부른다. ki는 나무(木)의 뜻이고, tsutsu는 국어의 '두
드리다'의 '둗'에 해당된다고 하겠다. kitataki의 어두의 ki는 나무(木)
의 뜻이고, tata는 국어의 '두드리다'의 '둗'에 해당되는 말이다. 일본어
에서 kasasagi(鵲), sagi(鷺)의 gi가 새(鳥)의 뜻을 지니는데, 국어의
장끼(수꿩)는 문헌의 수기(雉)《蘆溪. 陋巷》와 같은데 '기'가 꿩의 뜻을 지
닌다. 갈매기, 뜸부기, 비둘기의 '기' 등이 일본어 gi와 동원어로서 새의
뜻을 지닌다. 일본어 kitsutsugi는 목고조(木叩鳥)의 어원적 의미가 있
고 한자어 탁목조(啄木鳥)와 조어 원리는 비슷하다 하겠다. 따라서 닷쳐
고리도 '닷'은 나무(木)의 뜻으로 이해된다. 다리(橋), 다락(樓)의 어근
'달(닫)'과 비교가 된다. '쳐'는 啄에 해당되는데 쪼다, 두드리다의 뜻을
지닌다. '고리'는 두말할 것도 없이 새의 뜻을 지닌다. 그렇게 본다면 닷
쳐고리는 木啄鳥 또는 木叩鳥(목고조)의 어원적 의미가 있다고 하겠다.

딸　　图女息, 女兒, 娘

'딸'은 자식 가운데 여자를 말한다. 한자에는 특이하게 아들과 '딸'을 구분
하는 글자가 없다. 무슨 까닭일까? 우리가 흔히 말하는 아들 子자는 강보
에 싸인 아이를 나타내는 글자다. ¶ᄯᆯ(女息)：ᄯᆞ롤 나게 ᄒ며《楞6:33》.
kiz(女息)〔터키〕. 터키어 kiz는 국어 갓(妻, 女), 멍텅구리(人), 겨레(族),
끼리끼리(同年輩)의 어근 '갓, 굴, 결, 길(낄)' 등과 동원어(同源語)로서
본뜻은 사람을 뜻한다고 하겠다. ᄯᆯ의 조어형(祖語形) '돌(ᄃᆞᆯ)'도 키다리,
또래, 꾀도리 등의 '달, 돌'이 사람의 본뜻을 지닌다고 하겠다. 일본어
hitori(一人), hutari(二人)의 tori, tari가 사람(人)의 뜻을 지닌다.
¶女兒曰 寶姐 亦曰 古召育曹兒《類事》, 孝道홀 ᄯᆞ리 그를 어엿비 너겨
보샤(龍 96). 白米曰 漢菩薩《類事》은 힌보살의 표기고 보살의 첫음절의
모음 '오'가 탈락하여 15세기 표기에 'ᄡᆞᆯ'로 표기되었다는 설이 있다. 그렇

게 본다면 寶妲은 '보달'의 표기이고 첫음절 모음 '오'가 탈락했다면 '뽈'로 표기해야 되는데 '뽈'이 아니고 '쏠'이므로 뽈(米)의 어두자음 ㅂ이 아래에 오는 모음이 떨어져서 되었다는 설은 객관성이 없다. 菩薩은 '벼(稻)+살(米)'의 표기일 것이다. 보리쌀, 좁쌀, 찹쌀, 떡쌀, 죽쌀과 같이 쌀 앞에는 관형어가 오는 것이 상례다. 寶妲도 '보'와 '달'의 합성어로 볼 개연성이 있다. patala(n)(처녀, 딸, 여자)〔오로크〕, patala(n)(처녀)〔울치〕, patala(처녀)〔나나이〕. 寶妲은 퉁구스어의 patala(처녀)와 동계어일 개연성이 높다. '쏠'의 고형은 '둘'일 것이고 어원적인 의미는 사람일 것이다. 아니면 寶, 妲을 합성어로 보면 po(寶)의 뜻은 무엇일까. po도 어원적인 의미는 사람일 것이다. 악바리, 혹부리의 '발, 불'이 사람의 뜻을 지닌다. 古召는 갓(妻, 人)의 표기일 것이고 育曹兒의 '育'은 '氣'의 오기로 보면 '氣曹兒'로서 '겨집애'의 표기가 아닐까.

딸기 　명 莓, 苺, 楊莓, 草莓

'딸기'에는 복분자(覆盆子)라고 해서 한약재로도 쓰이는 것과, 풀에 달린 딸기(뱀딸기 포함) 등이 있다. 경상북도 영천에서는 '딸'이라고만 한다. ¶쏠기(莓)《字會上12》. tarimbi(씨뿌리다)〔滿〕, tarinambi(씨 뿌리러 가다)〔滿〕, tarinjimbi(씨 뿌리러 오다)〔滿〕, tarinumbi(씨를 함께 뿌리다)〔滿〕. 어근 tar가 여기서는 명사로서 씨(種)의 뜻을 지니고 있음을 알 수 있다. 쏠기의 어근 '둘'이 만주어 씨(種)의 뜻을 지니는 tar와 동원어(同源語)라는 개연성을 생각해 볼 수 있다. ¶다릭(羊桃)《柳物三草》. 다릭의 어근 '달'과 동원어일 것이다. 딸기는 하나의 씨이며 과일이다. ururi(羊桃)〔滿〕, itsigo(莓)〔日〕. 일본어 itsigo(莓)의 어근 it은 만주어 ururi(羊桃)의 어근 ur와 비교가 된다. 　　　　　　　▣ 드래(楔)《字會上12》

땀 　명 汗

'땀'은 몸 안에서 생긴 여러 가지 찌꺼기를 담고 있는 체액이다. ¶쏨(汗) : 흐마 피쏜몰 내오(已汗血)《杜初8:30》. 쏨은 '둗〉둘〉둘옴〉드롬〉드옴〉

돕>쏨(汗)'의 변화다. '돋, 돌'은 물(水)의 뜻을 지니는 말이라고 하겠다. 돌(渠)은 두말할 것도 없이 물의 뜻을 지닌다. 일본어 tatsu(龍)의 어근 tat은 국어 돌(渠)의 조어형(祖語形) '돋'과 동원어(同源語)라 하겠다. ter(汗)〔카자흐〕, der(汗)〔사라족〕. 고구려어 '얼(泉)', 얼음(氷), 얼다(凍)의 '얼' 역시 물의 뜻을 지니는데, 일본어 arau(洗)의 어근 ar와 동원어다. ase(汗)〔日〕, arau(洗)〔日〕. arau(洗)의 어근 ar(at)는 물의 뜻을 지닌다. at(水)의 말음 t>s로 ase(汗)가 되었다. 일본어에서 ase(汗)의 어원적 의미는 물임을 보여주고 있다.

땀띠 図 汗疹, 痱, 汗痱

¶쏨도약이(汗痱)《物譜, 氣血》, 쏨되야기 블(痱)《字會中33》, 쏨되돗다(起痱子)《同文下8》, 紅疫 쓰리 쏘약이 후더침에 自然히 검고《青大p.154》. 도약이, 되야기, 되 등이 땀띠의 '띠'에 해당되는 말이다. '띠'의 조어형은 '돌(돋)'일 것이다. 종기(腫氣)의 고유어가 '뜨리'인데 뜨리의 어근 '들'과 '돌'은 동원어(同源語)일 것이다. 한편 되야기가 두드러기의 뜻으로도 쓰였다. ¶되야기 낫더니(出疹來)《老上4》, 되야기(出疹)《譯上62》. 뙤약볕은 되게 내려쬐는 여름날의 뜨거운 볕을 뜻한다. '뙤약 볕'은 '뙤약'과 '볕'의 합성어인데 '뙤약'은 땀띠나 두드러기의 뜻을 지니는 것으로 본다면 뙤약볕은 땀띠나 두드러기가 날만한 강한 햇볕이라는 뜻일 것이다.

땅 図 地

'땅'의 말음 ㅇ은 후대에 첨가된 것을 알 수 있다. ¶따(地)《解例合字》. 음달>응달(陰地), 양달(陽地)의 '달'이 땅(地)이란 뜻이며, 땅의 조어형(祖語形)이 '닫'임을 보여주고 있다. '닫>달>다>따>쌍'의 변화를 거친 말이다. tsutsi(土)〔日〕. 일본어 tsutsi(土)는 국어 '닫'이 건너간 것이라 하겠다. tsutsi(土)의 어근은 tut이라 하겠다. dalan(堤)〔滿〕, tala, talmai(曠野)〔蒙〕, tala(野路)〔滿〕. 어근 tal은 국어 '닫(달)'과 동원어(同源語)가 된다고 하겠다. 달(地), 돌(石), 들(野), 딜(土)과 동원어가 된다고 하겠다.

때　　명 時, 時間

고대인은 '때'를 태양을 기준으로 하였을 것이다. 따라서 시간과 관련된 어휘는 태양에서 나왔다고 볼 수 있다. ¶出家ᄒ싫 쁴실쎄 城 안홀 재요리라《曲50》. '쁴'의 古形은 '대'일 것이고 '대'는 '다이'가 줄어든 것이며, '다'의 조어형(祖語形)은 '닫'일 것이다. ¶利那는 아니ᄒ 더디라《楞 2:7》, 밥 머글 덛만 너기더니(謂如食頃)《法華1:106》. '덛'은 때, 동안의 뜻을 지닌다. '덛'과 때의 조어형 '닫'은 동원어이다. *돋〉돌(期, 年) : tosi(年)〔日〕, *돋〉돌(期, 年) : toki(時)〔日〕, teru(照)〔日〕, teta(太陽)〔日, 琉球〕. '돋'이 해의 뜻을 지닌다. '해가 돋다'에서 '돋다'의 어근 '돋'이 명사로서 해의 뜻을 지닌다. 일본 유구어(琉球語)에 teta(해)가 있는데, 어근 'tet'도 국어 '돋'과 동원어다. ¶쬐는 히 짜해 진 錦올 펴내오(照日發生鋪地錦)《金三3:59》, 볕 쬘 포(曝)《類合下7》. '쬐다'의 어근 '쬐'는 '조이'가 줄어든 말로서 조어형 '돋'에서 변화했다.

때다　　동 焚, 燃

'때다'의 어간은 '때'로서 '따이'가 준 말이다. '따이'는 '달이'로 소급되며 '달(닫)'이 어근이다. dülüŋ(焚火)〔蒙〕, tülihö(焚)〔蒙〕, tuwa(火)〔滿〕. 어근 dül, tül을 들 수 있겠는데, 조어형(祖語形)은 tut이 될 것이고, 불의 뜻을 지닌다고 하겠다. 만주어 tuwa(火)는 tura로 소급되며, 어근은 tur(tut)이며, 몽골어와도 동원어(同源語)가 되며, 국어 '닫(火)'과도 동원어가 된다. 산삼채취인(山蔘採取人)의 은어(隱語)에, 설악산 지역에서는 불을 '달'이라 하고 자성(慈城) 지역에서는 '불구리', 풍산(豊山) 지방에서는 '토하리'라고 한다. 국어의 '달(닫, 火)'이 설악산 은어에 살아있다는 것은 매우 귀한 자료라 하겠고, 자성 지역에 '불구리'의 '구리'도 불의 뜻을 지닌다고 하겠다. 몽골어에 gal(火)이 있다. 일본어 taku(焚)의 어근은 tak인데, 조어형은 tat이다. 따라서 일본어 고어에서도 tat (tar)

이 불의 뜻을 지니고 있었다고 하겠다.

때리다 _동 打, 毆

'때리다'는 '따리다'의 역행동화(逆行同化)로 이루어진 말이다. ¶따리다(打) : 비암을 싸리면《敬信6》. '따리다'의 어근 '딸'은 '닫'이 조어형(祖語形)으로서 두드리다의 어근 '둗'과 동원어(同源語)가 된다고 하겠다. 때리다는 손으로 하는 행위라 하겠다. naguru(毆)〔日〕, nageru(投)〔日〕. 일본어 어근 nag는 조어형(祖語形)이 nat으로서, naderu(撫)의 어근 nad(nat)와 동원어로서 손의 뜻을 지닌다고 하겠다. ▣ 다루다

땡전 _명 當百錢

'땡전'은 돈을 낮게 이르는 말이다. 흔히 '땡전 한 푼 없다'라고 한다. 당백전은 말 그대로 당백전 1개가 엽전 100개와 맞먹는다. 고종(高宗) 3년(1866)에 대원군이 경복궁을 짓기 위해 당백전이란 돈을 150만 냥이라는 엄청난 돈을 찍어 내어 각 도에 풀었다. 당시 당백전의 실질적 가치가 상평통보보다 5~6배에 불과한 반면 그 명목 가치는 실질가치의 약 20배에 달하여 발행 초기에는 쌀값을 6배로 끌어올리게 하는 등 국민들의 생활을 극도로 피폐케 했다. 이 때문에 물가도 오르고 돈의 값어치가 떨어졌다. 당백전의 '백'을 줄인 당전(當錢)이 '땅전'으로 되고 '땡전'으로 변한 것이다. 상평통보의 한 닢은 1푼(分)이다. 1전(錢)은 10푼이다. 당백전은 전(錢)이 백(百)에 해당되니까 상평통보로는 1,000개에 해당되는 엄청난 액수가 된다. '땡 잡았다'의 '땡'은 '땡전'의 '땡'과는 별도의 어원을 지닌다. '땡 잡았다'의 '땡'은 도박용어에서 생긴 말이다. 도박에서 같은 숫자가 나올 경우 땅(땡)이라고 한다. 예를 들면 1월 송학(松鶴)이 두 장 나오면 1땡, 난초가 두 장 나오면 5땡이고 풍이 같으면 장땡이다. '땅'이라는 말은 일본의 도박용어 단일(單一)의 '단'의 일본식 발음 당(たん)이다. 이 '당'이 '땅'이 되고 '땡'으로 변했다. 같은 장이 오고 끗수가 높으면 돈을 딸 수 있기 때문에 '땡이야'의 의미는 '좋다, 행운이다'의 뜻을

지니게 된 것이다.

떠들다 　동 喧, 騷

'떠들다'는 시끄럽게 지껄이다이다. 소문이 떠돌아다니다. 매우 술렁거리
다. 여러 사람이 큰 목소리로 시끄럽게 하다. '떠들다'는 '떠'와 '들다'로
나뉜다. '들다'는 떠들다의 뜻을 지니는 옛말이다. ¶져제셔 들에니(市喧)
《杜初7:16》, 섯거 들에유미(交喧)《楞8:93》. '떠들다'의 '떠'는 '떨다'의 어근
'떨'이다. '허풍을 떨다, 익살을 떨다, 엄살을 떨다'와 같이 '떨다'도 말하다
의 뜻을 지닌다. '떨들다〉떠들다'로 변했다. '떨다'의 '떨'도 말의 뜻을 지니
는 명사라 하겠고, 조어형은 '덛'일 것이다. '떠버리'는 '떠벌-이'로 언제나
시끄럽게 떠벌리는 사람이다. teühe(이야기)〔蒙〕.

떡 　명 餠

'떡'의 고어는 '덕'일 것이고, '덛〉덜〉덝〉덕'의 변화일 것이다. ¶쩍(餠) :
쩍 ᄀ톤 짯거치 나니《月1:42》, 쩍 병(餠)《字會中20》. 일본어 mesi(飯),
motsi(餠)의 어근 mes, mot의 어근은 동원어(同源語)일 것이다. 일본
어 mesi(飯)는 국어 모시, 모이(飼料)의 어근 '못'과 동원어일 것이다.
일본어에서 mesi가 밥의 뜻을 지니는 것을 보면, 고대 국어에서는 모시
가 사료(飼料)가 아니라 사람이 먹는 밥이었을 것이다. 고대 국어에서는
떡의 조어형(祖語形)인 '덛(덜)'은 밥이었을 개연성이 있다. 한자 飯
(반), 餠(병)을 보아도 밥과 떡의 어원이 같았음을 보여주고 있다. 북방
민족이 벼(쌀)보다 앞서 먹은 것은 조(粟)였다고 하겠다. 만주어에서
čyə(粟)는 čəl, čət, tət으로 소급된다고 보겠다. 따라서 떡의 조어형
'덛'은 조의 조어형인 '돋'과 비교됨직 하다. ¶쩍 병(餠)《字會中20》. '쩍'을
sdək의 표기로 보는 견해가 있는데 이는 국어를 제대로 이해하지 못하
는 데서 빚어지는 현상이다. 어두자음 ㅅ은 경음의 부호이지 ㅅ의 음가
를 표기한 것은 아니다. 심마니어에 떡을 시더기, 시더구, 시더귀라 하고
일본에서 신전에 놓는 떡을 sidogi라고 하는 데서 sdək으로 읽는 근거

를 삼고 있다. 심마니가 식량으로 가지고 들어가는 떡은 '시루떡'이다. '시루떡'의 '시루'의 '루'를 생략한 '시덕'인 것이다. '시덕'의 두음 '시'에서 모음이 탈락하는 경우는 국어에서 없다.

떼　图 筏

'떼(뗏목)'의 원형은 '데'가 되고, '덛〉덜〉덜이〉더이〉데'의 변화일 것이다. ¶떼(筏) : 筏은 떼니《楞1:3》. '덛(덜)'은 나무(木)의 본뜻을 지니는 말이라 하겠다. 다리(橋)의 어근 '달', 대(竹, 竿)의 '닫(달)' 등이 나무의 본뜻을 지닌다. sal(筏)〔터키〕, sal(筏)〔蒙〕. 국어 살(矢), 문살, 떡살의 '살'이 나무의 뜻을 지니는 옛말이다.　　　　　　　　　▣ 다리(橋), 덕(柵)

또릿또릿하다　图 明白, 分明, 淸楚, 明亮

"눈이 또릿또릿하다"라고 할 때, '또릿'의 어근은 '돌'이다. '또릿또릿하다'는 눈을 말할 때에만 쓰인다고 하겠다. "눈이 또릿또릿하다, 눈알이 또릿또릿하다"와 같이 쓰인다. 다라치, 다래끼의 어근 '달'이 눈의 뜻을 지닌다고 하겠다. turgaxai(觀, 看)〔女眞〕, turgara(視, 覽)〔女眞〕. 여진어의 어근 tur가 눈의 뜻을 지니고 있음을 보여주고 있다. ¶두렫ᄒ다(둥글다)《救簡1:17》, 도련ᄒ다(둥글다)《杜初7:31》. 어근 '둘, 돌'이 둥글다의 뜻을 지니는 명사라 하겠는데, 어원적 의미는 눈이라고 하겠다.

▣ 두렵다(圓), 두리번두리번

똥　图 糞, 屎, 大便

15세기 문헌에는 '쏭, 몰'이 보이는데, '쏭'이 우세하게 나타난다. ¶쏭(糞)《字會上40》, 몰(糞, 屎) : 차바ᄂᆞᆯ 머거도 自然히 스러 몰 보기를 아니ᄒ며《月1:26》. 쏭은 '동'으로 소급된다. '돈〉돌〉도〉쏘〉쏭'의 변화일 것이다. '닫〉달〉다〉짜〉짱(地)'의 변화와 동궤(同軌)로 여겨진다. 평안도 방언에 '띠, 지(糞)'가 있다. 똥을 '지지'라고 하는 말도 있다. 더럽다(汚)의 어근 '덜'도 똥(糞)의 '돌'과 동원어(同源語)라 여겨진다. dara(人糞肥料)〔日. 熊本〕, daru(糞汁)〔日. 四國〕. 어근 dar가 똥(糞)의 뜻을 지니고 있다. 마렵다(便意)의 어근 '말'은 명사로서 똥(糞)의 뜻을 지닌다. 일본어에서는 大便 mari, 小便 mari라고 하는데 여기서 mari는 용변(用便)의 뜻을 지닌다.

똬리 圀 頂圈子

'똬리'는 짐을 일 때 머리 위에 얹어서 짐을 괴는 고리 모양의 물건이다. ¶쏘아리 버서《靑p.121》, 쏘애(頂圈子)《同文下15》. 쏘애의 '애'는 쏘아리의 '아리〉아이〉애'의 변화다. 쏘아리는 '쏘'와 '아리'의 합성어다. 쏘아리는 초목류(草木類)로 된 것이기 때문에 어원적 의미는 그쪽에서 찾을 수 있을 것이다. ¶울爲籬《解例用字》, 우리 립(苙)《字會上8》, 눌ㅅ즘성 넛는 우리(串籠)《漢306a》, 어리롤 아쳗고(厭檻)《氷嘉下119》, 어리 로(牢)《類合下28》, 어리 권(圈)《字會下8》. '울, 우리, 어리'가 모두 초목류로 이루어진 것이다. olho(草)〔滿〕, olhoda(人蔘)〔滿〕, ot(草)〔터키〕, asi(蘆)〔日〕. 어근 ol, ot, as(at) 등이 국어 '울, 얼'과 동원어(同源語)일 것이다. 방언에 나타나는 '또바리'에서 '또와리〉똬리'로 변했다고 보면 '바리'도 풀의 뜻을 지닌다. 플(草)의 고형은 '블'이다. 상치의 고어에 '부루'가 있다. ¶부루와(蒿)《字會上14》. 쏘아리의 '쏘'도 초목류의 뜻을 지닌다고 하겠다. ¶뛰모(茅)《字會上69》, 쒸(茅)《倭下31》, 뒤爲茅《解例用字》. '뒤'는 '두이'가 줄어든 말로서 '둗〉둘〉둘이〉두이〉뒤'의 변화다. '둗(둘)'이 초목류의 뜻을 지니고 있는 말이라 하겠다.

뚝배기 圀 沙金窩

'뚝배기'는 '뚝'과 '배기'의 합성어로서 '배기'는 자배기의 '배기', 이남박의 '박'과 동원어로서 그릇의 뜻을 지닌다고 하겠다. 뚝배기의 '뚝'은 독(甕)과 동원어가 된다고 하겠다. 뚝배기를 강원도, 충청북도 지방에서는 '뚜가리'라고 한다. '뚝'과 '아리'의 합성어로서 '아리'는 접미사가 아니라 항아리의 '아리'와 동원어로서 그릇의 뜻을 지닌다고 하겠다.

뛰다   图 跳, 躍, 踊, 走

'뛰다'는 발을 위로 하여 빨리 달리다의 뜻이다. ¶뛰여 가노니(超詣)《杜初 16:2》, 뛸 약(躍)《石千38》, 뛰놀 됴(跳)《字會下27》. '뛰다'의 어근은 '뛰'이 고 원형은 '뒤'이다. '뒤'는 '두이'가 줄어든 것이고 조어형은 '둗(둘)'이다. 뛰는 것은 다리로 뛰는 것이기 때문에 '다리'의 어근 '달(닫)'과 '뛰'의 조어 형 '둗'은 동원어(同源語)일 것이다. 둗다(走), '돋니다〉다니다'의 '돋'도 다리의 뜻을 지니는 명사다.

뜨다¹   图 開眼

'뜨다'는 주로 "눈을 뜨다"에 쓰인다고 하겠다. '開眼'의 뜻이다. 그렇다고 보면 어원은 눈일 것이다. '듣〉들〉드〉뜨'의 변화일 것이다. ¶뜨다(開) : 눈 떠 合掌ᄒ야《月7:58》, 盲龍이 눈 뜨고《曲65》, ᄃ라치(눈다래끼)《漢 219d》. ᄃ라치의 어근 '둘'이 눈이란 본뜻을 지닐 것이다. tolkin(夢)〔나나 이, 에벤키〕. 어근 tol은 눈이란 뜻을 지닐 것이다.   ▣ 다래끼, 당달봉사

뜨다²   图 浮

뜨는 것은 물과 관련되기 때문에 어원은 물의 본뜻을 지닐 것이다. ¶뜨다 (浮) : 眼根ᄋᆫ 밧긔 써(眼根外浮)《楞1:47》, 뜰 부(浮)《石千18》. '드다'가 원형일 것이고, '드'가 어근이 되는데, 명사라고 하겠다. 조어형(祖語形) 은 '듣(들)'일 것이다. 돌(渠)과 동원어(同源語)라 하겠다. taki(瀧)〔日〕, taro/taru(瀧)〔日, 靜岡縣周角郡〕. 일본어 taki가 있으나, 방언에 taro, taru 가 있다. 이는 국어 돌(渠)과 동원어임을 보여주고 있다.   ▣ 땀

뜯다　图 扯, 剝, 拔, 摘, 采

'따다'나 '뜯다'는 손으로 한다. ¶뜯다(摘) : 됴흔 茱蔬를 쁘더(摘嘉蔬)《杜初20:51》. 어근은 '듣'으로서 손의 뜻을 지닌다고 하겠다. 다루다(扱)의 어근 '달'은 '닫'이 조어형(祖語形)인데, 손의 뜻을 지니며 '듣'과 동원어(同源語)일 것이다. 따다(摘)의 조어형 '닫'과 동원어가 된다. ta, te (手)〔日〕, tsumu(摘)〔日〕, toru(取)〔日〕, tulho(押)〔蒙〕, ték(手)〔아이누〕, dapsi(肩胛)〔滿〕. 일본어 ta의 조어형은 tat으로서 국어 '닫(手)'과 동원어가 되며 일본어 toru(取)의 어근 tor는 tot이 조어형으로서 ta(手)의 조어형 tat(手)과 동원어이다.　　　　　　　　　　　　　　　　 ▣들다

뜰　图 庭

'뜰'의 고형은 '들'이며 흙, 땅(土, 地)의 뜻을 지닌다고 하겠다. ¶뜰(庭) : 門과 뜰왜 ᄒᆞ야디놋다(門庭毀)《杜初16:66》. 달(地. 양달, 응달의 달), 돌(石), 들(野), 딜(土. 딜그릇의 딜)과 동원어(同源語)가 된다고 하겠다.　　　　　　　　　　　　　　　　 ▣ 땅(地)

뜸　图 灸

'뜸'의 고형은 '듬'이며 '듣>들>들음>드음>듬'의 변화일 것이다. 뜸은 불로 하는 것이기 때문에, '듣'은 불의 뜻을 지니고 있을 것이다. ¶뜸(灸) : 우각뜸 혼가 진짓뜸 혼가(虛灸那實灸)《杜初上38》. 다리다(煎)의 '달', 달구다의 '달'이 불의 뜻을 지닌다. "불을 때다"의 '때'가 어간인데 '따이'가 줄어든 말이다. '닫>달>달이>다이>대'의 변화일 것이다. thuwa(火)〔滿〕, towo(火)〔女〕. thuwa는 tura가 고형일 것이다.

뜻　图 意, 義

'뜻'의 고형은 '듣'이다. 생각은 소리 없는 말이라 하겠다. 뜻도 말에 의해 구체화된다. 따라서 '듣'의 본뜻은 말이라 하겠다. ¶뜯(意) : 善慧 뜯 아

슾바《曲6》. 들에다(떠들다)《杜初7:16》. 어근 '들'은 말의 뜻을 지닌다고 하겠다. '떠들다'는 '떠'와 '들'로 가를 수 있다. '들다'의 '들'이 명사로서 말의 뜻을 지니고 있음을 짐작할 수 있다. '떠'도 '덛〉덜〉더〉떠'의 변화일 것이다. '덛'도 본디는 말이란 뜻이다.　　　　　　　　　　　▣ 넋두리

띠　　명 帶

'띠'는 하나의 실, 끈, 올, 줄이라 하겠고 끈, 올, 줄의 재료는 풀종류(草類)라 하겠다. ¶씌 디(帶)《字會中23》. 씌도 실, 끈, 올, 줄과 유사어에 속한다고 하겠다. 씌의 재료도 그렇고 묶는 것도 공통된다고 하겠다. obi (帶)〔日〕, otasu(絲)〔蒙〕, 올(條, 縷)〔國〕, ot(草)〔터키〕, olho(草)〔滿〕. otasu, 올의 어근으로 '올(온)'을 얻을 수 있는데, 동원어(同源語)일 것이라고 여겨진다. 씌의 고형은 '듸'가 될 것이고, '드이'가 준말이다. '듣〉들〉들이〉드이〉듸'가 될 것이다. ¶고기 낙는 줄에(釣絲)《杜初15:12》, 빗줄글우믈(解纜)《杜初7:17》, 세답줄(曬繩)《譯補44》. 줄이 絲(실 사), 纜(닷줄 람), 繩(줄 승)의 뜻을 지닌다. 줄의 초성 ㅈ은 ㄷ에서 변한 자음이다. 줄은 '쥴, 듈, 둘'로 소급된다. '듸'는 '들〉들이〉드이〉듸'의 변화일 것이다. ¶뒤(茅)《解例用字》. 띠는 즉 천(布)으로 된 것이다. 천은 식물성 섬유로 짠 것이다.

라마교　명 blama 덕 높은 고승의 스승. 御靈神(bla)이 부탁한 사람을 의미. Lamaism

라마는 스승이란 뜻이며, 본디는 달라이라마(達賴喇嘛)·빤첸라마(班禪喇嘛)에만 쓰던 존칭인데 일반 승려에게도 쓴다. 달라이는 큰 바다라는 뜻이므로 달라이라마는 '큰 바다처럼 덕이 높은 스승'이다. 티베트를 중심으로 일어난 불교로 몽골·만주·부탄·네팔 등지에도 성행한다. 18세기 후반 그리스도교의 자취를 찾아 티베트에 들어간 데지테리와 캡틴파 수도승의 보고에 기초하여 불교에 대한 지식이 없는 게오르기 신부가 저작 중에 티베트불교를 '라마의 종교'라고 부른 데서 유래한다. 19세기 전반에 서양학자가 라마가 서로 전하는 것을 중시하는 것이 후기 인도불교의 일반적인 경향인데 이것을 잘못 티베트불교의 특색이라고 간주하여 '라마교'라는 명칭을 정착시켰다. 일본에서 1877년에 '라마교(喇嘛敎)'라는 명칭을 사용했는데 이를 우리나라에서 받아들였다. 이종극의 『鮮和兩人모던朝鮮外來語辭典』(1937)에 "西藏, 蒙古等에 流布된 一種의 秘密佛敎"라고 나온다. 티베트에서는 라마교라는 말이 없고 라마교도 자칭은 티베트어 산게키초에(saṣ rgyas kyi cho 불교), 담파이쵸에(dam paḥi chos正法)이다. 북인도의 연화상좌사(蓮花上座師, Guru Padma sambhava)가 창시한 것이다. 밀교를 수학하고 티베트의 고유 종교인 본교를 불교에 흡수하는 등 여러 가지를 융합한 것이다. 13세기 원나라 후빌라이(忽必烈)의 비호 하에 몽골의 국교가 되었는데, 현재도 몽골 사람 90% 이상이 라마교 신자다.

ㅁ

마고자　명 馬褂子

'마고자'는 저고리 위에 겹쳐 입는 웃옷의 한가지다. 중국옷인 마괘자(馬褂子)에서 변한 말인데, 중국옷 그대로가 아니라 우리나라 사람들이 개량하여 멋들어지게 만든 옷이다. 원래는 만주족이 말 탈 때 입는 옷이었는데 일종의 군복이다. 청나라의 趙翼(조익)이 쓴『해여총고(陔餘叢考)』에 "馬褂凡扈從及出使, 皆服短褂缺襟袍, 及戰裙, 短褂亦曰馬褂, 馬上所服也." (마괘는, 무릇 扈從(호종) 및 出使(출사)가 모두 옷깃이 없는 短褂(단괘) 및 戰裙(전군)을 입었으며, 단괘는 또 馬褂(마괘)라고도 하는데, 말을 탈 때 입는 옷이다.)라고 나와 있다. 우리나라에서 마고자를 입게 된 유래가 있다. 1882년 임오군란(壬午軍亂) 때 청나라에서는 대원군이 군란을 부추겼다고 해서 붙들어서 천진(天津) 근처 보정부(保定府)라는 곳에 구수(拘囚)시켰다. 청나라에서는 대원군을 조선에 돌려보내지 않고 죽을 때까지 잡아두려고 했다. 그런데 조선에서의 인아배청(引俄背淸) 정책을 막기 위해 대원군을 1885년 10월 3일 풀어주어 인천으로 돌아왔다. 그때 대원군이 청나라에서 입고 온 옷이 마고자의 처음이라고 한다.

마냥　부 十分, 够, 滿足, 滿意

'마냥'은 늘, 항상을 뜻하는 부사다. ¶미샹이 비 골프고《野雲1》, 미샹 두리니《救方下4》, 미양 말씀호매(每語)《救方下25:31》. 한자어 每常(매샹)에서 미양으로 변하고 ᄆᆞ양→마냥으로 변했다. 한자어가 그 어원 의식을 상실하고 국어화한 말이라 하겠다.

마누라 <small>명 妻</small>

'마노라'는 고어에서 임금, 상전(上典)의 뜻을 지니다가 아내(妻)의 뜻으로 전의(轉義)되었다. ¶마노라(임금) : 마노래 션왕 아드님이시고《癸丑 p.38》, 마노라(上典) : 죵이 닐오디 마노랏 父母ㅣ 늘그시니(其僕亦慰解曰, 公父母春秋高)《三綱忠18》, 마노라(妻) : 마노라 太太《譯補18》. 마노라는 '마'와 '노라'의 합성어인데, 며놀(子婦)《曲36》, 며느리(子婦)《字會上31》의 조어법(造語法)과 일치하고 있다. 며놀도 '며'와 '눌'의 합성어다. '마'와 '노라'는 각기 사람의 뜻을 지니는 이음동의어(異音同義語)라 하겠다. '마'의 조어형(祖語形)은 '맏'이다. ¶무숨(머슴) : 以丈夫爲무름又무숨《華方》, 무룸(마름) : 莊온 무르미라《月21:92》, 무룸(庄頭)《同文上14》, 무름(마름) : 무름(莊頭)《漢137b》. 어근 '뭇, 물'은 '묻'이 고형(古形)이며, 사람의 본뜻을 지니고 있다. 만주어의 nyalma(人)는 nyal과 ma와의 합성어인데, 이음동의어로서 사람의 뜻을 지닌다. nyal은 nal이 고형이고 국어 나, 너, 누와 동원어가 되며, 마노라의 '노라'의 어근 '놀'과 동원어가 된다. mafa(祖)〔滿〕, mama(祖母)〔滿〕, mamari(曾祖母)〔滿〕. mamari는 ma와 mari의 합성어인데, 같은 말이 겹친 것으로 mari의 어근 mar(mat)는 국어 마노라의 '마'의 고형 '맏'과 동원어다. mutsi(貴)〔日〕, mutsu(睦, 血緣關係, 夫婦關係에 있는 친한 사람)〔日〕. 일본어 mut은 고어에서 사람의 뜻을 지니고 있다.

마늘 <small>명 蒜</small>

'마늘'은 '頭菜(두채), 宗菜(종채), 上菜(상채)'의 뜻이다. ¶마늘(蒜)《救簡6:4》. 마늘은 '마'와 '눌'의 합성어다. 미나리(水草, 芹)는 '미'와 '나리'의 합성어다. '미'는 믈(水), '나리'는 풀, 나물(草, 菜)의 뜻이다. na(野菜)〔日〕. na는 nar의 말음탈락형이다. 한편 무(菁根)의 어근 '뭇(묻)'은 마늘의 '마'와 동원어(同源語)일 수 있다. 표준어는 '무'지만 방언에 '무수'가 있다. 구근식품(球根食品)이라는 데서는 마(薯)와 동원어일 수도 있다. 마늘은 그 잎새도 식용이지만, 무와 같이 그 뿌리가 주된 식품이다.

---

mira(蒜)〔日〕, nira(蒜)〔日〕. 마늘의 '마'는 일본어 mira의 어근 mir와 비교가 된다. 일본어에서 두음이 m일 경우 모음 i로 반영된다. mar(蒜) : mira(蒜)〔日〕. 마늘의 '늘'은 일본어 nira(蒜)와 비교된다. 일본어 na 는 나물(菜)의 뜻을 지닌다. 국어 나생이(薺)의 어근 '낫(낟)'과 동원어 라 하겠다. ¶ᄃ로미 나식 ᄀᆞᆮ도다(甘如薺)《杜初8:18》. 나식의 어근 '낭 (낫, 낟)'은 나물(菜)의 뜻을 지닌다. negi(蔥)〔日〕. 마늘은 이음동의어 (異音同義語)일 경우 '늘'은 나물(菜)의 뜻을 지닐 것이다.　　▣ 미나리

마당　명 場

'마당'의 어근 '맏'은 땅, 흙(地, 土)의 뜻을 지닌다. ¶마당(場) : 마당(打糧場)《同文下1》. 뭍(陸), 묻다(埋), 미(野), 뫼(山), 모래(砂)의 어근 '묻, 몯' 등과 동원어(同源語)다. ¶맏 댱(場)《字會上7》. 일본어 mitsi (路)의 어근 mit은 국어 뭍(陸)과 동원어이고 mutsu(陸奧)〔日〕의 어근 mut도 국어 뭍(陸)과 동원어다.　　▣ 뫼(山), 마을(村, 里)

마렵다　형 便意

'마렵다'의 어근 '말'은 명사로서 똥, 오줌(糞, 尿)의 뜻을 지닌다. 명사에 서 형용사로 전성되었다. ¶몰(糞, 尿) : 차바ᄂᆞᆯ 머거도 自然히 스러 몰 보기를 아니ᄒᆞ며《月1:26》. 몰은 오줌과 똥의 두 뜻으로 쓰이던 말이었다. mari(大小便을 하다)〔日〕, kusomari(送糞, 屎放. 똥누다)《日.日本書紀. 神代上》. 일본어에서는 mari가 동사로서 똥, 오줌을 누다(大小便을 하 다)의 뜻이고, kusomari는 '똥누다'의 뜻을 지닌다. mari의 어근 mar 는 국어 몰(糞, 尿)과 동원어(同源語)다. 일본어에 yumari(尿)가 있는 데, yu(湯)와 mari(糞)의 합성어다. yubari(尿)라고도 한다. yu는 물 이라는 뜻을 지닌다.

마루¹ 명 棟

'마루'는 용마루 밑에 서까래가 걸리게 된 도리, 상량(上樑)이며 어근은 '말'이고, 나무(木)의 뜻을 지닌다. ¶ᄆᄅ(棟) : ᄆᄅ와 보히(棟樑)《杜初9:28》. 말뚝(橛)의 '말'이 나무(木)의 본뜻을 지닌다. modo(木)〔蒙〕, moo(木)〔滿〕. moo는 moro의 r음이 탈락한 형이다. modo(木)의 어근 mot은 나무의 본뜻을 지니는 국어 마루(棟)의 어근 '말(맏)'과 동원어(同源語)일 것이다.

마루² 명 床, 地塘板

'마루'는 나무로 만든 것이므로 어근 '말'은 나무의 본뜻을 지닌다. ¶마로(마루) : 하 두려 마로 아리 숨으며《癸丑p.83》. 말(橛)과 말뚝의 '말'이 나무의 뜻이다.

➡ 매(梗)

마루³ 명 宗, 脊

'마루'는 길게 등성이가 진 지붕이나 산의 꼭대기이다. ¶極果이 ᄆᄅ 사모몰 가줄비시니《法華1:6》, ᄆᄅ 종(宗)《字會上32》, 곳ᄆᄅ 쥰(準)《字會上26》, 등ᄆᄅ 쳑(脊)《字會上27》. 머리(頭)의 고대어 '맏'에서 변화한 말일 것이다. ¶頭曰麻帝《類事》. 어근이 '맏'임을 보여주고 있다.

마르다¹ 동 乾, 枯, 燥

'마르다'의 어근은 '말'로서 명사다. 마르게 하는 것은 해 또는 불이 될 것이다. 원시인들이, 마르게 하는 것은 태양에 의함이라고 여겼다면, 그 어원은 해다. ¶마ᄅ다 : 欲愛 몰라 업고 ᄆᄉᆡ 몰가《月2:60》, 므르다 : ᄆ를 고(枯)《倭下30》. xataho(乾)〔蒙〕, kurumak(乾)〔터키〕, kawaku(乾)〔日〕, olhombi(乾)〔滿〕. 몽골어 xataho(乾)는 kataho로 재구하면 어근은 kat이다. 터키어 kurumak(乾)은 kuru가 명사고 mak은 명사를 동사로 전성시키는 구실을 하는 접미사다. 일본어 kawaku(乾)는 karaku

로 재구하면, 어근은 kar(kat)이다. kat, kut의 어근이 추출되는데, 본의(本意)는 해의 뜻을 지니는 말이다. 국어 개다(晴)의 '개'는 '갇〉갈〉갈이〉가이〉개'의 변화로서, '갇(갈)'이 해의 본뜻을 지닌다. 터키어 güneş(晴)의 어근 gün은 태양의 본뜻을 지니는데, gut이 조어형(祖語形)이다. 모레(來後日)의 어근 '몰'의 본뜻은 해의 뜻을 지니는 말이다.

마르다² 图 裁

'마르다'는 재단하다의 뜻이다. ¶ᄆᆞᄅᆞ다(裁) : ᄆᆞ롤 지(裁)《字會下19》, 옷 ᄆᆞ롤 지(裁), ᄆᆞ롤 젼(剪)《類合下7:41》. 옷감을 마르다의 어근은 '말'로서 명사가 된다. '마르다'라는 동사는 마르는 재료보다 그 마르는 행위의 주체인 손이 그 어원이 될 것이다. '몰'은 손의 본뜻을 지니는 말이라 하겠다. 밀다(推)의 어근 '밀(민)'은 명사로서 손의 뜻을 지닌다. 몽골어에서 손의 존대어에 mutol(手)이 있는데, 어근은 mut이다.　　　□▶ 만지다, 만들다

마립간 图 麻立干

신라 초기에 왕을 일컫는 말이다. '마리간' 또는 '말간'으로 읽었을 것이다. ¶頭曰麻帝《類事》. 믈 이여 오나는 마리예 븟습고《曲34》, 마리 두(頭)《字會上24》, ᄆᆞᄅᆞ 宗《字會上32》, 곳ᄆᆞᄅᆞ 準《字會上26》, ᄆᆞᄅᆞ와 보히(棟樑)《杜初9:28》. 마리(頭)의 어근 '말'은 '맏'으로 소급되는데, '麻帝'가 '맏'임을 보여주고 있다. ᄆᆞᄅᆞ(宗)의 '宗' 자는 宀 밑에 示(보일 시)를 받친 글자이다. '示'는 제상을 상형하는 자이다. 조상의 신주를 모셔놓고 제사를 지내는 집(宀), 곧 사당이나 종묘를 뜻하는 데서 마루 또는 높다는 뜻으로 쓰인다. ᄆᆞᄅᆞ는 '頭'와는 별개의 어원으로 볼 개연성이 있다. 마리간, 말간은 수장(首長)이라는 뜻을 지니고 있다. 한편 '말간'의 '말'은 사람의 뜻을 지니는 옛말일 수도 있다. 머슴, 마름의 어근 '멋(먿), 말(맏)'이 어원적인 의미는 사람이다. 심마니, 똘마니, 할머니의 '마니, 머니'가 사람의 뜻을 지니는 말로서 어근 '만, 먼'은 '맏, 먿'이 조어형이다. nyalma(人)〔滿〕. nyal과 ma로 나뉘는데 둘 다 어원적인 의미는 사

람이다. nyal의 옛말은 nal이고 국어의 '나, 너, 누'와 동원어로서 고형은 '날, 널, 눌'임을 보여준다. nalmar가 mal의 r음이 탈락한 nalma가 nyalma로 변했다. 향가 「모죽지랑가(慕竹旨郎歌)」의 주인공인 죽지랑은 竹旨郎, 亦作竹曼, 亦名智官이라고 기록하고 있다. 竹旨를 竹曼이라고 한 것은 '대무른'일 개연성이 있다. '무른'가 사람의 이름에 쓰였음을 보여준다. 이는 일본서도 사람의 이름에 쓰이고 있는데 '麻呂'로 나타난다. mutsi(神이나 사람을 존귀하게 부르는 말)〔日〕, mutsu(睦, 혈연관계, 부부관계가 화목하게 있는 상태)〔日〕. 어근 mut의 어원적인 의미는 사람의 뜻을 지닌다. 그러한 면에서 볼 때 마리(麻立)의 어근 '말'은 사람의 본뜻을 지니고 있는 말이라 하겠다. 그렇게 보면 말(人), 갈(王)의 어원적인 의미가 있다. 앞서의 경우는 말(宗, 頭, 上), 간(王)의 어원적인 의미가 있다 할 것이다.

마무리　　图 締, 結端, 完成, 結束

'마무리'는 일의 끝막음, 마지막 단속의 뜻이다. ¶斬은 마모로디 아니미니《家諺6:1》, 마모로기롤 ᄀ눌고 고로게 ᄒ라(緻的細句着)《朴重中55》. '마모로다'는 마무리하다의 뜻을 지니는 말이다. '마모로→마무리'로 변했다. ¶卷은 글월 ᄆ로니라《月序19》. ᄆ로다(卷)의 어근은 '몰'이 된다. 마모로다의 "마몰"은 몰다(卷)의 '몰'이 겹친 것이라 여겨진다. 마모로다의 '마'는 마지막의 '맞(맏)' 또는 말다(不)의 어근일 개연성도 있다.

마수걸이　　图 始賣, 初賣

'마수걸이'는 맨 처음으로 물건을 파는 일, 맨 처음으로 부딪는 일, 어떤 일을 시작하여 맨 처음으로 얻는 소득 등이다. '마수'는 처음에 팔리는 것으로 미루어 말하는 것이며 그 영업이나 그날의 운수를 뜻한다. 마수가 좋다, 마수부터 재수가 없다와 같이 쓰인다. '마수걸이'는 영업을 처음 시작하거나, 또는 하루의 영업을 시작하여 처음으로 물건을 팔다의 뜻도 있다. '마수'가 명사인 셈인데, '처음, 시작'의 뜻을 지니는 말이다. ¶頭曰

麻帝《類事》. '麻帝'는 어근이 '맏'임을 보여주며 마리(頭)의 어근 '말'의 조어가 '맏'임을 보여주고 있다. 신라의 왕을 마리간(麻立干)이라고 하는데 마수간(麻袖干)이라고도 나온다. 이는 '마리'의 조어 '맏'이 '말'로도 변하고 '맛'으로도 변했음을 보여주고 있다.

마시다 [동] 飲

'마시다'의 어근은 '맛(맏)'으로서 명사다. ¶마시다(飲) : 믈 다 마셔 그 모시 스러디니《曲159》. 먹다(食)의 대가 되는 말로서 마시는 것은 입으로 하는 것이기 때문에 그 어원은 입이다. 물다(咬)의 어근 '물(묻)'은 입(口)의 뜻을 지닌다. 무는 행위는 입으로 한다. 몽골어 ama(口), omtalaho(飲)의 어근은 am, om으로 동원어일 것이다. 터키어에서는 emmek(飲)으로서 어근은 em이다.　　　　　　　　　　▣ 먹다(食)

마을 [명] 村, 里

'마을'은 현재도 충청도, 경상도 방언에서 '마실, 마슬'이란 형으로 쓰인다. ¶ᄆᆞᅀᆞᆯ(里) : ᄆᆞᅀᆞᆯ호로 나오놋다(出村)《杜初7:39》. 어근은 '뭇'이며, '몯'이 조어형(祖語形)이다. mura(村)〔日〕, mosir(島)〔아이누〕, mosir(國)〔아이누〕, mosir(世界)〔아이누〕, matsi(町)〔日〕. 어근 mur, mos는 동원어(同源語)로서 땅, 흙(土, 地)의 원의(原意)를 지닌다. 일본어 mura(村)를 보면 마슬의 어근 '맛'이 '맏'이었음을 알 수 있다. 묻다(埋), 무덤(墓), 뭍(陸)의 어근은 '묻'이라 하겠는데, 모두 땅, 흙(地, 土)의 뜻을 지닌다. 국어 미(野)《字會上4》의 조어형 '묻'도 땅, 흙(土, 地)의 원의를 지닌다. 뫼(山), 모래(砂), 모새(砂)의 어근 '본(몰, 못)'도 땅, 흙(土, 地)의 뜻을 지닌다. 뫼는 '모이'가 줄어든 말로서, 모로(山)《龍4:21》형도 있다. 일본어 sato(里)의 어근 sat은 땅, 흙(土, 地)의 뜻을 지닌다. ¶스래(이랑) : 재 너머 스래 긴 밧츨 언제 갈려 ᄒᆞᄂᆞ니《靑p.50》. 어근 '술'이 땅, 흙(土, 地類)의 뜻을 지닌다. 몽골어 sirogai(土)의 어근 sir는 국어 실(谷)과 비교된다. 일본서기(日本書紀)에 따르면 가야 지역의 지명에 '久斯牟羅,

久禮牟羅, 布羅牟羅' 등 牟羅가 지명접미사로 쓰였다. 일본어 mara(村)와 牟羅는 동원어일 것이다. 牟羅의 어근 mor의 조어형은 mot으로 '무술'의 어근 '뭇(몯)'과 동원어일 것이다.

마음　圐 心

'마음'은 언어로 나타나므로 본디 말의 뜻을 지니는 말일 수 있다. ¶ᄆᅟᅳᆷ(心) : ᄆᆞᅀᆞ미 空寂을 아라 六塵의 더러요물 넙디 아니ᄒᆞ야《金剛2》, ᄆᆞᅀᆞᆷ(心) : 病ᄒᆞ니롤 보시고 ᄆᆞᅀᆞᆷ 내시니《曲44》. 어근은 '뭇(몯)'이다. 말의 고형은 '묻'이다. 묻다(問), 묻그리(占)의 '묻'이 말의 고형이다. mujirən(心)〔滿〕, mujin(志)〔滿〕, mudan(音, 聲, 音響)〔滿〕. 어근 muj, mud은 mut이 조어형(祖語形)이다. 마음, 뜻(心, 志)이란 말이 소리(mudan)란 말과 동원어(同源語)임을 알 수 있다. ᄆᆞᅀᆞᆷ《月23:73》이 심장(心臟)의 뜻으로 쓰이기도 했다.

마지기　圐 斗落, 斗落地

'마지기'는 논의 넓이를 세는 단위다. 보통 논 한 마지기는 200평이다. 볍씨 한 말을 모판에 뿌려 그 모로 모내기 할 만한 면적일 경우는 한 마지기, 두 말을 뿌릴 때는 두 마지기라고 하고 한 섬을 뿌릴 만한 논이면 한 섬지기라고 하고, 한 되를 뿌릴 만한 논은 한 되지기라 한다. ¶斗는 말이라《月9:7》. morohyasu(升)〔滿〕. 만주어 morohyasu(升)의 어근 mor와 국어 말과는 동원어(同源語)라 하겠다. 마지기의 '지기'는 '디기〉지기'로서 '디'는 디다(落)의 어근 '디'에 '기' 접사(接辭)가 붙은 것이라 하겠다. 한자어로는 두락(斗落)이다. 말디기〉마디기〉마지기.

마지막　圐 終, 最後, 最終

'마지막'은 시간이나 순서의 맨 끝이다. ¶마ᅎᆞ막 졍셩으로《閑中p.272》, 마ᅎᆞ막 餞送ᄒᆞ쟈《海東p.114》. 마ᅎᆞ막〉마즈막〉마지막. 마ᅎᆞ막은 '마ᅎᆞ'와

'막'의 합성어다. ¶글 지실 ᄆᆞᄎᆞ니《杜初8:8》. 몿다는 마치다, 끝내다의 뜻을 지닌다. 마지막의 '막'은 막다른 골목, 막바지, 막내의 '막'이다. '막'은 막다(塞)의 '막'과 동원어(同源語)일 것이다.　　　　　■ 마침내

마찬가지　　명 一樣, 同樣, 相同

'마찬가지'는 매한가지, 질이나 조건이 같음이다. 마찬가지는 '마치 한 가지'가 줄어든 말이라 하겠다. ¶마치 天官 ᄀᆞᆮ더니《月2:26》, 同ᄋᆞᆫ 훈가지라《訓諺》. 마치는 흡사의 뜻을 지닌다. '마치 훈가지'는 '흡사 같다'라는 본뜻을 지닌다고 하겠다.

마치다　　동 止, 畢, 終

'마치다'는 어떠한 행위를 그만두는 것인데, 그 행위의 주체는 손이다. ¶몿다(終) : 믈러가던덴 목숨 ᄆᆞᄎᆞ리잇가《龍51》. owaru(終)〔日〕. 일본어 owaru의 원형은 oraru로서 어근은 or이다. ude(腕)〔日〕, el(手)〔터키〕. 어근 ut, el(et)은 국어 안다(抱)의 어근 '안(앋)'과도 동원어(同源語)로서 본디는 손의 뜻을 지닐 것이다. 국어 만지다, 만들다의 어근 '만(맏)'은 본디 손의 뜻을 지닌다. mutol(手)〔蒙〕, motsu(持)〔日〕. 어근 mut, mot이 손의 뜻을 지니고 있음이 확실하다. ■ 만지다, 만들다, 밀다

마침내　　부 終, 最後, 最終

'마침내'는 마지막에 드디어, 끝끝내이다. ¶ᄆᆞᄎᆞᆷ내 고티디 아니호려니(終不改)《杜初23:54》. ᄆᆞᄎᆞᆷ내→마침내. ¶終ᄋᆞᆫ ᄆᆞᄎᆞ미라《訓諺》. ᄆᆞᄎᆞᆷ은 마지막, 마침의 뜻을 지닌다. ᄆᆞᄎᆞᆷ내의 '내'는 내내, 겨우내, 여름내의 '내'다. '내'는 시간적으로 계속되는 뜻을 지니는 접사다. '내'는 '나이'가 줄어든 말로 나다(經)의 어간 '나'에 '이'가 붙어서 형성되었다. 나이>내. ¶三月 나며 開훈 아으 滿春ᄃᆞᆯ욋 고지여《樂軌》.　　　　■ 마지막

마칼 　명 南風

'마칼(南風)', 서칼(西風)은 방종현(方鍾鉉)의 「동서남북(東西南北)과 바람」(『조선어문학회보』 2호, 1931)에 나온 자료다. 마칼은 '마'와 '칼'의 합성어인데, '마'는 남(南)의 고유어고 '칼'은 바람의 뜻이 분명하다. 서칼은 서풍(西風)의 뜻이다. '칼'은 '갈'로 소급된다. '갈'의 고형은 '간'이다. kaze(風)〔日〕. 일본어 kaze의 고형은 kaza인데, 어근 kaz는 kat이 원형이다. '갈'의 고형 '간'과 일본어 kaze(風)의 어근 kat과는 동원어(同源語)다. kat의 원의는 소리(音)의 뜻을 지닌다. '갈'이라고 하는 말이 바람의 뜻으로 쓰이기 전에는 소리의 뜻을 지닌 말이었다. 　▶ 마파람(남풍), 바람

마파람 　명 南風

'마파람'의 '마'는 남쪽(南)의 뜻을 지니는데, '맏〉말〉마'의 변화다. ¶힛모로(日暈)《字會下1》, 모로(暈)《字會下1》. 힛모로의 '모로'의 어근 '몰(몯)'은 해의 뜻을 지닌다. 현대어에서는 햇무리다. 『훈몽자회(訓蒙字會)』에 둘모로(月暈)도 보이지만, 근원적으로는 햇모로의 '모로'가 전용(轉用)된 것이라 하겠다. '모로'의 뜻을 지니는 暈(무리 훈) 자를 보아도 日(날 일) 자가 들어 있다. 햇무리나 달무리나 빛의 둘레라 하겠다. ¶母魯(明後日)《類事》. 어근 '몰'은 해의 뜻을 지닌다. 현대어에서는 '모레'인데 어근은 '몰'이다. 일본어에서 앞은 mahe(前)인데, 원형은 mare(前)로서 어근 mar가 나온다. 일본어의 남쪽 minami(南)의 mi가 mar에서 변한 것이라 여겨진다. 일본어 방언에 maze(南風), mazi(南風)가 있다.
　▶ 모레(明後日)

마흐라 　명 冠, 帽

'마흐라'는 겨울에 쓰는 방한모의 하나이다. ¶마흐라(冠)《同文上55》, 마흐리(帽)《漢淸327b》, 마흐레(帽)《漢淸327b》. mahara(冠)〔滿〕, malagai(帽子)〔蒙〕, mahara(冠)〔滿〕가 '마흐라'와 동원어임을 보여주고 있다. malagai

(帽子)〔蒙〕는 mal과 gai의 합성어이다. mal은 국어 마리(頭)의 어근 '말'과 동원어이다. gai는 gari의 r음 탈락, 어근은 gal이고 조어는 '갇'인데 갓, 머리(笠, 頭)의 두 뜻을 지니고 있지만 어원적인 의미는 머리(頭)가 된다. 대가리의 '가리'가 머리(頭)의 뜻을 지닌다. kasira(頭)〔日〕. 어근 kas는 kat이 조어다. 갇〉갈〉가리(頭). 몽골어 malgai는 모자(帽)의 뜻을 지니는 이음동의어(異音同義語)의 합성어다.

막걸리 🅝濁酒

'막걸리'는 아무렇게나 막거른 술이라고 풀이되고 있다. 『역어유해(譯語類解)』(1690)에는 고조목술로 나온다. ¶고조목술(鋼頭酒)《譯上50》. 고조목술은 술주자에서 갓 짜낸 술을 뜻한다. '고조'는 술주자인데, 술주자는 술 거르는 틀을 일컬음이다. '목술'이 막걸리에 해당되는 말인데, 목술의 '목'은 '막'이 '목'으로 변하지 않았나 한다. 즉 고조막술이 고조목술로 변했다고 여겨진다. 술 거르는 틀에서 막(수) 짜낸 술, 막 거른 술의 뜻을 지닌다고 하겠다. 고조목술 즉 막걸리를 중국어로 번역했는데, 鋼頭酒로 기록되어 있다. 鋼頭는 中國語에서 막, 지금, 방금의 뜻을 지니는 말이다. 막걸리의 '막'을 방금의 뜻으로 풀이한다면 방금 거른 술이라는 뜻이라 하겠다. 고조목술이 술주자에서 갓 짜낸 술의 뜻과 일치한다.

막내 🅝末子

'막내'는 형제자매 중 맨 마지막으로 태어난 사람이다. ¶막나이(晚生子)《譯補32》. 막나이〉막내. 나이는 낳이(産)일 것이다. 막나이의 '막'은 막바지, 막장, 막판의 '막'과 같이 '막'은 마지막의 뜻을 지닌다고 하겠다. 마지막의 '막'과도 동원어(同源語)일 것이다.　　　　　　　🔲 마지막, 마침내

막대기 🅝木, 杖, 棍

'막대기'는 '막대'와 '기'를 합친 말인데, '막대'와 '기'는 나무의 본뜻을 지

니는 말이다. ¶막대(막대기)《字會中18》. 막대는 '막'과 '대'의 합성어다. '막'은 '맏〉맘〉맑〉막'의 변화로 나무의 본뜻을 지니는 말이다. ¶말(欟)《楞 8:85》. '대'는 '다이'가 줄어든 말로서, '닫〉달〉달이〉다이〉대'의 변화다. 그 루(株), 기둥(柱)의 어근 '글, 긷'이 나무의 본뜻을 지니고 있다. 일본어 에 ki(木)가 있다. '글〉글이〉그이〉긔〉기'의 변화로 나무의 본뜻을 지니는 말이다. 막대기는 나무의 뜻을 지니는 이음동의어(異音同義語)가 세 개 나 합쳐진 것이다. ¶긷(柱)《解例合字》.　　　　　**▶** 매, 몽둥이, 말뚝, 말

만 　명卍

'卍(가슴 만)'은 석가모니가 탄생할 때 가슴에 있었던 무늬에서 '가슴 만' 이라고 부르고 있다. 『화엄경음의(華嚴經音義)』에 당(唐)의 측천무후 (則天武后)가 卍을 문자로 삼고 발음은 만(萬), 뜻은 길상, 만덕(吉祥, 萬德)이 모인 곳으로 하기로 했다고 한다. 그 후로 卍을 '가슴 만', 또는 '만 만'이라 하게 되었다. 산스크리트어로는 swastika라고 하며, 절이나 불교의 표지로 사용하게 되었다. 그러나 卍은 무늬라기보다는 태양의 운 행을 뜻하는 것으로 보는 견해도 있다. 옛날 문자가 생기기 전, 이른바 암각화(岩刻畵)에는 십(十)은 태양을 상징하며 태양의 움직임을 상징하 기 위해 十에 꼬리를 달았다고 한다.

만나다 　통遭, 相逢

'만나다'의 어근은 '만나'인데, '만나'는 '만'과 '나'로 가를 수 있다. 만난다 는 것은 사람과 사람이 마주 대하는 것으로, 그 인식은 시각적인 것이다. '만'을 '맏〉만'의 변화로 보면, '맏'은 눈의 뜻을 지니는 옛말이었을 것이 다. 맞이하다의 '맞(맏)'도 시각적인 것이다. 만나다의 '만나'의 '나'도 '낟〉날〉나'의 변화일 것이다. ¶낟다(나타나다)《楞2:87》. 낟다의 어근 '낟' 은 명사로 눈의 뜻을 지니고 있다. 이음동의어(異音同義語)의 합성이다. 나타나다의 인식은 시각적인 것이다. 곧 만나다는 맞다(迎)와 나다(現) 의 어간 '맞'과 '나'의 합성어일 것이다. 맞나다〉만나다. ¶부톄 마조 나아

마즈샤 서르 고마ᄒᆞ야《釋6:12》, 世尊을 맞나ᅀᆞᄫᆞ며《曲178》, 부텨를 맛나 잇ᄂᆞ니《釋6:11》, 만날 조(遭)《類合下29》. ➡ 나타나다, 눈(眼), 멀다(遠)

만다라 圈 曼茶羅, mandala

mandala는 산스크리트어로서 manda라는 어근에 la 접미사가 붙었다. 어근 manda는 진수(眞髓)나 본질(本質)을 뜻하고 la 접미사는 소유 또는 성취를 뜻한다. 따라서 mandala는 '마음속에 참을 갖추고 있음'이라는 뜻을 지니며, 교리적으로는 보리심(菩提心)을 뜻한다. 소리옮김(音譯)으로 曼多羅, 蔓陀囉, 曼陀羅, 滿茶邏, 漫茶羅, 曼拏羅 등이 있다. 줄여서 만나(曼拏), 만다(曼茶)라고도 한다. 뜻옮김(意譯)으로는 단(壇), 장(場), 도량(道場), 윤원구족(輪圓具足), 취집(聚集) 등이 있다. 깨달음의 세계를 상징적으로 표현한 것이다. 통상적인 언어로 나타낼 수 없는 심오한 세계를 그림으로 보인 것이므로 그 내용을 언어로 설명하려는 것은 불가능한 것이라고 말하지 않을 수 없다. 산스크리트 만다라는 '원(圓), 전체' 등의 의미가 있으므로 輪圓具足(윤원구족)이라 한역했다. 인도에서는 수법(修法)을 할 때 악마가 방해하지 못하도록 동그란 모양을 그려서 그 속에서 수법을 했다. 여기에서 일반적으로 원형이나 방형(方形)으로 구획한 곳을 '만다라'라고 하게 되었다. 만다라는 밀교에서 중시하는데, 밀교에서 보면 4가지 의미가 있다. 첫째 만다라를 '만다'와 '라'로 나누면 '만다'는 본질, 정수(精髓)이며, '라'는 소유를 의미하는 접미사로서 '본질을 가지는 것'이란 뜻이 있다. 이 경우 본질은 깨달음이란 것으로, 만다라는 '깨달음을 완성한 경지'를 의미한다. 둘째 깨달음을 얻는 장소라는 것으로, 도량(道場)이라는 의미를 가진다. 셋째 깨달음을 여는 도량은 신성한 장소이므로 제불(諸佛)을 모시고 기도를 올리는 단(壇)도 만다라라 한다. 단에는 제불이 모여 있으므로 만다라에는 '취집(聚集)'이라는 의미도 있다. 만다라의 성립은 다음과 같다. 대승불교가 발달함에 따라 깨달음의 경지를 스스로의 마음속에 명기(銘記)했는데, 순수하게 추상적인 관념을 자성(自性)만다라라 일컫고, 부처를 觀하는 관상(觀想)이 발달함에 따라 부처의 세계를 구상적으로 마음에 비추는 관상만다라가 나왔다. 그러나 일반적으로는 부처를 관하는 것이 어렵기 때문에 관상으로 얻은 영상을 구체적으로 그렸다. 이것이 오늘날 눈으로 볼 수 있는 형상을 그린 만다라의 성립이다. 양대(梁代, 502-557)에 역경(譯經)된 『모리만다라주경(牟梨曼陀羅呪經)』에 단(壇)의 중심에 본존(本尊)을 넣고 그 둘레에 권속상(眷屬像)을 그리는 방법이 처음 나온다. 근년에 이 경의 원본인 산스크리트 사본(5-6세기)이 발견되어 인도에서 이 무렵 만다라의 원형이 나왔음을 알 수 있다. 인도에서 7세기 초에 대일경(大日經), 7세기 중기에서 말기에 걸쳐 금강정경(金剛頂經)이 성립되고, 이들에 의한 태장만다라(胎藏曼茶羅)와 금강계만다라(金剛界曼茶羅)에는 중존(中尊)에 처음으로 대일여래(大日如來)가 출현했기 때문에 밀교에서는 이 이전을 잡밀(雜密), 이후를 순밀(純密)이라 일컬어 구별한다. 이들이 중국에 전파되고 정비통합 과정을 거쳐 금태양부(金胎兩部)의 양계만다라(兩界曼茶羅), 양부만다라(兩部曼茶羅)가 완성되었다. 순밀 성립 이후 8세기 후반에서 밀교 멸망(120년)까지를 후기밀교라 하며 이 시기에 경궤(經軌. 만트라)에 의한 만다라가 티베트 및 몽골에 전파되고 원대(元代, 1271-1368)에 고려 및 중국에 파급되었다. 만다라의 형태를 보면, 인도에서는 청정한 진흙을 반죽하여 단을 쌓고, 표층(表層)에 백토를 바르고, 제존(諸尊)을 안치하거나 그렸는데, 수법(修法)이 끝나면 곧바로 깨부수었기 때문에 유품은 없다. 티베트에서는 벽화나 현폭(懸幅)의 탕카(thang ka)가 많고 채색의 사만다라(砂曼茶羅)도 있다. 중국·한국·일본에서는 비단이나 종이에 채색한 것이 많고, 그밖에 판각, 금동판, 경상(鏡像)이나 현불(懸佛) 등의 형태가 있다. 넓은 의미에서는 우주 전체가 만다라의 세계이지만, 보통 만다라는 제존(諸尊)을 종이나 천에 그린 것을 말한다. 진언밀교 교학에서는 제존의 모습을 그린 대만다라, 제존을 상징하는 법륜이나 연꽃을 그린 삼매야(三昧耶)만다라, 범자(梵字)로 표시한 법(法)만다라, 상을 새긴 갈마(羯磨)만다라 등 4종 만다라를 말한다. 그밖에 법화경 등에서 말하는 성중(聖衆)을 그린 경법(經法)만다라, 아미타여래 등 정토를 그린 정토만다라도 있다. "道場之處當作方壇, 名曼茶羅, 廣狹隨時."(『師子莊嚴王菩薩請問經』).

만들다 동 造

'만들다'는 손으로 하는 작업이다. 만드는 작업은 손에 의해 이루어진다. ¶ᄆᆞᆫᄃᆞᆯ다(造)《三綱烈9》, ᄆᆡᆫ들다(造)《小諺10:6》, ᄆᆡᆼᄀᆞᆯ다(造)《龍40》, ᄆᆡᆫ글다(造)《老下47》, ᄆᆞ니다(撫)《釋11:5》, ᄆᆞᆫ지다(撫)《月1:36》. ᄆᆞ니다(撫)의 어근은 'ᄆᆞᆫ'으로서 'ᄆᆞᆮ'이 조어형(祖語形)이다. 'ᄆᆞᆮ'의 말음 ㄷ이 ㄴ으로 변하여 'ᄆᆞᆫ이다'가 되었다. 조어형 'ᄆᆞᆮ'은 손의 뜻을 지닌다. ᄆᆞᆫ지다는 어근 'ᄆᆞᆫ'에 선행어미 '지'와 연결되었다. ᄆᆞᆫᄃᆞᆯ다는 'ᄆᆞᆫ'과 'ᄃᆞᆯ'의 합성이다. 'ᄃᆞᆯ'도 어원적으로는 손의 뜻을 지닌다. 다루다의 어근 '달'이 손의 뜻을 지닌다. ta, te(手)〔日〕. 일본어 ta는 tat>tar>ta의 변화로서, 국어 '닫(달, 手)'과 동원어(同源語)다. ᄆᆡᆼᄀᆞᆯ다는 'ᄆᆞᆫᄀᆞᆯ다'에서 변한 것이라 여겨진다. 'ᄀᆞᆯ'도 손의 뜻을 지니는 명사였다고 여겨진다. 국어 가리키다(指), 가락지, 골무 등의 어근 '갈, 골' 등이 손의 뜻을 지닌다. gara(手)〔滿〕, gar(手)〔蒙〕, kol(手)〔터키〕. 어근 gar, kol 등이 손의 뜻을 지니고 있는데, 국어 '갈, 골'과 동원어가 분명하다. ¶ᄆᆞ니다(撫)《釋11:5》, ᄆᆞᆫ지다(撫)《月1:36》. ᄆᆞ니다는 'ᄆᆞᆮ>ᄆᆞᆫ'의 변화에서 ᄆᆞ니다로 된 것이다. 한편 ᄆᆞᆫ지다는 'ᄆᆞᆮ이다>ᄆᆞ지다>ᄆᆞᆫ지다'의 변화로 볼 수도 있다. 몽골어에서 평어(平語)로는 gar(手)지만, 존대어로는 mutol(手)이 있고, 일본어에는 motsu(持)라는 동사가 있다. 어근 mut, mot이 손의 뜻을 지니는 동원어다. ᄆᆞᆮ(手) → ᄆᆞᆫ이다>ᄆᆞ니다, ᄆᆞᆮ→ᄆᆞ디다>ᄆᆞ지다>ᄆᆞᆫ지다, ᄆᆞᆮ→ᄆᆞᆫ-지다>ᄆᆞᆫ지다, ᄆᆞᆮ→ᄆᆞᆫ-ᄃᆞᆯ다>ᄆᆡᆫᄃᆞᆯ다, ᄆᆞᆮ→ᄆᆡᆫᄀᆞᆯ다>ᄆᆡᆼᄀᆞᆯ다.

➡ 만지다, 가지다, 다루다

만자 명 卍字, 梵 Śrīvatsa室哩末蹉, Svastika塞縛悉底迦

'만자'는 고대 인도의 길상(吉祥) 표기이다. 중국에서는 측천무후(則天武后) 때 '만(萬)'이란 독음을 정했다. "卍, 薰聞曰, 志誠纂要云, 梵云室利靺瑳, 此云吉祥海雲, 如來胸臆有大人相, 云云, 華嚴音義云, 案卍字本非是字. 大周長壽二年, 主上權制此文, 著於天樞, 音之爲萬, 謂吉祥萬德之所集也. 云云, 梵云塞縛悉底迦, 此云有樂, 有此相者, 必有安樂, 若卍○

萬万字, 是此方字."(『飜譯名義集』15) 당나라 때 불교의 모든 경전을 일체경 (一切經)이라 부르고 그 경에 사용된 불교 용어를 간단히 풀이한 책인 혜림(慧琳)의 『일체경음의(一切經音義)』에 卍字를 '범어로 室哩靺蹉, 倉何'라 풀이했다. "卍字之文, 梵云, 室哩靺蹉, 唐云, 吉祥相也. 有云卍 字者, 謬說也. 云云, 非是字也, 乃是如來身上數處, 有吉祥之文, 大福德 之相."(『一切經音義』12) 여기서 '실리말차'는 Śrīvatsa, '창하'는 Svastika 의 소리옮김(音譯)이라는 것을 알 수 있다. '슈리바챠'는 인도의 비슈누 (Viṣṇu) 또는 그의 화신(化身)이라는 크리슈나(Kṛṣṇa)라는 신의 가슴 에 있는 소용돌이를 만든 가슴털로 유명하다. 비슈누는 힌두교의 일파인 비슈누파의 주신(主神)이다. 또 산스크리트로 쓴 서사시 등에는 이 표시 가 시바(Śiva)라는 신이 가진 무기인 삼지창(三枝槍)으로 붙인 것이든 가, 아니면 '바라도바챠'라는 선인(仙人)이 비슈누의 가슴에 물을 뿌린 젖은 손으로 만든 것이다라고 적혀 있다. 다만 이 슈리바챠는 모두가 만자 와 닮았다고는 할 수 없다. 삼지창으로 붙인 것이라고 할 만큼 형태가 분명히 삼지창과 닮은 것도 있다. 슈리바챠라는 말의 의미는 '슈리'가 행 복, 번영의 의미를 지니고, '바챠'가 송아지라는 의미이므로 '행복의 송아 지'이며, '행복의 나무'로 보기도 하고, 비슈누의 부인인 슈리라는 여신이 좋아한다는 주소(住所)라는 설도 있다. 그런데 卍字는 한 중심에서 네 개의 갈고리가 나오는 형태이다. 그러나 연기(緣起)가 좋은 표시로서의 슈리바챠는 중심에서 9개의 갈고리가 나오는 것으로 되어 있다. 9라는 숫자는 값비싼 것, 연기(緣起)가 좋은 것, 행복이라든가 변화가 있는 의 식(儀式)과 관계가 있는 숫자이므로 슈리바챠도 그것과 비슷한 것의 상 징일 것이라고 여겨진다. 일찍이 이것은 태양의 상징이라고 여긴 적도 있다. 그런데 卍의 원형인 슈리바챠 또는 스바스티카는 꼭 비슈누에만 한하는 것은 아니었다. 이상적인 왕은 이 표시를 가지고 있었으며, 자이 나교의 개조(開祖)도 가슴에 이 표시를 하고 있으며, 부처님의 80종호 가운데에도 있다. 이로 보면 卍字는 고대 인도의 '인상적인 위대한 인물' 이 가진 한 특징으로 여길 수 있다. 만자는 左卍(卍)과 右卍(卐) 두 가지 가 있다. 고대 인도에는 右卍이 보편적이나, 중국에서는 左卍도 사용하는 데 『大漢和辭典』에는 『辭海』를 인용하며 左卍은 右卍의 잘못이라 하고

左卍은 『康熙字典』에 따른다고 했다. "卍, 乕之誤."(『辭海』) 독일의 나치스(Nazis) 마크인 하켄 크로이츠(卐 Hakenkreuz. 갈고리十字)와 우리나라 점치는 집의 표시(卍)로 사용하는 것도 이 만자와 상관관계가 있을 것이다. 한편 태극기의 원형을 찾으려는 사람들이 절의 당간지주(幢竿支柱)에 새겨진 卍字(右卍)를 태극의 원형으로 보는 것은 잘못이라 여겨진다. 문무왕(文武王) 해중릉(海中陵)과 관련된 감은사(感恩寺)의 당간지주에 있는 것이 현재 발견된 것으로는 가장 오래된 것이다.

만지다 동 撫

'만지다'는 손동작이다. ¶ᄆ니다(만지다) : 주검을 ᄆ니며《三綱忠11》, ᄆ지다(만지다) : 虛空올 ᄆ지거눌《月1:36》, ᄆ치다(만지다) : 무덤을 ᄆ치며 우니(撫塚哀號)《新續烈2:18》. 어근이 'ᄆ'임을 보여주고 있다. ᄆ니다는 'ᄆ이다'고 ᄆ지다는 어근 'ᄆ'에 '지'의 선행어미가 연결되었다. 'ᄆ'은 'ᄆᆯ'으로 소급되며 손의 본뜻을 지닌다. mutor(手)〔蒙〕, motsu(持)〔日〕. 어근 mot이 명사로서 손의 뜻을 지닌다. ¶ᄆ둘다(만들다)《家諺1:4》, ᄆᆼ 굴다(만들다)《龍40》, ᄆᆼ둘다(만들다)《牧45》. ᄆᆼ굴다는 ᄆ굴다가 변한 것이다. ᄆ둘다, ᄆ굴다의 쌍형이 보인다. ᄆ굴다의 'ᄆ굴'은 'ᄆ'과 '굴'의 합성어다. '굴'도 손의 뜻을 지니는 말로서 이음동의어(異音同義語)의 합성어다. 가지다(持)의 어근 '갖(갇)'은 손의 뜻을 지닌다. 가락지, 가리키다, 골무의 '갈, 골'이 손의 뜻을 지닌다. gara(手)〔滿〕, gar(手)〔蒙〕, kol(手)〔터키〕. 어근 gar, kol이 손의 뜻을 지니고 있다. ᄆ둘다의 'ᄆ둘'도 'ᄆ'과 '둘'의 합성어다. ta, te(手)〔日〕. 일본어 ta는 tat〉tar〉ta의 변화일 것이며, 한국어 '둘(手)'과 동원어(同源語)다. 만드는 것은 손의 행위라는 것은 두말할 것도 없다. 다루다의 어근 '달'은 명사로서 손의 뜻은 지닌다. maneki(招)〔日〕는 손짓을 하여 상대를 불러들이다의 뜻이다. 어근 man-이 국어 '만지다'의 '만'과 동원어다.　　　　　　　　❑ 만들다, 다루다

　　　　　　　　만지다

많다 휑多

'많다'는 수량에서 적다의 반의어다. ¶煩惱ㅣ 만흐고《釋6:35》, 내지븨 이
싫저긔 受苦ㅣ 만타라《月10:23》. 만흐다〉많다. 만흐다의 어근 '만'은 한
자어 萬(일만 만)이 아닌가 한다. 만흐다〉많다. '수많은'이라는 말의 '수'
는 한자어 數(셀 수)일 것이다. 온갖, 온세상, 온통의 '온'은 百(일백 백)
의 고유어였다. manesi(多)〔日〕. 어근 'man'은 한국어 '만'과 동원어일
것이다. ¶온 빅(百)《字會下34》.

맏 괜휑長, 初

'맏'은 차례의 첫 번째라는 뜻이다. ¶몬온 나히 열아홉이오《小諺6:60》,
뭇 노폰 소리《訓諺》. '몯, 뭇'은 長, 最, 上의 뜻을 지닌다. 머리(頭)의
15세기어는 '마리'다. 어근 '맏'은 '맏'이 조어(祖語)가 된다. 『계림유사(鷄
林類事)』의 두왈마제(頭曰麻帝)의 麻帝가 '맏'이 조어임을 보여주고 있
다. 맏(頭)의 뜻에서 '몯, 뭇'으로 어휘가 분화되었다. 머리맡의 '맡(맏)'도
머리(頭)의 원의(原義)를 지니는 말로 '맏'이 머리(頭)의 조어형(祖語形)
임을 보여주고 있다. 맏며느리, 맏형, 맏아들, 맏딸의 '맏'이 長, 上의 뜻을
지닌다. 맏아들은 '맏이'라고도 한다. ¶내 아드리 비록 모디라도《月2:5》.
'맏'은 몯형, 몯아둘과 같이 거의 인칭(人稱)의 관형어로 쓰인다. 따라서
'맏'은 본디 사람의 뜻을 지니는 말에서 전의되었다고 볼 수 있다. ¶몯(長)
: 몯누의 자(姊)《字會上32》. 모롭, 모숨(以丈夫爲宗모롭又모숨)《華方》의
어근 '몰, 뭇'은 조어형(祖語形)이 '몯'인데 본뜻은 사람이었다고 하겠다.
한편 머리(頭)의 뜻을 지니는 맏(麻帝)《類事》에서 분화한 말일 수도 있
다. ¶등모른 쳑(脊)《字會上27》, 모른 종(宗)《字會上32》. 모른의 어근은
'몰(몯)'인데 몯(長, 初)과 동원어(同源語)일 것이다.   ▣ 머슴, 머리

말¹ 휑斗

'말'은 목제이기 때문에, 어원적 의미는 나무의 뜻을 지닌다. ¶말(斗) : 斗는

마리라《月9:7》. hyasu(斗)〔滿〕, morohyasu(升)〔滿〕, myarimbi(되다, 量)〔滿〕, masu(枡)〔日〕. 일본어 masu의 어근 mas(mat)는 국어 말의 조어형(祖語形) '맏'과 동원어(同源語)가 된다. 되(升)의 뜻을 지니는 만주어 morohyasu는 moro와 hyasu의 합성어다. moro의 어근 mor는 국어 말(斗)과 동원어일 것이다. myarimbi(되다, 量)의 어간 myar는 mar가 원형이고 morohyasu(升)의 moro와 국어 말(斗)이 동원어임을 보여주고 있다. 말뚝(橛)의 '말'도 나무의 뜻을 지닌다.　▶말뚝(橛), 매

말² 몡 語, 言, 辭, 詞

'말'은 생각의 작용이다. ¶말(語) : 千載上ㅅ 말이시나《曲2》. mudan (音, 聲, 響)〔滿〕. 어근 mud(mut)가 국어 말과 동원어(同源語)다. ¶묻 그리(占)《釋9:36》. 묻그리는 '묻'과 '그리'의 합성어로 '묻'이 말의 고형임을 보여준다. 묻다(問)의 '묻'이 명사로 말의 뜻을 지닌다. '그리'도 말의 뜻을 지니는데, 글(文)과 동원어이다. 글은 말을 적은 것이다. ᄀᆞᆯ다 (曰), ᄀᆞᆯ치다(敎)《釋9:2》의 어근 'ᄀᆞᆯ'이 말(語)의 뜻을 지니며, '글'과 동원어다. 묻다(問)의 어근 '묻'은 명사로 말의 뜻을 지니는 말이다. mawosi(告)〔日〕. mawosi의 고형은 marosi라 하겠고, 어근 mar는 국어 말과 동원어다.　▶무꾸리(占), 묻다

말³ 몡 馬

'말'은 교통수단으로 일찍 인간이 길렀다. 열두 띠의 하나다. ¶젼 ᄆᆞ리 현 버늘 딘돌《龍31》. morin(馬)〔滿〕, morin(馬)〔女〕, mori, morin(馬) 〔蒙〕. 어근 mor는 국어 '몰(馬)'과 동원어다. 윷놀이의 모(5점)가 말과 동원어다. 몰의 'ㄹ'말음이 탈락한 것이다. 무리(群)와 몰다(驅)의 어근 '물, 몰'은 말(馬)과 동원어일 것이다. 한자 驅(구)에는 馬 변이 있다. 한편 윷놀이 할 때 '말을 쓰다, 말을 놓아라, 말판'의 '말'은 모두 나무라는 본뜻을 지닌다. 말뚝의 말(橛)이 고대에 나무라는 뜻을 지니는 말이다. modo (木)〔蒙〕, moo(木)〔滿〕. 중국어 馬는 몽골어 morin을 차용한 것이다.

말⁴ 명 藻

물속에 나는 풀, 바닷말을 말한다. ¶몰조(藻)《字會上9》, 몰(海藻)《東医湯液2:36》. 바다에서 나는 갈조류(褐藻類)인 미역의 고형이 '밀억'이라고 보면, 어근 '밀'은 '몰'과 동원어일 것이다. '밀억'의 '억'은 접미사가 된다. 다시마의 '마'도 '말'의 末音이 탈락한 것이다.

말갈 명 靺鞨

말갈족은 시베리아, 만주, 함경도에 걸쳐 살면서 속말(粟末) 등 7부족으로 나뉘어 있었다. 역대로 숙신(肅愼 : 周代), 읍루(挹婁 : 漢, 魏代), 물길(物吉 : 南北朝時代), 말갈(靺鞨 : 隋唐以後)이라 불렸다. 그 무인(武人)들은 돌화살과 독화살을 사용했으며 고구려가 건국한 뒤 고구려에 복속됐다. 고구려가 망하자 대조영(大祚榮)이 건국한 발해에 예속됐으며 일부는 신라에 들어왔다. 발해가 거란에게 망하자 말갈족의 중심세력인 흑수말갈은 거란에 부속하여 여진이라고 했다. 여진은 생여진(生女眞)과 열여진(熱女眞)으로 나뉘어졌는데, 뒤에 금나라를 세운 것은 생여진의 아구타(阿骨打)(『三國遺事』참조)이다. 처음에는 숙신(肅愼)이었다가 읍루(挹婁), 勿吉, 靺鞨로 바뀌었다. 말갈은 '말'과 '갈'의 합성어인데 모두 어원적인 의미는 사람의 뜻을 지닐 것이다. 머슴의 어근 '멋'은 '먿'이 조어이다. ¶莊은 只름미라《月21:92》, 只롭 庄頭《同文上14》. 어근 '몰'의 조어는 '몯'이다. '먿, 몯'의 어원적인 의미는 사람이다. nyalma(人)〔滿〕. nyal은 nal로 소급되며 조어는 nat이다. nyal은 nal로 소급하면 국어 '나, 너, 누'가 '날, 널, 눌'과 동원어가 되는데 어원적인 의미는 사람이다. 나나이(nanai)족의 nanai는 na와 nai의 합성어인데, nai는 nari의 r음 탈락이다. 앞에 오는 na는 nal의 l음 탈락이다. 사람의 뜻을 지니는 말이 겹침으로써 위대한 사람, 존귀한 사람, 큰 사람이라는 뜻을 지닌다. 앞에 오는 'na'를 땅(地)으로 봐서 '지방사람'이라고 보는 견해도 있으나 사람의 뜻을 지니는 말이 겹쳤다고 본다. nare(汝)〔日〕. 어근 nar는 국어 '날'과 동원어다. 만주어 nyalma는 사람의 뜻을 지니는 말이

겹쳤다. ma도 조어는 mat으로 사람의 뜻을 지닌다. 일본어에서는 maro
가 인칭접미사(人稱接尾辭)로 쓰이고 있다. '갈'도 사람의 뜻을 지닌다.
겨레(族)의 어근은 '결', '걸'로 소급되며 일본어 kara(族)와 동원어이
다. '高句麗'는 고구려가 아니라 '고구리'로 읽어야 한다. 성(姓)인 高는
句麗 후에 나온 것으로 '구려'가 아니라 '구리'인 것이다. 구리의 어근은
'굴'이다. 멍텅구리, 장난꾸러기, 끼리끼리의 '구리, 꾸러기, 끼리'의 어근
은 '굴, 길'인데 이게 모두 사람의 뜻을 지닌다. 옛날에는 사람의 이름이
부족을 대표하고 나라 이름까지 되었다. mongor, dagur, uigur의 gol,
gul 등이 사람의 뜻을 지닌다. 아이누어에서 kara가 사람의 뜻을 지닌
다. 멍텅구리를 일본서는 boŋkura라 하는데 kura가 사람의 뜻을 지니
며 '멍텅구리'의 '구리'와 동원어이다. '구려로 읽건 구리'로 읽건 어근은
'굴'이다. 이 '굴'이 사람이 뜻을 지니고 '여'가 붙으면 '구려'가 되고 '이'가
붙으면 구리가 된다. 그러나 우리나라의 조어에는 거의 '이'가 붙는다는
것을 염두에 놓고 볼 때도 '구리'로 읽는 것이 개연성이 높다. '勿吉'도
'말갈(靺鞨)과 동원어라 하겠다.

말다¹   동 泡, 調

'밥을 물에 말아먹는다'의 '말아'의 '말'은 명사가 된다. ¶ᄆᆞ다(調) : 추메
ᄆᆞ라 ᄇᆞᄅᆞ라《救方上7》. '말다'는 국이나 물에 밥을 넣는 것을 뜻하는 것이
니, ᄆᆞ다의 '몰'은 물의 뜻을 지니는 명사라 여겨진다. 믈(水)과 동원어
(同源語)가 된다. ¶믈 ᄆᆞᆫ 밥 손(飱)《字會中20》, 믈 ᄆᆞᆫ 밥《譯上40》, 믈은
밥(湯飯)《譯上49》, ᄆᆞ레 말오《救簡6:92》, ᄭᅮᆯ와 밀와 ᄆᆞ라《分溫12》, 기르
메 ᄆᆞ라(調句脂)《救簡6:21》.   ▶ 물, 묽다

말다²   동 卷

'말다'는 손으로 하는 행위이며, 그 대상은 여러 가지가 있다. ¶ᄆᆞ다(卷)
: 소리롤 ᄆᆞ라 根이 이니(卷聲成根)《楞4:110》. maku(卷)〔日〕. maku의
ma는 mal의 l음이 탈락한 형이다. kurmak(卷)〔터키〕, sarmak(卷)〔터

키], kol(手)[터키], orogaho(卷)[蒙]. 터키어 kurmak(卷)의 kur는 명사고, mak은 명사를 동사로 전성시키는 접사다. kur는 kol(手)과 동원어(同源語)가 아닌가 한다. sarmak(卷)의 sar는 명사인데, 국어 손(手)의 조어형(祖語形) '손(솓)'과 동원어가 된다. 물다의 '물'도 명사로서 손의 뜻을 지닌다. mutol(手)[蒙], motsu(持)[日]. 어근 mut, mot은 모두 손의 본뜻을 지니고 있다. 국어 만들다, 만지다의 조어형 '맏'은 명사로서 손의 뜻을 지닌다. 밀다(推)의 '밀'이 손의 뜻을 지니는 말이다. 골모(골무)의 '골'과 '모'는 각각 손의 본뜻을 지니는 합성어다. ▶ 마르다(裁)

말뚝   圀 橛

'말뚝'은 땅에 박아 놓은 막대기다. 말뚝의 '말'은 나무의 뜻을 지닌다. ¶말(橛) : 나모 비혀 말 박고《杜初25:2》. 매(鞭)는 '말〉말이〉마이〉매'의 변화다. 매는 그 재료가 나무다. modo(木)[蒙], moo(木)[滿]. 어근 mod은 국어 '말(맏)'과 동원어(同源語)라 하겠다. mutsi(鞭)[日]. 어근 mut은 국어 매(鞭)의 조어형(祖語形) '맏'과 동원어다. 말뚝의 '뚝'의 고형은 '둑'이다. '둗〉둘〉둙〉둑'의 변화다. 다리(橋), 대(竹, 竿)의 어근 '달(닫)'과 동원어다. 나무의 뜻을 지니는 이음동의어(異音同義語)의 합성어다.

말미   圀 經由, 緣由

'말미'는 겨를, 휴가, 까닭, 연유 등의 뜻으로 쓰였다. 말미암은 것은 언어적인 표현이라 하겠다. ¶말미(由) : 王띄 가 말미 엳줍고《釋6:15》. '말미'는 '말'과 '미'의 합성어다. '미'는 '므이'가 줄어진 말이다. '믇〉믈〉믈이〉므이〉미'의 변화로서, '믇'은 말(言)과 동원어(同源語)라 여겨진다. 까닭(由)도 '까'와 '닭'의 합성어다. '닭'은 '달'에서 변한 것이고, '달'은 말의 본뜻을 지니는 말일 것이다. '까'는 '갇〉갈〉가〉까'의 변화며 역시 말의 뜻을 지닐 것이다. 말리다의 '말'도 말(言)의 뜻을 지니는 말이라 여겨진다. 말리는 행위는 주로 언어적인 것이다. ▶ 말미암다(事由, 유래)

말미암다   동 事由, 由来

'말미암다'는 어떤 사물의 원인이나 계기가 됨을 나타내는 동사다. ¶말미 (事由) : 王끠 가 말미 엳즙고《釋6:15》, 말미삼다(말미암다) : 堯舜으로 말미삼마《孟諺14:32》, 말미암다(말미암다) : 사나히는 올흔녁흐로 말미 암고《小諺2:52》. 말미숨다는 '말미'와 '숨다'의 합성어다. 삼다는 만들다, 되게 하다의 뜻을 지닌다.   ▶ 말미(事由)

말씀   명 言, 語, 辭, 詞

'말씀'은 현대어에서 말의 존칭으로 쓰이지만 15세기에는 존칭의 뜻이 없었다. '世尊(세존)ㅅ 말, 千載上(천재상)ㅅ 말'과 같이 말씀이 존칭이 아니고 말과 같이 평칭어였다. ¶말(語) : 世尊ㅅ 말올 듣즙고 도라보아 ᄒᆞ니《曲29》, 말(語) : 千載上ㅅ 말이시나《曲2》, 말씀(語) : 나랏 말ᄊᆞ미 中國에 달아《訓諺》, 말숨(語) : 浩蕩ᄒᆞᆫ 말ᄉᆞ미 츌홀 묻노라(浩蕩問辭源) 《杜初8:25》, 말솜(語) : 엇던 말소미어시뇨(不敢)《朴初上38》, 말슴(語) : 平生에 말슴을 굴회 내면 므슴 是非 이시리《靑p.77》. 말슴은 '말'과 '숨'의 합성어다. 말슴의 '숨'은 실사(實辭)로서 '숟〉술〉술음〉ᄉᆞᆷ〉숨'의 변화 다. 사뢰다, 소리, 숇다의 어근 '살, 솔' 등이 소리, 말, 노래(音, 言, 歌) 등의 뜻을 지닌다. saman(巫)〔滿〕. 어근 sam과 말슴의 '숨'과는 동원어 (同源語)다. 묻그리(占)는 '묻'과 '그리'의 합성어인데, 말(語)의 뜻을 지 니는 이음동의어(異音同義語)의 합성이다. 무당은 내림굿할 때 말문이 열려야 무당의 자격을 얻게 된다. 무당이 굿을 하거나 점을 치거나 기도 할 때 이른바 공수(空授), 공반(空搬), 공줄이라고 해서 점사(占事)가 나온다. 이른바 신탁(神託)이라 하는데, 언어적 행위다. 무당은 신령(神 靈)과 인간의 언어적 중개자라 하겠다. 따라서 saman(巫)의 sam이 말 (語)의 뜻을 지닐 것이다. ¶심방(巫) : 巫는 겨집 심방이오 祝는 男人 심방이라《楞8:117》, 심방굿(巫굿) : 어미 平生애 심방굿 쑌 즐길씨《月 23:68》. 심방의 '심'이 말슴의 '숨'과 동원어일 것이다. 산삼을 캐는 이를 심마니라고 하는데 '심'은 삼의 뜻을 지니는 말이다.

맑다　휑清

고대인이 맑게 본 것은 무엇일까? ¶묽다(淸) : 비치 믈ᄀ니(色淸)《杜初 8:24》. 어간 '묽'의 고형은 '물'이다. '물'은 물(水)의 본뜻을 지니는 말이라 하겠다. 일본어 kiyoi(淸)라는 형용사는 kiroi가 원형일 것이다. 어근 kir는 국어 ᄀ롭(江), 걸(渠)의 'ᄀᆯ, 걸'과 동원어(同源語)가 될 것이다. 묽다의 어근 '물'도 물(水)의 뜻을 지닌다. ◪물, 말다, 묽다, 무지개

맛　명味

'맛'의 조어형은 '맏'이다. ¶맛 미(味)《字會下13》. 맛은 입안에서 느끼는 것이니, 그 어원의 소재는 입(口)이나 혀(舌)가 될 것이다. 한자 味(미)자를 보면, 口(입 구) 변에 未 자를 합친 글자다. 口자는 의미부이고 未자는 소리부이다. 味자의 어원은 입(口)에 있다고 하겠다. 묻다(問), 묻그리(占), 말씀(言)의 말의 조어형(祖語形)이 '묻'임을 보여주고 있다. 물다(咬)의 어근 '물(묻)'이 입(口)의 뜻을 지니고 있다. ama(口)〔蒙〕, amasar(口)〔蒙〕, amtalaho(맛보다)〔蒙〕, amthan(味)〔滿〕, aŋga(口)〔滿〕. 몽골어와 만주어를 보면 맛(味)의 뜻을 지니는 말의 어원은 입에 있음을 알 수 있다. azi(味)〔日〕. azi(味)의 어근은 at(az)이라 하겠는데, 국어 '아리(口)'의 어근 '알(앋)'과 동원어(同源語)라 하겠다.

망나니　명殺手

'망나니'는 못된 사람을 이르는 말인 '막난이'의 연철표기라 하겠다. 즉 '막난이'는 막난 사람으로서 아무렇게나 난 사람이란 뜻을 지니는 말이다. 막(粗)＋나(出)＋ㄴ(어미)＋이(者)〉막난이〉망나니. 한편 망나니는 옛날 사형수의 목을 베던 사람인데, 죽이는 사람이므로, 亡(죽을 망)난이로 볼 개연성도 있다. 망가지다, 망가뜨리다의 '망'과 비교된다.

망울 圏眸

'망울'은 주로 눈망울로 쓰인다. ¶눈마올 모(眸)《字會上25》. 마올(眸)은 '마'와 '올'의 합성어라 여겨진다. '마'는 '맏〉말〉마'로서 눈의 본뜻을 지닌다. ma, me(目)〔日〕, mayu(眉)〔日〕, maroodo(다래끼)〔日, 岡山〕. 일본어 mayu(眉)는 maru에서 변한 형태라고 볼 수 있다. 어근 mar가 눈의 뜻을 지닌다. '마롤〉마올〉망올'의 변화를 거쳤을 것이다. '올'을 접미사로 볼 수 있으나, '올'을 실사(實辭)로 볼 수도 있다. '올'을 실사로 볼 경우, 역시 눈의 뜻을 지닐 개연성이 있다. 일본어 memai(어지러움, 현기증)의 me는 눈의 뜻을 지니고, mai가 어지럽다의 뜻을 지니는데, mari에서 변한 말이다. 어근 mar가 눈의 뜻을 지니는 명사다. 일본어에서 눈을 깜박거리는 것을 mazimazi라고 한다. mazi의 어근 maz는 mad, mat으로 소급된다. 고대 일본어에서 me(目)는 ma이고 ma의 조어형(祖語形)은 mat이다. 일본어 방언에 다래끼를 maroodo라고 하는데, 어근 mar가 눈의 뜻을 지닌다. 어지럽다의 어근 '엇(얻)'이 눈의 뜻을 지니는 명사라고 하겠다. arahasu(나타나다)〔日〕, üzehö(見)〔蒙〕, uzak(遠)〔터키〕. 어근 as(at), uz(ut)가 눈의 뜻을 지닌다. 알타이제어에서 동사, 형용사는 거의 명사에서 전성된 것이다. 따라서 국어의 고어에서도 '얻/앋'이란 눈을 뜻하는 말이 있었을 것이다. 터키어에 göz(目)가 있는데, '보이다'는 görümek, gözümek의 쌍형(雙形)으로 쓰인다. 나타나다의 뜻으로 터키어에는 görümek이다. 어지럽다의 뜻으로는 göz kararmas가 있다. 일본어와 몽골어에 눈의 뜻을 지니는 말로 두음(頭音)에 모음인 말이 있다는 것은 눈의 뜻을 지니는 어휘로서 국어에도 있을 개연성을 보여준다. 망울은 눈의 뜻을 지닌 이음동의어(異音同義語)의 합성어일 것이다.

망치 圏槌

'망치'는 '마치'에 ㅇ이 들어간 것이다. ¶마치(망치)《字會中18》, 맛티(망치)《柳物5金》. '마치'의 어근은 '맞(맏, 맏)'이다. 고대의 망치는 목제(木

製)였을 것이다. 그렇게 본다면 '맏'은 나무의 뜻을 지닐 개연성이 높다. 떡 치는 것을 '떡메'라고 하는데, '메'는 '머이'가 줄어든 말이고, '먿〉멀〉멀이〉머이〉메'의 변화로, 나무의 본뜻을 지닌다. 말뚝의 '말'이 나무의 본뜻을 지니므로 비교된다.   **❑** 매, 마루

맞다¹   图 挨打, 매를 맞다

'맞다'의 어근은 '맞(맏)'으로서 명사가 된다. 맞는 것은 주로 상대의 손동작으로 이루어진다. 따라서 어원은 손일 개연성이 짙다. ¶맞다(매를 맞다) : 매 마자 獄애 가도아《釋9:8》. '맏(手)'은 손의 고어로서 지금은 소실어(消失語)가 됐다. 밀다(推)의 어근 '밀(믿)'도 손의 뜻을 지닌다. mutor(手)[蒙]의 어근 mut과 비교된다. 한편 매, 몽둥이, 말(말뚝)과 동원어(同源語)일 가능성도 있다. 이 경우 어원적 의미는 나무다.

맞다²   图 迎

'맞다'의 어근 '맞(맏)'은 명사인데, 맞는 것은 주로 시각적인 인식이다. 따라서 '맏'은 눈의 뜻을 지닌다. ¶맞다(迎) : 네 가 妻子를 마자 오거늘(汝去迎妻子)《杜初8:40》. 멀다(遠), 멀다(瞑)의 어근 '멀'이 명사로서 눈의 뜻을 지닌다. 눈이 말똥말똥하다, 멀뚱멀뚱하다의 어근 '말, 멀'이 눈의 뜻을 지닌다. 일본어에 눈의 뜻으로 ma, me가 있으며, 맞다는 mukaeru(迎)인데 어근 mu는 ma, me(目)와 연결된다.   **❑** 멀다(遠)

맡다¹   图 任

'맡다'의 어근 '맡'은 '맏'으로 소급된다. 맡고 맡기는 일은 주로 손에 의해 이루어진다. 따라서 어근 '맏'은 손의 뜻을 지닐 것이다. ¶仁政을 맛됴리라(맛디다)《龍83》.   **❑** 만들다, 만지다

맡다² 동 嗅

'맡다'의 어근 '맡(맏)'은 코의 본뜻을 지니는 말이다. ¶맡다(嗅) : 네 고
홀 마트려니《楞3:24》. xamar(鼻)〔蒙〕, xor(鼻)〔蒙, 保安〕, qawa(鼻)〔蒙,
東乡語〕, koklamak(맡다)〔터키〕, koku(냄새)〔터키〕. 몽골어 xamar(鼻)
는 xa와 mar의 합성어다. xar는 qar, kar로 소급될 수 있으며, 국어
코의 고형 '골'과 동원어라 하겠다. '코를 골다'에서 '골다'의 '골'이 명사다.
murən(鼻)〔카자흐〕. mur는 코의 뜻을 지니는 말인데, 국어 '맡(맏)'이
고어에서 코의 뜻을 지니는 고형임을 보여주고 있다. ¶고 머근 놈(齆鼻
子)《四解上5》, 고 머글 옹(齆)《字會上30》. '고 먹다'의 먹다의 '먹'이 명사
로서 코의 뜻을 지니는 고어였다. '먹'의 조어형(祖語形)은 '먿'으로, 맡
다의 고형 '맏'과 동원어(同源語)라 여겨진다. '먿>멀>멁>먹'의 변화다.
코가 맥맥하다, 코가 매캐하다의 '맥맥, 매캐'의 '매'는 코의 뜻을 지닐
것이다.

매¹ 명 磑

맷돌의 '매'를 북한 지역에서는 '망'이라고 한다. 망은 '맏>맔>마>망'의 변
화로서, '맏(맔)'은 돌, 흙, 땅(石, 土, 地)의 뜻을 지니는 말이다. ¶매
(磑) : 매 의(磑)《字會中11》. 뫼(山)의 조어형(祖語形)은 '몯>몰>몰이>모
이>뫼'의 변화로서, '맏'과 동원어(同源語)다. 묻다(埋), 무덤(墳)의 '묻'
은 명사로서 땅, 흙(土, 地)의 뜻을 지닌다. 미(野)《字會上4》는 '믇>믈>믈
이>ᄆᆞ이>미'의 변화로서 '묻, 맏'과 동원어다. 마당(場)의 어근 '맏'은 물
론 땅, 흙(土, 地)의 뜻이다. mosuraku(臼)〔滿〕, mosulambi(맷돌질
하다)〔滿〕. 어근 mos(mot)는 '매'의 뜻을 지니고 있는데, 국어 매의 조어
형 '맏'과 동원어가 된다. 돌맹이의 '맹이'는 '망이'가 변한 말로서, '망'은
'맔>마>망'으로서 돌의 뜻을 지닌다. dolmen(支石墓)도 '돌'과 '멩(石)'
의 합성어다. 일본 방언에 mama는 언덕, 담, 비탈(土堤, 石垣, 急傾斜
地, 崖) 등의 뜻으로 쓰인다. 어린이들의 놀이에 돌멩이로 까는 것을 망
까기, 또는 망치기라고 하는 것이 있다. ▶ 뫼(山)

매² 图 鷹, 鶻, 隼

'매'는 '마이'가 줄어든 말로서 '맏〉말〉말이〉마이〉매'의 변화다. ¶매 : 奮은 매 눌애 티드시 가비얍고 쌘롤 씨니《月10:78》, 민 : 민 응(鷹)《兒學上7》. 수리매과에 속하는 새로서 말똥가리가 있다. 말쏭더휘기(말똥가리 : 茅 鴟似鷹而白)《柳物一羽》가 문헌에 보인다. 말똥가리는 매의 일종이다. 말 쏭의 '말'이 매의 조어형(祖語形)이다. 말쏭의 '쏭'도 기원적으로는 매의 뜻을 지니는 또 하나의 말에서 비롯되었다고 하겠다. tarasu(鷹)[蒙], taka(鷹)[日]. 몽골어에서 tarasu(鷹)의 어근은 tar이고, 일본어 taka 와 동원어(同源語)가 된다. 일본어 taka의 어근은 tak인데, tal〉talk〉 tak의 변화다. '쏭'은 '돋〉돌〉도〉동〉쏭'의 변화다. 말똥가리의 '가리'는 왜 가리, 곳고리(鶯), 딱따구리의 '가리, 고리, 구리'와 같이 새의 뜻을 지닌 다. 한편 몽골어에서는 매를 doŋgar이라고 한다. 말똥가리의 '똥가리'는 몽골어 doŋgar와 일치한다. 매의 일종인 말똥가리는 몽골어 doŋgar에 매의 조어형인 '말'과의 합성어라 할 수도 있다. doŋgar(鷹)[蒙], doğan (鷹)[터키], kartal(鶯)[터키], xačar(鶯)[蒙]. 말똥가리는 '말'과 '똥'과 '가 리'의 합성어다.

매³ 图 鞭, 韃, 策, 笞

'매'는 '마이'가 줄어진 말로서, '맏〉말〉말이〉마이〉매'의 변화다. 말뚝의 '말 (橛)'이 나무의 뜻을 지닌다. ¶매(鞭) : 매 마자 獄애 가도아 罪 니블 ᄆᆞ디 여《釋9:8》, 민 : 밋자곡(鞭棍傷痕)《漢221d》. mutsi(鞭)[日]. 어근 mut은 나무의 본뜻을 지니는 말로서, 국어 '매'의 조어(祖語) '맏'과 동원어(同源 語)다. modo(木)[蒙], moo(木)[滿]. moo는 moro에서 r음이 떨어진 형 이다. mor(mot)와 몽골어 mot과 국어 '말(맏)'과 동원어라는 것을 알 수 있다.   ➡ 말(橛)

매다'　〔동〕結

'매다'의 어간은 '매'로서 '맏〉말〉말이〉마이〉매'의 변화다. '맏(말)'은 명사다. 한자 結(맺을 결) 자를 보면 실사(糸) 변이 있다. 그러한 면에서 보면 실과 관련된 명사가 된다. ¶ᄆᆡ다(結) : 神通力으로 모굴 구디 ᄆᆡ니《曲76》. 모시(苧)《字會上9》. musi(苧)〔日〕, musubi(結)〔日〕. 어근 '못', mus는 동원어(同源語)로서 베, 실 종류(布, 絲類)의 뜻을 지니고 있는 말이라 하겠다. 마리(縷)《金三3:46》의 어근 '말'이 올(縷)의 뜻을 지닌다. '말〉말이〉마이〉매'의 변화다.

매다²　〔동〕除草

'논을 매다, 밭을 매다, 김을 매다' 할 때의 '매다'는 풀을 뽑아내는 일이다. ¶ᄆᆡ다(除草) : 호ᄆᆡ 가져서 ᄆᆡ던 이룰 ᄉᆞ랑ᄒᆞ노라(念携鋤)《杜初15:16》. 어근 'ᄆᆡ'는 'ᄆᆞ이'가 줄어든 말로서, '몯〉몰이〉ᄆᆞ이〉ᄆᆡ'의 변화다. 따라서 매다의 '매'는 풀의 뜻을 지니고 있을 것이다. 몰 조(藻)《字會上9》의 '몰'이 풀의 뜻을 지닌다. 미역은 'ᄆᆡ럭〉ᄆᆡ억〉미역'의 변화로서, '밀'이 어근인데, 풀(草)의 뜻을 지닌다. 다시마의 '마'도 풀의 뜻을 지닌다고 여겨지는데, '말〉마'의 변화다. 그러나 매는 행위는 손으로 하는 것이기 때문에 손일 수도 있다. 'ᄆᆡ'는 'ᄆᆞ이'가 줄어든 말로서 '몯〉몰〉몰이〉ᄆᆞ리〉ᄆᆞ이〉ᄆᆡ'의 변화로서, '몯(몰)'은 손의 뜻을 지닌다고 하겠다.　　　▶ 밀다(推)

매듭　〔명〕結節

'매듭'은 끈이나 실의 마디다. ¶ᄆᆡᄃᆞᆸ(매듭) : 온 ᄆᆡᄃᆞᆸ 안해 다 긴 모둘 바ᄀᆞ며《月21:44》, ᄆᆡ즙(流蘇 同心結也)《四解上40》, ᄆᆡᄃᆞᆸ(扢搭)《同文上57》. ᄆᆡᄃᆞᆸ은 'ᄆᆡ'와 'ᄃᆞᆸ'의 합성어다. 'ᄆᆡ'는 'ᄆᆞ이'가 줄어든 말이고, '몯〉몰〉몰이〉ᄆᆞ이〉ᄆᆡ'가 된다. himo(紐)〔日〕. hi와 mo의 합성어로서, hi는 pi에 소급되며, 국어 바(大繩)와 비교된다. mo도 끈(紐)의 뜻을 지닐 것이다. ᄆᆡ다(結)의 'ᄆᆡ'가 명사이며 'ᄆᆞ이'가 줄어든 말로서 조어형(祖語形)은 '몯(몰)'

이다. 이는 끈의 뜻을 지니는 말일 것이다. 모시(苧布)의 어근은 '못(몯)'이다. 이는 모시풀에서 실을 뽑아서 짠 것이기 때문에, '못'은 끈, 실의 뜻을 지니는 말과 동원어일 수 있다. 매듭은 '실, 끈, 바'로 할 수 있다. '듭'은 '듣〉들〉들ᅇ〉ᄃᅇ〉듭'의 변화를 거친 말일 것이다. '듭'의 어원적 의미는 줄의 고형 '둘(둗)'과 동원어다. 미듭, 미줍은 이음동의어(異音同義語)의 합성어다.

매무새 명 結束

옷을 입는 맵시를 '매무새'라 하고 옷을 입고 나서 매만지는 뒷단속을 매무시라고 한다. ¶민무슨 사ᄅᆞ미 紅粉이 하니(結束多紅粉)《杜初15:31》. 매무새와 매무시는 민뭇다(結束하다)의 어간 '민뭇'에 '애, 이' 접사가 붙은 형이다. 민뭇+애〉미무새, 민뭇+이〉미무시. 민뭇다의 어간 '민뭇'은 민다(結)와 뭇(묶)다(束)의 어간의 합성어다. 민다(結)의 '미'는 본디는 명사가 된다. '미'는 'ᄆᆞ이'가 줄어든 말로서 '몯〉몰〉몰이〉ᄆᆞ이〉미'의 변화를 거쳤다. 일본어 musubi(結)의 어근 mus(mut)와 국어 미다의 조어형(祖語形) '몯'과 동원어(同源語)라 하겠고 뭇다(束)의 '뭇'도 동원어가 된다고 하겠다. 고대인들이 매는 재료는 초목류(草木類)에서 비롯한다고 하겠다. 당시에 '몯(몰)'이 실이나 끈의 뜻을 지니는 명사였을 것이다. ¶몰 조(藻)《字會上9》, 몰(海藻)《東醫湯液2:36》, 말(櫪)《杜初25:2》. 몰(藻)과 말(櫪)은 동원어라 하겠다. '뭇(束)'은 장작, 잎나무, 채소 따위를 작게 한 덩이씩 만든 묶음을 일컬음이니, 초목류라는 어원적 의미가 될 것이다. 장작, 나무, 채소 따위의 묶음을 세는 단위가 된다. 한 뭇, 두 뭇. 명사 '뭇'이 '뭇다〉묶다'의 동사로 전성되었다. ¶기슴 미다가《續三孝15》. 미다의 어간 '미'는 명사로서 초목류의 뜻을 지닌다고 하겠다. 미다는 제초작업이다. '몯〉몰〉몰이〉ᄆᆞ이〉미'의 변화다. '몯'은 초목류의 뜻을 지닐 것이다.
　　　　　　　　　　　　　　　　　　　　　　　　🔜 매듭

맨 나중 📳 最終

'나중'은 한자어 내종(乃終)에서 비롯한 말이다. 15세기 문헌에서는 내종(乃終)이 여러 곳에 나온다. ¶내종 : 처섬 업스시며 내종 업스샤(無始無終)《法華3:161》. 맨 나중의 '맨'은 '민(가장)'의 뜻을 지니는 관형사다. ¶민(맨, 가장)《續三烈5》. 맨 나중은 민내종에서 변한 말로서 관형사 '맨'과 명사 '나중'의 합성어다. '나중에'의 '나중'은 한자어 내종(乃終)이 변한 말일 것이다.　　　　　　　　　　　　　⏩ 맨 처음, 맨 먼저

맨 먼저 🗒 最初, 最先

'맨 먼저'의 '맨'은 관형사로서 가장의 뜻을 지닌다. ¶민 처섬 셔쩐 싸히(原地)《練兵10》. '민'은 가장(最), 머리(頭), 마루(宗)의 뜻을 지니는 '뭋(몯)'과 동원어(同源語)일 것이라고 여겨진다. 먼저는 '머저'에 ㄴ이 첨가된 형이라고 생각된다. 더디다《龍27》에서 더지다《三譯7:13》를 거쳐 던지다가 된 것과 같은 현상으로 우리말에서 이런 현상이 나타난다. ¶몬지 : 몬지 무티시고《釋11:21》, 몬져 : 쏘 몬져 알오《牧10》, 몬제 : 네 몬제 나롤 對答호디(汝先答我)《楞1:98》, 몬져 : 筋骨을 몬져 又고샤(酒先勞筋骨)《龍114》, 몬졔 : 몬졔 經 디뉴미 다숫 가지 功이 ᄀ자《釋19:36》, 몬졧 : 大愛道ㅣ 몬졧 양ᄌ로 出家롤 請ᄒᆞᆸ바《月10:17》. 15세기 거의 같은 시기에 '몬지, 몬졔, 몬졧' 등의 이형태가 나타나고 있다. 한편 몬지는 '몯'과 '지'로 나눌 수 있을 것이다. '몯'의 조어형(祖語形)은 '몯'이라고 할 수 있다. '몯〉몰〉모'의 변화로서 '모졔'에 ㄴ이 개입되었다고 여겨진다. '몯'은 머리, 마루의 어근 '먿, 맏'과 동원어라고 볼 수 있을 것이다. '지, 제'는 때를 나타내는 제《龍18》, 적《釋6:11》과 대응시킬 수도 있고, 차례를 나타낼 때 쓰이는 '-지'로도 볼 수 있을 것이다. ¶둘지아ᄋᆞ는(二兄弟是)《華諺上3》.

맨발 명 赤足, 赤脚, 素足, 徒跣

'맨발'의 '맨'은 공(空)의 뜻을 지닌다. 곧 어떤 사물에 아무 것도 첨가되지 않은 순수한 상태를 지칭할 때 붙는 접두사다. 맨손, 맨발, 맨주먹, 맨간장, 맨물(맹물), 맹탕(맨탕), 맨살, 맨땅, 맨바닥 등이 있다. 맹물도 맨물에서 변했다. ¶민틀에 솔마《痘下40》. 맨은 어휘에 따라 '민'으로도 쓰인다. 민머리, 민둥산, 민비녀, 민낚시, 민무늬 등이 그 보기다.

맵시 명 美姿, 美觀

'맵시'는 아름답고 보기 좋게 매만진 모양새를 말한다. 어근이 되는 '매'는 貌(모양 모)의 뜻을 지닌다. ¶믜온 미롤 아니코 됴흔 톄 ᄒ더니《癸丑189》. '미'가 모양의 뜻을 지닌다. 옷매, 눈매, 몸매의 '매'가 모양의 뜻을 지닌다. 맵시의 시는 種(씨 종)의 뜻을 지니는 '삐'라고 여겨진다. ¶됴흔 삐 심거든《月1:12》, 종온 삐라《月2:2》, 核삐《柳物四木》. 솜씨가 손삐로 나타난다. ¶저제 드러가 분 푸는 디롤 두루 보니 그 겨집의 손삐가 ᄀᆞᆺ거늘《太平1:9》. 솜씨는 '솜'과 '씨'로 나뉘는데, '솜'은 손)솜, '씨'는 쓰다(用)의 명사형으로 보는 견해가 있으나, 동사의 어간이 후행어의 명사형으로 쓰인다는 것은 조어법으로 봐서 매우 어렵다고 하겠다. '손(手)＋씨(種, 核)〉손씨→솜씨'로 변했을 것이다. 맵시도 매(貌)와 씨(種, 核)의 합성어일 것이다. 매삐〉맵시. 맵시의 '맵'의 말음 ㅂ은 사잇소리로 여겨진다.

➡ 매무새, 매무시

맹과니 명 盲人

'맹과니'는 흔히 청맹과니라고 한다. 겉보기에는 멀쩡하면서 앞을 못 보는 눈 또는 사람을 가리킨다. 청맹 또는 당달봉사라고도 한다. ¶밍가니(소경) : 쑴ᄅᆞ원 밍가닐 더러(除苦盲)《法華3:100》, 밍관이(청맹관이) : 소경이 밍관이를 두루 쳐 메고《靑大p.140》. 밍가니의 '밍'은 한자 '盲'일 것이다. '가니'가 사람(人)의 뜻을 지니는 말로서 '간'이 어근이다. '간'이 조어형

(祖語形)으로서, '갇〉갓(女, 妻)'의 뜻을 지닌다. 일본어 mekura(盲人)의 me는 눈(目)의 뜻이고 kura는 사람(人)의 뜻이다. 일본어에서 바보를 뜻하는 doŋkura의 kura가 사람의 뜻을 지니는데, 국어 멍텅구리의 '구리'에 해당된다. kuru(人)〔아이누〕. 아이누어 kuru의 어근 kur가 사람의 뜻을 지닌다. 바보스러운 사람을 '얼간이'라고도 하는데, '가니'가 사람의 뜻을 지닌다. 맹과니는 맹가니에서 변했을 것이다.

▶ 청맹과니, 당달봉사

머구리 명蛙

문헌으로 보면 15세기 초에는 '머구리'로 나타나며, 17세기에 가서야 개구리가 문헌에 보이기 시작한다. 지금도 지방에 따라 머구리라고 하는 곳도 있고, 개구리 알을 머구리 알이라고도 한다. 머구리와 개구리를 볼 때 '머'와 '구리', '개'와 '구리'의 합성어임을 알 수 있다. ¶머구리(蛙)《字會上22》, 머고리(蛙)《南明下27》, 개고리(蛙)《類合上15》, 개골이(蛙)《新續孝1:12》. '구리'는 벌레(蟲類)의 뜻을 지니고 있다. 개구리의 '개'는 개울(川)의 뜻을 지닌다. 냇갈(川)의 '갈'이 개울(川)의 뜻을 지니고 있다. 그러니까 개구리는 물벌레(水蟲)의 뜻을 지닌다. 머구리의 '머'는 물(水)과 동원어(同源語)라 여겨지며 물벌레(水蟲)의 뜻을 지닌다. ▶ 개구리

머리 명頭, 頂, 首

'머리'는 인체에서 가장 중요한 부분이며 가장 위에 있는 것이다. ¶頭曰麻帝《類事》, 頭 墨二《譯語》, 마리(頭)《曲上13》, 마리(首)《杜初25:32》, 마리(頭)《字會上24》. 마리의 어근은 '말'인데 조어형(祖語形)은 '맏'이다. 『계림유사(鷄林類事)』의 麻帝(마제)는 '맏'이 조어형임을 보여주는 귀중한 자료다. '마리〉머리'로 변했는데, 짐승을 셀 때는 한 마리, 두 마리와 같이 고형이 그대로 쓰이고 있다. 목(首), 멱(頸)은 마리와 동원어(同源語)에서 분화된 단어족(單語族)이다. 일본어 atama(頭)의 ma는 국어 마리의 어근 '말'과 동원어다. ata는 국어 우두머리의 '우두'와 동원어다. ▶ 목(頸)

머물다 　동 留, 徊, 徘

'머물다'는 머무르다의 준말이다. 움직이다가 중도에 그치다의 뜻이다.
¶고지 空中에 머물러늘《曲7》. momorombi(앉은 곳을 떠나지 않다. 꼼
짝 않고 버티고 앉아 있다. 말없이 잠자코 앉아 있다)〔滿〕. 만주어 momo
rombi의 momor-와 국어 '머물다'와 비교된다.

머슴 　명 長工, 雇工

'머슴'은 농경사회에서 남의 집에서 일하는 사람을 말한다. 마름은 머슴들
을 맡아 관리하는 사람이다. ¶以丈夫爲宗ᄆ롬又ᄆ슴《華方》. ᄆ롬과 ᄆ슴
은 동의어(同義語)로 나온다. 만주어에 nyalma(人)가 있는데 nyal과
ma의 합성어로서 사람의 뜻을 지니는 말의 이음동의어다. ma가 국어
'몰, 뭇'과 동원어이다. 일본어의 남자이름 밑에 쓰이는 maro도 본디는
사람의 뜻을 지니는 말로서 고대 국어가 건너간 말이다. ᄆ롬, ᄆ슴의
어근은 '몰, 뭇'인데, 조어형(祖語形)은 '몯'으로 본디는 사람(人)의 뜻을
지닌다. 심마니(山蔘採取人), 똘마니(部下)의 '마니'가 사람의 뜻으로서
어근은 '만'이고 조어형은 '맏'이다. mančư〔滿〕, mongol〔蒙〕의 어근 man,
mon은 사람(人)의 본뜻을 지닌다고 여겨진다. 일본의 방언에 ma(少
女), maa(父), maamaa(姉) 등이 있다. 경상도 방언 '머스마'는 '머슴'과
'아이'의 합성어다.

머저리 　명 愚人, 遲鈍人

'머저리'는 '어리보기'라고도 한다. 말과 행동이 얼뜨거나 어리석은 사람을
얕잡아서 이르는 말이다. '머줍다'는 동작이 무디고 느리다는 뜻이다. '머
추다'는 멈추다의 뜻이고 '머지다'는 연줄이 저절로 끊어져 연이 나간다는
뜻이다. 머저리를 분철하면 '멎어리'가 된다. '멎다'의 어근 '멎'은 명사가
될 것이다. '어리'는 벙어리, 귀먹어리의 '어리'로서 사람의 뜻을 지닌다.
'멎'의 고형은 '먿'일 것이다. 먿다(멎다) 止의 뜻을 지닐 것이다. ¶兵馬롤

머추어시니《龍54》. '머추다'의 어근은 '멏(멋, 먿)'으로서 명사일 것이다. ¶구즌비 머저가고 시냇믈이 묽아온다《孤山六下別8》. '멏다'와 '멈추다, 그치다'의 뜻이다. modo(느리고 순한 어리석고 느린)〔滿〕, moco(언행이 둔하고 느리다)〔滿〕, mocodombi(어리석은 짓을 하다)〔滿〕, 어근 mod, moc이 愚, 遲, 鈍의 뜻을 지닌다. 고대인들에게 있어서 어떤 행위가 느리고 어리석은 것은 언어 또는 손발의 행동일 것이므로 어원을 거기서 찾아야 할 듯하다.

먹　　명墨

'먹'은 한자어 墨(먹 묵)과 동원어라고 하겠다. 한편 墨은 국어의 흙의 뜻을 지니는 말과 동원어(同源語)일 수도 있다. 묻다(埋), 마당(場), 무덤(墓), 뫼(山), 미(野) 등의 어근 '묻, 맏, 몯' 등과 동원어일 것이다. '먿>멀>뭙>먹'일 수도 있다.　　　　　　　　　　　　　　　　　　　■ 뫼(山)

먹거리　　명食品

'먹거리'는 15세기 문헌에 머구리(食品)가 나타난다. 머구리는 먹을 것의 뜻을 지닌다. ¶게으른 한 ᄂᆞ미 서르 ᄀᆞᄅ쳐 사ᄂᆞ올 머구릴 뷔여오니《月1:45》. 먹거리는 '먹'과 '거리'의 합성어로 늦잠, 감발과 같이 동사의 어간에 명사가 붙는 조어법으로 이루어졌다. 어간 '먹'에 명사 '거리'가 붙은 합성어인 것이다. 이러한 조어법은 근대에 나타나는 현상으로 고대로 올라가면 없다고 하겠다.

먹다　　동食

'먹다'의 어간은 '먹'으로서 명사다. ¶먹다(食) : 댱샹 머그리라《杜初15:22》. 동사는 명사에서 전성된다. '먿>멀>뭙>먹'의 변화다. 먹다의 어근 '먹'을 보면, 고대에는 '먹'이 입을 뜻했었다고 볼 수 있다. 먹는 것은 입을 통해서 이루어지기 때문에, 그 어원은 입의 뜻을 지니는 말이라 하겠다. 묻다

(間), 묻그리(占) 등의 어근 '묻'이 말의 뜻을 지니고 있지만, 본디는 입의
뜻을 지니는 말이라 하겠다. 물다(咬)의 '물'이 명사로서 입의 뜻을 지닌
다. 말(語)의 조어(祖語)도 '묻'이라 여겨진다. 만주어 mudan은 소리(音,
聲, 響)의 뜻을 지니고 있는데, mut이 어근이다. 소리, 말, 노래(音, 聲,
語, 歌)의 어원적 의미는 입, 혀(口, 舌)에 있다. ¶입모소몰 귀예 다둗게
쩌티니(割口吻至耳)《三綱忠26》. 모숨의 어근 '몽(못, 몯)'이 입의 뜻을 지
닌다. ¶모실 목(牧)《字會中2》. 어근 '몽(못, 몯)'도 입의 뜻을 지닌다.

먼지 　圐 塵, 埃

옛날의 '먼지'는 흙먼지가 대부분이었다. ¶몬지(埃)《釋11:21》, 몬지 니다
(浮灰)《譯補7》, 몬지 이(埃)《倭上8》. '몬지→먼지'라 여겨진다. 몬지는 '몬'
과 '지'의 합성어일 것이다. 몬지의 '지'가 재(灰)의 뜻이다. ¶지(灰)《字會
下35》, 몬(物件)《東言》. mono(物)〔日〕. 일본어 mono(物)의 어근 mon과
국어 물건의 뜻을 지닌 '몬'과 일치한다. 따라서 '몬(物件, 物)'과 '지(灰)'
의 합성어라 하겠다. 그러나 몬지의 '지'는 'ᄌ이'가 줄어든 말로서, '존〉줄〉
줄이〉ᄌ이〉지'로서 흙의 뜻을 지니는 명사로 볼 수 있다. 한자 塵(먼지
진) 자를 보면 흙(土)과 어우른 자다. ¶드틀 : 드틀 딘(塵)《類合上6》, 듣
글 : 듣글 딘(塵)《字會下18》. 먼지(塵)의 뜻으로 어근 '듣'이 있다. 일본어
에는 tsiri(塵)가 있다. '듣'이 일본어 tsiri(塵)와 비교되는데, 흙(土)의
뜻을 지닌다. 달(地), 돌(石), 들(野), 딜(土)과 동원어다. '글'은 골(谷),
길(路), 굴(洞) 등과 동원어로서 흙흙(土土)이 원의(原義)로서 이음동의
어(異音同義語)의 합성어다. 몬지는 물토(物土)의 원의에서 먼지(塵)의
뜻으로 바뀌었다. 몬지의 '몬'은 '몰'의 조어형(祖語形)에서 말음이 ㄷ〉ㄴ
화한 것일 수도 있다. '몯'은 묻다(埋), 뭍(陸), 마당(庭)의 어근 '묻, 맏'과
동원어로서 흙의 뜻을 지닌다. 물회(物灰) 또는 흙흙(土土)의 원의를
지닌다. 일본어 tsiri(塵)의 어근 til(tit)은 tsutsi(土)의 어근 tut과
동원어라 하겠다.

멀다¹ 　⑧ 失明, 暝, 喪明

'눈멀다'에서 멀다의 어근 '멀'은 명사로서 눈의 뜻을 지닌다. ¶비록 머러도(雖眇)《救方下42》, 눈 머니 아롬 업숨 곧ᄒᆞ니《金剛88》. 멀다(遠)의 어근 '멀'도 명사로서 눈의 뜻을 지닌다. 눈이 멀뚱멀뚱하다, 말뚱말뚱하다의 '멀, 말'이 눈의 뜻을 지닌다. 일본어 me(目)의 고어는 ma(目)다. 일본어 mayu(眉)는 maru로 소급되며, 어근은 mar인데 국어의 '말'과 동원어(同源語)다. 일본 애지현(愛知縣) 지다군(知多郡) 방언에 marooto(다래끼)가 있는데, 어근 mar가 눈의 뜻을 지니고 있다. 일본어에 maji majito mitsumeru가 있는데, '말뚱말뚱 쳐다보다'의 뜻이다. 국어 말뚱에 해당되는 것이 maji인데, 어근 mat은 국어 '말(맏)'과 동원어라 생각된다. 일본어 mekura(盲)는 me(目)와 kura와의 합성어인데, kura는 국어 '갈(目)'과 동원어일 개연성이 있다. 그러나 kura는 사람의 뜻을 지닐 개연성도 있다. 눈깔의 '갈(깔)'이 고어에서 눈의 뜻을 지니고 있었다. göz(目)〔터키〕, kör(盲)〔터키〕, soromu(盲)〔蒙〕, balai(盲)〔蒙〕. 터키어 kör(盲)는 göz(目)와 동원어다. 몽골어 soromu(盲)의 어근 sor는 국어 살피다의 어근 '살'과 동원어라 하겠다. balai(盲)의 어근 bal은 눈의 뜻을 지닌다고 하겠는데, 국어 부릅뜨다, 부라리다의 어근 '불'과 동원어라 여겨진다. ¶눈ㅅ부텨(眼瞳子)《譯上32》, 눈부쳐 동(瞳)《倭上16》. '부텨'가 눈동자(瞳)의 뜻을 지니는데, 어근 '붇'은 부라리다의 어근 '불(붇)'과 일치한다. ¶설믜 모도와《樂軌, 處容》. 설믜는 눈썰미의 뜻인데, '설'이 눈의 뜻을 지니고 '믜'는 '믇〉믈〉믈이〉므이〉믜'의 변화이며, 역시 눈의 뜻을 지니는 명사로서 이음동의어(異音同義語)가 합친 말이다. 　　　▶멀다(遠)

멀다² 　⑱ 遠

'멀다(遠)'의 어근 '멀'은 명사로서 눈의 뜻을 지닌다. 멀고 가깝고는 시각적으로 판단하는 행위다. ¶威靈이 머르실 씬(威靈遠)《龍75》. 눈멀다(暝)에서 멀다의 '멀'도 눈의 뜻을 지니는 말이다. 일본어 tooi(遠)는 toroi에서 r음이 탈락한 형이다. 어근 tor는 눈의 뜻을 지니는데, 국어 다래끼의 어근 '달'과 동원어(同源語)다. 터키어 uzak(遠)의 어근 uz(ut)는 눈의 뜻을 지니는데, 눈망울의 '올', 어지럽다의 '엊(얻)' 등과 동원어일 것이다. 눈깔의 '갈(깔)'이 고어에서 눈의 뜻을 지니며, 터키어에 göz(目)가 있다. goro(遠)[나나이], goro(遠)[滿], gojo(遠)[네기달]. 어근 gor는 god으로 소급한다.

▶ 멀다(暝)

멍들다   [형] 瘀血, 靑紫, 靑腫, 痣

'멍들다'는 원래 무엇에 맞거나 부딪쳤을 때 피부 속에 퍼렇게 피가 맺히는 현상을 말한다. 의미가 확대되어 일이 속으로 탈나다는 뜻으로도 쓰인다. 속어에 멍잡았다라는 말이 있는데 재수가 없다, 탈이 났다의 뜻으로 쓰인다. 멍들다는 '멍'과 '들다(入)'의 합성어인데, '멍'은 명사임이 분명하다. 멍울은 우유나 풀, 피 등이 둥글게 엉기어 굳은 덩이를 뜻한다. 멍울서다는 몸의 어느 부분에 멍울이 생기다의 뜻이다. 멍들다의 '멍'은 피가 안으로 엉긴 것으로 인식한 것이라 하겠다. 문신은 고대인에게 흔하게 있었는데, 문신의 재료로 쓰인 먹(墨)이 들다(入)로 보았을 가능성도 있는데, 이때에는 '먹〉멍'으로 보아야 할 문제가 생긴다. menge(痣)[蒙]. 몽골어 menge의 어근 men과 비교됨 직하다.

멍텅구리   [명] 二百五, 笨蛋, 愚者, 馬鹿

'멍텅구리'의 사전적인 의미는 ①뚝지 ②(바보처럼 분량만 많이 들어가는 병이라는 뜻) 병의 목이 좀 두툼하게 올라와서 예쁘게 생기지 않은 되들이 병(실제는 한 되가 더 듦). ③멍청이. 흔히 멍텅구리는 멍텅이와 동의어로서 어리석고 둔한 사람을 가리킨다. 그런데 굼뜨고 바보스러운 사람을 가리키는 말이 뚝지라는 바닷고기에서 비롯된 말이라고 보는 견해가 주류를 이루고 있으며 사전류에도 그렇게 풀이하고 있다. '뚝지'라는 바닷고기는 도치과에 딸린 바닷물고기다. 몸길이 30㎝쯤 되며 퉁퉁하고 가슴지느러미가 크고 몸빛은 갈색에 암갈색 작은 점이 많다. 동작이 느리며 배에 빨판이 있어서 바위 따위에 붙으면 쉽게 떨어지지 않는다. 그러니까 뚝지는 뚱뚱하고 동작이 느리고 바보스럽게 생긴 바닷물고기를 뜻한다고 보겠다. 이러한 뚝지의 속성이 어리석고 둔한 사람을 가리키는 말이 되었다는 것이다. 이러한 생각은 멍텅구리라는 바닷고기의 본명이 '뚝지'인데 왜 새로이 멍텅구리라고 하는 말로 변했는가의 문제가 풀려야 할 것이다. 멍텅구리는 멍청이와 동의어로서 함경남도 사투리에서는 멍청이를 멍텅이라고 한다. 멍청이의 '청'의 첫소리 ㅊ은 ㅈ에서 변한 것이고 ㅈ은 ㄷ에서 변한 음이다. 그러니까 멍청이의 '청'의 본음은 '텅'에서 변한 음이다. 멍텅구리의 멍텅과 멍청의 어원도 같다고 하겠다. 멍텅구리는 '멍텅'과 '구리'의 합성어가 된다. 멍텅구리의 후행어 '구리'는 사람의 뜻을 지니는 말이다. 겨레(族)의 어근은 '결'로서 '걸'에서 변한 말이다. 잠꾸러기, 심술꾸러기, 장난꾸러기, 밥꾸러기의 꾸러기가 사람의 뜻을 지니는데 어근 '꿀'은 '굴'에서 변한 말로 사람의 뜻을 지닌다. ¶갓(妻, 女)《曲177》. 아내, 여자의 뜻으로 쓰이고 있지만 겨레의 어근 '걸(겯)'과 동원어로 '걸'의 조어형은 '걷'이다. 갓의 조형도 '갇'이다. '가시내' '가시'의 어근 '갓'은 '갇'이 조어형이다. mongol, dagul, uigul의 gol, gul 등이 사람의 뜻을 지니는데, 고대에는 사람의 뜻을 지니는 말이 부족을 대표하고 나라 이름으로까지 쓰이게 되었다. 일본어는 한국의 고대어가 건너갔는데 일본어에 go(子)가 있고 유구어(琉球語)에는 goro(男)가 있다. 일본어 go는 goro의 r음 탈락에서 이루어진 말이고 한국 고대어에 '골'이 사람의 뜻으로 쓰였다는 것을 보여주고 있다. 유구어에는 한국의 고대어가 지금도 생생하게 살아 있어 일본어보다 유구어에서 한국 고대어를 더 잘 찾을 수 있다. 고구려의 옛 이름은 '고리'였는데 사람의 뜻을 지니는 말이다. 바이칼호의 남쪽 주민은 자기들을 일컬어 '고리'라고 한다. 이는 사람의 뜻을 지니는 말인 것이다. gura(原)〔滿〕. gura의 어원적 의미는 사람일 것이다. 이러한 일련의 사실들은 멍텅구리의 '구리'가 사람의 뜻을 지니는 것을 뒷받침해 준다고 하겠다. 멍청이의 사투리에 '멀쩍고리'가 있다. 「멍청이는 어리석고 어둔한 사람. 멍텅구리(동) 멀쩍고리, 멍텅이, 시러기, 시러리,」(어문각,『종합국어사전』) 멀쩍고리의 '고리'가 멍텅구리의 '구리'와 동원어로서 사람의 뜻을 지니고 있음이 분명하다. 일본어에서 bonkura는 멍청이를 뜻하는 말인데 bonkura의 kura가 사람의 뜻으로 멍텅구리의 '구리'와 동원어가 된다. 일본어 go(子, 人)의 옛말이 유구어에 goro(男, 人)이듯 gora가 gura로 변하였음을 보여주고 있다. 일본 측에서는 bonkura를 한자어로 '盆暗'이라고 쓰고 있다. 본디는 도박용어로서 쟁반(盆)으로 쌍 육(雙六)을 덮어 놓으면 그 안은 어두워서 무엇인지 알 수 없어 항상 진다는 데서 생겼다는 민간어원설이 있는데, 이는 bonkura의 kura의 뜻을 모르는데서 생겨난 말일 것이다. 일본어 mekura(盲人)의 me는 눈의 뜻이고 kura는 어둡다(暗)의 뜻을 지닌 말이라고 보고 있다. kura 는 '暗'의 뜻이 아니고 눈(目)의 뜻을 지니는 옛말인 것이다. 즉 눈의 뜻을 지니는 이음동의어가 된다. 국어 '눈갈'의 '갈'이 옛말에서 눈의 뜻을 지니 는 말인 것이다. göz(目)〔터키〕, gör(盲)〔터키〕, görmek(見)〔터키〕. 터키어 göz(目)의 조형은 göt인데 göd, göz로 변한 것이다. gör(盲)는 god의 말음 d가 r음으로 변한 것이며 눈의 뜻을 지닌 것이다. me(a)k은 명사를 동사로 전성시키는 접미사다. 따라서 일본어 mekura는 눈의 뜻을 지니 는 말의 이음동의어가 되는 것이다. '눈을 감다'에서 '감다'의 어근 '감'은 '간〉갈〉갈암〉가암〉감'의 변화로 동사로 전성한 것으로 터키어 göz와 동원 어인 것이다. bongkura의 kura도 '暗'의 뜻이 아니고 사람의 뜻을 지니 는 말인 것이다. '멍텅'구리의 '멍텅'은 '멍'과 '텅'의 합성어다. 멍하다는 정신이 빠진 것 같다의 뜻이다. 멍청하다는 어리석어 사물을 바로 보는 힘이 없다의 뜻이다. 멍추는 속어로서 총기가 없고 흐리멍텅한 사람을 뜻한다. 멍텅의 '멍'은 명사라는 것이 분명히 나타난다. '멍'은 부딪쳐서 피부 속에 퍼렇게 맺힌 피의 뜻이다. 멍텅의 '멍'은 '멍들다'의 '멍'에서 의미변화를 일으킨 말이라 여겨진다. 강하게 부딪치거나 강한 매를 맞거 나 해서 타박상을 입으면 멍이 드는데 이때 한동안 정신이 혼미해져서 순간 바보가 되는 경우를 볼 수 있다. '멍텅'의 '텅'도 기원적으로는 명사였 을 것이다. '눈퉁이가 부었다, 볼퉁이를 쥐 질렀다, 심퉁이 많아서, 귀퉁이 가 벌개서, 뱃퉁이를 걷어찼다.'의 눈퉁이, 볼퉁이, 심퉁이, 귀퉁이, 뱃퉁 이 등을 보면 '퉁'은 신체의 양태를 강조하는 뜻을 지니고 있다. '모퉁이를 돌아간다, 장농의 귀퉁이를 잡아라.' 멍텅이가 멍의 모음이 '어'이기 때문 에 '퉁'의 모음 '우'가 윗모음의 영향을 받은 순행동화(順行同化)로 '멍텅' 이 되었다고 하겠다. '멍하다'의 '멍'에 눈퉁이, 볼퉁이와 같이 '멍퉁이'의

'퉁'이 '텅'으로 변했다고 보는 것이다. '멍'만으로도 흐리멍텅하다의 뜻을 지니고 있는데 '멍퉁이' 하면 멍이 시퍼렇게 든 사람, 멍이 많이 든 사람, 멍이 잘 드는 사람이니까 어리석고 둔한 사람의 뜻을 지닌다고 하겠다. '흐리멍텅하다'의 '멍텅'은 옛말에서는 '뭉둥'으로 나타난다. ¶흐리뭉둥하다(黑裡夢等一云胡裡麻裡)《譯解下53》. 17세기말의 문헌에 '뭉둥'이 나온다. '멍텅'의 고어는 '뭉둥'에서 '멍텅'으로 변한 것이라 하겠으나, 『역어유해(譯語類解)』는 중국어를 우리말로 풀어놓은 것이므로 '흐리뭉둥'은 중국어라고 할 수 있다. 이러한 일련의 사실들은 멍텅구리가 바닷고기 이름이 어원이라는 설을 부정하는 충분한 예증이 된다고 하겠다. 이는 멍텅구리가 어리석고 둔한 사람을 가리키는 말에서 뚝지가 어리석고 둔하게 보였기 때문에 멍텅구리라고 부르게 되었다고 하겠다.

메다　동 擔

어깨에 '메다'에서 '메'는 어간으로서, '메'는 '머이'가 줄어진 말이다. '먿〉멀〉멀이〉머이〉메'일 것이고, 어깨에 메는 것이기 때문에, '먿(멀)'은 어깨(肩)의 뜻을 지니는 소실어(消失語)다. ¶메다 : 내 한아바늬 棺을 메슨바지이다《月10:10》. kata(肩)〔日〕, katsugu(擔)〔日〕. 일본어에서 메다의 뜻을 지니는 katsugu는 kata(肩)의 명사에서 전성되었다. merən(肩)〔滿〕, mürü(肩)〔蒙〕. 어근 mer, mür가 어깨의 뜻을 지니고 있는데, 국어 메다의 조어형(祖語形) '먿(멀)'과 동원어(同源語)임이 분명하다. katamusï(肩)《琉球宮古大神》. musï도 동원어다.

메뚜기　명 螞蚱

'메뚜기'는 산야나 논이나 밭에 있다. ¶뫼(山)《解例用字》, 미 야(野)《字會上4》. 메뚜기는 산충, 야충(山虫, 野虫)의 어원적 의미를 지닌다. 바다에서 나오는 골독이(꼴뚜기)《柳物二鱗》의 '독이'도 참고할 만하다. 꼴뚜기는 바다의 생선과 그 모습이 아주 다르고 뭍에 있는 충류(蟲類)와 비슷하다. 꼴뚜기의 꼴(골)은 물의 뜻을 지닐 것이다. ¶묏도기(螞蚱)《字會上23》.

묏도기는 '뫼'와 '도기'의 합성어로서, '묏'의 말음 ㅅ은 사잇소리다. 묏도기의 '도기'는 번데기의 고어 본도기(蛹)《字會上22》의 '도기'와 일치한다. 벌레(虫類)의 뜻을 지니는 명사다.

메밀 명 蕎麥

'메밀'은 '모밀〉뫼밀〉메밀'의 과정을 거쳤다고 볼 수 있다. '뫼(山)〉메'와 마찬가지다. ¶모밀(蕎麥)《字會上12》. 모밀은 '모'와 '밀'의 합성어다. '모'의 어원에 대해서는 뿔(角)의 의미로 보는 견해와 뫼(山)의 뜻으로 보는 견해가 있다. mərə(蕎麥)〔滿〕. mərə의 어근은 mər이다. 모밀의 '모'는 만주어 mər(蕎麥)과 동원어(同源語)일 수 있다. maisu(小麥)〔滿〕, mudi (麥)〔滿〕, mulfa(秋麥)〔滿〕. 어근 mud, mul이 보리(麥類)의 뜻을 지니고 있으며, mərə와도 동원어일 수 있다. 그러나 모밀(角麥)일 개연성이 짙다. 곧 모밀은 모가 난 밀일 것이다.

메아리 명 響

'메아리'는 산울림이라고도 한다. ¶뫼사리(메아리) : 듣는 소리 뫼사리 곧ᄒᆞ야《月2:53》. 뫼사리가 문헌에 나오므로, 뫼아리는 뫼사리에서 ㅅ이 탈락된 것임을 알 수 있다. '뫼'는 산, '사리'는 소리(音)와 동원어다. 곧 뫼소리(山音)다.   ◘ 뫼(山), 소리

메주 명 醬麴

'메주'는 장을 담그기 위하여 콩으로 만든 것이다. ¶며주(메주)《字會中21》. 며주의 어근은 '몆, 밎, 믿'으로 소급된다. misun(醬)〔滿〕, miso(된장)〔日〕. 어근 mis(mit)는 국어 며주의 조어형 '믿(몆)'과 동원어가 된다. 일본어 mame(豆)의 어근 ma와 me는 메주의 재료일 것이다. 위구르어에 mas(豆)가 있어 비교할 만하다.

며느리 <small>명</small> 子婦

'며느리'는 시어머니 입장에서 부르는 인칭어이며, '마누라'는 남편의 입장에서 부르는 인칭어로서 대상은 같다. ¶며눌(子婦) : 며눌이 ᄃᆞ외야《曲36》. 며눌은 '며'와 '눌'의 합성명사다. '며'와 '눌'은 모두 본뜻은 사람의 뜻을 지니는 말이었다고 여겨진다. 마노라가 '마'와 '노라'의 합성어라는 조어법(造語法)과 일치하고 있다. 마노라(上典, 임금, 妻)의 모음변이(母音變異)로 며느리가 되었다. 며눌의 '며'의 고어는 '머, 먿'으로 소급된다. ¶ᄆᆞ름(莊頭)《漢137b》, ᄆᆞ슴(丈夫)《華方》. 어근 '몯, 뭇'은 '몯'이 고형이다. mutsi(貴)〔日, 紀神代上〕, mutsu(睦)〔日, 睦人〕. 어근 mut이 사람의 뜻을 지닌다. 며눌의 '눌'은 나, 너, 누와 동원어(同源語)라고 하겠다.

➡ 마누라(妻)

며칠 <small>명</small> 幾日

'며칠'은 '몇日'이 아니고 '몇올〉며출〉며츨〉며칠'의 변화일 것이다. ¶사올(三日)《杜初15:36》, 나올(四日)《釋11:31》. '올'은 고유어로서 날(日)의 뜻을 지닌다. ¶몃출(며칠) : 몃출을 머므르뇨(留幾日來)《朴重下41》, 몃츨(며칠)《朴新2:58》.

➡ 몇(幾)

명매기 <small>명</small> 胡燕

'명매기'는 '명마구리'라고도 하며, 흔히 '칼새'라고 한다. ¶멱마기(명매기, 胡鷰)《字會上17》, 명마긔똥(胡鷰屎)《救方上70》. 멱마기는 '멱'과 '마'와 '기'의 합성어다. 멱마기, 명마구리에서 멱마기의 '기', 명마구리의 '구리'를 떼어낼 수 있는데, '기'와 '구리'는 새의 본뜻을 지닌다. 기러기(雁), 굴머기(鷗)《字會上16》의 '기'는 멱마기의 '기'와 공통된다. 딱다구리, 곳고리(鶯), 왜가리의 '구리, 고리, 가리'가 새의 뜻을 지니는 말이다. '기러기'를 기럭기럭 운다고 하는데서 왔다는 의성어(擬聲語)로 볼 수 없음을 보여주고 있다. 일본어에서 제비를 tsubame(燕) 또는 tsubakura(燕)

라고 하는데, kura가 국어 '굴, 골, 갈'과 동원어(同源語)다. 모초라기
(메추리)《杜初20:26》의 '기'가 새의 뜻을 지니고 있는 말이다. 수기(장끼)
《蘆溪陋巷》는 '수(雄)'와 '기(雉)'의 합성어다. 멱마기의 '멱'은 목의 앞쪽,
'마'는 매(鷹)의 조어 '맏(맏)'과 동원어일 수 있다. '명매기'는 보통 제비
와 멱 부분이 다르다.

명태　　图 明太

흔히 생태를 '명태'라 하고 말린 것을 북어(北魚)라고 한다. 명태라는 이
름을 가지게 된 이야기가 전해져 내려온다. 옛날 함경도 명천(明川)에
성이 태(太)씨인 고기잡이꾼이 살고 있었다. 어느 날 낚시로 이상한 물
고기를 한 마리 잡았는데, 그 이름을 누구도 몰랐다. 그래서 그 고을 사
람들은 명천에서 태씨가 잡았다고 해서 명태(明太)라고 부르게 되었다
고 한다. 그리고 마른 명태를 북어라고 부르게 된 것은 이전에 남쪽에
사는 사람들이 북쪽에서 나는 물고기라고 해서 북어라고 부르게 되었다
는 이야기다. 언 것은 동태(凍太)라 하고, 얼리지 않고 마르지도 않은
것은 생태(生太)라고 한다.

몇　　图 幾

'몇'은 '몃, 멷'으로 소급된다. ¶몇(幾) : 네 며츨 호려 ㅎ는다《朴初上31》.
몇은 수적 개념과 관련되는 말이라 하겠다. 고대에는 수적 개념은 손가락
수와 연결된다고 보면 몇의 어원은 손의 뜻을 지닐 것이다. 골모(頂針子)
《同文下17》는 '골'과 '모'의 합성어인데, 모두 손의 뜻을 지니는 명사다.
'골'은 국어 가지다(持)의 어근 '갇'과 동원어(同源語)로서 손의 뜻을 지닌
다. 가락지(指環), 가리키다(指)의 어근 '갈'이 손의 뜻을 지닌다. gara
(手)〔滿〕, gar(手)〔蒙〕, kol(手)〔터키〕. 어근 gar, kol이 손의 뜻을 지니고
있음을 보여주고 있다. 골모의 '모'는 '몯〉몰〉모'의 변화로서 역시 손의
본뜻을 지니는 말이다. mudol(손의 尊待語)〔蒙〕, motsu(持)〔日〕, 밀다
(推)〔國〕, 만지다(撫)〔國〕. 어근 mud, mot, '밀' 등이 손의 본뜻을 지니고

있다. kol(手)〔터키〕, kaç(幾)〔터키〕. 터키어 kol(手)의 고형은 kot으로서 kaç(幾)와 동원어라 여겨진다. kaç의 고형은 kat이다. udu(幾)〔滿〕, ude (腕)〔日〕, el(手)〔터키〕. 어근 ud이 손의 뜻을 지닌다. el의 고형은 et이 된다. 국어 안다(抱)의 어근 '안'의 고형은 '앋'으로서 손의 뜻을 지닌다.

➡ 며칠(幾日)

모 　명秧

'모'는 벼의 모도 있지만 고추모, 고구마모, 꽃모 등으로 널리 쓰인다. 한자어 묘(苗)에서 왔다고 볼 수도 있지만, 고유어일 수도 있다. ¶모(秧) : 挿秧은 모심기라《杜初7:36》. me(芽)〔日〕. 일본어 me(芽)는 국어 모와 동원어(同源語)일 것이다. sal bori(苗, 芽)〔蒙〕. 몽골어에서는 sal bori 가 모, 싹(苗, 芽)의 두 뜻을 지닌다. 몽골어 sal bori의 sal은 국어 '삭 (싹)'과 동원어일 것이다. 물 조(藻)《字會上9》의 '몰'은 풀(草)의 뜻을 지닌 다. 모(苗)는 몰과 동원어일 것이다.

모기 　명蚊

'모기'는 피를 빨아먹는 흡혈충(吸血蟲)이다. 피를 빨기 위해 문다. 무는 행위에서 모기라는 말이 기원했을 것이다. ¶모기(蚊) : 모기 벌에며 더 뷔며 치뷔로《月9:26》. 모기는 '모'와 '기'의 합성어라고 여겨진다. 모기의 '기'는 '기이'가 줄어든 말이다. ka(蚊)〔日〕. 일본어 ka와 동원어(同源語) 라고 여겨진다. kalman(蚊)〔滿〕. kalman은 kal과 man의 합성어다. 어근 kal이 모기의 '기'의 조어형(祖語形) '굴(귿)'과 일본어 ka와 동원 어이며, 일본어 ka의 고형은 kal이었을 것이다. kalman의 man은 국 어 모기의 '모'와 비교될 개연성이 있다. 이러나저러나 모기는 이음동의 어(異音同義語)의 합성어일 것이다.

모닥불 명 木燃火, 木焚火

'모닥불'은 검불이나 잎새, 나무 등을 더미 지어 태우는 불 또는 그 불을 뜻한다. 모닥불은 '모닷불'이 변했을 것이다. '모다'와 '불'의 합성어로 ㅅ은 사잇소리다. 사잇소리가 들어가는 것을 보면 '모다'도 명사임이 분명하다. '모다'의 어근은 '몯'으로서 불의 뜻을 지닌다. 일본어에 moyasu (燃)가 있는데, morasu가 원형(原形)이고 어근 mor(mot)는 국어 '몯' 과 동원어(同源語)다. ¶무희다(焚)《柳物五火》, 무회다(焚)《朴重中16》, 무휘다(焚)《譯上54》, 무의다(焚)《靑大p.148》. 무회다의 어간은 '무회'인데, '무회'는 다시 '무'와 '회'로 나뉜다. '무'는 불의 뜻을 지닌다. 때는 것은 불이기 때문이다. 무회다의 '무회'의 '회'도 불의 뜻을 지니고 있다. ¶홰(炬)《解例用字》. 홰는 '화이'가 줄어진 말이다. '화리〉화이〉홰'의 변화일 것이고, '불이 활활 탄다' 할 때의 의태부사(擬態副詞) '활활'의 '활'이 불의 뜻을 지니고 있다. 무회다의 '회'는 홰(炬)와 동원어일 것이다. 모닥불은 불의 뜻을 지니는 이음동의어(異音同義語)의 합성어다.　　　　　**▶ 풀무**

모래 명 砂

'모래'는 돌(石)이 부서진 것으로 방언에 모새(砂)가 있다. ¶모래(砂): 모래와 흙 섯근 거슬《家諺7:24》. 모래의 어근은 '몰', 모새의 어근은 '못' 이나 모두 조어는 '몯'이다. 몯→몰-애〉모래, 몯→못-애〉모새. '몯'은 산 (山)의 뜻을 지니는 '몯〉몰〉몰이〉모이〉뫼'와 동원어(同源語)다. 묻다 (埋), 미(野), 마당(場)의 '묻, 믿, 맏' 등이 모두 흙의 본뜻을 지니는 말이다. '몯(몰)'의 어원적 의미는 토석류(土石類)의 뜻을 지닌다.

　　　　　▶ 뫼(山)

모레 명 明後日

'모레'의 어근 '몰'은 해의 뜻을 지닌다. 시간과 관련된 어휘는 해의 뜻을 지니는 말에서 나왔다. ¶後日曰 母魯《類事》, 모리(後日)《同文上3》, 모리면 ᄆᆞ츨로다《松江2:2》, 다하 니일 모뢰 가포마 니ᄅᆞ니(只說明日後日還我)《朴初上35》. 어근 '몰'은 해의 뜻을 지닌다. 마파람(南風)의 '마'가 남(南)의 뜻을 지니는데 원의(原義)는 해의 뜻을 지닌다. 마파람의 '마'도 '맏(말)'이 조어형(祖語形)이 된다. mahe(前)〔日〕. 일본어 mahe(前)는 mare〉mae〉mahe의 변화로서 어근 mar의 원의는 '해'다. 일본어에서도 mar가 해의 뜻을 지니고 있었던 말이다. 일본어 방언에 mari(頃)가 있다. 어근 mar가 해의 원의를 지닌다. 모로 운(暈)《字會下1》의 어근 '몰'이 해의 뜻을 지니고 있다. ¶힛모로(日暈)《字會下1》, 둘모로(月暈)《字會下1》. 힛모로는 햇무리, 둘모로는 달무리다. '모로'는 해와 달의 둘레에 보이는 무리를 뜻하는데, 무리가 처음에는 해에만 쓰이던 것이 나중에는 달에도 쓰이게 되었다고 하겠다. ▶ 마파람(南風)

모르다 〔동〕 不知

고대 국어에서 동사와 형용사는 명사에서 전성되었다. ¶모ᄅᆞ다(모르다) : 구든 城을 모ᄅᆞ샤《龍19》. 모ᄅᆞ다의 어근은 '몰'로서 명사다. 모르다는 알다(知)의 반대어다. 알다의 어근 '알'은 명사로서 말(言)의 뜻을 지닌다. 모르다의 어근 '몰'도 말의 뜻을 지닐 것이다. 말과 동원어(同源語)라 여겨진다. 묻다(問), 물다(咬)의 어근 '묻, 물'과 동원어. ▶ 묻다(問)

모시 〔명〕 苧布

'모시'의 어근은 '못(몯)'이다. ¶모시 뎌(苧)《字會上9》. 모시는 모시풀의 껍질에서 뽑아낸 실로 짠 피륙으로서, 모시풀은 하나의 초목류(草木類)에 속한다. 모(秧), 말(藻), 말(樧)과 동원어(同源語)일 것이다.

▶ 모(秧), 말(樧)

모시다 〔동〕 侍, 陪

'모시다'의 어근은 '못(몯)'이다. ¶모시다 : 지븨 모셔다가 죵 사마 ᄑᆞ라시눌《月8:100》, 夫人올 뫼샤《月8:94》, 四天王이 뫼숩고《曲54》. '모시다, 뫼시다, 뫼다'의 3가지 형태가 15세기 문헌에 나타난다. 신주를 모시다, 조상을 모시다, 부모를 모시다, 스승을 모시다, 신을 모시다와 같이 존장자(尊長者)를 받드는 일이 '모시다'인데, 모시는 데에 가장 중요한 것은 식품을 대접하는 일이다. 祭(제) 자를 보면 고기 육(月, 肉)과 又(우) 자를 위에 두고 밑에 示(시) 자를 밑받침했다. 고기(月)를 손(又)으로 제단(示)에 올려놓고 신에게 제사(祭祀)를 지낸다는 뜻이다. 따라서 신에게 바치는 것 가운데 가장 중요한 것은 식품이라 하겠다. 모이(餌)의 방언에 '모시'가 있는데, 고어에서는 밥의 뜻을 지닌다. mesi(飯)〔日〕, motsi(餠)〔日〕. 어근 mes, mot은 동원어(同源語)일 것이다. 일본어에서 mesi (飯)는 국어의 '모시'가 고어에서는 밥의 뜻을 지니고 있었을 것이다. '모싀다'가 '먹이다'의 뜻을 지니는데, 모실 목(牧)《字會中2》이 있다. 일본어에서 mesi는 밥(飯)이지만, mesinasai(잡수십시오), mesu(食)는 밥먹다(飯食)라는 동사가 된다. 일본어 matsuri(祭奉)의 어근은 mat이다. 제(祭)나 받드는 것(奉)은 식품을 제공하는 것이 중요한 일이다. 따라서 mat은 mesi(飯)의 어근 mes(met)와 동원어일 것이다. 일본어 mesi(飯)와 motsi(餠)는 동원어라 하겠는데, motsi(餠)의 어근은 mot이다. 따라서 모시다의 어근 '못(몯)'은 명사로 어원적 의미는 밥(飯), 식품의 뜻을 지닐 것이다. 신을 모신다, 조상을 모신다, 어른을 모신다의 뜻을 보면 식품을 제공하는 것이 중요한 일이다.

모양 圏 貌, 貌樣

'모양'은 생김새, 꼴을 말한다. ¶모양애 엄공홈을 싱각ᄒ며(貌思恭)《小諺 3:5》. 모양은 한자어 模樣, 貌樣(모양)에서 비롯된 말로 볼 수 있을 것이다. ¶模樣은 비슥ᄒ여 뵈되《隣語1:7》. 모습이라고 하는 말도 模襲, 貌襲(모습)일 가능성도 있다. 그러나 15세기 문헌에는 '모야'로 나온다. ¶金色 모야히 ᄃᆞᆻ 光이러시니《月2:51》, 붉거신 모야해《處容歌》. 모양의 말음이 탈락된 현상이라 여겨진다. ¶믜온 미롤 아니코 됴흔 톄 ᄒ더니《癸丑 p.189》. 미가 모양의 뜻을 지닌다. 미는 'ᄆᆞ이'가 준말이다. '몯〉몰〉몰이〉

ᄆ이)미'의 변화다. '몯(믈)'이 조어형(祖語形)이 된다. 그렇게 본다면
모야는 '몯>몰', '몰아>모아>모야'로 변했다고 보겠다. 모야가 모양으로
변한 것도 貌樣에 이끌려서 ㅇ이 첨가된 듯하다. 몰골(形樣)《同文上17》
의 '몰'과 동원어(同源語)일 것이다.

모으다 图 集, 會, 聚

고대인들은 무엇을 모았을까? 그 주체와 객체는 무엇일까? ¶몯다(모이
다) : 方國이 해 모드니(方國多臻)《龍60》, 모도다(모으다) : 王올 다 모
도시니《月10:34》, 뫼호다(모흐다) : 비록 各各 흔 그티나 두려이 뫼호건
댄(雖各一端圓而會之)《楞6:41》, 몯호다(聚) : 모토고 아폴 브터 쏘 노토
다(捏聚依前又放開)《金三5:2》. 몯다, 모도다의 어근은 '몯'이고, 뫼호다
의 '뫼'는 '몯>몰+이>모리>모이)뫼'의 변화며, 'ㅎ+오'가 첨가된 형태다.
그것은 몯호다가 있기 때문에 그렇게 볼 수 있다. 어근 '몯'은 명사로서
어떤 뜻을 지니는 말일까. 한자 '集'은 나무(木) 위에 새(隹)들이 모여
앉은 모양으로 '모이다'의 뜻으로 이해하고 있다. 결국 '모이다'의 주체를
새로 보았다. 그것은 후대인의 해석일 뿐 실제로 그런지는 객관성이 부족
하다. '모이다'는 짐승보다 '사람'이 아니었을까 한다. 그렇게 본다면 '몯'은
사람의 본뜻을 지닐 수 있다. 머슴의 어근 '멋(먿)'이 사람의 뜻을 지닌다.
atsumeru(모으다)〔日〕. 어근 at을 얻을 수 있는데, 이는 사람의 본뜻을
지닌다. a(吾, 我)〔日〕, are(吾)〔日〕, aruji(主人)〔日〕. 어근 ar(at)가 사
람의 본뜻을 지니는 말이라 하겠다. biriktirmek(集)〔터키〕. 어근 bir
(bit)는 국어에서 사람의 뜻을 지닌다. 악바리, 군바리, 혹부리, 학비리
등 '발(받), 불(붇), 빌(빋)' 등과 동원어(同源語)일 것이다.　■▶모두

모자라다　图 不足

'모자라다'는 어떠한 기준의 정도나 양에 미치지 못하거나, 지능이 정상
적인 사람의 수준에 미치지 못하다의 뜻이다. ¶자손이 ᄌ라거다(長子
孫)《杜初25:17》, ᄌ라거늘 홀연 ᄂ출 맛보니(長成忽面會)《杜初8:6》, 찻

믈이 모주랄씨《月8:92》, 허공은 몯 주란 짜 업스며《七大15》. 주라다는 생장(生長), 족하다의 뜻을 지니고 있다. 모자라다는 '몯주라다'가 변한 말일 것이다. ¶三年이 몯 차이셔《釋64》. 몯>못.

모퉁이 명 隅, 角, 彎處

'모퉁이'는 구부러지거나 꺾어져 돌아간 자리, 산모퉁이의 휘어 들어간 곳으로 '모'와 '퉁이'의 합성어다. ¶여듧모(八角)《朴初上17》, 隅는 모히라《法華3:162》. '모'는 角(뿔 각), 隅(모퉁이 우)의 뜻을 지닌다. ¶모롱이 우(隅)《倭上11》. 모롱이가 현대에도 '산모롱이를 돌아가다'와 같이 쓰인다. 모퉁이는 '모둥이'가 원형이다. 모ㅎ둥이>모퉁이. 모서리의 '서리'는 사이(間)의 고어 '서리'다. ¶人間은 사룸 서리라《月1:19》. 모퉁이의 '퉁이'는 우변(隅辺)의 뜻을 지닌다고 하겠다. '퉁이'가 붙는 말로 귀퉁이가 있다.

목 명 首, 喉

'목'은 '몯>몰>몱>목'의 변화다. ¶喉는 모기라《訓諺》, 목 경(頸)《字會上25》. '몯(몰)'은 마리(머리)의 어근 '맏(말)'과 동원어(同源語)다. 목은 머리의 일부분이다. 목의 앞쪽 먹은 목에서 분화한 말이다. 터키어에서 baş(頭)와 boyun(首)은 동원어다. boyun은 borun에서 변한 말이고 어근 bor(bot)는 baş(bat)와 동원어다. ¶목디(首)《漢346d》. 목디의 '디'는 대가리의 '대'와 동원어다. '닫>달>달이>다이>대'로서 머리의 뜻을 지니는 옛말이다. ¶디고리(머리통)《月2:55》, 디골(머리)《字會上24》. '디'가 머리의 뜻을 지니고 있다. '고리, 골'도 머리의 뜻을 지니는 말로서 이음동의어(異音同義語)의 합성어다.　　　　　　　　　　　　　　　▣ 머리(頭)

몰골 명 形相, 面目, 樣子

'몰골'은 아주 볼품없는 모양새라는 뜻을 지니는 말이다. ¶몰골(形樣)《同文上17》, 사룸의 볼골도 져티고《新語5:25》. '몰골'은 '몰'과 '골'의 합성

어이다. '골'은 볼골. 얼골(形態)의 '골'과 동원어일 것이다. 골〉꼴로서
현대어에서 사물의 생김새나 됨됨이를 뜻한다. 일본어 kaho(顔)는 국
어 골과 동원어이다. 뿐더러 kata(型, 形)의 일본어도 동원어라 하겠다.
'몰'의 조어는 '몯'일 것이다. 현대어 모습(생긴 모양)의 어근 '못(몯)'과
동원어일 것이다. 몰골은 이음동의어의 합성어가 된다. 볼골의 '볼'은 뺨
과 동원어.

몰다 동 驅

'몰다'는 바라는 방향으로 움직여 가게 하다이다. ¶몰 구(驅)《字會下9》.
몰다는 흩어진 것을 한 곳에 모이게 한다는 뜻도 있다. 몰이꾼은 흩어진
것을 한 쪽으로 모으게 하는 사람이다. 어근 '몰'은 명사가 된다. 고대인
이 유목 민족이었다면 몰다(驅)는 말(馬)이 아니었을까. 그렇게 본다면
몰다의 '몰'은 몰(馬)과 동원어가 된다고 하겠다. 驅(몰 구) 자를 보아도
馬(말 마) 변이 있다.

몸 명 身, 體, 躬

'몸'은 '몯〉몰〉몰옴〉모옴〉몸'의 변화다. mi(身)〔日〕. 일본어 mi(身)는 국
어 '몯(몰)'에서 비롯한 말일 것이다. 일본어 mi(身)의 고형은 mit이었
다. 몸(身)의 조어형(祖語形) '몯'은 사람(人)의 뜻을 지녔다. ¶닛므윰
(잇몸)《訓諺》. 닛므윰은 '니'와 '므윰'의 합성명사다. '므윰'은 '므움'으로
소급된다. '움' 접미사는 위에 오는 말이 자음일 때 붙는다. 따라서 '므윰'
의 '므'는 개음절어(開音節語)가 아니라 폐음절어(閉音節語)였다. '믇〉
믈〉믈움〉므움〉므윰'의 변화일 것이다. pəyə(身)〔오로촌, 나나이〕, pəyə(人)
〔오로촌, 나나이〕. pəyə는 pərə로 소급되며 어근 pər는 pət으로 소급된다.
국어 악바리, 혹부리의 '바리, 부리'가 사람(人)의 뜻을 지니며, '발(받),
불(붇)'이 사람(人)의 뜻을 지닌다. 따라서 국어의 몸(身)도 고어에서는
사람의 뜻을 지녔을 것이다.

몸소 思 自身

'몸소'는 '몸'과 '소'의 합성어다. ¶몸소(自身) : 집이 가난ᄒ야 몸소 밭 갈아(家負躬耕)《小諺6:25》. 손수의 고어는 손소다. '소'는 '솓(솥)솔'소'의 변화로서, 사람(人)의 어근 '살'과 동원어(同源語)일 것이다. 스스로라는 부사에서 '스스'의 어근 '슷(슫)'도 본디는 사람(人)의 뜻을 지니는 '사람(人)'의 어근 '살'과 동원어라 하겠다. mizukara(自身)〔日〕. mizukara는 mi, zu, kara의 합성인데, zu는 사잇소리이므로, mi(身)와 kara(人, 族)의 합성어다. mizukara의 mizu는 어쩌면 mit이 어근일지도 모른다. 그렇게 되면 midukara가 mizukara로 변했을 개연성이 있다.　　■ 사돈

못 명 釘

'못'은 평안북도 방언에서는 '모다구'라고 하는데, 어근은 '몯'이다. ¶몯(釘) : 긴 모ᄃ로 모매 박고《月23:87》, 몯 뎡(釘)《字會下16》. 최초의 못은 나무로 만든 것이라 여겨진다. ¶물ㅅ독 又 못(椿橛)《漢310c》. 물ㅅ독을 '못'이라고 하는 문헌적 자료는 '못'이 목제임을 보여주고 있다. 고대 건축물의 못은 철제(鐵製)가 아니라 목제(木製)를 사용하고 있다. 못은 목제에서 철제로 바뀌었다.　　■ 말뚝, 매, 몽둥이

못하다 동 不爲

'못하다'는 '하다'의 부정어다. ¶몯ᄒ다(못하다) : 나ᅀᅡ드디 몯게 ᄃ외니《曲69》. '몯'이 어근으로서 명사다. 사람의 행동은 주로 손으로 이루어지기 때문에, '몯'은 손의 본뜻을 지닐 개연성이 높다. 못하다의 반대어는 '잘하다'인데, '잘'도 손의 뜻을 지닐 것이다. '잘'은 쟐, 댤, 달로 소급되는데, '달(닫)'은 손의 뜻을 지닌다. ta, te(手)〔日〕. 일본어 ta(手)는 tar, tat으로 소급된다. 국어 다루다의 어근 '달'이 손의 뜻이다. 다루는 행위는 손에 의한 것이다. 일본어 tekinai(못하다)의 어근 te는 손의 뜻을 지닌다.　　■ 밀다(推)

뫼[1]　圐飯

'뫼'는 '모이'가 줄어진 말로서 '몯〉못〉모시〉모이〉뫼'의 변화다. ¶뫼(진지)
: 文王이 두 번 뫼 자시며(文王再飯)《小諺4:14》. 충청도, 경상도 방언에
'닭 모시를 주다'와 같이 '모시(餌)'가 있다. '모시'는 본디 식품의 뜻이었
다. 모시의 어근은 '못(몯)'이다. mesi(飯)〔日〕, motsi(餅)〔日〕. 일본어
mesi(飯)는 국어 모시와 동원어(同源語)라 하겠고, motsi의 어근 mot
도 동원어. 일본어 mesi(飯)와 motsi(餅)를 볼 때, 국어에서도 고대에
는 '몯(못)'이 밥의 뜻을 지니고 있었을 것이다. 먹이다의 뜻으로 모시다
(牧)《字會中2》가 있다. 모시다의 어근은 '못(몯)'이다. 손윗사람이나 존경
하는 분을 받들어 모시는 일이라 하겠는데, 부모를 모신다, 신주를 모신
다, 어른을 모신다, 제사를 모신다와 같이 신이나 조상이나 윗사람을 받
드는 일이다. 모시는 일은 음식을 대접하는 것이 가장 중요한 일이다.
祭 자를 보면 月(고기, 肉)과 又(또 우) 자를 어우른 아래에 示(보일
시)를 밑받친 글자다. 고기(月)를 손(又)으로 제단(示)에 올려놓고 신에
게 제사 지낸다는 뜻이다. 제사 지내는데 있어 가장 중요한 것은 음식을
대접하는 일이며, 어른을 모시는 일에도 음식을 대접하는 일이다. 따라서
모시다의 어근 '못(몯)'은 식품의 뜻을 지니는 말이라 하겠다. 식품의 뜻을
지니는 '몯'의 어원적 의미는 무엇일까. 농경사회에서는 곡물이라 하겠다.
열미(열매, 實)의 '미'도 열매의 뜻을 지닌다. ¶열미 실(實)《倭下6》, 實
열미《柳物三草》. 열미의 '열'은 '널'로 소급된다. 낟(穀), 나락(稻)의 어근
'낟, 날'과 동원어다. '미'는 '몯〉몰〉몰이〉모이〉미'의 변화다. 일본어 mi
(實)와 동원어다. 일본어에서 결실(結實)의 뜻으로 minoru가 있다. 열
매가 맺다(實成)의 뜻이다. noru는 naru(成)와 동원어다. 열미는 곡식
의 뜻을 지니는 이음동의어(異音同義語)의 합성어다. '널미〉녈미〉열미'
의 변화다. 현대어에서 뫼는 제사지낼 때 드리는 '밥'을 가리킨다.

뫼[2]　圐山

'뫼'는 '모이'가 준 말이다. '몯〉몰〉몰이〉모이〉뫼'의 변화다. ¶모로(山)《龍

4:21》. 산마루의 마루의 어근 '말'은 본디는 산(山)의 뜻이다. 모래(砂),
모새(砂)의 어근 '몰, 못(몯)'과도 동원어(同源語)라 하겠다. 뭍(陸), 마
당(場), 미(野)《字會上4》, 매(磑)《字會中11》, 묻다(埋), 무덤(墓)의 어근
'묻, 맏' 등이 흙, 땅, 돌(土, 地, 石) 등의 뜻을 지니는 동원어다.

▶ 메, 마을(村, 里)

묘법연화경   圏 妙法蓮華經, 구마라습역, 406년 7권 27품

正法華經(축법호역) 또는 法華經이라고도 한다. 6세기 이전 「제바달다
품(提婆達多品)」이 새로 들어가고 첨품법화경(添品法華經)이 번역되어
나오기(601년) 이전에 「관세음보살보문품(觀世音菩薩普門品)」(觀音經)
의 중송(重頌)이 첨가되어 현행 8권 28품이 되었다. Skt saddharma
puṇḍarīka sūtra. 삿다르마 푼다리카. 푼다리카는 연꽃 중에서도 특히
흰 연꽃(白蓮)이다. 축법호와 구마라습은 삿다르마를 각각 정법과 묘법
으로 번역했는데, 정법은 직역이고 묘법은 의역이라 할 수 있다. 정법(부
처님의 가르침)을 백련에 비유한 것이다. 따라서 삿다르마 푼다리카는
'백련과 같은 바른 가르침'을 뜻한다. 연꽃은 흙탕물에서 자라지만 그 더
러움에 물들지 않으므로 세간에 있으면서 세상일에 물들지 않는 보살의
실천 내용에 비유된다. 부처님이 영취산에서 설법하셨다.

무   圏 菁根, 大根

'무'는 충청도 방언에서 '무수'다. 어근은 '뭇(묻)'이다. ¶무수(菁根) : 댓
무수 불휘롤(蔓菁根)《救方上58》. 만주어에서 mulsa(菁根)인데, mul(mut)
이 국어 '묻'과 동원어(同源語)다. 마(薯)의 조어형(祖語形)은 '맏'으로
서, '맏〉말〉마'의 변화다. 무의 조어형은 '묻'이다. 한편 무릇(野茨菰)《柳物
三草》의 어근 '물(묻)'도 뿌리 식용이다. 무, 마, 무릇은 모두 땅속에서
나오는 식품이다. 일본어에서 imo(芋, 薯, 藷)는 감자, 고구마, 토란,
마 따위의 총칭이다. 일본 아마미오시마(奄美大島) 방언에 maŋ(里芋)
이 있다. 일본 나가노현(長野縣) 우에타(上田)에서는 maruimo(里芋)

라 하고, 나가노현 아즈마군(東築摩郡)에서는 감자(馬鈴薯)를 maruimo
라고 한다. maru가 국어 '마'와 동원어일 수 있다. 무나 마나 모두 땅속에
서 나오는 뿌리류에 속한다.

무겁다 휑重

가볍고 무거운 것은 고대인은 손으로 인식했을 것이다. 따라서 그 어원
적 의미는 손의 뜻을 지닐 것이다. ¶수우리 므겁고(酒重)《杜初8:27》. 므
겁다의 어근은 '믁'이다. '믇〉믈〉믉〉믁'의 변화다. 현대어 묵직하다의 어
근은 '묵'이다. mutor(手)〔蒙〕, motsu(持)〔日〕. 어근 mut, mot이 손의
뜻이다. 국어 밀다(推)의 어근 '밀'이 손의 뜻을 지닌다. ¶골모(頂針子)《同
文下17》. 골모는 '골'과 '모'의 합성어인데, '모'도 손의 뜻을 지니는 말일
것이다.   ➡ 무게

무기 휑 無記

① 만유(萬有)의 근원이 되는 기(氣)가 없다. "不然. 是其始死也, 我獨
何能無槩然. 察其始而本無生, 非徒無生也, 而本無形, 非徒無形也, 而
本無記(그렇지가 않네. 마누라가 죽었을 때 처음에는 어찌 나라고 해서
가슴이 아프지 않았겠는가. 그런데 저 사람이 이 세상에 태어나게 된 일
을 잘 생각해 보니, 처음에는 생의 영위(營爲)가 없었던 것일세. 생의
영위가 없었을 뿐만 아니라 본디는 그것을 영위하는 몸뚱이조차 없었던
것일세. 아니 몸뚱이가 없었을 뿐만 아니라 본디는 그 몸뚱이를 이루는
기(氣)조차 없었던 것일세.)."《莊子. 至樂》. 불교에서는 두 가지로 나눈다.
Skt. avyākṛta, P. avyākata. ② 구별되지 않는 것. 곧 三性(善, 不善,
無記)의 하나로 선도 불선도 아닌 것은 선이라고 불선이라고도 기록하거
나 설명할 수 없으므로 이것을 무기라고 한다. 『구사론(俱舍論)』이나
유식설(唯識說)에 따르면 무기에는 '유복무기(有覆無記)'와 '무복무기
(無覆無記)' 두 가지가 있다. 有覆無記는 번뇌 자체이며, 無覆無記는 선
악과 완전히 관계없는 것으로 여기에는 異熱(報果)·威儀路(行住坐臥

의 4威儀)·工巧處(기술·예술 등)·變化(通果心)의 4가지가 있다고 한다. 어느 것이든 무기는 선악 같이 그 과보를 받는 것이 없는 것이다.《禪學》. "惺惺寂寂是, 惺惺妄想非, 寂寂惺惺是, 寂寂無記非.(또렷하면서도 고요한 것은 옳지만, 또렷하지만 망상인 것은 그르고, 고요하면서도 또렷한 것은 옳지만, 고요하지만 멍청한 것은 그르다.)"《禪宗永嘉集》. ③ 회답할 수 없는 것, 또는 설명할 수 없는 것. 석가에 의해 버려져 있는 것, 회답할 수 없는 어떤 종류의 형이상학적 주장 또는 물음을 가리킨다. '사치기 捨置記'라고도 한다. 곧 1)세계는 상주(常住. 永遠)인가 무상(無常)인가, 2)세계는 유한한가 무한한가, 3)영혼(靈魂. jīva)과 신체는 같은가 다른가, 4)여래는 사후에 존재하는가 존재하지 않는가, 존재인 동시에 비존재인가, 존재도 아니고 비존재도 아닌가 하는 4종류 10항목의 주장 아니면 물음이다. 다만 북전(北傳)의 대응경전(對應經傳)이나 인도의 후대 논서(論書)에는 4)에서 보는 바와 같은 4가지 選擇肢(선택지. 四句)가 1)와 2)에도 적용되어 모두 14항목(14無記)으로 되는 예가 많다. 부처가 회답하지 않는 이유를 이들은 "무익하며 법에도 맞지 않고, …… 열반으로 인도되지 않으므로"라고 설명한다.《岩波》. 중생의 마음은 생각이 없는 상태, 즉 의식이 작용하지 않는 상태와, 생각이 있는 상태 즉 의식이 작용하는 상태가 있는데, 전자가 무기이고 후자는 번뇌이다. 무기와 번뇌는 상반되는 개념이다. 왜냐하면 중생의 일과는 번뇌가 일어나지 않으면 무기에 빠지고, 무기에 빠지지 않으면 번뇌가 일어나기 때문이다. 사람, 개미, 세균 등의 중생들이 이 무기와 번뇌로 일상사를 영위한다는 점에서는 모두 같다. 번뇌가 일어나지 않을 때의 명한 상태. 무기에는 두터운 무기와 엷은 무기가 있다. 곧 무기는 깊은 잠을 자거나 졸음이 오거나, 깨어 있을 때에도 생각이 없는 상태, 그리고 정신이 또렷하면서도 생각이 없는 상태가 무기다. 또한 번뇌와 번뇌 사이, 곧 생각과 생각 사이에도 순간적으로 무기에 빠지지만 중생 자신은 감지하지 못한다. 번뇌는 중생의 의식작용이므로 감지할 수 있다. 반면에 무기는 의식이 작용하지 않는 상태이기 때문에 무기에 빠져 있을 때는 스스로 감지하기가 불가능하다. 무기는 단지 그 상태가 끝나고 번뇌가 일어남을 보고서야 무기에 빠졌던 것을 미루어 짐작할 수 있을 뿐입니다. 이는 마치 깊은 잠에 빠진 사람이 잘 때에는 아무것도 모르다가 잠을 깬 후의 생각을 통해서 자신이 잠을 잔 것을 아는 것과 같다. 이러한 이유 때문에 중생의 대칭되는 두 가지 속성 중에서 의식작용이 아닌 무기는 잘 모르고 의식작용인 번뇌만 이해하게 된다. 그러므로 중생 마음의 반쪽만 이해하여 번뇌만 없애는 수행을 하게 되면 번뇌가 없어지는 만큼 무기가 길어지기 때문에 이러한 수행으로는 부처가 될 수 없다. 곧 중생에게 멍한 무기가 많아지면 지혜가 없어지고, 멍한 무기가 많은 중생은 바보가 되거나 무기가 많은 축생의 과보를 받게 된다.(姜丁鎭,『영원한 대자유인』). "泉云, 道不屬知不知, 知是妄覺, 不知是無記(도는 안다든가 모른다든가 하는 것과는 관계가 없다. 안다는 것은 헛된 지각이고, 모른다는 것은 지각이 없는 것이다)."(趙州錄,『上堂』1). ➡ 번뇌, 진아(眞我), 중생

무꾸리 　명 占

문복하는 것을 '무꾸리'라고 한다. 무꾸리란 손님은 무당에게 묻고, 무당은 신에게 묻는 언어적 행위가 된다. ¶됴쿠주믈 묻그리 ᄒ야《釋9:36》. 묻그리의 '묻'은 말(語)의 고형이다. 묻다(問)의 '묻'이 명사로서 말의 뜻을 지닌다. '그리'도 말의 뜻을 지닌다. 잠꼬대에서 '고대'의 어근 '곧', 가ᄅ다(曰)의 '갈', 고래고래 소리를 지르다에서 '고래'의 '골' 등이 모두 말의 뜻을 지니는 말이다. 무꾸리는 말의 뜻을 지니는 말이 겹쳤다.

➡ 말(語), 말씀

무너지다 　통 壞, 崩, 倒

'무너지다'는 높이 쌓인 큰 물건이 허물어지다의 뜻이다. ¶호집이 믈혀뎟거늘《太平1:26》, 믈허딜 붕(崩)《字會中35》, 金剛杵를 자바 머리 견지니 고대 믈어디니《曲160》, 비 몰애룰 믈허놋다(雨頹沙)《杜初15:14》, 그 고둘 것거 믈헐에 ᄒ료(摧裂其處)《楞9:47》, 다 믄허디시니(都倒了)《朴重上10》. 믈헐다, 믈허디다, 믈어디다가 나오다가 후대에 가서 믄허디다가 나온다. '믈헐다'는 '믈'과 '헐'의 합성어일 것이다. 믈다, 헐다는 고대어에

서는 '헐다, 무너지다'의 뜻을 지녔을 것이다. 壞 자를 보면 흙토변이 있는 것을 보면 고대인들이 본 무너지는 물건은 土石類일 개연성이 있다. 그렇게 본다면 뫼(山), 문(土)과 동원어이며, '헐다'는 흙과 동원어일 개연성이 있다. 허물다는 '헐다'와 '물다'의 어간이 합성한 것이다.

무녀리 명 初生獸

'무녀리'는 짐승이 한 해에 낳은 여러 마리의 새끼 가운데 맨 먼저 나온 것을 말한다. 무녀리는 문(門)과 열다(開)의 '열이'로서 문을 열고 처음 나왔다의 뜻이다. 열다(開)의 고형은 '널다, 널다'로 소급된다. '널다'의 어근은 명사가 된다. 고대에 여는 것은 門이 주가 되었다고 하겠다. 문은 나무로 만든 것이 될 것이다. '널'도 나무의 뜻인 널(板)과 동원어가 된다고 하겠다.

▶ 열다(開)

무늬 명 紋

흔히 '무늬'는 물건의 겉면에 어떤 모양을 나타낸 것이다. 무늬는 한자어 文, 紋(무늬 문)에서 온 말일 것이다. ¶비단 文 곧ᄒᆞ샤미《法華2:12》, 류청 비쳇 무룹도리로 문 흔 비단(柳靑膝欄)《飜老下24》, 膝欄문 : 紋《譯下4》, 문노흔 깁으로 결속ᄒᆞ더니(文絹)《小諺6:96》. '문'이 한자 文, 紋으로 나타난다. 文의 한자는 붓으로 사람 몸에 그린 무늬 모양을 본뜬 글자다. 무늬와 같이 획을 이리저리 그어 쓴 글자를 뜻하게 되었다.

무당 명 巫

'무당'은 한자어 巫堂으로 보고 있다. 그러나 무당이 고유어일 수도 있다. ¶묻그리(占)《月9:57》. 묻그리는 '묻'과 '그리'의 합성어다. '묻'은 말(語)의 뜻을 지니며 '그리'도 말(語)의 뜻을 지니는 말로서 이음동의어(異音同義語)다. 한자어 巫도 '묻(語)'과 동원어(同源語)일 수 있다. 그렇게 보면 '묻(語)'에 '앙' 접미사가 붙어서 무당이 되었다고 생각해 볼 수 있다. 퉁구스어에서 saman(巫)의 어근은 sam이고 an은 접미사다. sam도 말(語)의 뜻을 지니는데, 말씀의 옛날 표기인 말ᄉᆞᆷ의 'ᄉᆞᆷ'이 말(語)의 뜻을 지니는 말이다. 말ᄉᆞᆷ은 말(語)의 뜻을 지닌 말의 이음동의어다. ¶무당(巫)《字會中37》, 심방(巫) : 巫는 겨집심방이요 祝는 男人심방이라《楞8:117》, 심방굿(무당굿) : 어미 平生애 심방굿 즐길씨《月23:63》. 심방(巫)의 '심'은 'ᄉᆞᆷ'과 동원어로서 말(語)의 뜻을 지닌다. 제주도에서는 심방(巫)이 현재도 사용되고 있다. 심방의 '방'은 앉은뱅이, 비렁뱅이, 가난뱅이 등의 '뱅이'(방+이)뱅이)와 동원어(同源語)며, '방'은 사람의 뜻을 지닌다. 서동방(薯童房)의 '房'이 향가(鄕歌)에도 보인다.

무던하다 　형 圓滿

'무던하다'는 현재는 주로 정도가 어지간하다나 성질이 너그럽고 수더분하다의 의미로 쓰인다. ¶므던ᄒᆞ다(輕) : 므던히 너길 ᄆᆞᄉᆞᆷ 업슬씨(無輕慢心)《金剛9》, 므던ᄒᆞ다(可) : 주거도 므던커니와《三綱孝10》. 므던ᄒᆞ다는 조선 초기에는 '輕하다, 可하다, 足하다'의 뜻으로 쓰이던 말인데, 이는 '가볍다'에서 '重하고 까다롭지 않다'의 뜻으로 굳어졌다.

무덥다 　형 酷暑, 炎熱

'무덥다'는 찌는 듯하게 덥다다. ¶긔우니 무더워《救簡1:102》 무덥다(熅熱)《譯上5》 무덥다의 어간 '무덥-'은 '무'와 '덥'의 합성어다. musi(蒸)〔日〕, musiatsui(찌는 듯이 덥다)〔日〕. musi의 어근은 mus(mut)는 찌다(蒸)의 뜻이다. 무르다는 굳은 물건이 폭 익어서 녹신녹신하게 됨을 뜻한다. 무르다의 어근 '물(묻)'과 덥다의 어근 '덥'이 합해서 무덥다가 되었다. '무'는 물(水)이다. 무서리, 무좀의 '무'와 동원어일 것이다.

무디다 　형 不快, 磨鈍, 鈍

'무디다'는 끝이나 날이 날카롭지 못하다이다. ¶눌카ᄫᆞ니 무듸니 이실씨

《月13:38》, 네 칼이 드느냐 무듸냐(你的刀子快也鈍)《朴重上39》, 네 갈히 드느녀 무뒤녀《朴初上44》, 칼 무듸다(刀鈍)《譯補16》. 무듸다, 무뒤다, 무 듸다 형이 나온다. modo(우둔한, 어리석은)〔滿〕. 몽글다, 몽당연필, 몽 당비 등에서 '몽'은 무디다의 어근 '묻'과 비교된다.

무럭무럭 　　뮝 출

무럭무럭은 힘차게 자라는 모양을 나타내는 부사다. muruhabi(長了) 〔滿〕, murumi(長成)〔滿〕, mandumbi 여물다(곡식이)〔滿〕. 만주어에서 어근 mur-가 '자라다'의 뜻을 지니고 있다. '무럭무럭'의 어근은 '물'이다. '물'은 명사일 것이다. '長' 자를 보면 수염과 머리카락이 길게 흩어진 노 인이 지팡이를 짚고 있는 모양을 본떴으므로 어른을 뜻한다. 長은 길, 길이, 기틀, 클, 많은, 어른, 우두머리 등의 뜻을 지니고 있다. '長'의 글 자로 봐서는 식물이 자라는 것이 아니라 '사람'과 관련된 것이라 하겠다. ᄆ름(莊頭), ᄆ슴(머슴)의 어근 '몰, 몿' 등의 어원적인 의미는 사람이다. nyalma(人)〔滿〕. nyalma의 'ma'가 사람의 뜻을 지닌다. nyal의 조어 는 nal(nat)이다. 따라서 nyalma는 사람의 뜻을 지니는 말이 겹쳤다고 본다. '무럭'의 '물'의 어원적인 의미는 사람이라 하겠다. 아ᄌ미(嫂)의 '미'와 할미의 '미'도 어원적인 의미는 사람의 뜻에서 여성의 성격을 띤 말로 전의되었다고 하겠다. 아이들이 무럭무럭 자라듯 농작물도 무럭무 럭 자라는 것으로 의미가 확대되었다고 하겠다. 무르익다의 '무르'도 '무 럭'의 어근 '물'과 동원어라 하겠다.

무르다¹ 　　동 혱 軟, 爛熟, 柔

'무르다'는 물렁물렁하다, 굳은 물건이 푹 익어 녹실녹실하게 되다, 바탕 이 성글어 힘이 적다의 뜻을 지닌다. ¶地酥 흙 무르다《柳物5, 土》. 무르다 의 어근 '믈'은 물(水)의 뜻이다. moroi(脆)〔日〕. 어근 mor와 국어 '물'은 동원어일 것이다.

무르다² 图 退, 反品

'무르다'는 샀던 것을 도로 주고 돈을 찾다, 바꿨던 물건을 서로 되돌려 주고받다, 장기나 바둑에서 한번 둔 것을 안 둔 것으로 하여 다시 두다이다. 므르다의 어근은 '믈'이고 '믇'이 조어형이다. 무르다의 관계는 물건의 교환이나 거래를 원상으로 하다의 뜻이 될 것이다. ¶도로 므르거겨 ᄒ거뇨《月14:77》, 므를 퇴(退)《字會下20》, 몯(物)《東言》, mono(物)〔日〕. '몯'의 조어 '몯(몰)'은 므르다의 어근 '믈(믇)'과 동원어일 개연성이 보인다. 무르다는 물물관계. 한편 므르다의 행위는 주로 손이 하기 때문에 손의 뜻을 지닐 개연성이 있다. mutor(手)〔蒙〕. 밀다(推), 골모(頂針子)《同文下17》, 만지다 motsu(持)〔日〕. 어근 mut, mot과 'ale, 모, 맏' 등의 어원적 의미는 손이다.

무릅쓰다 图 蒙, 冒着, 頂着, 不願, 不避, 不拘

'무릅쓰다'는 고되고 어려운 일을 그대로 참고 견디어 내다는 뜻이다. ¶니블 무릅고 누어셔(蒙被而臥)《小諺6:57》, 바믈 무릅쓰고 ᄎ자 가니(冒夜尋之)《新續烈3:21》. 무릅다는 뒤집어쓰다, 무릅쓰다(被, 蒙)의 뜻이다. 어간 '무릅'에 쓰다가 합성된 말로서 어원적 의미는 뒤집어 쓰다에서 '뜻밖에 어떠한 어려운 일이 있더라도 어려움을 참고 견뎌내며 행한다'의 뜻으로 바뀌었다.

무리¹ 图 群, 類

'무리'는 여럿이 모인 것으로 '물'에 '이' 접미사가 붙었다. ¶물(群)《字會上34》, 물(徒)《字會下2》. mure(群)〔日〕. 일본어 mure(群)의 어근 mur와 동원어(同源語)다. '물'이 짐승을 뜻하는가 아니면 사람이 모여있는 것을 뜻할 것이냐에 따라 그 어원이 결정될 것이다. 한자를 보면 群(군)은, 羊(양) 자가 들어 있는 것을 보면, 짐승으로 인식했음을 알 수 있다. sürü(家畜群, 動物群)〔터키〕. 터키어를 보면 群은 짐승과 관련되고 있음을 알 수 있다. 무리의 어원도 짐승으로 본다면, 말(馬)과 관련될 개연성이 높다. 무릇(凡)의 어근 '물'은 무리(群)의 어근과 동원어일 것이다.

무리² 명 雹

'무리'는 '우박'이라고도 하는데, 어근 '물'은 물(水)의 뜻을 지니는 말일 것이다. 무리가 녹으면 물이 되기 때문에 그 어원은 물의 뜻을 지닐 것이다. ¶무뤼(雹)《解例用字》. mündür(雹)〔蒙〕, bono(雹)〔滿〕, dolu 雹)〔터키〕, donmak(凍)〔터키〕. 몽골어 mündür는 mün과 dür와의 합성어다. dür는 터키어 dolu(雹)와 형태상에서 비슷함을 보이고 있다. 아울러 터키어 donmak(凍)의 어근 don은 dolu(雹)의 어근 dol과 동원어(同源語)라 여겨진다. 몽골어 mündür(雹)의 mün은 müt으로 소급되는데, 물(水)의 조어(祖語) '믇'과 동원어다. 몽골어 nilmosun(淚)은 nil과 mosun의 합성어인데, nil은 눈(目), mosun은 물(水)의 뜻이다. mündür는 물얼음(水氷)의 원의(原義)를 지닌다. 일본어에서 무리를 arare(霰, 雹)라고 한다. ara는 ame(雨)의 고형(古形)이라고 본다. re가 국어의 무뤼의 '뤼'와 비슷한 것을 볼 수 있다. 무뤼를 '물'과 '뤼'의 합성어로 볼 경우, '뤼'는 '뒤'로 재구(再構)할 수 있다. ㄹ음은 ㄷ음에서 변한 자음이다. '뒤'는 다시 '듣〉둘〉둘이〉뒤'가 되고 '뤼'로 변한다. 즉 '물뒤'가 '무뒤, 무뤼'로 변했을 것이다. 그렇게 본다면 터키어 dolu(雹), 몽골어 mündür(雹)의 dür와 비교됨 직하다.

무명초 명 無明草

'무명초'는 절집에서 머리칼을 이르는 말이다. 무명은 일반어로는 빛이 없는 것을 말하지만, 불교에서는 사물을 있는 그대로 보지 못하는 어리석음을 말한다. 그 어리석음 때문에 깨닫지 못하고 고통의 바다에서 헤맨다. 그 무명초를 깎는 것이 삭발로 출가의 시작이다.

무리, 무명초   350

무사 몡 無事

'무사'는 걱정할 만한 일이 없어 편안한 것이다. 일삼을 것이 없다. 탈없이. ① 이상이 없다, 색다른 것이 없다. "夫安樂無事, 不見覆軍殺將之憂, 無過燕."《戰國策, 燕策》. ② 일이 없다, 할 일이 없다, 아무것도 하지 않는다. "天子無事, 與諸侯相見曰朝."《禮記, 王制》. ③ 불교에서는 인위적인 조작이 없는 것. 적정무위(寂靜無爲)의 경지. 본래의 자기(眞我)를 깨달아 아무런 부족함이 없는 것. 이 경우 도교의 무위자연(無爲自然)과 통한다. 무사(無事)는 선가(禪家)에서 깨우친 뒤를 이르는 말이다. 임제선사(臨濟禪師)의 스승인 황벽희운선사(黃檗希運禪師)는 "도인이란 일 없는 사람(無事人)이어서 실로 허다한 마음도 없고 나아갈 만한 도리도 없다. 더 이상 일이 없으니 헤어져 돌아가라.(實無許多心, 亦無道理可說, 無事散去.)"《傳心法要》고 했다. 임제선사는 무사인(無事人)을 더 이상 일삼을 것이 없는 사람이라 했다. "보살을 찾는 것도 업을 짓는 것이며, 경을 보고 교를 보는 것도 역시 업을 짓는 것이다. 부처와 조사는 무사인이다.(求菩薩亦是造業, 看經看敎亦是造業, 佛與祖師是無事人.)"《臨濟錄, 示衆》. "밝음과 어둠에도 속하지 않는 눈으로 볼 수 있는 것을 법이라고 하고, 법을 보는 것을 부처, 부처와 법이 모두 함께 없는 것을 僧 또는 할 일 없는 중(無事僧), 한 몸의 삼보(一體三寶)라 한다.(如此見得, 名之爲法, 見法故命之爲佛, 佛法俱無, 名之爲僧, 喚作無爲僧亦名一體三寶)"《宛陵錄》고 했다. 여기서 말하는 '할 일 없다'는 해도 함이 없고 닦아도 닦음이 없는 경지 곧 깨달음의 경지를 이르는 말이다. 『열반경(涅槃經)』에서 말하는 "모든 중생은 모두 불성을 가지고 있다.(一切衆生悉有佛性)"는 만인 평등사상에서 한 걸음 나아가 절대 평등을 외치는 것이 중국 선종의 논리다. 그래서 자연 있는 그대로 보는 것이다. 운문문언선사(雲門文偃禪師)의 유명한 화두 "산은 산이요 물은 물이다(山是山, 水是水)"가 바로 그것이다. 일 없다(無事)의 첫 우리말 용례는 조선의 세조(世祖)가 『석보상절(釋譜詳節)』과 『월인천강지곡(月印千江之曲)』을 합쳐 만든 『월인석보(月印釋譜)』에 "뫼히 드러 일업시 이셔 힝뎌기 조흔 사라미라.(산에 들어가 일 없이 있어서 행적이 깨끗한 사람이다.)"는 구절의 '일업시'이다. 불교에서 말하는 무사(無事)와 도교에서 말하는 무위(無爲)는 거의 같은 의미로 사용되었다고 봐도 좋을 것이다. 곧 인위가 아닌 자연 다시 말하면 이 우주 삼라만상의 논리 곧 "스스로 그러한 것"이다. 그러나 언어는 쓰는 사람과 시대에 따라 소리도 바뀌고 뜻도 바뀌는 것은 두말할 필요도 없다. 곧 '하릴없이'는 '할 일없이'에서 음성변화와 함께 의미변화를 겪은 말이라고 할 수 있다. '할 일 없다'의 반의어는 '일삼다'다.

➡ 하릴없다, 無事安逸, 無爲

무상 　명 無常

'무상'은 일정한 때나 규칙이 없는 것이나 덧없는 것이다. ① 정해진 것이 없다. 常이 없다. "民心無常, 惟蕙之懷."《書, 蔡仲之命》. "分無常, 終始無故."《莊子, 秋水》. ② '상주(常住)'의 반의어(反意語). 세간(世間)의 일체(一切) 유위법(有爲法)은 생멸천류(生滅遷流)하여 잠시도 머물지 않는다. 일체 유위법은 인연에 따라 생기며, 생·주·이·멸(生·住·異·滅) 사상(四相)에 의지하며, 찰나 사이에 생멸(生滅)하여, 본래 없던 것이 지금 있으며, 지금 있던 것이 뒤에는 없기 때문에, 총칭(總稱)하여 무상(無常)이라 한다. "是身無常, 念念不住, 猶如電光暴水幻炎."《涅槃經, 1》. "一切有爲法無常者新新生滅故, 屬因緣故."《智道論, 23》. 『대지도론(大智道論)』권43에는 일체 유위법은 찰나에 생멸한다는 염념무상(念念無常)과 상속(相續)하는 법은 마치 사람의 목숨이 다하면 곧 사멸한다는 것과 같이 괴멸(壞滅)한다는 상속무상(相續無常)이 있다. 무상이 두려운 것을 사람의 명을 끊는 칼에 비유한 말인 무상도(汝等邪見不信正法, 今無常刀割切汝身《觀佛經, 3》, 무상은 덧없는 것이 마치 순간순간마다 노소귀천을 가리지 않고 목숨을 거두어 가는 죽음을 맡은 살귀에 비유한 무상살귀(無常殺鬼一刹那間不揀貴賤老少《臨濟錄, 示衆》), 세상의 유위(有爲)는 번개처럼 빠르게 바뀐다는 무상신속(覺曰, 生死事大, 無常迅速《六祖壇經 7.機緣》) 등의 말이 있다. 무상(無常)의 범어는 아니티야(anitya)이다. 이는 nitya에 부정을 의미하는 접두사 a가 더해져서 된 말이다. nitya는 '常의', '영구(永久)의', '항구(恒久)의', '영원의', '불변(不變)' 등의 의미를 가진 형용사다. 아니티야는 이러한 내용을 부정하는 것으로 '常이 아닌', '비영원의', '일시적인'의 의미를 지닌다. 제행무상(諸行無常)은 우리들이 경험하는 모든 것은 항구적이지 않고 변화한다는 것이다. 제행무상은 만물이 변화한다는 사실을 있는 그대로 말할 뿐이며, 특히 어려운 사상을 내세우는 것은 아니다. 곧 생기는 것은 반드시 멸하며, 모든 것은 변해간다는 사실을 바르게 파악한 뒤에, 유한한 생명에서 무한한 가치를 찾아내려고 하는 것이다. 이것이 불교의 가장 기본적인 인생관을 나타내는 말이다.《中村元, 佛教語源散策》　　　　　　　　　　　■▶ 덧없다

무심　명 無心

'무심'이란 마음의 작용이며, 그런 작용이 없는 것이 무심이다. 어떤 일이나 사람에게 관심을 두거나 걱정하지 않는 것. 아무런 생각이나 감정이 없는 것. 불교에서 물욕과 속세에 전혀 관심이 없게 된 경지. ① 어떠한 기분이나 마음도 없다. 마음이 없는 것. 자연이다. "無心而不可與謀."《莊子, 知北遊》. ② 짐승의 이름. 일명(一名) 무이(無耳)·혼돈(混沌). "神異經, 崑崙西有獸, 曰混沌, 一名無耳, 一名無心."《事物異名錄, 獸畜, 四凶獸》. ③ 풀이름. "釋名, 糜衡, 鹿衡, 吳風草, 無心, 無顚, 承膏, 承月幾."《本草, 薇衡》. ④ 불교에서 진심(眞心), 망념을 떠난 상태. 사량 분별이 전혀 없는 상태. "所爲無心, 何者若有心則不安, 無心則自樂. 故先德偈云, 莫與心爲伴, 無心心自安, 若將心作伴, 動卽被心謾. 大寶經云, 文殊師利言, 如人學射, 久習則巧, 後雖無心, 以久習, 故箭發皆中."《宗鏡錄45》. "無相而形, 充十虛而方廣, 無心而應遍剎海而不煩."《碧巖錄65》. 마음은 대상에 구체적인 상(相)을 인지(認知)하여 작용하며, 그러한 상(相)에 사로잡히는데, 그러한 사로잡힘, 곧 미혹(迷惑)을 벗어난 상태야말로 진리(法)를 비추어 볼 수 있다.

무아　명 無我. Skt anātman

팔리어 anattan. 我(ātman)를 부정하여 나타내며, '我가 없다'나 '我가

아니다(非我)' 양쪽으로 해석할 수 있다. 이 세상의 생명 있는 것이나 없는 것이나 모든 존재는 인과 연이 화합하여 이루어진 것이고 인과 연이 다하면 사라진다는 무상한 존재이므로 '나다'라는 것을 내세울 게 없다는 것. 삼법인(三法印)의 하나로 제법무아는 초기의 설로 집착 곧 아집을 부정하거나 초월한다는 의미이다. 설일체유부(說一切有部) 등에서는 인무아(人舞我)·법유(法有)를 말하자 대승불교의 용수(龍樹)는 무자성(無自性)·공(空)으로 이를 부수고 연기(緣起)=무자성=공의 이론을 세워 무아설(無我說)을 완성했다.

무자맥질 　명 潛水, 沈水

'무자맥질'은 물속에 들어가서 팔다리를 놀리며 떴다 잠겼다 하는 일이다. ¶ᄆᄌ미 영(泳)《字合中2》, 므ᄌ몰 영(泳)《類合下15》. 므ᄌ미, ᄆᄌᆷ다는 무자맥질하다의 뜻을 지닌다. ¶수레 줌고(潛)《救方下33》, ᄌ몰 닉(溺)《字會下35》. 潛, 沈의 뜻을 지닌다. ¶믈ᄌ믜악ᄒ다(扎猛子)《漢32a》. 믈ᄌ믜악→무자맥-질.

무지개 　명 虹, 霓

'무지개'는 햇빛이 미세한 물방울에서 굴절을 일으키면서 일어나는 현상이다. '무지'의 어근은 '묻'인데, 해의 뜻을 지닌다. ¶무지게(虹)《倭上2》. niji(虹)〔日〕, nyoron(虹)〔滿〕, soroŋga(虹)〔蒙〕. 무지게는 '무지'와 '게'의 합성어다. 무지게의 '게'는 '거이'가 줄어진 말인데, '걷>걸>걸이>거이>게'의 변화로서 원의(原義)는 해의 뜻을 지닌다. 모레(來後日)의 어근 '몰', 모로(暈)의 어근 '몰' 등이 해의 본뜻을 지닌다. 해의 이음동의어(異音同義語)의 합성이다. 그러나 무지의 어근 '묻'을 물(水)의 원형(原形)으로 본다면, 물의 원의(原義)를 지닌다. 무지개의 '개'는 '가이'가 준 말인데 '갇>갈>갈이>가이>개'의 변화로서 해의 뜻을 지닌다. 무지개는 물, 해(水陽)의 원의를 지닌다고 하겠다. 일본어 niji(虹)의 어근은 nit인데 원의는 해의 뜻을 지닌다. 국어 날(日), 몽골어 nar(日)는 해의 뜻을 지니고 있고, 일본어 natsu(夏)의 어근 nat도 해의 본뜻을 지닌다. nit, nidi, niji의 변화일 것이다. 만주어 nyoron(虹)은 noron으로 소급되며, 어근은 nor이며, on은 접미사다. 만주어에는 on 접미사가 명사에 흔히 붙는다. nor가 국어 날(日)과 몽골어 nar(日)는 동원어(同源語)로서 만주어도 해의 본뜻을 지닌다. 몽골어의 soroŋga는 soroŋ과 ga의 합성어일 것이다. soroŋ의 어근 sor는 국어 해의 뜻을 지니는 햇살의 '살'과 동원어가 된다. 설(元旦), 살(歲)의 어원적 의미는 해의 뜻을 지닌다. 일본어 sora(空, 天)의 어근 sor는 국어 '살, 설'과 동원어다. soroŋga의 ga는 국어 무지개의 '개'와 비교가 됨 직하다. 일본어에서 niji의 어원을 뱀(蛇)으로 보고 있으나, 虹(홍) 자의 虫(충)에 이끌린 듯한 인상을 받는다. 방언에 nisi, niri, nit, neri neeji, noji, nyuji 등이 있으나, 어근 조어형(祖語形)이 nit이고, 그 어원적 의미는 해라고 하겠다. 그렇게 본다면 무지개의 '무지(묻)'는 해의 뜻으로 볼 개연성이 있다. 해의 뜻을 지니는 말이 겹쳤다고 하겠다. 무지개의 '개'와 번개의 '개'는 동원어다.

무진　명 無盡

무진은 다함이 없는 것. 끝이 없는 것. "然無極之外, 復無無極, 無盡之中, 復無無盡, 無極復無無極, 無盡復無無盡, 朕以是知其無極無盡也."《列子, 湯問》. 불교어. 불교에서는 ① 무위법·무상을 말한다. "何謂無盡, 謂無爲法. 〔注〕肇曰, 有爲法有三相, 故有盡, 無爲法無三相, 故無盡."《維摩經, 菩薩行品》, "無盡者卽是無相別名"《大日經疏, 十四》. ② 어떠한 미세한 것에도 시간·공간의 제한 없이 서로 융합되는 것. "二法二行二德二位, 皆各總攝無盡無盡諸法門海者, 良田無不該攝法界圓融故也."《探玄記, 1》, "子規聲裡勸人歸, 百花落盡啼無盡, 更向亂峰深處啼."《洞山錄》. 무진은 이 밖에 무진계(無盡界), 무진등(無盡燈), 무진삼매(無盡三昧), 무진장, 무진재(無盡財) 등의 말에 사용된다. ¶무진 : 無盡혼 시르믈 내요디《楞解9:74》. 무진무진 : 혼 盞잔 먹새근여 쏘 혼 盞잔 먹새근여, 곳것거 算산노코 無무盡진無무盡진 먹새근여.《松江歌辭(星州本). 將進酒辭.》

무진장 [명] 無盡藏. 梵 akṣaya-ākara

불교어. 아무리 꺼내도 다함이 없는 재물과 보배를 간직하고 있는 곳간. 부처님의 가르침은 넓고 크며 한없는 공덕을 담고 있어 무궁무진하게 만물에 작용함을 비유하여 흔히 사용된다. "德廣難窮, 名爲無盡, 無盡之德包含曰藏."《大乘義章14》. 옛날 중국의 사원에 두었던 금융기관의 하나. 이는 신자가 보시한 것을 바탕으로 하여 대부하는 것으로 일반인에게 자금을 제공하고, 동시에 기근 때에 빈민을 구제하며, 가람의 수리나 복원에 쓰기 위한 것이다. 남북조시대(420-589)에 설치되어 당대(唐代, 618-907)에 성행하였다. 특히 장안(長安)에 있었던 삼계교(三階敎)의 화도사(化度寺)의 무진장이 유명했는데, 매우 적은 이자로 대출되어 서민들이 좋아했으며, 후에는 영리목적으로 바뀌고, 민간의 중요한 금융기관의 하나로 되어 사원경제의 유력한 재원이 되었으며 '장생고(長生庫), 사고(寺庫), 질고(質庫), 해전고(解典庫), 해고(解庫)' 등으로도 불리며 오랫동안 존속되었다.《岩波》 "武德中, 有沙門信義習禪, 以三階爲業, 於化度寺置無盡藏. 貞觀之後, 捨施錢帛金玉, 積聚不可勝計."《太平廣記. 493》 불교어에서 일반어로 되면서 명사 및 부사로도 사용되고 있다. 무진으로도 사용된다.

묶다 [동] 束, 縛

'묶다'의 어근 '묶'은 묶는 주체일까 아니면 묶이는 대상일까? ¶묶다(束) : 聖位 뫼화 뭇건댄《楞8:49》. 묶다는 '뭇다'로 소급되며 '묻다'가 조어형(祖語形)이다. '묻'은 명사가 된다. ¶딥동 세 무슬 어더《月8:99》, 흔 뭇식 후여 노코《朴重中20》, 뭇 속(束)《類合下7》. 뭇은 장작, 잎나무, 채소 따위를 적게 한 덩이씩 만든 묶음이다. '뭇(묻)'은 나무나 풀의 뜻을 지닌다. 나무일 때에는 말(橛)과 동원어(同源語)가 되고, 풀일 경우는 몰(藻)과 동원어로서 초목(草木)의 어원적 의미가 있다. ➡ 매다

문둥이 　圐 癩病者

'문둥이'는 문둥병이 든 사람이다. 문둥이는 '문'과 '둥'의 합성어다 서동요(薯童謠)의 '童'이 쓰이는데 古音은 '둥'이다. 왕자호동(王子好童)의 '童'도 같은 예일 것이다. 현대어에서도 쌍둥이, 검둥이, 흰둥이, 복둥이, 싱검둥이 등이 있으며, 문둥이도 함께 쓰인다. '문둥이'의 '문'은 '물다'의 어근과 연관된다고 하겠다. ¶믈고기 므르니와 서근이롤 먹디 아니ᄒᆞ시며(魚餒而肉敗不食)《小諺3:25》. 므르다는 물다, 상하다, 썩다의 뜻을 지닌다. 므르다의 어근 '믈'은 명사일 것이다. 썩어 문드러지다(腐)의 '문'과 비교된다.

묻다¹ 　圖 問

'묻다'의 어근은 '문, 물'인데, 묻는 것은 말의 행위기 때문에, '묻'은 말의 원형이다. 만주어에 mudan(音, 聲音, 響)이 있는데, 어근 mut과 일치한다. 말의 조어형(祖語形)은 '묻'이라 하겠는데, 본디는 입의 뜻을 지니는 말이다. 물다(咬)의 '물(묻)'은 입의 뜻을 지니고 있다. 무는 것은 입의 행위다. 묻다의 '묻'은 말(語)의 뜻이고, 물다의 '물'은 입(口)의 뜻이다. 그러나 근원적으로는 모두 입(口)의 뜻에서 비롯한다. 　➡ 말씀(語)

묻다² 　圖 埋

'묻다'는 흙 속에 넣는 것이다. '파묻다'란 말도 있다. ¶墓所는 묻ᄌᆞᄫᆞᆯ 싸히라《月10:13》. '묻다'의 어근 '묻'은 명사다. 고대에 묻는다는 것은 땅에 묻는 것이 될 것이다. '埋' 자를 보아도 흙토(土) 변이다. '묻'은 흙의 뜻을 지닐 것이다. 뭍(陸), 마당(庭), 미(野) 등의 어근 '묻, 맏, 믿'은 흙의 본뜻을 지닌다.

묻다³ 　圖 染, 付, 沾, 着

'묻다'는 물, 가루, 때 같은 것이 들러붙는 것이다. ¶피무든 홀골 파가져

《月1:7》. 묻다(染)의 어근 '묻'도 명사다. 물감(染料)의 '물(묻)'은 빛깔, 염료, 물감이란 뜻을 지닌 말이다. 묻다는 어떤 빛깔 즉 색깔이 묻었다는 뜻이다. '무색옷'도 물들인 천으로 만든 옷이다. 무색은 '물색'의 '물'의 말음탈락현상이다. 이때 '묻'은 근원적으로는 물(水)의 뜻이다.

물　圐水

'물'은 생명의 근원이다. 따라서 물에서 나온 말이 많다. ¶믈(水) : 믈와 남기 이시며《曲16》. midu(水)〔日〕, mukə(水)〔滿〕, muu(水)〔오로촌〕, mədəri(海)〔滿〕, nilmosun(淚)〔蒙〕, moru(漏)〔日〕. 일본어에서는 어근이 mit, 오로촌어에서는 muu이나, muru에서 r음의 탈락일 것이고, 만주어에서는 mukə(muke)인데, mu(水)에 kə가 붙었다. 만주어 mədəri(海)에서는 mət이 어근이다. 몽골어에서 nilmosun(淚)의 nil은 nit(目)의 말음이 l화한 형이다. 몽골어 mosun(水)의 어근은 mos로서 조어형(祖語形)은 mot이 된다. 현대 몽골어에서는 oso(水)가 쓰이지만, nilmosun(淚)에서 mosun(水)은 국어 물과 동원어다. 국어 물(水)이 고대어에서는 t 말음을 유지하고 있었음을 보여주고 있다. 몽골어에서 müren(江)의 어근 mür는 국어 물과 동원어가 된다. 흑룡강(黑龍江)을 amuru라고 하는데, a와 muru의 합성어로서, muru가 물의 뜻을 지닌다. amuʤɪ(湖)〔오로촌〕, amaʤɪ(湖)〔에벤키〕. amuʤɪ는 a와 muʤɪ의 합성어로서, muʤɪ가 물의 고어 mut과 동원어(同源語)다. amuru(黑龍江)와 amaʤɪ(湖)는 a가 공통되고 muru, muʤɪ는 말음 t가 r화한 차이뿐이다. 국어에서 한강, 압록강, 청천강을 '아리수'라고 한다. 경주에 알천(閼川)이 있다는 것이 『삼국유사(三國遺事)』에 나온다. 아리수의 '아리'의 어근은 '알'로서 물의 뜻을 지닌다. 얼다(凍), 얼음(氷), 於乙(泉)《三史35》의 어근 '얼'이 물의 뜻을 지니며, 몽골어에 oso(水)가 있다. 일본어 arau(洗), ase(汗)의 어근 ar, as가 물의 뜻을 지닌다. amuru는 물물(水水)의 뜻으로 큰물(大水)의 뜻을 지닌다. 아리수의 '수'는 샘의 조어(祖語)와 동원어다. 서리(霜)의 어근 '설'이 물의 뜻을 지닌다. 만주어에서 syəri(泉)가 있는데, syər는 sər가 고형이고, 물의 뜻을 지닌다. 터키어에서 su가 물의 뜻을 지니며, sulmak(물주다), sulu(물기가 있다)의 어근 sul이 물의 뜻을 지닌다. 아리수의 '수'는 고어에서 술(水)의 말음 ㄹ이 탈락한 것이라 하겠다. 미나리(芹)의 '미'는 물(水)이 변한 말이다. 밥을 말다, 국에 말다의 '말다'의 '말'도 물의 뜻을 지니는 말에서 변한 말이다. ➡️ 말다, 맑다, 미나리

물감 명 染料

'물감'의 '물'은 빛(色)이라는 뜻을 지닌 명사다. '무색옷'이란 말은 물감을 들인 천으로 만든 옷으로서, 무색은 '물색'의 ㄹ탈락형이다. 빛갈(깔)의 '갈'도 빛의 뜻을 지니는 말로서 어원적인 뜻은 해이다. 물감의 '물'도 근원적으로는 해의 뜻을 지니는 명사다. 모레(明後日)의 어근 '몰'이 해의 본뜻을 지니는 말이다. 마파람(南風)의 '마'는 남(南)의 뜻을 지니지만 본뜻은 해의 뜻을 지닌다. '마'의 조어형은 '맏'이다. 빛깔은 해가 나타남으로써 드러나기 때문에, 빛깔의 어원은 해의 뜻을 지니는 말이다. 물감의 '감'은 옷감, 땔감과 같이 재료(材料)의 뜻을 지닌다.

물결 명 波

'물결'의 '결'이 波(물결 파)의 뜻을 지닌다. '결'은 '걸'로 소급되며 물의 뜻을 지닌다. 걸(渠), ᄀ롬(江)의 '귿' 등이 물의 뜻을 지닌다. 경상도 방언에 거랑(渠)이 있고, 냇갈의 '갈'이 내, 물(川, 水)의 뜻을 지닌다.

물다 동 咬, 嚙

'물다'의 어근 '물'은 명사로서 입(口)의 뜻을 지닌다. 물다는 입으로 하는 행위다. ¶믈다(咬) : 豹虎ㅣ 사ᄅ몰 므느니(豹虎咬人)《杜初16:57》. 묻다(問)의 '묻'이 명사로서 말(語)의 뜻을 지닌다. 묻는 것은 언어적 행위다. 그러나 물다(咬)나 묻다(問)나 그 어원적 의미는 입의 뜻을 지닌다고 하겠다. ➡️ 묻다(問)

물러나다　圄退

물러나는 행위는 발의 행동이다. 따라서 발의 뜻을 지니는 말이 어원이
될 것이다. 무릎(膝)의 어근 '물(묻)'과 동원어(同源語)다. ¶므르다(退)
《字會下26》. 므르다의 어근은 '믈'이고 '믇'이 조어형(祖語形)이다. mata
(股)〔日〕, modoru(戻)〔日〕. mod와 동원어일 것이다.

물레　圀紡車

'물레'는 실을 자아내는 것이기 때문에, 그 어원적 의미는 실의 뜻일 수
있다. 그러나 물레를 만든 재료가 그 어원적 의미가 될 가능성이 있다.
물레는 주로 나무로 만들기 때문에, 나무가 어원일 것이다. 말뚝의 '말'이
고어에서 나무의 뜻을 지닌다. 막대기의 '막'은 '맏>말>맑>막'의 변화다.
modo(木)〔蒙〕, moo(木)〔滿〕. moo는 moro의 r음 탈락형이다. 어근은
mor(mot)이다. 국어 '말(맏)'과 동원어(同源語)가 된다. ¶믈레(물레)《同
文下10》. 믈레는 '믈'과 '레'로 가를 수 있다. '믈'은 명사고 '레'는 접미사다.
얼레, 벌레, 걸레의 어휘를 보면, 명사에 '레' 접미사가 붙은 것을 알 수
있다. 얼레는 실을 감는 틀을 말하는데, 연날리기 때 실을 감는 틀을 얼
레라고 한다. 얼레의 '얼'은 올(條)과 동원어라 하겠는데, 올은 본디 실
(絲)의 뜻을 지녔을 것이다. oru(織)〔日〕. oru의 어근 or는 명사로서 국
어 '올'과 동원어(同源語)로서, '올, 날'의 뜻을 지닌다. 벌레를 '벌어지'라
고도 하는데, '벌'의 어근에 '레' 접미사가 붙은 것을 알 수 있다. 걸레의
'걸'도 역시 어느 직물과 관련될 수 있다. 고로(綾)《字會中30》가 있다. 한
편 유희(柳僖)의 『물명고(物名考)』(권3, 10)에는 문익점(文益漸)의
아들 문래(文萊)의 이름에서 왔다고 되어 있다. 한편 솜이나 털 따위의
섬유를 자아서 실을 뽑는 틀인 물레와는 달리 도자기를 만들 때 사용하는
것도 물레라고 한다. 물레를 방차(紡車), 사차(絲車), 도차(陶車), 윤대
(輪臺)라고도 한다.

물레방아 　图 水碓, 水車, 桔

'물레방아'는 내리쏟는 물의 힘으로 바퀴를 돌려 공이가 오르내리도록 하여 낟알을 찧는 방아이다. ¶믈자새 桔《字會中15》. 믈자새→무자위로서 물을 자아올리는 틀이다. 실을 잣는 물레가 둥근 바퀴와 같다고 하는 데서 나온 말이다. 물방아의 틀도 큰 둥근 바퀴와 모양새가 비슷하다. 물레(紡車)와 방아의 합성어다. 물레방아를 물방아라고도 한다. 물방아는 水車(수차)로 볼 수 있으므로 물레방아와는 어휘 형성법이 다르다고 볼 수 있다. 곧 물방아는 수력(水力)으로 낟알을 찧고 빻는다는 의미를 지닌다. 방아의 물레는 어근이 '물'이다. '물'은 명사로서 물레를 만든 재료가 될 것이다. 방아의 어근은 '방'이다. '받〉발〉바〉방'의 변화다. 방앗고는 보통 나무로 한 것이고, 돌로 한 것도 있다. 그러나 방아확은 거의 돌이라 할 수 있다. '받, 발'은 돌이란 어원적 의미라고 하겠다. ¶바회(巖)《字會上3》. 바회의 '회'는 '호이'가 줄어든 말로서, '혼〉홀〉홀이〉호이〉회'의 변화로서 흙(土)의 어근 '홀'과 동원어(同源語)가 된다고 하겠다. ¶확 구臼《倭下3》, 방아확(碓兒)《譯下16》, 확碓窩《同文下2》. 확의 고형은 '학'일 것이다. '한〉할〉핡〉학'의 변화일 것이고, 흙(土)의 고형 '홀(혼)'과 동원어라 여겨진다. 한새〉황새, 한쇼〉황소. 방아는 토석류(土石類)의 어원적 의미를 지닌다고 하겠다.　　　　　　　　　　▣ 물레, 방아

물켜다 　图 飮水

'물켜다'는 물을 많이 들이켜 마시다의 뜻이다. 켜다는 혀다(引)가 변한 말이다. ¶혈 인(引)《字會上35》, 혀爲引《解例合字》. 혀다〉켜다. 물을 끌어들이다의 뜻을 지닌다고 하겠다. 헛물켜다의 '허'는 한자 虛(빌 허)일 것이다. 애썼는데 허사가 되었다, 실패하다의 뜻을 지닌다. ¶믈혀다(潮退)《譯上7》. 믈혀다는 물을 끌어들인다(水引수인. 물을 끌다)는 뜻에서 물이 밀려나간다(潮退, 물지다)는 뜻으로 쓰이기도 했다.

뭇 　명 束

'뭇'은 짚, 풀, 장작 따위를 작게 한 덩이씩 만든 묶음 또는 볏단의 하나이다. ¶딥동 세 무슬 어더《月8:99》, 딥픈 언머의 흔 뭇고(草多少一束)《老解上16》. 한자 속(束) 자를 보면 '木' 가운데에 口를 합해 놓은 글자이다. 口는 둥글게 묶은 새끼줄의 모양이다. 나무를 다발로 묶다의 뜻이다. 뭇의 고형은 '묻'일 것이다. 말뚝의 '말'의 고형은 '맏'으로서 나무의 뜻이다. modo(木)〔蒙〕, moo(木)〔滿〕. 어근 mod과 '맏, 묻'은 동원어일 것이다. 한편 모시(苧布)는 모시풀로 짠 피륙인데, 모시의 어근은 '못(몯)'이다. 묶는 끈으로 본다면 모시풀의 '몯'일 개연성도 있다. ¶모시 뎌(苧)《字會上9》.

뭉치다 　동 固, 團

'뭉치다'는 뭉치를 만드는 행위로 명사에서 동사로 전성된 어휘다. ¶죠희롤 믈위여 곳굼글 막고(用紙堆塞鼻孔)《救簡1:65》. 믈위다가 뭉치다의 뜻을 지닌다. ¶흔 뭉치가 되야《閑中p.394》. 믈위다의 어근 '믈'이 무〉뭉이 되고, '치'가 붙어서 뭉치가 되고 동사 뭉치다로도 전성되었다. 믈위다의 어근 '믈'은 무리(群)의 뜻을 지니는 무리의 어근일 것이라고 여겨진다. 뭉치다는 여러 무리가 합치는 것이라고 하겠다. 믈위다는 '믈'과 '위다'의 합성어라고 하겠다. '위'는 '우이'가 줄어든 말로서 '울〉울이〉위'의 변화일 것이다. '울'은 울타리의 뜻을 지니는 '울'일 것이다. ¶울爲籬《訓解·用字》, 울 번(藩)《字會中6》. '울'은 한편 짐승 우리의 어근 '울'과도 동원어가 될 것이다. ¶우리 립(笠)《字會下8》.　　　　　　　　　◘ 무리, 뭇

뮈다 　동 動

'뮈다'의 어간은 '뮈'이고 '무이'가 준 말로서 '이'는 접미사다. '무'의 조어형(祖語形)은 '묻'으로서 '묻〉물〉물이〉무이〉뮈'의 변화다. ¶뮈다(動) : 뮐 동(動)《字會下3》. 사람에게 있어서 움직이는 주체는 손일 것이다. 따라서 '묻'도 손의 뜻을 지니는 말로 볼 수 있다. 골무의 옛말은 골모인데, '모'는

'몯〉몰〉모'의 변화로 손의 뜻을 지닌다. mutor(手)〔蒙〕, motsu(持)〔日〕, morau(貰)〔日〕. 몽골어 mutor는 손의 경어인데, 어근이 mut이고, 일본어 motsu(持)의 어근 mot과 동원어로 손의 뜻을 지니는 말이다. morau(貰)의 어근 mor(mot)는 손의 뜻을 지닌다.　　　　❏ 밀다(推)

미꾸라지　　圐 鰍

'미꾸라지'는 '미꿀아지'로 소급할 수 있으며, '미꿀'이 어근이며, '아지'는 접미사다. '미꿀'은 다시 '미'와 '꿀(굴)'로 분석할 수 있다. ¶믯구리(鰍)《字會上20》. 믯구리는 '믜'와 '구리'의 합성어다. '믯'의 말음 ㅅ은 사잇소리다. 그렇게 본다면 '구리'는 '굴＋이'로 분석되며 명사다. '믜'는 '믇〉믈〉믈이〉므이〉믜'의 변화로서, 물(水)의 뜻을 지닌다. 믯구리의 '구리'는 개구리, 머구리의 '구리'와 형태상 일치된다. 메유기(鮎, 메기)《字會上21》의 평안도 사투리는 '메사구'라고 하는데, 메사구의 '구'는 '구리'의 어근 '굴'의 말음탈락형일 것이다. 개구리는 물벌레(水蟲)의 어원적 의미를 지니고 있다. 머구리도 역시 물벌레(水蟲)의 의미를 지니며, 메사구(鮎)의 '구'도 구리의 변화로 본다면 믯구리는 물벌레(水蟲)의 어원적 의미를 지닌다. 그러나 믯구리의 '믜'를 흙(土)의 뜻으로 풀어볼 수도 있다. 뭍(陸), 묻다(埋), 마당(庭)의 어근 '묻, 맏'이 흙(土)의 뜻을 지닌다. 일본어로는 미꾸라지를 한자어로 니추(泥鰍)라고 쓴다. 미꾸라지는 낮에는 진흙 속에 들어가 있다가 밤에 먹이를 찾아 나선다. 그러나 물벌레(水虫)의 뜻으로 보는 것이 개연성이 더 있다. 미꾸리는 물고기라기보다 그 모양이 벌레라고 하겠다.　　　　❏ 개구리

미끼　　圐 魚餌, 魚食

'미끼'는 낚싯바늘에 꿰어 물리는 물고기 밥이다. 흔히 낚싯밥이라고 한다. ¶간활흔 아젼의게 미씬 배 되여(爲猾吏所食餌)《小諺5:60》. '미씨다'는 먹히다의 뜻을 지닌다. 미끼라는 명사가 미씨다의 동사로 전성되었다. 낚시꾼들은 미끼를 '밑밥'이라고도 한다. 미끼는 '미'와 '끼'로 가를 수 있

다. '미'는 '밑(本)'이고 '끼'는 餌(먹이 이)의 뜻을 지닌다고 하겠다. 밑겨집(本妻), 밑글월(原文), 밑나라(本國), 밑곧(本고장) 등의 '밑'은 本(밑본)의 원의(原義)를 지닌다고 하겠다. 한 끼, 두 끼와 같이 '끼'는 식사의 뜻이다. '밑끼'는 本餌(본이)의 뜻을 지닌다.

미나리 ⑲ 芹

'미나리'는 '미'와 '나리'의 합친 말이다. '미'는 물, '나리'는 풀의 뜻을 지닌다. ¶미나리(芹) : 곳다온 미나리로다(香芹)《杜初15:7》. 나싀(薺)《杜初8:18》는 냉이의 고형인데, 경상도 방언에 나생이가 있다. 어근 '낫(낟)'은 풀의 본뜻이 있다. ¶ᄂᆞ물(蔬荣)《三綱孝6》, ᄂᆞᄆᆞ새(蔬)《飜小9:103》. ᄂᆞᄆᆞ새가 현대어 남새(채소)로 변했음을 알 수 있다. ᄂᆞᄆᆞ새의 'ᄂᆞᄆᆞ'는 ᄂᆞ물의 ㄹ탈락형이다. ᄂᆞ물은 다시 'ᄂᆞ'와 '물'로 가를 수 있다. 'ᄂᆞ'는 '놀'로서 풀, 나물(草, 蔬)의 뜻을 지니는 말이다. '물'도 근원적으로는 풀의 뜻을 지닌다. 물(藻)《字會上9》이 있는데, 물 속에서 나오는 풀을 말이라고 하며 말을 나물로 해서 먹는다. 미나리의 '미'는 믈(水)이 변한 말로서 '믈나리(水蔬)'에서 미나리로 변했다. 미나리의 '미'는 미꾸리의 '미'와 동원어가 된다.

➡ 물(水), 무좀, 나물

미루나무 　　⑲ 美柳

'미루나무'는 버드나뭇과의 낙엽, 활엽 교목(喬木)으로서 까치들이 미루나무에 집을 많이 짓는다. 미루나무는 토종의 나무가 아니라 외국에서 들여온 나무인데, 미국에서 들여온 나무라 해서 미류(美柳)나무라고 했으며, 현실음에 따라 미루나무로 표기한다.

미르 　⑲ 龍

'미르'는 용으로 물의 상징이다. 항간에서는 뱀이 승천하여 용이 된다고 한다. 중국의 등용문(登龍門) 전설의 용은 잉어로 상징된다. ¶미르 룡(龍)

《字會上20》. 미르의 어근 '밀'은 믈(水)의 조형 '믇'과 동원어다. muduri (龍)〔滿〕, mədəri(海)〔滿〕. 어근 mud, məd은 국어 믈(水)의 '믇'과 동원어다. 미르는 물의 신이기 때문에 '믈'이란 어원을 지닌다. 미리내(銀河水)는 미르내(龍川)와 같은 어원적인 의미를 지닌다. 일본어 tatsu(龍)의 어근 'tat'도 물의 뜻을 지닌다. 돌(梁)의 조형 '돋'과 tatsu(龍)의 tat은 동원어다.

미륵　명 彌勒. 梵 maitreya, 巴 metteyya의 음역

우정·우애 또는 자애를 뜻하는 maitrī에서 유래된 말이다. 호의적으로 자애가 가득한 자라는 뜻이다. 따라서 자(慈), 자씨(慈氏), 자존(慈尊) 등으로 의역한다. 음역으로는 매달려야(梅呾麗耶), 말달리야(末怛唎耶), 미제례(彌帝禮), 매임리(梅任梨) 등도 있다. 또 그 성이 아일다(阿逸多. Ajita. 의역 無能勝)이므로 아일다보살이라고도 한다. 미륵은 56억 7천만 년 뒤에 염부제(閻浮堤, 이 세상)에 나타나 화림원(華林園) 용화수(龍華樹) 아래서 성도하여 3회의 설법으로 석존의 교화에서 빠진 자를 제도한다고 한다. 이를 용화삼회(龍華三會)라 한다. 석존을 돕는다는 뜻으로 일생보처보살(一生補處菩薩), 또는 보처보살이라 한다. 현재는 도솔천에 있다. 미륵은 본래 석존의 제자로 남인도 출신의 실존인물이라고도 한다. 대승경전에서는 여러 곳에서 설하고 있다. 마하가섭(摩訶迦葉)은 미륵불의 출세를 기다리기 위해 입멸하지 않고 계족산(鷄足山)에 들어 입정하고 있다고 한다. 미륵의 가르침을 받기 위해 도솔천에 왕생하기를 원하는 사상이 널리 행해지는데, 여기서 미륵신앙이 탄생했다. 이런 미륵신앙은 중국을 거쳐 삼국시대에 우리나라에 들어왔다. 특히 후삼국 때 태봉(泰封)의 궁예(弓裔)가 미륵을 자처한 이래 토속신앙과 결합하여 민간신앙으로도 널리 퍼졌다. 한편 중국의 포대화상(布袋和尙)은 미륵의 화신이라고도 한다. 『장아함경(長阿含經)』(6, 「轉輪聖王修行經」), 『중아함경(中阿含經)』(66, 「說本經」)에는 먼 미래에 인간의 수명이 8만 세가 되었을 때 미륵이라는 이름의 부처가 나타난다고 한다. 『대비바사론(大毘婆沙論)』 등에서는 미래불인 미륵불이 된다는 수기를 받은 비구

미륵은 미륵보살이라 불린다.

미리내 ⑲ 銀河水

남해(南海) 섬들에서는 은하수를 '미리내'라고 한다. '미리'는 미르(龍)고 '내'는 川(내 천)의 고유어다. 미리내는 용천(龍川)이란 뜻을 지니는데, 용(龍)이 하늘에서는 은하수에 있다는 고대인들의 사고가 나타나 있는 말이라 하겠다. 서울, 경기도 지방에서 죽은 사람의 넋을 저승으로 보내는 무속의례인 지노귀굿에서 불리는 무가(巫歌) 바리공주에, 은하수는 죽은 자(亡者)가 건너야 할 저승길로 나타난다. 한자어로는 銀河水(은하수) 외에 銀漢(은한), 天漢(천한), 天河(천하), 牛河(우하), 星河(성하), 秋河(추하), 斜漢(사한) 등의 이름이 있다. 미리내는 수필의 제목으로도 쓰이면서 널리 퍼져 일반어가 되어 국어사전에도 실려 있다. 수필에 의해 방언인 미리내가 널리 퍼져 사전에 실렸다는 것은 아주 드문예이다. 수필 미리내는 중학교 국어교과서에도 실린 바 있다.

미숫가루 ⑲ 麨, 糗

'미숫가루'는 쌀, 보리, 콩 따위의 곡류를 갈아 물에 타 먹는 음식이다. ¶미시 쵸(麨)《字會中20》. musi(미숫가루)〔滿〕, muji(보리)〔滿〕, maisu(밀)〔滿〕, mərə(蕎)〔滿〕. 어근 mus는 국어 '미시'의 '밋'과 동원어(同源語)가 될 것이다. 보리와 밀은 동원어일 수 있다. 그렇게 본다면 국어밀(麥)의 조어형(祖語形) '믿'과 동원어일 수 있다. 만주어에서 muji(麥), maisu(小麥), mərə(蕎)의 어근 muj, mai()mari), mər 등은 동원어로서 모음교체에 의해 분화되었다. 곧 원의(原義)는 곡류(穀類)를 의미하는 말이었을 것이다. 만주어 musi(麨)는 보릿가루를 의미하지만, 곡류(穀類)에 어원을 두는 말일 것이다.

미심쩍다 의 未審쩍다

'미심쩍다'는 마음이 놓이지 않을 만큼 확실하지 않다이다. 未審은 본래 불교의 선어록(禪語錄)에 나오는 말로 당·송대 구어(口語)이다. '잘 모르겠습니다만, 어떻습니까?'라는 뜻으로 사용되었다. 주로 손아래 사람이 손윗사람에게 공손하게 묻거나 의심을 나타낼 때 앞에 쓰는 겸양어. 특별히 번역하지 않아도 된다. "未審, 這箇壞不壞(이것은 소멸하고 말 것입니까 아니면 존속할 것입니까?)."《碧巖錄, 제29칙本則》. 有講僧來問曰, "未審, 禪宗傳持何法(어떤 강승이 와서, '선종에는 어떤 도리가 전해옵니까?'라고 여쭈었다."《馬祖語錄》.

미역 명 海菜, 若布

'미역'은 바다에서 나는 풀이다. ¶머육(海菜) : 머육과 뿔과 香과 가져다가 (海菜米香還之)《續三孝. 得仁》. 머육은 '머룩〉머욱〉머육'의 변화이며, 어근은 '멀'이다. ¶믈(海藻)《物譜, 藻菜》, 몰(藻)《字會上9》. 머육의 '멀'은 몰(藻)과 동원어(同源語)가 된다. 다시마의 '마'도 몰(藻)과 동원어일 것이다.

➡ 다시마, 말

미장이 명 泥水匠

'미장이'는 건축공사에서 바람벽이나 천장에 진흙 따위를 바르는 일을 업으로 하는 사람이다. ¶니장이(泥水匠)《譯補18》, 니장이(泥匠) 泥或作미《譯上18》, 미쟝이(泥水匠)《同文上13》. 미장이는 한자어 니장(泥匠)이에서 미장이로 교체된 말이다. 한편 니장이의 '니'는 흙의 뜻을 지니는 고유어일 개연성도 있다. 나라(國), 논(畓), no(野)〔日〕의 어근과 비교가 된다. 미장이의 '미'는 뭍(陸), 묻다(埋), 미(野)의 어근과 비교가 된다.

미치다 [통] 狂

'미치다'의 어근은 '및'으로서 '믿, 믿'으로 소급된다. ¶미칠 광(狂)《字會中 34》. 미치다를 정신적으로 본다면 마음(心)과 동원어(同源語)일 것이고, 언어적인 것으로 본다면 말(語)과 동원어일 것이다. delirmek(미치다) 〔터키〕, galjaguraho(미치다)〔蒙〕, kuruu(狂)〔日〕, kokoro(心)〔日〕. 일본어 kuruu(狂)의 어근 kur는 kokoro(心)의 고형 kor와 동원어가 아닐까. 미친 현상은 주로 언어적인 행위로 나타난다고 할 수 있기 때문에, 미치다의 어근 '믿'은 '묻(言)'과 동원어일 것이다.　　　▶ 말(語), 묻다(問)

밀다 [통] 推

'밀다'의 어근 '밀(믿)'은 손의 뜻을 지닌다. 미는 행위는 손으로 하는 것이다. ¶밀다(推) : 노피 미ᄂ니와《圓上一之一89》. 국어 만지다는 '마지다'가 원형이고, 어근 '맞(맏)'은 손의 뜻을 지니는 명사다. mutor(손의 敬語) 〔蒙〕. 어근 mut이 손의 뜻을 지니고 있다. 일본어 motsu(持)의 어근 mot이 손의 뜻을 지니고 있다. elgühü(推)〔蒙〕, el(手)〔터키〕. 몽골어를 보더라도 어근 el이 손의 뜻을 지니고 있음을 알 수 있다. el(手)은 et으로 소급되며 국어 안다(抱)의 '안(앋)'의 조어형과 동원어(同源語)라 하겠다. osu(押)〔日〕. 어근 os(ot)는 손의 뜻을 지니는 말일 것이다. 국어 누르다(壓), 밀다(推)의 어근 '눌, 밀'은 각각 손의 본뜻을 지닌다고 하겠다.
　　　▶ 만지다

밉다 [형] 憎, 惡

'밉다'는 시각적인 면이 일차적이라 하겠다. ¶믜다(憎) : 눕 되며 새오ᄆ로 됴티 몯혼 根源을 일울 씨《釋13:56》. 믜다의 어간은 '믜'인데 '므이'가 준말이다. '믇〉믈〉믈이〉므이〉믜'의 변화다. 그렇게 본다면 '믇(믈)'은 눈의 뜻을 지닐 것이다. 한편 '밉다'는 심리적인 현상으로 볼 때에는 말의 뜻을 지닐 것이다. 마음(心)은 언어의 행위라고 할 수 있다. 밉다는 마음과 동원어(同源語)일 것이다. 한자 憎(미워할 증) 자를 보면 心(마음 심) 자와 합한 자이다. ¶ᄆᆞᆷ(心)《曲62》. ᄆᆞᆷ의 표기로 봐서 ᄆᆞᆷ이 고형(古形)이고, 'ᄆᆞᆺ'이 어근이 되고, 'ᄆᆞᆮ'이 조어형(祖語形)이다. 묻다 (問)의 '묻'이 말의 뜻을 지니게 되는데, 'ᄆᆞᆮ'과 동원어일 것이다.

밑천 圐 本錢

'밑천'은 어떤 일을 하는 데 드는 돈이나 물건이다. ¶밑쳔 : 다른 내 밑쳔 만 갑고《朴初上34》. '밑'은 本(밑 본)의 뜻을 지닌다. ¶밑셩(本城)《法華 2:222》, 밑스승(元스승)《金三4:41》, 밑얼굴(本質)《金三2:61》, 밑곧(本고 장)《法華2:215》. 쳔은 錢(돈 전). 밑錢〉밑천(本錢). 밑천보다 손해를 볼 때는 밑지다라고 하는데, '밑(本)＋지다(落)'의 어휘형성일 것이다.

ㅂ

바가지를 긁다 [편] 尿賣螂進灶膛, 拱火兒

'바가지를 긁다'는 잔소리가 심함을 이르는 말인데, 아내가 남편에게 잔소리
와 불평을 할 때 쓴다. 옛날에 전염병이 돌면 그 귀신을 쫓기 위해 상 위에
바가지를 놓고 긁었다. 그 소리가 매우 시끄러웠다는 데서 나온 말이다.

바깥 [명] 外

'바깥'은 '바'와 '깥'의 합성어다. '바'는 '밧(外)'이고 '깥'은 '곁(傍)'이다.
'밧곁'이 바깥으로 변했다고 하겠다. ¶밧 외(外)《字會下34》, 물 겨틔 엇마
ᄀᆞ시니(馬外橫防)《龍44》, 밧겻틔라(外間)《語錄17》. 밧겻(곁)이 '밧갓(같)
→바깥'이 되었다.

바꾸다 [동] 換, 替, 代, 交換

'바꾸다'는 주로 손으로 하는 행위이기 때문에 어원적 의미는 손일 것이다.
¶밧골 환(換)《字會下20》, 밧골 역(易)《字會上34》. 밧고다 → 바꾸다. 한자
換(바꿀 환) 자는 扌(手, 손 수) 변에 奐(빛날 환) 자를 합한 글자다.
'손'은 의미를, '환'은 소리를 나타낸다. 이렇게 본다면 밧고다의 어원적
의미는 손으로 볼 수 있을 것이다. 밧고다의 '밧고'는 '밧'과 '고'의 합성어
로 손의 뜻을 지닐 것이라고 생각된다. 받다(受)의 어근 '받'은 명사로서
손의 뜻을 지닌다. 볼(臂)《解例用字》과 동원어(同源語)가 된다. 한 뼘,
두 뼘의 '뼘'도 동원어일 것이다. 밧고다의 '고'도 손의 뜻을 지닌다고 하겠
다. 고르다(擇)의 어근 '골', 가지다(持)의 어근 '갖(갇)', 가락지의 어근
'갈' 등이 손의 뜻을 지니는 말과 동원어가 된다고 하겠다.

➡ 가지다(持), 받다

바늘 　명 針

'바늘'은 이음동의어(異音同義語)의 합성어다. ¶바눌(針) : 바눌 아니 마
치시면(若不中針)《龍52》. 바눌은 '바'와 '눌'의 합성어다. '눌'은 칼날의 날
(刃)의 뜻이다. '바눌'의 '바'도 날(刃物)의 뜻이다. ¶버히다(斬, 割)《楞
8:105》. '버리다〉버이다〉버히다〉버이다〉베다'의 변화다. '벌'이 날(刃物)
의 뜻이다. ha(刃)〔日〕. ha는 pa로 소급되며 pat〉par〉pa〉ha의 변화다.
일본어 hari(針)는 pari로 소급되며, par(pat)가 어근인데 국어 바눌
(針)의 '바(받)'와 동원어(同源語)다. 　　　　　　　　　　▣ 비늘

바다 　명 海

'바다'는 많은 물이 모인 곳을 말한다. 어원은 물이라고 여겨진다. ¶바다
(海)《字會上4》, 바룰(海)《龍18》. 바다의 어근 '받'과 바룰의 어근 '발(받)'
은 동근어(同根語)다. 비(雨)〔國〕, boron(雨)〔蒙〕, pet(河)〔아이누〕, hutsi
(淵)〔日〕, bira(河)〔滿〕, bilgan(川)〔滿〕. 어근 bor, pet, put, bir 등이
물(水)의 뜻이다. 국어 믈(水)의 고형은 '믇'이다. mu(水)〔퉁구스〕, mukhə
(水)〔滿〕, muduri(龍)〔滿〕, mədəri(海)〔滿〕. 퉁구스어 mu는 mur의 말
음탈락형이고, mukhə의 mu는 mul의 말음탈락형이다. 만주어 mədəri
(海)의 어근 məd는 mut과 동원어다. 만주어 mukhə(水)는 mu와 khə
의 합성어로 보면, mu는 국어 물(水)과 비교되고 khə는 만주어 koro(河
身)와 국어 거랑(渠)의 어근 '걸'과 비교된다.

바닥 　명 底, 底面

'바닥'은 편편하게 넓이를 이룬 부분이다. ¶손빠닥 뒷 ᄆ딕예《家諺5:12》,
合掌온 손바당 마촐 씨라《月2:29》, 是非ㅅ 바당과(是非之場)《法華1:
222》, 솑바독 쟝(掌)《字會上26》. 빠닥, 바당, 바독의 형태로 나타난다. 어
근 '받'에 '악, 앙, 옥' 접사(接辭)가 붙음을 볼 수 있다. '받'은 곳(處所)의
뜻을 지니는 '바'의 고형이라 하겠다. ¶바 소(所)《字會中8》. '바'의 고형은

'받(발)'으로서 밭(田), 벌(原)과 동원어(同源語)가 된다고 하겠다. ¶바독(碁)《字會中19》. 바독은 '받+옥〉바독(碁)'의 형성이다. ¶바회(巖)《龍1:46》. 바회의 어근 '바'의 고형은 '받'이다. ¶믈 결 바탕에(水波浪地兒)《老下45》. 바탕이 바닥의 뜻인데, '받(발)'에 '앙' 접미사가 붙었다. 요즘에는 바탕은 타고난 성질이나 체질, 물체의 뼈대나 틀을 이루는 주요 부분, 본바탕의 뜻을 지닌다. 바탕은 근본, 근원의 뜻을 지닌다.

바둑 명 碁, 弈, 棋

'바둑알'의 재료는 돌, 조개껍질, 나무 등이다. 이것들이 '바둑'의 어원이 될 것이다. ¶바독(碁)《字會中19》. 바독의 어근 '받'에 '옥' 접미사가 붙었다. '받'은 돌의 뜻을 지닌 말이다. 밭(田), 벌(原), 바닥(터) 등의 '받, 벌(벋)' 그리고 바회(岩)의 '바' 등과 동원어(同源語)다. hara(原)〔日〕, hizi(泥)〔日〕. 어근 har, hiz는 par, pit으로 소급되며, 국어 '받, 벋'과 동원어다. 한자 某, 碁(바둑 기)를 보면 나무, 돌(木, 石)과 어우른 자다. 어원적 의미가 나무(木)일 수도 있다. 보(樑), 바지랑대의 '보, 밧(받)' 등이 나무의 본뜻을 지닌다. hari(樑)〔日〕. hari는 pari로 소급되며 par가 어근이다. 국어 보의 고형이 '볼(볻)'임을 보여준다. 그러나 바둑은 돌(石類)이 어원적 의미일 것이다.

바디 명 筬

'바디'는 베틀, 자리틀, 가마니틀에서 씨줄과 날줄을 짜는데 쓰이는 도구다. ¶ᄇᆡ디(筬)《字會中18》. 'ᄇᆡ디'는 ᄇᆡ와 디의 합성어다. '디'는 '드이'가 줄어든 것이다. '돋〉돌〉돌이〉드이〉디'의 변화다. 바디는 그 재료가 나무(木材)고 특히 대(竹)가 사용된다. '돋(돌)'은 대(竹)의 조어형 '닫'과 동원어(同源語)일 것이다. ᄇᆡ디의 'ᄇᆡ'는 '볻〉볼〉ᄇᆡ'의 변화다. 이 어원도 나무의 본뜻을 지닌다. hasi(橋)〔日〕, hayasi(林)〔日〕. hayasi(林)는 harasi, parasi로 소급되며 어근은 par(pat)이다. 나무의 본뜻을 지니고 있다.

▣ 바지랑대(竿)

바라밀 图 波羅密

波羅密多의 준말. Skt pāramitā. 팔리어 pāramitā. pāramī. 산스크리트어 pāramitā의 소리옮김. 뜻옮김으로는 도피안(到彼岸, 度彼岸), 도무극(度無極), 사구경(事究竟) 등이 있다. '바라'가 저 언덕, '밀다'가 건너다의 뜻으로 "생사의 이 언덕에서 열반의 저 언덕으로 건너간다."는 뜻이다. '마하반야바라밀다'는 "크나큰 지혜로 피안으로 건너간다"가 된다. 이때 마하반야는 이 언덕에서 저 언덕으로 가는데 타고 가는 배(지혜의 배)이다. 무명 중생을 탈것(乘)에 태워 부처님의 나라로 인도한다. 여기서 대승·소승(큰 탈것·작은 탈것)이란 말이 나온다. 저 언덕은 정토(淨土, 깨끗한 땅), 불국토(佛國土), 부처님의 세계이다. 이 언덕은 인간이 사는 사바세계를 말하며, 정토에 대해 예토(穢土, 더러운 땅)이다. 그러나 이 언덕과 저 언덕이 중생의 차별세계에서는 공간적 개념이겠지만, 깨친 자에게는 모두 그의 마음속에 있다. 이곳저곳을 나누어 사량분별(思量分別) 하는 것은 어리석은 무명에 휩싸인 '거짓 나'이고, 깨친 자에게는 구분이 없는 '참나'가 저 언덕이다. 곧 사바세계에서 부처의 나라로 가는 것이요, 거짓 나에서 참나로 가는 것이다. "波羅《秦言彼岸》, 密《秦言到》, (中略)若能直進不退, 成辨佛道, 名到彼岸, 復次於事成辨, 亦名到彼岸, (中略)以生死爲此岸, 涅槃爲彼岸."《智度論12》. 보살이 보리심을 발하여 서원(上求菩提, 下化衆生)을 세우고 자리이타(自利利他)를 위해 실천하는 보시, 지계, 인욕, 정진, 선정, 지혜를 육바라밀이라 한다《반야경》. 이 가운데 지혜를 다시 방편(方便), 원(願), 역(力), 지(智)로 하고, 이것을 앞의 육바라밀과 더해 십바라밀이라 한다《화엄경》. 상·락·아·정(常·樂·我·淨)을 사바라밀이라 한다《열반경》.

바라지 图 施, 照料, 照管

'바라지'는 일을 돌보아 주는 것으로, 입을 것이나 먹을 것을 대어주는 일이다. 바라지는 원래 불교용어다. 절에서 영혼을 위하여 시식(施食)할 때에 시식법사가 앉아 송(頌)한 경문을 읽으면 옆에서 그 다음의 송구를 받아 읽는 사람 또는 그 시식을 거두어 주는 사람을 바라지라고 했다. 뒷바라지, 삼바라지가 있다. ¶들 바라지 點心 ᄒ소《農月》.

➡ 시중, 수발, 치다꺼리, 돌봄, 보살핌

바람¹ 명 風

'바람'의 어근 '발'과 불다(吹)의 어근 '불'은 동원어(同源語)로서 명사다. ¶ᄇᄅᆷ : 츤 ᄇᄅᆷ 블어늘《曲102》. 고대인이 바람을 청각적인 인식했다면 '발'은 소리의 뜻을 지닐 것이며, 시각적인 면으로 인식했다면 눈의 본뜻을 지닐 것이다. 바람은 청각적인 인식일 것이다. 시각적인 장애가 되는 어두운 밤에도 바람은 청각적으로 인식되기 때문이다. 그러한 면에서 볼 때 '불'은 소리(音)의 뜻을 지닌다고 하겠다. 거짓말이 평안도 방언에서는 거짓부리다. '부리'가 말의 뜻인데, 따져 올라가면 소리(音)의 뜻도 지닌다. kaze(風)〔日〕. 어근 kaz(kat)는 일본어에서 말(語)의 뜻을 지니나 근원적으로는 소리(音)의 뜻을 지닌다. koto(言)〔日〕, koe(聲)〔日〕, kataru(語)〔日〕. 어근 kot, kat이 말, 소리(言, 聲)의 뜻을 지닌다. salhin(風)〔蒙〕, yel(風)〔터키〕, ədun(風)〔滿〕, səs(音)〔터키〕. 몽골어 salhin(風)의 어근 sal(sat)은 터키어 ses(音)와 비교됨 직하다. 만주어 ədun(音)의 어근 əd은 일본어 oto(音)의 어근 ot과 동원어다. oto(音) 〔日〕, uta(歌)〔日〕, 울다(泣)〔國〕, 웃다(笑)〔國〕. 어근 ot, ut, ul(ut), us(ut)는 모두 근원적으로는 소리(音)의 뜻을 지니고 있다.

바람² 명 壁

'바람'은 '발'에 '암' 접미사가 붙은 형이다. 지금은 거의 사어화(死語化)했으나, 경상북도 방언(밸빡, 배루빡) 등 일부 방언에는 여전히 사용되고 있다. ¶ᄇᄅᆷ 벽(壁)《字會中5》. 어근 '불'은 명사로서 흙의 본뜻을 지닌다. 고대 집의 벽은 거의 흙이었다. 한자 壁(벽 벽) 자를 보아도 土(흙토) 변이 있다. 밭(田), 벌(原)과 동원어(同源語)다. toprak(土)〔터키〕.

바람³　명托

'바람'은 새끼 따위를 셀 때 쓰는 단위로 한 발, 두 발이라고 하는데, 한 바람, 두 바람이라고도 한다. ¶바람(托) : 몃 바롬고(幾托)《朴初上14》. 바람(托)은 '발'에 '암' 접미사가 붙은 형이다. '발'은 팔의 고형이다. 볼(臂)《解例用字》이 팔의 고형이다. 이렇듯 '암' 접미사가 명사에 붙는 것을 볼 수 있다.

바래다¹　동變色, 退色

'바래다'는 햇볕이나 습기를 받아 빛이 변하다이다. 바래다의 어근은 '발'로서 명사가 된다. '발'은 '볕(陽)'과 동원어일 것이다. 일본어 sarasu(曝す)의 어근 sar는 태양의 뜻을 지닌다. sora(空, 天)의 어근 sor가 해의 뜻을 지닌다. 국어 햇살의 살, 설(元旦), 살(歲) 등의 말은 해의 뜻을 지니는 말에서 전의가 되었다.

바래다²　동送, 送見, 陪行

'바래다'는 가는 사람을 배웅하여 중도까지 함께 가다이다. '바래다'의 어근은 '발(받)'이다. ¶버믜자괴 바다가니《三綱孝32》 '바다'는 '받아'로서 '받다'가 원형이다. '받다'가 '함께 가다, 밟아가다'의 뜻을 지닌다. '받다'의 '받'은 명사로서 '발(足)'의 고형 '받'임을 보여준다. pay(脚, 足)〔위구르〕, put(脚, 足)〔위구르〕, 足曰發《類事》. 발(足)의 조형이 '받'이다. 받〉발〉발다〉밟다(踏). ¶바라돈니다(傍我床)《杜初8:35》. 곁따라 다니다의 뜻인데 함께 가다의 뜻이다. '받'을 사람의 뜻을 지니는 말로 볼 개연성도 있다. 곁(傍)에 라는 말은 사람과 사람과의 관계에서 이루어지는 말이다. 악바리, 흥정바지의 바리, 바지, 벋(友) 등 어근 '발, 받, 벋'의 고형을 추출할 수 있다.

바르다' [동] 塗

'바르다'는 물체 위에 풀칠하여 붙이는 것으로 고대인들이 바른 것은 주로 진흙이었다. ¶ ᄇᆞᄅᆞ다(塗) : 흙 ᄇᆞᆯ롤 거시《法華2:104》, 굴ᄋᆞ로 ᄇᆞᄅᆞ고《釋 6:38》. 어근은 '볼'인데 명사다. 한자 塗(진흙 도) 자를 보면 흙 토(土)가 있다. 따라서 '볼'도 흙일 것이다. 밭(田), 벌(原)의 본뜻은 땅, 흙이다. hara(原)〔日〕, hizi(泥)〔日〕. 일본어 hizi(泥)는 pidi로 소급되며, pit이 어근인데 본뜻은 흙이다. 일본어 hara는 para로 재구되며, 어근 par는 국어 벌(原)과 동원어(同源語)다.　　　　　　　　　　　　　　　　▶ 밭(田)

바르다² [형] 正, 直, 端

'바르다'는 틀리거나 비뚤어지지 않고 곧다, 도리에 맞다, 정직하다 등의 뜻을 지니는데, 어원적으로는 시각적인 의미를 지니는 틀리거나 비뚤어지지 않고 곧다의 뜻이 어원일 것이다. 한자의 '正' 자는 一 자 아래에 止를 받친 글자다. 사람이 城(一)을 향해 가다 止, 곧 공격 목표인 성을 향해가는 발을 상형한 것이다. 본뜻은 정벌인데 나중에 '바르다'의 뜻이 파생했다. '곧다'라는 뜻에서 바르고 곧음, 참되고 옳음의 뜻으로 확대되었다고 하겠다. 그러한 면에서 보면 '바르다'의 어근 '발'은 발(足)의 뜻을 지닐 개연성이 있다. 한편 바르다의 어근 '발'을 말(言)의 뜻을 지닌다고도 볼 수 있다. '곧이곧대로'의 '곧'은 말의 뜻이다. '잠고대'의 '고대'가 말의 뜻으로 어근은 '곧'이다. 곧다(直)의 '곧'은 말의 뜻으로 말은 거짓이 없이 곧아야 한다는 의미를 지닌다고 하겠다. 그러한 면에서 보면 '바르다'의 어근 '발'은 말의 뜻을 지닐 개연성이 있다. 말발, 글발의 '발'이 말의 뜻을 지닌다. 부르다(呼, 唱)의 어근은 '불'이다. 평안 사투리에 거짓말을 '거짓부리'라고 하는데 '부리'가 말의 뜻을 지닌다.

바르다³ [동] 割, 剖, 剪, 剝

'바르다'는 속 알맹이를 집어내려고 겉을 쪼개다, 잘라내다, 발라내다,

뼈다귀에 붙은 살을 걷어내거나 가시를 추려내다이다. ¶제고길 ㅂ려(自割其肉)《楞9:74》, 꼬리 쯔틀 ㅂ려(割去)《牛方15》, 돈 ㄱ티 ㅂ리고(剪如錢)《救方上48》. 'ㅂ리다'의 어근 '블'은 명사로서 칼(刀), 날(刃)의 뜻을 지닌다고 하겠다. 베다(斬)의 어간 '베'는 '버이'가 줄어든 말로서 '벋'이 조형으로서 칼의 뜻을 지닌다. pasaq(刀)〔카자흐〕, balta(斧)〔터키〕, ha(刃)〔日〕, hari(針)〔日〕, bagu(剝)〔日〕. 어근 bas, bal의 조형은 bat이다. 일본어 ha는 ba로 소급되며 bat이 조형이다. 국어 바늘(針)의 '바'의 조어형은 '받'일 것이다.

## 바리 	명人

'바리'는 현재 접사로 사람이란 뜻을 나타낸다. 악바리(惡人), 군바리(軍人), 쪽바리(倭人), 혹부리(瘤人), 학비리(學生), 꽃비리(思春期의 男女)의 어근 '발, 불, 빌'이 사람의 뜻을 지니는 말로서 '받, 붇, 빋'으로 재구된다. 제주 방언에 냉바리(과부), 비바리(處女)가 있다. ¶흥정바지(商人)《釋6:15》, 노룻바치(才人, 倡優)《字會中3》. 어근 '밧(받), 밫(받)'도 사람의 뜻을 지니고 있다. bator(英雄, 勇士)〔蒙〕, bəyə(身體)〔滿〕, bəyə(身體, 人)〔에벤키〕, bəyə(身體, 人)〔오로촌〕, bəyə(身體)〔나나이〕. 몽골의 수도 ulan bator는 '붉은 용사, 붉은 영웅'의 뜻을 지니고 있다. bator의 어근 bat은 국어 사람의 뜻을 지니고 있는 말과 동원어(同源語)다. 홍정바지(商人)의 '바지'의 어근은 '받(발)'이다. 에벤키어와 오로촌어에서 몸(身體), 사람(人)의 뜻을 지니는 bəyə는 bərə로 소급되며, 어근은 bər(bət)인데, 국어의 '받(人)'과 동원어다. 일본어 hito(人)는 pito로 소급되며 어근 pit은 국어 '빋(人)'과 일치된다. bare(人)〔日, 伊豆大島〕. 일본어 방언에 bare(人)의 어근 bar는 pat으로 소급된다. 부여(扶余)는 '부러>부어>부여'의 변화로서, 어근 불은 사람의 뜻을 지닌다. 발해(勃海)의 勃도 '발'로 어원적 의미는 사람의 뜻을 지닌다.

바보　圐 二虎, 呆子, 愚者

'바보'는 어리석고 못난 사람이다. '떡보'는 떡 잘 먹는 사람, '국보'는 국 잘 먹는 사람, '술보'는 술 잘 마시는 사람, '잠보'는 잠 잘 자는 사람이다. '보'는 사람의 뜻을 지니는 말이다. 악바리, 혹부리, 학비리 등 '바리, 부리, 비리'가 사람의 뜻을 지닌다. '보'는 '발, 불, 빌'과 동원어로서 말음 ㄹ의 탈락어다. 바보의 '바'는 '밥'의 말음탈락인 듯하다. 바보는 밥만 먹고 아무 일도 못한다는 뜻을 지녔다고 하겠다. 밥 먹고 곧 누우면 소가 된다는 말도 있다. 바보는 선조 문헌에는 나타나지 않는다. 홍보, 놀보의 '보'가 사람의 뜻을 지닌다. 일본어에도 '-보'가 쓰이는데 어린 아기를 akambo 라 하고 잠꾸러기를 nebo라고 한다. 일본어 abou(阿呆, 阿房)와 baka (馬鹿, 莫迦)와 비교된다.　　　　　　　　　　　　　　　⭢ 갈보

바수다　圐 碎

옛날에, 바수는 것은 주로 곡식이며 도구는 돌이었을 것이다. ¶ ᄇᅀᅡ다 (碎)：結實ᄒ거든 ᄇᅀᅡ《杜初18:2》. 어근 '벚(볓)'은 명사다. 한자 碎(부술 쇄) 자에는 石(돌 석)이 있다. 그러나 바수는 행위는 손에 의한 것이기 때문에 손의 뜻을 지닐 수도 있다.　　　　　⭢ 부수다, 받다(受)

바위　圐 岩

'바위'는 흙이 굳어진 것이고 바위가 부서지면 흙이 된다. 곧 바위는 흙의 일종이다. ¶ 바회 암(巖)《字會上3》. 바회는 '바'와 '회'의 합성어다. '바'는 '받〉발〉바'의 변화로서 밭(田), 벌(原)과 동원어(同源語)다. 일본어 hata (畑), hara(原), hiji(泥)의 어근 hat, har, hit은 pat, pit이 고형이며, 국어 밭(田)과 벌(原)과 동원어다. '회'는 '호이'가 줄어든 말이며, '혼〉홀〉홀이〉호이〉회'의 변화인데, 흙(土)의 고어 '홀(土)'과 동원어다. 바회는 땅, 돌(土, 石)의 뜻을 지니는 이음동의어(異音同義語)의 합성이다.

바지 图 下衣, 袴

'바지'의 어근 '받(받)'은 사용 주체인 다리(脚)거나 바지의 재료인 베(布)일 것이다. 발(足)의 조어형(祖語形)인 '받' 또는 베(布)의 조어형인 '받'과 관련될 것이다. ¶바지(下衣) : 바지(綿袴)《同文上56》, 고의 고(袴)《字會中23》, 고외 샹(裳)《光千4》. 고의(袴衣)는 바지와 치마의 두 뜻을 지닌다. 바지는 다리(脚部)의 뜻보다 그 만드는 재료가 그 어원일 것이다. 바지가 다리와 관련된다면 그 어원적 의미는 발이 될 것이다.

바지랑대 图 竿, 掛竿

'바지랑대'는 빨랫줄을 받치는 장대다. ¶보(樑) : 보몰리(樑棟)《法華2:56》. 바지랑이(竿) : 兀丫 바지랑이《才物譜6》. 어근 '받(받)'은 나무의 뜻이다. '보'는 '봄>볼>보'의 변화이며, 나무의 뜻이다. hayasi(林)〔日〕, hasira(柱)〔日〕, hasi(箸)〔日〕, hasi(橋)〔日〕. 일본어 hayasi(林)는 harasi, parasi로 소급되며 어근 par(pat)가 나무의 뜻이다. hasira(柱)의 어근 has(pat)도 역시 나무의 뜻이다. hasi(箸, 橋)는 pas(pat)가 어근인데, 그 재료가 나무다.

바치 图 匠色

'바치'는 현재 사람(주체자)이란 말을 만드는 접미사로 쓰이지만 원의미는 사람이다. ¶흥졍바지(商人) : 흥졍바지 舍衛國으로 가리 잇더니《釋6:15》, 바지(匠色)《類合下60》, 바치(匠色)《朴初上5》, 노릇바치(倡人, 才人)《字會中3》. 어근 '받(받)'은 사람의 본뜻을 지닌다. 악바리(惡人), 군바리(軍人), 학비리(學生), 쪽바리(倭人), 혹부리(瘤人)의 어근 '발, 불'이 사람의 본뜻을 지닌다. hito(人)〔日〕. 일본어 hito는 pito가 고형이고 pit이 어근으로서 우리말 '받, 붙'과 동원어(同源語)다. 일본 왕의 이름에 hirohito(裕仁), akihito(明仁)의 hito는 사람의 뜻을 지니는 말이다. bator(英雄, 勇士)〔蒙〕. 어근 bat은 사람에서 영웅, 용사의 뜻으로 전의

되었다. 국어 '받'과 동원어다. 몽골의 수도 ulan bator는 '붉은 용사'의 뜻이다. ulan(赤)의 어근 ul은 국어 울긋불긋의 '울'과 동원어다. 한편 바치는 '바+치'로 분석할 수도 있다. 현재도 이 치, 저 치(이 사람, 저 사람)가 쓰인다. 이때 치는 청나라 태조[姓은 아이신줴뤄(愛新覺羅)]의 이름 누르하치(奴兒哈赤)의 '치'와 비교된다.

바퀴 명 輪

'바퀴'는 고대에는 나무로 만들었으므로 어원적 의미는 나무일 것이다. ¶바회(輪)《字會中26》, 바쾨(輪)《譯下23》. 바회는 '바'와 '회'의 합성어다. 바회의 '바'는 보(樑)와 동원어(同源語)다. 바회의 '회'는 회초리의 '회'로 서 나무의 뜻을 지닌다. 해(椴)《字會中14》는 '하이'가 준 말로서 '화'는 회 초리의 '회'와 동원어일 것이다. '화'는 다시 '하, 할'로 소급될 것이다. '할〉 활(弓)'로 '활도 나무로 된 것이다. 나무의 뜻을 지니는 이음동의어(異音 同義語)의 합성어다.

박 명 瓢, 瓠, 匏

바가지의 시초가 오늘날 호박과 같은 열매에서 만든 것이냐, 나무로 만든 것이냐에 따라 그 어원이 다르다. 오늘날은 플라스틱 바가지도 있고 알루 미늄 등의 금속성 바가지도 있다. 처음에는 열매의 '박'보다 나무로 먼저 바가지를 만들었을 것이다. 그러면 그 어원은 나무다. '박'은 '받〉밝〉밝〉박' 의 변화다. 보(樑)는 '봄〉볼〉보'의 변화다. 바지랑대(竿)의 어근 '받'도 나무의 본뜻을 지닌다. 두레박의 '박'은 나무로 만들었을 것이다. 그러나 열매인 '박'이 어원이 될 개연성도 있다. ¶박 표(瓢)《字會中18》, 나모박(木 瓢)《杜初15:1》.

박수 명 覡, 男巫

'박수'는 남자 무당을 이르는 말이다. ¶박亽(端公)《譯上27》. baksi(敎

師)〔蒙〕, bakši(교사, 스승, 주술사)〔위구르〕, baksi(巫)〔카자흐〕. 중국어 '博士'와 동원어일 듯하다. ¶學을 힘뻐ᄒᆞ니 반ᄃᆞ기 博士ㅣ ᄃᆞ욀씨라 博 士ᄂᆞᆫ 션빈 벼스리라《內訓2下8》. 한자어 '博士'에서 변해 내려온 듯하다.

박쥐 　명 蝙蝠

'박쥐'는 밤에 활동하는 야행성이기 때문에, 밤쥐(夜鼠)라는 본뜻을 지닐 수 있다. 밤(夜)은 '받〉발〉발암〉바암〉밤'의 변화며, '받(발)'의 근원적 어 원은 태양의 뜻을 지닌다. 밤낮을 좌우하는 것은 태양이다. ¶붉쥐(蝙蝠) 《字會上22》. '붉'의 고형은 '불'이며 명사다. 붉쥐의 표기는 밤(夜)의 고형 을 엿볼 수 있는 자료다. 사투리에 발쥐, 빨쥐, 뿔쥐, 박주기, 복쥐, 북쥐 등이 있다.

박치기 　명 頭突, 頂人

'박치기'는 머리로 받는 것인데, '박'과 '치기'의 합성어다. ¶뎡바기 뎡(頂) 《字會上24》, 머리뎡바기《月2:41》, 머릿박(머리통)《月1:13》. 머릿뎡바기 는 정수리, 머릿박은 머리통이다. 뎡바기의 '뎡'은 '頂'의 한자어다. '바기' 가 머리의 뜻으로 어근은 '박'이다. '박치기'의 '박'과 동원어다. '머리로 받다'의 '받다'의 어근 '받'이 명사로서 머리의 뜻이다. '박'은 '받〉발〉밝〉박' 의 변화다. baş(頭)〔터키〕. baş의 조형은 bat으로서 국어 '받'과 동원어다. '이마박'의 '박'도 머리의 본뜻을 지니는 말이다.

반갑다 　형 嬉, 懷, 悅, 慶

'반갑다'는 어근이 '반'이다. '반'은 '받'으로 소급된다. 어근 말음 ㄷ이 ㄴ으 로 되는 현상이 있다. nit(目)〔蒙〕, nun(目)《국어》, khathura(蟹)〔滿〕, kani(蟹)〔日〕. 손(手)의 조어형(祖語形)도 '손'이다. sasage(獻)〔日〕. 어 근 sas는 sat이 조어형으로 손의 본뜻을 지닌다. 국어 손(手)의 조어형 '솓'과 동원어(同源語)다. 반기다의 어근 '반'은 '받'에서 변했을 것이다.

'받'이 명사로서 무슨 뜻을 지니는 말일까. 반기는 행위는 시각적인 것보다는 언어 행위다. 그렇게 본다면 '받'은 '말'의 뜻을 지닌다. 글발의 '발'이 말의 본뜻을 지닌다. 거짓의 평안도 사투리 거짓부리의 '부리'가 말의 뜻을 지닌다.

반디　명螢

'반디'는 반딧불, 반딧불이라고도 한다. ¶반되(螢)《解例用字》. 반되는 '반(바)'과 '되'의 합성어다. '되'는 '도이'가 줄어든 말로서 '돋〉돌〉돌이〉도이〉되'의 변화며, '반'의 말음은 개입음(介入音)이다. 이는 일본어 hotaru(螢)와 비교해 보면 확실해진다. 반되의 '되'에 해당되는 것이 hotaru의 taru가 된다. 어근 tar가 국어 '되'의 조어형이 '돌'임을 보여주고 있다. 일본어에서 어두음 h는 국어의 p에 해당되기 때문에 potaru로 재구된다. '반에 해당되는 것이 po다. 일본어에는 n이 개입되지 않았다. 따라서 반되의 고어는 '바되'가 되는데, ㄷ 앞에서 ㄴ이 개입되었다. gal to horohai(螢)〔蒙〕, ateşböceği(螢)〔터키〕. 몽골어 galtohorohai의 어근 gal은 불(火)의 뜻이고, horohai는 벌레(虫)의 뜻일 것이다. 곧 불벌레(火虫)의 어원적 의미를 지닌다. 터키어 ateşböceği(螢)도 ateş는 불(火)의 뜻이고 böceği는 벌레(虫)의 뜻이다. 따라서 반되의 고어 '바돌'은 '바'와 '돌'로 나뉜다. '바'는 불의 뜻이고, '돌'은 고어에서 벌레(虫)의 뜻이다. ¶묏도기(螞蚱)《字會上23》, 본도기(蛹)《字會上22》, 진뒤(蝐)《字會上23》, 진되(蝐)《譯下36》. 묏도기는 '뫼'와 '도기'의 합성어로 '묏'의 말음 ㅅ은 사잇소리다. 본도기의 '도기'와 묏도기의 '도기'는 형태상 일치되며, 벌레(虫類)의 뜻이다. 진뒤, 진되의 '되'가 '돌이'에서 변한 것을 알 수 있으며, 진디는 액충(液虫)의 어원적 의미가 있다. 진을 빨아먹는 벌레라는 뜻을 지닌다고 여겨진다. 모기의 일종인 갈다귀(각다귀)가 있는데, '다귀'가 '도기'와 비교된다. 갈다귀의 '갈'은 일본어 ka(蚊)와 동원어(同源語)다. '바돌'의 어원적 의미는 불벌레(火虫)의 뜻이며, '바돌'의 '바'는 불(火)과 동원어다. 번개의 '번'은 빛(光)의 뜻인데, 반되의 '반'을 번개의 '번'과 비교할 수도 있다. 이렇게 본다면 빛벌레(光虫)의 뜻일 수도 있다.

반야

图 般若. Skt prajña. 팔리어 panna

반야는 팔리어 판냐(pannā)에 가까우나 일반적으로 산스크리트어 프라냐(prajñā)의 소리옮김이라 한다. 그 외 소리옮김으로는 波若, 鉢若, 般羅若, 鉢剌若 등이 있고, 뜻옮김으로는 지혜(智慧)·혜(慧)가 있다. 대승불교를 대표하는 개념이다. 직관적·직증적(直證的)인 부처님의 밝은 지혜. 마음작용으로 사제(四諦)의 경계를 알고 번뇌와 생사를 없애는 지혜. 유위와 무위의 일체를 아는 지혜. 육바라밀의 하나. 사량분별(思量分別, 대상을 분석하여 판단하는 인식)을 하는 지식과 달리 이를 초월한 것으로 존재 전체를 있는 그대로 직관적으로 파악하는 진실한 지혜이다. 이러한 지혜로 부처가 될 수 있는 모체가 되므로 불모(佛母)라고도 한다. 부처님의 10대 제자 가운데 사리불〔舍利佛, 또는 舍利子-반야심경. 범어 사리푸트라(Śāriputra)이며 鷲鷺子라고 번역하기도 한다.〕이 지혜 제일의 제자이다. 불교에는 크게 3가지 반야가 있다. ①관조반야(觀照般若) : 일체의 현상계를 있는 그대로 바로 보는(正見) 지혜, 곧 제법의 실상을 있는 그대로 편견이나 고정관념이 없이 비춰보는 지혜이다. 고타마 싯다르타는 수행 끝에 관조반야를 성취하였다. ②실상반야(實相般若) : 제법의 실상 그 자체를 말한다. 곧 우리가 살고 있는 이 현실 세계의 모습 그 자체이다. 보는 자와 보이는 자가 따로 없이 하나인 세계 곧 우주와 나가 하나일 때를 말한다. 일체의 존재에 불성이 있고(一切衆生實有佛性) 법신 부처님이 두루 가득히 계신다고 할 때 이것이 실상반야의 모습이다. ③방편반야(方便般若) : 문자반야로 실상반야와 관조반야의 내용을 담고 있는 일체의 모든 경전을 말한다. 이것은 직접적으로 반야는 아니지만 반야지혜를 이끌어내는데 없어서는 안 될 방편이므로 반야라 한다. 이 셋은 부처님의 지혜인 실상반야에 이르기 위한 단계라 할 수 있는데, 부처님의 지혜는 진리의 당체인 실상반야이다. 부처님의 말씀인 경전을 읽고 공부하여 내는 지혜가 방편반야이며, 공부한 뒤에는 실천이 따라야 하는데 이것이 관조반야이다. 곧 실상을 편견 없이 그대로 비춰보는 실천 수행법이다. 관조반야를 실천했을 때 나타나는 진리의 실상이 실상반야이다. 반야를 통해 부처님은 정각을 이루시고, 보살은 열반을 하고, 중생은 당면한 문제와 나아가서는 삶과 죽음의 문제도 해결할 수 있다. 이러한 것을 담은 경전이 반야바라밀다경이며 그 가운데서도 금강경과 반야심경이 그 핵심을 이룬다. ¶밝샹 : 이 經經이 일후미 金금剛강般밝若샹波방羅랑密밇이니《金剛經諺解, 序7》. 반샹 : 이제 般반若샹經경은 妙묳音흠의 흘론 배며《金剛經三家解, 涵序5》.

반하다 　동 惚, 戀慕, 魅惑, 惹, 亮, 淸楚, 明白

'반하다'는 일정한 사람, 사물들에 마음이 홀린 것같이 쏠리다, 사랑을 느끼다, 어두운 가운데 밝은 빛이 약하게 비치어 환하다 등의 뜻이다. ¶그 아히가 반호야 별감들 드리고 외입이 무수호고《閑中p.396》. 반호다는 호리다의 뜻을 지닌다. ¶光明이 문득 번호거든《月2:51》, 비치 번호거든《杜初9:15》, 눈이 번호다(眼亮了)《漢179c》, 누니 번호다(眼明)《杜初10:4》. 번호다는 환하다의 뜻을 지닌다. '번'은 번개, 번쩍과 같이 '번'은 광명의 뜻을 지닌다. 반하다는 번호다의 모음변이(母音變異)로 이루어진 말인 듯하다. 그렇게 본다면 상대의 빛(他色)에 이끌려 홀리게 된다는 뜻일 것이다.

받다' 　동 受

'받다'의 어근 '받'은 명사로서 손의 뜻이다. 받는 행위는 손에 의해서 이루어진다. ¶받다(受) : 流霞玉食 바다샤 이 뜨들 닛디 마르쇼셔《龍113》. 바치다(獻, 奉)의 어근 '받'은 받다(受)의 어근 '받'과 동원어다. 국어 한 뼘, 두 뼘의 '뼘'은 '범'으로 소급되며, 조어형은 '벋'이다. '벋'은 옛말에서 손의 뜻을 지닌다. paratek(手)〔아이누〕, barim(握)〔蒙〕, bariho(取)〔蒙〕, barilaho(捕)〔蒙〕, bilǧaho(押)〔蒙〕, basmak(押)〔터키〕. 어근은 par, bar, bil, bas이며, 공통조어(共通祖語)는 pat이며, 손의 뜻을 지닌다. 아이누어에서 bar 어근이 손의 뜻이며, ték(手)이 손의 뜻이므로 이음동의어(異音同義語)가 합친 것이다. 터키어에서 almak(受)의 어근 al이 손의 뜻인데, el(手)이 손의 뜻이다. 몽골어 edelehö(受)의 어근 ed는 터키어

el(手)과 동원어(同源語)다. el의 고형은 et이다. 일본어 uke(受)의 어근 uk은 일본어 utsu(打)의 어근 ut과 동원어가 되고 ude(腕)의 어근 ut과도 동원어다. ¶ 볼(臂)《解例用字》.

받다² 图 頭衝突

'머리로 받다'에서 '받다'의 어근 '받'은 명사로서 머리(頭)의 뜻이다. 받을 경우 머리로 할 때만 받는다고 한다. ¶ 받다(衝) : 象올 나ᄆ티며 바ᄃ시고 둘희 힘올 ᄒ 뻐 이기시니《曲39》. 박치기는 '받치기'에서 변했다. baş(頭)〔터키, 위구르〕, páko(頭)〔아이누〕, bas(頭)〔카자흐〕, hatsi(頭)〔日〕. 터키어에서 baş(bat)가 머리(頭)의 뜻이며, 국어 '받'과 동원어(同源語)다. 일본어 hatsi(頭)는 patsi로 소급되며, 접미사 i를 떼면 pat이 된다. 국어 '받'과 동원어다. 일본어에서 tsuburi(頭)가 머리의 뜻인데, buri도 머리(頭)의 뜻으로 국어 '받'과 동원어다. 쓸(角)《釋6:32》의 고어는 '블'인데, 머리(頭)의 뜻(意)을 지니는 '받'과 동원어일 것이다. ▶ 뿔(角)

발¹ 图 足

서거나 가는데 '발'이 사용된다. 밟다는 '발'에서, 달리다는 다리에서 파생했다. bəthə(足)〔滿〕, bolbo(종아리)〔滿〕, pay(脚, 足)〔위구르〕, put(脚, 足)〔위구르〕. 어근 bət, put, pay 등이 국어의 '발(받)'과 동원어가 된다. 발, 발다〉밟다(踏). ¶ 足曰潑《類事》.

발² 图 簾

'발'은 대(竹)나 풀로 엮은 것이다. 따라서 그 어원도 초목류(草木類)일 것이다. ¶ 발(簾) : 발 렴(簾)《字會中14》. 발은 바지랑대(竿)의 어근 '받', 풀의 고어 '블'과 동원어(同源語)다. hayasi(林)〔日〕, hasi(橋)〔日〕, hasira(柱)〔日〕. hayasi는 harasi, parasi로 소급되며, 어근은 par(pat)이고, hasi는 pasi로 소급되어 어근은 pas(put)이다. ▶ 대들보(樑)

발가숭이　閱 裸體, 赤身, 赤身裸體, 禿山, 丸裸, 素裸

'발가숭이'는 발가벗은 알몸 또는 발가벗은 사람을 가리킨다. 애숭이는 '애'와 같은 사람이다. ¶붉가숭아 붉가숭아 져리가면 죽느니라《靑大p.136》, 프라 볼가 ㅎ샤미《月2:58》, 비치 블가 프라코《月1:27》, 紺오 블가프라홀 씨라《法華2:12》. 블갛다는 붉다의 모음변이형이다. '숭이'의 '숭'은 애숭이 와 같이 인칭에 붙는 접미어가 된다. 원숭이의 '원숭'은 '원성(猿猩, 猿狌)' 이 변했을 것이다.

밝다　혱 明

'밝다'의 어간은 '밝'이며, '발'이 고형이다. 밝다의 주체가 태양이냐 달이 냐에 따라 어원이 달라진다. ¶붉다(明) : 天性은 볼▽시니《龍71》. 태양 일 경우는 '볼(볻)'이 태양의 뜻을 지니며 현대어 '별(볃)'과 동원어(同源 語)다. 달(月)일 경우는 보름(滿月)의 '볼'과 동원어며, '볼'은 고대어에 서 달(月)의 뜻이다. 밝다(明)를 붉다(赤)에서 모음변이(母音變異)로 생긴 것이라는 견해가 있으나, 한자 明(밝을 명) 자를 보면 그렇지 않다 는 것을 알 수 있다. 달이 밝다, 날이 밝아온다 할 때 밝다는 붉다(赤)와 는 거리가 멀다. 밝을 명(明) 자는 '日'과 '月'이 어우른 자이다. '日'은 창문을 뜻한다. 창에 달이 비치니 밝다의 뜻을 지닌다.

밟다　동 踏

'밟다'의 주체는 발(足)이다. ¶볿다(踏) : 부텻 位룰 볼봇릴 씨《月釋13: 58》. 볿다의 어간 '볿'의 고형은 '볼'로서 명사다. 발(足)과 동원어(同源語) 다. tarčilaho(踏)〔蒙〕, gesigehö(踏)〔蒙〕, basmak(踏)〔터키〕, fəhumbi (踏)〔滿〕. 터키어 basmak(踏)의 어근 bas는 명사로서 발의 뜻인데, 터 키어에서 bacak(足)의 어근 bac와 동원어다. 몽골어 gesigehö(踏)의 ges는 명사이며, 발(足)의 뜻인데, 명사 gesigun(足)과 비교된다. 몽골 어 tarčilaho (踏)의 어근 tar도 발(足)의 뜻을 지니는 명사인데, 명사

tabahai(足)와 비교되며, 국어 다리(脚)와 동원어(同源語)다.

➡️ 발(足)

밤¹ 명 夜

'밤'은 하루 중 해가 없는 때이다. '받〉발〉발암〉바암〉밤'의 변화다. '받(발)'
은 해의 뜻을 지니는 말이다. ¶밤(夜) : 바미 가다가 귓것과 모돈 중성이
뮈쇠엽도소니《釋6:19》. 볕(陽)의 고형은 '벋'인데, 밤의 조어형(祖語形)
'받'과 동원어(同源語)다. 밤낮의 변화는 해에 의해 좌우된다. yoru(夜)
〔日〕. 일본어 yoru(夜)는 noru가 변한 것이다. 어근 nor(not)는 국어
나조(夕)의 어근 '낟'과 동원어인데, '낟'은 해의 본뜻을 지닌다. 날(日)은
'낟'이 고형이다. tobori(夜)〔滿〕, talte(暫時)〔滿〕. tobori(夜)는 to와
bori의 합성어다. to는 tor, to의 변화다. 국어 저근 덧(덛), 어느 덧(덛)
의 '덧(덛)'은 시간의 뜻을 지니는데, 본의는 해의 뜻을 지닌다. bori의
어근은 bor(bot)로서, 국어 볕과 동원어이며 해의 본뜻을 지닌다. borori
(秋)〔滿〕, nyəŋnyəri(春)〔滿〕, cuwari(夏)〔滿〕, thuwəri(冬)〔滿〕. 만주
어에서 계절어의 말미에 ri가 붙는 것이 공통이다. borori(秋)에서 ri를
떼면 boro가 되고, 어근은 bor(bot)인데, tobori(夜)의 bori와 동원어
다. 해의 본뜻을 지닌다. 이음동의어(異音同義語)의 합성이다. gece(夜)
〔터키〕, akşam(夜, 夕)〔터키〕, gün(日)〔터키〕, gündüz(晝)〔터키〕, kurumak
(乾)〔터키〕. gün의 고형은 gut이다. kurumak(乾)에서 mak은 명사를
동사로 전성시키는 접미사다. kur가 어근인데, 해의 본뜻을 지닌다. akşam
(夜)의 어근은 ak이다. ögle(晝)〔터키〕. ak과 ög은 동원어일 것이다. ərin
(時)〔滿〕, ərəanya(今年)〔滿〕, üdesi(夕)〔蒙〕. 어근 ər가 해의 본뜻을 지
니는데, 국어 올해(今年)의 '올'과 동원어라 하겠다. 오늘(今)은 '오'와
'늘'의 합성어인데, 해의 뜻을 지니는 이음동의어의 합성이다. süni(夜)
〔蒙〕, syn(해)〔滿〕. 둘은 동원어라 여겨진다. 따라서 밤(夜)의 고형 '받'은
해의 뜻을 지닌다.

밤² 團 栗

'밤'은 '받〉발〉발암〉바암〉밤'의 변화다. ¶밤(栗) : 토란과 바몰(芋栗)《杜初7:21》. 붓(種)《月2:7》은 '붇'이 고형이며, 씨의 뜻을 지닌다. 불(卵子)《譯上35》도 종(種)의 뜻을 지닌다. 일본어 kuri(栗)의 어근은 kur(kut)인데, 일본어 kusa(種)와 동원어(同源語)다. 참나무의 한가지로 굴참나무가 있는데, 굴참나무의 '굴'은 일본어 kuri(栗)와 동원어다. 도토리는 일본어로 toŋkuri(도토리)다. 도토리도 밤(栗)인 kuri(栗)로 보고 있다. 가얌(榛)《譯上55》은 '갇〉갈〉갈암〉가암〉가얌'으로 변했는데, '갈'은 일본어 kuri(栗)와 동원어일 것이다.

밥 團 飯

'밥'은 먹거리의 대표다. ¶밥爲飯《解例用字》. '받〉발〉발압〉바압〉밥'의 변화다. budaga(飯)〔蒙〕, buda(飯)〔滿〕, budugoi(飯)〔女〕. 여진어(女眞語), 만주어, 몽골어의 밥(飯)의 어근으로 bud가 공통된다. 이는 국어 밥의 조어형(祖語形)이 '받'임을 뒷받침한다. bulə(米)〔女〕, bara(米)〔蒙〕, sali(米)〔蒙〕. 어근 bul, bar가 추출되는데, 밥의 어원과 같다고 볼 수 있는 것은, 밥은 쌀로 짓기 때문이다.

방귀 團 放屁

'방귀'의 '귀'는 '방귀를 뀌다'에서 뀌다의 어근 '뀌'와 동원어(同源語)다. '귀'는 '구이'가 준말로서, '굳〉굴이〉구이〉귀'의 변화이며, 고어에서 방귀의 뜻을 지니는 말이었을 것이다. 구리다의 어근 '굴'과 동원어로서 고어에서는 똥(糞)의 뜻을 지니는 말이었을 것이다. 방귀는 '방'과 '귀'의 합성어다. ¶방귀(屁)《字會上30》. 방긔(放屁) : 방긔(放屁)《物譜, 氣血》. baraŋ, baroilaga(糞蠅)〔蒙〕, uŋgasu(屁)〔蒙〕, 屁 倍比流(hehiru)《日, 和名抄》, osuruk(屁)〔터키〕. 몽골어 baraŋ, baro가 똥(糞)의 뜻이다. 어근은 bar(bat)이다. 국어 방귀의 '방'이 '받〉발〉바〉방'의 변화인데, 몽골어 어근 bar(bat)

와 동원어일 수 있다. 일본 현대어 he는 pe로 소급된다. 국어 '방'의 조어형 '받(발)'과 동원어가 된다. 일본의 화명초(和名抄)에 나오는 倍比流(屁)는 hehiru로 읽고 있다. hehiru는 he와 hiru로 나눌 수 있으며, pe, piru로 재구된다. 이는 국어의 '방'과 비교된다. kuso(糞)〔日〕, kusai(臭)〔日〕, kusaru(腐)〔日〕. 어근 kus(kut)는 일본어에서 똥(糞)의 뜻을 지닌다. 방귀는 똥(糞)의 뜻을 지니는 이음동의어(異音同義語)의 합성이다. '방기(放氣)'의 음사로 보는 견해도 있다.　　　　　　　■구리다(臭)

방망이　圏 椎, 棒, 棍棒, 棍杖

'방'을 한자어 棒(봉)과 연관시킬 수 있으나, 고유어일 수도 있다. 현대어에서도 빨래 방망치라고 하는 말이 있다. 그렇게 보면 '방'은 '받>발>바>방'의 변화다. '발(받)'은 나무의 뜻을 지닌다. 보(樑), 바지랑대(竿) 등의 '보, 받' 등이 나무의 어원적 의미를 지닌다. ¶방마치(방망이)《同文下15》, 방망치(방망이)《青p.118》, 마치 퇴(椎)《字會中18》. 방마치는 '방'과 '마치'의 합성어다. hasi(橋)〔日〕, hayasi(林)〔日〕. hayasi는 harasi, parasi로 소급되는데, par가 어근이 된다. 국어 '보, 받'과 동원어(同源語)가 된다. hasi(橋)는 pasi로 소급되며 어근도 pas(pat)가 나무의 뜻을 지닌다. hasi는 주로 나무로 만든 것이다.

방아　圏 碓, 搗臼, 舂

'방아'의 재료는 목제(木製)와 석제(石製)이므로 어원적 의미는 나무와 돌일 것이다. ¶방하(碓, 방아)《字會中11》, 방핫고(방앗고)《漢295d》. 방하는 '방'과 '하'의 합성어로 볼 수 있다. 방핫고의 '고(杵)'는 '곧>골>고'의 변화로서 어원적 의미는 나무다. 구유(槽)의 고형은 '구수'고, 어근은 '굿(굳)'이다. 고구려 지명어에 斤乙(木)이 있으며, 한 그루(一株)의 '그루'의 어근 '글'이 나무의 뜻을 지닌다. 따라서 나무로 볼 수 있다. '방'은 '받>발>바>방'의 변화다. '받(발)'은 나무의 어원적 의미를 지닌다. 보(樑), 바지랑대(竿)의 어근 '보, 받'이 나무의 뜻을 지닌다. '하'도 본디는 나무의 뜻이다. ¶홰대(횃대)《物譜衣服》. '홰'는 '화이'가 줄어진 말인데, '활'이 고형이지만 '할'이 더 고형이다. '할〉하'의 변화로 보면, '하'도 나무의 본뜻을 지닌다. 방핫고의 '고'도 '곧〉골〉고'의 변화이며, 나무의 본뜻을 지닌다. 방하는 나무의 뜻을 지니는 이음동의어(異音同義語)의 합성어다.

방울 명鈴

'방울'은 금속으로 만든 것이기 때문에 어원을 금속에서 찾을 수 있다. ¶바올(방울) : 보비옛 바오리 溫和히 울며《釋13:24》. '바롤〉바올〉방올'의 변화다. 어근 '발'에 '올' 접미사가 붙었다. suzu(鈴)〔日〕. 어근은 suz(sut)인데, 이는 일본어 suzu(錫, 주석)와 동원어(同源語)다. sut은 국어 쇠(鐵)의 조어형(祖語形) sot과 동원어다. 바라(鈸)《字會中16》의 어근은 '발'이며, 금속성이다. 버히다(剖)의 조어형 '벋'은 칼(刀劍類)의 뜻을 지니나, 근원적으로는 그 재료인 금속의 이름과 관련된다. 바늘(針)의 '바'는 '발〉바'의 변화다. hari(針)〔日〕. hari는 pari가 고형이고 par, pat이 조어형으로서, 칼(刀劍類)의 뜻을 지니는 명사와 동원어가 된다. '발'도 금속의 이름을 뜻한다. 터키어에 bakır(銅)가 있다.

방편 명方便. 梵·巴 upāya

소리옮김(音譯) 漚波耶, 漚和. 우파야는 '접근하다, 도달하다'라는 의미의 동사에서 파생한 말로 '목적에 도달하기 위한 통로'란 의미에서 방법이나 수단이란 뜻으로 되었다. 방편이라 뜻옮김(意譯)한 것은 方은 방법, 便은 便宜의 의미이기 때문이다. 곧 편리한 방법이다. 중생을 잘 이끌기 위한 교화방법, 교묘한 수단 및 학인 접화(接化)의 수단을 뜻한다. 이를 선교방편(善巧方便) 또는 방편선교(方便善巧)라 한다. 부처님은 중생을 제도하는데 결코 어려운 말을 쓰지 않고 중생의 능력에 맞게 했다. 그래서 하근(下根)의 사람을 교화하여 이끌기 위해 권지(權智, 방편의 지혜)를 가지고 갖가지 선교공부(善巧工夫)하여 중생의 의심을 풀고 헷갈림을 끊어 진리에 귀의하도록 하는 갖가지 수단과 방법을 취했다. 실지(實智)

에 반해서 권지(權智), 본수행에 반해서 예비수행(加行)도 방편이라 한다. 반야에 반하는 경우는 보살이 중생을 제도할 때 반야에만 의지할 수 없고 방편을 사용해야 한다. 이것이 방편바라밀이다. 진실에 반하는 경우는 법화경에서 삼승(聲聞, 緣覺, 菩薩)이란 3가지 가르침이 있다는 것은 방편이며, 진실로는 일승(一乘, 一佛乘)뿐이다. 그런데 목적을 달성하기 위해 수단, 방법을 가리지 않고 마구 해서는 안 된다. 방편은 어떻게든 중생을 구하려는 자비의 마음에서 나와야 한다. "我時語衆生, 常在此不滅, 以方便力故, 現有滅不滅."《法華經, 壽量品》. 중국에서는 "편리하다, 남에게 이롭다, 돈이 넉넉하다, 편의를 도모하다, 대소변을 보다(용변보다), 편의·수단·방편·방법" 등의 뜻으로도 사용된다.

방하착 [名] 放下着

放下, 放着이라고도 함. 공이라는 이치를 모르고 있어 저지를 수 있는 마음속 온갖 집착을 우리 본래의 한마음 자리에 놓아버리는 것, 곧 번뇌와 업장을 내려놓아 공과 하나 되는 수행인 반야바라밀이다. "問, 一物不將來時如何? 師云, 放下着."《趙州錄, 中》.

밭 [名] 田

'밭'은 흙을 일구어 씨를 뿌려 곡식을 거두는 곳이다. ¶福田은 福바티니《釋6:19》, 밭 뎐(田)《字會上7》. 밭의 고형은 '받'이다. 들건너 벌건너《靑p.121》의 '벌'은 '벌, 들(野)'의 뜻을 지니나 '벌(번)'은 '밭, 받'과 동원어일 것이다. ¶바 소(所)《字會中8》, 是非ㅅ바당과(是非之場)《法華1:222》. 바(所)의 조어형은 '받'일 것이며, 바당(場)의 어근 '받'도 동원어가 된다. ¶바회 암(巖)《字會上3》, 바독(碁)《字會中19》. 어근 '바, 받'도 동원어가 된다. hada(畑)〔日〕. 일본어 hada는 bada에서 변했다. 신라의 옛 이름 서라벌(徐羅伐), 서야벌(徐耶伐), 서벌(徐伐)의 伐(벌)은 읍(邑), 촌(村)의 뜻을 지니나, 어원적인 의미는 '土, 地'의 뜻을 지닐 것이다. '伐'은 '城'의 뜻을 지닐 개연성도 있다. 대구(大邱)의 옛 이름인 달구벌의 '벌'도 '城'의 뜻이다. 달성(達城)이 있기 때문이다. 몽골어에 bulgasun(城)이 있는데 어근 bul과 벌(城)은 동원어일 개연성이 있다. 고대국가는 城이 축조됨으로써 형성된다고 하겠다. '城' 자를 보아도 흙 토(土) 변이 있는 것으로 보아 최초의 城은 土城이었음을 보여주고 있다. 城 자가 만들어졌을 때 돌(石)로 성을 쌓았다면 흙(土) 대신 돌 石 자가 사용되었을 것이다.

배¹ 명 腹

'배'는 몸에서 소화기관을 보호하는 겉 부분을 주로 지칭하는 말이다. ¶비(腹)《字會上28》. '비'는 'ᄇᆡ'가 준말이다. 'ᄇᆞᆮ〉ᄇᆞᆯ이〉ᄇᆡ이〉비'의 변화다. hara(腹)〔日〕. 일본어 두음 h는 국어 p에 해당된다. 따라서 hara(腹)는 para로 재구된다. 국어 불(腹)과 동원어(同源語)다. ¶녑발치(肋)《字會上25》, 녑팔지(肋)《老上19》, 녑팔치(肋)《老下35》. 녑발치는 '녑, 발, 치'의 세 단어가 합친 것이다. '녑(腋, 脅, 脇), 발(腹), 치(骨)'에 해당된다. 녑발치의 '발'이 배의 고형일 것이다. 일본어 hara(腹)의 고형 para와 대응된다. '배짱'이라는 말에서 '짱'은 한자어 臟에서 연유되었다고 하겠다. 배ㅅ장이 배짱으로 굳어졌을 것이다. ▶ 뱃꼽

배² 명 舟, 船

'배'를 만드는 재료는 고대에는 주로 나무이기 때문에, 그 어원도 나무의 본뜻을 지닌다. ¶비(舟) : ᄀᆞᄅᆞ매 비 업거늘《龍20》. '비'는 'ᄇᆡ이'가 줄어진 말이다. 'ᄇᆞᆮ〉ᄇᆞᆯ〉ᄇᆞᆯ이〉ᄇᆡ이〉비'의 변화다. 바지랑이(바지랑대)《才物譜》의 어근은 '받'인데, 나무의 본뜻을 지닌다. 일본어 hasira(柱)의 어근 has는 pat으로 재구되며, 나무의 뜻을 지닌다. 보(樑)의 고형은 '볻'으로서 '볼〉보'의 변화인데, 나무의 본뜻을 지닌다. 일본어에서는 hari(樑)인데, pari로 재구된다. 어근 par와 국어 '볼'은 동원어다. hune(舟)〔日〕. hune의 고형은 pune로서 pun이 어근이다. 조어형(祖語形)은 put인데, 국어 배의 조어형 '볻'과 동원어다. 말음 ㄷ이 ㄴ으로 바뀌는 현상이 있다. nidö(目)〔蒙〕와 눈(目)〔國〕, katura(蟹)〔滿〕와 kani(蟹)〔日〕를 비

교하면 알 수 있다. 한편 일본어 hune(船)를 hu와 ne의 합성어로도 볼 개연성도 있다. hu는 pu로 소급하면 put이 조어형이 되고 ne는 nat 으로 재구하면 널(板)과 비교되어 나무를 뜻하는 말이 겹쳐서 배의 뜻을 지닌다고 하겠다.

배꼽   圆臍

'배꼽'은 문헌에 따르면 15세기 초에는 빗복《月2:29》인데, 18세기에는 빗곱《無寃錄1:26》이 나타난다. 빗복의 '복'은 '볼〉볼옥〉보옥〉복'의 변화며, 어근은 '볼'이다. 비(腹)는 '볼〉볼〉볼이〉ᄇ이〉비'의 변화며, 어근이 '볼'이 다. 배꼽도 배의 일부이기 때문에, 그 어원은 배일 것이다. ¶빗보록(肛 臍兒)《譯上35》. 일본어 heso(臍)는 peso로 소급되며 pet이 조어형(祖 語形)인데, 국어 배(腹)의 조어형 '볼'과 동원어다. '곱'도 '곧〉골〉골옵〉고 옵〉곱' 또는 '곧〉골〉곫〉곱'의 변화다. '곧, 골도 배의 본뜻을 지닌다. 옆구 리, 뱃구레의 '구리, 구레'의 어근 '굴'은 배의 본뜻을 지닌다. karın(腹) 〔터키〕. 어근 kar가 배의 뜻을 지닌다. 빗복에서 빗곱으로 변한 것이 아니 라 빗곱은 '비'와 '곱'의 합성어고, 빗복은 '비'와 '복'의 이음동의어(異音同 義語)의 합성어일 것이다.   ➡ 갈비, 배(腹)

배따라기   圆 出船歌

'배따라기'는 평안도 민요의 하나로서 배를 타고 외국으로 떠나는 사신의 출발광경을 보며 춤을 출 때 부르는 노래다. 김동인(金東仁)의 소설 「배 따라기」가 있다. 배따라기는 배떠나기가 변한 말이다. '배(船) 떠나(船 出)기〉배떠나기→배따라기'로 변했다. 박지원(朴趾源)의 『막북행정록(漠 北行程錄)』에 나오는 배타라기(排打羅其)는 배떠나기를 한자로 음사한 것이라 하겠다.

배알   圆 內臟

'배알'은 '배'와 '알'로 나눌 수 있다. ¶비슬(배알. 內臟) : 關隔府臟은 비슬

둘 홀 니르니라《法2:105》. 비술의 전형(前形)은 '비술'일 것이다. '술'이 장 (腸)의 뜻을 지닌다. 현대에도 '뱃살이 꼿꼿하다'라고 하는 말이 있는데, '살'이 장(腸)의 뜻을 지니고 있다. silatta(腸)〔에벤키〕. 어근 sil이 국어 '살'과 비교된다. 순대는 '수대'에 ㄴ이 개입된 것으로서, 어근 '숟'이 장 (腸)이다. 배알이 줄어서 '밸'이 되었다. '밸이 꼴리다, 밸이 아프다' 등이 쓰이고 있다. 비술은 복장(腹腸)의 뜻을 지니는 합성어다.　　◘ 배(腹)

배우다　동 習, 學

'배우다'는 남의 가르침을 받다, 경험을 쌓아서 알게 되다는 뜻이다. ¶道 理 비호다가 尸羅롤 헐며《釋9:13》. 비호다는 '비ᄒ오다〉비호다'의 변화 다. ¶갓가이 비홀씨 近이니(狎習之謂近)《法華5:15》. 비ᄒ다(習)는 익히 다의 뜻이다. 배우다는 문화적인 언어라고 볼 때 배우는 행위는 주로 언 어적인 행위가 된다고 하겠다. 비호다의 어근은 '비'로서 'ᄇ이'가 준 말이 다. 'ᄇ'는 '볻〉볼〉볼이〉ᄇ이〉비'의 변화다. '볻(볼)'은 명사로서 소리, 말 (音, 聲, 言)의 뜻을 지닌다. '말발이 서다'의 '발'이 말이란 본뜻을 지닌 다. 글발의 '발'도 말이란 뜻이다. 부르다(唱, 呼), 거짓말의 평안도 방언 '거짓부리'의 어근 '불(붇)'이 말의 어원적 의미를 지닌다고 하겠다. narahi(習, 慣, 倣)〔日〕. 어근 nar는 말의 뜻을 지닌다. norito(祝詞) 〔日〕, nori(神意, 天意)〔日〕. 어근 nor가 말(語)의 뜻을 지닌다. 가르치고 배우는 것은 주로 언어로 이루어진다.

배추　명 白菜

'배추'는 중국어 白菜(백채)에서 비롯한 말이다. ¶비치(菘)《字會上14》. 白菜(백채)의 현대중국음은 báicài이다. '백채'에서 '배추'로 변한 것이 아니라, 중국음 báicài에서 변한 말일 것이다. 호배추의 호는 胡이며, 양배추의 양은 洋이다.

백제(百濟)라고 부르기 전에는 십제(十濟)였다고 한다.(溫祚, 居河南慰 禮城, 以十臣爲輔翼, 國號 十濟. 後以來時, 百姓樂從, 改號, 百濟.《三史百 濟始祖》.) 시조인 온조(溫祚)의 어원에 대해서는 몽골어 undör(高)와 비 교되고 있다. 백제의 처음 이름 '十濟'는 시조인 온조(溫祚)의 이름과 관 련된다고 여겨진다. '온'이 터키어에서 '十'이고 국어에서는 '온'이 '十'으로 쓰인 화석어가 있다. ¶셜혼(三十)《杜初8:21》, 셜ᄒ은, 마순(四十)《龍88》, 맛온, 쉰(五十)《月8:103》, 쉬ᄒ은, 예순(六十)《杜初上18》, 옛윤, 닐흔(七 十)《龍40》, 닐ᄒ은, 여든(八十)《三綱忠19》, 열온, 아흔(九十)《釋6:37》. 아ᄒ온. 셜흔, 마순, 닐흔, 여든, 아흔은 '온'에서 변한 말임을 보여주며, '온'은 十임을 보여주고 있다. 터키어 '十'과 같이 '온'이 '十'이었으나 온이 百으로 바뀌었다고 하겠다. ¶온 사ᄅᆞᆷ(百人)《龍58》, 온 빅(百)《字會下34》. 온(十)에서 百으로 바뀌면서 十濟가 百濟로 바뀐 것은 아닌가 한다. 광개 토대왕비(廣開土大王碑)는 百濟라 하지 않고 '百殘'이라 했고 百濟王을 '殘王'이라 했다. 溫祚의 祚와 濟, 殘이 동원어일 개연성이 있다고 하겠다. 어두의 ㅈ음은 ㄷ에서 변한 자음임으로 祚, 濟, 殘을 ㄷ으로 재구하면 '도, 데, 단'으로 재구할 수 있을 것이다. 잣(城)으로 보는 개연성도 아주 없는 것을 아니지만, 어원적인 의미는 '사람'이라고 보는 것이 더 개연성 이 있다고 하겠다. 온조의 형인 비류(沸流)의 어근은 '빌'이고 조어형은 '빌'이다. 이는 사람의 뜻을 지닌다. 부여(扶餘)는 '부러>부어>부여'로 변 했는데 어근은 '불(붇)'로서 사람의 뜻을 지닌다. '혹부리'일 때 '부리'가 사람의 뜻을 지닌다. 고구려 二代 王이 된 '유리'는 '누리'에서 변했는데 어근 '눌'은 사람의 뜻을 지닌다. '나, 너, 누'의 조어형은 '날(낟), 널(넏), 눌(눋)'로 어원적인 의미는 사람이다. 따라서 祚, 濟, 殘에서 '제'는 '저이' 가 줄어든 말로서 어근은 '저'고 조어형은 '덜(덛)'이다. '잔'의 조어형은 '닫'이라 하겠다. 광개토대왕비에 '百殘王'이라 하지 않고 '殘王'이라 한 것도 이름의 중심이 '百'에 있은 것이 아니라 '殘'에 있다고 하겠다. 祚, 濟로 봐서 '殘(잔)'의 발음 'ㄴ'은 첨가음이라 하겠다. morin(馬)〔滿〕, mori, morin(馬)〔蒙〕. homin(호미)〔滿〕. 꾀도리, 키다리, 꺽다리의 '도

ㅂ

리, 다리'가 사람의 뜻을 지니는데 어근은 '돌, 달'이다. hitori(一人)〔日〕, hutari(二人)〔日〕. tori, tari가 일본어에서도 사람의 뜻을 지니고 있다. 十濟→十人, 百濟→百人. 원시시대로 올라가면 '十'이면 많은 수가 된다. 원시적으로 셈을 할 때는 손가락으로 하는데 '十'이면 손가락 열 개에 해당되기 때문에 아주 많은 수다. 百人하게 되면 아주 아주 많은 숫자다. 그만큼 十人, 百人의 뜻은 보통 사람이 아니라 엄청난 사람, 강한 사람, 열 사람의 능력을 가진 사람, 백인의 능력을 가진 사람, 무한한 능력을 가진 사람의 뜻일 것이다. 그러한 나라의 상징성을 지닌다고 하겠다. 왜 일본에서는 '百濟'를 'gudara'라고 할까? 바이칼 남쪽에 부리야트 공화국이 있다. 부리 burijat의 어근은 bur이다. 부여(扶餘)는 '부러〉부어〉부여'다. 어근 '불'과 burijat의 어근 bur는 동원어라 하겠다. 옛날의 부여족이 부리야트족과 같은 족이 아닐까 하는 생각이 든다. 바이칼 남쪽에 부리야트 방언이 있는데, 크게 나누면 서부 방언과 동부 방언으로 나뉜다. 동부 방언은 gori 방언과 gudara 방언 등으로 나뉜다. gudara 방언을 쓰는 종족이 온조가 백제를 건국하기 전에도 남으로 내려왔다. 온조가 부여에서 내려왔다는 것은 다 아는 이야기다. gudara족이 온조가 백제를 건국하기 전에도 내려오고 그 gudara족이 바다를 건너 일본으로도 건너갔다. 온조가 백제를 건국하기 전에 일본에 건너간 gudara족은 온조가 백제를 세운 후에도 그들이 살던 지역이 gudara이기 때문에 계속 gudara라고 부르게 되었다고 여겨진다.

백척간두　　　 명 百尺竿頭

백 길이나 되는 장대 끝. 매우 높음을 비유함.　　　　▶ 백척간두진일보

백척간두진일보　　 명 百尺竿頭進一步

이미 철저하게 공부한데다가 다시 공부를 더해 향상함을 비유한 말. 백 길이나 되는 장대 끝에서 다시 한 걸음 나간다는 말. 깨달음을 얻어도 그 깨달음을 넘어 절대의 어떤 경지를 향해 투철하게 공부해 나가는 것.

"招賢大師示一偈曰, '百尺竿頭不動身(人), 雖然得入未爲眞, 百丈竿頭 須進步, 十方世界是全身.(백 길 장대 끝에 꼼짝 않는 사람을 / 깨달았다 하지만 귀하지 않나니 / 백 길 장대 끝에서 걸어 나가야 / 시방세계 비로 소 자기 몸이 되리라.')"《景德傳燈錄 第10卷, 長沙景岑招賢大師, 秉燭談》. "百尺竿 頭進步, 言, 增添工夫, 向上進一步.(백척간두진보는 공부를 더하여 한 걸음 나아가 향상하는 것이다.)"《書言故事, 釋敎類》.　　　　▶진일보, 진보

뱀　　명 蛇

'뱀'은 파충류로 인간과 밀접한 관련이 있어 인류 문명의 발상에도 나온 다. 열두 띠의 하나다. ¶비야미 가칠 므러《龍7》, ㅂ얌 爲蛇《解例用字》. ㅂ얌의 어근은 'ㅂ'로서 '볃'으로 소급된다. '암(얌)' 접미사가 붙을 때에는 앞에 오는 음절에 자음의 말음이 올 경우다. '볃〉볼암〉ㅂ암〉ㅂ얌'의 변화 일 것이다. 일본어 hebi(蛇)는 'ㅂ얌'과 동원어다. 일본음에서 b와 m은 대응을 이룬다. 일본어 방언에 hemi가 있다. ㅂ얌이 곧 hemi가 된 것이 다. ㅂ얌의 조형 '볃'은 벌레의 '벌(虫)'과 동원어일 것이다. 한자 '虫' 자는 뱀의 상형문자다. 뱀의 조형 '볃(볼)'은 벌레(虫)의 어근 '벌(벋)'과 동원 어일 개연성이 있다.

뱃구레　　명 腹腔, 肚囊

'뱃구레'는 배의 통이나 배의 언저리를 뜻하고 있으나, 옛말에서는 '구레' 가 배의 뜻을 지니고 있었던 명사다. ¶빗구레(腹腔): 빗구레(肚囊)《漢 148b》. 녑구레(脇)《字會上25》의 '구레'는 현대어에서는 옆구리인데, '구 레'도 본디는 배의 뜻을 지녔던 말이다. karın(腹)〔터키〕, qarən(腹)〔카자 흐〕, gudəgə(腹)〔오로촌〕, khalbin(뱃구레)〔滿〕. 만주어 khalbin(뱃구 레)의 어근 khal은 kal로 소급되며 배의 뜻을 지닌다. 터키어 karın (腹)의 어근 kal이 배의 뜻을 지니고 있다. 갈비(肋骨)는 가리(肋)라고 도 하는데, 어근 '갈'이 배의 뜻을 지닌다. '가리'라고 할 때에는 '가리뼈'와 같이 뼈(骨)가 붙는다. 갈비는 배에 있는 뼈다. 갈비의 '비'는 뼈의 고어

형 '벋(벌)'에서 모음교체로 형성된 말일 것이다. 갈비의 어원은 배의 뼈 (腹骨)다.

뱃살 　명 腹, 內臟

'뱃살'의 '살'이 고어에서는 장(腸)의 뜻을 지닌다. '뱃살이 꼿꼿하다' 할 때의 '살'도 장(腸)의 뜻을 지닌다. ¶비슐 : 闌隔腑臟은 비슐둘홀 니르니라《法華2:105》. 비슐이 문헌에 보이는 것을 보면 비슐이 당시에 쓰였음을 알 수 있다. △ 은 ㅅ유지형과 탈락형에만 쓰였다. 따라서 △ 을 쓴 말은 ㅅ을 유지하는 말이 있었음을 보여주고 있다. 순대는 장(腸)으로 만드는 것인데, 순대의 고형은 '수대'고 어근은 '숟'인데, 뱃살의 '살'의 고형 '산' 과 동원어(同源語)다. 순대의 어원적 의미는 장(腸)일 것이다.

　　　　　　　　　　　　　　　　　　　　　　　　🔼 배알, 순대

뱉다 　동 唾

'뱉다'는 입의 행위이기 때문에 어원은 입(口)의 뜻을 지니는 명사가 될 것이다. ¶춤을 바튼면《救簡1:82》. '밭'이 어근인데, '받'으로 소급되며 명 사다. 부르다(唱, 呼)의 어근 '불'은 말, 소리(言, 音)의 뜻을 지니는데, 말, 소리(言, 音)는 입에서 나온다. 부리(嘴)는 새의 입이며, 병 따위의 아가리로도 쓰인다. 아이누어에 pár(口)이 있다. 일본어 haku(吐)는 paku로 소급되는데, 어근 pa는 pat으로 소급되며, 국어 '받'과 동원어 (同源語)다.

　　　　　　　　　　　　　　　　　　　　　　🔼 빨다(吸), 불다

버금 　명 副, 次

'버금'은 으뜸의 바로 아래, 둘째의 뜻이다. ¶버글 부(副)《字會中1》, 버글 ᅀᅵ(貳)《字會下33》, 버구매 各別히 펴샤(其次別中)《永嘉上117》. '버굼'과 '벅다'가 15세기 문헌에 나온다. 벅다(버금가다)의 어근 '벅'은 '벋〉벌〉 벍〉벅'의 변화다. 일본어의 수사 2를 huta라고 한다. huta는 puta가 원형이고 어근 put은 국어 벅다의 고형 '벋다'의 '벋'과 동원어(同源語)가 된다고 하겠다.

버들 　명柳

'버들'은 '버'와 '들'의 합성어로 볼 수 있다. '버'와 '들'은 나무의 본뜻을 지니는 이음동의어(異音同義語)다. '버'는 '벋>벌>버'의 변화고, '들'은 '듣>들'의 변화다. ¶버들(柳) : 버들爲柳《解例用字》. 대(竿, 竹)는 '닫>달>달이>다이>대'의 변화다. 한편 버들은 '벋'에 '을' 접미사가 붙은 것이라고 볼 수도 있다. '벋'은 바지랑대(竿), 보(樑)의 어근 '받, 보(볻)'와 동원어(同源語)다. yanagi(柳)〔日〕, fotoho(柳)〔滿〕, waksyan bulga(坐地柳)〔滿〕, alsyan bulga(大葉柳)〔滿〕, wasyakta bulga(水柳)〔滿〕. 만주어 fotoho는 bodoho로 재구되며, bodoho의 ho는 접미사로 bodo가 원형이다. bulga가 버들(柳)의 뜻이다. bul은 but이 고형이며, botoho의 어근 bot과 동원어다. 만주어와 비교해 보면, 버들은 '벋'에 '을' 접미사가 붙었을 가능성이 많다. 일본어 yanagi는 yana, gi로 나눌 수 있으며, gi는 나무(木)의 뜻이다. yana는 nyana, nana로 소급된다. ya는 nya, na로 소급되는데, 한국어 나무(木)의 조어형(祖語形) '낟, 날'과 동원어다. 널(板)과도 동원어일 것이다.

버릇 　명癖, 習癖, 習慣, 習性

'버릇'의 어근은 '벌'이고 '웃'은 접미사다. 버릇은 주로 언어적 행위이기 때문에, 어원적 의미는 입(口) 또는 말(言)의 뜻을 지닌다. ¶버릇없다(無禮하다) : 須達이 버릇 업순 주를 보고《釋6:21》, 버릇삼다(狃, 익히다)《類合29》. kuse(癖)〔日〕, alışkı(癖)〔터키〕, o(癖)〔蒙〕. 일본어 kuse의 어근 kus(kut)는 일본어 koto(言), kutsi(口)와 동원어다. 국어 부르다(呼, 唱)의 어근 '불', 거짓부리의 '부리'의 어근 '불'은 모두 말(言)의 뜻을 지니며, 입(口)의 뜻도 지니고 있다. ¶모딘 비흐시盛ᄒᆞ야(惡習熾盛)《法華2:123》. '비홋'이 버릇의 뜻을 지니는 말이다. ¶비흣시 수뷔 거츠러(習之易荒)《內訓1:33》　　　　　🔁 부리(嘴), 부르다

버리다 图捨

어근 '벌'은 팔 또는 손의 뜻을 지니는 말이다. 버리는 행위는 손동작이
다. ¶ 볼(臂)《解例用字》, ᄇᆞ리다(捨) : 내 것 ᄇᆞ려 恩惠 주미《釋13:39》.

➡ 받다(受)

버선 图 襪, 足袋, 布袜, 褙

'버선'은 천으로 지어 발에 꿰어 신는 것이다. 버신, 보선, 보순, 보신
등의 사투리가 있다. ¶ 靴曰洗《梁書新羅傳》, 靴曰盛《類事》, 뵈보셔ᄂᆞ로(布
襪)《杜初16:31》. '보션'은 '보'와 '션'의 합성어라 하겠다. '보'는 베(布)와
동원어일 개연성이 있다. 옛날에 천이라 함은 베(布)라고 할 만하다. 베
는 삼실, 무명실, 명주실로 짠 피륙이다. '션'은 신의 고어(古語)일 것이
다. 『양서(梁書)』 「신라전(新羅傳)」에 洗(靴)이고 類事에 盛으로 표기
되어 있다. '션'에서 신으로 변했을 개연성이 있다. 따라서 '보션'은 布靴
가 본뜻이다. 즉 베로 만든 신이라 할 것이다. 어원은 버선을 신는 주체
인 발 또는 버선을 만드는 재료인 천으로 볼 수 있다. 재료로 볼 경우는
베(布)의 조어형(祖語形) '벋(벌)'과 동원어(同源語)다. 옷을 세는 단위
로 '벌'이 있다. '한 벌, 두 벌'의 '벌'이 옷의 뜻을 지니지만, 어원은 그
만드는 재료다. 버선은 발에 신는다라는 면에서 보면, 발(받)과 동원어
가 되겠으나, 그 재료일 가능성이 많다. ¶ 보션 말(襪)《字會中23》. 보션의
어근은 '봇'이다. 양말은 한자어 洋襪(양말)이다.

버섯 图 茸, 蕈, 栮, 菌, 木耳

'버섯'은 나무나 흙에서 나오는 것이기 때문에 초목류(草木類)의 뜻을 지
니는 말이 어원이 될 것이다. ¶ 버슷(栮)《字會上13》. 버슷의 어근은 '벗'이
고 '벋'이 고형이다. kinoko(茸)〔日〕, mükü(茸)〔蒙〕, sənchə(茸)〔滿〕. 일
본어 kinoko(茸)는 'ki(木)+no+ko(子)'라 하겠는데, '木의 子'의 본뜻
을 지니는 말이다. 버섯은 나무에서 난다고 보았다. 몽골어 mükü도 몽골

어 modo(木)와 동원어(同源語)일 가능성이 많다. 만주어 sənchə(茸)의 sən은 국어 '살(木, 草)'과 동원어일 것이다. 버슷의 '벗(벋)'은 바지랑대(竿), 보(樑)와 동원어일 수 있다. 풀(草)의 고형은 '블'이다. 상치의 고유어는 '부르'다. ¶부르 거(苣)《字會上14》.

번개 　명 電, 閃, 閃電, 稲妻, 稲光, 電光, 電火

'번개'는 번쩍하는(불)빛이다. 따라서 어원은(불)빛이다. ¶번게(電)《字會上2》. 번게는 '번'과 '게'의 합성어다. '번'은 번개, 반짝, 번쩍의 '번, 반'과 같이 빛(光)의 뜻이다. 불(火), 별(陽)은 빛을 낸다고 하는 데서는 공통된다. '게'는 '거이'가 줄어든 것이다. '걷〉걸〉걸이〉거이〉게'의 변화다. 빛깔의 '갈(깔)', 해거름(黃昏)의 '거름'의 '걸' 등이 본디는 해의 뜻이다. 몽골어에 gere(光)가 있다. 일본어에서는 hikari(光)가 빛인데, hi는 국어 별(陽)과 동원어며, kari가 빛(光)의 뜻이다. 국어 빛깔은 일본어 hikari(光)와 대조가 된다. '번거리〉번거이〉번게'로 볼 수도 있다.

번뇌 　명 煩惱

중생의 마음은 생각이 없는 상태 즉 의식이 작용하지 않는 상태와 생각이 있는 상태 즉 의식이 작용하는 상태가 있는데, 전자가 무기이고 후자는 번뇌이다. 무기와 번뇌는 상반되는 개념이다. 왜냐하면 중생의 일과는 번뇌가 일어나지 않으면 무기에 빠지고, 무기에 빠지지 않으면 번뇌가 일어나기 때문이다. 사람, 개미, 세균 등의 중생들이 이 무기와 번뇌로 일상사를 영위한다는 점에서는 모두 같다. 중생이 일으키는 모든 생각. 번뇌에는 추번뇌(麤煩惱)와 세번뇌(細煩惱)가 있다. 보통 번뇌라 하면 필요 없는 생각과 나쁜 생각을 말하는데, 부처님께서 말씀하시는 번뇌라는 것은 나쁜 생각이든 좋은 생각이든 의식에서 일어나는 모든 것을 말한다.(강정진, 『영원한 대자유인』)　　　　　　　　　　■ 번뇌성공

번뇌는 범어 kleśa의 번역어다. 심신을 어지럽게 하여 바른 판단을 못하게 하는 마음의 작용. 탐진치(貪瞋痴) 3독(毒)이 번뇌의 근원이며, 특히 그 가운데 痴(어리석음) 곧 사물의 바른 도리를 모르는 것, 12인연의 무명에 해당하는 상태가 가장 근본적인 것이다. 번뇌는 자기중심적인 생각에 바탕을 둔 사물에의 집착에서 생긴다. 이런 뜻에서 12인연 가운데 愛(애, 사랑)는 특히 번뇌 가운데서도 근본적인 것이 된다.『설일체유부(說一切有部)』에서 번뇌는 지적(知的)인 미혹〔迷惑(見惑)〕과 정의적(情意的)인 미혹〔迷惑(思惑 또는 修惑)〕으로 나누고 또 탐(貪), 진(瞋), 치(痴), 만(慢), 의(疑), 견(見)의 6가지를 근본 번뇌라 했다. 대승(大乘)의 유가행파(瑜伽行派)에서는 이 근본 번뇌에서 파생된 것으로서 20가지의 수번뇌隨煩惱(분忿, 한恨, 복覆, 뇌惱, 질嫉, 견慳, 광誑, 첨諂, 해害, 교憍, 무참無慚, 무괴無愧, 도거掉擧, 혼침惛沈, 불신不信, 해태懈怠, 방일放逸, 실념失念, 산란散亂, 부정지不正知)를 세웠다(俱舍論에서는 19가지를 세웠다). 여래장사상(如來藏思想)에서는 번뇌란 본래 청정(淸淨)한 인간의 마음에 우발적으로 붙은 것이라고 설한다(객진번뇌客塵煩惱). 이 번뇌를 지혜로서 단멸(斷滅)하고 중생이 본래 가지고 있는 불성(佛性)을 밝히는 것, 곧 번뇌의 속박을 벗고 진실의 인식을 얻는 것이 대승불교에서 추구하는(깨달음) 것에 지나지 않는다. 보살의 사홍서원(四弘誓願)에 번뇌무량서원단(煩惱無量誓願斷)이 설정되어 있는 것은 번뇌를 끊는 것이 대승불교의 기본사상이라는 것을 나타낸다. 한편 인간은 어차피 번뇌로부터 도망칠 수 없다고 생각하고 번뇌가 있는 그대로의 모습으로 받아들이고 거기서 깨달음을 찾아내려고 하는 번뇌즉보리(煩惱卽菩提)라는 생각이 차츰 대승불교 속에서 큰 사상적 위치를 차지하게 되었다. 번뇌본공(煩惱本空) 또는 번뇌본무(煩惱本無)라고도 한다. 번뇌의 본성은 본래 공한 것으로 실유(實有)가 아니라는 것이다. "中先亡悟煩惱本空, 心性本淨故, 於惡斷, 斷而無斷, 於善修, 修而無修, 爲眞修斷矣."《禪門師資承襲圖》

번데기 명蛹

'번데기'는 벌레의 변형이다. 따라서 어원은 벌레일 것이다. ¶본도기(蛹)《字會上22》. 본도기의 원형은 '보도기'인데, ㄴ이 개입되어 본도기가 되었다. ¶묏도기 마(螞)《字會上23》. 묏도기(메뚜기)는 '뫼'와 '도기'의 합성어다. '묏'의 말음 ㅅ은 사잇소리로서, 명사와 합성어일 때 사잇ㅅ이 들어간 것이다. 따라서 '도기'도 뜻을 지니는 실사(實辭)가 된다. 본도기, 묏도기의 '도기'도 벌레의 뜻을 지니는 말일 것이다. '보도기'의 어근 '볼'은 벌레(虫), 벌(蜂)의 어근 '벌(벋)'과 동원어(同源語)다. '볼도기>보도기>본도기→번데기'로서 벌레의 뜻을 지니고 있는 말이 겹쳤다고 하겠다.

➡ 벌레(虫)

벋다 동伸, 張

'벋다'의 강조형은 '뻗다'이다. 나뭇가지나 덩굴 같은 것이 어떤 방향으로 길게 자라나가다. 길이나 긴 물체가 어떤 방향으로 길게 이어져 가다. 오그렸던 것을 펴다. 끝이 옥지 않고 바깥쪽으로 향하고 있다. ¶동남녁으로 버든 가지《救簡6:36》, 너출 버두미(引蔓)《杜初8:67》. '벋다'의 어근 '벋'은 명사다. '벋'을 초목류(草木類)로 보면 '볻>복)보(樑)', 플(草)의 조어형 '블'과 동원어일 것이다. 사람으로 본다면 팔의 옛말 볼(臂)《訓解, 用例》과 동원어일 것이다.

벌¹ 명蜂

'벌'의 고형은 '벋'이다. ¶벌爲蜂《解例用字》. hatsi(蜂)〔日〕. 일본어 hatsi는 patsi가 고형인데, pat이 어근이며, 국어 벌의 고형 '벋'과 동원어(同源語)다. 벌레(蟲)의 어근 '벌'은 벌(蜂)과 동원어일 것이다. 벌, 벌레, 벼룩, 비대(빈대)는 동원어일 것이다.

번데기, 벋다, 벌

벌² 명 襲

옷을 셀 때 한 벌, 두 벌 한다. '벌'은 옛말에서 옷의 뜻이었다. '옷을 벗다'의 '벗(벋)'도 옷의 옛말일 것이다. ¶불(옷의 단위, 벌) : 四百 ᄇᆞ롤 바ᄀᆞ라 ᄒᆞ시고《楞跋4》. 베(布)는 '버이'가 준말로서 '벋〉벌〉벌이〉버이〉베'의 변화이며, 벌과 동원어(同源語)일 것이다. kipar(衣)〔日 琉輿論島, 冲永良島〕. kipara는 ki와 para의 합성어로서 옷의 뜻을 지니는 이음동의어 para가 국어 벌(衣)과 동원어다.　　　　　　　　　　　　　　**◑** 베(布)

벌다 동 儲, 挣, 集

'벌다'는 어떤 일을 하여 재물을 얻어오는 것을 말한다. '벌어들이다'는 일을 하여 돈이나 물건을 '얻어 들이다'의 뜻이다. '벌다'의 행위는 손을 써서 일을 하는 것이기 때문에, 벌다의 '벌'이 손일 가능성이 있다. 팔(臂)의 고형은 '불'이다. ¶불爲臂《解例用字》. hataraku(動作을 하다, 일하다)〔日〕. hataraku의 어근은 hat인데, pat으로 재구된다. 조어형(祖語形) pat은 국어 팔(臂)의 조어형 '븓'과 동원어(同源語)라 하겠다. kasegi(稼, 벌이)〔日〕의 어근 kas는 조어형이 kat으로서 국어 '갇(手)'과 동원어(同源語)다. 돈이나 물건을 얻기 위해서는 손동작이 절대적이다. baršaa(이익, 이득, 벌이)〔부리야트〕, baris(이윤, 이득)〔야쿠트〕. 어근 bar는 '벌'과 동원어일 것이다.　　　　　　　　　　　**◑** 가지다(持)

벌레 명 虫

'벌레'는 벌, 벼룩, 빈대, 번데기, 반디 등과 같은 단어족(單語族)이라 하겠다. ¶벌레(虫) : 벌에 나비 두외면《楞7:83》, 벌에 튱(虫)《字會下3》. bocek(虫)〔터키〕. 어근 boc(bot)은 국어 벌레의 어근 '벌(벋)'과 동원어(同源語)다. hiru(蛭, 거머리)〔日〕, hatsi(蜂)〔日〕. 일본어 hiru는 piru로 재구되며, pir(pit)가 고형으로서 국어 벌(虫)과 동원어다. 일본어 hatsi(蜂)는 patsi로 소급되며, 어근은 pat이다. 한자 虫(벌레 충) 자는 蛇(뱀사)의 상형문자라고 보면, 국어 ㅂ얌(蛇)《龍7》의 어근 '볼'과 벌레(虫)의 '벌'과도 동원어일 것이다.

▶ 뱀(蛇)

범 圐虎

'범'은 '벋〉벌〉벌엄〉버엄〉범'의 변화를 겪은 어휘다. bars(虎)〔蒙〕, bari(虎)〔에벤키〕. 몽골어 bars(虎)의 어근 bar는 국어 범의 조어형(祖語形) '벌(벋)'과 동원어(同源語)다. 산삼채취인(山蔘採取人)의 은어(隱語)에 강계(江界), 자성(慈城), 풍산(豊山), 혜산진(惠山鎭)에서 주로 쓰이는 말로 범의 뜻으로 '두루발이, 도루발이'가 있다. '도루발이'의 '발이'의 '발'이 범(虎)의 뜻을 지니는 고형의 흔적이라 여겨진다. 한편 일본어에서는 tora(虎)인데, '도루, 두루'의 어근 '돌'과 동원어일 것이다. tasaka(虎)〔오로촌〕, tartu, thasha(虎)〔滿〕. 어근 thas는 tas, tat으로 소급된다. 일본어의 tora(虎)의 조어형 tot과 동원어가 된다. 1236년 경 나온 것으로 알려진 『향약구급방(鄕藥救急方)』에 '虎驚草(獨活) 地頭乙戶邑'이 있다. '地頭乙戶邑을 땃둘홉《東醫. 湯液二, 草部》이라고 읽는다. 虎(범 호)와 地(따 지)가 대응되는데, 地는 '짜'로 훈독(訓讀)한다면 '땃'은 범(虎)의 뜻이다. '땃'의 조어형은 '닫'이다. 따라서 일본어의 tora(虎)는 우리말에서 건너간 말일 가능성이 있다. 한편 호랑이를 虎狼(호랑)으로 보는 견해도 있다. 그러나 고유어로 볼 수도 있다. 호랑이의 어근은 '홀(혼)'이다. 호랑이 새끼를 '개호주, 개호지, 개오지' 또는 '갈가지'라고도 한다. 개호주는 '개'와 '호주'의 합성어다. '호주'의 어근은 '홋(혼)'인데, 호랑이의 어근 '홀(혼)'과 동원어다. 어근 '홀'에 '앙이' 접미사가 붙은 것으로 한자어 虎(호)와 동원어라 하겠다. '개호주, 개호지, 개오지'의 '개'는 '가이'가 줄어든 말이고 '갇〉갈〉갈이〉가이〉개'의 변화다. 개도 범의 뜻을 지니는 고어였다고 하겠다. 호랑이 새끼를 '갈가지'라고도 하는데, '갈가지'의 '갈'이 바로 고어에서 범의 뜻을 지니고 있었던 말이라 하겠다. 범 이외의 소실어(消失語) 중에는 '갇(갈), 홀(혼)'이 있었다고 하겠다.

벗 　명朋

'벗'은 인칭어의 하나이기 때문에 어원은 사람이다. ¶벋(朋) : 두 버디 비 배안마론《龍90》. 벗(朋) : 버지 와 무로매(朋知來問)《杜重3:53》. tomo (朋)〔日〕, kuchyu(朋)〔滿〕, arkadaş(朋)〔터키〕. 일본어 tomo(朋)는 우리말 '돌(人)'과 동원어라 여겨진다. 국어 : 일본어. 날(生) : nama(生), 갈(髮) : kami(髮), 달, 돌(人) : tomo(友). 키다리의 '다리', 꾀돌이의 '돌'은 사람의 뜻을 지닌다. 국어 '달, 돌'이 일본어에서 tomo(友)가 되었다. 만주어 kuchyu의 어근은 kut이며, 우리말 '굴(人)'과 동원어(同源語)다. 멍텅구리, 장난꾸러기, 끼리끼리의 '굴, 길' 등이 사람의 뜻을 지닌다. 벗(벋)은 악바리, 혹부리의 '발(받), 불(붇)'과 동원어다. 오로촌어에서 pəyə가 사람, 몸(人, 身)의 뜻을 지니고 있는데, pərə가 고형이고 어근 pəl(pət)이 사람의 뜻을 지닌다.

벗다 　동脫, 摘, 脫下

'벗다'는 몸에서 옷 따위를 떼어 놓다이다. ¶裸는 옷바술 씨오《月9:36上》, 오술 바소리니《南明上37》, 길버서 쏘샤(避道而射)《龍36》. '밧다, 벗다'의 어근 '밧, 벗'의 고형은 '받, 벋'일 것이다. 인간이 최초로 벗은 것은 몸을 가리는 옷 등일 것이다. '받, 벋'은 고대어 옷을 뜻하는 '벋'일 것이다. 옷을 '한 벌, 두 벌'하고 셀 때 '벌'은 옷의 뜻을 지닌다고 하겠다. kibara (衣)〔日, 琉〕. bara가 벌(衣)과 동원어일 것이다. ki도 일본어로 옷(衣)의 뜻이다. kibara는 옷(衣)의 뜻을 지니는 말의 이음동의어의 합성어다.

벙어리 　명啞, 瘖, 瘂

'벙어리'는 입의 동작과 관련이 있기 때문에 그 어원은 입과 관련이 있을 것이다. ¶귀먹고 눈 멀오 입 버우며(벙어리가 되다)《聾盲瘖瘂》《法華2:168》, 버워리(벙어리) 아니듯외며《釋19:6》, 버버리(벙어리)〔함경도, 평안도〕. 문헌과 방언에서 보면 '버버리〉버워리〉버어리〉벙어리'의 변화라는 것을 알 수 있다. '버버리'는 '버'와 '버리'의 합성어며 같은 뜻을 지니는 말이 겹친 것으로 볼 수 있다. 부르다(呼, 歌)의 어근 '불'은 소리, 말(音, 聲, 語)의 뜻을 지닌다고 볼 수 있지만, 궁극적으로는 입의 뜻을 지닌다고 하겠다. 거짓말을 평안도에서는 거짓부리, 거짓부렁, 거짓부레기라고 하는데 '부리, 부렁, 부레기'의 어근은 '불'이다. 새부리(嘴)의 '부리'의 어근 '불'이 입(口)의 뜻을 지닌다. 한편 '버버리'의 '버'는 입(口)의 뜻을 지니며, '버리'는 사람(人)의 뜻으로 볼 수도 있는데, 벗(友), 惡바리(惡人)의 '벗, 바리'와 동원어(同源語)가 된다고 하겠다. 버우다(벙어리가 되다)《法華2:168》의 어근은 '버우'다. '벌우〉버우'로서 '벌'은 명사다. 귀먹어리의 예를 참고로 한다면 '버우어리'가 줄어서 '버워리'가 되었다고도 볼 수 있다. 이럴 경우는 '버우어리'의 '어리'는 사람의 뜻이다. '귀머거리'의 '머거리'는 '먹어리'며, '먹'은 귀(耳)의 뜻이고, '어리'는 사람의 뜻을 지닌다. '버우어리'의 '버우(버루)'는 입(口)의 뜻이다. osi(啞)〔日〕, dilsiz(啞)〔터키〕, dil(舌, 語)〔터키〕, suskun(啞)〔터키〕. 일본어 osi(啞)의 어근 os(ot)는 일본어 oto(音), uta(歌)의 ot, ut과 동원어로서 근원적 어원은 입(口)의 뜻을 지닌다. 터키어 dilsiz의 dil은 혀, 말(舌, 言, 語)의 뜻을 지닌다. siz는 인칭으로서 사람의 원의(原義)를 지닌다. suskun의 sus도 역시 소리, 말(音, 聲, 語)의 뜻을 지니는 말과 동원어일 것이다. ses(音)〔터키〕, şarkı(歌)〔터키〕, ses(聲)〔터키〕, söylemek(노래하다)〔터키〕, hərə(啞)〔滿〕. 어근 ses, sar 등이 터키어 suskun(啞)의 sus와 동원어다. suskun의 kun은 사람의 뜻을 지닌다. 만주어 hərə(啞)의 어근 hər(hət)도 근원적으로는 입, 혀(口・舌)의 뜻을 지닌다. 국어 혀(舌)의 고어는 '할'이다. 따라서 '버우어리, 버워리'의 '어리'는 사람의 뜻이다. '어리'가 붙는 말로 귀먹어리, 벙어리, 더두어리(말더듬이) 등이 있는데, 여기서 '어리'는 사람의 뜻이다. 우리, 어른, 아룸(私)의 어근 '울, 얼, 알'과 동원어다. 버우어리의 '버우'는 '버부'에서 변한 것이라고도 볼 수 있다.

법　명 法

法 자는 원래 水(수)와 廌(치)와 去(거)로 이루어진 자(濧)이다. 고대의

재판은 거짓이 있으면 벌을 받아야 한다고 신에게 맹서하고 행하는 신판 (神判) 형식으로 했다. 廌는 해치(海廌)라고도 불리는 양과 비슷한 신성한 동물로 이것이 원고(原告), 피고 쌍방으로부터 제출되어 재판이 행해졌다. 외뿔 짐승인데 뿔로 받친 사람이 재판에 지는 것이다. 한편 재판에 진 자가 해치와 함께 물에 띄워졌다고도 한다. 중국 고전에서의 법은 형벌, 제도, 법률 등을 의미하며, 이를 가장 중요시한 사람은 법가의 창시자라 할 수 있는 한비자(韓非子)이다. 서양의 법은 성문법과 불문법으로 나눈다. 법은 '도덕의 최소한(das ethische Minimum)'이라고 독일의 철학자 게오르그 옐리네크(Georg Jellinek)가 한 이 말은 법의 생성 기원을 설명할 때 흔히 쓴다. 곧 좋은 말로 되던 시절이 지나자 많은 윤리도덕 가운데 최소한 이것은 지키자며 만든 것이 법이란 말이다. 법 없이도 살던 원시시대를 지나 사람 사이에 계급과 갈등이 생기고 고대국가가 형성되면서 법도 생겨났다. 인류의 가장 오래된 법은 B.C.2350년 무렵의 메소포타미아 우루카기나(Urukagina) 법전이다. 도둑질이나 간음한 자는 돌로 쳐 사형에 처한다는 등의 규정을 둔 이 법전은 기록에만 나올 뿐 아직 발견되지 않았다. 현재 있는 최고의 법전은 B.C.2050년 무렵의 수메르의 우르나무 법전이지만, 가장 잘 알려져 있는 것은 B.C. 1700년 무렵의 바빌로니아의 함무라비 법전이다. 파리 루브르 박물관에 비문이 소장돼 있다. 유명한 '눈에는 눈'이란 이른바 탈리오의 법정신은 오늘날까지 서남아시아 아랍 국가의 법에 그대로 이어지고 있다. 우리나라에서는 『삼국유사(三國遺事)』(「紀異第2」, 古朝鮮)에 "환웅은 풍백(風伯), 우사(雨師), 운사(雲師)를 거느리고 농사, 생명, 질병, 형벌, 선악 등 인간살이 360여 가지 일을 주관하며 세상에 살면서 정치와 교화를 베풀었다"고 나온 것이 비록 불문법(不文法)이지만 법에 대한 기록이라 볼 수 있다. 불교에서 법. Skt dharma. 팔리어 dhamma. 소리옮김으로는 達磨, 達摩, 陀摩, 曇摩, 曇謨, 曇無, 曇 등이 있다. 팔리 주석서에는 4가지 뜻으로 되어 있다. ① 인(因). hetu. 바른 인과관계로 합리성, 진리를 가리킨다. 연기(緣起)는 법이라고 하는 것이 이것이며, 연기의 도리는 여래의 출세불출세(出世不出世)에 구애되지 않고 영원히 변하지 않는 보편타당성이 있는 진리이다. 또 이는 규칙, 법칙, 도리 등의 의미로도 통한다. 삼법인(三法印)의 법은 진리를 말한다. ② 덕(德). guna. 덕이란 윤리도덕이며, 복선(福善)이며, 사회적으로도 불교적으로도 인간이 밟아야 할 길이며, 정의, 윤리성을 가리킨다. 아육왕(阿育王)의 법칙문(法勅文)의 법이 이것이다. ③ 교(敎). sāsana. 교는 종교이며, 특히 불법 곧 교 또는 불타의 교법을 법이라 한다. 팔만사천법문(八萬四千法門)이라 하며, 불법승(佛法僧) 삼보(三寶) 가운데 법보(法寶)라는 것이 이것이다. ④ 일체법(一切法). 모든 존재, 비존재인 것을 법이라 한다. 유위법(有爲法), 무위법(無爲法), 유루법(有漏法), 무루법(無漏法), 선법(善法), 불선법, 무기법(無記法), 가법(假法), 실법(實法), 유법(有法), 비유법, 색법(色法), 심법(心法), 심소법(心所法), 심불상응법(心不相應法) 등의 법이 이것이다. 또 법상(法相), 법성(法性), 제법실상(諸法實相), 제법무아(諸法無我) 등의 법도 이런 의미의 법이다.《禪學》.

▶ 법치주의

법석　🅜 法席

법회가 열리는 장소. 전의되어 시끌벅적하게 떠들어대는 일. 夜壇(惹端) 法席의 준말. "一夕訴曰, 自至法席不蒙指示."《古尊宿語錄, 慈明禪師語錄》"公卿儒士之家, 例於殯堂聚僧說經, 名曰法席(공경이나 유학하는 선비의 집에서도 빈소에 중을 모아 불경을 설하는 것을 常例로 하고 이것을 이름하여 법석이라 한다.《慵齋叢話》¶법셕 : 법셕 시작ᄒᆞ야 셜웝ᄒᆞ리러라 (開場說法裏)《飜朴上75》, 조계ㅅ 法席이 盛히 化호믈 듣고(問曹溪法席盛化)《六祖中94》.

▶ 야단법석

베개　🅜 枕

'베개'는 '베'와 '개'의 합성어다. 베개의 재료가 고대에는 주로 나무였다고 하겠다. 枕(침) 자를 보아도 木(나무 목) 변이 있다. ¶벼(枕)《松江1:12》, 벼개(枕)《字會中11》. '벼'는 '벼, 벌, 벋'으로 소급된다. 대들보의 보(樑)는 '볼, 볻'으로 소급되며, 나무의 본뜻을 지닌다. '개'는 접미사일 수도 있지만, '가이'가 준말로 보면, 실사(實辭)일 수도 있다. '갇〉갈〉갈이〉가이〉개'의 변화이며 나무의 본뜻을 지닌다. 일본어 makura(枕)는 ma와 kura의 합성어다. ma는 국어 '말(橛)'과 동원어(同源語)로서 나무(木)의 뜻을 지니며, kura의 어근은 kur인데, 역시 나무의 뜻을 지닌다. 일본어 ki(木)는 우리말 그루(株)의 '글'과 동원어. '벼개'는 나무의 뜻을 지닌 말이 겹쳤다고 하겠다.

베다 동 割

'베다'의 베는 주체는 칼날이기 때문에 어원은 칼날이다. ¶바히다(斬) : 부톄 머리와 손톱과롤 바혀 주신대《釋6:44》. 버히다(斬) : 肝괘 버혀 갈아 날씨라《楞8:105》. 어근은 '바, 버'다. '받〉발〉바'의 변화로서 '발이다〉바이다〉바히다'의 변화다. '받, 빋'은 칼날류(刃物類)의 뜻을 지닌다. 벨 수 있는 것은 칼날류라 할 수 있다. 바눌(針)[國], ha(刃)[日], hari(針)[日], balta(斧)[터키], pasaq(刀)[카자흐]. 바눌은 '바'와 '눌'의 합성어로서 이음동의어(異音同義語)다. 눌(刃)의 뜻이 드러난다. 일본어 ha(刃), hari(針)의 어근은 bar로서 par(pat)로 소급되며 칼날(刃物)의 뜻이다. 터키어, 카자흐어에서 bal, pas이 칼날류의 뜻을 지니고 있다.

⟹ 바눌(針)

베풀다 동 施, 賜

'베풀다'는 다른 사람을 위하여 먹는 자리를 마련하다, 다른 사람이 고마워할 만한 어떤 일을 받게 하는 상태가 되다, 음식을 차려 여러 사람이 먹고 마시며 즐거운 시간을 보내게 하다의 뜻이다. ¶천지 위롤 비호야 道ㅣ 그 中에 녀거든《月14:50》. 비호다가 베풀다의 뜻을 지닌다. ¶險ᄒ 요몰 베펫고(設發)《杜初8:45》, 베프게 ᄒᄂ다(今發)《杜初9:27》, 위엄 베프러 싸호ᄂ《三譯3:7》. 베프다, 베플다의 쌍형이 나온다. 베플다의 '베'는 비(腹)라 하겠다. 비ᄒ다(베풀다)의 '비'가 바로 배(腹)의 뜻을 지닌다. 비ᄒ다는 배를 채우게 하는 것으로 베풀다의 뜻을 지닌다고 하겠다. 베프다의 '프다'는 '풀다'의 말음탈락이며, '풀다'는 解(풀 해), 배를 풀다는 배를 음식으로 채우는 일이라 하겠다. 베풀다는 복해(腹解)이며, 음식으로서 배를 풀게 하는 일은 배를 채우는 일일 것이다. '배를 풀다'는 '애기를 낳다'는 의미도 있다.

벼 　명 稻

'벼'는 고형이 '버'이고 '벌'에 소급된다. ¶벼爲稻《解例用字》. 터키어, 몽골어에서는 벼(稻)와 쌀(米)이 같은 말이다. bərə(米)〔滿〕, patala(稻)〔梵語〕. 몽골어에서는 tudurga, sali가 모두 쌀(米)의 뜻을 지니지만, 벼(稻)의 뜻도 지니고 있다. budaga(飯)〔蒙〕, buda(飯)〔滿〕. 어근은 bud이며, 우리말 밥과 동원어(同源語)일 개연성이 있다. 벼와 쌀의 뜻을 지니는 bərə 그리고 밥의 뜻을 지니는 but은 동원어일 것이다.

벼락 　명 霹靂, 雷

'벼락'의 어근은 '별'로서 '벌'이 고형일 것이다. '벌'에 '악' 접미사가 붙은 것이다. ¶벼락 벽(霹)《字會上2》. 벼락은 빛(光) 또는 불(火)의 뜻을 지닐 것이다. 벼락은 하늘(天上)에서 불덩어리가 떨어지는 것이라 할 수 있기 때문에, '별(벌)'은 불(火)의 어원적 의미를 지닌다. 빛(光)의 뜻으로 볼 경우는 볕(陽光)일 것이다. 霹靂(벽력)으로 보는 견해도 있다. 벼락을 하나의 별(星)이 떨어지는 것으로 생각할 수도 있다. 별(星)에 '악' 접미사가 붙었다고 볼 개연성의 여지도 남겨둔다.

벼루 　명 硯

'벼루'의 재료는 돌이다. 어근 '별(벌)'은 돌의 뜻을 지닌다. ¶벼로(硯)《字會上34》. 벼로(地灘, 벼랑)《譯上7》의 어근은 '별'이며 돌과 동원어(同源語)라 하겠다. 비레(崖, 벼랑)《杜初21:19》의 어근 '빌'이 역시 돌과 흙과 동원어가 된다. 국어 벌(原)도 땅, 흙(土, 地類)의 본뜻을 지닌다. 보(방

죽, 柵)는 '볼〉볼〉보'의 변화일 것이다. ¶바회 암(巖)《字會上3》. 바회는
'바'와 '회'의 합성어다. 바회의 '바'의 고형은 '발'일 것이다. 벼루의 어근
'별(벌)'과 동원어가 된다. sumi(墨)〔日〕, suz(s) uri(硯)〔日〕. sumi(墨)
와 suz(s)uri(硯)에서 su가 공통된다. sumi는 일본어 숯(炭)의 뜻도
지닌다. 숯(炭)은 나무를 불로 태운 것이고 또 불이 되는 것이기 때문에,
숯(순)의 어원적 의미는 불사르다의 사르다(燒)의 어근 '살'과 함께 불의
뜻을 지닌다. 먹의 뜻을 지니는 sumi(墨)는 숯의 뜻을 지니는 sumi(炭)
와는 그 어원이 다를 것이다. 검다고 하는 데서는 숯과 먹(炭, 墨)이 공통
이다. susuri가 suzuri로 변했다고 보겠는데, susuri는 돌로 만드는 것
이기 때문에, 그 어원적 의미는 돌의 뜻을 지닐 것이다. 한자를 보아도
돌 석(石) 변이 있는 硯(벼루 연) 자다. susuri는 su와 suri와의 합성어
로서 둘 다 돌의 어원적 의미를 지닌다. susuri의 su는 sur의 r음자의
탈락일 것이다. sur는 일본어 suna(砂), sato(里), saka(坂)의 어근
sun(sut), sat과 함께 흙, 돌(土石類)의 뜻을 지니고 있다.

벼룩　명 蚤, 虼

'벼룩'의 어근은 '별'이지만, 더 고형은 '벌'일 것이다. 벌레(虫), 벌(蜂)의
어근 '벌'과 동원어(同源語)라 여겨진다. ¶벼룩(蚤) : 벼록 걸(虼)《字會上
23》. 벌(蜂), 벌레(虫), 벼룩(蚤), 빈대(南京虫, 臭虫). 빈대는 '비대'에
ㄴ이 개입된 것으로 어근은 '빋'이다. 벌레무리(虫類)를 나타내는 말 '벌,
별, 빋' 등은 동원어라 여겨진다. 일본어 hiru(蛭)는 piru로 소급되면
pir(pit)는 국어 빈대의 조어 '빋'과 동원어로서 피를 빼는 벌레(吸血虫)
에 해당된다. 거머리(蛭)는 '거'와 '머리'의 합성어다. '머리'는 벌레(虫)의
뜻을 지니는 일본어 musi(虫)에 해당되며, '거'는 '걸(渠)'의 말음탈락으
로서 거머리는 물벌레(水虫)의 본뜻을 지닌다.

벼리다　동 冶煉, 鍛鍊, 鍛銳

'벼리다'는 날이나 칼이나 끝이 무디어진 쇠붙이 연장을 불에 달궈 날카

롭게 만들다의 뜻이다. ¶도씌 벼러 메고《靑大p.132》. 벼리다는 '별'이라는 명사가 동사로 전성한 것이다. 벼리다의 어근은 '별'로서 날이 선 칼 따위를 뜻하는 말일 것이다. ¶벼히다(裁斷)《松江1:12》, 베혀 가몰(剪伐)《杜初18:11》, 비록 그 고기를 버혀도(縱割其肉)《楞9:60》. 벼다, 베히다, 버히다의 삼형이 보이는데, 버히다가 원형일 것이다. 버히다는 '버리다〉버이다〉버히다'로 변했을 것이다. '버리다'는 剪(자를 전, 翦의 俗字)의 뜻인데, ㄹ이 탈락하여 '버이다'가 된다. 모음충돌현상이 일어나니까 ㅎ이 개입되어 '버히다'가 되었다고 하겠다. 버리다의 어근 '벌'은 날(刃物)이 되겠다. ha(刃)〔日〕. 일본어 ha는 pa가 고형이다. pa는 국어 '벌'과 동원어(同源語)가 된다. 일본어에서 hari(針)는 pari가 된다. par가 국어 '벌'과 동원어가 된다. 바눌(針)은 '바'와 '눌'의 합성어. '바'는 일본어 hari(針)의 고형 par와 동원어고 '눌'은 날(刃)의 뜻을 지닌다. '눌'의 조어형(祖語形)으로 '날(鎌)'이 있고, 일본어에서는 nada(鉈)가 있다. 벼리다의 어근 '별'은 '벌'로 소급되며 날, 칼(刃, 刀)의 뜻을 지니는 명사였음을 보여주고 있다.

벼슬   몡 官, 仕, 爵, 卿, 官職

'벼슬'의 어근은 '볏(벗)'이며, 여기에 '을' 접미사가 붙은 형이다. 닭의 머리에 난 것을 '닭볏' 또 '닭벼슬'이라고도 하는데, 머리의 일부분으로서 붉은 색이 돈다. 벼슬의 상징은 머리로 표시되는 경우가 있다. 볏의 고형은 '벗, 벋'으로 소급된다. 벼슬은 감투라고도 하는데 감투는 머리에 쓰는 것이다. 冠(갓 관) 자는 冖(덮어 가릴 멱) 아래에 元(으뜸 원) 자와 寸(마디 촌) 자를 모은 글자다. 冖은 덮어 씀, 元은 머리, 寸은 법도를 가리킨다. 예절과 법도(寸)에 맞추어 머리(元)에 쓰는(冖) 관 또는 갓을 뜻한다. 그러니까 冠 자로 보면 그 어원적 의미는 머리(頭)에 해당된다고 하겠다. 관이나 갓은 머리에 쓰는 것이다. '감투'라고 하는 말이 벼슬의 뜻으로도 쓰이고 있다. 과거에 장원으로 급제하였을 때도 꽃이 달린 모자를 쓴다. 모자류나 아니면 머리의 뜻일 것이다. '머리로 받다'에서 '받다'의 '받'이 머리의 뜻을 지닌다. 박치기의 '박'은 '받'이 조어형(祖語形)으로서 머리의

본뜻을 지닌다. baş(頭)〔터키〕, hatsi(頭)〔日〕. 일본어 hatsi는 patsi로
재구되며, 어근은 pat이다. 터키어 baş는 bat으로 소급된다. 모두 국어
'받'과 동원어(同源語)가 된다고 하겠다. 벼슬의 어근 '볏'의 고형 '벌'은
머리(頭)의 뜻을 지닌다. 벼슬의 조어형(祖語形) '벋'은 머리(頭)의 뜻을
지니는 '받'과 동원어(同源語)일 것이다. 머리로 받는 것은 박치기라고
하는데, '박'이 머리의 뜻을 지닌다.

변두리   명 周邊, 近邊, 周圍, 外廓

'변두리'는 외진 곳이나 가장자리로 '변'과 '두리'의 합성어다. '변'은 한자
어 邊(가 변)이다. '두리'는 들(野)의 뜻을 지닌다. ¶들 야野, 들 교郊《類
合上6》, 門과 뜰왜 ᄒᆞ야디놋다(門庭毁)《杜初16:66》. 들(野), 뜰(庭)은 동
원어(同源語)다. 달(地), 돌(石), 들(野), 딜(土)과 '두리'의 어근 '둘'은
동원어일 것이다. 변두리는 근야, 근지, 근처(近野, 近地, 近處)의 뜻을
지닌다고 하겠다. 그러나 '두리'가 둥근 것(圓)의 뜻을 지닐 개연성도 있
다. ¶두리 원(圓)《千35》, 두리놋錚盤에《歌曲p.96》, 변두리는 변원(边圓)
으로서 주변(周边), 주원(周圍)의 뜻을 지닌다.

별   명 星

'별'은 '벌(벋)'로 소급된다. ㅑ, ㅕ, ㅛ, ㅠ 모음은 단모음(單母音) ㅏ, ㅓ,
ㅗ, ㅜ에서 후대에 생긴 모음이다. ¶별(星) : 별爲星《解例用字》. hosi(星)
〔日〕. 일본어 hosi(星)는 posi로 소급되며, 어근은 pos(pot)로 국어 '벋
(pət, 星)'과 동원어(同源語)다. 일본어 어두음 h는 우리말 ㅂ과 대응되
는데, p〉f〉h의 과정을 거친 자음이다. odon(星)〔蒙〕, usiha(星)〔滿〕. 중
세 몽골어에서 별은 hodon인데, podon으로 재구하면 pot이 조어형(祖
語形)이다. 만주어는 husi, pusi(put)로 재구하면 put이 조어형이다.
pət(星)〔國〕, put(星)〔滿〕, pot(星)〔蒙〕, pot(星)〔日〕. 볕(陽), 별(星), 빛
(光), 보름(滿月) 등은 모두 천체에 있는 것으로 광체를 뜻한다.

➡ 보름

별안간 [문] 瞥眼間, 瞬間, 突然

'별안간'은 눈 깜짝할 사이란 뜻으로 한자어 별안간(瞥眼間)에서 온 말이다. 어렵지 않고 쉽사리의 뜻으로 '호락호락'이 있는데, 이 말도 한자어 홀약홀약(忽弱忽弱)에서 온 말이다. '흐지부지'도 한자어 휘지비지(諱之秘之)에서 온 말이다.

병아리 [명] 鷄雛

'병아리'는 닭의 새끼이다. ¶비육 爲雞雛《解例用字》. '비육'은 '비룩'에서 변했고 어근은 '빌'이다. 병아리는 '벼'와 '아리'의 합성어다. '벼'는 '버〉벌〉벋'까지 소급된다. 일본어 hiyoko는 비육이 건너간 말이다. 경상도 방언 '삐가리'가 있다.

볕 [명] 陽

'볕'은 '볃, 벋'으로 소급되며, 본디는 해의 뜻을 지닌다. 볕 쬐다의 볕은 해의 뜻을 지닌다. ¶볕(陽) : 더본 벼티 우희 쬐니 술히 덥고《月2:51》. hi(日)〔日〕, hiru(晝)〔日〕. 일본어 어두음 h는 p로 소급된다. hiru(晝)는 piru로 소급되며, 어근 pir(pit)는 국어 '벋(볕)'과 동원어(同源語)다. 일본어 hare(晴)도 pare로 소급되며, 어근 par(pat)는 국어 볕과 동원어다. 일본의 오키나와(沖繩) 미야코(宮古) 방언에 pusu(日)가 있다. 어근은 pus(put)로서 국어 '볕'과 동원어인데, 어두음 p가 그대로 나타나는 것이 특징이다. baragun(西)〔蒙〕, batı(西)〔터키〕, habur(春)〔蒙〕. 어근 bari, bat은 해의 뜻을 지닌다. baragun의 gun은 터키어에서 해의 뜻을 지닌다. 몽골어 habur(春)은 bur가 해의 뜻을 지니는 말이다. 일본 유구(琉球)의 omorosoosi의 obotsu(太陽神)가 있는데 o는 접두어고 botsu가 태양의 뜻인데 국어 빛(볕)과 동원어가 된다.

별안간, 병아리, 볕

보 　명 褓

'보'는 '봗〉볼〉보'의 변화다. ¶보 복(袱)《倭下15》. poso(布)〔滿〕, posu(布)〔女〕, pos(布)〔길리야크〕, poso(布)〔골디〕. 어근 pos를 얻을 수 있다. 보(褓)는 pos(布)와 동원어(同源語)다. 국어 베(布)는 '벋〉벌〉벌이〉버이〉베'의 변화다. 따라서 조어형(祖語形) '벋'은 pos(pot)와 동원어다. 보를 한자어로 보는 견해도 있으나, 한자 布(베 포)도 pot에서 변화한 것이라 하겠다. ¶보로기(포대기)《字會中24》, 보로(치마)《樂軌目錄8》. 보로가 치마의 뜻을 지니는데, '볼'이 어근이다.

보다 　동 見

'보다(見)'의 어근은 '보'이며, '봗〉볼〉보'의 변화다. 보는 것은 눈의 행위다. ¶보다(見) : 靑眼ᄋ로 보간마론《杜初8:61》. '부릅뜨다, 부라리다'의 어근 '불'은 명사로서 눈(目)의 뜻이 있다. ¶눉부텨(瞳)《字會上25》. '부텨'의 어근 '붇'은 '붇'으로 소급되며, '붇'은 눈의 뜻을 지닌다. 일본어 miru(見)의 어근 mi는 명사로서 눈의 뜻을 지닌다. 일본어에서 ma, me가 눈이다. 일본어 mayu(眉)는 maru에서 변한 것인데, 어근 mar는 국어 멀다(遠), 멀다(瞑), 말똥말똥, 멀뚱멀뚱의 어근 '멀, 말'과 동원어(同源語)다. 터키어에서 눈은 göz(目)이며, 보다는 görmek이다. göz(目)가 gör로 변했다. 이는 터키어에서 말음 z는 t로 소급될 수 있음을 보인다. 바라보다의 어근 '발'도 눈의 뜻을 지닌다.

보람 　명 效, 意義, 成效, 痕迹

'보람'은 한 일에 대하여 돌아오는 좋은 결과다. 한 일로 인하여 얻는 정신적 만족감이나, 약간 드러나 보이는 만족감의 뜻으로도 쓰인다. ¶녯 聖人넷 보라몰(先聖標格)《蒙20》, 幟는 보라미니《月21:217》, 보람 부(符)《字會上35》, 表는 物을 보람ᄒ야 나톨 씨라《楞1:70》, 이 形을 보람ᄒ야《南明上70》. 보람에 해당되는 한자어로 標(우듬지 표), 幟(기 치), 符(부신 부),

表(겉 표) 등을 사용하였다. 보람의 뜻은 눈으로 확인할 수 있는 표적을 뜻한다고 보겠다. 보람두다라고 하는 말은 表(표)두다, 표적을 삼다, 서명하다의 뜻을 지닌다. ¶보람두다(記認)《譯下44》, 네 보람두라(你記認着)《老下13》, 보람 칙(記帳)《譯補12》. 보람의 어원을 시각적인 면으로 볼 때는 눈의 뜻과 관련될 것이고, 언어부호로 볼 때에는 말의 뜻과 관련될 것이다. 보다(見)의 어근은 '보'이지만 고형은 '볻'으로 '볻〉볼〉보'의 변화다. '볻(볼)'의 어원적 의미는 눈의 뜻을 지닌다. 부라리다, 부릅뜨다의 어근 '불'이 눈의 뜻을 지닌다. 바라보다에서 '바라'의 어근 '발'의 어원적 의미도 눈이다. 보람도 눈의 뜻을 지니는 '볼'에 '암' 접미사가 붙어서 보람이 되었다. 언어적 부호로 볼 때에는 말의 뜻을 지니는 어원적 의미가 있다고 하겠다. 부르다(唱, 呼)의 어근 '불'이 입, 말(口, 言)의 뜻을 지닌다. 거짓말의 평안도 사투리 거짓부리의 '부리'가 말의 뜻을 지닌다. 현대에 와서 보람의 뜻은 마음속에 느껴지는 어떠한 만족한 상태, 즉 성과, 효력, 결과를 뜻한다.

보름　圐 十五日, 望

'보름'의 어근 '볼'은 달(月)의 뜻을 지니는 말로서, 만주어 뱌(pya, 달)와 동원어(同源語)라 하겠다. 만주어 뱌는 '바'로 소급되며, '받'이 조어형(祖語形)이다. ¶보롬(보름) : 七月ㅅ 보롬애 天下애 느리시니《曲31》. 보롬의 어근 '볼(볻)'과 동원어라 하겠다. '볻〉볼〉볼옴〉보롬〉보름'의 변화다. 보롬이 달의 뜻을 지니고 있었는데, '달'이라고 하는 신세력에 밀려 보름달(滿月)이 되는 15일을 뜻하게 되었다. 「동동(動動)」에 나오는 嘉俳(가배)의 배(俳)는 '바이'가 준 말로서 '받〉발〉발이〉바이〉배'로서 달의 뜻을 지니는 말이다. 嘉俳의 嘉도 달의 뜻을 지니는 옛말이라고 여겨지는데, '갇'이 고형일 것이다. 만주어의 pyatari(다달이)는 pya와 tari의 합성어인데, 이음동의어(異音同義語)다. tari의 어근 tar는 국어 달(月)과 동원어다. 볕(陽), 별(星), 빛(光), 볼(月) 등은 모두 천체에 있는 것으로 광체다.

보리　명麥

'보리'와 밀은 밭곡식 가운데 대표적인 것이다. 그래서 보리는 대맥(大麥), 밀은 소맥(小麥)이라 한다. 쌀은 곡식의 대표적인 호칭이다. 예를 들면 찹쌀, 좁쌀, 수수쌀, 밀쌀, 보리쌀 등과 같이 쓰이고 있다. ¶보리(麥)《杜初23:21》. buğuday(麥)〔터키〕.　　　　　　　　　▣밥(飯)

보배　명寶, 珍

'보배'는 중국어 寶貝(보패, 현대 중국어 발음은 bǎobèi다)의 취음이다. 문헌에는 보비《龍83》, 보뵈《靑p.47》, 보븨 : 데일 보븨니(第一寶貝)《朴初上43》 등으로 나타나는데, 『박통사언해(朴通事諺解)』에 우리말 '보븨'와 중국어 寶貝가 대응되어 증명된다.

보살　명菩薩. Skt bodhisattva

菩提薩埵(보리살타)의 준말. 菩提索多, 冒地薩怛縛 등의 소리옮김(音譯)도 있다. 뜻옮김(意譯)으로는 각유정(覺有情), 도중생(道衆生), 도심중생(道心衆生), 개사(開士) 등이 있다. bodhi(깨달음)+sattva(중생). 대승불교의 이상적인 수행자로 깨달음을 완성한 부처와 미혹한 중생의 두 가지 속성을 모두 갖춘 자. 마하살〔大士, 高士, 大心衆生, mahāsattva(摩訶薩)〕이라는 말로 쓰는 경우도 많다. 관음보살=관음대사. 성도(成道) 이전의 석존 특히 그의 전생을 가리키는 말이었다. 석존 전생에 자기희생을 중심으로 이룩한 갖가지 행이 6바라밀로 조직되어 대승불교에 받아들여졌으며, 부파불교에서는 보살행을 완성하여 성불한 사람은 석존과 같은 극히 제한적이라 일반인은 아라한 또는 연각을 목표로 했으나, 대승불교에서는 이것이 일반인도 가능하게 되었으며, 곧 보살은 상구보리〔上求菩提(自利)〕, 하화중생〔下化衆生(利他)〕을 서원한다. 전자가 본래의 보살이며, 후자는 화신불이다. 관세음보살, 문수보살, 보현보살, 허공장보살, 지장보살 등은 후자에 속한다. 전자는 소승에

서는 석존이나 과거불의 전생으로서의 수행시기를 가리키며, 대승에서
는 보살이 일반화되어 누구나 발심하여 깨달음을 얻고 사홍서원을 일으
키고 6바라밀을 닦으면 보살이라 한다. 보살로 칭한 자는 인도에서 마명
(馬鳴), 용수(龍樹), 제바(提婆), 무착(無着), 세친(世親) 등이며, 중국
에서는 축법호(竺法護)를 돈황보살(敦煌菩薩)이라 하며, 재가자였던
부옹(傅翁)을 부대사(傅大士) 또는 선혜대사(善惠大士)라 하였다. "菩
薩心自利利他故, 度一切衆生故, 知一切法實性故, 行阿耨多羅三藐三菩
提道故, 爲一切聖賢之所稱讚故, 是名菩提薩埵."《智度論4》. 우리나라에
서는 요즘 여자 신도를 보살이라 한다. ¶뽀삻 : 져諸 뿛佛뽀菩삻薩이 오
시며 텬天과 귀鬼왜 듣즙거늘 밤과 낮과 법法을 니르시니《月印》.

보시 명 布施

베풀다의 뜻. ① 타인에게 주는 것. "享祀時至, 而布施優裕也."《國語, 周語
上》. 희사(喜捨. 남을 위해 기쁜 마음으로 제물을 내는 것). ② 불교어.
dāna(檀那)의 뜻옮김. "言布施者, 以己財事, 分布與他, 名之爲布, 慠己
惠人, 目之爲施."《大乘義章, 11》. 육바라밀의 하나. 베풂의 수행을 통해 괴
로움의 이 언덕에서 피안의 저 언덕으로 가는 것이 보시바라밀이다. 베풂
은 과보를 바라지만, 보시는 베풀었다는 상이 남아 있지 않은 보시 곧
무주상보시(無住相布施)이다. 보시를 내가 했다는 상이 없는 것이다. 나
다, 내 것이다, 내가 옳다, 내 맘대로 한다는 등의 아상(我相)에서 벗어나
는 것이다. 이는 삼륜청정(三輪淸淨)이라야 한다. 보시하는 사람(施者),
보시하는 물건(施物), 보시받는 사람(受者)의 청정이다. 불자가 스님에
게 재물을 베푸는 것을 재시(財施), 스님이 불자를 위해 법을 설하는 것을
법시(法施), 사자, 법, 물불, 원수 등으로부터 사람을 구해 무서움을 없애
주는 무외시(無畏施)를 3보시라 한다.

보시기 명 甌

'보시기'의 어근은 '붓(본)'이다. 보시기가 처음 쓰였을 때 재료가 나무냐,

흙을 구워서 만든 것이냐에 따라 그 어원이 결정될 것이다. 그 재료가 나무였다면 바지랑대(竿), 보(樑)의 어근 '받, 보(본)' 등과 동원어(同源語)가 된다. 흙으로 만들었다고 한다면, 밭(田), 벌(原)과 동원어가 된다. ¶보슥구(甌)《字會中12》. 한자 甌(사발 구) 자를 보면 瓦(기와 와) 자가 들어 있는데, 이는 흙을 구워서 만든 것이다. 그렇게 본다면 '봇(본)'이 흙의 어원적 의미를 지닐 것이다.   ▣ 밭(田), 벌(原)

보조개 圀 笑窩, 笑窪

'보조개'는 웃을 때 볼 가운데가 오목하게 우물져 들어가는 자국으로 볼우물, 볼샘이라고도 한다. ¶보죠개 협(頰)《字會上25》, 보죠개 우물(볼우물)(笑印)《譯補21》. 보죠개는 '보'와 '죠개'의 합성어로 '보'는 '볼(頰)'이며, 죠개는 조개다. ¶죠개 합(蛤)《字會上20》.

보지 圀 女陰

'보지'는 여성의 생식기이다. hodo(女陰)〔日〕. hodo는 bodo로 소급되며 어근은 bod이다. 국어 보지의 어근 '볻'과 동원어가 된다. 외음부(外陰部)를 경상도 방언에서 '붇두든'이라 하는데 이때 '붇'이 조어형 '볻'과 일치한다. 이렇게 비문화어가 일치된다는 것은 일본어는 한국어와 동계어라고 하는 것을 강력히 시사하는 것이다. ¶불알(卵子)《同文上17》, 外腎 불알《柳物一毛》. '불'의 조어형은 '붇'으로서 '볻'과 동원어임을 보여주고 있다. 생식기는 생명의 씨앗이 나오는 곳이므로 생명의 근원이다. 씨앗을 넣어두는 단지인 부딛단지(경상북도 영천 지방의 사투리)의 '부딛'과도 동원어일 것이다. 부딛단지를 부룻단지 또는 세존단지라고도 하는데 신농(神農)을 위하여 햇곡식을 넣어 모시는 단지의 '부루'의 어근 '불(붇)'이 씨의 뜻을 지닌다. ¶釋種은 어딘 붓기라 ᄒᆞ논 마리라《月2:7》. '붉'이 씨의 뜻을 지니는 말이고 어근은 '붓(붇)'이다.

복전 图 福田. 梵puṇya-kṣetra. 巴puñña-khetta

선한 행위의 씨앗을 싹틔워 공덕이라는 수확을 거두는 밭을 의미한다. 처음에는 석존만 복전이라 하다가 아라한도 복전이 되었다. 보시 공양물도 복전이다. 이것을 존중하고 공양하는 것이 행복을 낳는다는 뜻으로 밭에 씨를 뿌리는 것에 비유되었다. 곧 그 복의 씨를 뿌리는 밭이 복전이다. 밭이 좋으면 좋을수록 거기에 뿌린 종자의 수 배, 수십 배의 수확이 있는 것처럼, 성자(聖者)도 좋은 밭에 비유되며 그 덕이 뛰어난 좋은 밭이면 밭일수록 신자가 보시한 공양(종자)은 그의 수 배 수십 배의 복(수확)을 신자가 얻을 수 있다. 이런 의미에서 성자를 복전이라 한다. 또 불법승 삼보도 그들에게 공경공양에 의해 복과(福果)를 얻을 수 있으므로 복전이다. 특히 부처를 비롯한 승가(僧伽)를 복전이라 했다. 복전에는 3종(報恩·功德·貧窮)·5종(恩田·敬田·德田·悲田·苦田)·8종(『法網經』下에는 "八福田中, 看病福田第一福田"이라든가 "諸佛聖人一一師僧父母病人"이라든가 하는 설이 있지만, 구체적으로 명시되어 있지는 않다. 보통은 첫째 佛田, 둘째 聖人田, 셋째 僧田, 넷째 和尚田, 다섯째 阿闍梨田, 여섯째 父田, 일곱째 母田, 여덟째 病田으로 세고 있다. 이 가운데 처음의 셋을 敬田, 다음 넷을 恩田, 마지막을 悲田이라고도 한다.) 등이 있다. "弟子自心常生智慧, 不離自性, 卽是福田,(中略)汝等終日求福田, 不求出離生死苦海, 自性若迷, 福何可救."《六祖壇經.行由1》. 우리나라에서는 현재 법당이나 부처상 앞이나 기타 복을 비는 장소에 돈을 넣는 함을 설치하고 복전함(福田函)이라 써 놓았다. ¶福田: 버·거 舍·샹利·링弗붏目·목 揵:껀連련·의·물 五:옹百·빅·올濟·졩渡·똥ᄒ·시·니·이 : 사ᄅᆞᆷ·들·히 : 다 神씬足·죡·이 自·쫑在·찡·ᄒ·야 衆·즁生ᄉᆡᆼ·ᄋᆡ 福·복田뗜·이 ᄃ욀·씨 : 쥬·이·라·ᄒ·ᄂᆞ닝·다.(福·복田뗜·은 衆·즁生ᄉᆡᆼ·이 福·복·이 : 쥬·의그에·셔 : 남·과 : 나·디 바·티·셔 :남·과·ᄀᆞ톨·씨 福·복바·티·라 ᄒ·니·라)《釋譜6:18-19》.

볼 <small>명 頰</small>

'볼'은 머리의 일부분이므로 근원적으로는 머리에서 나온 말일 것이다. 현재는 의미가 축소되어 뺨의 한복판을 이르며, 입의 안팎을 모두 이른다. 뺨의 고어는 '밤'이며, '받〉발〉발암〉바암〉밤'의 변화다. 볼(頰)은 뺨의 조어형(祖語形) '발(받)'과 동원어(同源語)일 것이다. ¶볼(頰) : 볼이 부으며《痺新1》, 대쵸 볼 불근 골에《靑p.75》, 볼기 둔(臀)《倭上17》. '볼'은 볼록하게 나온 부분이다. '보조개'의 '보'는 '볼'과 동원어이다. hoho(頰)〔日〕. 일본어 hoho는 poho, poro로 소급되며, 어근 por는 국어 볼과 동원어라 하겠다. '볼기'의 '볼'도 얼굴의 '볼'과 동원어일 것이다. ▶뺨(頰)

봄 <small>명 春</small>

'봄'은 계절어다. 계절어는 태양에서 나온 말이다. 봄은 '볻〉볼〉볼옴〉보옴〉봄'의 변화다. ¶봄(春) : 보먼 버드를 뷔아 여희요물 알오《杜初7:11》. haru(春)〔日〕. 일본어 두음 h는 국어 p와 대응된다. 즉 국어 두음 p는 일본어에서는 F, h로 변한다. 이는 일본어가 개음절화(開音節化)하면서 일어나는 현상이다. 따라서 일본어 haru는 paru가 되며 어근은 par(pat)이다. 이는 봄의 조어형(祖語形) '볻'과 동원어(同源語)로서 해의 뜻을 지니는 말이다. 즉 볕의 조어형 '볻'과 동원어다. 春(봄 춘) 자를 보아도 日(날 일) 자가 있다. 이는 계절의 변화를 해의 운행에 의한 것으로 파악한 것을 보이는 것이다. nyəŋnyəri(春)〔滿〕, habur(春)〔蒙〕, bahar(春)〔터키〕.

봄놀다 <small>동 踊躍, 翔, 踊</small>

'봄놀다'는 '뛰다'라는 뜻으로 이제는 사어화(死語化) 했다. ¶봄 노라 깃거(踊躍)《六祖上79》, 봄놀 샹(翔)《字會下6》, 봄노술 용(踊)《類合下16》, 踊 온 봄뇔 씨오《月釋2:14》. '봄놀다'는 '봄'과 '놀다'의 합성어다. 봄(春)은 움츠렸던 겨울의 계절을 벗어나 약동하는 계절이라는 의미를 지니지 않을까 한다. 봄놀다의 어원적인 의미는 '春遊'에서 '뛰놀다, 뛰다, 추다'의 뜻으로 전이 되었다고 하겠다. 한편 '춤추다'는 주로 손짓, 발짓에 해당되므로 신체어와 관련될 개연성도 있다. 받다(受), 바치다(獻)의 어근 '받'이 손의 뜻을 지닌다. 발(足)로 볼 경우 곧 '받'이 조어형이다. 발(手·足) →볼〉볼옴〉보옴〉봄. '뽐내다'의 '뽐'과 동원어일 개연성도 있다. ¶뽐늬듯 시(攘臂)《海東p.93》.

## 봉오리 	명 花乳頭, 花苞

고어에서는 꽃봉오리와 산봉우리의 '오리'와 '우리'가 모두 '오리'로 나타난다. ¶봉오리(花乳頭)《譯補50》. 봉오리는 '보'와 '오리'의 합성어다. '보'는 '볻〉볼〉보'의 변화며, 꽃의 뜻을 지닌다. ¶수울 이시며 고지 퓌여신 저기 어든(有酒有花)《朴初上7》, 곳니피 펴《曲158》, 곳 피우몰《金三4:10》. '퓌다, 피다, 프다'의 삼형(三形)이 문헌에 나타난다. '퓌-, 픠-'는 '뷔-, 븨-'로 소급되며, '뷔'는 '부이', '븨'는 '브이'가 줄어든 것으로 조어형(祖語形)은 '붇, 븓'이 될 것이고 꽃의 뜻을 지닌다. 꽃이 옛날에는 풀(草)과 동원어였다고 여겨진다. '오리'의 어근 '올'도 풀, 꽃(草, 花)이란 두 뜻을 지니고 있다. öröttö(草)〔에벤키〕, öröktö(草)〔오로촌〕, ot(草)〔터키〕, olho(草)〔滿〕, ilga(花)〔나나이〕, ilxa 花)〔시베〕. 봉오리는 '볼오리〉보오리〉봉오리'의 변화로 꽃(花)의 뜻을 지니는 이음동의어(異音同義語)의 합성어다. hana(花)〔日〕. 일본어 hana는 pana로 소급되며 어근이 pan인데, pat이 조어형이다. 국어 꽃(花)의 고어인 '볻, 붇'과 동원어(同源語)다.

## 봉우리 	명 峯

'봉우리(峯)'는 '봉'과 '우리'의 합성어다. '봉'은 '볻〉볼〉보'이고, '우리'와 합성어가 될 때 모음출동 기피현상으로 ㅇ이 개입된 것이다. '볻'은 고어에서 산(山)의 뜻을 지닌다. 밭(田), 벌(原), 바(所)의 어근 '받, 벋'과 동원어(同源語)일 것이다. büga(地)〔에벤키〕, urkən(山)〔나나이〕, urə(山)〔에벤키〕, urə(山)〔오로촌〕, arin(山)〔滿〕. ¶그 뫼 보오리 쇠머리 ▽툴 씨

《月6:7》, 묏 봉오리 봉(峯)《字會上3》. '보오리'와 '봉오리'의 표기가 보인
다. 봉오리의 '올'도 산의 뜻을 지닌다. 제주도어에 오름(丘)이 있다. 퉁
구스어 산의 어근 ur와 동원어라 하겠다. 오두막(山家)의 '오두'가 산의
뜻을 지닌다. 봉오리는 산의 뜻을 지니는 이음동의어(異音同義語)의 합
성어다. 한편 '봉'은 한자 峰(봉)과 비교된다.　　　　　　🔜 오르다(登)

부끄럽다　　　혱 恥

'부끄럽다'는 얼굴이 붉어지는 것으로 부끄러운 표정은 얼굴에 나타난다.
따라서 국어에서 부끄럽다의 상징은 '얼굴'에 있다고 하겠다. ¶붓그리다
(부끄럽다) : 小를 붓그리고 大를 ᄉᆞ랑ᄒᆞ니라《月14:63》, 붓그릴 티(恥)《石
千30》. 붓그립다(부끄럽다) : 붓그리ᄫᅩᆯ 츠마《三綱忠12》. 붓그리다는 동
사이며 붓그립다는 형용사다. 붓그리다는 '붓'과 '그리다'의 합성어다. '붓'
은 '붇'으로 소급되며, 명사다. hazi(恥)〔日〕. 일본어 hazi(恥)는 padi로
소급되며 pad가 어근이 되는데, 국어 '붇(恥)'과 동원어(同源語)일 것이
다. '붇'은 고어에서는 얼굴, 볼(顔, 頰)의 뜻을 지닌다고 여겨진다. 현대
어 볼(頰)의 고형은 '볻'인데, '붇'과 모음 차이가 있으나 '붇'과 '볻'은 동원
어일 것이다. 붓그리다의 '그리다'는 '그림을 그리다'와 같이 얼굴에 부끄
러움을 그린다는 뜻을 지니고 있었던 말일 것이다. 한자 恥(부끄러울 치)
는 부끄러워지면 귀가 빨개진다는 중국인들의 사고에서 생겨난 자라 하겠
다. 우리나라에서는 부끄럼이 나타나는 곳이 귀가 아니라 얼굴이라고 본
것이 다르다.

부도　　　혱 浮屠. 浮圖. 浮頭. 佛圖. 佛陀

범어 Buddha. Stūpa. 팔리어 thūpa. 부처·불탑·스님·스님의 무덤
을 뜻하는 말이다. 우리나라에서는 이미 신라시대부터 스님의 무덤이라
는 뜻으로 사용했다. "起石浮屠之地"《大安寺, 寂忍禪師照輪淸浮塔碑》. ① 구역
가(舊譯家)는 佛陀 Buddha의 잘못(訛)이라고 한다. "浮屠, 正號曰 佛
陀, 佛陀與浮屠聲相近, 皆西方言, 其來轉爲二音, 華言譯之謂淨覺."《魏

書, 釋老志》. "梵語, 佛陀, 或云浮屠, 或云部多, 或云毋馱, 或云沒陀, 皆是五天竺語, 楚夏立譯爲覺, 今略稱之佛也."《琅邪代醉編, 浮屠》. ② 신역가(新譯家)는 불탑·佛寺 곧 범어 Stūpa, 팔리어 thūpa의 잘못(訛)이라 한다. "阿輸伽王, 一日作八萬佛圖."《智度論》. ③ 승려. "浮屠師文暢喜文章."《韓愈, 送浮屠文暢序》. ④ 불교. "英少時好游俠, 交通賓客, 晩節更喜黃老, 學爲浮屠齋戒祭祀.《後漢書, 光武十王, 初王英傳》.

부라리다　　[動] 瞋眼, 怒, 瞪, 圓睜

'부라리다'는 눈을 부릅떠 휘두르다의 뜻이고 부릅뜨다는 눈을 크게 뜨다의 뜻이다. ¶눈 부릅쓰다(瞋眼)《同文上28》. 부릅뜨다, 부라리다의 어근은 '불'로서 명사다. 부릅뜨다나 부라리다의 행위는 눈이 하는 것이므로 '불'은 눈의 뜻을 지닐 것이다. 보다(見)의 어근 '보'가 명사로서 눈의 뜻을 지닌다. 보는 행위는 눈에 의해 이루어진다. '볻〉볼〉보'의 변화를 거친 말이다. '볼'과 '불'과는 동원어가 된다. ¶눉부텨(眼瞳子)《譯上32》, 눈부쳐 동(瞳)《倭上16》. 부텨, 부쳐의 어근은 '붇'이다. 눈의 뜻을 지닌다. 눈부텨는 이음동의어의 합성어이다.

부랴부랴　　[副] 火急

'부랴부랴'는 매우 급히 서두르는 모양이다. ¶불난 집의 불이야(火家呼火)《東韓》, 블이야 블이야 웨거눌《癸丑p.129》. 불이 났을 때 알리는 소리로 '불이야 불이야' 하고 외치는 소리가 '부랴부랴'로 줄어든 말로서 매우 급하게 서두르는 모양을 뜻하는 의태어 부사다. 아주 급하게 서두를 때 '부리나게' 또는 '부리나케'라고 한다. '불이 나게'가 '부리나케'로 변했다.

부러　　[副] 故意

'부러'는 부사로 부러, 일부러, 실없는 거짓으로의 뜻을 지닌다. '부러'의 어근도 '불'이다. 거짓은 말로 하는 것이고 말은 입에서 나오는 것이다.

'불'은 '입' 또는 '말'의 뜻을 지닐 것이다. 거짓의 사투리에 거짓부리, 거짓부렁, 거짓부레기 등에서 부리, 부렁, 부레기 등은 거짓의 뜻을 지니고 '부러'는 어근 '불'과 일치하고 있다. 말발, 글발의 '발'이 말의 뜻을 지닌다. '글발〉글말〉글월'로 변했다. 노래 부르다(歌唱), 부르다(呼). '불'은 말소리의 뜻을 지니고 있다. 새나 짐승의 주둥이를 '부리'라고 한다. 즉 여기서 부리는 입(口)의 뜻을 지닌다. ¶부러 노ᄒ시니(酒故放之)《龍64》.

부러지다   동折

'부러지다'는 '불다'와 '지다'의 합성어다. ¶부러지다(折) : 칼날 부러지다(刀刃捲)《同文上48》. '부러'의 어근은 '불'이고 명사다. '불다'는 부러지다(折)의 뜻을 지닌다. '불다'는 손의 행위이기 때문에, '불'은 손(手)의 뜻을 지닐 것이다. 풀(臂)의 고어는 '볼'인데 '불'과 동원어(同源語)일 것이다. 현대어에서 한 발, 두 발할 때 '발'이 풀이라는 고어의 잔영이다. katlamak, kımak(折)〔터키〕, kol(手)〔터키〕. 터키어의 어근 kat, kır, kol은 동원어라 하겠다.

부루   명苣, 萵

'부루'는 고어에서 상추인데, 어근은 '불'이다. 상추는 生草(생초)에서 변한 말이라 하겠다. ¶부루 거(苣)《字會上14》. 플(草)의 고형은 '블'이다. 따라서 상추의 고어인 부루는 풀(草)과 동원어(同源語)다.

부루단지   명種甕

'부루단지'는 '부루'와 '단지'의 합성어다. 단지는 배가 부르고 목이 짧은 항아리다. 고고학에서는 보통 키 30㎝ 아래의 것을 일컫는다. '부루'는 씨의 뜻을 지닌다. ¶釋은 어딜 씨니 釋種은 붓기라 ᄒ논 마리라《月2:7》. '붓'이 씨의 뜻을 지니고 있는 옛말이다. '부루'의 어근은 '불(붇)'이다. '부루'는 '불' 어근에 '이' 접미사가 붙은 '부리'가 '부루'로 변한 것이다. 경상북도 영천에서는 '부딧단지'라고 한다. 부루단지는 울타리 밑 깨끗한 곳에 흙을 쌓아 단을 모으고 단지(土器)에 벼를 담아서 단 위에 두고 짚을 엮어서 가린 후 10월이 되면 반드시 새 곡식을 천신한다. 이를 '업주가리'라고도 한다. 결국 부루단지는 볍씨를 담아두는 단지(그릇)라는 뜻을 지니는 말이라 하겠다. 부루단지에 대한 민간어원설이 있다. '부루'는 인명(人名)인데, 단군의 제1 황자(皇子)로서 제1세 단군으로 즉위한 임금이다. "今人家有夫婁壇地者, 籬落潔淨處, 築土爲壇, 土器盛禾穀, 置於壇上, 編草藁艸掩之, 每十月, 必薦之新穀, 或稱業主嘉利, 卽報賽夫婁氏之治水奠居之義, 賴爲鎭護之神也."《揆園史話, 檀君記》.

부르다¹   동 唱, 呼

'부르다(唱, 呼)'의 어근 '불'은 '붇'이 고형이고, 어원적으로는 입(口)의 뜻(意)이며, 소리, 노래, 말(音, 歌, 語)의 뜻으로 확대되었다. 거짓부리(嘘言)의 '부리'는 말(語)의 뜻을 지닌다. 어근은 '불(붇)'이며, 거짓부리는 거짓말에 해당한다. 부르다(唱, 呼)의 어근 '불'과 거짓부리의 '부리'의 어근 '불'이 일치한다. 말발의 '발'도 말(語)의 뜻을 지니며, 말발은 말이란 이음동의어(異音同義語)의 합성어다. ¶부르다(唱) : 太平歌를 부르새다《普附19》. 부르다(자세히 설명하다) : 깁고 머르신 소릴 부르쇼셔(演深遠音)《法華3:121》, 演은 부를씨라《月序7》. hanasi(話)〔日〕, hoeru(吼)〔日〕, kutsibiru(脣)〔日〕, kotoba(言葉)〔日〕, foyodon(占)〔滿〕, pár(口)〔아이누〕. 일본어 kotoba(言葉)의 pa는 우리말 '발(pal)'의 말음탈락형(末音脫落形)이다. 만주어 foyodan(占)에서 두음 f를 p로 재구하면 poyodon이 된다. poyo는 poro로 재구되며, por가 어근이다. 부르다(唱, 呼)의 어근 '불'은 명사로서 말(言)의 뜻을 지니지만, 어원적 의미는 입(口)의 뜻을 지닌다.   ➡ 말씀

부르다²   형 飽, 飫

'부르다'의 어근 '불'은 명사로서 배의 본뜻을 지닌다. ¶부르다(飽) : 비

부르니라《月9:36》. 비(腹)는 '비이'가 줄어든 말로서, 'ᄇᆞᆯ〉ᄇᆞᆯ이〉비이〉비'의 변화다. 'ᄇᆞᆯ'이 부르다의 어근 '불'과 동원어(同源語)다. hara(腹)〔日〕. 일본어 hara는 para에서 변한 말로서, para의 어근 par가 국어 배의 조어형(祖語形) 'ᄇᆞᆯ(ᄇᆞᆯ)'과 동원어다. ➡ 불룩하다, 배(腹)

부르트다   동 膨脹, 起泡

손이 부르트다, 발이 부르트다의 부르트다는 '부르다'와 '트다'의 합성어다. '부르'의 어근은 '불'이다. 이는 붓다(腫)의 어근 '붓(붇)'과 동원어(同源語)로서 살갗(肌, 膚)의 뜻을 지닌다. hada(肌, 膚)〔日〕. pada가 고형이고 pat이 어근인데, 동원어라 하겠다. ¶부르트다(부르트다) : 足繭ᄋᆫ 바리 부르터 고티 ᄀᆞᆮᄒᆞᆯ 시라《杜初16:49》. ➡ 붓다(腫)

부리   명 嘴

'부리'는 새의 입인 주둥이를 뜻한다. ¶부리 훼(喙)《字會下6》, 부리 내미다(櫢嘴)《譯補20》. 새의 입을 뜻하지만 부리가 병 따위의 입도 가리킨다. ¶부리 너른 독(撤口缸)《漢346d》, 부리 어윈 병의 너코《救簡1:73》. kutsibiru(脣)〔日〕, kutsibasi(嘴)〔日〕, bár(口)〔아이누〕. 몽골어에서는 ama(口)가 부리, 입술(嘴, 脣)의 뜻(意)도 지니고 있다. 이러한 예에서 국어 부리(嘴)도 처음에는 입(口)의 뜻에서 부리(嘴)의 뜻으로 바뀐 것을 짐작할 수 있다. 일본어 kutsibiru(口脣)의 biru도 입(口)의 원의(原義)가 있었음을 짐작하게 한다. 일본어 kutsibasi(嘴)의 basi의 어근은 pas로, pat이 고형이다. 따라서 국어의 부리(嘴)와 동원어(同源語)라 하겠다. 아이누어 bár(口)의 조어형(祖語形)은 bat이다. 아이누인이 3만 년 전에 아시아에서 건너갔다면, 국어의 부리(口, 嘴)는 국어 '말발'의 '발', 부르다(呼, 唱)의 '불' 등과 함께 3만 년 전의 국어의 모습일 것이라고 추정해 볼 수 있다.

부리다 圄 使

짐을 부리다, 일꾼을 부리다, 소를 부리다의 '부리다'는 일을 하다 또는
시키다의 뜻을 지닌다. 일을 하는 것은 주로 손의 행위이기 때문에, 불이
손의 뜻을 지닐 것이다. 그러나 한편 부리는 것을 주종(主從) 관계로 보면
말로 일을 시키는 것이기 때문에, '불'이 말의 뜻을 지닐 수도 있다. 한자
使(하여금 사)를 보면 人(사람 인) 변이 있다. ¶부리다 : 부리는 계집의
게《三譯上5》.

부스럼 圀 腫, 瘡, 癤, 疽, 癰

'부스럼'은 살갗이 헐어서 생기는 종기의 일종이다. ¶브스름《金三5:31》,
브스럼《續三孝5》, 브으름《譯上61》, 부으름《譯補, 同文下7》. 표기상으로 보
면 '브스름〉브스럼〉브으름〉부으름'의 변화다. 브스름을 '붓+으름'으로
분석하면, 어근은 '붓'이며 붓다의 어근 '붓'과 일치한다. ¶부름(腫) 삭는
生栗이니《農月》. 부름의 어근은 '붇(붇)'이다. 붓다(腫)의 어근 '붓(붇)'
과 부름의 어근 '붇(붇)'과는 동원어(同源語)일 것이다. 부스럼의 어근인
'붓(붇)'도 동원어일 것이다. '붓(붇)'은 '받(肌)'과 동원어라 여겨진다.
hada(肌, 膚)〔日〕, haremono(腫物)〔日〕. hada는 pada가 고형이고 어
근이 pat(肌, 膚)이다. haremono(腫物)〔日〕의 어근 hare(腫)의 고형
은 pare로서 어근은 par(pat)이다. 국어 붓다(腫), 부스럼, 부름 등의
어근과 동원어일 것이다.

부시다¹ 圀 眩, 暎, 晃眼, 耀眼, 刺眼

'부시다'는 눈부시다로도 쓰며, 센 광선이나 색채가 쓰일 때에 마주 보기
가 어렵도록 눈이 어리어리하다는 뜻이다. ¶光風霽月이 무는듯 ㅂ싀는
듯《蘆溪獨樂堂》, ㅂ술영(暎)《字會下1》, ㅂ싀다(耀目)《同文下26》. ㅂ싀다, ㅂ
ㅇ다, ㅂ싀다 형이 보인다. 어근 'ㅂ'는 명사가 될 것이다. '붓'이 눈이냐
그렇지 않으면 빛으로 보느냐에 따라 어원이 결정될 것이다. 부라리다,

부릅뜨다의 어근 '불'은 눈의 뜻을 지닌다. 볕(陽), 빛(光) 등을 불(붇)로 볼 수도 있다. ㅂ시다에는 '눈부시다'의 뜻을 지니고 있는 것으로 보아 '붓(붇)'은 눈의 뜻을 지닐 개연성이 짙다. mabusi(눈부시다)〔日〕. ma는 目, busi는 '부시다'로 눈부시다의 뜻을 지닌다. busi는 국어 '부시-'와 동원어다. mabayui(目映, 眩)〔日〕. bayui가 국어 '부시다'와 동원어다.

부시다²   圐 洗, 濯

'부시다'의 어근은 '붓'인데, '붇'으로 소급되며 물의 본뜻을 지닌다. 바다(海)의 '받'이 물의 본뜻을 지닌다. 믈 뿌려 쁠오《月9:39》에서 '쁠려'의 어근 '블'과, 비 쁘리고(비 오다)《新語1:12》에서 '쁘리고'의 어근 '블'은 비의 고형일 가능성이 있는데, 모두 어원은 물의 뜻을 지닌다고 하겠다. 일본 유구어(琉球語)에 pui(雨)가 있는데, puri가 변한 것으로 어근 pur(put)가 비(雨)의 원형이다. 비도 물이라는 것은 두말할 것도 없다. ¶쁠리다(뿌리다) : 거츤 짜해 쁠리고《杜初16:46》, 눈ㅅ믈 쁠리고《杜初21:31》, 쁠릴 옥(沃)《字會下11》.

부엌   圐 廚房

'부엌'은 본래 불을 때는 아궁이인데, 현재는 음식을 만드는 곳 전체를 가리킨다. ¶브섭(부엌)《杜初16:72》, 브석(부엌)《杜初》《22:50》, 브섭(부엌)《杜重14:19》, 븟(부엌)《小諺6:92》. 브세 들어가(入廚)《小諺6:92》. 브섭은 '븟'에 '업' 접미사가 붙은 것이다. '븟'이 부엌의 뜻을 지니는 어근이라 하겠다. '븟'의 고형은 '븓'이다. 이 '븓'의 말음 ㄷ이 ㅅ화하여 '븟'이 되었다. 부엌의 어원적 의미는 블(火)일 것이다. kuriya(廚)〔日, 文語〕. kuriya는 kuri와 ya의 합성어다. ya는 집(屋)의 뜻을 지닌다. kuri는 불(火)의 뜻을 지닌다고 하겠다. gal(火)〔蒙〕. 국어 그스름, 그슬리다의 어근 '긋'이 불(火)의 뜻을 지닌다고 하겠다. 그스름이나 그슬리다는 불에 의해서 생긴다. 일본어 kuriya는 불집(火屋)의 뜻을 지닌다. 국어 브섭의 어근 '븟'은 불(火)의 뜻을 지니는 말과 동원어라 하겠다. fushu(부뚜막)〔滿〕,

pusku(부뚜막)〔울차〕, puksu(부뚜막)〔골디〕. 만주어 fushu는 pushu로 재구되며 pus가 어근으로 국어와 동원어(同源語)가 된다. 브섭을 '브'와 '섭'의 합성어로 본다면, '섭'은 불사르다의 사르다(燒)의 어근 '살'과 동원 어일 수 있다. 한편 브섭의 '섭'을 땔나무로 볼 수도 있다.

부여　圐扶余

고구려의 전신이라고 할 수 있는 '부여'의 옛말은 '부러'일 것이다. 부러〉부 어〉부여. 어근은 '불'인데 사람의 뜻을 지닌다. 악바리(惡人), 군바리(軍 人), 혹부리(瘤人), 꽃비리(思春期兒). '바리, 부리, 비리'의 어근은 '발 (받), 불(붇), 빌(빋)'인데 사람의 뜻을 지니며, 벗(友)의 고대어는 '벋'인 데 이 말도 사람의 원의를 지닌다. bəyə(人, 身)〔오로촌, 에벤키〕, bəyə(身) 〔滿〕. 고구려의 영역이었던 곳의 말인데 bəyə는 bərə에서 변한 말이고 어근은 bər(bət)이다. 홍정바지(商人)의 '바지'의 어근은 '받'이다. ¶노룻 바(才人, 倡優)《字會中3》, 갓바치(가죽일을 하는 사람). '바치'의 어근은 '밪'이나 조어형은 '받'으로서 사람의 뜻을 지닌다. baturu(勇士, 豪傑) 〔滿〕, bauturu(英雄)〔에벤키〕, batar(英雄, 勇士)〔蒙〕, batur(英雄)〔위구 르〕. 어근은 bat, but인데 영웅, 용사와 같이 존장자의 뜻을 지닌다. botas (人間)〔蒙〕. 어근 bot의 어원적 의미는 사람이다. 국어에서는 보통사람의 뜻을 지닌다. 흥보, 놀보, 먹보, 바보 등의 '보'도 사람의 뜻을 지니는데 '볻〉볼〉보'의 변화다. 일본에 건너가서는 hito(人)로 반영되는데 bito가 옛말이다. 어근 bit은 국어 '받, 붇, 빋'과 동원어고 일본어에서는 천황의 이름에 hito가 붙는다. 사람의 뜻을 지니는 말이 존장자의 뜻을 지닌다는 것을 확인할 수 있다. 백제 지역의 부여(扶余)는 북의 부여족이 내려왔다 는 것을 의미한다고 보겠다. 바이칼 남쪽에 부리야트(burijad) 공화국이 있는데 buri가 부여의 '부'의 조어 '불(붇)'과 동원어일 개연성이 짙다. 영어로는 buriat, buryat라고 하지만 중국에서는 '布利亞特'(búliyátě) 이다. 'tě'는 사람의 뜻을 지닌다고 본다. 나나이(nanai)어를 골디(goldi) 어라고도 하는데 goldi의 di가 tě와 동원어라 하겠다. goldi의 gol은 사람 의 뜻이다. 부리야트어에서 인칭대명사로 존칭일 경우는 'ta'다. goldi의

gol이 고구려의 '구려'의 옛 이름인 '고리'의 어근 '골'과 동원어가 아닌가 한다.

부질없다   형 無益, 徒勞

'부질없다'는 대수롭지 않거나 공연하여 쓸모가 없다는 뜻이다. ¶부절업시(沒來由)《譯補59》, 부절업시 돈니다(白走)《同文上26》, 無賴字謂 부질업시《字會上46》, 부졀업슬 한(閑)《類合下7》. 부졀없다와 부질없다의 두 형이 문헌에 나타난다. ¶뭇춤내 불지롤쏘《三譯7:3》. 부질없다는 '부'와 '질'과 '없다'로 나뉜다. '부'는 불(火), '질, 졀'은 불지르다의 '지를'이고 '없다'는 없다다. 불을 지를 일이 없다가 부질없다, 부졀없다로 변했다고 여겨진다. 즉, 불지를 일이 없다가 쓸데없이의 뜻으로 쓰이게 된 것이라 하겠다. 괜찮다라고 하는 말도 '空然하지 아니하다'가 줄어진 말이다. 괜히는 '공연히'가 준 말이다.

부채   명 扇

'부채'는 '부'와 '채'의 합성어다. '부'는 '불'의 말음탈락형이다. '불'은 명사로서 고어에서는 바람의 뜻을 지니는 말이었을 것이라 여겨진다. 바람이 불다(吹)에서 '불다'의 '불'이 명사로서 고어에서 바람의 뜻을 지니고 있었음을 보여준다. 부채의 '채'는 명사로서 파리채의 '채'와 동일어다. 부채의 '부'는 불다 동사의 어간이 아니라 '불'은 바람(風)의 뜻을 지니는 명사라 하겠다. ¶부채(扇) : 부채롤 비호고(學扇)《朴初25:24》. 부체(扇) : 부체 션(扇)《字會中15》. 부채는 '바람채'라는 뜻을 지닌다고 하겠다.

▶ 바람(風)

부처님 손바닥 안에 있다 명

도망쳐 봐야 어쩔 수 없음을 이르는 말. 석가여래가 미쳐 날뛰는 원숭이 손오공을 잡기 위해 낸 내기. 곧 석가여래 손바닥에서 빠져나가면 옥황

상제의 천궁을 손오공에게 주고 만약 빠져나가지 못하면 손오공은 하계로 가 요괴노릇이나 하면서 몇 겁을 더 도행을 닦은 뒤 겨루자는 것이다. 손오공은 결국 부처님 손바닥을 빠져나가지 못했다.(임홍빈 옮김, 『서유기』, 문학과지성사, 제9회, 제1권, pp.229-232). ➡ 뛰어봐야 벼룩이다

북   명 鼓

'북'의 어원은 두 가지 면에서 생각해 볼 수 있다. 하나는 소리(晉)의 뜻일 것이고, 또 하나는 북을 만든 재료와 관련될 만하다. 부르다(呼, 唱)의 '불'이 명사로서 소리(晉, 聲)의 뜻을 지닌다고 하겠다. 재료는 짐승의 가죽인데, 고어에서는 '받(肌, 膚)'이 가죽(皮)의 뜻을 지녔을 가능성이 있다. hada(肌, 膚)〔日〕. hada의 고형은 bata로 어근 bat을 얻을 수 있다. ¶붑(鼓)《字會下12》. '붑〉북'의 변화다. 붑은 '붇〉불〉붋〉붑'의 변화일 것이다.

북돋우다   동 培本, 鼓起

북돋우는 것은 흙을 더하는 것이다. ¶붓도도다(培本)《譯補42》. 붓도도다의 어근 '붓'은 '붇'이 조어형(祖語形)이고 흙의 본뜻을 지닌다고 하겠다. 감자나 고구마는 '북준다'라고 하는데, '북'은 '붓'에서 변화한 형이다. 부엌의 붓두막(부뚜막)의 '붓'도 흙의 본뜻을 지닌다고 하겠다. 밭(田), 벌(原)의 '받, 벌(벋)'이 흙(土)의 뜻을 지니고 있다. 일본어 hada(畑)는 pada로 소급되며 어근은 pat이다. 붓두막의 어근 '붓'은 불(火)의 뜻일 개연성도 있다.

불   명 火

'붉다(赤)'는 불(火)이 형용사로 전성된 것이다. ¶블(火) : 굳 포고 블 피우니《曲60》. '블'에서 '불'로 변했다. 일본어 hi(火)는 pi로 소급되며 국어 블(火)과 동원어(同源語)다. 몽골어 bataramal(燒)의 어근 bat과

433   북, 북돋우다, 불

국어 '블(븕)'과 동원어라 하겠다. hi(火)〔日〕, honoho(焰, 炎)〔日〕, bataramal(燒)〔蒙〕, pişirmek(燒)〔터키〕, firəmbi(불 쬐다)〔滿〕, furəŋgi(灰)〔滿〕, bulgasyambi(연기 오르다)〔滿〕. 일본어 honoho(焰, 炎)는 불꽃의 뜻으로, hi(火)가 ho로도 나타난다. ho는 po로 다시 por로 소급된다. 만주어 firəmbi(불쬐다)의 어근은 fir인데 pir로 재구된다. 만주어 두음 f는 국어 p와 대응된다. furəŋgi(灰)의 어근 fur는 pur로 재구되며, 국어 블(火)과 동원어가 된다고 하겠다. faran(발바닥)〔滿〕, faraŋgu(손바닥)〔滿〕. faran, faraŋgu가 바닥의 뜻인데, 국어 p와 만주어 f가 대응되고 있다.

불가사리　　[명] 貘

『송남잡지(松南雜識)』에 "松都(송도) 말년에 어떤 것이 쇠를 다 먹어 치워서 죽이려 했으나, 죽일 수 없어서 '不可殺(불가살)'이라는 이름을 붙였다"는 기록이 있다. 이 기록에 따르면 불가사리는 '不可殺'의 한자어에 '이' 접미사가 붙은 말이다. 한편 '붉은 사리'로 볼 수 있다. 빠가사리, 송사리의 '사리'는 물고기(魚)의 뜻을 지니고 있다. 불가사리는 색깔로 지은 이름일 것이다. 곧 적어(赤魚)라 하겠다. 계림유사에 '魚曰水脫'이 있는데 水脫의 '水'와 비교됨 직하다.

불목하니　　[명] 食母. 炊事人

절에서 밥 짓고 물 긷는 일을 맡아 하는 사람. '불'은 밥을 할 때 불을 때는 것을 말하며, '목'은 물을 긷는 것을 말하는 것으로 물(水)에서 묵, 묽다, 맑다 등이 파생되는 것을 보면 '목'이 물(水)임을 알 수 있다. '하니'는 '한이〉하니'로 곧 하는 사람(作人)이다. 따라서 불목하니는 불과 물을 하는 사람 곧 물을 길어와 밥을 짓는 사람이다. 요즘은 주로 아주머니나 할머니가 담당한다. 출가하기 위해 절에 가면 누구나 이 불목하니가 되었다. 육조 혜능(慧能)도 오조 홍인(五祖 弘忍)에게 가서 오랫동안 방아를 찧었다. 한편 '불목'이 '구들방의 아랫목에서 가장 더운 자리'로 보기도 한다. 그러면 불목하니는 방이 따뜻하게 불을 때는 사람이란 뜻에서 온 말인가.

불알 명 睾丸

'불알'은 남성의 생식기로 생명이 나오는 곳이다. '불'과 '알'의 합성어이다. ¶불알(卵子)《同文上17》, 外腎 불알《柳物一毛》, 블리 적고(外腎小)《馬諺上4》, 불ㅅ거웃(卵毛)《譯上35》. '불, 블'의 고형은 '붇, 블'으로서 성기(性器)를 뜻하고 있다. 불두덩은 성기의 언저리의 두두룩한 부분. 붕알, 부갈 등 사투리가 있다. 일본어 huguri(陰囊)는 buguri로 소급된다. '불알'이 건너가서 변한 말이다. '불'이 일본어에서 hug이 되고 '알'이 uri로 나타난다고 하겠다. bültogen(睾丸)〔蒙〕. 몽골어 bültogen의 어근 bül과 국어 '불'은 같은 형태라 하겠다. '볼(女陰)'과 '붇(睾丸)'은 동원어(同源語)일 수도 있다. hodo(女陰)〔日〕. hodo는 bodo에서 변했으며, bodo의 어근은 bod이다. ¶釋種은 어딘 붓기라 ᄒᆞᄂᆞᆫ 마리라《月2:7》. '붓ㄱ'이 종(種)의 뜻을 지닌다.

불자 명 佛子

원래의 의미는 『법화경(法華經)』「신해품(信解品)」에 부처의 아들이라 나와 있다. 현재는 주로 부처를 믿는 사람 곧 승려·신자를 이른다. ¶佛子: 世尊하 大富長者ᄂᆞᆫ 則是如來시고 我等은 皆似佛子ᄒᆞᅀᆞ오니, 常說我等爲子ㅣ라 ᄒᆞ시ᄂᆞ니이다(世솅尊존·하 ·하 ·자·ᇰ 가·ᅀᆞ면 長:댜ᇰ者:쟝·ᄂᆞᆫ·이 如셩來링시·고·우린 :다 佛·뿛子:중ㅣ·ᄀᆞᆮ·ᄌᆞ·오·니 如셩來링ㅣ 샤ᇰ·녜·우릴 니ᄅᆞ·샤·ᄃᆡ 아·ᄃᆞ리라·ᄒᆞ·시ᄂᆞ·니이·다.)《法華2:227.信解品》.

붉다 형 赤

'붉다'는 불(火)에서 형용사로 전성된 것이다. 이는 풀(草)에서 푸르다,

불알, 불자, 붉다

해(日)에서 희다(〈히다)로 전성되는 것과 같다. ¶붉다(赤)《杜初7:26》, 붉다(紅)《同文下25》, 블(火)《曲60》. '블다〉븕다〉붉다'의 변화다. fulgyan (赤)《滿》. 만주어 ful은 pul로 재구하면 국어 붉다(赤)와 동원어(同源語)가 된다. 만주어에서 불이 thuwa지만 고대에는 만주어에 pul(火)이 있었음을 보여주는데, 그것은 fulgyan(赤)의 pul이 뒷받침하고 있다. al (붉다)〔터키〕, ulain(赤)〔蒙〕, gal(火)〔蒙〕. 몽골어 ulain의 어근 ul은 터키어 al(赤)과 비교되며 국어 울긋불긋의 어근 '울'과 동원어가 된다.

붓다¹ 圄注

'붓다'의 어근 '붓(붇)'은 물의 뜻을 지니고 있는 명사다. ¶붓다(注) : 흘러 브서(流注)《楞10:84》. 븟다(注) : 믈 븟다《同文上8》. 믈 쓰리고《月9:39》. 쓰리다의 어근 '쓸(블)'은 물의 뜻을 지니고 있음이 분명하다. 그릇 씻는 것을 '그릇을 부신다'라고도 하는데, '부시다'의 '붓(붇)'도 물의 뜻을 지닌다. 바다(海)의 어근 '받'도 물의 뜻을 지니며, '비(雨)'도 본디는 폐음절어(閉音節語)였을 것이다. huru(降)〔日〕, hutsi(淵)〔日〕, pira(河)〔滿〕, boron(雨)〔蒙〕. 일본어 huru(降)는 puru로 재구되며 어근 pur(put)가 물의 뜻을 지니며, put은 비(雨)의 뜻을 지닌다고 하겠다. 눈이나 비가 오는 것을 일본어에서는 huru(降)라고 한다. 일본어 hutsi(淵)는 putsi 로 재구되며 어근 put이 곧 물의 뜻을 지닌다. 일본 유구어(琉球語)에 pui(雨)가 있는데, puri(雨)의 r음 탈락으로 pui(雨)가 되었다. pur가 어근이다. ¶술 븟다《譯上59》.　　　　　　　　　　　　　　　　➡ 부시다

붓다² 圄腫

피부 따위가 부어오르다. 팽창하다. 붓다의 어근은 '붓'으로 '붇'이 조어형으로 명사다. hareru(腫)〔日〕. 어근 har는 bar로 소급되어 bat이 조어형이다. '붇'과 동원어이다. bəyə(身)〔滿〕, bəyə(身, 人)〔에벤키〕. bəyə의 고형은 bəyə로 어근은 bər(bət)이다. '붓다'의 어근 '붓'과 동원어일 개연성을 생각해 볼 수 있다. 몸의 일부나 사람의 일부가 붓는 현상이라고 볼

때 '붓'의 어원적인 의미는 몸 또는 사람일 것이고 살(肉)의 뜻을 지닐 개연성도 있다. 악바리, 혹부리의 '바리, 부리'가 사람의 뜻을 지니고 있다. yari(肉)〔滿〕, yaradaho(붓다)〔滿〕, miha(肉)〔蒙〕, moǰinho〔蒙〕, deri (피부)〔터키〕, dulčirhai(붓다)〔蒙〕.

붙다 图 附, 接

'붙다'의 어근 '붙'은 '븓'이 조어형(祖語形)이다. 붙들다, 붙잡다의 '붙'과 동원어(同源語)로서 '붙들다'는 '붙'과 '들'의 합성이고, '붙잡다'도 '붙'과 '잡'의 합성이다. '븓'은 손의 뜻을 지니는 말이라고 하겠다. '붙들다'의 '들'도 손의 뜻을 지니는 뜯다(摘)의 조어형 '듣', 들다(擧)의 어근 '들'과 동원어로서 손의 뜻을 지닌다고 하겠다. 부치다(送, 附)의 '붙'도 동원어라 하겠다. 부치는 행위도 손에 의한 동작이다. ¶붙다(接, 附) : 짜해 브텨서(地着)《杜初7:36》. tsukami(摑)〔日〕. tsukami는 tsu와 kami의 합성어다. tsu는 국어 '붙들다'의 '들'과 동원어고, kami의 어근 kam은 kat이 조어형인데 손의 뜻을 지닌다.　　　　　　　　　　　　➡ 가지다

비늘 图 鱗

'비늘'은 물고기의 거죽에 붙은 것이다. ¶비늘 : 비늘 히야브리디 말라(無 損鱗)《杜初25:14》, 비늘 린(鱗)《字會下3》. 비리(腥) : 비리 누류미(腥臊)《楞 1:42》. 비리다의 어근 '빌'은 명사로서 물고기(魚)의 뜻을 지닌다고 하겠다. 비늘은 '비'와 '늘'의 합성명사라 하겠다. '늘'은 날(刃)이라 여겨진다. 비늘의 '비'는 '빌'의 말음탈락형이다. 우리나라에는 물이 흐르면 으레 어디든지 피라미가 있다. 피라미의 어근 '필'은 '빌'로 소급된다. balık(魚) 〔터키〕. 어근 bal이 물고기(魚)의 기어(基語)라고 하겠다. uwo(魚)〔日〕, uroko(鱗)〔日〕. uwo는 uro에서 변한 것이다. uroko(鱗)의 uro가 uwo (魚)의 어근이 ur임을 보여주고 있다. 따라서 국어 비늘의 '비'가 고대 국어에서 물고기(魚)의 뜻이라고 짐작할 수 있다. 비늘은 물고기날(魚 刀)의 어원적 의미를 지닌다. 물고기의 옛말에 '빋(빌)'이 있었을 것이라

고 여겨진다. 만주어에 putha(漁獵)가 있는데, 어근 put이 물고기(魚)
의 뜻을 지니고 있는 말이었을 것이다. ➡ 미늘

비단 명 緋緞, 絹

'비단'은 명주실로 광택이 나게 짠 피륙의 총칭이다. 황윤석(黃胤錫)의
『이수신편(理藪新編)』에는 비단은 匹段(필단)에서 유래한 것이라고 되
어 있다. 匹段은 본래 명주로 한 필(匹)로 끊는다는 뜻의 匹段이었다.
이 匹段이 피륙의 뜻을 드러내기 위하여 실사(糸) 변을 더하여 緋緞(비
단)이라고 쓰기에 이르렀다고 하겠다. 고유어로서는『계림유사(鷄林類
事)』에 絹曰及 즉 깁(及)으로 나온다. ¶깁 爲 繒《解例合字》. 옷을 깁다에
서 깁다의 어근 '깁'은 비단(絹)의 뜻을 지닌다. '깁'이 한자어 비단으로
바뀐 셈이다.

비둘기 명 鳩

'비둘기'는 '비'와 '둘'과 '기'의 합성어다. 셋 모두 새란 뜻이다. ¶비두로기
(鳩)《時用維鳩》, 비두리(鳩)《字會上16》, 비돌기(鳩)《譯下25》, 비둘기(鳩)
《類合上11》, 비들기(鳩)《倭下21》. 비돌기와 비두리를 보면, 어간은 '비돌,
비둘'임을 알 수 있다. 비두로기는 '비둘'과 '기'의 합성어다. 비두로기,
비둘기의 '기'는 기러기, 뻐꾸기, 뜸부기의 '기'와 공유하는 형태로서 조류
(鳥類)의 뜻을 지니는 접미어라 하겠다. kasasagi(鵲)〔日〕, sagi(鷺)
〔日〕, yamagara(山雀)〔日〕. 일본어에서도 gi, gara가 조류의 접미어로
쓰인다. 왜가리, 딱따구리, 꾀꼬리(꾀꼬리), 솔개(갈) 등의 '가리, 구리,
고리' 등이 접미어로 쓰이는데, 새(鳥)의 본뜻을 지니는 말이다. kuş(鳥)
〔터키〕, kasha(鳥)〔滿〕. 어근 kas(kat)는 새(鳥)의 뜻을 지닌다. 수기
(雉)《蘆溪陋巷》, 장끼의 '기'가 꿩(雉)의 뜻을 지닌다. 일본어에 kiji(雉)
가 있다. '비둘'을 다시 '비'와 '둘'로 가를 수 있다. '둘'은 닭(鷄)의 고형
'둘'과 동원어(同源語)일 것이다. tüibet(鳥籠)〔蒙〕, tori(鳥)〔日〕, tahiya
(酉)〔蒙〕. 일본어 tori(鳥)의 어근 tor와 동원어일 가능성이 많다. 비오

리(鸕)《倭下21》는 '비'와 '오리'의 합성어다. 비둘기의 '비'와 비오리의 '비'는 동원어로서 근원적으로는 새의 뜻을 지니는 말이었을 것이다. ¶비육 爲鷄雛《解例用字》. 비육은 '비룩'이 원형일 것이고 '빌'이 어근이 될 것이다.　　　　　　　　　　　　　　　　　　　　　　　　　　　　➡ 꾀꼬리

비로소　㊉ 始

'비로소'는 '빌' 어근에 '옷, 오'의 접미사가 붙은 형이다. ¶비로서(始) : 비르서 뎌레 드러《釋11:1》. 비로소(始) : 世예 업슨 지조롤 비로소 알리로소니《杜初21:21》. 비로소의 어간은 '비롯'이고 어근은 '빌'이다. hatsu(初)〔日〕, hito(一)〔日〕. 일본어 hito의 고형은 pito고 어근은 pit이다. 비로소의 어근 '빌(빋)'과 동원어(同源語)일 것이다. hatsu(初)의 고어는 patsu로 어근은 pat이다. bir(一)〔터키〕. 터키어 bir(bit)과도 동원어일 것이다.　　　　　　　　　　　　　　　　　　　　　➡ 비롯

비류　㊅ 沸流

고구려 주몽(朱蒙)의 비(妃)인 소서노가 낳은 아들로 비류(沸流)와 온조(溫祚)가 있다. 고구려를 떠나 남하하여 온조는 하남(河南) 위례성(慰禮城), 비류는 미추홀(彌鄒忽, 仁川)에 도읍을 정했다고 한다. 비류의 어근은 '빌'이다. '빌'은 '빋'으로 소급된다. 악바리(惡人), 혹부리(瘤人), 꽃비리(思春期人) 바리, 부리, 비리가 사람의 뜻을 지닌다. 홍보, 놀보, 떡보의 '보'도 사람의 뜻을 지니는 '볼(본)'에서 말음이 탈락한 말이다. hito(人)〔日〕. hito(人)는 bito로 소급된다. 어근은 'bit'인데 국어 '빋(빌)'과 동원어다. 일본 천황의 이름 akihito(明仁)의 hito는 bito에서 변한 말이다. '사람사람' 할 때는 'hito hito'가 아니라 'hito bito'가 되는데 뒤에 오는 hito(人)는 bito로 발음된다. 별(陽), 빛(光)의 어원적인 의미는 해다. '햇발'의 '발'이 해의 뜻을 지니는 말이다. '빋'이 해의 뜻을 지니는 말과 동원어일 개연성도 있지만 사람의 뜻을 지닐 개연성이 높다. bi(我)〔滿〕, bə(吾等)〔滿〕.

비리다 휑腥

비린내는 어류(魚類)에서 주로 난다. 따라서 '비리다'의 어근 '빌(빋)'은 어류의 이름일 것이다. ¶비릴 셩(腥)《字會下13》. balık(魚)〔터키〕, belık (魚)〔위구르〕. 어근 bal, bel은 국어 '빌'과 동원어(同源語)로서 '빌'이 옛 말에서 물고기의 뜻을 지니고 있었음을 보여주고 있다. 우리나라 하천에 서는 어디서나 볼 수 있는 물고기로 피라미가 있는데 피리, 피라지 등의 방언이 있다. 어근 '필'은 '빌'로 소급된다. 비눌(鱗)《杜初25:14》은 '비'와 '눌'이 합친 것으로서, 비눌의 '비'는 '빌'로서 물고기(魚)의 뜻을 지니는 말일 것이다. uwo(魚)〔日〕, uroko(鱗)〔日〕. 일본어 uwo는 uro→uwo의 변화다. 어근 ur는 물고기, 비늘(魚, 鱗)의 두 뜻의 어근이 된다. 따라서 일본고어에서는 uro(魚)였음을 알 수 있다. ölö(魚)〔오로촌〕, ösxən(魚) 〔에벤키〕, əsx(鱗)〔시베〕, əsihə(鱗)〔滿〕. 어근 öl, əs 등은 동원어라 하겠 다. 이러한 일련의 사실들은 비눌(鱗)의 '비(빌)'가 물고기(魚)의 뜻을 지니고 있음을 보여주는 것이다. 일본어 uwo(魚)와 uroko(鱗)의 어원 이 같다. 비눌(鱗)의 '눌'은 눌(刃)일 수 있다. 바눌(針)의 '눌'도 날(刃) 의 뜻을 지닌다. ▣ 비늘(鱗), 미늘, 피라미

비비다 통擦, 捏, 鑽

비비는 행위는 손동작이기 때문에, 어근 '비'는 손의 뜻을 지닐 것이다. ¶부븨다(비비다)《救簡6:65》, 쑤븨다(비비다)《字會下23》, 비비다(비비다) 《救簡1:41》, 쎼븨다(비비다)《楞2:83》, 비븨다(비비다)《法華2:173》. 어근 은 '부븨-, 비븨-'의 쌍형으로 나눌 수 있다. 받다(受), 바치다(獻)의 어근 '받'은 손의 뜻을 지니는 명사가 되는데, '빋'과 동원어(同源語)일 것이다. '비비'는 같은 뜻을 지니는 말이 겹쳤다. ▣ 받다(受), 문지르다

비상 몡非常

常이 아닌 것. 통상(通常)이 아닌 것. 비범(非凡)과 통한다. ① 예사롭지

않고 특별한 것. 비상식적, 비상하다. "夫能自周於君者, 才能皆非常也."《晏子, 重而異者》. ② 긴급한 사태를 위한 것. 비상식량, 비상사태, 비상수단, 비상구(非常口), 비상금(非常金). "備他盜之出入與非常也."《史記, 項羽紀》. ③ 불교에서는 무상(無常)의 의미로 쓰인다. "佛言, 觀天地念非常, 觀世界念非常."《四十二章經》. 범어(梵語)로 비상(非常)과 무상(無常)은 아니티야(anitya)이며, 팔리어(巴利語)로는 아니샤(anicca)이며, 한자 소리 옮김(音譯)은 아니달(阿儞怛)이다. 16행상(行相)은 사제(四諦)에 각각 4가지 행상이 있는데 非常(anitya. 待緣而成故)은 고제사상(苦諦四相)의 하나다.《俱舍論, 권26》『대무량수경(大無量壽經)』(卷上)에서 석존(釋尊)의 설법을 들으려고 모였던 대승의 보살들은 석존과 같은 과정을 거쳐 성도(成道)에 이른다는 것이 기록되어 있는데, 그 속에서 그들은, "노, 병, 사(老, 病, 死)를 보고서 세상의 비상(非常)을 깨달으며, 나라와 재산과 자리를 버리고, 산에 들어가 도를 배운다." 이것은 석존 자신의 불전(佛傳) 가운데에서, 이른바 사문출유(四門出遊)의 일화를 빌린 것은 틀림없으며, 따라서 여기의 비상(非常)이란 무상(無常)과 같다.《中村元, 新佛p.101》 우리말에서는 명(明)나라 말엽 가정 연간(嘉靖年間)을 무대와 배경으로 한 작자·연대를 알 수 없는 고전소설 『낙천등운(落泉登雲)』에 "아희 ㅈ나며 긔뷔 빅셜 ㅈ고 명뫼 낭셩 ㅈᄒᆞ야 긔골이 비상ᄒᆞ니"《1:1》로 나오고, 인조행장(仁祖行狀)에는, "왕이 총명인효ᄒᆞ샤 비샹훈 의푀 겨시니"《5》로 나온다. 곧 '비상ᄒᆞ다'와 '비샹ᄒᆞ다'로 나오는데 모두 비범(非凡)하다의 의미로 쓰였다. ▶ 無常, 異常, 凡常, 非凡

비슷하다 형 類似

'비슷하다'는 원래 한쪽으로 좀 기울어져 있다의 뜻에서 닮았다의 뜻으로 바뀌었다고 하겠다. ¶山 접동새는 이슷ᄒᆞ요이다《樂軌, 鄭瓜亭》, 山象 이슷 깅어신 눈섭에《樂軌, 處容》. 이슷ᄒᆞ다가 비슷하다의 뜻을 지니는 말로서 문헌에는 비슷하다가 보이지 않는다. ¶비스기 부들 무텨(斜點筆)《杜初5:12》, 燭브리 비슥ᄒᆞ니(燭斜)《杜重12:39》. 어간 '비슥'이 보인다. 비슥이 비슷으로 변한 셈이다. 문헌으로 봐서는 '비슥'의 어근은 '빗'이라 하겠

다. ¶빗근 길(斜)《譯上6》, 疎홀 써 빗기 屬ᄒᆞ니《月2:22》, 플을 빗기디
아니ᄒᆞ며(不橫肱)《小諺3:17》, 빗길 사(斜)《類合下62》, 빗글 횡(橫)《字會
下17》. 빗기다는 기울다(斜), 비뚤다의 뜻을 지닌다. 비슷하다, 비뚤다,
비스듬하다, 빗나가다의 '빗'은 동원어(同源語)가 된다. 비탈(山坡)의
어근 '비(빗)'도 동원어일 것이고 '달'은 山의 고어가 된다.

비싸다 ᅠᅠ웹 高貴, 高, 重

'비싸다'는 물건의 값이 높다, 곧 고가를 말하는데 '비'와 '싸다'의 합성어
이다. ¶노폰비든(高價)《杜初16:3》, 八分ᄒᆞ 字ㅣ 비디 百金이 ᄉᆞ니(八分
一字置百金)《杜初16:16》, 갑시 千萬 ᄊᆞ니와(價値千萬)《法華1:82》. 빋(價)
ᄉᆞ다, ᄊᆞ다(값이 있다). '빋ᄉᆞ다>비싸다'로 '빋'과 'ᄉᆞ다'의 합성어다.

비추다 ᅠᅠ통 照, 映, 曜

'비추다'는 '빛+우+다'로 분석할 수 있다. ¶비취다(비추다) : 네 心目을
비취ᄂᆞ다 ᄒᆞᄂᆞ니(曜汝心目)《楞1:84》, 비취다(비치다) : 브리 비취여《龍
69》. 비취다는 비추이다가 줄어진 말로서 어근은 빛으로 '빋'이 고형일
것이다. '빋'은 빛(光)의 뜻을 지니며, 어원은 볕(陽)과 동원어(同源語)
가 될 것이다.   ➡ 빛, 볕

비탈 ᅠᅠ명 坡, 傾斜

'비탈'은 경사진 곳으로 사투리로 비딱, 빗비슬, 비낭, 비알, 빈탈 등이
있다. '비탈'은 '비'와 '탈'의 합성어이다. 비ㅎ달>비탈. '달'은 산, 땅의 뜻을
지니는 말이다. 달(地, 山), 돌(石), 들(野), 딜(土). '비'도 토지류(土地
類)의 뜻을 지니는 말이다. tara(曠野)〔滿〕. 밭(田), 벌(原), 별(崖) 바위
(岩) 등의 어근 '발, 벌' 등과 동원어다. bigan(野)〔滿〕, boehon(土)〔滿〕,
ba(處)〔滿〕, buktan(土堆)〔滿〕.

빈대 명 臭蟲

'빈대'는 사람의 피를 빨아먹는 악취를 풍기는 작은 벌레로서 남경충(南京蟲)이라고도 한다. 빈대의 원형은 '비대'다. ¶빈대(臭蟲)《同文下43》. 어근은 '빋'이다. 빈대의 '빈'의 말음 ㄴ은 개입음이다. 벼룩(虱)의 어근 '별(볃)'의 조어형(祖語形)은 '벋'이다. 빈대나 벼룩이나 다 피를 빨아먹는 벌레다. 벌(蜂), 벌레(虫), 벼룩, 빈대. 보도기>본도기(蛹), 바되>반되(螢). 어중 ㄷ음 앞에서 ㄴ이 개입되는 현상을 볼 수 있다. 그것은 '더지다'가 '던지다'로 된 것과 같이 ㅈ음 앞에서도 ㄴ이 개입된다. böcek(虫)〔터키〕, bit(虱)〔터키〕. bit(虱)의 어근은 bir(bit)이다. bügesü(虱)〔蒙〕. '비대'의 어근 '빋'은 벌레(虫)의 어근 '벌(볃)'과 동원어(同源語)라 하겠다.

➡ 벌레(虫), 벼룩(虱)

빈대떡 명 綠豆煎餅

'빈대떡'은 녹두를 갈아서 부쳐 만든 떡이다. 쌀떡, 콩떡, 팥떡, 보리떡, 밀떡과 같이 떡 위에 오는 관형어는 그 떡을 만드는 재료다. 따라서 빈대떡의 '빈대'도 그 떡을 만드는 재료라 하겠는데, 그것은 녹두(綠豆)로서 콩의 일종이다. '빈대'의 원형은 '비대'로서 어근은 '빋'이다. '비지'는 두부를 짜낸 찌꺼기를 말하나, 콩을 갈아서 거기에다 고기와 나물과 양념을 해서 끓인 것을 '콩비지'라고 한다. 그러므로 '비지'는 콩의 뜻을 지니고 있는 말이다. borčak(豆)〔蒙〕, bilčaga(豆粉)〔蒙〕, bortsə(豆)〔오로촌〕. 어근 bor, bil은 bot, bit이 조어형(祖語形)이다. 국어의 '빈이'의 어근과 동원어(同源語)로서 빈대떡은 '콩떡'이란 뜻을 지니는 말일 것이다.

빌다¹ 동 乞, 祈禱

'빌다'의 어근 '빌'은 명사로서 말(語)의 뜻을 지닌다고 하겠다. 비는(乞, 祈禱) 것은 언어 행위라 할 수 있다. ¶빌다(乞) : 비론 바볼 엇뎨 좌시논가《曲122》, 빌다(祈禱) : 天神ㅅ긔 비더니이다《曲86》. 거짓부리(거짓말),

부르다(노래)의 어근 '불'은 말의 뜻을 지닌다. inori(祈)〔日〕. 일본 이와
나미 고어사전(岩波古語辭典)에 의하면 i는 제, 기(齊, 忌)의 뜻을 지니
며 신성한 것을 뜻하고, nori는 법, 고(法, 告)의 뜻을 지닌다고 하였다.
nori(神語)〔日〕, norito(祝詞)〔日〕. nori가 말(語)의 뜻을 지니고 있음을
알 수 있다. üčihö(祈)〔蒙〕, üge(言)〔蒙〕. 몽골어를 보아도 '빌다'는 말과
관련되어 있음을 짐작하게 된다.

빌다² 통借, 貸, 賃借

'빌다(借)'의 어근은 '빌'로서 명사다. 빌리는 행위는 주로 손동작으로 이
루어진다고 본다면 그 어원은 손의 뜻을 지닐 것이다. ¶빌다(借) : 그
ᄯᅩᆯ 비로디《釋11:30》, 비로미 맛당ᄒᆞ도다(宜借)《杜初21:13》. kari(借)
〔日〕, kasi(貸)〔日〕. kari의 어근은 kar로서 손의 뜻을 지닌다고 여겨진
다. gara(手)〔滿〕, gar(手)〔蒙〕, kol(手)〔터키〕. 빌다의 '빌'은 국어 받다
(受), 바치다(獻)의 어근 '받'과 같이 손의 뜻을 지니는 말과 동원어(同源
語)라 여겨진다.   ➡ 받다(受)

빗 명梳, 櫛

'빗'의 재료는 대(竹) 또는 나무였을 것이다. 따라서 그 어원도 그 재료와
관련되었을 것이다. 바지랑대(竿)의 어근 '받'이 나무의 뜻을 지니고 있
다. 대들보의 '보(樑)'도 나무의 본뜻을 지니고 있는데, '볻>볼>보'의 변화
일 것이다. ¶빗(梳) : 비세 비취옛도다(映梳)《杜初20:45》. hasi(橋)〔日〕,
hayasi(林)〔日〕. hayasi는 harasi, parasi로 소급되며, 어근은 par(pat)
로서 나무의 본뜻을 지니고 있다. 빗다(梳)는 명사 '빗'에서 전성된 동사
다. 일본어 kusi(櫛)의 어근 kus(kut)는 나무의 뜻을 지니는 ki, ko와
동원어(同源語)일 것이다.   ➡ 빗자루의 비, 대들보(樑)

빚 図 債, 負債

고대에는 값(值)나가는 것이 보석(寶石)으로 평가되었을 것은 두말할 것도 없다. ¶빋(債)《字會下21》. 빋(값) : 비디 百金이 스니(直百金)《杜初 16:16》. 한자 보석(寶石)을 보아도 寶와 石(돌 석) 자가 있다. 寶에는 玉(구슬 옥)과 貝(조개 패) 자가 있는데, 구슬도 돌종류(石類)에 속한다고 할 것이다. 국어의 밭(田), 벌(原), 바회(岩) 등과 단어족(單語族)이라고 볼 수 있는 광물류와 같은 어원적 의미를 지닐 것이다.

➡ 비싸다, 싸다

빠지다 图 溺, 陷

옛날에 빠진 곳은 물 또는 구덩이였을 것이다. ¶빠뎌 죽거늘《續三烈8》, 빠딜 릭(溺)《類合下54》. 빠디다는 '빠다(溺, 陷)'와 '디다(落)'의 합성어다. '빠다'의 어근은 '빠'로서 고형은 '받'일 것이고 명사가 된다. 물에 빠지는 것이기 때문에 '받'은 물의 뜻을 지닐 것이다. 바다(海)의 어근 '받', 붓다(注)의 어근 '붓(붇)'과 동원어(同源語)일 것이다. **➡ 빨다(洗濯)**

빨다¹ 图 瞪, 注目

'빨다'는 쏘아보다, 주목하다의 뜻이다. 원의미는 '눈'일 것이다. ¶빨다(쏘아보다) : 阿難이 모든 大衆과 빨아 아득히 부텨 보수와 눈쫓싁 곰죽디 아니ᄒᆞ야(阿難與諸大衆瞪瞢瞻佛目睛不瞬)《楞2:15》. 빨아보다(注目) : 치운 ᄀᆞᄅᆞ매 누늘 빨아보고 묏지븨 비겨슈라(注目寒江倚山閣)《杜初17:15》. 어근 '빨'은 '받'로 소급되며, 명사로서 눈의 뜻을 지닌다고 하겠다. 부릅뜨다, 부라리다의 어근 '불'이 눈의 뜻을 지니는 명사가 된다. ¶눈 부텨(眼瞳)《譯上33》. 부텨가 瞳(눈동자 동)의 뜻인데, 어근 '붇'이 눈의 뜻임을 보여주고 있다. 일본어 hidomi(瞳)는 hido와 mi의 합성어다. hido는 pido로 재구되며, 어근 pit이 눈의 뜻일 것이며, mi는 일본어 ma, me (目)와 동원어(同源語)가 된다고 하겠다. bakmak(보다)〔터키〕. 어간 bak도 명사로서 눈의 뜻을 지니고 있다 하겠으며 bal〉balk〉bak의 변화

445

일 것이다. ⏩ 바라보다, 보다(見)

빨다² 통 洗, 濯

'빨다'는 물로 하는 것이기 때문에, 어근 '발'은 물의 뜻을 지닌다고 하겠다. ¶샐다(洗) : 옷 싸론 므를 먹고《釋11:25》. 샐다의 어근은 '쌀'로서 '블'이 고형이다. arau(洗)[日], ase(汗)[日]. 일본어 arau(洗)의 어근 ar(at), ase(汗)의 어근 as(at)는 동원어(同源語)로서 물의 뜻을 지닌다. 얼(泉) 《高句麗語》, 얼음(氷), 얼다(凍)의 '얼'이 모두 물의 본뜻을 지닌다. ura (江)[滿], oso(水)[蒙]. 어근 ur(ut), os(ot)와 동원어가 된다고 하겠다. 국어 빨다(洗)의 '발'도 물의 본뜻을 지니는데, 비(雨), 바다(海)의 어근 '받'과 동원어가 된다고 하겠다. 세탁(洗濯)의 한자어에는 삼수(氵) 변이 있다. ⏩ 바다(海)

빨다³ 통 吸, 嗽, 吮

빠는 행위는 입으로 하는 것이기 때문에 어근 '발(빨)'은 입의 뜻을 지니는 말일 것이다. ¶샐다(吸) : 절로 그 모딘 긔운을 샐에 ㅎ라《救簡6:59》. 샐다의 어근은 '쌀'로서 명사가 되며 '블'이 고형일 것이다. 부르다(呼, 唱)의 어근 '불'은 명사로서 말(言)의 뜻을 지니지만, 어원적 의미는 입(口)의 뜻을 지닌다고 하겠다. 부리(嘴)는 새의 입을 뜻하지만, 고어에서는 일반적으로 입(口)의 뜻을 지녔다고 하겠다. 아이누어에 pár(口)가 있다. 부리는 새의 입도 뜻하지만 병 따위의 아가리도 뜻하고 있다. ¶부리(口) : 독 부리에 다케 ㅎ고《救簡1:73》, 부리 녀른 독(撇口缸)《漢346d》. ⏩ 부리

빼다 통 拔

빼는 행위는 손으로 이루어진다. ¶싸혀다(拔) : 족접개로 싸혀라《救方下 4》. 싸혀다(拔) : 불휘 싸혀 짜해 다 녓아디니《曲158》. 싸혀다는 '싸'와

'혀'의 합성이다. '싸'의 원형은 '바'로서 '받'이 조어형(祖語形)으로서 손의 뜻을 지닌다고 하겠다. '혀'의 조어형 '헏'도 손의 뜻을 지닌다고 하겠다. 혀다(引)《杜初7:8》의 어근 '헏'과 동원어(同源語)로서 역시 손의 뜻을 지닌다고 하겠다. '할퀴다'의 어근 '할'이 손의 뜻을 지녔을 것이다. 현대어 빼앗다도 '빼'와 '앗'의 합성이다.

뺨 명 頰, 腮

'뺨'은 얼굴의 일부분이다. ¶뺨(뺨) : 두 쌔미 븕고《救方下50》. 쌤의 고형은 '밤'일 것이고 '발〉발암〉바암〉밤'의 변화일 것이다. 볼(頰)과 동원어(同源語)일 것이다. hoho(頰)〔日〕. 일본어 hoho는 poho로 소급되며 다시 poro가 고형일 것이다. poro〉hoo〉hoho의 변화일 것이다. 어근 por (頰)는 국어 볼과 동원어일 것이다.　　　　　　　　　　　　▶ 볼, 뽀뽀

뻔하다 형 明顯, 淸楚, 顯而易見

'뻔하다'는 속이 들여다보일 만큼 뚜렷하다이다. 번하다〉뻔하다. ¶光明이 문득 번ᄒ거늘《月2:51》, 누니 번호라(眼明)《杜初10:4》. 번ᄒ다는 뻔하다, 훤하다의 뜻을 지닌다. 번ᄒ다의 '번'은 빛의 뜻을 지닌다. 번개, 번쩍번쩍의 '번'이 빛(光)의 뜻을 지닌다. '뻔히, 빤히'의 부사가 생겨났다.

뼈 명 骨

'뼈'는 몸에서 굳은 부분이다. ¶ᄲᅧ(骨)《字會上28》. ᄲᅧ의 조어형(祖語形)은 '벋'일 것이다. '벋〉벌〉별〉벼〉ᄲᅧ'의 변화다. 일본어 hone(骨)의 어근은 hon으로서 pon, pot으로 재구된다. 국어 '벋(骨)'과 동원어(同源語)다. 아이누어의 pone(骨)는 일본어의 차용어인 듯하다. 잇발(齒)은 '이'와 '발'의 합성어다. 이음동의어(異音同義語)의 합성이다. '발'도 이(齒)의 뜻을 지니는데, '벋(骨)'과 동원어일 수 있다. 갈비는 '갈'과 '비'의 합성어인데, '갈'은 배의 옛말이고 '비'가 뼈의 뜻을 지닌다고 하겠다.　　　▶ 뱃구레

뽐내다 〔동〕 賣弄, 自吹, 神氣

'뽐내다'는 의기가 양양하여 우쭐거리다의 뜻이다. ¶봄노라 깃거(踊躍)《六祖上79》, 봄놀 샹(翔)《字會下8》, 봄ᄂᆞ술 용(踊)《類合下16》, 봄뇌며 듣는(騰逸奔)《楞84》, 瓦冶ㅅ놈의 아들인지 즌 흙의 쏨니듯시《海東p.93》. 봄놀다, 봄뇌다, 쏨니다는 모두 뛰놀다의 뜻이다. 뛰노는 것은 의기가 양양하여 우쭐거리다의 뜻을 상징한다고 보겠다. 뛰노는 것은 다리(脚部)로 하는 행위이다. 무용(舞踊)이라는 한자어의 舞는 주로 상체의 춤이고 踊은 하체로 추는 춤이다. '봄'은 발(足)의 어원적 의미가 있을 가능성이 있다. 발→볼〉볼옴〉보옴〉봄.

뽑다 〔동〕拔

'뽑다'는 손으로 하는 행위이다. 따라서 뽑다의 어원은 손의 뜻을 지닐 것이다. 뽑다의 고형은 '봅다'일 것이고, '봅'은 명사가 된다. 다시 '봅'은 '봍〉볼〉볿〉봅'의 변화일 것이다. ¶쏩다(拔) : 터리 쏩고《朴初上44》. 팔의 고어 불(臂)과 동원어(同源語)가 될 것이다. 한 뼘, 두 뼘의 '뼘'은 '범'이 고형이고, '벋〉벌〉넓〉범'의 변화일 것이다. ▶ 팔(臂), 빼다

뿌리 〔명〕根

'뿌리'는 나무의 일부분이다. ¶불휘(根) : 불휘 기픈 남ᄀᆞᆫ《龍2》. 불휘(根) : ᄂᆞ물 쓸휘를 너흘면《小諺6:133》. 불휘는 '불'과 '휘'가 합친 명사다. kök(根)〔터키〕, koru(林)〔터키〕, kırbaç(鞭)〔터키〕, köprü(橋)〔터키〕, kapı(門)〔터키〕. 터키어에서 koru(林)의 어근은 kor이다. 뿌리(根)의 뜻을 지니는 kök은 나무의 뜻을 지니는 kor에 k가 첨가되면서 r음이 탈락한 말이라 여겨진다. furəhə(根)〔滿〕, fulxw(根)〔시베〕. 만주어 두음 f를 p로 재구한다면 purəhə가 되는데, 국어 불휘와 매우 비슷하다. 그러나 furəhə의 hə는 접미사가 되기 때문에, 어근은 fur(pur)가 된다고 하겠다. undösün(根)〔蒙〕, uk(根)〔蒙〕, uthə(根)〔蒙〕, übesün(草)〔蒙〕, ot(草)〔터키〕, olho

(草)〔滿〕, olhoda(蔘)〔滿〕. 몽골어에서 uthə(根)는 ut이 어근이고 hə가 접미사가 된다. ut는 터키어 ot(草), 만주어에 ol(草)과 동원어(同源語) 일 것이다. 불휘의 '불'은 나무 또는 풀의 본뜻을 지닌다고 여겨진다. 뿌리 는 나무나 풀의 일부이므로 그 어원은 나무 또는 풀일 것이다. 한자 根(뿌리 근) 자를 보아도 木(나무 목) 변이 있다. '불'을 나무로 볼 경우, 보(樑) 의 조어형은 '볻'으로 '볼>보'의 변화로 '볼'과 동원어일 것이다. 배(舟)의 조어형(祖語形) '받'이 본디는 나무의 뜻을 지닌다고 하겠다. 풀(草)의 옛말은 '블'일 것이다. 상추를 '부루'라고 하는데, 어근 '불'이 풀(草)의 옛말임을 보여주고 있다. 불휘의 '휘'는 '후이'가 줄어든 것으로 '후리, 훌, 훋'으로 소급된다. 홰(桅)는 나무로 만든다. 홰는 '화이'가 줄어든 말이다. '화리'에 소급하면 '활'이 어근이 되는데, '활'은 '할'에서 변한 말이다. '할'은 나무의 뜻을 지닌다고 하겠다. 활(弓)도 나무로 만들었는데, '할'이 나무 의 뜻을 지닌다고 보겠다. '한쇼>황소', '한새>황새'와 같이 '한>환(황)'으 로 변하는 것을 알 수 있다. 따라서 '휘'의 조어형 '홑'도 역시 나무의 뜻을 지닌다고 하겠다. 불휘는 이음동의어(異音同義語)의 합성어라 하겠다. 회초리의 어근 '회'는 나무의 뜻을 지닌다고 하겠다. '회'는 '호이'가 준말이 고 '홋>홀>홀이>호이>회'의 변화다.

뿌리다 图 洒, 灑, 噴, 撒

뿌리는 행위는 주로 물이기 때문에, 어원은 물의 뜻을 지닐 것이다. ¶쓰 리다(灑) : 星火 ᅵ 흐러 쓰려(星火週灑)《楞8:97》. 쓰리다의 어근 '쌀'의 고형은 '블'이다. 비(雨), 붓다(注), 바다(海)의 어근 '비, 붓, 받' 등이 동원어(同源語)로서 물의 뜻을 지닌다고 하겠다. bira(河)〔나나이〕, biraŋgu (溪)〔나나이〕. 어근 bir가 물의 뜻을 지닌다고 하겠다. 물 따위를 흩어서 던지다. ¶믈 쓰려 쓸오《月9:39》. '쓰리다'가 보이나 '빟다'의 예도 나타난 다. ¶빟다 : 曼陀羅華 비허 부텨와 大衆의 게 빟ᄂ니(曼陀羅華散及大衆) 《法華5:164》, 빟다 : 法雨를 비호시며《釋13:26》. '비 쓰리다, 비 빟다, 비 빟다'와 같이 쓰이고 '비가 오다, 비가 내리다'와 같이 쓰이는 예는 보이지 않는다. 비ᄒ다의 어근 '비'는 雨의 뜻을 지닌다. '쓰리다'의 어근 '블(쌀)'

도 '비'의 뜻을 지닌다고 하겠는데, '블'이 비의 고형인 듯하다. amega huru(雨降)〔日〕. huru는 buru로 소급되며 bur가 비의 뜻을 지닌다.

➡ 바다(海)

뿔　　图 角

'뿔'은 머리에 있기 때문에 어원은 머리(頭)의 본뜻을 지닐 것이다. '블'이 고형일 것이고 조어형(祖語形)은 '븓'일 것이다. ¶쓸(角) : 두 쓰리 갈곧 놀캅고《曲162》. '머리로 받다'의 받다의 '받'이 명사로서 머리(頭)의 뜻을 지닌다. 박치기의 '박'이 '받치기→박치기'로 변화했을 것이다. baş(頭)〔터키〕, boynuz(角)〔터키〕. 터키어 baş(頭)와 boynuz(角)가 동원어일 것이다. 일본어 tsuno(角)의 tsu는 tsumuri(頭)의 tsu와 동원어(同源語)라 하겠다. tsumuri(頭)의 muri는 국어 머리(頭)와 동원어라 하겠다.

ㅅ

사납다 [형]猛

'사오납다'가 줄어서 '사납다'가 되었다. 사오납다는 '사오'와 '납'의 합친 말이다. ¶사오다(사납다) : 사오며 어디로몰 몯내 알 거시니《七大15》. 사오납다(사납다, 억세다, 나쁘다) : 劣은 사오나볼 씨라《月17:57》. 사호다(싸우다) : 묈새 사호고(衆鳥鬪)《杜初22:4》. '사오다'가 사납다의 뜻으로 쓰인 것이 문헌에 보이는데, '사호다(싸우다)'와 동원어(同源語)일 것이다. 사호다는 곧 사나운 행동이라 하겠다. 사오다에 '납'이 들어가 사오납다가 되었다. '납'도 실사(實辭)였을 것이다.　　　　➡ 싸우다

사내 [명]男

'사내'는 사나이가 줄어든 말이다. 어원은 사람이라고 볼 수 있다. ¶스나히(사내)《朴初上55》, 스나희(사내)《老上33》, 스나히(사내)《字會上32》, 순(丁)《字會中2》, 손아히(사내)《救簡6:29》, 아히(兒)《字會上32》, 션비(선비)《龍80》. 스나히는 '손'과 '아히'의 합성어다. 손아히의 예가 이를 뒷받침한다. 그러나 가스나히(少女)《七大14》의 예를 보면 '가스'와 '나히'의 합성어가 된다. 그렇게 보면 스나히는 '스'와 '나히'와의 합성어로도 볼 수 있다. 사내, 가시내의 '내'는 '나히'가 변한 것이라 하겠다. 아히(兒)를 '아'와 '히'의 합성어로 보면, '나'와 '히'도 합성어로 볼 수 있다. '나'는 일인칭이지만 고어에서는 '날'로서 사람(人)의 뜻을 지닌다. '아히'의 '아'는 '앋〉앋〉아'의 변화로서 사람(人)의 본뜻을 지닌다고 하겠다. 아들, 아롬(私), 우리(吾), 어른(成人)의 어근 '앋, 알, 울, 얼'이 사람의 본뜻을 지닌다. '히'는 '히이'가 줄어든 말이고 '홀이〉히이〉히'의 변화로 여겨진다. 그렇게 되면 '홀(혼)'이 사람의 본뜻을 지닌다고 하겠다. 인칭 복수를 나타내는 '희'는 '홀이〉흐이〉희'의 변화로서 '흗'이 사람의 본뜻을 지니고 있음을 생각해

볼 수 있다. hala(姓, 一族)〔滿〕, haha(男人)〔滿〕, həhə(女人)〔滿〕, thaŋgu hara(百姓)〔滿〕, hocihon(女婿)〔滿〕. 어근 ha, hə, ho 등이 사람(人)의 뜻을 지니고 있음을 보여주고 있다. thaŋgu hara의 hara를 보면 남자의 뜻인 haha의 어근 ha는 har일 것이다. ¶婚曰 沙會《類事》. 사회《釋6:16》도 '사'와 '회'의 합성어임을 알 수 있다.

사냥   명 狩獵

산힝은 山行(산행)의 음사다. 『용비어천가(龍飛御天歌)』 125장에 '山行 가 이셔'가 있다. ¶산힝 슈(狩)《字會下9》. '산힝'에서 '사냥'으로 변했다. 요즘은 '山行'을 등산의 의미로 쓰고 있다.

사다   동 買

사고 파는 행위는 주로 손에 의해 이루어진다. ¶사다(買) : 다숫 줄기 蓮花롤 사아《釋6:8》. 사다의 어근은 '사'로서 조어형(祖語形)은 '삳'이라 하겠다. '삳〉살〉사'의 변화다. 손(手)의 조어형 '솓'과 동원어(同源語)가 된다고 하겠다. satın almak(買)〔터키〕, satmak(팔리다)〔터키〕, satım(販賣)〔터키〕, xudalton abho(買)〔蒙〕, udambi(買)〔滿〕, unchyambi(賣)〔滿〕. 터키어에서 매매를 뜻하는 말의 어근인 sat은 명사로서 손의 뜻을 지니는 말이라 하겠다. 몽골어 xudalton abho(買)의 어근 xud는 gut으로 재구되며 몽골어 gar(手)의 조어형 gat과 동원어라 하겠다. 만주어 udambi(買)의 어근 ud는 손의 뜻을 지닌다고 하겠다. 국어 안다(抱)의 어근 '안(앋)'과 동원어가 된다고 하겠다. 터키어에 er(手)가 있다. kau(買)〔日〕. 일본어 kau(買)의 어근은 ka인데, 조어형은 kat으로서 손의 뜻을 지닌다고 하겠다. 국어 가지다(持)의 어근 '갖(갇)'은 손의 뜻을 지니고 있다. 가락지(指環)의 어근 '갈'이 손의 뜻을 지니고 있음을 보여주고 있다. ▶소매

사다리 명 梯

'사다리'는 '사'와 '다리'의 합성어다. ¶ᄃ리(梯)《字會中7》, 사ᄃ리(梯)《倭上33》. ᄃ리가 梯(사다리)의 뜻을 지니고 있다. 어근 '돌'은 나무의 본뜻을 지니고 있는 말일 것이다. 다리(橋)의 어원 '달'은 나무의 본뜻을 지닌다. 다리의 재료는 옛날에는 나무였던 것이다. 따라서 사다리의 뜻을 지녔던 'ᄃ리'도 그 어원은 나무의 뜻을 지닌다고 하겠다. 뻬(筏)《字會中25》는 '덛〉덜〉덜이〉더이〉데'의 변화로서 '덛(덜)'은 나무의 본뜻을 지닌다고 하겠다. 사다리의 '사'는 본디는 나무의 뜻을 지닌다고 하겠다. 문살, 떡살의 '살'이 나무의 뜻을 지니는 옛말이었다. sawo(竿, 棹)〔日〕. 일본어 sawo(竿)는 saro에서 변한 말로 어근 sar는 국어 살(木)과 동원어(同源語)다. 사다리는 나무의 본뜻을 지니는 말이 겹쳤다. '삿대'의 '삿'은 '사'가 원형이고, ㅅ은 사잇소리다. '삳〉살〉사'로서 '살'은 나무의 뜻을 지닌다.   ➡ 삿대, 상앗대

사라지다 통 消, 消失

'사라지다'는 모양이나 자취가 없어지다이다. 스러지다. ¶다 스라디니라《三綱忠11》, 비와 구룸괘 스라디여 업슬 씨오《月10:85》, 消는 스러딜씨라《月序25》. 스라디다, 스러디다의 어근은 '술, 슬'인데 명사다. 사라지다나 스러지다는 시각적인 현상으로 인식하는 것이기 때문에 어원적인 의미는 눈(目)이 될 것이다. 살피다의 '살', 눈설(썰)미의 '설' 등이 눈의 뜻을 지니는 화석어가 된다고 하겠다. 나타나다의 반대어는 사라지다가 된다.   ➡ 나타나다

사람 명 人

'사람'의 어근 '살'은 명사이며, '암' 접미사가 붙은 것이 사람이다. ¶사롬(人) : 사ᄅᆞ미 무레 사니고도《釋6:5》, 사롬 신(人)《字會下2》. saton(親戚)〔蒙〕, salbiya, saton(親戚)〔蒙〕, sadugai(親)〔女〕, saran(妻)〔女〕,

salgan(妻)〔滿〕, sadun(親家)〔滿〕. 어근 sat, sal은 모두 '살(산)'과 동원어(同源語)라 하겠다. 신라의 옛 이름인 斯盧(사로), 斯羅(사라)의 어근 '살'은 사람(人)의 어근 '살'과 동원어일 것이다. 고대에는 사람이라는 뜻을 지닌 말이 부족을 대표했고, 나중에는 국가명(國家名)이 되기도 했다. 일본 원주민인 아이누족이 왜인(倭人)을 사모(samo)라고 하는데, 사람(人)에서 ㄹ이 떨어진 말이라 하겠다. 구름 : kumo, 씨름 : sumo와 같이 어중에서 ㄹ이 떨어진다. 몽골이 우리나라를 soronggos, soronggo라고 하는데 'soron'은 사람과 동원어고 gos, go는 고대 한국어에 사람의 뜻을 지니고 있었던 말이다. mongol, dagul의 gol, gul과 동원어다. 고구려의 고명이 '고리'인데 사람의 뜻을 지닌다.

사랑 　명 愛

'사랑'이란 사람이 사람을 생각하는 것이다. ¶ᄉᆞ랑(愛) : ᄉᆞ랑을 미잣던딘 ᄒᆞ오ᅀᅡ 가시 남기 잇도다(結愛獨荊榛)《杜初20:29》, ᄉᆞ랑(思, 想) : 어즈러운 ᄉᆞ랑을 닐오디 想이오《楞4:28》. 어근 'ᄉᆞᆯ'은 사람(人)의 어근 '살'과 동원어(同源語)라 하겠다. saton(親戚)〔蒙〕, sadun(親家)〔滿〕, sadon(姻戚)〔國〕, saton(愛人)〔蒙〕, sanal(思想)〔蒙〕, sanagal(愛)〔蒙〕, sanagal(考)〔蒙〕, sethihö(愛慕하다)〔蒙〕, saton(사랑스럽게)〔蒙〕, sanaho(思)〔蒙〕, sethibesü(생각하건대)〔蒙〕, sethil(思想)〔蒙〕, salgan(妻)〔滿〕. 몽골어에서도 sanal이 사랑, 생각, 아버지, 사상(愛, 思, 考, 思想) 등의 어원과 같음을 보여주고 있다. sanal의 어근 san은 sat이 조어형(祖語形)이다. 몽골어에서 saton이 친척, 애인의 두 뜻을 지니고 있다. saton의 어근 sat은 본디 사람의 뜻을 지닌다. 이러한 현상은 몽골어에서 사랑과 사람의 뜻을 지니고 있는 말은 같은 어원임을 보여주고 있다. 국어의 '사람'과 '사랑'도 몽골어에서와 같이 동원어라고 하겠다. 사랑은 사람이 사람을 생각하는 것이라 하겠다. 　　　　▣ 듯다

사뢰다 동 奏言, 言上, 口稟

웃어른께 말씀을 드리다. 아뢰다, 여쭈다. ¶므스일을 스로리라.《松江1:3》, 술붕라 브리시니《曲113》. 솗다의 어간 '숣'은 '술, 숟'으로 소급되며 소리 (聲, 音, 歌, 言)의 어근 '술'과 동원어다. ¶수수는 소리〈杜初 10:20〉, 수수어리다(喧)《杜初21:10》. 수수의 어근은 '숫'이고 '숟'으로 소급되며 소리의 어근 '솔'과 동원어이다. '수선떨다'의 '수선'은 정신을 어지럽히는 말이나 짓이다. sasame(조용조용 말하다)〔日〕, sawagi(騷)〔日〕. 어근 sas는 소리의 어근 '숟'과 동원어가 된다. sawagi는 saragi에서 변한 말일 것이다.

사르다 동 燒

'사르다'의 어근 '살'이 불의 뜻을 지니는 명사였다고 하겠다. ¶술다(燒) : 술쇼(燒)《字會下35》, 몸 슨 後에 陁羅尼를 得ᄒᆞ며《月18:34》, 스로다(燒 了)《同文上63》. 국어 숯(炭)의 조어형(祖語形)은 '숟'이라 하겠는데, '살 (산)'과 동원어(同源語)일 것이다. 숯의 재료는 물론 나무지만, 불로 만들기 때문에 불의 구실이 중요하다고 여겨진다. sumi(炭)〔日〕, susu (煤)〔日〕. 일본어 susu(煤)의 어근은 sus(sut)인데, 국어의 '삳(火)'과 동원어일 것이다. 그을음은 불에 의해 이루어진다. sir uhúy(火事)〔아이누〕, sune(灯)〔아이누〕. 어근 sir가 불의 뜻을 지닌다고 하겠다. 몽골어에 siraho(燒)가 있다. 어근 sir가 불의 뜻을 지닌다. ¶삶다(烹)《柳物五, 火》. 삶다의 어간 '삶'의 원형은 '살'일 것이고, 불의 뜻을 지닌다고 하겠다. ¶스회다(사위다, 灰燼)《漢淸317b》.

사리' 명 草

잎새의 '새'는 '사이'가 준말이며, '이'는 접미사다. 접미사 '이'가 붙었다는 것은 앞의 말음이 자음임을 보여주고 있다. '삳〉살이〉사이〉새'로 변한다. 억새의 '새'도 잎새의 '새'와 같이 풀의 뜻을 지닌다. 고대에는 풀과 나무를 같은 의미로 보았을 것이다. 물론 풀이 일년초(一年草)라는 것은 두 말할 것도 없다. 싸리(荊)의 고형은 '사리'이고 어근은 '살'이다. 문헌에는 쏜리《同文下44》, 쁜리《四解下47》로 나타난다. 고사리의 '사리'도 풀의 뜻을 지닌다. 일본어 seri(芹)의 어근 sel도 sal과 동원어(同源語)일 것이다. 싹(芽, 苗)도 '살(草)'과 동원어일 것이다. ¶삭(芽)《譯下41》, 삸(苗)《龜 下56》.

➡ 작살, 화살의 살

사리² 명 舍利

범어 śarīra. 팔리어 sarīra. 소리 옮김으로는 設利羅·室利羅·實利라 하며, 뜻 옮김으로는 신(身)·신골(身骨)·유골(遺骨)·영골(靈骨)이라 한다. 본래는 뼈조직·구성요소·신체를 의미하며, 복수형 śarīrāṇi는 유골(遺骨), 특히 부처나 성자의 유골을 의미하는 데 사용된다. 다비 전의 전신사리와 다비 뒤의 쇄신사리(碎身舍利) 등이 있는데, 보통은 뒤엣것을 가리키며 馱都(dhādu)라고도 한다. 이들을 생신사리(生身舍利)라고 하며, 이에 반해 부처의 교법이나 경전을 가리켜 법신사리(法身舍利)라 한다. "一心頂禮, 萬德圓滿, 釋迦如來, 眞身舍利, 本地法身, 法界塔 婆, 我等禮敬."《舍利禮文》. 최초의 불교사리는 석존의 사리로 화장된 유골이 숭배의 대상이 됨과 동시에 다툼의 대상이 되었다. 바라문 도오나가 중재하여 마가다국의 아자타샤트루왕, 카필라바스투의 샤카족, 아라캅파의 부리족, 라마그라마의 콜라족, 베타두비파의 바라문, 파바의 말라족, 쿠시나가라의 말라족 등 여덟 부족이 골고루 나눠 각각 사리탑을 세웠다. 도오나는 유골을 담았던 병을 받아 병탑을, 분배가 끝난 뒤 도착한 모오리야족은 재를 받아 회탑(灰塔)을 세웠다. 나중에 아쇼카왕 시대에 왕은 불교 전파를 위해 라마그라마탑을 제외한 7탑의 사리를 인도의 수많은 곳에 나눠 사리탑을 세우게 하였다. 중국에서도 육조(六朝) 이후 사리탑이 크게 유행했으며, 우리나라에도 부처님의 진신사리가 있다고 전시한 것을 본 적이 있다. 최근에는 다비 후 사리의 많고 적음으로 스님의 수도 정도를 판가름하는 듯한 느낌이 들 정도로 중요시하고 있다.

사마귀 명 痣, 黶

'사마귀'는 살갗에 낟알만 하게 도도록이 돋은 군살이다. ¶사마괴 지(痣), 사마괴 염(黶)《字會中34》, 샤마괴 黶子《譯上36》, 샤마괴 黑子《同文上19》, 샤마괴 汚子《漢6:1》, 샤마귀 염(黶)《倭上51》. 사마괴는 '사'와 '마괴'로 나뉜다. '사' 또는 '샤'는 살(肌)의 뜻을 지니지 않나 한다. 사마귀의 '마귀'는 몽골어 megge(痣)와 비교됨 직하다. 한자 사마귀의 뜻을 지니는 痣(사마귀 지)를 보면 心(마음 심)이 들어 있는데, 心은 피를 담고 있으면서 피를 공급하기도 하고 거둬들이기도 하는 심장을 의미한다. samha(몸이나 안면에 생기는 황백색의 반점)〔滿〕.

사모 명 samo, 日本人

일본의 원주민인 아이누족이 일본인을 사모(samo)라고 하는데, 이 '사모'는 우리말 '사람'에서 ㄹ이 떨어진 말이다. 국어 구름이 일본어에서 구모, 씨름이 스모인 것과 같이 일본어에서는 ㄹ이 떨어진다. 사모(倭人)도 우리말 사람에서 ㄹ이 떨어져서 이루어진 말이다. 이렇게 아이누족이 최초로 본 외국인이 한국 사람이라고 하는 것은 일본 민족의 뿌리가 한국이라는 것을 증명해 주고 있다. 뿐더러 일본어에서 사람을 히토(hito, 人)라고 하는데, 옛말은 비도(pito)가 된다. 이 말은 악바리(惡人), 혹부리(瘤人), 속어(俗語)의 학비리(學生)의 '바리, 부리, 비리'가 사람의 뜻을 지니는 것과 같다. '발, 불, 빌'이 어근이 되고, '받, 붇, 빋'이 뿌리 말이다. 일본어 히토(hito, 人)의 어원이 한국어임을 보여준다. 일본 천황의 이름에 히토(hito)가 붙는다. 결국 히토는 '비도'가 원말인데 이 말은 한국의 고대어가 건너갔고 일본 천황의 뿌리가 고대 한국인이라는 것을 보여준다고 하겠다.

사바 명 娑婆

산스크리트어 사하(saha)의 음역(音譯). 이 현실의 세계를 말한다. 흔히

사바세계라 한다. 사하의 어원은 잘 알려져 있지 않으나 일반적으로는
'견디어 참다'라는 동사의 어근 'sah'에서 명사로 되었기 때문에 감인토
(堪忍土), 인토(忍土), 인계(忍界) 등으로 의역(意譯)된다. 사바라는 여
성명사는 '땅'을 의미하는데, 이런 의미로는 불교에서만 사용한다. 고대
인도에서는 땅을 의인화하여 여성으로 여겼다. 서방 극락세계나 동방 정
유리세계(淨瑠璃世界)와는 달리 사바세계는 오욕(汚辱)과 괴로움으로
가득 찬 예토(穢土)다. 불멸(佛滅)에서 미륵보살의 56억 7천만 년 후의
하생(下生)에 이르기까지 사바세계는 무불(無佛)이다.

사슬　명 鐵鏁

'사슬'은 쇠로 된 것이기 때문에 어원적 의미는 쇠라고 하겠다. 쇠는 '소이'
가 줄어든 말로서 '솓〉솔〉솔이〉소이〉쇠'의 변화다. ¶사슬(쇠사슬)《四解下
28》, 사슬(쇠사슬)《三譯7:3》. 사슬의 어근은 '삿(삳)'이다. 솥의 고형은
'솓'이다. 소두방이라고 할 때 어근 '솓'이 나타난다. 사슬의 어근 '삿(삳)'
과 동원어(同源語)가 된다고 하겠다. '삿올'의 '올'은 접미사일 것이다.

➡ 솥

사위　명 婿

'사위'는 '사'와 '위'로 나눌 수 있으며, 어원적 의미는 사람이라고 하겠다.
¶沙會(婿)《類事》, 사회(婿)《字會上32》, 아히(兒)《曲70》, 스나히(男)《字會
上17》, 갓나히(女)《字會中25》, 안히(妻)《漢p.140b》, 안해(妻)《小諺6:116》,
너희(二人稱複數)《釋9:40》, 저희(一人稱複數)《月2:46》. '회, 히, 해, 희'
등이 추출되는데 사람의 뜻을 지니고 있을 것이다. hala(姓, 一族)〔滿〕,
haha(男)〔滿〕, həhə(女)〔滿〕, han(君主, 皇帝)〔滿〕, hala(사람을 부를
때)〔니브흐〕. 만주어 hala의 어근 hal을 얻을 수 있는데, 사람의 본뜻을
지니고 있다고 하겠다. 사회(婿)의 '회'는 '호이'가 준 말이고 '혼〉홀〉홀이〉
호이〉회'의 변화다. '히'는 '히이'가 준 말로서, '홀〉홀이〉히이〉히'로 변했으
며, 본뜻은 사람이라고 여겨진다. 만주어 han(君主, 皇帝)의 조어형(祖

語形)은 hat이다. hat이 han으로 변했다. 마한, 변한, 진한(馬韓, 弁韓, 辰韓)의 韓은 본디 사람의 뜻을 지닌다고 하겠다. 중국의 한족(漢族)의 漢도 사람의 뜻을 지닌다고 여겨진다. 악한(惡漢)일 때 漢은 사람의 본뜻을 지닌다. 고대에는 사람의 뜻을 지니는 말이 부족을 대표하고 나중에는 국가명까지 된다. 또 사람의 뜻을 지니는 말은 이름에도 쓰인다. 신라 제2대 남해왕(南解王)을 비롯하여 탈해(脫解), 첨해(沾海) 등의 解는 본디 사람의 뜻을 지닌다. 김유신(金庾信)의 자매(姉妹) 보희, 문희(宝姬, 文姬)의 姬와 북부여(北扶余)의 유화(柳花), 소성왕비(昭聖王妃)인 계화(桂花), 신성왕비(神聖王妃)인 정화(貞花) 등의 花도 모두 본뜻은 사람이라고 하겠다. 사회, 아히 등의 '회, 히' 등이 사람의 본뜻을 지니게 된다. 사회의 '사'는 사람의 어근 '살'에서 말음이 탈락된 것이라고 하겠다. ¶민사회(데릴사위) : 민사회(養老女婿)《譯上41》, 드린사회(데릴사위) : 드린 사회(贅婿)《同文上10》. 민사회는 '민'과 '사회'로 나눌 수 있는데, '민'은 밑며느리의 '밑'이 비음의 동화작용으로 된 '민'에서 유추되어 '밑며느리>민며느리', '민사회'와 같이 되지 않았을까 한다. 드린사회의 '드린'은 드리다에 ㄴ관형사형이 붙었고 '다릴'은 ㄹ관형사형이 붙었다. '다릴사회'가 데릴사위로 변한 셈이다. 데릴사위와 같은 조어법은 국어에서는 아주 드문 예다. 해방 후에 생긴 '건널목'은 건너다의 어간 '건너'에 ㄹ 어미가 붙은 것이다. 발해(渤海)의 '해'도 사람의 뜻을 지닌다고 하겠다.

사투리 명 方言

'사투리'는 '사'와 '투리'의 합성어다. '투리'의 고형은 '두리'다. 넋두리의 '두리'는 말의 어원적 의미를 지닌다. 사투리의 '사'는 명사로 흙, 땅, 시골 (土, 地, 鄕)의 어원적 의미를 지닌다. ¶재너머 스래 긴 밧츨 언제 갈려 흐느니《靑p.50》. 스래(畦)의 어근 '슬'은 흙, 땅(土, 地)의 뜻을 지닌다. ¶스ᄀᆞ볼(시골)《龍35》, 스골(시골)《救簡1:103》. '스'가 흙, 땅(土, 地)의 뜻을 지닌다. sato(里)〔日〕, siroi(土)〔蒙〕. 어근 sat, sir가 흙, 땅(土, 地)의 뜻을 지닌다. 사투리의 어원적 의미는 土(地)語의 뜻을 지니나, 시골말, 마을말(鄕語, 里語)의 뜻을 지닌다고 하겠다.

사팔뜨기   명 斜視

'사팔뜨기'는 '사팔'과 '뜨기'의 합성어다. '사팔'은 다시 '사'와 '팔'로 나뉜다. 몽골어로 daligir가 사팔뜨기의 뜻을 지니는 말이다. 어근 dal은 국어 다래끼(다라치)의 어근 '달'과 동원어(同源語)로서 눈의 뜻을 지닌다. 따라서 '사팔'도 눈의 뜻을 지닐 것이다. 살피다의 어근 '살'은 눈의 뜻을 지니는 고어가 된다. '팔'은 '발'로 소급된다. 눈을 부릅뜨다, 눈을 부라리다의 부릅뜨다, 부라리다의 어근 '불'은 눈의 뜻을 지닌다. '발'과 동원어가 된다. '뜨기'는 시골뜨기와 같이 사람을 지칭하는 접미사다.

삭다   동 消, 醱酵

'삭다'는 사물이 오래되어 썩는 것처럼 되다이다. 김치나 젓갈처럼 담가둔 음식물이 익어서 맛이 들다. 음식물이 발효하여 풀어지거나 묽어지다. 식혜가 삭다. 먹은 음식물이 소화되다. 흥분되거나 긴장이 풀려 가라앉다. 사위다. ¶朽는 서글 씨라《月序24》, 서글 부(腐)《字會下13》. '석다'와 '삭다'는 동원어로서 모음변이에 의해 어사가 분화되었다. '삭다'의 어근은 '삭'으로서 '삵>삭'의 변화로 조어는 '삳'이다. 썩다의 한자는 腐나 朽인데 肉(고기)과 木(나무)이 있다. 살(肌, 肉) 또는 살(木)일 개연성이 있지만 전자가 더 가능성이 높다. sakta(老)〔滿〕, kuso(糞)〔日〕, kusaru(腐)〔日〕, kusai(臭)〔日〕, 구리다(臭)〔國〕. kusai, kusaru의 어근 kus(t)는 kuso(糞)의 kus(t)와 같다. 그렇게 보면 똥은 쌀이 소화되어 나오는 것이기 때문에 살(米)이 기어(基語)가 될 것이다. 따라서 '삭다, 석다'의 명사는 살(米)일 개연성도 생각할 수 있다.

삯   명 賃金, 報酬, 勞賃, 工錢

'삯'이라고 하는 말이 생겼을 때에는 경제적인 문화가 어느 정도 형성되었을 때라고 여겨지며, 화폐가 있었을 것이다. 화폐 가운데 쇠붙이로 된 것이 많다. ¶삯(脚錢) : 삭슬 헤아리져(商量脚錢着)《朴初上11》. 삯의 고형은 '삭'이고, '산〉살〉삵〉삭'의 변화가 될 것이다. '산, 살'은 쇠(鐵)의 고형인 '솓, 솔'과 동원어(同源語)일 것이다.

살¹ 똉肌, 肌肉

'살'은 뼈와 함께 몸을 구성하는 요소다. ¶술(肌) : 술 너호로매 텨 보료물 又가ᄒ다니《杜初16:58》, 술(膚)《字會上28》. sasimi(膾)〔日〕, basasi(馬肉)〔日〕. 일본어 basasi의 sasi가 국어 살과 비교된다. 살의 고형 '삳'이 일본어에서 sat〉sasi로 변한다. 일본어 sasimi의 mi는 몽골어 miha (肉)와 동원어(同源語)일 것이다. 국어에서도 고어에 mi와 같이 고기의 뜻을 지니는 말로서 두음이 m으로 시작하는 말이 있었을 것이다.

살² 똉尸骨, 棧

'문살, 창살' 할 때의 '살'은 나무의 뜻을 지닌다. 떡살의 '살'도 나무의 뜻을 지니는데, 떡살은 떡에 무늬를 찍는 나무다. sarudo(猿戶)〔日〕. 일본어에서 sarudo는 정원의 입구에 쓰이는 나무로 된 문을 뜻한다. sarudo의 do는 문의 뜻이고, saru가 일본어에서 나무의 뜻을 지니고 있다. sawo(棹, 竿)〔日〕. sawo는 saro에서 변한 말로서 어근은 sar이다. sar가 나무의 뜻을 지닌다고 하는 것은 두말할 것도 없다. 국어 화살의 '살'이 본디는 나무의 뜻을 지니고 있다. sorokčin(柱)〔蒙〕, satsi(矢)〔日〕. 몽골어 sorokčin(柱)의 어근 sor(sot), 일본어 satsi(矢)의 어근 sat은 모두 나무의 뜻을 지닌다고 하겠다. 삿대(竿)의 '사'는 '살〉사'의 변화로서 나무의 뜻을 지닌다.   ▶ 서까래

살³ 똉歲

'살'은 나이를 세는 단위다. ¶설(歲) : 닐굽 설 머거 아비 보라 니거지라 《月8:101》. '설〉살'의 변화다. 원의(原義)는 해의 뜻을 지닌다고 하겠다. 설(元旦)과도 동원어(同源語)로서 해의 뜻을 지닌다. 햇살의 '살'이 본디

는 해의 뜻을 지니고 있는 말이다. sarasu(晒)〔日〕, sora(空)〔日〕. 어근 sar, sor가 본디는 해의 뜻을 지니고 있는 말이다. 한자 歲(해 세)도 '설, 살과 동원어라 여겨진다. 닷새(五日), 엿새(六日)의 '새'는 '사이'가 준 말이고, '삳〉살이〉사이〉새'의 변화로서 태양의 본뜻을 지닌다. ¶닷새(五日)《痘經21》, 닷쇄(五日)《痘上9》, 엿새(六日)《痘經21》, 엿쇄(六日)《內序5》. '설을 쇠다'에서 쇠다의 어간 '쇠'는 명사인데, '솓〉솔〉솔이〉소이〉쇠'의 변화로서 설(歲, 元旦)과 동원어이며 어원적 의미는 해를 뜻한다고 보겠다.

살다¹ 圖 生, 居

'살다'의 어근 '살'은 명사라 하겠다. ¶살다(生, 居) : 몃 間ᄃ 지븨 사ᄅ 시리잇고《龍110》, 살어리 살어리랏다《樂章青山》. iki(息)〔日〕, ikiru(生)〔日〕. 일본어 iki(息)는 호기, 흡기, 기력, 활력(呼氣, 呼吸, 氣力, 活力)의 뜻을 지니고 있으나, 일본어 iki(生)는 생명이 있다, 생명을 지닌다의 뜻을 지닌다. '숨(息)을 쉬다'인데, 쉬다의 어간은 '쉬'이고 명사다. '쉬'는 '수이'가 줄어든 말이다. '숟〉술〉술이〉수이〉쉬'의 변화다. 숨도 '숟〉술〉술움〉수움〉숨'의 변화일 것이다. '목숨'일 때에는 '생명'의 뜻일 것이다. 사람(人)의 어근 '살과 동원어(同源語)일 것이다. 숨의 조어형(祖語形) '숟'은 살다(生)의 조어형 '삳'과는 동원어이며, 근원적으로는 사람(人)의 조어형 '삳'으로 소급될 수 있다. suktun(氣運, 氣)〔滿〕. 어근 suk을 얻을 수 있다.

살다² 圖 生活

'살다'는 해가 가고 날이 가는 것이다. ¶살다(生活하다) : 힁둘 겨틔 사ᄂ니《釋13:10》, 입게 사노이다《曲142》, 이에셔 사더니《釋6:30》. 살다는 죽다(死)의 반대어로서 살다(生)가 있고, 살아가다로 생활의 뜻으로서 살다가 있다고 하겠다. 즉 일정한 곳에서 거주하거나 거처하다의 뜻을 지닌다고 하겠다. 생활이나 살림을 하는 것도 살다라고 한다. 살다의 '살이 명사라는 것은 두말할 것도 없다. 머슴살이, 지옥살이의 살이는 생활의 뜻을 지닌다고 하겠다. 이 '살'은 사람(人)의 어근 '살'이 아니라 태양의 뜻을 지닌 햇살의 '살'과 동원어(同源語)라고 하겠다. kurasu(暮, 살아가다)[日], yaşamak(살아가다)[터키], nutuklaho(살아가다)[蒙]. 일본어 kurasu(暮, 살아가다)의 어근 kur는 명사로서 태양의 뜻을 지닌다. 국어 빛갈(깔)의 '갈'의 본뜻은 해의 뜻을 지니는 말과 동원어다. 국어 해거름(黃昏)의 '거름'의 어근 '걸'이 해의 뜻을 지닌다. kureru(暮)[日]. 해가 넘어가다의 일본어가 higa kureru인데 kureru의 어근 kur가 살아가다의 kurasu(暮)의 어근 kur와 동원어가 된다. 터키어에서 yaşamak(살아가다)의 어근은 yaş인데, nyas, nas, nat으로 소급할 수 있다. nat은 해의 뜻을 지닌다고 하겠다. 몽골어 nutuklaho(살아가다)의 어근 nut과 터키어 nat과 동원어로서 해의 뜻을 지닌다. 몽골어에 nar(해)가 있다. 生死(생사)의 生과 살다의 어근 '살'은 사람의 어근 '살'과 동원어고, 생활하다라는 살다의 어근 '살'은 해의 본뜻을 지니고 있다고 하겠다.

살생　图 殺生

① 죽이는 것과 살리는 것. "開閉也, 殺生也."《管子, 七法》.　　▶ 생살
② 생물을 죽이는 것. "桓公問於管子曰, 云云, 吾欲籍于六畜, 管子對曰, 此殺生也."《管子, 海王》. ③ 불교. 십악의 하나. 생명 있는 것을 죽이는 것을 말한다. "殺生者, 爲自殺, 亦敎人殺, 斷言一切衆生之物命也."《大藏法數》.

살피다　图 省察, 察看, 注視

'살피다'는 눈의 행위이기 때문에, 살피다의 '살'은 눈의 뜻을 지니는 고어라고 하겠다. ¶술피다(살피다) : 圓妙ᄒᆞᆫ 道理를 술펴《月2:60》. 술피다의 어근은 '술'로서 명사라 하겠다. ¶설믜(눈썰미)《樂軌, 處容》. 설믜는 '설'이 눈의 뜻을 지니고 있음을 보여주고 있다. '믜'는 '므이'가 줄어든 말이다. '믇〉믈〉믈이〉므이〉믜'의 변화로서 눈의 본뜻을 지니는 말이라 하겠다. 멀

다(遠)의 '멀'이 눈의 뜻을 지닌다고 하겠다. ma, me(目)〔日〕. 설믜는
이음동의어(異音同義語)의 합성어라 하겠다. ¶술이다(흘기다)《譯補61》.
술이다의 어근 '술'이 눈의 뜻을 지닌다.

삼　명 麻

'삼'의 씨는 식용이며, 속껍질은 삼베의 원료이고, 꽃은 마취제로 쓰인다.
¶麻曰三《類事》, 다봇과 사매(蓬麻)《杜初8:67》, 삼마(麻)《字會上9》, ᄒᆞᆫ
ᄒᆞᆫ 열콰 ᄒᆞᆫ 밀홀 머거도(一餐一麻一麥)《楞解9:106》, 열ᄢᅵ(麻子)《痘疫方4》.
'삼'과 '열'이 15세기 문헌에는 이음동의어로 나타난다. asa(麻)〔日〕, asi
(蘆, 葦)〔日〕, oro(棉麻)〔滿〕, yəhə(綿麻)〔滿〕. 일본어 asa(麻), asi(蘆,
葦)의 어근 as는 동원어일 것인데 어원적인 의미는 풀(草)의 뜻을 지닐
개연성을 생각해 본다. 따라서 '삼'은 '삳〉살〉살암〉사람〉사암〉삼'의 변화
일 것이다. 잎새, 새집(草家), 새(草)는 '삳〉살〉살이〉새'의 변화이다. 나
물의 뜻인 남새의 '새'가 풀의 뜻을 지니고 있다. 남새의 '남'도 '낟〉날〉날
암〉나암〉남'의 변화일 것이다. 열은 '녇, 녈'로 소급되며 풀(草)의 뜻을
지닌다. ¶ᄃᆞ로미 나ᅀᅵ ᄀᆞᆮ도다(甘如薺)《杜初는8:18》. 나ᅀᅵ는 냉이, 나생이
등으로 쓰이고 있는데 어근 '낫(낟)'은 풀의 본뜻을 지니고 있다고 여겨진
다. 미나리(芹)의 '미'는 물(水)이 변한 것이고 나리는 풀이라 하겠다.
어원적인 의미는 물풀(水草)일 것이다. 사투리에 '메나리'가 있다.

삼계　명 三界

불교의 세계관에서 윤회하는 살아있는 것(有情, 衆生)이 살며 오가는
세계 전체를 가리키다. 산스크리트로는 tri-dhātu(세 가지의 존재양태,
three states of existences)이다. '다뚜'는 계(界)라고 한역하므로 세
계라고 생각하기 쉬우나, 세계라는 의미는 없고 요소·성분이란 뜻이다.
삼계는 욕계·색계·무색계를 가리킨다. 욕계(欲界, kāma-dhātu)는 가
장 아래에 있으며, 탐욕(貪慾, 곧 食慾)과 음욕(淫·婬慾)이란 두 가지
욕망을 가진 살아있는 것이 사는 영역이다. 여기에는 지옥(地獄)·아귀

(餓鬼)・축생(畜生)・수라(修羅)・인(人)・천(天)이란 육취(六趣, 또는 六道)가 있는데, 6가지 모습이란 뜻이다. 곧 하늘(神)조차 욕계에 살고 있으며 욕계의 신들을 육욕천(六欲天)이라 한다. 그 위에 있는 색계(色界, rūpa-dhātu)는 음욕과 탐욕을 떠난 살아있는 것이 사는 곳이다. 여기에는 절묘(絶妙)한 물질(色)로 구성되어 있으므로 색계라 한다. 곧 욕망을 떠난 깨끗한 세계이다. 사선천(四禪天, 4종의 禪定을 닦아 태어나는 색계의 4가지 영역)으로 이루어졌으며, 이를 다시 17天으로 분류한다. 가장 위에 있는 무색계(無色界, ārūpya-dhātu)는 색계를 넘어 물질적인 제약을 떠난 고도의 정신만이 존재하는 정신적 세계이다. 물질을 꺼리고 떠나서 사무색정(四無色定)을 닦아 뛰어난 명상(瞑想)에 든 자가 살고 있는 곳이다. 이 최고처(最高處)인 비상비비상천(非想非非想處天)을 유정천(有頂天)이라 한다. 비상비비상처(非想非非想處)란 석존(釋尊)의 스승 비타가 라마붓다가 달했다고 하는 최고의 선정(禪定)의 경지(境地)로, 선정(禪定)으로 사고(想)를 모두 없애므로 세계의 넓음에 대한 의식을 완전히 없앤 경지에 드는 것이다. 이것으로도 알 수 있듯이 계(界)란 본래 사람의 선정(禪定), 곧 사람의 정신을 편안하게 하는 수양이 높은 단계를 나타내는 것이다. 따라서 界는 세계라고 해도 현실의 세계는 아니고 이른바 명상(瞑想) 속에 있는 세계다. 『법화경(法華經)』「비유품(譬喩品)」에 나오는 '삼계화택(三界火宅)'이란 이 경역(境域)이 안주(安住)의 땅이 아니라는 것을 의미한다.

삼다 튕當, 收, 接

남과 인연을 맺어 관계있는 사람이 되게 하다. 인연을 맺어 무엇으로 정하다. '삼다'의 어근 '삼'이 명사가 된다. '삼'은 saman(巫)〔滿〕의 어근 sam 과 동원어일 개연성이 있다. saman은 무(巫)의 뜻이지만 당시로서는 존장자가 된다. '인연'은 인간의 힘이라기보다 영적인 관계로 인식한다면 'sam'이 어원이 될 만하다. '삼다'가 모음변의를 하면 '섬다'가 되고 선어말어미 '기'가 더해져 '섬기다'가 된다. 옛날에 '섬기다'는 신(神)적인 것을 섬겼다고 보겠다. 신을 섬기다. 하늘을 섬기다. 조상을 섬기다. 부모님을 섬기다와 같이 존장자를 모시게 되는 것이 아닌가.

삼라만상 　명 森羅萬象

불교어. '삼라'는 삼삼나열(森森羅列)로 수목이 우거져 나란히 있는 것. '만상'은 모든 형상, 곧 세상의 만물. 천차만별의 천지 사이에 있는 물건이나 현상적 존재를 말한다. "森羅及萬象, 一法之所印."《法句經》. 만상삼라(萬象森羅)로도 나온다. "忽遇惠風吹散, 卷盡雲霧, 萬象(像)森(參)羅, 一時皆見."《敦煌本六祖壇經》.

삼매 　명 三昧

불교어. 梵·巴 samādhi. 소리옮김 三摩地, 三摩提, 三昧地. 뜻옮김 정(定), 정혜(定慧), 등지(等持). 마음을 한 경계에 오로지 기울이는 것이므로 심일경성(心一境性)이라고도 한다. 전통적인 여러 학파의 해석으로는 삼학(三學)의 제2, 오분법신(五分法身)의 제2, 오근(五根) 또는 오력(五力)의 제4, 마음을 고요하게 하여 하나의 대상에 집중하고 마음이 흐트러지지 않고 헝클어지지 않은 상태, 또는 그 상태에 이르는 수련을 말한다. 천태종에서는 삼매의 자세에 따라 상좌(常坐), 상행(常行), 반행반좌(半行半坐), 비행비좌(非行非坐)의 4가지 삼매를 말한다. 또 지관(止觀)에는 止에 해당되고, 정혜(定慧)에서는 定에 해당한다. 반면에 반야는 관(觀)과 혜(慧)에 해당한다. 삼매는 체(體)요, 반야는 작용이다. 선종에서는 좌선을 삼매의 구체상으로서 일여(一如)되는 것이라고 본다. 삼매의 명목으로서는 무쟁삼매(無諍三昧), 금강삼매, 반주삼매(般舟三昧), 수능엄삼매(首楞嚴三昧), 법화삼매, 염불삼매, 관불삼매(觀佛三昧), 해인삼매, 무량의처삼매(無量義處三昧), 사자탈신삼매(師子奮迅三昧), 삼매왕삼매(三昧王三昧) 등이 있으며, 정신을 통일하는 선정인 것을 선(禪, dhyāna, 禪那, 靜慮), 三昧, 삼마발저(三摩鉢底, samāpatti, 等至), 삼마희다(三摩呬多, 等引), 해탈(解脫, vimukti) 등의 이름으로 불리는데, 이들 사이에는 약간의 개념적인 다름이 있으며, 이설(異說)도 있지만, 삼계출세간(三界出世間)의 정산위(定散位)에 걸치는 모든 선정을 총칭하여 삼매라고 한다. 속어로는 독서삼매(讀書三昧)처럼 어떤 일에 열중하는 것을 가리킨다. "諸三昧門者, 三昧有二種, 聲聞法中三昧, 摩訶衍法中三昧, 聲聞法中三昧者, 所謂三三昧, 復次三三昧, 空空三昧, 無相無相三昧, 無作無作三昧, 復有三三昧, 有覺有觀, 無覺有觀, 無覺無觀, 復有五支三昧, 五智三昧等, 是名諸三昧, 復次一切禪定亦名定, 亦名三昧, 四禪亦名禪, 亦名定, 亦名三昧, 除四禪諸餘定, 亦名定, 亦名三昧, 不名爲禪, 十地中定名爲三昧, 有人言, 欲界地亦有三昧, 中略, 摩訶衍三昧者, 從首楞嚴三昧乃至虛空際無所著解脫三昧, 又如見一切佛三昧乃至一切如來解脫修觀師子頻伸等, 無量阿僧祇菩薩三昧."《大智度論.28》

삼보 명 三寶

불교의 불법승(佛法僧)을 말한다. 부처는 깨달음이요, 법은 올바름이요, 승은 깨끗함이다. 마음이 깨달음에 귀의하여 삿됨과 미혹을 내지 않고, 욕심을 적게 하고 만족하게 여겨 재물과 색을 떠나면 양족존(兩足尊, 두발로 걷는 동물 가운데 가장 존귀한 분. 『법화경(法華經)』 「방편품(方便品)」 게송에 석가세존을 양족존이라 함. 부처)이라 한다. 마음이 올바름에 귀의하여 순간순간 삿됨이 없으므로 곧 애착이 없고, 애착이 없으므로 이욕존(離欲尊, 욕망을 떠난 존재 가운데 가장 존귀한 것. 부처님의 가르침은 욕망을 떠나 열반으로 인도하는 것이다. 법)이라 한다. 마음이 청정에 귀의하면 온갖 번뇌와 망념이 비록 자성에 있더라도 자성이 물들지 않으므로 중중존(衆中尊, 무리 가운데 가장 존중 받을 존재. 승가는 인간 공동체 가운데 가장 존중 받을 단체이다. 스님)이라 한다.(佛者覺也, 法者正也, 僧者淨也. 自心, 歸依覺, 邪迷不生, 少欲知足, 離財離色, 名兩足尊. 自心, 歸正, 念念無邪故, 即無愛着, 以無愛着, 名離欲尊. 自心, 歸淨, 一切塵勞妄念, 雖在自性, 自性, 不染着, 名衆中尊.)《六祖檀經》.

## 삼세 	명 三世

① 할아버지, 아버지, 아들을 가리킨다. "醫不三世, 不服其藥.(疏)凡人病疾, 蓋以筋血不調, 故服藥以治之. 其藥不愼於物, 必無其徵, 故宜戒之, 擇其父子相承至三世也, 是愼物調齊也."《禮記. 曲禮下》. ② 의가(醫家)에서 황제침구(黃帝鍼灸), 신농본초(神農本草), 태소맥결(太素脉訣)을 말한다. "醫不三世 不服其藥.(疏)三世者, 一曰, 黃帝針灸, 二曰, 神農本草, 三曰, 小女脉訣, 又云, 夫子脉訣, 若不三世之書, 不得服食其藥."《禮記. 曲禮下》. ③ 三年. "去國三世.(釋文)盧王云, 世, 歲也."《禮記. 曲禮下》. ④ 불교의 과거, 현재, 미래. 삼제(三際). "此三種業, 過去未來現在, 三世諸佛淨業正因."(이 세 가지 업, 과거·미래·현재의 삼세제불이 닦아야 할 淨業-정토에 왕생할 수 있는 業因-의 正因 - 직접원인. 부처될 올바른 종자-인 것을.)《觀無量壽經》. 삶을 기준으로 하여 전세(前世. 태어나기 전에 있었던 생애), 현세(現世. 현재의 생애), 내세(來世. 사후의 생애)라고도 말한다. 우리가 산다는 것은 시간과 공간 속에 존재한다는 것이다. 世界(세계)라는 말에서 世는 시간을 의미하고 界는 공간을 의미한다('세계'를 보기 바람). 宇宙(우주) 또한 宇는 공간을 의미하고 宙는 시간을 의미한다('세계'를 보기 바람). 곧 보통 사람은 시공(時空)을 초월하면 살아있다고 하기 어렵다. "과거·현재·미래 등이 불전(佛典)에 유래한다는 것을 명확히 지적한 것은 아마 중국어 연구에 불후의 공적을 남긴 왕력(王力)의 『한어사고(漢語史稿)』(1956-1958)가 아닐까 생각한다. 이 책은 전3권으로 이루어졌으며, 어음(語音)·어법(語法)·어휘(語彙) 3가지 측면에서 처음으로 고대로부터 현대에 이르는 중국어의 역사를 체계적으로 정리한 것으로 불교 한문을 읽기 위해서도 빠뜨릴 수 없는 명저(名著)이다. 그 제3권 55절「아편전쟁 이전의 한어(漢語)에서 차사〔借詞, 음사어(音寫語)〕와 역사〔譯詞, 의역어(意譯語)〕」가운데에는 불교에서 借詞·譯詞를 받아들이고 있다. 특히 본래 불교에 유래하는데도 그것을 모를 정도로 중국어 속에 녹아 들어온 말로서 世界·現在(過去·未來)·인과(因果)·결과(結果)·장엄(莊嚴)·법보(法寶)·원만(圓滿)·마귀(魔鬼)를 채택하여 설명을 더하고 있다. …… 과거·현

재·미래에 대한 왕력의 설명은 다음과 같다. '현재'는 본래 '見在(견재)'였다. 『논형(論衡)』 정설편(正說篇)에 「무릇 상서(尙書)는 진(秦)에서 절멸(絶滅)하고 그 見在하는 것은 29편」이라고 되어 있다. 이 '見在'는 '눈앞에 존재한다.'는 것으로 불교의 '現在'와는 의미가 다르다. 불전(佛典)을 번역했던 사람은 이 복합어를 이용해서 산스크리트의 한 단어를 번역했으며, 거기서 '현재'는 새로운 의미를 가지게 되었다. '세계'와 마찬가지로 '현재'라는 말도 기본어휘의 하나로 되어 있다. '과거'와 '미래'도 상황은 이 경우 마찬가지이며, 어느 것이나 불전의 번역으로 복합어에서 단어로 변화하여('미래'는 다시 '장래將來로 되었다.) 새로운 의미를 얻은 것이다. …… '見在'라는 말은 왕력도 설명한 것처럼, 불교 이전에도 있었지만, 그 의미는 '현재에 존재한다.'라는 말이었다. '과거'와 '미래'도 마찬가지로 본래는 '지나갔다(過去)', '아직 오지 않았다(未來)'라는 실질적인 의미를 지닌 말이었다. …… 오늘날과 같은 과거·현재·미래라는 의미는 산스크리트의 아티타(atīta), 프라티우트판나(pratyutpanna), 아나가타(anāgata)를 직역한 것이라고 생각된다. 이들은 각각 과거·현재·미래를 의미하지만 문자대로의 의미는 '지나갔다' '현재에 존재한다.' '아직 오지 않았다.'라는 의미이며, 직역하면 바로 '과거·현재·미래'로 된다. 그래서 과거·현재·미래는 종래의 실질적인 의미에서 추상적인 시간 개념으로 이행했을 것이라고 생각한다. 굳이 대담하게 비교문화적(比較文化的) 차원에서 말하면, 인도인이 추상적 思辨(사변)에 뛰어났던데 반하여 중국인들은 늘 구체적·현실적 차원의 발상을 중히 여겼으며, 추상적인 사변에는 서툴렀다. 그래서 시간을 추상적 차원에서 파악하는 과거·현재·미래라는 개념은 중국인의 사고방식으로는 생길 수 없고 인도적인 개념을 차용했을 것이다《中村元編, 新佛教語源散策》." 부파불교(部派佛敎)에서는 과거·미래·현재라는 순서로 열거하는 경우가 많다. 과거는 법(法)이 이미 지나간 상태, 현재는 현재 생기는 상태, 미래는 아직 오지 않은 상태를 나타낸다. 이상에서 알 수 있듯이, 불교에서는 시간을 실체적으로 파악하는 것이 아니고 옮아서 바뀌어 가는 현상(現象)·존재상에서 임시로 시간적인 구분을 세우는 것이다.

삼신할머니   [명] 生命神, 胎生神, 出生神

'삼신'은 '삼'과 신(神)의 합성어다. 삼터(出生地), 삼줄(胎줄), 삼바가지, 삼바라지, 삼신 등에서 쓰이는 '삼'은 출생, 태, 해산, 생명(出生, 胎, 解産, 生命) 등의 뜻을 지닌다고 하겠다. 삼신(三神)으로 보는 견해가 있으나 '삼'의 어휘군으로 봐서 객관성이 결여된다. '삼'은 숨(息)과 동원어(同源語)로서 생명의 뜻을 지닐 것이다. 숨의 조어형(祖語形)은 '숟'으로서 '술〉술움〉수움〉숨'의 변화라 하겠다. 살다(生)의 어근 '살'은 숨(息)의 뜻으로서 생명의 근원을 '숨'으로 인식했다는 것을 보여준다고 하겠다. 죽다(死)의 반대어인 살다(生)는 숨을 쉬고 있다는 뜻이라고 하겠다. iki(息)〔日〕, ikiru(生)〔日〕. 일본어에서도 살다는 숨의 명사에서 전성되었다. 따라서 '삼'의 어원적 의미는 숨, 생명(息, 生命)의 뜻을 지닌다고 하겠다. 목숨은 '목, 숨(首, 息)'에서 생명의 뜻을 지닌다.

삽살개   [명] 絡絲狗, 厖, 長毛細狗

'삽살개'는 '삽'과 '살'과 '개'의 합성어로 볼 수 있다. ¶삽살가히(삽살개)《字會上19》, 삽살개(삽살개)《譯下32》. '삽'은 눈썹(眉)의 '섭'과 동원어(同源語)로서 털의 뜻을 지닌다고 하겠다. '삽살'의 '살'은 개라는 또 하나의 말일 것이다. 몽골어에 nohoi와 sira가 개의 뜻을 지니는데, sira와 비교됨 직하다. 삽살개는 털개개(毛犬犬)의 원의(原義)를 지니는 말이라 여겨진다. 한자에서 개의 뜻을 지니는 戌(술)이 비교 자료가 될 수 있다. 한편 '살'을 털로 볼 수도 있다. 복슬강아지의 '슬'은 지방에 따라 '실'로도 발음된다. 술(실), 머리숱의 '숱' 등과 비교된다. 이렇게 보면 털털개가 된다.

삿갓   [명] 笠

'삿갓'은 '삿'과 '갓'의 합성어다. ¶삿갓(삿갓)《譯上43》. '삿'의 고형은 '삳, 살'로 여겨지며 풀의 본뜻을 지닌다고 하겠다. 삿자리의 '삿'도 풀의 뜻을 지닌다고 하겠다. 고사리, 잎새, 남새의 '사리, 새'가 풀의 뜻을 지닌다. 갓(笠)도 풀 또는 나무의 뜻을 지닐 것이다. 그러나 한편 갓을 머리에 쓰기 때문에 머리의 뜻을 지닐 수도 있다.

상기　뗑 上氣

불교 수행자들이 수행을 열심히 하게 되면 노력과 긴장 때문에 혈압이 상승하여 가슴이 답답하거나, 목덜미가 아프거나, 얼굴이 붉게 달아오르거나, 머리가 터질 듯이 아프며 심한 경우에는 살 수도 죽을 수도 없을 만큼 고통스럽게 되는 것이다. 수행자가 이를 극복하지 못하면 수행을 더 이상 할 수 없다. 이를 극복하려면 신심을 일으켜 이를 예방하거나 해소시켜야 하며, 불법승 삼보를 믿는 정도의 신심으로 불가능할 때는 수행자 자신의 수행방편을 소리 내면서 그 소리를 듣는 대신심을 일으켜야 한다.《강정진, 영원한 대자유인》

새¹　뗑 東

'새'는 현재는 주로 바람과 관련된 경우에 사용된다. ¶싀(東) : 싱논 東녁 北녁 ᄀ싀라《金三2:6》. '亽이'가 줄어진 말로서 '이'는 윗말이 폐음절어(閉音節語)일 때 붙는 접미사다. '솔〉술〉술이〉亽이〉싀'의 변화다. 햇살의 '살'이 해의 뜻을 지니고 설(元旦), 살(歲)도 모두 해의 본뜻을 지니며, 일본어 sora(空)의 어근 sor도 해의 본뜻을 지닌다. 일본어 sarasu(晒)의 어근 sar도 해의 뜻을 지닌다고 하겠다. 일본어 higasi(東)도 고어사전(『岩波古語辭典』)에 의하면 일향(日向)의 뜻이라고 한다.

새²　뗑 葉, 草, 木

잎새의 '새'는 '삳〉살〉사이〉새'로서 본뜻은 풀, 나무(草, 木)의 뜻을 지니고 있다. ¶댓뿔(竹葉)《杜初21:34》, 뽀리(荊條)《四解下47》. 댓뿔의 '대'는 竹(대 죽)의 뜻이고 '뿔'이 葉(잎 엽)의 뜻인데, '술'이 고음(古音)이다.

댑사리의 '사리', 고사리의 '사리'의 어근 '살'이 잎(葉)의 뜻을 지닌다. 창살, 화살, 떡살의 '살'이 나무(木)의 본뜻을 지니고 있다. 싸리비의 싸리의 어근 '살'도 풀, 나무(草, 木)의 본뜻을 지니는 말이다. 일본어 seri(芹)의 어근 ser는 국어 '살'과 동원어(同源語)라 하겠다.　　　**▶ 싹(芽)**

새³　　명鳥

'새'는 '사이'가 줄어든 말이다. '삳〉살〉살이〉사이〉새'의 변화일 것이다. 수리(鷲), 소리개(鷹)의 어근 '술, 솔' 등이 새의 일종이다. sibagu(鳥)〔蒙〕, sagi(鷺)〔日〕. 조류 중에서 으뜸 가는 조류가 조류의 대표를 뜻하게 되었을 것이다. 일본어 karasu(烏), uguisu(鶯), hototogisu(杜鵑)의 su는 국어 새와 동원어(同源語)라 여겨진다.

새끼　　명雛

'새끼'는 흔히 짐승의 어린 것을 뜻하나 '내 새끼'라고 할 때 내 자식의 뜻으로도 쓰인다. ¶숫기(새끼)《字會上18》, 숯(새끼)《月8:98》, 숫(새끼)《海東p.49》, 삿기(雛)《曲247》. 삿기의 어근은 '삿(삳)'이라 하겠다. 삿기가 고어에서는 자식 또는 어린이의 뜻을 지녔을 수 있다. 어근 '삿(삳)'은 사람(人)의 어근 '살(삳)'과 동원어(同源語)일 것이다. 삿기의 '기'도 사람의 뜻을 지닌다고 하겠는데, 끼리끼리의 어근 '낄(길)'이 사람의 뜻을 지닌다. 겨레(族), 멍텅구리, 갓(妻, 人), 꾼 등의 어근 '결(걸), 굴, 갓(갇), 꾼(굳)' 등이 사람의 뜻을 지닌다. 삿기는 사람의 뜻을 지니는 이음동의어(異音同義語)의 합성어라 하겠다.

새다　　동曙, 夜明

'새다'의 어간은 '새'이다. '새'는 '사이'가 줄어든 말이다. '삳〉살〉살이〉사이〉새'의 변화다. 새는 것은 해가 나오는 것이기 때문에, '살'은 해의 본뜻을 지닌다고 하겠다. 햇살, 설(元旦), 살(歲)의 '살, 설' 등이 해의 뜻을

지니는 고어였음을 보여주고 있다. ¶새다(曙) : 언제 새어든 부텨를 가
보ᄉᆞᄫᆞ려뇨 하더니《釋6:19》. ➡️ 동트다

새벽　몡 曉

'새벽'은 동이 틀 무렵이다. ¶새박(새벽)《圓序46》, 새배(새벽)《字會上1》,
새벽(새벽)《同文上3》, 새볘(새벽)《新語6:16》. 새배의 '배'는 '바이'가 줄어
든 말이다. '받〉밝〉밝이〉바이〉배'의 변화다. '박'은 '받〉밝〉밝〉박'의 변화
다. '새'와 '배'의 합성어다. 해의 본뜻을 지니는 이음동의어(異音同義語)
의 합성어다. 볕의 고형은 '벋'일 것이고 어원적 의미는 해일 것이다. 새
벽은 새해(新陽)라는 어원적 의미가 있다고 하겠다. 일본어 hi(日)는
볕과 동원어(同源語)가 된다고 하겠다.

색시　몡 處女, 新婦

'색시'는 '새아기시'의 준말이다. ¶새악시(女孩兒)《譯上41》. 새아기시〉새
악시〉색시. 색시를 각시라고도 한다. 각시는 '갓시〉각시'로 변했다. '갓시'
의 '갓'은 여자, 아내(女, 妻)의 뜻을 지닌다. ¶각시(각시)《曲49》, 갓(아
내)《曲177》, 갓(女)《釋6:5》. 아씨, 아기씨, 각시, 아저씨와 같이 '씨'는
인칭에 붙는 접미사로서 어원적 의미는 사람의 뜻을 지닌다고 하겠다.
터키어에 karı(妻)가 있다. 어근 kar(kat)는 국어 갓(妻)과 동원어(同
源語)라 하겠다.

샘　몡 泉

'샘'은 물이 솟아나는 곳이다. ¶심(泉)《解例用字》. 심다(샘솟다) : 피믈 심
돗ᄒᆞ야(血如湧泉)《救方上59》, 시다(漏) : 百年後에 부텻 ᄂᆞ치 비웃 시면
《月23:77》, 시암물(泉水) : 더운 시암물(溫泉)《方藥59》, 시옴(泉) : 시옴
을 차ᄌᆞ가서 點心 도슭 부시이고《靑大p.132》. 시다의 어간은 '싀'로서 '스
이'가 준 말이다. '술〉술이〉스이〉싀'의 변화로서 '술'은 물의 본뜻을 지닌

다. 셔리(泉)[滿]. 어근 '셜'이 샘(泉)의 뜻을 지니고 있는 말과 동원어(同源語)가 된다고 하겠다. 십은 '술'에 '임' 접미사가 붙어서 '술임>스임>십'의 변화를 거친 형이다. 18세기에 나오는 '시암, 시옴'은 특수한 조어법이다. 시다의 어간에 '암/옴' 접미사가 붙었다고 보기는 어렵다. 암/옴 접미사는 자음 하에 붙는 접미사다. 단음절어인 십이 '시암'의 이음절로 늘어난 것으로 추정된다.

샛별   명 金星

'샛별'은 '새'와 '별'의 합성어이다. '새'는 동쪽의 뜻을 지닌다. 동풍은 샛바람이라고 한다. 샛별은 학술용어로는 금성(金星)이라고 한다. 이 별이 새벽녘에 동쪽 하늘에 보일 때는 샛별이라고 하고, 저녁 무렵 서쪽 하늘에서 보일 때는 '개밥바라기'라고도 한다. 결국 샛별은 동쪽별이라는 뜻을 지니고 있다고 하겠다. ¶塞싱는 東동녁 北북녁 フ시라《金三2:6》. 십별(샛별) : 십별지쟈 죵다리 떳다《靑大p.48》.

생기다   동 發生, 生産

'생기다'는 전에는 없던 것이 있게 되다 또는 사람에게 어떤 마음이 일어나다의 뜻이다. 생기다를 한자어 生起(생기)다로 보는 견해가 있으나, 고유어로 보는 것이 바람직하다. ¶天地 삼기실 제《松江1:4》. 삼기다)상기다)생기다. ¶셩품을 삼겨 낫는고로《太平1:36》. 삼기다는 지어내다의 뜻이다. ¶사믈 방(紡)《字會下19》. 삼다는 실을 삼다의 뜻이다. 현대어에서 삼다는 짚신을 삼다. 삼이나 모시 풀 같은 것의 섬유를 찢어 그 끝을 비비어 꼬아 잇다를 뜻하는 말이다. 삼터(出生地), 삼줄(胎줄), 삼바가지, 삼바라지, 삼신 등에서 '삼'은 출생, 태, 해산, 생명 등의 뜻을 지닌다고 하겠다. '삼기다'의 '삼'은 '삼터, 삼줄' 등의 '삼'일 개연성이 높다.

샤머니즘 　명 shamanism, 薩滿敎, 黃敎

네덜란드의 상인 이데스(E.Y.,Ides)가 시베리아를 여행하면서 만난 퉁구스족의 무당을 퉁구스어로 šaman(巫術師, 呪術師)이라고 한다는 말을 1707년에 펴낸 그의 여행기에 실으면서 학계에 알려진 용어다. ¶심방(巫) : 巫는 겨집 심방이오 祝는 男人 심방이라《楞8:117》. saman(巫)〔滿〕, simno(巫女)〔蒙〕. 우리나라 제주도 방언에서 심방이라고 한다. 그러나 15세기 문헌에도 심방(巫)이 있는데, 심방의 '심'이 saman(巫)의 어근 sam과 동원어(同源語)가 된다고 하겠다. saman의 어근 sam은 말(言語)이란 어원적 의미를 지니는데, 국어 말슴(말쏨)《杜初8:25》의 '슴'과 동원어가 된다. '슴'은 숣다(사뢰다)《曲115》의 어근 '숣'의 고형 '술'에서 변한 말이다. '술〉술암〉슴'의 변화일 것이다. 무당은 사람과 신의 사이에서 말의 중개자 구실을 한다고 보겠다.

샤옹 　명 夫

'샤옹'은 남편, 지아비를 뜻한다. ¶샤옹 부(夫)《字會上31》. 샤옹은 '샤'와 '옹'으로 나눌 수 있다. ¶사회(婿)《釋6:16》. 사회의 '사'와 동원어(同源語)다. '사'는 사롬(人)의 어근 '살'과 동원어일 것이다. 살옹〉사옹〉샤옹. '옹'은 접미사다. ¶손 뎡(丁)《字會中2》, 손(客)《龍28》. 손, 손도 사롬(人)의 어근 '살(산)'과 동원어일 것이다.　　　　　 ▶ 사위

서까래 　명 椽

'서까래'는 '서'와 '까래'의 합성어라고 볼 수 있다. ¶혁가래(椽)《物譜第宅》, 혓가래(서까래)《朴重下46》, 혓가레(서까래)《靑p.31》, 셔(서까래) : 열아홉낫 셰로다(八九椽)《杜初20:9》, 셧가래(서까래)《同文上35》. 15세기에는 '셔'로 나타나는데, 17세기에는 '혓가래'로 나타난다. 이것을 '셔〉혀'로 보기는 어렵다고 하겠다. '힘(力)〉심', '형님〉성님'과 같이 ㅎ이 ㅅ으로 변하는 현상은 있어도 ㅅ이 ㅎ으로 변하는 예는 아직 다른 예에서 발견할

수 없다. 따라서 '혀'에서 '셔'로 변했다고 볼 수밖에 없다. 당시에 '혀'와 '셔'가 방언적 차이로 병행하고 있었는데, 표기자의 표기 기준의 차이에서 오는 현상으로 파악된다. '혀'는 '허, 헐'로 소급된다고 하겠다. 횃대(椸)의 홰는 '화이'가 줄어든 말로서 '화'는 다시 '활'로 소급되며 '할'로 소급된다. 한쇼〉황소, 한새〉황새. 위와 같이 이중모음화(二重母音化)한다. '할'은 나무의 본뜻을 지닌다고 하겠다. 회초리는 '회'와 '초리'의 합성어다. '회'는 '호이'가 줄어든 말로서 '홀〉홀이〉호이〉회'의 변화가 되며, 나무의 본뜻을 지닌다고 하겠다. 그러나 딤치(沈菜)가 김치가 되듯, 셧가래가 혓가래로 역유추된 현상일 수도 있다. '셔'는 '선〉설〉셔'의 변화로서 나무의 뜻을 지닌다고 하겠다. 창살, 문살의 '살'이 나무의 뜻을 지니며, 떡살의 '살'도 나무의 뜻을 지니고, 삿대(상앗대)의 '사'도 '살'의 말음탈락형으로 나무의 뜻을 지닌다. sal(筏)〔蒙〕. 설가래〉섨가래〉섯가래. '가래'는 '섯가래'와 동원어(同源語)로서 나무의 뜻을 지닌다고 하겠다. '가래'의 어근 '갈'은 나무의 뜻을 지닌다. 그루(株)의 어근 '글'이 나무의 옛말임을 보여주고 있다. 농기구인 '가래'의 어근 '갈'도 나무의 뜻일 것이다. ¶가래 홈(枚)《字會中17》. 가래의 날을 쇠날로 끼우지만, 고대에는 나무 그대로였다고 하겠다. 넉가래도 널(板)과 가래의 합성어다. 가래의 어근 '갈'이 나무의 뜻을 지닌다. 가지(枝)의 어근 '갖(갇)'은 나무의 어원적 의미가 있다고 하겠다. 구유(槽)는 본디 '구수'인데, 어근 '굿(굳)'이 나무의 뜻이다. 긷(柱), 고(杵)도 '곧〉골〉고'의 변화로서 나무의 본뜻을 지닌다고 하겠다. ➡추녀

서다   통 立

'서다'는 곧은 자세로 있다, 발을 세워 디디고 몸 전체를 일으키다이다. ¶안쩌나 서거나《釋19:5》, 아바닚 뒤헤 셔시라(立在父後)《龍28》, 져근더들 셔슈라(立斯須)《杜初8:2》. '셔다'의 '셔'는 '서'로 소급되며 조형은 '설'이다. 조어 '설'은 다리(脚)의 뜻을 지니는데 샅(股)의 조어 '삳'과 동원어다. 고어에서 '삳'은 다리(脚)의 뜻을 지니다가 전의되어 허벅지(袴)의 뜻을 지니게 되었다고 하겠다. tatsu(立)〔日〕. 일본어 어근 tat은 국

어 다리(脚)의 조어 '닫'의 반영형이다. 일본의 다이카개신(大化改新)의 공신(功臣) 中臣鎌足(나카토미 가마다리)는 '藤原(후지와라)'라는 성을 하사받고 '藤原鎌足(후지와라 가마다리)'가 되었다. hujiwara(藤原), gamadari(鎌足). '足'을 'dari'로 읽는 것은 국어 다리(脚)의 訓讀이다. dari를 '足' 자로 쓴 것은 잘못된 표기다. 사람의 이름에 쓰일 경우는 '사람'이라는 뜻을 가진 말을 쓰는 것이 상례다. dari는 '足, 脚'의 의미가 아니라 '사람'의 뜻을 지니는 말이다. 꾀도리 할 때 '도리'가 사람의 뜻을 지니는 말이다. 키다리, 꺽다리 할 때의 '다리'도 옛날에 사람의 뜻을 지니는 말이다. hitori(一人)〔日〕, hutari(二人)〔日〕, ikutari(幾人)〔日〕. 일본어에서는 tori, tari가 사람의 뜻으로 쓰이고 있는데 국어 '도리, 다리'가 그대로 쓰이고 있다. dari라고 그들의 조상이 지어 준 것을 dari가 사람의 뜻을 지녔다는 것을 모르고 다리(足)인 줄 잘못 알았다고 하겠다. 본디의 뜻은 dari(足)가 아니고 dari(人)이어야 한다. 藤原家의 자손 중 '藤原武智麻呂(후지와라노 무치마로)'의 maro(麻呂)도 어원적인 의미는 사람이다. 국어 마름(莊, 頭), 머슴의 어근 '말(맏), 멋(멀)'의 어원적인 의미는 사람인데, 이를 이름에 쓰인 것을 보여주고 있다. 이렇듯 고대에는 왕과 귀족의 이름에 사람의 뜻을 지니는 말이 쓰였다. 국어 서다(立)는 샅(股)과 동원어고 일본어 tatsu(立)는 국어 다리의 조어 '닫'과 동원어이다. 일본 천황의 이름 akihito(明仁)의 hito가 사람의 뜻이다. 일본어 saru(去)의 어근 sar는 'sad'이 조어형이고 국어 '삳'과 동원어일 것이다. sarumata(猿股). 남자의 하체에 입는 짧은 속옷이다. saru mata의 saru는 원숭이가 아니고 saru는 샅(股)의 고형 '삳'에서 변한 말이다. 국어에서 씨름할 때 쓰는 '샅바'의 '샅'도 동원어다. salgya (袴)〔滿〕. '立' 자는 똑바로 앞을 향하여 땅에 서 있는 사람 모양을 본뜬 상형문자다. kalkmak(立)〔터키〕, dikilmek(立)〔터키〕. kalkmak(立) 의 어근 kal은 국어 걷다(步)의 어근 '걷', 가랑이의 어근 '갈(간)'과 동원어고, dikilmek(立)의 어근 di는 다리(脚)의 어근 '달(닫)'과 동원어일 것이다.

서리¹ 명 霜

'서리'의 어근 '설'은 물의 뜻을 지닌다고 하겠다. ¶서리(霜) : 서리 爲霜《解例用字》. 소(潭)는 '솔'소'의 변화다. syəri(泉)〔滿〕, susugi(濯)〔日〕, simo(霜)〔日〕, sosogi(注)〔日〕, su(水)〔터키〕, sulu(水氣)〔터키〕, só(瀧)〔아이누〕. 일본어 simo(霜)는 국어 서리의 어근 '설'과 대응된다. 국어 : 일본어. 날(生) : nama(生), 갈(髮) : kami(髮), 설〉서리(霜) : simo(霜).

서리² 명 盜, 盜食

'서리는' 여럿이 주인 몰래 훔쳐다 먹는 장난이다. ¶다 자시물 기다려 뫼룰 설고 侍子 饌物을 설어 別室에 눈화 두어든《家諺4:2》, 추인을 설며(撤芻人)《練兵7》. '설다'는 '설겆다, 걷어치우다'의 뜻이다. 설거지는 '설겆다'에서 '설겆이'의 명사가 생겼다. '설겆다'의 '겆'은 '걷다'의 어간이다. '설다'와 '걷다'의 두 어간이 합쳐서 설겆다로 되었다. '설겆다'는 설겆이를 하다의 뜻이고 '설겆이'는 그릇을 썻어 제 자리에 두는 일, 비가 올 때 물건을 거두어들이는 일이다. 설겆이와 동의어로서 '서름겆이, 서름질, 서룻이, 설음질' 등이 있다. '설다'는 걷다, 치우다, 걷어치우다의 뜻도 된다. '설다'나 '걷어치우다'의 행위는 주로 손이 한다. '설다'의 어근 '설'은 손이란 뜻일 것이다. 손의 조어 '솓'과 '설'은 동원어라 여겨진다. '서리'는 먹을 것을 '걷는다, 치우다, 걷어치우다'의 뜻을 지니고 있다. '훔치다'라고 하는 말이 도둑질하다의 뜻도 되지만 '밥상을 훔쳐라, 방바닥을 훔쳐라'도 되는데 훔치다는 '후리다'라는 말에서 생긴 말이다. '걷어치우다'의 뜻을 지니고 있는데 물건을 걷어치우는 것도 훔치는 행위가 아닌가. suri(소매치기)〔日〕. 서리와 일본어 suri는 동원어일 것이다.

서방 명 男便, 書房

'서방'은 사위나 남편을 그 성(姓)과 아울러 부르는 말이다. 서방을 '書房, 西房'에서 비롯했다고 보는 견해가 있다. ¶셔방(서방) : 당가들며 셔방마

조물 婚姻ᄒᆞ다 ᄒᆞᄂᆞ니라《釋6:16》, 셔방ᄒᆞ다(시집보내다)《鱗小10:15》, 셔방마치다(시집보내다)《倭上41》. 고유어라고 볼 때, '방'은 서동요(薯童謠)에 나오는 서동방(薯童房)의 '방'과 같이 인칭접미사가 된다. '셔'는 '셜, 셜, 셜'으로 소급된다. 새(新)는 '살〉살〉살이〉사이〉새'의 변화다. 『삼국사기(三國史記)』의 백제 지명어(地名語)에 사시(沙尸)(新)가 보인다. 새의 고어가 '살'임을 보여준다고 하겠다. '셔방'의 어원적 의미는 한자어 '신랑'과 같이 신인(新人)의 뜻을 지닌다고 여겨진다. 그러나 '셔'의 고형이 '설(셜)'이라 하겠는데, 사람의 어근 '살'과 동원어(同源語)일 가능성도 있다.

서울 圐京, 都

'서울'은 나라의 수도이며, 중심도시다. ¶셔울(京) : 쏘 일ᄒᆡᆺ 자히ᅀᅡ 셔울 드러오니라《月2:66》, 國號 曰 徐耶伐 或云 斯羅 或云 斯盧 或云 新羅《史34, 地理1》, 國號 徐羅伐 又 徐伐(今俗訓京字 云 徐伐 以此故也) 或云 斯羅 斯盧《遺事1, 新羅始祖》. 이상 두 문헌을 종합해 보면 '서울'은 徐伐(서벌)에서 변했음이 분명하다. 신라의 옛 이름이 斯羅(사라), 斯盧(사로)인데, 어근은 '살'임을 보여주고 있다. 고대에는 사람의 뜻을 지니는 말이 그 부족명이 되고 나중에는 국호까지 이르게 되는데, 그렇게 본다면 사람(人)의 어근 '살'과 동원어(同源語)가 된다. 徐羅伐 … 徐耶伐 … 徐伐 … 斯羅 … 斯盧. 徐羅伐→서아벌→서야벌(徐耶伐)의 변화라 하겠다. 徐伐은 徐羅伐, 徐耶伐이 3음절어인 데 비해 2음절이라 하겠다. 徐伐이 국호도 되며 서울(京)의 뜻을 지니고 있다는 것을 보여주고 있다. 그렇게 본다면 徐伐은 徐와 伐의 합성어다. 徐는 '살(人)'과 동원어일 것이고, 伐도 사람의 뜻을 지닌다고 여겨진다. 악바리(惡人), 혹부리(瘤人)의 '바리, 부리'가 사람(人)의 뜻을 지닌다. 扶余(부여)는 '부러〉부어〉부여'의 변화다. 駕羅→伽倻, 徐羅伐→徐耶伐, 부러→부여(扶余)와 같이 부여는 '부러'로서 어근 '불'은 사람의 본뜻을 지닌다고 하겠다. 勃海(발해)의 勃도 사람의 본뜻을 지닐 가능성이 있다. 그러니까 徐伐은 '사람, 사람'의 본뜻을 지니는 이음동의어(異音同義語)가 된다고 하겠다. mongol(蒙古),

dagul, uigul, 句麗(구려), 高麗(고려), 駕羅(가라), 멍텅구리, 꾸러기.
gol, gul, kar 등이 모두 사람이란 본뜻을 지니고 있다. mongol(蒙古),
mančŭ(滿洲)의 mon, man도 사람이란 본뜻을 지닌다. 국어 심마니,
똘마니의 '마니'가 사람이란 본뜻을 지니는데, 어근은 '만'으로서 mon,
man과 동원어(同源語)일 것이다. mančŭ(滿洲)의 ču도 사람이란 본뜻
을 지닌다. 국어 임자, 자네의 '자'가 사람이란 본뜻을 지니며, 일본 유구
어(琉球語)에서 ču가 사람(人)이란 뜻을 지니고 있다. 조선 태조(太祖)
는 도읍을 1394년 '漢陽'으로 옮겼는데 다음해에 '漢城'이라고 고쳐 불렀
다. 경술국치(1910) 후 '京城'이라 고쳐 불렀다는 것이 통설인데 京城이
란 호칭은 그 전에도 京城이라 불렀다. 18세기 문헌인 홍대용(洪大容)의
『을병연행록(乙丙燕行錄)』에 '京城'이라고 나온다. 1945년에 일본이 패
망하고 주권을 찾은 후 '서울'이라 부르게 되었다.

선   명 相見, 相看, 相親, 見合

'선'은 혼인에 앞서 상대를 보는 것이다. 옛날에는 시어머니가 며느리 될
처녀를 몰래 선을 봤다. 요즘은 남녀가 맞선을 본다. ¶간선(선 보는 것)
《閑中p.206》. 보다(見)의 어근 '보'는 '볻〉볼〉보'의 변화로서 눈의 뜻을 지
닌다. '부릅뜨다, 부라리다'의 어근 '불'이 눈의 뜻을 지닌다. '선'도 눈과
관련될 것이다. '살피다, 설믜'의 '살, 설'이 눈의 뜻을 지니고 있음을 보여
주고 있다. '선'이란 상대를 서로 보는 행위다. 한편 先(먼저 선)으로 볼
수도 있다. '先보다'는 먼저 보는 것이다. 만나다는 '만나'가 어간인데,
'만'과 '나'로 나눌 수 있다. '만'의 조어형(祖語形)은 '맏'이라 하겠다. 맞
이하다(迎)의 '맞'은 '맏'으로 소급되며, '맏'은 눈의 뜻을 지닌다고 하겠
다. 맞이하다, 마중의 핵심적 인식은 눈이라 하겠다. 멀다(遠)의 어근
'멀'이 눈의 뜻을 지닌다. 말똥말똥의 '말'도 눈의 뜻을 지닌다고 하겠다.
만나다의 '나'도 눈의 뜻을 지닌다고 하겠다. 눈의 조어형 '눋'과 동원어
(同源語)다. 선은 서로 만나는 것이라 하겠다. 맞선이라고 하는 말은 바
로 서로 본다는 뜻이다. 그러한 면에서 '선'의 어원적 의미는 눈의 뜻을
지닌다고 하겠다.

선달　명 先達

'선달'은 조선시대 과거 시험에 합격하였으나 벼슬자리를 받지 못한 사람을 높여 이르는 말이다. 처음에는 먼저 출세하다란 의미로서 과거 시험에 합격한 사람들을 부르던 말이었으나 그 후 시대에 따라 달리 쓰이게 되었다.

선비　명 士

유생(儒生)을 '선비'라고 하며, 학식은 있으나 벼슬하지 않은 사람을 가리켰다. ¶선비(士) : 션비룰 아릭실쎠《龍80》, 션비(士)《類合上17》, 손명(壯丁)《字會中2》. 선비의 '션'은 '선'으로 소급될 것이며, '손(丁)'과 동원어(同源語)가 된다. 스나히(男兒)《字會上32》는 '손나히'에서 변한 형이다. 손(丁)은 '숟'으로 소급되며, 사람의 어근 '살(삳)'과 동원어가 된다고 하겠다. 션비의 '비'는 'ㅂ이'가 줄어든 말이다. '비'는 '볻〉볼〉볼이〉ㅂ이〉비'의 변화다. '볼(볻)'은 사람의 본뜻을 지닌다. 악바리(惡人), 軍바리(軍人), 쪽바리(倭人), 혹부리(瘤人), 學비리(學生)의 '바리, 부리, 비리' 등이 사람의 뜻을 지닌다. 션비는 사람의 뜻을 지니는 이음동의어(異音同義語)의 합성어라 하겠다. ¶홍정바지(仲介人) : 홍정바지돌히 길흘 몯 녀아《曲86》. '바지'의 어근은 '받'으로서 '바리'의 어근 '발(받)'과 동원어라 하겠다.

선정　명 禪定

禪은 산스크리트 dhyāna의 소리옮김, 선나(禪那)의 역어이며, 이 말을 뜻으로 옮긴 것이 바로 정(定)이므로 동어반복형이다. 이는 본래 인도의 요가인데, 이것을 불교에서 받아들여 수행법이 되었으며, 삼학(三學, 戒定慧)이나 육바라밀에서 중시되고 있다. "밖으로 형상을 떠남이 선이요, 안으로 혼란스러움이 없는 것이 정이다.(外離相曰禪, 內不亂曰定.)"《六祖檀經》.
　　　　　　　　　　　　　　　　　　　　　　　　　　　　▶ 좌선

선지 　명 鮮血, 生血

'선지'는 짐승 특히 소를 잡아서 받은 피를 말한다. ¶선디과 도틱 간(鮮血猪肝)《痘上47》, 선지(凝血)《譯補30》. 선디〉선지. sənggi(血)〔滿〕, čisu(血)〔蒙〕. '선디〉선지'와 만주어 sənggi(血)와 비교할 만하다. '선디〉선지'의 '지'와 čisu(血)와 비교되며, 일본어 tsi(血)와 비교된다. 선디의 '선'이 한자어 鮮(고울 선)이 아닐는지. 그렇게 본다면 선디는 鮮血(선혈)의 어원적 의미를 지닌다고 하겠다. 만주어 sənggi(血)의 sən을 보면 한자어 鮮으로 보기는 어렵다.

설 　명 元旦, 歲首, 元日, 新元, 正月

'설'은 정월 초하루로서 우리나라의 최대 명절이다. ¶설(元旦) : 서리어든 ᄀᆞ올히 모ᄃᆞ저긔《三綱孝6》, 설(歲) : 그 아기 닐굽 설 머거 아비 보라 니거지라《月8:101》. 설이 원단(元旦)과 나이(歲)의 두 뜻을 지니고 있다가 나이는 살(歲)로 바뀌었다. 설의 본뜻은 태양의 뜻을 지닌다고 하겠다. 햇살의 '살'이 바로 태양의 뜻을 지닌다고 하겠다. 일본어 sarasu(晒)는 햇볕을 쏘이게 하는 것을 뜻하는데, 어근 sar가 태양의 뜻을 지니고 있음을 보여주고 있다. sarasu(晒)〔日〕, sora(空, 天)〔日〕, siro(白)〔日〕. 어근 sar, sor, sir가 모두 태양의 뜻을 지니는 동원어(同源語)에서 분화된 것을 알 수 있다.

설거지 　명 洗滌, 洗器, 刷鍋洗碗

'설거지'는 '설'과 '거지'로 나뉜다. ¶갸ᄉᆞ롤 몯다 서러잇ᄂᆞᆫ ᄃᆞ시 ᄒᆞ얫더니《月23:74》. 설다는 설겆다, 걷어치우다의 뜻이다. ¶근원 거더 니ᄅᆞ시니라《楞2:20》, 다 거더 ᄇ려니《蒙58》. 걷다는 收(거둘 수)의 뜻이다. '설걷이〉설겆이'로 이음동의어(異音同義語)의 합성어라 하겠다. 여기저기 널려있는 물건 등을 거두어 치우는, 수습(收拾)하는 뜻을 지닌 말이, 나중에는 음식을 먹고 난 뒤의 그릇 따위를 씻는 일에도 사용되었다.　　■개수

설다¹ 〖동〗撤

'설다'의 어근은 '설'인데, '설다'의 행위는 손에 의한 것이다. 따라서 '설'은 손의 뜻을 지닐 것이다. 손(手)의 조어형(祖語形) '숟'과 '설(섣)'은 동원어(同源語)가 된다고 하겠다. ¶설다(설겆다, 걷어치우다) : 가스룰 몯다 서러 잇논 드시 ᄒᆞ얫더니《月23:74》.

설다² 〖형〗未熟

'설다'는 음식이 덜 익다, 밥이 채 알맞게 익지 아니하다, 경험이 없어서 서투르다, 열매가 덜 익다 등의 뜻으로 쓰인다. ¶밥 서다(飯半生)《同文上58》, 果實의 서룸과 니곰괘《圓上一之2:180》, 설며 니고물(生熟)《永嘉上18》. 설다는 덜 익다의 뜻이다. 설다의 어근은 명사다. 설다는 닉다(熟)의 반대가 되는 말이다. 닉다의 '닉'의 어원적 의미는 불의 뜻을 지닌다. 음식은 불에 익혀서 먹기 때문이다. 눈다(焦)의 어근 '눋'이 불의 뜻을 지닌다. norosi(烽火)〔日〕. 어근 nor(not)는 국어 '눋'과 동원어(同源語)다. 설다도 불(火)과 관련된다고 본다면 어원적 의미는 불의 뜻을 지닌다고 하겠다. ¶모물 스르샤디(身燒)《楞7:17》. 스르다(燒)의 어근 '술'이 불의 뜻을 지닌다. 설다의 '설'은 '술(火)'과 동원어일 개연성이 있다. 음식이 덜 익은 것에서 연상하여 과일이 덜 익은 것, 경험이 부족하여 서툴다까지 의미가 확대되었다.

설마 〖문〗未必

'설마'는 '아무리 그러하기로'의 뜻이다. ¶현마(설마) : 현마 七寶로 ᄭᅮ며도《曲121》, 혈마(설마)《蘆溪, 陋巷》. 현마〉혈마〉셜마〉설마. '현'은 幾(몇 기)란 뜻으로 쓰인 말이고, '마'는 量(헤아릴 량)의 뜻을 가진 명사다. 얼마, 아무리의 뜻으로 쓰였다.　　　　　　　　　　🔁 아마

설빔　명 歲粧, 新年服裝

'설빔'은 '설비음'이 줄어든 말이다. '설'과 '비음'의 합성어다. '비음'은 '빌음'에서 '비음'이 되었을 것이다. 어근은 '빌(빋)'이다. 설빔의 '빔'은 명사로서 일부 명사 뒤에 쓰이어 명절이나 잔치 때 몸을 치장하는 일, 또는 그 옷을 가리키는 뜻을 지니는 말이다. 명절 빔, 잔치 빔과 같이 쓰였다. 그러나 빔 중에는 무엇보다도 옷이 주종을 이룬다고 보겠다. 따라서 빔은 옷과 관련될 것이다. ¶男女老少皆着新套衣服曰歲庇廳〔남녀노소가 모두 새 옷을 입는 것을 설빔(歲庇廳)이라 한다〕《洌陽歲時記.正月》. 옷의 단위로서 한 벌, 두 벌의 '벌(벋)'이 옷의 뜻을 지니고 있음을 보여주고 있다. 옷의 뜻을 지니는 '벌'과 '빔'은 고어의 어근 '빌'과 동원어(同源語)일 것이다. 그렇게 본다면 설빔은 '歲衣'의 뜻을 지닌다고 하겠다. 그러나 한편 '빔'은 꾸밈의 뜻을 지닌다. ¶빗난 빙우믈 願티 아니ᄒᆞ고(不願榮飾)《永嘉上137》, 됴히 빙우믈 비화잇거늘(習美飾)《鶳小9:59》, 오ᄉᆞ로 빗오믈《曲121》. 빗움, 빗옴은 명사로서 꾸밈의 뜻을 지니는 명사다. ¶香 ᄇᆞ르고 빗어 莊嚴ᄒᆞ얫거든《月10:21》. 빗다가 꾸미다의 뜻을 지닌다. '빗움〉비움〉빔'으로 변했다. 설빔은 설을 꾸민다는 어원적 의미를 지닌다고 하겠다. 빗다(飾)의 어근 '빗'은 머리를 빗는 빗(櫛)이라 하겠다. 여자가 머리를 빗는 것은 아름답게 꾸미는 것이 된다. 일본 유구(琉球)에 gibara(옷)가 있는데, gi와 bara의 합성이고 일본어에서 gi는 옷의 뜻을 지닌다. bara는 국어의 '벌'과 동원어로서 유구어에 bara가 옷의 뜻을 지니고 있음을 보여주고 있다. '빌'은 옷의 뜻을 지니는 '벋(벌)'과 동원어다. 설빔은 '설의 옷'이 본뜻일 것이다.　▣ 설(元旦)

섬　명 島

'섬'은 물속에 솟아있는 땅이다. ¶셤(島)《解例用字》. 섬의 고형은 '섬'일 것이며, '섣〉설〉설엄〉서엄〉섬'의 변화를 거친 말이다. mosir(島)〔아이누〕, mosir(國)〔아이누〕, mosir(世界)〔아이누〕. 아이누어 mosir의 어근 mos(mot)는 토지의 뜻을 지니는 말이라 하겠다. 국어 뫼(山), 미(野), 묻다

(埋)의 어근 '묻'과 동원어(同源語)라 하겠다. 국어 나라(國)의 어근 '날'
은 토지의 어원적 의미를 지닌다. 논(畓), 일본어 no(野) 등의 어원적
의미가 토지의 뜻을 지닌다. 섬의 조어형(祖語形)인 '섣(선)'의 어원도
흙, 땅(土, 地)의 뜻을 지닌다고 여겨진다. 스래(이랑)《靑p.50》, 실(谷)
등의 어근 '술, 실'의 어원적 의미는 흙, 땅(土, 地)의 뜻을 지닌다고 하겠
다. 몽골어에 siroi(土)가 있다. 어근은 sir가 된다. saki(崎)〔日〕, sakai
(境界)〔日〕, saka(坂)〔日〕, sako(谷)〔日, 奈良吉野〕. 어근 sak은 sal〉salk〉
sak의 변화라 하겠다. 일본어에서도 고어에 sal이 흙, 땅(土, 地)의 뜻을
지니고 있었던 말임을 보여주고 있다. sima(島)〔日〕. 일본어 sima는 국
어 섬과 동원어라 하겠다.

섬기다 　图 奉養, 侍奉, 服侍

'섬기다'는 웃어른을 모시어 받들다, 힘써 거두어주다, 시중들다, 봉사하
다의 뜻이다. ¶받ᄌ와 섬겨(奉一承事)《楞10:90》, 섬기다(服事)《譯上
19》. samorahi(侍, 候)〔日〕, saburahi(侍, 候, 伺)〔日〕. samorahi가
saburahi로 변했다. 웃어른을 모시어 받들다, 귀신의 측근에서 시중들
다의 뜻을 지니는데, 국어 '섬기다'의 '섬'과 samo-는 동원어라 여겨진다.
'사무라이'는 '싸울아비(싸우는 아비)'가 변한 말이라고 하는 민간어원이
있다. '숢다', '사뢰다(奏)'도 시중드는 것의 하나다. '살피다(자세히 알아
보다, 잘 비추어 생각하다)'도 윗사람을 잘 모시는 것이다.

성가시다 　图 折騰, 麻煩, 厭煩

'성가시다'가 현대어에서는 마음이 번거로워 귀찮고 싫다는 뜻인데 선조
(鮮朝)에는 '성가시다'가 파리하다, 핼쑥하다, 핏기가 없다, 초췌하다의
뜻을 지닌다. ¶양ᄌ 성가시오《月釋13:20》, 성가실 쵸(憔)《字會中33》, 성
가실 췌(悴)《類合下14》. 성가시다는 '성'과 '가시다'의 합성어다. 가시다는
변하다, 고치다의 뜻을 지닌다. ¶貧혼 ᄆᅀᅮ몰 가시디 몯ᄒᆞ야《月釋23:89》,
金色잇던 가시시리여《月曲62》, 맛가시리오(變味)《內1:52》. 성가시다의

'성'은 명사로서 어떤 뜻을 지니는 말일까. '가시다'는 변하다, 고치다의 뜻을 지니는 말인데 접두어로 '성'이 오면 헬쑥하다, 파리하다, 핏기가 없다, 초췌하다의 뜻을 지니는 것으로 보아 '성'은 피의 뜻을 지닐 것이다. ¶선디(鮮血)《痘上47》. sənggi(血)〔滿〕. '션디'의 '션'이 sənggi의 səng과 동원어일 것이다. 만주어 sənggi(血)는 sɘngi였을 것이다. sən이 gi 위에서 ng으로 동화한다.

성냥 図 火柴, 石硫黃

'성냥'은 잘게 썬 나무 끝에 유황을 묻혀서 불을 켜는 도구다. 석류황(石硫黃)의 변형된 음사(音寫)다. 당황(唐黃)이라고도 한다. ¶석류황(石硫黃)《東醫, 湯液三46》, 셔류황(硫黃)《救簡1:52》, 셕뉴황(硫黃)《同文下23》. '셕류황〉셕뉴황〉셩뉴왕〉셩뉴앙〉셩냥〉성냥'의 변화다.

세간 図 世間

우리가 사는 현실 사회 또는 집안 살림살이 도구를 뜻하는 말이나, 불교에서는 속세(俗世)의 의미로 쓴다(言世間者, 可毀譽故, 有對治故, 隱眞理故, 名之爲世, 墮世中故, 爲世間《唯識述記, 一本》). 세간의 첫 용례는 『사기(史記)』「회남왕전(淮南王傳)」의 "人生一世間, 安能邑邑如此"에 나오는 世間이다. 世間解(부처 10호의 하나로서 세간의 有情非情의 일을 능히 이해하고 있으므로 그렇게 부른다《智道論》.), 世間眼(세간인의 눈으로 되어 정도를 보인다는 뜻에서 전의(轉義)되어 보살의 존칭으로 되었다《法華經, 序品》), 世間如車輪(세계는 늘 변한다는 것을 비유하여 이른다《智道論》) 등의 말도 모두 불교에서 응용하여 쓰는 말이다. 범어(梵語)는 로카(loka)이며, 소리옮김(音譯)은 로가(路迦)다. 뜻은 훼괴(毀壞)다. 또 범어로 라우키카(laukika)로 쓰는데, 이는 세속(世俗), 범속(凡俗)의 뜻이다. 줄여서 世라고도 한다. 곧 번뇌·속박을 당하는 삼계(三界) 및 유위(有爲)·유루(有漏)·제법(諸法)의 일체(一切) 현상(現象)을 말한다. 또 世는 천류(遷流)의 뜻이 있고 間은 간격(間隔)의 뜻이 있으므로 세계(世

界)라는 말과 동의어(同義語)이며, 유정세간(有情世間)과 국토세간(國土世間, 器世間) 2가지가 있다. 『불성론(佛性論)』(권2中)에서는 世를 3가지 뜻으로 열거하고 있다. ① 對治, 以可滅盡故. ② 不靜住, 以念念生滅不住故. ③ 有倒見, 以虛妄故. 세간의 분류는 2가지와 3가지가 있다. 『구사론(俱舍論)』(권8) 等 : ① 有情世間 또는 衆生世間(有情界) …… 일체유정중생을 가리킨다. ② 器世間 또는 物器世間(器世界, 器界, 器) … 有情이 거주하는 山河大地, 國土 따위를 가리킨다. 『대지도론(大智度論)』(권70) 等 : ① 衆生世間 또는 假名世間. 假名은 十界, 五陰 등 諸法상으로 빌려서(거짓으로) 이름을 지었기 때문에 각각 같지 않다. ② 五陰世間 또는 五衆世間, 五蘊〔蘊은 범어로 skandha로 모음(集)의 뜻으로, 인간의 육체와 정신을 5가지로 모은 것을 나누어 나타낸 것이 오온이다. 또 번뇌를 동반한(有漏) 오온을 五取蘊이라 한다.〕世間. 色(본래 인간의 육체를 의미했지만, 뒤에 모든 물질을 포함하게 되었다.), 受(感受作用), 想(表象作用), 行(意志作用), 識(認識作用) 등이 있다. ③ 國土世間. 器世間을 가리키며, 중생이 의지하는 境界다. 『화엄경(華嚴經)』(孔目章권3) 等 : ① 器世間. 三千世界를 가리킨다(중생이 의지하고 사는 국토. 如來所化之境). ② 衆生世間(교화를 받는 중생. 如來所敎化之機衆). ③ 智正覺世間(능히 교화하는 佛身. 如來能六種世間). 우리말에서는 조선 세종 31년(1449)에 펴낸 『석보상절(釋譜詳節)』이 세조 4년(1459)에 펴낸 『월인석보(月印釋譜)』에 다시 실려있는데, "世之學佛者"의 世에 대한 협주에 "世솅는 世솅間간이라" 하는 곳에 처음 나온다. 이때 世間은 世上으로 봄이 바람직하다. 집안의 살림살이 도구의 의미로 쓰인 용례도 나오는데, 財, 産, 藏, 産業, 業 등의 글자를 번역하는데 사용하였다. "셰간 논화 달 사라지라 ᄒᆞ거놀"(求分財異居《鱗小9:22》)의 '셰간'이 첫 용례다. 그런데 世間은 상성 : 셰간이고 家財道具의 ·셰간은 거성이기 때문에 분명히 다른 어휘였을 것이며, 발음도 물론 달랐다고 볼 수밖에 없다.

세계　　圐 世界

① 사람이 살고 있는 이 세상(上人處世界.《白居易, 贈別宣上人詩》). 世는 三

十이며, 界는 밭과 밭 사이의 살피(경계)다. ② 우주, 천지(白石靑崖世界分《溫庭筠, 宿松南寺詩》). ③ 지구상의 모든 국가. ④ 어떤 분야나 영역(荷花世界柳絲鄕《楊萬里, 過臨平蓮蕩詩》). ⑤ 불교의 세계관에서는 중생이 사는 곳이 세계이며, 수미산(須彌山)을 중심으로 한 사대주(四大洲)를 한 세계로 하며, 삼천대천세계(三千大天世界)로 전 우주(全宇宙)가 구성된다고 하는데, 이것이 일불국토(一佛國土)이다. 불교에서 세(世)는 과거, 현재, 미래의 삼세(三世)의 시간을, 계(界)는 동·서·남·북·동남·서남·동북·서북·상하(東·西·南·北·東南·西南·東北·西北·上下)의 시방(十方)의 공간을 가리킨다. 곧 시간적인 것과 공간적인 것을 통틀어 말한다. 중생이 사는 산천국토(山川國土)이다(佛告阿難言, 世爲遷流, 界爲方位, 東西南北, 東南西北, 上下爲界, 過去·現在·未來爲世《楞嚴經, 4》). 이는 『회남자(淮南子)』「원도훈(原道訓)」에 나오는 우주(宇宙)라는 말과 비슷하다. 곧 宇는 공간(空間), 宙는 시간을 가리킨다. 사바세계(娑婆世界)의 주(主)인 범천(梵天)을 세계주(世界主)라 하는데, 바라문교(婆羅門敎)에서는 범천(Brāhman)이 이 세계를 창조했다고 한다(娑婆世界主大梵天王, 向佛合掌.《大集經, 55》). 현실 세계는 산스크리트어로 로카(loka), 또는 쟈가트(jagat)이다. 三千大天世界의 경우 '세계'는 로카 따투(loka-dhātu)이다. 로카를 世로, 따투를 界로 번역한 것이리라. 삼천대천세계는 千의 삼승수(三乘數)의 세계라는 의미이다. 로카는 고대 인도의 세계관에 따르면, 전 우주(全宇宙)를 가리키는 말이다. 우리말 문헌으로는 『월인천강지곡(月印千江之曲)』에 처음 나오는데(십十방方셰世개界예 법法을 니르더시니《上12》), 역시 불교 용어이다.

▶ 三世, 世間

세다¹ 圄 髮白

'머리가 세다'의 '세다'는 희다(白)의 뜻을 지니는 고형일 것이다. ¶셰다(세다, 髮白, 白首) : 셴 할미롤《龍19》. syanyan(白)〔滿〕, syun(太陽)〔滿〕. 만주어를 보면 syun(太陽)에서 희다(白)의 뜻을 지니는 말로 전성되었다. 햇살, 설(元旦, 歲)의 '살, 설'이 해의 본뜻을 지니는 말이다. 국어에서는 희다(白)의 뜻으로 '설다'가 고대에 쓰였음을 보여주고 있다. 희다(白)의 어근 '희'는 태양의 뜻을 지니는 해의 고형표기다.

세다² 형强

'세다'의 어간은 '세'로서 '서이'의 준말이다. '이'는 폐음절어(閉音節語) 아래에 붙는 접미사다. '섣〉설〉설이〉서이〉세'의 변화일 것이다. ¶세다 (强) : 神力이 이리 셀 씨라《曲40》. 고대인들의 강약은 힘에 의한 것이라 하겠는데, 그것은 손에 의한 행위가 된다고 하겠다. 따라서 어원적 의미는 손의 뜻을 지닌다고 하겠다. 손의 조어형(祖語形)은 '솓'이 된다. 세다의 조어형 '섣'과 동원어(同源語)가 된다. sasage(獻)〔日〕. sas(sat)가 어근인데 명사로서 손의 뜻을 지닌다고 하겠다. 바치는 것은 손에 의해 이루어진다고 하겠다.

소¹ 명牛

'소'는 우리나라 대표적인 집짐승이다. 새끼는 송아지이다. ¶싸호는 한쇼를 두 소내 자보시며(方鬪巨牛兩手執之)《龍87》, 象과 쇼와 羊과《曲24》. 15세기어로는 '쇼'다. siğir(牛)〔터키〕, sigir(牛)〔우즈베크〕, səjər(牛)〔카자흐〕, ihan(牛)〔滿〕, weihān(牛)〔女〕, üher(牛)〔蒙〕, əxur(牛)〔에벤키〕, ukur (牛)〔오로촌〕, usi(牛)〔日〕. '쇼'가 터키어계와 동원어가 된다고 하겠다. 국어에 소를 '이판(伊板)'이라고 했다는 기록은 매우 흥미를 끈다. 「伊板大嶺, 今稱摩天嶺, 野人謂爲伊板 昔有人賣犢 母牛尋犢踰嶺 人跡之 因爲路」《世宗實錄地理志(端川)》「이판대령, 지금은 마천령이라 일컫는다. 야인들은 소를 일러 '이판'이라고 한다. 옛날에 송아지를 찾아 고개를 넘어 그 흔적을 따라간 고로 길이 생겼다.」 야인이 소를 '伊板'이라고 했다고 하는 것은 소의 뜻을 지녔던 옛말임을 보여주고 있다. '伊板'은 몽골어와 퉁구스어 계통과 동계어라 하겠다. 일본어 usi(牛)는 고대 한국어를 거쳐서 건너간 말이라고 한다면, usi(牛)의 어근 us(ut)가 소의 뜻을 지녔던 고어가 있었음을 보여주고 있다. 소로 논밭을 갈 때 '이랴 이랴' 하면 가라는 뜻이고 '워' 하면 멈추라는 뜻이다. 이랴의 어근은 '일'이고 '읻'이 조어형인데, '일'의 어원적인 의미는 소의 뜻을 지니는 옛말일 것이다.

소² 명潭

'소'는 '솔'이 고형일 것이고, 그 어원은 물의 뜻을 지닐 것이다. ¶소 담(潭)《字會上5》. 샘(泉)은 '사임'의 준말이고, '살〉살임〉사임〉샘'의 변화인데, '살'은 물의 본뜻을 지닌다. 새다(漏)의 '새'도 '사이'의 준말이고, 고형은 '살'이다. syəri(泉)〔滿〕. 어근 syər의 sər가 물의 뜻을 지닌다. 싯다(洗), 서리(霜)의 어근 '싯, 설' 등이 물의 본뜻을 지닌다고 하겠다. susugi(濯)〔日〕. 어근 sus(sut)가 물의 본뜻을 지니고 있다고 하겠다. su(水)〔터키〕, sulmak(물 주다)〔터키〕, sulu(물기가 있다)〔터키〕. sul이 터키어에서 물의 뜻을 지니고 있다.   ▶ 솟다(湧)

소경 명瞽, 瞍, 盲, 矇

'소경(宵鏡)'은 '밤거울'이라는 비유다. 장(丈)님, 봉사(奉事)와 같이 맹인(盲人)에 대해서 경어를 쓰는 것은 그들이 독경을 하고 점을 친다고 하는 데서 비롯한다고 하겠다. ¶쇼경(盲)《字會中3》.

소금 명鹽

'소금'은 바닷물(海水)에서 얻어지는 것이기 때문에 소금(鹽)과 바닷물(海水)은 동원어(同源語)일 것이다. ¶소곰(鹽)《字會中22》. 소곰은 '소'와 '곰'의 합성어일 것이다. siho(鹽, 潮, 汐)〔日〕. 일본어 siho는 siro가 고형이 될 것이다. 일본어 siho(鹽)를 보면 소금의 '소'가 소금(鹽)의 뜻을 지니고 있다고 하겠다. 소곰의 '곰'도 소금(鹽)의 뜻을 지니는 옛말이었을 가능성이 있다. sippo, sispo(鹽)〔아이누〕, sátsira(引潮)〔아이누〕, sirar′a(潮水가 쓸다)〔아이누〕. 어근 sis, sat, sir 등이 소금, 조수(鹽, 潮)와 동원어가 된다고 하겠다.

소나기 圆 驟雨, 涷

'소나기'는 갑자기 세차게 쏟아지다 그치는 비다. ¶쇠나기 동 涷 俗稱驟雨 《字會上3》. 쇠나기〉소나기. 쇠나기는 '쇠'와 '나기'의 합성어다. '쇠'는 '소이' 가 준 말로서 '숟〉솔〉솔이〉소이〉쇠'가 되었다고 하겠다. '나기'는 비, 물 (雨, 水)의 원의(原義)를 지닌다고 하겠다. yağmur(雨)〔터키〕, yağıs(降 雨)〔터키〕, yağışli(雨多)〔터키〕. 어근이 yag가 되는데, nyag, nag으로 소 급된다. 터키어에서 비를 뜻하는 말에 nag가 있음을 보여주고 있다. 쇠나 기의 '쇠'는 무슨 뜻을 지니는 명사였을까? ¶쇠 병훈 저기 아니어든(非甚 病)《臘小9:104》. '쇠'는 부사로 몹시, 심히의 뜻을 지닌다. ¶물이 쇠고(漿 老)《痘要上34》, ᄂ믈 쇠다(柴了)《譯補42》. 쇠다는 푸성귀 등이 제철이 지 나 연했던 줄기나 잎새가 뻣뻣해지다, 병 따위가 한도를 넘어 좋지 않게 심해지다의 뜻이다. 쇠다의 어간 '쇠'는 鐵(쇠 철)의 원의를 지니는 말일 가능성이 있다. 그러한 면에서 쇠나기는 鐵雨(철우)의 원의에서 뻣뻣한 비, 거센 비, 심한 비의 뜻을 지니는 말이었을 것이라고 여겨진다. 그러나 한편 '쇠'의 조어 '숟(솔)'은 물(水)의 뜻을 지닐 개연성도 배제할 수 없다. 그렇게 본다면 '물나기'의 뜻을 지닐 것이다. 쏟다의 옛말은 '숟다'다. 숟다 의 어근 '숟'의 어원적인 의미는 물일 것이다. 물을 쏟다. 소나기가 쏟아졌 다. 소나기는 물 또는 비, '나기'는 '비'의 뜻으로 이음동의어가 되는 셈이 다. '소나기'는 비의 뜻을 지니는 말이 겹친 합성어라 하겠다.

소라 圆 盆

'소라'는 현재 사어(死語)다. ¶소랏므레(盆子水)《救方下90》. 소라가 대야 의 뜻을 지니는 말이다. 평안북도 방언에서 '소래기'가 세숫대야의 뜻을 지닌다. 일본어 sara(皿)는 국어 '소래(盆)'와 동원어(同源語)라 여겨진 다. 소라의 어근 '솔'의 어원적 의미는 무엇일까. 최초 소라의 재료가 목제 냐 철제냐에 따라 어원적 의미가 달라질 것이다. 목제가 최초라고 할 때에 는 문살, 화살, 떡살의 '살'이 나무의 본뜻을 지닌다. 철제라고 할 때에는 솥(釜), 쇠(鐵)의 조어형(祖語形) '숟(鐵)'과 동원어가 된다고 하겠다.

소름 명 寒栗子, 粟膚, 鳥肌

'소름'은 살갗이 도톨도톨하게 된 것을 말한다. 방언에 '솔, 솔기'라는 말도 있다. 흔히 닭살 돋는다고도 한다. ¶소오롬(寒粟子)《同文下56》, 소오롬(粟膚)《物譜, 氣血》. 소오롬은 '소'와 '오롬'의 합성어일 것이다. 소오롬도 살(肌)과 관련되기 때문에 어원은 살의 뜻을 지닐 것이다. 소오롬의 '소'는 '살'과 관련된다고 여겨진다. '오롬'의 '올'이 어근이 되겠는데, 역시 살, 살갗(肌, 皮膚)의 뜻을 지닌다고 하겠다. arasu(皮膚)〔蒙〕. 어근 ar가 피부의 뜻을 지니고 있음을 보여주고 있다. 몸이 얼얼하게 언어맞았다고 할 때 '얼얼'이 피부의 어원적 의미를 지니는 말일 개연성이 있다.

소리 명 音, 聲, 語, 歌

'소리'는 청각적인 것으로 의미가 확대되어 노래를 뜻하기도 한다. ¶소리(音) : 音은 소리니《訓解》. '사뢰다'의 어근은 '살'이고 조어형(祖語形)은 '삳'이다. 어근 '솔, 살'은 동원어(同源語)가 된다고 하겠다. 말씀의 '슴'도 말(語)의 뜻을 지닌다. '술〉술음〉스음〉슴'의 변화를 거친 말이라 하겠다. sasayaki(囁)〔日〕, sasameki(囁)〔日〕, sawagu(騷), sasohi(誘)〔日〕. 어근 sas(sat)는 국어와 동원어라 하겠다. sawagu(騷)는 suragu에서 변한 것이고 어근은 sar(sat)이다. sar(sat)도 말(語)과 동원어다. surho(問)〔蒙〕, siru(知)〔日〕. 어근 sur(sut)는 명사로서 말(語)의 뜻을 지닌다. 묻는 것은 언어적인 행위다. 일본어 siru(知)의 어근 sir(sit)는 국어 '살, 솔'과 동원어일 것이다. sada(音, 聽)〔위구르〕, sadu(음악)〔위구르〕.

소매 명 袖

'소매'는 손(手)과 관련된다고 보면 어원도 손과 관련될 개연성이 있다. ¶〈미(袖) : 袖는 〈믹 그티라《法華1:31》, 〈매(袖) : 옷 〈매 일즉 ᄆᆞ르디 아니ᄒᆞᄂᆞ다〈杜初8:45〉. '사믹'는 '〈'와 '믹'의 합성명사다. '믹'는 'ᄆᆞ이'가 줄어든 것으로 'ᄆᆞ'의 조어형(祖語形)은 '몯'일 것이다. 바느질 할 때 끼는 골무는 골모(頂針子)《譯補41》로 나오는데, '골'과 '모'는 모두 손의 뜻을 지니는 이음동의어(異音同義語)다. '모'의 조어형은 '몯(몰)'이라 하겠다. '만지다(마지다), 밀다'의 어근은 '만, 밀'인데, 모두 손의 동작이다. mutor(손의 敬語)〔蒙〕, motsu(持)〔日〕. 어근 mut, mot은 모두 손의 뜻을 지니는 명사라 하겠다. 스미의 '스'도 손의 뜻을 지닌다고 하겠는데, 조어형은 '숟'이다. 국어 손(手)의 조어형 '숟'과 동원어(同源語)가 된다. 소매는 손의 뜻을 지니는 이음동의어라 하겠다. 한자 手(손수), 受(받을 수)도 알타이어와 동원어일 것이다.

소승 圏 小乘. 梵 hīnayāna

성문승(聲聞乘)이라고도 한다. 열등하고 협소한 탈것이란 뜻. 소승이란 말은 대승 쪽에서 인도의 18부 또는 20부로 나누어진 부파불교(部派佛教)의 열등하고 고루한 형식주의에 대해서 이름 붙인 경멸적인 말로 소승에게 소승이란 말은 하면 안 된다. 원시불교는 대·소승 이전의 불교를 말하므로 혼동하지 말아야 한다. 소승의 특징은 다음과 같다. 첫째 아라한이 되는 것을 이상목적으로 삼고 성불을 목적으로 하지 않는다. 둘째 업보(業報)에만 지배되며 업보를 초월한 원행사상(願行思想)을 가지지 않는다. 셋째 자기 한 몸을 위해 사제(四諦)·팔정도(八正道)를 닦으며 일체 중생을 위해 마음을 일으키지 않는다. 넷째 유(有)의 입장에 막혀 문자에 의지해 뜻을 푸는 형식주의로 공무애(空無礙)의 활약이 없고 뜻에 따라 문자를 푸는 융통성이 없다. 다섯째 아비달마적인 이론학문을 일삼아 신앙실천의 종교 활동을 게을리 한다. 여섯째 출가중심주의로 일반 재가(在家)에 중점을 두지 않는다. "悟我空偏眞之理而修者, 是小乘禪."《禪源諸詮集都序, 上》

소쩍새 圏 紅角鴞, 野猫子

접동새와 '소쩍새'는 같은 새로서, 지금도 북한 지역에서는 접동새라고 하고 남한 지역에서는 소쩍새라고 한다. '접동'이나 '솟적다'나 모두 의성어라 하겠다. ¶접동새(접동새) : 접동새 오디 아니 ᄒᆞ고《杜初25:40》, 접동이(접동새)《類合上12》, 솟적다시(소쩍새)《靑丘p.174》. 문헌에서는 15, 6세기에 접동새가 나오고 18세기의 『청구영언(靑丘永言)』등에 솟적다시가 나온다. 전설에 의하면 접동새란 말은 부모를 잃고 아홉이나 되는 오랍누이가 가난하게 사는 것을 보고 불쌍하게 생각하여 구슬프게 '접동 접동' 하고 운 데서 불린 이름이라고 한다. 소쩍새는 부모를 잃은 아이들이 빈 솥을 놓고 먹을 것이 없어 한숨만 짓는 것을 보고 '솥적다 솥적다' 하고 구슬피 운 데로부터 불린 이름이라고 한다. 또 한 설에 의하면 소쩍새가 '솥탱 솥탱' 울 때에는 솥이 탱탱 비게 될 거라고 우는 것인데, 그렇게 울 때는 흉년이 들고, 솥적다 솥적다 울 때에는 솥이 적을 정도로 그해는 풍년이 든다고도 한다. 소쩍새는 밤에 운다고 하여 밤새라고도 하는데, 밤에 주로 활동하며 두견새와는 전연 다른 새다. 소쩍새는 부엉이와 같이 생겼는데 부엉이보다는 몸뚱이가 적다. ¶접동새 오디 아니하고(杜鵑不來)《杜初25:44》, 접동새 견(鵑)《字會上17》. 『두시언해(杜詩諺解)』에서 원시(原詩)의 杜鵑(두견)을 '접동새'라 한 것은 잘못 번역한 것이다. 두견은 접동새가 아니고 두견새, 자규(子規), 쪽박새 등으로 불리는 새다. 접동새는 부엉이와 같이 생긴 새로서 밤에 활동하는 새이고, 두견은 산비둘기와 비슷하게 생긴 새로서 낮에 활동하는 새다. 『훈몽자회(訓蒙字會)』의 '접동새 견(鵑)'도 잘못된 것이다.

속이다 동 欺

'속이다'의 어근은 '속'으로서 속다의 사동형이다. '속'은 內(안 내), 裏(속 리)의 뜻을 지니는 말로서 고형은 '솝'이다. ¶소배 ᄀᆞ초아 뒷더시니《月1:10》, 솝 리(裏)《字會下34》. 솝)속, 속마음, 속셈, 속차례, 속사정. ¶헐어나 소겨(誣)《楞8:77》. 15세기에 '속이다'형이 나타나지만, '솝이다'형은 문헌에 나타나지 않는다.

손¹　명 客

'손'은 사람을 가리키는 말이다. ¶손긱(客)《字會中3》, 손뎡(丁)《字會中23》. 손(客)과 순(丁)은 동원어(同源語)다. ¶션비(선비)《龍80》. 션비는 '션'과 '비'의 합성어다. 션비의 '션'은 손(客), 순(丁)과 동원어라 여겨진다. '비'는 'ᄇᆡ이'가 줄어든 말로서, '볻〉볼〉볼이〉ᄇᆡ이〉비'의 변화다. 션비는 사람(人)의 본뜻을 지니는 이음동의어(異音同義語)의 합성어다. ▣ 선비

손²　명 手

'손'의 조어형(祖語形)은 '숟'이라 하겠다. ¶손(手) : 혼 소ᄂᆞ로 티시며《龍87》. sawasaq(指頭)〔카자흐〕, sürmek(押出)〔터키〕, sasageru(捧, 獻)〔日〕. 일본어 sasageru(獻)의 어근 sas는 sat이 조어형으로서 국어 손의 조어형 '숟'과 동원어(同源語)가 된다고 하겠다. 한자 手(손 수)와도 비교가 된다.

손가락　명 指

'손가락'은 '손'과 '가락'의 합성어다. 가락은 '갈'에 '악' 접미사가 붙은 것이다. '갈(갇)'은 손의 본뜻을 지니는 말이다. ¶손가락(指) : 손가락 ᄆᆞ디롤(指節)《楞6:104》. gara(手)〔滿〕, gar(手)〔蒙〕, kol(手)〔터키, 위구르〕. 어근 gar, kol이 손의 본뜻을 지닌다. 골무의 '골'이 손의 뜻을 지니는 말이다. 아이들을 어를 때 검지로 맞은편 손바닥을 찍으며 '곤지곤지' 하는데, 본말은 '고지고지'다. '곧'이 어근인데, 손의 본뜻을 지니는 말이다. 가르다, 고르다, 가리키다(指)의 어근 '갈, 골'이 손의 어원적 의미를 지닌다. 발가락의 '가락'은 손가락의 '가락'에서 전용된 말이라 하겠다. 엿가락의 '가락'도 손가락의 '가락'에서 비롯한 말이라 여겨진다. 곡조의 뜻인 '가락'은 소리, 말(音, 聲, 言)의 뜻을 지닌다고 하겠다.

손꼽다 图 屈指, 屈指可數

'손꼽다'는 손가락을 꼽아 수를 세다, 많은 사람 중에 두드러지게 뛰어나다이다. ¶萬古英雄을 손곱아 혜여본이《海東p.54》, 손 곱아 혜다(生手算)《譯補35》. 곱다〉꼽다. 곱다의 어근은 '곱'으로서 '곧〉골〉곫〉곱'의 변화일 것이다. '곧(골)'은 손의 어원적 의미를 지닌다고 하겠다. 곱다의 동사는 손과 관련된 말이기 때문이다. 가락지, 골무의 어근 '갈, 골' 등이 손의 뜻을 지니는 명사다. gara(手)〔滿〕, gar(手)〔蒙〕, kol(手)〔터키〕. 한편 곱다(曲)의 뜻을 지닐 개연성도 배제할 수는 없다.

손님 图 客

'손님'은 손을 높여 부르는 말로서, '손'에 '님'이 붙은 것이다. ¶손 긱(客)《字會中3》, 스 뎡(丁)《字會中2》, 션비(선비)《龍80》. 손(客), 스(丁), 션비의 '션' 등은 모두 사람을 나타내는 동원어(同源語)가 된다고 하겠다.

▶ 손, 선비, 사내

손뼉 图 掌

'손뼉'은 '손뼉 치다'에만 쓰이는 말이다. 그 밖에는 흔히 손바닥이라고 한다. ¶숀바당(손바닥) : 숀바다올 드러 히드롤 マ리와둔《月2:2》, 숀바독(손바닥)《字會上26》. '바당, 바독'의 어근은 '받'이 된다. '벽'은 '벋〉벌〉밝〉벽'의 변화로 된 형태다. '벋(벌)'이 고형이 된다. 받다(受), 바치다(呈)의 어근 '받'은 손의 뜻을 지닌다고 하겠다. 받고 바치는 것은 손의 행위로 이루어진다. 손벽의 '벽'은 손의 본뜻을 지니는 명사였을 것이다. 한 뼘, 두 뼘의 뼘도 '범'이 고형일 것이고, '벋〉벌〉벌엄〉버엄〉범'의 변화일 것이다.

손수 图自

'손수'의 '손'은 스스로(自)의 뜻을 지니는 말로서 사람의 본뜻을 지니는 말이라 하겠다. 손(客), 손(丁)과 동원어(同源語)가 된다고 하겠다. 손수의 '수'도 사람의 본뜻을 지니는 말이라 하겠다. 사람(人)의 어근 '살'과 동원어라 여겨진다. ¶손소(손수) : 손소 분지 반내몰 네 힝도록 그치디 아니ᄒᆞ야《新續孝2》, 손ᄼᅩ(손수)《釋6:5》, 손오(손수)《朴重10:7》, 손ᄌᆞ(손수)《朴重上55》, 손조(손수)《朴初上63》. mizukara(손수, 몸소, 一人稱語)〔日〕. mizu와 kara의 합성어다. midu는 mi(身)의 고형 mit이고, kara는 자체(自體)의 뜻을 지닌다. 사람의 본뜻을 지니는 말의 합성어다. 이음동의어(異音同義語) karada(體)의 kara는 몸, 사람(身, 人)의 본뜻을 지니며, karada의 da도 사람(人)의 본뜻을 지닌다. hitori(一人), hutari(二人), mittari(三人)의 tori, tari가 사람(人)의 본뜻을 지닌다. 손ᄌᆞ, 손조의 'ᄌᆞ, 조도 사람의 어원적 의미를 지닌다고 하겠다. 국어 '저'는 일인칭이고 일본 유구어(琉球語)에서 cǔ가 사람의 뜻을 지닌다.

손톱 图爪

'손톱'은 '손'과 '돕(톱)'의 합성어다. tsume(爪)〔日〕. 일본어 tsume(爪)는 '돕'과 동원어(同源語)다. 인간이 사용한 최초의 절단기구는 손톱이라 하겠다. 목재 등을 자르는 톱은 '돕(爪)'과 동원어라 하겠다. ¶손돕으로 쁘더 헌디논(爪破者)《痘上53》, 손톱 다듬다(修手)《譯上49》, 숀토배 다톄《杜初16:57》. '돕, 쏩, 톱'이 문헌에 보인다.

솔[1] 图松

'솔'은 우리 산천에 가장 많은 나무다. ¶솔(松) : 東門 밧긔 독소리 것그니(東門之外 矮松立折)《龍89》. satha(松葉)〔滿〕, aptaha(葉)〔滿〕. 만주어에서 satha(松葉)의 어근 sat은 만주의 고어에서 솔(松)의 뜻을 지닐 수도 있을 것이다. 문살, 떡살의 '살'과 화살의 '살' 등이 모두 나무로 된 것이다. 이 '살(木)'은 솔(松)과 동원어(同源語)가 아닌가 한다. matsu (松)〔日〕. 일본어 matsu(松)의 어근 mat은 국어 말(橛, 木)의 고형 '맏' 과 동원어라 여겨진다.

솔² 圀 刷, 刷毛, 炊箒

가마솔, 풀솔, 구둣솔, 칫솔 등의 '솔'이 명사로 쓰이는데, 처음에 쓰인 솔은 가마솔이라 하겠다. 가마솔의 '솔'은 솔뿌리(松根)의 '솔'로 만들었 던 것이다. 따라서 가마솔의 '솔'의 어원은 솔(松)일 것이다. 가마에 쓰인 '솔'은 솔(松)이었지만, 그러나 구둣솔, 칫솔 등은 털(毛)로 만들었고 나 중에는 이 솔이 털에서 화학제품으로 바뀌었다고 하겠다. 풀 바르는 풀 솔은 '풀결'이라고도 하는데, '결'은 '갈(髮)', 구렛나루의 '굴'과 동원어(同 源語)일 것이다. 일본어에 ke(毛)가 있다. ¶솔(刷)《物譜, 服飾》, 솔(炊 箒)《朴重中11》.

솔개 圀 鷹

'솔개'는 매과의 새로 '솔개미'라고도 한다. ¶소로기(솔개)《柳物一羽》. 소 로기는 '소로'와 '기'의 합성어다. '기'는 수기(장끼)《蘆溪陋巷》의 '기'로서 새(鳥)의 뜻을 지닌다. 비도로기(鳩)《時用維鳩》의 '기'도 새(鳥)의 뜻을 지닌다. 왜가리, 딱다구리, 병마구리, 꾀꼬리(黃鳥) 등의 '가리, 구리, 고리' 등이 새(鳥)의 뜻을 지니는 말인 것이다. 솔개의 '개'는 '가이'가 준 말로서 '갈〉갈이〉가이〉개'의 변화라 하겠다. 소리기(솔개)《陶山別曲》도 있다.

솜 圀 綿

'솜'은 실(絲)의 원료가 된다. ¶소옴(綿)《字會中24》. 소옴의 '옴'은 접미사 다. '옴'은 위 음절이 폐음절어(閉音節語)일 때 붙는다. '솔옴〉소옴'의 변 화일 것이다. '솔'이 어근이다. 실(絲)과 동원어(同源語)일 것이다. silgə

(糸)〔滿〕, sə(絲)〔滿〕, silgek(糸)〔蒙〕. 어근 sil, sə 등이 국어 '실'과 동원어일 것이다. 한편 소옴은 '소'와 '옴'의 합성어로 볼 수도 있다. 소옴의 '옴'은 옷(衣), 올(縷)과 동원어로 볼 수 있을 것이다.

솟다 图湧

'솟다'의 어근은 '솟'으로서 물의 뜻을 지닌다고 하겠다. '솓)솟'의 변화다. ¶물소술 용(湧)《字會下11》. 소(潭)는 '솓)솔)소'의 변화로서 물의 본뜻이 있다. 서리(霜), 싯다(洗), 십(泉)의 조어형(祖語形) '설(섣), 신(싯), 숟(술)' 등에서 물의 뜻을 지니고 있음을 보여주고 있다. syəri(泉)〔滿〕, su(水)〔터키〕, sulamak(물을 주다)〔터키〕, sulu(물기가 있다)〔터키〕. 터키어에서 sul이 물의 뜻을 지니고 있으며, 만주어 syəri의 어근 syər는 sət로 소급되며 물의 본뜻이 있다. 솟다의 어근 '솟(솓)'이 물의 뜻을 지니고 있다고 하겠다.

솟대 图長棒, 長竿, 鳥竿

'솟대'는 마을에 높이 세워서 신앙의 대상으로 삼는 긴 장대인데, 의미가 확대되어 농가에서 다음해의 풍년을 비는 뜻으로 볍씨를 주머니에 담아 높이 달아매는 장대 또는 과거에 급제한 사람을 위하여 그 마을 어귀에 높이 세우는 장대 등의 뜻으로도 사용된다. 솟대는 '소'와 '대'의 합성어라 하겠다. 함경도에서는 '솔대'라고 한다. '솔대'의 '솔'은 새의 이름으로 생각해 볼 수 있다. ¶소로기(솔개 鳶)《柳物一羽》, 쇼로기(鳶)《類合上12》, 쇼로개(鳶)《物譜羽》, 쇼리(鳶)《東言》. 소로기의 어근은 '솔'이다. 한편 수리(鷲)의 어근은 '술'이다. 솟대는 조간(鳥竿), 연간(鳶竿)의 어원적 의미를 지닌다고 하겠다. 한편 '솔'은 나무의 본뜻을 지니고 있을 수도 있다. 창살, 떡살의 '살'이 나무의 뜻을 지니며, 시렁(柵)의 어근 '실', 삿대의 '사'도 나무의 본뜻을 지닌다. 곧 이음동의어(異音同義語)의 합성어가 된다. 이 솟대는 제천의식(祭天儀式)과 관련이 있다고 보고 있다. 그러나 이 대 위에 앉아 있는 새들이 모두 북쪽을 향하고 있다는 것을 염두에 둔다면, 천신(天神)과의 관계보다 북방, 즉 우리 민족의 발생지와 관련된다고 볼 수 있다.

송골매 명 松鶻, 海靑

'송골매'는 '송'과 '골'과 '매'의 합성어다. '매'는 '마이'가 준 말로서 '맏〉말〉말이〉마이〉매'의 변화다. 말똥가리의 '말'이 '매'의 조어형(祖語形) '말'과 동원어(同源語)다. ¶송골(海靑)《字會上15》. syongkhon(海靑)〔滿〕, syong khoro(海東靑)〔滿〕. 송골은 만주어 syong khoro와 동원어라 여겨진다. 그러나 송골의 '골'은 새(鳥)의 본뜻을 지니는 말이라 여겨진다. kasha(鳥)〔滿〕, kuş(鳥)〔터키〕, donggar(鷹)〔蒙〕, mang galagu(鷹)〔蒙〕. 어근 kas, kus 등이 새(鳥)의 본뜻을 지닌다.　　　　　　　　**▷ 매(鷹)**

송곳 명 錐

'송곳'은 '송'과 '곳'의 합성어다. ¶솔옷(송곳)《字會中14》, 손곳(송곳)《類合上28》. 솔옷은 '솔'과 '옷'의 합성어다. 솔옷의 '솔'은 칼날(刃物)의 뜻을 지닌다고 하겠다. 서슬(刃)의 어근 '섯(섣)'과 '솔'은 동원어(同源語)라 여겨진다. sələmə(短劍)〔滿〕, salbaho(쟁기)〔蒙〕, suifun(錐)〔滿〕, suhə(斧)〔滿〕, syusin(끌)〔滿〕. 어근 səl, sal 등이 칼날(刃物)의 뜻을 지니고 있음을 보여주고 있다. 솔옷의 '옷'은 '곳'이 ㄹ 아래에서 ㄱ이 탈락한 형으로 볼 수 있다. '곳'도 도검류(刀劍類)의 뜻을 지닌다. 칼의 고형 '갈(간)'과 동원어가 된다. 일본어에는 kiri(錐)가 있다. 어근이 kir이다. 일본어에 karu(쟁기), kiru(切)의 어근 kar, kir는 국어의 '갈(刀)'과 동원어다. 그러나 '옷'은 오리다(切)의 어근 '올(옫)'일 수도 있다. ulmə(針)〔滿〕, ürüm(錐)〔蒙〕, otollho(切)〔蒙〕, alaho(殺)〔蒙〕, arak(鎌)〔터키〕, öldürmek(殺)〔터키〕. 어근 ul, ür, ot, al, or, öl 등이 칼날(刃物)의 뜻을 지니는 명사라고 볼 때, '옷'이 칼날(刃物)의 뜻을 지닌다고 보겠다. 송곳의 '송'은 '솓〉솔〉소〉송'의 변화다. '곳'은 '곧〉곳'으로서 칼날(刃物)의 어원적 의미가 있다.

쇠　명鐵

'쇠'는 '소이'가 준 말이고, '이'는 명사에 붙은 접미사다. '이' 접미사가 붙었다는 것은 위에 오는 말음(末音)이 자음이었음을 보여 주고 있다. ¶쇠(鐵) : 쇠 금(金), 쇠 텰(鐵)《字會中31》. '솔〉솔〉솔이〉소이〉쇠'의 변화다. 밥 짓는 솥(솥)은 '솔'의 말음 ㄷ이 ㅌ으로 변한 것이다. sələ(鐵)〔滿〕, sələ(鐵)〔女〕, sələ(鐵)〔나나이〕. 어근 səl은 sət이 조어형(祖語形)으로서 쇠의 조어형 '솔'과 동원어(同源語)가 된다.　　　　　　　　　　🔜 솔

쇠다　동過生日, 過年, 過節日, 祝

'쇠다'는 설, 생일, 환갑, 명절 등의 날을 즐겁게 지낸다는 뜻의 동사다. 설을 쇠다, 환갑을 쇠다, 명절을 쇠다와 같이 쓰인다. 쇠다의 어간은 '쇠'이고 명사로서 '솔〉솔〉솔이〉소리〉소이〉쇠'로 변했다. 조어형(祖語形) '솔(솔)'은 설(元旦), 살(歲) 햇살의 '살'과 동원어(同源語)로서 해의 본뜻을 지닌다. sora(空)〔日〕, sarasu(晒)〔日〕. 어근 sor, sar와 동원어가 된다고 하겠다.　　　　　　　　　　　　　　🔜 설(元旦)

수　명雄

암수의 구분은 무엇을 기준으로 했을까? ¶수 웅(雄)《字會下7》. erkek(男)〔터키〕, erkek(雄)〔터키〕, ere(男)〔蒙〕, erektei(男)〔蒙〕, əmirə(雌)〔滿〕, amira(雄)〔滿〕. 터키어를 보면 남성, 수컷(男, 雄)의 뜻을 지니는 말이 동원어(同源語)임을 알 수 있다. 만주어에서는 '암수(雌, 雄)'의 뜻을 지니는 말이 모음변이(母音變異)에 의해 분화됨을 알 수 있다. 따라서 수컷(雄)의 뜻을 지니는 말은 사람(人) 또는 남성(男性)의 본뜻을 지니는 말과 동원어일 것이다. 손(丁), 션비(士), 손(客)의 '손, 션, 손' 등이 남성, 사람(男, 人)의 본뜻을 지닌다. 사람(人)의 어근 '살(삼)'과 동원어가 된다고 하겠다. saton(親戚)〔蒙〕, satun(親家)〔滿〕, sadon(姻戚)〔國〕, salgan(妻)〔滿〕. 어근 sat, sal 등이 사람(人)의 본뜻을 지닌다고 하겠

다. '수'는 '순〉술〉수'의 변화로서 어원적 의미는 사람, 남성(人, 男)의 뜻을 지니는 말이라 하겠다.

수건　圏 手巾, 帨

'수건'은 한자어 手巾(수건)에서 온 말이다. ¶쥬련 爲帨(女子의 수건, 차는 수건)《解例用字》.

수레　圏 車, 輛, 輻, 軿, 輿, 輅, 輦, 輞, 轉, 轂, 軒

'수레'의 어근은 '술'이다. 고대의 수레는 목재라는 것은 두말할 것도 없다. 그러한 면에서 '술'은 나무의 본뜻을 지니는 말일 것이라고 하겠다. 창살, 떡살, 화살의 '살'이 나무의 본뜻을 지닌다고 하겠다. 섯가래는 '섯'과 '가래'의 합성어가 된다고 하겠는데, 이음동의어(異音同義語)의 합성어가 된다고 하겠다. 긷(柱), 구유(槽)의 고형 구수의 어근 '굳, 그루(株)' 등이 나무의 본뜻을 지니고, 고구려 지명어에 보이는 斤乙(木)이 있다. 섯가래의 '섯'도 나무의 본뜻을 지닌다고 하겠다. 시렁(柵)의 어근 '실'이 나무의 뜻을 지닌다. sal(筏)〔蒙〕. ¶술위(車) : 蜀道애 사호맷 술위 하니라(蜀道足戎軒)《杜初8:7》. 15세기에는 술위《龍5:33》인데, '술'과 '위'의 합성어라 하겠다. '위'도 실사(實辭)일 것인데, 나무(木)의 뜻을 지닌다고 하겠다. '위'는 '욷〉울〉울이〉우이〉위'의 변화일 것이다. ağaç(木)〔터키〕, oduncu(木樵, 나무 벰)〔터키〕, orman(林)〔터키〕. 터키어에서 od, or가 나무(木)의 뜻을 지닌다. 술위의 '위'가 나무(木)의 뜻을 지닐 것이라고 여겨진다.

수리　圏 鷲, 雕, 鶚

'수리'의 어근이 '술(숟)'인데, 새(鳥)의 고형 '삳(살)'과 동원어(同源語)가 아닌가 한다. 조류 중 왕자는 수리라 하겠다. ¶수리 츄(鷲)《字會上15》. 일본어 karasu(烏), uguisu(鶯), hototogisu(杜鵑)의 su는 국어 새(鳥)와 동원어일 것이다. 솔개, 소리개는 수릿과에 딸린 새로서 매보다 큰 새다. 수리의 어근 '술, 솔'은 동원어가 된다.

수릿날 명 端午日

단옷날을 '수릿날'이라고 한다. 이 날은 수리취잎을 쌀가루와 함께 찧어 둥글게 만든 떡을 해 먹는다고 수릿날이라 이름하게 되었다는 민간어원이 있다. 《東國歲時記》 음력으로 5월 5일의 '5'는 한자 오(午)와 음이 같고 오(午)는 낮오(午)다. 午月午日인 셈이니 해가 겹친 날이 된다. 낮의 조형은 '낮'이 된다. 날은 태양의 뜻이다. 몽골어에 naran이 태양의 뜻인데 어근 nar는 국어 '날'과 일치한다. 端은 '始'이며 五는 午이므로 端五라고도 하고 端陽, 重五, 重午라고도 한다. 이날은 1년 중 가장 양기(陽氣)가 왕성한 날로 여기고 이날 쑥을 뜯고 여인네들은 창포 삶은 물로 머리를 감는다. 이날 뜯은 쑥은 가장 왕성한 태양의 기를 받아 약효가 있고 창포도 이날은 양기를 받아 그 물에 머리를 감으면 건강하고 아름다워진다는 것이다. 단옷날에는 아침 상추밭에서 이슬을 받아 얼굴에 바르면 피부가 고와지고 건강에 좋다고 한다. 단옷날 대추나무 시집 보내기가 있고 단옷날 강릉에서는 대관령의 서낭을 모셔다가 강릉단오제를 벌인다. 이날 탈놀이가 있고 씨름과 그네놀이를 하는 등 큰 잔치를 베푼다. 결국 이날은 태양의 축제라 하겠다. 설(元旦), 설(年齡). 햇살의 '설, 살' 등이 태양의 옛말이다. '설을 쇠다'라고 하는 '쇠다'의 어근은 '쇠'인데 '소이'가 줄어든 말이고 '솓>솔>솔이>소이>쇠'가 된 것으로 태양의 뜻이 있다. 일본어 sora는 하늘의 뜻을 지닌다. '하늘'의 어원은 해의 뜻이 겹친 말이다. '하'는 '해', '늘'은 '날'에서 변한 말이다. 일본의 sora는 국어 '설, 살, 솔' 등이 건너가서 하늘의 뜻을 지닌다. 수릿날의 '수리'는 해의 뜻을 지닌 '살·설·솔'에서 변한 순수 옛말이고 수릿날은 태양의 날, 태양의 축제날이다. 해님에게 그해 농사의 풍요와 건강을 기원하고 태양신에게 감사하고 기뻐하던 큰 잔칫날이라 하겠다. 午는 '낮'의 뜻을 지니는 말로서 어원적인 의미는 해이다. 고대인들의 태양숭배사상에서 비롯한 명절로서 유지되어 내려오는 유일한 태양의 축제라 하겠다. 중국인들은 단옷날을 굴원(屈原)이 멱라수(汨羅水)에 빠져 죽은 것을 슬퍼하는 날이라고 한다.

이는 종름(宗懍)이 지은 『형초세시기(荊楚歲時記)』에 나오는 것이다. 우리나라 『동국세시기(東國歲時記)』에는 "5월 5일 천중절(天中節)에 위로는 하늘의 녹을 받고 아래로는 땅의 복을 얻어 치우(蚩尤)신의 구리 머리, 쇠 이마, 붉은 입, 붉은 혀의 4백 4가지 병이 일시에 없어져라, 빨리빨리 법대로 시행하라."는 부적을 주사(朱砂)로 박아 관상감에서 대궐에 올리면 문설주에 붙였다는 것이 있다. 붉은 악마의 상징이기도 한 치우와 관계있다. 또 『동국세시기』에는 "삼척 풍속에, 그 고을 사람들이 오금(烏金)으로 만든 비녀를 작은 상자에 담아 동헌(東軒) 동쪽 모퉁이에 있는 나무 밑에 감추어 두었다가 매년 단오에 아전이 꺼내어 제사를 지내고 다음날 도로 감추어 둔다. 전설에 그 오금 비녀가 고려 태조 때의 것이라 한다. 그러나 그 제사 지내는 뜻이 무슨 까닭인지 알지도 못하고 그냥 행사가 되어 버렸다. 이를 官에서도 금지하지 못한다."라고 했다. 이 오금(烏金)이 바로 태양을 상징하는 것이 아닐까 여겨진다. 삼족오(三足烏)가 태양신이다.

수수께끼　　명 謎, 謎語

'수수께끼'는 '수수겨기'가 변한 말이다. '수수겨기'의 '수수'는 말의 뜻을 지닌다. '수수'의 어근은 '숫(숟)'이 되는데, 사뢰다의 옛 표기인 솗다《龍22》의 어근 '솗, 솔'이 말의 뜻을 지닌다. 사뢰다(奏)의 어근 '살'이 말의 뜻을 지니는 명사로서 소리(聲, 語, 歌, 音)의 어근 '솔'과 동원어(同源語)가 된다. ¶수ᅀᅳ다(떠들다)《杜重17:29》, 수ᅀᅳ다(떠들다)《杜初10:20》, 수ᅀᅳ워리다(떠들어대다)《杜16:54》. 반치음(半齒音) 표기라고 일컫는 △는 ㅅ유지형과 탈락형이 병존할 때 쓰이는 부호다. 수ᅀᅳ다는 수수다로 재구(再構)되며 어근이 '숫(숟)'이다. '수수'의 어근 '숫'과 일치하고 있다. '겨기'는 겨루다의 뜻으로 겨루기의 뜻이 된다. '수수겨기'는 '말 겨루기'의 본뜻을 지니는 말이라 하겠다. 방언에는 '수수젯기, 수시접기, 수수잡기, 쉬수꺼끼' 등이 있다. 일본어 nazonazo(謎謎)의 nazo의 어근은 naz(nat)인데, 어원은 말(語)의 뜻을 지닌다고 하겠다. nori(神語, 天皇語)〔日〕, norito(祝詞)〔日〕, norou(呪)〔日〕, nori(告)〔日〕. 어근 nor(not)는

국어 노래(歌)의 어근 '놀(논)'과 동원어가 된다고 하겠다. nazo(謎)의
어근 naz(nat)는 국어 노래(歌), 니르다(謂)의 어근 '놀, 닐'과 동원어가
된다.

수염 　명 鬚髥

'수염'은 한자어로 '턱수염 수(鬚)'와 '구레나룻 염(髥)'의 합성어다.

수작 　명 酬酌

'수작(酬酌)'은 한자어로서 '술잔을 서로 주고받는 것'을 뜻했다. 갚을 수
(酬)와 잔질할 작(酌) 자의 합성어인데, 酌 자는 잔을 나타낸다. 수작은
잔을 권하는 것, 곧 술을 권하는 것을 뜻하였다. 그러나 지금은 수작이라
는 말은 '서로 말을 주고받는 것, 또는 주고받는 말, 남의 말이나 행동을
업신여겨서 이르는 말'로 쓰이고 있다.

숙다 　동 垂, 傾, 俯首

머리 숙이다, 고개 숙이다와 같이 주로 숙이다는 머리와 관련되어 있다.
¶숙다(숙다) : 숙거신 엇게예《樂軌處容》, 고개 숙다(穗子下垂)《漢224d》.
어근 '숙'은 '숟〉술〉슭〉숙'의 변화일 것이다. sage(下)〔日〕. 어근 sag는
국어 '숙'과 동원어(同源語)일 것이다. 정수리의 '수리'의 어근 '술'이 머리
(頭)의 뜻을 지닌다. salagadaho(머리를 흔들다)〔蒙〕. 어근 sal이 몽골
의 고대어에서 머리(頭)의 뜻을 지니고 있었던 말임을 알 수 있다. '고개
를 설레설레 젓는다. 머리를 살래살래 흔든다'의 '설레설레, 살래살래'의
'설, 살'이 고어에서 머리(頭)의 뜻을 지니고 있었던 말임을 알 수 있다.

숙신 　명 肅愼

고조선 시대 만주 동쪽에 거주하면서 수렵생활을 하던 부족이다. 만주사
상(滿洲史上) 최고(最古)의 민족이며 그 명칭은 중국 사서(史書)인 『삼

국지』「위지」「동이전」에 기록되어 있다. 식신(息愼), 직신(稷愼) 등으로 나타나고 있다. 고구려 서천왕(西川王) 때에 그 일부가 우리나라에 복속(服屬)되었으며 광개토대왕 8년(398)에 완전히 병합되었다. 후에 숙신의 후예로 추측되는 읍루(挹婁), 말갈(靺鞨)족이 일어났다. 숙신(肅愼)의 신(愼)이 사람의 뜻을 지닌다고 하겠는데, '어르신'의 '신'이 사람의 뜻을 지닌다. ¶손 뎡(丁)《字會中2》, 션비(선비)《龍80》. '손, 션'의 어원적 의미는 사람이다. '신'과 '손, 션'도 사람의 뜻을 지니는 동원어라 하겠다. sadun(親家, 親類, 姻戚)〔滿〕, saisa(人, 賢者)〔滿〕, salingga(自專的人)〔滿〕, sargan(妻)〔滿〕, siden(證人)〔滿〕, sidan(未成年者)〔滿〕, solon(一部族의 이름)〔滿〕, husun(工人)〔滿〕, baisin(白人)〔滿〕, ajlsin(客人)〔에벤키〕, adʒilsin(工人)〔에벤키〕. 숙신(肅愼), 식신(息愼), 직신(稷愼)의 공통되는 것은 '신(愼)'이다. 肅, 息, 稷의 末音 'ㄱ'이 공통이며 '숙, 신'은 숟〉술〉숡〉숙, 신〉실〉싥〉식. 사람의 '살'과 동원어일 개연성을 열어놓는다. si(二人稱)〔滿〕, sini(너의)〔滿〕, sində(네게)〔滿〕.

순대   〔명〕 香腸, 猪血灌腸

돼지의 창자 속에 쌀, 두부, 나물 따위를 양념하여 이겨 넣고 삶은 것을 순대라고 하는데, 기본 재료는 돼지의 장이다. ¶비술(內臟)《法華2:105》. 비술은 '비'와 '술'의 합성어라 하겠는데, '술'의 원형은 '숟'이라 하겠다. '술'이 곧 내장을 뜻한다고 하겠는데, 장(腸)의 뜻도 지니고 있다고 하겠다. 배알은 '배살'의 ㅅ탈락형이다. 배알은 다시 '밸'로 축약된다. '살'의 고형은 '삳'이 된다고 하겠다. 순대의 원형은 '수대'가 된다. '순'의 말음 ㄴ은 ㄷ 위에서의 개입음(介入音)이다. '수대'의 어근은 '숟'이다. '숟'에 '애' 접미사가 붙어서 '수대〉순대'로 되었다. 순대의 어원은 내장, 장의 뜻을 지닌다고 하겠다. '반디, 빈대, 순대'와 같이 ㄷ 위에서는 ㄴ이 개입된다.

➡ 반딧불

숟갈 명匙

'숟갈'은 '숟'과 '갈'의 합성어다. ¶술(匙) : 혼 술만 프러 머그면《救簡6:13》. '숟'은 한 술, 두 술의 '술'의 고형이다. 일본어 saji(匙)를 보면 어근 saj(sat)가 되는데, 국어 '숟'과 동원어(同源語)가 된다. '숟'은 그 재료가 철제이기 때문에, 솥(釜)의 고형 '솓'은 쇠(鐵)의 고형도 된다. '솓〉솔〉솔이〉소이〉쇠'의 변화로서 '솓'이 조어형(祖語形)이다. 숟갈의 '갈'도 '숟(匙)'과 동의어라 하겠는데, 청동기 시대에는 '갈(匙)'이었을 가능성이 있다. 터키어 kaşik(匙)이 있는데, 어근 kaş(kat)가 있다. 구리(銅), 거울(鏡)의 어근은 '굴, 걸'이라 하겠는데, '갈'과 동원어일 것이다. 칼(刀)의 고어 '갈'도 청동기 시대의 말이라고 하겠다. 거울이 청동기 시대어라 하겠는데, 거울의 시초는 구리거울(銅鏡)이었다. 한편 '갈'은 철제 전에는 목제의 숟갈이 쓰였기 때문에, 그 어원이 나무일 수도 있다. 가지(枝)의 고어 '갇(木)', 그루(株)의 어근 '글'이 나무의 본뜻을 지닌다. 숟갈은 숟갈(匙)의 뜻을 지니는 이음동의어(異音同義語)일 가능성이 있다고 하겠다. 숟갈의 어원적 의미가 둘 다 나무의 뜻일 수도 있다. 창살, 떡살의 '살'이 나무의 어원적 의미를 지니고 있다. 삿대(竿)의 '삿'의 고형이 '삳'이다. '삳'은 나무의 본뜻을 지닌다. 숟갈의 '갈'은 손(手)의 뜻일 개연성도 있다. '술'이 손의 작용을 한다. 홀손과 비교된다. 숟갈의 어원은 '숟(鐵)과 '갈'(銅), '숟'(木)과 '갈'(木), '숟'(鐵)과 '갈'(手)의 세 가지로 풀어볼 수 있다. 유구어(琉球語)에 kai(匙)《黑島》, surakai(匙)《石拒島》의 kai는 kari에서 변한 말이다. surakai의 고대어는 sulkal일 것이다. 유구어에 kal이 있다는 것을 보면 '갈'이 나무라는 뜻일 것이다.

술 명酒

'술'의 속성은 물이다. ¶蘇字(酒)《類事》, 數本二(酒)《譯語》, 술(酒)《杜初8:61》. 술(酒)을 뜻하는 말로 '수블'과 '술'의 쌍형이 쓰였음을 알 수 있다. 일본어에서 술을 뜻하는 말로 고형은 sasa(酒)이고 그 후에 생겨난 sake(酒)가 있다. sasa(酒)의 어근은 sas(sat)인데, 국어 술의 고형

'숟'이 건너간 것이다. sake(酒)는 국어에서 '술'일 때 건너간 말이다. 국어 : 일본어. 달(月) : tsuki(月), 굴(蠣) : kaki(蠣), 돌(梁, 渠) : taki(瀧), 술(酒) : sake(酒). 그러니까 일본어에도 sasa와 sake의 쌍형이 있다는 것은 국어가 일본에 건너갈 때 어느 한 시기에만 건너간 것이 아니라 통시적으로 건너갔다는 것이 된다. 몽골어에 sarxod(酒類), siruzu(酒精), 만주어에 sarin(酒宴)의 어근 sar, sir가 국어 술과 동원어(同源語)임을 보여주고 있다. '수블' 형은 '수'와 '블'의 합성어라 하겠다. 술의 어원적 의미는 물의 뜻을 지닌다고 하겠다. 터키어 su(水), sulamak(물주다), sulu(물기가 있다)의 어근 sul이 물(水)의 어원적 의미가 있다. 일본어 sosogi(注), susugi(濯, 滌)의 어근 sos, sus는 sot, sut이 고형으로서 물의 뜻을 지니고 있다고 하겠다. '수블'의 '블'도 술(酒)의 뜻을 지니고 있었던 말이라고 여겨지며 그 어원적 의미는 술과 같이 물의 뜻을 지니고 있다고 하겠다. 바다(海), 붓다(注), 비(雨)의 어원 '밧〈붓(붇), 비(빈)' 등이 물의 뜻을 지니고 있다고 하겠다.『계림유사(鷄林類事)』의 蘇孛(소블)과 『조선관역어(朝鮮館譯語)』의 數本二(수블)은 동궤(同軌)의 말이라 하겠다.

숨 명息

'숨'은 '숟〉술〉술움〉수움〉숨'의 변화다. ¶숨(息)《字會上28》. '숨을 쉬다'에서 어간 '쉬'는 명사로 '숟〉술〉술이〉수이〉쉬'의 변화다. 숨의 조어형 '숟(술)'은 살다(生)의 어근 '살'과 동원어일 것이다. suman(한 곳에 모인 氣)〔滿〕, sukdun(天地萬物間의 氣, 사람의 氣)〔滿〕. 숨은 어떤 면에서 기(氣)와 동위개념어(同位槪念語)라 하겠다. 숨이란 氣를 빨아들이고 내보내는 것이기 때문에, 숨은 곧 氣며, 氣는 곧 숨(息)이라 할 수 있을 것이다. 살다(生)의 어근 '살'과 동원어(同源語)라 여겨진다. 일본어에서 명사 iki(息)가 ikiru(生)의 동사가 되는데 iki가 공통된다. 일본어에서 생사(生死)의 生이 숨의 뜻에서 비롯된다. 생활하다라는 뜻인 '살다'의 어근 '살'은 해(태양)의 뜻을 지닌다고 하겠다. 일본어에서 kurasu가 생활하다의 뜻인데, 어근 kur는 해의 본뜻을 지닌다. 일본어에서

kurasu의 한자어로는 暮(저물 모) 자를 쓰는데 日(날 일) 자가 들어 있다.

▶ 설(元旦)

숨다　動隱, 匿

'숨다'의 어간 '숨'은 명사가 된다. '숨'은 '순〉술〉술움〉수움〉숨'의 변화를 거친 말이다. ¶숨다(隱) : 묏고래 수머 겨샤《釋6:4》. 숨다의 대가 되는 말은 '나타나다'다. 나타나다의 어근 '낱'은 '낟'으로 소급된다. 나타나는 것은 눈(視覺)에 들어오는 것이고, 숨는 것은 눈에 들어오지 않는 것을 일컬음이다. '순, 술'은 눈의 뜻을 지니는 말이라 하겠다. 살피다의 '살', '설믜'《樂軌處容》의 '설' 등이 눈의 뜻을 지니는 말이라 하겠다.

▶ 살피다, 눈설미

숨바꼭질　名 捉迷藏

'숨바꼭질'은 술래가 눈을 감고 있는 사이에 다른 사람들은 술래가 찾지 못하도록 몸을 숨기는 놀이다. 따라서 술래의 행동과 숨는 사람의 행동으로 나뉘는 놀이다. ¶숨막질 : 녀름내 숨막질ᄒᆞᄂᆞ니(一夏裏藏藏眛眛)《朴初上18》, 숨박질 : 숨박질(迷藏)《物譜, 博戲》, 수믓겨기 : 한 녀름은 수믓겨기 ᄒᆞᄂᆞ니라(一夏裏藏藏眛眛)《朴重上17》. '숨막질'과 '숨박질'이 같이 나오는 것은 우리말에서 ㅁ과 ㅂ의 교체현상으로 볼 수도 있고 또 어휘형성 자체가 다르다고 볼 수도 있다. 『박통사(朴通事)』 초간본에서는 숨막질로 나오고 중간본에서는 수믓겨기로 나오는 것이 특이하다. 수믓겨기는 '숨'과 '웃'과 '겪이'의 합성으로 볼 수 있다. 다양한 방언형이 나타난다. 제주 방언에서는 '곱을래기, 고봄재기, 곱을락, 곱음재기' 등이 나타나는데, '곱다'는 감추다라는 의미다. 함경북도 방언에서는 '곰칠래기, 술레잡기, 숨길래기, 숨바꼭질, 숨박꼭지, 숨박꼭질, 성기각질, 슴길래기, 신길래기, 신길내기' 등이 나타나는데 '곰치우다'는 숨다의 뜻이다. 평안북도 방언에서는 '숨기내기, 숨을래기, 숨막질' 등이 나타난다. 그밖에 '술레잡기, 까막잡기, 숨을내기, 찾기날기, 숭금막질, 숨기마중, 슴기새기, 심꺼

박질' 등이 곳에 따라 쓰이고 있다. 일본어는 kakurenbo(隱坊)이며, 현대 중국어는 捉迷藏(zhoūmícáng)이다. 이상에서 보면 숨바꼭질은 숨는 행위와 찾는 행위로 이루어지나 숨는 행위(隱, 匿, 藏)에 초점이 맞추어져 있음을 알 수 있다. 숨바꼭질은 '숨'과 '박'과 '곡'과 '질'의 합성어다. 숨바꼭질의 '숨'은 숨다의 '숨'이다. '박'은 박다의 어간 '박'이고 '숨어 박혀 있다'의 뜻이라고 하겠다. '곡'은 곳(處)이 변한 말일 가능성이 있다. '질'은 되풀이되는 동작이나 행동을 나타내는 접미어다. 숨어 박혀 있는 곳을 찾아내는 행동이라는 뜻을 지닌다고 여겨진다. 한편 숨막질과 숨박질을 보면 '막'과 '박'이 있는데, 이를 숨기는 대상으로 보면, 머리가 될 것이다. 숨바꼭질할 때 부르는 노래에 "꼭꼭 숨어라. 머리카락 보일라"가 있다. 곧 숨기는 대상이 몸 전체이지만 머리가 중요함을 나타내는 말이다. 곧 머리를 숨기는 행위라고 볼 수 있다. 또 '막'과 '박'을 몸으로 볼 수도 있다. '꼭'은 나중에 들어간 것을 알 수 있는데, 이는 '꼭꼭'의 '꼭'은 '꼭대기' '꼭두새벽'의 '꼭'과 동원어로서 머리의 뜻을 지닌다고 하겠다.

숫돌　圈 碬, 礪, 砥

'숫돌'은 '수'와 '돌'의 합성어라 하겠다. '수'의 조어형(祖語形)은 '숟'으로서 '술)수'의 변화라 하겠다. ¶숫돌 단(碬)《字會中18》, 礪는 뿟돌히니《楞1:37》. siroga(土)〔蒙〕, 실(谷)〔高句麗〕, 스래(이랑)《靑p.50》. 어근 '실'이 흙(土)의 뜻을 지니고 있음을 알 수 있다. suna(砂)〔日〕. 일본어 suna도 국어 '실'과 동원어(同源語)일 것이다. 숫돌의 '수'도 어원적으로는 돌(石)의 뜻을 지니고 있을 것이다.

숭늉　圈 飯湯, 炊湯, 熟冷

'숭늉'은 밥을 푸고 난 뒤 눌은 밥솥에서 데운 물이다. ¶숙닝 炊湯《柳物五水》, 슝닝 먹듯(熟飮)《痘經20》, 웃목의 참 숙융을 벌쩍벌쩍 켜난 더위《靑大p.146》. 숙닝, 슝닝이 문헌에 보인다. 숙닝〉슝닝→숭늉. 한자말 '숙랭'(熟冷)이 변한 말이다. 사투리에 '숭냉, 숭냥, 숭녕, 숭능' 등이 있다. 숙

(熟)은 '익을 숙' 자이고 냉(冷)은 '찰 랭'으로서 찬물을 익힌 것이란 뜻이
된다.

숯　图炭

'숯'은 '숟'이 원형일 것이다. 숯은 그 재료로 볼 때에는 나무의 본뜻을
지닐 것이고, 불(火)로 볼 때에는 불의 본뜻을 지니는 말이 어원이 될
것이다. ¶숫 탄(炭)《字會中15》. kömür(炭)〔터키〕, kurum(煤)〔터키〕, gal
(火)〔蒙〕. 터키어를 보면 숯(炭)의 어원이 불의 뜻을 지니고 있음을 짐작
할 수 있다. 터키어 kara(黑)는 火의 뜻을 지니는 gal(火)과 동원어(同
源語)라 하겠다. 따라서 국어 숯은 '숟'으로 소급된다. 사르다(燒)의 어근
'살'이 불의 뜻을 지닌다고 보겠다. 일본어 sumi(炭)는 국어 숯과 동원어
일 것이다.

숱　图 毛髮的疏密程度

'숱'은 머리털 등이 많고 적은 정도다. ¶꼬리 숫흐고 귀 큰 개(藏狗)《漢
430a》. '숫하다'는 숱이 많다의 뜻을 지닌다고 하겠다. '숱하게'는 아주
많게의 뜻이다. 평안도 방언에 '수태'는 부사로서 아주의 뜻을 지닌다.
여러 가닥의 끈이나 실을 '술'이라고 하는데, '숱'과 동원어(同源語)다.
술의 고형은 '숟'이다. 숱하다는 '숱이 많다'에서 '아주 많다'의 뜻으로 전의
되었다.

쉬¹　图尿, 溲

어린이의 오줌을 누일 때 '쉬'라고 하는데, '쉬'가 어린이말로서 오줌을
뜻한다. 흔히 '쉬'는 의성어로 생각하고 있으나, '쉬'는 옛말에서 오줌의
뜻을 지니는 말이라고 여겨진다. '쉬'는 '수이'가 합친 말로서, '숟〉술〉술
이〉수이〉쉬'의 변화를 거친 말이다. 어원으로는 물의 뜻을 지니는 말이
다. 서리(霜)의 어근 '설'은 물의 뜻을 지니며, 만주어에서 syəri(泉)가

있다. 터키어에서 su(水), sulu(물기가 있다), sulumak(물을 주다)의 어근 sul이 물의 뜻을 지닌다. sitko(尿)〔日〕, sitəku(오줌싸기)〔滿〕, sitəmbi(放尿)〔滿〕, sigesü(尿)〔蒙〕, sidik(尿)〔터키〕. 일본어 sitko는 만주어 sitəku(오줌싸기)와 형태상으로 유사하다.

쉬² 몡 白蚱, 蠅卵

'쉬'는 구데기 또는 파리의 알을 가리킨다. ¶쉬(白蚱)《同文下42》. 쉬는 '수이'가 준말이고 '숟>술>술이>수이>쉬'로 변한 말이다. 만주어 sərə(蚱)의 어근 sər와 동원어(同源語)다.
■ 쉬파리, 서캐

쉬다¹ 동 休, 憩, 歇

'쉬다'는 하던 일을 잠시 그만두다, 잠을 자다의 뜻이다. 쉬다의 어근은 '쉬'로서 '수이'가 준말이다. 쉽다(易安)는 쉬다(休)와 동원어라 하겠다. yasumi(休)〔日〕, yasusi(易, 安)〔日〕. 일본어 yasumu(休), yasusi(易, 安)의 어근 yasu가 동원어임을 보여주고 있다. 한자 '休' 자는 사람 人변에 나무 木 자의 어우른 자이다. 나무 아래에 사람이 앉아서 모든 행위를 그만두고 쉰다는 뜻을 지니고 있는 것이다. 여기서 인간의 팔과 다리가 멎고 있다는 것이다. '쉬다'의 반대어는 '움직이다'인데 고어로 '뮈다(動)'가 있다. ¶뮐 동(動)《字會下3》. '뮈다'의 어근은 '뮈'이고 '무이'가 준말이다. 조어는 '묻(묻)'이다. '뮈다'의 동작은 주로 사람일 것이다. 따라서 '뮈다'의 행위자는 사람일 것이다. 조어 '묻(묻)'은 머슴, ᄆ릅(莊頭)의 어근과 동원어가 된다. '쉬다'의 행위도 사람일 것이다. 사람의 어근 '살'과 동원어일 개연성이 있을 듯하다.

쉬다² 동 饐, 餲

음식의 맛이 시큼하게 변하다, 음식이 상하다의 뜻이다. ¶쉴 애(饐)《字會下12》. '쉬다'의 어근은 '쉬'이며 '수이'가 줄어들었다. '숟(술)'이 조어다.

삭다(消), 석다(腐)의 어근 '삭, 설'의 조어형 '살(삳)', 설(섣)과 동원어라 하겠다.

쉽다 혱 易

'쉽다'는 '쉬다'가 원형일 것이다. 즉 '쉬다' 동사에 ㅂ이 첨가되어 형용사가된다. 즐기다→즐겁다, 반기다→반갑다, 쉬다(休)→쉽다(易)로 전성되었다고 하겠다. ¶쉽다(易) : 힘 어두미 쉬보니《蒙26》, 쉽사리(쉽살이)《鱗小8:38》, 쉽살ᄒ다(쉽고 가볍다)《小諺5:20》. yasumu(休)〔日〕, yasui(易)〔日〕. 일본어 yasumu(休)와 yasui(易)의 어원이 같음을 알 수 있다. 일본어 yasumu(休)는 nasumu가 고형이고 어근이 nas(nat)이다. 국어 놀다(遊)의 '놀(녿)'과 동원어(同源語)가 된다고 하겠다. 국어 쉬다의어간은 '쉬'인데, '숟〉술〉술이〉수이〉쉬'의 변화다. '숟'은 소리(音, 聲, 歌)라 하겠다. 쉰다는 것은 노래하며 즐기는 것일 가능성이 있다고 여겨진다. 쉽사리, 쉽살하다의 '사리, 살'이 쉬다의 '숟'과 동원어일 것이다.

슈룹 몡 雨傘

'슈룹'은 우산을 뜻하는 말인데, 현재는 쓰이지 않는다. ¶슈룹(爲雨繖)《解例用字》. agaŋga sara(雨傘)〔滿〕, silməŋgə sara(日傘)〔滿〕. 만주어에서 sara가 우산(傘)의 뜻을 지니고 있음을 알 수 있다. aga(雨)〔滿〕, syun(日)〔滿〕. 국어 슈룹의 어근은 '슡'이라 하겠는데, 만주어 sara(傘)의 어근 sar와 동원어(同源語)일 것이다. ¶삿갓(삿갓)《譯上43》, 삿(삿자리)《老上23》. 삿갓은 대오리나 갈대로 엮어 만든 것이므로 '삿'의 어원은 초목류(草木類)의 뜻을 지닌다고 하겠다. 삿자리는 갈대로 엮어 만든자리다. 옛날의 우산도 초목류로 만들었을 것이다. 그렇게 보면 슈룹의어근 '슡(슡)'은 초목류의 뜻을 지닐 가능성이 있다. 답싸리, 싸리 등의어근 '살'이 있고, 고사리의 '사리'의 어근 '살'이 있다. 새(草)《杜初7:2》는 '사이'가 줄어든 말이고, '삳〉살〉살이〉사이〉새'의 변화로서 풀의 뜻을 지닌다고 하겠다.

스님 　명僧

스승이 15세기 문헌에는 무당, 화상, 스승(巫, 和尙, 師)의 뜻을 지닌다. '스님'은 '스승님'의 준말이라 하겠다. ¶巫 : 녯 님그미 스승 스로몰 삼가시고(前聖愼焚巫)《杜初10:25》, 師 : 스승 ᄉ(師)《字會上34》, 和尙 : 和尙 온 스스을 니르니라《釋6:26》.　　　　　　▶스승(師)

스미다 　동透

'스미다'는 물이나 기름 따위가 배어드는 것을 말한다. ¶므리 스믜요몰(水泄)《金三5:31》, 스밀 민(泯)《字會下35》. 스믜다〉스미다. ¶싑다 : 피를 싑ᄃᆺᄒᆞ야(血如湧泉)《救方上59》. 싑다는 싑(泉)에서 전성된 동사다. ¶싑 : 싑爲泉《解例用字》. 싑〉샘. ¶시다 : 漏ᄂᆞᆫ 실씨라《法華1:24》. 시다의 어근 '시'는 'ᄉᆞ이'가 줄어든 말이고 '숟〉술〉술이〉ᄉᆞ이〉시'의 변화일 것이다. 숟(술)의 어원적 의미는 물(水)의 뜻을 지닐 것이다. ¶싀다 : 믈슬 삼(滲), 믈슬 루(漏)《類合下14, 24》. syəri(泉)〔滿〕, su(水)〔터키〕, sulamak(물주다)〔터키〕, sulu(물끼가 있다)〔터키〕. 어근 syər, su, sul을 얻을 수 있는데, səl, sul이 고형일 것이다. 국어 서리(霜)의 어근 '설'과 동원어가 된다고 하겠다. 싑은 '술임〉ᄉᆞ임〉싑'의 변화일 것이다. 시다는 '술〉술이〉시→시다'의 변화다. 스믜다의 어간 '스믜'는 'ᄉᆞ'와 '믜'의 합성어다. 'ᄉᆞ'는 물의 원의를 지니는 숟(술)과 동원어일 것이고, '믜'는 '믈〉믈이〉므이〉믜'의 변화다. 슬믈〉슬믈이〉스므이〉스믜〉스미다(透). simi(染, 얼룩)〔日〕, some(染, 물들임)〔日〕. 일본어sim, som은 국어 스믜다의 '스믜'와 동원어라 하겠다. 스믜다는 싑다(湧)의 어간 '싑'의 모음변이에 의한 어휘분화일 수도 있을 것이다.

스승 　명師

'스승'의 어근은 '슷'이고 '웅' 접미사가 붙었다고 하겠다. ¶스승(巫) : 녯 님그미 스승 스로몰 삼가시고《杜初10:25》, 스승(和尙) : 和尙온 스스을

니르니라《釋6:10》, 스승 스(師)《字會上34》. saman(巫)〔滿〕. 어근 sam이
되겠는데, 어원적 의미는 말(言)의 뜻을 지닌다고 하겠다. 말솜(말씀)《杜
初8:25》의 '솜'과 동원어(同源語)가 된다. 심방(巫)《楞8:117》의 '심'과
sam과는 동원어라 하겠다. 심방의 '방'의 어원적 의미는 사람(人)의 뜻을
지닌다고 하겠다. 서동요(薯童謠)에 나오는 서동방(薯童房)의 '방'과 동
원어로서 현대어에서는 앉은방이, 빌엉방이 등의 '방'과 동원어가 된다고
하겠다. 스승의 어근 '슷(슫)'도 saman, 심방과 같이 말(言)의 어원적
의미를 지닐 것이다. 소리(音, 聲, 言, 歌)의 어근 '솔(솓)'과 동원어가
된다고 하겠다. 그러나 한편 사람의 어원적 의미를 지닐 수도 있다. 션비
(선비)의 '션'이 '손(丁)'과 동원어로 사람의 어원적 의미를 지닌다고 하겠
다. 고대에는 사람의 뜻을 지니는 말이 부족명이 되고 나중에는 나라이름
까지 되는 등 존경어로 쓰였다. 신라의 둘째 왕인 남해차차웅(南解次次
雄)의 '次次雄'은 무당의 뜻을 지니고 있다. '次次雄'을 '스승'으로 읽을
개연성도 있다.

슬기　　图 慧, 聰氣

한자 聰(귀 밝을 총) 자를 보면 耳(귀 이) 변이 들어 있다. '귀가 밝다'의
뜻을 지니고 있는데, 이는 귀로 듣는 것에 대한 판단이 슬기롭다는 것이라
하겠다. 총기(聰氣) 있다는 말도 있다. 고로 '슬기'의 '슬'은 귀란 뜻을
지닐 가능성이 많다. ¶슬긔(慧) : 슬긔 혜(慧)《倭上22》, 슬긔는 글의셔
나는 일이오《癸丑p.38》. syan(耳)〔滿〕, surə(聰明)〔滿〕, čečen(聰明하다)
〔蒙〕, sonor(銳敏한 귀)〔蒙〕. 만주어 syan(耳)은 saran>saan>syan의
변화일 것이고, 어근은 sar이고 sat이 조어형(祖語形)이다. sure(聰明
하다)의 조어 sur와 귀(耳)의 조어 sar(sat)와는 동원어(同源語)일 수
있다. 몽골어에서 귀(耳)의 경어(敬語) sonor의 어근은 son이라 하겠는
데, sot이 조어형이라 하겠다. 국어에서 귓사대기, 귓샴할 때 '사, 샴'이
귀의 뜻을 지니는 말이다. '사'는 '산>살>사'의 변화다. '샴'의 조어는 산이
며, '산>살>살암>사암>삼>샴'의 변화일 것이다. 슬기의 '슬'은 귀(耳)의
뜻을 지닐 가능성이 많다. 슬기의 '긔'는 '그이'가 줄어든 말로서 '근>글>글

515　　　　　　　　　　　　　　　　　슬기

이〉그이〉긔'의 변화일 것이다. 아마도 귀(耳)의 조어형 '귿(귿)'과 동원어일 것이다. 슬긔는 귀(耳)의 뜻을 지니는 이음동의어(異音同義語)의 합성어가 된다. 그러나 슬기의 '슬'이 귀가 아니라 언어일 수도 있다. 사뢰다(奏)의 어근 '살'일 가능성도 있다. 귀로 듣는 것은 음성언어라고 하겠다. ¶어리녀 슬가오녀(爲愚爲慧)《楞4:36》. 슬갑다가 슬기롭다의 뜻이다. ¶슬거오니 어리니 업시《野雲41》. 슬겁다도 슬기롭다의 뜻이다. ¶슬긔 혜(慧)《倭上22》, 슯슬비 隱密히(惺惺密密)《蒙26》, ᄆᅀᅳ미 슯슯ᄒ야(心燈醒悟)《法華5:158》. 슯슬하다는 밝다, 惺惺(성성)하다, 昭然(소연)하다의 뜻이다. 惺은 깨다, 깨닫다의 뜻을 지니고 惺惺은 영리한 모양, 똑똑한 모양을 뜻한다. ¶슯다(사뢰다, 여쭈다) : 神物이 슬ᄫᅵ니《龍22》. 슯다의 어원적 어근은 '슬'로서 말의 뜻을 지닌다. 슬갑다, 설겁다, 슬긔의 어근 '슬, 설, 슬'은 사뢰다의 어근 '살'과 동원어다. 슬기롭다는 언어적 인식이라 하겠다. 슬갑다, 설겁다는 명사 '슬, 설'에 갑다/겁다가 합쳐져 형용사가 되었다. 슬긔는 명사 '슬'과 '긔'의 합성어다. '긔'는 '그이'가 줄어든 말로서 '귿〉글〉글이〉그이〉긔'로서 '귿(글)'도 어원적 의미는 말로 볼 개연성이 있다. ¶묻그리(占)《釋9:36》. '묻'과 '그리'는 각각 말의 뜻을 지니는 이음동의어다. '슬갑다', '설겁다'의 조어와 '슬긔'의 조어는 그 구조가 다르다.

슬프다 [형] 悲

'슬프다'의 어근 '슬'이 명사가 될 것이다. 한자 悲(슬플 비)를 보면 心(마음 심) 자와 어우른 자다. 마음은 곧 말(言)이라 할 수 있으니, '슬'의 어원적 의미는 말(言)의 뜻을 지닐 수 있다. 슬픔은 우선 언어적이거나 음성적인 표현에서 비롯된다고 하겠다. 소리의 어근 '솔'과 동원어(同源語)일 것이다. '슳다'는 '슬퍼하다'의 동사다. '슳'에 '브' 접사가 붙음으로써 '슬프다'의 형용사로 전성되었다. ¶슳다(슬퍼하다) : 여희유메 몃버늘 슬카니오(別成悽然)《杜初23:53》, 悲ᄂᆞᆫ 슬홀씨오《月2:22》, 슬ᄒ다(싫어하다) : 老病死ᄅᆞᆯ 슬ᄒ야 ᄒ거든《釋13:18》, 슬ᄒ다(싫어하다) : 그내 더러우믈 슬ᄒ야 다 머리 여희며《楞8:5》. 한편 고대인이 가장 슬퍼한 대상은 무엇이었을까. 생활이 단순한 고대인이 슬퍼한 것은 사람의 죽음이 아니었을까 한다. 슬플, 서러울 애(哀) 자는 口와 衣를 아우른 字이다. 옷깃(衣)으로 눈물을 씻으며 애달프게 운다(口)는 데서 '슬프다'의 뜻이 되었다. 슬플 비(悲) 자를 보면 마음(心)이 좋지 않아(非) 슬프다의 뜻을 지니고 있다. 옷깃으로 눈물을 씻으며 애달프게 우는 경우와 마음이 좋지 않은 것이 슬프다고 하는 것은 주로 사람의 죽음이라 하겠다. 그렇게 본다면 '슬'은 사람(人)의 어근 '살'과 동원어일 개연성도 생각해 볼 수 있다. 싫다(不肯, 厭)가 15세기에는 '슬ᄒ다'로 나온다. ¶老病死롤 슬ᄒ야 ᄒ거든《釋13:18》, 오히려 有를 슬ᄒ야(猶厭有)《法華2:100》. 슬ᄒ다(悲)와 슬ᄒ다(厭)의 동형이 나타난다. '싫다'라고 하는 형용사는 '슬ᄒ다〉슳다'에서 변했다. 싫은 것은 사람이 죽는 것이고 그것은 슬플 것이고 싫은 것이 아니겠는가. '슳다'에 '브'가 붙어서 '슬프다'의 형용사가 태어났다고 하겠다.　　　　　　　　　　　■▶ 싫다, 구슬프다

습기　명 習氣

불교용어. 범어로는 바사나(vāsanā)라 하는데, 몸[身], 입[口], 의식[意]이 지은 3업에 의해 쌓인 습관의 영향을 받아 일어나는 행위나 의식으로, 주로 나쁜 행동이나 마음 씀씀이를 말한다. "縱有從來習氣, 五無間業, 自爲解脫大海.(설령 지금까지의 나쁜 인연의 남은 버릇이나 무간지옥에 떨어질 5가지 행위가 있다 해도 그것은 자연스레 해탈의 대해가 될 것이다.)"《臨濟錄, 示衆》.

시간　명 時間

시각과 시각 사이의 동안, 또는 그 길이. 60분. 철학에서 처음도 없고 끝도 없는 데에 미치며, 과거·현재·미래를 이루는 것. 이는 공간(空間)과 대조적인 말로서 영어 time의 번역어라고 생각된다. 현재는 시(時)와 시각(時刻)이라는 말과 같은 의미로도 쓰인다. ① 짬, 틈이 있는 때. "窋旣洗沐歸, 時間, 自從其所諫參.(줄은 휴가로 집에 돌아오자 기회를 엿보아 스스로 뜻한 바대로 참을 간하였다)(註)師古曰, 間爲空隙也."《漢書, 曹參

傳》. ② 불교의 용법. 시간을 잡는 방법으로는 크게 나누어 외재(外在)하는 물(物)의 변화에 의거하여 잡는 경우와 의식의 흐름에서 잡는 경우와 시간을 실체로 보는 경우가 있다. 고대 인도에서는 바라문교의 일파인 바이세시카(Vaiśeṣika) 학파처럼 시간을 실체의 하나로 꼽았으며, 또 시간을 절대자의 주요한 능력이라고 생각한 사람도 있었다. 후자는 '시간 론자(時間論者)'라 부른다. 불교에서는 外界의 수량적으로 계량할 수 있는 시간을 칼라(kāla)라 부르며, 시점(時點)·시기(時機)를 사마야(samaya)라 부르며, 의식에 의거한 또는 의식의 흐름 그것인 시간(계량할 수 없는)을 아드반(adhvan. 世 또는 世路라 옮긴다)이라 불러 구분한다. 일반적으로 불교에서는 시간의 실체화를 한껏 거스르는 쪽이었다. 그래서 제행무상(諸行無常)의 원리, 곧 사물은 늘 변화한다는 사고방식과 시간론은 매우 밀접하게 관련되었는데, 그러한 경향은 중국불교에 와서는 더욱 강화되어, "時(때)는 머무르는 일이 없고, 分(만물의 각각에 주어진 경우)은 무상(無常)해서(時無止, 分無常)", "物이 이 세상에서 살아가는 것은 마치 말이 내닫는 것처럼 급히 지나가는 것과 같고, 그어느 한 움직임도 변화하지 않는 것이 없으며, 한순간도 쉬지 않고 옮긴다.(物之生也, 若驟若馳. 無動而不變, 無時而不移.)《莊子, 秋水》" 등의 시간관념에 입각하여 『조론(肇論)』의 "법에는 거래가 없으며, 움직여 옮아가는 일이 없으며 …… 비록 움직여도 늘 조용하며, 비록 조용해도 늘 움직임을 떠나지 않는다"의 물불천론(物不遷論)을 전개하여, 나아가 송의 소동파(蘇東坡)의 "대개 저절로 변한다는 관점으로 사물을 보면, 천지에 일찍이 한순간도 변하지 않는 것이 없으며, 저절로 변하지 않는다는 관점에서 사물을 보면, 만물도 나도 모두 무궁무진할 것이니(蓋將自其變者而觀之, 則天地曾不能以一瞬, 自其不變者而觀之, 則物與我皆無盡也)"《적벽부赤壁賦》의 시간 철학을 전개한다. 먼저 아비달마(阿毘達磨)불교의 설일체유부(說一切有部)는 시간을 독립된 것으로 세우지 않고 존재의 75종 원리 속에 시간을 포함시키지 않았다. 그들은 생주이멸(生住異滅)이라는 존재의 변화 양상을 시간과 결부시켰다. 시간은 찰나(刹那)로 나눌 수 있으며, 현재는 한 찰나일 따름이다. 시간의 흐름에 대해서는 미래→현재→과거라는 것처럼 상식과는 반대로 본다. 세우(世友. Vasumitra)

에 따르면, 미래·현재·과거의 구분은 작용이 있는가 없는가에 따른다. 곧 아직 작용이 일어나지 않은 법이 미래세(未來世)이며, 작용을 일으키므로 현재세(現在世)가 되며, 작용이 없어짐으로 인해 과거세(過去世)로 된다. 그래서 유부(有部)에서는 찰나 찰나의 物이나 마음을 현상적 실재로 생각하므로 현재(一刹那)라는 것이 실재하고 있으며, 그것은 미래에서 생기므로 미래도 실재하지 않으면 안 되며, 현재가 과거로 되어가므로 과거도 실재라는 생각, 이른바 삼세실유(三世實有)설을 설했다. 이것은 시간은 존재에 의거해서 생각하며, 시간 그것의 실재를 부정한 것이지만 과거와 미래를 실재로 한 것이다. 이에 반해 경량부(經量部)는 과거와 미래는 실재하지 않는 것으로 했다. 대승불교에 오면, 시간은 집착을 일으키는 것으로서 초월해야 할 것이라는 사고방식이 보다 명확하게 된다. 결국 과거·현재·미래라는 구분은 분별에 지나지 않으며, 거기에 집착이 생긴다. 龍樹(Nāgārjuna)는 과거·현재·미래는 상대적인 것이며, 그 자체로서 있는 것이 아니며, 고정적으로 인식되는 시간은 없다고 말하여 양적인 시간을 부정했다. 그래서 존재자(存在者)에 의거하여 시간이 있으므로 독립된 시간은 없는 것이 되며, 게다가 모든 존재는 공(空)이므로 시간도 또한 空이라고 말했다. 그래서 시간에 대한 집착을 끊어야 한다는 것이다. 그의 흐름을 이은 성제바(聖提婆. Āryadeva)는 무상설(無常說)을 철저히 하고 설일체유부(說一切有部)의 삼세실유설(三世實有說) 가운데에 무상설(無常說)과 모순되는 위험성을 보이는 것을 철저하게 비판했다《岩波佛教辭典》. 時間이란 말은 중국에서는 용례를 찾을 수 없으며, 일본에서 서양 문물을 받아들이면서 만든 말인 듯하다. 우리나라 문헌에서도 조선시대 문헌에서는 나타나지 않으며, 일본에 갔다 온 유길준(兪吉濬)의 『서유견문』(西遊見聞. 1895년에 간행)에 나타나는 것으로 봐서 일본에서 들어온 한자어임이 분명하다.

▣ 時, 時刻, 點, 짬, 틈, 겨를

시골　图 里, 村, 鄕

'시골'은 도시가 아닌 곳이다. ¶스フ볼 : 스フ볼 軍馬롤 이길씨(克彼鄕

軍)《龍35》, 스ᄀ올 : 辭狀ᄒ고 스ᄀ올 갯더니《三綱忠8》, 스골: 스골 ᄆ술 서리예(村落間)《救簡1:103》, 스굴 : 셔울 스굴히 엇데 다ᄅ리오《永嘉下113》, 쇠골(시골) : 쇠골 도라가《小諺6:21》. 스ᄀ봏은 '스ᄀ볼'이 고형일 것이다. 이는 '스'와 'ᄀ'와 '볼'의 합성어라고 본다. '스'는 시골의 '시'와 같고 'ᄀ'는 '굴(골)'이 고형으로 '골'과 비교되며, '볼'은 '벌(原)'과 비교된다. 지명에 흔히 붙는 '벌'은 땅이나 흙이란 어원적 의미를 지닌다. 쇠골은 '쇠'와 '골'의 합성어다. '쇠'는 '스이'가 줄어진 말이다. '슫〉슬〉슬이〉스이〉쇠'의 변화일 것이다. 어원적 의미는 흙, 땅(土, 地)의 뜻을 지닌다고 여겨진다. ¶스래(畦)《靑p.50》. sato(里)〔日〕, siroi(土)〔蒙〕, 시루(甑)〔國〕. 어근 '술', sat, sir, '실' 등이 흙, 땅(土, 地)의 어원적 의미를 지닌다고 하겠다. 지명의 말미에 '실'이 붙는 곳이 있는데, '실'은 골(谷)의 뜻을 지닌다. '골'은 마을, 고을(谷, 邑, 州)의 뜻을 지니지만, 어원적 의미는 흙, 땅(土, 地)의 뜻을 지닌다고 하겠다. 거리(街), 길(路), 고장(시골), kurun(國)〔滿〕, kuni(國)〔日〕, koro(省)〔滿〕. '걸, 길, 곳(곧), kur, kor' 등이 모두 땅(地)·흙(土)의 어원적 의미를 지닌다고 하겠다. 쇠골은 이음동의어(異音同義語)의 합성어다. 따라서 '스ᄀ봏'과 '쇠골'은 의미는 같으나 어휘형성이 다르다.　　　　　　　　　　　　　　　　　　▶ 실(谷)

시금치　명 赤根菜, 菠薐菜, 菠菜

'시금치'는 한자말 赤根菜(적근채)에서 온 말이다. 한자음의 ㅈ이 국어에서 ㅅ으로 나는 경우가 된다. ¶시금치(시금치)《字會上14》, 시근취(시금치)《物譜蔬菜》, 시근치(赤根菜)《朴重中33》.

시나위　명 民俗舞樂

'시나위'는 씻김굿이나 성주굿에서 피리, 장구, 해금, 징 등으로 연주하는 기악 합주를 뜻하는데, 고대로 올라가면 신라의 詞腦(사뇌), 思內(사내)와 맥을 같이 한다고 보겠다. sinótca(歌)〔ainu〕, sinoho(酒歌)〔ainu〕, sinót(遊戲)〔ainu〕. 아이누어에서 sinótca는 노래, sinot는 유희의 뜻을

지니는데 시나위와 비교하면, 의미는 노래(歌)라는 뜻을 지닌다고 하겠으며 詞腦, 思內도 '노래'라는 뜻을 지닌다고 하겠다. 한편 詞腦, 思內를 思·詞와 腦·內로 구분할 수 있다. '시(사)'와 '뇌(내)'의 합성어일 것이다. '시(사)'는 소리(音, 聲, 歌, 言)의 뜻이고, '뇌, 내'는 '노이, 나이'의 준말로서 '놀·날'이 고형일 것이다. '놀·날'은 노래(歌)의 어근 '놀'과 비교된다. '노래'라고 하는 말이 겹쳤을 개연성도 있다. '사'는 '시골'의 '시'와 동원어일 개연성도 있다. ¶스マ볼 軍馬룰 이길 썬(克服鄕兵)《龍35》. 스マ볼은 '스'와 'マ볼'의 합성어다. 'マ볼'은 읍(邑), 주(州)를 뜻한다. ¶재너머 스래 긴 밧츨 언제 갈려 ㅎ느니《靑p.50》. 스래는 이랑의 뜻을 지니는데 어근 '술'의 어원적인 의미는 흙을 뜻할 것이다. 스マ볼의 '스'와 '술'은 동원어일 것이다. '스'는 '슬(습)'이 조어형이 된다고 하겠다. siroi(土)〔蒙〕, sato(里)〔日〕, 스래(畦)〔國〕, 시루(甑)〔國〕, 실(谷)〔國〕. 어근 sir, sat, sir 등이 흙의 원의가 있음을 알 수 있다. 사뇌가는 '향가(鄕歌)'의 뜻을 지닌다고 볼 수도 있고 노래의 뜻을 지니는 말의 이음동의어로서 '노래노래'라는 뜻을 지닌다고 하겠다.

시내 圏 溪

'시내'는 '시'와 '내'의 합성어다. '내'는 '날〉날이〉나이〉내'의 변화로서 어원적 의미는 물(水, 川)의 뜻을 지닌다. '시'의 어원적 의미도 물(水, 川)의 뜻을 지닌다고 하겠다. ¶시내(溪) : 시내 계(溪)《字會上4》. 국어 시다(漏)의 '시'는 '스이'가 줄어진 말이다. '순〉술〉술이〉스이〉싀'의 변화로서 '술'이 물의 뜻을 지니고 있다. 서리(霜)의 어근 '설'은 물의 뜻을 지닌다. 만주어 syəri(泉)가 있다. 실(谷)과 내(川)의 합성어로 볼 개연성도 있다.

➡ 샘(泉), 씻다, 가새다

시러곰 囝 能, 得

'시러곰'은 '능히'의 뜻으로 死語化한 말이다. ¶엇뎨 시러곰 쁜 일후믈 崇尙ㅎ리오(何得尙浮名)《杜初7:7》, 시러 펴디 몯 홇 노미 하니라《訓諺》,

得은 실홀 씨라《訓諺》. 실다(得), 시러(얻어, 能히), 시러곰(시러의 强勢語). '실다'의 어근은 '실'로서 고형은 '싣'이고 명사라 하겠다. 고대에 얻는 것이나 일을 능히 해낼 수 있는 것은 손의 작용이라 하겠다. 따라서 '싣'은 손의 뜻을 지닐 것이다. 손의 고형은 '솓'이다. sasageru(獻)〔日〕. 어근 sas는 sat으로 소급하여 '싣'과 동원어일 것이다.

시렁 명 架

'시렁'의 어근은 '실'이고 명사가 된다. 시렁은 나무로 만드는 것이기 때문에 어원적 의미는 나무의 뜻을 지닐 것이다. 창살, 떡살, 화살의 '살'이 나무의 원뜻을 지닌다. ¶시렁(架)《倭上33》. sal(筏)〔蒙〕. 살강은 부엌의 벽 중턱에 드린 선반으로 그릇을 얹어두는 곳이다. 살강의 '살'이 시렁(架)의 어근 '실'과 동원어다.　　　　　　　　　　　　　　▶ 석가래, 살(木)

시루 명 甑

'시루'는 흙을 구워서 만든 그릇이다. 따라서 어원적 의미는 만드는 재료인 흙일 것이다. ¶시르(甑) : 시르 우희 업데우고《救方上71》, 시르 증(甑)《字會中10》. 시르의 어근은 '실'로서 흙의 뜻을 지닌다고 하겠다. siroi(土)〔蒙〕, sato(里)〔日〕, 스래(畔)〔國〕, siro(城)〔日〕. 어근 sir, sat, '술' 등이 흙의 뜻을 지니고 있음을 알 수 있다. 그러나 흙으로 시루를 만들기 전 고대에는 나무로 시루를 만들었을 것이다. 나무로 만들 때 시루라고 하는 말이 그 시대에 생긴 것이라고 한다면 '실'은 흙이라기보다 나무의 뜻을 지니고 있었다고 보아야겠다. 창살, 문살, 화살, 떡살 등의 '살'이 나무의 뜻을 지니고 있다. ¶딜소라(瓦盆)《譯下13》. sara(皿)〔日〕. 일본어 sara(皿)는 국어 소라와 동원어(同源語)일 것이다. 평안도 방언에서는 세숫대야를 '소래이, 소래기'라고 한다.　　　　　　　　▶ 실(谷), 시골

시리다 [형] 冷

'시리다'는 찬 기운을 느낄 때 쓰는 말이다. 특히 찬 것을 입에 넣었을
때 '이가 시리다'라고 한다. '손발이 시리다, 볼이 시리다'와 같이 차갑게
느껴질 때도 '시리다'라고도 한다. 치과에서 이를 갈 때도 '이가 시리다'라
고 한다. '시리다'의 어근은 '실'이고 '싣'이 조어형(祖語形)이다. sidon,
soyoga(齒)〔蒙〕. sidon의 어근은 sit이다. soyoga는 soroga로 재구되
며 어근은 sor이다. 어근은 sit, sor(sot)가 되는데, 국어 시리다의 '실
(싣)'과 동원어(同源語)라 하겠다. ¶십다(嚼) : 십다《救簡6:7》. '십다'의
어간은 '십'이고 '싣〉실〉싧〉십'의 변화일 것이다. 앞(前)의 15세기 표기
는 '앒'이다. '싣'은 이(齒)의 뜻을 지닌다고 하겠다. 몽골어 sidon의 어
근 sit과 동원어다. 국어에 '싣'이 이(齒)의 뜻을 지닌 말이 있었음을 보
여주고 있다. 찬 것을 입에 넣었을 때 느끼는 찬 기운의 뜻을 지니는 시리
다에서 손이나 발, 그리고 볼에 찬 기운을 느끼는 것으로 시리다의 뜻이
확대되어 간 것이라 하겠다. 그러나 '시리다'가 피부나 살과 관련된다고
한다면 살(肌)과 관련될 것이다. ¶술 부(膚)《字會上28》.

시부렁거리다 [동] 喋喋, 刺刺

'시부렁거리다'는 재잘대다, 지껄이다, 말하다의 뜻이다. '시'와 '부렁'과
'거리다'로 나눌 수 있다. '시부리다'라고도 한다. '시부리다'는 '시'와 '부리
다'의 합성어다. '부렁', '부리'는 명사로서 어근은 '붇'이다. 거짓부리, 거
짓부렁(거짓말)〔평안도〕. '부리, 부렁'은 말의 뜻을 지닌다. 노래를 부르다
에서 부르다는 唱의 뜻이고 사람을 부르다(呼)에서 부르다의 어근 '붇'과
는 동원어가 된다. '시부리다'의 '시' 역시 말의 뜻을 지닐 것이다. 사뢰다
(奏言) 소리(聲, 歌, 言)의 어근 '살, 솔과 동원어다. 이음동의어의 합성
어다. '시부렁거리다', '시부렁 시부렁'은 '시부리다'와 동원어에서 분화된
말이다. syaberi(지껄이다)〔日〕는 국어 '시부리다'와 동원어다.

시아비 명 媤父

'시아비'는 시아버지라고도 하며, 남편의 아버지를 가리킨다. ¶싀아비(媤父), 싀어미(媤母) : 엇뎨 뻐곰 싀어미 싀아비롤 拜謁ᄒ리오《杜初8:67》. 싀아비, 싀어미의 '싀'는 '스이'가 준말일 것이다. '슫〉슬〉스이〉싀'의 변화일 것이다. siuto(舅)〔日.古語〕, se(兄, 夫)〔日〕, suu(父, 夫)〔日, 琉〕. 일본어 siuto(舅)는 sihito의 변화로 보고 있다. hito(人) 위에 si는 관형어라 하겠다. si가 국어의 '싀'와 동원어(同源語)라 여겨진다. 사회(婿)《字會上32》의 '회'는 '호이'가 준 말로서 '홀〉호리〉호이〉회'의 변화일 것이다. hala(姓, 一族)〔滿〕, haha(男)〔滿〕, hehe(女)〔滿〕. 어근 hal은 '홀'과 동원어가 된다고 여겨진다. 사회의 '사'는 '싀'와 사람의 어근 '살'과 동원어가 된다고 하겠다. ¶싀앗(妾) : 늄의 싀앗두야《靑p.117》, 싀아비(싀아비) : 싀어미 싀아비롤 拜謁ᄒ리오《杜初8:67》, 싀아지비(시아지비) : 싀아자비 더접ᄒ기롤《新續烈4:2》, 싀앗새옴(시앗새옴) : 어늬 개쏠년이 싀앗새옴 ᄒ리오《靑大p.157》, 싀어미(시어미) : 싀어미롤 나날《三綱孝5》. '싀'는 부인 쪽에서 남편 쪽을 가리키는 말임을 보여주고 있다. 슨(丁)의 고형 '슫'과 동원어일 가능성이 있다. 싀앗의 '앗'을 갓(女, 妻)에서 ㄱ이 탈락하여 되었다고 보면 관형어 '싀'가 오는 게 이상해진다. 현대어로 시집, 시댁, 시어머니, 시아버지와 같이는 쓰이나, 시아내, 시여자는 용법이 어색해진다. 현대어에 씨앗(種母)이 있다. 경상남도 지방에서는 시앗이라고 한다. 첩은 주로 아들을 얻기 위해서 얻는다는 것으로 볼 때, 시앗(種母)의 뜻을 지니는 말이 아닐까. 싀앗의 '싀'는 시(씨)가 싀아비, 싀어미 등의 '싀'에 유추된 표기가 아닐까.

시앗 명 妾

'시앗'은 남편이 부인 외에 따로 마음을 주고 사는 여자다. 주로 아들을 보기 위해 두었다. ¶싀앗(시앗) : 님의 싀앗되야《靑p.117》, 싀앗새옴(시앗새옴)《靑p.119》, 싀(媤)《漢140a》, 싀겨레(시가편 친척)《五倫3:28》, 싀누의(시누이)《靑p.120》, 싀아비(시아비)《三綱孝31》. 싀앗은 '싀'와 '앗'의 합성어다. '앗'은 엇(母)과 동원어(同源語)로 모음변화로 의미분화를 한 것이라 하겠다. '싀'는 '스이'가 줄어든 것이고, '슫〉슬〉슬이〉스이〉싀'의 변화일 것이다. 사룸(人)의 어근 '살'과 동원어가 된다고 하겠다. 시앗은 한편 종모(種母)의 뜻을 지닐 개연성도 있다. ▶ 시아비

시위 　명弦

'시위'는 '시'와 '위'의 합성인데, '위'는 '울〉울이〉우이〉위'의 변화다. ¶시울(활시위) : 시우레 白雪曲이 버므롓ᄂᆞ니(哀絃繞白雪)《杜初7:30》. '시울'은 '시'와 '울'의 합성어라 여겨진다. '시'는 실(絲), '울'은 올(條, 縷)과 동원어(同源語)라 하겠다. 시위는 활줄 또는 줄을 뜻하는 말이기 때문에, '실'과 '울'은 이음동의(異音同義)의 합성어라 여겨진다.

시치미 　명裝假, 丹粧板

'시치미'는 알고도 모르는 체하는 행동이다. '시치미를 떼다'는 모르는 체한다. 매의 임자를 밝히려고 주소 따위를 적어 매의 꼬리 털 속에 매어 둔 네모진 뿔의 뜻이 기원이다. 매사냥하는 사람이 다른 주인한테서 날아온 매의 시치미를 떼고 뻔히 남의 것인 줄 알면서도 자기의 매인 척한다는 것이다.

신 　명靴

현대어에서는 '신'을 '신발'이라고도 하는데, '신'과 '발'의 합성어다. ¶신(履)《解例用字》, 鞋曰盛《類事》, 靴曰洗《梁書, 新羅傳》. '신'의 어원적 의미는 발의 뜻을 지닌다고 하겠다. 일본어 haku(履)는 paku로 재구되는데, 국어 발(足)에서 비롯한 동사다. gutul(靴)〔蒙〕, kutsu(靴)〔日〕. 어근 gut, kut은 신의 뜻을 지닌다고 하겠다. 일본어에 kutsu가 있는 것을 보면 우리 고어에서도 '굳'이 신의 뜻을 지니는 말이었을 것이다. 현대어 구두는 일본어 kutsu가 재입(再入)된 것이라 하겠다. kut은 국어 '갇

(脚)'과 동원어일 것이다. 그렇게 본다면 신은 '싣'으로 재구되며 현대어 '샅(股)'과 동원어라 여겨진다. goto(脚)〔蒙〕, gutul(靴)〔蒙〕. 몽골어의 goto(脚)의 어근 got과 신(靴)의 뜻을 지니는 gutul의 어근 gut은 동원 어임을 보여주고 있다. sabu(靴)〔滿〕. 만주어 sabu는 sa와 bu의 합성어 로서 다리, 발(脚, 足)의 어원적 의미를 지닌다고 하겠다. 짚신의 사투리 로 '짚세기, 무쿠리, 무크리, 미투리, 메투리' 등이 있다. 짚세기의 '세기'가 신의 뜻을 지닌다고 하겠다. '무쿠리, 무크리, 미투리, 메투리'를 보면 합성어라 하겠는데 '쿠리, 크리, 투리'가 신의 뜻이고 '무, 미, 메'가 공통된 다고 하겠다. '쿠리, 크리'의 어근은 '굴, 글'로 소급되며 '투리'의 어근은 '둘'이라 하겠다. '굴, 글'은 걷다(步)의 '걷', '둘'도 다리의 '달'에서의 변의 (變意)라 하겠다.　　　　　　　　　　　　　　　　　**➡** 신발

신나다　동 興趣, 神明, 開心

'신나다'는 흥이 일어나 마음이 매우 좋아지다. '신나다'의 신은 '神'이란 한자어일 것이다. 무녀들이 몸에 신이 들어오면 흥겹게 노래하고 춤을 추며 잘 논다고 하는 데서 생긴 말이다. '굿 보러 가다'라고 하는 말은 '구경하러 간다'의 뜻을 지니는 말인데, 옛날에 구경거리의 주종은 '굿'이 라 하겠다. '굿이나 보고 떡이나 먹자' 등이 바로 굿이 서민들의 구경거리 임을 보여주고 있다. 춤이나 어떤 일을 열중할 때 또는 흥겨워할 때 '신들 린 사람' 같다고 비유하는 것으로 보아도 짐작할 수 있다. '신명(神明)나 다, 신바람 나다' 등의 말이 있다.

신라　명 新羅

『삼국사기』에 따르면 신라의 국호로 徐耶伐, 斯羅, 斯蘆, 新羅 등이 있었 고 『제왕운기(帝王韻紀)』에는 '尸羅'로 되어 있다. 서야벌(徐耶伐)은 '서 라벌'에서 변했다. '서라벌'의 '라'의 ㄹ이 떨어지면 '서아벌〉서야벌'이 된 다. '서라, 사라, 사로, 시라'로 정리가 된다. 어근을 추출한다면 '설, 살, 실'의 세 가지가 되는데 사룸(人)의 '살'과 동원어일 것이다. soroŋgos

〔蒙〕, sorgo〔蒙〕, solho〔滿〕, sogor〔女〕. 몽골, 만주, 여진에서 신라를 지칭하는 말이 sor, sol, so 등이라 하겠는데 '솔'이라는 것을 볼 때 '사라'의 어근 '살'이 가깝다고 하겠다. gos, go, gor는 고구려의 옛 이름 '고리'를 지칭하는 것으로 어근 '골(곤)'의 반영이라 하겠다. 일본서는 '新羅'로 쓰고 'siraki'라고 한다. sira는 '尸羅' 그대로의 음이고 gi는 성(城)의 뜻을 지닌다. ki는 일본에서나 백제에서나 己(城)의 뜻으로 볼 개연성이 보인다. balgasun(城)〔蒙〕. balgasun의 어근 bal이 '벌'과 비교가 된다. 그러나 한편 나라 이름에 사람의 뜻을 지니는 말이 존장자, 부족장, 나라 이름까지 된다고 하는 것을 놓고 볼 때 '벌'은 사람의 뜻을 지니는 옛말일 수도 있다. 악바리, 혹부리, 꽃비리의 '바리, 부리, 비리'의 어근 '발, 불, 빌'이 사람의 뜻을 지닌다. 부여(扶餘)는 '부러〉부어〉부여'로 변하는데, 어근 '불'이 사람의 뜻을 지닌다. 퉁구스권에서 bəyə가 '人, 身'의 뜻을 지닌다. bəyə는 bərə〉bəə〉bəyə로 변하며 '벌'이 사람의 뜻을 지닌다. 번(友)〉벗이 되는데 역시 어원적인 의미는 사람이다. 발해(渤海)의 '발'도 사람의 뜻이다. 그러한 시각으로 볼 때는 '벌'이 사람의 뜻을 지닌다고 하겠다. '서벌'의 어원적인 의미는 '사람, 사람'의 뜻을 지닌다고 하겠다.

신발 　명 靴

'신발'은 '신'과 '발'의 합성어인데, 1940년대만 해도 신발이란 말은 별로 쓰이지 않고 그냥 '신'이라고만 쓰였다. 단음절어이기 때문에 신은 발에 신는다고 하는 심리적 요인에 의해 '발'과의 합성어가 생겨났다. 신의 조어형은 '신'으로서 고어에서 발(足)의 뜻을 지니는 말일 것이다. 샅(股), 사라지다(去)의 어근 '삳, 살'이 발의 뜻을 지닌다고 하겠다. 몽골어에 silbi(脚)가 있는데, 어근은 sil(sit)이다. 일본어 haku(履)는 paku로 소급되는데, 국어 발(足)과 동원어(同源語)가 된다. 이는 신의 어원적 의미가 발의 뜻을 지닐 가능성을 보여주는 것이라 하겠다. 신다(履)의 '신'이 명사로서 어원적 의미는 발의 뜻을 지닌다고 하겠다. 신을 세는 단어에 켤레가 있다. 한 켤레, 두 켤레 한다. 켤레의 어근은 '결'로서 '걸(건)'에 소급된다. '걸'은 나무의 고어형이다. 그루(株), 가지(枝)의 어근

'글, 갖(갇)' 등과 동원어가 된다. ¶격지(나막신)《杜初22:20》. 격지는 '격'
과 '지'의 합성어다. '격'은 켤레의 어근 '켤(결)'과 동원어일 것이다. '격'은
'견지〉격지'의 변화라 하겠다. '격'은 나무의 뜻이고 '지'는 신의 뜻을 지닌
다고 하겠다. 일본어에서 짚신을 waradi라고 하는데 wara(짚)와 di(신)
의 합성어이다. 격지의 어원적 의미는 나무신이다.　　　　　　▶ 신(靴)

신통　명 神通

불교어. 신령하고 기묘하여 변화가 자유자재한 것. "皆致怪物與神通."《漢
書. 郊祀志上》. 불교에서는 범부의 마음으로는 헤아려 알 수 없는 무애자재
한 불·보살의 힘으로 신통력과 같다. 神은 신이불측(神異不測)이며, 通
은 無礙自在(무애자재)이다. 곧 헤아릴 수 없는 신변불가사의(神變不可
思議), 無礙自在한 힘. 신통에는 신경통(神境通), 천안통(天眼通), 천이
통(天耳通), 타심통(他心通), 숙명통(宿命通), 누진통(漏盡通) 등 여섯
가지가 있다. "嚴華之粉兮, 蜂房成蜜."《從容錄32.神通廣大》. '신통방통하다'
는 말을 한다.

신통력　명 神通力

불교어. 범부가 헤아릴 수 없을 정도로 영묘(靈妙)하여 무슨 일이든 자
유자재로 할 수 있는 불·보살의 힘. 불가사의한 힘. 神仙(신선)의 5通,
羅漢(나한)의 6通 등을 말한다. "如來秘密神通力, 使一切世間天人及阿
修羅, 皆謂今釋迦牟尼佛出釋氏宮, 去伽倻城不遠坐道場, 得阿耨多羅三
藐三菩提.《法華經. 如來壽量品》『법화경』(「從地湧出品」)에는 신통지력(神
通之力)이란 말이 나오는데 같은 말이다. "如來今欲顯發宣示諸佛智慧
諸佛自在神通之力, 諸佛獅子奮迅之力, 諸佛威猛大勢之力."

실¹　명 谷

우리나라 지명에는 끝에 '실' 자가 붙는 경우가 흔하다. ¶絲浦, 今蔚州谷

浦也《三遺3》, 스래(畔) : 재 너머 스래 긴 밧츨 언제 갈려 ᄒᆞ느니《青丘p.50》.
실(谷)과 스래의 어근 '실, 술'은 동원어다. ¶싀골(鄉村)《小諺6:81》. 싀골
은 '싀'와 '골'의 합성어다. '싀'는 '슫〉슬〉슬이〉스이〉싀'의 변화로서 본디는
땅의 뜻을 지닌다고 하겠다. 싀골의 '골'은 골짜기(谷)의 뜻을 지닌다고
하겠다. 그러나 어원적 의미는 흙이나 땅일 것이다. siroi(土)〔蒙〕, sato
(里)〔日〕. 어근 sir, sat은 국어의 흙의 뜻을 지니는 말과 동원어(同源語)
가 된다.   ▶ 시루

실² 圐 絲, 糸

'실'은 끈, 올, 줄 등과 동의어라고 생각된다. ¶실(糸) : ᄀᆞ득흔 시리로다
(滿絲)《杜初8:28》. silgə(糸)〔滿〕, sirgek(糸)〔蒙〕, sidamasun(紐)〔蒙〕,
otasu(糸)〔蒙〕, olosu(紐)〔蒙〕, dalbaga(紐)〔蒙〕, büči(紐)〔蒙〕, sicim
(紐)〔터키〕. 국어 실은 만주어 silge의 어근 sil과 몽골어 sirgek의 sir와
도 일치하고, 몽골어 sidamasun(紐)의 어근과도 조어형(祖語形)은 일
치한다. 터키어 sicim(紐)과 şerit(糸)의 어근 sic(sit)과도 조어형은
동원어(同源語)다. 올(실이나 줄의 가닥)은 몽골어 olosu(紐)의 어근과
일치한다. 일본어 ito(糸)는 몽골어 otasu(糸)의 ot과 동원어인 듯하
다. 실크로드의 '실크'는 몽골어 sirgek, 만주어 silgə에서 연유된 것이
라 하겠다. 몽골어에서 견사(絹絲)를 sirgek이라고 한다. 누에치기의
기록이 중국에서는 이미 황제(黃帝) 때에 나타난다(사마천의 『史記』).
따라서 실크(silk)의 기원은 중국에서 비롯했을 것이다.   ▶ 시치다

심 圐 蔘, 參

한자어는 蔘(삼)인데 국어에서는 '심'이다. ¶심(蔘)《救簡6:23》. olho
(草)〔滿〕, olhoda(人蔘)〔滿〕. 만주어에서는 olho(草)에 da가 합쳐서 인
삼(人蔘)이라고 하는 뜻을 지니는 말이 생겨났다. da는 만주어에서 초
목(草木)의 뜻을 지닌다. 따라서 국어 심(蔘)도 풀이란 어원을 지닐 가
능성이 있다. 한자 蔘 자를 보면 '艹' 밑에 '參' 자와 어우른 자이다. ¶새

(草)《法華2:244》. '새'는 '사이'가 줄어든 말이고 조어형은 '삳(살)'이다. 고사리의 '사리'가 바로 '새'의 고형 '사리'를 보여주고 있다. '살 → 실〉실임〉시임〉심'의 변화일 것이다. 한편 인삼은 우리나라가 원산지라고 여겨진다. 중국에서도 인삼을 高麗人蔘이라 하여, 우리나라의 특산물로 쳤다. 옛날 중국에 간 사신들에게 인삼이 가장 인기 있는 품목이었다고 하며 일본도 마찬가지다. 우리말이 중국에 건너간 것이라고 여겨진다. 그것은 중국에서는 蔘 자를 쓰지 않고 그냥 參이라고 쓰는데, 그것은 우리말을 취음한 글자라고 생각하기 때문이다. 한편 蔘 자는 중국 문헌에서 '가지가 치솟다'(紛溶箾蔘《司馬相如, 上林賦》), '넓고 크다'(蔘綏, 言旣廣又大也, 東甌之間, 謂之蔘綏《方言》) 등의 의미로 쓰이고 있다. 산삼 캐는 사람을 '심마니'라고 하는데 '마니'는 사람의 뜻을 지닌다. 똘마니, 할머니, 어머니, 아주머니 등의 '마니, 머니'가 사람의 뜻을 지닌다. mongol의 mon은 국어 '마니, 머니'와 동원어로서 사람의 뜻을 지닌다.

심다　동 植

'심다'의 어근은 '심'인데 조어형(祖語形)은 '싣'이다. '싣〉실〉실임〉시임〉심'의 변화로서 명사가 된다. ¶심다(植) : 듣글만 심거도《月21:144》. 뻬(種)《月2:2》의 조어형이 '싣'임을 보여주고 있다. sane(實, 核)〔日〕. 일본 유구어(琉球語)에서는 sane가 남근(男根)의 뜻을 지닌다. sane의 어근은 san으로서 조어형은 sat이 되는데, 국어 '싣(種)'과 동원어(同源語)일 것이다.　　　　　　　　　　　　　　　▣ 씨, 씨앗

심방　명 巫, 覡

제주도 방언에서 '심방'이 巫의 뜻을 지니는 말인데, 15세기 문헌에 심방, 심방굿이 보인다. ¶심방굿(무당굿)《月23:68》, 巫ᄂᆞᆫ 겨집 심방이오 祝ᄂᆞᆫ 男人 심방이라《楞8:117》. 심방의 '방'은 사람의 뜻을 지닌다. 앉은방이, 빌엉방이 등 '방이'가 사람의 뜻을 지니는 접미어가 된다. 만주어에서 saman이 巫의 뜻을 지닌다. saman의 어근은 sam이다. 만주어 'sam'

과 국어 심방의 '심'은 동원어(同源語)라 하겠다. 말씀의 15세기 표기로
는 말쏨, 말숨이 나온다. 숨은 말의 뜻을 지니는 말로서 이음동의어다.
巫의 뜻을 지니는 말의 sam과 '심'은 말의 뜻을 지니는 숨과 동원어라
여겨진다. 占의 15세기 표기로 '묻그리《月釋9:36》'가 있는데 현대어는 무
꾸리다. '묻그리'는 '묻'과 '그리'의 합성어인데 말의 뜻을 지니는 말이 겹
쳤다. 묻다(問)의 어근은 '묻'인데 말의 뜻을 지니는 말이 동사가 되었다.
만주어 mudan이 音, 聲, 響의 뜻을 지니는데, 어근은 mud로서 국어
'묻'과 동원어가 된다. 말의 조어형(祖語形)은 '묻'이 된다고 하겠다. '그
리'의 어근은 '글'이다. 잠꼬대의 '꼬대'는 '고대'로서 어근은 '곧'으로 말의
뜻을 지닌다. "고래고래 소리 지르다"의 고래의 어근은 '골'이다. 가르다
(曰), 가르치다(敎)의 어근 '갈'이 말의 뜻을 지닌다. '글, 곧, 골, 갈'이
모두 어원에서는 말의 뜻을 지닌다. '글'도 말을 적는 기호가 아닌가. '묻
그리'는 '말+말'의 뜻을 지니는 말로서, 巫란 신과 사람 사이에서 말의
중개자 구실을 하는 존재라는 것을 보여준다. 따라서 만주어 sam이나
국어 '심'은 말의 뜻을 지니는 말이다. '굿'의 조어형은 '굳'으로서 말이
어원이라고 하겠다. 굿도 사람과 신의 언어적 행위가 된다. 무당이 되려
면 내림굿을 할 때 말문이 열려야 한다. 말문이 열린다는 것은 신이 사람
의 몸에 실려서 입을 통해 몸에 실린 신이 말을 하는 것을 말한다. 따라서
무당은 신과 사람의 언어 중개자 구실을 한다고 보겠다.

심부름 图 使, 使走, 傳令, 使喚

'심부름'은 남을 위해 일을 해주거나 거두어 주는 일이다. 심부름은 '심'과
'부름'의 합성어다. '심'은 힘(力)이 변한 말이며, '부름'은 부리다의 명사형
으로 '힘을 부리다'의 뜻을 지니는 말로서 근대에 생겨난 말이라 하겠다.
힘>심, 형님>성님, 혬>셈, 불혀다>불세다, 힘줄>심줄, 흉년>숭년. ¶브릴
역(役)《字會中2》. '브리다'는 일을 시키다의 뜻을 지닌다. 브리다는 한편
짐을 내리다의 뜻도 있다. 브리다(使)의 어근 '블'에 '음' 접미사가 붙어
'블음'이 되고 원순모음화로 '부름'이 되었다.

심심하다 휑 無聊, 沒意思, 閑着沒事

'심심하다'는 할 일이 없어 마음을 둘 곳이 없다이다. ¶어제논 하 심심ᄒ
매《新語9:6》, 심심히 안ㅅ고 셔다(坐立無聊)《漢198c》. '심심하다'는 '한가
하다'의 뜻을 지닌다. ¶힘힘ᄒᆫ 사ᄅᆷ들히 날오디(閑人們說)《朴重上32》,
힘힘히 보는 사ᄅᆷ이(閑看的人)《老下12》. '힘힘ᄒ다'에서 '심심ᄒ다'로 변
했다. '힘'은 힘(力)의 뜻을 지니는 명사가 아닐까? ¶둘회 힘이 달오미
업더니《曲39》. 힘이라는 말이 겹치고 있다고 보겠는데 힘은 있는데 할
일이 없어서 한가롭다는 뜻을 지니게 된 것은 아닌지?

십년공부 도로(나무)아미타불 속

열심히 일한 것이 한꺼번에 허사가 된 것을 말한다. 십년(十年)은 오랜
세월을 뜻한다. 그런데 10년은 원래 여러 차례 머릿속에 담아 익혀 외운
다는 십념(十念)이었다. 정토교(淨土敎)에서 중국의 선도(善導. 613~
681)가 '염칭시일(念稱是一)'을 제창했는데, 이에 따르면 무량수경(無
量壽經)의 십념은 10번 이름을 부르는 것(十回稱名)이다. 공부(工夫)는
"일심(一心)으로 불도(佛道) 수행(修行)에 정진하는 것"이란 불교 용어
이다. 물론 『대학장구(大學章句)』에 "後六章, 細論條目工夫(뒤 6장은
조목의 공부를 자세히 의논한 것이다.)"라는 구절이 있다. 『임제록(臨濟
錄)』에는 '功夫'라고 나오는데 마찬가지며, 특히 선종에서는 좌선(坐禪)
이나 공안(公案)에 전념하는 경우에 많이 쓰인다(向外覓工夫, 總是癡頑
漢. 바깥을 향해 공부를 찾으려는 사람은 모두 무지한 사람이다.)《祖堂集.
鳥窠章》. 그밖에 중국이나 일본에서는 발음을 다르게 하여 공사장의 일꾼,
짬, 틈의 의미로도 쓰인다. '도로'는 한자어 都盧로서 서역의 나라 이름인
데, 이 나라 사람은 몸이 가볍고 장대를 잘 타므로 곡예사라고 한다. 불교
에서는 『전등록(傳燈錄)』(28. 無業語)에 "從前記持憶想見解智慧, 都盧
一時失却"에 나오듯, 모두, 전부, 온통 등의 뜻으로 쓰이며, 하나도 남은
것이 없다(無餘)의 뜻도 있다. 나무는 南無로서 범어namas의 음사(音
寫)다. 南牟, 那摸라고도 쓴다. 경례(敬禮), 정례(頂禮), 귀례(歸禮),

귀명(歸命)으로 번역하며, 불법승(佛法僧) 3보(寶)에 신명을 바쳐 귀의함의 뜻이다. 아미타불은 아미타바불타, 아미타유스불타(Amitābha Buddaha, Amitāyus Buddha)이며, 무량수불(無量壽佛)이라 한역했다. 따라서 이 속담의 원형은 十念工夫都盧(南無)阿彌陀佛이며, 그 어원적 의미는 불교에서 사람이 죽음을 지켜보면서 임종할 때 나무아미타불만 열 번만 외워도 왕생극락한다(十回往生)는 것이다. 이는 『무량수경(無量壽經)』에 이르기를 아미타불이 자신의 이름을 지성으로 외워서 임종에 이르러 10번을 지속해서 외면서 정념(正念)을 잃지 않으면 어떤 중생이든지 가리지 않고 모두 극락정토에 다시 태어남을 입으리라고 한 데서 비롯되었다. 그런데 이 속담은 '십념'이 '십년'으로 바뀌어 구전되면서 도로 원형으로 되돌아간다는 오랜 세월 동안 공들인 일이 아무 보람 없이(이 경우는 徒勞의 의미로 볼 수 있다.) 원래대로 되돌아가 허사가 되어버리고 말았다는 뜻으로 익어지고 만 것이다. 그래서 이 속담은 "심은 나무가 꺾였네", "공든 탑이 무너졌네"라는 속담과 비슷한 의미로 원래의 의미와는 다르게 속담이 형성된 보기로서 불교에서 기원한 속담에는 이런 것이 많다. '이판사판', '야단법석', '건달' 등이 대표적이다. 이 말은 아마도 "면벽 10년이 도로아미타불이다."라는 말에서 나온 것이 아닌가 한다. 잘 알려져 있는 이야기로, 조선 중종(中宗) 때 명기(名妓)인 황진이(黃眞伊)가 당시 천마산에서 10년 동안 면벽참선하며 생불이라 일컬었던 지족선사(知足禪師)를 파계시킨 것이다. ▣ 공부, 나무아미타불, 도로

싶다　혱동 思, 想, 有意

'싶다'는 1) '보고 싶다'와 같이 어미 '-고' 아래에 쓰이어 하고자 하는 마음을 나타내는 보조형용사 구실을 한다. 2) -듯 싶다, -성 싶다와 같이 '-듯, -성'과 같이 합치어 접미사 구실을 한다. 3) '먹고 싶다'와 같이 어미 '-고' 아래에 쓰이어 할 마음을 나타내는 보조동사 구실을 한다. 즉 먹고 싶어 하다의 뜻을 지닌다. 세 가지 예문을 통해서 볼 때 어떤 행위를 하고자 하는 뜻을 지니고 있는 것이 공통된다고 하겠다. ¶다ᄃᆞ론가 식브거ᄂᆞᆯ《救簡6:16》, 죽고져 식브거든《三綱烈13》, ᄀᆞ장 우르고져 식브니《欲大叫》《杜初

10:28》, 말오져 싣븐 거시라《飜小, 8:1》, 죽고져 십브거든《三綱烈13》, 먹고져 십브니 아니호니《三綱烈35》. 15세기 문헌에 '식브다', '십브다'의 쌍형이 보인다. 어근은 '식, 십'이 되겠는데 '하고자' 하는 심리적인 현상의 뜻을 지니고 있다. 조어형은 '싣'일 것이다. 사뢰다(奏言), 소리(音, 聲, 言)의 어근 '살, 솔'과 동원어일 것이다.

싸다 　휑 低價, 安價, 賤, 便宜, 廉價

현재는 '값이 싸다'하면 염가 또는 저가의 의미로 쓰이고 그 반의어는 '비싸다'다. ¶쓰다(高價) : 갑시 千萬 쓰니와(價値千萬)《法華1:82》, 뵛 갑시 쏜던가 디던가(布價高低麽)《老上8》. '싸다'가 16세기어에서는 『노걸대언해(老乞大諺解)』에서처럼 '고가(高價)'의 뜻으로 쓰이다가 현대에는 '저가(低價)'의 뜻으로 쓰이고 있다. 고가(高價)의 뜻으로는 '비싸다'가 쓰이는데, 고려어를 적은 『조선관역어(朝鮮館譯語)』에 '貴 必色大《華夷》'로 적혀 있다. 그런데 비싸다는 ¶빋스다(値)《朴重單2》, 빋쏜다(빋낼 사르미 지븨 믈읫 잇는 빋쏜 거시라도 將借錢人在家應有値錢物件《朴初上61》)로 문헌에 나타나는데, '값나가다, 값어치가 있다'의 뜻으로 쓰이고 있어 지금과는 약간 의미상 차이가 있다. 한편 『석보상절(釋譜詳節)』(13:22)에는 '빋업슨 오스로(하 귀ᄒᆞ야 비디 업스니라) 부텨와 즁괏 그에 布施하며'라는 구절이 있는데, '빋업다'는 매우 비싸다는 뜻이다. 곧 빋(값)이 없다, 값을 매길 수 없다는 뜻이다. 따라서 '빋쏜다'나 '빋스다'의 '빋'은 값의 뜻이며, '쏜다, 스다'도 고가의 뜻이므로 빋쏜다와 빋스다는 이음동의어(異音同義語)의 합성이라고 볼 수 있다. 그러므로 싸다와 비싸다는 동의어였는데, 어느 시기에 비싸다는 고가의 뜻으로 싸다는 저가의 뜻으로 쓰이게 되었다.

싸라기 　휑 米屑, 籺

'싸라기'는 찧는 과정에 부스러진 쌀이다. 15세기에는 '스라기'가 부스러기(屑)의 뜻을 지닌다. ¶아마커나 金 스라기를 가져(試將金屑)《南明上

71》. ¶黎民이 겨와 스라기도 횐히 몯 어더 먹놋다(黎民糠籺窄)《杜初16:71》. 스라기는 여기서 籺(싸라기 홀)에 해당되는 것으로 쌀 부스러기(米屑)의 뜻을 지닌다. 슬(米)에 '아기' 접미어가 붙은 것이다. 스라기가 부스러기의 뜻으로 쓰이는 것은 쌀 부스러기(米屑)→부스러기(屑) 뜻으로 전의된 것이라 하겠다.

싸우다 图 戰, 戰鬪, 戰爭

원시인들의 싸움은 신체 부위에서 손이 중심이 되었을 것이다. 따라서 그 어원은 손일 가능이 있다. 손의 고형은 '솓'이다. sasage(獻)〔日〕. 일본어 어근 sas가 손의 뜻을 지니는 말로서, 손의 고형 '솓'과 동원어(同源語)가 된다고 하겠다. ¶사호다(싸우다) : 뭀새 사호고(衆鳥鬪)《杜初22:4》. 싸호다(싸우다) : 싸호는 한 쇼롤 두 소내 자부시며《龍87》. 사호다의 어근 '사'는 '삳'이 고형일 것이다. '삳〉살→살오다〉사오다〉사호다'의 변화일 것이다. '사오다'가 '사호다'로 되는 것은 모음 충돌 회피 현상으로 ㅎ이 개입된 것이다.

싹 图 芽, 苗

'싹'은 씨나 줄기 따위에서 처음 나오는 잎으로 '떡잎, 움'이라고도 한다. ¶神足온 삭 남 곧고(芽)《圓上二之2:113》, 삻과 삿꽤 삐롤 브터 나고(芽芽從種生)《圓上一之2:14》, 삭시 나서 짜를 들치다(苗拱士)《漢293b》, ㅁ슥미 엄삭시니(苗心)《龜下56》. 삻은 '삭〈삵〈살〈삳'까지 소급된다. 조어형 '삳(삿)'은 어떤 뜻을 지니는 말일까? 한자로는 芽, 苗, 萌 자인데 '艹' 자가 있는 것을 보면 풀(草)의 뜻을 지니고 있다. ¶菴은 새지비라《法華2:244》, 새지비로소니(草堂)《杜初7:2》. 새는 '사이'가 줄어든 말로서 '살(삳)'이 조어형이다. 남새, 억새의 '새'가 나물 또는 풀의 뜻을 지닌다. '고사리'의 '사리'가 '사이〉새'가 된다. 잎새(葉)의 '새'도 '살'에서 변한 말이다. 새집은 '草家'의 뜻을 지닌다. 살〉삵〉삭〉싹, 살〉삵〉삭〉삻. algan(芽)〔滿〕. 어근은 'al'이다. olho(草)〔滿〕. 어근 ol은 芽의 뜻을 지니는 al과 동원어일 것이다. 일본어에서는 me(芽)라고 하는데 me의 어원을 me(目)와 동원어로 보고 있다. 벼눈, 콩눈, 감자눈과 같이 싹이 나오는 부분을 눈이라고 한다. 싹의 원어를 '싹눈'으로 보는 견해도 있다. 살피다, 눈설(썰)미의 '살, 설' 등이 국어에서 눈의 뜻을 지니고 있는 말의 합성어다. '삳(目)'으로 볼 개연성도 있다. salbori(芽)〔蒙〕. 어근 sal은 국어 '살'과 동원어일 개연성이 있다.
▷ 새(菜), 이삭

쌀   명 米, 稻米

'쌀'은 벼나 곡식의 껍질을 벗긴 알맹이의 총칭이나 원래는 벼의 열매로 우리나라의 주식 원료이다. 멥쌀과 찹쌀이 있다. ¶ᄒᆞᆫ 낱 ᄡᆞᆯ올 좌샤《曲62》, 白米曰漢菩薩《類事》, 栗米 左色二《朝鮮館譯語》, 倭米 吉雜色(二)《朝鮮館譯語》. 15세기에 ᄡᆞᆯ(米)로 표기되고 12세기의 계림유사에 菩薩(보살)로 표기되어 있으므로 bosal이 되며 첫음절어의 모음 ㅇ가 떨어져서 'ᄡᆞᆯ'로 표기된 것이기 때문에 ᄡᆞᆯ은 bsal의 음가가 있다는 것이 종래의 통설이다. 어두음 ㅂ의 음가가 있다는 증거로 일본에서 나온 화한삼재도회《和漢三才圖會》(1712)의 「조선이야기(朝鮮物語)」에 米를 ピサル(pisaru), ヒサリ(hisari)로 표기된 것으로 보아 어두음 ㅂ에 음가가 있다는 것이다. 어두음 ㅂ의 음가가 있다는 쪽으로 보면 그럴 듯하나 객관성이 없다. ① 女兒曰寶姐(여아왈보달)《類事》인데 15세기 표기로는 'ᄡᆞᆯ'이 아니고 '쏠'이다. 그러니까 寶姐의 첫음절 모음이 줄어서 되었다는 설도 설득력을 상실한다. ② 국어는 사적인 면에서 보면 단음절어에서 다음절화하는 경향인데 두 음절의 음절이 줄어든다는 것은 설득력이 없다. ③ 국어에서 두음의 모음이 줄어드는 예는 쌀(米) 이외의 단어에서 찾아볼 수 없다. 12세기에 bosal이었고 훈민정음보다 앞서 나왔다고 보는 『조선관역어』에 色二로 나오는 것을 보면 어두음에 b이 있었다는 흔적이 없다. ④ '햇쌀〉햅쌀'과 같이 사잇소리가 ㅅ(ㄷ)이 ㅂ으로 날 뿐이지 'ᄡᆞᆯ'의 흔적은 아니다. 《筆者著 畜韻의國語史的研究pp.137-140》 ⑤ '菩薩'은 벼술(稻米)의 음사일 것이다. pisaru, hisaru는 피쌀(稗米)일 수도 있다. ⑥ sali(稻, 米)〔蒙〕, beoreo(米)〔滿〕, pirins(稻米)〔터키〕. pirins(稻米)는 페르시아에서 유입된 말이다. beras(稻)〔말레이시아〕, beras(米)〔인도네시아〕, beras, blat(稻)〔臺灣高山族〕. 菩薩의 posal의 po가 벼의 뜻을 지니는 것으로 볼 개연성이 나타난다. 벼는 남방에서 온 것이기 때문에 그쪽의 말과 비교하는 것이 개연성을 지닌다고 하겠다. 참쌀, 멥쌀, 입쌀, 좁쌀, 수수쌀, 보리쌀, 기장쌀과 같이 쌀 위에는 관형어가 온다. 쌀 위에 '菩'는 벼(稻)일 개연성이 높다고 하겠다. '벼살'을 菩薩로 음사했다고 여겨지는 것이다.

쌓다　동 積

고대인이 쌓는 것은 초목류(草木類) 또는 곡식이 주가 되었다고 여겨진다. 창살, 화살, 떡살의 '살'이 나무의 뜻을 지닌다. 잎새의 새, 남새의 새는 '산〉살〉살이〉사이〉새'의 변화로서 풀, 잎(草, 葉)의 뜻을 지닌다. 고사리의 '사리'가 '새'의 고형이다. ¶삷다(積) : 뫼홀 사ᄒᆞ며《金三3:48》. 삷다는 '사ᄒᆞ다'가 변한 것으로 '사'가 명사가 될 것이다. sahambi(積)〔滿〕. 만주어 sahambi에서 mbi는 명사를 동사로 전성시키는 접사다. saha가 명사가 될 것이다. 국어 삷다의 '삷'과 거의 일치하고 있다. 한자 積(쌓을 적) 자를 보면 禾(벼 화) 변이 있다. 곡식을 쌓아 올린다는 것을 염두에 두고 만든 글자가 될 것이다.

썩다　동 腐敗

'썩다'는 물질이 화학적으로 변하다로 부패하다와 같다. ¶서글 부(腐)《字會下13》. 석다〉썩다. ¶가히 고기 먹고 삭디 아니ᄒᆞ야《圓上一之1:92》. 삭다(消)의 어근 '삭'과 석다의 어근 '석'은 동원어(同源語)다. 어근 '석, 삭'의 조어형을 '산(삭), 선(설)'이다. 한자 腐(썩을 부) 자를 보면 고기육(肉) 자가 들어 있다. 그렇게 본다면 '살, 설'은 살(肌)과 동원어일 것이다.

썰다　동 切

써는 것은 칼이기 때문에 그 어원은 칼의 뜻을 지니는 말이 될 것이다.

¶사홀다(썰다) : 膾ᄂᆞᆫ 고기 ᄀᆞ느리 사홀 씨라《法華5:27》, 서흘다(썰다) : ᄆᆞᄅᆞ 서흘 지(宰)《類合下10》, 싸홀다(썰다) : ᄒᆞᆫ 싸ᄒᆞ라 딛ᄂᆞᆫ 地獄ᄋᆞᆯ 보니《月23:68》. 사홀다의 '사홀'이 칼의 뜻을 지니는 말이라 하겠다. '사홀'은 '살〉살올〉사올〉사홀'의 변화로 볼 수 있다. sərəmə(短劍)〔滿〕, salbaho(刺)〔蒙〕, sasu(刹)〔日〕. 어근 səl, sal, sas 등이 동원어로서 칼의 본뜻을 지니는 말임을 보여주고 있다. '살올'의 '올'도 칼의 본뜻을 지닐 것이다. 오리다(切)의 어근 '올'이 칼의 본뜻을 지닌다. otolho(切)〔蒙〕, alaho(殺)〔蒙〕, orak(鎌)〔터키〕. 어근 ot, al, or가 칼의 본뜻을 지닌다.

▶ 서슬, 써레

썰매 명 雪橇, 冰排, 冰橇, 冰車

'썰매'는 눈 위에서 미끄러져 가는 도구로 '썰'과 '매'의 합성어다. 일본어에 sori(橇, 썰매)가 있다. 어근은 sor인데 썰매의 '썰'과 비교된다. ¶눈 우희 셜마 산힝ᄒᆞ다(雪上趕獸)《漢淸199a》, 셜마(凌床)《物譜舟車》. 셜마는 '셜마'가 원형일 것이다. 문살, 창살 할 때 '살'이 나무의 뜻을 지니고, 화살의 '살'도 나무로 되어 있다. sal(筏)〔蒙〕. 몽골어에서 sal이 나무의 뜻을 지니고 있음을 보여주고 있다. '셜'은 '살'과 동원어(同源語)다. 셜마의 '마'는 말(橛)의 말음 ㄹ이 떨어진 형이다. 일본어에 sao(竿)가 있다. saro가 원형이고 어근 sar가 나무의 뜻을 지니는 말이다. 샷대의 '샷'이 나무의 뜻을 지닌다. 매(鞭)는 '마이'가 준 말이고, '맏〉말〉말이〉마이〉매'의 변화로 나무의 뜻을 지닌다. mutsi(鞭)〔日〕. 어근 mut도 나무의 뜻을 지닌다고 하겠다. 썰매는 나무라는 어원적 의미를 지니는 이음동의어(異音同義語)가 중첩되어 형성된 어휘라 하겠다. '셜마'를 '雪馬'의 한자어로 보는 견해가 있는데 좀 문제가 있다. ¶기르마(鞍)《龍58》, 가마(轎車)《同文下19》, 도마 궤(机)《字會中10》, 셜마(凌床, 橇)《物譜舟車》. 기르마, 가마, 도마의 '마'는 '馬'와는 거리가 멀다. 여기서 '마'는 앉는 자리(座板, 座席, 座物)의 뜻을 지닌다고 하겠다. '셜마'의 '마'도 '馬'가 아니라 '座物'의 뜻을 지닌다고 하겠다. 기르마, 가마, 도마, 셜마의 '마'의 어원적인 의미는 나무라 하겠다.

쏘다　图 射, 打, 發

'쏘다'는 '화살이나 총탄을 목표물을 향하여 나가게 하다'인데 총포가 없을 때는 화살이 쏘는 것의 최초가 되었을 것이다. ¶활소기 비홈쾌라《圓上一之一112》, 쏘다 爲射《解例合字》. '소다'의 어근은 '소'이나 '솓(솔)'이 조어가 될 것이고 명사가 된다. 화살(矢)의 '살'과 '소다'의 조어 '솔(솓)'이 동원어일 것이다. 몽골어 sumo(矢)가 somolaho(射)의 뜻을 지닌다. 손(手)의 조어 '솓(숟)'일 개연성도 있다. 활이란 말이 생겼을 고구려 부여권인 퉁구스의 제어에서 보면 손의 뜻을 지닐 개연성이 높다. garpan(射)〔나나이, 에벤, 솔롱, 우데헤〕, gabtan(射)〔滿〕. gar가 어근이고 gad가 조어형일 것이다. gala(手)〔滿〕, gar(手)〔蒙〕, kol(手)〔터키〕. 어근 gar의 조어 gad와 gad는 동원어다. 국어 가지다(持)의 어근 '갇'은 명사로서 손의 뜻을 지니며 퉁구스어 gad와 동원어다. gaji(가져오다)〔滿〕, gajimbi(가져오다)〔滿〕, gaju(가져오다)〔滿〕. 가지다(持)의 어간 '가지다'와 일치하고 있다.

쏟다　图 倒, 注, 傾注

'쏟다'는 물건을 기울여서 안에 든 것을 내 보내다, 나오게 하다의 뜻이다. '쏟아지다'는 한꺼번에 많이 떨어지거나 몰려나오거나 생겨나다이다. '쏟다'의 옛말은 '솓다'다. ¶소다 爲覆物《解例合字》. '소다'는 '솓아'의 표기를 연철한 것이다. '솓다'의 어근 '솓'은 명사가 되는데 농경사회가 되기 전에 솓는 것은 물(水)이었을 것이고 농경사회로 접어들면서 물과 낟알(穀物)이 주가 되었을 것이다. ¶서리 상(霜)《解例合字》, 시슬 셰(洗)《字會下11》, 소 담(潭)《字會上5》. 어근 '설, 싯(싣), 소(솓)' 등의 어원적인 의미는 물이란 뜻을 지녔을 것이다. 소나기의 어근 '소'의 조어는 '솓(솔)'으로서 역시 물이나 비의 뜻을 지녔을 것이다. su(水)〔터키〕, sulamuk(물을 주다)〔터키〕, sulu(물기를 머금다)〔터키〕. 어근 sul이 물의 뜻을 지니고 있음을 보여주고 있다. syəri(泉)〔滿〕, səirn(源)〔滿〕. 어근 syər, sər가 물의 뜻을 지닌다. ¶솟다(湧)《字會下11》. '물이 솟다'의 어근 '솟'도 물의 어원적인 의미가 있다. 조어는 '솓'이다. 솓(水)-솓다〉쏟다, 솓(水)-솟다, sosogi

(注, 灌)〔日〕. sosogi의 어근은 'sos'이다. 물, 비, 눈 등이 걸려 흩어지다, 물 등을 흩어져 맞게 하다. susugi(灌)〔日〕. 물로 더럽혀진 것을 씻어내다.

쑥   圏艾, 蓬

'쑥'은 단군(檀君) 탄생이야기에 나오는 것으로 보아 매우 이른 시기부터 우리 겨레와 함께 한 식물이다. ¶쑤게 브투디(然于艾)《楞3:75》. 쑥의 고음은 '숙'일 것이다. suku(艾)〔滿〕. 만주어 suku의 어근 suk과 일치한다. 쑥의 조어(祖語)는 '숟>술>슭>숙'의 변화일 것이다. 고사리의 '사리'가 풀, 나물(草, 菜)의 뜻을 지니는데, '숙'과 동원어(同源語)일 것이다.
▶ 쑥갓

쓰다'   통冠

머리에 쓰는 것은 머리의 뜻을 지닐 것이다. ¶스다(冠) : 어딘 宰相의 머리 우흰 進賢冠을 셋고(良相頭上進賢冠)《杜初16:26》. 스다의 어근은 '스'로서 명사가 된다. 스다>쓰다. 머리를 살래살래 흔들다의 '살래살래'의 양태부사의 어근 '살'은 명사로서 머리의 뜻을 지닌다고 하겠다. '머릿살이 아프다'라고 하는 말이 있는데, 머리의 뜻을 지니는 이음동의어(異音同義語)의 합성어다. '머리'와 '살'의 합성어가 되는데, '살'이 머리의 뜻을 지니고 있음을 보여주고 있다. salagadaho(머리를 젓다)〔蒙〕. 어근 sal이 몽골의 고어에서 머리의 뜻을 지니고 있는 명사였음을 보여주고 있다. 정수리는 머리 위에 숫구멍이 있는 자리의 뜻을 지니는데, '수리'는 머리의 어원적 의미를 지닌다고 하겠다. 머리를 숙이다, 고개를 숙이다의 '숙이다'의 어근 '숙'은 명사로서 '숟>술>슭>숙'의 변화로서 '술'이 머리의 뜻을 지닌다. kaburu(冠)〔日〕. 일본어 kaburu(冠)의 kabu가 명사로서 머리의 뜻을 지닌다. kaburi는 일본의 유아들이 머리를 좌우로 흔들 때 kaburi kaburi라고 한다. 도리도리(頭頭)의 뜻이다. kaburi가 일본의 고어에서 머리(頭)의 뜻을 지니고 있다. ürülehö(冠)〔蒙〕, bütehö(쓰다)〔蒙〕, ütügüs(頭)〔蒙〕, baş(頭)〔터키〕. 몽골어 ürülehö의 어근 ür는 üt이 고형일 것이다. ütügüs(頭)의 어근 üt과 동원어(同源語)임을 보여주고 있다. bütehö(쓰다)의 어근 büt은 명사로서 머리(頭)의 뜻을 지닌다고 하겠다. 터키어 baş(頭)와 동원어라 하겠다. 국어 머리로 받다의 '받다'의 어근 '받'이 머리(頭)의 뜻을 지니는 명사가 된다. 이렇듯 쓰다는 머리의 뜻을 지니는 명사에서 비롯되었음을 보여주고 있다. ◘ 정수리, 숙이다

쓰다² 图書

쓰는 것은 말을 기호화하는 것이기 때문에 그 어원은 말의 뜻을 지닐 것이다. 사뢰다의 어근 '살', 소리(音, 聲, 言)의 어근 '솔'과 동원어(同源語)라 여겨진다. ¶스다(書) : 天子ㅅ 老臣이 題目을 서눌(天老書題目)《杜初21:9》. 어근 '스'는 명사가 될 것이다. kaku(書)〔日〕. 일본어 kaku(書)의 어근은 kak라 하겠는데, kal〉kalk〉kaku의 변화라 하겠다. koto(言)〔日〕, koe(聲)〔日〕, kataru(語)〔日〕. koe(聲)는 국어 "고래고래 소리지르다"에서 '고래'는 소리, 말(音, 聲, 言)의 뜻을 지니는 말이다. kore의 r음이 탈락하면 koe(聲)가 된다. 일본어 kaku(書)의 어원도 말의 본뜻을 지닌다고 하겠다. 그러나 쓰는 것은 손이기 때문에 손이란 어원을 지닐 수도 있다.

쓰다³ 图用

쓰(用)는 것은 그 주체가 손이라 하겠다. ¶쓰다(用) : 用은 쓸 씨라《訓諺》. 쓰다의 고형은 '스다'일 것이고, '스'가 명사가 된다. 손(手)의 고형 '솓(솔)'과 동원어(同源語)가 된다 하겠다. '슫〉슬〉스'의 변화가 된다고 하겠다. sasage(獻)〔日〕. 어근 sas(sat)가 일본 고어에서 손의 뜻을 지니고 있음을 보여준다 하겠다.

쓰다⁴ 혱苦

단맛과 대조적인 것이 쓴맛이다. 쓴맛을 내는 대표적인 것이 소태나무다.

옛날에 애기 젖을 뗄 때 이것을 흔히 썼다. '소태같이 쓰다, 소태맛'이란 말도 있다. ¶쓰다(苦) : 뉘 엿귀롤 쓰다 니르ᄂ뇨(誰謂荼苦)《杜初8:18》. 쓰다의 고형은 '스다'일 것이고 '스'는 명사가 된다. 한자 苦(쓸 고) 자를 보면 풀초(艹) 변이 있다. acı(苦)〔터키〕, ot(草)〔터키〕. 터키어를 보면 쓰다(苦)의 어근 ac(at)과 풀의 뜻을 지니는 ot이 동원어(同源語)임을 보여주고 있다. 국어 쓰다의 어근 '스'도 풀의 뜻을 지닌 말이라 여겨진다. 쑥(艾)의 고형은 '숙'일 것이고 '숟〉술〉숡〉숙'의 변화일 것이다. 새(草)는 '삳〉살이〉사이〉새'의 변화가 되고, 고사리의 '사리'가 풀의 뜻을 지닌다고 하겠다. 그러나 쓰다(苦), 달다(甘)는 입에서 느끼는 것이기 때문에, 어원적 의미가 혀(舌)나 입(口)일 수도 있다.

쓰러지다　　图 倒, 滅, 顚覆

'쓰러지다'는 서 있거나 쌓여 있던 것이 한쪽으로 쏠리어 바닥에 누운 상태가 되다이다. '지쳐서 앓아눕다, 죽다, 망하다'의 뜻도 파생되었다. ¶兩分이 여희싫 제 슬하디여 우러 녀시니《月8:84》, 北風이 슬하져 불 제 볏뉘 몰라 ᄒ노라《靑p.78》. 슬하디다, 슬하지다가 쓰러지다의 뜻을 지닌다. ¶여러 妄이 스러 업스면(諸妄消亡)《金三2:68》, 무지게 스다(虹消)《同文上2》. 슬다는 스러지다의 뜻을 지닌다. 슬하디다, 슬다의 어근 '술, 슬'은 동원어(同源語)일 것이다. 消(사라질 소) 자를 보면 氵(水) 변에 肖(닮을 초) 자를 합한 글자다. 물(氵)이 점점 줄어들어(肖) 없어진다는 데서 사라지다, 없어지다의 뜻이 되었다. 슬하디다, 슬다의 어근 '술, 슬'이 명사로서 물(水)일 개연성이 있다. 쓰러지고 사라지는 것은 수력(水力)에 의한 것이라고 볼 개연성이 있다. ¶서리(霜)《解例用字》. su(水)〔터키〕, sulmak(물 주다)〔터키〕. 터키어 어근 sul(su)이 국어 서리(霜)의 어근 '설'과 비교되며, '설'의 어원적 의미는 물(水)의 뜻을 지닌다. sosogi(注)〔日〕, saha(澤)〔日〕, siho(潮)〔日〕. 어근 sos, sa, si 등은 국어 서리(霜)의 뜻을 지니는 '설'과 동원어일 것이다.

쓸개 명 膽

'쓸개'는 간에 붙어 있는 장기이다. 그래서 "간에 붙었다 쓸개에 붙었다"라는 말이 생겼는지도 모른다. 간과 쓸개는 구분하기 어려웠다고 볼 수 있으며, 동일시했다고도 볼 수 있다. ¶쓸기(膽)《倭上18》, 쓸개(膽)《漢150b》, 쓸게(膽)《字會上27》. silhi(膽)〔滿〕, sadarhai(肝)〔蒙〕, sülsün(膽)〔蒙〕, elige(肝)〔蒙〕, elige(膽)〔蒙〕. 몽골어에서 elige가 쓸개(膽)와 간(肝)의 뜻을 지니는 말의 어원이 일치하고 있음을 보여주고 있다. 국어 쓸개의 어근 '쓸'은 '슬'로 소급되며 만주어 silhi(膽)의 어근 sil, 몽골어 sül 등과 동원어(同源語)라 하겠다. 현대어에서 쓸개는 고유어라 하겠는데, 간(肝)을 지칭하는 고유어가 없다. 고대에는 쓸개가 쓸개와 간(肝)을 함께 지칭하는 말로 쓰였음을 생각해 볼 수 있다. 쓸개의 '개'는 접미사라고 볼 수도 있으나, 실사(實辭)일 수도 있다. '갇〉갈〉갈이〉가이〉개'로서 한자 간(肝)과 동원어일 수 있다. 일본어 kimo는 간(肝)과 쓸개(膽)의 두 뜻을 지닌다. 국어 : 일본어. 날(生) : nama(生), 돌(石) : tama(珠), 갈(髮) : kami(髮), 갈(肝) : kimo(肝, 膽), 알(陽) : ama(天). 위 한일어의 비교를 통해서 볼 때 일본어 kimo는 국어 '갈(肝)'에서 비롯했을 개연성을 보여주고 있다. ¶애(膽) : 애 담(膽)《南明下4》, 애롤 일코(喪膽)《金三5:32》. '애'가 쓸개의 뜻으로 쓰이고 있으나 고대에는 '애'가 간(肝)의 뜻을 지니고 있었을 가능성을 생각해 볼 수 있다. 현대어에서 '애간장'이라고 하는 말이 있는 것을 보면, '애'가 간(肝)의 뜻을 지니고 있을 가능성이 있다고 보겠다. 애타다, 애쓰다, 애먹다할 때 '애'는 간의 뜻을 지니고 있다고 하겠다.

쓸다 동 掃

쓰는 행위는 주로 손에 의한 것이므로 그 어원은 손의 뜻을 지닐 것이다. ¶쓸다(掃) : 煩惱 쓰러 브료려 ᄒᆞ시니《曲55》. 쓸다의 고형은 '슬다'일 것이다. 어근 '슬'은 명사가 된다. '슬'은 손(手)의 고형 '솓(솔)'과 동원어(同源語)가 된다고 하겠다. 한편 솔(炊箒)《朴解中11》과 동원어일 가능성도 생각해 볼 수 있다.

씨　　图 種, 種子

'씨'는 동식물의 종자를 의미한다. '씨알, 씨앗'으로도 쓴다. ¶뻐(씨) : 됴
흔 뻐 심거든《月1:12》. 뻐(새끼) : 뎌 가히 뻐 모로리로다《朴重上31》. 뻐의
더 고형은 '시'라 하겠고, '싣(실)'으로 소급된다고 하겠다. ¶삯(草芽)《圓
上1:2:14》. 삯의 고형은 '삭'이고, '삳〉살〉삵〉삭'의 변화일 것이다. 씨의
조어형(祖語形) '실'과 '살'은 동원어(同源語)일 것이다. 씨앗(種)은 '씨'
와 '앗'의 합성어라 하겠는데,『한청문감(漢淸文鑑)』에 '씨앗'이 보인다.
usu(씨앗)〔滿〕. usu의 어근 us와 씨앗의 '앗'은 동원어일 가능성이 있다.
일본어에 sane(種)가 있다. 어근 san(sat)은 국어 씨의 고형 '싣'과 동원
어라 하겠고, 고어에서 '삳'일 가능성을 보여준다고 하겠다. 씹(女陰)은
씨(種)와 입(口)의 합성어일 것이다.

씨름　　图 捽, 相撲, 角抵, 角力, 捧交

'씨름'은 주로 손으로 하는 경기라고 할 수 있다. 물론 현대의 씨름에서는
발기술도 중요하다. ¶시름(捽) : 우리둘히 시름호되《朴重中50》, 씨름 :
씨름 탁견 遊山ᄒ기《靑大p.135》. 씨름에 해당하는 한자를 보면 捽(잡을
졸), 撲(칠 박), 抵(밀어젖힐 저)와 같이 손 수(手) 변이 있다. 그러니까
씨름은 주로 손의 동작으로 인식했음을 보여주고 있다. 일본에서는
sumahu(相撲)와 같이 撲 자가 쓰이고 있다. sumahu(相撲)〔日〕. 일본
어 sumahu는 국어 '시름'의 ㄹ탈락으로 이루어진 말이다. 시름(撲) :
sumahu(相撲), 구룸(雲) : kumo(雲), 사람(人) : samo(倭人). 시름
의 어근 '실'은 손의 뜻을 지닌다고 보겠다. 손(手)의 조어형(祖語形) '솓'
에서 변한 말이라 하겠다. baritoho bühe(씨름)〔蒙〕, baritoho(씨름하
다)〔蒙〕, bari(눌러라)〔蒙〕, bariho(누르다)〔蒙〕. bari, bariho의 어근
bar(bat)는 손의 뜻을 지닌다고 하겠다. 누르다(押)의 동작은 손에 의
해 이루어지며 押(누를 압) 자도 손수(手) 변이 쓰인다. 몽골어에서

baritoho(씨름하다)의 bari가 명사로서 씨름의 뜻을 지니는 말이라 하겠고 어근 bar는, 누르다라는 말 bariho의 어근 bar와 일치한다. 이는 몽골어에서도 씨름의 어원이 손임을 보여준다고 하겠다.

씩씩하다 　형 雄, 勇, 勇敢

'씩씩하다'는 행동이 굳세고 위엄이 있다이다. 용감하다. ¶千相이 빗내 싁싁ᄒᆞᄂᆞ니(千相光嚴)《法華4:189》, 양지 싁싁ᄒᆞ니(姿颯爽)《杜初16:26》. 싁싁ᄒᆞ다는 엄하다, 시원하다, 늠름하다의 뜻이다. '싁싁ᄒᆞ다 → 씩씩하다'로 음운변화를 일으키며 엄하다의 뜻에서 용감하다의 뜻으로 바뀌었다.

씹다 　동 囓, 咀, 嚼

'씹다'는 '이'로 하는 동작이므로 이(齒)의 본뜻을 지닌다고 하겠다. ¶십다(嚼) : 므르 시버《救簡6:7》, 哺ᄂᆞᆫ 시버 머길 씨라《月23:92》, 씹다《字會下14》. 십다의 어근은 '십'이고 '신〉실〉싏〉십'의 변화다. sidon(齒)〔蒙〕. 어근은 sid이고 on은 접미사다. 십다의 조어형(祖語形) '신'은 몽골어 sidon(齒)의 조어형 sit과 일치하고 있다. 한국 고대어에 sit이 이(齒)의 뜻을 지니는 말이었다고 하겠다. '이가 시리다'에서 시리다의 어근 '실(신)'은 명사로서 이(齒)의 고어라 여겨진다.

씻다 　동 洗, 拭, 抹

씻는 것은 물로 한다. 현재는 씻어 없애다는 뜻도 있다. 고어에서는 씻다는 '싯다(씻다)'로, 없애다는 '슷다'로 표기하고 있다. 이는 현재는 표기형이 같지만 고어에서는 다르다는 것을 알 수 있는 것이며, 따라서 어원이 다르다고 볼 수 있다. ¶싯다(洗) : 시스며 갓곤 거시 서르 두펏도다(洗剝相蒙羃)《杜初16:71》, 씻다 : 씻다(洗洗)《同文下55》. 어근은 '싯(신)'이다. ¶슷다(拭) : ᄌᆞ르 스서(數數拭)《救簡6:86》, 슷다 : 슬 말 抹《字會下20》. 어근 '슷'은 '슫'이 고형일 것이다. '싯'은 손의 행위이기는 하지만, 물을 사용한다고 하는 데서 어원적 의미는 물일 것이다. arau(洗)〔日〕, ase(汗)〔日〕, ura(江)〔滿〕. 어근 ar, as의 고형은 at일 것이고 물의 본뜻을 지니는 말이라 여겨진다. 한편 씻어 없애는 행위는 주로 손으로 하는 것이기 때문에 어원적 의미는 손의 뜻을 지닐 것이다. 손(手)의 고형 '손'과 동원어(同源語)가 된다고 하겠다.

┌─────────────┐
│   ㅇ   │
└─────────────┘

아가리 명 口

'아가리'는 입(口)의 비속어(卑俗語)로 쓰이며, '악'과 '아리'의 합성어다. 주둥이를 주둥아리라고도 하는데, 주둥아리의 '아리'가 '악아리'의 '아리'와 같은 말이다. '아리'는 '알'에 '이' 접미사가 붙은 형이다. 경상도 방언에 뱀 입을 '구리알'이라고 한다. aǧız(口)〔터키〕, ama(口脣)〔蒙〕, amasar (口)〔蒙〕, aŋga(口)〔滿〕, orol(脣)〔蒙〕, ayalgu(歌)〔蒙〕. '악'은 '알〉앍〉악'의 변화를 거친 말이다. 알다(知)의 '알'이 말의 뜻을 지니지만, 어원적 의미는 입이라 하겠다. 마을어귀, 강어귀의 '어귀'의 어근이 '억'인데 '악'과 동원어일 것이다.   ▶ 알다(知)

아귀 명 餓鬼

불교어. 梵 preta. 巴 peta. 소리옮김 薜荔多(설려다). 三惡趣(삼악취), 四惡趣, 六趣의 하나. 전생에 慳貪嫉妒(간탐질투)를 하여 身口意(신구의) 惡行(악행)을 한 갚음으로서 받게 되는 것으로, 늘 목말라 괴로워하므로 이런 이름이 붙었다. 鬼道(아도), 鬼趣(귀취), 餓鬼道(아귀도)라고도 한다. 산스크리트 preta는 원래 죽은 자를 뜻하며, 힌두교에서는 죽은 뒤 1년이 되어 조상의 영혼에 같이 넣는 의례가 행해지기까지의 죽은 자의 영혼을 가리킨다. 그 사이 매월 공물(供物)을 바치고 의례를 행하는데 만약 이런 의례가 행해지지 않을 때에는 preta는 조상의 영혼으로 되지 않고 일종의 亡靈(망령)이 된다. 불교에서도 死者靈(사자령)으로서의 용법은 있었는데, 염라대왕이 사는 지옥으로 가거나 사람에게 붙기도 하고, 산 사람으로부터 공양을 받아서 바라는 세계에 환생하는 것을 바라기도 한다. 아귀도(餓鬼道)는 死者靈으로서의 아귀와 겹쳐지면서, 육도 윤회의 일환인 아귀세계의 주인(住人)이 된다. 아귀세계(아귀도)는 지옥의 위, 축생(畜生. 動物)의 아래에 있고, 생전에 질투가 심했거나 물건을 아까워하는 행위를 한 사람이 가는 곳이다. 아귀의 비참한 상황은 갖가지로 묘사되는데, 음식물을 얻지 못하는 기아상황에 놓이는 것은 공통된다. 두루마리그림 등에서 걸식이나 궁민(窮民)의 모습을 아귀의 이미지로 취하고 있는 경우가 많은 것도 그 때문일 것이다. 인도에서도 이미 승원의 벽 등에 아귀세계와 그 밖의 다른 윤회세계를 그려서 인과응보를 보이며, 사람들에게 윤리적 행위를 권했다. 아귀도의 고통을 받는 것과 벗어남을 이야기하는 불교설화도 많은데, 그 중에서 우란분(盂蘭盆)의 유래를 말하는 목련(目連)이 어머니를 구하는 이야기가 가장 유명하다. "我若生地獄, 餓鬼, 畜生, 修羅等之趣,(中略) 依其苦器, 而受苦縛身心也."《永平典座敎訓》. ¶아귀 : 이런 有情둘흔 이에셔 주그면 餓鬼어나 畜生이어나《釋譜 9:12》.

아내 명 妻

'아내'는 '안사람'이라고도 한다. 전통적인 가옥에서는 안채에는 여자들이 거처하고 바깥채(사랑)에는 남자들이 거처했다. 아내는 안채에 사는 사람이란 뜻이다. 그러나 안해는 '안(內)'과 '해(人)'로 가를 수 있다. ¶안해 (妻) : 六淑의 안해는《小諺6:55》, 馮外郞 안해의 머릿 단장이《小諺6:116》, 눔의 안히 공경ᄒᆞᄂᆞᆫ 말(令堂)《譯上30》, 안히(妻)《漢140b》. 안해, 안히의 쌍형이 보인다. 아히(兒)《曲70》, 스나히(男)《朴初上55》, 갓나히(女)《釋19:14》의 '히'와 안해의 '해'가 공통된다고 하겠다. '해'는 '핟〉할〉할이〉하이〉해'로서 고형은 '핟(할)'이라 하겠다. 만주어에 hara(姓, 一族), haraŋga(姓氏)의 어근 har가 사람(人)의 뜻을 지닌다고 하겠다. 국어의 인칭복수를 나타내는 저희의 '희'의 어원적 의미는 사람의 뜻을 지닌다. 만주어에서 hunthihin은 동족(同族)의 뜻을 지닌다. 터키어에 사람사람(人人)의 뜻으로 halk가 있다. 어근 hal이 사람의 뜻을 지니고 있음이 분명하다. 안해에서 '해'의 어원적 의미는 사람이라 하겠다. 안해의 '안'은 內(안 내)의 뜻을 지닐 가능성도 있으나, 그렇지 않을 것이다. ənyə(母)〔滿〕, ane(妹)〔日〕, ani(兄)〔日〕, ənin(母)〔에벤키, 오로촌〕, ənixən(伯母)〔에벤키, 오로촌], anún(他人)〔아이누〕. 어근 ən, an이 사람의 뜻을 지니고 있으며 여성의 뜻이 짙은 것을 알 수 있다. 안해의 '안'도 사람, 여자(人, 女)의 뜻을 지니고 있다고 여겨진다. 발해(渤海)의 '해(海)'도 '할〉할이〉하이〉해'로서 사람의 뜻을 지닌다고 하겠다. 고대에는 사람의 뜻을 지니는 말이 부족명이 되고 나중에는 국가명에 이르는 경우가 많다. 안해는 사람의 뜻을 지니는 이음동의어가 겹친 말이라 하겠다.

▶ 아낙, 아낙네, 마누라, 안사람, 안양반, 집사람

아니꼽다　 ⦗형⦘令人作嘔, 不順眼, 不快

'아니꼽다'는 말이나 하는 짓이 마음에 거슬리고 밉살맞다, 비위가 뒤집혀 구역질이 날 듯하다라는 뜻이다. ¶아닛고오미 올라(惡心上來)《朴重下22》, 그저 아니꼽다(只管要心)《漢216b》. 아닛곱다, 아니꼽다의 쌍형이 보인다. 아니꼽다는 '아니'와 '곱다'의 합성어다. '안(內)＋이＋곱(曲)다'로 볼 수 있다. 속마음이 굽어진다. 즉 속이 뒤틀리다의 뜻이다.

아득하다　 ⦗형⦘漠, 杳

'아득하다'는 막연하다, 까마득하게 오래다, 아뜩할 정도로 끝없이 멀다의 뜻이다. ¶寢靜ᄒᆞ야 아득ᄒᆞ니《杜初16:32》, 아득홀 암(暗)《字會下1》, 아득 혼 昏, 아득 망 茫《類合下12》. 아득하다는 어둡고 혼미하다의 본뜻을 지닌다. 어간 '아득'의 어근은 '앋'이고 '옥'은 접미사다. '앋'의 어원적 의미는 해라고 하겠다. 暗, 昏 자를 보면, 날 일(日) 변이 들어 있다. 밝고 어두운 것은 해에 의해서 이루어진다. ¶사올(三日)《杜初15:36》, 나올(四日)《釋11:31》. '올'이 해의 뜻을 지니고 있다. '올(日)'은 어둡다(暗)의 어근 '얻'과 동원어(同源語)일 것이다.

아들　 ⦗명⦘男, 子

'아들'은 딸의 반의어다. ¶아ᄃᆞᆯ(아들)《字會上31》. 아들의 어근은 '앋'이고

'올'은 접미사다. olos(人)〔蒙〕, otoko(男)〔日〕, otome(女)〔日〕, utə(兒)
〔오로촌〕. 어근 ol, ot이 사람(人)의 어원적 의미를 지니고 있음을 보여주
고 있다. ¶아롬(私)《楞6:108》. 어근 '알'의 어원적 의미도 사람(人)의 뜻
을 지닌다. are(吾)〔日〕. 어근 ar가 사람(人)의 어원적 의미를 지님을
보여주고 있다. 한편 '앋올'의 '올'을 접미사가 아니라 실사(實辭)로 볼
수도 있다. '올'은 사람(人)의 뜻을 지닌다고 하겠고, 고형은 '알(앋)'이었
을 것이다. 아롬(私), 어른(成人), 우리(吾等)의 어근 '알, 얼, 울'과 동
원어(同源語)일 것이다. 사람의 본뜻을 지니는 이음동의어인 '알돌〉아
돌'의 형성일 개연성도 있다.　　　　　　　　　　　➡ 누이, 아내

아래　명 下

'아래'의 어근은 '알'이고 '앋'이 조어형(祖語形)이 될 것이다. ¶아래(下)
: 城 아래 닐흔 살 쏘샤《龍76》. aşaǧi, alt(下)〔터키〕, ohi(下)〔蒙〕, asam
(下)〔아이누〕. 터키어를 보면 어근이 as, al인데, 조어형은 at이다. 국어
아래(下)의 조어형 at과 동원어(同源語)일 것이다. 오름(丘)〔濟州〕, 봉오
리(山峯)〔國〕, urə(山)〔에벤키〕. 오름(丘)의 어근 '올'은 명사로서 '오르다
(登)'라는 동사로 전성된다. 봉오리(峯)는 '볼오리〉보오리〉봉오리'가 되
는데, '볼'과 '올(이)'이 모두 산(山)의 뜻을 지니고 있다. 언(堤)의 조어형
'얻'의 본뜻은 흙의 뜻을 지닌다고 하겠다. 일본어 aze(畔, 논두렁)의 어
근 az은 at이 조어형으로서 흙의 뜻을 지니는 말이라고 하겠다. 아래(下)
의 어원적 의미는 땅, 흙(土, 地)이라 하겠다. 아래의 반의어 위(上)는
'우이'가 줄어든 말로서 '욷'이 조어형일 것이다. alt(下)〔터키〕, aşaōǧi
(下)〔터키〕. 어근 al, aş는 국어 아래의 어근 '알'과 동원어라 하겠다.

아름　명 圍, 抱

'아름'은 두 팔을 쭉 벌려 껴안았을 때 둘레의 길이, 두 팔로 껴안을 수
있는 양을 뜻한다. ¶마오 아ᄂ미오(四十圍)《杜重18:21》, 마오 아노미오
(四十圍)《杜初18:21》, 세 아롬이나 ᄒᆞ니(三圍抱)《朴重下31》. '아름'은 '아

늄, 아눔'에서 변한 것을 알 수 있다. '아눔'은 안다(抱)의 '안'에서 '움' 접미사가 붙어서 된 말이다. 안다(抱)의 어근 '안'은 '앋'으로 소급된다. 안는 행위는 팔의 행위다. ude(腕)〔日〕. 어근 ud는 '앋'과 동원어다.

아름답다　　형 美

아름다움의 기준은 사람다운 것이라고 할 수 있다. ¶아름답다(美) : 美 눈 아름다볼 씨니《釋13:9》. 아름답다(美)는 '아름' 명사에 '답다' 접미사 가 붙어 형용사가 되었다. '아름'은 나(私)의 뜻을 지니는 명사라 여겨진 다. ¶제 모믈 아름 삼디 아니ᄒ며(不私)《楞6:108》, 그 윗 門엔 아ᄅᆞ믈 容納 몯거니와(公門不容私)《金三4:33》. 아름이 나(私)의 뜻을 지니는 명 사다. ¶제여곰 아름 ᄃᆞ외도다(自私)《杜初14:38》, 내 아름바터 미츠니(及 我私)《杜重12:18》. 아름이 私의 뜻을 지니고 있다. 아름답다(美)의 아름 은 나(私)라고 여겨진다. 속담에 '고슴도치 제 새끼 함함하다'는 말이 있 고, '아무리 곰보라도 사랑하게 되면 오목오목한 데마다 사랑이 샘솟는 다'는 말이 있다. 아름다움(美)의 기준은 개성적인 차이에 의해 달라진 다 하겠는데, 나 아닌 것을 나답게 여길 때 아름다움을 느낀다고 하겠다. 불교에서는 이를 동체대비(同體大悲)라고 한다. 몽골어에 arouhan(美) 이 있는데, 어근 ar는 국어 '알'과 비교된다. 터키어에 güzel(美)이 있는 데, 터키어계인 위구르어에 gül(花)이 있다. 터키어에서는 아름다움(美) 의 인식대상이 꽃일 가능성을 보여주고 있다. 국어에 '꽃답다'라는 형용 사가 있다. 한자 美(아름다울 미) 자는 羊(양 양) 자와 大(큰 대) 자가 어우른 자다. 양고기(羊肉)는 맛이 있어서 많이(大) 먹는데, 그것은 아 름다운 것이 되는 것이니, 중국인의 미의식은 먹는 미각에 있다고 하겠 다. 아름답다(美)의 아름을 知(알 지)로 봄직하나 그러한 조어법은 어렵 다고 하겠다. 알다(知)라는 동사의 어간에 '옴' 접미사가 붙은 '아름'에 다시 '답다' 접미사가 붙는 경우는 없는 것이다. 예를 들면 웃음답다, 울 음답다, 높음답다와 같은 조어법은 없다. '답다' 접미사가 붙을 때에는 '사내답다, 숙녀답다, 학생답다, 소녀답다'처럼 명사일 경우에 한한다.

아름답다

아리다 　형 疼, 痛, 病, 傷

'아리다'는 상처가 찌르는 것 같이 아프다, 수족이 얼어서 감각을 못 느끼도록 아프다, 뜨거운 것에 데어 통증을 느끼다, 음식이 너무 매워서 혀끝을 찌르는 것 같다, 날감자 같은 것을 씹을 때 느낌이 난다이다. ¶알히기로 절로 긋고(疼痛自止)《痘下32》, 피나고 알히ᄂ닐《救方上7》, 눈망울이 알ᄒ며(睛疼)《辟新1》. 알ᄒ다, 알히다로 나타난다. 알ᄒ다〉앓다〉앓브다〉아프다(疼痛). 입안에서 느끼는 강한 자극을 '아리다'라고 하는데 그것도 어원적인 의미는 '알ᄒ다, 알히다'의 어근 '알'과 동원어가 된다. 입안의 자극적인 현상도 '동통(疼痛)'의 현상으로 인식한 듯하다. 　⟱ 아프다

아리땁다 　형 嬌, 媛, 美麗

'아리땁다'는 마음이나 몸가짐이 썩 아름답다의 뜻이다. ¶아ᄅᆺ다온 양줄 지스면(內 1:30), 아ᄅᆺ다온 져비는 집기슬게 드러 횟도놋다(嬌燕人簷廻)《杜初7:34》, 고지 아리다온 雜 남기《杜重6:12》, 아릿다올 교(嬌)《類合下31》. '아ᄅᆺ답다, 아리답다, 아릿답다'의 세 가지 표기가 나온다. 어근이 '알'임을 보여주고 명사가 된다. 아롬답다(美)의 아롬은 '私'의 뜻인데 어근은 '알'이다. '아ᄅᆺ답다'의 어근 '알'과 일치하고 있다. 아롬이 '私'의 뜻을 지니고 있다는 것은 어원적 어근은 사람의 뜻을 지니고 있음을 보여주고 있다. 어룬(成人), 아롬(나, 私), 우리(吾等), 어리(식구, 먹어리, 벙어리), aruči(主人)〔日〕, are(彼)〔日〕, ore(汝, 己)〔日〕. 국어의 어근 '얼, 알, 울', 일본어의 어근 ar, or의 어원적인 의미가 사람의 뜻을 지니고 있다. 이는 국어의 '아름답다, 아리땁다'의 대상이 '사람'이라는 것을 보여준다고 하겠다. '아름다움'이 시각적인 것이 아니라 정신적인 것임을 보여주고 있다.

아리랑 　갑

'아리랑'은 우리 민족이라면 누구나 아는 민요라 하겠으나, 아리랑의 어

원에 대해서는 여러 설이 분분하다. ①인명에서 왔다는 설 : 閼英(알영), 阿娘(아랑). ②고개이름 : 아리라(자비령), 아리령(嶺). ③여진어설 : 아린(聚落地). ④한자어설 : 我離娘(아리랑), 我耳聾(아이롱). ⑤여음설(餘音說) : 얄리얄리. ⑥동사설 : 알다(知). 우리나라 민요에는 깊은 은유적인 표현으로 된 것이 많다. 천안 삼거리의 삼거리는 인체의 삼거리, 즉 성기를 상징하고 있다고 보겠다. "성화가 났구나 흥"이라는 구절의 성화는 成火의 뜻이라 하겠는데, 불이 일어났으면 그 불을 꺼야 할 텐데 흥겹다고 했다. 불(火)은 여기서 성(性)을 상징한다고 보겠으며, '불'도 불두덩, 불알(睾丸) 등 성기를 상징한다. 도라지 타령의 도라지는 음경(陰莖)을 상징하며 바구니는 여자의 성기(性器)를 상징한다. "한두 뿌리만 캐어도 바구니가 넘는다. 네가 내 간장을 스리살살 다 녹인다". 도라지 한 뿌리를 캤다고 바구니가 넘을 턱이 없지 않는가. 또 설사 그렇다고 하더라도 "네가 내 간장을 다 녹"일 턱이 없는 것이다. 도라지 타령은 성행위를 은유하고 있다고 하겠다. 각설이 타령을 보면 "얼씨구씨구 들어간다. 절씨구씨구 들어간다. 기름동이나 마셨는지 미끈미끈 잘한다. 냉수동이나 마셨는지 시원시원 잘한다. 막걸리동이나 마셨는지 걸직걸직 잘한다". '잘한다'고 하는 행위는 다음 구절엔 '품봐 품봐'가 된다. '품봐'는 '품을 보다'의 '품 보아'가 '품봐'로 줄고 '품바'로 변했다. 상대의 품을 보는 일을 잘한다고 하겠는데, 성관계를 은유하고 있다. 이렇듯 우리나라 민요에는 은유적인 면이 있다. 아리랑도 은유적인 면으로 풀어본다. 아리랑 고개의 이름이 붙는 고유명사는 아직 없다고 하겠다. '아리랑 아리랑 아라리요'를 놓고 볼 때, '아리랑'과 '아라리요'를 비교할 때 어근이 '알'이 된다. 아리랑의 '랑'의 말음 ㅇ을 떼면 '아리라'가 된다. '아리라 아리라 아라리요'가 된다. 어근 '알'은 卵(알 란)의 뜻을 지닌다고 보겠다. 그것은 우리 민족의 신라, 가락국, 고구려의 시조는 모두 알(卵)에서 태어났다. 따라서 '알'은 우리 민족의 시조요, 뿌리며 나라가 된다고 하겠다. '아리랑 아리랑 아라리요'는 조상이여, 민족이여, 나라여로 풀이하고 '아리랑 고개를 넘어간다'의 '고개'는 어려운 때, 또는 어려운 것을 은유한다. 그러니까 우리 민족은 지금 어려운 고비 즉 민족 수난의 고개를 넘어가고 있다. '나를 버리고 가시는 님은 십리도 못 가서 발병난다'는 조국과 민족을 버리고 가는 사람은 십리도 못 가서 발병 난다로 풀이해 본다. 이렇게 풀어보면 '아라리요'의 '알'은 우리의 시조 신화에 나오는 알(卵)을 뜻한다고 보겠다.

아리수 圐 阿利水

압록강의 옛 이름은 '아리수'다. 鴨綠이 '아리'의 전사(轉寫)라 여겨진다. 송화강(松花江) 하류에 아리문하(阿里門河)가 있고(金史, 권71), 대흥안령(大興安嶺)에도 아리하(阿里河)가 있다. 또 광개토대왕비문에는 엄리대수(奄利大水)가 나오는데, 奄利가 '아리'와 비교되는 지명이다. 아리는 물(水)의 뜻이다. 아리수의 수(水)는 강 이름에 붙는 말이다. 江, 河, 水를 붙여 강 이름을 만든다. 신라의 알천(閼川)《三遺, 제2》의 '알'과 아리수는 비교된다. '알'의 본뜻은 물(水)의 뜻을 지닌다고 하겠다. 광개토대왕비문에는 한강을 아리수라고 적었는데 '아리'도 역시 본뜻은 물의 뜻을 지닌다고 하겠다. 『삼국사기(三國史記)』 지명어에 於乙(泉)〔고구려〕이 보인다. ura(江)〔滿〕, ula(河)〔女眞〕, oso(水)〔蒙〕. 어근 ur, ul, əl, os를 얻을 수 있다. 근원적인 의미는 물의 뜻에서 분화한 것이라 여겨진다. 아리수의 어근 '알'도 물의 뜻에서 강, 내(江, 河, 川)의 뜻으로 분화한 것이라 하겠다. 청천강(淸川江)을 아리수라고도 한다. 아리수는 '아리'와 '수'로 나뉘는데, 모두 물의 뜻을 지니는 말이므로 합성어다. '수'는 술(水)의 말음탈락형으로서 만주어 셔리(泉)와 비교된다. 터키어 su(水), sulamak(물주다), sulu(물기가 있다)의 어근 su, sul은 물의 뜻을 지닌다. 시베리아의 amuru江, usuri江의 amuru(黑龍江)는 a와 muru로 나뉘는데, a는 ar(水)가 원형이며, muru는 물(水)이므로 동음이의어의 합성어다. usuri의 u는 ur의 말음탈락형이고 suri는 물의 뜻을 지닌다. 오로촌어에 amuɪ(湖), 에벤키어에 amadʒɪ(湖)가 있다. amuru와 동원어(同源語)다. 퉁구스어에서 muu(水)는 muru의 r음 탈락형이다.

아버지 圀父

'아버지'는 '아버'와 '지'의 합성어다. ¶아비(父)《字會上19》, 아바(아비)《푬附19》, 아바님(아버님)《龍28》, 아버님《癸丑p.88》. 아바, 아바님의 예로 봐서 '아바'와 '지'의 합성어임이 틀림없다. 평안도 방언에서는 '아바지'라고 한다. '지'는 사람을 가리키는 인칭어. 임자의 15세기 표기는 '님자'인데 '자'도 본디는 사람의 뜻을 지닌다. 거지, 거러지의 '지'도 사람의 뜻을 지닌다. ðu(人)〔日, 琉〕. 일본 유구어(琉球語)에서 ðu가 사람(人)의 뜻을 지닌다. 고대의 인칭어에 世理智《三遺1, 王曆1》, 莫離支《三史21》 등이 보인다. 현대어에서도 이치, 저치라는 말의 '치'는 사람의 뜻을 지닌다. 유아어는 아빠인데, '아바'가 '압바'와 같이 ㅂ이 첨가되었다. '어마'의 유아어인 엄마도 ㅁ이 첨가되었다. 최근에 이르러 아빠, 엄마는 유아어도 되지만 성인들도 유아어를 그대로 쓰고 있는 실정이다. ▶ 아내, 아들, 언니

아비규환 圀 阿鼻叫喚

'아비규환'은 아비지옥과 규환지옥의 합성어로 심한 괴로움을 나타낸다. '아비'는 산스크리트어 아비치(avīci)의 음역(音譯)이다. 산크리트어로 '아비치'는 '물결이 없다'이다. 불교에서는 '틈이 없다'란 뜻으로 쓴다. 따라서 무간지옥(無間地獄)이라 한역(漢譯)한다. "汝今已造阿鼻地獄極重之業, 以是業緣必受不疑, 大王, 阿者言無, 鼻者名間, 間無暫樂, 故名無間.(너는 지금 이미 아비지옥의 가장 중한 업을 지었으니, 이 업의 연으로써 반드시 의심 없이 받는다. 대왕. 阿는 無를 말하며, 鼻는 間을 이르며, 間은 잠시의 낙도 없으므로 無間이라 이름한다.)"《涅槃經19》. 그래서 이 지옥에 떨어지면 그칠 사이가 없는 괴로움을 받으므로 무간지옥이라 부른다. 이 무간지옥은 팔열지옥(八熱地獄)의 하나로 여러 지옥 가운데서도 가장 괴로운 곳이다. 오역(五逆)과 방법(謗法)을 범한 자가 떨어진다고 이른다. '규환'은 산스크리트어 라우라바(raurava)의 한역(漢譯)이다. 라우라바의 어원은 rava(부르짖는 소리)에서 찾으며 이를 '규환'으로 한역하였다. 이 지옥에 떨어지는 자가 괴로운 나머지 울부짖으므로

규환지옥이라 부른다. 규환지옥도 팔열지옥의 하나며, 사람을 죽이거나 도둑질을 하거나, 사악한 섹스를 즐기거나 술을 먹거나 하면 이 지옥에 떨어진다. 뜨거운 물이 부글부글 끓는 큰 가마에 던져지거나 맹렬한 불의 쇠방〔鐵室〕에 던져지는 것을 말한다.

아수라 图 阿修羅. 梵·巴 asura

소리옮김(音譯) 阿修羅, 阿素恪(羅), 阿須倫. 준말 修羅. 뜻옮김(意譯) 非天(果報天과 비슷하나 天은 아니다), 無酒(果報에 술이 없다), 無端正 (생김새가 추악하다). "阿修羅, 舊翻無端正, 男醜女端正, 新翻非天."《翻譯名義集2》. 인도에서는 예부터 최상 성령(性靈)의 뜻으로 사용했는데, 중고(中古) 이래로 싸움을 일삼는 귀신으로 변했다. asura는 고대 이란의 ahura에 대응되며, 원래 아후라와 마찬가지로 선신(善神)을 뜻했다고 한다. 그러나 나중에 인드라신(帝釋天) 등의 대두와 함께 그들의 적으로 보게 되었으며, 늘 그들에게 싸움을 거는 악마·귀신 무리로 몰렸다. asura를 sura(神)가 아닌 것(非天·無酒神)으로(a는 不定詞) 뜻옮김한 것도 아마 중국에서 그 지위를 끌어내려 악신의 이미지로 만드는 역할을 한 것이다. 불교의 윤회전생에서 6도설에서는 그가 사는 세계가 아수라도(阿修羅道)로 삼선도(三善道)의 하나이다. 또 불교에서는 천룡팔부중(天龍八部衆)에도 들어 있으며, 불법의 수호신으로 되어 있다. 밀교 태장계만다라(胎藏界曼茶羅)에서는 외금강부원(外金剛部院)에서 그 모습을 볼 수 있다. 그림으로는 삼면육비(三面六臂)로 흔히 표현된다. 전투를 좋아하는 아수라신은 예부터 불교설화 등을 통해 널리 알려지고, 비참한 전쟁이 되풀이되는 장소나 상황을 아수라장(또는 수라장)이라 일컫는다. 아수라가 싸움을 좋아한다는 상징은 아수라왕과 제석천의 전투는 『구사론(俱舍論)』이나 정법염처경(正法念處經)에 유래하는 것으로, 그때 제석천궁으로 공격해 올라간 아수라왕이 일월을 잡고 손으로 덮어서 일식과 월식이 생긴다는 설도 있다. "祇如阿修羅, 與天帝釋戰, 戰敗令八萬四千眷屬, 入藕絲孔中藏."《臨濟錄, 示衆》

아수라장　　　몡 阿修羅場

격렬한 싸움으로 처참하게 된 곳이나 상황. 아수라와 인드라가 싸운 곳에서 온 말.
　　　　　　　　　　　　　　　　　　　　　　　　　　　🔁 아수라

아예　　　몀 最初, 絕對

'아예'는 처음부터, 애초부터, 절대로, 결코의 뜻으로 쓰는 부사다. ¶아ᅀᅵ 뿔 분 饋《字會下12》, 아이에 건너지 마던들《海東p.87》, 모년은 아이예 訟官티 아니코《無冤1:8》. '아ᅀᅵ, 아이에, 아이예'는 처음의 뜻을 지니고 있다. '앗이〉아이'가 되고 여기에 '에' 격조사가 붙어서 '아이에'가 '아예'로 변했다.
　　　　　　　　　　　　　　　　　　　　　　　　　　　🔁 애초

아우　　　몡 弟

'아우'는 형의 반의어지만 본래는 사람이란 뜻을 가진 말로 의미가 축소되었을 것이다. ¶앗(弟)《釋13:2》, 앙(弟)《楞1:76》, 아ᅀᅳ(弟) 杜初8:44〉, 아스(弟)《三綱孝5》. 어원적 어근은 '앗'으로 '앗〉아ᅀᅳ〉아ᅌᅳ〉아우'의 변화를 생각해 볼 수 있다. △음은 15세기 현실음이 아니라 의도적 표기라 하겠다. 그것은 아스, 아ᅌᅳ의 방언차를 없애기 위한 하나의 의도적인 표기로서 '아ᅌᅳ'를 '아스'인 고형으로 복귀시키기 위한 이상적 표기라 하겠다. '앗'은 '앋'이 조어형(祖語形)이 될 것이다. 아돌(子), 엇(母), 어른(成), 우리(吾等)의 어근 '앋, 엇, 얼, 울'과 동원어(同源語)가 될 것이다. otoko (男)〔日〕, otouto(弟)〔日〕, otona(成人)〔日〕. 어근 ot과 동원어가 된다고 하겠다. utə(아들)〔오로촌〕, uril(兒)〔에벤키〕, ədil(丈夫)〔오로촌〕. 어근 ut, ur, əd는 국어 아스(弟)의 어근 '앗(앋)'과 동원어일 것이다. 동생이 현대어에서 아우의 뜻으로 쓰이고 있지만, 어원으로 보면 그렇지만도 않다. ¶동ᇰ싱 : 아ᅌᅳ와 동ᇰ싱의 ᄌᆞ식돌히《小諺6:20》, 혼 어믜게셔 난 동ᇰ싱《杜初上72》, 동ᇰ싱아ᅌᅳ(친아우) : 동ᇰ싱아ᅌᅳ(親兄弟)《譯上57》, 동ᇰ싱형(親兄) : 동ᇰ싱형(親哥哥)《譯上57》. 동ᇰ싱은 한자어 同生의 음사로서 아우의 뜻이 아니

라 같은 배에서 태어난 사람인 同生의 뜻 그대로다. 동기(同氣)라고 하는 말과 같은 뜻을 지니는 말이다. 동기라고 하면 언니, 아우, 오라비, 누이를 통틀어 일컫는 말이다. 같은 배에서 태어난 것을 같은 기(氣)로 보았다는 것은 형제 관계를 氣로 파악했다는 것으로 재미있는 일이라 하겠다. 같은 배에서 태어난 사람이라는 뜻에서 손아랫사람으로 의미가 축소되었다고 하겠다.

아욱 　명 葵

'아욱'은 '아룩〉아욱'의 변화로서 어근은 '알'일 것이다. ¶아옥(葵): ㄱ숤 아오글 글히니(秋葵煮)《杜初7:38》. olho(草)〔滿〕, ulhu(葦)〔滿〕, ot(草)〔터키〕, asi(蘆)〔日〕. 어근 ol, ul, ot은 국어 아욱의 조어형(祖語形) '알'과 동원어(同源語)가 된다고 하겠다. 만주어에 abuha(아욱)가 있다. 몽골어 ebesü(草) 등의 어근 eb, ob와 동원어일 것이다. oktho(藥)〔滿〕, ebesü(草)〔蒙〕, em(藥)〔蒙〕. 약의 뜻을 지니는 만주어 oktho(藥), 몽골어 em(藥)이 풀(草)의 뜻을 지니고 있음을 보여주고 있다. 몽골어에서 nilmosun(淚), nilbusun(淚)의 대응어가 보인다. ebesü(草)와 em(藥)이 대응될 수 있다. ahuhi(葵)〔日〕.

아주머니 　명 叔母, 嫂, 姑

'아주머니'는 어버이와 같은 항렬의 여자이다. 자기와 같은 항렬인 사람의 아내, 부인네를 높이어 정답게 부르는 말이다. 아저씨의 반대어다. ¶아ᄌ미 수(嫂)《字會上31》, 아ᄌ미 고(姑)《字會上31》, 아ᄌ마니ᄂ 大愛道ᄅᆯ 니르시니《釋6:1》. '아ᄌ마님'은 '아ᄌ미'의 존대어가 된다. 아ᄌ미의 '미'는 할미의 '미'와 같은 말로 여자를 뜻하고 있다. '어미'도 '어'와 '미'의 합성어다. '머니'는 어머니의 '머니'와 같은 말이다. 심마니, 똘마니의 '마니'가 사람의 뜻을 지니고 있는데 어머니, 아주머니, 할머니일 때에는 여자에게만 쓰이고 있다. nyalma(人)〔滿〕. nyalma의 'ma'는 사람의 뜻을 지니고 앞에 오는 nyal은 nal로 소급되며 사람의 뜻을 지닌다. '아ᄌ'

의 어근은 '앛'인데 어원적인 의미는 사람의 뜻을 지니지만 '아ᄌᆞ미, 아ᄌᆞ비'의 경우는 '小, 次'의 뜻을 지닌다. 아저씨는 아ᄌᆞ비(叔父)의 '아ᄌᆞ'와 '씨'의 합성어다. 씨는 '氏'일 것이다. 아저씨, 아기씨, 아가씨 등 '씨'가 다양하게 쓰이고 있다. 씨(種)로 볼 개연성도 있다.

아침 명 朝, 旦

'아침'은 해가 떠오르는 때이다. ¶아ᄎᆞᆷ(朝) : ᄒᆞᄅᆞᆺ 아ᄎᆞ미 命終ᄒᆞ야《釋6:3》, 아져긔 낫다가《普勸11》. 어근 '앛'은 '앝'이 고형으로서 해의 뜻을 지니는 말일 것이다. 아침은 해가 떠오름으로서 비롯된다. 한자 朝(아침 조)자를 보면 日(날 일)과 艹(풀 초)와 月(달 월)의 구성으로 해가 수풀 사이로 떠올랐으나 서녘 하늘에 아직 달(月)이 보이는 해가 떠오를 때, 즉 아침의 뜻을 지니는 것이다. ərəanya(今年)〔滿〕, əldə(朝)〔女〕, asa(朝)〔日〕, əldə(早)〔滿〕. 일본어 asa(朝)의 어근 as(at)는 at이 고형이라 하겠고 해의 뜻을 지닌다. 만주어와 여진어에서 əl은 역시 해의 뜻을 지닌다고 하겠다. 만주어에서 anya는 해(年)의 뜻을 지니는데, 어근 an은 at으로 소급되며 해의 뜻을 지닌다. 올해(今年)의 '올'이 본디는 해의 뜻을 지니는 말이다. 오늘(今日)의 '오'도 '올'의 말음 ㄹ이 탈락한 형이다.

아프다 형 痛

'앓다'의 어간은 '앓'이니, 어원적 어근은 '알'일 것이며, '알ᄒᆞ다'가 줄어서 '앓다'가 되었을 것이다. ¶알ᄑᆞ다(痛)《字會中33》, 앓다(臥病)《杜初9:16》. 애(腸)《字會上37》, 애(膽)《南明下4》. 애타다, 애쓰다, 애달프다, "애가 닳다"일 때에는 간, 쓸개(肝, 膽)의 본뜻을 지닌다고 하겠다. "애간장이 탄다"일 때에는 '애'와 간(肝)이 합성된 말이다. 肝은 한자이며, 우리말로서는 '애'가 肝의 옛말일 것이다. 문헌에는 애가 쓸개(膽)의 뜻이지만, 쓸개(膽)는 肝에 붙어 있다. 애는 '아이'가 준 말이고, '앋〉알〉알이〉아이〉애'의 변화라 하겠다. '앓다'의 '알'은 간의 고유어일 수 있으나, 장(腸)일 수도 있다. 통증을 느끼는 것은 간보다 장이라 하겠다. 사람이 장기에서 통증

아침, 아프다

을 직접 느끼는 것은 복통이다. 체한다든지 설사한다든지 하는 것은 모두 복부의 장에서 느끼는 것이다. 그러한 면에서 '알'은 장일 가능성이 많다. ənun-(病)〔오로촌〕, ənumuri(痛)〔오로촌〕, ebethö(痛)〔蒙〕, ebethe(病)〔蒙〕. 병(病), 통(痛)의 어원이 동원어(同源語)임을 보여주고 있다.

안 團 內

'안'은 밖의 반의어며, 속은 겉의 반의어다. 안과 밖은 공간적인 의미가 있다. 안의 조어형(祖語形)은 '앋'이라 하겠다. ¶안(內) : 內는 안히라《月 1:20》. utsi(內)〔日〕. utsi(內)의 어근은 ut으로서 국어 안(內)의 조어형 '앋'과 동원어(同源語)일 것이다.

안개 團 霧

'안개'는 '안'과 '개'의 합성어일 것이다. 안은 '앋'이 조어형(祖語形)이다 (ㄷ〉ㄴ). ¶안개(霧) : 긴 수프레 안개 거두미 ᄀ죽ᄒᆞ도다(長林卷霧齊)《杜 初15:17》. 국어 얼다(凍)의 '얼'은 명사로서 물의 어원적 의미를 지닌다. 고구려 지명어에 於乙(泉)이 있다. arau(洗)〔日〕, ase(汗)〔日〕, ura(江)〔滿〕. 어근 ar, as, ur 등이 물(水)의 어원적 의미를 지닌다고 하겠다. '개'는 '갇〉갈〉갈이〉가이〉개'의 변화로서 '갈'은 물(水)의 어원적 의미를 지닌다고 하겠다. ᄀ름(江)의 '굴', 냇갈의 '갈' 등이 물(水)의 어원적 의미를 지닌다. 개(浦)도 '갇〉갈〉갈이〉가이〉개'의 변화이며, 개천(개川)의 '개'와 함께 물의 뜻을 지닌다. 안개는 물(水)의 어원적 의미를 갖는 이음 동의어(異音同義語)의 합성어라 여겨진다. kiri(霧)〔日〕. kir는 물(水)의 어원적 의미를 지닌다. kawa(河)의 방언으로 kara(河)가 있다. 몽골 어에 gool(川)이 있고 부리야트어에 gal(河)이 있다. 어근 kar와 동원어(同源語)가 된다. 몽골어에 budang(霧)이 있는데, 어근이 bud이다. bulag(泉)〔蒙〕, boron(雨)〔蒙〕의 어근 bul, bor 등이 물의 뜻을 지닌다. budang(霧)의 어근 bud과 동원어일 것이다. 터키어에서는 sis(霧)인 데, su, sul이 물의 뜻을 지니고 있는 말이다. 안개는 미세한 물방울이다.

kiri(霧)〔日〕. 어근 kir는 구름(雲)의 어근 '굴'과 동원어일 것이다.

☑ 는개

안거 명 安居

Skt. vārṣika. Skt. varṣa(雨, 雨期)에서 유래. 팔리어 vassa. 하안거 (夏安居)의 약어로 하행(夏行), 좌하(坐夏), 좌납(坐臘), 하롱(夏籠), 하서(夏書), 하경(夏經), 하단(夏斷), 하(夏)라고도 한다. 安은 몸과 마음을 고요히 멈춘 상태로 하는 것이며, 居는 일정 기간을 정해 머무르는 것이다. 선종에서는 음력 4월 16일부터 7월 15일까지를 하안거, 10월 16일부터 1월 15일까지를 동안거라 한다. 본래 인도에서 여름철 비가 많이 내리는 기간 약 3개월은 나들이하기가 불편할 뿐더러 이 기간에 나들이를 하면 나무나 풀의 어린 싹이나 벌레 등이 나오므로 밟아 죽일 가능성이 많아 살상하지 않기 위해 불제자들은 방 안에 박혀 좌선 수행을 한다는 데서 유래하나, 인도의 전통적인 것을 불교에서 받아들인 것이다. 자이나교에서는 지금도 한다. 안거에 드는 것을 결하(結夏), 결제 (結制)라 하며 마무리를 해하(解夏), 해제(解除)라 한다. 이 제도에 따라 승려의 법랍위계(法臘位階)를 정하는데, 1夏를 입중(入衆), 5하 이상을 사리(闍梨), 10하 이상을 화상(和尙)이라 한다. 하안거 대신 동안거를 하는 서역지방은 기후풍토 때문이다(大唐西域記1. 覩貨邏國). 중국에서는 강서(江西), 호남(湖南) 등 선종에서 수행승을 모아 통제를 한 데서 유래하며, 통제를 강호회(江湖會)라고도 칭한다. 마조도일(馬祖道 一)이 강서(江西)에 석두희천(石頭希遷)이 호남(湖南)에 머물며 선풍을 떨친 이래 많은 선종의 승려들이 강호에서 안거를 한 데서 유래한다. 또 하동(夏冬)의 2안거를 시작한 것도 중국에서이다. "夏冬安居, 謂四月 十五日結夏, 七月十五日解夏, 又十月十五日受歲, 正月十五日解歲, 二 時安居, 并是聖制也."《與禪護國論, 下》 ☑ 하안거, 동안거

안다 동抱

'안다'의 어근은 '안'으로서 '앝'이 조어형(祖語形)으로서 손의 뜻을 지닌
다. 안는 행위는 손에 의한 동작이라 하겠다. el(手)〔터키〕, alagan(手
掌)〔카자흐〕, osi(押)〔日〕. 어근 el, al, os들은 et, at, ot으로 재구되며
손의 뜻을 지니는 말이었다고 하겠다. udaki(抱)〔日〕. udaki(抱)는 u와
daki의 합성어라 하겠는데, daki의 어근은 dak으로서 te(手)의 고형
ta의 조어형 tat과 동원어(同源語)일 것이다. taki(抱)는 tat〉tar〉
tark〉tak의 변화라 하겠다. kucaklamak(抱)〔터키〕, kol(腕, 手)〔터키〕.
어근 kuc의 조어형은 kut인데, kol(腕, 手)의 조어형 kot과 동원어라
하겠다.

안주 명肉, 饌

술 마실 때에 곁들여 먹는 고기 따위. anju(안주)〔滿〕, ¶안쥬 효(餚)《字
會中20》.

안타깝다 형悔, 哀, 心焦, 焦急, 煩躁

'안타깝다'는 보기에 딱하여 갑갑하다의 뜻이다. ¶迦尸王이 안답껴 惑心
올 니르와다《月7:16》, 안닶겨 쏘 해 그우더니《法華5:151》. 15세기에는
안답끼다로 나오는데 애타하다의 뜻을 지닌다. 안답끼다는 '안(內)'과
'답 끼다'로 나뉜다. ¶가슴 닶겨 짜해 그우더니《月17:16》, 밣가온 ᄆᆞᄋᆞ몰
이러 ᄇᆞ리노라(若驚迷悶)《杜重14:38》, 미혹ᄒᆞ야 답껴ᄒᆞ노니《楞2:77》. 답
끼다, 답갑다가 나오는데, 답끼다는 들볶이다, 고민하다의 뜻이고, 답갑
다는 답답하다의 뜻이다. 안타깝다는 안(內)과 답갑다(들볶이다, 고민
하다)가 합친 말이다. 안ᄒᆞ답갑다〉안타깝다.　　　　　　▣ 애타다

앉다 　 图坐, 坐下

'앉다'는 사람이나 짐승 따위가 움직이지 않고 엉덩이를 무엇에 대거나 발을 멈추는 것을 말한다. ¶坐曰阿則家囉《類事》. 아즈(지)가라라고 보면 어근은 '앚'이다. '앚아〉아자〉안자'로 ㅈ 위에서 ㄴ이 첨가된 것이라 하겠다. 더디다〉더지다〉던지다(ㄴ첨가) ¶帝釋 앗는 짜히어라《釋19:6》, 아조 앚노라 흐니라《楞1:3》, 아잣째와 걸남나게 호리라(做坐褥皮搭連)《朴初上31》, 앗는 鳳凰을 븟그려 흐노라《杜重1:57》, 겨우 앗다(剛坐)《朴重單1》. 어근이 '앚(앗)'이다. ㅈ 위에서 ㄴ이 첨가 되어 '앉아'가 되었다. 앉는 동작은 다리의 행위라 하겠다. ¶後行 小아리 八足 大아리 二足《靑p.110》. '아리'가 다리의 뜻을 지닌다. 종아리에서 '아리'가 다리이다. asi(足)〔日〕, aruku(步)〔日〕. 어근 as, ar의 조어형은 'at'으로서 국어 아리의 어근 '알(앋)'과 동원어다.

알¹ 　 图卵, 實, 種粒

'알'은 주로 동물에 쓰이며, 씨는 주로 식물에 쓰인다. 모두 생명의 근원이다. 씨알이란 말도 있다. ¶알 란(卵)《字會下7》. üre(種)〔蒙〕, ürelehö(씨뿌리다)〔蒙〕, umhan(알)〔滿〕, algan(芽)〔滿〕, usu(種)〔滿〕. 몽골어 üre 가 씨, 열매(種, 實)의 의미를 보이고 있는데, 국어 알과 동원어(同源語)일 개연성이 있다. 더구나 만주어 algan(芽)의 어근 al은 알(卵)의 뜻(意)과 가깝다고 하겠다. 일본어의 asuka(飛鳥)의 어근 as(at)는 알(卵)의 조어형(祖語形)인 '앋'과 동원어일 수 있다. 고대 한국인들이 일본으로 건너간다는 것은 새가 날아가는 비조(飛鳥)로 상징되며 그 새들이 터를 잡은 곳이 바로 그곳이 아니겠는가. 고대 한국 시조의 난생설화를 보면 알(卵)에서 태어났듯이 한국인들이 건너가서 알을 낳아 터를 잡은 곳이 된다. asuka의 ka는 곳(處)의 뜻을 지닌다고 보겠다.

알² 명 日

'알'이 태양의 의미로 쓰이는 것은 사어화(死語化)했다. ¶사올(三日) : 사ㅇ래 功을 일우니(三日成功)《杜初15:36》, 나올(四日) : 사ㅇ리어나 나ㅇ리어나《月7:71》. '올(日)'이 日에 대응되므로 태양이 분명하다. 국어 : 일본어. 날(生) : nama(生), 돌(石) : tama(珠, 玉), 돌(靈) : tama(靈), 설-이(霜) : simo(霜), 알(日) : ama(天). 일본어 ama(天)는 국어 알(日)과 비교된다. 하늘(天)의 뜻을 지니는 말은 그 어원은 거의 해가 된다. gün(日)〔터키〕, gök(天)〔터키〕. 어제(昨日)의 어근 '엊(얻)', 오늘(今日)의 '오(온)올', 올해(今年)의 '올'이 해의 뜻을 지닌다. 아침(朝)의 어근 '앚(〈앛〈옫)'도 역시 해의 뜻을 지닌다. asa(朝)〔日〕, asu(明日)〔日〕. 어근 as(at)도 해의 뜻을 지닌다. 국어 알(日)과 동원어(同源語)다. 만주어에서 əldən(光), uldən(새벽), əldə(부)의 əl은 해의 어원적 의미를 지닌다고 하겠다. 우리나라의 난생설화는 태양숭배사상에서 비롯된다. 태양의 자손(日子)이란 의미인데 '알'이 태양이라는 뜻을 상실하자 알(卵)로 인식되어 난생설화가 형성되었다고 하겠다.　　　　　　▶ 앞

알다 동 知, 識

'알다'의 어근 '알'은 명사로서 '말'(언어)의 뜻을 지니고 있다. ¶알다(知) : 버서날 이룰 알와이다《釋11:3》. 안다는 것은 말을 통해서 이루어진다고 하겠다. '알'의 근원적 의미는 입(口)이라 하겠다. 말은 입을 통해서 나온다. '악아리'의 '아리'가 입이란 뜻을 지닌다. '악아리'의 '악'은 '앋〉알〉앍〉악'의 변화다. 주둥아리의 '아리'도 입이란 뜻을 지니는 말이다. amasar, ama(口)〔蒙〕, orol, orogol(脣)〔蒙〕, orhiraho orom(口笛)〔蒙〕. 몽골어에서 or가 입이란 뜻을 지니는 어근임을 보여주고 있다. ama는 at〉ar〉aram〉aam〉ama의 변화일 것이다. 국어 "입안에서 우물우물 먹고 있다"의 '우물'은 몽골어 ama(口)와 관련될 듯하다. amasar의 sar는 국어 소리의 '솔'과 관련될 듯하다. 한자의 知(알 지) 자를 보면 입 구(口)가 들어 있다. 일본어에서 siru(知)의 어근은 sir이다. 국어 소리(音, 聲, 言)

의 어근 '솔'과 동원어(同源語)라 여겨진다. 일본어 sasame(작은 소리로 말하다), sawagi(떠들썩하다)의 어근 sas는 sat으로 소급되며 일본어에서도 sas(sat)가 말의 뜻을 지니고 있음을 보여주고 있다. sawagi는 saragi에서 변한 것인데 sar(sat)가 명사로서 말의 뜻을 지닌다.

➡ 아가리

알락달락   🈂 花花綠綠, 點點

자연물에서 알락달락한 것은 꽃과 풀이다. 중국어 花花綠綠(화화록록)은 바로 그것을 증명하는 말이다. 우리말에서 꽃뱀은 알락달락한 색깔을 띤 뱀이다. ilha(花)〔滿〕, alha(花馬)〔滿〕, alakmori(얼룩말, 花馬)〔蒙〕, alak üher(花牛. 얼룩소)〔蒙〕, alak ürečei(斑山雀)〔蒙〕, alak nohai(斑犬)〔蒙〕, alak nogosu(花鴨)〔蒙〕, alaktai, alakčin(雜色의, 斑色의)〔蒙〕. 만주어에서 ilha(花)의 ir가 꽃(花)의 어근이 된다. 만주어에서 alha(花馬)의 al이 꽃(花)의 뜻을 지닌다. 몽골어에서도 alak mori(花馬) 등의 al(ak)이 꽃(花) 또는 반점(斑點)의 뜻을 지닌다. 국어로는 얼룩말(花馬)인데, '얼'이 국어에서도 꽃(花)의 뜻을 지니고 있음이 분명하다. ¶花馬 얼럭물《蒙類下30》. 알락달락의 '알'도 근원적으로는 꽃(花)의 뜻을 지닌다고 하겠다. čeček(花)〔蒙〕, čičək(花)〔터키〕. čeček(花)의 원형은 tetek일 것이다. č(ㅈ) 음은 t(ㄷ) 음에서 변했다. 어근 tet이 추출된다. 알락달락의 '달'도 꽃(花)의 뜻일 가능성이 있다. 한자 花(꽃화) 자를 보면 艹(초두)와 化(될 화)와 어우른 문자다. 꽃은 풀(草)이 변한 것으로 꽃의 어원은 풀의 뜻을 지니는 말이라 하겠다. 꽃의 15세기 표기는 '곶'인데, '곧'이 고형이다. 왕골, 꼴 벤다 할 때 '골'이 풀의 뜻을 지니는데, 고형이 '곧'이다. 알(花)의 어원적 의미를 풀로 생각할 수 있다. 터키어에 ot(草), olho(草), olhoda(蔘) 등의 어휘는 알락달락의 '알'과 동원어(同源語)일 것이다. 일본어에 asi(蘆)가 있는데 어근은 as(at)이다. 따라서 달락의 '달'도 꽃, 풀(花, 草)의 원의(原義)를 지니는 말이라 하겠다. ¶뒤(茅)《解例用字》. '뒤'는 '두이'가 준말이고 '둗〉둘〉둘이〉두이〉뒤'의 변화다. '둗(둘)'이 풀의 뜻을 지니고 있음을 보여주고 있다. 따라서 달락의 '달'도 꽃의 고어일 수 있다. 꽃다지는 '꽃'과 '다지'의 합성어라 하겠다. 꽃다지는 봄에 피는 노란 꽃으로 그 잎새는 나물로 해서 먹는다. 한편 오이, 가지, 참외, 호박 따위가 처음에 열린 열매를 꽃다지라고도 한다. 그 첫 열매는 꽃에 그냥 달려 있다. '다지'도 꽃의 뜻을 지닐 것이다. 냉이, 꽃마리 등도 꽃다지라고 한다. 이러한 면에서 볼 때 꽃다지라고 하는 말은 꽃의 뜻을 지니는 이음동의어(異音同義語)가 합성된 말이라 하겠다. '다지'의 어근은 '닫(달)'으로서 알락달락의 '달'과 동원어일 것이다. 한편 꽃 한 떨기, 두 떨기라고 한다. 떨기가 문헌에는 떨기 포(苞)《字會下4》, 떨기 총(叢)《類合上19》, 곳 떨기(花叢)《杜重13:31》로 나타난다. 떨기의 고형 어근은 '덜(덛)'으로서 어원적 의미는 꽃(花)일 것이다.

암　　명 雌

'암'은 수의 반의어로, 흔히 암수로 쓰이며, 성별을 구별하는데 쓴다. ¶암사스미 와《釋11:25》. '암'이 아내, 여자의 뜻으로도 쓰인다. ¶이 암훈 모다 뒷논 거시어늘《月7:16》, 이제 겨집 업서 다민훈 암홀 어뎃거늘《月7:17》. əmirə(雌)〔滿〕, amira(雄)〔滿〕, eme(雌)〔蒙〕. 어근 əm, am, em은 국어 '암'과 동원어(同源語)일 것이라고 여겨지며, 만주어에서는 암, 수의 뜻을 지니는 말이 동원어에서 모음변이로 어사가 분화되었다고 하겠다. kadın(雌)〔터키〕, kadın(女)〔터키〕. 암, 여자(雌, 女)의 뜻이 동원어임을 확실히 보여주고 있다. erkek(雄)〔터키〕, erkek(男)〔터키〕. 수컷(雄)의 뜻이 남자(男)의 뜻을 지니는 말과 동원어다. erekčin(雄)〔蒙〕, erektei(男)〔蒙〕, ere(男)〔蒙〕.어근 er는 터키어와 같은 말임을 보여주고 있다. 이러한 일련의 사실들은 국어 암·수가 女·男의 뜻을 지니는 말과 동궤일 가능성을 비춰주고 있다. '암'은 어미(母)의 '엄'과 동원어라 하겠고, '수'는 사내(男)의 고어 숟(丁)과 동원어일 것이다. 숟(丁)《字會中2》은 '숟'으로 소급되며 사람(人)의 어근 '살(삳)'과도 동원어라 여겨진다. '암'이 雌, 여자, 아내의 뜻으로 쓰였다.　　　　　　　　　　　　　➡ 어머니

앗다 동 奪取

빼앗다는 빼다와 앗다의 어근 합성어다. '앗다'는 빼앗다와 취(取)하다의 뜻을 지니는데 빼앗다, 취하다의 행위는 손으로 한다. 따라서 어근 '앗'의 어원적 의미는 손이라 하겠다. ¶앗다(奪) : 어즈러우믈 앗고 實을 올여《法華1:10》. el(手)〔터키〕. 앗다의 어근 '앗'의 조어형(祖語形)은 '앋'이다. 안다(抱)의 어근 '안'은 '앋'의 말음 ㄷ이 ㄴ화하여 이루어진 말이다. 안다의 행위는 손에 의해 이루어진다. 없다의 어근 '언'도 '얻'으로 소급되며, 없는 행위도 손에 의해 이루어진다. '앗(앋)'은 고어에서 손의 뜻을 지닌다. toru(取)〔日〕. 어근 tor는 손의 어원적 의미를 지닌다. 일본어 ta, te(手)는 tat>tar>ta의 변화다. götürmek(奪)〔터키〕, kapmak(奪)〔터키〕, kol(手)〔터키〕. 터키어 kol의 조어형은 kot이다. göturmak(奪)의 어근 göt과 동원어임을 보여주고 있다. buliyaho(奪)〔蒙〕. 어근 bul은 but으로 소급되며 국어 팔(腕)과 동원어라 여겨진다. turimbi(奪)〔滿〕. 어근 tur는 손의 어원적 의미를 지닌다. 뜯다(摘)의 어근 '뜯(든)'도 손의 뜻을 지닌다. ▣ 빼앗다

앞 명 前

'앞'은 '앏(앒)'에서 ㄹ이 탈락한 형이다. ¶앞(前) : 도ᄌ기 알풀 디나샤《龍60》, 앏(前)《字會下34》, 앏(南)《類合上2》. '앏'은 앞(前)과 남(南)의 동원어(同源語)가 된다. '앏'의 어원적 어근은 '알'로서 태양이란 어원적 의미를 지닌다. emüne(前)〔蒙〕, emüne(南)〔蒙〕, cyurəgi(前)〔滿〕, cyurəlgi(南)〔滿〕. 몽골어와 만주어에서 前, 南은 동원어임을 보여 주고 있다. güney(南)〔터키〕, gün(日)〔터키〕, güneş(晴)〔터키〕, güneş(太陽)〔터키〕. 터키어에서도 南, 太陽이 동원어임을 보여주고 있다. 북방민족에게 남쪽은 앞(前)을 뜻하며, 곧 그쪽은 태양이 따뜻한 곳으로 인식했음을 보여 준다고 하겠다. 따라서 국어 앞(前), 남(南)의 뜻을 지니는 '알'의 어원적 의미는 태양이라고 하겠다. 사올(三日), 나올(四日)의 '올'의 어원적 의미는 태양이라고 하겠다. 국어 : 일본어. 날(生) : nama(生), 돌(石) :

tama(珠), 갈(髮) : kami(髮), 알(日, 太陽) : ama(天). 일본어의 ama
(天)는 국어의 고어에 '알'이 태양의 뜻을 지니는 말이 있었음을 보여준
다고 하겠다. 『일본서기(日本書紀)』에서 南을 arihi로 읽는데, 이는 ari
와 hi의 합성어로, hi는 해의 뜻이고 ari의 어근 ar도 어원적 의미는
해(太陽)일 것이다. ald(前)〔위구르〕. 앞의 고형 '알'의 어원적인 의미는
해일 것이다.   ▣ 알²

애¹   몡 膽

현대어에서 '애쓰다, 애먹다, 애를 태우다, 애닯다'의 '애'가 간이나 쓸개
(膽)의 뜻을 지니고 있다고 여겨진다. 쓸개(膽)의 뜻을 지녔던 '애'는 쓸
개의 세력에 밀려 소실되고 말았다고 하겠다. ¶애(膽)《南明下4》, 애(膽)
《金三5:32》. 15세기 문헌에 '애'와 쓸개(膽)가 같이 있음을 보여주고 있다.
아울러 장(腸)의 뜻도 있다. elige(肝)〔蒙〕, elige(膽)〔蒙〕, sülsün(膽)
〔蒙〕, sadarhai(肝)〔蒙〕. 몽골어에서 간(肝)과 쓸개(膽)의 뜻을 지니는
말이 동원어(同源語)임을 보여주고 있다. 일본어 kimo는 간과 쓸개의
두 뜻을 지니며, kimori(肝煎)는 애쓰다, 애타다의 뜻이다. 쓸개(膽)의
뜻을 지닌 '애'가 간(肝)의 뜻도 지녔다고 생각해 볼 수 있다. '애닯프다,
애쓰다, 애먹다, 애타다'의 '애'는 쓸개라기보다 간의 뜻을 지닌다고 볼
수 있을 것이다. "애간장이 탄다"할 때 '애간장'은 이음동의어(異音同義
語)가 합성된 말이라 하겠다. '애쓰다, 애먹다, 애가 탄다, 애태우다, 애간
장이 녹는다'의 '애'는 간(肝)의 뜻을 지닌다고 하겠다.   ▣ 쓸개

애²   몡 腸

'애'는 '앋〉알〉알이〉아이〉애'의 변화로서 조어형(祖語形)은 '앋'일 것이다.
¶알프다(痛)《曲119》, 앓다(痛)《楞5:74》. 어근 '알'은 장(腸)의 뜻을 지니
는 '앋(알)'과 동원어(同源語)일 것이다. 원시인들이 아픔(痛)의 출발점
을 장에서 인식한 듯하다. 장통(腸痛), 설사 등이 알프다(痛)의 시발점이
라고 생각할 수 있다. ologai(腸)〔蒙〕, üriče(腸)〔蒙〕. 어근 ol, ur는 국어

'애'의 고형 '알(앋)'과 동원어일 것이다.

애꾸 　명 半盲, 單眼睛, 獨眼龍, 一只虎, 眇, 偏盲, 眇目

'애꾸'는 한쪽 눈이 먼 사람을 말한다. '애꾸'는 '애'와 '꾸'의 합성어이다. '애'는 '외'의 변화라 하겠다. '외'는 외눈, 외아들, 외통장군과 같이 접두어로 하나(單)의 뜻을 지닌다. '꾸'는 '구'로 소급되며 '굳(굴)'이 조어형이 된다. 눈깔의 '깔'은 '갈'이 고형일 것이고 눈(目)의 뜻을 지닌다고 하겠다. '갈'은 눈의 구세력어라 하겠다. göz(目)〔터키〕, kör(盲)〔터키〕, gölmek (見)〔터키〕. 눈깔의 '갈'은 터키어 göz, gol-과 동원어가 된다. 애꾸눈의 뜻을 지니는 사투리로 외눈깔, 외눈, 애꾸, 외통장이, 쟁기리, 퉁고리 등이 있는데 애꾸눈의 '애'는 '외'의 뜻을 지닌다는 것을 볼 수 있다. 쟁기리, 퉁고리 등의 '기리, 고리'가 눈의 뜻을 지니고 있음을 보여주고 있으며 눈의 뜻을 지니는 말의 화석어라 하겠다. '외꾸'가 '애꾸'로 변했을 개연성을 생각해 볼 수 있다. 꿈(夢)도 시각적인 현상이기 때문에 어원적인 의미는 눈의 뜻이라 하겠다. '꿈을 꾸다'에서 '꾸다'의 어근 '꾸'는 조어가 '굳'일 것이며 눈의 뜻을 지닌다.

야단법석 　명 惹端法席, 野壇法席, 夜壇法席

어떠한 일을 하느라 부산하게 움직이거나 여러 사람이 시끄럽게 떠드는 것. 야단법석이다, 야단법석을 떨다, 법석이다, 야단나다, 야단맞다, 야단스럽다, 야단치다, 야단하다 등의 말이 있다. 이 말은 우리나라에서만 쓰는 말이다. 조선 정조(正祖) 때(1789년) 이의봉(李儀鳳)이 편찬한 『고금석림(古今釋林)』 가운데 있는 「동한역어(東韓譯語)」에 야단(惹端)을 "諺稱惹起事端曰惹端"이라 했다. 이는 우리말로 어떤 일의 실마리를 불러일으키는 것을 야단이라고 한다는 의미다. 최창렬(崔昌烈)은 『우리말의 語源硏究』에서 이에서 나아가 야단법석과 관련시켜 "惹起事端 法會席中"의 줄어든 표현을 야단법석으로 봤다(p.271). 박일환은 『우리말 유래사전』에서 최창렬을 그대로 인용하고 "법석(法席)은 원래 불교용어로 '법회석중(法會席中)'이 줄어서 된 말이다. 대사(大師)의 설법(說法)을 듣는 법회(法會)에 회중(會衆)이 둘러앉아서 불경을 읽는 법연(法筵)을 일컫는 말로서 매우 엄숙한 자리를 뜻하던 말이다. 그런데 이러한 엄숙한 자리에서 무슨 괴이한 일의 단서(端緒)가 야기되어 매우 소란한 형국이 되었다는 의미로 '야단법석'이라는 말을 사용하게 되었다.(중략) 야기사단과 함께 '야기요단(惹起鬧端)'이란 말도 많이 쓰이는데 이 말이 줄어서 야단이 되기도 하고, '起'와 '端'이 준 나머지 야뇨(惹鬧)란 말이 변해서 '야료'로 쓰이며 '야료떨다'라는 말도 생겼다.(중략) 일부 사전에 야단법석을 '野壇法席'이라고 표기하고 있는 경우가 있는데 이 말은 '야외에 베푼 법회'의 뜻이며, 시끌벅적하게 떠든다고 할 때는 '惹端法席'이라고 하는 것이 옳다"고 했다. 惹端이라는 말은 우리나라에서 만든 말이다. 惹鬧는 惹氣와 같은 말로 성내다, 노하다의 뜻으로 惹起鬧端의 준말은 아니다. 곧 惹鬧를 설명한 말이다. 마찬가지로 惹起事端 法會席中도 야단법석의 원말이 아니라 설명에 지나지 않는다. 「동한역어」의 야기사단을 야단의 설명으로 봄이 옳다. 곧 준말이라는 표현이 없다. 조선 제21대 영조(英祖)의 둘째아들인 사도세자(思悼世子)의 빈(嬪) 혜경궁 홍씨(蕙慶宮 洪氏)가 지은『한중록(閑中錄)』에 "큰 야단이 날 터히면"이란 구절이 나온다. 이때 야단은 야단법석의 준말이라고 볼 수 있다. 야단이 만약 惹端이라면 "야단이 나다"는 동어(同語) 반복형이라고 볼 수 있다. 곧 惹와 '나다'는 같은 말이다. 野壇이라면 뜰에 단을 마련한 것을 이른다. 불가(佛家)에서는 흔히 큰 법회는 사찰의 뜰에 단을 마련하여 한다. 곧 이때 野는 들판이 아니라 절의 뜰, 또는 마당이란 뜻이다. 법회는 法會席中의 준말이 아니다. 이것도 야단법석이란 말이 나온 상황을 설명한 말이다. 법석은 법회하는 자리를 뜻한다. 법회는 넓은 뜻으로는 불사(佛事), 법요(法要)이며, 부처, 보살을 공양하거나, 경전을 독송하거나, 추선(追善)의 법요를 하는 것이다. 불법에 관한 모든 행사, 의식, 집회를 의미한다. 좁은 뜻으로는 법화회(法華會), 최승회(最勝會) 등『법화경(法華經)』, 『금광명최승왕경(金光明最勝王經)』 등의 진호국가(鎭護國家)나 기도 따위를 위해 특정 경전을 강설(講說), 독송(讀誦)하는 집회를 가리킨다. 결국 야단법석은 "불가에서 뜰에 단을 마련하고 큰스님을 초청하여 법회를 여는 자리"라고 보는 것이 옳을 것이다. 이때는 대중이 많이 모이기 때문에 시끌벅적할 수밖에 없기 때문에 이런 말이 생겼을 것이다. 법회 중에 무슨 괴이한 일이 벌어질 단서로 해석하는 것은 불가(佛家)의 의식을 폄하하는 느낌이 든다. 조선조 유가(儒家)의 해석으로 나올 법한 것이다. 유가는 불교를 이단으로 몰았다. 한편 밤 야(夜)로 쓰면 법회가 밤에 열린 것으로 볼 수 있으나 설득력은 부족하다고 볼 수 있다. ▶ 단(壇)

야단이 나다 图 喧嚷, 出事

'야단'은 夜茶(야다)에서 비롯되었다고 보고 있다. 밤에 차를 마신다는 데서 유래되었다는 것이다. 정약용(鄭若鏞)은 다산(茶山)이란 호를 지녔는데, 차 마시는 것을 즐겨하여 뒷동산에 차를 심어 소중히 가꾼다고 해서 '茶山'이라 했다고 한다. 조선조 사헌부(司憲府)의 감찰들이 감찰을 하고 총화하기 위해 밤늦게 궁궐 성문 위에 자리 잡은 성상소(城上所)라는 곳에 모였다. 여기에 모인 감찰들이 여기서 차를 마시며 관리들의 비행에 대해 보고를 하였는데, 이 보고를 하는 시간을 야다시(夜茶時)라고 했다 한다. 야다시에 규탄을 받게 된 관리들의 집에 몰려가서 그의 죄상을 큰 판자에 굵직이 써서 그 집 대문에 걸어놓고 가시 돋친 나무를 가지고 대문을 봉쇄해 버렸다. 이런 일을 당하는 자들은 이런 일이 밤중에 은밀히 있는 일이라 이튿날 아침잠에서 깨어나 알게 된다. 이런 일이 야다시(夜茶時) 이후에 생긴 것이므로 야다(夜茶)가 야다인데, 야다에서 ㄴ첨가로 야단으로 바뀐 것이다. 그러나 야단을 한자어로 보는 견해도 있다. 惹端(야단)에서 비롯했다는 것이다. 한편 불교의 법문이 밤에 야외에서 열렸는데, 많은 사람이 모여 소란스럽게 떠들었다는 데서 야단법석(夜壇法席)이라 한다. 이 야단법석에서 법석이 생략되어 야단이란 말이 생겼다는 설도 있다.

약다 图 機靈, 奸

'약다'는 눈치가 있고 꾀 빠르다이다. 항상 자기에게 이롭게만 꾀를 부리는 성질이 있다. 약빠르다. 약삭빠르다 등의 말이 있다. ¶온갇 즐손 냐아 뵈니《隣語8:16》. '냑'은 '낙'으로 소급하면 조어형은 '낟(날)'이다. '날〉낡〉 낙〉냑'의 변화이다. '날래다'는 나는 듯이 기운차고 빠르다인데 어근 '날' 은 날개(羽)의 '날'이고 날다(飛)의 '날'일 것이다.　　▶약삭빠르다

얄밉다　형 憎, 可憎, 可惡

'얄밉다'는 언행이 간사스럽고 밉다고 '얄궂다'는 성질이 괴상하다, 이상 야릇하다, 짓궂다이다. 얄궂다는 '얄'과 '궂다'의 합성어고, 얄밉다는 '얄' 과 '밉다'의 합성어다. '얄'은 날〈낟〈낟의 변화이다. '얄'의 조어는 '낟'인데 명사라하겠다. '낟'은 늧(顔)의 조어형 '낟'과 동원어일 개연성이 있다. '낯이 궂다, 낯이 밉다'의 뜻을 지니는 말에서 뜻이 변한 것이라 하겠다. 면목(面目)은 체면, 낯의 뜻을 지닌다. '면목없다'는 부끄러워 남을 대하 기 어렵다. 여기서 낯인 면목은 사람의 체면을 뜻하고 있다. ¶개ㅈ치얄믜 오라《靑p.113》. '얄개'라고 하는 말은 새로 생겨난 말인데, '얄개'의 '개'는 '아무개'와 같이 '개'는 사람의 뜻을 지닌다. 김가, 박가의 '가'와 동원어로 서 조어는 '갇〉갈〉갈이〉가이〉개'의 변화다.

양치질　명 楊枝. 漱口. 刷牙. 齒磨

칫솔질이라고도 한다. 우리나라 국어사전에는 養齒로 나와 있다. 그러나 조선시대 문헌에서는 '양지'가 먼저 나오고 나중에 '양치'가 나온다. 물론 현재의 이 닦기와 과거의 양지와는 약간 차이가 있을 것이다. 양지(楊枝) 는 불교 용어로서 승려가 늘 지녀야 할 비구 18물(物)의 하나로 입을 깨끗이 하는 도구이다. 길이는 4指·8지·12지 등이고, 굵기는 새끼손가 락 정도이며, 한쪽은 굵게, 한쪽은 가늘게 하여 굵은 쪽은 가늘게 쪼개어 서 세정(洗淨)에 편하도록 만든다. '이빨을 쑤시다'의 뜻인 산스크리트 dannta-kāṣtha의 한역(漢譯)으로 치목(齒木)·아장(牙杖)이라고도 한 다. "淨口者, 嚼楊枝, 漱口, 刮舌."《三千威儀經》 옛날은 갯버들 가지 끝을 짓씹어서 나는 물로 입의 더러움을 없애거나 혀를 문질러서 냄새를 없애

고 입을 헹구었다고 한다. 또는 병을 고치거나 사람을 해치거나 하는 주물(呪物)로도 갯버들의 가지를 사용했다. 일본에서 楊枝는 '요지'라고 발음하며 이쑤시개의 뜻으로 쓴다. 우리나라에서도 1970년대까지 이쑤시개를 '요지'라고 하는 사람이 많았다.　　　　　➡요지, 이쑤시개

얕다　형淺

'얕다'의 어근 '얕'은 '낟, 낱'으로 소급된다. '낟'은 날(川)의 조어형(祖語形)이 된다. 깊다, 얕다의 표준 주체는 물이라 하겠다. 따라서 얕다의 조어형 '낟다'의 '낟'은 날(川)과 동원어(同源語)로서 물의 뜻을 지닌다고 하겠다. ¶얕다(淺) : 야트며 기푸믈《痘上23》. asai(淺)〔日〕. 어근 as는 at이 조어형이다. arau(洗)〔日〕, ase(汗)〔日〕. 어근 as, ar는 각각 조어형은 at으로서 물의 뜻을 지닌다고 하겠다. 고구려어의 於乙(井, 泉)은 '얼(水)'과 동원어로서 몽골어 oso(水)와도 동원어가 된다고 하겠다. 만주어에 ura(江)가 있다. mithihan(淺)〔滿〕, alba(淺)〔오로촌〕, arbakun(淺)〔에벤키〕, ura(江)〔滿〕. 만주어 mithihan(淺)의 어근 mit은 명사로서 물의 뜻을 지닌다고 하겠다. 오로촌어 alba(淺), 에벤키어 arbakun(淺)의 어근 al, ar도 물의 뜻을 지니는 명사였을 것이다. 두음에 오는 ㅑ, ㅕ, ㅛ, ㅠ의 상승이중모음(上昇二重母音)은 어두에 ㄴ을 지녔던 말이었다.

어깨　명肩

'어깨'는 팔과 몸이 닿는 곳이다. ¶엇게(肩) : 왼녁 엇게에 엱고《釋6:30》. 엇기(肩) : 엇기(肨)《物譜, 形體》. 엇게는 '엇'과 '게'로 가를 수 있다. arqala(背)〔카자흐〕. 어근 ar(at)와 국어 '엇'과 비교되고 '게'는 '거이'가 줄어진 말이다. '걷〉걸〉걸이〉거이〉게'의 변화일 것이다. 일본어 kata(肩)와 동원어(同源語)일 것이다. 조어(祖語)시대에 어깨는 팔과 손과 동원어였을 것이다. 그렇게 보면 '엇(얻)'은 안다(抱)의 조어형(祖語形) '앋'과 동원어로서 팔의 뜻을 지닌다. '게'의 고형은 가지다(持)의 고형 '갇(手)'과 동원

어일 것이다. 일본어에 kaina(腕)가 있는데, kai는 kari가 변한 말로서 조어형 kat은 국어 '갇(手)'과 동원어가 될 것이다. gol(肩)〔위구르〕. 어근 gol의 조어형은 got이다.

어둡다 휑 暗, 黑暗, 黑

'어둡다'의 어근은 '얻'으로서 어원적 의미는 태양을 뜻한다고 하겠다. 밝고 어두운 것은 해의 작용이라 하겠다. ¶어둡다(暗) : 迷惑훈 사르미 그스기 어두워 머굴위여《法華2:109》. 사올(三日), 나올(四日)의 '올'이 해(日)의 뜻으로 해의 어원적 의미를 지닌다. 올해(今年), 어제(昨日)의 어근 '올, 엊(얻)' 등이 해의 어원적 의미를 지닌다. kurai(暗)〔日〕. 어근 kur는 해의 본뜻을 지닌다. 해거름(黃昏)의 '거름'의 '걸'과 일본어 tasogare(黃昏)의 gare의 어근 gar는 동원어(同源語)로서 해의 어원적 의미를 지닌다. 빛갈(깔)의 '갈'의 어원적 의미가 해(日)다. gere(光)〔蒙〕. 어근 ger는 해의 어원적 의미를 지닌다. karanlık(暗)〔터키〕, günes(해)〔터키〕. 어근 kar, gün은 동원어가 된다. büdegi(暗)〔蒙〕, bur(暗)〔蒙〕. 어근 büd, bur는 국어 별(벌)과 동원어가 된다고 하겠다. əldən(光)〔滿〕. 어근 əl(ət)은 국어 어둡다의 어근 '얻'과 일치하고 있다.

어라하 圐 於羅瑕, 王

'어라하'는 왕의 칭호고 '어륙'은 왕비의 칭호가 된다. 어라하, 어륙의 어근은 '얼'이다. 王姓夫餘氏 號於羅瑕 民呼爲鞬吉支 夏言竝王也 妻號於陸 夏言妃也《周書百濟傳》 ¶아룸(私)《楞6:108》, 얼운(成人)《杜初21:6》, 우리 (吾)《龍3》, 얼다(交配하다)《杜初25:45》, 엇(母)《時用, 思母》, 아돌(男)《字會上31》, 아ᄌ미 수(嫂)《字會上31》. 어근 '알, 울, 얼, 엇(얻), 앋, 앚(앋)'이 모두 어원적으로는 사람의 뜻을 지닌다. are(吾)〔日〕, aroji(主)〔日〕, ore (汝)〔日〕. 일본어 어근 ar, or는 국어와 동원어가 된다. 고대에는 사람의 뜻을 지니는 말이 부족의 이름, 나라의 이름까지 되고 존장자의 이름이 된다는 것으로 보아 백제어 어라하, 어륙의 어근 '알, 얼'의 어원적인 의미는 사람의 뜻을 지니며 곧 존장자의 칭호로 쓰였다는 것을 보여준다고 하겠다. 어라하의 '하'는 신라의 왕의 호칭의 하나인 '마립간(麻立干)'의 '干', '거서간(居西干)'의 干'일 개연성이 있다. 백성들은 왕을 '건길지(鞬吉支)'라고 불렀다고 한다. 『일본서기(日本書紀)』에서는 鞬吉支를 konikisi로 읽고 있다. kisi가 王의 뜻을 지닌다고 보겠다. ¶긔ᄌ왕(王)《광주판千字文》, 기츠왕(王)《日本大東急記念文庫所藏 千字文》. 긔ᄌ, 기츠가 '吉支'에 해당되는 것으로 吉支가 王의 뜻을 지니는 말이다. kisi(人)〔위구르〕. kisi의 어근은 kis이고 kit이 조어형일 것이다. 국어 '끼리끼리'의 어근 '낄'은 조어형 '긷'일 것이며 위굴어 kis(kit)와 동원어가 된다. 물의 깊이를 잴 때 '한 길, 두 길'의 '길'이 사람의 뜻을 지닌다. 겨레의 어근 '결'은 '걷, 것'으로 소급되며 부여의 구가(狗哥), 저가(猪哥)의 '가'도 조어형은 '갇'일 것으로 어원적인 의미는 사람의 뜻을 지닌다. 갓(女, 妻)의 조어형 '갇'과 동원어가 된다. 장난꾸러기, 심술꾸러기의 '꾸러기'의 어근 '꿀'의 조어형은 '굳'이다. 역시 사람의 뜻을 지닌다. 고대에는 사람의 뜻을 지니는 말이 존장자의 뜻으로 쓰인다는 말이 개연성을 지닌다고 하겠다. 일본 천황의 이름 히로히토(裕仁), 아키히토(明仁)의 히토의 고형이 비토(bito)다. hitobito(人人)와 같이 사람이라고 하는 말 hito가 겹칠 때에는 bito로 된다. 어근 bid는 국어 사람의 뜻이 '빋'과 동원어다. 악바리(惡人), 군바리(軍人), 혹부리(瘤人), 학비리(學生), 꽃비리(思春期의 人)의 '바리, 부리, 비리' 등의 어근 '발, 불, 빌'은 '받, 붇, 빋'으로 소급되며 사람의 뜻이다. 몽골어에서 ulanbator가 몽골의 수도인데 붉은 영웅, 붉은 용사의 뜻이다. ulan의 ul은 국어 울긋불긋의 '울'에 해당된다. bator의 어근 bat은 국어 사람의 뜻을 지니는 '발(받)'과 동원어다. 국어에서는 사람의 뜻을 지니는데 몽골어에서는 영웅, 용사의 뜻으로 쓰인다. 홍정바지(商人)의 '바지'가 사람의 뜻인데 어근은 '받'이다. 일본어에서 존칭접미어로 쓰이는 -sama(樣)는 oosama(王樣), donosama(殿樣)와 같이 쓰인다. 국어 saram(사람)에서 ra가 탈락하고 끝에 a가 붙으면 sama가 된다. gurum(雲)이 일본어로 gumo, sirum(相撲)이 일본어로 sumou가 된다. 일본의 원주민인 아이누족은 일본인을 samo, syamo라고 한다. 국어 saram(人)의 ra가 떨어지면 sam-o가 된다. '吉支'는

'기지'로서 어근 '깃(긷)'은 사람의 어원적인 의미를 지닌다고 하겠다. 신라의 시조 '居西干'의 '居西'의 어원적인 의미도 사람의 뜻을 지닐 개연성이 있다. '鞬吉支'는 '건', '큰'으로 읽어 大人(君)의 뜻일 개연성이 있다. 그러나 '건'을 居西干, 麻立干의 '干'으로 풀이할 개연성도 있다. '간'도 어원적인 의미는 사람이다. 일꾼, 짐꾼 할 때 '군'이 사람의 뜻을 지닌다. '成吉思汗(징기스칸)'의 '汗'도 '干'과 동원어가 된다. '건길지'는 '王人' 또는 '君人', '王王', '王君'일 개연성으로 생각해 볼 수 있다. '어라하'도 人王, 人君으로 풀이된다.

어렴풋하다 　　　혱 依稀, 隱然

'어렴풋하다'는 '또렷이 보이지 않다, 기억이 또렷하지 않다, 자세히 들리지 않다'의 뜻을 지니고 있지만 '또렷이 보이지 않다'가 주된 의미라 여겨진다. ¶어렴프시 아다(影影知道)《譯下53》, 며리 어렴풋ᄒ고 이시니《仁宣王后諺解》. 문헌에 나오는 예는 '희미하게, 멍청하게'의 뜻을 지니고 있지만 '똑똑하지 않다'의 뜻이 기본이라 하겠다. 어원적으로는 시각적인데서 비롯한 어휘들이라 하겠다. ¶아득 ᄒ고 어즐ᄒ야(迷亂)《小諺6:42》. '어즐ᄒ야'는 어지럽다의 뜻인데 어근 '엊(얻)'은 어렴풋하다, 어른거리다의 어근 '얼'과 동원어가 된다고 하겠다. 따라서 '얼(目)'이 고대어에 눈의 뜻을 지니고 있었다고 하겠다.

어렵다 　　　혱 難, 不易

'어렵다'는 힘들다, 쉽지 않다, 거북하다, 가난하다, 이해하지 못하다 등의 뜻이 있다. ¶體보미 어렵도소니(妙體難覩)《金삼2:7》, 이 이리 어렵도소이다《釋11:19》. 어렵다의 어근은 '얼'로 명사가 된다. 고대인들에게 '어렵다'의 행위는 일일 것이며 손이 주로 하는 것이 될 것이다. 따라서 어근 '얼'은 손일 개연성이 있다. 한 아름, 두 아름에서 '아름'은 두 팔을 쭉 벌려 껴안았을 때의 둘레의 길이 또는 두 팔로 껴안을 수 있는 양을 뜻한다. '아름'의 어근은 '알'이고 손의 뜻을 지닌다. 안다(抱)의 어근 '안'의 조어형 '앋'이 ㄹ로 변하면 '알'이 된다. ¶마슨 아노미오(四十圍)《杜初18:12》. '아놈'이 보인다. ¶세 아롬이나 ᄒᆞ니(三圍抱)《朴重下31》. '아놈'이 '아롬'으로 음운변화를 일으켰다. '앋(알)'이 손의 뜻을 지닌다. el(手)〔터키〕.

어루만지다　　圖 撫摩

'어루만지다'는 쓰다듬어 주다. 위로하여 마음이 좋도록 하여 주다이다. ¶거문고 ᄒᆞᆫ 곡됴를 어ᄅᆞ만져《朴重中44》, 어르만지다(撫摩)《同文上29》, 자리를 어르더듬고(摸床)《痘下70》. '어루, 어르'의 어근은 '얼'일 것이다. 만지고 더듬는 것은 손의 행위이기 때문에 손의 뜻을 지닌다고 하겠다. el(手)〔터키〕, okşamak(愛撫하다)〔터키〕. 터키어에서 el은 손의 뜻을 지니고 있다. 애무하다의 뜻을 지니는 어근 'ok'의 조어형은 'ot'에서 비롯했을 것이다. 안다(抱)의 어근 '안'의 조어형도 '앋'일 것이다. 없다의 어간 '없'은 '엇'이 고형이고 '언'이 조어형이다. 없는 행위는 손으로 한다. '어루만지다'의 어근 '얼'은 손의 뜻을 지닐 것이다. 可히, 能히의 뜻을 지니는 어루는 얼추의 옛말인데 이 말의 얼도 손의 뜻을 지닌다고 하겠다. ilbihö(撫)〔蒙〕. 어근 il은 터키어 el(手)과 동원어일 것이다.

어르다　圖 交配하다, 嫁

'어르다'는 '얼다', '어루다' 등으로 쓰이기도 한다. ¶어르다(交合하다) : 어를 취(娶)《字會上33》, 얼다(交合하다) : 나괴 어러 나ᄒᆞᆫ 노미《朴初上34》, 간듸마다 겨집 어러ᄒᆞᄂᆞ니《朴初上36》, ᄯᆞᆯ를 얼여 征夫를 주미(嫁女與征夫)《杜初8:67》, 얼일 가(嫁)《字會上33》. 얼다는 교배하다. 얼이다는 얼리다의 뜻인데 어근도 '얼'로서 명사가 된다. '얼'의 관계는 주로 사람이기 때문에 '얼'은 사람의 뜻을 지닐 개연성이 있다. ¶이릐ᄒᆞ다(撤嬌)《同文上54》. 이릐ᄒᆞ다에서 어근 '일'은 '얼'과 동원어일 것이다. 교태를 부린다는 것은 '얼다'를 위한 준비단계가 아닌가. 일본어 utsukusi(美し, 愛し)는 부모가 자식을, 또는 부부가 서로 사랑스럽게 여겨, 情愛를 쏟아주는 마음가짐의 뜻이었다. 후대에 와서는 작은 것을 귀엽게 바라보는 기분으로 뜻이 바뀌어 매화와 같이 작고 귀여운 것을 아름답다의 형용으로 사용했다. '정애(情愛)를 쏟는 마음'이 utsukusi(美)의 기원임을 보여준다. utsukusi의 어근 ut과 국어 얼다(交配하다)의 얼과 동원어일 개연성이 있다. 한편 15세기어에 읻다(善, 好, 姸, 妙)가 있는데 일본어 itsu-(慈)와 동원어일 것이고 utsu-(美)도 동원어일 개연성도 있다.

어른 몡 成人

'어른'은 어근 '얼(언)'에 '은' 접미사가 붙은 형이다. '얼'은 사람을 뜻한다. ¶어루신(어르신) : 어루신하 허물 마ᄅ쇼셔《朴初上58》, 어룬(어른)《辟新1》, 어룬스럽다(어른스럽다)《譯補56》. 어룬〉어른. 아롬(私)의 어근 '알'도 어른의 어근 '얼'과 동원어(同源語)일 것이다. 아들의 '앋', 아스(弟)의 '앗(앋)' 등이 모두 사람의 본뜻을 지니는 말로서 모음의 변이로 어사 분화를 일으킨 형이다. 일본어 otona(成人)는 국어 어른의 고어 '어든'이 바뀐 형이다. 평안도 방언에서는 '어룬'이다. 주서(周書)의 백제전(百濟傳)에 의하면 百濟의 王과 妃를 어라하(於羅瑕), 어륙(於陸)이라고 했다. 어라하, 어륙의 어근 '얼'은 '어룬'의 어근 '얼'과 동원어가 된다. 옛날에는 사람의 뜻을 지닌 말이 존칭어가 되고 왕의 이름으로까지 쓰였다는 것을 보여주는 예라 하겠다. '어루신'의 '신'은 '사람'의 뜻을 지닐 개연성이 짙다. ¶손丁《字會中2》, 션비(선비)《龍80》. '손, 션'과 '신'은 동원어다. 고조선시대 만주 동쪽에 거주하면서 수렵생활을 하던 부족으로 숙신(肅愼)이 있었는데 신(愼)이 사람의 뜻을 지닌다고 하겠다. 옛날에는 사람의 뜻을 지니는 말이 부족이나 나라의 이름까지 되었었다.

어른거리다 동 隱約, 浮現

'어른거리다'는 조금 보이다 말다 하다이다. 그림자가 희미하게 움직이다. 아른거리다, 얼른거리다, 어른어른 등이 있다. 어근 '얼'은 명사가 될 것이다. '어른거리다'는 시각적인 현상이 되므로 '얼'은 눈의 뜻을 지닐 것이다. '어렴풋이'의 어근 '얼'과 동원어가 될 것이다.

어리다 형 幼, 稚

'어리다'의 어근 '얼'은 명사라 하겠다. 일본어 osanai(幼)의 어근 os(ot)와 동원어(同源語)일 것이다. 어리다의 '얼' 명사를 시간 관념으로 볼 때에는 해의 뜻을 지닐 것이며, 인간적인 면에서 본다면 사람의 뜻을 지닌다고 하겠다. 만주어에 əldən(光)이 있다. 어근 əl의 어원적 의미는 해(日)라 하겠다. 올해(今年)의 '올'의 어원적 의미는 해가 된다. 한자 幼(어릴 유) 자는 幺(작을 요) 변에 力(힘 력) 자를 합한 글자이다. 幺 자는 갓 태어난 아기 모양이다. 힘(力)이 약한(幺) 어린이를 뜻하여 된 회의문자(會意文字)인 것이다. 이렇게 본다면 어리다를 시간의 관념으로 보는 것보다는 인간적인 면으로 보는 것이 보다 객관적인 것이 될 것이다. 몽골어 ori(幼)가 있다. 어근 or는 어리다의 어근 '얼'과 동원어일 것이다. 오라비, 올케의 '올'과 어리다의 '얼'은 동원어일 것이다. 올벼(早稻), 올밤(早栗), 올콩(早豆). ➡ 어른(成人), 어리석다

어리석다 형 愚, 駿

어리다는 어리석다의 뜻인데, '어리석다'의 형태는 18세기(1736)의 문헌에 보인다. 어리다의 어근은 '얼'로서 명사라 하겠다. ¶어리다(愚) : 어리여 迷惑ᄒᆞ야《月9:57》, 어릴 우(愚)《字會下30》. 어리석다(愚) : 어리셕은 겨집의 화를《女四3:17》. 일본어에서는 oroka(愚)인데 어근 or와 국어 '얼'과는 동원어(同源語)가 된다고 하겠다. 어리석은 행위는 주로 언어적 표현이라고 본다면 '얼'의 어원적 의미는 말일 것이다. 알다(知)의 어근 '알'과 동원어(同源語)일 것이다. 어른(成人), 우리(吾等), 아롬(我) 등의 어근 '얼, 울, 알'과 '얼'은 동원어일 것이다. 어리다가 어리석다(愚)의 뜻을 지니게 된 것은 어리기 때문에 어리석은 행동을 하게 된다. 어린애 같은 행동을 했을 때 유치(幼稚)하다고 하는 말은 어리석은 것은 어리기 때문에 일어나는 것으로 인식했을 것이다. ➡ 어리다

어머나 [감] 哈, 哎哟, 我的媽

'어머나'는 끔찍하고 엄청난 것에 놀랐을 때에 내는 감탄사이다. 어머나, 아머나의 '어머, 아마'를 어머니의 어원으로 볼 개연성이 아주 없는 것은 아니다. ¶어머리 : 頓과 漸꽤 어머리 달아(懸殊)《金三4:49》, 혼발도 눔과 견조면 어머리 너므리라(一托比別人爭多)《飜老下29》. 어머리는 부사인 '아주', '많이'의 뜻을 지닌다. '어마어마하다'는 '아주 엄청나고 굉장하고 장엄하다'의 뜻인데 '어마'에서 어머니(母)의 뜻은 전연 찾아볼 수 없다. umesi(몹시, 크게, 극히)〔滿〕, əməǯi(완전히, 전혀)〔솔롱〕. 어머리의 고형을 '어머디'로 보면 əməsi, əməri, əməǯi와 비교된다. '어머리, 어마어마'의 음이 어머니의 뜻을 지닌 '어머나, 어머, 어머머'와 비슷하기 때문에 전의된 것이라 생각하게 되었을 것이다.

어머니 [명] 母

'어머니'는 자식을 낳은 사람으로 매우 다양한 형태가 나타난다. ¶어미 (母)《字會上31》, 어마(母)《普附19》, 어마네(母)《靑p.118》, 어마니(母)《普勸14》, 어마님(母)《曲23》, 할미(할머니)《字會上31》, 할마님(할머니)《小諺6:26》, 아즈미(아즈미)《字會上31》, 아즈마님(아즈머님)《釋6:1》, 아즈미 (아즈미의)《內二上29》, 어머님, 어머니(母)《現代語》. 이상의 예에서 형태적으로 보면 후행어로서 '미, 마, 마네, 마니, 마님, 머님, 머니' 등을 들 수 있다. 따라서 어머니도 '어'와 '머니'로 나눌 수 있다. wotoko(男)〔日〕, wotome(處女)〔日〕. 일본어를 보면 me는 여자를 뜻하는 명사다. 일본어에서는 me가 여자, 아내, 암컷(女, 妻, 牝, 雌)의 접미어로 사용된다. 일본의 선주민어인 아이누어에 mat(妻)이 있는데, 어근은 mat이다. 마네, 마니, 마님, 머니는 다시 '마'와 '네', '마'와 '님', '머'와 '니'로 나눌 수 있다. 며느리(婦)《小諺2:2》, 며느리(婦)《字會上31》의 '며'는 '머, 멀, 먿'으로 소급할 수 있다. '느리, 느리'도 어원적 의미는 사람이다. 언니(妹, 兄)가 언더우드의 『한영자전(韓英字典)』(1897)에는 '어니'로 나온다. '어니'는 '어'와 '니'로 가를 수 있다. 어버이의 '어', 어멈의 '어'는 모두 어머니(母)의 뜻을 지니는 말이라 하겠다. 어버이의 고형은 '어버시'인데 '어'와 '버시'로 나눌 수 있다. 부부의 뜻을 지니는 '가시버시'의 '버시'와 '어버시'의 '버시'는 공통된다. 일본어 ani(兄)와 국어 '어니'와는 매우 유사하다. 만주어 ənyə(母)도 ə와 nyə로 가를 수 있고, nyə는 다시 nə, nər, nət으로 재구할 수 있다. 국어의 '나, 너, 누'의 인칭대명사와 동원어(同源語)일 것이다. 어원적 의미는 사람의 뜻을 지닌다고 하겠다. ənyə(母)의 ə는 어버시의 '어', 어멈의 '어'와 동원어일 것이다. 은어로 쓰이는 심마니(山蔘採取人)의 '심'은 삼(蔘)의 뜻이고 '마니'가 사람(人)의 뜻으로 쓰인다. 왕초의 부하인 똘마니의 '마니'도 사람(人)의 뜻이라 하겠다. 은어에서는 '마니'가 성별을 구별하지 않고 쓰이고 있다. '엇(母)'과 '엄(母)'은 동원어가 되며 '엄'의 고형이 '엇(언)'이라는 것을 짐작할 수 있다. ①¶암ᄌ(雌)《字會下7》, 암둙(암탉)《譯下24》. ②¶이 암흔 모다 뒷논거시어늘《月7:16》, 제 겨지비 죽거늘 다른 암홀 어른대《月7:16》, 이제 겨집 업서 다민 ᄒᆞᆫ 암홀 어뎃거늘《月7:17》. ①의 '암'은 암수의 암(雌)이지만 ②의 '암'은 아내, 여자(妻, 女)의 뜻을 지닌다. 어매〔慶北, 咸北〕, 어무니〔全南北〕, 오마니〔平南北〕, 어무이〔慶南北, 全南〕, 오매〔全南北〕 등이 있다. 어무이는 어무니의 ㄴ탈락형이다. '오매'는 '오마니〉오마이〉오매'의 변화일 것이다. '어머니'는 '어'와 '머니'의 합성어다. nyalma(人)〔滿〕. 만주어 nyalma의 ma가 사람의 뜻을 지니며 nyal은 nal로 소급되면 '나, 너, 누'의 옛말 '날, 널 눌'과 동원어다. ➡ 할머니, 아주머니, 언니

어버이 〔명〕 父母, 兩親

'어버이'는 아버지와 어머니다. ¶어버시(어버이) : 어버시 머기물《恩重16》, 어버싀(어버이) : 어버싀 여희ᅌᆞᆸ고《曲142》, 어비(父) : 어비 아ᄃ리 사ᄅ시리잇가《龍52》, 아바(父) : 아바 어마 昭昭ᄒᆞ고《普附19》, 아바(아비여) : 處容아바《樂軌處 容》, 아비(父) : 그 아비 ᄉᆞ랑ᄒᆞ야《釋11:26》. 아비(男子) : 받 가는 아비 眞實로 이우지 ᄃᆞ외옛도다(田父實爲隣)《杜初7:18》. 어버시는 '업(父)'과 '엇(母)'의 합성어로 보는 견해가 있으나 가시버시(부부)를 보면, 어버시는 '어+버시'로 분석할 수 있다.

어서 　및 速, 卽時, 快, 早, 急

'어서'는 빨리, 곧의 뜻으로 주로 행동을 빨리 시작하기를 재촉하는 말이다. 얼뜬, 얼떤, 얼픈, 얼핀, 얼핏 등의 사투리가 있다. '어서'는 얼른과 유사어로서 얼른은 속히, 빨리 뜻으로 동작의 날램을 나타내는 말이다. '얼씬, 퍼뜩'의 동의어가 있다. ¶涅槃애 어셔 드샤 ᄒ리로다《釋13:58》, 夢裡靑春이 어슨듯 지나느니《海東p.99》. '어셔'는 어서, '어슨듯'은 빨리의 뜻을 지닌다. 어셔, 어슨듯의 어근은 '엇'으로서 명사가 될 것인데 '엇'이 어서, 빨리의 뜻과 관련된 명사가 될 것이다. '어서'나 '얼른'은 부사로서 유의어이다. 빠르다(速)의 어근은 '빨'로서 '받〈받'으로 소급되며, 발(足, 脚)의 뜻을 지닐 것이다. 옛날에 빠르다는 사람이나 동물의 다리 부분이 그 척도가 된다고 하겠다. 따라서 '어서'나 '얼른'의 엇, 얼의 고형 '얻'은 다리의 뜻을 지닌다고 하겠다. ¶後行小아리八足大아리二足《靑p.110》. 아리가 다리(足)의 뜻을 지닌다고 하겠다. asi(足)〔日〕, aruku(步)〔日〕. 일본어 as, ar의 어근은 국어 '아리'의 고형 '알(앋)'과 동원어가 된다. 고어에서는 엇다가 '步, 速'의 뜻을 지니는 말로 있었다고 여겨진다. 엇다, 어스다(步走速)에서 '엇-어〉어서'의 형성일 것이다. '얼른'도 '얼다, 어르다'에서 생겨난 관형어가 된다고 하겠다.

어스름 　명 昏

'어스름'은 해가 지려고 하거나 갓 져서 어둑어둑할 때를 뜻하는데, 어근은 '엇'이다. '엇'은 해(日)의 어원적 의미를 지닌다고 하겠다. 어둡다(暗)의 어근 '얻'과 '엇(언)'은 동원어(同源語)라 여겨진다. ¶어ᅀᅳ름(昏)《字會上1》, 어스름(黃昏)《杜初8:12》, 어슯(昏)《鯀小9:22》, 어슬음(日曛)《譯補1》. 어ᅀᅳ름 어스름, 어슬음으로 나타난다. 어근은 '엇'이 된다. 어둡다(暗)의 어근 '얻'과 동원어. '엇(언)'은 해의 어원적 의미를 지닌다. 어둡다(暗)나 어스름(昏)은 모두 해에 의해 이루어진다. 사올(三日), 나올(四日)의 올(日)의 어원적 의미는 해가 된다. 국어 : 일본어. 날(生) : nama(生), 알(陽) : ama(天). 일본어 ama(天)는 국어 '알'이 해의 뜻을 지니고 있다는 것을 보여준다. əldən(光)〔滿〕. 어근 əl(ət)과 동원어가 된다고 하겠다. 한편 어스름을 해거름이라고도 한다. '해'는 두말할 것도 없이 해(日)의 뜻이고 '거름'의 어근 '걸'도 해의 고어다. 빛갈(깔)의 '갈'이 고어에서 해의 뜻을 지니고 있음을 보여주고 있다. 터키어에서 gün(太陽)의 고형 gut과 동원어임을 보여주고 있다. ◘ 어둡다(昏), 해거름(黃昏)

어음　閔 契, 票据, 手形

'어음'은 경제에서 일정한 돈을 일정한 곳에서 남을 시키거나 자기가 치르기로 한 증권을 뜻한다. 그러나 어음의 시초를 따져볼 때는 일정한 금액을 일정한 기일에 갚기로 약속하여 채권자와 채무자가 한가운데를 갈라 나눠 지니던 쪽지다. ¶어험 계(契)《類合下36》. 16세기 문헌에 어음이 '어험'으로 나온다. ¶비어혀 갈 어두미며(刻舟求劍)《金삼5:38》, 갈ㅎ로 비얌의 쓰리롤 어히고(以刀破蛇尾)《救簡6:48》. 어히다는 베다(剖, 刻, 劈, 刺)라는 말이다. 어근 '어'는 '얻'이 조어형일 것이다. 오리다(割開)《同文上59》, 베어내다의 뜻이라 하겠는데 '오리다'의 어근은 '올(온)'로서 刀劍類의 뜻을 지니는 명사가 될 것이다. '契' 자는 丰(계)와 刀(도)와 廾(공, 大를 쓰는 것은 俗字이다.)의 합성어이다. 그러나 본래는 丰와 刀를 나란히 한 것인데 새기는 사람이 들어갔다. 따라서 契 자는 '나무 조각에 뭔가 약속의 표지로 새겨 놓은 것'이다. 그러니까 '어험'도 '契' 자의 뜻과 같이 '약속의 표지로 새긴 것'이 된다. 따라서 '어히다'의 '얻'은 새기다(베다)의 뜻을 지니는 刀劍類가 될 것이다. '엄대'라고 하는 말은 외상 물건을 팔 때에 물건 값을 표하는 길고 짧은 금을 새긴 막대기인데, 여기서의 '엄'은 '어음'의 준말일 것이다. 따라서 '어음'은 어험이 변한 것으로 약속의 표지로 새긴 것, 또는 표지가 된다.

어제　閔 昨日

'어제'의 어근은 '엊(얻)'이다. ¶어제 작(昨)《字會下2》, 明日曰轄載《類事》. 轄載는 '아재'의 표기라 하겠다. 어근 '앚(앋)'을 얻게 된다. asa(朝)〔日〕,

asu(明日)〔日〕. 어근 as(at)는 어제, 아재의 어근 '얻, 앋'과 동원어로서 태양의 뜻을 지닌다고 하겠다. 모음변이에 의해 어제, 아재의 분화가 이루어진다. ▶ 아래

어중이떠중이 명 烏合之卒

'어중이떠중이'는 여기저기서 모인 변변치 못한 이러저러한 사람들이라는 뜻이다. 어중이는 어중간하다의 '어중'이고, 떠중이는 떠돌아다니는 사람이라는 뜻으로 떠돌다의 '떠'이다. 한편 선승(禪僧)으로 구름이나 물같이 정처 없이 떠돌아다니는 중인 운수납자(雲水衲子)가 우리말화한 것으로 볼 수도 있다. 어중은 어슬렁거리는 중이며, 떠중이는 떠돌아다니는 중이다.

어지럽다 형 亂, 眩暈, 暈糊糊, 發暈

'어지럽다'는 몸을 제대로 가눌 수 없을 만큼 정신이 아뜩아뜩하다는 뜻이다. 눈과 기(氣) 양쪽으로 그 어원을 생각할 수 있다. 어지럽다의 어근 '엊(얻)'은 눈이란 뜻을 지닌다고 하겠다. 어지럽다는 눈의 현상이라고 하겠다. 아찔하다의 어근 '앛'도 역시 눈이란 뜻일 것이다. 눈이 아믈아믈하다의 '아믈아믈'의 어근 '암'은 '앋〉알〉알암〉아암〉암'의 변화일 것이다. ¶어즈럽다(어지럽다) : 곧 이제 ᄀ々술히 반되 ᄒ마 어즈러우니(即今螢已亂)《杜初8:40》. arslax(보살피다)〔蒙〕, anix(閉眼)〔蒙〕, ujehö(보다)〔蒙〕, otanu(엿보다)〔아이누〕. 어근 ar, an, ud, ot을 추출해 낼 수 있는데, 눈이란 본뜻을 지니고 있다고 하겠다. '눈에 아른아른하다'에서 '아른'의 '알'이 눈이란 뜻이다. 안달봉사는 청맹과니를 뜻하는 말인데, '안'이 눈이란 뜻을 지닌다고 하겠다. 안달봉사의 '안'의 조어형(祖語形)은 '앋'이라 하겠다. 안달봉사는 '당달봉사'라고도 한다. 한편 기(氣)가 빠지면 어지러운 현상이 나타난다. 어즈럽다의 어근 '엊(얻)'은 명사가 된다. əl(g)ən(氣)〔女〕, əlgən(숨, 氣)〔滿〕, oron(魄)〔滿〕. 어근이 əl, or인데, ət, ot이 고형일 것이다. 어즈럽다의 어근 '엊(얻)'과 동원어가 된다고 하겠다.

¶얼(딸국질噦)《物補, 氣血》. 얼이 딸꾹질의 뜻인데, 딸꾹질을 氣의 작용으로 인식한 듯하다. 딸꾹질이란 뜻을 지니는 '얼'은 '언'으로 소급되며 어즈럽다의 '엊(언)'과 동원어가 될 것이다. 현대어 '얼빠지다, 얼떨떨하다, 얼씨구, 얼쑤'의 '얼'은 어원적으로는 氣라는 뜻을 지닌다고 하겠다. '얼치기, 얼뜨다, 얼버무리다'의 어근 '얼'도 동원어다. 얼간이의 '얼'도 동원어며, '얼'에 간을 한 이가 되기 때문에 됨됨이가 변변하지 못하고 모자라는 사람을 이르는 말이다. ➡️ 어른거리다, 어렴풋하다

어질다 휑賢

'어질다'는 정신적인 것이라 하겠다. 어근 '얻〉엊'은 말(言) 또는 사람(人)의 어원적 의미를 지닌다고 하겠다. ¶어딜다(賢) : 하는 도즈갯 사ᄅ미 어디닐 다와다 구펴 둧ᄒᆞ니《楞8:92》. 웃다(笑), 울다(泣), oto(音)〔日〕, uta(歌)〔日〕. 어근 us, ur, ot, ut은 동원어(同源語)로서 소리, 말(音, 言)의 뜻을 지닌다고 하겠다.

억겁 몡億劫

헤아릴 수 없는 시간. 백천만겁이라고도 하며, 겁은 범어로 kalpa라 한다. ➡️ 겁

억지 몡固執, 無理, 强要

'억지'는 자기의 뜻을 무리하게 기어이 해내려는 고집이다. 억지는 '어거지'라고도 한다. 억지나 어거지나 언어적인 행위이다. 악쓰다의 '악'도 억지의 '억'과 동원어로서 언어적 행위이다. 아가리(口)의 어근 '악'이 입(口)의 뜻을 지닌다. 입에서 말이 나오기 때문에 말의 어원은 입이 핵심이다. 불을 때는 아궁의 어근 '악'도 입(口)의 뜻을 지닌다. 억세다의 '억'도 억지의 '억'과 동원어가 된다. ¶억지로 앗다(覇佔)《譯補52》, 억지내다(覇佔)《同文上32》, 아귀세다(억세다, 口硬)《同文下37》, 아귀센 물(억센 말,

口硬馬》《老下8》. 아귀가 입(口)의 뜻을 지니며 아귀다툼이라고 하는 말의 '아귀'가 '입(口)→말(語)'의 뜻을 지니고 있다.

언덕 　명 岸, 丘, 丘陵

'언덕'은 '언'과 '덕'의 합성어라 하겠다. ¶언덕(언덕)《字會上3》, 언데(堤堰)《字會上6》. urə(山)〔에벤키〕, uǯin(田)〔나나이〕. 어근 ur, uǯ(ut)은 땅, 흙(土, 地類)의 뜻을 지니는 말이라 하겠다. 언덕의 '언'은 '얻>언', '덕'은 '덛>덜>닭>덕'의 변화이며, '덕'의 조어형(祖語形) '덛(덜)'은 달(地), 돌(石), 들(野), 딜(土)과 동원어(同源語)일 것이다. ¶언 언(堰)《字會上6》. '언'은 한자어 언(堰)일 개연성도 있다. 　　　　■ 달(地)

언어도단 　명 言語道斷

'언어도단'은 어이가 없어 말로 나타낼 수 없는 것을 말한다. 불교에서 부처님의 설법을 이르는 말이다. 곧 말로는 기술할 방법이 없는 것, 또는 말로는 설명할 수 없는 심오한 진리를 뜻한다. "言語道斷, 心行所滅."《瓔珞經, 下》. 중국 선종에서는 깨달음은 언어나 사량분별(思量分別)에 걸림이 없이 체험〔實參實究〕에 의해야 한다는 것을 강조했다. 이때 언어도단이란 말을 쓴다. 언어동단(言語同斷)과 같은 말이다. "言語同斷, 非物所拘.(언어도 함께 끊어지고, 물에도 걸리지 않는다.)"《法華經, 四十二章經》 그밖에 언어나 사량분별을 떠나서 체험 외의 것은 받아들이지 않는다는 절언절려(絶言絶慮), 깨달음은 언어 또는 사량분별로는 미치지 못한다는 언전불급(言詮不及), 마음의 자취마저도 없다는 심행처멸(心行處滅) 등도 비슷한 말이다. "默契而已, 絶諸思議故曰, 言語道斷, 心行處滅.(침묵에 오로지 계합할 뿐 모든 사량분별이나 의논을 끊은 것을 언어도단, 심행처멸이라 한다.)"《傳心法要》

언짢다 [형] 不愉快, 不痛快

'언짢다'는 심기가 좋지 않다, 보기에 싫다, 마음에 들지 않는다 등의 뜻이다. ¶이든 工巧혼 말로 글히야 說法호리니(善巧之語言分別而說法)《法華 6:67》. '읻다'는 좋다의 뜻을 지닌다. '읻지 아니하다→언짢다'로 변했다. 좋지 아니하다, 선하지 아니하다의 본뜻을 지니는 말이다. 평안도 방언에는 '엇디 않다'가 있다.

언청이 [명] 豁脣

'언청이'는 선천적으로 윗입술이 찢어진 사람이다. 어떤 물건의 한쪽이 찢어지거나 벌어진 것. ¶가리 어혀내다(劈肋)《漢386b》, 뜨리롤 어히고《救簡6:48》. 어히다는 베다(割)의 뜻이다. 어히다는 '어리다〉어이다〉어히다'로 어근은 '얼(언)'이다. ¶오리다(劃開)《同文上59》. 오리다의 어근은 '올(온)'으로서 명사고 도검류(刀劍類)의 뜻을 지닌다. ¶엇텽이(언청이) : 엇텽이(豁脣子)《譯上29》, 언쳥이(언청이)《同文下8》, 먹뎡이(聾者)《月13:18》. 엇텽이는 '엇'과 '텽이'의 합성어로서 '엇'은 코(鼻)의 뜻을 지니는 명사일 것이다. '엃(割)-뎡이〉어텽이〉어쳥이〉언청이'의 변화를 생각할 수 있으나, 동사의 어간에 명사가 붙는 조어법은 고대에는 어렵다고 하겠다. ɪlɪssa(鼻涕)〔에벤키〕, əruusi(臭)〔에벤키〕, usi(香)〔에벤키〕, ɔŋɔktə(鼻)〔오로촌〕, etú(鼻)〔아이누〕, oforo(鼻)〔滿〕. 언청이(豁脣)가 엇텽이《譯上29》로 문헌에 보인다. 어근 '엇'이 코의 뜻을 지니는 말로서 '얻'이 조어형(祖語形)일 것이다. 먹뎡이(귀머거리)의 '뎡이'는 명사로서 사람의 뜻을 지닌다고 하겠다. '머거리'의 어근 '먹'은 명사였다. 그것은 '먿〉멀〉멁〉먹'의 변화라 하겠다. 귀먹어리의 '어리'는 사람의 뜻을 지닌다. 사투리에 '얼천이'가 있다. '쳥이'는 사람의 뜻을 지닌다. 언청이는 '鼻者'의 본뜻을 지닌다고 하겠다.

얻다 　동 得

'얻다'는 획득하다, 가지다, 구하다, 빌리다, 맞아들이다 등의 뜻이 있다.
¶얻는 藥이 므스것고《釋11:19》. 얻는 것은 손으로 하는 행위다. '얻다'의
어근 '얻'은 명사로서 손의 뜻을 지닌다. 안다(抱)의 '안'은 '앋'으로 소급
되며, 손의 뜻을 지닐 것이다. '抱' 자는 손 수(扌) 변이 있다. uru(得)
〔日〕, olho(得)〔蒙〕. 어근 ur, ol은 ut, ot으로 소급되어 '앋·얻'과 동원
어일 것이다.

얼 　명 氣

'얼'이 정신, 혼의 뜻으로 쓰인 옛 문헌은 보이지 않는다. '얼간이, 얼 빠
지다, 얼을 빼다, 얼떨결에, 얼씨구'의 '얼'은 정신적인 것이 아니라 기
(氣)의 뜻으로 쓰인 것으로 보인다. ərigə(氣)〔女眞〕, əlgən(氣, 息)〔滿〕.
여진어와 만주어의 어근은 əl로서 氣의 뜻을 지닌다. suktun(氣運,
氣)〔滿〕. suktun이 기운(氣運)과 기(氣)의 뜻으로 쓰이고 있다는 것은
기가 기운과 동원어(同義語)임을 보여주고 있다. 따라서 기는 힘(力)의
뜻을 지니고 있다고 하겠다. '얼'은 고어에서 기의 뜻으로 쓰였던 말이라
하겠다. ¶김(氣) : 없김 드려《救方上10》, 믈김 들면(入馬氣)《救簡6:73》,
뿍 기미(艾氣)《朴初上39》. 김이 고어에서 기의 뜻을 지니고 있었음을 보
여주고 있다.

얼굴 　명 顔

'얼굴'은 '얼'과 '굴'의 합성어로 모두 형태의 뜻을 지니는 말로 이음동의어
(異音同義語)가 된다고 하겠다. ¶얼굴(形態)《字會上35》, 얼골(形態)《普
附15》. 얼굴이 형태의 뜻에서 낯(顔)의 뜻으로 나타나는 것은 『동문유해
(同文類解)』(1748)다. 골(꼴)《月2:41》이 있고 일본어 kata(型, 形)가
있다. 얼굴의 '얼'이 고어에서 틀, 꼴(型, 形)의 뜻을 지녔던 말이라 하겠
다. 명사끼리의 합성어일 경우는 이음동의어가 합성된 경우가 많다고 하

겠다. 강원도 방언에서 거래는 모습의 뜻으로 쓰이는데 '뒷거래가 좋다'는 뒷모습이 좋다라는 뜻이다. 거래의 어근은 '걸'인데 '골'과 동원어(同源語)라 하겠다. 얼굴은 '얼'과 '굴'의 합성어로서 형태의 뜻에서 낯의 뜻으로 바뀌었고 현대어에서 '낯'은 비어가 되는 과정에 있다. 낯짝, 낯빤대기.

얼레　명 收絲貝, 籆子, 榬

'얼레'는 실을 감는 틀 또는 연실을 감거나 푸는데 사용하는 틀이다. ¶어리(籆)《譯下3》, 어르(榬)《字會中18》, 올 白絲 혼 얼레를《海東p.114》. 어근은 '얼'이다. 감는 기구냐 감는 것이냐에 의해 어원이 달라질 것이다. 감는 것으로 본다면 올(條)이 어원이 될 것이다. 얽다(編, 縛)의 어간 '얽'의 고형은 '얼'인데 올(條, 縷)과 동원어다.　　　　　　▣ 얽다

얼른　부 快, 早, 急, 速

'얼른'은 속히, 빨리의 뜻으로 동작의 날램을 나타내는 말이다. 얼씬, 퍼뜩, 얼떤, 얼런, 얼푼, 얼핀 등의 말이 있다. ¶瞥은 누네 어른 디날 쓰시오《月序2》, 時節이 어른어른 가 百工이 쉬면(荏苒百工休)《杜初7:36》. 얼른의 고형은 어른이고 어근은 '얼'이다. 쌘르다(速)의 어근 '섈'은 '벌'로 소급된다. 고대에 빠르다의 대상은 발(足)이니 다리(肢)가 될 것이다. 따라서 어른의 '얼'도 발일 개연성이 있다. ¶後行 小아리 八足 大아리 二足《青p.110》. 아리가 발(足)의 뜻을 지닌다. 종아리(小腿肚, 腓)에서 '아리'가 다리이다. erte(빨리)〔蒙〕, erken(빨리)〔터키〕. 어근 er가 '얼'과 동원어가 된다. asi(足)〔日〕, aruku(步)〔日〕. 어근 as, ar의 고형은 at이다.

얼빠지다　동 失性

문세영(文世榮)의 『조선어사전(朝鮮語辭典)』(1938)에는 '얼빠지다'를 혼 빠지다(魂拔)로 해석하고 있다. 유창돈(劉昌惇)은 혼발(魂拔)이 아니라 미익(迷溺)으로 해석해야 한다고 했다《語彙史研究p.213》. '얼'은 耽

(즐길 탐)이고 빠지다는 몰, 닉(沒, 溺)으로 풀어서 미혹(迷惑)의 뜻이라 했다. '얼'이 혼(魂)의 뜻으로 쓰인 것은 조선조 문헌에는 보이지 않는다. əlgən(息, 氣)[滿], əri(g)ə(氣)[女眞], urmas(氣力)[蒙]. 어근 ur, əl과 비교하면 국어 '얼'은 혼(魂)의 뜻이라기보다 기, 력(氣, 力)을 뜻하는 말일 것이다. 그렇게 본다면 얼빠지다는 혼발(魂拔)이 아니라 기력(氣力)이 빠지다(拔)의 뜻을 지니는 말이라 여겨진다. '얼떨떨하다, 얼떨결에'의 '얼'은 氣의 뜻을 지니는 말이라고 여겨진다. 얼렁쇠는 얼렁거리는 사람의 뜻인데, 여기서의 '얼'도 氣의 뜻일 것이다. 얼뜨기의 '얼'도 氣가 뜬 사람의 뜻을 지니는 말일 것이다. '얼낌얼낌'은 얼떨떨한 김에 덩달아서의 뜻을 지니는데, 여기서 '얼'과 '낌'은 모두 氣의 뜻을 지니는 말로서 이음동의어(異音同義語)라 하겠다. 얼간이는 똑똑하지 못한 사람인데, '얼'과 '간'은 이음동의어로서 모두 간(肝)의 뜻을 지니는 말이 아닐까? 몽골어에서 eleg(肝)가 있다. 어근 el은 간(肝)의 뜻을 지닌다. 얼 빠지다는 "간이 빠지다"의 뜻을 지닐 수도 있다. '간 빼먹은 놈, 쓸개 빠진 놈'이라고 하는 말이 있다는 것을 참고한다면, 얼빠지다의 '얼'은 간(肝)의 뜻일 수도 있다. 애(膽)《南明下4》는 '앋〉알〉알이〉아이〉애'로서 '알'이 쓸개의 뜻을 지니지만, 본디는 간(肝)의 뜻도 지녔을 것이다. '쓸개 빠지다'의 뜻도 된다. 명태의 간을 '애'라고 한다. ➡애

얼음 명 氷

'얼음'의 어근 '얼'은 명사로서 본디는 물의 뜻을 지닌다고 하겠다. 명사 '얼'에 '음' 접미사가 붙은 형이다. ¶어름(爲氷)《解例用字》. 『삼국사기(三國史記)』 지리지(地理誌)에 보이는 高句麗語 於乙(泉)의 '얼'이 물의 뜻을 지닌다. 일본어 arau(洗), ase(汗)의 어근 ar, as는 at이 조어형(祖語形)으로서 국어의 '얼(氷)'과 동원어(同源語)다. ula(河)[女], ula(江)[시베], udun(雨)[에벤키], atuy(海)[아이누], ajan(池)[오로촌], arau(洗)[日]. 어근 ul, ud는 물의 뜻을 지닌다. müsü, mülsü(氷)[蒙], müren(河)[蒙], mədəri(海)[滿], mündür(雹)[蒙], muz(氷)[위구르]. 물의 알타이제어의 공통어가 mut이라 하겠는데, 몽골어 위구르어에서 얼음(氷)의

뜻을 지니는 어근 müs, mül, muz(mut)와 동원어가 된다고 하겠다.

➡우물

얽다 동 罔, 縻, 縛, 編

'얽다'의 어간은 '얽'인데, '얼'이 고형일 것이다. ¶얽다 : 叢林은 얼근 수 프리라《釋19:17》. '얼'은 올(縷條)과 동원어가 된다고 하겠다. ¶올 됴 (條)《石千32》. 얽는 것은 올로 하는 것이다.

➡올

업 명 業. 梵 karman. 巴 kamma

카르마는 작용, 행위, 행위대상, 제사 등을 나타내는 말로 인도 사상 일 반에 널리 쓰이는 말이다. 한자 業은 일(事)이란 뜻이다. 업은 윤회설과 연관되어 있다. 선업을 지으면, 후생에 선하게 태어나고, 악업을 지으면 악하게 태어난다는 것이다. 업은 행위 양상에 따라 몸으로 짓는 신업(身 業), 입으로 짓는 구업(口業), 뜻으로 짓는 의업(意業) 등 삼업이 있다. 이 삼업은 우리의 삶을 윤회의 수레바퀴로 몰고 간다. 업을 지으므로 과 보를 받고 이 과보에 따라 육도윤회를 한다. 선업의 과보는 천상이요, 악업의 과보는 지옥이며, 탐욕의 과보는 아귀이며, 성냄의 과보는 수라 이며, 어리석음의 과보는 축생이 된다. 좋은 일을 하면 내세에 좋은 과보 를 받으므로 현세에 선업을 쌓게 하는 도덕적 행위를 권하는 적극적 역할 을 함과 동시에 우리의 운명은 전세에서 한 행위에 의해 결정되므로 아무 리 노력해도 안 된다는 소극적 숙명론으로 되어 버린다. 육사외도(六師 外道)의 한 사람인 코살라가 인간을 비롯한 모든 생물의 의사나 노력은 지배력을 가지지 못하고 그들의 운명과 본성에 지배된다고 설했다. ¶업 : 一切 如來ㅅ 몸과 말씀과 뜨뎃 業업이 다 淸淨ᄒ시니《釋譜9:26》.

업다 동 負, 背負

'업다'의 어간은 '업'으로서 '얼〉얼〉엷〉업'의 변화일 것이다. ¶ᄒᆞᆫ 아기란

얽다, 업, 업다

업고《月10:24》, 어분 아기를 조쳐 디오《月10:24》. aru, aroto(背)〔蒙〕, arka(背)〔터키〕, seohi(背負)〔日〕. 업다의 어근 '업'의 조어형 '얻(얼)'은 몽골어, 터키어의 어근 ar와 동원어(同源語)라 여겨진다. 일본어 se는 등(背)의 뜻이고 ohi가 업다의 뜻인데, ohi의 고형은 obi일 것이며, ob이 어근이 된다고 하겠다. 일본어의 어린이말인 ombu(업다)는 obu에 m이 개입되어 이루어진 말일 것이다. ¶엇게(肩)《字會上25》. 엇게는 '엇'과 '게'의 합성어다. '엇'이 고어에서 어깨(肩)의 뜻을 지닌다. '게'는 '거이'가 줄어든 말로 '걷〉걸〉걸이〉거이〉게'의 변화로, 일본어 kata(肩)와 동원어가 된다. 그렇게 본다면 '업'의 조어형(祖語形) '얻'은 어깨(肩)의 어원적 의미를 지닌다고 하겠으나, 근원적으로는 어깨, 등(肩, 背)의 어휘는 동원어였을 것이다. ▶ 어깨(肩)

업장   图 業障

불교어. 정도(正道)와 선심(善心)을 방해하는 세 가지 장애 가운데 하나. 번뇌장(煩惱障)은 탐진치(貪瞋癡) 삼독(三毒) 때문에 생기는 장애, 업장은 번뇌로부터 비롯되는 악업(惡業)의 장애, 보장(報障)은 악업의 과보(果報)를 받음으로 인한 장애이다.

없다   图 無

'없다'는 시각적으로 보이지 않는 상태를 뜻한다고 보겠다. 無(없을 무)자는 '숨어서 보이지 않는다'라고 보고 있다《藤堂明保著, 漢字語源辭典.p.445》. 無를 시각적 현상으로 인식하고 있음을 보여주고 있다. ¶없다(無) : ᄀᆞ르미 빅 업거늘(河無舟矣)《龍20》. 없다 어간 '없'의 말자음 ㅅ은 나중에 들어간 것이다. 없다의 어근은 '업'이 되겠는데, 이 '업'도 '얻〉얼〉없〉업'의 변화라 하겠다. 앞(前)의 15세기 표기로는 '앒'이다. arahare(現)〔日〕. 일본어 어근 ar가 눈의 뜻을 지니고 있는 말임을 짐작하게 한다. 나타나다의 어근 '낟'은 '눈에 어른어른하다'에서 '어른'의 어근 '얼'이 눈의 뜻을 지니고 있음을 보여주고 있다. '눈에 아물아물하다'의 의태어 '아물'의 어근 '암'은 '앋〉알〉알암〉아암〉암'의 변화일 것이고, '앋, 알'은 눈의 뜻을 지닌다고 하겠다. nasi(無)〔日〕. 어근 nas(nat)는 국어 눈(目)의 고형 '눋'과 동원어(同源語)일 것이다.

엇 〔명〕 母

『시용향악보(時用鄕樂譜)』에서는 사모곡을 '엇노리'라고 했다. 곧 '엇'은 어머니를 가리킨다. ¶엇(母) : 思母曲 俗稱 엇노리《時用思母曲》. 님(主)은 '닏〉닐〉니림〉니임〉님'의 변화다. 신라의 왕칭에는 닛금(尼叱今, 尼師今)과 같이 '닛(닏)'이 있는가 하면 '님금'도 나타난다('님' 참조). nusi(主)〔日〕. 엄(母)도 '얻〉얼〉얼엄〉어엄〉엄'의 변화일 것이다. asɪ bəiə(女)〔에벤키〕, asɪɪ(妻子)〔오로촌〕, asya(嫂)〔滿〕, as(女兒)〔시베〕. 어근 as는 국어 '엇'과 동원어(同源語)일 것이다.   ▣ 어머니

엉덩이 〔명〕 臀部, 屁股, 尻

'엉덩이'는 허리와 허벅다리 사이의 한 부분이다. 엉치, 어덩머리 등 사투리가 있다. ¶엉덩이《靑大p.162》. 방언에 엄치가 있는 것을 보면 엉덩이는 '엉'과 '덩이'의 합성어이다. oŋti(엉덩이)〔에벤키〕, arubeye(尻)〔蒙〕. 앉을 때 바닥에 닿는 부분이 궁둥이고 닿지 않는 부분에서 허리까지를 엉덩이라고 한다. 어근 '엉'은 '얻〉얼〉어〉엉'의 변화일 것이며, 몽골어 arubeyə를 보면 aru의 ar와 동원어일 것이다. 국어 아래(下)의 어근 '알'과 동원어일 개연성을 생각해 볼 수 있다. '앉다'의 '(앋〉앚〉)앉'이 엉덩이의 '엉'과 비교된다.

엉터리 〔명〕 荒唐, 詭誕

'엉터리'는 터무니없는 말이나 짓, 또는 그런 말이나 행동을 하는 사람이다. ¶여긔셔 엉쏭홀 일은 업스오며《新語4:16》. 엉쏭ᄒ다는 엉뚱하다의 뜻이다. 엉터리의 '엉'은 엉성하다, 엉뚱하다의 '엉'과 함께 둔하다, 부정

확하다의 뜻을 지닌다. ongtori(둔한 사람, 도리를 모르는 사람)〔滿〕, ongton(鈍하다, 통하지 않는다)〔滿〕. 엉터리는 만주어 ongtori와 비교가 된다.

에움길 명 繞道, 彎路, 迂回之路

'에움길'은 곧바르지 않고 굽은 길, 빙 둘러가는 길이다. ¶에움과 자봄과(圍繞執捉)《永嘉下40》, 에울 위(圍)《類合下26》. 에우다는 두르다의 뜻이다. 에워싸다, 에워가다, 에두르다의 '에워'는 에우다의 부사형 '에우어'다.

여기다 동 思, 想, 考, 認

여기는 것은 언어적 행위라고 할 수 있기 때문에, '여기다'의 어원적 의미는 말이라고 할 수 있다. ¶녀기다(想) : 어엿비 너기거시놀《三綱烈7》. '너기다〉녀기다〉여기다'의 변화다. 너기다의 어근은 '넉'이다. 이 '넉'은 '넏〉널〉넑〉넉'의 변화다. ¶엳줍다(여쭙다)《月2:69》. 엳줍다의 어근 '엳'은 넏, 넠으로 소급되며 말의 본뜻을 지닌다고 하겠다. 니르다(謂)의 어근 '닐', 놀애(歌)의 어근 '놀' 등이 말의 본뜻을 지닌다. nori(神語)〔日〕, norito(祝詞)〔日〕. 어근 nor가 말의 본뜻을 지니고 있음이 확실하다.

여느 관 異, 他

'다르다(異)'의 어근 '달'은 명사로서 얼굴(顔)의 본뜻을 지닌다고 여겨진다. 고대인들이 다르다에 대한 인식은 사람마다 얼굴이 다르다는 데서 비롯했을 것이다. dərə(顔)〔滿〕의 어근 dər는 '달'이 얼굴의 뜻을 지닌다는 것을 뒷받침한다. 가면의 뜻인 탈은 고어에서 '달'이었을 것이다. ¶녀느(여느, 다른) : 녀느 쉰 아힌도 다 出家ᄒᆞ니라《釋6:10》. 녀느의 어근 '년'은 '넏〉넏〉년'의 변화며, 근원적으로 얼굴(顔)의 뜻을 지닌다고 여겨진다. 낯(顔)과 동원어(同源語)라 하겠다.　■ 낯(顔)

여래 명 如來. Skt. tathāgata

소리 옮김은 多陀阿伽陀, 多陀阿伽度, 怛薩阿竭, 怛他誐多, 怛他蘗多
등이다. 수행을 완성한 자의 칭호. 본디 여러 종교에서 '생사윤회를 해탈
한 진인'으로 통용되다가 나중에 오로지 석가여래처럼 석존만 칭하다가
다시 대승불교에서 모든 부처의 칭호가 되었다. 특히 석존은 "앞으로 나
를 여래로 부르라"고 하셨다. 부처의 참 법신은 원래 오감이 없는데, 대
비의 원력으로 진여 상에 거래를 보이므로 거래가 있다 해도 진여 상의
거래이므로 如去如來라 하며 줄여서 如來라 한다. tathā는 '그처럼, 如
實히, 如如히'의 뜻이며, gata는 '갔다(去)', āgata는 '왔다(來)'라는 뜻
으로 부파불교에서 봤다. 곧 '과거불(過去佛)과 함께 왔다', '진실에서 왔
다' 또는 '같이 갔다', '진실로 갔다'의 뜻이다. 한역 여래는 후한 때 안세
고(安世高)로부터 비롯되었다. 중국에서는 '진실에서 중생의 세계로 오
신 이'라 해석하며, 우리나라에서는 '그대로 오신 이'라 해석한다. "云何
名如來, 如過去諸佛, 爲度衆生, 說十二部經, 如來亦爾, 故名如來, 諸佛
世尊, 從六波羅蜜三十七品十一空來, 至大涅槃, 如來亦爾, 是故號佛爲
如來也. 諸佛世尊, 爲衆生故, 隨宜方便, 開示三乘, 壽命無量, 不可稱
計, 如來亦爾, 是故號佛爲如來也."《大般涅槃經18》. 여래 십호가 있다. 如
來, 應供, 等正覺(正遍知), 明行足, 善逝, 世間解, 無上士, 調御丈夫,
天人師, 佛, 世尊이다. 우리말로는 『석보상절(釋譜詳節)』(11:1)에
"그·쁴 하·놇 四·숭衆·즁·이 圍윙繞 : 숗·ᄒᆞᅀ·뼁더·니 如셩來링
ㅅ모·매 터럭 구무:마·다 放·방光광·ᄒᆞ·샤"로 나온다.

여래선 명 如來禪

여래청정선(如來淸淨禪)이라고도 하는데, 『능가경 楞伽經』에서 설한 4
종선의 하나. 여래가 얻은 선정에 들어 타인을 교화하는 것으로 부처님
의 무념을 말한다. 조사선과 대조적인데, 조사선은 조사의 무념을 말한
다. 앙산 혜적(仰山 慧寂)선사가 향엄 지한(香嚴 智閑)선사의 깨침을
점검할 때 앙산 스님이 향엄 스님으로부터 두 게송을 이끌어냈는데, 하

나는 여래선이라 하고 다른 하나는 조사선이라 하여 조사선을 우위에
둔 것처럼 되어 본래의 뜻과는 좀 달라졌다고 볼 수 있다. 곧 여래선은
인도, 곧 부처님의 무념이며, 조사선은 중국, 곧 조사의 무념이다.『조당
집』,『경덕전등록』,『선문염송』 등에 실린 것을 보면 다음과 같다. 편의
상『선문염송』의 것을 싣는다. 香嚴 頌云, "去年貧 未是貧, 今年貧 始是
貧. 去年 無卓錐地, 今年 錐也無." 因仰山 云, 如來禪 卽許師兄會, 祖師
禪 未夢見在. 師又呈偈云, "我有一機, 瞬目示伊. 若人不會, 別喚沙彌."
仰云, "且喜師兄, 會祖師禪也."(향엄 지한이, "지난해의 가난은 아직 가
난함이 아니더니, 올해의 가난은 비로소 가난이다. 지난해(가난)은 송곳
꽂을 땅이라도 있더니, 올해의 가난은 송곳도 없다."고 송하였는데, 앙산
혜적이, "사형이 여래선은 알았다고 하겠지만, 조사선은 꿈에서도 보지
못했소."라고 하였다. 이에 선사가 다시 게송을 하나를 지어, "내게 한
기틀이 있사오니, 눈을 깜박여 그것을 보여 드립니다. 그렇게 하여도 당
신이 모르신다면, 따로 '사미야' 하고 사미승을 부르겠습니다." 하니, 앙
산이, "사형이 조사선을 알게 되었으니 반갑소이다."라고 하였다. 여기서
"가난은 번뇌의 없어짐, 송곳은 송곳처럼 튀어나온 세번뇌(細煩惱), 땅
은 심지(心地) 곧 성품에 비유했음."(강정진,『영원한 대자유인』)을 알
수 있다. 강정진은 게송 중에 無卓錐之地는『四家語錄』(해인사 백련암
편) 안에 있는『위앙록』에는 猶有卓錐之地로 되어 있어 대부분 선종서
에 바뀌어 기록된 이유를 "누군가 고의로 그렇게 바꾸어 놓았다고 했다.
그것은 어떤 선지식이 엉터리 참선꾼이나 착각도인이 이 게송의 진의를
모르고 함부로 인용하다가 그들의 공부와 그들의 실체가 밝혀져 생전이
나 사후에라도 한번 창피를 당해 보라는 뜻에서 그렇게 바꾸어 놓았다"
고 했다. 그리고 강정진은 "즉, 금년에는 비로소 번뇌가 없어졌도다. 즉
지난해에는 번뇌가 송곳처럼 불쑥불쑥 튀어나오더니. 이 말은 아뢰야식
에서 일어나는 세번뇌는 추번뇌(麤煩惱)가 생주이멸(生住異滅)의 과정
을 거치는 것과는 달리 마치 송곳을 보자기나 주머니 속에 넣어두면 튀어
나오듯이 일과성으로 지나가버리는 것을 묘사한 것이다. 즉 금년에는 마
치 송곳처럼 튀어나오는 번뇌가 없어졌다오. 이 말은 금년에는 아뢰야식
에서 일어나는 세번뇌까지 없어졌다는 것을 묘사한 것이다."라고 풀이하

였다. 그리고 두 번째 게송은 향엄 스님이 자신의 깨침을 모양(色)과 소리(聲)로써 앙산 선사에게 보여드리고 있다고 했다. ■ 조사선

여럿 图 諸, 累, 多數

좀 많은 사람이나 사물의 수를 나타낸다. ¶여러히 다 讚嘆ᄒ니라《法華 1:36》, 諸根은 여러 불휘니〈釋 6:28〉. '여러'는 '諸, 累'의 뜻이다. ¶여라 먼 벗 싯고《救簡6:30》, 여라 地位룰 다시 디내여《月2:62》. '여라먼'은 十餘의 뜻이고 '여라'는 여러(諸)의 뜻이다. '여러'의 어근 '열'은 '열(10)'이 어원일 것이다. 온갖, 온세상의 '온'은 100의 수에서 의미가 변한 것이다. 터키어에서 on은 10을 가리킨다. 많다(多)는 만(萬)의 한자어에서 변한 것이라 여겨진다. ¶만흔 數룰 이 몰애로 가줄벼《月7:72》

여름¹ 图 實

'여름'은 현재는 열매라고 한다. ¶여름(實) : 곶 됴코 여름 하ᄂ니《龍2》, 녀름(夏)《字會1》, 녀름짓다(農事하다)《月10:21》. 농사하다의 뜻인 '녀름 짓다'의 '녀름'을 여름(夏)의 뜻으로 파악하는 것보다 여름(實)의 고형으로 보는 것이 더 타당할 것이다. ¶녀름드외다(農事 잘 되다)《釋9:34》, 녀름 됴타(豊年되다)《字會下19》, 녀름 지을 아비(農夫)《杜重3:3》, 녀름디이(農事)《杜重3:3》, 녀름 지스리(農夫)《楞3:88》. 농사는 여름(夏)에만 하는 것이 아니고, 사철 농사를 짓는다고 하겠다. 녀름 지슬 농(農)《字會中3》을 보면 農(농사 농)은 여름(夏)에만 해당되는 것이 아님을 보여주고 있다. 여름(實)은 녀름, 너름으로 소급되며, 어근은 '널(넏)'이다. 국어 낟(穀), 나락(稻), 뉘(稻)와 동원어라 여겨진다. minori(實成)〔日〕. mi는 열매(實)의 뜻이고 nori는 이루다(成)의 뜻이다. miganaru(實が 成る)는 열매가 열리다의 뜻인데 특히 벼, 보리의 경우에 쓰인다(『岩波 古語辭典』, p.234). naru(成)는 열린다의 뜻인데, 어근 nar가 곡식 (穀)의 뜻을 지니는 명사가 된다. 열다(實成)와 일본어 naru(成)는 동원어가 된다고 하겠다. 따라서 여름(實)은 녀름, 너름으로 소급되며 어

근 '널'은 일본어 naru(成)의 어근 nar와 동원어가 된다고 하겠다. ¶열미 실(實)《倭下6》, 實 열미《柳物三草》. 열매의 '열'은 '널(넌)'이 조어형(祖語形)이 된다. '미'는 '무이'가 준 말이고 '묻〉물〉몰이〉무이〉미'의 변화다. 일본어 mi(實)와 동원어다. ▶ 열매

여름² 명 夏

'여름'은 가장 더울 때의 계절명이다. 계절은 태양에 의해 나누어진다. ¶녀름(夏) : ᄇᆞ롭비 時節에 마초ᄒᆞ야 너르미 ᄃᆞ외야《釋9:34》. '너름〉녀름〉여름'의 변화로서 '널'이 어근이다. '널'은 날(日)과 동원어(同源語)다. nar(日)〔蒙〕, nara(太陽)〔蒙〕, niyala(太陽)〔蒙〕. 일본어 natsu(夏)의 어근 nat은 국어 '날(日)'과 동원어다. 터키어 yaz(夏)는 nat〉nyad〉yaz(夏)의 변화다. yaz(夏)의 조어형(祖語形) nat은 국어의 '날(日)', 몽골어 nat(日)과 동원어다. 만주어로는 ʤüari(夏), 나나이어로서는 ʤuarim(夏), 오로촌어로서는 ʤüga(夏), 에벤키어로서는 ʤüga(夏)로서 동원어임을 보여주고 있다. 오로촌어에서 태양이 dɪlatsa이다. 이는 국어의 '돋(돌)'이 고어에서 태양의 뜻을 지니고 있는 말과 연결된다고 하겠다. 어근 dɪl은 국어 '돌(年)'과 동원어가 되며 어원적 의미는 해(日)가 된다. '해가 돋다'의 '돋'이 명사로서 해의 뜻을 지닌다. 일본 유구어(琉球語)에서 tita, teta가 해의 뜻을 지니는데, 어근 tit은 해의 뜻을 지닌다. 따라서 만주어 ʤüari(夏)의 고형은 durari며 어근은 dur(dut)로서 국어 '돋(돌)'과 동원어가 된다.

여리꾼 명 商店的引客者, 呼客人

'여리꾼'은 상점 앞에서 지나가는 손님을 끌어들여 물건을 사게 하는 사람을 일컫는 말이다. 한자어 '열립(列立)→여립꾼〉여리꾼'. 방언으로 '여립꾼'이 있다. 여리꾼이 가게 안으로 손님을 끌어들이는 것을 '여립켜다'라고 한다. 현재 속어로 '삐끼'라고 한다.

여울　图 灘, 淺灘

'여울'은 강이나 바다에서 물이 세게 흐르는 곳이다. '여울'도 '여'와 '울'의 합성어로서 이음동의어이다. '여'는 '녀〈너〈넏'으로 소급되며, 나리(川)의 조어형 '낟'과 동원어가 될 것이다. 얼음(氷)의 어근 '얼'은 명사로서 어원적인 의미는 물이다. 얼음은 물이 언 것이고 얼음이 녹으면 물이 된다. arau(洗)〔日〕, ase(汗)〔日〕. 어근 ar, as의 조형은 at으로서 물의 뜻을 지닌다. 아리수(漢江의 古名), ura(江)〔滿〕, ayan(池)〔오로촌〕, amuru (黑龍江)〔滿〕, usuri(松花江)〔滿〕, əyəmbi(水流)〔滿〕. 어근 알, ur, a, u 등이 물의 본뜻을 지니고 있다고 하겠다. amuru는 a와 muru의 합성어인데 muru는 국어 물(水)과 동원어이고, a는 ar의 r탈락형이다. usuri는 u와 suri 또는 us와 uri의 합성어. u는 ur의 r탈락, suri는 syəri(泉)〔滿〕의 어근 sər-와 동원어가 된다고 하겠다. '여울'은 물의 뜻을 지니는 말의 이음동의어의 합성어다.

여위다　图 瘦, 瘦瘠

'여위다'는 살이 빠지는 상태를 말한다. ¶여위다(瘦) : 술히 여위 신둘 金色잇돈 가시시리여《曲62》, 여외다(瘦) : 여외오 힘 업거든《救簡3:120》. yase(瘦)〔日〕, yari(肉)〔滿〕. 일본어 yase(瘦)는 nyase, nase로 소급되며, nat이 조어형(祖語形)이라 하겠다. 국어 여위다의 두음도 '여'인데, '녀, 너'로 소급되며 일본어와 비교할 때 조어형(祖語形)이 '넏'임을 짐작하게 된다. 여위는 것은 살이 빠지는 것일 것이다. 만주어에 yari(肉)가 있는데 nyari, nari, nar, nat으로 소급된다. 여위다의 조어형 '넏'은 만주어에서 고기(肉)의 뜻을 지니는 yari의 조어형 nat과 동원어(同源語)일 것이다. 국어의 고대어에 nat(nar)이 고기의 뜻을 지니는 말이 있었음을 보여주고 있다. 만주어 yari(肉)는 nyari, nari로 소급되며 nar(nat)가 고기의 뜻을 지니고 있는 것이다. 사투리에 야비다, 야브다, 야뷔다, 애비다, 에비다 등이 있는 것을 보면 야비다, 야부다, 야뷔다 등이 있었음을 보여주고 있다. 야부다는 '야'와 '부'의 합성어다.

여의다 图 離, 告別, 死別

'여의다'는 죽어서 이별하다, 멀리 떠나보내다, 시집 보내다 등의 뜻을 지니지만 주된 의미는 '헤어지다'의 뜻이다. ¶죽사릿 法은 모댓다가도 모미 여희느니이다《釋11:12》, 여러 法緣을 여희약 分別性이 업슳딘댄《楞2:26》. 여히다, 여희다의 쌍형이 보인다. 여희다로 보면 여흐이다가 줄어든 말일 것이다. 어근은 '여'가 될 것이며 명사가 될 것이다. '여'는 여위다(衰)의 '여'와 동원어일 것이다. '여'는 '너〈넏〈넏'으로 소급되는데 고기(肉)의 뜻을 지닌다. 만주어 yari(肉)는 nyari〈nari〈nar〈nat의 변화이다. 여위다는 살이 빠지다의 뜻이라 하겠고 여의다의 주된 의미는 '헤어지다'이다.

여쭙다 图 上申, 告訴, 禀告, 進言

'여쭙다'는 여쭈다의 높임말이다. ¶엳줍다(여쭙다) : 諸佛 니르시논 陀羅尼句를 엳ㅈ바 請ㅎ숩노니《月10:84》. '엳'은 '넏〉녇〉엳'의 변화로서 '넏'은 말의 뜻을 지니는 니르다(謂), 노래(歌)의 어근 '닐(닏), 놀(논)'과 동원어(同源語)다. 사뢰다의 어근 '살'은 소리(音, 聲, 歌, 語)의 '솔'과 동원어다. 일본어에 nori(神語), norito(祝詞)의 어근 nor가 말의 뜻을 지니는 말로서, 국어 노래(歌)의 어근 '놀'과 동원어가 된다.

여태 图 一直, 至今

'여태'는 지금에 이르기까지의 뜻이다. ¶엳 금(今)《字會下2》, 쇼칠 아히는 여태 아니 니러느냐《靑p.51》. 여태는 '엳(今)'과 '해(年)'의 합성어일 것이다. 그러나 '엳〉엳애'와 같이 접미사 '애'가 붙었을 개연성도 있다. 여지껏의 단어를 보면 어근은 '엳'이다. 시간을 나타내는 어휘는 해의 뜻을 지니는 말에서 분화 전이되는 것이 상례라 하겠다. '엳(今)'도 '넏〉넏'으로 소급되며 날(日)의 고형 '낟'과 동원어일 것이다. 여름(夏)은 '녀름, 너름'으로 소급되며 '넏(넏)'이 해의 뜻을 지닌다. ▸ 여름(夏)

엮다 　图 編, 編綴

'엮다'는 노끈이나 새끼, 줄, 올 등으로 이리저리 여러 가닥으로 얼기설기 맞추어 매다이다. ¶엿것는 簡冊은 누를 爲ᄒ야 프르렛논고(編簡爲誰 靑)《杜初24:62》, 엿글편(編)《類合下37》. 어간 '엮-'의 고형은 엿이고 '넛 〈넏〈넏'으로 소급된다. 엮는 것은 실이나 올이나 끈(絲, 經, 縷, 緯) 등을 이용한 행위가 된다. ¶눌위(緯)《字會中7》. '엿'의 조어형 '넏'은 '눌(緯)'의 조어형 '눋'과 동원어일 것이다. 한편 '열'이 '삼씨'의 뜻도 지니고 있다. ¶ᄒᄅ ᄒᆞᆫ 열콰 ᄒᆞᆫ 밀홀 머거도(日餐一麻一麥)《楞9:106》. 열이 삼(麻), 삼씨의 뜻을 지닌다. 엮다(編)의 조어형 '열'은 삼(麻)의 뜻일 개연성도 있다. 삼으로 엮을 수도 있다.

연 　图 鳶

'연'은 한자로 鳶(소리개 연)이다. 소리개를 뜻한다. 이 새는 공중에서 날개를 편 채 빙빙 떠 있는데, 이에서 유추되어 종이와 대를 써 만든 것을 공중에 날리는 장난감도 연이라 한다. ¶연(鳶) : 연 놀리다(放鶴兒)《譯 下23》.

열다 　图 開

'열다'는 '널다〉녈다〉열다'의 변화다. '널'은 명사다. 여는 행위는 손으로 하므로, 어원적 의미는 손이다. ¶열다(開) : 門을 열라 ᄒ옛더니《月10: 25》. açmak(開)〔터키〕, er(手)〔터키〕, nala(手)〔나나이〕. 어근 nal이 손의 뜻을 지닌다. 국어 누르다(壓), 나르다(運), 나누다(分)의 어근 '눌, 날' 등의 어원적 의미는 손이다. nigiru(握)〔日〕. 일본어에서 nig가 고대에 손의 뜻을 지니고 있었다. 터키어에 ačmak(開), el(手)이 있다. 일본어 에 ake(開), ude(腕)가 있다. 국어 안다(抱)의 어근 '안(앋)'은 손의 뜻 을 지닌다.

열매 　명 實, 結實

'열매'는 이음동의어(異音同義語)의 합성이라 하겠다. 열매의 '매'는 '맏〉말〉말이〉마이〉매'의 변화로서 열매의 뜻을 지니는 말이다. ¶여름(열매) : 곧 됴코 여름 하ᄂᆞ니《龍2》. 여름은 '녀름, 너름'으로 소급되어 어근은 '널'이다. '널'이 고어에서 열매의 뜻을 지니는 말이다. mi(實)〔日〕. 일본어 mi(實)는 국어 '매'의 조어형(祖語形) '맏(말)'과 동원어(同源語)다. ¶여물(알맹이)《農月》. 여물다의 '여물'이 명사라 하겠다. '여물'은 '여'와 '물'의 합성어다. '물'은 '매'의 조어형 '묻(몰)'과 동원어다. 여물의 '여'는 '열'의 말음이 탈락한 형이다. '여물'은 명사이며, 여물다는 동사로 전성된 형이다. minori(實)〔日〕. mi는 열매(實), nori는 이루다(成)의 뜻을 지니나, nor의 명사는 열매(實)의 뜻을 지닌다고 하겠다. 열매의 '열'은 '널〈널'로 소급된다. 한편 낟(穀)과도 동원어일 개연성을 생각해 볼 수 있다.

열없다 　형 獃, 小心, 慊然, 羞怯

'열없다'는 좀 겸연쩍고 부끄럽다, 성질이 묽고 다부지지 못하다, 담이 크지 못하고 겁이 많다. ¶열업시 안ᄉᆞ다(獃坐)《漢198b》, 열업시 상긴 烏賊魚 둥기는 듸《海東p.117》. 열없다의 '열'은 명사임이 확실하다. '獃'는 못 생길 애, 어리석을 애, 우두커니 서 있을 애이다. '열없이 앉다'는 '우두커니 앉다'의 뜻을 지닐 것이다. 명사 '열'은 어떤 뜻을 지니는 말일까. 한자어 '熱'일 개연성도 있다. 그러나 쓸개의 방언으로 쓰이는 '열'일 개연성이 높다. 강원도, 황해도, 평안도 지방에서 쓸개를 '열'이라고 한다. '열없다'는 '쓸개 없다'로 쓸개가 없으니까 우두커니 있고 바보 같고 어리석다고 볼 수 있을 것이다. '담이 크지 못하고 겁이 많다'의 뜻을 지니고 있는 것은 '열'이 쓸개일 개연성을 짙게 한다. '열없다'를 '열적다'라고도 하는데 '쓸개'가 적다의 뜻일 것이다. 속이 없는 사람, 바보나 멍청한 사람을 '쓸개 빠진 놈'이라고도 하고 '열없는 놈'이라고도 한다. '열'의 조어형은 '넏(널)'인 것을 감안하면 넜으로 소급할 수 있다. '넏〉널〉넑〉넉〉넜'의 변화를 거친 말이다. '넏'은 노래, 니ᄅᆞ다(謂)의 어근 '놀, 닐'과 동원어로서

말의 어원적인 의미를 지닐 것이다. 일본어에서 곰쓸개를 kumanoi(熊の胆)라고 하는데, 이때 i(胆)가 열없다의 '열'과 비교된다.

염법 圐 念法

불교어. 수행방편만을 의근(意根)으로 들어오게 함으로써 다른 경계가 들어오지 못하게 하여 수행방편의 삼매를 이끌어내는 수행법이다(번뇌에 대처하는 수행법). ① 염념상속법은 수행 방편을 염하는 것을 단절되지 않도록 간절하게 하여 간절성의 삼매에 들게 하는 수행법으로 목적은 삼매의 길이를 늘려 추번뇌(麤煩惱)가 일어남을 막는 데 있다. 염불·주력 등이 그 보기다. ② 의심법은 수행방편을 의심하여 삼매의 밀도를 고밀화시켜 심각성의 삼매에 들게 하여 세번뇌(細煩惱)를 평정하고 돈오견성이라는 의심의 돌파구를 찾게 하는 수행법이다. 화두수행이 그 보기다.

↦ 관법, 수행, 삼매

염소 圐 山羊, 羔

'염소'는 소과의 집짐승으로 산기슭에서 키운다. 뿔과 수염이 특이하다. ¶양 염 흘위 나흔 것(羖羺)《老朴老下1》, 염 고(羔)《石千9》, 프른 염의 갓오술 주ᄂ다(贈靑羔囊)《杜重19:26》. '염'만으로 산양의 뜻을 지니고 있다. 소는 후에 붙어서 염소가 되었다. 옻의 도, 개, 걸 할 때 '걸'이 양이라는 뜻을 지닌다는 속설이 있는데 국어에서는 걸의 흔적을 아직 찾을 수 없다. honin(羊)〔滿〕, niman(山羊)〔滿〕, kunin(羊)〔오로촌〕, imagan(山羊)〔오로촌〕, yunin(羊)〔에벤키〕, imagan(山羊)〔에벤키〕, qoni(羊)〔蒙〕, imaga(山羊)〔蒙〕, koyun(羊)〔터키〕. niman(山羊), imagan(山羊)의 nim, ima와 '염'이 비교됨 직하다. '염'은 '념, 넘'으로 소급되며 조형은 '넏'까지 소급될 수 있다. 그러나 옻의 '걸'과 비교될 만한 것도 선뜻 발견되지 않는다. 옻의 '걸'과 억지로 비교한다면 xurga(갓낳은 羊)〔蒙〕, qoni(羊)〔蒙〕, keçi(山羊)〔터키〕와 비교됨 직은 하기도 한다. 몽골어 두음에 오는 x음은 k, q음으로 소급할 수 있다. 우리나라에는 羊, 즉 면양(緬羊)에 대한 고유어는 없다. 염소는 한자어로 산양(山羊), 고력(羖攊)이 있고 고유어로 몀소, 몀생이 맹샘이, 얌생이, 얌소, 염생이 등이 있다.

염통　圀 心, 心臟

'염통'은 핏줄을 통하여 온몸에 피를 보내는 장기이다. 심장이란 말과 같으나, 염통에는 중심이란 뜻은 없다. ¶념통 심(心)《字會上27》. 도티 렴통앳 피(猪心血)《救簡1:97》. 념통의 어근도 '념'이고 소급하면 '넘'일 것이다. nyaman(心臟)〔滿〕. nyaman은 naman으로 소급할 수 있으며 어근은 nam이다. '염'의 고형 '넘'과 동원어임을 알 수 있다. 만주는 고구려에 속했던 지역이기 때문에 국어와 옛날에는 거의 같았다고 여겨진다. 한편 한자 念桶(염통)일 가능성도 있다.

엽전　圀 葉錢

'엽전'은 잎 같이 둥글고 납작한 돈이라 하여 엽전이라고 한다. 엽전은 둥글납작하여 가운데 네모진 구멍이 있다고 해서 공방형(孔方兄) 또는 공방(孔方)이라고도 한다. 세는 단위로 푼(1/10돈), 돈, 냥(10돈), 닢, 꾸러미, 쾌(10꾸러미) 등이 있다.

엿보다　圀 窺

'엿보다'의 '엿'은 '넛〉녓〉엿'의 변화이다. '넛'은 '넏'이 더 고형이다. 이는 눈의 어원적 의미를 지닌다. 눈의 고어는 '눈'이다. ¶億兆蒼生 엿고자 願이러냐《靑p.94》, 믈ᄀ새 믈고기 엿ᄂᆞᄂᆞᆫ(河邊兒窺魚的)《朴初上70》. 뎌른둘 여서 求ᄒ야(伺求其短)《法華7:112》, 다른 사ᄅ미 여서 드르리라(他人狙)《杜初8:3》. 엿다가 '노리다, 엿보다'의 뜻을 지니고 있다. ¶엿볼 뎡(偵)《類合下42》. nid, nidön(目)〔蒙〕, yasa(目)〔滿〕. 만주어 yasa는 nasa〉nyasa〉yasa의 변화로서 어근은 nas이다. nat이 고형이다. 엿보다의 '보'도 명사로서 눈의 뜻을 지닌다. '볻〉볼〉보'의 변화다. 부라리다,

부릅뜨다의 어근 '불'과 동원어(同源語)가 된다. ▶보다(見)

영계   명 小鷄, 軟鷄, 若鷄, 嫩鷄, 笋鷄

병아리보다 조금 더 자란 닭을 말한다. 약병아리라고도 한다. 영계백숙
이란 말이 흔히 쓰는 말이다. ¶연계(笋鷄)《同文下35》, 연계(笋雞)《譯下
24》. 연계가 영계로 변한 것이다. 속어로 영계는 '나이 어린 처녀'를 뜻하
기도 한다.

영산회상   명 靈山會上

영산은 부처님께서 『법화경』 등을 설법한 장소인 영취산(靈鷲山. 왕사
성 동북쪽에 있다. Gṛdhrakkūṭa-parvata. 耆闍堀山이라 음역함.)의
준말. 『법화경』의 첫 장인 「서품」에는 설법 시작 전의 장엄함을 묘사하
고 있는데, 나중에 이것이 미술·음악·무용 등 불교의식으로 발전했다.
영취산에 설법을 듣기 위해 많은 대중이 모인 법회를 영산회상이라 한
다. 영산재는 이 영산회상을 상징화한 것이다.

예   명 昔

'예'는 시간에 관한 말인데, 본디는 해(日)의 뜻을 지니는 말이라 하겠다.
조어형(祖語形) '넏'은 날(日)의 조어형 '낟'과 동원어(同源語)일 것이다.
¶녜(昔)《釋6:8》. 녜는 '녀이'가 줄어진 것이다. '녀'는 '너, 널, 넏'으로 소
급된다. nar(日)〔蒙〕, yaş(歲)〔터키〕, on(年)〔蒙〕, üni(昔)〔蒙〕, ani(年)
〔나나이〕. 터키어 yaş는 nat으로 재구된다. ▶날(日)

예쁘다   형 美, 愛

'예쁘다'는 어엿브다의 축약형이다. 그런데 축약되면서 의미가 바뀌었다.
¶어엿브다(可憐하다) : 如來 닐오디 어엿브니라 ㅎᄂ니(哀憐)《楞9:38》,

어엿블 휼(恤)《字會下32》. 어엿브다는 17세기까지 가련하다, 가엾다, 불쌍하다의 뜻으로 쓰이다가 나중에 아름답다, 귀엽다의 뜻인 예쁘다로 바뀌었다는 견해가 있을 수 있다. 그러나 읻다(善)에서 생긴 말이라고도 볼 개연성이 있다. ¶이드며 골업소물(姸醜)《南明下28》, 낫나치 붉고 이드며(明妙)《金三2:62》, 이든 일 지스면 이든 더 가고《南明上9》, 이든 工巧롤 貪ᄒᆞ야(善巧)《楞9:87》. 읻다가 좋다, 착하다, 곱다(好, 善, 姸)의 뜻을 지닌다. 읻다에 '브'의 접사가 들어간 잍브다→예쁘다로 변했을 개연성도 있다. 방언에 이뿌다가 있다. 특히 노인들은 이쁘다라고 한다. 평안북도 방언에 '언짢다'를 '엣디않다'라고 한다. '엗디'는 '읻디'가 변한 말일 것이다. '읻디 아니하다'가 '읻디 않다'로 변하고 '엣디않다'로 변했다. '읻디 않다'는 '좋지 않아 언짢다'의 뜻과 맥을 같이한다. '예쁘다'라는 말은 고어에는 발견되지 않는다. 일본어에서 읻다(善巧, 姸妙)를 itsukusimi로 반영된다. 자애(慈愛)의 뜻을 지니는데 '육친적(肉親的)인 애정을 담아서 사람을 대한다'의 뜻을 지닌다. 일본어의 어근 'it-'은 국어 '읻다'의 '읻'과 동원어다. 일본어 utsukusi(美)의 어근은 'ut-'이다. 육친적 애정의 뜻에서 아름답다의 뜻을 표현하는 말로 바뀌었다. it-(慈愛)와 ut-(美)은 동원어라 할 것이다.

▶ 이쁘다

옛 　관 昔

'옛'의 명사형은 '예'다. ¶녜 업던 모술 諸侯이 일위내니《曲105》, 녜 고(古)《字會下2》. 녜는 '네'로 소급되며 '네'는 '너이'가 줄어든 말이다. '넏>널>녈이>너이>네>녜>예'로 변한다. '녜'는 명사라 하겠는데 동사의 어간만으로 명사로 쓰이는 예는 거의 없다. 昔(옛 석) 자를 보면 날 일(日)이 있다. 옛은 해의 어원적 의미를 지니는 말로서 시간 관련어가 된다. erte(昔)〔蒙〕, ərəanya(今年)〔滿〕, ərin(時)〔滿〕, əldə(早)〔滿〕. 만주어 어근 ər가 해의 어원적 의미를 지니고 있다. 몽골어 erte(昔)의 어근 er와 동원어라 하겠다. 올해(今年)의 '올'과도 동원어로서 해의 어원적 의미를 지닌다. '녜>예'가 원형인데, 옛날, 옛적, 옛사람과 같이 사잇소리가 들어가기 때문에 '옛'이 되었다. 옛의 말음 ㅅ은 사잇소리다. '예'의 조어형 '넏'은 날

(日)과 동원어가 된다고 하겠다.

오금　몡 膕, 腿彎, 腿窩

'오금'은 무릎의 구부러지는 오목한 안쪽 부분이다. ¶오곰 츄(脥)《字會上 28》. 오곰〉오금. 오곰의 어근 '옥'도 옥다, 오그리다, 우그리다의 어근 '옥'과 동원어(同源語)다. 입안으로 향한 이를 옥니라고 하는데, '옥'이 동원어가 된다. 우기다의 어근 '욱'은 '옥'과 동원어로서 모음변이일 뿐이다.

오늘　몡 今日

일칭은 대부분 해를 기준으로 했다. ¶오늘(今日) : 오늘 모댓는 한 사ᄅ미《釋6:28》. 오늘은 '오'와 '늘'의 합성어다. '늘'은 어원적 의미는 해일 것이다. 오늘의 '오'는 올해의 '올'과 동원어(同源語)로서 어원적 의미는 해가 될 것이다. 올늘〉오늘. 만주어 əldən(光), uldən(새벽), 몽골어의 udaya (東)의 어근 əl, ud은 '올'과 동원어일 것이다.　▶올(今)

오다　동 來

'오다'의 어근은 '오'로서 '온'이 조어라 하겠다. ¶後行小아리 八足大아리 二足《靑p.110》, 죵아리(小腿)《譯上35》, 죵아리 경(脛)《倭上18》. '아리'가 다리의 뜻을 지니고 있다. 아리의 어근은 '알'이고 '앋'이 조어다. asi(足) 〔日〕, aruku(步)〔日〕. as, ar의 어근은 국어 '앋'의 반영이다. 오다의 '오'는 명사로서 조어는 '옫(올)'로서 다리의 어원적인 의미를 지닌다. 옴다〉올다〉오다(來). otho, odoho(行)〔蒙〕.

오두막　몡 小屋

'오두막'은 사람이 겨우 거처할 정도의 작은 집인데 주로 산이나 산기슭에 짓는 경우가 많다. 오두막은 '오두'와 '막(幕)'으로 가를 수 있다. '오두'의 어근은 '옫'인데, 명사로서 산의 뜻을 지닌다고 하겠다. 제주도에 '오름

(丘)'이 있는데, 어근 '올(온)'이 산의 뜻을 지니고 있음을 보여주고 있다. arin(山)〔滿〕, ara(低山)〔滿〕, urə(山)〔에벤키〕, urkən(山)〔나나이〕. 어근 ar, ur가 산의 뜻을 지니고 있다. 오두막은 오두(山) 막(幕)이란 본뜻을 지니는 말이라 하겠다. 원두막의 '막'과 동원어(同源語)가 된다고 하겠다. otoq(오두막)〔에벤키〕, otok(오두막, 임시막사)〔蒙〕, otu(오두막)〔야쿠트〕.

오디　몡 桑實

'오디'는 뽕의 열매이며 씨다. 오디의 어근은 '올'일 것이다. ¶오디(葚)《字會上12》, 오도(葚)《救簡6:8》. 오듸(桑椹)《物譜木果》. 오얒(李)《杜初10:23》. 오얒은 '오랒'이 고형일 것이다. '오랒>오얒>오얒의 변화일 것이다. '오랒'의 어근 '올'을 얻을 수 있다. 오디, 오얒의 조어형(祖語形) '올'은 열매(實)의 뜻을 지니는 말이었을 것이다. 사과알, 콩알, 팥알, 녹두알의 '알(卵, 粒)'이 열매(實)의 뜻을 지니는 말과 동원어(同源語)일 것이다. '알(안)'의 모음변이로 오디가 된 듯하다. 한편 오디는 나무에서 생기는 것이기 때문에, 초목(草木)의 뜻을 지닐 수도 있다. ürelehö(씨뿌림)〔蒙〕, üre(種)〔蒙〕, ot(草)〔터키〕, olho(草)〔滿〕, usu(種)〔滿〕, algan(芽)〔滿〕, urə(茅)〔에벤키〕. 어근 ur, ot, ol, us 등이 씨, 싹(種, 芽)의 뜻을 지닌다.

오뚝이　몡 不倒翁

오뚝오뚝 서는 장난감의 하나이다. 우뚝 서다의 '우뚝'의 어근은 '욷'이고 '욱' 접미사가 붙었다. '욷'의 의미는 위(上)이며 조어형이 '올'이다. 욷의 모음 교체로 '우뚝'이 '오똑'으로 변한다.

오라질　곕 條, 繩

'오라질'은 욕설로 쓰이는 말이다. 오라는 옛날에는 도둑이나 죄인을 묶을 때 쓰던 붉고 굵은 줄이다. 그 줄의 색이 붉어서 홍사(紅絲) 또는 홍줄이라고 했으며 죄인을 잡아 묶는 데 쓰는 끈이다. 오라질이 우라질로 변해 욕설로 쓰이고 있다. 우라질은 어떤 상황이나 대상을 비난하거나 그것 때문에 생긴 자신의 불쾌감을 풀어내는 욕이라고 할 수 있다. ¶올 (條, 縷) : 一千올 一萬오리《圓上一之1:114》, 흔욼 허므리오(一條痕)《金三 3:46》. 오랏줄, 오라의 어근 '올'도 동원어다. 실오라기의 '올'도 동원어다. oru(織)〔日〕. 일본어 짜다의 뜻인 oru의 어근 or와도 동원어가 된다.

➡ 오랏줄, 올

오랑캐 명 兀良哈

'오랑캐'는 '오랑'과 '캐'의 합성어다. ¶兀良哈, 오랑캐《龍1:7》. 터키어족인 야쿠트인의 고대 자칭은 uraŋkai 또는 uraŋkaisaka라고 했다. uraŋkai 는 오랑캐와 같은 말이라 여겨진다. kai는 kari가 고형이고 kar는 사람 (人)의 뜻을 지니는 말이라 하겠다. mongol, dagul, uigul의 gol, gul이 사람(人)의 뜻을 지닌다. 국어 구려(句麗), 고려(高麗), 가라(加羅)의 어근 '굴, 골, 갈'과 동원어(同源語)가 되며 멍텅구리, 장난꾸러기, 끼리끼 리의 어근 '굴, 길' 등이 사람의 뜻을 지닌다. kara(族)〔日〕, 겨레(族)〔國〕. 겨레는 '거레, 걸'이 어근으로 kara(族)의 kar와 동원어로서 사람(人)의 뜻을 지닌다. 돌궐(突厥), 말갈(靺鞨), 거란(契丹)의 厥, 鞨, 契(걸) 등 이 사람의 본뜻을 지니는 말이라 하겠다. '오랑'의 어근 '올'도 사람의 뜻을 지닌다. 어른(成人), 우리(吾等), 아롬(私)《金三4:33》 등의 어근 '얼, 울, 알' 등이 사람의 뜻을 지닌다. 오로촌, 퉁구스어에 속하는 olchi, orok, udehe의 어근 or, ud 등도 사람의 본뜻을 지닌다고 하겠다. 이는 국어 '아들, 어른' 등의 어근 '앋, 얼(언)'과도 동원어로서 사람의 뜻을 지닌다고 하겠다. 오랑캐는 사람의 뜻을 지니는 이음동의어(異音同義語)의 합성 어가 된다고 하겠다. ¶兀良哈 오랑캐, 兀狄哈 우디거《龍1:7》. 우디거는 여진족을 뜻하는데, '우디'와 '거'의 합성어라 여겨진다. 우디거의 '거'는 오랑캐의 '캐'와 동원어일 것이다. '우디'의 어근은 '욷'이다. 연해주(沿海 州)와 아무르강 주위에 사는 udegei, ulchi, orochi족의 어근 ud, ul, or 등이 모두 사람(人)의 뜻을 지니는 명사라 하겠다. 『용비어천가(龍飛 御天歌)』에 나오는 여진족인 우디거는 현 udigei족이 이에 해당할 것이다. 오로치, 오로촌, 울차(울츠)의 어근 '올'과도 동원어가 된다고 하겠다. 야쿠트의 '야쿠'를 saxa라고도 한다. 터키 : 야쿠트. yol : suol(道), yüz : süs(100), yay : say(弓). 야쿠트어 sa, so, su가 터키어 ya, yo, yu 와 대응되는 현상을 볼 수 있다. yaku가 본디는 에벤키, 에벤에게 있어서 사람이란 뜻의 자칭이기도 한 것이다. yaku는 에벤키인의 자칭도 되고 야쿠트인의 자칭도 되는 것이다. 이 yaku는 nyaku, naku로 소급된다. 에벤어에서는 nyaka, nyoko라고도 한다. naka는 na와 ka의 합성어라 고 하겠다. na(人), ka(人)는 사람(人)의 뜻을 지니는 이음동의어라 하 겠다. nanai족의 nai는 nari로 소급되며 nar가 어근으로서 사람(人)의 뜻을 지닌다. 국어 '나, 너, 누'와도 동원어가 되며 일본어 nare(汝)와도 비교된다. 바이칼호 남쪽에 살던 종족에 kurukan이 있었다. kurukan 의 kuru도 사람(人)의 뜻을 지닌다고 하겠다. 야쿠트 동요에는 saka가 인간의 뜻으로 쓰이고 혼인을 해야 saka가 된다고 했다. 이는 yaku가 사람의 뜻을 지니고 있음을 뒷받침한다고 보겠다. saka 또는 saxa는 에벤키어 yaku가 야쿠트어에서 변한 것이라고 하겠다. '오랑캐'는 지역 의 부족 이름 또는 지역의 이름이다.

오래 명 門, 巷

'오래'의 어근은 '올'이다. 오래는 '한 동네가 골목으로 나뉠 때 골목으로 나뉜 한 구역, 또는 구역의 안(뜸)' 또는 '옛날 집의 대문, 정문'으로 두 가지 의미로 쓰이는 말이다. 다음의 『석봉천자문(石峰千字文)』의 오래 가 '대문, 정문'의 의미로 쓰인 보기이며, 『소학언해(小學諺解)』의 오래 는 '한 구역, 구역 안' 곧 골목, 거리, 통로의 의미로 쓰인 보기다. ¶오래 문(門)《石千27》, 오래(巷) : 문 오래며 과실 남글(門巷果木)《小諺6:88》. urkə(門)〔오로촌〕, uud(門)〔蒙〕, utǒi(門)〔시베〕, ürkə(戶)〔솔롱〕, uǒə(戶) 〔울차〕, uǒə(家門)〔滿〕, utkə(戶)〔나나이〕. 어근 ur, ut, uǒ 등이 국어 '올 (온)'과 동원어(同源語)임을 보여주고 있다. 일본어 iru(入)의 어근 ir 가 문(門)의 뜻을 지니고 있음을 시사하고 있다. ir(門)는 iru(入) 동사 로 된다. 아울러 일본어 torii(鳥居)의 i가 tori(門)와 같이 문(門)의 뜻을 지니고 있음을 보여준다고 하겠다. 문이든 골목(안)이든 거리든 한 지역에서 다른 지역으로 통과하는 곳이라는 개념에서는 같다. '어리'는 문을 다는 곳, 곧 위아래 문지방과 좌우 문설주의 총칭이다.

오래다 · 혱 久

'오래다'는 오라다에서 변했다. ¶오라다(오래다) : 聖化ㅣ 오라샤 西夷 쏘 모두니《龍9》. 오라다의 어근은 '올'로서 명사가 된다. 시간과 관련된 어휘는 그 어원이 대개 해의 뜻을 지니는 말에서 비롯된다. 따라서 '올'은 해의 뜻을 지닌다고 보겠다. əldən(光)[滿], əldə(朝)[女]. əldən(光)의 əl이 해의 뜻을 지닌다고 하겠다. 빛(光)의 어원은 해에서 비롯된다. 어제 (昨日)의 어근 '엊(얻)'과 동원어(同源語)가 되며, 아춤(朝)의 어근 '앚 (앗, 앋)'과도 동원어가 된다. asa(朝)[日], asu(明日)[日]. 어근 as(at) 가 해의 어원적 의미를 지닌다고 하겠다.

오래오래 · 깝 呼豚聲

돼지에게 밥을 줄 때 '오래오래' 하고 부른다. 어근 '올(온)'이 만주어 ulgyan(豚), alda(중돼지)의 어근 ul, al과 동원어일 것이다. 돼지를 뜻하는 말로서 '올(豚)'이 고대어에 있었음을 보여주고 있다. buld(小牙 猪)《漢p.429d》, balda(白蹄猪)《漢p.428d》. 어근 bul, bal은 but, bat이 되는데 일본어의 buta(豚)와 동원어가 된다.

오르다 · 동 즗, 上, 昇, 高

'오르다'의 어근 '올'이 산(山)의 본뜻을 지닌다고 하겠다. 고대인이 오르는 대상은 주로 산일 것이기 때문이다. ¶오르다(즗) : 病이 기퍼 山背에 몯 오르거늘《龍108》. 오르다의 어근은 '올'로서 명사가 된다. 제주어에 오름(丘)이 있다. arin(山)[滿], ara(낮은 山)[滿], ul, aula(山)[蒙], urkən(山)[나나이], urə(山)[오로촌]. 어근 ar, ul 등은 국어 '올'과 동원어

(同源語)라 하겠다. 일본어 noboru(登)의 어근은 nop인데 명사로서 산의 뜻을 지닌다. 국어 높다(高)의 어근 '놉(높)'은 명사로서 산의 뜻을 지닌다. 아이누어에 nuburi(山)가 있고 만주어에 nufu(高地)가 있다. nufu는 nupu로 재구되면 nup이 어근이 되며, 아이누어 nuburi(山)의 어근 nup이 산의 뜻을 지니고 있음을 보여주고 있다. 일본어 takai(高)의 어근 tak은 take(岳, 嶽)의 어근 tak과 일치하고 있다. 이렇듯 일본어에서 '높다(高)'라는 형용사가 '산'의 뜻에서 전성됐다는 것은 국어의 높다의 '높'이 산의 뜻을 지닐 수 있다고 하겠다. 일본어 yama(山)는 nyama, nama로 소급되는데, 어근은 nam이다. 이는 국어 '놉(山)'에서 비롯한 말이다. 국어 : 일본어. 거붑 : kame(龜), 납(鉛) : namari(鉛), 톱(爪) : tsume(爪), 놉(高) : nama>nyama>yama(山). 오르다의 어근 '올'이 명사로서 산의 뜻을 지니고 있음을 보여준다고 하겠다. 이는 고대인들이 높다의 개념을 산에서 인식했다는 것을 보여주는 것이라 하겠다.

➡ 오름(제주 방언에서 산), 봉우리의 우리

오른쪽 🔲 右便, 右側

'오른'의 어근은 '올'이다. 조어형(祖語形)은 '옫'일 것이다. 시골에서 소를 부릴 때 오른쪽으로 가라는 명령어로 '오데'라고 한다. '오데'는 '옫'에 '에'가 붙은 형일 것이다. ¶올훈(오른)《訓諺》, 올훈녁(오른쪽)《小諺3:17》, 올ᄒ다(옳다)《內3:34》. 외다(그르다)《月1:42》, 왼녁(왼녘)《月1:7》. 오른쪽(右)의 반의어인 왼쪽의 '왼'은 외다의 '외'와 동원어(同源語)일 것이다. 왼쪽은 그릇된 쪽인 데 비해, 오른쪽은 좋은 쪽이 된다고 하겠다. 외다의 어간은 '외'인데 '오이'가 줄어든 말이다. '옫>올>올이>오이>외'의 변화다. 따라서 '올'은 좌우(左右)의 공통 어근이 된다고 하겠다. '올'의 어원적 의미는 무엇일까? ¶올며 이져듀믈(全缺)《法華1:26》, 미티 올면 道ㅣ 오ᄂ니(本全則道全)《法華2:79》. '올다'가 온전하다의 뜻이다. 오른쪽은 바른쪽이라고도 하는데 온전하다는 바르다의 뜻도 지닌다고 하겠다. '올ᄒ다>옳다'의 '올'도 '올다(全)'의 '올'과 동원어가 된다고 하겠다. 오른쪽, 바른쪽과 외다, 왼쪽은 인체의 손이나 팔이란 어원적 의미를 지닌다고

여겨진다. 좌우의 개념은 왼손, 바른손에서 비롯된 것이 아닐까? 손의
사용에 따라 오른손은 주로 온전한 편이고 왼손은 잘 쓰지 않기 때문에
온전하지 못한 쪽에 속한다고 여겨진다. '올'은 안다(抱)의 어근 '안(앋)'
과 동원어가 되고, 터키어 er(手)와도 동원어가 된다고 하겠다. 바르다
(正)의 '발'도 팔(腕)의 고형 볼(臂)《解例用字》과 동원어일 것이다. 외다의
조어형 '옫(올)'은 올다의 '올'과 동원어라 하겠다. 영어에서도 right(右)
는 바르다의 뜻도 지닌다. left(左)는 고어에서는 弱(약할 약)을 뜻했다.

오리 　명鴨

'오리'의 어근은 '올'이다. ¶올히(오리)《字會上16》. u(가마우지)〔日〕. 가마
우지는 검은 오리(黑鴨)의 뜻을 지니는데, 일본어에서 u다. 이 u는 국어
'올'과 동원어(同源語)라 여겨진다. 가마우지의 15세기어에는 가마오디
《字會上17》가 있는데, 가마오디의 '가마'는 가마귀(烏)의 '가마'와 동원어
이므로, '오디'가 오리의 옛말임을 알 수 있다. '올'의 고어는 '옫'임을 보여
주고 있다. ㄹ은 ㄷ에서 변한 자음이다. 터키어 ördek(鴨)의 ör는 국어
오리의 어근 '올'과 동원어일 것이다.

오리다 　동切

가위로 오리다, 칼로 오려내다 등에 쓰이는 '오리다'의 어근은 '올'인데,
칼날(刃物)의 뜻을 지니는 명사라 하겠다. ¶오리다(劃切)《同文上59》.
ulmə(針)〔滿〕, ürüm(錐. 송곳)〔蒙〕, otlho(切)〔蒙〕, alaho(殺)〔蒙〕, eritö
(刃物)〔蒙〕, orak(鎌. 낫)〔터키〕, öldürmek(殺)〔터키〕. 어근 ul, ür, ot,
al, er, or, öl 등이 되겠는데 칼날(刃物)의 뜻을 지니고 있다고 하겠다.
eguru(劑, 에다)〔日〕. 일본어 eguru는 e와 guru로 나눌 수 있다. e는
우리말 에다의 '에'와 guru는 우리말 '가르다'와 대응된다.

　　　　　　　　　　　　　　　　　　　　🔁 에다, 도리다

오얏   명 李, 紫桃

'오얏'은 현재 한자 李 자를 말할 때 '오얏 리'라고 하는데, 자두(紫桃)라는 말이 널리 쓰이고 있다. ¶복셩화 오얏나모《南明上57》, 블근 오야지 므레 두마도 추디 아니ᄒᆞ고(朱李沈不冷)《杜初10:23》. 오얏, 오얏의 雙形이 보이는데 오얏이 더 고형일 것이다. 오얏은 오랏에서 변한 말일 것이고 어근은 '올(온)'일 것이다. 뽕나무 열매를 오디라고 하는데 어근 '올'과 동원어일 것이다. ¶오듸(桑椹)《物譜木果》. 어근 '온'임을 보여주고 있다.

오비이락   속 烏飛梨落

까마귀 날자 배 떨어진다. 공교롭게도 어떤 일이 같이 일어나 남의 의심을 산다는 뜻. 부정적인 말.『조선왕조실록』영조 5년(1729)에 범죄에 관한 국문에서 혐의를 덮어쓴다는 의미로 2번 나온다. 다음은 불교경전에서 왔다는 설이다. "흔히 공교로운 시간에 같은 일이 함께 겹쳐 일어난다는 말로 '까마귀 날자 배 떨어진다'는 뜻의 '오비이락(烏飛梨落)'이라는 고사가 있습니다. 이 말은 불교경전에서 나온 것인데, 사실은 그 뒤에 '그 배가 떨어지면서 마침 지나가던 뱀의 머리를 맞추어 뱀이 죽었다'는 뜻의 '파사두(破巳頭)'라는 구절이 이어져야 합니다. 이 고사성어의 연원을 거슬러 올라가 보면 인과응보의 업연(業緣)을 잘 나타내주고 있습니다. '오비이락 파사두야'의 고사 이야기는 다음으로 계속 이어집니다. 우연히 떨어진 배에 맞아 죽게 된 뱀은 죽어서 다시 산돼지로 태어났습니다. 또 배에 앉아 있던 까마귀는 죽어서 꿩이 되었습니다. 이른 봄에 꿩이 양지쪽에 앉아 햇볕을 쪼이고 있는데 산비탈을 지나던 산돼지가 그만 돌을 헛디디고 말았습니다. 그 돌은 굴러서 양지쪽에 앉아 있던 꿩을 치어 죽이고 만 것입니다. 처음에는 까마귀에 의해 죽음을 당했던 뱀이 다시 산돼지로 변하여 까마귀가 죽어서 된 꿩을 다시 죽이게 된 것입니다. 다시 꿩은 죽어서 사람으로 태어나 사냥꾼이 되었는데 어느 날 산에서 우연히 산돼지를 만나게 되었습니다. 사냥꾼이 그 산돼지를 쏘려고 하니 그 산돼지는 마침 근처에 있던 조그마한 암자로 숨어들었습니다. 그 암자에는 지혜의 눈이 열린 도인 스님이 살고 있었습니다. 스님이 가만히 앉아 참선을 하고 있으려니 절 주위에서 죽고 죽이는 과거의 원한 관계가 뒤엉켜 피비린내를 풍기고 있는 광경이 펼쳐지고 있었습니다. 도인 스님은 사냥꾼에게 가서 산돼지를 죽이지 말라고 하면서 숙명통으로 과거로부터 이어져 온 서로의 원한 관계를 설명해 주었습니다. 그 이야기를 듣고 사냥꾼은 마침내 발심하여 불제자가 되었다는 기록이 경전에 실려 있습니다."(『무비스님 풀이 천수경』, 불일출판사, 1992, pp.28-29.)

오빠 명 哥哥, 兄

'오빠'는 연상의 남자 혈연을 여성이 호칭하는 말이다. ¶오라비 殺戮을 맞나니라(兄弟遭殺戮)《杜初8:65》. 15세기에는 오라비라고 나온다. '올(旱)'과 '아비(父)'의 합성어다. ¶東俗女弟呼男兒올아바《華方》. 올(旱)＋압(父)＋아(呼格助辭)〉오라바. 오빠는 오라비의 어린이말이다. 아버지의 어린이말 아빠의 모음변이(母音變異)로 생긴 말이다.

오줌 명 尿

'오줌'의 어근 '옷(옫)'에 '움' 접미사가 붙었는데, '옫'은 물의 뜻을 지닌다고 하겠다. 오줌이 물이라는 것은 두말할 것도 없다. ¶오좀(尿) : 오좀 누는 싸홀 할흐니《釋11:25》. 얼(於乙, 泉)《三史, 地理》. '얼(泉)'은 물의 뜻을 지닌다. 얼음(氷)의 '얼'도 물, 얼음(水, 氷)의 뜻을 지닌다. 몽골어에 oso(水)가 있고 일본어에 arau(洗)의 어근 ar(at)가 물(水)의 뜻을 지닌다고 하겠다. 만주어에서는 ura(江)가 있다. 한자 尿(오줌 뇨) 자를 보면 水(물 수)가 들어있다. 중국어 발음 '뇨'도 물과 대응된다. 우유를 '뉴나이'라 하는데 '뉴'는 소(牛)이며, '나이'가 젖 곧 물이다. '오줌을 누다'에서 '누다'의 '누'와 대응된다. sikhə(尿)〔滿〕, sithəmbi(오줌누다)〔滿〕, sigesün(오줌)〔蒙〕, sidik(오줌)〔터키〕, sisi(오줌)〔아이누, 幼兒語〕, sikko(오줌)〔日, 幼兒語〕. 어근 sik, sit으로 공통된다고 하겠다. 국어에서는 어린이말로 '쉬'가 있다. '쉬'는 의성어라기보다 물의 뜻을 지니는 말일 수도 있다. 또 소오줌을 경상북도 영천 방언에서 '소시랑물'이라고 하는데, 이 때 '시랑'이 오줌의 뜻이다. 숟〉술〉술이〉수이〉쉬.　■ 샘(泉)

오징어　圐 烏賊魚, 魚尤魚, 黑斗魚, 柔魚

피둥어, 꼴두기라고도 하며, 일본어 '스루메, 이까'가 한때 사용되기도 했다. ¶오즉어(烏鯽)《物譜水族》, 오중어(烏鯽魚)《四解下60》, 오증어(烏賊魚)《東醫湯液二2》. 漢字로 烏賊魚, 烏鯽魚로 나오는데 現代 中國語도 烏鯽, 烏賊/wūzéi/라고 한다. 오징어에 대한 유래담이 있다. 물 위에 떠 있다가 까마귀에게 들키면 죽게 되므로 오적어(烏賊魚)라 한다는 이야기다. 이와 반대로 오징어가 까마귀를 즐겨 먹는 습성이 있어서 물 위에 떠서 죽은 체하다가 이것을 보고 달려드는 까마귀를 발로 감아서 물속에 들어가서 먹는다고 하여 烏賊魚라고 했다는 민간어원설도 있다. 中國語辭典을 보면 烏賊魚, 烏鯽魚, 烏魚, 黑魚 등의 어휘가 보이므로 어원을 중국어에 두어야 할 것이다. 오징어는 검은 물을 뿜기 때문에 검은 새인 까마귀가 등장하지 않았나 한다. 까마귀는 바닷새가 아니다. 바닷새로 검은 새는 가마우지로 물고기를 잡아먹는다.

온　圐㊟ 全, 完, 百

온전함, 모든, 온갖, 전부의 뜻을 지니는 수사, 관형사다. ¶性이 온 眞이니(全眞)《永嘉上91》, 온 편이(完片)《救方下61》. '온'은 百을 나타내는 수사 '온'에서 전의되었을 개연성이 있다. ¶온 빅(百)《字會下34》. 그러나 오올다(全)에서 왔을 개연성도 있다. ¶敬心이 몯 오ᅌᆞ더시니(曲 128), 오올젼(全)《類合下47》, 오ᅌᆞ로 가난티 아니ᄒᆞ도다(不全貧)《杜初7:21》, 正念을 오올와《南明下70》. 오올다는 온전하다, 오ᅌᆞ로는 부사 온전히, 오올오다는 온전케 하다의 뜻이다. 오올다의 어간 '오올'이 '온'으로 되었을 개연성도 있다. 온가지《釋9:7》, 온갖《南明上8》 등이 문헌에 보인다. 셜흔(三十)《杜初8:21》, 마순(四十)《月2:41》, 쉰(五十)《楞2:85》, 예순(六十)《杜初上18》, 닐흔(七十)《龍40》, 여든(八十)《釋6:25》, 아흔(九十)《釋6:37》의 후행어

'흔, 순, 순, 든'의 첫소리는 위에 오는 말음이 연철된 것으로 '은, 오, 운'이라 하겠는데, 이는 十의 뜻을 지니는 '온'과 동원어라 하겠다. '쉰'은 준말이 될 것이다. '온'이 처음에는 十이었다가 나중에 百의 뜻으로 변했음을 보여주고 있다. 터키어에서 on이 십(十)이라는 것과 비교된다.

온조왕 図 溫祚王

백제의 시조 온조왕의 온조(溫祚)의 어원은 무엇일까? "溫祚 居河南慰禮城 七八十臣爲輔翼 國號十濟 後以來時百姓樂從, 改號百濟"《三史, 百濟本紀》十臣이 輔翼해서 十濟라 했고 그 후 百姓樂從해서 百濟라 했다는 기록이 보인다. '溫祚'의 '온'은 옛말에서 百의 뜻을 지니지만, 처음에는 터키어 계통에서의 on(十)과 동원어라 여겨지므로 '十濟'의 '十'과 비교된다. 처음에는 10이 '온'이었는데 새로운 세력어에서 '온'이 百의 뜻을 지니었을 개연성을 생각해 볼 수 있다. 셜흔(三十)《杜初8:21》, 마순(四十)《月2:41》, 아흔(九十)《釋6:37》의 후행어 '흔, 순, 흔'의 원형은 '은, 오'이다. 앞의 음절의 말음이 연철되어서 표기한 것이다. 여기서 '은, 오'은 10의 뜻을 지닌다. 十濟, 百濟의 十이나 百은 數詞였을 것이고 '溫祚'의 '온'도 동원어일 것이다. 濟는 공통되며 잣(城)일 개연성이 있다. 고대국가의 형성은 성의 축조로 비로소 탄생한다고 볼 수 있다. 처음에는 十城일 때 개국했는데 후에는 성이 늘고 해서 '十' 단위에서 '百' 단위로 과장함으로써 국가의 위력을 과시한 듯하다. ¶외로온 자샌(孤城)《杜初7:10》, 잣 셩(城)《字會中8》, 재(城)《行吏》, 鐵峴 쇠재《龍1:50》, 재 령(嶺)《字會上3》. 재(峴)와 잣(城), 재(城)는 동원어일 것이다. 十濟는 10城, 百濟는 100城의 뜻이었을 개연성을 생각해 볼 수 있다. 日本에서는 百濟를 gudara로 부르고 있다. 바이칼 남쪽에 부리야트(buryad) 방언이 있는데 西部方言과 東部方言으로 가르고 있다. 부리야트 東部方言에는 xori方言, aga方言, xudara方言이 있는데 xudara는 qudara로 소급된다. 十濟時代거나 十濟가 국가 형성 이전에 '구다라' 지역에서 내려와 일본에 건너간 것은 구다라족이었을 것이다. 十濟, 百濟가 형성되기 전에 건너갔기 때문에 자기들을 '구다라'족이라 했을 것이고 十濟, 百濟가 건국된 후에도 그들은 '구다라'라고 불렀을 것이다.

올   <small>젭 早</small>

'올'은 접두사로 일찍(早)의 뜻을 지니는데, 어원으로는 해의 뜻을 지닌 다고 하겠다. əldə(早)〔오로촌〕, əddə(早)〔에벤키〕. 어근 əl, əd은 해의 뜻을 지닌다고 하겠다. 오라비, 올케의 '올'과도 동원어가 된다.

▶ 올해(今年), 올벼, 올되다의 올

올깎이   <small>명 早</small>

7, 8세 때 동자 출가해 절에서 어린 시절부터 성장한 승려. 반의어는 늦깎이.   ▶ 늦깎이

올빼미   <small>명 梟</small>

'올빼미'는 '올'과 '빼미'로 나눌 수 있다. 올빼미와 부엉이는 다른 새인데 생김새가 비슷하여 흔히 혼동되고 있다. 올빼미는 梟(효)이며, 부엉이는 鴞(효)다. ¶온바미(梟)《字會上17》, 오도새(鴞)《詩諺物名》, 올바미(鴞)《詩諺物名》, 옷밤이(夜猫)《漢416b》. 온바미는 '온'과 '바미'의 합성어라 하겠다. '온'은 오도새가 있는 것을 보면, '오도'의 어근 '온'과 동원어(同源語)라는 것을 보여주고 있다. 몽골어에서는 olhorik, uulalak, ulbalgu 등이 올빼미의 뜻을 지니는 말인데, 어근 ol, ul은 올빼미의 '올'과 동원어일 것이다. 올빼미는 야행성 새이기 때문에 올바미의 '바미'는 밤(夜)일 수도 있다.

올케   <small>명 嫂嫂, 嫂子</small>

올아비의 아내를 올케라고 한다. '올케'의 '올'은 올아비의 '올'로서 이르다(早)의 뜻을 지니는 접두어다. 올벼, 올밥, 올배의 '올'이고 '올되다'라고 하는 말은 '나이보다 일찍 지각이 난다, 일찍이 되다'인데 반대어로 늦되

다가 있다. '올되다'는 일찍 되다의 뜻이다. 올케의 '케'는 '게'로 소급되며 '게'는 '거이'가 준 말이고 '거'의 조어는 '걷'이다. 갓(女, 妻)의 조어는 '갇' 이다. '갇'과 '걷'은 동원어다. '걷〉것〉거시〉거이〉게'가 된다. '올'과 '게' 사 이에 사잇소리로 'ㅎ'이 개입되어 올케가 된다. 올케는 이른어미(早母)의 원의가 있다고 하겠다. 올해는 금년(今年)이란 뜻을 지니지만 새해는 뒤 에 오는 해에 비하여 이른해(早年)라 하겠다. 오늘(今日)도 '올늘'이 오 늘로 되었을 것이다. 오늘도 뒤에 오는 날에 비해 '이른날(早日)'의 성격 을 띤 말이라 하겠다.

올해 　图 今年

'올해'의 '올'은 수(이제 금)의 뜻을 지니나, 본디는 해의 뜻을 지니는 말 이다. ¶올(今) : 올희 나를 ᄉᆞ랑ᄒᆞ야(今年思我)《杜初8:27》. 시간을 나타 내는 말은 고대에는 해에 그 기초를 두고 있다. 사올(三日), 나올(四日) 의 '올'이 '올'과 동원어(同源語)가 된다. 어제의 어근 '엊(얻)'도 해의 뜻 을 지니는 '올, 올'과 동원어가 된다. 오늘(今日)의 '오'도 '올'의 말음탈락 형이다. 오늘은 '오'와 '늘(日)'의 합성어다. 아침(朝)의 어근 '앋(앗, 앛)' 도 해의 뜻을 지니는데, 일본어 asa(朝), asu(明日)의 어근 as(at)도 본디는 해의 뜻을 지닌다. ərəanya(今年)〔滿〕. ərəanya(今年)의 ərə는 올(今)이고 anya가 해(年)에 해당된다. ərə(今)는 국어의 올해(今年) 의 '올'과 동원어라 하겠다.

옮다 　图 移, 轉, 遷

다른 곳으로 자리를 바꾸다. ¶遷은 올몰 씨오《釋19:11》, 蓬閣애 마ᅀᆞ몰 올몬 後에(移官蓬閣後)《杜初24:59》, 올몰 뎐(轉)《字會下1》. 옮다의 옮은 명사로서 조어형 '올(옫)'일 것이다. 고대 수레류가 발명되기 전에 옮다 는 주로 사람의 힘에 의해서 이루어졌을 것이다. '옮다'의 주력(主力)은 손에 의한 행위가 된다. 따라서 '올'의 어원적인 의미는 손의 뜻을 지닐 것이라 하겠다. el(手)〔터키〕. 안다(抱)의 '안'의 조어형은 '앋'으로서 손의

뜻이라 하겠다. 없다의 행위도 손에 의한 것이며 조어형 '얻'도 손의 뜻일
것이다.

옳다　휑 是, 正

정당하다, 격에 맞다, 사리에 맞다 등의 뜻이며, 그르다의 반의어이다.
¶올홀 시(是)《字會下9》, 올홀 우(右)《石4·8·20》, 義士롤 올타 과ᄒᆞ샤《龍
106》. 옳다는 올ᄒᆞ다에서 변한 말이다. 어근 '올'은 명사로서 右의 뜻을
지닌다. '오른쪽'은 '右便'의 뜻으로서 어근은 '올'이다. 오른쪽은 좋은 쪽이
고 왼쪽(左便)은 잘못된 쪽의 뜻이다. '외다'는 '그릇되다'의 뜻이다. 이는
왼손 쓰는 것을 금기로 하는 풍습과 관련될 개연성이 있다.

옴　휑 疥癬

'옴'은 옴벌레의 기생으로 생기는 전염성 피부병인데, 무척 가려워 긁으면
진물이 난다. 옻을 타는 사람이 옻이 오르면 역시 피부가 가렵고 긁으면
진물이 난다. 옻의 고어 표기는 '옷(온)'이다. ¶漆은 오시라《法華1:219》,
옷칠 漆《類合上26》. 온(漆)〉올〉올다〉옳다. 올옴〉오롬〉오옴〉옴. '온'과 '올'
은 옷(온, 漆)의 어원적 의미를 지닌다고 하겠다.

옴마니반메훔　휑 唵摩呢叭口爾口牛, 唵麼抳鉢銘口牛, oṃ maṇi padme hūṃ

불교어. '옴'은 인도에서 통상 종교 의식 전후에 암송되는 신성한 음으로
아(阿·a), 오(汚·u), 음(麽·m)이 각각 만물의 발생·유지·소멸을 나
타낸다고 한다. 옴마니반메훔은 '오 연화 위의 마니주여'라고 하는 기원
이 담긴 주문. 라마신자가 부르는 주문. 연화수보살(padmapâṇi)에게
귀의하여 왕생극락을 바라면서 부르면 죽은 후에 6도 윤회를 면한다고
한다. '옴'은 천상계의 백색을 나타내며, '옴' 자를 부르면 그 공덕으로
천상계에 떠도는 것을 막고, '마' 자는 수라도의 청색이 되며, '마' 자를
부르면 악귀가 있는 수라도에 윤회하는 것을 면하며, '니' 자는 인간계의

황색이 되며, '니' 자를 부를 때에는 인간계에 태어남을 막고, '반' 자는 축생도의 녹색이 되며, '반' 자를 부르면 사람이 축생도에 윤회하는 고통에서 벗어나고, '메' 자는 아귀도의 홍색이 되며, '메' 자를 부르면 아귀도에 빠지는 고통을 벗어나고, '훔' 자는 지옥의 흑색이 되며, '훔' 자를 부르면 죽어서 지옥에 떨어지지 않는다. 서장인은 흔히 이 여섯 자를 긴 천조각 등에 써서 책궤 속에 저장하고 법륜(法輪)이라 한다.

옷　圕 衣

평안도 방언에서는 옷을 '오티(衣)'라고 한다. '오티'의 어근은 '올(온)'임을 알 수 있다. 따라서 옷(衣)의 고형이 '온'일 것이다. ¶옷 : 옷爲衣《解例終聲》. osuhi(上衣의 一種)〔日〕. 어근 os는 국어 옷(衣)과 일치하고 있다. ətuku(衣)〔滿, 女〕. 어근 ət은 국어 옷(온 衣)과 동원어(同源語)일 것이다. 옷의 조어형(祖語形) '옫'은 '올'과도 대응된다. 한편 옷은 한자 衣(의)의 차용어라는 설이 있지만 객관성이 희박하다. 옷(衣)감은 올(온, 條, 繩)로 짠다.

옷고름　圕 襻, 衽帶, 飄帶, 衣帶, 衣系

'옷고름'은 옷자락을 여미어 매는 끈(띠)이다. 따라서 '옷'과 '고름'으로 나눌 수 있다. ¶옷골홈(衣帶) : 오히려 올골홈의 ᄆ엿더라《太平18》, 옷고홈(衣帶)《四解上39》. '옷'과 '골홈'의 합성어다. koromo(衣)〔日〕. '골홈'은 '골'에 '음'의 접미사가 붙어 고름이 되었고, 일본어 koromo(衣)의 koro와 대응된다. 이렇게 보면 고름은 고대어에서는 옷(衣)의 뜻을 지니던 말이 의미가 축소된 듯하다. 일본어 kiru(着)의 어근 ki는 koromo(衣)의 어근 kor와 동원어일 것이다. kimono(衣)의 ki와 동원어(同源語)다. kurume(羅)〔滿〕, kurme(褂)〔蒙〕. 일본어 koromo의 kor는 만주어·몽골어의 어근 kor와 동원어일 것이다. 고로 릉(綾)《字會中30》의 어근 '골'을 지적할 수 있다.

옷곳다 _휑 좋기롭다

'옷곳다'는 향그럽다, 향기롭다의 뜻이다. ¶俗온 옷고시 조흔 거슬 삼느니라(以爲香潔)《法華2:111》, 香潔은 옷곳ᄒ고 조홀 씨라《月7:65》. 물곤 宗廟에 恭敬ᄒ야 옷고시 祭ᄒ놋다(淸廟肅惟馨)《杜初24:6》. 옷곳다. 옷곳ᄒ다, 옷고시 등으로 쓰이는 것을 보면 향기롭다의 뜻으로 쓰였음을 보여주고 있다. 그러나 현재는 향기롭다로 대체되어 거의 쓰이지 않는 말이다. 향기롭다의 뜻으로 쓰이는 말은 후각적인 것이라 하겠다. '香' 자는 벼화(禾) 아래에 曰(甘자의 변형, 說文, 또는 솥) 자를 받친 글자이다. 솥에 쌀(禾)로 밥을 지을 때에 풍기는 냄새가 입맛(曰, 甘)을 돋운다는 데서 향기롭다의 뜻이 되었다. 따라서 옷곳다가 후각적이라면 코의 뜻을 지닐 개연성이 있다. 옷곳-의 '곳'은 '곧'으로 소급된다. 코의 고형은 '고'고 조어형은 '곧(골)'이다. '코를 골다' 할 때 '골'이 '고'의 고형이다. '곧〉곳'으로 변했을 것이다. '옷'도 코의 뜻을 지니는 옛말이라 하겠는데 그 예를 찾을수 없다. 옷곳-과 같이 이음동의어가 합칠 때는 앞에 오는 말이 신세력어고 뒤에 오는 것이 구세력어인데 코가 현대어에 쓰이기 때문에 '곳'을 코로보기는 어렵다. 따라서 옷곳다의 말이 생겼을 때에 고대인들은 향기롭다의 대상을 무엇으로 했을까를 생각해 봄 직하다. ¶고손 술(香醪)《杜初10:9》, 고소다(香)《譯上53》. 고소다, 고소다는 '곳'에서 파생된 형용사다. 이는 일본어 kaori(香), 터키어 koku(냄새)와 비교된다. 우선 자연현상에서 느꼈을 것인데 생활문화와 가장 가까운 것은 풀이나 꽃이나 나무가 아니었을까? '花' 자를 보면 艸 밑에 化 자를 받쳐 놓은 글자다. 싹이튼 초목(艸)이 변화하여(化) 꽃이 핀다는 뜻이다. 꽃의 15세기 표기는 '곳'이고 조어형은 '곧'일 것이다. 현대어에서는 풀(草)이지만 고어에서골(草)이 있었는데 조어형은 '곧'이다. ¶골 관(菅)《字會上9》, 골(莞草)《漢397a》, 쏠 추(芻)《字會下4》. '골'이 풀(草)의 신세력이 밀려오니까 구세력어는 그 세력이 약해져 '꼴' 또는 '왕골' 등에 명맥을 유지하고 있고 곧〉곳(花)으로 변했다. 옷곳-의 옷도 草木의 뜻을 지녔을 것이다. olho(草)〔滿〕, ilha(花)〔滿〕, usun(氣息, 냄새)〔滿〕. ol(草), il(花)은 모음변이의 'ol'에서 분화되었다고 하겠다. 草木에서 꽃이 피는 것이기 때문에 그 어휘가 생겨날 당시는 草, 木, 花의 구별이 별로 없었을 것이다. ot(草)〔터키〕, ɔorɔtɔ(草)〔에벤키〕, ilga(花)〔에벤키〕, asi(葦, 蘆)〔日〕, utama(蘆)〔蒙〕, 아옥(葵)《字會上15》. 어근을 살펴보면 ot, il, as, ut, 아(앋) 등이 동원어일 것이다. 일본어 kusuri(藥)는 kusa(草)의 어근 kus와 동원어로서 kusa(草)는 국어 곧(草)과 동원어인 것이다. 만주어 okto(藥)는 터키어 ot(草), 만주어 ol(ot)과 동원이라 하겠다. 옷곳다의 옷곳-은 花花 또는 草草의 어원적 의미를 지닌다고 볼 개연성이 있다.

옹헤야 〔감〕 今年이야

민요 중에 '옹헤야 에헤에헤'라는 구절을 반복하는 노래가 있다. '옹헤야'는 '올해야(今年-)'가 변한 말이다. '올해야〉오해야〉옹헤야'로 변했다. 옹헤의 '헤'는 해(年)의 말이 변한 것이다. '올해야'라는 말에는 "올해야말로 꼭 풍년이 들 것이라"는 간절한 염원이 담겨 있다고 하겠다. ¶죠히(紙) : 죠히爲紙《解例用字》, 죵히(紙) : 죵히를 다가 다 믜티고(紙都扯了)《朴重中58》. ㅎ 위에서 ㅇ이 개입된 예라 하겠다. 오헤야〉옹헤야.

옻 〔명〕 漆

'옻'은 '옫〉옻'의 변화다. ¶옻(漆) : 무른 오츨(乾漆)《胎要53》. 일본어 urusi의 어근 ur(ut)가 국어 '옫'과 동원어(同源語)일 것이다. 국어 옻의 조어형(祖語形) '옫'은 물의 뜻을 지니는 말이라고 추정된다. 옻은 나무에서 나오는 물이라 할 수 있기 때문이다. oso(水)〔蒙〕, 於乙(泉)《史記, 地理》, 얼음(氷)〔國〕, ula(河)〔女〕, ayan(池)〔오로촌〕, udun(雨)〔에벤키〕, ula(江)〔시베〕, arau(洗)〔日〕. 어근 as, əl, ul, ar, ud 등은 물의 뜻을 지닌다고 하겠다.

왜 〔명〕 倭

'왜'는 일본을 이르는 말이다. ¶請으로 온 예와 싸호샤(見請之倭與之戰

闘)《龍52》, 예 왜(倭)《字會中4》, 귀머거리(耳聾的)《同文下8》, 倭理叱軍《三遺, 彗星歌》. 현대어에서는 왜인데 15세기 표기로는 예(倭)가 보인다. 신라의 향가에서는 어리ㅅ군(倭理叱軍)의 어리가 倭의 뜻을 지닌다. '어리'는 사람의 뜻을 지니고 있다. '어리〉어이〉에'로 변했는데, 이를 당시 '倭'자로 音借한 것이라 하겠다. '倭' 자를 보아도 人변이 있는 자를 쓴 것도 사람의 뜻을 지녔을 것이라는 것을 추정할 수 있다. 귀머거리는 귀먹어리로서 '어리'가 사람의 뜻을 지닌다. 신라시대는 倭를 '어리'라 했었다. 우리(吾等), 아롬(私), 어른(成人) 등의 어근 '울, 알, 얼' 등이 '어 리'의 어근 '얼'과 동원어임을 보여주고 있다. aruzi(主人)〔日〕, are(吾)〔日〕, ware(吾)〔日〕, ore(汝, 己)〔日〕. 어근 ar, or 등이 국어 '울, 알, 얼' 등과 동원어로서 어원적인 의미는 사람의 뜻을 지닌다. ware(吾)는 are에서 변한 말이다. '倭'는 결국 어리(人)라는 말에서 변한 '어이〉에'의 음차라 하겠다. 일본음으로 倭는 wa고 중국음으로는 wei다. 고대 우리 민족의 이름의 하나인 예(穢, 濊)도 '어리, 예, 왜'와 동원어일 개연성도 있다. 한편 '예'는 '널'에서 변했을 개연성도 있다. nyalma(人)〔滿〕, nanai(人)〔나나이〕. nyal은 nal에서 변했고 어근은 nal이고 nat이 조어형이다. nanai의 nai가 사람의 뜻인데 nari에서 변한 말로서 nal(nat)이다. na(一人稱)〔日〕, nare(汝)〔日〕. 국어 '나, 너, 누'도 사람의 어원적인 의미를 지니는 말로서 만주어, 일본어 등과 동원어가 된다. '널〉널이〉녀이〉여이〉예'의 변화를 거쳤을 개연성이 보인다. 옛날에는 사람의 뜻을 지니는 말이 부족을 대표하고 나라이름까지 되었다.

왜가리 图 靑鶴, 靑莊, 蒼鷺

백로(白鷺)과의 여름 철새로 목의 장식 깃, 등무늬 등에 푸른 빛이 돌아 '푸른(靑, 蒼)'이란 말이 인용된 의태어 이름이다. ¶와가리(靑莊)《物譜羽虫》, 왜가리(靑鵁)《物譜羽虫》, 왜거리(莊)《漢414c》. 뒤에 오는 '가리'는 새의 뜻을 지니는 말이다. 딱따구리, 곳고리(꾀꼬리), 병마구리(제비의 일종). '구리, 고리' 등이 새의 뜻을 지닌다. kasha(鳥)〔滿〕의 어근 kas는 kat이 조어형일 것이다. '와, 왜'가 '靑'의 뜻을 지닌다고 하겠다. 왜가리는 머리 꼭대기와 목뒤와 목밑에 있는 긴 장식깃은 靑黑色이고 목은 灰白色으로 몇 개의 靑黑色의 가로 무늬가 있다. 등은 靑灰色을 띠므로 '靑'이 들어간다. 따라서 '와, 왜'는 '靑'의 뜻을 지닌다고 하겠다. 프르다(靑)의 어근은 '플'이며 명사인데 '草'의 뜻을 지닌다. 프르다(靑)는 플(草) 명사에서 형용사가 되었다. '와'나 '왜'도 풀의 뜻을 지닐 개연성이 있다. '와'는 '오아, 오라'로 소급할 수 있고 '올'이 어원적 어근이 될 것이다. 왜는 '오이〈오리'로 소급되고 '올'이 어근이 될 것이다. '오이〉외→왜'로 변했을 것이다. 日本語 awo(靑)는 aro에서 변했을 것이고 어근은 ar로서 草의 뜻을 지닐 것이다. asi(蘆)〔日〕, ai(藍)〔日〕. ai는 ari에서 변했다. asi의 어근은 as인데 at에서 변했을 것이다. at은 풀의 뜻을 지닌다고 하겠다. ot(草)〔터키〕, orho(草)〔滿〕. 어근 ot, or가 일본어 草의 뜻을 지니는 at과 동원어가 될 것이다. 아옥(葵)《字會上15》, 아혹(葵)《杜初8:32》, 아북(葵)〔함경도〕, 아구(葵)〔마산〕, ahuhi(葵)〔日〕, abuxa(葵)〔滿〕. 아옥은 '아'와 '옥'의 합성어라 하겠다. 함경도 방언에 아북, 만주어에 abuxa가 있는 것으로 보아, '옥'은 '복'에서 변했을 개연성이 있다. 선행어 '아'는 '앋'이 조어형일 것이고 '북'은 풀(草)의 고어 '불'에서 변했을 것이다. 상치를 부루(萵苣)라고 하는데 어근은 '불'이다. 알락달락, 얼룩덜룩의 의태부사의 어근 '알, 달'이 草의 뜻을 지니며 靑의 뜻을 지닌다고 하겠다. ¶뒤爲茅《解例用字》. '뒤'는 '두이'가 준말이고 '둗〉둘〉둘이〉두이〉뒤'의 변화일 것이다. '둗(둘)'이 草의 뜻을 지니며 '달락'의 '달'과 동원어일 것이다. 대(竹)는 '다이'가 준 말이고 조어형은 '닫(달)'이다. 왜가리의 어원적인 의미는 '靑鳥'라 하겠다.

외다　图 誦, 諳, 闇, 諷

눈으로 보지 않고 글귀를 읽다. 들은 것을 전부 되풀이하다. ¶誦은 외올 씨라《月序23》, 篇마다 이퍼 외왐직 ᄒ도소니(每篇堪諷誦)《杜初21:18》. 외다의 어간은 '외'인데 '오이〉외'의 변화로서 祖語形은 '올(온)'이다. ¶을플 음(吟)《倭上37》. 읊다의 어간은 '읊'이지만 ㅍ은 나중에 들어간 것이고 '을'이 고형으로서 말, 노래, 시의 뜻을 지닌다. 알다(知)의 어근'알'은 '을'과 동원어로서 말의 뜻을 지닌다. 알다(知)는 언어에 의한다. '알'이

명사로서 말의 뜻을 지닌다. wosihe(敎)〔日〕. 어근 wos는 os, ot으로 소급되며 가르치는 것은 말의 행위다. 따라서 '외다'의 '외'의 조어형 '온(올)'은 말의 뜻을 지닌다고 하겠다.

외도 명 外道

'외도'는 '도에서 벗어나다'라는 뜻이다. ① 원래 불교에서 불교 이외의 종교 및 사상을 가리킨다. 불교에서는 불교 이외의 종교나 사상을 외도, 외교(外敎), 외법(外法), 외학(外學) 등으로 부르고 그에 반해 불교는 내도(內道), 내교(內敎), 내법(內法), 내학(內學)이라 불렀다. 외도는 본래는 나쁜 의미는 아니었지만 불교 이외의 가르침은 올바른 가르침이 아니라고 믿었기 때문에 이단(異端)이나 사교(邪敎)의 무리를 가리키게 된 것이다. 산스크리트로는 파라프라바딘(para-pravādin. 다른 설을 받드는 것), 아니야 티르티카(anya-tīrthika. 다른 도를 가는 것), 아니야 티르티야(anya-tīrthya. 다른 구제 방법을 믿는 것) 등이 있다. 티르티카나 티르티야만으로도 그 뜻을 지니며 또 티르타(tīrtha)도 외도를 뜻한다. 석존을 전후한 많은 사상가 가운데 육사외도(六師外道)가 유명하다. 산쟈야 베랏티풋타, 아지타 케사캄바라, 막카리 고사라, 프라나 카사파, 파크 캇차야나, 니간다 나타풋타. "第三十二祖迦毗摩羅者, 華氏國人也. 初爲外道, 有徒三千, 通諸異論, 後於馬鳴尊者得法."《景德傳燈錄, 迦毗摩羅》. ② 정도적(正道的) 논설이나 법칙 등에 맞지 않는 것. "晚唐之下者, 亦墮野狐外道鬼窟中."《宋, 嚴羽, 滄浪詩話, 詩評》. ③ 자기 전공 분야 아닌 곳에 손을 대는 것. ④ 오입하다. ③, ④는 현대적 용법.

외롭다 형 孤

'외롭다'의 '외'는 '오이'가 줄어든 말이고 '오이'의 '이'는 위의 음절 말음이 자음일 때 붙는 접미사이기 때문에, '올이>오이>외'의 변화일 것이다. 어근 '올'이 원형이 될 것이다. 외롭다는 사람과의 관계라고 볼 때, '온(올)'은 사람의 뜻을 지닐 것이다. 우리(吾等), 어른(成人), 아룸(私)의 어근

'울, 얼, 알' 등과 동원어(同源語)일 것이다. ¶외롭다(孤) : 먼셔미 외로
오몰사 貧ᄒᆞ야 보노라《杜初16:43》, 외다(그르다) : 외니 올ᄒᆞ니 이긔니《月
1:42》, 외다(멀리하다) : 千里 외ᄂᆞ니 (失之千里)《圓上二之二19》, 외다(외
롭다)《小諺5:57》, 외(孤) : 외셤(孤島)《龍5:42》.

왼쪽 명 左便

'왼쪽'은 그른 쪽의 어원적 의미를 지닌다고 하겠다. ¶올ᄒᆞᆫ(오른) 右《訓
諺》. 올ᄒᆞ다(옳다)《內3:34》. 왼쪽의 반의어 오른쪽은 그릇된 쪽이 아니
고 옳은 쪽의 뜻을 지니는 셈이다. ¶왼녁(왼녘) : 왼녁 피 담고 올ᄒᆞᆫ녁
피 담다마 두고《月1:7》, 외다(그르다) : 외니 올ᄒᆞ니 이긔니《月1:42》. 외
다(그릇되다)의 조어형(祖語形) '올(올)'과 오른쪽의 어근 '올'은 동원어
(同源語)라 여겨진다. 오른쪽은 '옳은 쪽'의 뜻을 지니고 왼쪽은 '그르다'
의 뜻을 지니는데 이는 우리의 왼쪽 사용을 금기시하는 데서 빚어진 현상
이라 여겨진다.   ➡ 오른쪽

요 명 褥

'요'는 한자 '욕褥'에서 비롯한 말이다. ¶요 쇽(褥)《字會中11》.

요가 명 yoga

음사는 瑜伽(유가)이며, 음역으로는 相應(상응)이라 한다. Hindi yoga〉
Skt yoga-(原義) yoking, union. 묶다, 잇다 등의 의미인 동사 유지
(yuj-)에서 파생된 말인데, 실제로는 여러 가지 문맥에서 여러 가지 의미
로 쓰인다. 요가 수행자는 요기(yogi)라 한다. 원래 힌두교 수행의 하나.
오감의 작용을 제어하여 실천·수행 특히 정신을 통일하여 삼매(三昧)의
경지[解脫]에 이르는 명상적인 수행법. 현대는 건강을 위해 하는 사람이
많다. 그 기원은 인더스문명까지 거슬러 올라갈 수 있지만 애매모호한
말을 명확히 규정한 것은 인도 육파철학의 하나인 요가학파이다. 성립에

는 불교의 영향도 무시할 수 없으며, 프루샤를 최고신으로 하는 유신론이다. 파탄쟈리(Patanjali)가 지었다고 전해지는 요가수트라(Yoga sutra. 400-450 무렵 작)가 근본 성전이고 샹캬 학설의 영향을 받아 신도 명상의 대상에 지나지 않으며, 세계의 괴로움은 보는 것인 푸루사(purusa 神我)와 보여지는 것인 프라크뤼티(prakrti 自性)의 결합에 있고 그것은 무명(無明)에서 오므로 명지(明智)에 의해 풀리면 푸루사가 물질적 속박에서 풀려 독존(獨存)하고 이에 따라 해탈에 이르는데, 이에 이르는 수단이 요가이다. 불교에서는 예부터 기본적 수행법으로서 존중되었다. 그래서 선(禪. dhyana), 정(定. samadhi)이라는 말로 언급한 경우가 많고, 요가를 실천하는 행자(行者)는 요긴(yogin), 요가차라(yogacara)로 불리며 유가사(瑜伽師) 등으로 한역되었다. 불교의 유가행파(요가차라)는 유식(唯識)사상에 의해 이 행을 체계화한 것이다. 밀교에서는 특히 요가의 결합 측면이 중시되고 교리화(敎理化)되어 절대자와의 결합·합일의 의미로 쓰이는 경우가 있다. 미륵보살의 저서인 『유가사지론』(100권. 무착보살이 엮고, 당나라 현장 번역)이 있다. 또 인도에서는 후대에 신체적인 강제(强制. hatha)를 중요시하는 하타요가가 등장한다. 이 하타요가는 특히 신체적인 갖가지 자세(asana. 坐法. 體位法)를 중시하며, 시바파의 탄드리즘(탄드라)의 교의(敎義)를 원용한 독자적인 해탈론을 전개했다. 오늘날 유행하는 이른바 요가는 거의 전부가 하타요가의 흐름을 좇는 것이다.

요즘　명 분 近, 近日, 近來, 頃來

'요즘'은 시간을 뜻하는 말이다. ¶요조숨(요즈음)《杜初21:75》, 요조옴(요즈음)《杜初8:16》, 요조숨(요즈음)《杜初25:47》, 요주숨(요즈음)《杜初25:9》. 요즈음은 '요'와 '즈음'의 합성어다. 요조숨, 요조숨, 요주숨 등의 예를 보면 '조숨, 주숨'형이 있었을 것이고, 어근은 '좃, 줏'이라 하겠다. '졷, 줃'이 더 고형일 것이다. 요즘은 요새(近日)와 비슷한 말로서 요스싀《釋11:19》, 요스이《杜初23:10》가 있다. 스싀의 어근은 '숫(숟)'이다. 시간에 관련된 어휘는 그 어원이 주로 해(일)의 뜻을 지니는 말이 그 기어가 되고 있다. 햇살의 '살', '설(元旦, 歲)' 등의 어원이 해의 뜻을 지니고 있는 말인데, '삳, 섣'이 고형이 될 것이다. 올 적, 갈 적의 '적'이 시간의 뜻을 지니는 말인데, '젇>절>젉>적'의 변화라 하겠다. '젇'과 '졷, 줃'은 동원어(同源語)라고 하겠다.　　　　　　　　　　　　◘제, 적 덛

용하다　圈 勇, 奇特, 殊勝

'용하다'는 재주가 뛰어나게 좋다, 기특하고 장하다의 뜻이다. ¶용ᄒ다(長, 훌륭하다) : 사ᄅ룸의 용ᄒᆫ 곧과 낟븐 곧을 즐겨 議論ᄒ며(好議論人長短)《小諺5:12》, 침실샹궁이 용타 엿줍고 드렷더니《癸丑177》, 용ᄒ다(好, 순하다) : 용ᄒᆫ 사ᄅ롬《好人》《譯上27》, 용ᄒᆫ 몰(勞實馬)《柳物一毛》, 용ᄒ다(용하다) : 너모 용히 굴면 눕이 슈일 업시 아ᄋᆸᄂᆞ니《隣語9:2》. 용하다는 훌륭하다, 능하다, 順하다의 뜻을 지닌다. ¶용내다(奮勇)《同文下23》, 용내다(勇往)《漢167c》. 용내다의 '용'은 한자어 勇이라 하겠다. 勇 자에는 날래다, 용맹하다, 용감하다의 뜻을 지닌다. 한편 한자 靈(신령 령) 자에는 재다, 빠르다, 날래다, 영리하다 등의 뜻이 있고 '영한 무당'과 '용한 무당'이 같은 의미로 쓰이는 것을 보면 靈>용일 가능성도 있을 것이다. 그러나 한편 '龍하다'의 '용'일 개연성도 있다.

우거지　圈 白菜帮

푸성귀 윗껍데기나 새우젓 따위의 웃켜를 말한다. ¶콩길음 우거지로 農糧이나 여투리라《農月》. '우거지'는 '우'와 '거지'의 합성어이다. '우'는 우(上), '거지'는 '걷이' 또는 '걷(事物)'일 개연성이 있다.

우기다　圐 固執, 執意, 强

'우기다'는 고집하다의 뜻인데, 우기는 것은 말의 행위라 하겠다. 따라서 어근 '욱'은 말의 뜻을 지닐 것이다. ¶우기다 : 모든 父兄이 우긴대(强之)《小諺6:67》. 울다는 泣(울 읍), 呼(부를 호), 鳴(울 명) 외에 울부짖

다의 뜻도 지니고 있다. 우레의 어근 '울'은 소리(音)의 뜻을 지닌다. '욷〉울'의 변화를 했을 것이다. 우기다는 부르짖다의 뜻도 지니며, 욱박지르다의 '욱'이 우기다의 '욱'과 동원어(同源語)일 것이다. ▶ 억지, 억척

우두머리　　圐 頭目

'우두머리'는 '우두'와 '머리'의 합성어다. ¶우두(頭) : 스므비 우두 ㄱ의 목 쓴 새예《三譯4:18》. '우두'는 머리(頭)의 뜻을 지니는 고어다. ucyu(頭)〔滿〕, ütügüs(頭)〔蒙〕. 만주어 ucyu(頭)는 utu에서 변한 것이고 몽골어 ütügüs의 ütü는 국어 '우두'와 동원어(同源語)가 된다. atama(頭)〔日〕. 일본어 atama(頭)의 ata는 국어 '우두'와 동원어임이 분명하다. atama의 ma는 국어 머리의 옛말인 마리(頭)와 동원어가 된다.

우뚝　　圐 兀, 巍, 高高

따로 높이 솟은 모양을 이르는 말이다. ¶우둑 션 전나모 긋헤《靑p.99》. '우둑'은 '욷(上)'에 '욱' 접미사가 붙은 것이라 하겠다.

우러나다　　圐 脫色

'우러나다'는 물에 잠긴 물건의 빛이나 맛이 빠져 나오다의 뜻이다. 우리다는 '울다'의 사역형으로 물건을 물에 담그어 맛을 뽑다의 뜻이다. 우리다의 어근 '울'은 명사로서 물(水)의 뜻을 지닌다고 하겠다. ¶於乙(泉)《三史·地理》, oso(水)〔蒙〕, ura(江)〔滿〕, ase(汗)〔日〕, arau(洗)〔日〕. '울'은 어근 '얼', os, ur, as, ar 등과 동원어(同源語)라 하겠다. ¶좀가 우러난 즙《救簡6:36》. ▶ 우리다, 우물

우레　　圐 雷

'우레'는 비가 올 때 방전으로 빛과 함께 울리는 소리로 천둥이라고도 한

다. 한때 우뢰(雨雷)라고도 썼으나 고어를 보면 우리말임을 알 수 있다. ¶우레 티며《恩重23》, 우레(雷)《同文上2》, 우리ㅅ소리(雷響)《譯上2》, 울에 번게ᄒᆞ니《釋6:32》. '우레'의 '울'은 명사일 것이고 '晋'과 관련된 명사일 것이다. ¶갈히 우니(刀鳴)《杜初15:27》, 부픠 절로 우니《月7:37》, 울 됴(嘲)《字會下8》, 울 명(鳴)《字會下8》, 시옥 우로고《圓上一之一94》, 龍과 범괘 ᄒᆞᆫ번 아프며 우르ᄂᆞ니(龍虎一吟吼)《杜初8:56》, 우를 포(咆)《字會下8》. 어근 '울'이 鳴, 嘲, 吼, 咆의 의미를 지니고 있다. 어원적인 의미는 소리(音)다. 울다(淚), 웃다(笑)의 어근 '울, 웃'의 조어형은 '욷'으로 晋의 뜻을 지닌다. oto(音)〔日〕, uta(歌)〔日〕. ot, ut이 晋의 뜻을 지니고 있다. 우레의 어근의 어원적 의미는 晋이라 하겠다.

우리¹ 圀 吾等 一人稱複數

'우리'의 어근은 '울'이다. 어원적 의미는 사람(人)의 뜻을 지닌다고 하겠다. ¶우리(吾等) : 우리 始祖ㅣ 慶興에 사ᄅᆞ샤《龍3》. 어른(成人), 아름(私)의 어근 '얼, 알'과 동원어(同源語)로서 역시 사람의 본뜻을 지니는 말이라 하겠다. are(一人稱)〔日〕, ore(二人稱, 一人稱)〔日〕. 어근 ar, or가 사람의 본뜻을 지닌다고 하겠으며, 국어 '얼, 알'과 동원어라 하겠다. uluk(親族)〔蒙〕, olos(人)〔蒙〕. 어근 ul, ol 등이 사람(人)의 뜻을 지니며, 동계의 어휘군이라 하겠다. 처음에는 일인칭단수였다가 뒤에 가서 일인칭복수로 변했을 것이다. 일본어 udi(氏)는 국어 '우리(욷이)'와 동원어일 것이다.

우리² 圀 圈, 欄, 牢, 柵

짐승을 가두어 두는 곳이다. ¶우리 립(苙)《字會下8》, 눌ㅅ줌싱 넛는 우리(串籠)《漢306a》, 어리 권(圈)《字會下8》, 어리롤 아쳗고(厭檻)《永嘉下119》, 어리 로(牢)《類合下28》. 어리의 어근 '얼'은 '우리'의 '울'과 동원어일 것이다. 울타리는 담 대신 풀과 나무 등을 엮어서 집을 둘러막은 것인데 어근 '울'도 동원어일 것이다. 우리의 어근 '울'의 어원적인 의미는 '草木'의 뜻을 지닌다. ¶에울 위(圍)《倭上36》. 에우다는 두르다의 뜻인데 어간은 '에'다. '어이〉에'인데 조어형은 얼(얻)이다. '어리'와 동원어일 것이다. ¶에음과 기릐와 너븨(圍長闊)《無寃1:54》. 에음은 둘레의 뜻이다.

우물 圐 井

'우물'은 '우'와 '물'의 합성어다. '우'는 '울'의 ㄹ탈락형일 것이다. '울'은 물(水)의 뜻을 지닌다. '물에 우려내다'에서 우리다의 어근 '울'이 물의 뜻을 지니는 명사가 된다. 만주어에 ura(江)가 있는데, 어근 ur가 물(水)의 뜻을 지닌다고 하겠다. 한편 우물의 '우'는 움(窖)의 말음탈락형으로 볼 수도 있다. '움믈〉우믈', '울믈〉우믈'의 쌍형의 변화를 생각해 볼 수 있다. ido(井)[日]. 일본어 ido(井)의 i는 우물, 뚝(井, 堰)의 뜻을 지닌다. do는 국어 '돌(梁)'과 동원어(同源語)로서 어원적 의미는 물이다. 일본어 taki(瀧)의 어근 tak도 '돌'과 동원어일 것이다. 일본 나가노(長野), 시즈오카(靜岡) 방언에서는 taro, taru가 폭포, 여울(瀧)의 뜻을 지닌다.   ▣ 얼음(氷), 우리다

운수납자 圐 雲水衲子. 雲衲. 雲水. 雲水僧. 雲衆水衆. 雲兄水弟. 行脚僧

'운수납자'는 스승을 찾아 도를 구하며, 곳곳을 떠돌아다니며 배우는 출가인으로 사는 곳이 일정하지 않으며, 유연 자재하고, 떠가는 구름과 흐르는 물과 같으므로 구름과 물(雲水)에 그를 견준다.『從容錄』第9則에 '양당의 운수납자가 모두 분을 못 삭이고 있는데, 왕선생은 옳고 그른 것을 능히 가렸다'(指爲尋師求道, 至各地行脚參學之出家人. 以其居無定所, 悠然自在, 如行雲流水, 故以雲水喩之. 從容錄第九則, '兩堂雲水紛拏, 王老師能驗正邪').란 말이 있다. "또 구름과 물의 성질은 유순하고 스스로 여여하며, 이기지 못하는 것이 없고, 해탈을 갖추었으며, 자연히 겸손하게 낮추며, 부드러운 성질 따위가 있으므로 그러한 비유를 사용하여 덕이 있는 행각승을 가리킨다. 또 구름으로 납의를 비유하며, 노을로 옷소매를 비유하여 운수납자를 '운납하예'라 일컫는다.(又以雲水之性,

柔順自如, 無所不克, 具有解脫, 自然, 謙卑, 靭性等性質, 故用以喩指有德之行脚僧. 又有以雲喩衲衣, 以霞喩衣袂, 而稱之爲'雲衲霞袂')"라 했다. 납의(衲衣. 기운 옷. 누더기 옷)를 입고 구름 가듯 물 흐르듯 되는 대로 떠도는 스님들을 일컫는다. 납의는 해진 헌옷 조각조각들을 모아 기워 만든 옷이다. 불가에서는 이 옷을 입으면 열 가지 이익(衲衣十利)이 있다고 한다. 누더기 옷이므로 구하는 사람이 적고, 마음대로 앉고 누울 수 있고, 떨어지면 거리낌 없이 다시 기울 수 있다는 것 등이다. 본래 입고 치장하는 것에 뜻이 없었으니 누더기 옷에 어찌 마음 씀씀이가 가겠는가. 육신이나 일생 자체도 불가에서는 운납(雲衲)으로 여긴다. 하여 죽으면 아무 것도 남기지 않고 본래 대로 돌려주는 의식이 다비이다. 시신을 장작더미 위에 올려놓고 "스님, 집에 불 들어갑니다."라며 불을 붙여 이 땅에서 걸친 누더기를 다시 우주 속으로 흩날려 보내는 것이 다비다. 아무것 없이 태어났기에 받은 것 다 돌려주고 아무 것 없이 이런 사람이 왔다 갔다는 흔적마저 사라지는 것이 스님이다.

울긋불긋　　花花綠綠, 紅紅綠綠

'울긋불긋'은 '불긋불긋'과 같은 말이다. 그래서 '울긋'은 '불긋'의 '불'에서 ㅂ이 탈락한 형으로 보는 주장도 있으나, '울긋'만으로도 붉다는 의미를 지닌 어휘가 옛날에는 있었다고 생각된다. ulan(赤)〔蒙〕, al(붉다)〔터키〕. 몽골어 ulan(赤)은 명사인데, 어근 ul(ut)이 울긋불긋의 어근 '울'과 동원어다. 국어 의태부사인 울긋불긋의 '울'이 본디는 붉다의 뜻을 지니고 있었을 것이다. 몽골의 수도 Ulan Bathol은 붉은 용사, 붉은 영웅의 뜻이다. Bator의 어근 bat은 국어에서 사람의 뜻을 지니는 악바리, 흥정바지 등의 어근 '받(밭)'과 동원어다. 악바리는 악인, 흥정바지는 상인의 뜻을 지닌다. 만주어 fulgyan(붉다)이 있는데 어근 ful은 bul로 소급되며 국어 붉다와 동원어임을 짐작하게 한다. 붉다(赤)의 어근 불이 불(火)의 뜻을 지니는 명사이듯 울긋의 '울'도 붉다(赤〈火)의 뜻을 지닌다고 하겠다.

울다   图 泣, 哭, 鳴, 呼, 叫

'울다'의 어근은 '울(운)'인데, 본디는 소리(音)의 뜻을 지니지만 근원적으로는 입(口)의 의미를 지닌다. ¶울다(泣) : 벋 일코 쏘 슬허 우느니(失侶亦哀號)《杜初8:62》. uilaho(泣)〔蒙〕, orhiraho(泣)〔蒙〕, ağlamak(泣)〔터키〕. 몽골어의 어근 uil, or 등이 국어 '울'과 비교된다. 터키어에서 입이 ağiz(口)인데, ağlamak(泣)이란 동사가 보인다. naku(泣)〔日〕, nari(鳴)〔日〕. naku의 어근은 nak인데, nal〉nalk〉nak의 변화라 하겠다. nari(鳴)의 어근이 nar인데, 소리(音)의 뜻을 지닌다고 하겠다. kaminari(雷)〔日〕의 nari는 소리(音)의 뜻이므로, kaminari는 신의 소리(神音)란 뜻을 지닌다. urutahe(訴)〔日〕, uranahi(占)〔日〕. 어근 ur(ut)는 소리, 말(音, 語)의 뜻을 지니고 있다. urutahe(訴)나 uranai(占)는 모두 말을 통해서 이루어진다. oto(音)〔日〕, uta(歌)〔日〕. 어근 ot, ut은 국어의 '울(운)'과 동원어(同源語)로서 근원적으로는 소리(音)의 뜻을 지닌다고 하겠다. ¶泣哭 : 슬프거든 우느니《金三4:95》, 울 곡(哭)《字會上29》, 울 뎨(啼)《字會下7》. 鳴, 呼 : 갈히 우니(刀鳴)《杜初15:27》, 우름 명(鳴)《字會下8》, 울 됴(嘲)《字會下8》, 새 우러 제 모물 그초느니(鳥呼藏其身)《杜初7:24》. 呼 : 獅子 울우몬 소리 두려우니《南明下46》.

울타리   图 籬

'울타리'는 '울'과 '다리'의 합성어라는 것을 알 수 있다. 옛날의 '울'은 초목류(草木類)로 이루어졌다고 보면, 그 어원적 의미는 초목류의 뜻을 지니는 명사였다고 하겠다. ¶울(爲籬)《解例用字》, 울(울타리)《字會中6》, 울섭(울타리)《漢289c》, 웃잣(울타리) : 니명이 다 거두치니 울잣신들 셩홀소냐《靑p.43》. ot(草)〔터키〕, olho(草)〔滿〕, olhoda(蔘)〔滿〕. 어근 ot, ol이 풀(草)의 뜻을 지닌다. 국어 '울'과 동원어(同源語)가 될 것이다. 초기에는 초목류로 울타리를 하다가 후대에 흙으로 담(墻)을 쌓게 되었다. '울'은 한자어로 대 죽(竹) 자가 들어있는 籬(울타리 리)지만 담(墻)은 흙토 변이 있다. 울타리의 '다리'는 흙의 뜻을 지닐 것이다. 음달(응달), 양달은 음지(陰地), 양지(陽地)로서 '달'이 땅(地)에 해당된다. ðit(墻)〔터키〕. ðit의 고형은 tit이 되는데, 국어 딜그릇의 '딜'과 동원어일 것이다. 일본어 kaki 원(垣)에는 흙 토(土) 변이 있다. 담의 소재가 흙임을 보여주고 있다. 울섶의 '섶'은 薪(섶나무 신)이라 하겠다. ¶섭 爲薪《解例用字》, 서브로 혼 門을(柴門)《杜初7:3》, 섭 신(薪)《字會下7》. '울섶'의 '섶'은 초목류이고 울타리의 '다리'는 토석류(土石類)가 어원일 것이다. 그러나 '다리'를 초목류로 볼 수도 있다. 대(竿, 竹)는 '달〉달〉달이〉다이〉대'의 변화를 겪은 말이기 때문에 고형으로 '다리'가 있었음은 확실하다. ¶다리(橋), 들(樑), 도리(桁)《字會中5》, 도리개(枷)《物譜耕農》, 도리매(木棍)《同文上49》. 도리가 나무의 뜻을 지니고 있다. '울잣'의 '잣'은 성(城)의 뜻을 지니는 말일 것이다. ¶잣(城) : 외로왼 자샌(孤城)《杜初7:10》. 城 자를 보면 흙 토(土) 변이 있다. 城의 기원은 돌(石)보다 흙(土)일 가능성이 엿보인다.

움   명 芽

'움'의 유의어에 싹이 있다. ¶엄(芽) : 萌은 픐 어미니《法華3:125》. 엄은 '얻〉얼〉얼엄〉어엄〉엄'의 변화일 것이다. 엄의 어원적 의미는 풀(草) 또는 씨(種)의 뜻을 지닐 것이다. algan(芽)〔滿〕, alsun(根芽)〔滿〕, usu(씨 앗)〔滿〕. 만주어 어근 al, us(ut)는 싹(芽)의 뜻을 지니는 국어 '얻(얼)'과 동원어(同源語)가 될 것이다. ot(草)〔터키〕, olho(草)〔滿〕. 어근 ot, ol과 동원어가 되며 국어 '얻(얼)'과도 동원어가 될 것이다. 일본어 umu(生産)는 아이, 새끼, 알을 낳는다의 뜻을 지니는 동사다. 어근 um이 국어 '움'과 동원어일 개연성이 있다.

움직이다   동 動

15세기 문헌에는 '움직이다'와 '뮈다'가 공존하고 있다. ¶움작이다 : 움작이고 우즐겨《敬信37》, 움즉이다 : 노흐로 미야 能히 움즈기게 ᄒᆞᄂᆞ니《南明上17》, 댓나치 움즈기니《杜初25:15》, 뮈다(움직이다)《龍2》. '뮈다'의 어간은 '뮈'인데, '뮈'는 '무이'가 준 말이다. '묻〉물〉물이〉무이〉뮈'의 변화다.

신체에서 움직이는 것은 주로 손이라 하겠다. 따라서 그 어원은 손일 가능성이 많다. '몯'은 손의 고어라 하겠다. 밀다(推)의 어근 '밀(믿)'이 손의 뜻을 지닌다. 몽골어에 mutol(手)이 있고, 일본어에 motsu(持)가 있는데, mot이 손의 뜻을 지닌다. 움직이다의 어근은 '움'이라 하겠는데, '욷〉울〉울움〉우움〉움'의 변화다. ugoku(動)〔日〕. ugoku의 어근은 ug으로서 ut〉ul〉ulk〉uk의 변화라 여겨진다. '움'의 조어형(祖語形) '욷'과 동원어(同源語)가 된다고 하겠다. '움'의 어원적 의미는 손의 본뜻을 지닌다고 하겠다. 한 줌, 두 줌을 한 움큼, 두 움큼이라고도 한다. 움켜쥐다, 움켜잡다의 '움'이 바로 움직이다의 '움'과 동원어라 하겠다. 안다(抱)의 '안'의 조어는 '앋'으로서 손의 뜻을 지닌다. 터키어에 el(手)이 있다.

웃다 圄 笑

'웃다'의 어근 '웃(욷)'은 소리(音)의 뜻을 지닌다. ¶웃다(笑) : 우숨 우서서《杜初9:23》. 우레(雨雷)의 어근 '울(욷)'이 소리(音)의 뜻을 지닌다. 일본어 oto(音), uta(歌)는 국어 '욷'과 동원어(同源語)다. ulgun(喜)〔滿〕, warau(笑)〔日〕, uresi(嬉)〔日〕, irzas(笑)〔蒙〕, irzaiho(웃다)〔蒙〕, iniyehö(웃다)〔蒙〕, inčyəmbi(웃다)〔滿〕, nixtənə-(笑)〔나나이〕, masaiho(웃다)〔蒙〕, gülmek(웃다)〔터키〕. 일본어 warau의 어근 war의 원형은 ar(at)이다. 일본어 oto(音), uta(歌)의 ot, ut과 동원어다. 만주어 ulgan(喜), 일본어 uresi(嬉)의 어근 ur(ut)는 국어 '웃(욷)'과 동원어다. ¶ㅎ오ᅀᅡ우ᅀᅳ믈 우ᅀᅡ《月168》, 우숨 우서서《杜初9:23》, 입으로 우으료《八兒7》, 말ᄒ며 우숨 우스며《杜重6:39》. 15세기 초기에는 우슴과 같이 △가 보이나 『두시언해(杜詩諺解)』 중간본에는 우숨이 나타난다. 이는 당시 '우어 : 우서'의 쌍형이 쓰였음을 보여주고 있다. ㅅ탈락형인 '우어'형이 언중에서 사라지고, '우서'형이 세력을 얻었음을 보여주고 있다. △는 ㅅ유지형과 탈락형이 공존할 때, ㅅ음으로 복귀시키기 위해 의도적으로 쓰인 부호에 지나지 않는다. 이른바 △가 그 음가가 있는 것이 아니라 ㅅ변칙형에 대해 ㅅ을 복귀시키기 위해 쓰인 것이라 하겠다.(서정범,『音韻의 國語史的 研究』, 集文堂 참고)

원숭이 명 猿

15세기어에서는 '원숭이'가 '납'이었다. ¶납(猿)《解例》, 진나비(猿)《恩重10》, 젼납이(猿)《杜重下21》, 짓나비(猿)《朴重5 : 30》. 짓나비는 '지'와 '나비'의 합성어다. 진나비의 진을 동사인 '지다(동작이 빠르다)'의 관형사형으로 보는 견해가 있음직하지만 실제로는 어렵다고 하겠다. '납'만이 '재다'는 이야기가 되는데, 원숭이만이 빠른 것은 아니다. 뿐더러 고대로 올라갈수록 동사 어간인 관형사형에 명사가 오는 합성어는 어렵다고 하겠다. '지'는 동사의 어간이 아니고 '지'는 그냥 명사고 역시 '납'의 또 다른 말이라 하겠다. '지'는 'ᄌᆞ이'가 줄어든 말이고, 'ᄌᆞ이' 사이에는 ㄹ이 있었는데 ㄹ이 떨어진 상태다. '줄〉줄이〉ᄌᆞ이〉지'의 변화라 하겠다. saru (猿)〔日〕. 일본어 saru(猿)는 국어 '줄'과 비교된다. 국어 ㅈ이 일본어에서는 ㅅ으로 대응된다. 국어 : 일본어. 죽(粥) : siru(汁), 잣(城) : siro (城), 좇다(從) : sitagau(從), 諸 : siyo(諸), 者 : siya(者). 고대 국어에 '줄(존)'이 원숭이(猿)의 뜻을 지니는 말이 있었다는 것이 된다. ¶원숭(원숭이)《1880年. 韓佛字典》, 원숭이(원숭이)《1890年. 韓英字典》, 원싱(猿狂), 원신(猿申)《1895年. 國漢會語》. 원숭이의 '원'은 한자 猿이다. '숭이'의 '숭'은 한자 성(猩, 狌)일 것이며, '이'는 접미사다. 한자어 봉선화(鳳仙花)가 봉숭아로 쓰이는데, 이때 '선〉숭' 변화가 일어났다. '성〉숭'과 같다.

위 명 上

국어 '위(上)'와 아래(下)는 모음변이(母音變異)에 의해 분화된 것으로 동원어(同源語)라고 생각된다. ¶우(上) : 마리 우희 가치 삿기 치니《曲61》. ¶아래 : 城 아래 닐흔 살 쏘샤(維城之下矢七十發)《龍40》. üst(上)〔터키〕, aşagi(下)〔터키〕, alt(下)〔터키〕, uha, uhe(上)〔日〕, ohi(上)〔蒙〕. 터키어 üst(上), aşaği(下), alt(下)의 어근 üs, as, al 등이 동원어일 것이다. degere, dəər(上)〔蒙〕, door(下)〔蒙〕. 몽골어를 보면 상하의 뜻을 지니는 말이 모음변이에 의해 분화된 것을 알 수 있다. 일본어 uhe (上)는 ut〉ure〉uhe의 변화로서 ut이 조어형(祖語形)이다. 국어 '우'의

조어형이 '욷'임을 알 수 있는데, 웃어른은 '우더른'으로 발음된다. '욷 (上), 앋(下)'의 어원적 의미는 무엇일까? 아래(下)는 지면(地面)을 뜻 했을 것이라 여겨진다. 아울러 위(上)는 높다(高)의 뜻과도 연결된다고 보겠는데, 높다의 '높(놉)'은 산(山)의 뜻을 지닌다. 음달(응달), 양달은 음지(陰地), 양지(陽地)의 뜻으로 '달'은 땅(地)의 뜻을 지닌다. 고대어 에서는 산(山)의 뜻도 지니고 있었다. 달(山, 地), 돌(石), 들(野), 딜 (土)은 토지류(土地類)의 단어족(單語族)을 형성한다. 오르다(登)의 어근 '올'은 명사로서 산(山)의 뜻을 지닌다. 제주어에 '오름(丘)'이 있고, 만주어에 arin(山)이 있다. '욷(上), 앋(下)'은 국어 '올(山)'과 동원어라 여겨진다. 봉오리(峯)《字會上3》는 '볼오리〉보로리〉봉오리'이며, '오리'가 봉, 고(峯, 高)의 뜻을 지니고 있는 명사다. 밭(田), 벌(原)의 '받, 벋'도 토지류의 단어족에 속한다.　　　　　　　　　　　　　　➡ 오르다(登)

위파사나　　명

또는 '위빠사나'. 정념(正念)이 곧 깨달음이라는 남방불교의 수행법으로 존재의 특성을 의미하는 '위'와 본다는 의미를 지닌 '파사나'의 합성어이 다. 지금 이 순간에 깨어 있으므로 얻는 찰나의 열반을 확대하다 보면 화를 줄여 나갈 뿐 아니라 화가 솟기 전에 미리 죽이는 경지에까지 이른 다고 한다. 북방 불교의 간화선(看話禪. 조계종이 인식하는 최상의 수행 체계)과의 차이는 화두가 있고 없음이라 할 수 있다. 간화선은 '나란 무 엇인가'라는 근원적인 물음을 화두로 깨치는 반면 위파사나는 변화무상 한 존재의 특성을 매 순간 있는 그대로 살피는 것이다.

유리왕　　명 琉璃王

유리는 부여 출신인 예씨의 몸에서 태어난 주몽의 아들 이름이다. 주몽 에 이어 제2대 고구려왕이 되었다. 유리는 '누리'에서 변한 이름이다. '누 리'의 어근 '눌'은 사람의 뜻을 지닌다고 하겠다. 옛날에는 사람의 뜻을 지니는 말을 존귀하게 여겨 사람의 이름이 부족을 대표하고 나중에는 나라 이름까지 되었다. '나, 너, 누'가 '날, 널, 눌'에서 말음 ㄹ이 떨어졌다. na(吾)〔日〕, nare(汝)〔日〕. nare의 어근 nar는 국어 '날'의 반영형이다. 평안북도 사투리에서 '내가, 네가'를 '내레, 네레'라고 하는 것을 보면 옛말에 '날, 널, 눌'이었음을 보여준다고 하겠다. akihito(明仁)〔日〕, aisingioro(愛新覺羅)〔滿〕. akihito의 hito가 일본어에서 '사람'의 뜻을 지닌다. aisingioro의 aisin은 金, 黃金의 뜻이고 gioro는 청조(淸朝)의 성(姓)이고 국어 겨레(族)와 동원어다. nyalma(人)〔滿〕. nyalma는 nyal과 ma의 합성어다. nyal은 nal에서 변한 말인데 사람의 뜻을 지니는 '날, 널, 눌'과 동원어다. '누리'가 사람의 뜻이 아니고 해의 뜻을 지닐 개연성도 생각해 볼 수 있다. 날(日)의 몽골어는 nara(태양)다. 날씨, 날마다, 날이 들었다, 날이 저물었다의 '날'은 해의 뜻을 지닌다. 제2대 유리왕은 우리나라 최초의 서정시를 유리왕 3년(B.C. 17년)에 지어서 문학사에도 언급된 인물이다. 그가 후처로 얻은 왕후 화희(禾姬)와 치희(稚姬)가 서로 시기하여 다투다가 한나라 출신인 치희가 견디다 못하여 본국으로 가버리자 쌍쌍이 노는 꾀꼬리를 보고 자기의 외로움을 노래 부른 것이 삼국사기에 한역으로 전한다. 翩翩黃鳥 펄펄 나는 꾀꼬리는 雌雄相依 암수가 노니는데 念我之獨 외로운 이내 몸은 誰其與歸 뉘와 함께 돌아갈꼬. 신라 제3대 왕도 유리왕이었는데 한자로는 儒理王이지만 '유리'는 고구려의 '유리'와 동원어여서 역시 사람의 뜻을 지닌다고 하겠다. 당시는 사람이라는 이름이 짐승이 아니고 '사람'이라고 해서 존귀한 것으로 존장자의 이름에 쓰였다.

육시랄 〔갑〕 戮屍

'육시랄'은 상대를 꾸짖거나 저주할 때 쓰이는 욕설이다. 육시랄은 '육시를 할'이 줄어든 말이다. 육시는 한자어 '戮屍'다. 육시는 죽은 사람의 관은 쪼개고 목을 베는 행위 또는 형벌을 뜻한다. 육시를 할 대상은 주로 역모를 꾸미거나 그와 연루된 사실이 죽은 뒤에 드러난 사람이다. 형벌 중에는 아주 가혹한 것이라 하겠다. '육실할'로 적기도 한다. ▶ 오라질

윤회 圐 輪廻. Skt saṃsāra

범어의 뜻은 '흐르다'이며, 여기서 '모든 것은 생존 상태를 헤맨다.' 곧 무릇 산 것은 생사를 되풀이한다는 뜻이 나옴. 윤회전생(輪廻轉生), 생사(生死), 생사유전(生死流轉)이라고도 번역한다. 현대 인도어에서는 세계라는 뜻으로 쓰인다. 윤회의 세계는 지옥, 아귀, 축생, 아수라, 인간, 천상 등이 있다. 이를 육도 윤회라 한다. 선한 업을 지으면 천상, 악한 업을 지으면 지옥, 탐진치(貪嗔癡) 삼독(三毒)에 따라 탐심을 많이 일으키면 아귀(餓鬼), 성내고 화내면 아수라(阿修羅), 어리석으면 축생(畜生)의 과보(果保)를 받는다.

율모기 圐 斑蛇

'율모기'는 독이 없는 뱀으로서 무논이나 냇가에서 개구리, 쥐, 물고기 등을 잡아먹는다. 유혈모기, 늘메기 등의 별칭이 있다. ¶斑蛇 율목이《柳物二介》. 이무기는 전설상 동물의 하나로서 용이 되려다 못 되고 깊은 물속에 산다는 여러 해 묵은 큰 구렁이다. 이무기, 이슴, 이시미 등의 별칭이 있다. 율모기와 이무기는 뱀 종류라는 공통점이 있다. 율모기는 '율'과 '모기', 이무기는 '이'와 '무기'와의 합성어임을 보여주고 있다. 모기, 무기는 고대어에서 뱀의 뜻을 지닌 말이었다. mogai(蛇)〔蒙〕, mehə(蛇)〔滿〕. 모기, 무기가 몽골어 mogai와 만주어 mehə와 동원어라는 사실은 고대에 '모기'가 뱀의 뜻을 지니고 있었음을 보여주고 있다. 율목이, 이무기의 '율, 이'는 yılan(蛇)〔터키〕, ilan(蛇)〔우즈베크〕의 yil, il과 동원어로 역시 뱀의 뜻을 지닌다고 하겠다. 율모기의 별칭 '늘메기'의 '늘'과도 비교가 된다. '능구렁이'라고 하는 말의 '능'과도 비교됨 직하다.

윷 圐 柶, 翻板子

'윷'은 통나무를 반으로 쪼갠 것 넷으로 노는 놀이 또는 그 나무이다. 놀이에서 네 짝이 모두 자른 부분이 위로 향하는 것을 이른다. ¶윷 뎌(樗)《字

會下22》, 슻(柶)《字會下22》, 슻놀 탄(攤)《字會下22》, 슷(柶)《全南, 濟州方言》, 누끼(柶)《咸北方言》. '슻'이 문헌에는 나타나지 않았지만 당시는 슻과 윷형이 並存했을 것이다. 현대 함경도 방언에 四윷을 '슷'이라 하며 全北 淳昌에서도 '슷'이라 하고 황해도 해주 지방에서는 4점이 되었을 때 '쑤었다'라 하고 4점을 '쑹'이라고 한다. 이러한 현상은 옛날에 슻과 윷이 방언차를 가지고 함께 사용되었음을 보여 준다. 당시 표기자들은 윷은 슻에서 변한 음이라고 생각되어 원음인 슻을 표준어로 삼기 위해 즉 ㅅ을 복귀하려는 의도적인 부호로 △를 사용했다고 보인다.(서정범,『音韻의 國語史 的研究』p.46, 集文堂) 그런데 국어에서 두음의 ㅅ이 떨어진 예를 발견할 수 없다고 하는데 문제가 있다. '있다'가 제주 방언에서는 '싯다'형이 있다. 따라서 모음이나 하강이중모음이 두음일 때 'ㅅ'이 첨가된다는 현상은 있다고 보아야 할 것이다. 한편 '윷'의 근원적인 어원은 눗(눈)이라 하겠다. 함경북도 방언 누기의 어근은 '눋'으로 볼 수 있다. 하강이중모음 ㅑ, ㅕ, ㅛ, ㅠ는 나, 너, 노, 누에서 변한 음이다. 윷은 나무를 토막 내어서 만든 것이다. '눗(눈)'은 널(板)과 동원어가 된다. 나모(木)의 조어도 '날(낟)'인 것이다. 도개걸윷모의 순서인데 모는 말에서 변한 말이다. '말쓴다'고 한다. 동물 중에 제일 빠르기 때문에 5점이다. 윷이 4점, 걸이 3점, 개가 2점, 도가 1점이다. 짐승 중 도는 돼지인데 제일 느리기 때문에 1점이고 개는 돼지보다 빠르기 때문에 2점이다. 3점은 걸, 4점은 소인데 동작이 느린 소를 4점으로 생각한다는 것은 좀 이상하다. 그러나 소가 뛸 때는 속도가 빠르다는 것을 염두에 두면 그다지 이상하다고 볼 수 없지만 소의 어원과 일치하는지는 확실하지 않다. 도리어 사슴과 비교한다면 어근 삿(삳)이 나오기 때문에 가능하지 않을까.

으뜸　図 元, 幹, 頭, 第一番

'으뜸'은 사물의 중요한 정도로 본 첫째나 우두머리이다. ¶큰 으쓰믈 나토시며《法華1:7》, 읏듬 간(幹)《字會下3》, 은뜸 원(元)《倭下40》. 으쁨, 읏듬, 읃씀으로 표기되었다. 어근 '읃'은 우두(頭)《三譯4:18》의 어근 '욷'과 동원어(同源語)일 것이다. '욷(頭)'이라는 구상어(具象語)에서 추상어

(抽象語)로 변한 것이라고 여겨진다.

을씨년스럽다 冷淸, 淸凉, 寂廖

'을씨년스럽다'는 남이 보기에 탐탁하지 않고 몹시 쓸쓸하다란 뜻이다. 일본 제국주의가 우리나라를 강점하기 위해 강제로 맺은 가장 치욕스러운 을사조약(乙巳條約. 1905년)이 계기가 된 말인데, 마음이나 날씨가 어수선하고 흐린 것을 乙巳年스럽다고 하던 것이 을씨년스럽다로 변했다. 한편 을사년 대홍수로 전 국토가 황폐해지고 먹을 것이 없어 백성들이 큰 고통을 겪었다. 그 뒤 그런 상황을 을사년 같다, 을사년스럽다고 했다고도 한다.

읊다 詠

'읊다'의 어근은 '읊'인데, 말음 ㅍ(ㅂ)은 개입음이라 하겠고, '을'이 고형일 것이다. '을'은 명사로서 울다(泣), 웃다(笑), 알다(知), 아뢰다 등의 어근 '울, 웃, 알' 등과 동원어(同源語)가 된다고 하겠다. 읊는 것은 소리를 내는 것이다. '을'은 입, 소리(口·音)의 뜻을 지닌다고 하겠다. ¶을플음(吟)《倭上37》.

이기다 勝

'이기다'의 어근은 '익'이며, '익'은 '인〉일〉읽〉익'의 변화일 것이다. 고대에 이기기 위해 사용한 무기는 주로 칼이었다고 볼 때, 이기다의 어원적 의미는 칼이라 하겠다. ¶이긔다(勝) : 婆羅門이 모디러 넌기 가면 몯 이긔리니《釋6:22》. il(刃)〔蒙〕, ildo(刀)〔蒙〕. 어근 il이 날, 칼(刃, 刀)의 뜻을 지니고 있다. ilhaho(勝)〔蒙〕. 몽골어 ilhaho(勝)의 il이 칼, 날(刀, 刃)의 뜻을 지니는 명사임을 보여주고 있다. irana(鎌)〔日, 琉球〕. 유구어(琉球語) irana(鎌)는 ira와 na의 합성어로 irana의 na는 국어 '날(刃)'과 동원어(同源語)가 되고, katana(刀)〔日〕의 na와 같다. ira는 역시 칼

(刀)의 뜻을 지니는 말이므로, 고대 한국어가 유구에 흘러간 것을 알 수 있다. 유구가 일본의 국정에 들어간 기간을 통산해 보면 오늘에 이르기까지 일세기에 지나지 않는다. 그러니까 19세기까지는 일본의 국정에 들어가지 않았기 때문에, 현재 일본어의 영향을 별로 받지 않았을 것으로 예상된다. 유구어에 irana(鎌)의 ira(刀)가 있다는 것은 한국 고대어가 흘러갔다는 것을 보여주는 것으로 유구어 형성을 이해하는 데 큰 열쇠가 된다고 하겠다. hanaburu(鼻)〔琉, 與那國〕, katamusu(肩)〔琉, 宮古大神〕. hanaburu(鼻)는 hana와 buru의 합성어이다. hana는 현대 일본어. buru도 코(鼻)의 뜻을 지니는 말인데, 한국 고대어에서 코(鼻)의 뜻을 지니는 말이다. ¶곳블(感氣)《漢25d》. 곳블은 '고'와 '블'의 합성어인데, 코(鼻)의 뜻을 지니는 이음동의어(異音同義語)다. 어근 bur가 코(鼻)의 뜻을 지니는 '블'과 동원어다. katamusu(肩)는 kata와 musu의 합성어라 하겠는데, 이도 어깨(肩)의 뜻을 지니는 이음동의어라 하겠다. 메다의 '메'는 어근인데, '머이'가 줄어진 말로서 '먼〉멀〉멀이〉머이〉메'의 변화로 이루어진 말이다. 한국 고대어에서 '먼(멀)'이 어깨(肩)의 뜻을 지니고 있는 명사였는데, 명사는 엇게(肩)로 바뀌고 '메다'라고 하는 동사에 그 화석어를 남기고 있다고 하겠다. merən(肩)〔滿〕. 어근 mer가 어깨(肩)의 뜻을 지니고 있는데, 국어 '먼(멀)'과 동원어가 된다. 이렇게 국어에서도 소실된 고대어가 유구의 여나국(與那國) 방언에 있다는 것은 선사시대에 우리 겨레의 언어가 흘러들어갔다는 것을 보여주는 것이라 하겠다. 이음동의어의 합성어일 경우 앞에 오는 명사는 신세력어이고 뒤에 오는 명사는 구세력어가 된다. 이렇게 신구어의 합성어가 형성되는 것은 신구양어권(新舊兩語圈)의 사람들이 공통으로 이해하기 위해서라 하겠다. kılıç(刀)〔터키〕, kazanmak(勝)〔터키〕, katana(刀)〔日〕, katsu(勝)〔日〕. 터키어, 일본어에서 이기다(勝)의 뜻을 지니는 동사는 칼(刀)의 뜻을 지닌 명사가 동사화된 것을 알 수 있다. 일본어 katsu(勝)의 어근은 kat인데, katana(刀)의 어근 kat과 동원어고 칼의 고어 '갈(갇)'과 동원어가 된다. ətəmbi(勝〔滿〕, ətələ〔女〕. 어근 ət이 명사로서 도검류(刀劍類)의 뜻을 지닌다고 하겠다. 오리다(切)〔國〕, orak(鎌)〔터키〕, ulmə(針)〔滿〕, alaho(殺)〔蒙〕, il(刀)〔蒙〕, ildo(刀)〔蒙〕. 어근 or, ul, ar, il 등이 날(刀物)의 뜻을 지니는 명사임을 보여주고 있다. ikutatsi(生大刀)〔日〕, ikusa(軍, 戰)〔日〕. iku는 일본에서는 生(날 생)의 뜻으로 해석하고 있으나, 이는 잘못된 것이고 국어의 이기다(勝)의 '익'이 고대어에서는 칼(刀)의 뜻을 지니는 명사였는데, 이 '익'이 일본에 건너가 iku가 된 것이다. ikusa(軍, 戰)는 iku(刀)와 sa(矢)의 합성어라 하겠다. sa(矢)는 국어 '살(矢)'이 건너가서 ㄹ이 탈락한 형이다. ikutatsi는 생대도(生大刀)가 아니라 칼(刀)의 뜻을 지니는 이음동의어의 합성어라 하겠다.

이끌다 〔통〕 引導

'이끌다'는 따라오도록 인도하다, 앞에서 잡고 끌다이다. ¶닛다 : 스승을 곧 닛기 흐니《曲112》. 닛다〉잇다(續). ¶나모신 ᄯᅳᆺ고《南明下8》. ᄯᅳᆺ다〉ᄯᅳ으다. ¶숨엇거늘 ᄭᅳ어내야(曳出之)《小諺6:61》, 신명을 ᄭᅳ으러《敬信5》. ᄭᅳ으다〉ᄭᅳ을다〉ᄭᅳᆯ다〉끌다. 이끌다는 '잇(續)'과 '끌(引)'이 합친 '잇끌다'가 이끌다로 변한 것이다.

이끼 〔명〕 苔

'이끼'는 돌 등에 붙어사는 풀이다. ¶잇(苔) : 잇 무든 대는 본디로 즐기논 거시언마론(苔竹素所好)《杜初15:15》, 파란 잇기 나도다《南明下28》, 잇 틴(苔)《字會上8》. '잇'의 조어형(祖語形)은 '읻'인데, 어원적 의미는 풀(草)일 것이다. nyolmon(苔)〔滿〕, yosun(苔)〔터키〕, nogo(草)〔蒙〕. nyolmon의 어근 nyol은 nol에서 변화한 것이다. yosun은 nosun에서 변화한 것인데, nos(not)가 원형이다. nol, nos(not)는 풀(草)의 어원적 의미를 지닌다고 하겠다. 국어 나물, 냉이, 나생이(薺)의 어근 '낫(낟)'이 풀(草)의 뜻을 지니며, 일본어에 na(菜, 나물)가 있다. 잇(苔)은 '닛(닏)'에서 변화한 것으로 풀(草)의 뜻을 지닌다고 하겠다. 잇기는 '잇'과 '기'의 합성어로 '기'는 접미사라 하겠다. 막대 : 막대기, 보시 : 보시기. 삼국사기에 나오는 사람의 이름인 異斯夫를 달리 苔宗이라고 한 것을 보면 어근은 '잇'임이 분명하다.

이다 동 戴

'이다'의 어간 '이'는 명사가 된다. 이는 것은 머리 위에 올려놓는 것이기 때문에, '이'는 머리의 뜻을 지닐 것이다. '읻〉일〉이'의 변화다. ¶이다 (載) : 楚公의 그륜 매여 매쁘를 옛도소니(楚公畵鷹鷹載角)《杜初16:35》. 우두(頭)《三譯4:18》, atama(頭)〔日〕, uču(頭)〔滿〕, ütügüs(頭)〔蒙〕. 어근 ut, at 등이 머리(頭)의 본뜻을 지니고 있음을 보여주고 있다. ¶닐더 (戴)《倭下38》. '니다'형이 보인다. 니마(額頂)의 '니'와 '니다'의 '니'와 동원어일 개연성이 있다. ni(荷)〔日〕. ➡이마

이따금 부 時時, 間或, 有時

'이따금'은 조금씩 있다가, 가끔, 때때로라는 말이다. ¶잇다감(有時에)《南明下2》. 잇다감은 가끔의 뜻을 지닌다. ¶잇다가(一回兒)《同文下49》. 잇다가는 조금 후에라는 뜻이다. '잇다감'이나 '잇다가'는 모두 부사다. 잇다감은 '잇다'와 '감'의 합성어다. '감'은 '잇다'라고 하는 말에 붙은 접미사다. 부사 밑에 붙는 '-곰'이 있다. 다시곰, 시러곰, 그리곰, 젹곰(조금)의 '곰'의 변형인 '감'일 것이다. '잇다가'는 '잇다(有)가'로서 먹다가, 놀다가, 울다가, 웃다가와 같은 형태로서 잇다에 '가'가 붙은 것이다. 잇다감의 '감'은 뿐(時)의 고형 '금'일 수도 있을 것이다.

이랑 명 畦

'이랑'의 어근은 '일'인데, '읻'이 조어형(祖語形)이다. ¶이랑 규(畦)《字會上7》. aze(畦)〔日〕. 일본어 aze의 어근은 az(at)인데, at의 어원적 의미는 흙, 땅(土, 地)의 뜻을 지닌다 하겠다. 이랑의 어근 '일(읻)'은 고어에서 흙, 땅(土, 地類)의 의미를 가진 어휘였다는 것을 알 수 있다. 오르다 (登)의 어근 '올'이 산(山)의 뜻을 지니는 명사이며, 제주 방언에 '오름

(丘)'이 있고, 만주어에 arin(山)이 있는데, '올', al 등이 토지류(土地類)의 뜻을 지니는 말이라 하겠다. 그러나 이랑은 '니랑'에서 두음 ㄴ이 탈락한 형일 수도 있다. 그럴 때에는 나라(國), 만주어 na(地) 등과 동원어가 될 것이다.

이랴이랴 워 　🔲 駕, 赶牛馬聲

소에게 '이랴이랴' 하면 가라는 뜻이고, '워!' 하면 멈추라는 뜻이다. '워'는 '울어〉우어〉워'의 변화일 것이며, 조어형(祖語形) '욷'이 된다고 하겠다. 일본어 usi(牛)는 이 '욷'에서 비롯한 말인 듯하다. 만주어에서 učima(家畜)가 있는데, uči와 ma의 합친 말이라 하겠다. uči의 조어형은 ut이고 ma는 mal(馬)의 l음 탈락으로서 우마(牛馬)의 본뜻을 지니는 말인 듯하다. 외양간(廐)이 문헌에는 오히양《杜初20:16》, 오향《譯上19》으로 나온다. 몽골어에서 hasiya가 담, 울타리(木柵子, 塀, 墻, 籬)의 뜻을 지니고 있다. hasiya는 hasiyan으로도 나온다. 돼지우리의 '우리'가 hasiya에 해당된다고 하겠다. 그렇게 보면 오히양의 '히양'은 몽골어 hasiya 또는 hasiyan과 동원어일 것이다. 오히양의 '오'가 가축, 특히 우마의 뜻을 지니는 듯하다. '오'는 '욷(올)'이 조어형일 것이다. 일본어 usi(牛)와 uma(馬)는 '욷'과 동원어(同源語)인 듯하다. 터키어에는 at(馬)가 있다. 한국어 : 일본어. ut(ul) : usi(牛), ul : uma(馬). ihan(牛)〔滿〕, uhel(牛)〔蒙〕, inek(암소)〔터키〕. 어근 i, u는 이랴이랴의 '이'와 관련될 듯.

이르다¹ 　🔲 謂, 云, 告, 告訴, 說

말하다, 알아듣게 말하다, 잘못함을 깨닫게 말하다의 뜻을 지니고 있다. ¶니ᄅ거나 쓰거나《月17:41》, 니ᄅᆞᆯ 셜(說)《字會下18》, 아돌온 소겨 닐아《月23:65》. 어근 '닐'은 명사가 되며 말의 뜻을 지닌다. 노래(歌)의 '놀'이 말의 뜻을 지닌다. nori(神語)〔日〕, norito(祝詞)〔日〕. 어근 nor가 말의 뜻을 지닌다.

## 이르다² 	휑 무

'이르다'의 어근 '일'은 부사 '일'과 일찍의 '일'과 동원어(同源語)가 된다고 하겠다. 일찍의 '찍(짇)'은 올 적, 갈 적의 '적'과 동원어가 되며, 때(時)의 뜻을 지닌다고 하겠다. '일'은 명사로서 해의 본뜻을 지니는데 시간 관련 어휘는 주로 그 어원이 해의 뜻을 지니고 있는 명사에서 비롯된다. ¶先生이 일 昏蒙호믈 텨브리니라(先生早擊蒙)《初杜9:6》. 이를 조(早)《字會上1》, 치움 나미 이르니(生寒早)《杜初15:17》. 사올(三日)《龍67》, 나올(四日)《釋11:31》의 올(日)이 본디는 해의 뜻을 지닌다. 아춤(朝)의 어근 '앛(앋)'도 본디는 해의 뜻을 지닌다고 여겨진다. əddə(早)〔에벤키〕, ərdə(早)〔오로촌〕, ərdə(早)〔나나이〕. 어근은 ər, əd가 된다. 올되다, 올벼의 '올'과도 동원어일 것이다.

➡ 아침(朝)

## 이름 	몡 名, 姓名

'이름'은 말로서 표현한다. 한자 名(이름 명) 자는 저녁 석(夕)과 입 구(口)로 형성되었는데, 고대에는 저녁이 되면 깜깜하게 어두워 상대방이 잘 보이지 않아 이름을 불렀다는 자원설(字源說)이 있다. ¶일훔(名) : 아바님 지후신 일훔 엇더호시니《龍90》, 일훔(名) : 일훔도 쏘 됴호니《杜重1:14》. 일훔은 '일'과 '훔'의 합성어로서 말(語)의 뜻을 지니는 이음동의어(異音同義語)라 하겠다. '일'은 니르다(謂)의 어근 '닐'의 변화로서 말의 뜻을 지니는 명사가 된다. 할다(참소하다)의 어근 '할'은 말의 뜻을 지닌다고 보겠다. 일훔의 훔은 '훋〉훌〉훌음〉후음〉훔'. 그러나 '훔'은 접미사로서 볼 수도 있다. 곧 '일+ㅎ+움'이다. na(名)〔日〕, nərə(名)〔蒙〕. 일본어 na, 몽골어 nərə와 '일훔'의 '일'과 비교할 수 있다. 어원적 의미는 말의 뜻을 지닌다고 하겠다.

## 이리¹ 	몡 魚白, 白子

수컷물고기의 뱃속에 있는 흰 정액 덩어리이다. ¶고기의 이루(魚白兒)《四

解下59》, 이릐(魚白)《物譜飮食》, 일의(魚白兒)《譯下38》, 일희(魚白)《柳物,
二, 水族》. 일의, 일희, 이루, 이릐 4가지 형태가 고어에 나타난다. 이는
어근이 '일'이며 나머지는 접미사로 볼 수 있다. '일'은 일다(成)의 '일'과
동원어라고 본다. ilaktə(魚白)〔에벤키〕. 에벤키어에 'ila'와 동원어라는
것은 고구려시대에는 한반도어와 거의 같았다고 여겨진다.

이리² 명 狼

짐승은 생김새, 울음소리, 사는 곳에서 이름을 지은 것이 많다. '이리'는
개과에 속하고 개와 비슷하게 생겼다. 울음소리가 '우우' 같이 들리며,
개는 '으르렁'으로 들린다. ¶일희(狼)《漢425d》, 일히 랑(狼)《字會上18》,
일히 : 범과 일히와 헐인 딜 고튜디(治虎狼傷痕)《救簡下64》. inu(狗)〔日〕,
it(狗)〔터키〕. 일본어 inu의 어근은 in으로서 it이 조어형(祖語形)인데,
터키어 it(狗)과 일치하고 있다. 국어 이리의 어근 '일(읻)'과 일본어와
터키어의 조어형 it과 일치한다.

이마 명 額

'이마'는 머리의 앞부분이다. ¶니마(額) : 니마히 넙고《釋19:7》. 니마는
'니'와 '마'의 합성어로 여겨진다. 니마의 '마'는 마리(頭)의 어근 '말'의
말음탈락형이다. 니마의 '니'는 앞(前)의 뜻이다. ¶니믈 : 빗니믈(舡頭)
《譯下21》. 니몰 : 빗니몰 로(艫)《字會中26》, 고믈 : 빗고믈(舡稍)《譯下21》.
'님'이 앞(前)의 뜻을 지닌다. 니믈은 현재는 이물이라고 하며 뱃머리다.
한편 님븨곰븨《靑p.123》는 앞뒤라는 뜻인데, '님븨'의 '님'이 앞이란 뜻이
므로 '님마(前頭)'가 ㅁ의 동음생략으로 니마가 되지 않았나 한다. '님'의
조어형(祖語形)은 '닏'으로서 '닏〉닐〉닐임〉니임〉님'의 변화일 것이다. 앞
의 뜻을 지니는 말은 태양의 본뜻을 지닌다. '닏(닐)'은 날(日)과 동원어
(同源語)일 것이다. 한편 니믈리기(後婚)《朴初上45》, 니통소(爭食窩子)
《譯上32》의 '니'는 뒤(後)라는 뜻이므로 앞뒤 방향어는 어원이 같다고 볼
수도 있다. '니마박'의 '박'은 '받〉발〉밝〉박'의 변화로서 원의는 머리(頭)

다. "머리로 받다"의 '받다'의 어근 '받'이 머리의 뜻이고, 박치기의 '박'이 머리의 뜻을 지닌다.　　　　　　　　　　　　　　▷ (머리로) 받다

이불　명 衾

'이불'은 사람이 잘 때 덮는 침구이다. ¶니블 금(衾)《字會中23》. 니블〉이불. ¶저희 닙셩의 것도《癸丑p.115》. 닙셩이 옷(衣)의 옛말이다. ¶눌근 옷 니버《曲155》. 닙다(着)의 '닙'과 니블, 닙셩의 어근 '닙'은 동원어(同源語)다. '닙' 명사에 '을' 접미사가 붙어서 '닙을〉니블'이 되었다.

이빨　명 齒

'이빨'은 '이'와 '발(빨)'로 나눌 수 있다. 그것은 15세기 문헌에 '닛발'로 나오기 때문이다. ¶닛발 : 白玉琉璃ㄱ티 희여신 닛바래 人讚福盛ᄒᆞ샤 미나거신 특애《樂軌處容》. 닛발은 '니+ㅅ+발'로 분석할 수 있다. 이는 '닛므윰(잇몸), 닛바대(잇바디), 닛병(잇병), 닛시울(잇몸)' 등의 합성어를 보면, ㅅ은 사잇소리라는 것을 알 수 있다. 한편 잇발이 이빨로 된 것은 사잇소리 ㅅ이 뒤에 오는 ㅂ과 합쳐져 된소리로 된 것을 반영해 표기한 것이다. ¶니(齒)《訓諺》, 놀(刃)《楞8:107》. 니(齒)가 개음절어(開音節語)지만 본디는 폐음절어(閉音節語)였을 것이다. 놀(刃)과 니(齒)는 동원어(同源語)라 여겨진다. 놀(刃)의 기원은 날(齒)일 것이다. 놀이 생기기 전에는 이(齒)가 절단의 도구로 쓰였을 것이다. 그러므로 날(齒)이 먼저 생긴 말이고 이(齒)와 같은 절단구를 날(刃)이라는 이름을 붙였을 것이다. 경상도 방언에 '나락(稻)'이 있고 고어에 '니(稻)'가 있어 대응된다. ¶니 : 니뿔룰 봇가《救簡1:86》. '니'는 벼의 뜻을 지닌다. 나락의 어근은 '날'이다. 날(稻) : 니(稻), 놀(齒→刃) : 니(齒). 잇발의 '발'도 이(齒)의 뜻을 지니는 고어다. paloa(齒)〔나나이〕. 어근 pal이 국어 '발(齒)'과 일치하고 있다. 일본어에서 이빨은 ha(齒)인데, pa가 고형이고 pal(pat)이 조어형(祖語形)일 것이다. 잇발은 이(齒)의 뜻을 지니는 이음동의어(異音同義語)의 합성어가 된다. ha(齒)〔日〕, ha(刃)〔日〕. 일본어에서 이(齒)

와 날(刃)은 형태도 같은 동원어(同源語)임을 보여주고 있다.

➡ 닛바대(잇바디)

이슬 명 露

'이슬'은 물의 한 변형이다. ¶霜露皆曰率《類事》, 이슬(露) : 곳 이슬 저즈 리라《曲42》. 『계림유사(鷄林類事)』에는 서리와 이슬(霜, 露) 모두 率(솔) 로 표기 했다. 『훈민정음(訓民正音)』 해례(解例) 용자례(用字例)에는 霜(상)은 서리로 되어 있다. 『월인천강지곡(月印千江之曲)』에는 露(로) 는 이슬로 되어 있다. 문헌만으로 통시적으로 보면 단음절어(單音節語) '슬'이 이음절어(二音節語) '이슬'로 되었다고 하겠다. sirəŋgi(露)〔滿〕, siləksə(露)〔오로촌〕, sigutər(露)〔蒙〕, sıləun(露)〔女〕. 어근 sir, sır가 이 슬(露)의 뜻을 지닌다고 볼 때, 『계림유사』의 率과 동원어(同源語)가 된다고 하겠다. 서리(霜)의 어근 '설'과도 동원어가 된다. syəri(泉)〔滿〕, səčyən(源)〔滿〕, su(水)〔터키〕, sulamak(물주다)〔터키〕, sulu(물기)〔터 키〕. 어근 syər, syəč은 각각 조어형(祖語形)은 sət이고, 터키어에서는 sul(sut)이 물의 뜻을 지닌다고 하겠다. 이슬은 '슬'에 관형어 '이'가 붙었 다고 보겠다. ido(井)〔日〕, izumi(泉)〔日〕, i(井, 堰)〔日〕, i(川, 河)〔니브 흐〕. 일본어 i는 물과 관련된 어휘라 하겠다. ¶於乙(泉)《三史, 地理》. 얼음 (氷)〔國〕, oso(水)〔滿〕. 국어 '얼'이 물의 본뜻을 지니고 있음이 분명하다. 몽골어에서 oso(水)의 어근 os(ot)가 보인다. ura(江)〔滿〕. 어근 ur가 물의 뜻을 지니고 있다. 이슬의 '이'도 물의 뜻을 지닐 것이다. '쌀을 일다, 콩을 일다'의 '일다(汰, 淘)'의 '일'은 명사로서 물(水)의 뜻을 지닌다고 하겠다. '일다'는 물이 주체가 된다. 국어에서도 '일'이 물의 뜻을 지니는 명사였음을 보여주고 있다. 일본어 ido(井)는 i와 do와의 합성어인데, do는 국어 '돌(梁, 渠)'과 동원어(同源語)일 것이다. izumi(泉)의 zumi 는 국어 '샘(泉)'과 동원어일 것이다.

➡ 우물(泉), 우리다(泡出來, 洇)

이야기　圐談, 說, 話

경상도 방언에서는 '이야기'를 이바구(談話)라고 한다. ¶입아귀(吻)《字會上26》. '입'과 '아귀'의 합성어라 하겠다. 아귀다툼(言爭)의 '아귀'가 입의 뜻을 지닌다. 입아귀는 입의 뜻을 지니는 이음동의어(異音同義語)의 합성어다. '이바구>이와구>이아구>이야구→이야기'로 변했다 하겠다. ¶부엌아귀(竈火門)《譯上18》. '아귀'가 아궁이의 뜻을 지닌다. 아궁이의 어근 '악'이 입(口)의 뜻을 지닌다. 아가리의 어근 '악'도 입(口)의 뜻을 지닌다. 마을어귀의 '어귀'는 동구(洞口)이므로 입(口)이다. ¶니야기 : 니야기(古話)《譯補23》. 니야기가 나오므로 '이바구'는 '니바구'로 소급된다. '니바구'는 '닙아구'다. '닙'은 '입'의 고형이다. ¶닙 : 닙은 丹砂로 직은 듯ᄒ다《海東p.113》.

이엉　圐蓋茅, 草苫子

'이엉'은 지붕을 잇기 위하여 볏짚을 엮어 놓은 것이다. ¶니영이 다 거두치니 울잣인들 셩ᄒ소냐《靑p.43》, 닛딥(稻草)《譯下10》, ᄒ다가 닛딥 피면(若是稻草時)《老上16》, 닛집 드러내여《松江二13》. 볏집이 닛딥, 닛집으로 표기되는 것을 보면 '니'가 벼(稻)의 뜻을 지니고 있음을 보여주고 있다. 보리쌀, 수수쌀, 좁쌀과 같이 '닙쌀'이란 말은 '니'가 벼의 뜻을 지니고 있음을 보여주고 있다. 조ㅂ쌀, 니ㅂ쌀의 'ㅂ'은 사잇소리다. '니영'의 '니'는 '벼'의 뜻을 지니고 있다고 하겠다. 지붕을 이는 것은 주로 '볏짚'이라 하겠다. '니엉>이엉'의 변천으로서 '닙>닐>닐엉>니엉>이엉'의 변화일 것이고 '엉'은 접미사가 된다. 나락(稔)《詩諺物名》이 벼의 뜻을 지니고 있다. 나락의 어근 '날'과 동원어일 것이다. 쌀에 섞여 있는 벼를 '뉘'라고 한다.

이웃　圐隣

'이웃'이란 곳을 가리키기도 하지만, 사람을 가리키기도 하기 때문에, 사람의 본뜻을 지닌다고 하겠다. 고대에는 모두 사람을 중심으로 하는 사고방식이 있었기 때문에 사람을 중심으로 언어도 발달하였을 것이다. ¶以本(隣)《譯語》, 이웃 : ᄒᆞ오ᅀᅡ면 이우지 업거니(獨則無鄰)《楞3:37》, 이웃(隣) : 車馬 톤 사ᄅᆞ미 이웃 지브로 들어놀(車馬入隣家)《杜初9:9》. '이븓〉이웆〉이웃(이웃)'의 변화라 하겠다. '이븓'의 '븓'은 사람의 본뜻을 지닐 것이다. 벗(友)의 조어형(祖語形)은 '벋'으로서 사람의 본뜻이 있다. 악바리(惡人), 혹부리(瘤人)의 '바리, 부리'가 사람의 뜻을 지닌다. 어근 '발(받), 불(붇)'과 '이븓(隣)'의 '븓'은 동원어(同源語)인 듯하다. '이븓'의 '이'는 是(이 시)의 뜻을 지닌다고 보겠다. 이곳의 '이'와 같이 이 사람의 본뜻을 지닌다고 하겠다. 일본어에 tonari(隣)가 있는데, to와 nari의 합성어라 하겠다. nari는 일본어 nare(汝), na(汝)와 동원어고, 국어의 나(一人稱), 너(二人稱), 누(否定稱)와 동원어로서 어원적 의미는 사람이다. tonari의 선행어 to는 domo(同士, 同志, 仲間, 끼리. 親한 사이의 사람, 친구)의 어근 do(to)와 동원어일 것이다.

이익　圐 利益

① 이득, 이윤. "敎民種殖桑柘痲紵之屬, 勸令養蠶織屨, 民得利益焉."《後漢書, 衛颯傳》. ② 불교어. 梵 artha(實利, 목적, 대상, 의미, 재산), hita(이익, 건강에 좋다, 행복을 준다). 옛날부터 인도에서는 아르타(실리), 다르마(법), 카마(애욕), 목샤(해탈) 등 인생의 4대 목표가 있었다. 스스로에게 덕 되는 것이 공덕이며, 남에게 덕 되게 하는 것이 이익이다. 대승불교에서는 자신의 깨달음(공덕)과 남을 살아가는 괴로움에서 벗어나게 하는 것(이익)을 목표로 한다. 이익은 물질적인 의미로도 종교적인 의미로도 사용된다. 불보살의 자비 또는 수행의 결과로 얻는 것인데, 이 세상에서 얻을 수 있는 이익을 현세이익, 내세에 얻을 수 있는 이익을 후세이익이라 한다. 功德利益者, 只功德一而無二, 若分別者, 自益名功德, 益他名利益."《法華文句記, 六之二》. ¶리익 : 衆生 利益을 어느 다 술ᄫᅳ리《月印上63》.

이제 몡 튀 今

'이제'의 '제'는 '저이'가 준 말이라 하겠다. '젇〉절〉절이〉저이〉제'의 변화
다. ¶젹(때, 적) : 거믄고 노던 저근 보디 몯거니와《杜初16:30》, 제 : 지
ᄫ로 도라오싫 제《龍18》, 이제 : 今은 이제라《月序13》, 어느 제 : 어느 제
일우리《南明上18》, 언제 : 언제 새어든 부텨를 가 보ᅀᆞᄫ려뇨《釋6:19》. 이
제, 그제, 저제, 언제의 '제'도 '젇'에서 변한 말일 것이다. '적'은 '젇〉절〉
젉〉적'의 변화일 것이다. '젇'은 '덛'으로 소급된다. 어느 덛, 적은 덧(덛)
도 시간을 뜻하는 말이다. 돌(年), 때(時)의 어근 '돌, 닫(달)'과 동원어
(同源語)가 된다고 하겠다.   ➡ 때(時)

이틀 몡 二日

'이틀'은 '읻'과 '을(흘)'의 합성어다. ¶잇툴 : 홀니런가 잇ᄐ리런가《普勸
32》. 잇틀 : ᄒᆞᄅ 스이 두락 잇틀 스이 두락 왕니ᄒᆞ니《新語4:25》. 이틀(二
日) : 홀리어나 이트리어나 사ᅀᆞ리어나《杜初7:23》, 이튼날 : 이튼날 익(翌)
《類合上3》, 이틄날 : 이틄나래 나라애 이셔《月1:6》, 이틄날 : 이틄날 伯顏
이 兵馬가져《三綱烈20》, 이틋날 : 이틋나래 舍利佛이 보고《釋6:27》. 이듬
해(翌年)의 어근은 '읻'이 된다. 사올(三日)《龍67》, 나올(四日)《釋11:31》
이 사흘, 나흘로 변한다. 이는 사올, 나올일 때에는 모음이 이어나기 때문
에 이를 피하기 위해 ㅎ이 개입되었다고 하겠다. 사올, 나올의 '올'은 해
(日)의 뜻을 지니며 어원적 의미는 해라고 보겠다. '읻을'은 '읻(읻)'과
'을'의 합성어로서 이일(來日)의 본뜻을 지닌다고 하겠다. 이태(二年)는
'읻'과 '해'의 합성어일 것이다. ¶잇사ᅀᆞ래도(兩三日)《救方上23》. 만주어
isuhun은 '다음의, ~쪽으로 향하여, 맞서는, 마주하는'의 뜻을 지닌다.
isuhun aniya(明年)〔滿〕, isuhun biya(來月)〔滿〕.

이판사판 몡 理判事判

불교어. 막다른 데에 이르러 더는 어쩔 수 없는 경우. '죽자 살자, 막다른

골목, 죽기 아니면 까무러치기'란 말과 비슷하다. 이는 원래 불교의 이판 승(理判僧)과 사판승(事判僧)에서 나온 말이다. 이판승은 속세를 떠나 불가에 들어 도를 닦는데 마음을 기울이는 승려를 말하고, 사판승은 절에 서 재산을 관리하고 사무를 맡아 처리하는 승려를 말한다. 그런데 이들은 가끔 의견이 서로 맞지 않아 다투는데, 서로 양보하지 않고 자기의 주장을 끝까지 굽히지 않기 때문에 이판사판이라는 말이 나왔다고 한다. 또는 이 두 승려 집단의 경계가 없어져 엉망이 된 것을 말한다. 하여튼 이런 용법은 불교를 비하하는 전형적인 용례라 볼 수 있다. "나도 이제 이판사 판이니 한번 가서 드잡이라도 해 보겠다."(김유정, 『금따는 콩밭』)

익살　　图 諧謔, 滑稽

멋진 말로 일부러 남을 웃게 하는 짓이다. 익살은 '익'과 '살'의 합성어이다. '살'도 소리(音, 聲, 言)의 어근 '솔' 또는 사뢰다(奏)의 어근 '살'과 동원어 가 될 것이다. '익'은 입(口), '입살(솔)>익살'로 변했을 것이다. 익살은 속마음을 나타내기보다 언어유희적인 성격을 띤 말이어서 '입소리'일 개 연성이 높다. üge(言)[蒙]를 보아 '익'은 몽골어 üge의 어근일 개연성이 있으나, 앞에 오는 말은 거의 신세력어이기 때문에 국어 입(口)이 어원이 라고 보는 것이 개연성이 높다. 말은 입에서 하는 것이기 때문에 그 어원 의 근원은 입이라 하겠다.

익숙하다　　图 熟

'익숙하다'는 손에 익어서 능란하다, 손에 익었다, 자주 보거나 들어서 눈에 환하다이다. ¶닉수거 甁이 소내 잇도다(慣捷甁在手)《杜初9:21》. 닉숙다. 닉숙다의 '숙'은 한자어 숙(熟)일 것이다. 곧 우리말 '닉'과 한자 어 熟이 겹친 동의중첩어(同意重疊語)다. 굳건(健)하다, 튼실(實)하다, 맑숙(淑)하다(말쑥하다), 얇박(薄, 얄팍)하다 등과 같은 어휘형성이다. 닉다의 '닉'은 명사가 된다. '닏>닐>닔>닉'의 변화다. 익숙하게 되는 것은 손의 작용이라고 본다면 그 어원은 손의 뜻을 지니는 말일 것이다.

인간 명 人間

사람이 사는 세상(世間, 人間界, 人界)이란 뜻에서 '사람' 또는 '인류'라는 뜻으로 전환된 것은 일본에서 19세기에 영어 man의 번역어로 사용한 데서 유래하며, 우리나라에서 이를 받아들인 것이다. 또 '사람 됨됨이'란 뜻으로도 쓰인다. 비슷한 말로 '인물(人物)'이 있다. 인간의 첫 용례는 『한비자(韓非子)』「해로(解老)」에 나오는 "狂則不能免人間法令之禍. (미치게 되면 세상의 법령을 범하여 벌을 받는 재앙을 면할 수 없게 된다.)"이다. 또한 인간세(人間世)로는 『장자(莊子)』 내편의 편명(篇名)으로 나오는데, '인간세'란 세간(世間), 실사회(實社會)란 뜻이며, 인간은 사람들의 모임, 世는 연대(年代)다《赤塚忠. 莊子》. 인간훈(人間訓)으로는 『회남자(淮南子)』의 편명(篇名)으로 나오는데, 인간의 길흉, 득실, 존망에 대해 다룬 것이다. "人間之事, 吉凶之中, 徵得失之端, 反存亡之幾也, 故曰人間."《劉文典撰. 淮南鴻烈集解》. 人間은 문자 그대로 사람이 사는 공간(곳)이다. 곧 이백(李白)의 시(詩)「산중문답(山中問答)」에 나오는 "別有天地非人間"의 인간이다. 우리말 문헌으로는 조선 선조(宣祖) 9년(1576)에 유희춘(柳希春)이 『유합 類合』을 증보(增補)하여 엮은 한자(漢字) 학습 입문서인 『신증유합 新增類合』에 인간 셰(世)《下47》로 처음 나오며, 『계축일기 癸丑日記』에는 "인간의 사롬 살며 어딘 일을 ᄒᆞ여도"로 나오고, 윤선도(尹善道)의 『고산유고 孤山遺稿』에 있는 시조(時調) 가운데 "仙界 佛界ㄴ가 인간이 아니로다"로 나오는데 모두 사람이 사는 세상의 의미로 사용되었다. 최세진(崔世珍)의 『훈몽자회(訓蒙字會)』에는 世 자가 '누리 셰'《中1》로 나온다. 곧 '누리'와 '인간'이 일치한다고 볼 수 있다. 불교 경전에서 인간(人間)으로 한역된 범어는 여러 가지인데, 먼저 마누시야 로카(manuṣya-loka)가 있다. 마누시야는 사람, 로카는 세계이므로 사람의 세계다. 마누시야는 사고(思考)의 뜻도 있으며, '마누'도 넓게는 인류를 가리키고, 또한 인류의 시조 이름이기도 하다. 음역으로 摩奴闍(마노사), 末奴沙(말로사)가 있다. 『구사론 俱舍論』 11권에 "人間五十年, 下天一晝夜"란 말이 있는데, 이 人間은 느리(nṛ)인데, 이 경우의 人間은 사람의 복수형이므로 '사람들'이다. 아비달마교학에서는 인간은 수미산(須彌山)의 사방에 있는 동승신주(東勝身州), 남섬부주(南瞻部州), 서우화주(西牛貨州), 북구로주(北俱盧州) 등이라는 4주에 살고 있다. 남섬부주(南瞻部州)는 염부제(閻浮提)라고도 하며 우리는 여기에 살고 있다고 한다. 북구로의 사람은 수명이 1000살, 서우화의 사람은 500살, 동승신의 사람은 250살, 남섬부의 사람은 한정이 없다. 불교에서 인간은 자신의 업에 따라 신, 동물, 벌레로도 될 수 있는 이른바 만물 가운데 하나다. 공간의 개념으로 간, 칸이 지금도 쓰이고 있다. 보기. 공간(빈터), 집칸, 차칸, 곳간, 정지간(부엌), 수라간(부엌), 뒷간(화장실).

▣ 누리, 세간, 사람

인두　囝 熨斗, 烙板, 烙鐵, 燙斗, 金斗, 火斗

주로 숯불에 꽂아 달구어 옷의 구김살을 펴는데 사용하는 도구로 다리미의 보조적인 역할을 한다. ¶인도 烙鐵《同文下17》, 인도 밧침 전반(烙板)《譯補41》, 인도 硏刀《韓淸309d》, 인도 熨人 熨印《物譜蠶績》 硏刀爲之引刀熨縫之具《雅言二》. '인도'는 고유어라기보다 한자어에서 왔을 개연성이 있다. 한자어 '熨斗'는 '울두'로 읽는다. '熨'은 '눌러 덮게 할 위' 또는 '다리미질 할 울'로 읽는다. '위두' 또는 '울두'에서 '인두'라는 말로 변했을 개연성을 생각해 보게 된다. '울두, 위두〉우두〉운두→인두'로 변했을 것이다. 한편 熨斗의 중국어 발음이 yùndŏu 또는 yùntou이므로 외래어로 중국 발음이 그대로 쓰였음을 알 수 있다. 빈대떡은 '비대떡'에서 ㄷ 위에 ㄴ이 첨가되어 빈대가 되었다. '비대'의 어근은 '빋'인데 콩비지의 비지의 어근 '빚'과 동원어로서 콩의 뜻을 지닌다. 몽골어에 borčak(豆) bilčaga(豆粉)가 있는데 어근 bor, bil이 豆의 뜻이다.

인상　囝 人相

사람의 얼굴 생김새와 뼈대. 불교의 사상(四相. 我相·人相·衆生相·壽者相)의 하나. 인상학은 영·육·혼의 끊임없는 상호작용이 바로 인간의 삶이라는 동양의 인생관에 바탕을 두고 있다. 즉 일상생활에서 즐거우면 밝은 인상으로, 화를 내면 찌그러진 인상으로, 슬프면 어두운 인상으로 변한다. 사람은 사유의 방법에 따라 표정이 만들어지고 이것이 근육의 변화를 이뤄내 마침내 그 얼굴 속에 자신의 운명과 삶의 방향 등이 나타나게 된다. 이것은 얼굴뿐만 아니라 마음의 모습, 체상(體相), 언상(言相), 걸음걸이 등 그 사람의 전체적인 모습과 행동에 나타난다. 체형은 선천적으로 생물학적 유전에 기반하므로 불변하는 것으로 여기기 쉽다. 그러나 체형도 사회적 관계에서 나타나는 희로애락(喜怒哀樂)이 신체의 근육활동을 촉진하므로 얼마든지 변화될 수 있다. 마음먹기에 달린 것이 근육이다. 길은 갈 탓, 말은 할 탓, 인상은 만들 탓이다. 얼굴은 30% 정도가 타고나는 것이라면 70%는 후천적인 환경이나 노력으로 만들어지는 것이다. 부부가 같은 생각을 하면 나중에 닮는다는 것은 바로 이런 논리다. 인상은 인생의 모습이다. 어떤 인생관을 가지고 사느냐에 따라 얼굴 또한 그렇게 변해간다. 긍정적이며 적극적이고 미래지향적인 사유체계가 인상학이다. 곧 인생관에 의해 주어진 얼굴을 가꾸고 다듬어 가는 작업이므로 인간학이라 할 수 있다. 또 이를 잘 응용하여 운을 열어주는 개운학(開運學)이며, 적극적으로 운을 바꾸어 주는 개운학(改運學)이다.(중앙일보. 2004.01.04.)

인연　명 因緣. Skt hetu-pratyaya

팔리어 hetu-paccaya. 불교어. 세상의 모든 것은 연기(因緣生起)하고 있다. 삼라만상이 인과 연에 의해 일정한 과를 낳는다는 것이 연기다. 이 법칙으로 생긴 현상을 인연소생법(因緣所生法)이라 한다. 곧 인연에 따라 생기고 없어지는 것이지 본래 생멸이 없다. 인연은 불교사상의 핵심을 나타내는 말이다. 인(hetu)과 연(pratyaya)은 원시경전에서는 원인의 뜻이지만, 나중에는 인은 결과를 생기게 하는 내적인 직접원인, 연은 외부에서 이를 돕는 외적 간접 원인을 말한다. 이를 내인(內因), 외연(外緣)이라고도 하고 친인(親姻), 소연(疏緣)이라고도 한다. 일체 만물이 변화하는 것이 어떻게 변화하는가를 인연화합의 법칙은 말하고 있다. 곧 인연 따라 생기고 인연 따라 멸하므로 본래부터 존재하는 것이 아니고,

고정된 실체로서 존재하는 것이 아닌 공이라는 것이다. 따라서 인연법으로 이루어진 일체 제법은 항상 하지 않으므로 무상하고, 고정된 실체가 없으므로 무아이며, 인연 따라 사람은 생로병사(生老病死)하며, 일체는 생주이멸(生住異滅)하고, 우주는 성주괴공(成住壞空)하므로 연기이고 있다 없다 할 수 없으므로 공이며 중도이다. 나무와 나무(因)를 비비면(緣) 불(果)을 얻을 수 있다. 본래 나무와 나무 상에 불이 있었던 것이 아니다. 옷깃만 스쳐도 인연이다. ¶인연 : 前生애 닷곤 因緣으로《釋譜 6:34》.

일　　圐事

'일(事)'은 주로 손으로 한다. ¶일(事) : 일마다 天福이시니《龍1》. 이루다(成)의 어근 '일'은 명사로서 일(事)의 뜻을 지닌다고 하겠다. 이루는 것은 뜻하던 일의 완성이다. '일'의 어원적 의미는 무엇일까. el(手)〔터키〕, iş(事)〔터키〕, üile(事)〔蒙〕, sida(事)〔滿〕, sigoto(事)〔日〕. 터키어에서 iş(事)의 조어형(祖語形)은 it으로서 국어 '일(잍)'과 동원어(同源語)가 된다고 하겠다. 터키어에 el(手)이 보이는데, el(手)과 iş(事)은 동원어로 여겨진다. 일본어 sigoto(事)는 si와 goto의 합성어라 하겠다. si는 손의 본뜻을 지니며, goto도 손의 뜻을 지니는 이음동의어(異音同義語)라 하겠다. sigoto-wo suru(일하다)의 suru는 국어 일하다의 '하다'에 해당되는 말로서 하는 행위는 주로 손으로 하는 동작이라 하겠다. 일본어 sasageru(獻, 奉)의 어근 sas(sat)는 명사로서 손의 뜻을 지닌다. 국어 손(手)의 조어형 '솓'과 동원어가 된다고 여겨진다. goto도 손의 본뜻을 지닌다. 국어 가지다(持)의 어근 '갇'과 동원어가 된다고 하겠다. 일(事)이라고 하는 말의 어원적 의미는 손의 본뜻을 지닌다고 하겠다. 안다(抱)의 어근 '안(앋)'은 본디 손의 뜻을 지닌다고 하겠다. 안다(抱)는 손으로 하는 행위다. 국어 '앋(手)'은 터키 el(手)과 동원어일 것이다. ix(事, 事業)〔위구르〕, kar(事)〔위구르〕, koto(事)〔日〕, 걷(事)〔국어〕.

◪ 가지다(持), 손(手)

일다 图 起

'일다'는 몸의 움직임을 뜻하는 것이기 때문에 어근 '일'은 명사로서 몸의
뜻을 지닐 개연성이 높다. '닐'이 신체와 관련되는 어원을 지닌다고 하겠
다. ¶御座에 니르시니(起)《龍82》, 닐 긔(起)《字會下27》. 한자 '起'는 走변
에 己(몸 기) 자를 덧붙인 글자로 달리(走)려는 몸(己)이라는 데서 '일어
나다'의 뜻이 되었다. 눕다(臥)의 어간 '눕'의 祖語形 '눈'은 몸의 뜻을 지
닌다고 하겠다. nyalma(人)〔滿〕. nyal과 ma의 합성어로서 nyal은 nal
로 소급되며 사람·몸의 뜻을 지닌다고 하겠다. '나, 너, 누'의 祖語形
'날, 널, 눈' 등도 사람·몸의 뜻을 지닌다고 하겠다. 닐다(起)의 '닐'의
명사는 '날, 널, 눈'과 동원어일 것이다.

일심 图 一心

한마음. ① 한쪽으로만 마음을 쓰는 것. 한 생각, 한결같은 마음〔專心〕.
"式敷民德, 永肩一心.(백성에게 덕을 펴고, 영원히 한결같은 마음을 갖도
록 하시오.)"《書, 盤庚下》. ② 여러 사람의 마음이 하나가 되는 것, 同心.
"予有臣三千, 惟一心.(나는 삼천 명의 신하가 있으나, 오직 한마음이오.)"
《書, 泰誓上》. ③ 마음을 하나로 하다. "吾先君武公與晉文侯戮力一心.(우
리 선군 무공과 진나라 문후는 마음을 하나로 하여 힘을 합쳐서 일을
하다.)"《國語, 晉語四》. ④ 마음(천지와 일치된 경지). "一心定而王天下.
…… 一心定而萬物服.(마음이 일정하면 왕으로서 천하를 통치할 수 있
다. 마음이 일정하면 만물이 따라 온다.)"《莊子, 天道》. 곧 하늘의 즐거움을
아는 사람은 살아있을 때는 하늘과 하나가 되어 활동하고, 죽으면 물(物)
로 되어 만물의 변화에 몸을 맡긴다. 결국 천지와 하나가 되어 사심(私心)
을 버린 경지다. 이 하늘의 즐거움을 아는 사람이 일심이다. ⑤ 불교에서
는 개념을 떠나 차별의 모습이 없는 평등의 세계 곧 진여(眞如)를 말한다.
"唯是一心, 故名眞如."《起信論》. 또한 일심은 여러 가지 뜻으로 불교에서
사용하는데 다음과 같은 합성어가 있다. 一心歸命(일심귀명. 한결같은
마음 한뜻으로 부처에게 귀의한다. 世尊我一心, 歸命盡十方無碍光如來

《淨土論》), 一心合掌(일심합장. 한결같은 마음과 한뜻으로 합장한다. 右膝著地, 一心合掌《法華經, 信解品》), 一心敬禮(일심경례. 잡념을 버리고 한결같은 마음으로 부처를 경례하는 것. 一心敬禮十方一切常住佛, 一心敬禮十方一切常住法, 一心敬禮十方一切常住僧《法華懺法》), 一心三觀(일심삼관. 天台宗에서 설하는 설로서, 일념 속에 동시에 모든 법은 공이며, 거짓이며, 中이라고 보는 법. 圓巧則修一心三觀, 圓破三惑, 圓證三諦, 圓成三德也《法華經科注》), 一心正念(일심정념. 한마음으로 바르게 부처를 念하여 귀의하는 것. 西岸上有人, 喚言, 汝一心正念直來, 我能護汝《觀經疏, 四》), 一心稱名(일심칭명. 한마음으로 부처의 이름을 외치다. 聞是觀世音菩薩, 一心稱名《法華經, 普門品》), 一心專念(일심전념. 한마음으로 오로지 부처를 念하는 것. 心常作願, 一心專念《往生論》), 一心二門(일심이문. 萬有의, 본체인 일심에 두 가지 방면이 있는 것. 곧 心眞如門과 心生滅門. 依一心法, 有二種門, 云何爲二, 一者心眞如門, 二者心生滅門《起信論》. 大乘起信論은 우리의 마음 곧 衆生心의 분석을 과제로 하고 있는데, 그 중생심을 一心이라고 바꾸어 말하고 있다. 심진여문은 우리의 마음을, 깨끗한 깨달음의 요소를 중시하는, 절대적인 본질의 차원으로 보는 것이며, 심생멸문은 우리의 마음을 더럽혀진 현상적인 미혹의 차원에서 보는 것이다. 그러나 일심의 본질(如來藏 또는 佛性)은 심진여문에 있고, 심생멸문은 이에서 갈라져 나온 것이다.), 一心念佛(일심염불. 일심으로 부처를 念하다. 須獨入時, 但一心念佛《法華經, 安樂行品》), 一心不亂(일심불란. 오로지 마음을 다해서 어지럽지 않는 것. 執持名號, 一心不亂《阿彌陀經》. 이는 곧 아미타불이란 말을 듣고 그 이름을 마음에 지니고, 하루 아니면 이레, 일심불란으로 있으면, 임종시에 아미타불이 와서 맞이하며, 극락에 왕생할 수 있다는 말이다.), 一心法界(일심법계. 한마음 속에 삼라만상이 모두 갖추어져 있다고 말하는 華嚴敎學의 우주관. 一心法界, 具含二門, 一心眞如門, 二心生滅門, 雖此二門, 皆各總攝一切諸法《華嚴經探玄記, 十八》) 등이 있다. 중국의 화엄 사상과 선사상에서 마음은 매우 고차원적이며 본질적인 것으로『대승기신론(大乘起信論)』에서 말하는 심진여문心眞如門(불성)인데, 맹자의 성선설과 대비되며 본래의 마음을 공부하는 신유학에도 영향을 주고 있다. 이에 반해 인도와 티베트

쪽에서는 유식설唯識說(기신론의 심생멸문)이 중심적 위치를 차지하고 있다《中村元, 佛教語源散策》.

일찍 早

시간을 나타내는 말은 대부분 해에서 나왔다. ¶일(일찍) : 일 門을 단닷다(早閉門《杜初7:10》, 일쯕(일찍)《金剛後序11》, 일즙(일찍)《老上27》, 이르다(早)《杜初15:17》. 어근 '일'이 명사로서 일찍(早)의 뜻을 지닌다고 하겠는데, 어원적 의미는 해라고 하겠다. '찍, 쯕, 즙' 등은 시간을 나타내는 올 적, 갈 적의 '적'과 어느덧, 덧없이의 '덧(덛)'과도 동원어가 된다고 하겠다. '덧(덛)'은 '돌(日)'과 동원어(同源語)로서 돌(年), 때(時)의 조어형(祖語形) '닫'과 동원어가 된다. '일'은 '닐'의 ㄴ두음 탈락으로 보면, 날(日)과 동원어가 된다. 처음부터 두음이 모음일 경우는 '알(日)'과 동원어로서 사올(三日), 나올(四日)의 '올(日)'과 동원어가 될 것이다. əldə(早)〔오로촌〕, əddə(早)〔에벤키〕. 어근 əl, əd의 어원적 의미는 해의 뜻을 지닌다고 하겠다.　　　　　　　　　　　■때(時)

일컫다 稱

'일컫다'의 어간 '일컫'은 다시 '일'과 '컫'의 합성으로서 각각 명사라 하겠다. ¶일ᄏᆞᆮ다(말하다) : 龍王아 뎌 如來ㅅ名號ᄅᆞᆯ 일ᄏᆞᆮᄌᆞᄫᅡᅀᅡ ᄒᆞ리라《月10:75》, 니ᄅᆞ다(謂)《字會下18》. 니ᄅᆞ다(謂)의 어근 '닐'은 말의 뜻을 지닌다. 노래(歌)의 어근 '놀'과 동원어(同源語)가 된다. nori(神語)〔日〕, norito(祝詞)〔日〕, noro(司祭者)〔日. 琉〕. 어근 nor가 말(語)의 뜻을 지닌다. '일'은 '닐'의 두음이 떨어진 것으로 볼 수 있다. 일컫다의 '컫'은 '걷'이 고형이다. 잠꼬대의 '꼬대'의 어근 '곧'과 동원어일 것이다. 가르치다(敎), 가라사대의 어근인 '갈(갇)'이 말의 뜻을 지닌다.　　■이르다

읽다 图讀

글을 읽는 것은 입으로 하는 행위이다. 물론 요즘은 눈으로 읽는 것도 있지만, 이는 나중에 생긴 것이다. ¶이 經을 닑고《釋9:30》, 닐글 독(讀)《字會下23》. '닑다'의 어근 '닑'은 '닐'이 고형이고 '닏'으로 소급된다. 니르다(謂)의 어근 '닐'과 동원어다. '닐다(謂)〉닑다(讀)'로 ㄱ이 첨가되면서 뜻이 변했다. '닑'은 말의 뜻을 지닌 말이라 하겠다. 놀애(歌)의 어근 '놀'과 '닐'은 동원어일 것이다.

잃다 图失

한자 失(잃을 실) 자를 보면 手(손 수) 자와 乙(새 을) 자로 이루어졌는데, 이는 '손에서 떨어져 나가다'는 데서 잃어버렸다는 뜻으로 쓰이게 되었다. 그러니까 잃다는 손에 있던 것이 없어지는 것이라 하겠다. ¶잃다(失) : 님근 德 일ᄒ시면 親戚도 叛ᄒᄂ니《龍118》. 잃다의 '잃'은 '일(읻)'로 소급되며 손의 뜻을 지닐 것이다. 안다(抱)의 어근 '안(앋)'도 손의 뜻을 지니므로 동원어(同源語)가 된다고 하겠다. kaybetmek(失)〔터키〕, kol(手)〔터키〕, altaho(失)〔蒙〕, el(手)〔터키〕. 터키어 kol(手)과 kaybetmek(失)의 어근 kay와는 동원어라 하겠으며, 몽골어 altaho(失)의 어근 al은 el(手)과 동원어가 된다고 하겠다. usinahi(失)〔日〕, utsu(打)〔日〕, ude(腕)〔日〕. usinahi(失)의 어근 us(ut)는 ude(腕)의 어근 ud(ut)와 동원어로서 손의 뜻을 지닌다고 하겠다. 국어 잃다(失)의 '일'과 동원어가 된다고 하겠다.

임금 图主, 君, 王, 主君, 統治者

군주국가에서 나라를 다스리는 사람. 왕, 제왕, 황제 등의 말이 있다. ¶님그미 울어시눌《龍33》. '님금'은 '님'과 '금'의 합성어이다. ¶數萬里△ 니미어시니(數萬里主)《龍31》, 님 쥬(主)《字會中1》. '님'은 '님금'과 '主君'의 뜻을 지닌다. 님은 '닏〉닐〉니림〉니임〉님'의 변화로 '닏'이 조어이다.

닛금(尼師今, 尼叱今)《三史. 1.1新羅王稱》, nusi(主)〔日〕, kimi(君, 天子
또는 主君, 君主). 금은 일본어 kimi와 동원어. 무속에서 가망(善神),
가물(邪神)이 현대어로 쓰이고 있다. 어근 '감'은 일본어 kami(神)와 같
고 아이누어에 kamui(神)와도 비교된다. 壇君 王儉의 王儉의 '검'이 神
의 뜻을 지니는 '감'과 동원어가 된다고 하겠다. 고대에 神과 巫는 동격이
라고 볼 수 있다. '王儉'을 이음동의어의 합성어로 보면 '王'은 한자어고
검(儉)은 고유어로 통수(統首)인 '王'의 뜻을 지녔던 말일 것이다.

임자 　명 主, 主人

'임자'는 '님자'에서 변했다. 님자는 '님'과 '자'로 가르게 되는데, '님(主)'
과 '자'는 사람의 본뜻을 지닌다고 하겠다. ¶님자(主) : 받 님자히 뼈 비
흟 저긔《月2:12》, 님즈 : 님지 업슨 風月江山애 절로절로 늘그리라《蘆溪陋
巷詞》, 님쟈 : 님쟈 엇기(着主兒)《老下56》. 님자는 '님'과 '자'의 합성어다.
님(主)은 '닏>닐>닐임>니임>님'의 변화다. ðu(人)〔日, 琉球〕. 일본 유구어
(琉球語)의 ðu(人)를 보면 '자'도 본디는 사람(人)의 뜻을 지녔을 것이
다. 만주(滿洲)도 manðu로 읽으나, 위구르인은 manðər로 발음하는
것을 현지에서 들은 바 있다. man과 ðər의 합성어로서 man은 본디는
사람의 본뜻을 지닌다. 국어 심마니, 똘마니의 '마니'의 어근 '만'이 사람
의 뜻을 지닌다. manðər의 ðər도 본디는 사람의 뜻을 지닌다고 여겨진
다. 님자의 '자'도 본디는 '잘'의 말음탈락형일 것이다. 저(一人稱)를 보
아도 국어에 '자'가 사람의 뜻을 지닐 것이라는 것을 생각해 볼 수 있다.
한편 아버지의 '지'도 사람의 본뜻을 지니는 말이라 여겨진다. ¶아바님
(父)《龍2》, 아버님(父)《癸丑p.88》, 아비(父)《字會上19》, 아비(男)《杜初7:
18》. 아바님, 아버님의 '님'은 접미사지만, 님은 主의 본뜻을 지니는 말이
다. 아바지의 '지'는 '아바'에 '지'가 붙은 것으로 본뜻은 사람의 뜻을 지니
는 말이라 여겨진다. otorlak-ðI(獵士)〔蒙〕, fal-ði(占師)〔터키〕. ði가 사
람의 본뜻을 지닌다. 이치, 저치의 '치'도 사람을 뜻한다. 원나라의 관직
명 다루가치(達魯花赤)의 '치', 청 태조 누르하치(奴兒哈赤)의 '치'도 마
찬가지다.
　　　　　　　　　　　　　　　　　　　　　　　　　➡ 님(主)

입 　명 口

'입'은 '읻〉일〉잀〉입'의 변화다. ¶입(口) : 입爲口《解例合字》. iri(入)〔日〕,
ihaku(曰)〔日〕, ihi(言)〔日〕, iták(語)〔아이누〕, içmek(飮)〔터키〕, irtaiho
(입을 열다)〔蒙〕, irzas(笑)〔蒙〕, iniyehö(笑)〔蒙〕, ise(鳴)〔아이누〕, irəŋgu
(舌)〔滿〕, idehö(食)〔蒙〕, orogol(脣)〔蒙〕. 일본어 iri(入)의 어근은 입,
문(口, 門)의 뜻을 지니고 있다. ihaku, ihi는 iraku, iri에서 변한 말로
서 어근이 ir(it)이다. 아이누어 iták(語)의 어근 it은 본디 입(口)의 의
미에서 바뀌었을 것이다. 아이누어 ise(鳴)의 어근 is(it)도 역시 입(口)
의 뜻을 지니는 명사다. 몽골어 idehö(食)의 어근 id도 입의 뜻을 지닌다
고 하겠다.

입덧 　명 惡阻症, 口病, 胃口不好, 害口, 害喜

'입덧'은 '입'과 '덧'의 합성어다. 임신부가 임신 초기에 입맛에 이상이 생
기는 것을 '입덧 난다, 입덧이 생긴다'라고 하는데, 여기서 '덧'은 병의
뜻을 지닌다. ¶입덧 : 풀病도 아니 들고 입덧도 아니 난다《珍靑p.9》, 목
덧 : 과ㄱ론 목더시라《救簡1:44》. '과ㄱ론 목더시라'는 '급한 목병이라'의
뜻으로 덧이 병의 뜻을 지닌다. 　　　　　　　　　　　■ 덧나다, 탈

입술 　명 脣

'입술'은 '입시울'의 축약형이다. ¶입시울(脣)《訓諺》. '입'과 '시울'의 합성
어다. '시울'은 '실울'의 '실'에서 말음이 탈락한 형이다. '실울'은 '실'과 '울'
의 합성어로서 입의 뜻을 지니는 이음동의어(異音同義語)일 것이다. 소
리(音, 聲, 言, 歌), 사뢰다의 어근 '술, 살'의 어원적 의미는 입(口)이
될 것이다. 입에서 소리나 말이나 노래가 나온다. '울'은 주둥아리, 아가
리의 '아리'의 어근 '알'과 동원어(同源語)로서 입(口)의 뜻을 지닌다.
　　　　　　　　　　　　　　　　　■ 소리(音), 아리(口)

입쌀 명 稻米

멥쌀을 말한다. 찹쌀과 대가 된다. ¶니ᄡ리 밥지스니 能히 히니(稻米炊 能白)《杜初7:38》, 니ᄡᆞᆯ(粳米)《漢淸p.389》. 니ᄡ은 '니'와 'ᄡᆞᆯ'의 합성어이 다. '니'는 벼의 뜻을 지닌다. ¶나락(稌)《詩諺物名》. '나락'의 어근 '날'과 '니'는 동원어이다. 입쌀은 벼쌀의 본뜻을 지니고 있다. '이밥', '이팝'은 쌀밥의 본뜻을 지닌다. 뉘(稻粒)〔國〕. 쌀에서 껍질이 그대로 있는 것을 '뉘'라고 한다.

입씨름 명 口論, 打嘴仗

'입씨름'은 어떤 일을 이루려고 말로 애를 쓰는 힘이다. 말다툼. ¶입힐홈 ᄒᆞ다(爭嘴)《同文下28》, 입힐홈 업다 혼 ᄠᅳ디니《月7:5》. 입힐홈은 말다툼, 입씨름의 뜻이다. ¶당당이 힐후고(應難)《杜初22:14》, 므슴 아라 입힐홈 ᄒᆞ리오(要甚麽合口)《杜初22:14》. 힐후다는 힐난하다의 뜻이다. ¶므슴호 려 입힐홈ᄒᆞ료(要甚麽合口)《朴初上22》. 입힐홈은 입씨름의 뜻이다. 입힐 홈〉입실옴→입씨름. 입힐홈의 '힐홈'의 어근 '힐'은 할다(참소하다)의 어 근 '할'과 동원어가 된다고 하겠다.

잇몸 명 齒齦, 齒身, 齒體, 齒根

'잇몸'은 '이'와 '몸'의 합성어이다. 몸은 身, 體의 뜻이다. ¶아랫닛므유메 《訓諺》. 닛므윰도 '닛'과 '므윰'의 합성어다. 므윰〉몸. 므윰의 어근은 '므'로 서 믈, 믇으로 소급된다. mi(身)〔日〕. 국어 '몸'과 일본어 mi(身)는 동원 어일 것이다. 므윰의 '윰' 접미사는 위에 자음이 올 때 '움/옴'이 붙기 때문 에 '믇'일 개연성이 있다.

있다 형 有

유무는 무엇으로 판단하느냐가 어원이 될 것이다. ¶이시다(有) : 혼 머리 자거늘 혼 머리 ᄀ뱌 이샤《曲135》. baiho(有)〔蒙〕, baraho(眺)〔蒙〕, bulunmak(有)〔터키〕, bi(有)〔滿〕, bisin(有)〔에벤키〕. 몽골어 baraho(眺)의 어근 bal이 눈의 뜻을 지니고 있음을 보여주고 있다. 고대 터키어에 bar가 눈의 뜻을 지니고 있었던 말임을 보여주고 있다. 국어 부라리다, 부릅뜨다의 어근 '불'이 눈의 뜻을 지니고 있었던 명사임을 알 수 있다. baiho(有)의 어근 bai가 baraho(眺)의 어근 bar와 동원어(同源語)임을 짐작하게 한다. 보다(見)의 '보'가 명사로서 눈의 뜻을 지니며, '볻〉볼〉보'의 변화다. aru(有)〔日〕. 일본어 aru(有)의 어근 ar는 눈의 뜻을 지닐 것이다. 이시다(有)의 어근 '잇'은 명사로서 조어형(祖語形)이 '읻'이 되겠는데, 일본어의 aru(有)의 조어형 at과 동원어일 것이다. 읻다 →이시다, 잇다. 있다의 조어형 '읻'이 눈의 뜻을 지니고 있다고 하겠다. itsi-(看)〔오로촌〕, itǒi-(看)〔나나이〕. 어근 it이 눈의 뜻을 지니고 있는 명사라 하겠다. išu(있다)〔아이누〕.

잊다　동忘

잊는 것은 마음에서 비롯된다. ¶닞다(忘) : 님금 아니 니저《龍105》. '닞다〉잊다'로서 '닞(닏)'은 명사가 된다고 하겠다. 忘(잊을 망) 자를 보면, 心(마음 심) 자와 어우른 것을 볼 수 있으므로, 고대인은 잊다를 정신적인 것으로 인식했다고 보겠다. 마음은 곧 말이라 할 수 있기 때문에, '닞(닏)'은 말의 뜻을 지닌다고 하겠다. mardaho(忘)〔蒙〕, unutmak(忘)〔터키〕, oŋgombi(忘)〔滿〕. 몽골어 mardaho(忘)의 어근 mar는 국어 '말(言)'과 동원어(同源語)일 것이다. 니ᄅ다(謂)의 어근 '닐(닏)'은 말의 뜻을 지닌다. usi(失, 亡)〔日〕, wasure(忘)〔日〕. usi의 어근 us(ut)는 명사가 된다. wasure는 본디 asure에서 변한 것으로서, 어근 as(at)를 얻을 수 있다. us(ut)와 as(at)는 동원어가 된다고 하겠다.　　▶노래(歌)

잊다　동勞, 困

피곤해지다의 뜻이다. ¶모미 이처커든(身苦)《救方上77》, 불인고지 이츠며 게을어 비롤 바느니(吹花困懶旁舟楫)《杜初18:3》. '잊다'는 삼국사기에 보이는 異次頓의 자가 厭髑이라 하고 伊處라고도 했는데, 여기서 잊(異次)과 동원어라 여겨진다. itohi(厭)〔日〕의 어근 it-과 비교된다고 하겠다.

잎　명 葉

식물의 영양기관으로 잎새, 이파리, 잎사귀 등이 있다. 풀잎과 나뭇잎이 있다. ¶남기 새닢 나니이다《龍84》, 곳동앳 니피 즈므니라《釋11:2》, 닙 엽(葉)《字會4》. 닢은 '닙'으로 소급되며 '닗<닔<닌'으로 소급될 수 있다. '닌'의 어원적인 의미는 무엇일까? 냉이의 사투리로 나생이, 나시 등이 있다. 어근이 '낫(낟)'이다. 미나리(芹)의 나리의 어근은 '낫(낟)'이다. '낟'이 '草, 葉의 뜻을 지닌다. '닌'과 동원어다. 잎새는 '잎'과 '새'의 합성어이다. '새'는 '草, 木'의 뜻을 지닌다. 살(木), 창살, 떡살, 살(矢)의 '살'이 나무의 뜻을 지닌다. 한편 '새'는 풀의 뜻을 지니기도 한다. ¶혼새지비로소니(一草堂)《杜初7:2》. 고대에는 '살'이 나무, 풀과 구별 없이 쓰였다. 잎사귀는 '잎'과 '사'와 '귀'의 합성어다. '사'는 '살'과 동원어다. '귀'는 '구리'가 준말이고 '굴'이 고형이다. 골(草)과 동원어다. 이파리도 '잎'과 '파리'의 합성어인데 '파리'는 풀의 변화로서 이파리는 이음동의어라 하겠다.

ㅈ

자 　명 尺

'자'는 한자 尺(자 척)에서 비롯했다. 尺 자는 상형자로 엄지와 가운데 손가락을 펼친 모양이다. 이른바 '뼘'이다. 길이의 단위인 寸(마디 촌)자도 마찬가지로 손(가락)에서 나온 글자다. 흔히 중국 발음의 잔재로 '치'로 읽는다. 尺도 발음은 마찬가지다. 중국어 재구음은 tį̣ak〉ts´iäk이며, 현재 북경 표준발음은 chī다. '척'으로 읽는 것은 더 오래된 발음이다. 중국의 王筠(왕균) 같은 학자는 자벌레(蠖)에서 나왔다고 주장하기도 하나, 인간이 재는 것은 손으로 재는 것이 처음이었을 것이며, 더구나 중국의 한자는 인간을 위주로 만들었다는 것을 생각하면 손가락이 어원이라는 것을 쉽게 짐작할 수 있다. 또한 尺 자는 중국 고대 음악의 음계의 하나였는데, 이때는 발음을 chě로 한다. ¶자爲尺《解例用字》, 자히다(재다) : 金粟 자ㅎ로 자히놋다(金粟尺)《杜初25:50》, 자히다(量)《譯補35》. 자히다(量)의 어근은 '자'가 되겠다. 고어는 '잘(달)'로서 '잘이다〉자이다〉자히다'의 변화일 것이다. 어근 '잘(달)'로 보면 한자 尺에서 비롯했다기보다는 '잘(달)'이 고유어일 수도 있을 것이다. 자(尺)의 재료가 나무이기 때문에, 그 어원적 의미는 나무일 것이다. 尺 자가 손의 상형자로 손가락을 펼친 모양으로 볼 때는 '잘(달)'은 손의 뜻을 지닐 수도 있을 것이다.

➡ 뜯다(摘)

자네 　명 汝

'자네'는 아랫사람을 대우하여 이르는 이인칭 대명사로 반말투의 '너'라는 말보다 예의를 차린 말투다. 또 조선시대에는 부부간에 스스럼없이 부르는 말이었다. ¶자내(몸소, 스스로) : 毘沙門올 자내 ᄃᆞ외니《曲163》, 자내(汝)《靑p.99》, 자ᄂᆡ(자네)《新語1:18》. 자내는 '자'와 '내'의 합성어다. '내'

는 '나이'가 줄어든 말로서 '날〉날이〉나이〉내'의 변화인데, '날'의 어원적
의미는 사람이다. '나, 너, 누'는 본디 '날, 널, 눌'에서 말음 ㄹ이 떨어진
형이다. 15세기에는 자내가 '몸소, 스스로'의 뜻을 지녔는데, 나중에는
이인칭으로 바뀌었다. 즉 자내는 몸소, 자신의 뜻으로 쓰이던 말이 17세
기부터 너의 높임말로 쓰이게 되었다. 님자는 주인의 뜻으로 쓰였으며
현대어에서는 자네와 같은 뜻으로 쓰이고 있는데, 님자의 '자'와 자내의
'자'는 동원어가 된다. ču(人)〔日, 琉〕. 유구어(琉球語) ču(人)와 동원어
(同源語)가 된다. 저, 제, 저희(一人稱)의 '저'와도 동원어다.

➡ 저, 제, 저희

자다   图 寢, 睡

'자다'의 어근 '자'는 명사로서 눈(目)의 뜻을 지닌다고 하겠다. 자는 행위
는 눈을 감는 행위다. ¶잘 슈(睡)《字會上30》. '잘다'가 '자다'로 변했을 것
이다. '졸다'의 어근 '졸'과 동원어일 것이다. neru(寢)〔日〕, yatmak(寢)
〔터키〕. yatmak(寢)의 어근 yat은 nat으로 재구된다. 일본어 neru(寢)
의 어근 ner(nel)은 명사로서 눈의 뜻을 지닌다고 하겠다. namita(淚)
〔日〕. namita(淚)는 na(目)와 mita(水)의 합성어다. na는 nat〉nar〉
na의 변화다. 국어 눈(目)의 조어형(祖語形) '눋(目)'과 동원어(同源語)
다. nidön(目)〔蒙〕. nit이 어근으로서 눈의 뜻을 지닌다. 일본어 hidomi
(瞳)는 hido와 mi의 합성어인데, mi는 me(目)와 동원어고 hido는
pido로 재구되며 어근은 pit으로서 국어 '붇(目)'과 동원어가 된다고 하겠
다. 보다(見)의 어근 '보'는 명사로 '볻〉볼〉보'의 변화로서 눈의 어원적
의미를 지닌다. '다래끼'의 어근 '달'이 옛말에서 눈의 뜻을 지니고 있었을
것이다.

➡ 졸다

자라다   图 成長, 生長

'자라다'는 점점 커지거나 많아지다, 발전하거나 정도가 높아지다의 뜻이
다. ¶나히 ᄌᆞ라《月21:162》, 子孫이 ᄌᆞ라거다(長子孫)《杜初25:17》. ᄌᆞ라

다(成長하다)의 어근은 '줄'이고 명사일 것이다. 조어는 '둘'이라 하겠다. '달(돌)'의 조어는 '닫'이 된다. '자라다'의 뜻을 지녔을 '長' 자는 수염과 머리카락이 '길게' 흐트러진 노인이 지팡이를 짚고 있는 모양을 본떠, 어른을 뜻한다. 한자로 보면 성장하는 대상이 식물이나 동물이 아니고 사람을 대상으로 했다는 것을 엿볼 수 있다. 따라서 '자라다'의 어근 '잘'의 조어 '닫'은 사람일 개연성이 있다. tarniho(成長하다)〔蒙〕, murumbi (자라다, 成長하다)〔滿〕, orogoho(成長하다)〔蒙〕, gelisme(成長)〔터키〕. 몽골어 tarniho의 어근은 tar이다. 국어 '자라다'의 어근 '잘'의 조어 '닫 (달)'과 동원어일 개연성이 있다. tar는 사람의 뜻을 지닌다. 꾀돌이, 키다리의 '돌, 다리'가 사람의 뜻을 지닌다. hitori(一人), hutari(二人) 〔日〕. tori, tari가 사람의 뜻을 지니는데 국어 '도리, 다리'와 일치하고 있다. 만주어 murumbi의 어근 mur는 명사로서 만주어 nyalma(人)와 비교된다. nyalma는 nyal과 ma의 합성어인데 사람의 뜻을 지니는 말이 겹쳤다. 'ma'의 조어형은 mad(mar)이다.

자루¹ 명 柄

낫자루, 호미자루의 '자루'는 나무로 된 손잡이다. 따라서 어원적 의미가 나무일 것이다. ¶ᄌᆞᄅᆞ(柄) : 붇ᄌᆞᄅᆞ만 ᄒᆞ닐《救簡1:62》. ᄌᆞᄅᆞ의 어근은 '줄' 인데 '둘'이 고형이다. 한자어 柄(자루 병) 자를 보아도 木(나무 목) 변이다. 다리(橋)의 어근 '달'이 나무의 어원적 의미를 지닌다. 떼(筏)의 고형은 '데'로서 '덜〉덜이〉더이〉데'의 변화다. 대나무(竹, 竿)의 '대'도 '달〉달이〉다이〉대'의 변화다. dal(枝)〔터키〕, tolto(板)〔蒙〕. 어근 dal, tol의 어원적 의미는 나무의 뜻을 지니고 있다고 하겠다.

자루² 명 袋, 囊, 褓

'자루'는 천 따위로 길게 만든 주머니의 일종이다. 따라서 그 어원적 의미는 그 재료인 천일 것이다. 한자 袋(자루 대), 囊(주머니 낭), 褓(포대기 보) 등을 보면 모두 衣(옷 의) 자가 들어 있다. 포대기는 褓袋(보대)에

'기' 접미사를 붙인 것이다. ¶잘(囊) : 도기 다몸과 잘이 녀허 툐미 잇느니 《楞8:88》, 쟈ᄅ(袋)《字會中13》, 쟐(袋)《字會中13》. 쟈ᄅ의 어근은 '쟐'이지만, '댤'로 소급된다. 주머니(囊)의 '주'는 '둘〉줄〉주'의 변화라고 보면, '둘'은 '댤'과 비교된다. çanta(袋)〔터키〕, torba(袋)〔터키〕, tülöme(袋)〔蒙〕, tagarčok(袋)〔蒙〕. 국어 '댤(쟐)'은 몽골어, 터키어와 비교된다. 터키어 torba의 어근 tor, 몽골어 tülöme의 어근 tül 등과 동원어(同源語)일 것이다. hukuro(袋, 囊)〔日〕. hukuro는 pukuro로 재구되며, pu와 kuro로 나눌 수 있다. 이때 pu는 put〉pul에서 말음이 탈락한 형으로 볼 수 있으며, 우리말 '베'의 재구형 '벋'과 비교되고, kuro는 우리말 옷감의 '감'과 비교되므로, 일본어 hukuro도 그 재료인 천에서 그 어원이 비롯했음을 알 수 있다. 옷감의 '감'은 간〉갈〉갈암〉가암〉감.

➡ 주머니, 천

자르다 동 切, 斷

자르는 것은 칼날(刀劍類)에 의한 것이기 때문에 '자르다'의 어원적 의미는 칼날이라 여겨진다. ¶ᄌᆞᄅ다(切) : 門올 자펴 막 ᄌᆞᄅ시니《曲45》. 어근 '줄'이 명사로서 '둘'이 조어형(祖語形)이 된다. 돗귀(斧)의 '돗(돈)'이 칼(刀)의 뜻을 지니며, tatsi(刀)〔日〕의 어근 tat이 칼(刀)의 뜻이다. tat의 어원적 의미는 돌(石)의 뜻을 지닌다고 하겠다. '댤(닫)'은 석기시대에 생겨난 칼이라고 하겠다. 돌(石)과 어원이 같다.　　　➡ 찌르다, 다지다

자린고비 명 吝嗇者

'자린고비'는 매우 인색한 사람을 가리킨다. 충주지방에 이씨 성을 가진 부자가 살았다. 이 사람은 구두쇠여서 제사를 지낼 때마다 손때에 절은 똑같은 지방(紙榜)을 해마다 되풀이해서 사용했다고 한다. 원칙은 제사를 지내고 지방은 불로 태운다. 자린은 소금에 저리다, 손때에 절었다의 절다와 동원어다. 고비(考妣)의 考는 죽은 아비를 뜻하고 妣는 죽은 어미를 뜻하는데, 고비는 돌아가신 부모님의 신주(神主)인 지방을 뜻한다.

저린 고비→자린고비. 한편 자린은 한자어 疵吝(자린. 더러운 마음, 또
는 인색한 마음)일 가능성도 있다.

자비 명 慈悲

관세음보살이 근본행으로 하는 것으로, 慈는 '베풀다'는 뜻으로 중생에게
즐거움을 베풀어 주는 것을 말하며, 悲는 본래 '슬프다'는 뜻인데, 불법문
중(佛法門中)에서는 '중생의 괴로움을 없애주는 것'을 의미한다. 慈悲의
慈는 maitrī의 번역으로 mitra(벗)에서 파생된 우애(友愛)의 의미를
가진 말로 다른 이[衆生]에게 이익이나 안락을 주는 것이며(與樂), 悲는
karuṇā의 번역으로 다른이[衆生]가 괴로움에서 벗어나게 하려는 동정
심이다(拔苦). "能與他之樂心, 名之爲慈, 能拔他之苦心, 名之爲悲."《法
界次第》. 자비는 곧 여락과 발고인데, 한역불경에서는 '발고'의 의미로 자
비를 많이 사용하였다. 남전불전에서도 '자'는 이익과 안락을 주기를 바
라는 것, '비'는 불이익과 괴로움을 없애기를 바라는 것으로 설명한다.
또는 중생이 괴로움을 몸으로 받는 것을 관할 때 '비'가 일어나며, 자신이
그것을 해탈시키려고 생각할 때 '자'가 일어난다고도 한다. '자'는 아버지
의 사랑, '비'는 어머니의 사랑을 비유한다고도 한다. 원시불교에서는 '자'
가 많이 사용되었고 차차 '비'가 추가되고 마침내는 희(喜. 다른 이의 행
복을 기뻐하다)와 사(捨. 마음의 平靜. 平等心) 2가지를 더하여 사무량
심(四無量心) 또는 사범주(四梵住)라는 이름으로 수행자가 지녀야 할
기본적 덕목의 일종으로 삼았다. 이런 이타심으로 중생은 무량의 복덕을
얻고, 수행자는 범천의 세계에 태어난다. 한편 불덕(佛德)을 나타낼 때
는 대자대비라 한다.《岩波》

자주 명 紫朱, 紫珠

'자주'는 짙은 남색에 붉은 색이 감도는 색깔이다. ¶ᄌ딘ᄌ(紫)《字會中30》,
ᄌ디비단(紫紵絲)《譯下4》. ᄌ디는 한자어 '紫的'에서 유래되었다고 여겨
진다. ᄌ디(紫的) - 자지→자주(紫朱)

자취 　명 跡

원시인들이 자취를 인식한 것은 발자국이었을 것이다. 사람의 발자취도 있지만, 수렵생활을 할 때는 짐승의 발자취에 관심을 가졌을 것이다. ¶자최(跡)《字會下26》, ᄌ최 : 꿈길이 ᄌ최 업스미 그를 슬허 ᄒ노라《靑大p.46》. 자최의 '최'는 '초이'가 줄어든 말로서, '존, 돈'까지 소급된다. 자최의 '자'도 '잗, 닫'으로 소급될 것이다. 跡(자취 적) 자를 보면 발(足)과 관련되어 있음을 보여주고 있다. 조어형(祖語形) '닫'은 다리, 발(脚, 足)의 뜻을 지닐 것이다. müče(肢)〔蒙〕, mür(跡)〔蒙〕, ado(跡)〔日〕, asi(足)〔日〕. 몽골어 mür는 müt이 조어형이다. müče의 어근 müč(mut)와 동원어(同源語)가 된다. 일본어 ado(跡)의 어근 at과 asi(足)의 어근 as(at)와 동원어가 된다.　　　　　　　　　　　　　　　　　▣ 자국, 자욱

자투리 　명 切地, 布頭

'자투리'는 팔다 남거나 쓰고 남은 피륙의 조각이다. ¶자토리(零布)《譯下5》. 자ᄒ도리>자토리>자투리. ¶ᄒ 푼도 업고 자두리 썩 즐기다(乏分錢嗜尺餠)《東韓》. '자'는 한자어 尺(척)에서 변한 말이다. 자두리의 '두리'는 어근이 '둘'로서 옷감의 뜻을 지닐 것이다. 자루의 어근 '잘'의 조어형 '달'과 동원어일 것이다. 이용하고 남은 나머지 땅을 자투리땅이라고 한다.
　　　　　　　　　　　　　　　　　　　　　　　　▣ 자루

작가 　명 作家

作者와 마찬가지. ① 문장, 시가, 소설, 미술품 등을 짓는 사람. "王縉好與人作碑誌, 有送潤筆者, 誤叩王維門, 維曰, 大作家在那邊."《盧氏雜記》. ② 집을 다스리다. 재산을 모아 훌륭한 가업을 세우다. "桓帝不能作家, 曾無私蓄."《晋書, 食貨志》. ③ 뛰어난 역량과 수완을 가진 선승. "有僧到參, 師打一拄丈 …… 僧却打師一拄丈, 師曰, 作家, 作家."《景德傳燈錄, 普岸禪師》. 作家宗師 天然自在."《碧嚴錄49》.

작법 명 作法

① 만드는 법. "老子曰, 法令滋章, 盜賊多有, 若箕子之省簡文條, 而用信義, 其得聖賢作法之矣."《後漢書, 東夷傳論》. ② 법률을 만들다. "君子作法於涼, 其敝猶貪, 作法於貪, 敝將若之何"《左傳, 昭公4年》. ③ 작문 또는 그리는 법. "作法本於董彦遠."《鄭堂札記卷4》. ④ 불교. 일상적인 행위나 수계·불사(佛事)의식 등에서 지켜야 할 예법. 수계작법(受戒作法), 점다작법(點茶作法) 등이 그것이다. 조동종(曹洞宗)에서는 모든 행위를 소홀하지 않게 하는 것으로, '作法是宗旨(작법시종지. 작법이 종지이다)'라고 하여 조동 종풍을 말하는 상투어이다. 나날의 위의작법(威儀作法) 곧 일거수일투족이 자연히 고성성현의 도에 합하는 것이 불교의 제일 목적이라고 하는 의미로, 위의작법 외에 불도의 종지(宗旨)라는 것이 없다라는 것. "作法懺成, 違無作罪減而成罪不除, 如犯殺生, 作法懺成, 違無作罪去, 而償命猶在."《宗傳戒文試參請》.

작살 명 魚叉, 籍, 銛

'작살'은 작대기 끝에 뾰족한 쇠를 두 개나 세 개 박아 물고기를 찔러 잡는 기구이다. '작살'은 '작'과 '살'의 합성어로서 '살'은 나무의 뜻을 지닌다고 여겨진다. 요즘엔 뾰족한 쇠를 쓰지만 옛날에 나무를 뾰족하게 깎아 사용했을 것이다. ¶작살(鋼叉)《柳物2》. 작살 차(杈)를 보아도 나무 목(木)변이 있다. 창살, 화살, 떡살 등의 '살'이 나무의 뜻을 지니는 옛말인 것이다. '작살'은 '작'이 한자어 籍(작)《兒學上18》이다. 그러나 '작'이 고유어일 개연성도 배제할 수 없다. 막대기, 작대기의 '막, 작'이 선행어인데, '막'은 '말>맑>막'으로서 '맏'이 조어형이다. modo(木)〔蒙〕, moo(木)〔滿〕. 말뚝의 '말'이 나무의 뜻을 지닌다. '작대기'의 '작'은 나무의 뜻을 지닐 것이다. 두음의 ㅈ음은 ㄷ에서 변한 자음이다. 사다리의 '다리', 다리(橋)의 '달'이 나무의 뜻을 지닌다. 대(竹, 竿)는 '닫>달>달이>다이>대'의 변화이다.

잔나비 명 猿

'잔나비'는 현재 주로 원숭이라고 하지만 띠를 얘기 할 때는 '잔나비띠, 잰나비띠'라고 하여 아직도 살아있는 말이다. ¶짓나비(猿) : 짓나븨 소리 섯겟고(雜猿狁)《杜重5:36》. 진나비 : 진나비《同文下39》, 진납이(猿) : 큰 진납이 되어《朴重下23》. 짓나비는 '지'와 '나비'의 합성어다. '지'는 명사로서 'ᄌᆞ이'가 줄어든 말이고, '졸〉줄〉줄이〉ᄌᆞ이〉지'의 변화다. 원숭이(猿)의 뜻을 지닌다. 졸(줄) : saru(猿)〔日〕, 車 : sya(車)〔日〕. 국어 두음 ㅈ이 일본어 두음 s와 대응된다. 일본어에서 saru(猿)는 국어 '지'의 고어가 '졸(줄)'이었음을 보여준다고 하겠다. sarmačin(猿)〔蒙〕, mečin(猿)〔蒙〕. sar가 몽골어에서 원숭이(猿)라는 것을 보여주고 있다. 일본어 saru (猿)와 비교된다.　　　　　　　　　　　　　　　　　🔼 원숭이

잔디 명 莎, 細莎, 草皮, 草地

'잔디'는 풀 종류로 띠풀이라고도 한다. ¶細莎曰잔디《東言》, 쟘쒜(莎草)《譯補50》, '디, 쒜'가 莎의 뜻을 지닌다. ¶뒤 爲茅《解例用字》. 잔디의 '디'와 '뒤'는 동원어일 것이고 디, 뒤의 조어형은 '돋, 둗'일 것이다. ¶간슈홈을 존 아기 곤티ᄒᆞ야(嬰兒)《小諺6:73》, 존거름ᄒᆞ니(小走)《漢p.435》. '존'은 細小의 뜻으로 관형사 구실을 한다. ¶뙤사(莎)《倭解下31》, 回軍草 쐬《柳物三草》, 계절의 뙤 위ᄒᆞ야 나디 아니ᄒᆞ고(階莎爲之不生)《신속孝一66》. '뙤'는 '잔디' 또는 '떼'의 뜻을 지닌다. '뙤, 디'로 표기되는데 '뙤'로 풀어본다면 '되'에 소급되며 조어형은 '돋'이다. '돋〉돌〉돌이〉도이〉되'의 변화일 것이다. '잔디'의 '잔'은 잘다(細)의 관형사형 어미 'ㄴ'이 붙은 말이다. ¶뒤爲茅《解例用字》. '뒤'의 조형 '둗'이 '둘〉둘이〉두이〉뒤'의 변화다. '돋, 둗'은 같은 어원일 것이다.

잠꼬대 명 寢語, 寢言, 夢話, 睡話, 譫

'잠고(꼬)대'의 어근 '곧'은 입(口)의 뜻(意)에서 말(語)의 뜻으로 바뀌었

다. ¶穴口郡〔一云甲比古次〕《三史37, 高句麗》, ᄀᆞ르치다(敎)《釋19:27》, ᄀᆞ르다(曰)《類合上147》, 글(文)《訓諺》, 묻그리(巫占)《月9:57》. ᄀᆞ르치다, ᄀᆞ르다의 어근 '글'은 말(語)의 뜻을 지닌다. 글(文)도 말을 기록하는 부호다. 그러니까 본뜻은 말(語)의 뜻을 지니고 있을 것이다. 묻그리(巫占)는 '묻'과 '그리'의 합성어다. '묻'과 '그리'는 모두 말(語)의 뜻을 지닌다. '그리'의 어근 '글'은 말(語)의 뜻을 지닌다. '묻'은 묻다(問)의 어간이 되겠는데, 말(語)의 뜻을 지니는 말이라 하겠다. 묻는 행위는 말의 행위다. 국어 : 일본어. ᄀᆞ르다(日) : kataru(語), (잠)고대(寢語) : koto(言), 고래고래(高聲) : kotoba(言葉), 곧(口) : kutsi(口). 한일어가 동원어(同源語)임을 보여주고 있다. kisun(言)〔滿〕, kisurən(말하다)〔滿〕. 어근 kis(kit)도 국어와 동원어가 된다고 하겠다. '곧이듣다'의 '곧'은 말의 뜻을 지니는 말로서 말을 그대로 듣는다의 뜻이다. '곧이곧대로'의 '곧'도 말의 뜻을 지니며 말 그대로의 뜻을 지닌다.

잠자리 명 蜻蛉, 蜻蜓

'담다리, 잠마리, 잼자리, 잠드래비, 잠마리, 짬잘래, 점자리, 철갱이, 철리' 등의 사투리가 있다. 충청도 음성과 경기도 이천 사투리는 '나마리'이다. '잠마리'는 '잠'과 '마리'의 합성어라는 것을 알 수 있다. '나마리'는 '나'와 '마리'의 합성어인데, '마리'는 벌레의 뜻이다. 거머리(水蛭)도 '거'와 '머리'의 합성어인데, '마리'와 동원어이다. '거머리'의 '거'는 '걸(渠)'로서 물벌레라는 어원적인 의미를 지닌다. musi(虫)〔日〕. musi의 어근은 mus이고 조어형은 mut이다. '마리'의 어근은 '말'이고 조어형은 '맏'이다. 일본어 mut(虫)과 동원어가 된다. '나마리'의 '나'는 날개(羽翼)의 어근 '날'과 동원어라 하겠다. '날다'의 어근 '날'은 명사로서 '날(羽翼)'의 뜻을 지닌다. '나마리'는 羽虫(우충)의 본뜻을 지닌다. '나비'의 15세기 표기는 '나뵈'이다. '뵈'는 '보이'가 준 말이고, '보이'의 '보' 조어는 '볼'으로서 벌레의 어근 '벌(벋)'과 동원어이다. 벌(蜂)과 동원어일 것이다. 나비는 어원적 의미는 羽蟲(우충)의 뜻을 지닌다. 잠자리의 15세기 표기는 준자리《杜初7:2, 字會上21》이다. '준자리>줌자리'이다. örüme qulagayiči(蜻蛉)〔蒙〕, qoroqai

(虫)〔蒙〕, örüme(薄膜)〔蒙〕. 몽골어에서 잠자리는 '엷은 막이 있는 벌레
(örüme qulagay)' 곧 날개벌레이다. tombo(蜻蛉)〔日〕. tombo는 tom
과 bo의 합성어이다. bo는 국어 벌레의 어근 '벌'과 동원어일 것이다.
tom의 m은 사잇소리이다. akambo(아기)는 aka(赤)와 bo(坊)의 합성
어로 옷을 입지 않은 발가숭이 아기를 뜻한다. akabo에 m이 들어간 것이
다. tombo도 to(鳥〉羽)와 bo(虫)가 합친 데, m이 들어간 형이다. '존자
리'는 '자지리'에 ㄴ이 들어가 된 것이다. '잔자리'를 '단다리'로 소급하면
'다리'는 虫의 뜻을 지니며, '다(닫)'의 조어 '닫(달)'이 '단'으로 변했을
것이다. '단자리'는 羽蟲의 뜻이다. damšiqur čačaqai(蜻蛉)〔蒙〕. '잠자
리'를 '담다리'로 볼 경우는 몽골어와 비교된다. 한편 '마리, qalagayi,
bo'가 모두 벌레의 뜻을 지니고 있다고 보면 '잠자리'의 후행어 '자리(다
리)'도 벌레의 뜻을 지닌다. 선행어인 'na(羽), örüme(얇은막), to(鳥〉
羽)'가 모두 날개의 뜻을 지니고 있다고 보면 '잠자리'도 '羽蟲의 뜻을
지닐 것이다. '담다리〉잠자리'의 변화를 생각하면 '다리'는 벌레의 뜻을
지닌다. ¶반되(螢)《解例, 用字》. '반되'는 '반'과 '되'의 합성어이다. '되'는
'도이'가 줄어든 말로서 '도이'의 어근은 '도'로서 조어형은 '돋(돌)'이다.
hotaru(螢)〔日〕. hotaru는 ho와 taru의 합성어이다. taru의 어근은
tar로서 국어 '되'의 조어 '돋(돌)'과 동원어라고 하겠다. hotaru의 ho는
po의 반영형이다. hotaru에서는 hontaru와 같이 n이 첨가되지 않았다.
국어 '반'은 본디 '바'임을 보여주고 있다. 일본어는 고대 한국어가 건너간
말인데, hotaru의 ho를 보면 고대 국어에서는 '보다리'가 이화작용을 일
으켜 '바도리'가 되었을 것이다. 그렇게 보면 '보도리'는 불(火)과 동원어
로서 火蟲의 어원적인 의미를 지닌다고 하겠다. 국어에 '반딧불'이란 말이
있다. ¶진뒤 비(蜰)《字會上23》. '되'는 '도이'가 줄어든 말로서 조어는 '돌
(돋)'로서 벌레의 뜻이다. 귀뚜라미, 귀뚜리의 '뚤(둘)'도 벌레의 뜻이다.
따라서 '담다리'의 '다리'가 벌레의 뜻일 가능성이 있다.

잡다　圄 捕, 持, 操

'잡다'의 어근은 '잡'인데, '잗〉잘〉잛〉잡'의 변화로 명사가 된다고 하겠다.

'잡'은 다시 '닫'으로 소급된다. ㅈ음은 ㄷ에서 변한 자음이다. 따다(摘), 뜯다(摘)의 어근 '다(따), 들(뜯)'이 되고, '닫〉달〉다'의 변화를 볼 수 있다. '닫'의 어원적 의미는 손의 뜻을 지닌다고 하겠다. toru(取)[日]. toru(取)의 어근 tor는 tot으로 재구되는데, 일본어 ta, te가 손의 뜻을 지닌다. 잡다의 뜻을 지니는 한자를 보아도 捕(잡을 포), 持(가질 지), 操(잡을 조) 등 손의 뜻을 지니는 扌(손 수) 변이 있다. ◻ 쥐다

잡수시다　圄食

'잡수시다'는 먹다의 존대어다. ¶자다(잡수시다)《新語1:18》, 자시다(잡수시다)《字會下10》, 잡숩다(잡수시다)《新語2:77》. 자시다는 '자다'에 존칭 선행어미 '시'가 들어간 형이다. 자다의 '자'는 어근으로서 '자'는 입(口)의 뜻을 지닌다. 먹는 것은 입을 통해서 이루어진다. ¶御酒ᄒ나 자ᄋ소《新語1:18》. '자다'가 잡수시다의 뜻을 지닌다. 먹다(食)의 어근 '먹'은 명사로서 '먿〉멀〉멁〉먹'의 변화다. 물다(咬), 묻다(問)의 '물, 묻'의 어원적 의미는 입(口)의 뜻을 지닌다. '자'는 '다'로 소급되며 '달(닫)'이 구개음화했다. 넋두리의 '두리'가 말의 뜻을 지니나 어원적 의미는 입의 뜻을 지닌다. taberu(食)[日]. 일본어 taberu(食)는 ta와 be의 합성어가 된다. ta는 국어 '닫(달)'과 동원어(同源語)가 되며 be도 입의 뜻을 지니는데, 부리(嘴)가 입의 뜻을 지니는 말과 동원어가 된다고 하겠다.

◻ 드시다, 다시다

잣　圐城

'잣'은 현재 쓰이지 않지만 '재'라는 말에 화석어(化石語)로 남아 있다. ¶자(城)《老上64》, 잣(城) : 나라히며 자시며《釋6:8》, 잣(城)《字會中8》. '자'는 '잗〉잘〉자'의 변화일 것이다. '재'는 고개, 언덕의 뜻을 지니는데, '재'는 '자이'가 줄어진 말이고, '잘〉잘이〉자이〉재'의 변화일 것이다. '잗(잘)'은 토지류(土地類)의 뜻을 지니는 말이었다고 하겠다. 한자 城(성성) 자를 보아도 土(흙 토) 변이 있는데, 城의 시초는 석성(石城)이라기

보다 토성(土城)에서 비롯되었음을 알 수 있다. '잣'은 '잗'의 변화다. 일본어 siro(城)는 국어 '잗'에서 비롯한 말일 것이다. 국어 두음 ㅈ은 일본어에서 ㅅ으로 대응된다.

장로　🔲 長老

① 나이가 많은 사람. 학덕이 높은 사람. "養長老, 慈幼孤."《管子, 五輔》
② 불교어. ⓐ梵 sthavira, 巴 thera. 존경받을 만한 사람이란 뜻이다.
梵 āyuṣmat, 巴 āyasmant. '수명을 가지다'라는 뜻에서 한역으로 구수
(具壽)라고도 한다. 한편 이빨을 가진 사람이라는 뜻으로 젊은이를 가리
키는 경우도 있으나 한역불전에서는 구별하지 않았다. 이 경우는 나이가
많은 것보다 '생명력이 넘치다'의 뜻이며, 훌륭한 사람을 부르는 존칭이었
다. 불교에서 석가 상수제자의 존칭. 長老 須菩提, 長老 舍利弗. "道高臘
長, 呼爲須菩提, 亦曰長老."《禪門規式》 ⓑ 선종에서 덕이 높은 연장자를
말한다. 또는 주지승의 존칭. "今禪宗住持之者, 必呼長老."《祖庭事苑, 釋名
懺辨, 長老》 "凡具道眼, 有可遵之德者, 乎曰長老."《禪苑淸規10, 百丈規繩頌》
ⓒ 소비구가 대비구를 부르는 칭호. ¶長老 : 時씽예 長댱老룡須슝菩뽕提
똉ㅣ(時예 長老須菩提ㅣ). 엇뎨일후미長老오? 德이 尊코 나히노폴씨 일
후미 長老ㅣ라.(何名長老오. 德尊年高홀시 故名長老ㅣ라.)《金剛經諺解,
善現啓請分第二, 6》. ③ 현재 우리나라에서 장로는 주로 기독교에서 나이가
많은 원로 신자로 교회 일을 보는 사람을 말한다. 신약・구약 성서에서
장로는 '나이 많은 사람'이란 뜻이며, 지도자를 지칭하기도 했다.

장마　🔲 霖雨, 淫雨

'장마'의 '장'은 長, '마'가 장마비(霖雨)의 뜻을 지닌다. '마'는 '맏〉말'마'로
서 믈(水)의 본뜻을 지닌다고 하겠다. ¶마(霖)《孤山六下別2》, 장마(霖雨)
《譯補2》, 오란비 림(霖, 장마)《字會上3》. tsuyu(長雨)〔日〕. 일본에서는 음
력 오월에 내리는 장마를 tsuyu(梅雨)라고 한다. tsuyu는 turu가 원형
으로서 tur(tut)가 조어형(祖語形)이다. 국어 '돌(梁)'과 동원어(同源

語)로서 물의 뜻이다. dalaj(海)〔오로촌〕, talgə(池)〔나나이〕. 어근 dal, tal
은 물(水)의 어원적 의미를 지닌다. samidare(長雨)〔日〕. samidare는
음력 오월에 내리는 장마를 뜻한다. sa는 오월을 satsuki라고 하는데
sa는 5를 뜻한다. midare는 mida와 re로 나눌 수 있다. mida는 국어
믈(水)과 동원어로서 namida(淚)의 mida와 동원어다. re는 접미사다.
namida의 na는 국어 눈(目)과 동원어이다. kasira(頭)〔日〕, kudira
(鯨)〔日〕, hasira(柱)〔日〕, samidare(五月長雨)〔日〕. 갇〉갈〉가리(頭),
곧〉골(腦, 頭) : kasi-ra, 곧〉골〉고래(鯨) : kudi-ra〔日〕, 받(木, 竿) :
hasi-ra, 믇〉믈(水) : sa-mida-re(五月長雨). 장마의 '마'가 물의 뜻을
지니고 있음을 보여주고 있다. ra가 접미사임을 보여주고 있다.

　　　　　　　　　　　　　　　　▣ 큰물(洪水), 마르다, 묽다, 못(池)

장아찌　명 醬瓜

'장아찌'는 오이 따위를 간장이나 소금에 절인 것이다. ¶쟝앳디히(장아
찌)《杜初上55》, 쟝앗디이(醬苽子)《同文下.4》, 쟝앗지이(醬苽)《漢378b》,
쟝앗찌이 : 쟝앗찌이(醬瓜子)《蒙上47》. '쟝아'는 한자어 쟝과(醬瓜)에서
'과'의 ㄱ이 탈락하여 '쟝와'가 되고 다시 단모음화한 형이다. '찌'는 '디히'
가 있으므로 '디이〉지이〉지〉찌'로 변화한 형이다. 오이지의 '지'와 찌개의
'찌'는 동원어(同源語)일 것이다. '지'는 '간에 저린 채소'의 뜻을 지닌다.
무김치를 '짠지'라고도 하는데, '짠지'의 '지'와도 동원어가 될 것이다. 찌
개는 '디히개'에서 변한 말일 것이다. 한편 '지'는 한자 漬(담글 지)일 가
능성도 있다.

재　명 灰

'재'는 불에 타서 생기는 것이기 때문에 그 어원적 의미는 불일 것이다.
¶지(灰) : 道土의 經은 다 ᄉ라 지 ᄃ외오《月2:75》. 지는 'ᄌ이'가 줄어
든 말로서, '줃〉줄이〉ᄌ이〉지'의 변화일 것이다. ㅈ음은 ㄷ음에서 변한
음이기 때문에 '둘'로 소급된다. furəŋgi(灰)〔滿〕, fulgyəmbi(불 붙다)

〔滿〕, firəmbi(불 쬐다)〔滿〕. 만주어에서 '재'의 뜻을 지니는 말의 어근 fur는 pur로 소급되는데, 불의 뜻을 지니는 ful, fir와 동원어(同源語) 라 하겠으며, 국어 '블(火)'과 동원어가 된다고 하겠다. 만주어에서 '재' 의 뜻을 지니는 말의 어원은 불의 뜻을 지니는 말이었다고 하겠다. hai (灰)〔日〕. 일본어 hai(灰)는 pari로 소급되며, 어근 par는 국어 '불(火)' 과 동원어가 된다고 하겠다. '재'의 조어형 '둘'은 '쇠를 달구다, 달이다 (煎)'의 어근 '달'과 동원어가 된다고 하겠다. 때다(焚)의 어간 '때'는 '따 이'가 줄어든 말이고, '닫〉달〉달이〉다이〉대'의 변화로서 불의 어원적 의 미를 지닌다. thuwa(火)〔滿〕, tambi(火着)〔滿〕, tabumbi(點火)〔滿〕, thayambi(熄着)〔滿〕, thedimbi(焚燒)〔滿〕. 만주어 thuwa는 tura로 재구되며 어근 tur가 추출되는데 불의 뜻을 지니는 말의 고형이라 하겠 다. kül(灰)〔터키〕, kurambi(불 내다)〔滿〕, gal(火)〔蒙〕. kurambi(불내 다)의 kura가 불(火)의 뜻을 지닌다. 어근 kur가 터키어 kül(灰)과 동 원어가 될 것이다.

재다   匉 能, 敏捷, 快

'재다'는 잘난 척하며 으쓱해 한다는 뜻도 있고 빠르다는 뜻도 있다. ¶재 다(能) : 魔王이 말재야 부텻긔 나쉬드니《曲74》. 재다의 어근은 '재'인데 '자이'가 준 형이다. '잗〉잘〉잘이〉자이〉재'의 변화다. 능하다는 주로 손의 동작이라 하겠다. 따라서 어원적 의미는 손이라 하겠다. 잡다(捕)의 조 어형 '잗'과 동원어(同源語)가 된다고 하겠다.   ◪ 잡다(捕)

잰나비   匉 猿

원숭이는 흉내를 잘 내고 재주를 잘 넘는 동물이다. 우리나라에는 야생은 없다. ¶짓나비 소리 섯겟고(雜猿犹)《杜重5:36》, 진나비 원(猿)《倭下23》, 납 爲猿《解例用字》. 짓나비는 '지'와 '나비'의 합성어다. 진나비를 행동이 잰 원숭이로 풀이하는 경향이 있는데 이것은 잘못이다. '지'와 '나비' 사이 에 사잇소리 ㅅ이 있는 것은 '지'가 명사라는 것을 보여주는 것이다. '재다'

의 어간 '재'가 아니다. '직'는 자이'가 줄어든 말로서 '자'의 조어형은 '졷'이
다. 일본어 sara(猿)와 동원어이다. 졷이 '줄'이 되어 일본에 가서 sara가
된 것이다. 잿나비는 원숭이의 뜻을 지니는 말이 둘 겹친 이음동의어이다.

잿물 명 灰水, 鹹水, 木草灰水, 淋灰水

재에 물을 받아 우려낸 물로 세제가 없을 때 세제로 사용했다. 또는 도자
기에 덧씌우는 유약(釉藥)을 일컫는 말이다. 오짓물이라고도 한다. ¶쏘
가다가 혼 짓믈 フ롭 地獄올 보니《月23:80》, 쏘 짓믈로 시스라《救方下8》,
짓믈 골아 시소몰《內1:50》. 짓믈은 '직'와 '믈'의 합성어이다. 양잿물이 나
오기 전에는 재(灰)의 물을 받아 세제로 사용했다. 외국에서 들어온 세
제를 '洋잿물'이라 했다.

저 명 箸

젓가락의 '저'는 한자어 저(箸)에서 왔다고 보고 있다. 현재 중국에서는
북쪽 곧 북경어(北京語)에서는 箸를 쓰지 않고 筷子(콰이즈)라 하며,
남쪽의 일부 방언에서는 현재도 箸라고 한다. ¶져(箸) : 구리 져에 디거
《救方下38》, 져(箸)《字會中11》. 그러나 한편 '져'는 '뎌'로 소급되며 '덛'이
조어형(祖語形)이 된다고 하겠다. 대(竿, 竹)는 '닫〉달〉달이〉다이〉대'의
변화로서, '닫(木)'과 동원어(同源語)가 된다고 하겠다. 젓가락의 '가락'
은 어근 '갈'에 '악' 접미사가 붙은 형이다. '갈'은 숟가락(匙)의 가락과
같다. 젓가락(箸)과 숟가락(匙)은 모두 음식물을 먹는데, 사용하는 기구
다. '숟갈'의 '갈'도 나무(木)의 어원적 의미가 있다고 할 수 있을 것이다.
고대에는 나무 숟갈이었다고 하겠다. 고대에는 손으로 음식물을 먹었으
므로 '갈'은 손일 수도 있다.

저고리 명 上衣, 上着

'저고리'는 우리나라 옷에서 위에 입는 옷이다. ¶져고리(掛子)《譯補28》,

져구리 옷(小襖子)《譯上45》. '져고리, 져구리' 두 가지 표기가 보인다. '져 고리'의 '져'는 '뎌'에서 변했을 것이며, '뎌'가 원형일 것이다. dəgəl(袍子, 웃옷)〔蒙〕. 져고리는 몽골어 dəgəl과 동원어일 것이다.

저녁 명 夕

'저녁'은 '저'와 '녁'의 합성어다. ¶져녁(져녁)《同文上5》, 져력(져녁)《修善曲 1》, 方面은 녀기라《釋19:22》. '녁'은 방면 또는 때(時)의 뜻을 지닌다. ¶져믈다《杜初25:7》, 져믈 모(暮)《字會上1》. 져믈다의 어간은 '져'와 '믈'의 합성어며 각기 명사라 하겠다. '믈'은 모레(來後日)의 어근 '몰'과 동원어 (同源語)로서 해의 어원적 의미를 지닌다. '져'는 '졀〉젼〉뎓'으로 소급되며 그것도 해의 본뜻을 지닌다고 하겠다. 어느 덛의 '덛'이 시간의 뜻을 지니 지만, 어원적 의미는 해다. 첫돌, 열돌의 '돌'도 해(年)의 뜻을 지니는데, 어원적 의미는 해다. kureru(暮)〔日〕. 일본어에서 '해가 지다'의 뜻을 지니는 동사인데, 어근 kur는 명사로서 해의 본뜻을 지닌다. 일본어에서 tasogare(黃昏)는 taso와 gare의 합성어다. taso의 어근은 tas(tat), gare의 어근은 gar(gat)로서 모두 해의 뜻을 지닌다. tas(tat)는 국어 돌(年)과 동원어이며, gar(gat)는 국어 빛깔의 '갈', 해거름(黃昏)의 '거 름'의 어근 '걸'과 동원어다.

저물다 동 暮

저무는 것은 해가 지는 현상이므로 주체는 해다. 따라서 '저물다'의 어원 적 의미는 해일 것이다. ¶져믈다(暮)《字會上1》, 졈글다(暮) : 歲月이 졈 그느니《杜初22:42》. 져믈다, 졈글다의 공통어근은 '졈'이다. '졈'은 '덤'으 로 소급된다. '덛〉덜〉덜엄〉더엄〉뎜'에서 구개음화했다고 여겨진다. '덛' 은 해의 뜻을 지닌다. kureru(暮)〔日〕, oroitoho(暮)〔蒙〕, barolzaho(暮) 蒙〕. 일본어 kureru(暮)의 어근 kur는 해의 뜻을 지닌다. 터키어 gün, güneş가 해의 뜻을 지니는데, gün의 조어형(祖語形)은 güt이다. 국어 해거름의 '거름'의 '걸'이 해의 뜻을 지닌다. 몽골어 oroitoho(暮)의 어근

or가 해의 뜻을 지닌다. 만주어에서 əldən(光)의 əl이 본디는 해의 뜻을 지닌다. 몽골어 barolzaho(暮)의 어근 bar(bat)는 국어 '별(벌)'과 동원어가 된다고 하겠다.

저울　명秤

'저울'은 물건을 다는 도구다. 저울의 재료가 어원이면, 나무가 될 것이고, 다는 행위의 주체가 어원이면 손이 될 것이다. ¶秤曰雌孛《類事》, 저울(秤)《字會中11》.『계림유사(鷄林類事)』에는 자발(雌孛)로 나오는데, '저블'일 가능성이 있지만, '울'일 수도 있다. '저블'로 볼 경우는 '저블〉저울'이 되겠다. 저울로 볼 경우는 저울의 '울'은 접미사로 '절'이 고형일 것이다. '절'은 다시 '덜'로 소급된다. təhərəbukhu(저울)〔滿〕, talhuyn(저울대)〔滿〕. 어근은 tə, tal 등이 되겠다. 저울의 고형 '덜'과 동원어(同源語)가 된다고 하겠다.

저자　명市

'저자'는 물건을 사고 파는 곳이다. ¶져재 : 東海ㅅ ᄀᅀᅵ 져재 곧ᄒᆞ니(東海之濱如市之從)《龍6》, 져제(市)《字會中8》. 저직 : 八字보는 저직(卦肆)《譯補35》, 저재 : 外方各處의 돌려나는 저재《譯上68》. 져제의 어근은 '졎(덛)'이다. 이는 곳(處)의 뜻을 지닌다고 하겠다. 흔히 장터라고 하는데 場(마당 장) 자에는 흙 토(土) 변이 있다. 장터의 '터'는 '덛'이 조어형(祖語形)이 되며 흙의 본뜻을 지닌다. 음달(응달), 양달의 '달(닫)'이 땅(地)의 뜻을 지닌다. 달(地), 돌(石), 들(野), 딜(土)은 토지류(土地類)를 뜻하는 단어족(單語族)으로서, '덛'도 흙, 땅(土, 地類)의 뜻을 지니며, 곳(處)을 뜻하게 되었다고 하겠다. 시장, 도시의 '시'는 처소를 나타내고 있다. itsi(市)〔日〕, hudaiba(市)〔滿〕, hudaltoga inhoral(市場)〔蒙〕, alışveriş(市場)〔터키〕. 일본어, 만주어, 몽골어, 터키어 등과 비교가 안 되는 것을 보면, 저자는 한국의 토박이말일 것이다. isi(石)〔日〕, isago(砂)〔日〕, iso(磯)〔日〕, iha(岩, 石, 磐)〔日〕. iha는 ira가 원형이라 하겠다. 어근 is, ir가 되는데, it이 조어형이고 itsi(市)의 조어형 it과 동원어 (同源語)라 하겠다. 겨재에서 '겿'은 어근이고 '덛'이 조어형이다. 어원적 의미는 흙, 땅, 곳의 뜻을 지닐 것이다.

적 　명 時, 頃

때를 뜻하는 말 가운데 하나이다. ¶내 지븨 이싫 저긔《釋6:7》. 적은 '격 〈덕〈덖〈닭〈덜〈덛'으로 소급된다. 어느덧(덛)의 '덛'과 동원어. ¶아니한 더데(俄頃)《杜初8:55》.

적나라 　명 赤裸裸

불교어. 깨달음의 정도가 실오라기 하나도 걸치지 않은 알몸뚱이 같이 깨끗한 경지에 도달한 상태. 곧 발가숭이 상태. 이는 赤灑灑(적쇄쇄. 물을 뿌린 것처럼 깨끗한 경지에 도달한 것)와 함께 쓰인다. 그런데 『금강경오 가해(金剛經五家解)』「법회유인분(法會由因分) 第一.」에서 冶父는 '如 是我聞'의 '我'에 대한 해석에서 "淨躶躶赤洒洒"라 했다. 또 『從容錄』 제 31칙 「雲門露柱」頌古에서 "初不覆藏"에 대해 "淨倮倮赤灑灑"라 했다. 『佛光大辭典』 4707쪽에는 "禪林用語. 又作赤躶躶, 赤灑灑. 指放下萬 事, 身心脫落, 天眞獨朗, 無纖毫情塵之貌. 亦卽全眞露現, 脫體現成, 現 成公案之意. 從容錄第三十一則·「一道神光(上柱天, 下柱地), 初不覆藏 (淨裸裸, 赤灑灑); 超見緣也, 是而無是(선림용어. 또 赤裸裸, 赤灑灑라 고도 쓴다. 만사를 놓아버리고, 신심을 벗어나고, 천진(본래의 모습. 본 래면목)이 오로지 맑아, 가는 한 마음의 티끌도 없는 모습을 가리킨다. 또한 곧 온전한 참모습이 나타나 몸을 벗고 있는 그대로의 모습, 있는 그대로 우리 앞에 드러나 있는 공안의 뜻. 종용록 제31칙·「한 가닥 신비 로운 빛이여(위로는 하늘을 받치고 아래로는 땅을 받치고), 애초에 덮어 감출 수 없느니(실오리기 하나 안 걸친 발가숭이요, 물을 뿌린 듯 깨끗하 다) 견연을 초월하여 옳아도 옳은 바가 없고.)."라고 되어 있다. 일본에서 는 우리나라와는 달리 赤裸裸뿐만 아니라 赤裸도 쓰이고 있다. 현대 표기법이 적나라이고 사람들이 정나라라고 발음하나 불가에서는 적나나라고 발음한다. 적나나가 옳다.

적다 <small>혱 少</small>

문헌어에서는 '적다(少)'와 작다(小)의 구분이 없다. 곧 표기상으로 구분이 되지 않는다. 현재도 사람에 따라 구분하지 않고 쓰는 사람이 있다. 적다는 많다(多)의 반의어로서 양을 가리키며, 작다는 크다(大)의 반의어로서 흔히 길이에 쓰인다. ¶적다(少) : 量은 하며 져구믈 되는 거시라《月9:7》, 적다(小) : 혼 모미 크락 져그락ᄒᆞ야《月1:14》. 적다의 어근은 '적'인데 명사가 된다. '적'은 '뎍, 덛'으로 소급된다. 크다의 어근 '크'는 몸, 사람(身, 人)의 본뜻을 지닌다고 하겠다. 고대인의 크고 작은 관념은 사람, 몸(人, 身)에서 발상하였을 것이다. 한자 大(큰 대)는 사람이 양팔을 벌리고 있는 상형문자다. ¶킈(丈, 身)《釋6:44》. 킈는 '크이'가 줄어든 것이고, '클이>크이>킈'의 변화로서, '클'의 고어는 '귿'이며, 멍텅구리의 '구리'의 어근 '굴(굳)'과 동원어(同源語)라 하겠다. 겨레(族)의 어근 '결'은 '걸'로 소급되며, 사람의 뜻을 지니고 있다고 하겠다. 일본어 sukosi(少)의 어근 suk은 국어 '적'과 대응된다. 국어 두음 ㅈ은 일본어에서는 s로 대응된다. 국어 : 일본어. 춥다(寒) : samui(寒), 적다(少) : sukosi(少), 좁다(狹) : semai(狹), 주비(統者) : sume(天皇), 줄(線) : sudi(條).

절¹ <small>몡 拜</small>

'절'은 몸을 구부리는 행위이기 때문에, 어원적 의미는 사람, 몸(人, 身)의 뜻을 지닌다고 하겠다. ¶절(拜) : 절 배(拜)《字會下26》, 아바님 命엣 절을《曲32》. tororon(禮)〔滿〕, türü(禮儀)〔蒙〕. 어근 tor, tür와 국어 절의 고형 '덜'이 비교된다. 키다리의 '다리'는 사람의 뜻을 지닌다. 또래의 어근 '돌(똘), 둘(等)' 등도 사람의 본뜻을 지닌다. 拜(절 배)의 한자는 양손을 아래로 내리고 몸을 구부린 모양을 시늉한 자이다.

절² 图 寺

'절'은 건물을 뜻하는 것이기 때문에 그 건축 재료와 관련이 있을 것이다. 다리(橋)의 어근 '달'이 나무의 뜻을 지니고 있다. 대(竹, 竿)는 '닫〉달〉달이〉다이〉대'의 변화다. ¶뎔(寺)《解例用字》. 뎔이 구개음화하여 졀〉절이 되었다. 일본어 tera는 '뎔'의 고어 '덜'과 동원어(同源語)이다. tera(寺)〔日〕, taira(寺, 廟)〔女〕, taran(寺)〔女〕. 여진어(女眞語)에서의 어근 tar는 국어 '덜'과 동원어일 것이다. 한편 절은 가람(伽藍), 정사(精舍)라고도 한다. 절하는 곳이라고도 하며, 또는 팔리어 Thera(長老)에서 온 말이라고도 하며, 그 어원이 자세치 않다《耘虛龍夏. 佛敎辭典》. 그밖에 char(刹)《梁柱東》, 털, 털래(毛禮는 삼국유사에 나오는 인명. 묵호자墨胡子가 신라에 불법을 전할 때 묵은 집.)《趙芝薰》 등의 설이 있다.

절구 图 杵臼

'절구'는 '절'과 '구'의 합성어다. '구'는 고(杵)에서 변했는데, '고'는 '곧〉골〉고'의 변화로 나무(木)다. 고구려 지명어에 斤乙(木)이 있고 서까래, 넉가래의 '가래'의 어근 '갈'이 나무의 뜻이다. 가지(枝)의 어근 '갖(갇)'도 어원적 의미는 나무다. '긷(柱)'도 동원어(同源語)다. ¶절고(杵臼)《同文下2》, 절고공이(杵)《無寃1:38》, 절굿고(杵)《譯補43》. '절'은 '뎔'로 소급되며, '덛'이 조어형(祖語形)으로서 이것도 나무(木)의 뜻을 지닌다. 대(竿, 竹)는 '닫〉달〉달이〉다이〉대'의 변화다. 절구는 나무의 뜻을 지니는 이음동의어(異音同義語)의 합성이라 하겠다. 『주역(周易)』, 「계사전(繫辭傳)」에는 "나무를 잘라서 저(杵)를 만들고, 땅을 파서 구(臼)를 만든다"는 말이 나와 있다.

절다 图 跛

'절다'의 어근 '절'은 명사가 되며 '발, 다리'의 뜻을 지니는 말이라 하겠다. 절뚝절뚝의 의태부사는 '절'과 '뚝'과의 합성어인데, '절'은 발, 다리의 뜻

을 지니며, '둑'도 '달(다리)'에서 '둘〉둙〉둑'의 변화일 것이다. '발이 저리
다'에서 저리다의 어근 '절'과도 동원어(同源語)일 것이다. '절'은 '덜'로
소급되며 다리(脚)의 어근 '달'과 동원어가 된다고 하겠다. ¶절다(跛)
: 跛跛는 절시오《南明上5》. 흔히 '손발이 저리다'고 한다.

젊다   톙 幼, 少

15세기 초에는 '졈다'로 나오는데, 1775년 간인 『역어유해보(譯語類解
補)』에 '졂다'로 나온다. ¶졈다(幼) : 羅雲이 져머 노릇술 즐겨《釋6:10》.
졂다(졂다) : 졀믄 이(年靑者)《譯補19》. 문헌을 통시적으로 봐서는 졈다
가 졂다로 변한 것이 된다. 그러나 졈다가 졂다로 ㅁ 말음 앞에 ㄹ이 개입
되는 것은 어렵다고 하겠다. 졂다, 졈다가 공존하다가 졈다가 우세하게
쓰이다가 약화되고 졂다가 다시 득세하여 언중(言衆)에게 다시 쓰였다고
여겨진다. 따라서 졂다는 '졀다〉졂다〉졈다'로 보인다. 절다의 어근 '졀'은
'(덛〉)멸'로 소급된다. 어리다, 졂다, 늙다는 세월에 따라 일어나는 현상
이므로, 그 어원은 해와 관련될 것이다. '덛'은 어느 덧(덛), 적은 덧(덛)
의 '덛'과 동원어(同源語)로서 해의 뜻을 지닌다. 첫 돌, 두 돌, 열 돌의
'돌'이 해(年)의 뜻을 지니는데, 본뜻은 해(日)다. 어리다의 '얼', 늙다의
'늘(늙)'도 해의 본뜻을 지닌다고 하겠다. wosanai(幼)〔日〕, wakai(若)
〔日〕, oi(老)〔日〕. wosanai는 osanai, wakai는 akai에서 변했다. 따라
서 어근은 os, ak이 되며 oi(老)는 ori에서 변한 것으로 어근이 or이다.
일본어 졂다, 늙다(幼, 若, 老)는 동원어에서 분화된 말임을 보여주고
있다. os, ak(at), or 등은 시간을 나타내는 어원적 의미인 해다. asa
(朝), asu(明日)의 어근 as이 해의 어원적 의미를 지니고 있다고 하겠다.
한자 幼(어릴 유) 자는 幺(작을 요) 변에 力(힘 력) 자를 합한 글자다.
幺 자는 갓태어난 아기 모양이고 힘(力)이 약한(幺) 어린이를 뜻한 글자
이다. 老(늙을 로) 자를 보면 허리 굽은 늙은이가 지팡이를 짚고 있는
모양을 본뜬 글자다. 이렇게 보면 幼, 老 자가 사람의 모양과 관련된 것을
알 수 있다. 그렇게 본다면 어리다, 졂다, 늙다의 어원적 의미는 사람의
뜻을 지닌다고 하겠다.

점수 　명 漸修

차츰 수행하는 것.

점수돈오 　명 漸修頓悟

중생은 수행자로 출발하여 수행을 위한 끊임없는 노력으로 수행수준에 따라 기다리고 있는 고비들을 극복하는 과정을 반드시 거쳐 돈오에 이른다. 곧 중생은 점수라는 수행과정을 반드시 거쳐야만 돈오하게 된다는 것.

접시 　명 楪子, 碟, 碟子

반찬, 과일 등을 담는 얇고 납작한 그릇이다. ¶楪曰楪至《類事》, 뎝시뎝(楪)《字會中10》. 뎝시는 '이' 접미사가 붙었다고 보면 '뎂'이 될 것이다. ㅅ은 나중에 들어간 것으로 보면 '뎝'이 될 것이다. '뎝, 뎞〈딛〈딛'이 될 것이다. '楪' 자를 보면 옛날에 사기가 나오기 전에는 나무로 만들었음을 보여주고 있다. sara(皿)〔日〕. 일본어가 sara인 것을 보면 국어에서 '절'일 때 일본에 건너간 것을 짐작할 수 있다. 국어 두음의 ㅈ이 일본어에서 ㅅ과 대응한다.

젓 　명 醢, 鮓

'젓'은 새우, 조개 따위 생선을 소금에 절여 만든 반찬이다. ¶젓 히(醢)《字會中21》, 魚鮓젓《四解下29》. 젓은 생선류로 만드는 것이기 때문에 어류와 관련된다고 하겠다. 젓은 '딛'으로 소급된다.

젓다 　동 攪, 搖, 揮

'젓다'의 어근 '젓'은 명사로서 손의 뜻을 지닌다고 하겠다. 젓는 행위는 손으로 한다. ¶젓다(攪) : 비롤 딜어 저서 가고져 ᄒ노라(自刺船)《杜初25:40》. '젓'은 '딛'으로 소급되며, 국어 뜯다(摘), ᄣᅡ다(摘)의 어근 '들,

다(닫)'와 동원어(同源語)로서 어원적 의미는 손이다. ta, te(手)[日].
일본어 ta(手)의 조어형(祖語形)은 tat이라 하겠다.　　■ 휘젓다, 내젓다

정바기　명 頂門, 腦天

'정바기'는 머리 위에 숫구멍이 있는 자리이다. 정수리라고도 한다. 사투
리에 숙가대, 정배기, 장갱이 등이 있다. 정바기의 '바기'의 어근은 '박'이
다. 이마박, 박치기의 '박'과 동원어로서 머리(頭)의 뜻을 지니는 옛말이
다. 박치기는 머리로 하는 행위다. '머리로 받다'의 동사 '받다'의 어근
'받'은 명사로서 머리의 뜻을 지닌다. baş(頭)[터키]. baş의 고형은 bat으
로서 국어 '받'과 동원어가 된다. 정수리의 '수리'도 머리의 뜻을 지니는
옛말일 것이다. '머리를 숙이다'에서 '숙다'의 어근은 '숙'으로서 '순〉술〉
숤〉숙'의 변화일 것이다. sage(下)[日]. '머리를 살래살래 젓다'에서 '살
래'의 '살'이 머리의 뜻을 지닌다. salagadaho(머리를 흔들다)[蒙]. 어근
sal이 머리의 뜻을 지닌다.　　　　　　　　　　　　　　　　■ 숙다

젖　명 乳

'젖'은 물의 일종이다. ¶젖(乳)《字會上27》. 젖의 조어형(祖語形)은 '덛'일
것이다. tsitsi(乳)[日], tsutsi(土)[日]. 일본어에서 tsitsi(乳)는 국어
'덛'에서 비롯했다. tsutsi(土)는 국어 닫, 덛, 돋에서 비롯했을 것이다.
일본어에서 tsi(チ), tsu(ツ)는 설단음(舌端音) t에서 구개음화(口蓋音
化)한 것이다. 일본어에서 구개음화로 나타나는 것은 국어의 ㄷ음에서
비롯하기 때문에, 일본어 tsitsi(乳)와 비교할 때 국어 젖이 '덛(乳)'이었
음을 보여주고 있다. süt(乳)[터키], su(水)[터키], sulamak(물주다)[터
키], sulu(물기)[터키]. 터키어의 süt(乳)은 물의 뜻을 지니는 sul(sut)과
동원어(同源語)라 여겨진다. 젖의 조어형 '덛(덜)'은 돌(渠, 溝)과 동원
어(同源語)로 근원적으로는 물의 뜻을 지닌다고 하겠다. sü, sün(乳)[蒙].

젖다　圄 濡, 濕, 滲, 淋

'젖다'의 어근 '젖'은 '덛'으로 소급된다. 젖다의 조어형(祖語形) '덛'은 물의 뜻을 지닐 것이다. ㅈ음은 ㄷ음에서 변한 자음이다. ¶젖다(濡) : 줌겨저저(浸潤)《杜初7:26》. 돌(梁), 도랑(溝)의 '돌'이 물의 뜻을 지닌다. 돌(梁) : taki(瀧)〔日〕, 달(月) : tsuki(月)〔日〕. 터키어 dere(溪流)가 있고, 오로촌어에 dalaj(海)가 있다. 나나이어에는 talgə(池)가 있다. noroho(濡)〔蒙〕, nureru(濡)〔日〕. 어근 nor, nur는 내, 물(川, 水)의 뜻을 지닌다. 나리(川)의 어근은 '날'이며, '내'는 '나이'가 준 말이며, '날〉날〉날이〉나이〉내'의 변화다.

제기　圐 毬, 蹋毬, 革建子, 毽子

'제기'는 엽전 따위를 종이나 헝겊으로 싸서 발로 차는 전통 놀이기구이다. ¶겨슬내 뎌기 츠며《一冬裏蹋建子》《朴初上18》, 뎌길 졉(招)《字會下22》, 싱각뎌기며(沈思)《同文上19》. '뎌기'의 어근은 '뎍'일 것이며 '덛'이 조어(祖語)일 것이다. 뎌기다〉져기다〉제기다. 발꿈치로 지르다. 자귀 따위로 조금씩 부러뜨리다 등의 뜻을 지닌다. '뎌기' 명사가 뎌기다 동사로 전성되었다. 제기는 발로 차는 것으로 보면 '덛'은 다리(脚)의 조어 '닫'과 동원어일 것이다. 제기를 초기에는 나무로 만들었다면 다리(橋), 대(竿)의 조어 닫(木)과 비교될 것이다. 나무가 아니고 돌(石)이었다면 '돋(石), 닫(地)' 등이 어원이 되었을 것이다.

제비　圐 燕

'제비'는 철새의 한 종류이다. 봄에 강남에서 와 여름동안 새끼를 치고 가을에 강남으로 간다. ¶져비爲燕《解例用字》. chibin(燕)〔滿〕, sibiexun(燕)〔女眞〕, tsubame(燕)〔日〕, tsubakura(燕)〔日, 出雲方言〕. tsubame의 tsuba는 국어 져비와 동원어다. me는 국어 매(鷹)와 동원어다. gamome(鴨)〔日〕. 일본 이즈모(出雲) 방언 tsubakura의 kura도 새의 뜻을 지니

는 말인데 국어 딱따구리, 왜가리, 병마구리. '구리, 가리'가 새의 본뜻을
지니는 말이다.

제석 명 帝釋. 帝釋天. 梵 Indra, Śakra. 巴 Inda

제석의 온전한 이름[full name]은 산스크리트어로는 Śakra devānām
indraḥ(신들의 힘센 帝王, 신들의 지배자인 사크라)이며 팔리어로는
Sakka devānaṃ indo이다. 사크라 또는 사카는 '강력한'이란 뜻인데,
이 신이 매우 강력하기 때문에 붙인 것이며, 인드라흐, 인도는 격어미가
다르게 붙은 것으로 이 신의 바른 이름은 인드라(indra)이다. 사크라
또는 사카는 한자로 釋, 또는 釋迦로, 데바남은 提桓으로, 인드라흐 또는
인도는 因, 因陀羅로 소리옮김 하면 釋(迦)提桓因(陀羅)이 된다. 그런
데 신들의 제왕이므로 앞에 帝 자를 붙여 帝釋(迦提桓因陀羅)이라 한다.
帝釋天은 제석에 신을 뜻하는 天 자를 붙인 것이다. 능천주(能天主), 천
주제석(天主帝釋), 천제석(天帝釋), 천제(天帝)라고 뜻옮김(意譯)한다.
인드라는 매우 오래된 神이다. 인도의 가장 오래된 성전(聖典)인 리그베
다에서는 가장 인기 있고 가장 많은 찬양을 받은 신이다. 이란에서 온
신으로 기원전 7세기에서 6세기 무렵 이란에서는 종교개혁자 조로아스
터에 의해 신에서 악마로 바뀌고 말았다. 이 인드라는 뇌정신(雷霆神.
우레신)의 성격을 띠며, 이상화된 아리아 전사(戰士)의 용맹한 영웅신이
다. 베다에서는 공중에 있는 신이다. 그 모습은 전체가 붉으며, 머리
털, 수염도 붉다. 팔은 길고 힘이 세다. 그는 황금 전차를 몰고 다니는데,
준마(駿馬) 두 마리가 끈다. 그는 '바즈라(vajra)'라는 무기를 가지고 있
는데 금강저(金剛杵)라고 번역하며 우레의 번갯불이다. 곧 우레의 번갯
불을 신격화한 것이라 볼 수 있다. 이것은 매우 날카로운 무기이며 인드
라는 이를 마치 칼처럼 다룬다. 불교에서는 범천과 함께 대표적인 불법
수호신이 된다. 욕계의 제2천인 도리천(忉利天)의 주인으로서 수미산
(須彌山) 꼭대기의 희견성(喜見城)에 살며, 아수라와 싸워 항복받고,
천하에 사신을 보내 만민의 선행을 기뻐하고 악행을 응징하는 위덕신(威
德神)이다. 십이천의 하나로 동방을 수호한다. "於山頂中有宮, 名善見,

云云, 是天帝釋所都大城, 於其城中有殊勝殿."《俱舍論11》. 우리나라 민간신앙에서는 무당이 위하는 신의 하나로, 집 안에 있으면서 수명과 안녕을 맡는 신이다. 이는 불교에서 온 것이라 본다. 불교가 민간신앙으로 된 대표적인 것이다.

제야의 종　문　除夜의 鐘

해마다 양력 12월 31일 자정(子正)에 서울 종로(鐘路)에 있는 보신각(普信閣)의 종을 그 해를 빛낸 인사(人事) 등이 번갈아가며 33번 치는 것이다. 이때 33번 치는 관습은 불교에서 유래되었다. 도리천(忉利天) 33天에 널리 울려 퍼져 국태민안(國泰民安)하고 모든 중생이 구제받기를 기원하는 의미가 담겨 있다. 도리천은 수미산(須彌山. sumeru) 꼭대기에 있는 세계로 관세음보살(觀世音菩薩)이 중생을 구제하기 위해 33天으로 분신(分身)했다는 불교 전설에서 유래한다. 보신각종은 조선시대 오전 4시 파루(罷漏)와 오후 10시 인정(人定)을 알려 성문을 열고 닫는 데 사용됐다. 파루(새벽종) 때 33번을 쳐 통금을 해제했고, 인정(저녁종) 때 28번을 쳐 통금을 알렸다. 除夜는 중국에서는 절분(節分. 입춘, 입하, 입추, 입동)의 전날 밤을 이른다. "金吾除夜進儺名, 畵袴朱衣四隊行."《王建. 宮詞》. 또 동지(한 때는 동지가 새해이며, 팥죽을 먹으면 한 살 더 먹는 것이 그 유풍이다.)의 전날 밤이나 섣달 그믐날을 가리키기도 했다. "是名冬至除夜, 乃知, 唐人冬至前一日, 亦謂之除夜."《老學庵筆記. 八》. 한편 일본에서는 제야를 대회일(大晦日. おおみそか)이라 하며, 별명으로 여가가지가 있으며(年夜·年越·年取), 이날 밤 각 절에서 법회를 열고, 지난 과거를 반성하고 오는 해의 행운을 비는데, 그 정점이 '제야의 종'이다. 제야의 종은 법회가 끝나는 때부터 치기 시작하는데, 보통 107회는 지난 해, 그리고 마지막 한 번은 새해를 위해 친다. 108회만이 아니고 때로는 200, 300회도 치는데, 참배자에게도 치게 하여 2시 가까이까지 소리를 내는 절도 있다. 이는 번뇌를 여의는 방편이다.

조   명 粟

'조'는 어원이 불명이다. ¶左色二(좁쌀)《譯語》, 조(粟)《字會上12》, 조뿔
: 것바슨 조뿔룰 너희룰 爲ᄒ야 흩노라(脫粟爲爾揮)《杜初15:5》, 좁뿔 :
좁뿔ᄀ티 싸ᄒ라《分瘟9》, 져(粟)《漢p.389》. '조'는 만주어 '져'와 동원어
(同源語)라 하겠다. 한편 '돌〉됴〉조'의 변화를 생각하면 쌀 한 톨 할 때의
톨과 비교된다.

조개   명 貝, 蛤蜊, 蛙蛤

'조개'는 '조'와 '개'로 나눌 수 있다. kahi(貝)〔日〕. 일본어 kahi는 국어
조개의 '개'와 비교된다. 조개를 '조가비'라고도 하는데, '가비'가 일본어
에서 kahi로 변했다고 여겨진다. 조개류의 일종에 '가리비'라는 게 있다.
'가리'와 '비'의 합성어인데, 조개의 '개'는 '가리〉가이〉개'일 가능성도 있
다. 가리비의 '비'도 어원적으로는 조개(貝)의 뜻을 지닌 말로서 이음동
의어(異音同義語)일 수도 있다. ¶됴개(蛙蛤)《譯補50》, 죠개 합(蛤)《字
會上20》. 됴개의 '됴'는 도, 돌, 돋으로 소급되며, 조개(貝)의 뜻을 지닐
것이라고 여겨진다. kabuklular(貝)〔터키〕, thahura(貝)〔滿〕.

조금날   명 上弦日, 下弦日

'조금날'은 밀물과 썰물의 차이가 가장 적을 때를 이르는 말이다. 상현일
(上弦日)과 하현일(下弦日)을 조금날이라고 한다. 음력으로 매달 8일이
상현이고 23일이 하현인데, 이날은 조금날이라고 한다. 한편 이날은 아
치조금 또는 까치조금인데, 조금 중에 가장 밀물 썰물의 차이가 적은 날
이다. 조금이라는 말은 한자어로서 潮(밀물 조)와 減(덜감)이란 말인
'조감'이 '조금'으로 변한 것이라고 하겠다. 18세기에 나온 『고금석림(古
今釋林)』(第八編 東韓譯語)에 의하면 조근(潮靳)에서 변한 것이라고
했다. ¶홋조곰(下弦)《同文上3》, 潮靳今訛爲조금《東韓》.

조무래기　명 小的, 小孩子

자질구레한 물건. 어린아이를 일컫는 말. 좀것, 좀생원, 좀도둑, 좀복숭아, 좀스럽다의 '좀'은 적다, 작다(少, 小)의 뜻을 지니는 접두어로 쓰이는데, 짚에서 지푸라기가 되는 어휘형성과 같이 명사 '좀'에 '아기' 접미사가 붙어서 '조무라기〉조무래기'로 변했다. '좀'은 한 줌, 두 줌의 '줌'과의 동원어(同源語)다. ¶거상 니버셔 每日 아ᄎᆞ미 두 좀 ᄡᆞ롤 바티게 ᄒᆞ고 (每日令進二溢米)《內1:67》, ᄒᆞᆫ 주믈(一把)《救方上74》. 좀〉줌. ¶좀ㅅ되다(租糙)《漢239d》. 좀되다, 한 줌만 하다, 그러니까 적다의 뜻이다. 좀은 줌(把)의 뜻에서 작다, 적다(小, 少)의 뜻으로 변했다.

조바심　명 焦燥感

'조바심'은 조마조마하여 마음에 불안을 느끼는 것으로 조(粟)와 바심(打作)의 합성어다. ᄇᆞ다(碎)의 어근 'ᄇᆞᆺ'과 '바심'의 어근 '밧'은 동원어(同源語)다. 풋바심이라고 하는 말은 채 익기 전의 벼나 보리를 지레 베어 떨거나 훑는 일을 뜻한다. 조를 타작할 때에는 조는 귀가 질겨서 두드리는 정도로는 잘 떨어지지 않으므로 온갖 방법들을 다 동원해서 떤다. 이렇듯 조를 타작하기가 까다로워서 불안하고 초조할 때 조를 타작하는 것과 같다라는 뜻을 지니게 된 것이다. ¶조 속(粟)《字會上12》, 地獄올 ᄇᆞᅀᅡᄇᆞ려 하ᄂᆞᆯ해 나《月21:181》. ᄇᆞ다는 분쇄(粉碎)의 뜻을 지닌다.

조사선　명 祖師禪

남종선(南宗禪)이라고도 하며 육조 혜능에서 비롯된 일종의 중국식 선이라고 할 수 있다. 교외별전·불립문자, 곧 언어·문자에 의하지 않고 스승이 마음으로 전하는 것. 여래선과 대조적이다.　　　▶ 여래선

조선 명 朝鮮

고조선(古朝鮮)이라고 하는 말이 있는 것을 보면 중국의 상고시대부터 쓰이던 말이었다. "燕之紫山白金, 一策也, 發朝鮮之文皮, 一策也."《管子, 揆度》朝鮮은 됴선(손)으로 표기한다면 '됴'와 '선'의 합성어로 볼 수 있다. 고대국가 이름이 사람의 뜻을 지니는 말에서 유래된다는 것을 염두에 둔다면 '션'도 사람의 뜻을 지닐 것이다. ¶션비(士)《龍80》, 슨뎡(丁)《字會 中2》. '션, 슨'이 사람의 뜻을 지니는데 사람(人)의 어근 '살(산)'과 동원어일 것이다. '됴션'의 '됴'는 '돋'으로 재구한다면 역시 사람의 뜻을 지닌다. '꾀돌이', '키다리', '꺽다리'의 '돌, 달'이 사람의 뜻을 지닌다. 일본어 hitori (一人), hutari(二人)의 tori, tari가 사람의 뜻을 지닌다. solongos, solgo(朝鮮)〔蒙〕, solho(高麗)〔滿〕, sogol(高麗)〔女眞〕. 몽고, 만주, 여진어에서 한국을 지칭하는 말이다. solongos, solgo, solho, sogol을 나누면 sol, sol, sol, so와 gos, go, ho, gol로 나뉜다. 앞에 오는 sol은 사람의 어근 '살'과 동원어다. 뒤에 오는 gos, go, ho, gol는 god에서 변했을 것이다. gos를 god으로 소급하면 god, gol이 된다. mongol, dagul, uigul의 후행어 gol, gul과 동원어로서 사람의 뜻을 지닌다. 高句麗의 옛 이름 句麗가 사람의 뜻을 지닌다. 겨레(族), 갓(妻, 女)과 동원어가 된다. 바이칼호 남쪽의 부리야트족도 자기들을 gori라고 부르고 있다. 역시 사람의 뜻을 지니고 있다. 고구려시대는 바이칼 남쪽도 고구려의 영토였을 것이다. 扶余도 '부러'에 소급하면 어근 '불'이 사람의 뜻을 지닌다. 퉁구스어에서 bəyə가 '人, 身'의 뜻을 지닌다. 발해(渤海)의 '발'도 사람의 뜻을 지닌다. 악바리(惡人), 군바리(軍人), 혹부리(瘤人), 속어 고비리(고등학생)의 '바리, 부리, 비리' 등이 사람의 뜻을 지닌다. 발해(渤海)의 '海'의 고음은 '하이'일 것이고 '할'이 고대음일 것이다. 馬韓, 弁韓, 辰韓의 '韓'과 동원어일 개연성도 조심스럽게 생각해 볼 수 있다. 한〉할〉하리〉하이〉해. 한〉한.

조용하다　　형 靜

'조용하다'는 아무런 소리도 들리지 않고 잠잠하다는 뜻이다. ¶從容ᄒ다
이 氣像 闊遠ᄒ댜 뎌 境界《松江, 關東別曲》, 죵용히 고티며《小諺8:36》. 동
용, 죵용이 보인다. 죵용>죵용>조용. 조용하다의 조용은 한자어 從容(종
용)에서 변한 말이다.

조지다　　동 敲緊, 嚴誡, 楔, 박다

'조지다'의 어근은 '좆'이다. '좆'은 명사일 것이다. ¶좃다(啄) : 딕조쓸 탁
(啄)《類合上13》, 조아먹다(啄喫)《譯補48》. 좃다의 어근 '좃'과 조지다의 어
근 '좆'은 동원어(同源語)가 된다고 하겠다. ¶조지다(楔) : 자닉네끠 쇠
아기롤 조지니《新語5:22》. 『첩해신어(捷解新語)』의 '쇠아기를 조지니'는
'쐐기를 박으니'로서 꼼짝달싹을 못 하게 한다는 말이다.　　▣ 족치다

조카　　명 姪

'조카'는 형제자매의 아들이다. ¶족하 질(姪)《倭上13》, 어와져 族下야《青
p.14》. 한자어 族下>족하>조카. ¶우리 아촌아둘 李潮이 글수미(吾甥李
潮下筆親)《杜初16:15》, 아촌아둘 딜(姪)《類合上20》, 아촌쫄(姪)《譯上57》.
아촌아둘(甥), 아촌쫄(姪)의 '아촌'이 상실되고 한자어 族下(족하)로 바
뀌었다.

조폭　　명 組暴. 組織暴力輩

무리를 지어 다니며 위세를 과시하는 사람을 부르는 말은 다양하다. 조폭
(조폭시리즈 영화가 나와 이 말이 유행되었다. 〈친구〉, 〈신라의 달밤〉,
〈주유소 습격사건〉 등의 2000년 무렵 나온 영화다.), 깡패, 양아치(세수
도 잘하지 않는 땟국이 흐르는 서양 거지같은 사람을 이르는 말), 놈팡이
(룸펜에서 왔다는 설과 노는 패 곧 '놈＋패＋ㅇ＋이'로 보는 설), 룸펜

(Lumpen. 독일어로 부랑자 또는 실업자의 뜻. 일본어에서 차용한 것임) 등 꽤 부정적인 용어가 있는가 하면 '협객, 주먹, 건달, 어깨'같이 다소 멋이 들어가거나 우회적인 표현도 있다. 역사를 좀 거슬러 올라가면 불한당, 파락호, 한량이라는 용어도 나온다. 이들의 공통점은 여럿이 식구를 이루어 움직이는 조직폭력이라는 점이다. 일각에선 우리나라 조직폭력의 태동을 고려시대 무신정권으로 보고 있다. 그러나 사료에 무신정권이 폭력집단을 정권유지의 수단으로 이용한 것 같다는 의심이 든다는 정도이지 구체적인 기록은 없다. 조선시대에는 불한당(不汗黨 : 떼 지어 다니며 행패를 부리는 무리), 파락호(破落戶 : 행세하는 집의 자손으로서 난봉을 피워 결딴난 사람), 꼭지딴(포도청에 매여서 포교의 심부름을 하며 도둑을 잡는데 거들던 '딴꾼'들의 우두머리), 보부상(褓負商 : 등짐장수와 봇짐장수) 등의 집단이 정권탈취나 유지에 동원됐다는 기록이 있다. 그러나 이들은 계보를 이어가며 이권을 좇는 조직적인 폭력배나 이른바 '주먹 패밀리'로 보기는 어렵다는 견해가 많다. 따라서 학자들은 조직폭력의 뿌리를 일제강점기로 잡고 있다. 이때의 원로 주먹으로는 김후옥, 김사범이 있다. 김후옥은 만주와 중국 본토를 돌아다니며 닦은 유도와 권투 솜씨로 서슬 퍼런 그 시대에 일본 순사를 냇물에 처넣은 적이 있는 배짱 두둑한 한국 주먹의 시조로 꼽힌다. 김사범은 '동대문 밖 김장사'로 통했으며, 태권도와 박치기가 일품인 괴력의 소유자였다고 한다. 이들은 패거리를 끌고 다닌다기보다 혼자 힘자랑을 하며 일제강점기 틈새에서 나름대로 영역을 구축했다. 여기에 시라소니 이성순을 원로 주먹에 넣을 수 있다. 시라소니는 스라소니의 평안도 사투리로 돌연변이로 태어난 못생긴 새끼 호랑이를 말한다. 김두한보다 다섯 살 위인 이성순은 신의주 출생으로 어릴 적부터 싸움 재주가 타의 추종을 불허했다고 한다. 평안도 험한 산길을 휙휙 날아다니며 주먹을 휘두르던 그는 해방 뒤 명동을 중심으로 자리를 잡은 이북 출신 주먹패들과 한때 한솥밥을 먹기도 했지만 결국 혼자이길 고집한 고독한 싸움꾼이었다. 이들에 이어 김두한까지 주먹들을 지칭할 때 협객(俠客)이란 용어를 썼다. 협객이란 "의협심이 강하여 불의를 보고 참지 못하는 무술이 뛰어난 남자"를 이른다. 유지광이 1978년 낸 『정치 주먹천하』를 보면 협객에 대한 소개가 있다. 협객은 중국의 고서

『열자(列子)』의 황제편(黃帝篇)에 나온다. "子華使其俠客, 以智鄙相攻, 彊弱相凌.(자화는 한 패거리인 협객과 함께 슬기와 어리석음으로 서로 議를 다투고, 또 강과 약으로 서로 勝을 다투고)" 유씨는 협객을 "동정심에 쏠려 사나이답게 행동하는 사나이"라고 정의했다. 俠자는 사나이답다, 동정심이 많다는 좋은 뜻을 가지고 있지만, 폭력적인 요소가 담겨 있다. 『삼국사기』에는 김유신이 협객을 시켜 당나라 점령군의 장군을 죽여버렸다는 기록이 있다. 고려 김부식이 남긴 글에는 "김춘추가 협객을 모집했더니 1200명이 응모했다."고 적혀 있다. 아무튼 협객은 무리를 이루지 않고 혼자 행동하는 사람으로 묘사된다. 이런 측면에서 김두한은 수표교 거지촌에서 무리를 이끌며 종로를 장악한 것이 아니라 혼자의 힘으로 종로에 섰다는 점에서 협객이란 표현에 가깝지만, 나중에 주먹 일가를 이루었다는 점에서는 부합되지 않는 점이 있다. 김두한이 종로에 진출할 무렵 마치 유행처럼 주먹들이 패거리를 이루었기 때문에 엄밀한 의미에서 협객의 시대는 가고 일가 시대가 싹트고 있었다. 그러나 패거리의 오야붕(親分. 두목의 일본어)들은 협객이라 불리길 바랐다. 협객이란 말에 정의를 위해 주먹을 쓰는 사람이라는 긍정적인 의미가 풍겨났기 때문이다. 협객이란 용어가 점차 사라지면서 주먹들이 별 거리낌 없이 받아들인 말이 '건달'이다. 건달(乾達)의 어원은 불교에 나오는 간다르바(Gandharva)에서 나왔다는 것이 통설이다. 고대 인도에서 반은 신이고 반은 인간인 존재로 불교에 들어와 불법수호신의 하나인 '동방수호의 신'으로 간주된다. 불교에서는 하늘의 악사. 하늘에서 음악을 연주하는 신. 또 술과 고기를 먹지 않고 단지 향만 구하므로 심향(尋香)이라고도 한다. 또 서역의 속배우(俗俳優)로 생업에는 종사하지 않고 단지 음식의 기(氣)를 찾아서 음악을 연주하여 이런 이름이 붙었다. 가지각색의 요술을 부리는 사람의 뜻으로도 쓰인다. 중국에서 건달바(乾達婆)라 한 것을 '바'를 떼고 건달만 남은 것이다. 신라 때 이미 등장하는 말이다. 그러나 이때는 긍정적인 의미로 사용되었으며, 부정적인 의미는 조선조 후기 불교가 유교에 밀려 부정적인 의미로 생각되면서부터다. 신재효의 판소리에 등장하는 건달은 놀고 먹어서 사회의 병적인 존재가 된 사나이이다. 그 뒤 지금까지 놀고먹는 사나이의 뜻으로 전해오면서 주먹들이 좋아한 용어가 되었다. 건달과 비

조폭

숫하면서도 부정적인 뜻이 강한 용어로 파락호가 있다. 파락호의 본뜻은 과거 가문이 좋았는데, 이제는 망해버린 집을 이른다. 그러다가 망한 집의 아들까지도 포함하게 됐다. 중국 남송 시기 『함순임안지(咸淳臨安志)』라는 책에 "파락호들이 술집에서 행패를 부리고 남에게 술값을 대신 내라고 공갈을 해서 장사가 안 된다."는 말이 있다. 요즘 깡패와 같은 짓을 한 무리들로 간주한 것이다. 무위도식하는 뜻에 머무는 건달에 비해 파락호는 공갈, 협박 행패를 일삼는 자라는 뜻이 더해진다. 한량(閑良)은 무반(武班)집 자제로서 아직 벼슬길에 오르지는 못했지만, 앞으로 무반으로서의 출세(出世)길이 훤한 사람이란 긍정적인 뜻이 있다. 한량들은 활터에 나가 활을 쏘며 시간을 보냈기 때문에, 과거 활터의 젊은이라는 뜻으로도 해석된다. 어쨌든 한량에는 힘을 쓰며 유유자적하는 삶을 살지만 반사회적인 의미는 포함되어 있지 않다. 주먹들이 싫어하다 못해 혐오하는 깡패(패깡이라고도 한다)라는 말은 유지광에 따르면 한국과 미국의 혼혈 사생아적인 돌출용어다. 깡패란 말은 6·25 전쟁 직후 동두천 일대의 미군부대 주변을 서성이던 구두닦이 소년들의 입에서 비롯됐다. '깡'은 영어의 갱(gang. 강도)이며 '패'는 도적패, 난당패(반란을 일으키거나 소란을 피우는 무리)라는 말에서 알 수 있듯이 목적이 아름답지 못한 사람들의 집단에 붙는 접미사다. 깽패가 깡패로 된 것이다. 패는 중국어 牌라고도 한다. 한편 깡짜를 부리는 무리라는 깡패·배(輩)로 보기도 한다. 깡패라는 말은 시작부터 구두닦이들이 '강도 같은 놈들'이란 뜻으로 사용했듯 온통 부정적인 요소를 담고 있다. 깡패란 용어가 대중적인 용어로 등장한 것은 자유당이 정치깡패를 동원하여 야당의 집회를 방해한 1957년 이른바 '장춘단사건' 이후였다. 당시 언론이 장춘단 집회를 다루면서 "깡패가 장춘단 집회를 방해했다."고 보도하면서 깡패라는 말을 신문에서도 다루게 된 것이다. 깡패라는 말을 주먹들이 얼마나 싫어하는지는 유지광이 스스로 "깡패라는 호칭은 주먹들의 '마음의 상처'에 뿌려지는 소금이다."고 말한 데서도 잘 나타난다. 심지어 자유당 시절 주먹으로서 평택에서 국회의원에 출마했던 김동진은 상대후보가 자신을 깡패라고 공격하자 연설회장에서 엄지손가락을 자르며, "과거와 손 씻었으니 이젠 깡패로 부르지 말아 달라."고 호소했을 정도다. 아무튼 깡패라는 용어가

통용되자 그때까지 주먹을 부정적으로 묘사하던 '야쿠자, 가다, 어깨'라는
말은 단박에 용도폐기 됐다. 일본말인 야쿠자는 8(야)- 9(쿠)-3(자)을
의미하는 것으로 끗수가 0, 즉 망통이 되어 가장 쓸모가 없는 패이다.
그래서 사회적으로 아무 쓸모가 없다는 뜻에서 도박으로 생활하는 자를
야쿠자라고 부르게 됐다. 그러나 이 말은 차츰 일정한 직업 없이 폭력을
휘두르며 남을 등쳐먹는 조직폭력배를 지칭하게 되었다. 요즘 야쿠자는
일본 사회의 그늘을 상징하는 존재다. 보통 구미(組), 가이(會)라는 조직
에 소속되어 있는 것이 일반적이다. 구미는 조직의 오야붕(親分)과 부하
들인 고붕(子分)의 수직적인 결합과 동료를 뜻하는 교다이붕(兄弟分)
끼리의 수평적 결합으로 이루어져 있다. 이들은 의리로 똘똘 뭉쳐있는데,
의리를 저버렸을 경우 손가락 하나씩을 자르는 등 가혹한 제재가 따른다.
'가다'는 일본어로 어깨를 말하며 우리말로 어깨라 직역하기도 한다. 어깨
를 으쓱거리며 위엄을 보이는 남자를 뜻한다. 주로 조직적으로 뭉치기
전의 개인적인 주먹을 뜻한다. 깡패를 종합적으로 정리하면 불법적으로
경제적 이익을 타인으로부터 빼앗기 위해 폭력을 휘두르는 조직체 또는
그 일원을 말한다. 왕년의 주먹인 유지광은 깡패를 '주먹으로 밥벌어 먹는
자'라 정의했다. 조직폭력을 포괄적으로 비유하는 '주먹'이란 깡패, 건달,
야쿠자, 어깨 등의 공통분모적인 요소로서 그 말 자체는 도의적인 평가를
내리기 전의 폭력을 의미하는 것이다. 곧 폭력은 주로 주먹으로 행사한다.
주먹사에서 주먹들을 조직범죄로 다룬 것은 김두한 시대에 이어 한국전쟁
직후 형성된 동대문파와 명동파를 현대적 시각에서 한국 조직범죄의 기원
으로 본다.《유지광, 유표상 지음, 실록 韓國 주먹사 大義 - 암흑시대의 건달들. 松竹文化社,
1975.》,《메트로(metro), 2002.11.05.》

◘ 가다, 건달(바), 고붕, 깡패, 놈팡이, 룸펜, 불한당(화적), 마피아, 삼합회, 야쿠자, 양아치,
어깨, 오야붕, 주먹, 파락호, 한량, 협객

족두리 [명] 婚姻裝飾帽

'족두리'는 '족'과 '두리'로 나눌 수 있다. 족두리는 머리에 쓰는 것이다.
따라서 머리에서 기원한 말일 것이다. ¶쪽도리(족두리) : 쪽도리 그어

쓰고《癸丑p.122》, 족두리(족두리) : 족두리의 구슬을 얽은 거술 보시고《閑中p.336》. '두리'는 머리의 본뜻을 지닌다고 하겠다. 어린이를 어를 때 '도리도리' 하는데, 어근 '돌'이 머리(頭)의 뜻을 지닌다. 대머리, 대가리의 '대'는 '닫〉달〉달이〉다이〉대'의 변화로서 머리(頭)의 뜻을 지닌다. tologai(頭)〔蒙〕. 어근 tol이 '돌(頭)'과 동원어(同源語)가 된다고 하겠다. '족'은 '졷〉졸〉좂〉족' 변화로서 '돌'에 소급된다. '머리를 좃다'의 좃다는 조아리다의 뜻인데, '좃'이 머리(頭)의 뜻을 지니고 있다고 하겠다. '졷〉좃'의 변화다. '쪽을 찌다, 쪽을 틀다'의 '쪽'도 동원어일 것이다.

족집게 <small>명</small> 鑷, 毛拔

'족집게'는 잔털이나 가시 따위를 뽑는데 쓰는 쇠로 만든 자그마한 집게이다. ¶족집게 가져다가《朴重上40》, 족집개(鑷子)《救方下6》, 족접개 녑(鑷)《字會中14》. 족접개, 족집게, 족집개로 나온다. '족'과 '접개', '족'과 '집게'로 나눌 수 있다. '접개'의 '접'은 잡다(捕)의 '잡', '집개'의 '집'은 집다(執)의 '집'이다. ¶족 : 간디 족족 안니다가《松江1:14》, 니ᄅ오시는 족족《癸丑p.23》, 공ᄉ든 족족히 뻐 보내야《癸丑p.41》. '족'은 명사가 된다. 족족히는 명사가 겹치면서 부사가 되었다. 현대어에서도 가는 쪽쪽, 오는 쪽쪽과 같이 쓰이고 있다. 족집개의 '족'은 '틀림없이 일일이, 할 때마다 집는다'의 뜻을 지닌다고 하겠다.

졸다 <small>동</small> 居眠, 瞌睡

잠자는 행위는 눈과 관련된다. ¶ᄌ올다(졸다) : 멋 디위롤 ᄌ오ᄂ뇨(眼幾回)《杜初21:45》, ᄌ오롬(졸음) : ᄌ오로믈 ᄇ리게 ᄒ시고《月10:97》. ᄌ올다의 어근은 'ᄌ올'이고 'ᄌ'와 '올'의 합성일 것이다. 'ᄌ올'의 'ᄌ'의 원형은 '줄'일 것이다. '줄'은 다시 '졷'으로 소급된다. 눈ᄌ수(眼睛)《恩重19》의 'ᄌ수'는 자위의 뜻으로 눈동자의 뜻을 지니지만, 본뜻은 눈의 뜻을 지닐 것이다. ᄃ라치(生眼丹. 다래끼)《譯63》의 어근 '둘'의 본뜻은 눈일 것이다. ᄌ올다는 졸음의 방언에 '자부림'이 있는 것을 보면 고형은 'ᄌ볼다'에서 변했을 것이라 여겨진다. 'ㅈ볼다'가 졸다의 뜻을 지닌다. 그렇게 본다면 'ㅈ볼다'는 'ㅈ'와 '볼'의 합성어가 된다고 하겠다. '볼다'의 어근 '볼' 도 명사로서 눈의 뜻을 지닌다고 하겠다. 눈을 부릅뜨다, 부라리다의 어근 '불(분)'이 눈의 뜻을 지닌다. ▶잠

졸본부여　　명 卒本扶余

'졸본부여'는 고구려의 이칭(異稱)이다. 졸본은 지금의 혼강(渾江) 유역의 환인(桓仁) 지방이며, B.C.37년에 고구려의 시조가 이 지방에서 건국하여 A.D.3년(유리왕 22)에 국내성(國內城, 通溝)으로 국도(國都)를 옮길 때까지의 도읍으로 삼았다. 본래 이 지방은 고구려를 이룬 5부족 중의 하나인 계루부(桂婁部)가 있던 곳이다. 계루부는 태조왕 때부터 가장 강력한 부족으로 대두하여 고구려를 대표하게 되었다. 광개토대왕비에는 졸본을 홀본(忽本)으로 기록하고 있다. 졸본(卒本)과 홀본(忽本)은 '本'은 같고 두음은 '卒, 忽'의 차이를 보이지만 같은 의미를 지닌다고 여겨진다. 졸본의 '졸'은 고대 조어는 '돌'로 재구된다. 고대에는 두음에 'ㅈ'이 오는 경우는 거의 없는 편이다. '돌'은 현대에서 '꾀돌이' 할 때 '돌'과 같이 사람이란 뜻을 지닌다. '朝鮮'의 고대음은 '도선'일 것이고 '도선'의 '도'는 '돌(人)'일 것이다. 키다리, 꺽다리의 '다리'가 사람의 뜻을 지닌다. 일본어에 hitori(一人), hutari(二人)에서 tori, tari가 사람의 뜻을 지닌다. '本'은 분(人)과 동원어라 하겠다. ¶ᄒ부니 天命이실 씨《龍37》, 天尊온 하ᄂᆞᆯ햇 尊ᄒ신 부니라《釋13:4》. '분'이 사람의 뜻을 지니고 있다. '扶余'는 '부여'로서 소급하면 '부러', '불'인데 사람의 뜻을 지닌다. 악바리(惡人), 혹부리(瘤人)와 같이 바리, 부리가 사람의 뜻을 지닌다. 에벤키, 오로촌어에서 bəyə(人, 身)가 있고 만주어에서는 bəyə(身)가 있다. bəyə는 bərə로 소급되며 어근은 'bər'이다. 사람의 뜻을 지니고 있다. 고구려도 처음의 이름은 '고리'였다. 어근 '골'은 사람의 뜻을 지닌다. '忽本'의 '忽'도 사람의 뜻을 지닌다. 만주어에서 hula(姓, 一族)의 'hul'이 사람의 뜻을 지닌다. 국어 '희'가 인칭복수를 나타내고 있다. 인칭복수는 거의 사람의 뜻을 지니고 있다. '사람들'의 '들'은 사람의 뜻을 지

니는 '돌, 달'과 동원어다. 니브흐족은 사람을 부를 때 'hala'라고 하는 것을 필자는 아무르강 하구에 사는 그들을 만나 직접 들은 적이 있다. 한편 졸본(卒本)은 샛별(金星)의 뜻을 지닐 개연성도 있다. čolmon(샛별, 金星, 明星)〔蒙〕, čolbun, čolban, čolmun(金星)〔文, 蒙〕, čolpun (金星)〔에벤키〕, čolpon(金星)〔에벤키〕. 샛별인 금성이 čolmun, čolpon 으로 나온다. 따라서 '卒本'은 '金星'의 뜻을 지닌다. 따라서 卒本扶余일 경우 '金星人'이라는 뜻을 지닐 개연성도 엿보인다.

좃　명 腎, 男根

'좃'은 남자의 생식기이다. ¶좃겁질의 황이 엉거엿고《馬諺上察色》, 즈ᅀᆞ아 ᅀᅡ(去核)《救方上57》, 눈즈ᄉᆞ롤 볼아내여《朴初上75》. 즈ᄉᆞ(核)의 어근이 '좃'인데 '좃'과 동원어라 하겠다.

종　명 奴, 奴隷

'종'은 사람의 한 부류이므로 그 어원은 사람일 것이다. ¶종爲奴《解例用字》. kul(奴隷,(神에 대한) 人間)〔터키〕, köle(奴隷, 男奴)〔터키〕. 터키어 kul, köl의 어근이 공통되는데, kul의 어원적 의미는 사람이라고 하겠다. 멍텅 -구리(人)〔國〕, bong-kura(멍텅구리, 바보)〔日〕, -kura(人)〔아이누〕. 어 근 kur가 사람의 본뜻을 지닌다. 국어 겨레(族)의 어근 '결'은 '걸'로 소급 되며, 끼리끼리의 어근 '낄(길)'도 사람의 뜻을 지닌다고 하겠다. 따라서 종도 어원적 의미는 사람의 뜻을 지닌다고 하겠다. 종은 '돋〉돌〉둘〉졸〉 죠〉종'의 변화일 것이다 '돋(돌)'은 키다리의 '다리'의 '달'과 동원어가 되 며, 꾀돌이, 호돌이의 '돌'과 동원어가 된다고 하겠다. yatsu(奴)〔日〕, yatsuko(奴隷)〔日〕. 일본어 yatsu(奴)는 natsu, nat으로 소급된다. 어 근은 nat이 되는데, 본뜻은 사람을 뜻한다. na(一人稱)〔日〕, nare(汝) 〔日〕. 어근 nar는 nat이 조어형(祖語形)으로서 yatsu(奴)의 조어형 nat 과 일치된다. 한자 奴(종 노)도 사람의 본뜻을 지니고 있다.

종과득과　뎽種瓜得瓜

우리말 속담 '콩 심은 데 콩 나고 팥 심은 데 팥 난다'의 원형이다. '뿌린 대로 거둔다'는 말도 있다. 이는 열반경(涅槃經)에 "種瓜得瓜, 種李得李"로 나온다. 그 뒤 중국의 선사(禪師)들이 이 말을 즐겨 사용하였다. 『금강경오가해(金剛經五家解)』 「第六 正信希有分」에는 야부(冶父)가 '種瓜得瓜, 種豆得豆'라 하여 인과관계를 말했다. 『명심보감(明心寶鑑)』에도 이 말이 나온다. ◪ 種豆得豆, 種李得李, 콩 심은 데 콩 나고 팥 심은 데 팥 난다

종달새　뎽雲雀, 鷄, 哨天雀

'종달새'는 '노고지리'라고도 한다. 흔히 노골노골 지리지리 운다고 노고지리라고 하며, 종달이도 '종달거리다, 종달종달하다'에서 왔다고 한다. 곧 의성어로 보는 것이다. 그러나 의성어가 아닐 수 있다. ¶종달이(종달새) 《物譜, 羽蟲》. 종달이는 '종'과 '달이'로 가를 수 있는데, '달이'의 어근은 '달'이다. 닭(鷄)《楞10:43》의 고형은 '둘'인데, 일본어 tori(鳥)와 동원어(同源語)가 된다고 하겠으며, 종달새의 '달'과도 동원어가 된다고 하겠다. kuəndəlhən(종다리)〔滿〕, bolzomor(종다리)〔蒙〕, dagotobolzomor(종다리)〔蒙〕, çayırkuşu(종다리)〔터키〕, hibari(종다리)〔日〕. 몽골어 dagoto bolzomor는 dagoto와 bolzomor로 가를 수 있다. bolzomor 자체가 종다리를 뜻하기 때문이다. 따라서 dagoto도 종다리의 뜻을 지닐 것이다. 터키어 çayırkuşu는 çayır와 kuşu로 가를 수 있다. 어근 kuş는 새의 뜻을 지닌다. çayır는 목초지(牧草地), 목장, 목초(牧草)의 뜻을 지닌다. çayırkuşu는 목초지의 새(鳥)라는 의미를 지닌다고 하겠다. 일본어 hibari는 hi와 bari의 합성어라 하겠는데, hi는 태양의 뜻이고 bari는 새의 뜻을 지니는 명사라 하겠다. bari는 일본의 고어에서 새(鳥)의 뜻을 지닌다고 하겠다. 일본어 hane(羽)는 pane로 소급되며, pan과 pat으로 소급된다. 만주어 khathura(蟹)가 일본어에서는 kani(蟹)이므로 t가 n으로 변했음을 알 수 있다. 일본어 깃(羽)의 고어 pat과 bari의 어근 pat은 동원어로서 새의 뜻을 지닌다고 하겠다. 종달이도 우리나라에서는 봄에 들판이나 파란 보리밭이나 밀밭 위에서 즐겨 날고 있다. 그러

한 면에서 볼 때는 터키어 çayırkuşu와 같이 목초지의 새(鳥)와 같은 어원적 의미를 지닐 수 있다. 그러나 그것보다 일본어의 hibari의 hi가 태양이라고 한다면 '종'은 태양과 가깝지 않을까. '종'은 '동'으로 소급될 수 있다. ㅈ음은 ㄷ음에서 변했기 때문이다. 국어의 고어에 '돋'이 해의 뜻으로 있었다. 첫돌, 두돌의 '돌', 때(時)의 조어형(祖語形) '닫(달)', 어느 덛(덧)의 '덛' 등의 어원적 의미는 해다. 그렇게 본다면 종다리는 해새(日鳥)의 뜻을 지닌다고 하겠다. 종다리는 높이 해와 가까운 데까지 올라가서 울고 있다고 여겼을 것이다.

종아리 명脚

'종아리'는 '종'과 '아리'의 합성어다. ¶아리(脚)《靑p.110》. '아리'는 다리(脚)의 뜻을 지니는 말이다. 알통의 '알'이 다리(脚)의 뜻을 지니며, '다리통'의 뜻을 지닌다. ayak(足)〔터키〕, oturmak(座)〔터키〕. ayak은 arak이 고형이고, ar가 어근으로서 발(足)의 뜻을 지닌다. asi(足)〔日〕, aruku(步)〔日〕. 어근 as, ar는 국어 '알(足)'과 동원어(同源語)다. 소의 뒷다리 윗마디에 붙은 고기를 '아롱사태'라고 하는데, '아롱'의 어근 '알'은 다리(脚)의 뜻이다. '사태'의 어근은 '샅'으로서 '샅(股)'의 뜻을 지니는 말일 것이다. 종아리, 종다리의 '종'도 발이란 어원적 의미를 지닌다고 하겠다. '종'은 한자 발뒤꿈치를 뜻하는 '踵(종)'일 것이다. 종아리, 종다리, 종다지, 종단지 등이 있다. ¶종아리 小腿《譯解上35》.

종이 명紙

'종이'의 원료는 풀이나 나무 종류다. 따라서 그 어원은 풀이나 나무일 것이다. 현재도 풀과 나무를 구분하기 어려운 점이 있듯이 고대에는 풀과 나무를 명확하게 구분하지 않았을 것이다. ¶죠희(紙)《解例用字》, 종희(紙) : 종희를 다가 다 믜티고(紙都扯了)《朴重中58》, 됴희(紙)《五倫2:32》. 죠희는 '죠'와 '희'의 합성어일 것이다. 종이의 원료는 초목류(草木類)가 되기 때문에 어원적 의미는 종이를 만드는 재료에서 찾아야 할 것이다.

¶죠리(筊)《字會中13》. 죠리의 어근 '죨(죨)'이 초목류의 뜻을 지니는 명사가 된다. 자리(席)의 '잘'도 역시 동원어(同源語)일 것이다. 죠희는 '됴희'로 소급된다. '됴'는 '돋>돌>도'의 변화다. '돋(돌)'은 드리(橋)《龍87》의 어근 '돌'과 동원어일 것이다. '희'는 'ᄒᆡ'가 준 말로서 '홀>홀>홀이>ᄒᆡ>히'의 변화가 된다. ¶ᄒᆡ(楲)《倭上33》, ᄒᆡ대(杝)《物譜衣服》. 'ᄒᆡ'가 나무임은 두말할 것도 없다. '화이'가 줄어진 말이고 '화'는 '하'에서 변한 말이다. 한쇼>황소, 한새>황새. 회초리는 '회'와 '초리'의 합성어다. '회'는 'ᄒᆡ'가 준말이고 '혼>홀>홀이>ᄒᆡ>회'의 변화다. ¶회쌋(호깨나무) : 枳椇 회쌋《柳物四木》, 회나무(화살나무) : 회나모(鬼箭樹)《譯下42》, 회닙(화살나무) : 衛矛회닙《柳物四木》, 회초리(회초리) : 회초리 얼(蘗), 회초미(꼬리 고사리科屬. 多年生羊齒植物) : 貫衆葉 회초미《四解上8》, 회초미 치(貫中葉)《朴重中34》, 회초미 불휘(貫衆)《救簡6:7》, 회향(회양풀) : 회향 회(茴)《字會上13》, 회호리(회오리 밤) : 旋葉 회호리《柳物四木》, 회화(홰나무) : 회화나모(槐樹)《譯下42》. 위 예에서 '회'는 초목류임을 보여주고 있다. 일본어 kami(紙)도 그 어원적 의미는 초목류라 하겠다. 국어 : 일본어. 갈(髮) : kami(髮), 날(生) : nama(生), 돌(石) : tama(珠, 玉), 알, 얼(水) : ama(雨), 알(日) : ama(天), 갈, 글(木) : kami(紙). 가지(枝)의 어근 '갇', 그루(株)의 어근 '글(귿)', '긷(株)' 등의 어근이 나무(木)의 원의가 있다. 일본어 ki(木), ko(木) 등도 kit(kir), kot(kor)이 조어형(祖語形)이다. 일본어 kai(楷)는 kari에서 변한 것으로 kar (kat)가 나무(木)의 뜻을 지닌다. kodama(木靈)의 ko가 나무란 뜻이다. 따라서 일본고어에서도 kar가 나무(木)의 뜻으로 쓰인 말이 있었음을 보여주고 있다. 터키어에서는 kürek(楷)이 있다.

좋다¹ । 淨

'좋다'는 고어에서는 깨끗하다는 의미도 있다. ¶좋다(淨) : 婬慾은 더럽고 佛道ᄂᆞᆫ 조커시니《月9:24》, 조ᄒᆞ다(淨) : 그 德이 샹녜 조ᄒᆞ야《月14:51》. 조히(깨끗이) : 七寶로 조히 ᄭᅮ미거나《釋13:51》. 좋다는 '조ᄒᆞ다'가 줄어서 된 말이다. '조'는 명사가 된다. 깨끗이 하려면 물로 씻어내야 되기 때문에, 그 어원적 의미는 물의 뜻을 지닐 것이다. 淨(깨끗할 정) 자를 보아도 氵(물 수) 변이 있다. ㅈ음은 ㄷ음에서 변했다. '조'는 '도'로 소급된다. '돌(渠, 溝)'이 물의 뜻을 지니고 있다.

좋다² 혱好

좋은 것은 정신적인 것이며 또한 사람에 관한 것이다. ¶됴ᄒ다(好) : 저저도 됴ᄒ고(濕好)《杜初21:22》, 됴다(好)《字會下31》. 됴ᄒ다의 어근은 '됴'이고 '도'로 소급되며, '돈〉돌〉도'의 변화일 것이다. 好(좋을 호) 자는 어머니(女)가 아기(子)를 안고 있는 모습이다. 그러니까 한자에서 보면 좋은 것의 어원을 사람으로 인식했다고 보겠다. 곧 사람과 사람과의 관계를 상징하고 있다. 꾀돌이, 키다리, 또래, 들(人稱複數)의 '돌, 달, 들' 등과 동원어라 여겨진다.

좌선 몡坐禪

선은 정신의 안정과 통일을 뜻하는 산스크리트 dhyāna의 소리옮김 선나(禪那)의 약어이다. 禪은 본래 정신적인 것이므로 육체적인 특별한 자세에 대한 규정이 없는데, 결가부좌가 선 수행에 많이 적용되고 안정된 자세라서 선이라 하면 좌선을 의미하게 되었다. 좌선은 불교와 함께 중국에 들어와 남북조시대(南北朝時代)에서 수·당대(隋唐代)에 걸쳐 성립된 천태종(天台宗), 삼론종(三論宗)에서 중시되고, 당 중기에 성립된 선종에서 실천의 핵심이 되어 「좌선의(坐禪儀)」가 만들어지기에 이르렀다. "밖으로 모든 선악의 경계를 만나도 마음이 일어나지 않는 것이 좌(坐)요, 안으로 자성(自性)이 동요함이 없음을 보는 것이 선(禪)이다(一切無礙, 外於一切境界上, 念不起, 爲坐, 內見本性不亂, 爲禪)."《六祖壇經》.　　　　　　　　　　　　　　　　　　　　　　▶ 선정

주다 图 與, 授

'주다'의 어근은 '주'로서 '줃〈줄〈듈〈듣'으로 소급된다. 주는 행위는 손에 의한 것이기 때문에, '듣'은 손의 뜻을 지니는 말이라 하겠다. ㅈ음은 ㄷ 음에서 변한 자음이다. 뜯다(摘), 따다(摘)의 고형은 '듣다, 드(돋)다'가 될 것이다. 따라서 '듣, 돋'은 손의 뜻을 지닌다고 하겠다. 한 줌, 두 줌의 '줌'은 '줄〉줄움〉주움〉줌'의 변화이며, '줄'은 '듣〉둗〉듈〉쥴〉줄'의 변화인데, '듣'은 손의 뜻을 지닌다. ta, te(手)〔日〕. ➡ 쥐다, 따다, 줍다

주리를 틀다 冠 施脚刑, 施酷刑

'주리'는 한자어 주뢰(周牢)가 변한 말이다. 죄인의 두 다리를 묶고 그 틈에 두 개의 나무 대를 끼워 비트는 형벌이다. 이 형벌을 '가새주리'라고 도 하는데, '가새'는 가위(鋏)의 옛말이다.

주몽 图 朱蒙善射者

주몽(朱蒙)은 활 잘 쏘는 사람을 이름이다. 삼국유사에는 朱蒙, 鄒蒙의 표기고 삼국사기에는 朱蒙이다. 廣開土大王碑에는 鄒牟로 나오고 『일본서기(日本書紀)』에는 仲牟 또는 都慕로 표기된다. 朱蒙, 鄒蒙과 鄒牟와 都慕로 표기된다. 광개토대왕비는 고구려시대에 만든 것이기 때문에 '鄒牟'는 '두모'의 음으로 읽었을 것이다. 그것은 '都牟'와 맥을 같이 한다. '牟'는 현대음으로 '모'인데 '활 잘 쏘는 사람'을 일컫는다고 볼 때 사람(者, 人)의 뜻을 지닌다고 하겠다. 국어 머슴, 므름(莊, 庄頭)의 어근 '멋(먼), 믈(믇)'이 사람의 뜻을 지닌다. nyalma(人)〔滿〕, mama(祖母)〔滿〕. nyal 과 ma로 나뉘는데 ma가 사람의 뜻을 지니는 말이다. 상감마마, 아바마마, 마님의 '마'가 사람의 뜻을 지닌다. 고대에는 사람의 뜻을 지니는 말이 존장자를 뜻하고 부족을 대표하고 나라 이름까지 된다. nyalma의 nyal 은 nal로 소급되며 국어'나, 너, 누'의 고형은 '날, 널, 눌'이다. na(一人稱)〔日〕, nare(汝)〔日〕. 평안도에서는 '내가'를 '나래' 또는 '내래'라고 한다. '나'의 고형은 '날'임을 보여주고 있다. nyalma는 사람의 뜻을 지니는 말

의 이음동의어의 합성어라 하겠다. 일본어에서는 maro(麻呂, 磨, 丸)는 남자의 이름 아래에 붙는 인칭대명사가 되고 남자의 자칭(自稱)으로 쓰이는데 어원적인 의미는 '사람'이다. '都牟'의 '都'는 활(弓)의 뜻을 지닌다고 하겠다. 일본 유구에는 16세기에서 17세기에 걸쳐 출간한 巫歌集 omoro가 있는데 이 안에는 12세기경에 전승된 巫歌도 수록되어 있다. 여기에 활의 뜻으로 midoro가 나타난다. midoro의 mi는 존경과 공손의 뜻을 지니는 mi(御)고 doro가 활(弓)의 뜻을 지닌다고 하겠다. doro의 어근은 dor(dot)일 것이다. '都牟'는 dor(弓)와 mor(人)가 합성된 뒤 r음이 탈락된 형이라 하겠다. 즉 弓人(者)이 善射者로 전의된 것이라 하겠다. 유구어(琉球語)에는 한국 고대어가 일본을 거치지 않고 직접 내려간 자료가 다수 발견된다. 따라서 한국 고대어에서는 '돌'이 활의 뜻을 지니는 말이 있었을 개연성이 있다. dor의 어원적인 의미는 무엇일까? 국어 활(弓)은 홰(笲, 杝), 회초리의 '회'와 동원어다. 활은 나무로 만들기 때문에 어원적인 의미는 나무의 뜻을 지닌다고 하겠다. 홰는 '화이'가 줄었고 그 위는 활, 할로 소급된다. 한쇼〉황소, 한새〉황새, bəri(弓)〔滿〕, bər(弓)〔에벤키〕. 어근 bər의 어원적인 의미는 나무의 뜻을 지닌다고 하겠다. 보(樑), 비(舟), hasi(橋)〔日〕, hari(樑)〔日〕, hayasi(林)〔日〕. 일본어 두음 h는 국어 ㅂ에서 변한다. basi(橋), bari(樑), bayasi(林)(barasi). 일본어 bari(樑)를 보면 국어 '보'는 '볼'이었음을 보여준다. 비의 조어는 '볼(볻)'일 것이다. *볼(舟)의 어원적인 의미도 나무일 것이다. 대(竿, 竹)의 조어는 '닫'이고 '다이〉대'의 변화를 일으킨다. 다리(橋), 사다리(梯)의 '다리'의 어근 '닫'이 나무의 뜻을 지닌다. 유구어 midoro (弓)의 doro가 활의 뜻을 지니고 있다는 것은 '都牟'의 '都'가 dor(弓)일 가능성이 있다 하겠다. 유구어에 활(弓)의 뜻으로 guramaru(弓)도 있다. gura와 maru로 나뉜다. gura의 어근은 gur인데 어원적인 의미는 나무라 하겠다. 斤乙(木)〔高句麗〕, 그루(株), 긷(柱), 가지(枝), 너가래, 서가래 등의 어근 '글, 긷, 갖(갇), 갈(갇)' 등이 나무의 뜻을 지닌다. gi(木), go(樹)〔日〕. maru의 어원적인 의미도 나무다. 말(欐), 매(楳), modo(木)〔蒙〕, moo(木)〔滿〕. gura maru의 어원적인 의미는 '나무'라 하겠고 이음동의어의 합성으로서 활(弓)의 뜻을 지닌다고 하겠다. '都牟'

의 두 말이 모두 어원적인 의미를 나무로 보면 이음동의어가 합침으로써 활의 뜻이 되었다고 볼 수 있다. '都牟'의 '牟'를 사람(人) 또는 나무(木)의 두 뜻을 지닌 것으로 풀이할 개연성을 열어둔다. 牟를 사람으로 볼 때는 弓人이 되고 나무로 볼 때는 木木이 되면서 弓의 의미를 지니게 된다.

주머니 명 袋

'주머니'는 자질구레한 물건이나 돈 따위를 넣고 아가리를 졸라매어 허리에 차거나 들고 다니는 물건이다. ¶藥ㅅ 느 ㅁ출 더러 ㅂ리노라《杜初7:6》. '느ᄆ출'이 주머니의 뜻을 지닌다. ¶주머니 ᄃ외며 相考호미 ᄃ외며(爲袋爲考)《楞8:106》, 뵈줌치예(布袋)《分瘟5》. 주머니, 줌치의 '줌'이 어근이 된다. 줌은 한 줌, 두 줌의 '줌'과 동원어(同源語)가 된다. sumala(小袋)〔滿〕, jumanggi(小袋)〔滿〕. jumanggi의 어근 jum과 비교됨 직하다. ¶주머귀 권(拳)《字會上25》. 주머귀(拳), 주머니(袋)의 '주머'가 공통된다. 주머니의 어근은 '줌'이다. 18세기의 학자 황윤석(黃胤錫)은 『화음방언자의해(華音方言字義解)』에서 '줌치'는 여진어(女眞語)라고 했다.

주먹 명 拳

'주먹'은 '줌'에 '억' 접미사가 붙은 것이다. ¶주머귀 권(拳)《字會上25》. 주므르다의 어근은 '줌'이 된다. '줌'은 '둗>둘>둘>줄>줄>줄움>주움>주움>줌'의 변화다. 어린이를 어를 때의 '잠잠, 잼잼'과 동원어(同源語)가 된다. nidorga(拳)〔蒙〕, nučyan(拳)〔滿〕, nala(手)〔나나이〕. 어근 nid, nuč(nud), nal(nat) 등은 동원어라 여겨진다. 일본어 yubi(指)는 nubi에서 변한 말이다. 국어 누르다(壓), 나르다(運)의 어근 '눌, 날'은 손의 어원적 의미를 지닌다. 따라서 주먹의 어근 '줌'의 조어 '둗'은 손의 뜻을 지닌다고 하겠다.

➡ 줌

주무시다   동 睡眠

'주무시다'는 '줌으시다'로서 '줌'은 '잠'의 모음변이라 하겠다. 자다의 존칭어다. '자시다'라고 하지 않고 '주무시다'라고 한다. ¶주무시다 : 세손이 주무시다가 문부를 흐시고《閑中p.414》.

주변   명 周徧, 周遍

'주변머리 없다'는 융통성이 없다는 뜻이다. 이때 주변은 두루두루라는 뜻으로 한자 周遍(두루 주, 두루 편)이라고 생각된다. ¶周遍 : 오직 淸淨妙行을 닷굴씨 그 짜히 平正흐야 온가짓 보비 周遍흐리라《月13:62》. 한편 쥬변은 '제 마음대로'라는 뜻으로도 쓰인다. ¶쥬변(自由) : 쥬벼느로 이 門올 여르시느니잇고《月23:84》.

주저앉다   동 蹲坐

'주저앉다'는 궁둥이를 바닥에 대고 털썩 앉는 것이다. ¶주저앉다 : 일주저 앉다(息座)《同文下31》, 주잔짜 : 나비 주잔자슈믈 스치노라(想猿蹲)《杜重11:46》, 줏구리다 : 쏭 무딧 우희 줏구려서《月9:35下》. '줒다'를 얻을 수 있는데, 단독으로 쓰인 예는 보이지 않는다. 줏그리다의 어근 '줏(줒)'의 흔적을 보이고 있다. '쭈그리다'나 '앉다'나 모두 다리, 발(脚, 足)의 행위가 되므로 어원은 거기서 생각해 볼 수 있다. 종아리, 종다리의 '종'은 '졷〉졸〉조〉종'의 변화고, '아리'나 '다리'와 같이 다리(脚)의 뜻을 지니고 있는 명사라 하겠다.

죽   명 粥

'죽'은 한자 죽(粥)과 일치하고 있다. 따라서 죽은 곧 중국어라고도 할 수 있다. 그러나 중국어의 조어(祖語)도 알타이 조어에서 비롯했다는 견해에서 보면, 차용어가 아니라 국어의 고유어로 볼 수도 있다. ¶죽(粥)

: 죽므레(粥飮)《救簡6:36》. 죽은 '둗〉둘〉듈〉쥴〉쥾〉죽'의 변화라 하겠다. 죽
은 농경사회가 형성됨에 따라 생긴 말이고, 곡물을 재배했을 때 생긴 말이
될 것이다. 따라서 죽의 어원은 낟알의 이름이 죽의 어원적 의미가 될
것이다. 조(粟)의 만주어는 čyə(粟)다. čyə는 tyə, tə, tər, tət으로 소급
된다고 하겠다. 논에서 나는 쌀보다는 밭에서 나는 조(粟)가 더 이른 시대
에 재배한 작물이다. 따라서 죽의 어원적 의미는 '조'로 볼 수 있다. 곡물을
불에 익혀 먹게 되었을 때는 밥이나 죽이나 떡의 구별이 없었을 것이고
나중에 가서야 점차적으로 구별되었을 것이다.

죽다　튀死, 亡, 崩, 薨

'죽다'는 숨이나 목숨을 다하는 것이라 하겠다. 그러나 목숨이나 숨을 다
하는 주체는 사람의 몸이다. 몸 자체가 숨과 목숨을 잃는 것이다. 따라서
그 어원은 사람의 본뜻을 지닐 것이다. 死(죽을 사) 자는 갑골문에서 歺
(부서진 뼈 알) 변에 그 앞에 꿇어앉은 사람을 합친 글자다. 人(사람 인)
자가 나중에 변할 匕(화) 자로 바뀌어 현재의 글자가 되었다. ¶주글 ㅅ
(死)《字會中35》. 죽다의 어근 '죽'은 '둗〉둘〉듈〉쥴〉쥾〉죽'으로 변했다. ㅈ
음은 ㄷ음에서 변한 자음이다. 조어형(祖語形)은 '둗'이 되겠는데, 사람의
어원적 의미를 지닐 것이다. 키다리, 꾀돌이, 또래, 둘(人稱複數) 등이
사람의 뜻을 지니고 있다. budən(死)〔에벤키〕, budən(死)〔나나이〕, bu-
(死)〔오로촌〕, buchyəhə(死)〔滿〕. 어근 bud-를 얻을 수 있다. 에벤키어,
오로촌어에서 bəyə(人, 身)가 있는데, bərə가 고형이고 어근은 bər
(bət)가 된다. 죽다(死)의 뜻을 지니는 어근 bud와 동원어(同源語)일
것이다. 한자에서 시체의 뜻을 지니는 屍(주검 시) 자의 시(尸)는 사람이
쓰러진 모양을 본뜬 자로서 주검을 뜻한 글자가 된다. 또는 옛적에 신주
(神主) 대신 앉혀 놓던 아이 곧 시동(尸童)의 뜻으로 쓰였다. 屍 字도
사람이 죽은 상태의 모습을 상징한 자라 하겠다. 일본어에서 kabane는
성, 주검(姓, 屍)의 두 뜻을 지닌다. kabane는 ka와 bane의 합성어라
하겠는데, bane는 hone(骨)와 동원어가 된다. kabane의 ka는 일본어
kara(軀)의 어근 kar일 것이다. 일본어 kabane(屍)의 어원을 보면 죽

은 자(死者)의 신체의 상형으로 파악하고 있음을 알 수 있다. 따라서 죽다 (死)는 신체의 시각적인 인식이라 하겠다.

줄   圈 條, 線

'줄'의 조어형(祖語形)은 '둗'이라 하겠다. '둗〉둘〉쥴〉줄'의 변화다. ¶줄 (絲) : 고기 낫는 주레(釣絲)《杜初15:12》. sudi(筋, 條)〔日〕, tel(線, 絲, 섬유)〔터키〕, cizgi(絲)〔터키〕, otasu(絲)〔蒙〕. 일본어 sudi(條)는 국어 줄의 고형 '줃'과 동원어(同源語)다. 두음에서 국어 ㅈ은 일본어 ㅅ음과 대응된다.

줄다리기   圈 拔河

'줄다리기'는 편을 갈라 줄을 잡아당기는 경기다. ¶줄ᄃ릐기(拔河)《物譜 博戱》, 활 ᄃ리다(拉弓)《同文上47》. ᄃ릐다, ᄃ리다의 어근은 '돌'이다. 잡아당기는 것은 손이기 때문에 '돌'은 손이나 팔의 뜻을 지닌다고 하겠다. 뜯다(摘), 따다의 어근 '듣, 닫'이 고어에 손의 뜻을 지니고 있었던 말이다. ¶따리다(때리다) : 거복을 죽이고 비암을 따리면《敬信6》. 따리다의 어근 '딸(달)'이 손의 뜻을 지닌다.   ☑ 줄당기기, 뜯다(摘)

줍다   图 拾

'줍다'는 손으로 하는 행위다. 줍다의 어간 '줍'은 '둗〉둘〉쥴〉줄〉줊〉줍'의 변화를 거쳤다. ¶줏다(拾) : 주어다가 次第로 니서 노코《月8:102》. '줏(줃)'이 어근이다. hirohi(拾)〔日〕, hiro(尋)〔日〕. 일본어 두음 h는 국어 p에서 비롯되었다. pirohi(拾), piro(尋)가 원형이다. 어근은 pir가 되는데, 국어 팔(臂)의 고어 '볼'《解例用字》과 동원어가 된다고 하겠다. 줍다의 조어형(祖語形) '둗'은 손의 뜻을 지닌다고 하겠다.

☑ 주다, 따다, 팔(腕)

『금강경오가해(金剛經五家解)』에는 '중(衆)'은 부처의 설법을 듣기 위해 모인 사람이며 많이 모이면 대중(大衆)이라 했다. 그리고 규봉(圭峰)은 범어 saṇghārāma의 한음역(漢音譯)인 僧伽藍(摩)을 중원(衆園)이라고 의역(意譯)한 것을 말하고 있다. 곧 僧은 衆과 대응된다.(西國, 呼寺 爲僧伽藍, 此云衆園). ¶중(僧) : 누비중 아닌 돌(匪百納師)《龍21》. 중은 '듕'으로 소급된다. '듕'은 '듀, 두, 둘, 둔'으로 소급된다. 종(奴)이 사람의 본뜻을 지니듯 중도 사람의 본뜻을 지닌다고 하겠다. ¶종(奴)《解例用字》. 중(僧)은 모음변이에 의해 분화된 어휘라 하겠다. 사람의 본뜻을 지니는 말이 존칭어가 되는 경우가 있다. 몽골어에서 bator가 본디는 사람의 뜻인데 영웅의 뜻으로 되었다. 국어 악바리, 혹부리의 '바리, 부리'가 사람의 뜻을 지닌다. 어근 '발(받), 불(붇)'이다. 흥정바지(商人)《釋6:15》의 '바지'가 사람(人)의 뜻을 지니는데, '밧(받)'과 몽골어 bator의 어근 bat과 일치한다. 중의 조어형(祖語形) '둘(둗)'은 키다리의 '다리'의 '달'과 동원어(同源語)로서 사람의 본뜻을 지닌다. 꾀돌이, 호돌이의 '돌'도 사람의 본뜻을 지닌다. 둘(等), 또래의 '둘, 돌' 등이 본디는 사람의 본뜻을 지닌다. 한편 僧의 원어(原語)인 samkha를 음역하여 僧伽라 한다. 僧은 다시 역(譯)하여 '衆'이라 하기도 한다. 수행은 삼인(三人) 이상의 비구가 한 곳에 모여 공부하는 것을 말하는 것으로 원래의 뜻은 '衆和合'이란 뜻이다. 여기에서 불도를 수행하는 단 한 사람이라도 '중'이라 부르게 되었다고 보는 견해도 개연성이 있다. 衆〉즁〉중(僧).　　　　▶ 종(奴)

중뿔나게　　　　구 多管閑事, 毫不相關, 毫無相干

① 그 일에 아무 관계가 없는 사람이 당치 않는 일에 참견하려고 주제넘게. ② 엉뚱하고 부당하게. 천 사람 만 사람이 다 옳다고 하는데 중뿔나게 왈가왈부하다와 같이 쓰인다. 부당하게 끼어들어 이러니저러니 간섭할 때 '중뿔나게'라고 쓰이는 말이다. 중뿔나게는 가운데 뿔이라는 뜻이다. 가운데 뿔이 나는 짐승은 해치가 이에 해당한다. 해치는 해태라고도

하는데, 옳고 그름과 선악을 가릴 줄 안다고 하는 상상의 신기한 짐승이다. 고대 중국에서는 이 짐승을 본떠서 법관의 관을 만들었고, 조선시대의 대사헌의 흉배에는 해치가 그려져 있다. 중국의 『이물지(異物志)』에 해치는 동북황(東北荒)에 살며 뿔이 하나이다. 성질이 충직하여 사람이 싸울 때에 정직하지 못한 사람을 뿔로 받고, 다투는 소리를 들으면 사론(邪論)을 펴는 사람을 문다고 하였다. 뿔은 보통 두 개 나는데 뿔이 하나일 때는 머리 가운데 난다. 중뿔을 가진 해치도 아닌 것이, 선악을 명확하게 가릴 줄 모르는 것이 중뿔나게, 즉 해치와 같이 군다고 풍자한 말이라 하겠다. 법 法 자의 본 자는 선악을 잘 가려낸다는 짐승인 해치에서 유래됐다.

중생 명 衆生

① 생명이 있는 모든 것. "衆生必死, 死必歸土."《禮. 祭義》. ② 사람 이외의 동물을 가리켜 말한다. "衆生好度人難度, 原來你這廝外貌像人, 倒有這等禽心獸肝."《水滸傳.29회》. ③ 불교어. 梵 sattva, 巴 satta. 소리옮김(音譯) 薩埵(살타), 薩多婆(살다파), 薩和薩(살화살), 薩婆薩埵(살파살타), 薩怛嚩(살달부), 索埵(색타). 뜻옮김(意譯) 有情(유정), 含識(함식), 勇猛(용맹). 그밖에 jantu(음역 禪頭), jagat(음역 杜伽)도 중생이라고 옮겨지는 예가 있으며, 원어는 일정하지 않지만, 어느 것이나 '생존하는 것'이란 뜻. 생명이 있는 것의 총칭이다. 세간·출세간의 모든 산 것의 유정(情·識을 가진 것)을 말하며, 출세간의 것은 성자이며, 세간의 것은 범부라고 하는데, 대개는 범부만을 중생이라 하며, 불, 보살, 연각, 나한 등의 성자와 구별된다. 범부유정이 존재하는 세간에는 천·인·수라·축생·아귀·지옥의 육도(육취)가 있다고 하며, 또 중생이 살기를 원하는 9종의 장소를 생각해서 구중생거(九衆生居. 九有情居)라 하는 경우도 있다. 중생의 원래 뜻에 대해서는 3가지 설이 있다. 첫째 많은 사람이 함께 생존한다는 뜻. 이 경우는 인류만을 가리킨다고 한다. "中阿含十二云, 劫初光音天下世間, 無男女尊卑, 衆共生世, 故言衆生."《法華文句, 四》. 둘째 많은 조건(법의 화합)에 의해 생긴다는 뜻. "依於五陰和合而生, 故

多衆生."《大乘義章, 六》. 셋째, 많은 생사를 받다의 뜻. "有情者數數生, 故
名衆生."《般若燈論》. 함령(含靈), 함정(含情), 함생(含生), 함류(含類),
군맹(群萌), 군생(群生), 군류(群類), 군미(群迷), 군기(群機), 품식(稟
識) 등이라고도 한다. 움직이면서 영이 있는 존재. 곧 생물 가운데 식물을
제외한 존재. '참나'인 진아(眞我)를 망각하게 하는 무기(無記)와, 진아를
가려 어둡게 하는 번뇌라는 속성 때문에 참나가 주체 역할을 하지 못하고
가짜 나인 가아(假我)가 주체 역할을 하여 중생고(衆生苦)를 받는 존재.
곧 중생의 일상사는 무기와 번뇌의 끊임없는 교대로 채워져 있으므로
업이 있게 되어 육도(천상·인간·수라·지옥·아귀·축생)윤회를 되풀
이한다. 중생제도(衆生濟度), 중생은(衆生恩), 중생계(衆生界), 중생고
(衆生苦), 중생삼매(衆生三昧), 중생상(衆生相) 등의 합성어가 있다. 고
어에서 중생은 중생〔뭇산것〕 그대로와 짐승이란 뜻 두 가지로 나온다.
¶중생 : 싸해 살이 뻬여늘 醴泉이 소사나아 衆生을 救ᄒᆞ더시니《月印上
15》. 짐승 : 뒤헤는 모딘 즁ᄉᆡᆼ(後有猛獸)《龍歌30章》. 새 즘승이 모다 오더
라(鳥獸翔集)《三綱.孝18.許孜》. 즘ᄉᆡᆼ이 고기를 먹지 아니 ᄒᆞ신대(乃不食禽
獸之肉)《宣賜內訓2上21》. 즁ᄉᆡᆼ〉즘ᄉᆡᆼ〉즘승〉짐승.　　　　🔁 번뇌, 무기

중이 고기 맛을 알면 빈대가 남아나지 않는다　속

"이 말의 본래 유래는 다르다는 게 선재 스님의 설명이다. 스님들이 즐겨
먹는 나물 중에 '고소'라는 것이 있다. 정식 명칭은 '고수'인데 고소하다
해서 스님들 사이에서는 고소라고 불리는 것으로 이 나물 맛이 처음에는
비릿한 게 영 이상하지만 먹으면 먹을수록 그 참 맛에 빠진다는 것이다.
이 때문에 스님들이 고소 잎을 다 따먹고도 그 빈 대(고소의 줄기)까지
먹어치운다는 것이다. 이 '빈 대'가 남아나지 않는다는 절집의 말을 잘못
알아들은 사람이 금기식품인 육류를 먹다 '빈대'까지 잡아먹는다는 우스
갯말을 만들었다는 것이다."(중앙일보. 2001.4.16. 17면. 이헌익의 人物오디세이-
사찰음식 연구가 선재스님).

쥐 　명 鼠

'쥐'는 '주이'가 줄어든 말로서 '준〉줄〉줄이〉주이〉주'의 변화다. 다시 '주'는 '줄, 둘, 둘(둔)'로 소급된다고 하겠다. ¶쥐(鼠) : 遮陽ㄱ 세 쥐 네도 잇더신가(遮陽三鼠其在于昔)《龍88》. 고슴도치의 고형 고슴돝《杜初10:40》의 '돋(톤)'이 쥐의 본뜻을 지니는 말로서 쥐의 조어형(祖語形) '돋'과 동원어(同源語)가 된다고 하겠다. sıçan(鼠)〔터키〕, sinçap(다람쥐)〔터키〕. 터키어를 보면 sıçan(鼠)과 sincap(다람쥐)이 형태적으로 비슷한 것을 알 수 있다. 다람쥐의 고어로 드라미(다람쥐)가 있는데, 어근 '둘(돌)'이 쥐의 조어형 '둗'과 동원어일 것이다. 고슴도치의 '도치'를 '돋(豚)'으로 풀이하는 견해도 있다.

쥐다 　동 握

'쥐다'의 어간은 '쥐'다. '쥐'는 명사로서 '주이'가 줄어든 말이다. '주이'는 '줄이'로 소급된다. '이'는 접미사로서 뒤에 오는 말음이 폐음절어(閉音節語)일 때 붙기 때문이다. ㅈ음은 ㄷ음에서 변한 자음이기 때문에, '둘'로 소급된다. '둘'은 다시 '둗'으로 소급된다. 두드리다의 어근 '둗'과 동원어(同源語)로서 '쥐'의 조어형(祖語形) '둗'이 일치한다. 쥐는 행위는 손으로 한다.　　　　　　　　　　　　　　　　　　　　　　　◘ 주다, 잡다, 줍다

즈믄 　명 千

'천'의 고유어는 '즈믄'이다. ¶즈믄 천(千)《字會下34》. tumən(萬)〔滿〕, təmən(萬)〔女〕, tuman(萬, 千)〔에벤키〕, tümen(萬)〔蒙〕. tumən, tuman(萬)이 국어에서는 즈믄(千)이다. '드믄'이 '즈믄'이 되었다고 보면 ㅈ음은 후대에 ㄷ에서 변한 자음이라는 것을 알 수 있다.

즈음 　명 際

'요즈음'은 요때다. 곧 즈음은 시간을 나타내는 말이다. ¶주슴(際) : 뎌 주슴 쁴(響者)《杜初16:18》. 주슴의 어근은 '줏(줃)'인데 '줏, 듯, 듯(듣)' 으로 소급된다. ㅈ음은 ㄷ음에서 변한 자음이다. 시간을 나타내는 말의 어원적 의미는 거의 해에서 비롯된다. '둗'은 첫돌, 두돌의 '돌(돈)'과 동원어라 하겠으며, 해돋이의 '돋'도 해의 뜻을 지니는 고어가 된다. 때(時) 는 '대'가 고형이고 '닫>달>달이>다이>대'의 변화로서 '닫'은 해의 뜻을 지닌다.　　　　　　　　　　　　　　　　　　　　　　　❏적, 때, 답

즐기다 　동 樂

'즐기다'의 형용사는 즐겁다가 된다. 어근은 '즐'이 되는데, 고형은 '즐'이 고 '들'로 소급할 수 있을 것이다. ㅈ음은 ㄷ음에서 변한 자음이다. ¶즐기 다(樂) : ᄂᆞᆫ 즐기ᄂᆞᆫ 나ᄅᆞᆯ 아니즐겨(人樂之日我獨不樂)《龍92》. 한자 樂(즐거울 락) 자를 보면 ��� 아래에 木(나무 목) 자를 밑받침한 글자다. 크고 작은 북을 받침대(木) 위에 올려놓은 모양을 본뜻 글자다. 북은 악기의 대표격이라 하여 음악의 뜻을 지녔다. 음악을 들으면 즐겁다는 뜻이다. 樂 자와 비교한다면 '즑'은 소리, 노래(音, 聲, 歌)와 관련될 수있다. tanosi(樂)〔日〕. 어근 tan은 tat으로 재구된다. 국어 넋두리의 '두리', 들에다의 '들' 등이 소리, 말(音, 言)의 뜻을 지닌다고 하겠다. 일본어 toku(說), tou(問)의 어근 to는 tol(tot)에서 변한 말이다. tol(tot)은 말(言)의 뜻을 지니고 있다. 즐기다의 '즐'은 '들(듣)'로 소급되며, 어원적 의미는 소리, 말, 노래(音, 聲, 言, 歌)로서 그 중 노래의 뜻을 지닐 것이다.

지껄이다 　동 噪, 多言, 多嘴多舌, 饒舌

'지껄이다'는 조금 떠들썩한 목소리로 이야기하다라는 뜻이다. ¶해 아히 둘히 도ᄅᆞ혀 짓글혀(小厮們倒聒噪)《朴初上18》, 짓글히다《字會下15》. 짓글

히다는 지껄이다의 뜻이다. ¶사롬이 짓괴기를 크게 ᄒ더니《老下33》, 娘子이 보고 짓궤니《朴重中48》. 짓괴다, 짓궤다는 지껄이다의 뜻이다. 짓괴다의 어근 '짓'은 지저귀다. 지지괴다의 어근 '짓'일 것이다. 괴다, 궤다의 어근 '괴'는 '고이'가 줄어든 말로서 '곧〉골〉골리〉고이〉괴'의 변화다. '곧(골)'은 고다(떠들어대다, 큰소리내다)의 뜻이다. "고래고래 소리 지르다" 할 때 '고래'는 큰 소리의 뜻이다. 괴다는 소리내는 것인데 강하게 소리내다의 뜻을 지닌다고 하겠다. 짓글히다의 '글히다'의 어근 '글'은 명사로서 "고래고래 소리 지르다"의 '고래'의 어근 '골'과 동원어다. 글히다는 말하다의 뜻인데, 접두어 '짓'이 오게 되면 강하게 말하다, 거세게 말하다의 본뜻을 지닌다고 하겠다. 한편 짓괴다의 '짓'이 짖다(吠)의 어근 '짖'과 동원어일 것이라고도 생각해 볼 수 있다. ¶짓글힐 홍(鬨)《字會下15》. 짓글히다의 '짓'은 지지다(噪)《法華6:149》의 '짓(짇)'일 것이고, '글히다'도 역시 지껄이다(噪)의 뜻을 지니는 말이라 하겠고, ᄀᄅ샤되(曰)의 '굴', 고래고래 소리 지르다의 '골'과 동원어(同源語)가 된다고 하겠다. 평안도 사투리에 '고다'는 큰소리로 떠들어대다의 뜻을 지닌 말이다.

지랄　图 癎疾

'지랄'은 간질(癎疾)인데, 갑자기 부르르 떨며 게거품을 내며 경련을 일으키거나 의식을 잃고 까무러치는 병이다. 어질병이라고도 하고 지랄병이라고도 한다. 여기서 의미가 확장되어 주로 욕으로 많이 쓰이고 있다. 곧 야단법석을 떨거나 분별없이 하는 행동의 의미로 쓰인다. "지랄하다, 지랄발광하다, 지랄지랄하다, 지랄치다" 등의 말이 있다. ¶질알 : 間字呼삿, 古亦呼알, 故癲癎惡質, 今俗尙呼질알, 因此亦見癲之古音爲진 而先韻與眞韻叶矣. 亦呼안慳或앗(間자를 삿이라고 말하는데, 옛날에는 '알'이라고도 말했다. 따라서 癲癎이라는 惡疾을 지금은 흔히 '질알'이라고 말한다. 이로써 癲의 古音이 '진'이었음을 알 수 있고, 先운과 眞운은 상통한다는 것을 알 수 있다. 慳(아낄 간)은 '안' 또는 '앗'이라고 말한다.《華方》. 황윤석(黃胤錫)은 『화음방언자의해(華音方言字義解)』에서 위에서 본 것처럼 질알을 전간(癲癎)으로 봤다. ¶딜알(癎疾)《譯下61》. 질알의 '질'의 고형은 '짇'이라 하겠다. '짇'은 손짓, 발짓의 '짓'과 같이 동작의 뜻을 지니는 명사라 하겠다. 질알의 '알'은 앓다(疾), 알프다(病)의 어근 '알'과 동원어(同源語)일 것이다. 질알의 어원적 의미는 어떤 짓을 하는 병이라는 뜻을 지니고 있다고 하겠다. 지랄하다의 원의(原義)는 간질의 발작 현상에서 비롯된 말이라 하겠다. ulik(癲癇)〔蒙〕의 어근 ul은 국어 질알의 '알'과 동원어일 개연성도 있다. '알'은 앓다, 알프다의 '알'과 동원어로 보면 '알'이 병의 고유어라 하겠다.

지렁 　명 醬油, 淸醬

충청북도 음성, 괴산 지방 및 경상북도 영천 지방에서 간장의 사투리로 '지렁'이 쓰인다. 지렁의 어근은 '질(딜)'로서 그 어원은 소금과 관련될 것이다. ¶지령 : 지령(간장)《東言》, 무근 감장 서홉과 믈 평사발로 여슷 슬 브어 미이 달혀 네 사발이 되게 ᄒᆞ면 지령맛이 됴ᄒᆞ니라(陳甘醬三合和水六鉢煎至四鉢淸醬味好)《救荒補11》. dapsun(鹽)〔蒙〕, dapsun(鹽)〔滿〕, tuz(鹽)〔터키〕. 터키어 tuz(鹽)은 tut이 조어형(祖語形)이 된다고 하겠다. 짜다(鹹)의 15세기 표기는 ᄧᆞ다《月1:23》인데 당시의 현실음은 'ᄌᆞ다'와 'ᄶᆞ다'가 방언차를 지니고 공존했을 것이다. 'ᄌᆞ다'의 어근 'ᄌᆞ'는 줄, 졸으로 소급되며, 조어형은 '돋'일 것이다. '돋'은 소금의 어원적 의미를 지닌다고 하겠다.

지렁이 　명 蟺, 蚯蚓

'지렁이'는 환충류의 환형동물이다. ¶디룡 즙은(地龍汁)《癖新8》, 디룡이(蚯蚓)《譯下35》, 지룡이(蚯蚓)《癖新8》, 지룡이(曲蟺)《物譜》. 디룡, 디룡, 지룡 등이 나타나는데 地龍의 한자어임을 보여주고 있다. 지룡이→지렁이. 디룡, 디룡이의 한자어 이전에는 고유어로서 걷위《救簡6:44》, 거위《字會上21》로 나타나며 꺼깽이, 꺼생이, 거시, 거시랑 등 방언은 회충을 뜻하기도 한다.

지루하다　형 厭煩, 無聊

'지루하다'는 같은 상태가 오래 계속되어 넌더리가 나고 따분하다라는 뜻
이다. ¶번거홈애 傷ᄒ면 지리하며(傷煩則支)《小諺5:91》. 지리ᄒ다는 支
離하다의 한자어에서 온 말이다. 지리하다→지루하다.

지르다　동 焚, 放火

'지르다'는 '디르다'로 소급할 수 있다. 지르는 것은 불뿐이며, 불지르다는
'불놓다'라고도 한다. ¶디르다(焚) : 乾坤애 블 디르시고《杜初24:16》. 디
르다의 어근 '딜'은 불의 뜻을 지닐 것이다. '쇠를 달구다'의 달구다의 '달'
이 불의 뜻을 지니는 말과 동원어(同源語)다. ¶딛다(불때다)《杜初9:14》,
딜다(불지르다)《三綱忠11》. 어근 '딛'이 불의 뜻을 지니고 있음을 보여주
고 있다.

지름길　명 徑, 捷徑

'지름길'은 가깝게 질러서 가는 길, 거리가 가까운 길이다. ¶즈름길 경
(徑)《類合下62》. 즈름길→지름길. '즈름'의 어근은 '즐'로서 명사가 된다.
¶ᄆᆞᄎᆞ매 즐어 죽고(竟短折)《杜初24:22》. 즐다의 '즐'은 명사다. 주리다
(縮)의 어근 '줄'과 동원어일 것이다. 지름길의 어원은 축로(縮路)의 뜻
을 지닌다.

지리다　형 尿臭

'오줌내가 나다'의 뜻이다. '지리다'의 어근 '질'은 '딛'으로 소급되며 명사
로서 오줌의 옛말이라 하겠다. čiri~(악취를 내다)〔에벤키〕. 경상북도 영
천 방언에 간장을 '지렁'이라 하는데, 비교된다.

지붕　명 房頂, 屋頂, 樓頂, 屋根

지붕은 집(家)에 '웅' 접미사가 붙은 것이라 하겠다. ¶집웅《物譜, 第宅》. 집우(家上)의 합성어로 보는 견해도 있다. 우(上)〉웅, 짜(地)〉땅, 나라(國)〉나랑〔함경북도〕, 바다(海)〉바당〔제주도〕. 지붕을 잇기 위해 볏짚을 엮어놓은 것을 '이엉'이라고 하는데 '니엉'으로 소급된다. '니엉'의 '니'는 벼의 뜻을 지닌다. 지붕을 잇는 것은 주로 볏짚이다. '니'에 '엉' 접미사가 붙은 것을 보면 지붕도 집(家)에 '웅' 접미사로 볼 개연성이 높다.

지옥　명 地獄

불교어. 梵·巴 naraka. 소리옮김 奈落, 奈落迦. 梵·巴 niraya. 소리옮김 泥犁, 泥犁耶. 악업을 쌓은 과보로 떨어져 갖가지 괴로움을 받게 된다는 지하세계. 뜻이 바뀌어 매우 어려운 것을 이른다. 입시지옥, 취직지옥, 지옥훈련 등. 삼악취(三惡趣), 오취(五趣), 육도(六道), 십계(十界)의 하나. 유정(有情)이 사는 곳으로는 최악인 곳. 팔대지옥, 팔한지옥(八寒地獄), 팔열지옥(八熱地獄), 십육소지옥(十六小地獄), 고지옥(孤地獄) 등이 있다. 매우 추운 곳에서 고통을 받는다는 팔한지옥이 널리 알려져 있다. 팔대지옥은 팔열지옥이라고도 하며 아래로부터 차례로 무간아비(無間阿鼻. avīci), 대초열(大焦熱. pratapana), 초열(焦熱. tapana), 대규환(大叫喚. mahāraurava), 규환(叫喚. raurava), 중합(衆合. saṅghāta), 흑승(黑繩. kālasūtra), 등활(等活. sañjīva) 등 8가지로 무간지옥이 가장 심한 고통을 받는 곳이다. 각 지옥의 사방에 문이 있으며, 그 문 밖에 각각 4개의 소지옥이 있다. 이것을 16소지옥(遊增地獄)이라 한다. 지옥관은 일시에 성립된 것은 아니다. 팔열지옥은 힌두교의 영향 아래에서 성립되었다. 곧 고대인도 사회에서 업보윤회 세계관의 정착과 더불어 불교에서도 일찍부터 이런 지옥사상을 받아들였으며, 악업의 갚음으로 지옥에 떨어진다는 공포가 번성했다. 그래서 재가로서 계율을 지키고 선업을 쌓으면 죽은 뒤 하늘에 태어나는 과보를 받고, 출가로서 몸을 깨끗이 가진 자는 윤회의 고통에서 벗어나 궁극적인 해탈을 할 수 있다고 했다. 죽음의 왕 염라대왕과 지옥을 묶은 것은 이미 인도불교에서 확인할 수 있으며, 사후 심판사상은 불교 이전부터 있었던 것이다. 중국에 와서 도가의 태산부군(太山府君)의 명계사상(冥界思想)과 습합되어 시왕신앙(十王信仰)을 낳고 염라대왕을 지옥의 주재자로 하는 심판사상이 뚜렷이 성립되어 한국과 일본에도 전파되었다. "言地獄者, 如雜心釋, 不可樂故, 名爲地獄, 地持中釋, 增上可厭, 故爲泥犁, 泥犁胡語, 此云地獄, 不樂可厭, 其義一也, 此兩釋皆對厭心, 以彰其過, 非是當相解其名義, 若正解之, 言地獄者, 就處名也, 地下牢獄, 是其生處, 故云地獄."《大乘義章, 八末》.

지저귀다 　동 噪, 嚷鬧

새가 울 때 '지저귀다'라고 한다. 이는 '지지다'와 '괴다, 궤다'가 합성된 '지지괴다, 지지궤다'에서 변한 말이라 하겠다. ¶지지다 : 새 지지며(雀噪)《法華6:149》, 지지괴다 : 弓王 大闕터희 烏鵲이 지지괴니《松江1:2》, 짓괴다 : 誼온 모다 짓괼 씨라《楞4:8》, 짓궤다 : 너희 둘히 술러야 짓궤디 말고(你兩家休只管叫喚)《老下12》, 지져괴다 : 지져괴다(嚷鬧)《同文下28》, 지져귀다 : 지저귀는 춤새들아《珍靑p.84》. '괴다'의 어간은 '괴'로서 명사가 된다. '괴'는 '고이'가 줄어든 말로서 '곧〉골〉골이〉고이〉괴'의 변화가 된다. 조어형(祖語形) '곧(골)'은 말 소리(言, 音, 聲)의 뜻을 지녔을 것이라 여겨진다. 잠고(꼬)대(寢言)의 '고대'의 어근이 '곧'이다. ᄀᆞᆯ다(曰), 가르치다(敎), 고래고래 소리 지르다의 '고래'의 어근은 '갈, 골'인데, 말, 소리(言, 聲, 音)의 뜻을 지니고 있다고 여겨진다. 평안도 방언에서 '고다'는 '떠들다, 말하다'의 뜻인데, '고다'의 '고'는 '골다〉고다'의 변화가 된다고 하겠다.　　　　　　　　　　　　　　　🔁 (소리)지르다, 지껄이다

지지다 　동 烹, 灼

'지지다'의 어근은 '짖'인데, '딛'으로 소급된다. 지지는 것은 불로 하는 것이기 때문에 그 어원적 의미는 불의 뜻을 지니는 말이 될 것이다. ¶지

지다(煎)《字會下13》. 다리다(煎,熨)의 어근 '달(닫)'이 불의 뜻을 지닌다. 불을 때다의 '때'는 '대'가 고형일 것이고, '닫〉달〉달이〉다이〉대'의 변화로서 역시 불의 뜻을 지닌다고 하겠다. thuwa(火)〔滿〕, thoron(횃불)〔滿〕, tabumbi(불켜다)〔滿〕. 만주어에서 보면 tor(tot)가 불의 뜻이다.

지치다 图 累, 累乏, 疲勞, 疲倦, 疲乏, 精疲力盡, 疾

'지치다'는 힘들거나 시달려서 기운이 빠진 것을 이른다. ¶디치다(乏) : 근력 과히 써 디치다(肯乏)《漢204c》. 지치다는 '디치다'에서 변한 것이다. 지치는 것 곧 기운이 빠지는 것은 힘이라고 할 수 있다. 지치다는 '지'와 '치다'로 가를 수 있다. '지'는 명사로서 힘의 뜻을 가질 것이다. tsikara(力)〔日〕. 일본어 tsikara의 tsi는 '지'와 비교된다. '치다'는 없어 지다의 뜻이다. 형태가 비슷하고 어휘도 동원어일 가능성이 있다. ¶즈치다 : 疾風大雨에 霹靂이 즈치는 돗《蘆溪. 太平》. 이때 '즈치다'는 '치다, 때리다'의 뜻이다. ¶즈치다(瀉. 설사하다)《字會中32》, 즈칙이다(下血하다)《救方下18》. 즈칙다가 지치다, 설사하다, 하혈하다의 뜻을 지니고 있다. 지치다는 설사하다, 하혈하다의 뜻을 지닌 즈칙다에서 의미가 변한 말일 것이다.

지키다 图 守

'지키다'는 어떤 침해로부터 보호하다라는 뜻이다. ¶딕흐다 : 房올 딕흐라 흐시니《曲117》, 딕희다 : 딕희여 이셔《釋9:12》, 딕히다 : 눈의 알 딕히다《譯上61》. 딕희다는 '딕흐이다'가 준 말이고 어근은 한자어 直(딕)이다. 門直, 當直, 日直.

지팡이 图 杖

'지팡이'는 '짚'과 '앙이'로 가를 수 있다. '짚'은 '딮'으로 소급된다. ¶딮다(杖) : 도틱랏 막대룰 디퍼와《杜初7:29》. 어근 '딮'은 '딥'으로 소급된다.

지치다, 지키다, 지팡이

'딥'은 '딛〉딜〉딟〉딥'의 변화로 이루어진 말이다. '딛'의 본뜻은 나무(木)라 하겠다. 다리(橋)의 어근 '달', 대(竿, 竹)의 조어형(祖語形) '닫(달)'과 동원어(同源語)라 하겠다.

진 　 명 液

'진'의 조어형(祖語形)은 '딛'일 것이고, 어원적 의미는 물의 뜻을 지닌다고 하겠다. ¶진(液)《字會上30》. '돌(渠, 溝)'과 동원어(同源語)가 될 것이다. tsi(血)〔日〕. 일본어 tsi(血)는 국어 진의 조어형 '딛'과 동원어일 것이다. 진이나 피나 모두 그 어원적 의미는 물의 뜻을 지니는 명사가 된다고 하겠다. '돌(渠, 溝)'의 원의(原義)는 물의 뜻을 지닌다.

진달래 　 명 杜鵑花

철쭉과의 떨기나무로 이른 봄에 분홍색 꽃이 피며, 참꽃이라고도 하며, 꽃을 먹는다. ¶三月나며 開혼 아으 滿春 둘욋고지여《樂軌, 動動》, 진둘러(杜鵑花)《譯下39》, 진둘의(羊躑蠋)《字會上7》. '둘의'가 고형이고 '진'이 후대에 접두어로 쓰였다고 하겠다. 진은 '眞'일 개연성이 있다. 지방에 따라서는 철쭉을 개꽃이라고 하는 곳도 있다. 그러나 진달래는 그냥 먹거나 화전(花煎)이라고 해서 반죽한 찹쌀가루에 꽃잎을 붙여 기름에 지진 떡을 해먹는다. 그러나 철쭉은 독성이 있어 먹지를 못한다. 지방에 따라서는 철쭉을 진달래라 하고 먹을 수 있는 꽃을 참꽃이라고 한다. 지방에 따라 진달래와 철쭉의 명칭이 헷갈리고 있다.

진심 　 명 眞心

"허망을 여읜 것을 참〔眞〕이라 하고, 신령스럽게 밝은 것을 마음〔心〕이라 하니, 『능엄경』에 이 마음을 밝혔다. 다만 진심이라고만 합니까? 아니면 따로 다른 이름이 있습니까? 부처의 가르침과 조사의 가르침에서는 이름이 같지 않다. 부처의 가르침은 보살계에서 심지(心地)라 하였다. 이는 온갖 선을 발생하게 하기 때문이다.『반야경』에서는 보리라 하였다. 이는 깨달음의 본체가 되기 때문이다.『화엄경』에서는 법계(法界)라 하였다. 이는 서로 융통하고 포섭하기 때문이다.『금강경』에서는 여래(如來)라 하였다. 이는 온 곳이 없기 때문이다.『반야경』에서는 열반(涅槃)이라 하였다. 이는 모든 성인이 돌아가야 할 바탕이기 때문이다.『금강명경』에서는 여여(如如)라 하였다. 이는 진실 되고 늘 불변하기 때문이다.『정명경』에서는 법신(法身)이라 하였다. 이는 보신(報身)과 화신(化身)이 의지하는 바이기 때문이다.『기신론』에서는 진여(眞如)라 하였다. 이는 나고 죽는 것이 없기 때문이다.『열반경』에서는 불성(佛性)이라 하였다. 이는 삼신(三身)의 본체이기 때문이다.『원각경』에서는 총지(總持)라 하였다. 이는 공덕을 나타내기 때문이다.『승만경』에서는 여래장(如來藏)이라 하였다. 이는 여래의 씨를 감추어 덮고 포용하기 때문이다.『요의경』에서는 원각(圓覺)이라 했다. 이는 어둠을 깨치고 홀로 비추기 때문이다. 이러한 까닭에 수선사의『유심결』에 '하나의 법이 천 가지 이름을 가진 것은 인연 따라 이름을 붙였기 때문이다.'라고 하였다.(離妄名眞, 靈鑑曰心, 楞嚴經中, 發明此心. 佛敎祖敎, 立名不同, 且佛敎者, 菩薩戒, 呼爲心地, 發生萬善故. 般若經, 喚作菩提, 與覺爲體故. 華嚴經, 號爲如來, 無所從來故. 般若經, 號爲涅槃, 衆聖所歸故. 金光明, 號曰如如, 眞常不變故. 淨明經, 號曰法身, 報化依止故. 起信論, 名曰眞如, 不生不滅故. 涅槃經, 號爲佛性, 三身本體故. 圓覺中, 名曰總持, 流出功德故. 勝鬘經, 號曰如來藏, 隱覆含攝故. 了義經, 名爲圓覺, 破暗獨照故. 由是, 壽禪師, 唯心訣云, '一法千名, 應緣立號.')"《知訥, 眞心直說》.

진아　명 眞我

참나. 가아(假我)의 대조적인 용어. 중생의 속성인 무기와 번뇌를 벗은 나. 무기는 진아를 망각하게 하고 번뇌는 진아를 가려 어둡게 한다. 가아에서 진아를 찾는 것이 불교에서 말하는 수행이다. 성품·아뇩다라삼먁삼보리심. 자성(自性)을 말한다.　　　　➡ 가아, 무기, 번뇌, 수행, 참나

진언 圐 眞言

범어 mantra, 팔리어 manta. 주(呪), 신주(神呪), 밀주(密呪), 밀언 (密言)으로도 번역한다. 불교에서는 원래는 진실한 언어를 기술한 일반 경전을 의미하지만, 밀교적으로는 불보살의 본래 서원을 나타내는 비밀 어를 가리킨다. "眞言曰, 唵摩休羅細莎訶"《禪院淸規一, 赴粥飯》. 리그베다 의 본집(Ṛgveda-saṃhitā)을 형성하는 신성한 주문을 말했다. 이런 주 문의 수지독송 습속이 불교의 밀교에 들어왔고 중국에 전해져 진언이란 말로 번역되었다. 이는 만트라가 신들에 대한 성실한 말이기 때문이기도 하고, 또 그런 권능으로서 그런 언어에 대응하는 진실을 실제로 이루어 지게 할 수 있다고 생각되었기 때문에 진언이라 번역했다. 『반야심경』 (아제아제 바라아제 바라승아제 모지 사바하)에서처럼 짧은 것일 경우 에는 주문이라 하고, 『천수경』에서처럼 길면 다라니(神妙章句大陀羅 尼)라고도 한다. 또 '모두 지녀 가졌다'고 하여 총지(摠持)라고도 한다. 다라니는 주로 영험을 드러내는 것으로 여겨 매우 종교적인 색채가 짙고 기복 신앙적인 면이 강하여 많은 불교 신자들이 뜻도 모르면서 수지·독 송(受持·讀誦)하고 있다. 진언은 매우 심오하여 자칫하면 잘못 번역할 소지가 많아 그냥 인도어를 쓴다. 하지만 우리나라 진언은 모두 중국의 한자표기를 쓰므로 원 인도어와는 다르거나 소리가 많이 바뀐 것을 쓰고 있다.

▣ 다라니

질다 圐 湴, 泥湴

땅에 물기가 있는 것을 말한다. ¶즌더룰 드더올세라(樂軌, 井邑詞), 가 시논 짜히 즐어늘《月1:16》. 즐다의 어근 '즐'은 명사로서 '들'로 소급된다. ¶딜그릇(질그릇)《瘟瘡方3》. 딜은 흙의 뜻을 지닌다. 딜그릇은 '흙그릇'의 뜻을 지닌다. 음달, 양달의 달(地), 돌(石), 들(野), 딜(土). 즐다는 '들 다'에서 변했다. doro(泥)〔日〕. doro의 어근은 dor로서 국어 들(土)과 동원어라 하겠다. ¶디새(瓦)《釋13:51》. 디새는 '디'와 '새'의 합성어로서 흙의 뜻을 지니는 이음동의어가 합친 말이라 하겠다. ¶막새(貓頭瓦)《譯

上17》. '막새'는 '막'과 '새'의 합성어다. '새'의 조어형은 '삳'으로서 흙의 어원적인 의미를 지닐 것이다. 실(谷), ㅅ래(畦), sato(里)〔日〕. ¶실(谷): 絲浦今蔚州谷浦也《三遺, 卷三, 黃龍寺丈六》, ㅅ래: 재너머 ㅅ래 긴 밧출 언제 갈려 ㅎᄂ니《靑丘, 東窓이》.

짐승 명 獸

'짐승'은 불교어 衆生(중생)에서 비롯한 말이다. ¶즁싱(짐승): 즁싱이 머리예《月2:38》, 즘싱(짐승)《字會下3》, 즘승(짐승)《杜初22:51》. 즁싱은 고어에서 짐승과 중생(衆生)의 두 뜻을 지니다가 짐승으로 한정되었다. 즁싱이 즘싱으로 되는 것은 즁싱은 말음에 ㅇ이 겹치기 때문에 이화작용으로 '즁'이 '즘'으로 바뀌었을 것이라 여겨진다.

집 명 家

원시인들이 '집'을 짓는 데 쓴 재료는 자연에서 쉽게 구할 수 있었던 것이다. 6천 년 전에 거주했던 암사리 주거지를 보면, 지붕을 이는 데는 풀이 주재료가 된 것을 알 수 있고, 받침으로 나무가 쓰였음을 보여주고 있다. ¶딮(草)《朴初上22》, 쀠(茅)《字會上69》, 뒤(茅)《解例用字》. '뒤'는 '두이'가 합친 것으로, '둗〉둘〉둘이〉두이〉뒤'로 변했다. '딥'은 '딛〉딜〉딮〉딥〉딮'의 변화이었을 것이고, '딛'은 '뒤'의 '둗'과 동원어(同源語)가 된다. 잔더(細莎)《東言》의 '더'는 '돋〉돌〉돌이〉ᄃ이〉더'의 변화다. '달, 돋, 둗' 등이 풀종류(草類)의 뜻이 있는데, 나무의 뜻을 지니는 말과 동원어가 된다. 대(竿)는 '닫〉달이〉다이〉대'가 되고, 다리(橋)의 어근 '달'이 나무의 뜻을 지닌다. 떼(筏)는 '딛〉딜이〉더이〉데'의 변화인데, 나무의 뜻을 지닌다. direk(柱)〔터키〕. 어근 dir가 나무의 본뜻을 지니고 있다. 따라서 집의 어원은 풀, 나무(草, 木)의 본뜻을 지닌다고 하겠다. ¶홀ㄱ로 무든 디븨(土室)《杜重9:14》. '딥(家)'이 보인다. 家의 음은 ka라 하겠는데, 고대음은 kar라 추정된다. ger(家)〔蒙〕, gürü(橋)〔蒙〕, gesigegür(사다리)〔蒙〕. 어근 ger, ges 등이 나무의 본뜻을 지니고 있음을 보여주고 있다. ¶집

(家) : 지브로 도라오싫 제《龍18》. 집은 '둔(茅)'에서 변한 말일 것이다. ihe(家)〔日〕, iho(庵, 盧)〔日〕. 일본어 iho는 초목을 엮어서 지은 집, 농사를 짓기 위해 만든 작은 집(小屋), 세상을 피해서 지은 은둔처 등의 뜻을 지닌다. 즉 초목으로 임시로 지은 거처를 iho라고 하는데, iho와 ihe(家)는 동원어가 될 것이다.

짓다　圖 作

'짓다'의 어근은 '짓'인데, '딛'이 조어형(祖語形)이다. 짓는 것은 손의 행위임으로 '딛'은 손의 뜻을 지닌다고 하겠다. ¶짓다(作) : 님금 지스샨 그리라《訓諺》. 다루다의 어근 '달(닫)'도 손의 뜻을 지닌다. ta, te(手)〔日〕. 일본어 ta는 tal의 말음탈락형으로서 국어 tal(tat, 手)이 건너간 말이다. 일본어 tsukuru(作)의 어근은 tsu인데, 조어형은 tut으로서 손의 본뜻을 지닌다고 하겠다. 몽골어 bolgaho(作)의 어근 bol은 국어 불(臂, 팔)《解例用字》과 동원어(同源語)일 것이라고 생각된다. 한자 作(지을 작)을 보면 사람(人)이 잠깐(乍)도 쉬지 않고 무엇을 만든다 하여 짓다의 뜻을 지니는 글자다. 만든다는 것은 손에 의한 행위가 된다.

　　　　　　　　　　　　　　　　　　　　▣ 뜯다(摘), 따다, 다루다

징　圐 鉦, 錚

'징'은 한자어 정(鉦) 또는 쟁(錚)과 비교된다. 한자어 鉦(정)이나 錚(쟁)은 의성어라 생각된다. 따라서 우리말 '징'도 의성어로 볼 수 있다. 악기는 소리를 내는 것이기 때문에 그 소리로 이름을 삼았을 것이다. 북, 꽹과리, 피리 등도 마찬가지라고 여겨진다. 징은 동라(銅鑼), 정(鉦), 요(鐃)라고도 한다. ¶징 : 징 졍鉦, 징라 鑼《字會中29》, 증(징):증 붑소리롤 듣고《兵1:1》, 증(錚)《同文上53》.

징검다리　　명 跳過橋, 蹬脚石, 邁石

'징검다리'는 얕은 내나 물이 괸 곳을 신발을 적시지 않고 건널 수 있게 걸음 폭 정도로 징검징검 사이를 띄워 돌 등을 놓은 것이다. ¶딩검ᄃ리(跳過橋)《譯上14》, 징검둘이(跳過橋)《同文上41》. '징그다'라고 하는 말은 ① 옷이 해어지지 않게 듬성듬성 꿰매다, ② 큰 옷을 줄이려고 접어 넣고 듬성듬성 호다의 뜻이다. 바느질을 할 때 듬성듬성하는 것을 '징그다'라고 한다. 그러니까 다리(橋)는 다리로되 듬성듬성 놓은 다리라는 뜻을 지닌다고 하겠다. '딩검〉징검'은 딩그다의 '딩그'와 동원어(同源語)라는 것을 보여주고 있다. 즉 드문드문 놓은 다리라는 뜻이다.

짚　　명 藁

'짚'은 풀(草)에서 나온 말이었을 것이다. 볏짚, 보릿짚, 밀짚과 같이 쓰인다. ¶딮(藁) : 禾는 딮 조촌 穀食이라《法華1:13》, 딥(짚) : 딥동 세 무슬 어더 씌로 어울워 미야《月8:99》, 집(짚)《柳物三草》. 딮은 '딛〉딜〉딮〉딥'의 변화일 것이다. ¶뒤爲茅《解例用字》. '뒤'는 '두이'가 준 말이고, '둗〉둘〉둘이〉두이〉뒤'의 변화다. 뒤의 조어형 '둗'과 짚의 조어형 '딛'은 동원어(同源語)라 여겨진다. wara(藁)〔日〕, asi(蘆, 葦)〔日〕, ot(草)〔터키〕, olho(草)〔滿〕. 일본어 wara는 ara가 변한 말로서 ar가 어근이 된다. 일본어 asi나 터키어 ot, 만주어 ol 등과 동원어가 된다고 하겠다.

■ 지푸라기, 검불, 덤불

짜다¹　　동 織

'짜다(織)'는 '자다'로 소급되며, 어근은 '잗'로 소급된다. ¶ᄶᆞ다(織) : 四大 ᄶᆞ디 몯ᄒᆞ야(四大不織)《楞9:53》. 줄(條)과 '잗'은 동원어(同源語)라 하겠다. 우리말 올(紐)이 일본어에 oru(織)가 된다. 몽골어에 otasu(糸)가 있다. 어근 ot은 국어 올과 동원어가 된다. čyotombi(織)〔滿〕. 어근 čyot은 čot, tot으로 소급된다.

■ 뜨다, 바늘땀의 땀

짜다² 〔형〕鹹

소금의 맛이다. ¶婆竭羅는 똔 바다히라 혼 쁘디니《月1:23》, 똔 것과 쉰 것 둘히《救方上32》. 똔다의 祖形은 '돋'까지 소급할 수 있다. 두음에 오는 ㅈ음은 ㄷ음에서 비롯되었다. tabusun(鹽)〔蒙〕, tapsun(鹽)〔滿〕, tuz (鹽)〔터키〕. 평안도 심마니어에서 답승(鹽)이 있는데 만주어, 몽골어인 tabsun과 비교된다. '짜다'라는 미각 형용사가 있다는 것은 고대어에 '닫' 이 소금의 뜻을 지닌 말이 있었다는 것을 시사하는 것이라 하겠다.

쪽박 〔명〕片瓢

'쪽박'은 '쪽'과 '박'으로 나눌 수 있다. ¶쪽박(쪽박)《癸丑p.217》, 젹다(小) 《楞8.110》. '쪽'은 '족(片)'의 뜻을 지닐 것이다. ¶쪽파(胡蔥)《柳物三草》, 똑(조각) 린(隣)《字會下5》, 쪽(조각)《同文下58》. 반쪽은 '半쪽'이라고 생 각되며 이음동의어(異音同義語)의 합성으로 볼 수 있다. 쪽박의 '박'은 바가지의 '박'이다.

찌다¹ 〔동〕肥

살찌는 것은 사람의 몸이기 때문에, 어원은 몸이나 사람 또는 살(肉)의 본뜻을 지닐 것이다. ¶지다(살찌다) : 술히 지도 여위도 아니ᄒ며《月 1:26》, 찌다(살찌다)《同文上18》. 지다의 어근은 '지'인데, '질, 딜, 딛'으로 소급된다. koeru(肥)〔日〕, baldaiho(肥)〔蒙〕, taragon(肥)〔蒙〕, maha bot, bəyə(身體)〔蒙〕. 일본어 koeru는 koreru가 고형이라 하겠고, kor 가 어근이 된다. karada(體)의 kara의 어근 kar와 동원어(同源語)로 서 kara는 몸, 사람(身, 人)의 어원적 의미를 지닌다고 하겠다. 몽골어 baldaiho(肥)의 어근 bal은 bəyə(身)의 고형 bərə의 어근 bəl과 동원 어가 되며, bəl은 사람(人)의 본의도 있다. 지다(肥)의 조어형(祖語形) '딛'은 일본어 karada(體)의 da도 몸(體)의 뜻을 지니는데, 국어 허우 대의 '대'와 비교되며, 국어에서 사람의 뜻을 지니는 '달, 돌'과 동원어라 여겨진다.

찌다² 图蒸

찌는 행위는 불(火)에 의한 것이기 때문에, 어원은 불의 뜻을 지닐 것이다. ¶ 떼다(蒸)《字會下12》. 떼다의 어근 '떼'의 고형은 '디'로서 명사가 된다. '디'는 '딛〉딜〉디'의 변화다. 다리다(煎), 달구다의 어근 '달'이 불의 뜻을 지닌다. 불디르다《杜初24:16》의 '디르다'의 어근 '딜'이 불의 뜻을 지닐 것이다. 딛다(불때다)《杜初9:14》의 어간 '딛'이 불의 뜻을 지닌다. to, tua(火)〔나나이〕, thuwa(火)〔滿〕. tua는 tura에서 r음이 탈락한 형이다. tur(tut)는 국어의 '달, 딛'과 동원어(同源語)다.

찌르다 图刺

찌르는 데 사용하는 도구는 주로 칼이다. ¶ 디르다(刺) : 빗대 디르는 郢客을 ᄉ랑ᄒ다니(刺船思郢客)《杜初15:10》. 어근 '딜'은 명사로서 도검류(刀劍類)의 뜻을 지닌다고 하겠다. 다지다, 돗귀(斧)의 어근 '닫, 돗(돋)'은 도검류의 뜻을 지닌다고 하겠다. tatsi(刀)〔日〕, tsurugi(劍)〔日〕. 어근 tat, tut은 국어 '닫, 돋'과 동원어(同源語)가 된다. sasu(刺)〔日〕. 어근 sas(sat)는 명사로 칼날(刀物類)의 뜻을 지닌다고 하겠다. '서슬이 시퍼렇다'에서 '서슬'은 칼날(刀物)의 뜻을 지니는 명사다. 어근 '섯(섣)'은 칼의 뜻을 지니는 말이라 하겠다.

찌다, 찌르다,

차다¹ 휑 冷, 寒

한자 冷(찰 랭), 寒(찰 한) 자를 보면 얼음 빙(冫) 자가 들어 있다. 얼음이 찬(冷, 寒) 인식물이었음을 알 수 있다. ¶ᄎ다(寒, 冷) : 겨으렌 덥고 녀르멘 ᄎ고《月1 : 26》. ᄎ다의 'ᄎ'는 'ᄌ, 졸, 졷→돋'으로 소급된다고 하겠다. 국어 얼음(氷), 얼다(凍)의 어근 '얼'은 그 어원적 의미가 물(水)이라 하겠다. ura(江)〔滿〕, ase(汗)〔日〕, arau(洗)〔日〕. ur, as, ar 등이 물 (水)의 어원적 의미를 지닌다고 하겠다. '돌(梁)'과 '돋'은 동원어(同源語) 일 것이다. ¶칩다(寒) : 치우니 블어둠 ᄀᆞᆮᄒᆞ며《法華6 : 170》. 칩다〉춥다. 차다와 칩다는 동원어라 하겠다. 일본어 samui(寒)는 국어 칩다에서 비롯한 말이다. 국어의 ㅈ, ㅊ은 일본어에서 s로 반영된다. 제(諸)〉syo, 차(車)〉sya. 또 국어 ㅂ은 일본어에서 ㅁ으로 나타난다. 국어 : 일본어. 톱(爪) : tsume(爪), 거붑(龜) : kame(龜), 납(鉛) : namari(鉛), 칩다 (寒) : samui(寒). tsurara(氷, 氷柱)〔日〕. 일본어 tsurara는 차다의 어원적 의미가 얼음(氷)일 가능성을 보여주고 있다. soǧuk(寒), soǧumak (추워지다, 冷)〔터키〕. 터키어에서 춥다(寒), 차다(冷)가 동원어임을 알 수 있다. 일본어에서 차다는 tsumetai, hieru(冷)이고 춥다는 samui (寒), 식다, 식히다, 차게 하다는 hieru, sameru, hiyasu(冷) 등이 있 는데, 이들의 어원적 의미는 모두 같을 것이다. čyuhə(氷)〔滿〕. 만주어에 서 얼음을 뜻하는 말은 국어 ᄎ다(冷)의 어근 'ᄎ'와 동원어일 가능성이 있다. čyuhə는 tuhə까지 소급되며 조어형(祖語形)은 tut일 것이므로 ᄎ다의 조어형 '돋'과 비교된다.

차다² 휑 蹴

차는 것은 발로 하기 때문에, '차다'에서 '차'의 어원적 의미는 다리, 발(脚

足)의 뜻을 지닌다고 하겠다. ¶ 츠다(蹴) : 드리 츠거나 ᄒᆞ면《釋11:21》. 츠다의 어근은 '츠'로서 명사가 된다. '츠'는 '둗〉둘〉줄〉출〉츠'로 변화했을 것이다. ㅈ은 ㄷ에서 변한 자음이기 때문이다. 조어형(祖語形) '둗(둘)'은 다리(脚)의 어근 '달'과 동원어(同源語)가 된다고 하겠다. pət(脚)〔滿〕, pəthərəmbi(蹴)〔滿〕, xül(足)〔蒙〕, xairaho(蹴)〔蒙〕. 만주어, 몽골어를 보면 차다의 동사가 '발'의 뜻을 지니는 명사에서 생긴 것을 알 수 있다. keru(蹴)〔日〕. 일본어 keru의 어근 ker는 국어 '갈(脚)'과 동원어가 된다고 하겠다. 가랭이(脚)의 어근은 '갈(갇)'이고 걷다(步)의 어근 '걷'과 동원어다.

차다³ 동 佩

차는 것은 몸에 다는 것이라 하겠다. ¶ 츠다(佩) : 몸 우희 츠거나《楞7:45》. ¶ 둘다(附, 懸) : 寶月 ᄃᆞ론 ᄃᆞᆺᄒᆞ야《楞8:9》. 둘다의 어근 '둘'은 명사가 된다. 츠다의 어근은 '둘→줄→출'일 것이다. 차다의 어근 '둘'과 둘다의 어근 둘이 일치한다. 차는 것과 다는 것은 몸이 어원적 의미일 것이다.

차례 명 次第, 次序, 順序, 次, 第, 品, 序

'차례'는 차뎨(次第)에서 변한 것으로, 한자음에서 ㄷ〉ㄹ화 현상을 볼 수 있는 어휘다. 목단(牧丹)〉모란, 보뎨(菩提)〉보리. ¶ 츠뎨(次第) : 次ᄂᆞᆫ 次第 혜여 글왈 밍ᄀᆞᆯ 씨라《釋序5》, 놉고 ᄂᆞ즌 츠뎨를《敬信83》, 차례 : 端之爲來 不惟終聲 如次第之第 牧丹之丹之類(ㄷ이 ㄹ이 되는데, 次第의 第처럼 단 종성이 아닌 경우이며, 牧丹의 丹과 같은 것이다)《東國正韻序》, 츠례 : 츠례 뎨(第)《字會上34》. 1880년에 나온 『한불ᄌᆞ뎐』에는 츠례를 次例로 표기하였다.

찰나 명 刹那

매우 짧은 시간. 범어 크사나(kṣaṇa)의 소리옮김(音譯). 叉拏라고도 음역하며 뜻옮김(意譯)은 일념(一念)이다. 『대비바사론(大毘婆沙論)』이나 『구사론(俱舍論)』 등에 따르면, 120찰나가 1달찰나(怛刹那), 60달찰나가 1랍박(臘縛), 30랍박이 1모호률다(牟呼栗多. 의역은 須臾), 30모호률다가 1주야(晝夜), 30주야가 1달, 12달이 1년이므로 1주야를 24시간으로 나누면 1모호률다는 48분이며, 1랍박은 1분 36초, 1달찰나는 8/5초, 1찰나는 1/75초가 된다. "時之極小者, 名刹那.(시간이 매우 짧은 동안을 찰나라고 한다)"《俱舍論, 12》. 일설에는 어른이 한번 손가락을 퉁기는 사이를 65찰나(또는 90찰나, 60찰나라고도 함)라 한다. 『대비파사론(大毘婆沙論)』에는 성인 남자 두 사람이 시나産 명주실 몇 가닥을 쥐고 잡아당기고, 성인 남자 한 사람이 시나産 센 칼로 단번에 이것을 자를 때 한 가닥 자르는데 64찰나가 지나간다고 한다. "九十刹那爲一念, 一念中一刹那, 經九百生滅.(일념은 90찰나를 포함하며, 일념 가운데 일 찰나는 900번 생멸을 거듭한다)"《仁王經》. 우리의 생각이 너무나 많이 바뀌는 것을 이른다. 물질문명의 발달로 정신이 황폐화되어 순간순간의 쾌락에 놀아나는 것을 찰나주의라 한다. 찰나주의는 과거나 미래의 일을 생각하지 않고 오로지 현재의 순간순간을 즐겁게 지내려 하는 생각이다. ¶찰나 : 刹那는 아니한 더디라《楞解2:7》

🔁 겁, 순간, 눈 깜작할 사이, 번갯불에 콩 구워 먹다

참빗 명 櫛, 笓, 篦

빗살이 아주 가늘고 촘촘한 대로 만든 빗으로 반대어로 얼레빗이 있다. ¶密枇子 춤빗《四解上16》, 춤빗비(篦)《字會中14》, 굴근춤빗(大笓子)《老下61》, 춤 빗(櫛)《物譜服飾》. 춤빗도 빗살이 성긴 큰 빗의 반대어로서 빗살이 아주 촘촘한 빗이다. '춤빗'의 '춤'은 '촘촘하다'의 촘과 동원어일 개연성이 있다.

참외 명 甜瓜, 香瓜, 旱瓜

'외'의 한가지이다. ¶춤외(甛瓜)《老下34》, 춤외(甛瓜)《朴重中34》. 춤외의

'참'은 眞의 뜻일 수도 있다. 참새, 참깨, 참꽃, 참고래, 참기름, 참대, 참두릅, 참뜻, 참말, 참배, 참밀, 참붕어, 참숯, 참살. uri(瓜)〔日〕. 국어 '외'의 고형은 '온, 올, 올이〉오리'가 일본에 건너가서 uri가 되었다. 참외 는 일본에서 makuwa라고 한다. 한자어로는 眞桑, 味瓜, 都瓜, 甘瓜, 梵天瓜 등으로 표기된다. 眞桑(makuwa)라고 하게 된 것은 일본의 美濃 國 本巢郡 眞桑村(現在 眞正町)에서 나오는 참외가 유명하다고 해서 眞 桑라고 했다는 설이 있지만 국어의 '참외'를 일본식으로 표기한 makuwa (眞瓜)가 아닌가 한다. 수박은 일본어로 suika(西瓜, 水瓜).

처녀 圀 處女

'처녀'는 한자어 處女다. 處(곳 처)와 女(계집 녀)로 이루어진 합성어다. 집이라는 곳(處)에 있는 여자(女)의 뜻이다. 시집가기 전의 성숙한 여자 또는 성적 경험이 없는 여자를 가리킨다《日本國語大辭典小學館》. 조선시대에 는 주로 낭즈(娘子)《落泉1:2》, 소저(小姐)《심청전》 등으로 쓰였다. 1880 년에 나온『한불즈뎐』에는 처녀는 處女로 나온다. 1890년에 나온『한영 즈뎐』에는 girl이 '계집ㅇ힌, 처녀'로 나온다. 1920년에 나온 조선총독부 간행『조선어사전(朝鮮語辭典)』에 처녀(處女), 처즈(處子)는 색시와 같 다고 나온다. 處女라는 말은『전국책戰國策』「연책(燕策)」, 소왕(昭王) 에 '且夫處女無媒, 老且不嫁'에 처음 나온다. 處子라는 말은『맹자(孟子)』 「告子」下에 '踰東家牆而摟其處子'로 처음 나온다. 우리나라 한글 문헌 (조선시대)에는 나오지 않는 것으로 봐서 우리나라 민간에서는 별로 쓰이 지 않았던 말이라 볼 수 있으나,『조선왕조실록(朝鮮王朝實錄)』에는 '處 女禁婚, 處子禁婚' 등 처자라는 말과 함께 주로 왕비 간택 관련 기사와 기타 기사에 수천 번 나오는 것으로 봐서 상당히 고상한 말로 사용되었음 을 알 수 있다. 한편 지금도 시골에서는 처자, 처녀는 흔히 쓰이는 말이다. 숙녀라는 말이 서양어 lady(레이디)의 번역어로 많이 쓰인 뒤 사용 빈도 가 줄어들었다고 생각된다. 일본의 용례는 모리 오가이(森鷗外; 1862-1922 소설가)가 번역한『태풍(颱風)』에 처음 나오는 것으로 봐서 근세 에 쓰인 말인 듯하다. 한편 처녀지(處女地), 처녀림(處女林) 등의 처녀에

대해 "다른 명사 위에 붙어 쓰이는 처녀는 구미어에서 온 번역차용어《日本
國語大辭典.小學館》"라고 되어 있다.

청　명 膜

어떤 물건의 얇은 막으로 된 부분이다. 귀청, 목청, 눈청, 피리청(笛膜),
대청(竹膜) 따위가 있다. ¶頭腦와 청과(腦膜)《永嘉上35》, 膜은 누네 센
청이라(圓下三之 1:17), 竹中衣 대텽《柳物三草》.

춤　명 舞踊

한자어 무용(舞踊)의 舞는 상체, 특히 손을 중심으로 하는 것이고, 踊은
하체인 발, 다리가 중심이 되는 춤이라 하겠다. 북방의 춤은 하체중심이
라 하겠고 남방의 춤은 상체인 손, 팔이 중심이 된다고 하겠다. 북방에
속하는 알타이어족인 국어에서 춤의 어원은 하체를 중심으로 이해해야
될 것이다. 일본의 odori(踊)는 하체인 발이 중심인 춤인데, 踊 자만 보아
도 足(발 족) 변이 있다. odori의 어근 od는 일본어 asi(足), aruku(步)
의 어근 as(at)・ar(at)와 동원어(同源語)가 되며, 국어 '아리(脚)'의
어근 '알(앋)'과 동원어가 된다고 하겠다. 舞는 상체인 손, 팔이 중심이다.
舞 자는 원래 無 자였는데, 無 자가 有無의 無 자로 쓰이자 이와 구별하기
위해 舛(어그러질 천) 자를 붙여 구별하였다. 無는 본래 손에 장식(灬가
바로 손의 장식을 나타내는 부분이다)을 하고 춘 춤을 상형한 글자다.
몽골어에 mutol(手)이 있다. 일본어에 motsu(持)의 어근 mut이 손의
뜻을 지닌다. 또 일본어에 mau(舞. 빙빙 돌다, 춤추다), mai(舞, 춤)의
조어형(祖語形) mat도 손의 뜻일 것이다. 곧 일본어에서 "odori는 도약
운동(跳躍運動)인데 반해 mai는 선회운동(旋回運動)"《日本國語大辭典.小
學館》이다. 도약운동은 말 그대로 뛰는 것이며, 선회운동은 천천히 빙빙
돌면서 손, 팔을 조금 움직이는 것이다. 국어 만지다, 만들다의 '만(맏)'과
동원어라 하겠다. ¶춤(舞) : 춤 무(舞)《字會下15》, 춤 노룻과(舞戲)《法華
5:201》, 츠다(추다) : 如意롤 자바셔 춤 츠고(提携如意舞)《杜初15:44》,

춤을 츠며《月21:190》. 츠다의 어근 '츠'는 '즈, 즐, 들'로 소급된다고 하겠다. 'ㄷ→ㅈ〉ㅊ'의 과정을 거친 자음이기 때문에, ㅊ음은 ㄷ음으로 소급된다. '들'은 다리(足, 脚)의 어근 '달'과 동원어가 된다고 하겠다. 특히 고대의 춤은 종교적인 행위였다. 우리나라 무당이 이른바 신이 오르면 모둠발로 뛰는 게 특징의 하나다. 무녀들은 굿하는 것을 '뛰었다'라고 한다. 중국에서 巫(무)를 도신(跳神), 跳大神(도대신)으로 표현하는 것을 보면 무녀의 춤은 발이 중심이라고 하겠다. 그러나 무당들이 굿을 할 때 뛰는 춤만 하는 것이 아니라, 신들이 대접을 잘 받고 기쁘다는 표정으로 추는 춤은 양어깨를 들썩거리는 어깨춤이다. 이 어깨춤은 우리나라 특유의 춤이라 하겠다. 이렇게 어깨춤이 우리나라에서 발달된 것은 이른바 신이 몸에 실릴 때에는 주로 양어깨를 통해서 들어오기 때문이다. 신이 들어올 때에는 어깨를 들썩거리는 것을 볼 수 있다. 이렇게 신이 어깨로 들어오면 마음이 황홀하고 몸이 가벼워지고 날아갈 듯 기분이 좋아지는 경우가 많다. 춤의 어원적 의미는 하체인 발, 다리라고 하겠다.

총림　圐 叢林

선림(禪林)·전단림(栴檀林)이라고도 한다. 나무가 우거진 숲. 여러 승려들이 화합해서 한곳에서 안거하는 곳이 수풀같이 정적한 것을 말한다. 승려를 나무에 비유하고 절을 숲에 비유한 것. "將入叢林, 先辨道具"《禪院淸規》. 요즘은 참선 수행 도량인 선원(禪院)과 경전 교육 기관인 강원(講院), 계율 전문 교육 기관인 율원(律院)을 모두 갖춘 절을 말한다. 현재 총림(2003)은 해인사·백양사·통도사·송광사·수덕사 등 다섯 곳뿐이다.

출가　圐 出家

① 불교어. 스님이 되는 것. 재가(在家)의 對가 된다. "父母不聽, 不得出家."《維摩經, 제자품》 승려. "以經律之禁, 格出家之輩, 而獨責無犯哉."《顔氏家訓, 歸心》 ② 出嫁. 시집가는 것. "今之人, 男出仕, 女出嫁."《韓愈, 與李秘

書論小功不稅書》 궁녀를 출궁시켜 시집보내는 것. "桓公曰, 善. 令於宮中女子未嘗御出嫁之."《韓非子, 外儲說》

출세 명 出世

① 세상에 나오다. 출생. 출산. "有大螺, 名躶步, 云云, 明王出世, 則浮於海際焉."《拾遺記, 蓬萊山》. ② 입신성명(立身成名). 뛰어난 사람으로 되다. 벼슬하여 관리가 되다. "浪跡未出世, 空名動京師."《李白. 竄夜郎詩》. 현재는 사회적 지위가 높아지거나 유명해지는 것을 말한다. ③ 속세를 떠나다. 신선의 경지에 들다. "故之內敎, 縱使得仙, 終當有死, 不能出世."《顏氏家訓, 養生》④ 불교적 용법. 불교에서는 出世間, 부처가 나타나다, 출가하다 등의 의미가 있다. ㉠ 출세간은 세간의 반의어로 이 세간보다 나은 깨달은 자의 세계, 또는 승려가 가야 할 도를 말하며, 생사를 초탈하는 것이다. 그곳에서 승려를 출세자라고 부른다. 게다가 세속사회를 싫어하고 세속을 떠나버린 사람도 출세자라 한다. 梵 loka-uttara. 로카는 세간이며, 웃타라는 '더 위의, 더 높은'의 뜻으로 합성어로는 '초세간적인'이란 뜻이다. 한역으로는 出世間으로도 하며, 出世는 出世間의 생략형이라고도 볼 수 있다. 생사유전(生死流轉)에 헤매고 있는 세속의 세계에서 벗어나는 것이며, 세상일을 버리고 불도에 드는 것을 말하며, 세간에 대해 불법의 세계도 말한다. "開示演說出世間道."《法華經, 譬喻品》. ㉡ 부처출현. 부처가 중생을 구제하기 위해 이 세상에 나오는 것. 梵 buddha-utpāda. '우트파다'는 '출생, 출현'의 뜻이다. "汝能問出世之因."《金剛三昧經, 1》. 석존이 이 세상에 나온 진정한 목적을『법화경』「방편품」에서는 "석존이 일체 중생을 평등하게 성불시키기 위해 이 사바세계에 나오셨다."고 설하고 있다. ㉢ 출가. 속세를 버리고 승려가 되기 위해 집을 떠나는 것. "眞僧出世心無事, 靜夜名香手自焚."《唐, 皇甫曾, 秋夕寄懷契上人》. 출진(出塵)이라고도 한다. ㉣ 일본에서는 특히 공경(公卿)의 자제가 출가한 것을 가리키며, 이들은 승진이 빨라 높은 자리에 오르므로, 승려가 높은 자리에 올라 큰 절의 주지가 되는 것을 말하기도 한다. 나아가 일반적으로 입신영달을 달성한 경우에도 출세라 하게 되었다. 여기서 우리말에서 사용하는

출세의 개념이 나온 듯하다. ⑫ 선종에서는 수행을 마치고 사원의 주지(住持)로 되는 것도 출세라 한다. 이것은 깨달음으로부터 속세간에 나와 교화를 펼친다는 뜻이다.

취하다 ⑧醉

¶취홀 취(醉)《字會下15》, 취치 아니타(沒醉)《譯補33》. 취하다의 '취'는 한자어 '醉'에 '하다'가 붙어서 된 말이다. 『계림유사』에는 '醉曰 蘇悖 速'이라 했다. 한자어 '醉'가 아니고 '速'으로서 '속다'라고 하는 말이 된다. soktoho, soktuho(醉)〔蒙〕, soktombi(醉)〔滿〕. 만주어와 몽골어에서도 '취하다'라는 말의 어근 'sok'을 찾을 수 있는데 속(速)과 일치하고 있다. 12세기에는 '취하다'가 아니라 '속다'라고 하는 말이 쓰인 것을 알 수 있으며 만주, 몽골과 같은 말을 사용했음을 알 수 있다. nurə(莫酒)〔滿〕, alki(燒酒)〔滿〕, arani, arini(酒)〔蒙〕. nurə(莫酒)는 누룩(麴)의 어근 '눌'과 동원어일 것이다. alki(燒酒)는 alcohol(酒精)의 어근 alco와 동원어인데 이 말은 아랍어가 그 근원이다. 몽골어에서는 soktoho(醉) 외에 arihi, arahi(醉)〔蒙〕가 있다. 어근 'ar'는 arahi(酒)의 어근과 일치하고 있다. 그러한 면에서 보면 soktoho의 sok도 술(酒)의 뜻을 지닐 개연성이 높다. 술(酒)-sasa(酒)〔日〕, 술(酒)-sake(酒)〔日〕. sasagoto(酒事→酒官)〔日〕, sasanomi(酒實. 술지게미)〔日〕. 고대어에 sasa(酒)는 국어 '술'일 때 건너간 말이고 sake(酒)는 '술'일 때 건너간 말일 것이다. 몽골어의 'sok'은 '술(酒)'과 동원어로서 sol〉solk〉sok의 변화라 하겠다. 조선관역어(朝鮮館譯語)에는 燒酒 '阿浪氣'가 나온다. 이는 만주어 alki(燒酒)와 동원어가 된다. 얼근하다, 얼큰하다, 알근하다, 알큰하다의 '얼근, 얼큰, 알근, 알큰'은 alki와 동원어라 하겠다. 매워서 입안이 얼얼하다, 술이 매우 거나하여 정신이 어렴풋하다. 소주는 강한 술이기 때문에 입안이 고추를 먹어서 맵듯이 그러한 자극을 뜻하는 말로 '알알하다, 얼얼하다'라고 하는 말이 생겼다고 보겠다. '어렴풋하다'의 어근 '얼'도 '얼얼하다'의 '얼'과 동원어일 개연성이 있다. 목구멍이 '알키하다'의 '알키'도 alki와 동원어일 개연성을 생각해 볼 수 있다.

치다 　동打, 擊

'치다(打, 擊)'는 손으로 하는 동작이다. ¶티다(打擊) : 王人긔 生어늘 부플 텨 뫼호니《曲156》. 어근 '티'는 '디'로 소급되며 '딛'이 조어형(祖語形)으로 모음변이(母音變異)를 일으키며 어휘가 분화했다고 여겨진다. utsu(打, 擊)〔日〕, çalmak, çekmek, dövmek, vurmak(打)〔터키〕, deleshö(打)〔蒙〕, tülihö(打)〔蒙〕, thanthambi(打)〔滿〕. 터키어, 몽골어, 만주어의 공통조어는 tut, tat임을 보여주고 있으며, 손의 뜻을 지닌 말이 있었다는 것을 보여준다. 국어 '딛'과 동원어(同源語)로서 손의 뜻을 지니는 '들, 닫'과도 동원어일 것이다. 일본어 utsu(打)의 어근 ut은 ude(腕)와 동원어이며, 일본 고대어에서 손의 뜻을 지니는 말로서 국어 '앋(手)'과 동원어가 된다. 몽골어에 alhiho(打)가 있다.　　　　■ 안다(抱)

치마 　图裳, 裙子

'치마'는 여자들이 입는 하의(下衣)로서 윗도리인 저고리와 어울리는 어휘다. ¶치마 : 치마옛 아기를 짜디오《月10:24》, 옷과 치마왜 짜디거든(衣裳綻裂)《內訓1:50》, 치마(女裙)《漢329b》, 힝᠅쵸마호帬俗呼裙《字會中13》, 츄마 샹(裳) 男服《字會中22》. 지금은 치마가 여자의 아래옷만 지칭하자만, 위의 예에서 『내훈』의 치마는 남자의 치마이며, 『훈몽자회』에는 아예 남복(男服)이라고 되어 있어, 조선시대에는 남자도 하의로 바지가 아닌 치마 형태를 입은 것이 그대로 언어적으로 나타나는 것을 알 수 있다. 쵸마는 '쵸'와 '마'의 합성어다. koromo(衣)〔日〕, hakama(袴)〔日〕, mo(裳)〔日〕. 일본어 hakama의 ma나 mo가 국어 쵸마의 '마'와 동원어(同源語)가 된다. 일본어 ma, mo는 국어 치마에 해당되는 것으로 허리에서 아래로 내려오는 폭이 넓은 하의라고 하겠다. 일본어 koromo(衣)는 상, 하의를 일컫는 말인데, koromo의 mo가 하의라고 보면, koro는 상의의 뜻을 지닐 가능성이 있다. 국어 저고리의 '고리'와 동원어일 가능성이 있다. debel, degol(衣服)〔蒙〕. degol은 de와 gol의 합성어로 보면, gol은 국어 저고리의 '고리'와 비교된다. 뿐더러 저고리는 degol과 동원어일 가능성도 있다. debel의 bel은 국어 한 벌 두 벌처럼 옷을 세는 단위인 '벌'과 동원어일 것이다. 또 베(布)의 조어형 '벋(벌)'과 동원어가 된다고 하겠다. degol, debel의 de는 국어 쵸마의 '쵸', 저고리의 '저'와 동원어일 가능성이 있다. 저고리는 '더고리'에서 변했을 것이다. ▶ 바지, 저고리

칼 명 刀, 劍

'칼'은 '갈'에서 변했으며, 조어형(祖語形)은 '간'이라 하겠다. '간'은 칼의 재료가 그 어원적 의미라고 하겠다. 칼은 자르거나 끊는 것에 사용되므로 옛날에는 돌이나 날카로운 쇠붙이가 재료였을 것이다. ¶갈(刀) : 갈 爲刀 《解例用字》, 칼(刀) : 칼 ㄹ 지거미 플로《胎要24》. 갈〉칼. ¶갔다(削) : 마리 롤 갓ㄱ시고《曲120》, 갓괴(가뀌) : 갓괴와 항괴와《朴重下12》. 갈의 고형은 '간'이라 하겠다. 갔다, 갓괴의 '갓'은 칼(刀)의 뜻을 지니는 '간(갓)'에서 변했다고 하겠다. 갓괴의 '괴'도 '곧〉골〉골이〉고이〉괴'의 변화로서, '간 (刀)'과 동원어(同源語)가 된다고 하겠다. ¶돗귀(斧) : 돗귀롤 비슥바아 《曲106》. 돗귀의 '귀'는 갓괴의 '괴'와 동원어가 된다고 하겠다. koto(刀) 〔오로촌〕, katana(刀)〔日〕, katsu(勝)〔日〕, tsurugi(劍)〔日〕, kılıç(刀)〔터 키〕, kazanmak(勝)〔터키〕. 일본어 katana는 국어의 칼날의 뜻일 것이 다. kata는 '간(刀)'이고 na는 '날(刀)'의 말음탈락형일 것이다. katsu (勝)의 어근 kat은 명사로서 칼(刀)의 뜻을 지닌다. 터키어 kılıç(刀)의 어근 kıl은 kıt으로 소급된다. kazanmak(勝)의 어근 kaz(kat)와 kıt은 동원어일 것이다. ▷ 이기다(勝)

캐다 동 探, 采, 挑採

캐는 것은 손으로 하는 것이기 때문에 어원적 의미는 손일 것이다. ¶키다 : 釋迦 菩薩이 藥 키라 가 보ᄉ봉시고《月1:52》. 키다의 어근은 '키'로서 명사가 된다. '키'는 '키이'가 줄어든 말로서 '클이〉키이〉키'의 변화다. '클' 은 '굴'로 소급된다. 가르다, 고르다의 어근 '갈, 골'은 명사로서 손의 뜻을 지니는 말일 것이다. 가락지, 골무의 '갈, 골'도 손의 뜻을 지니는 말이다.

켜다 　명 點火

'켜다'라는 말은 여럿 있지만 여기서는 점화를 말한다. ¶켜다(點火) : 主人이 등잔블 켜으라《老上22》, 혀다(點火) : 블 현 알픠셔 춤츠던 이룰 내웃노니《杜初15:11》, 혀다(點火) : 燈 혀 볼고몰 닛ᄉᆞ오며《法華3:58》. 혀다〉켜다, 혀다〉세다, 혀다〉써다. 혀다의 '혀'는 '허, 헐, 헏'으로 소급되며, 불(火)의 어원적 의미를 지닌다고 하겠다. ¶홰(炬) : 홰 爲炬火《解例合字》. 홰는 '화이'가 변한 말이다. '화'는 다시 '하'에서 변한 말이다. 한쇼〉황소, 한새〉황새. '하'는 '할〉핡〉하'의 변화로서 불(火)의 뜻을 지니고 있다. 불이 활활 탄다 할 때 활활은 '할할'에서 변한 말로서 어원적 의미는 불(火)의 뜻을 지닌다. 의태부사는 실사(實辭)에서 비롯되었다고 하겠다.

➡ 홰(炬)

켤레 　명 靴組

'켤레'는 신, 버선 등의 한 짝인 두 개를 한 벌로 세는 단위로서, '커리, 켜레' 등의 사투리가 있다. 한자로는 一足(일족), 二足(이족)처럼 足이라 한다. 켤레의 어근은 '켤'로서 '컬, 컨, 건'으로 소급된다. '건'은 발(足)의 뜻을 지니는 '걷'일 것이다. 걷다(步)의 '걷'이 발의 뜻을 지니는 명사다. 가룔(脚)《處容歌》의 어근 '갈'은 '갇'이 조어형(祖語形)으로서 걷다의 '걷'과 동원어(同源語)다.

➡ 신, 신발, 격지

ㅋ

코 　명 鼻

'코 골다'에서 '골다'의 '골'이 코(鼻)의 고어임을 보여주고 있다. '골〉고〉코'의 변화다. ¶코(鼻) : 뎌 코ㅎ셔 코 흐르니《老下17》, 고(鼻) : 고 비(鼻)《字會上26》. kagu(嗅. 냄새 맡다)〔日〕, koku(臭)〔터키〕. 어근 kag은 국어 코의 고어 '골'이 건너간 말이다. 국어 : 일본어. 술 : sake(酒), 굴 : kaki(蠣), 돌(梁) : taki(瀧), 골(鼻) : kagi(嗅)·kamu(擤)〔日〕. 일본어에서 코 풀다를 kamu라고 한다. kamu의 어근은 kam이며, kat〉kal〉 kalm〉kam의 변화를 생각하면, 고어 '골'의 조어형(祖語形) '곧'과 kat은 동원어(同源語)로서 '코'라는 어원적 의미를 지닐 것이다. xamar(鼻)〔蒙〕, xabar(鼻)〔蒙〕, xamar(鼻)〔다구르〕, xuunu-(臭)〔다구르〕, gübger(鼻梁) 〔蒙〕. 몽골어 xamar(鼻)는 kamar에서 변한 것이다. 몽골어에서 두음 x는 k에서 변했다고 하겠다. kamar, kabar에서 ka는 국어 '곧(鼻)'과 동원어가 되고 mar, bar는 코의 뜻을 지니는 말이라 하겠다. mar는 국어 맡다(臭)의 '맏'과 동원어가 되고, bar는 '곳블'의 '블'과 동원어가 된다고 하겠다. korgi-, karagi-(코를 골다)〔에벤키〕.   ▶ 고뿔, 코빼기

코끼리 명 象

'코끼리는 코가 길다'라는 말에서 생겼다고 보는 견해가 있다. ¶코기리 (象)《石千36》. 코기리는 '코'와 '기리'의 합성어라 하겠다. 곧 '기리'를 '길이(長)'로 본 것이다. 코의 15세기 표기는 '고'다. '코를 골다'의 골다의 '골'이 명사로서 '고'의 고형임을 보여주고 있다. 그런데 일본어에 kisa (象)가 있다. 코기리의 '기리'의 어근은 '길'이고 조어형(祖語形)은 '긷'으로서 일본어 kisa의 조어형 kit과 일치한다. 코기리의 '기리'는 고대에 코끼리의 뜻을 지니고 있었던 말임을 보여주고 있다. 고대 국어에서는 '긷, 기리'가 코끼리의 뜻을 지니고 있었는데, 후대에 '코'라고 하는 말이 관형어로 쓰인 것이다. 코끼리는 코가 길다(長)에서 온 말이 아님을 보여주고 있다.

코빼기 명 鼻

"그 사람 요즘 코빼기도 안 보인다"라고 할 때 '코빼기'라고 하는 말이 쓰인다. 여기서 코빼기가 뜻하는 것은 지칭하는 사람을 가리키는 말이지만, '코'와 '빼기'의 합성어라 하겠다. '빼기'는 '박이'에서 변했을 것이다. 코풀다의 '풀다'의 어근 '풀'은 '불'로 소급되며 코의 뜻을 지닌다고 하겠다. 감기의 뜻으로 곳블(感氣)《分瘟4》이 있다. '고'와 '블'은 코의 뜻을 지니는 이음동의어(異音同義語)가 된다. burun(鼻)〔터키〕, burun(鼻)〔위

구르]의 어근 bur가 코의 뜻을 지닌다.

콩 　명 大豆

'콩'은 '곧〉골〉고〉코〉콩'으로 변했을 것이다. ¶콩(大豆) : 콩 爲大豆《解例
用字》. 팥(小豆)이 고어에서는 됴(콩 두)의 뜻을 지녔다고 여겨진다. 콩비
지는 '콩'과 '비지'의 합성어인데, '비지'의 어근 '빋'이 팥의 고형 '받(붇)'과
동원어(同源語)가 된다. 비지는 콩(됴)의 뜻을 지닌다. borčak(됴)[蒙],
birčaga(豆粉)[蒙], bərtsə(됴)[오로촌]. 어근은 bor, bir, bər 등인데,
국어 '비지'의 어근 bit과 동원어가 될 것이다. xondo(콩)[나나이], xondo
는 xon과 do의 합성어다. xon은 kon으로 소급된다. 콩은 kon과 동원어
일 것이다. ¶고토리 협(莢)《字會下6》. 고토리는 콩과 식물의 열매를 싸고
있는 껍질의 이름이다. 고토리는 '고'와 '토리'의 합성어일 것이다. 고토리,
도토리의 '토리'의 어근은 '톨'일 것이고, 조어는 '돌(돋)'일 것이다. '톨'은
열매를 셀 때 '한 톨, 두 톨'과 같이 쓰며 '낱(個)'의 뜻으로 쓰이는데 어원
으로는 열매의 뜻도 지닌다고 하겠다. '도톨'의 '돌'은 목화다래의 '다래'의
어근 '달'과 동원어일 것이다. 고토리의 '토리'가 열매나 낱(個)의 뜻을
지닌다고 하겠고, '고'는 콩의 조어 '골(곧)'의 말음탈락의 '고'라 하겠다.
'다래'의 어근 '달'은 씨의 뜻을 지닌다. xondo(됴)[나나이]는 qondo로 재
구하면 어근은 'qot'이 된다. '고물'은 시루떡의 켜와 켜 사이에 뿌리거나
인절미, 경단 따위에 묻히는 재료인데 주로 콩류가 재료가 된다. '고물'의
'고'가 콩의 조어형 '골(곧)'과 동원어일 것이다. '물(몰)'은 며주(醬麴)의
조어 '멀(멀)(됴)'과 동원어일 것이다. 메주는 콩으로 만드는 것이다.

▶ 빈대떡

쾌지나 칭칭 나네

'쾌지나 칭칭 나네'는 노래의 후렴구라 하겠다. "쾌재(快哉)라. 가등청정
(加藤淸正)이 쫓겨나가네"라는 말이 줄어진 것이라고 보는 견해가 있다.
'쾌지나'는 '쾌재라'가 변한 것이다. '쾌재'는 '상쾌하구나, 시원하구나' 등

좋다는 뜻을 나타내는 감동사다. '칭칭'은 임진왜란 때의 일본 침략자의 우두머리의 하나인 가토 기요마사(加藤淸正)를 말하며, '나네'는 '나가 네'를 뜻한다고 하겠다.

크다　휑 大

'크다(大)'의 '크'는 명사로서 '귿〉글〉그〉크'로 변했다. ¶크다(大) : 크게 그리현 허므리 기리 기렛느니라(永掛麤刺痕)《杜初16:69》. 한자 大(큰 대) 자는 사람이 양 팔을 벌리고 있는 것을 본뜬 자이다. 대소(大小)의 개념을 사람에서 인식했음을 보여주고 있다. 겨레(族), 멍텅구리, 끼리 끼리의 어근 '결(걸), 굴, 길' 등의 어원적 의미는 사람의 뜻을 지닌다.

➡ 키(身長)

키'　몡 身長

'키'는 몸의 길이를 뜻하는 말이니, 어원적 의미는 몸(身, 人體)의 뜻을 지닐 것이다. 키는 고대에는 사람이 그 주체의 대상이 되었을 것이다. ¶킈(丈) : 킈 석자히러니《釋6:44》, 킈적다(身倭)《同文上18》, 킈 크니(身 材高)《漢154c》. 크는 '크이'가 줄어진 말로서 '클〉클〉클이〉크이〉킈'의 변 화다. '클'은 '귿'으로 소급된다. bəjə(身)〔오로촌〕, bəjə(人)〔오로촌〕. 겨레 (族), 끼리끼리, 멍텅구리의 '구리'의 어근 '결(걸), 낄(길), 굴' 등이 사 람(人)의 뜻을 지닌다고 하겠다. '킈'의 조어형(祖語形)인 '귿'과 '걸, 긴, 굳'은 동원어(同源語)가 된다고 하겠다. türüsü(身長)〔蒙〕, türül(가족) 〔蒙〕, türgüml(外叔)〔蒙〕. 어근 tur가 공통되며, 원의는 사람의 뜻을 지 니고 있다. 국어 키다리는 '身長者(신장자)'의 뜻이고 '또래, 들(인칭 복 수)' 등이 모두 사람의 원의를 지니고 있다. 터키어에 신장(키)을 뜻하는 boy가 있는데, 이는 퉁구스어권인 에벤키어, 오로촌어 bəjə(身體, 人) 와 비교된다.

➡ 키, 겨레(族)

키² 명箕

'키'는 '기'로 소급된다. ¶키(箕)《解例用字》, 키굽티(키꿈치. 키의 뒷부분) 《柳物三草》, 키길(키의 앞부분)《柳物三草》. 키는 箕(키 기) 자에서 보는 바와 같이 竹(대 죽) 변이 있으므로 나무와 관련이 있을 것이다. 물론 키의 재료는 대 또는 나무줄기로 만든다. 따라서 그 어원적 의미는 나무의 뜻을 지녔을 것이다. 그루(株), 긷(柱)의 어근 '글, 긷' 등이 나무의 본뜻을 지닌다. 한편 한자 '箕'일 개연성도 생각해 볼 수 있다.

ㅋ

타다　圖 燃, 焚, 焦, 燒

고대에 불로서 태운 것은 나무와 풀이었을 것이다. ¶ 트다(燃) : 갔간도 트디 아니ᄒᆞ며(不焚)《楞9:108》, 焦ᄂᆞᆫ 블 톨 씨라《圓上一之2:181》. 달호다 (燒紅)《漢359c》, 다리다(煎)《救方上51》, 다리다(熨)《救方上34》. 어근 '달' 이 명사로서 불의 뜻을 지닌다. "불을 때다"에서 '때다'의 어간 '때'는 '대, 다이'로 소급되며 '달, 닫'까지 소급된다. 역시 '닫(달)'은 불의 뜻을 지닌 다. 트다의 조어형(祖語形) '돈(닫)'은 불의 뜻을 지닌다고 하겠다. thuwa (火)〔滿〕. 　　　　　　　　　　　　　　　　　　　　　　　 ◘ 다리다(煎)

탈¹　圐 假面

'탈'의 고어는 '달'이다. ¶ 탈(假面) : 광대탈(鬼臉)《漢92d》, 탈광대(鬼臉 兒)《同文上53》. ¶ 달다(異) : 나랏 말ᄊᆞ미 中國에 달아《訓諺》, 다ᄅᆞ다 : ᄂᆞ 몬 뜯 다ᄅᆞ거늘(他則意異)《龍24》. 달다와 닮다(似)의 어근 '달'은 고어에 서는 얼굴(顔)의 뜻을 지니고 있었을 것이다. 고대인이 다르고 닮은 것 은 얼굴을 대상으로 했을 것이다. dərəl(顔)〔에벤키〕, dərə(顔)〔滿〕. 어근 dər가 국어 '달'과 동원어(同源語)다. 일본어에 tsura(面)가 있다. 어근 tut은 국어 '달'과 동원어일 것이다. 몽골어에 tala(面)가 있는데 어근 tal은 국어 '달'과 동원어다. dürsütei(似)〔蒙〕의 어근 dur는 명사로서 얼굴(顔)의 뜻을 지닌다. 일본어 niru(似)의 어근 nir(nit)는 국어 낯 (顔)과 동원어다.

탈²　圐 病, 事故, 트집

'탈'은 사고, 병, 핑계, 결함, 허물 등의 뜻을 지닌다. 탈의 고형은 '달'일 것이다. ¶ 탈 : 간 곳마다 탈 잇다《譯補60》, 탈어더 분명이 나롤 죽이고져 혼 거시라《三譯4:20》, 긋 病 탈호고 아니 널어늘《三綱忠9》. 고대인들은 병이란 신(神)의 작용이라 여겼기 때문에, 신의 이름일 수도 있다. 病자는 疒(병질 엄) 밑에 丙(밝을 병) 자를 받친 글자다. 중병에 걸려 죽음에 이른 사람(疒)을 이르며, 丙 자는 소리를 나타낸다. 입덧, 덧나다의 어휘를 보면 '덧'은 病이란 고유어일 개연성이 있다. tatari(崇)〔日〕, 神佛이나 怨靈 등이 사람의 행위를 책망하여 화를 초래하는 것인데 국어 '탈'과 동원어일 것이다. tatari는 tar가 겹쳤다고 하겠다.

탑   명 塔, Skt stūpa, 팔리어 thūpa

소리 옮김 '솔탑파(率塔婆)〉탑파(塔婆)〉탑'의 과정을 거쳤다. 그 밖의 소리 옮김으로 솔도파(率都波)·솔도파(窣堵波)·솔도파(窣覩婆)·소투파(蘇偸婆)·사유파(私鍮簸)·수두파(藪斗波)·두파(兜婆)·투파(偸婆) 등이 있고, 뜻 옮김으로는 고현처(高顯處)·공덕취(功德聚)·방분(方墳)·원총(圓塚)·분릉(墳陵)·묘(廟)·총(塚) 등이 있다.《法苑珠林37》 또 부도(佛圖·浮屠·浮圖)라고도 한다. 浮屠는 현재 우리나라에서는 고승의 무덤을 이른다. 부도를 모아놓은 곳을 부도밭이라 한다. 스투파는 좁은 의미로는 부처님의 사리를 봉안한 탑으로 사리탑 또는 불탑이라 한다. 차이티야(Skt. caitya. 팔리어 cetiya. 支提)도 탑이란 산스크리트인데, 사리가 봉안되지 않은 탑은 보통 경전을 봉안한 탑으로 경탑(經塔)이라 의역한다. "有舍利者名塔, 無舍利者名枝提."《摩訶僧祇律33》. 그러나 이 구별은 절대적인 것은 아니다. 불탑은 부처님의 유골(사리)숭배라면 경탑은 부처님이 깨달은 법을 적은 말씀을 숭배하는 것이다. 최초의 탑은 부처님의 사리탑이며, 『장아함경·능엄경』 등에는 석존이 입멸 전에 아난(阿難)에게 여래(如來)·벽지불(辟支佛)·성문인(聲聞人, 아라한阿羅漢)·전륜왕(轉輪王) 4종인(種人)에 대해서는 그 몰후(沒後)에 탑을 세워야 할 것이라고 설했다. 불교도의 예배 대상인 스투파는 기원전 2세기에서 기원 2세기 무렵에 현재의 형으로 되었다고 본다. 중국에는 전탑이, 우리나라에는 석탑이, 일본에는 목탑이 각각 환경요인으로 발전했다. 고대 인도의 초기 탑은 왕릉 모양이었으며, 차츰 기단(基壇), 탑신(塔身),

상륜부(相輪部) 등 세 부분으로 나눈 형태로 발전했다. ▸사리

터 명基

'터'의 고형은 '더'가 될 것이고, '덜, 덛'으로 소급될 것이다. 조어형(祖語形) '덛'은 토석류(土石類)가 어원적 의미일 것이다. 음달(응달), 양달의 '달(地)', 돌(石), 들(野), '딜(土)'을 보면, 모음변이(母音變異)로 어사(語辭)가 분화됨을 알 수 있다. 基(터 기) 자를 보아도 흙 토(土)가 있다. ¶터(基) : 精舍 터흘 어드니《曲168》. ▸땅

턱 명頤

'턱'을 입(口)의 일부로 본다면, 국어 턱의 조어형(祖語形) '돋(닫)'은 입(口)이 어원적 의미일 것이다. 넋두리, 들에다(떠들다), 떠들다의 어근 '둘, 들, 덛' 등이 말, 입(語, 口)의 어원적 의미를 지닌다고 하겠다. ¶톡(頤) : 톡 爲頤《解例用字》, 턱(頤) : 如意는 틱개 구스리 잇느니라《法華1:52》, 틱 : 믄득 눈믈이 틱애 흐르더라《新續孝4:5》. 톡은 '돋〉돌〉돍〉톡'의 변화다. ago(頤)〔日〕. 일본어 ago(頤)의 어근은 ag인데, 국어 '악(口)'과 동원어(同源語)일 것이다. ▸턱주가리, 넋두리

털 명毛

'털'은 몸에 난 것으로 '갈(髮)', 갈기(말의 목털) 등의 어휘도 있다. ¶터럭(毛)《字會上28》. 터럭의 어근은 '털'이며, 고형은 '덜'일 것이다. dorora(수염)〔蒙〕, dərun(갈기)〔滿〕, tüy(毛)〔터키〕. 터키어 tüy의 고어는 tür일 것이다. 어근 dar, dər, tür는 국어 '덜'과 동원어라 여겨진다.

토끼 명兎

'토끼'는 '토'와 '기'로 나눌 수 있다. ¶톳기(兎) : 여슷 톳기 이우지 드외

얏도다《杜初24:25》, 톳긔 머릿 骨髓를《救方上6》. 톳기의 어근은 '톳'이라 하겠는데, 고형은 '돋'이라 하겠다. tulai(兎)〔蒙〕, tuksak(兎)〔오로촌〕, tɔɔlɔ̌(兎)〔에벤키〕. 몽골어 tulai의 어근 tul(tut)은 국어 '돋'과 에벤키어 어근 tɔɔl과 비교된다고 하겠다. 한편 토끼는 한자 兎(토끼 토)에 '기' 접미사가 붙은 형이라고 볼 수도 있다. 그러나 일본어 usagi(兎)를 보면 gi는 또 다른 토끼의 뜻을 지니는 명사일지도 모른다. 톳긔의 '긔'는 'ᄀᆞ이'가 준 말로서 'ᄀᆞᆯ〉ᄀᆞᆮ〉ᄀᆞᆯ이〉ᄀᆞ이〉긔'의 변화일 것이다. 『삼국사기(三國史記)』에는 烏斯含達縣을 景德王 때 兎山郡으로 바꾸었다고 했다. 烏斯含은 '오사감'이라 하겠는데 일본어 usagi(兎)와 동원어일 것이다.

토막　圏 片斷, 部分, 木頭鑷

'토막'은 '토'와 '막'의 합성어다. 토막의 재료는 나무라 할 수 있어 그 어원적 의미는 나무라고 하겠다. ¶토막 : 토막(木頭鑷)《同文下44》, 槽柮 나모 토막《柳物四木》. '토'는 '돋〉돌〉도〉토'의 변화다. 대(竿, 竹)는 '닫〉달〉달이〉다이〉대'의 변화다. '달(닫)'과 '돌(돋)'과는 동원어(同源語)가 된다고 하겠다. '막'은 막대의 '막'이라 하겠는데, '말(欌)〉맑〉막'의 변화라 하겠다. 도마의 조어(造語)와 같다고 하겠다.　▶도마

톱　圏 爪

'손톱'은 손가락을 보호할 뿐만 아니라, 날카로워서 자르는 도구로 사용되었을 것이다. ¶톱(爪) : 가락 토브로 그려 佛像 밍ᄀᆞ로매 니르닌《法華1:219》, 톱(鋸) : 톱 爲鋸《解例用字》. 톱(鋸)은 손톱(爪)의 톱과 동원어(同源語)라 하겠다. 톱(鋸)이 발명되기 전에는 톱(爪)이 절단용구였을 것이다. 톱은 골제(骨製), 죽제(竹製), 철제(鐵製) 등이 차례로 발달했을 것이다. 국어 : 일본어. 톱(爪) : tsume(爪), 거붑(龜) : kame(龜), 납(鉛) : namari(鉛). 일본어 tsume(爪)는 국어 톱과 동원어다.

톳　명 紫菜 100張

'톳'은 김 한 톳, 두 톳과 같이 수사에 붙는데, 김 100장이 한 톳이다. 톳은 고어에서 김(海苔)의 뜻을 지녔던 말이었다고 하겠다. 톳의 어원적 의미는 풀(草)이라고 하겠다. 해변에 나는 해초를 톳이라고 하고, 봄에 나는 돋나물은 나물의 모양이 해초인 톳과 비슷하다. 톳의 고형은 '돗'이다. 김(海苔)의 어원적 의미도 풀(草)이다. '김매다' 할 때 '김'은 풀(草)의 뜻을 지닌다.　　　　　　　　　　　　■ 돋나물, 海苔(해태)

트림　명 噯, 飽嗝, 噫

'트림'의 어근은 '틀'로서 '들'이 고형일 것이다. ¶트림(噫)《字會上29》. 트림은 입에서 나오는 것이기 때문에 그 어원적 의미는 입이었을 것이다. akubi(하품)〔日〕, okubi(트림)〔日〕. 일본어 aku, oku의 의미는 입의 뜻을 지니는 국어 '악'과 동원어일 것이다. 들에다, 떠들다의 어근 '들, 덛'은 소리, 말의 뜻이지만, 어원적 의미는 입이다.

트집　명 割目, 要無賴

'트집'은 한 덩이가 되어야 할 물건 또는 일이 벌어진 틈이다. ¶틈집ᄒᆞ야 긔별 드러디라《癸丑115》. 틈집ᄒᆞ다는 기회를 엿보다의 뜻이다. 틈(隙)과 집(家)>틈집>트집. 집에 틈(隙)이 났으니 일이 벌어지다의 뜻도 생기고 어떤 사건의 원인도 되었다. '트집을 잡다'는 상대의 결점을 지적하다는 말이다.

틀　명 機

'틀'의 고형은 '들'일 것이다. ¶틀(機) : 틀 긔(機)《字會中17》. 옛날의 틀은 그 재료가 나무라 할 수 있기 때문에, 그 어원적 의미는 나무라 하겠다. 한자 機(틀 기) 자를 보아도 나무 목(木) 변이 있다. 베를 짜는 베틀을 보면 그 재료가 나무라는 것을 알 수 있다. ¶드리(橋)《解例用字》, 드리(梯)《字會中7》. 어근 '돌'이 나무의 어원적 의미를 지닌다고 하겠다. 기틀이라는 말은 '機틀'로서 한자어와 우리말의 동의어 반복형이라 하겠다.

➡ 기틀, 다리(橋)

틀리다 　동 違, 誤

'틀리다'는 잘못되다의 뜻이다. ¶간곳마다 탈 잇다(到低有蹤)《譯補60》, 後 긋 病탈ᄒ고 아니 닐어늘《三綱忠9》, ᄶ 탈ᄒ디 됴뎡이 하 막으니 못 가시리이다《癸丑p.29》. '탈'이 病, 事故, 트집의 뜻을 지닌다. 틀리다의 어근 '틀'은 탈에서 모음변이로 생겨난 말이다. 탓(사유, 까닭)도 탈의 고형 '탇〉탓'으로 여겨진다.

티끌 　명 塵埃

고대인은 바람에 날리는 흙가루를 먼지라고 인식했을 것이다. '티끌'도 마찬가지일 것이다. 塵(티끌 진) 자를 보면, 土(흙 토)가 있다. ¶듣글 : 듣글(塵)《字會下8》, 드틀 : 드틀에 소사나시니《曲107》. 듣글은 흙의 뜻을 지니는 이음동의어(異音同義語)로 볼 수 있다. '듣'은 '달(地, 土), 돌(石), 들(野), 딜(土)'과 동원어(同源語)라 하겠다. '티'는 '듣〉들〉들이〉드이〉듸〉디〉티'의 변화일 것이다. '글'도 흙이란 뜻을 지닐 것이다. '골(谷), 고랑(畔), 길(路)' 등이 흙이란 본뜻에서 분화된 말일 것이다.

E

파 　 명 蔥

'파'의 고형은 '바, 받'으로 소급되며, 풀(草)의 고형 '블'과 동원어(同源語)일 것이라고 생각한다. 파도 풀의 일종이다. ¶파(蔥)《解例用字》. olho(草)〔滿〕, əru(蔥)〔滿〕, olhoda(人蔘)〔滿〕, urə(명아주)〔滿〕. 만주어를 보면 풀(草)의 뜻을 지니는 olho의 어근과 əru의 어근 ər는 동원어일 것이다.

파다 　 동 掘

'파다'의 조어형(祖語形)은 '받'이며, '받〉발〉바〉파'의 변화다. 파는 것은 손과 팔로 하기 때문에 팔의 조어형 '받'과 동원어(同源語)가 된다고 하겠다. ¶ᄑᆞ다(掘) : 굴 ᄑᆞ고 블 퓌우니《曲60》, ᄇᆞᆯ 爲臂《解例用字》. ᄑᆞ다의 어근은 'ᄑᆞ'로서 명사가 된다. 'ᄇᆞ, ᄇᆞᆯ'으로 소급된다고 하겠다. horu(掘)〔日〕. horu는 poru로 소급되며 국어 'ᄇᆞᆯ'과 동원어가 된다고 하겠다. kazmak(掘)〔터키〕, kol(手)〔터키〕. kazmak(掘)의 어근 kaz는 kat이 원형으로서 명사이며, 어원적 의미는 손이라고 하겠다.　　▣ 팔(臂)

파리 　 명 蠅

'파리'는 벌레의 일종이다. ¶ᄑᆞ리(蠅) : ᄑᆞ리(蠅)《字會上21》. ᄑᆞ리의 어근은 'ᄑᆞᆯ'로서 'ᄇᆞᆯ'로 소급된다. hae(蠅)〔日〕. hae는 pare에서 변한 말로서 par가 국어 'ᄇᆞᆯ'과 동원어(同源語)가 된다고 하겠다. 벌레(虫), 벼룩(蚤), 빈대 등 두음이 ㅂ으로 시작되는 말임을 보여주고 있다. '빈대'는 '비대'에서 ㄴ이 개입되었다.

팔 　명臂

고대인들은 손과 팔, 발과 다리는 구별 없이 그냥 통틀어서 일컬었을 것이다. ¶불 爲臂《解例用字》, 풀(臂)《字會上26》. '풀'의 고형은 '불'이다. '팔을 뻗다'에서 뻗다의 어근 '뻗'은 '불'과 동원어(同源語)일 것이다. '팔다'(賣)도 풀(臂)에서 비롯한 말인 것이다. '팔 벌리다'의 '벌'도 동원어일 것이다. '한 발, 두 발'의 발(尋)이 발(臂)이 그 어원이 될 것이다. hiro(尋)〔日〕. hiro는 piro로 소급되며 국어 '발'과 동원어라 하겠다. '받다'(受)의 '받'이 손의 뜻을 지니고 있음을 보여주고 있다. 한 뼘, 두 뼘의 '뼘'도 '범, 벋'으로 소급되며, 팔의 조어형(祖語形) '받(볻)'과 동원어라 여겨진다. ➡ 파다, 벌리다, 뼘

팔다¹ 　동賣

고대인들의 매매행위는 물물거래로서 주로 손으로 주고받았다. ¶풀 매(賣)《字會下21》. '풀다'(賣)의 어근은 '풀'로서 '볼'이 고형일 것이다. '볼'은 현대어 팔(臂)의 옛 표기다. ¶불 爲臂《解例用字》. 풀다(賣)는 이쪽 손에서 손님 쪽 손으로 넘어가는 뜻이라 하겠다. 따라서 '팔다'의 어원은 '손'의 뜻을 지녔을 것이다. 한 뼘, 두 뼘의 '뼘'은 손의 뜻을 지니는 말로서 '뼘, 범, 벋'으로 소급된다. '볼'의 조어형 '볻'과 동원어(同源語)가 된다고 하겠다. udambi(買)〔滿〕, uru(賣)〔日〕, satmak(賣)〔터키〕, xudalton ükhö(賣)〔蒙〕. 만주어 udambi(買), 일본어 uru(賣)의 어원 ud, ur도 손의 뜻을 지닌다고 하겠는데, 국어 안다(抱)에서 어근 '안'의 조어형(祖語形) '앋', 터키어 el(手), 일본어 ude(腕)의 어원과 동원어가 된다고 하겠다. 터키어 satmak(賣)의 어근 sat은 국어 손(手)의 고형 '숃'과 동원어가 된다고 하겠다. ➡ 받다(受)

팔다² 　동討價還價, 賣買

"쌀을 사 들이다"로 쓰지 않고 "쌀을 팔아 들이다"로 쓰이고 있다. ¶풀다

(홍정하다) : ᄡᆞᆯ ᄑᆞ라 드리다(糶米)《譯下48》, ᄡᆞᆯ 내여 ᄑᆞ다(糶米)《譯下48》. "ᄡᆞᆯ 내여 ᄑᆞᆯ다"에서 볼 수 있듯이 ᄑᆞᆯ다는 팔다(賣)의 뜻만이 아니라 홍정하다의 뜻으로 쓰이었다. "ᄡᆞᆯ ᄑᆞ라 드리다, ᄡᆞᆯ 내여 ᄑᆞᆯ다"는 각각 "쌀을 홍정해 가져온다, 쌀을 내어다가 홍정한다"의 뜻으로 쓰이었다. ¶金地國에 가 돈ᄋᆞᆯ ᄑᆞ라 불어 三千貫ᄋᆞᆯ 가져오더니《月23:64, 曲503》. ᄑᆞᆯ다가 '매매하다, 홍정하다'의 뜻으로 쓰이고 있다. ᄑᆞᆯ다가 옛날에는 팔다, 사다(賣買) 또는 홍정하다의 뜻으로 쓰이다가, 오늘날에는 팔다(賣)의 뜻으로만 쓰이게 되었다.

팔뚝

명 前腕, 肐膊, 前膊, 手臂, 下胳臂, 前臂

팔꿈치에서 손목까지의 부분을 이르나, 고대에는 그러한 구분이 없었을 것이다. ¶ᄑᆞᆯ독(肐膊)《四解上61》, ᄇᆞᆯ독 박(膊)《字會上25》, ᄑᆞᆯㅅ독(肘)《漢147d》. 'ᄑᆞᆯ독'은 'ᄑᆞᆯ'과 '독'의 합성어다. 터키어에서는 kol이 手, 腕의 뜻이다. '독'도 근원적으로는 팔의 뜻을 지니는 말로서 이음동의어의 합성일 것이다. dapsi(肩膀, 팔)〔滿〕, da, de(手)〔日〕. ¶ᄠᅳ다(摘)《月曲99》, ᄠᅳᆮ다(摘)《杜初20:51》, 드리다(獻 : 呈)《內序3》. 어근 'ᄠᅳ-, ᄠᅳᆮ-, 들-' 등이 손의 행위기 때문에 손의 본뜻을 지닌다고 하겠다. ᄑᆞᆯ독의 '독'은 'ᄃᆞᆫ>ᄃᆞᆯ>ᄃᆞᆰ>독'의 변화일 것이고 어원적인 의미는 '손'일 것이다.

팔짱

명 袖手, 拱手, 叉手, 腕組

"팔짱 낀다"라고 할 때, '짱'은 고어에서 '뎡'으로 나타난다. ¶ᄑᆞᆯ뎡 : ᄑᆞᆯ뎡 고자(拱手)《小諺2:58》, ᄑᆞᆯ댱 : ᄑᆞᆯ댱 디ᄅᆞᄂᆞᆫ 거시 므슴 법고(叉手如何法)《語錄39》, ᄑᆞᆯ쟝 : ᄑᆞᆯ쟝 지르다(拱手)《同文上51》, ᄉᆞ맷뎡 : ᄉᆞ밋뎡 곶ᄂᆞ니(拱手)《金三4:24》. 'ᄑᆞᆯ뎡'이 'ᄑᆞᆯ댱'으로 변하여 '팔장'에 이르렀다. '뎡'의 조어형(祖語形)은 손(手)의 뜻을 지니는 'ᄃᆞᆮ, 듣'과 동원어(同源語)일 것이다.

➡ 팔다, 따다, 뜯다

팥　명 小豆

'팥'은 알이 작은 콩이다. ¶ 풋(小豆) : 풋(小豆)《字會上13》, 풋(小豆) : 블근 풋기 업거든《救方上88》. 풋은 '볼'으로 소급된다. 콩비지의 '비지'가 고대에는 콩(豆)의 뜻을 지녔다. 현재도 콩을 갈아 만든 음식을 비지라고 하며, 두부물을 짜낸 콩 찌꺼기를 비지라고 한다. bolčak(豆)〔蒙〕, bilčaga (豆粉)〔蒙〕. bol, bil이 콩(豆)의 뜻을 지니고 있음을 보여주고 있다. 따라서 풋의 조어형(祖語形) '볼'은 콩의 본뜻을 지니는 말이라 하겠다.

패다　동 發穗

'이삭이 패다'는 '이삭이 나오다'라는 말이다. ¶ 퓌다(發穗) : 몯내 퓐 이사기《救方上46》. 어간 '퓌'는 '푸이'가 줄어든 것이고, '볼〉폴〉폴이〉푸이〉퓌'의 변화일 것이다. '볼'이 이삭의 뜻을 지니는 말이라 하겠다. ho(穗)〔日〕, başak(穗)〔터키〕, sačok(穗)〔蒙〕, suihə(穗)〔滿〕. 일본어 ho는 po로 소급되며 pot이 조어형(祖語形)이다. 터키어 başak의 어근은 ba(bat)가 되는데, 국어 '볼'과 비교된다고 하겠다. 일본어에 ho(穗)가 있는 것으로 보아, 이삭 전에는 '받(볼)'이 사용되었을 개연성이 있다. '이삭이 패다'라고 하는 말에서 '패'의 고어 '볼'이 이삭의 뜻을 지닌다고 하겠다. ¶ 이삭 (穗) : 이삭 묘(苗)《字會下4》, 이삭 슈(穗)《類合上10》. 이삭은 '이'와 '삭'의 합성어가 될 것이다. 몽골어 sačok(穗)의 어근 sač과 이삭의 '삭'이 비교가 됨 직하다. 몽골어에 이삭을 üre sačok이라고도 한다. sačok만으로 이삭의 뜻을 지니는데, 그 위에 üre의 관형어가 온다. üre와 국어 이삭의 '이'가 비교된다. usu(씨앗)〔滿〕, algan(芽)〔滿〕. üre는 만주어 usu(씨앗)와 비교됨 직하다. 보리 깜부기(黑穗)의 '부기'가 이삭(穗)의 뜻을 지닌다. ¶ 붓(穗) : 釋種은 어딘 붓기라 ᄒ논 마리라《月2:7》. '붓'이 씨(種)의 뜻을 지닌다. 깜부기의 '부기'의 어근과 일치하고 있다.

ㅍ

팽개치다　圖 投, 投捨

'팽개치다'는 어떤 일이나 물건을 짜증이 나거나 못마땅하여 내던지다라는 뜻이다. 농촌에서 새를 쫓을 때 쓰는 기구로서 '팡개'라는 게 있다. 돌멩이나 흙덩이를 찍어 멀리 던지어 새를 날리는 데 쓰는 토막이다. 팡개질은 팡개로 돌멩이나 흙덩이를 찍어 던지는 것이다. 팡개치다(擊)〉팽개치다.

포기　圖 叢

'포기'는 풀 종류를 세는 단위다. 포기는 '폴기'에서 ㄹ탈락으로 이루어진 말이다. ¶ 필기 : 필기(叢) 곳 필기 누엇고《杜重14 : 3》, 퍼기 : 퍼기(포기) 세 퍼기나《續三烈12》. 필기의 어근은 '필'로서 플(草)과 동원어(同源語)로 여겨진다. 배추를 셀 때에 한 포기, 두 포기라 하고, 꽃을 모종할 때도 한 포기, 두 포기라고 말한다. 나무는 셀 때에 한 그루, 두 그루 한다. 그루(株)의 어근은 '글'인데 나무의 옛말인 것이다. 김 한 톳, 두 톳의 톳의 옛말은 '돗'으로 이것도 어원적 의미는 풀(草)의 뜻을 지닌다. 돗나물의 '돗'과 비교된다.

푸닥거리　圖 厄拂巫, 跳大神

'푸닥거리'는 무당이 간단하게 음식을 차려 놓고 잡귀를 풀어 먹이는 굿이다. 푸닥거리의 '푸닥'은 풀다(解)와 닦다(淨化)의 '풀닦'이 '푸닥'이 되고 '거리'와 합쳐서 푸닥거리가 된 것이다. 잡귀에게 음식을 차려먹이고 풀어서 깨끗이 닦아내다의 뜻이다. 푸닥거리할 때에는 무당이 혼자 징을 치거나 북을 치면서 하는 경우가 많다.

푸르다　圖 靑

우리말은 구체적인 사물에서 온 형용사가 많다. 특히 색채어(色彩語)가운데 푸르다는 '풀', 붉다는 '불', 희다는 '해'에서 전성된 것이다. ¶플 : 플(草)《字會下3》, 프르다(靑) : 越國엣 象은 다 프르고《月2:31》, 부루(萵, 苣)《字會上14》. 상추의 고어는 부루인데, 어근 '불'은 풀(草)의 고형이라 하겠다. 프르다(靑)의 어근 '플'은 명사에서 전성되었다.　　　　▶ 풀

푸새　　명 蔬菜, 野菜, 雜草, 野草

'푸새'는 '풀'과 '새'의 합성어다. 푸새의 '새'는 '삳〉살〉살이〉사이〉새'의 변화다. '살(삳)'은 풀(草)의 어원적 의미를 지닌다. 고사리의 '사리'가 풀(草)의 뜻을 지니며, 잎새의 '새'도 동원어(同源語)가 된다.　　　　▶ 푸성귀

풀　　명 糊

고대의 접착제는 곡물이 주된 것이라고 할 수 있기 때문에 풀의 어원적 의미는 곡물의 이름이 될 것이다. 한자 풀 호(糊) 자를 보더라도 米(쌀 미) 변이 있다. 국어 밥(飯)의 고형 '받'과 동원어(同源語)라 여겨진다. nori(糊)〔日〕. nori의 어원은 nor(not)인데, 국어 '낟(穀)'과 동원어일 것이다. ¶플(糊) : 밀 프레(糊)《救簡6:38》. '플'에서 '풀'로 변했다. 고형 은 '블'일 것이다.

풀무　　명 冶, 風箱

'풀무'는 불을 피울 때 바람을 일으키는 도구이며, 허풍선(虛風扇)이라고 도 한다. ¶불무 : 불무 야(冶)《字會下16》. 풀무 야(冶)《倭下16》, 풀무아 치(풀무질 하는 사람)《漢137a》. 불무는 '불'과 '무'의 합성어다. 불무의 '불'의 어원적 의미는 불(火) 또는 바람(風)의 뜻일 것이다. 먼저 불(火) 로 보면, 쇠를 녹이거나 다루는데 직접 소용되는 불로 그 도구의 이름을 만든 것이 된다. 이 경우 '무'도 불로 볼 수 있을 것이다. 모닥불의 '모'는 연기의 냄새를 형용할 때 사용하는 매캐하다의 '매'와 비교된다. 일본어 에서 '불타다'라는 말은 moeru(燃)인데, 어근 mo는 풀무의 '무'와 동원

어일 것이며, 어원적 의미는 불(火)일 것이다. 불무의 '불'을 불(火), 바람으로도 볼 수 있는 것은, 15세기어에서 불(火)은 블(火)로 표기했고 불다(吹)는 블다(吹)로 표기했으며, 바람을 일으키는 도구를 지칭하는 것이기 때문이다. '무'는 풀무를 만든 재료 곧 나무일 가능성이 있다. 한편 불무와 붋은 爐(화로 로)로 나온다. ¶불무 : 微妙한 불무로 한 像올 노기며(以玄爐陶於群像)《圓上二之三33》, 붋 : 爐는 붋기라《金三2:28》. 이때 붋은 화로이기 때문에 불무의 '불'과 '붋'의 고형 '불'은 불(火)이나 불무의 재료인 흙(土)으로 볼 수 있을 것이다. 그런데 '무'를 흙으로 보면, '불'도 흙일 것이다. 곧 동음이의어(同音異義語)의 합성으로 볼 수 있다. '불'이 흙이라면 바람벽(壁)의 '바람(壁)'과 대응될 것이다. 또 '무'는 미장이의 '미', 먼지(塵)의 조어형(祖語形) '먿'과 비교할 수 있을 것이다. 풀무질(冶, 鍛)은 쇠를 단련하는 일이기 때문에, 풀무는 바람을 일으키는 도구와 쇠를 녹이거나 다루는 데 사용하는 화로를 동시에 가리킬 수 있을 것이다. ¶미온 불무디(猛火聚)《金三29》. 불무디의 '무디'가 '덩이'의 뜻인데 불덩이의 뜻이다. 따라서 '불무'의 '무'도 불의 뜻을 지닐 개연성이 높다. 무희다(焚)의 어근은 '무'라고 여겨진다. '무'의 조어는 '묻'일 것이다. '불무'는 불의 뜻을 지니는 이음동의어의 합성어다. ▣ 거푸집

품다 图 懷, 抱, 孵

품는 것은 손으로 가슴에 안는 것이다. 가슴에 안는 것이나, 새가 알을 까기 위해 품는 것 따위가 있다. 따라서 품다는 가슴과 관련 있을 것이다. ¶품다(懷抱) : 사ᄅ미 푸머 이셔《楞8:88》. 품다의 어간 '품'은 '붐'으로 소급되며, '붇〉불〉불음〉부음〉붐〉품'의 변화일 것이다.

풋내 图 草氣, 草腥氣

'풋내'는 풀내(草氣)에서 ㄴ 앞에서 ㄹ이 탈락한 형이다. 풀내음 또는 풀냄새라고 할 수 있다. ¶풋내(草氣)《譯補31》.

피　몡血

'피'는 몸속에 있는 액체다. ¶피(血) : 피 무든 홀굴 파 가져《月1:7》. 피는
'빋〉빌〉비〉피'의 변화 과정을 거쳤다. 진(液)은 '진, 딛'으로 소급되며 물
의 뜻을 지니는데, 일본어 tsi(血)의 조어형(祖語形) tit과 동원어(同源
語)로서 '돌(梁, 渠)'과도 동원어일 것이다. 몽골어에서는 čisu(血)가 있
다. səŋgi(血)〔滿〕, simən(液)〔滿〕, sikhə(尿)〔滿〕, sabdan(雨滴)〔滿〕,
sarin(酒宴)〔滿〕, secimbi(溝造)〔滿〕, sekiyembi(水滴)〔滿〕, sile(肉汁)
〔滿〕, sirimbi(洗漱)〔滿〕, sirəŋgi(露)〔滿〕, sirgiyambi(洗)〔滿〕, site(放
尿하다)〔滿〕, siteku(오줌싸개)〔滿〕, sun(乳)〔滿〕. 어근 sik, sab, sar,
sec, sil, sit 등이 물과 관련됨을 알 수 있다. 만주어에서 səŋgiri가 피의
뜻을 지니고 있는데, səŋ이 물과 관련된 어휘임을 추정할 수 있다. 따라서
국어 '피'도 어원은 물의 뜻을 지니는 말일 것이다. 핏물이라는 말이 있다.
피는 '비'로 소급되며 '받(海, 水)'과 동원어일 것이다. 바다(海)의 어근은
'받'으로서 비(雨)의 어원과 같다. 일본어 amega huru(雨降)의 huru
(降)는 puru로 재구되며, 어근은 pur(put)로서 비의 뜻을 지니는 명사
다. 일본 유구어(琉球語)에 tiitabui(日照雨)가 있는데, tiita는 해의 뜻
이고 bui가 비(雨)의 뜻이다. bui는 buri의 r 탈락형이다. 비(雨)의 고어
는 일본어와 비교할 때 '붇(불)'일 가능성이 있다. 몽골어에서 boron(雨)
이 방언에 보인다.

피다¹　몡發, 花開, 發穗

식물 가운데 피는 것은 우선 꽃이라고 생각된다. 따라서 '피다'의 어간
'피'는 꽃일 것이다. ¶프다(發) : 곳니피 퍼 衆人올 다 푸니《曲158》, 픠다
(發) : 고ᄌ로 힉여 픠게호몰《杜重10:7》, 퓌다(發) : 수울 이시며 고지 퓌
여신 저기어든(有酒有花)《朴初上7》. '프다'가 문헌에서 고형으로 나타난
다. 어간 '프'는 명사로서 '브, 블, 븓'으로 소급된다고 하겠다. '븓'은 꽃
또는 풀(草)의 본뜻을 지닌다고 하겠다. 꽃은 풀에서 피는 것이기 때문
에, 고대인들은 꽃과 풀을 가리지 않고 통칭하였을 것이므로 꽃과 풀은

동원어(同源語)였을 것이다.

피다²   동 燃

'불을 피우다'는 불을 만들다는 뜻이다. ¶퓌다(燃) : 이브로 블 吐ᄒ니 비눌와 터럭마다 블와 너왜 퓌며《月7:35》, 퓌우다(燃) : 香ᄋᆞᆯ 퓌우면 病도 덜며《釋9:35》, 퓌오다 : 향 퓌오고 하ᄂᆞᆯᅴ 비로디(焚香禱天)《續三孝29》. 어근 '퓌'는 '푿〉풀〉풀이〉푸이〉퓌'의 변화고, '붇(불)'이 조어형(祖語形)이다. '불'은 두말할 것도 없이 불(火)의 뜻이다.

피리   명 笛

'피리'는 '피리닐닐'하는 의성어에서 왔다는 설이 있다. ¶피리(笛) : 嬴女ㅣ 피리 잘 부로믈 알와라(知嬴女善吹簫)《杜初9:40》. 피리의 어근은 '필'이고 '빌'로 소급된다. 피리의 소재는 초목류(草木類)가 된다. 따라서 어원적 의미는 초목류라고 하겠다. 笛(피리 적) 자를 보면 竹(대 죽) 자가 들어 있다. hue(笛)〔日〕. hue는 pure에 소급되며 pur가 어근이 된다. 피리의 어근은 '플(草)'에서 비롯되었을 것이라고 생각된다. bishigür(笛)〔蒙〕, sihakhu(笛)〔滿〕, düdük(笛)〔터키〕, múkkur(笛)〔아이누〕.

핑계   명 辨解, 辨明, 憑計

'핑계'는 다른 일을 끌어 붙여 변명함이다. 또는 다른 일을 방패로 내세움이다. 일본어에서 변명이라고 하는 말로 벤가이(辨解)가 있다. 이 辨解의 중국어 근대 발음이 pien kie고 현대 발음은 아마도 bianjie로 핑계라고 하는 말은 중국어 辨解에서 온 듯하다. ¶므슨 핑계 ᄒ려니오《靑p.66》, 핑계 어드려 ᄒ다(尋)《漢淸p.210》. 핑계 없는 무덤이 없다《俗談》. 경상도에서는 '평양〉핑양, 펴다〉피다, 별〉빌, 겨집〉기집'이라 한다. 모음 '어'가 '이'로 발음되고 있다. 그러나 중국어 憑計가 '핑계'의 뜻을 지니고 있기 때문에 '憑計'에서 온 말로 볼 수도 있다.

하나 　명 —

'하나'는 세는 수에서 처음이다. ¶ᄒᆞ나(하나) : 몸이 ᄒᆞ나힐 씨《曲134》, ᄒᆞ나 : 엇뎨 몸 아논 ᄒᆞ나홀 기들우리오(豈待一知己)《杜初16:50》, 一等 (一)《禱千壽觀音歌》, 一曰河屯《類事》. 一等, 河屯을 보면 어근이 '홑'이고 여기에 '온(은)' 접미사가 붙었음을 보여주고 있다. ᄒᆞ나는 '홑'의 말음 ㄷ이 ㄴ화하고 여기에 '아' 접미사가 붙은 형이다. 한편 ᄒᆞ나가 있기 때문에 동음생략으로 'ᄒᆞ나〉ᄒᆞ나'의 변화라고 볼 수도 있다. 그것은 경상도 방언에서 '하나, 두나, 시나(세나), 니나(네나), 다섯나'라는 말이 있기 때문이다. 이렇게 보면 하나의 '나'는 낱(箇)에서 말음이 탈락한 형일 것이다. nidön(目)〔蒙〕: 눈, kedi(猫)〔터키〕: 고니(猫)〔高麗語〕, nadan(七)〔滿〕: 難隱(七)〔高句麗語〕, 삳(人) → 손(客)〔국어〕. ㄷ말음이 ㄴ화하는 현상을 볼 수 있다. 홑〉홑-온〉ᄒᆞ둔(一), 홑〉혼-아〉ᄒᆞ나(一), 홑〉홑〉홀-올〉ᄒᆞ롤〉ᄒᆞᄅᆞ(一日). 하룹은 짐승의 나이 한 살(一歲)을 뜻하는데, 어근 '할'에 접미사 '웁'이 붙어서 형성된 어휘다. 고려(高麗)의 수사(數詞)를 기록했다는 일본의 가마쿠라(鎌倉)시대 자료(1444~48년 사이 편찬)인 『이중력(二中歷)』에 katana(一)가 있다. 'ᄒᆞ둔'을 일본인이 katana 로 표기했을 것이다. 국어의 두음 ᄒᆞ음은 일본어의 k와 대응된다.

하늘 　명 天, 天神

옛날에는 사람의 머리 위에 있는 허공을 '하늘'이라고 인식했다고 생각된다. 그것은 天(하늘 천) 자를 보면, 大(큰 대. 甲骨文에서는 사람이 팔을 벌리고 서있는 정면을 상형했다.) 위에 네모를 그려놓았는데, 이 네모는 사람의 머리를 크게 부각시켜 그린 것이라고 한다. 하늘에 있는 천체 특히 태양도 하늘로 인식했을 것이다. 하늘과 태양은 고대인의 숭배대상이었

다. ¶하늘(天) : 하늘(天)《曲172》, 太子룰 하늘히 골히샤(維天擇兮)《龍
8》. '하'와 '늘'의 합성어다. 해는 15세기에는 히(日)로 표기했는데, 'ㅎ이'
가 준말로서, '홀〉홀이〉ㅎ이〉히'의 변화다. 하늘은 '할'과 '늘'의 합성어로
서, '할'의 말음이 탈락한 형이다. halhun(더위)〔滿〕, harukhan(따스하
다)〔滿〕, hilhun(덥다)〔滿〕. 어근 hal, har, hil이 되나, 기본 형태는 hal
이 되겠다. hal이 만주어에서 태양의 뜻을 지니고 있었던 말임을 보여주
고 있다. 하늘의 '늘'은 해(日, 太陽)의 뜻을 지닌다고 하겠다. nara(太
陽)〔蒙〕. 어근 nar는 국어 날(日, 太陽)과 동원어(同源語)다. 태양의 뜻
을 지니는 이음동의어(異音同義語)가 겹쳐서 하늘(天)의 뜻을 지니게
되었다. teŋgeri(天)〔蒙〕, tegri, teŋgeri(神)〔蒙〕. 몽골어에서는 天과 神
(신)이 동원어임을 보여주고 있다. teŋgeri(天)〔蒙〕, oktargoi(天)〔蒙〕.
몽골어 teŋgeri는 teŋ과 geri의 합성어인데, 둘 다 어원적 의미는 해라고
하겠다. geri는 몽골어 gere(光)와 동원어로서 해의 어원적 의미를 지닌
다고 하겠다. oktargoi의 goi는 gori의 r음 탈락형으로서 geri와 동원어
일 것이다. sora(天)〔日〕. 일본어 sora(天)의 어근 sor는 국어 햇살의
'살과 동원어로서 설(元旦), 살(歲)과 동원어가 되는데 해의 어원적 의미
가 있다.

하님　몡 下主

주로 여자종을 이르는 말이다. 상전(上典)의 반의어이다. ¶上典卽 항것
放士夫家婢亦曰 하님 卽下主也《華方》, 항것(上典) 하님(下主) 女子曰
漢吟《類事》, 妻亦曰漢吟《類事》, 항거시 모르리라《속三忠5》, 항거시 용호
죽 종조차 용타 드럿노라《癸丑p.117》. 항것은 主人, 上典, 家長 등의 뜻을
지닌다. '항것'의 '항'은 '한'에서 후행어 'ㄱ' 위에서 '한것〉항것'으로 변했
을 개연성이 있다. 하다(大, 多)의 관형사형 '한'이다. 한아비→할아비.
'항것'의 '것'은 사물의 뜻을 지니는 말은 아닐 것이다. '것'은 사람을 뜻하
는 말일 개연성이 높다. 갓(女, 妻), 겨레(族)의 어근 '결〈걸〈걷'으로 소
급되며 金哥, 李哥의 '가'도 사람의 뜻을 지니는 말이다. ¶내성이王개로
다《飜老上8》. 개는 '가이'가 줄어든 말이고, '가'의 祖語形은 '간'일 것이다.

'항것'의 '것'의 조어형은 '걷'으로서 '갇'과 동원어가 된다고 하겠다.

하다¹ 图 爲, 令, 使

'하다'는 어떤 목적을 위해서 움직이는 것이다. ¶ㅎ다(爲) : 工夫롤 ㅎ약
ᄆᆞ물 뻐《蒙4》, ㅎ니다(행동하다) : 비르서 뎌레 드러 안쬬 나 ㅎ니디
아니ㅎ야《釋11:1》. 동사 ㅎ다의 어근 'ㅎ'는 명사가 되며 '홀'이 고형일
것이다. ㅎ다의 행위는 주로 손에 의한 행동이기 때문에, 어원적 의미는
손의 뜻을 지닐 것이다. 혀다(引)《字會上35》는 끌다의 뜻을 지니는데 끄
는 것은 손에 의해 이루어진다. '혀'의 어원적 의미는 손의 뜻을 지닐 것
이다. '혀'는 '허, 헐, 헏'으로 소급된다. 한자 爲(할 위) 자를 보면 갑골문
에는 코끼리를 손으로 잡고 끌고 있는 형(羅振玉 說) 같다. 가토(加藤常
賢)는 코끼리를 성부(聲符)로 보고 '손짓' 또는 '손짓을 흉내 내다'라고
풀고 있다. 시라카와(白川靜)는 '손으로 코끼리를 부리고 있는 자형'이라
고 했다. 하여튼 모두 손으로 무엇을 하는 것으로 풀고 있는 것은 공통이
다. suru(爲)〔日〕. 어근 sur는 국어 손의 고형 '솓'과 동원어(同源語)라
하겠다. 또한 시키다의 '시'와 대응된다. sasageru(獻, 奉)〔日〕. 어근 sas
(sat)가 명사로서 손의 뜻을 지니는 일본의 고어였다는 것을 보여주고
있다. 아울러 ㅎ다(爲)의 어근 'ㅎ'도 명사로서 손의 뜻을 지닌다고 하겠
다. ¶히다(시키다) : 제 쓰거나 눔히여 쓰거나 ㅎ고《釋9:21》, 모로매 소
ᄂᆞ로 히여 迷路호물 보내리로다(須令賸客迷《杜初7:16》. 히다는 'ㅎ이다'
가 줄었다. 시키는 것은 말에 의하지만 행동은 손이 한다고 보겠다.

하다² 图 多, 大

'하다'의 어근은 '하'로서 '핟>할)하'의 변화다. ¶하다(大, 多) : 祥瑞 하거
늘《曲17》. 한자 大(큰 대) 자를 보면 사람이 팔을 벌리고 있는 모습을
상형한 문자다. 따라서 고대인들은 大의 관념을 팔을 벌리고 있는 것으로
인식했다고 보겠다. 이러한 식으로 하다의 '핟'을 보면 손이나 팔의 뜻을
지니고 있을 것이라고 생각할 수 있다. 혀다(引)의 어근은 '혀'로서 '헏'이

하다

조어형(祖語形)인데, 손의 뜻을 지닌다고 하겠다. 할퀴다의 '할'도 손의 뜻을 지니고 있음을 보여주고 있다. ohoi(大)〔日〕, orotsi(大蛟)〔日〕. 일본어 ohoi(大)는 oroi〉ooi〉ohoi의 변화로서 or가 고형의 어근이 된다. orotsi(大蛟)의 oro(大)의 어근 or와 동원어(同源語)가 된다. olan(많이)〔蒙〕, oldukça(많이)〔터키〕. 어근 ol과 동원어일 것이다.

하루　명 一日

'하루'는 날짜를 세는 말인데, 날짜는 해와 관련된다. 『계림유사(鷄林類事)』에 一日河屯이 나오고, 향가에 一等이 나온다. 河屯(하둔)이나 一等은 'ᄒᆞ둔' 또는 'ᄒᆞ둘'의 표기라 하겠다. ¶ᄒᆞᄅᆞ(一日) : ᄒᆞᄅᆞ 五百 디위를《月8:78》, 홀 : 홀로 無漏業을 닷가(一日修無漏業)《楞4:72》. ᄒᆞᄅᆞ, 홀의 어근은 '홀'로서 ᄒᆞ나(一)의 조어형(祖語形) '홑'과 동원어(同源語)가 된다고 하겠다. ᄒᆞᄅᆞ(一日)의 고형은 ᄒᆞ롤(一日)이다. 이틀, 사흘(三日)《杜初15:36》, 나올(四日)《釋11:31》에서 보여주듯 '을, 올'이 날(日)의 뜻을 지닌다. 홀(一)과 올(日)의 합성어며, 'ᄒᆞ롤〉ᄒᆞᄅᆞ'일 것이다. 또 ᄒᆞᄅᆞ의 어근 '홀(홑)'에 'ᄋᆞ' 접미사가 붙었다고도 볼 수 있으나, 'ᄒᆞ롤〉ᄒᆞᄅᆞ'가 보다 설득력이 있을 것이다.

하염없다　형 無爲, 無事, 虛, 空, 呆呆的

'하염없다'는 '하는 일이 없다'의 뜻에서 '근심스럽고 생각이 없다, 공허하여 끝맺을 데가 없이 아득하다, 이렇다 할 만한 아무 생각도 없이 그저 멍하다' 등의 뜻으로 변했다. ¶ᄒᆞ욤없다 : 비홈 그쳐 ᄒᆞ욤업슨 겨르ᄅᆞ왼 道人ᄋᆞᆫ(絶學無爲閒道人)《南明上3》. 하욤은 'ᄒᆞ염〉ᄒᆞ욤'의 변화며, 할 일이 없다의 본뜻을 지닌다고 하겠다. 하잘것없다는 하고자 할 것이 없다가 줄어진 말이라고 하겠다. 괜찮다는 공연하지 아니하다가 줄어진 말이다. 공연(空然)히〉괜히. 이때 하욤없다는 『남명집(南明集)』(당나라 현각의 『증도가』와 그에 대한 남명 선사의 송을 언해한 것이 『南明集諺解』다)을 언해한 것이므로 불교 용어 無爲(무위)에 해당된다. 무위는 원래 불교(도교) 용어로서 깨달음의 경지에 도달한 사람은 어떤 일을 하건 무사(無事)하다는 말에 연유한 것이라고 생각된다. 無事(無爲)라고 해서 "하는 일이 없다거나 할 일이 없다"는 것이 아니라 "하고도 했다는, 또는 한다는 경계를 넘어선 상태"를 가리키는 것이 불교(도교)적 용어의 해설이다.

한 閉 韓

三韓에 馬韓, 弁韓, 辰韓이 있는데, 이때 韓은 '한'이라 하겠으며 사람이란 어원적인 의미를 지닌다고 하겠다. ¶항거시 모르리라《續三忠5》, 이 두 사르미 眞實로 네 항것가《月8:84》. '항것'은 上典, 주인의 뜻을 지닌다. '항것'의 '항'은 '한'이 뒤에 오는 ㄱ의 영향으로 역행동화작용으로 '한것〉항것'으로 변했다고 본다. '항것'의 '것'은 귓것(鬼神)의 '것'과 같이 神이나 존장자를 뜻하는 말이라 하겠다. 신라의 왕칭 '居西干'은 '것간'으로 존장자의 뜻을 지닌다. 항것의 '한(항)'은 하다(大, 多)가 어간이 아니라 명사라 여겨진다. ¶하님(下主)〈상전卽항것故士夫家婢亦曰하님卽下主也《華方》. 하님은 '한'에 '님'의 합성어일 개연성이 엿보인다. '한'은 알타이어권에서 xan, han, kan으로 반영되며 族長, 領主, 王, 王后, 존장자의 뜻을 지니는 것으로 나타난다. 어원적인 의미는 사람일 것이다. hala(族)〔滿〕, hala(一族, 姓)〔滿〕, goldi, solon, kral(王)〔터키〕, kan(血族)〔터키〕, han(汗, 王)〔터키〕, helk(人民)〔터키〕, kayas(親戚)〔古터키〕, ukara(潭固部, 族)《契丹의 古文書》, takara(韃珂洛, 民)《契丹의 古文書》, aisingioro (愛新覺羅)〔滿〕. kara, gioro 등이 가라, kara, gara와 동원어다. har는 hat으로 소급되며 '할〉한'으로 변한다. '韓, 汗, 干'은 동원어로서 어원적인 의미는 사람의 뜻에서 비롯했다고 여겨진다. 가야국을 창건할 때 협력한 我刀干, 汝刀干, 彼刀干, 五刀干, 留水干, 留天干, 五天干, 鬼神干 등 여덟 干의 干도 韓과 동원어라 하겠다. 신라의 麻立干, 居西干의 '干'도 동원어라 하겠다. 女子曰 漢吟《類事》, 妻亦曰 漢吟《類事》, 嫂曰 長漢吟. 하님의 표기일 것이다.

할퀴다 图 抓破

'할퀴다'는 긁어서 생채기를 내다, 또는 휩쓸거나 스쳐지나다의 뜻이다.
¶할퀸 고상 다함 없고《因果曲2》. '할퀸'의 '할'은 손의 뜻을 지닐 것이다.
'쾨다'는 '괴다'가 된다. 어근 '괴'는 '곧>골>골이>고이>괴'로서 긁다(搔)의
어근 '글'과 동원어(同源語)라 하겠고, 할퀴다는 '할'과 '퀴'의 합성어다.
¶헐퀴다(抓)《漢67a》.

함께 图 共, 同, 一緖, 一起

'함께'는 시간적으로 같은 때(一時)를 지칭하다가 공간적인 개념(共)으로
의미가 확장되어 쓰이는 말이다. ¶훈쎄(同時) : 둘희 힘을 훈쎄 이기시니
《曲39》, 훈끠(一時) : 盛훈 이리 훈끠 모드니(盛事會一時)《杜重3:65》. 훈
은 一(한 일)의 뜻이고 쎄는 때(時)의 뜻이다. 一時(일시)의 뜻이 共(함
께 공)의 뜻으로 전의된다. ¶훈쎄(한끼, 한때) : 훈쎄나 禮拜供養호매
니를면(乃至一時禮拜供養)《法華7:68》, 훈쎄(한끼니) : 훈쎄 밥뿔과(一
頓飯的米)《老上47》. 쎄는 때(時)의 뜻에서 식사의 뜻으로 전의되었다.

항아리 图 缸, 壺, 甕

'항아리'의 '항'은 한자어 缸(항아리 항)의 음사(音寫)다. 한자어 '항'에
'아리'가 붙어서 된 말이다. '아리'는 우리말에 흔히 붙는 접미사인데, 작
은 느낌을 주는 어휘에 사용된다. 병아리의 '아리'가 그 보기다. 이렇게
보면 항아리는 缸 가운데 비교적 작은 것을 가리킨다고 볼 수도 있다.
¶항(항아리) : 항 항(缸)《字會中12》, 항을 가져나가(甕)《小諺6:55》, 항아
리 : 항아리 담(罈)《字會中12》. '아리'는 입의 뜻을 지니는 경우도 있다.
악아리의 '아리'가 입(口)의 뜻을 지닌다. 주둥아리의 '아리'도 입(口)의
뜻을 지닌다고 하겠다. 항아리의 '항'은 한자어 缸이고 '아리'는 고대어로
입(口)의 뜻을 지닌다.

해　⟨명⟩ 日, 太陽

'해'는 천체어로서 시간 관련어에 다양하게 쓰이고 있다. ¶희(陽) : 普光天子는 히라《釋13:6》. '히이'가 줄어진 말로서 '훌〉홀〉홀이〉히이〉히'의 변화다. 하눌(天)은 '하'와 '눌'로 가를 수 있는데, 하눌의 '하'는 '할'의 말음 탈락형일 것이다. '눌'은 해의 뜻을 지니는데, 날(日)과 동원어(同源語)다. 몽골어에서는 nara가 해의 뜻을 지닌다. 희다(白)는 '희'의 명사에서 전성되었다. '히'는 해(年, 歲)의 뜻으로도 쓰이는데, 이는 시간에 관한 관념어가 해에서 비롯된 것을 보여준다 하겠다. ¶희 년(年)《字會上2》, 히 셰(歲)《類合上4》.

해거름　⟨명⟩ 黃昏

'해거름'은 '해'와 '거름'의 합성어다. 해거름의 '거름'의 어근 '걸'은 해의 뜻을 지닌다. 일본어 tasogare(黃昏)의 gare가 '거름'과 동원어(同源語)가 된다. 빛깔의 '갈'이 고어에서 해의 뜻을 지닌다. gün(해)〔터키〕, kurumak(乾)〔터키〕. 어근 gün, kur는 동원어가 된다. 몽골어에 gere(光)가 있다. taso도 어원적으로는 해의 뜻을 지닌다. 국어 해돋이의 '돋'이 본디는 해의 뜻을 지니는 말이다. 돋(陽)→돌(年)〔國〕, tosi(年)〔日〕, tol→toki(時)〔日〕. 쬐다(曝, 晒)의 어근 '쬐'는 '죄'로 소급되며, '돋〉돌〉돌이〉도이〉되→죄→쬐'로 변화했다고 여겨진다. 일본어 teru(照)의 어근 ter(tet)는 국어 '돋'과 동원어가 된다.　　　　⟶ 빛깔

해오라기　⟨명⟩ 白鷺

'해오라기'는 해오라기과의 텃새로 白鷺(백로), 해오라비라고도 한다. ¶하야로비 로(鷺)《字會上17》, 힌 하야루비 바틱 ᄂ리니(白鷺下田)《百聯12》, 냇ᄀ에 히오라바《靑大p.31》, 히오라기(白鷺)《物譜羽蟲》, 海오리 늙어 희랴《靑大p.68》, 히올《東言》. 하야로비, 히오라기, 히오리의 三型이 있다. 히오리는 흰오리(白鴨), 히오라기는 '히올'에 '아기' 접미사가 붙은 형이다.

힝오라비는 '힌(白)'와 '올(鴨)'과 '아비'가 합친 형이다. '아비'는 아비과에 딸린 바닷새다. 겨울에 오는 철새로 바다에 살면서 고기를 잡아먹는다.

햇무리　명 日暈

'햇무리'는 해의 둘레에 구름처럼 하얗게 나타나는 현상을 이르는 말이며, '해'와 '무리'로 나눌 수 있다. ¶힛모로(日暈)《字會下1》, 힛모로(日暈)《漢96》. 힛모로는 해의 뜻을 지니는 이음동의어(異音同義語)의 합성어라 하겠다. '모로'의 어근 '몰'이 해의 뜻을 지니는 고어라 여겨진다. 내일 모레의 '모레'의 어근 '몰'이 해의 뜻을 지닌다. 마파람은 남풍(南風)을 뜻하는데, '마'가 남(南)의 뜻이나 어원적 의미는 해다. 한자 暈(무리 훈)자를 보면, 형성자로 日(날 일) 자가 뜻을 나타내고, 軍(군사 군)은 소리를 나타낸다.　　　　　　　　　　　　　　　　**▶** 달무리, 마파람(南風)

허우대　명 風采, 風神, 體格, 身材

풍채가 좋고 큰 체격을 '허우대가 좋다'고 한다. '허우대'의 '대'는 '닫〉달〉달이〉다이〉대'의 변화다. karada(體)〔日〕. 일본어 karada의 da는 국어 '닫(달)'과 동원어(同源語)다. 키다리(身體語)의 '다리(人)'의 어근은 '달(닫)'이다. '허우'는 신체의 뜻을 지닌다고 보겠다. '허우대다, 허우적 거리다'의 '허우'가 신체의 뜻을 지니고 있음을 보여주고 있다. hala(姓, 一族)〔滿〕. 어근 hal(hat)이 사람(人)의 본뜻을 지닌다. 니브흐족들은 사람을 부를 때 hala라고 한다. 허울(겉모양, 실속없는 겉치레)의 원형은 '허룰'일 것이며, '헐'이 어근이다. '헐'의 원의(原義)는 사람의 본뜻을 지닌다. '헐〉헐울〉허울〉허우'의 변화다. 한편, '헐울'의 '울'은 실사(實辭)로 볼 수도 있을 것이다. 얼골(形態)의 '얼'과 동원어일 가능성도 있다.

▶ 허울, 허우적거리다, 몸체, 몸집

허튀　명股, 脚, 腓, 踦, 腨

'허튀'는 허퇴, 허틔 등의 이형태가 있는 어휘로서 다리, 종아리, 장딴지 등을 지칭했으나 현재는 쓰이지 않는다. ¶허튀(종아리) : 허튀룰 안아 우르시니《月8:85》, 허튓비 쳔(腨, 종아리, 장딴지)《字會上26》, 허튓ᄆᆞᄅᆞ(정강이)《四解下56》, 허퇴 : 허퇴예 술홀 버혀 뻐 받ᄌᆞ오니(割腿肉以進)《新續孝5:88》, 허틔 : 남ᄀᆞ로 괴와 미요미 볼셔 허틔에 잇도다《杜重2:70》. 허튀는 '허'와 '튀'의 합성어라 여겨진다. '튀'는 '둗〉둘〉둘이〉두이〉뒤'의 변화로서, 다리(脚)의 어근과 동원어(同源語)가 될 것이다. 허튀의 '허'는 허리(腰)의 어근 '헐'과 동원어(同源語)가 된다고 하겠다. 따라서 고어에서는 허리의 '헐'이 다리 부분(脚部)의 뜻도 지니고 있었음을 짐작할 수 있다. 한편 허튀의 '허'는 股(넓적다리 고)와 '튀'는 腿(넓적다리 퇴)에 비교된다.

헐(뜯)다　명謗, 誹, 譏, 讒訴

'헐뜯다'는 '헐다'와 '뜯다'의 합성어라고 할 수 있다. 남을 헐뜯는 것은 말로 한다. 한자 謗(방), 誹(비), 譏(기), 讒(참) 등을 보면 모두 言(말씀 언) 자가 있다. ¶할다(비방하다) : 겨지비 하라눌 尼樓ㅣ 나가시니《曲10》, 할다(참소하다) : 姦臣이 하ᅀᆞᄫᅡ《龍74》. 할다의 어근은 '할'인데, 말의 뜻을 지닌다고 하겠다. 핥다(舐)의 어간 '핥'은 '할'이 고형일 것이고, '할'이 '혀'의 고어임을 보여주고 있다. 뜯다는 따지다, 다구치다, 닥치다 따위와 비교되며, 마찬가지로 말이 어원적 의미가 될 것이다.　▶ 혀(舌)

헝겊　명布, 碎布

'헝겊'은 천 조각이며, '헝'과 '겊'으로 나눌 수 있다. ¶헝것(헝겊) : 헝것 (巾宛)《字會中17》, 헌것(故帛) : 눌근 헌거스로(以故帛)《救簡1:90》, 헌옷 : 헌오슬 니브샤 漸敎룰ᄉᆞ 다아라 듣ᄌᆞᄫᅵ니《曲97》. '헌것〉헝것'이 되고 헝겊으로 변한 것이라 하겠다. 헌것의 '헌'은 헐다의 관형사형이고 '것'이

명사가 될 것이다. ¶깁(繒)《解例用字》, 고로(綾)《字會中30》. 깁은 '긴〉길〉
길입〉기입〉깁'의 변화일 것이다. 고로의 어근 '골'과 동원어(同源語)가
된다. 헝겊은 '헌깁'이 변했을 것이다. 그것은 『구급간이방(救急簡易方)』
의 앞의 예에서 보면 故帛(고백. 헌 비단, 깁)이 '헌것'으로 되어 있기
때문이다. ¶더그레(號衣, 軍人 官隷의 所屬을 보이는 겉옷)《朴初上27》.
'더그레'는 '더'와 '그레'의 합성어로서 '그레'가 옷(衣)의 뜻을 지니고 있는
데, 어근은 '글'이 된다. giysi(衣服)〔터키〕, kumaş(布)〔터키〕, ki(匹, 疋)
〔日〕, kiru(着)〔日〕, koromo(衣)〔日〕.

헤아리다　　圖 數, 推測

'헤아리다'는 '헤'와 '아리다'로 나눌 수 있다. ¶혜아리다(헤아리다) : 혜아
려 執着ᄋᆞᆯ 曲盡히 ᄒᆞ시니《楞1:76》, 혜다(생각하다, 계산하다) : 社稷功ᄋᆞᆯ
혜샤(功念社稷)《龍104》, 혜다 : 님이 혜오시매 나는 전혀 미덧ᄃᆞ니《靑.宋
時烈》. 혜다에서 헤다로 바뀐 것은 단모음화현상이라고 생각된다. 헤아리
다는 '혜다'와 '가리다'가 합친 것이라 하겠다. '혜다'는 생각하다, 계산하다
의 뜻을 지닌다. '아리다'는 '가리다'가 '아리다'로 변했을 가능성이 있다.
곧 '혜가리다〉헤아리다'의 변화로 '생각하고 가리다'의 본뜻을 지닌다고
하겠다.

헤엄　　圖 泳, 游

'헤엄'은 '헤'와 '엄'으로 나뉘는데, '헤'는 어근이며, '허이'가 줄어든 것이라
하겠다. '헐〉헐〉헐이〉허이〉헤'의 변화를 했을 것이다. 헤엄은 물에서 하는
것이기 때문에 그 어원적 의미는 물의 뜻을 지닐 것이다. 흐르다(流)의
어근 '홀'이 명사로서 물의 뜻을 지니는데, 헤엄의 '헤'의 조어인 '헐'과
동원어가 된다고 하겠다. ¶헤염(游)《才物譜》, 헤옴티다(泅水)《譯下22》.

▶ 흐르다(流)

고대인은 주로 세는 것은 손가락으로 했을 것이다. ¶헴(數) : 말삼호여 헴혜는 안해 겨샤디《月9:13》, 혜옴(數) : 내 혜옴은 예순냥이고《老下10》, 혜다(계산하다, 생각하다) : 三世옴 혜욘 數ㅣ라《釋19:11》, 혜아리다(계산하다, 생각하다) : 識心의 分別호야 혜아료미니《楞3:71》. 혜다의 어간 '혜'는 명사로서 '혀이'가 줄어든 것이고, '이'는 접미사가 된다. 조어형(祖語形)은 '헏'으로서 '헐〉혈〉혈이〉혀이〉혜'의 변화를 했을 것이다. 혀다(引)의 어근 '혀'는 '헏〉혈〉혀'의 변화라고 하겠다. 조어형 '헏'은 손의 뜻을 지니는 말이라 여겨진다. 고대인들의 수적 개념의 표시 발상은 손가락이었을 것이다. 람스테트(G. J. Ramstedt)는 국어 다섯(5)은 손을 닫다(閉)에서 비롯되고 열(10)은 주먹을 열다(開)에서 왔다고 보고 있으나, 이는 국어를 제대로 이해하지 못하고 있는 데서 비롯되었다고 여겨진다. 우리 국어에는 동사의 어간이 그대로 명사가 되는 경우가 없다. 닫다(閉)의 어근 '닫'은 명사로서 고어에서 문(門)을 뜻하는 말이다. 가야어(伽倻語)에 문이 '돌'이라고 하는 것이 보인다. ¶旃檀梁(旃梁城門名, 加羅語謂門爲梁云)《三史49, 斯多含》. 沙梁部(梁讀云道, 或作涿, 亦音道)《三遺1.新羅始祖》, 梁(門, 道), 鳴梁(울돌). 이상의 문헌에서 보면 '돌'이 문의 고유어임을 보여주고 있다. 지금도 한식가옥의 문에 다는 쇠붙이를 돌쩌귀라고 하는데 돌쩌귀의 '돌'이 문의 뜻을 지니고 있다. 일본의 신사(神社) 앞에 있는 문을 torii라고 하는데, torii의 어근 tor는 국어 '돌'이 문임을 보여준다. 돌(門)의 조어형은 '돋'이다. 닫다(閉)라는 고대인들의 개념은 문을 닫는다고 하는 데서 비롯했을 것이다. 따라서 닫다의 어근은 문이라는 뜻을 지닌다고 하겠다. 열다(開)의 '열'은 명사로서 '녈〉널〉넏'으로 소급된다. 여기서 널(板)이 있는데, 문은 대개 '널'로 짠다고 하겠다. '널'이 고대에는 板木(널판)의 뜻이며, 문의 뜻을 지니는 말이었다고 하겠다. 따라서 다섯(5)이 닫다(閉), 열(10)이 열다(開)에서 왔다고 보는 견해는 설득력이 없다. 그러나 여기서 주목할 만한 것은 수의 개념을 손에서 왔다는 발상은 뜻이 있다고 하겠다. 손이라는 뜻을 지니는 말은 '손(손)'을 비롯하여 '갇(가지다, 가락지), 낟(누르다, 나르다), 닫(뜯다, 따다, 쥐다), 맏

(말다, 만지다), 받(받다, 바치다, 뺌), 앋(안다(抱)), 핟(혀다(引), 혜다
(算), 혬)' 등 8개에 이르고 있음을 보여주고 있다. 하나(一)는 『계림유사
(鷄林類事)』에는 河屯이고 일본의 『이중력(二中曆)』에 기록된 전기중
세국어의 수사에 katana(一)가 있다. 국어 두음 h음은 일본어에서는
k로 나타난다. 국어의 수사가 손과 관련될 것이라는 가설을 세운다면
다음과 같은 견해를 펴볼 수 있다. 흔둔(一)의 어근은 '홑'이 된다. '홑'은
고대 국어에 손의 뜻을 지니는 말이라 여겨진다. 둘(二)은 『계림유사』에
途孛이고 『조선관역어(朝鮮館譯語)』에 都卜(二)이다. '두불'은 '두'와
'불'로 가를 수 있다고 여겨진다. '두'는 '둘'과 관련되며, 둘(二)의 말음탈
락형일 개연성이 있다. 그것은 두드리다의 어근 '둗'과 동원어로서 손의
뜻을 지닌다고 하겠다. 두 개, 두 사람 할 때에는 ㄹ이 탈락한다. 두불의
'불'은 받다(授), 바치다(獻, 바념) 등의 어근 '받'과 동원어일 개연성이
있다. 일본어 hutatsu(2)의 어근인 hut은 put으로 소급된다. '불'은 일
본어 'hu(put)와 비교된다. 셋(三)은 평안도 방언에서는 '서이'다. '서이'
의 '이'는 접미사고 '이'의 접미사가 붙을 경우에는 위에 오는 음절이 폐음
절어가 된다. '섣〉설〉설이〉서이'의 발달로서 서른(30)일 때의 어근 '설'과
동원어가 된다. 넷도 평안도 방언에서는 '너이'다. '넏〉널이〉너이'의 변화
라 하겠다. 다섯의 어근은 '닷'이고 여기에 '엇' 접미사가 붙었다. '닷(닫)'
은 손의 뜻을 지니는 말의 어근을 갖는 '두드리다, 뜯다, 따다'의 어근
'둗, 닫'과 동원어가 된다고 하겠다. 여섯(6)의 어근 '엿'은 '녓, 넛, 넏'으로
소급되며, 넷의 조어형 '넏'과 동원어일 것이라 생각된다. 일곱은 '닐굽'인
데, 일본어에서는 nana이고 만주어에서는 nadan이다. 어근 nan(nat),
nad(nat)와 동원어일 것이다. 넷, 여섯의 '넏'과 동원어가 된다고 하겠
다. 여덟의 어근은 '옐'이고 '넏'이 조어형이다. 여든(80)의 어근 '엹'도
'넏'이 조어형일 것이다. 아홉은 『계림유사』에 鴉好(아호)이고 90은 鴉順
(아순)이다. 조어형은 '앋(앝)'이라 하겠다. 안다(抱)의 조어형 '앋'과 동
원어일 것이다. 열(10)은 '녈, 널, 넏'으로 소급된다. 마흔은 麻兩(마량)
으로 『계림유사』에 표기되었는데, 15세기 표기로는 '마순'이다. 조어형은
'맏'임을 보여주고 있다. 이는 '밀다(推), 맡다(任), 만지다'의 어근 '밀
(민), 맏'과 동원어로 여겨진다. 백(百)을 '온'이라고 하는데 이것도 조어

형은 '올'으로서 안다(抱)의 조어형 '앝'과 동원어일 것이라 여겨진다. 하나(一)-한, 둘(二)-둗, 셋(三)-섣, 넷(四)-넏, 다섯(五)-닷(닫), 여섯(六)-엳(넏), 일곱(七)-닐(닏), 여덟(八)-엳(넏), 아홉(九)-아(앋), 열(十)-열(넏)과 같이 그 어원이 손일 것이라고 여겨진다. 이것을 다시 나누어 보면, ㉠ 하나(一)-1, ㉡둘(二), 다섯(五)-2, ㉢ 셋(三)-1, ㉣넷(四), 여섯(六), 일곱(七), 여덟(八), 열(十)-5, ㉤ 아홉(九)-1. '두붇'을 둘로 나눌 경우는 '붇'이 늘어난다. '붇'이 고대어에서 二의 뜻을 지니는 말이었다고 하겠다. 그렇게 보면 이음동의어(異音同義語)의 합성이 된다. 국어의 버금(次)이 있고 일본어에 huta(二)가 있는데 huta(二)는 puta로 재구되며 조어형은 put이 된다. 마흔(40)일 경우를 보면 '맏'이 더 첨가된다고 하겠다. 손의 뜻을 지니는 8개의 어휘 중에서 '갇(手)'만이 없다고 하겠다. 하나에서 열까지 기본 수사에는 '갇, 맏, 받'이 없다고 하겠다. 국어에 '갇, 맏, 받'이 손의 뜻으로 쓰이기 전에 현대어에서 사용되는 수사가 형성되었다고 하겠다. 일본어 수사. hi(1), hu(2), mi(3), yo(4), itsu(5), mu(6), nana(7), ya(8), kogo(9), to(10). hi(1), hu(2)는 pi, pu로 재구되며 조어형은 pit, put이다. mi(3), mu(6)는 mit, mut이 조어형일 것이다. yo(4), nana(7), ya(8)는 not, nat이 조어형이 된다고 하겠다. itsu(5)는 it이 조어형인 셈이다. kogo(9)의 어근은 kot이 조어일 것이다. to(10)의 조어형은 tot일 것이다. 일본의 수사를 보면 국어에서 현재의 수사가 형성되기 전에 국어의 수사가 건너갔거나 그렇지 않으면 일본 자체에서 손이라고 하는 말을 기본으로 하여 발달하였을 것이라고 생각해 볼 수 있다. 그러나 국어의 수사가 손과 관련될 것이라는 전제하에 앞서와 같은 견해를 펴볼 수 있으나 증명할 만한 근거가 발견되지 않는다. 따라서 수사를 손과 관련시킨다는 견해는 위험이 따른다고 하겠다. 일본의 수사가 고대 국어의 수사가 틀이 되었고 그 후 국어의 수사는 지방어의 세력에 의해 변화했을 가능성이 짙다고 여겨진다. 그것도 일본의 신체어를 보면 현대국어와는 비교가 잘 안 되지만, 소실어(消失語)를 재구하게 되면 거의 일치되고 있다고 하는 점에서 일본의 수사는 고대 국어의 수사가 틀이라고 여기는 것이다. 고구려 지명어에서 密(三), 于次(五), 難隱(七), 德(十)과 비교되는 것이 일본의 수사는 고대 국어 수사가 틀이라는 개연성을 강하게 하는 것이다. 일본어 yo(4)와 ya(8)는 no(4)와 na(8)로 재구되며 not(4), nat(8)이 조어형으로 현대국어 수사와 동원어임을 보여 주고 있다. 국어에는 k자음 수사가 없는데 일본어에는 kogo(9)가 있다는 것도 일본의 수사가 국어 수사보다 고형이라고 하는 것을 보여주는 것일 것이 다. 일본어 hi(1), hu(2)는 pit, put이 조어형인데, 국어의 비롯(始)의 어근 '빌(빋)'과, 버금(次)의 어근은 '벅'이지만 조어형은 '벋'이 된다고 하면, 비교가 될 개연성이 발견된다고 하겠다. thon(數)〔滿〕, thorombi (계산하다)〔滿〕, sayı(數)〔터키〕, saymak(계산하다)〔터키〕. 만주어 thon (數)은 ton으로 소급되며 tot이 조어형이다. thorombi(계산하다)의 어 간은 thoro로서 명사가 된다. 만주어에서 명사에 mbi가 붙어서 동사가 된다. 따라서 thoro는 tor로 소급되며 tot이 조어형이 된다. sayı(數)〔터 키〕, saymak(계산하다)〔터키〕. 터키어에서 -mak은 명사에 붙어서 동사 로 전성시킨다. say가 어근이고 sat이 조어형이다. 만주어 tot, 터키어 sat도 모두 국어와 동원어일 개연성이 짙다. 그렇게 볼 때 혜다(계산하 다)의 '혜'가 명사라는 것이 확실하게 드러나며 '혜'는 '혀이'가 준말이고 '이'는 접미사가 되고, '혀'의 조어형으로 '헏'을 재구하게 된다. '헏'이 손의 뜻을 지니는 말이었음을 보여준다고 하겠다. 十(십) 단위의 뜻을 지니는 설흔, 마흔, 아흔의 '은, 온'은 터키어에서 on이 10을 뜻하므로 동원어일 것이다.

혀 　名 舌 🖐

'혀'는 '헐〉혈〉혀'의 변화를 거쳤을 것이다. ¶혀爲舌《解例合字》, 핥다(핥 다) : 쏭무딋 우희 겨를 구버 핥거늘 보고《月9:35》, 핥다(핥다) : 할타 먹 다(餂喫)《譯上54》. 핥다의 어간은 '핥'로서 '할'이 어근이 되며 혀의 뜻을 지니는 명사가 된다. ¶舌曰蠍《類事》. '할'의 음사(音寫)일 것이다. 핥다 는 '할(舌)'의 명사에서 전성되었다.

혀다¹　동 引

'혀다'는 끌다의 뜻이며 현재는 쓰이지 않는 말이다. ¶혀다(引)《字會上35》, 혀다(引)《解例合字》. 혀다(引)의 어근은 '혀'로서 명사가 된다. 끄는 것은 손에 의한 행위가 되기 때문에 '혀'는 손의 뜻을 지닐 것이라고 여겨진다. '혀'는 '헏〉헐〉혈〉혀'의 변화라 하겠다. 혜다는 계산하다의 뜻인데, 고대의 수에 대한 개념은 손가락에 의한 것이라고 본다면, '혜'도 손의 뜻을 지닐 것이라고 생각된다.　　　　　　　　　　　　　　　　　　▣ 끌다, 혜다

혀다²　동 點火

'혀다'는 현재 켜다로 변했다. ¶혀다(點火) : 혀는 블《曲106》, 然은 불혈 씨라《月1:8》, 등잔블 혀 오라《朴重中8》. 혀다의 어간은 '혀'로서 명사가 되는데, 불의 뜻을 지닌다고 하겠다. ¶홰(炬火)《解例合字》. 홰는 '화이'가 줄어든 말이다. '이' 접미사는 폐음절어(閉音節語) 아래에 붙기 때문에, '핟〉활〉화리〉화이〉홰'가 되었을 것이다. 불이 '활활 탄다' 할 때, '활활'의 '활'이 불의 뜻을 지니고 있는 말이라는 것을 짐작할 수 있을 것이다. 혀다의 혀는 '헐〉혈〉혀'의 변화라 하겠고, 불의 뜻을 지니고 있었던 말이었을 것이다.　　　　　　　　　　　　　　　　　　　　　　▣ 홰(炬火)

현관　명 玄關

일본어 차용어. 玄은 본래 보려고 해도 볼 수 없을 정도로 가는 실(細絲)이란 뜻에서 멀어서 보려고 해도 볼 수 없다는 뜻이 나오고 나아가 검다는 뜻으로 된 것이며, 사물을 분간할 수 없다는 뜻. ① 북방의 산명. "盧敖游乎北海, 經乎太陰, 入乎玄關."《論衡, 道虛》. ② 불교어. 불도에 드는 유묘(幽妙)한 관문. "法師者踞師子之座, 瀉懸河之辯, 對稱人廣衆, 啓鑿玄關."《傳燈錄28, 大珠慧海章》. 진리에 이르는 오묘한 관문. "於是玄關幽鍵, 感而遂通."《文選. 王巾. 頭陀寺碑文》. 일본에서는 선정(禪定)에 드는 공간을 집안에 두고 이렇게 불렀다. ③ 집의 주된 출입문, 또는 출입문에 따로

ㅎ

779　　　　　　　　　　　　　　　　　　　　　　　혀다, 현관

달아낸 어귀. "蕭條出世表, 冥寂閉玄關."《李白, 酬陪商州裵使君遊石娥溪詩》. ④ 옛날 중국의 선종사원에서 절의 입구에 玄關 두 자를 편액에 써 걸어 두고, 선원의 성격을 안팎에 표명하며, 상호 수도심의 환기에 힘쓴 것으로부터 선원의 객처(客處) 입구를 현관이라 이름 붙인 것이다. 일본에는 가마쿠라(鎌倉)시대에 전해졌으며, 우리나라에서는 20세기에 ③의 의미로 일본에서 받아들여 지금도 쓰고 있다.

호미 　명 鉏, 鋤

'호미'는 김을 매는 데 쓰는 농기구의 하나다. ¶호미(爲鉏)《解例用字》, 호미 서(鋤)《字會中16》. homin(호미)〔滿〕. 만주어 homin의 말음 n은 접미사이므로 homi가 되는데, 국어 호미와 동원어(同源語)다. 호미의 '미'는 'ᄆ이'가 줄어든 말이고, '몯〉몰〉몰이〉ᄆ이〉미'로 변했을 것이다. 호뫼《靑 p.15》, 호믜(鋤子)《譯下7》가 문헌에 보인다.

호박　명 南瓜, 壺盧, 瓢簞, 葫蘆

'호박'의 '호'는 한자어 胡다. 胡박으로 형성이 된다. ¶호박 : 호박(南瓜)《物譜, 草果》, 박 : 박 표(瓢)《字會中19》. 『삼국유사(三國遺事)』 박혁거세(朴赫居世)조에는 박씨(朴氏)라고 한 것은 '알'이 '박'만 하다고 해서 朴이라고 했다는 기록이 보인다. '박'은 '받〉발〉밝〉박'의 변화일 것이다. '받(발)'은 풀(草)의 고어 '븓'과 동원어(同源語)일 개연성이 있다.

혼자　명 獨

'혼자'는 'ᄒᆞ볏아〉ᄒᆞ오사〉ᄒᆞ오자〉호자〉혼자'의 형성일 것이다. '호자'가 혼자가 된 것은 ㄴ첨가현상이다. ¶ᄒᆞ봊사(혼자, 홀로) : ᄒᆞ봊사 나아가사《龍35》, ᄒᆞ오사(혼자) : 네 識은 ᄒᆞ오사 잇도소니《楞3:37》, ᄒᆞ오아(혼자) : ᄒᆞ오아 아비롤 孝道ᄒᆞ야《三綱重孝3》, ᄒᆞ온사(혼자) : ᄒᆞ온사 이셔《內二下17》, ᄒᆞ올로(홀로) : ᄒᆞ올로 널어시눌《法華1:167》. ᄒᆞ봊사의 어근은 'ᄒᆞ봊'

이라 하겠다. ᄒᆞᄫᆞᅀᅡ는 'ᄒᆞᄫᆞᅀᅡ'의 표기에서 변한 것이다. ᄒᆞ올로는 ᄒᆞᄫᆞᆺ〉
ᄒᆞ옷〉ᄒᆞ옷로〉ᄒᆞ올로가 되었다고 하겠다. 호블아비(홀아비)가 있다. 'ᄒᆞ
ᄫᆞᆺ'은 수사의 一(일)의 조어형(祖語形) 'ᄒᆞᆮ'에서 다음과 같이 변하여 형성
된 것일 것이다. ᄒᆞᆮ〉ᄒᆞᆮ-ᅀᆞ〉ᄒᆞ릅〉ᄒᆞᅀᆞᆸ〉ᄒᆞᆸ〉ᄒᆞᆸ-ᅀᆞᆺ〉ᄒᆞᄫᆞᆺ. 그러나 'ᄒᆞᄫᆞᆺ'은 'ᄒᆞ'
와 'ᄫᆞᆺ'의 합성어로 볼 수도 있을 것이다. 'ᄒᆞ'는 'ᄒᆞᆮ'의 ㄹ탈락형이고, 'ᄫᆞᆺ'도
一의 뜻을 지니는 수사로 볼 수 있을 것이다. 일본어 수사에 hi(一)가
있는데 pi에서 변한 말이다. 그것은 국어 비롯(始)의 어근 '빌(빋)'과 비교
된다 하겠다.

화냥년 　명 淫婦

'화냥년'은 사전에서는 서방질하는 계집이라고 풀이하고 있지만, 실제로
는 남편이 있거나 없거나 또는 애인이 있거나 없거나 간에 여러 남자와
관계하는 음탕한 여자라는 뜻으로 쓰이고 있다. '화냥'에 대해서는 여러
설이 있다. 신라의 화랑(花郎) 또는 기생의 이름인 화랑(花娘)이 변하여
'화냥'이 되었다는 설이 있고, 최근에는 만주어 hayan(淫婦)에서 변했다
는 설 등이 있다. 만주어에서는 음부(淫婦)의 뜻으로 karingga, paekhu,
hayan 등이 있는데, hayan은 그렇게 많이 쓰이지 않고 karingga가
일반적으로 널리 쓰인다. ¶곳겨집(情婦) : 곳 겨지븨 그에 자본 것 만히
보내더니(賂遣外妻甚厚)《三綱烈5》. 곳겨집의 '곳'은 花(꽃 화)로서 화녀
(花女)의 뜻일 것이다. 따라서 화냥도 花郎, 花娘에서 변했을 것이라 여
겨진다. 한편 『삼국유사(三國遺事)』 「奇異」 제1 도화녀와 비형랑조의
桃花女의 花女가 곧 곳겨집일 것이며, 도화녀와 음란한 왕인 사륜왕(舍輪
王)의 사이에서 태어난 鼻荊郎의 鼻荊도 鼻(코 비)와 荊(가시 형)을 우리
말로 풀면, '곳가시'가 되므로 곳겨집과 비교된다. '가시'는 『예종실록(睿
宗實錄)』에 "俗呼姬妾謂加氏"라 나오는 '加氏'가 바로 '가시'다.

화두 　명 話頭

불교어. ① 화제. 말머리. "化云, 畢竟作麼生, 師云, 老漢話頭也不識(명

ᄒ

화화상이 '결국 무엇을 한다는 것인가?' 하니, 임제스님이 '이 늙은이는 말귀도 못 알아듣는군'이라고 했다."《臨濟錄, 行錄》. ② 古則, 公案. "趙州和尙, 尋常擧此話頭, 只是唯嫌揀擇(조주화상은 보통 이런 화두를 드는데, 다만 간택을 꺼린다.)"《碧巖錄2》. 현재는 주로 ①의 뜻으로 쓰인다.

화상 ᴮ 和尙

Skt upādhyāya의 속어형 ojjhā의 소리 옮김(音譯). 우파디야야는 선생, 사장(師匠)의 의미로 바라문교나 자이나교 등에서도 널리 쓰인다. 이것이 아마 불교에 들어온 것이리라. 팔리어 upajjhāya, upajjhā. 오파타야(烏波陀耶), 우파타하(優婆陀訶), 우파제야야(郁波弟耶夜), 화사(和闍), 화사(和社), 오사(烏社), 화상(和上) 등으로도 소리 옮김을 하며, 뜻 옮김(意譯)으로는 친교사(親敎師), 근송(近誦), 의학(依學), 역생(力生)이라 한다. 불법의 스승을 말한다. 원시불교나 소승불교에서는 구족계를 주는 경우 본사(本師)를 말한다. 수계할 때는 삼사(三師)가 필요한데, 첫째로 화상이며, 그밖에 아사리(阿闍梨. 規範師)로 갈마사(羯磨師)·교수사(敎授師) 두 사람을 둔다. 계를 주는 사람을 계화상이라 하며, 아사리는 계를 줄 때만 스승이지만, 화상은 제자의 일생 동안 부모처럼 늘 지도하는 존재이다. 화상이 되어 제자를 둘 수 있기 위해서는 법랍 10세 이상의 지혜비구(智慧比丘)여야 한다. 율장 등에서 보면 화상 제도가 생긴 것은 수도승은 독신이므로 병이 들어 눕기라도 하면 돌볼 사람이 필요하여 생겼을 것이다. 곧 좌구를 정리하고, 물을 떠받치고, 방을 청소하고, 옷을 빠는 등 일상적인 일을 한다. 그렇다고 제자가 종과 같은 존재는 아니다. 화상은 가르침과 일상적인 것을 지도한다. "和尙, 或和闍, 羯馬疏云, 自古飜譯多雜蕃胡, 胡傳天語, 不得聲實, 故有訛僻, 傳云, 和尙, 梵本正名, 鄔波遮迦, 傳至于闐, 翻爲和尙, 傳到此土, 什師翻名力生, 舍利弗問經云, 夫出家者, 捨其父母生死之家, 入法門中, 受微妙法, 蓋師之力, 生長法身, 出功德財, 養智慧命, 功莫大焉, 又和尙亦翻近誦, 以弟子年少, 不離於師, 常逐常近, 受經而誦."《飜譯名義集》. 후세에는 덕이 높은 스승을 말한다. 우리나라에서는 속어적인 용법으로 사람을 깔보아 부르는 경우에 사용된다. ¶화샹 : 和尙ᄋ 갓가비 이셔 외오다 ᄒᆞ논 마리니 弟子ㅣ 샹녜 갓가비 이셔 經 비호아 외올 씨니 和尙ᄋ 스스을 니라니라《석보6:10》, 和尙ᄋ 브터 비호다 혼 ᄠᅳ디니 이 사르몰 브터 戒定慧롤 비홀시라《金三1:9》.

활　 명 弓

무기의 하나이다. ¶활쏘리 하건마론《龍45》, 활 궁(弓)《字會中28》. 활의 古形은 '할'일 것이다. '한쇼〉황소, 한새〉황새, 할〉활'로 변했을 것이다. '활'의 제작은 나무(木)로 하기 때문에 나무류에 속하는 명사가 될 것이다. yumi(弓)〔日〕, yay(弓)〔터키〕, numo(弓)〔蒙〕, bəri(弓)〔滿〕, bər(弓)〔에벤키, 오로촌〕. yami(弓)의 고형은 numi, yay의 고형은 nay(i), 몽골어 numo(弓)와 同源語가 된다. ¶해 항(笎)《字會中4》. 햇대의 '홰'는 '화이'가 줄어서 홰가 되었을 것이고, '화이'는 '활이'가 줄어든 것이다. 활은 할(한)에서 변한 것이고 어원적인 의미는 나무라 하겠다. '활'의 고형 '할'은 '홰'의 고형 '홀'과 동원어로서 나무의 뜻을 지닐 것이다. '활'이 쓰이기 전에는 '눔' 또는 '누모'가 활의 뜻을 지닌 말로 쓰였을 것이다. 이 '눔' 또는 '누모'가 건너가서 일본에서는 numi〉nyumi〉yumi가 되었을 것이다. 몽골어 numo(弓)와 동원어가 된다. 퉁구스어권에 bəri의 어근은 bər일 것이고 bət이 祖語形이다. 국어 보(樑)와 동원어라 하겠는데 '보'의 祖語形은 '볻'이다. '볻(木)'이 일본에 건너가서 hayasi(林), hasi(橋), hasigo(梯), hari(樑)〔日〕의 'hay, has, har'이 되었다. 알타이어권에서 '활'의 뜻을 지니는 말로서 활系, numo系, bəri系의 말이 있었다고 본다. 한국어에서는 '활'이지만 고대어에서는 num系가 있었음을 추정할 수 있다. num은 국어 남(木)과도 비교된다. '화살'의 '살'의 어원도 나무의 뜻을 지닌다. 창살, 문살, 떡살, 살강, 서랍 등의 '살, 설' 등이 나무의 뜻을 지닌다. sal(筏)〔蒙〕.

ᄒ

황새 　명鸛

'황새'는 그 생김새에서 온 말인데, 다른 새에 비해 큰 새이기 때문에 큰 새라는 뜻이다. ¶한새(鸛. 황새)《字會上8》. 한새의 '한'은 '큰'의 뜻이다. 한새가 황새로 바뀌었다. 한새→황새, 한쇼→황소. 이는 이중모음화 현상이다.

홰 　명椳

'홰'는 나무로 만든 것이다. 홰는 '화이'가 줄어든 말이다. 이 접미사는 폐음절어(閉音節語) 아래에 붙는다. '활〉활이〉화이〉홰'의 변화다. '활'이 어근이 되며 나무의 뜻을 지닌다고 하겠다. ¶홰(횃대)《字會中14》, 홰대(椳)《物譜衣服》. 활(弓)은 나무로 만든 것이므로 그 어원이 나무의 뜻을 지닐 것이라고 생각된다. 회초리의 '회'도 나무의 뜻일 것이다. '회'는 '호이'가 준 말로서 '홀(혼)'이 어근이 된다. 홰의 고형 '활'은 '할'에서 변한 말일 것이다. 한새〉황새, 한쇼〉황소. 홰의 동음이의어(同音異義語)로서 홰(炬)가 있다.

횡설수설 　명橫說竪說

원래는 거침없이 말하는 것이나 현재는 조리없이 마구 지껄이는 말을 뜻한다. 중국에서는 다방면으로 비유를 들고, 반복하여 진술하며, 아주 상세하게 함으로써 상대방이 쉽게 이해할 수 있는 것을 말한다《俗語佛源》. "說須出自己之意, 橫說竪說, 以抑揚詳瞻爲上."《如明·郎瑛, 七修類稿·詩文→》. 이 말은 본래 선종(禪宗)에서 유래했다. 중국의 대표적인 선종사서(禪宗史書)인 『경덕전등록(景德傳燈錄)』(경덕 원년. 1004년) 「희운선사 希運禪師」에 있는 "且如四祖下牛頭融大師, 橫說竪說, 猶未知向上關棧子"의 橫說竪說이 대표적이다. 선종에는 돈오적(頓悟的)인 남종(南宗)과 점오적(漸悟的)인 북종이 있다. '횡설'은 돈오에 속하고, '수설'은 점오에 속한다고 볼 수 있다. 선종은 돈오를 위주로 하며, 자칭 '종문(宗

門)'이라 하고, 경교(經敎)는 '교문(敎門)'이라 칭한다. 이런 뜻에서 보면, 횡설은 宗門이 되고 수설은 漸門이 된다. 불경에는 또 "橫遍十方, 竪窮三世"라는 말이 있다. 곧 橫은 공간에 속하고, 竪는 시간에 속한다. 橫說은 ① 상대의 마음에 들지 않는 것을 말한다. 한편으로는 동떨어진 것을 말한다. "吾所以說吾君者, 橫說之則以詩書禮樂, 從說之則以金板六弢.(疏)橫, 遠也, 從, 近也, 武侯好武以惡文, 故以兵法爲從, 六經爲橫也."《莊子, 徐無鬼》. ② 자유자재로 말하다. 거침없이 말하다. "威振山東, 橫說諸侯."《新語, 懷慮》. 橫竪는 ① 종횡으로 차다. "絪色斜臨, 霞文橫竪."《梁簡文帝,明月山銘》. ② 어차피, 아무래도, 결국. "橫竪自然也要過的, 便權當他們死了."《紅樓夢, 21會》. ③ 불교적인 의미. 橫은 순서를 따르지 않고 그 일부분에 따르는 것을 말하고, 竪는 순서에 따르는 것을 말한다. 곧 시간적으로 보아 전후 차례가 있고, 횡은 공간적으로 보아 동시여서 전후 차례가 없다. 부처님의 본원력(本源力)으로 왕생하는 타력교(他力敎)를 횡이라 하고, 수행하는 차례를 거쳐야 하는 자력교(自力敎)를 수라 한다. "舊譯橫竪, 句義紛雜, 感亂學者."《飜譯名義集》. 橫說竪說은 부처의 설법을 말한다. 흔히 동설서설(東說西說)이라 하기도 한다. 이는『금강경오가해 金剛經五家解』가운데에서 3家만 우리말로 옮긴『金剛經三家解』「법회유인분제1(法會由因分第一)」가운데 함허당(涵虛堂) 득통(得通)의 설의(說誼)에 "所以黃面老子ㅣ 曲爲中下ᄒᆞ샤 乃下一步ᄒᆞ샤 向言說海ᄒᆞ샤 橫身而入하샤 東說西說橫說竪說ᄒᆞ시니 : 이런ᄃᆞ로 黃面老子ㅣ 구펴 中下 爲ᄒᆞ샤 ᄒᆞᆫ 거름 ᄂᆞ리샤 言說海를 向ᄒᆞ샤 모ᄆᆞᆯ 빗겨 드르샤 東녀그로 니ᄅᆞ시며 西ㅅ녀그로 니ᄅᆞ시며 빗기 니ᄅᆞ시며 셰 니ᄅᆞ시니"로 나온다. 부처의 설법은 상황에 맞게 하나의 방편으로 한 것이기 때문에, 정해진 것이 없으므로 똑 같은 것을 여기에서는 이렇게 말하고 저기에서는 저렇게 말하는 것을 이른다. 이것이 우리나라에서는 부정적인 의미로 둔갑했을 따름이다.

▶ 東說西說

후레자식　㈜ 無禮者, 無親之子

'후레자식'은 후레아들이라고도 하며, 배운 것 없이 막되게 자라 버릇이 없는 사람을 가리키는데, 북한 지역에서는 호로자식이라고 한다. '애비 없는 호로자식'이란 말이 있다. ¶홀(單, 獨) : 홀 독(獨)《類合下44》. 후레 자식이라고 할 때에는 아비 없이 어미 혼자 기른 자식을 뜻하는 게 일반적 이다. '호로'는 홀어미, 홀아비의 '홀'이라 하겠다. 『한불ᄌ뎐(韓佛字典)』 (1880)에는 '홀에자식(無親之子)'이며, 『조선어사전(朝鮮語辭典)』(1920) 에는 '호래아들' 표제어에 無禮者(胡奴子息, 후레아들)로 설명되어 있다. 한글학회에서 펴낸 『큰사전』(1957)에는 '홀의 아들'이 보인다. 홀어미의 자식이 줄어서 호레자식으로 변했다고 하겠다.

후리다 图 奪, 劫, 掠

'후리다'는 휘둘러서 치거나 때리거나 하다, 빼앗다의 뜻을 지닌다. 후리 다의 어근 '훌'은 명사로서 손의 뜻을 지니는 명사라 하겠다. ¶후리다(후 리다, 奪) : 후릴 겁(劫)《字會中4》, 후릴 략(掠)《類合下45》. 후려치다의 '훌'이 '치다'의 뜻을 지니고 있다고 하겠다. 따라서 '훌'은 명사로서 손의 뜻을 지닌다고 하겠다.

훔치다 图 盜, 竊, 偸

'훔치다'는 조선시대의 문헌에 나타나지 않는다. 아마도 후리치다(刧奪) 《正俗10》에서 변한 말인 듯하다. 후리치다〉후이치다〉휘치다〉후치다〉훔 치다. ¶후리다(掠)《類合下45》, 후리티다(후리치다)《正俗10》, 훔치오《한 영ᄌ뎐.p.41.1890》, 훔치다《큰사전p.3524, 1957》. 후리다의 어근은 '훌'로서 명사가 된다. 후리는 것은 손의 행위이기 때문에, '훌'은 손의 뜻을 지닐 것이라고 생각해 볼 수 있다. 혀다(引)의 '혀'는 '헐'로 소급될 수 있다. 끄는(引) 행위는 손으로 하는 것이기 때문에, '헐'은 손의 뜻을 지닐 것이 라고 여겨진다. '후리티다〉훌티다〉후치다〉훔치다'의 변화라 하겠다. 호 자〉혼자, 호자〉홈자, 머추다〉멈추다.　　　　■ 도둑질하다, 도적질하다

흐르다 图流

'흐르다'의 어근 '흘'은 명사로서 물의 뜻을 지니는 말이라 하겠다. ¶흐르다(流) : 行陰의 흘로몰 보아(流)《楞10:18》. 흐리다(濁)의 어근 '흘'도 물의 뜻을 지닐 것이라고 생각된다. 흐리다는 물이 맑지 않은 데서 생겨난 말이라 여겨진다.

흔하다 图多

'흔하다'는 귀하지 않고 매우 많이 있다의 뜻이다. ¶구스리 흔커늘《內3:36》. 흔ᄒ다의 '흔'과 하다(多)의 어근 '하'는 동원어(同源語)일 것이다. ¶고지 하거니라(花多)《杜初15:31》.

흘기다 图斜視, 橫目, 瞟

흘기는 것은 눈의 행위가 된다. 따라서 '흘기다'의 어근 '흘'은 명사로서 눈이란 뜻을 가질 것이다. ¶흘긔다(흘기다)《法華7:184》, 흘긔눈(斜視)《靑大p.741》, 흘긧할긧(흘깃흘깃)《松江2:4》. 흘긔다는 '흘다', '긔다'의 합성어로서 '흘'과 '긔'는 명사로서 눈의 뜻을 지닌다고 하겠다. ¶누늘 ᄀ마돈 萬物를 몯보고 누늘 ᄠ던 萬物를 흘식《七大8》. 흘다의 '흘'이 명사로서 눈의 뜻을 지니고 있음이 확실하다. 보다(見)의 어근 '보'는 '볼, 본'으로 소급되며 눈의 뜻을 지니고 있는 고어가 된다. 흘긔다의 '흘긔'의 '긔'는 '그이'가 줄어든 말로서 '귿〉글〉글이〉그이〉긔'의 변화가 되며, 눈의 뜻을 지니는 고어라 하겠다. 눈깔의 '갈(깔)'이 눈의 뜻을 지니는 고어다. göz(目)〔터키〕, görmek(見)〔터키〕. 터키어에서 görmek(見)의 어근 gör와 göz는 동원어(同源語)라는 것을 보여주고 있다.

흙 图土

'흙'은 땅의 구성 성분으로 바위가 부서진 가루에 다른 것이 섞인 것이다.

¶土曰轄希《類事》, 夈爲土《解例合字》, 흙(土)《小諺6:122》. horoga(庭)〔蒙〕, behon(土)〔滿〕. horoga의 hor, behon의 hon이 土의 뜻을 지니며 흙과 동원어일 것이다. *달(地)《陰달陽달》, 돌(石), 들(野), 딜(土)《딜그릇, 질그릇》, 들(庭), 터(基, 場), tsatsi(刀)〔日〕, toprak(土)〔터키〕. *나라(國) 노랗다/누렇다(黃), 논(畓), na(地)〔滿〕, no(野)〔日〕. '노랗다'의 어근 '놀'은 土·地의 뜻을 지니는 나라의 어근 '날'과 동원어다. 골(邑, 州, 谷, 洞), 곧(處), 고장(고향), 굴(窟), 길(路). 묻다(埋), 마당(庭), 미(野), 뭍(陸), 모로(山), ᄆᆞ술(里), 밭(田), 벌(原), 바위(岩), 바닥(底), 벼랑(厓), 바(所), 바당(場, 底), 바독(碁), behon(土)〔滿〕. 수래(畦), 실(谷), sado(里)〔日〕, sirogai(土)〔蒙〕. 이랑(畦) 언(提), 오름(山)〔濟州〕 iso(磯), isi(石), iha(岩)〔日〕, isago(砂)〔日〕, usin(田地)〔滿〕. 이상의 8개의 土地類語의 어원적인 의미는 흙의 뜻을 지닐 것이다.

흥정바지   명 商人

'흥정바지'는 '흥정'과 '바지'의 합성어다. ¶흥정바지(商人) : 흥정바지둘히 길 몯 녀아《曲86》, 흥정바치(商人) : 흥정바치 아니라도《老下24》, 흥정밧치 : 흥정밧치(賣買人)《譯補32》, 흥정아치 : 흥정아치(賣買人)《漢137c》, 흥정와치 : 흥정와치《正俗21》, 흥정즈름 : 장회(駔儈)는 흥정즈름이라《家諺4:10》. 흥정은 중국어 駔儈를 말한다. 그런데 駔儈는 현재 발음은 장쾌지만 1632년(仁祖10년)에 간행된 『가례언해(家禮諺解)』에는 '장회'로 되어 있다. 따라서 장회를 앞뒤 글자를 바꾸면 '회장'이 되는데, 경상북도 영천 방언에 흥정바지를 '후정꾼'이라고 하기 때문에 '후정'에 ㅇ이 첨가되면 '홍정'이 되며, 이 '홍정'은 중설모음화하면 '흥정'이 된다. 흥정바지의 '바지'의 어근 '밫'이 사람의 본뜻을 지닌다. 떡보, 국보, 홍보, 놀보의 '보'도 사람의 본뜻을 지니며, '본>볼>보'의 변화다. 악바리, 혹부리의 '바리, 부리'가 사람(人)의 뜻을 지닌다.   ▣ 선비

홍청망청

'홍청망청'은 홍청거리며 마음껏 노는 모양을 뜻한다. 홍청거리다는 흥이 겨워서 마음껏 거드럭거리다 또는 돈, 물건들이 흔하여 아끼지 않고 함부로 쓰다의 뜻을 지닌다. 본디는 홍청망국(興淸亡國)이 홍청망청(興淸亡淸)으로 변했다. 조선 연산군시대(燕山君時代)에 궁중의 나인(內人)들을 대량으로 뽑아 들여 등급을 매겼는데, 최상급을 홍청(興淸)이라고 했다. 『연산군일기(燕山君日記)』에는 악공(樂工)을 광희(廣熙)라 하고 기악(妓樂)을 홍청, 운평(運平)이라 했다고 한다. 여기서 홍청이라는 말이 생겼다고 하는 설이 있으나 설득력이 희박하다. 그것은 조선시대 문헌에 일체 나오지 않는 것도 그 한 이유가 된다. '홍청거리다, 홍청벙청, 홍청홍청, 흔전만전' 등의 말이 있다. 한편 흔전만전이 있기 때문에 흔전만전(很錢漫錢)으로 볼 수도 있을 것이다. 很은 중국어에서 '매우, 아주, 대단히'라는 뜻이 있으며, 漫은 '맘대로, 함부로'의 뜻이 있다. 곧 돈을 함부로 많이 쓴다는 뜻이다.

희   🈂 等, 人稱複數

'희' 복수접미사는 원래 사람을 뜻하는 말에서 나온 말이었으므로 실질명사라 하겠다. ¶히(複數接尾辭) : 너희들히…恩德 갑스ᄫᅳᆯ 이룰 念ᄒᆞ거든 《釋9:40》. hala(姓, 一族)〔滿〕, haha(男)〔滿〕, həhə(女)〔滿〕. 만주어 hala (姓, 一族)의 어근 hal(hat)은 사람의 본뜻을 지닌다고 하겠다. haha(男)는 hara〉haa〉haha의 변화로서 har가 원형이라 하겠다. han(君主, 皇帝)의 조어형은 hat으로서 hal과 동원어(同源語)라 하겠다. 고대에는 사람의 뜻을 지니고 있는 말이 부족을 대표하고 나중에는 국가명까지 되는 경우가 많다고 하겠다. 몽골어에서 batol이 영웅, 용사의 뜻을 지니고 있다. 어근은 bat인데 국어에서는 사람의 뜻을 지니고 있다. 악바리(惡人), 혹부리(瘤人)의 '바리, 부리'의 어근 '발(받), 불(붇)'이 사람의 뜻을 지닌다. 제주어에서 비바리(處女)의 '바리'도 역시 사람의 뜻을 지닌다. 상인의 옛날 지칭인 홍정바지의 '바지'가 사람의 뜻인데, 어근이 '받'이다. 이렇게 '받'이 사람의 평칭이던 것이 존칭어로 쓰이는 경우가 있다. 몽골어 nərə(名, 姓)의 어근 nər는 사람의 본뜻을 지니는데, 국어 '나, 너, 누'와 동원어라 하겠다. nare(汝)[日]. 어근 nar를 볼 수 있다. 터키어 soyadı(姓)는 soradı로 소급되며, 어근 sor는 국어 사람(人)의 어근 '살'과 동원어일 것이라고 생각된다. 터키어 ad(名)는 ata(祖先, 父根, 父)의 어근 at과 동원어가 된다고 하겠다. 만주어 hala는 성(姓)의 뜻을 지니는데, 어근 har는 사람의 뜻을 지닌다고 하겠다. '저희, 너희'의 '희'는 본디 사람(人)의 뜻을 지니는 말이다. 스나히는 '스, 나, 히'로 가를 수 있는데, '히'가 사람의 뜻을 지닐 것이다.

희다 　형 白

국어의 색채어 가운데 특히 오색(五色)에 대한 말은 구체적인 사물의 색깔을 그대로 색채명으로 삼았다. 붉다는 불(火), 푸르다는 풀(草), 누르다는 땅(地)의 색깔을 말한다. 희다는 해(太陽)에서 유래했을 것이다. ¶히(太陽) : 普光天子는 히라《釋13:6》, 히다(白) : 힌 무지게 히예《龍50》. 희다(白)의 형용사는 히(太陽)에서 전성되었다. syun(太陽)[滿], syanggiyan (白)[滿], siro(白)[日], sora(空)[日], sal(歲, 年)[國], səl (元旦)[國]. 만주어 syun은 sun, sut으로 소급되며, 국어 해, 나이(年, 歲)의 뜻을 지니는 '살(산)'과 동원어(同源語)가 된다. 만주어에서도 희다(白)의 뜻을 지니는 형용사는 태양의 뜻을 지니는 명사에서 전성되었다. 일본어 siro(白)도 어근은 sir인데, 원의(原義)는 태양의 뜻(意)을 지닌다. 햇살의 '살'이 고어에서 태양의 뜻을 지니고 있음을 알 수 있다.

힘 　명 力

'힘'은 '힐〉힐〉힐임〉히임〉힘'의 변화일 것이다. ¶힘(力) : 護持ㅎ논 히므로 神通올 일워《釋13:10》, 힘(爲筋)《解例用字》. 힘이 있느냐 없느냐는 주로 팔과 손으로 알 수 있다고 하겠다. 따라서 그 어원적 의미는 손이라고 여겨진다. 혀다(引)의 어근 '혀'는 '헐〉헐〉혈〉혀'의 변화일 것이다. 그 어원적 의미는 손이 될 것이다. 따라서 힘의 조어형(祖語形) '힐(힐)'은 혀다(引)의 '혀'의 조어형 '헏(헏)'과 동원어(同源語)다. tsikara(力)〔日〕. 일본어 tsikara(力)는 tsi와 kara의 합성어다. tsi는 ta(te, 手)와 동원어라 하겠으며, kara도 일본 고대어에서 손의 뜻을 지닌다고 여겨진다. 국어 고르다, 가르다의 어근 '골, 갈'이 손의 뜻을 지니는 명사이고 가락지, 골무의 어근 '갈, 골'이 손의 뜻을 지니고 있음을 보여주고 있다. 만주어 gara(手), 몽골어 gar(手), 터키어 kol(手) 등과 동원어가 된다. husun(力)〔滿〕, husun(力)의 어근 hus(hut)는 국어 힘의 조어형 '힐(힐)'과 동원어일 것이라고 여겨진다. güç(力)〔터키〕, kol(手)〔터키〕. 터키어를 보더라도 küç(力)은 kol(手)과 동원어일 가능성을 보여주고 있다. 힘(力), 힘(筋)은 동원어일 것이라고 여겨진다. ¶力온 히미라《楞1:3》, 쇠힘(牛筋)《同文下38》, 쇠심(牛筋)《蒙下32》. 안심, 등심은 안힘, 등힘이 변한 것임을 알 수 있다. 뱃심, 입심도 뱃힘, 입힘에서 변한 말이다. 힘(筋)은 힘(力)과 차별하기 위해 줄(線)이 붙어서 힘줄이 되었는데, 심줄로도 발음된다.

ㅎ

색인 작업은 어원 설명이 되어 있는 어휘만을 대상으로 하였다. 올림말이 아닌 경우에는 괄호 안에 관련 올림말을 →표로 제시한 경우도 있다. 페이지 숫자 가운데 굵은 글씨는 올림말이 있는 곳이며, '국어어원연구방법론'에 있는 경우는 (　)로 표시하였다.

ㄱ

찾아
보기

다르다 **214**, 224, 594

다리¹(橋) 128, 212, **214**, 221, 229, 231, 237,
241, 258, 273, 277, 283, 310, 453, 635, 670,
674, 687, 710, 726, 729, 755

다리²(假髮) **214**

다리(脚) (27), 8, 9, 210, 235, 274, 387, 476,
582, 688, 691, 706, 712, 735, 773

다리(人) 54, 133, 181, 189, 241, 251, 274,
275, 395, 406, 686, 703, 704, 715, 772

다리니 728

다리다(煎) 750

다물(多勿) 226

다물다(閉口) **215**

다비(茶毘) **215**, 456, 633

다섯(五) **216**, 228, 775, 777

다스리다(治) **216**

다시다 **216**, 678

다시마(昆布) 173, **217**, 247, 308, 317, 367

다음(次) **218**

다지다(→거울)

다투다 216, **218**, 261

닥치다 216, 219

단(谷) **219**

단(壇) 571

단말마 **219**

단추 **219**

닫다(閉) 120, 215, **220**, 775

달(月) (33), (35), 24, 103, 143, **220**, 417

달(地) 99, 227, 244, 246, 248, 254, 260, 261,
267, 270, 273, 279, 286, 324, 414, 442, 586,
638, 684, 728, 752, 755, 788

달거리(月經) 46

달구다 223, 276, 286, 681, 722, 733

달구지(牛車) **221**

달구질 **221**

달다(甘) **221**, 542

달래다 **222**

달무리 772

달이다(煎) **222**, 681

달팽이(蝸) **223**

닭(鷄) 163, **224**, 244, 413, 415, 605

닭도리탕 163

닭볏(→벼슬)

닮다(似) 182, 214, **224**, 750

담(垣) **225**, 227, 634

담로(擔魯) 226

담바구(→담배)

담배 **225**

담장 225, **226**

답세기 179

돗다 **274**, 454

닷새(五日) 216, **227**, 462

당나귀(→나귀)

당달봉사 **228**, 263, 285, 320, 321, 584

당초(唐椒) 90

닻(碇) **228**

닿다 **229**

대(竹) 128, 137, 214, **229**, 231, 237, 245, 283,
310, 372, 385, 444, 625, 674, 687

대가리(頭) 44, 65, 71, 94, 95, **229**, 230, 231,
232, 242, 299, 338, 702

대갈박 **230**

대감(大監) 14

대들보(樑) **231**, 385, 409, 444

대막리지 **231**

대머리 **232**

대수롭다 **233**

대승(大乘) 101, 211, **233**, 301, 354, 365, 373,
383, 402, 418, 441, 493, 519, 595, 652

대야(盆) **234**, 491, 522

대장간 **234**

더두어리(말더듬이) **235**, 407

더듬다 211, 214, **235**

더디다 **235**, 237, 319, 563

더럽다(汚) 99, **236**, 283

더부살이 **236**

덕(柵) 214, **236**, 283

던지다 235, **237**, 319, 443, 563

찾아
보기

찾아
보기

ㅂ

찾아보기

찾아
보기

찾아
보기

찾아
보기

찾아
보기

우리말의 뿌리를 찾는 작업은 우리 역사의 뿌리를 캐는 것과 마찬가지로 어렵다고 할 수 있다. 민족의 역사가 곧 언어의 역사라고는 할 수 없다. 그러나 이 둘은 서로 우리나라에서는 밀접한 관계에 있다. 단일민족국가란 사실 없다고 하더라도 말이다.

선생님께서 우리말의 뿌리를 캐는 작업을 평생 하셨고 지금도 계속하고 계신다. 그것이 문자로 나타난 것은 여러 논문과 『우리말의 뿌리』라는 책에서 이미 볼 수 있고 어원연구의 불모지에 불씨를 당긴 계기가 되었다. 나름대로 여러 사람에 의해 어원 연구도 이루어졌는데, 선생님의 독특한 설이 알게 모르게 원용되고 있음도 사실이며, 혹독한 비판을 가한 사람도 있다. 특히 일본에서 선생님의 어원 풀이 방법론인 "國語祖語再構와 消失語 再構"라는 독특한 학설은 일본어 및 알타이제어와 공통되는 것으로 많은 관심과 큰 반향을 불러일으키고 있다. 그것은 1987년 오사카외국어 대학에서 학설을 발표하신 이래 수차례 걸쳐 일본 곳곳에서 강연 요청이 있어서 강연을 하셨을 뿐만 아니라, 일본의 여러 출판사에서 출판 요청을 하여 『일본어의 원류를 거슬러 올라가다』를 비롯한 책 3권이 일본에서 간행되었기 때문이기도 하다.

선생님의 어원에 대한 열정은 "한국 특수어 연구(1959)"를 시작으로 하여 평생 하시고 계시는데, 누구도 생각하지 못하는 우리나라의 기층문화에 대한 독특한 사고와도 관련이 있다. 1986년에는 경희대학교 부설 '경희알타이어 연구소'를 만들었고, 1997년에는 '한국어원학회'로 확대 개편하여 현재 「語原硏究」 제3호까지 발간하였다. 이는 우리나라 어원 연구의 중추적 역할을 할 것이다.

선생님 문하에서 어학 공부를 시작했고 어원 연구도 하고 있지만, 선생님의 제자로서 선생님의 필생의 결실인 『國語語源辭典』의 편찬을 맡고 처음에는 매우 난감하였다. 혹시라도 선생님께 누가 될까 해서였다. 선생님께서 평생 동안 우리말의 어원을 밝히신 것을 사전으로 편찬하실 작업을 하신다는 것은 여러번 선생님께 들은 적은 있지만, 구체적으로 어떻게 작업하고 계신지는 몰랐다. 어느 날 선생님께서 하얀 종이에 손으로 쓴 원고 꾸러미를 넘기시면서 사전 체재와 편찬 및 교정 보완 작업을 일임하셨다. 사실 나로서는 사전을 어떻게 만들어야 할지 막막하였다. 원고 자체가 문장에서부터 내용에 이르기까지 일반 서적용이었지 사전에 적합하지 않았기 때문이다. 여러번 선생님과 체재에 대해서 의견을 교환하고도 감이 잘 잡히지 않아 이미 나온 국내외 사전을 참고하여 편찬해 보려고 했으나, 어원 사전은 특수한 것이고 한편으로는 국내에서 나온 한두 종류와는 성격 자체가 다르기 때문에, 더욱 난감했다. 그래서 우선 낱말의 풀이는 漢字로 선생님께서 일부 하셨기 때문에 그것을 보충하고 어원 풀이의 차례를 정한 뒤, 대학원생 김동은 선생에게 컴퓨터작업을 맡겼다. 이 때가 1998년 9월이었다. 원고 전산 입력에는 김동은 선생 책임 아래 우리말연구회 회원인 홍윤기 선생을 비롯하여 이정희, 호정은, 상미라, 이남숙, 이승문, 서진숙, 손금영 등이 고생하였다. 1998년 말부터 전산 입력한 것을 컴퓨터로 재구성과 보충 작업을 하기 시작하여 사전의 면모를 갖추기 위해 먼저 전산화한 것부터 古語를 비롯한 알타이諸語를 하나하나 원전을 찾아 확인한 뒤 종이로 출력하여 선생님께 드려 교정을 보시도록 했다. 교정하신 것을 다시 컴퓨터 상에서 고치고 보완 작업을 하다 보니 자꾸 세월만 갔다. 1999년에는 사전작업이 외부에 알려져 일간 신문에서 취재하여 9월 무렵에 나온다고 기사화되자 조급한 마음을 금할 수 없어 빨리 완성하려고 했으나, 선생님께서 새로이 원고를 계속하여 쓰셨을 뿐만 아니라 전산 작업도 만만찮아 한해가 또 갔다. 1999년이 다할 무렵 어원사전 작업으로 밤 늦도록 연구실에서 컴퓨터와 씨름하던 일이 마침내 끝이 났다. 12월 어느 날 보고사 출판사 김홍국 사장과 함께 선생님을 뵙고 원고를 마침내 출판사에 넘겼다. 출판사에서 다시 편집을 하여 2000년 1월에 교정지를 받아 선생님께 1부를 드리고 김동은 선생에게 1부를 주어 다시 교정작업에 들어갔다. 3월 중순 다시 교정지를 모아 재교정 작업을 하고 참고문헌을 정리하여 출판사에 넘겼다. 교정작업에는 이관식 박사를 비롯하여 김지형, 김동은, 홍윤기, 방성원, 호정은, 장미라, 임채훈, 이민우, 김성용, 황봉희, 서진숙, 이진화 등이 수고했다.

빨리 이 작업에서 풀려나고 싶었지만 혹시라도 오류가 발생하면 선생님을 뵐 면목이 없을 것이므로 미력을 다했다. 그래도 잘못이 있을 줄은 알면서도 더 이상 미룰 수가 없어 작업을 마무리하였다. 편찬의 책임은 오직 홀로 질 수밖에 없다. 많은 질책을 독자 여러분께 바라면서 삼가 편찬의 말을 마친다.

2000. 9.
朴在陽 삼가 씀.

선생님께서 돌아가신 지 거의 십 년이 다 되어 선생님의 필생의 업적인 『국어어원사전』을 고치고 더하여 『새국어어원사전』으로 내게 되었습니다.

선생님께서 살아 계실 때 내려고 교정 작업을 서둘렀으나 안타깝게도 새로 쓴 머리말만 남기고 서둘러 떠나셨습니다. 그동안 해오던 일들이 모두 중단되고 한국어원학회마저 문을 닫아 『서정범 전집』 발간 작업도 절반도 채 하지 못하고 중단되고 말았습니다.

선생님의 유작과 육필원고, 남기신 일부 책과 유물을 그동안 아드님의 도움으로 사무실에 보관하면서 전집작업을 다시 시작하려고 여러 번 시도하였으나 뜻대로 되지 않아 우선 선생님께서 늘 말씀하신 어원연구의 결정체인 『국어어원사전』과 우리말 어원연구의 이론서인 『우리말의 뿌리』 증보판을 내기로 마음먹었습니다. 그러나 제 자신의 건강이 좋지 않고 다른 사정이 또 많이 생겨서 그나마도 제대로 할 수 없어 자꾸 날짜만 흘러갔습니다.

올해 선생님 아드님의 노력으로 서정범기념사업회가 마침내 만들어져 기념사업회에서 여러 사업을 구상하게 되었습니다. 우선 선생님 기념관 이름을 '미리내문학관'으로 정하고 장소와 건립 계획 등을 구상하기 시작했습니다. 선생님께서 남기신 유작과 유물을 보존하고 선생님의 업적을 제자와 후손이 널리 알리고 계승하여 선생님을 빛내야 할 것입니다.

여러 사업이 있지만 『국어어원사전』 증보판을 내는 것이 우선이라 생각하여 기념사업회 회장이신 선생님 제자 김중섭 교수와 아드님이신 서호석 교수의 적극적인 노력으로 중단되었던 교정 작업을 다시 시작하게 되었습니다.

　선생님께서 새로 쓰신 원고(여기에는 제가 쓴 불교어와 한자어 원고가 포함됨)와 초판 원고를 합하여 초고 교정 작업을 경희 우리말연구회 회원 여러분이 한 것이 십 년이 흘렀습니다. 이 교정지를 출판사에서 다시 출력을 하여 일차 교정을 보면서 선생님께서 새로 쓰신 원고 일부와 제가 쓴 원고 전체가 빠져 있어 고민을 하였는데 다행히 2차 교정지에 그것이 모두 들어 있어서 마음이 가벼워졌습니다. 제 원고가 들어 있어 공동저서로 하려고 했으나 선생님께 불경한 일이라고 여겨 선생님 단독 저서로 하기로 아드님과 최종 결정을 보았습니다.

　선생님께 욕되지 않게 하려고 같은 낱말을 다르게 두 가지로 한 것은 하나로 합치고, 용례도 하나하나 원전을 찾아 대조하여 수정 작업을 하였으며, 외국어 어휘도 다시 대조하고, 한자 자원 같은 것은 일부 내용도 수정을 하는 등 능력이 미치는 한 수정 보완 작업을 하였으나 힘이 부치는 것은 어쩔 수 없었습니다.

　마지막 마무리 교정을 꼼꼼히 봐준 김선희 선생과 편찬 교정 작업에 힘쓴 보고사 이순민 님에게도 고마움을 표합니다. 이제야 짐을 하나 벗어놓아 정말 기쁩니다.

　삼가 선생님의 영전에 이 책을 올립니다.

2018년 7월 14일
박재양 삼가 씀.

徐廷範

1926년 충북 음성에서 출생. 2009년 경기도 분당에서 별세.
경희대 국어국문학과 동 대학원 졸업. 문학박사.
경희대 국어국문학과 교수, 경희대 문리과대학 학장, 경희대 명예교수 역임.
한국어원학회 회장, 한국문인협회 부이사장, 한국수필가협회 부회장, 한국어문연구회 연구이사,
국어국문학회 이사, 경희알타이어연구소 소장 역임.
제18회 한국문학상(1981년), 제9회 펜문학상(1993년), 제10회 수필문학상(2000), 제8회 동숭학
술상(2004) 등을 받음.

◇ 주요저서 및 작품

■ 언어학
韓國 特殊語 研究(1959), 現實音의 國語史的 研究(1974),
音韻의 國語史的 研究(1982), 우리말의 뿌리(1989).

■ 수필
놓친 열차가 아름답다(1974), 겨울 무지개(1977), 巫女의 사랑 이야기(1979),
그 生命의 고향(1981), 사랑과 죽음의 마술사(1982), 영계의 사랑과 그 빛(1985),
품봐 품봐(1985), 무녀별곡1-6(1992~96), 서로 사랑하고 정을 나누는 평범한 사람의 이야기
(1999), 물사발에 앉은 나비(2000).

■ 은어 속어 별곡 시리즈
학원별곡(1985), 어원별곡(1986), 수수께끼별곡(1987), 이바구별곡(1988),
가라사대별곡(1989), 허허별곡(1990), 너스레별곡(1991), 우스개별곡(1992), 익살별곡(1993),
너덜별곡(1994), 철렁별곡(1995), 억억별곡(1996), 빼빼별곡(1997), 거덜별곡(1998).

■ 일본어 저서
韓國のシャーマニズム(同朋舍, 1980, 巫女의 사랑이야기 번역),
日本語の原流をさかのぼる(德間書店, 1989), 韓國語で讀み解く古事記(大和書房, 1992),
日本語の源流と韓國語(三一書房, 1996).

朴在陽

1953년 경북 영천 출생. 경희대 국문과 졸업. 경희대 대학원 석, 박사(국어학 전공).
경희대 국문과와 대학원에서 음운론, 국어사, 어원학, 비교언어학 등을 강의하고, 경희대 국제
교육원에서 한국어를 가르쳤다. 현재는 주로 어원, 언어와 문화, 불교어 등을 공부하며 외래어
어원 및 유래사전, 국어어원사전, 고어사전, 불교어사전, 한일어비교사전 등을 편찬 중이다.
저서로는『國語의 母音體系 硏究』(보고사)가 있고, 번역서로『언어의 이해』(시인사),『漢字의
역사』(공역, 학민사),『禪家龜鑑』(공역, 예문서원),『大乘起信論 이야기』(미출판),『샤머니즘의
세계』(보고사) 등이 있다.

서정범기념사업회총서 1

새국어어원사전

2000년 11월 25일 초판 1쇄 발행
2001년 11월 30일 초판 2쇄 발행
2003년 12월 28일 초판 3쇄 발행
2018년 10월 10일 신판 1쇄 발행

지은이 서정범
엮은이 박재양
펴낸이 김흥국
펴낸곳 도서출판 보고사

책임편집 이순민
표지디자인 손정자

등록 1990년 12월 13일 제6-0429호
주소 경기도 파주시 회동길 337-15 2층
전화 031-955-9797(대표)
     02-922-5120~1(편집), 02-922-2246(영업)
팩스 02-922-6990
메일 kanapub3@naver.com / bogosabooks@naver.com
http://www.bogosabooks.co.kr

ISBN 979-11-5516-809-7 91710
ⓒ 서정범·박재양, 2018

정가 60,000원